HEYNE JUBILÄUMS REIHE

In derselben Reihe
erschienen außerdem als Heyne-Taschenbücher:

Thriller · Band 50/6
Klinik · Band 50/19
Horror · Band 50/21
Das endgültige Buch der Sprüche und Graffiti · Band 50/26
Sinnlichkeit · Band 50/31
Noch mehr Witze · Band 50/34
Das Buch der Sprüche und Graffiti · Band 50/39
Lust · Band 50/40
Beschwingt & heiter · Band 50/47
Sex · Band 50/50
Deutsche Erzähler des 19. Jahrhunderts · Band 50/52
Sehnsucht · Band 50/53
Körner, Sprossen, Keime · Band 50/57
Glück muß man haben · Band 50/59
Männerwitze · Band 50/62
Zauber der Leidenschaft · Band 50/65
Super-Sex · Band 50/67
Ärzte · Band 50/68
Immer fröhlich, immer heiter · Band 50/69
Alptraum · Band 50/71
Bürosprüche · Band 50/72
Lateinamerikanische Erzähler · Band 50/73
Louisiana · Band 50/74
Samurai · Band 50/76
Obsession · Band 50/77
Ratgeber Bauen und Wohnen · Band 50/79
Viel Vergnügen · Band 50/80
Ekstase · Band 50/81
Österreichische Erzähler · Band 50/82
Ratgeber Versicherung ·Band 50/83
Grauen Pur · Band 50/84
Fröhlich und beschwingt · Band 50/85
Arztpraxis · Band 50/86
Bombenstimmung · Band 50/87
Starke Frauen · Band 50/88
Heiter und so weiter · Band 50/89
Frauenkrimis · Band 50/90
Lachsalven · Band 50/91
Romantische Liebe · Band 50/92
Geheimnisvolles Erbe · Band 50/93
Hinter dem Schleier · Band 50/94
1000 neue Witze zum Totlachen · Band 50/95
Herr Doktor · Band 50/96
Leidenschaftliche Liebe · Band 50/97
Glücklich und zufrieden ·Band 50/98
Crime Ladies · Band 50/99
Die große Liebe · Band 50/100
Psycho · Band 50/101
Tatmotiv: Liebe · Band 50/102
Vergnügliches · Band 50/103
Halbgott in Weiß · Band 50/104
Stürme des Herzens · Band 50/105
König Artus · Band 50/106
Lachen ist ansteckend · Band 50/107
Die Patientin · Band 50/108
Shadorun · Band 50/109
Liebesglück · Band 50/110
Verborgene Zuflucht · Band 50/111
Im Reich der Fantasy · Band 50/112
Bitte lächeln · Band 50/113
U-Boot · Band 50/114
Gefühle · Band 50/115
Thriller spezial · Band 50/116
Hoffnung · Band 50/117
Schwestern · Band 50/118
Notfall · Band 50/119
Liebeserwachen · Band 50/120
Star Trek spezial · Band 50/121
Zärtliches Feuer · Band 50/122
Thriller · Band 50/123
Liebe und Macht · Band 50/124
Macht der Leidenschaft · Band 50/127
Nichts als die Wahrheit · Band 50/128
Rache ist Weiblich · Band 50/129
Akte X · Band 50/130
Männer · Band 50/132
Liebe für ein ganzes Leben · Band 50/133
Mord am Golden Gate · Band 50/134

HEYNE
JUBILÄUMS
REIHE

EISIGER ATLANTIK

DER U-BOOT-KRIEG WIE ER WIRKLICH WAR

ZWEI SPANNENDE DOKUMENTARBERICHTE
MIT ZAHLREICHEN FOTOS

WILHELM HEYNE VERLAG
MÜNCHEN

HEYNE JUBILÄUMSBÄNDE
Nr. 50/131

QUELLENHINWEIS

Herbert A. Werner DIE EISERNEN SÄRGE

(Der Titel erschien bereits in der Allgemeinen Reihe
mit der Band-Nr. 01/5177.)

Wolfgang Hirschfeld FEINDFAHRTEN

(Der Titel erschien bereits in der Allgemeinen Reihe
mit der Band-Nr. 01/6476.)

Umwelthinweis:
Dieses Buch wurde auf chlor- und säurefreiem Papier gedruckt.

Printed in Germany 1998
Umschlagillustration: Ullstein Bilderdienst, Berlin
Umschlaggestaltung: Atelier Ingrid Schütz, München
Gesamtherstellung: Elsnerdruck, Berlin

ISBN 3-453-13171-1

Inhalt

HERBERT A. WERNER

Die eisernen Särge

Den Seeleuten aller Nationen, die in der Schlacht
im Atlantik ihren Tod fanden, und ganz besonders
meinen U-Boot-Kameraden, die in ihren
eisernen Särgen eingeschlossen sind.

Von den tiefsten Abgründen des Krieges

»Das einzige, was mich wirklich mit Furcht erfüllte, war die U-Bootgefahr.«
Winston Churchill

Der U-Bootkrieg war bisher – also bis zum Erscheinen dieses Buches – in der Literatur so gut wie nicht vorhanden. Abgesehen von vereinzelten braven, gutgemeinten ›Tatsachenberichten‹, von romantischen, romanhaften An- und Ausdeutungen, von den eindeutig auf Nachruf gezielten ›Erinnerungen‹ eines Großadmirals – abgesehen davon: nichts.

Die Erklärung ist denkbar banal und gleichermaßen erschreckend – wie nicht weniges im Bereich des Krieges: nur vereinzelte hatten überlebt. Von fast neununddreißigtausend Mann blieben etwa achtundzwanzigtausend auf See. Von den etwa eintausend operierenden deutschen U-Booten überstanden nur ganz wenige jenes Inferno, das dann später als der ›Zweite Weltkrieg‹ registriert wurde.

Endloses Schweigen über die eisernen Massengräber auf tiefem Meeresgrund – das, so schien es, war alles, was von dieser seltsamen, sagenumwobenen, nun wie endgültig versunkenen Waffengattung übrig geblieben war.

Doch das kaum jemals zu Erwartende, das nicht mehr zu Erhoffende, geschah: einer der wenigen ›auf See Unbesiegten‹, also gerade noch überlebenden U-Bootkommandanten meldete sich nun zur Berichterstattung – mit diesem Buch.

Ein Mann des Krieges und sein Dokument

Der Mann heißt Werner. Er war neunzehn Jahre alt, als sein Krieg begann. Er wurde als Fähnrich zur See einem U-Boot zugeteilt, bewährte sich ›hervorragend‹, wurde schnell zum Leutnant befördert und nahm als I.W.O. (Erster Wachoffizier) an mehreren höchst ›erfolgreichen‹ Feindfahrten teil. Und dann war er Kommandant eines eigenen U-Bootes. Ein außerordentlich tüchtiger Mann – wie sein hier vorliegender Bericht beweist. Aber wohl nicht weniger tüchtig auch in dem darauf folgenden Privatleben, wie zu vermuten ist. Denn der großdeutsche U-Bootheld tauchte bald nach seinem Krieg abermals unter. Seit vielen

Jahren lebt er zumeist in den USA – nicht minder erfolgreich, wenn auch auf einem wesentlich anderen Kriegsschauplatz: er wurde Geschäftsmann.

Und er nahm mit sich seine Erinnerungen und seine Aufzeichnungen, wozu auch zahlreiche Dokumente gehörten. Es ist, als habe er sie viele Jahre lang in der hintersten Ecke eines Panzerschrankes aufbewahrt. Dazu die Denkgewohnheiten und Sprachgepflogenheiten jener barbarischen, doch gar nicht selten für großartig gehaltenen Zeit.

Alles das kommt nun hier zum Vorschein.

Ein Soldat erklärt seine Welt

»Soldaten!« rief unser General aus, um eine fällige Feierrede einzuleiten. Doch gleich bei diesem ersten Wort stockte er – denn er hatte, unter den angetretenen Formationen, auch etliche Reihen in marineblauen Uniformen erblickt.

Tief Atem holend und sich dann korrigierend, rief nunmehr der General aus: »Soldaten – und Seeleute!«

Das gefiel ihm – wohl weil er für feineres Unterscheidungsvermögen hielt, was lediglich ein horrender Irrtum war. Denn Seeleute konnten nicht nur durchaus absolut ›vollwertige‹ Soldaten sein – sondern sogar die denkbar besten. Spätestens jetzt – durch dieses Buch – wird das zwingend deutlich.

Dieser schonungslos aufrichtige Autor, auch sich selbst gegenüber, ein einzigartiger Augenzeuge noch dazu, ist ein bemüht soldatischer Mensch – und noch dazu einer von geradezu preußischer Grundhaltung. ›Soldaten und Patrioten‹ sind bei ihm eins. Er ist stets Kamerad unter Kameraden. Auch für ihn gilt: gelobt sei, was hart macht! Nur so kann es gelingen, dennoch zu überleben.

Dazu gehört sogar ›Die Hingabe an eine verlorene Sache!‹ Was aber ihn, den Fachmann des Krieges, nicht daran hindert, gelegentlich auch ein wenig zu rebellieren – und das selbstverständlich mit allem Respekt. So etwa über ›unverantwortliche Maßnahmen der obersten Führung‹.

Was ihn aber nicht – selbstverständlich nicht – daran hindert, unentwegt ›weiterzukämpfen‹. Ein Befehl ist ein Befehl und muß befolgt werden – ohne Umschweife, ohne Ausdeutung, ohne Rücksicht auf Verluste. Die ganze Tragik des bedingungslos gehorchenden Soldaten, auch wenn er auf völlig verlorenem Posten steht und das schließlich sogar klar erkennt – das ist hier mit denkbar nüchterner und gewiß auch ernüchternder Sachlichkeit eingefangen.

Und selbst noch auf den spontanen Ausruf ›Der Wahnsinn triumphierte!‹ – folgt unmittelbar danach ein knappes, entschiedenes: Jawohl!

Die U-Boote und ihr Krieg

Daß die beständig drohende totale Vernichtung von großer, anhaltender Suggestion sein kann, ist in erschreckendem Ausmaß erwiesen. Der Andrang zu den Spezialfabriken des Todes war in allen Kriegen, und zwischen ihnen außerordentlich.

Jagdflieger etwa, Fallschirmspringer, Froschmänner, Sondereinheiten (wie die Division ›Brandenburg‹), hatten kaum jemals Nachwuchssorgen. Und die makabre Anziehungskraft der ›Eisernen Särge‹ stand dieser bestaunenswerten ›Bereitschaft zum letzten‹ in nichts nach – schien vielmehr alle Rekorde mit verbissener Anstrengung noch überbieten zu wollen.

Die Überlebenschance dieser U-Bootleute war schwach. Und sie wußten das – zu ihrem Gepäck an Land gehörte fast automatisch eine Art Testament, ein ›letzter Wille‹. Doch sie dachten darüber möglichst nicht weiter nach. Sie taten ihre ›Pflicht‹.

Und ihr Oberster Befehlshaber pflegte – ebenso eindeutig anfeuernd, wie auch unmißverständlich deutlich – zu verkünden: ›Pflicht – das ist das erste und letzte Wort in unserem Wörterbuch!‹ Was wie eine große, endgültige Erkenntnis unbedenklich – aber auch glaubhaft aufrichtig – hingenommen wurde.

Was dann zu ›Leistungen‹ führte, die ›von keiner Truppengattung, gleichgültig auf welcher Seite sie kämpfte, übertroffen wurde‹. ›Wünsche zahlreiche Versenkungen!‹ wurde ihnen, wenn sie ablegten, nachgerufen. Oder auch, und das noch in den letzten Kriegsmonaten: ›Heil und Sieg und fette Beute!‹

Wobei dann, wahrlich nicht wenige dieser komplizierten Menschenfallen, ›auf ewige Fahrt‹ gingen – also auf dem Grund des Meeres landeten. In manchen dunklen Monaten des großen U-Bootsterbens mehr als dreißig davon. Mit der gesamten Besatzung – versteht sich.

Der Offizier und die weiblichen Wesen

Der Oberleutnant zur See außer Dienst Werner ist ein wohlerzogener, ritterlich veranlagter Mensch. Ein Kavalier der alten und hier auch guten Schule – am liebsten würde er über die weiblichen Wesen seiner Welt schweigen; das ist ihm deutlich anzumerken.

Aber da er sich wie ein Zeuge fühlt, der sich geschworen hat, nichts als die Wahrheit zu sagen, die ganze Wahrheit, nichts hinzuzufügen und nichts zu verschweigen – ist er auch hierbei von großer Offenheit; doch zugleich so diskret wie nur irgend möglich. Wobei er erkennt: auch die Frauen haben ihre besondere Funktion in der Mechanik des Krieges.

Seine weiblichen Wesen sind lediglich Urlaubserinnerungen, Freizeitdamen, hastige Kriegsgefährtinnen, die freudigen Mädchen bei Madame, eine endlich Erfüllung findende Jugendliebe – zwischen Berlin, Brest, Toulon und unterwegs. Doch der alsbaldige U-Bootkommandant erfindet, bereits als zwanzigjähriger Fähnrich, seine Liebe zu Marianne, seiner deutschen Verlobten, als ›behaglich‹ – seine Liebe zur Marine jedoch bezeichnet er, fast im gleichen Atemzug, als ungleich ›dauerhafter‹.

Nicht einmal die Andeutung irgendeiner Obszönität, kein noch so winziger Versuch, einigen Einblick in das zu geben, was heute gemeinhin Intimsphäre genannt wird – und auch so: ganz ein Jüngling seiner Zeit.

Es ist die Zeit der Helden. Krankenschwestern, weibliche Schreibkräfte und Hafenhuren dürfen mithelfen, überschüssige Kräfte abzureagieren, sind dazu da, wie es im Jargon heißt, ›die Batterie aufzuladen‹.

Willkommene und vielleicht auch notwendige Energielieferanten für die nächste Schlacht – denn nach ihr verlangt es den Helden; bereits nach zwei oder drei Wochen Landurlaub.

Ein Held und zugleich ein Fachmann

Dieser Mann kennt sich aus – im Bereich seiner U-Boote unbestreitbar. Er beherrscht seine ›Waffe‹ in allen Details, versteht es sogar, sie plastisch zu beschreiben. Er besitzt das, was man ein photographisches Gedächtnis nennt. Daten und Zahlen stimmen. Wenn er Namen von Kameraden nennt, ist es, als veröffentliche er eine Totenliste.

Und immer wieder zeigt sich sein ausgeprägter Hang zur Klarheit, ›Sauberkeit‹ – aber auch Aufrichtigkeit. Er unterschlägt nichts – auch nicht den Gestank des Todes im verfolgten Boot, zusammengebraut aus Exkrementen, Dieselöl und Schweiß. Diese schmutzige Kehrseite des Krieges jedoch ist für ihn nebensächlich, eine unvermeidliche Randerscheinung – nur der erstrebten Vollständigkeit halber registriert er auch diese Dinge.

Das für ihn allein Entscheidende: sein Krieg – und darin die gerade zu schlagende Schlacht. Und hier nun läßt er nichts aus, beschreibt er mit geradezu fanatischer Genauigkeit Phase um Phase der angestrengten Bemühungen um gegenseitige Vernichtung. Noch dazu, wenn es irgendwie geht, mit jenem ›Humor‹, den wohl nur unbedenklich soldatische Männer zu produzieren vermögen.

Da werden ausgelegte Minen zu ›Eiern‹, sogar zu ›Ostereiern‹. Flugzeuge versenden ›Bombengrüße‹. Und etwa bis Mitte Mai 1941 feierten die Helden ›einseitige Triumphe‹, verwandelten sie den Atlantik in einen ›Friedhof für alliierte Schiffe‹, erlebten sie ›das goldene Zeitalter des U-Bootkrieges‹.

Alsbald änderte sich das. Die sogenannten ›Wölfe‹ oder ›Löwen‹, die scharfen, erfolgreichen Jäger, verwandelten sich – ebenso ›überrascht wie erschüttert‹ – in Objekte, die wie Hasen gejagt wurden. Sie hatten die sich schnell steigernde technische und materialmäßige Überlegenheit ihres Gegners leichtfertig unterschätzt. Sie nannten das: sich wendendes ›Kriegsglück‹. Womit sie meinten: es werde sich ihnen schon wieder zuwenden. Versprochen war es ihnen tausendmal.

Die vom ›Kriegsglück‹ Verlassenen und ihr Glaube

Wenn einstmals die voreilig für unbesiegbar erklärten U-Boote in ihre Stützpunkte ›heimkehrten‹ – dann empfing sie Blasmusik, eine Ehrenformation stand bereit, eilig zusammengetrommelte Delegationen von ›Waffenkameraden‹, einschließlich Arbeitsdienst, fanden sich ein. Und dann: Hurrarufe, Blumenschwenken, markige Begrüßungsworte, Händedruck, Küßchen und Festbankett. Sie genossen das.

Bis dann, nach gerade noch überstandener Feindfahrt, keine Blasmusik mehr ertönte, nur noch vereinzelte Damen zum Empfang bereitstanden, die Kameraden von den anderen Wehrvereinen ausblieben – und dichte Schutzzäune aus Stacheldraht sie umstanden. Sie nahmen das hin.

Ihre Bereitwilligkeit, für das alles – und für noch weit mehr – Verständnis zu entwickeln, war erbarmenswert grenzenlos. Sie hielten, genau wie ihnen eingeredet wurde, die einsetzenden Rückzüge der Armeen im Osten gutgläubig für ›strategische Bereinigungen‹. Und als ein abgeschossener amerikanischer Flieger diesem einfach durch nichts zu erschütternden Berichterstatter überzeugt erklärte: »Die Zeit arbeitet für uns!« – da konnte der nur ungläubig den Kopf schütteln.

Seine Welt – die seines Krieges – war immer in Ordnung, bis zum allerletzten Augenblick. Wie hätten sie denn sonst auch kämpfen können? Kämpfen – also vernichten – mit dieser frappanten Gutgläubigkeit, mit dieser knabenhaften Unbekümmertheit? ›Fegte Seegebiet sauber!‹ lautete ein Funkspruch. ›Das war der Tod eines Schiffes!‹ wird festgestellt. Und dieses Schiff ›in Flammen‹ zu sehen, war ›ein grausam schönes Bild‹. Und irgendwo ›rang ein havarierter Zerstörer erbärmlich um sein Leben‹.

Das waren die Sprachgewohnheiten jenes Krieges – und hier erscheinen sie im völlig unverfälschten Jargon. Kaum ein Wort darüber, daß ihre Torpedos Menschenleben in Massen auslöschten. Sie versenken lediglich Tonnageeinheiten. Also Kriegsmaterial. Du oder ich – an nichts anderes dachten sie.

Der Kriegsverlauf und der Großadmiral

Dieser Großadmiral, auch gemeinhin ›der Löwe‹ genannt, hieß Dönitz. Werner, unser Berichterstatter, hat ihn mehrmals gesehen und gehört und wurde von ihm, in den letzten Monaten des Krieges, gemeinsam mit anderen erfolgreichen U-Bootkommandanten, mit einer direkten Ansprache beehrt. Werner war nicht unbeeindruckt.

Das Lieblingswort von Dönitz war: ›Pflicht‹. Seine Pflicht ›tun‹, sie ›erfüllen‹, ihr niemals ausweichen. Hinzu kam seine Standardforderung: ›Angriff – ran – versenken!‹ Seine Sprache war denkbar karg, aber absolut unmißverständlich. Er wurde willig bewundert.

Und wahrlich nicht zufällig ist dann dieser Dönitz von Hitler zu seinem Nachfolger erklärt worden. Diesen beiden – dem Führer und seinem Großadmiral – war auch gemeinsam: der totale Einsatz, die absolute Selbstaufopferung – und schließlich sogar: die Forderung an ihre Soldaten – wenn es keinen Ausweg mehr gab – möglichst genau gezielten Selbstmord zu begehen.

Als jedoch die große, alliierte Invasion unmittelbar bevorzustehen schien, ließ der ›Löwe‹ es zu, daß – in letzter Phase durch seine Flotillenchefs – der höchst bedenkliche und bedrückend alarmierende Befehl ausgegeben wurde, feindliche Fahrzeuge mit Rammstoß zu vernichten.

Was das zu bedeuten hatte, weigerten sich die angesprochenen U-Bootkommandanten zu glauben, Werner unter ihnen. Und noch heute ist dies ein Streitobjekt ersten, allerersten Ranges – zumindest bei den Resten der großdeutschen Kriegsmarine. Doch Werner, dessen bemüht sachliche, betont realistische Berichterstattung überzeugt, schwört darauf. Er hat sich nicht verhört; kein Zweifel ist möglich; was er behauptet, stimmt.

Mithin dies: der Großadmiral seines Führers forderte nichts anderes, nichts Geringeres, als daß sich seine U-Boote wie japanische Kamikazeflieger auf den Gegner stürzen sollten. Sich bedingungslos vernichtend, um eine völlige Vernichtung zu erzeugen.

Darüber hinaus dann noch, zu allem Überfluß dies: ›Krieg fortsetzen – sich niemals ergeben – durchhalten!‹ Und eben auch, bereits mitten im endgültigen Chaos, die bewußt verlockende, völlig verantwortungslos optimistische Behauptung von dem sich wieder wendenden Kriegsglück.

Und darauf hoffend, also derart getäuscht und betrogen, kämpften sie weiter – bis zu einem Ende, das denkbar bitter genannt werden kann. Und das von Helden als überaus verbitternd empfunden wurde.

Die Nazis – hat es die überhaupt gegeben?

Über die Nazis verliert unser Berichterstatter kaum mehr als ein paar Worte. Er klagt sie nicht an, er macht sie nicht lächerlich – er nimmt sie hin. Mit seiner U-Bootwelt, so glaubte er, hatten die nichts zu tun – dort existierten sie direkt nicht; und wenn, dann wurden sie, nach einem Anflug leichten Unwillens, einfach übersehen.

Werner hatte nichts mit der Partei zu tun gehabt, er gehörte keiner ihrer Gliederungen an, nicht einmal der Hitlerjugend. Offenbar hatte er, wie nicht wenige andere auch, gedacht: sympathisch sind die gerade nicht, aber die müssen wohl sein – sie halten, auf ihre Weise, die Heimat in Schwung. Und die schien das auch nötig zu haben. Die vorbildlich kämpfende Front mußte eine möglichst zuverlässige Rückendeckung haben.

Dabei waren höchst unliebsame Zwischenfälle, erzeugt von überforderten Kleinbürgern oder gar kriminell veranlagten Außenseitern der Volksgemeinschaft, wohl kaum ganz zu vermeiden. So etwa bei der ›Kristallnacht‹, die Werner miterlebt hat – und über die er sich dachte: hier war ›eine Meute‹ am Werk, hier tobte sich irgendein ›Mob‹ aus.

Für diese Kreaturen kämpfte er nicht – nur für Deutschland, sein Vaterland. Sich darüber Gedanken zu machen, wie das aussah, oder gar aussehen sollte, hatte er keine Zeit – auch kein sonderlich erkennbares Verlangen. Er war ›sauber‹, seine nächste Umgebung war das auch – also war alles in bester Ordnung.

Und als sogar in seinem engsten Bereich eine jener gewiß peinlichen ›Ausnahmen‹ geschah, war seine Reaktion darauf ein absolut zeitgemäß verwundertes Kopfschütteln. Da desertierte ein Koch, wurde wieder aufgegriffen und erklärte starrsinnig: »Dies ist ein schlechter Krieg!« Worauf Werner überzeugt feststellte: »Dieser Mann scheint tatsächlich irre geworden zu sein!« Was denn auch wohl sonst?

Dann wurde sein Vater, mitten im Krieg, von der Gestapo verhaftet – aus delikatem Grund überdies. Vier volle Monate saß dieser Vater nun bereits in Haft. Dann tauchte der Sohn auf – wieder einmal auf Heimaturlaub. Und was tat der? Er legte seine Uniform mit seinen zahlreichen Tapferkeitsauszeichnungen an und ließ dem Gestapochef seine Karte überreichen. Der empfing den Kriegshelden, vernahm dessen Anliegen und erklärte prompt und voller Entgegenkommen: heute abend ist Ihr Vater wieder zu Hause.

Nun – war diese Welt etwa nicht in Ordnung? Sie war es! Zumindest für U-Boothelden schien das so zu sein.

Die Zeit, in der ein Werner leben mußte, war nun mal so. Seine Eltern wurden ausgebombt. Dann von Bomben getötet – sie und seine Schwester dazu. Opfer! Unvermeidlich Opfer! Was denn sonst?

Als der Versuch gewagt wird, am denkwürdigen 20. Juli 1944, diesen Hitler, den Führer, Reichskanzler und Obersten Befehlshaber, zu ermorden, ist unser Kommandant sichtlich verstört. Er begreift nichts davon. Wie kann man denn, fragt er sich, ungleich mehr empört als besorgt, dieses ›Idol der Nation‹ meuchelmörderisch anzugreifen wagen? Und ehrlich erschüttert gesteht er: »Das ging ganz einfach über unser Begriffsvermögen!« Was genau stimmte.

Bis zum denkbar bitteren Ende

Erst Mitte April 1945, so schreibt Werner, habe er erkannt, daß dieser Krieg – sein Krieg – verloren war. Und so unfaßbar diese Behauptung auch klingen mag – sie stimmt dennoch. Sie stimmt mit der späten, zu späten Erkenntnis etlicher Millionen Soldaten weitgehend überein, die sich nicht vorzustellen vermochten, daß alle Hingabe, alle Entbehrungen und Qualen jemals ›umsonst‹ gewesen sein könnten.

Und nicht zuletzt auch deshalb ist Werner kein abseitiger heldischer Ausnahmemensch gewesen. Seine tiefe Enttäuschung über den totalen Zusammenbruch teilte er uneingeschränkt mit Armeen verführter und verratener Soldaten.

Er bekennt: ›Eltern und Schwester geopfert‹ zu haben, ›um des Vaterlandes, des Sieges willen‹. Doch er fragt nicht, noch immer nicht, danach, ob er sich hierbei irgendeiner Schuld bewußt zu sein habe – er fühlt sich völlig schuldlos. Wie Millionen mit ihm.

Und weiter bekennt er ›blind geglaubt‹ zu haben; er habe ›gekämpft und gelitten und in tiefer Ergebenheit auf das Wunder gewartet‹. Auf jenes Wunder, das sein Oberbefehlshaber und sein Großadmiral wiederholt anfeuernd verkündet und unentwegt feierlich versprochen hatten. Und an das Millionen und Abermillionen Kameraden aller Waffengattungen vorbehaltlos geglaubt hatten – bis dann selbst völlig Verblendete einsehen mußten, daß sie der totalen Verheizung von Kriegsmaterial, wozu selbstverständlich auch sie gehörten, gerade noch entgangen waren.

Und Werner schrieb dann, in Kriegsgefangenschaft, eine Art Gedicht, eine poetisch gedachte Abrechnung eines zutiefst Enttäuschten, die mit den wie zeitlos anklagenden Worten endet:

»Wir haben gehorcht, aber ihr Alten habt uns verraten!«

Dem ist nichts mehr hinzuzufügen. Was hier vorgelegt wird, ist ein einzigartiges Dokument des Krieges. Und mehr als das: eine letzte Lektion für ehemalige Helden – und zugleich eine unerläßliche Pflichtlektüre für alle jene, in allen Armeen der Welt, die sich für kommende Helden halten.

Januar 1970 Hans Hellmut Kirst

Ein Wort des Verfassers

Dieses Buch, das von meinen persönlichen Erlebnissen in der U-Bootwaffe im Zweiten Weltkrieg berichtet, erfüllt eine alte Verpflichtung. Seit dem Ende jenes vernichtenden Krieges wurde die Rolle der U-Bootwaffe zeitweilig verzerrt dargestellt und unterschätzt, und zwar besonders von militärischen Geschichtsschreibern auf deutscher wie auf alliierter Seite, die die Wahrheit eigentlich wissen sollten. Weil ich einer der wenigen U-Bootfahrer war, der während des größeren und härteren Teils des Krieges zur See fuhr und dem es gelang, das Blutbad zu überleben, fühlte ich, daß es meine Pflicht gegenüber meinen gefallenen Kameraden war, ihren verzweifelten Kampf zu würdigen und den historischen Ablauf der Ereignisse vom Standpunkt meiner eigenen Erlebnisse aus darzustellen. Um es vorwegzunehmen: Pflicht war das erste und letzte Wort im Wörterbuch der U-Bootmänner, und ungeachtet aller gegenteiliger Berichte taten wir unsere Pflicht mit einer aufrichtigen Tapferkeit, die von keiner Truppengattung, gleichgültig auf welcher Seite sie kämpfte, übertroffen wurde. Wir waren Soldaten und Patrioten. Nicht mehr und nicht weniger. Und in der Hingabe an eine verlorene Sache starben unsere Kameraden in erschreckend hoher Zahl. Die große Tragödie der U-Bootwaffe war jedoch nicht nur, daß ungezählte, tapfere Männer den Seemannstod fanden, sondern daß so viele junge Menschen auf unzulänglichen Booten und durch unverantwortliche Maßnahmen der obersten Führung geopfert wurden.

Zurückblickend stellen wir fest, daß die U-Bootwaffe von entscheidender Wichtigkeit war. Ungeachtet der Frage, ob Deutschland den Krieg hätte gewinnen können, war es bereits bei Kriegsausbruch klar, daß wir den Kampf verlieren mußten, wenn die gigantische Produktion der amerikanischen Industrie in genügender Menge die englische Insel erreichen würde. Auf diese Kenntnis gestützt, waren die Linien für die Schlacht im Atlantik gezogen, in der die U-Boote als Hauptträger des Kampfes gegen England Ungeheures leisteten. Eine nicht geringere Autorität als Winston Churchill erklärte damals: »Die Schlacht im Atlantik war der dominierende Faktor während des ganzen Krieges. Niemals, auch nicht einen Moment durften wir vergessen, daß alles, was sich anderswo ereignete – zu Lande, zu Wasser oder in der Luft –, letzten Endes vom Ausgang der Schlacht im Atlantik abhing, und bei all unseren anderen Sorgen betrachteten wir ihr wechselhaftes Glück Tag um Tag mit größter Besorgnis.« Es ist bemerkenswert, daß Churchill, der die Kampfkraft der Luftwaffe und der V 1 und V 2 nur zu gut kannte, ebenfalls schrieb: »Das einzige, das mich wirklich mit Furcht erfüllte, war die U-Bootgefahr.« Wenn wir heute die Dinge von unserer Seite betrachten, so war Deutschlands Kriegsglück eine Parallele des Aufstiegs und Niedergangs der U-Bootwaffe. Dieser Zusammenhang wurde mir bei jedem neuen Einlaufen nach einer langen Unternehmung immer deutlicher.

Der Ausbruch der Feindseligkeiten im September 1939 kam für die Kriegsmarine überraschend. Die U-Bootwaffe insbesondere war völlig unvorbereitet. Dieser Zustand war einerseits durch ein Flottenabkommen zwischen Deutschland und Großbritannien von 1935 hervorgerufen worden, das die Stärke der deutschen Kriegsmarine auf 35 Prozent der englischen festgelegt hatte, andererseits durch die entgegengesetzten Auffassungen über den strategischen Aufbau der neuen deutschen Flotte innerhalb der Ränge der Kriegsmarine, was das Anlaufen der Aufrüstung verzögerte, und schließlich auch durch die vollständige Unerfahrenheit Hitlers in Marinefragen und in der Seekriegsgeschichte, wodurch das Schiffsbauprogramm nicht den notwendigen Vorrang erhielt. Bei Ausbruch des Krieges am 1. September 1939 verfügte Deutschland über 57 U-Boote, von denen nur 39 für den Kriegseinsatz in Frage kamen. Von den 57 Booten waren 30 von geringer Tonnage und konnten nur für kurze Küstenunternehmungen gegen England eingesetzt werden. Achtzehn Boote hatten eine mittlere Wasserverdrängung (750 Tonnen getaucht) und waren für längere Feindfahrten im Nordatlantik, die bis zu acht Wochen dauern konnten, konstruiert. Neun U-Boote von noch größerer Bauart waren in der Lage, Unternehmungen in entfernte Seegebiete durchzuführen. Da einige Boote zur Schulung frischer Besatzungen abgestellt waren und andere noch in der Erprobung waren oder zwecks Reparaturen in Werften lagen, standen tatsächlich nur 39 einsatzbereite U-Boote bei Kriegsbeginn zur Verfügung, um die mächtige britische Flotte, die riesige britische Handelsmarine, die Kriegs- und Handelsflotten der Alliierten Englands sowie eine unerschöpfliche Anzahl neutraler Schiffe, die unter Vertrag der Alliierten fuhren, zu bekämpfen.

Dennoch war das erste Jahr des U-Bootkrieges für Deutschland außerordentlich erfolgreich. Obwohl die U-Bootwaffe 28 Boote verlor, versenkte sie einen englischen Flugzeugträger, ein Schlachtschiff, fünf Hilfskreuzer, drei Zerstörer, zwei U-Boote und 448 Handelsschiffe mit über 2,3 Millionen Bruttoregistertonnen. Darüber hinaus wurden nach dem Fall von Frankreich im Sommer 1940 unsere U-Boote größtenteils in die französischen Häfen am Golf von Biskaya verlegt. Diese Maßnahme verkürzte die An- und Abmarschwege der Boote in und aus dem Atlantik beträchtlich und kündete eine neue Phase des Seekriegs an: die großen Geleitzugschlachten.

Unmittelbar nach dem Erdröhnen der ersten Torpedoschüsse, die die englische Insel erschütterten, setzte sich Dönitz, der nunmehr zum Konteradmiral beförderte Befehlshaber der Unterseeboote seit 1935, dafür ein, die größte Flotte von Tauchbooten zu bauen, die die Welt je gesehen hatte. Das taktisch wertvollste U-Boot jener Zeit, der Typ VII, wurde zum Standard-U-Boot des Atlantik. Es hatte eine Wasserverdrängung von 770 Tonnen und eine operative Reichweite von 9000 Seemeilen bei sparsamster Marschfahrt. Während des Krieges wurden 694 Boote dieses Typs gebaut, die periodisch mit Verbesserungen versehen wurden. Diese U-Boote waren für etwa 50 Prozent der alliierten Schiffsverluste verantwortlich. Weiterhin wurden mehr als 200 größere U-Boote verschiedener Typen gebaut, deren Aufgabe es war, die alliierte Schiffahrt in entfernten Seegebieten anzugreifen, Minen zu legen, Rohstoffe und Material zu transportieren sowie Kampf-U-Boote auf hoher See mit Treiböl, Torpedos und Proviant zu versorgen.

Großbritannien fühlte bald die Auswirkungen dieses frisch angelaufenen Bauprogramms. Unser seit dem 17. August 1940 uneingeschränkter U-Bootkrieg gegen die im Nordatlantik fahrenden englischen Geleitzüge führte, gemäß alliierten Angaben, zur Versenkung von 129 Schiffen mit zusammen 682 768 Bruttoregistertonnen (BRT) in den vier stürmischen Wintermonaten 1940/1941. Die alliierten Verluste erhöhten sich jedoch in den folgenden vier Monaten bei besserem Wetter und durch den Einsatz frischer Boote auf 203 Frachtschiffe und 1 128 030 BRT. Bis Ende Juni 1941 kostete der zweiundzwanzigmonatige U-Bootkrieg die Alliierten nach ihren eigenen Angaben 848 Schiffe mit zusammen 4 058 909 Bruttoregistertonnen. Churchill schrieb damals über Englands schwärzeste Stunde: »Der Druck wuchs in zunehmendem Maße, und unsere Schiffsverluste lagen gefährlich über unseren Neukonstruktionen ... Mittlerweile wurde die neue Wolfsrudel-Taktik von dem kühnen und gefürchteten Prien und anderen U-Bootkommandanten hartnäckig angewandt.«

Als ich im Mai 1941 meine erste Geleitzugschlacht erlebte, waren unsere Angriffe auf die alliierten Schiffahrtswege einseitige Triumphe. Alliierte Gegenmaßnahmen – Anwendung von Radar, Luftaufklärung, neuartige Zerstörertypen, schnelle Geleitsicherungsfahrzeuge – waren noch in den Anfängen und bedeuteten keine ernsthafte Gefahr für unsere angreifenden Boote. Diese Lage änderte sich auch dann nur wenig, als die 50 Zerstörer, die die Vereinigten Staaten im Herbst 1940 der britischen Flotte als Teil des anglo-amerikanischen Pachtvertrags übergeben hatten, in die Schlacht geworfen wurden. Mit dem Ende des Jahres 1941 schien unsere zuversichtliche Überzeugung von einem vollkommenen Sieg absolut gerechtfertigt: die alliierten Verluste in jenem Jahr allein betrugen 450 Handelsschiffe mit über zwei Millionen Bruttoregistertonnen.

Kurz nachdem die Vereinigten Staaten in den Krieg hineingezogen worden waren, dehnten die U-Boote ihr Operationsgebiet bis an die amerikanische Ostküste aus und griffen die Schiffahrt dort mit verheerender Wirkung an. Während der ersten sechs Monate der Feindseligkeiten gegen die Vereinigten Staaten versenkten unsere U-Boote 495 Schiffe mit über 2,5 Millionen Bruttoregistertonnen. U-Boote patrouillierten nicht nur unsere alten Jagdgebiete im Nordatlantik ab, sie jagten auch in der Karibischen See, im Mittel- und Südatlantik und im Mittelmeer, einige im Indischen Ozean und in der Java-See; ein Boot erreichte sogar Japan. Im Jahre 1942, dem erfolgreichsten Jahr in der Geschichte der U-Boote, wurden mehr als 1000 alliierte Schiffe, nahezu sechs Millionen Tonnen, auf den Meeresboden geschickt. Jedoch der Monat März 1943, einer der erfolgreichsten Versenkungsmonate in der Geschichte der U-Boote, kündete Unheil an. In jenem Monat versenkten unsere Boote nach alliierten Angaben 108 Schiffe mit 627 377 BRT, stießen aber auf scharf zunehmende Abwehrmaßnahmen, die die Versenkungsziffer feindlicher Schiffe im April auf nahezu die Hälfte der Versenkungen im März herabsetzte. Diese Wendung der Ereignisse kulminierte in einem Eröffnungsschuß der sorgfältig geplanten alliierten Gegenoffensive, die im Mai wie ein Blitz auf die Boote niederkam und der innerhalb von 31 Tagen 39 U-Boote zum Opfer fielen. Die Alliierten hatten viele neue Waffen entwickelt: schnelle und wendige Sicherungsfahrzeuge für den Geleitzugdienst, kleine Flugzeugträger (umgebaute Handelsschiffe) und ein sehr verbessertes Radargerät. Für den Tag der Abrechnung hatten sie in aller Ruhe eine ungeheure Menge von Zerstörern, Korvetten, Fregatten, Flugzeugträgern, Trägerflugzeugen und Langstreckenbombern produziert und sie sorgfältig im und um den Atlantik massiert. Indem die Alliierten all diese Kräfte im April, nachdem die gewaltigen Winterstürme sich gelegt hatten, koordinieren konnten, schlugen sie mit einer derartigen Wucht und zahlenmäßigen und technischen Überlegenheit zurück, daß volle 40 Prozent unserer U-Bootwaffe innerhalb weniger Wochen zerstört waren. Diese alliierte Gegenoffensive zwang den Lauf des Kampfes zur See für immer in eine völlig entgegengesetzte Richtung. Nahezu über Nacht waren die Jäger zu Gejagten geworden, und im weiteren Verlauf des Krieges wurden unsere Boote und Besatzungen in fürchterlichem Ausmaß vernichtet.

Die U-Bootwaffe versuchte verzweifelt, die Gegenoffensive zu zerschlagen, jedoch ohne Erfolg. Im Jahre 1943, als ich Erster Wachoffizier auf U-230 war, verloren wir die Boote schneller, als wir sie ersetzen konnten. Im Sommer 1943 war die Versenkung alliierten Schiffsraums auf eine monatliche Durchschnittszahl von 150 000 Tonnen gesunken – und das zu einer Zeit, als die Schiffsbaukapazität der Alliierten eine Million Tonnen im Monat erreicht hatte.

Es war eine schmerzhafte und unabwendbare Tatsache: das U-Boot war veraltet. Zu lange war es ein Überwasserfahrzeug geblieben, das nur gelegentlich tauchte, um ungesehen zu bleiben, einen Unterwasserangriff zu fahren oder einem Verfolger zu entgehen. Wohl hatte die U-Bootführung als Abhilfe gegen die Luftüberfälle die Entwicklung des Schnorchels veranlaßt, einer Konstruktion, die dem U-Boot erlaubt, im Tauchzustand Luft in das Boot zu saugen, die Batterien aufzuladen und für die Gesamtdauer der Feindfahrt getaucht zu bleiben. Jedoch der Schnorchel kam erst im März 1944 in Gebrauch, volle zehn Monate, nachdem die Alliierten ihre Offensive begonnen hatten. Und weitere fünf Monate wurden vergeudet, bevor diese lebensverlängernde Erfindung in die verbliebenen alten U-Boote eingebaut wurde. Erst im August 1944, als ich auf meinem fünften U-Boot fuhr, dem zweiten unter meinem eigenen Befehl, ersparte mir der Schnorchel schließlich das dauernde Auftauchen nach Luft und wenige Minuten später das unvermeidliche Alarmtauchen vor den Massenangriffen alliierten Flugzeuge und Zerstörer, denen unsere Boote wie Freiwild zum Opfer fielen. Aber selbst der Schnorchel war keine zureichende Antwort, um den zahllosen gegnerischen Flugzeugen und U-Bootjagdgruppen, den sogenannten ›*hunter-killer-groups*‹ energisch Einhalt zu gebieten. Das U-Boot blieb weiterhin gefährlich langsam und außerordentlich verletzlich im allgemeinen, taub und ohne Verteidigung im besonderen, wenn es den Schnorchel benutzte.

Die einzige ideale Lösung war ein vollständig neues U-Boot. Mehrere solcher Typen waren seit Jahren geplant. Es waren Tauchboote im wahrsten Sinne des Wortes, konstruiert, um getaucht schneller zu fahren als die Zerstörer über Wasser, um aus einer großen Tiefe mit absoluter Genauigkeit zu schießen, ohne das Ziel zu sehen, und um die doppelte Anzahl Torpedos mitzuführen, als ein konventionelles, altes U-Boot an den Feind zu bringen in der Lage war. Diese Unterwasser-Wunder waren der U-Bootwaffe wiederholt versprochen worden, aber sie wurden erst in die Produktion gegeben, als der U-Bootkrieg bereits zusammengebrochen war. Und nur wenige dieser neuen U-Boote wurden rechtzeitig in Dienst gestellt, um noch an der Front zum Einsatz zu kommen.

So kämpften die U-Bootmänner mit dem, was sie hatten, und erzielten im Verlauf der letzten beiden Kriegsjahre nichts als Selbstzerstörung. Eine nach der anderen unserer U-Bootbesatzungen ging gehorsam und hoffnungsvoll auf unverständliche Feindfahrten, die mit dem Tode endeten. Die wenigen altgedienten Kommandanten, die noch an der Front fuhren, wurden trotz ihrer Erfahrung in der Kunst des Überlebens mit ihren Männern aufgeopfert. Neue Kommandanten mit erfahrenen Besatzungen hatten so gut wie keine Chancen, von ihrer ersten Unternehmung zurückzukehren.

Als die Feindseligkeiten schließlich im Mai 1945 endeten, war der Boden der Weltmeere mit den Wracks des U-Bootkrieges übersät. Unsere U-Boote hatten 2882 Handelsschiffe mit einer Gesamttonnage von 14,4 Millionen Tonnen zerstört. Darüber hinaus hatten unsere U-Boote 175 alliierte Kriegsschiffe versenkt und 264 Frachter und Tanker mit zusammen 1,9 Millionen Tonnen beschädigt. Doch dafür hatten wir einen unglaublichen Preis zu bezahlen. Von den 1170 in Dienst gestellten U-Booten wurden 779 Boote vernichtet oder fielen Unfällen zum Opfer, zwei auf hoher See aufgebracht und der Rest bei Kriegsende entweder selbst versenkt oder, wie befohlen, übergeben. Von 40 000 U-Bootfahrern blieben 28 000 auf See und 6000 gerieten in Gefangenschaft. Diese erschütternden Zahlen entsprechen einem Verlust von 85 Prozent.

Der wirkliche Umfang der U-Boot-Tragödie tritt jedoch erst dann vollständig ans Licht, wenn wir die folgenden Zahlen betrachten. Da nur 862 U-Boote Fronteinsatz sahen und 781 verlorengingen, waren 90 Prozent der aktiven U-Boote ausgelöscht worden. Konkret ausgedrückt, wirkt die folgende Verlustzahl noch niederschmetternder: zur Zeit der angloamerikanischen Invasion am 6. Juni 1944 war unsere einst gewaltige U-Bootwaffe an der Atlantikfront von mehreren hundert Booten auf 78 zusammengeschrumpft – und das bei einem fortlaufenden Nachschub neuer Boote aus der Heimat. Nur wenige davon existierten noch am Tag der Kapitulation. Von den am 6. Juni 1944 zum Angriff gegen die Invasion von Brest ausgelaufenen 15 Booten waren bei Kriegsende nur noch drei übrig, nach einer elfmonatigen Hetzjagd, der weitere 290 U-Boote, meistens Neulinge, zum Opfer fielen. Eines dieser drei überlebenden Boote war U-953, das ich als letzter Kommandant befehligte.

Ich habe mein Buch über den heroischen Kampf der U-Boote und der Männer, die auf ihnen fuhren, aus meiner Erinnerung niedergeschrieben. *Die Eisernen Särge ist* deshalb ein persönlicher Erlebnisbericht – und nichts anderes. Das Buch ist weder eine Kopie der Kriegstagebücher, noch ein statistisches Handbuch. Es war nicht meine Absicht, ein Standardwerk des Seekrieges zu schreiben, sondern eine bewegende Geschichte von Menschen im Konflikt des Krieges, ein Epos, das die tragische Rolle des U-Bootfahrers in ein neues Licht rücken soll. Notizen, die ich während des Krieges gemacht, Fotos und Briefe, die ich vor dem Brand unserer Städte und dem Zusammenbruch auf See gerettet habe, frischten meine Erinnerung auf. Ich habe versucht, die Erfolge der Ereignisse zu sichern, indem ich mich auf deutsche und alliierte Veröffentlichungen stützte, bin mir aber bewußt, daß meine Angaben nicht vollständig sein können. Alle U-Boote, die hier aufgeführt sind, sind mit ihren wirklichen Bootsnummern genannt; ihr Ende habe ich dem Heft ›Das Schicksal der deutschen U-Boote‹, herausgegeben von der Heidenheimer Druckerei- und Verlagsgesellschaft mbH, entnommen. Tage und Stunden der Ereignisse sind annähernd, aber oft auf die Minute genau angegeben. Funksprüche, diejenigen der U-Bootführung wie auch die der Boote auf See, sind rekonstruiert und wurden nicht notwendigerweise abgegeben oder wie aufgeführt gefunkt. Die drei längeren Funksprüche von Admiral Dönitz sind jedoch genau wiedergegeben. Quadratangaben wurden von mir eingefügt, um dem Leser die Möglichkeit zu geben, die ungefähren Standorte der Boote und Geleitzüge und ihre Kurse zu verfolgen; meine Angaben stimmen in vielen Fällen mit den tatsächlichen Lagemeldungen überein.

Von größtem Interesse dürften gewisse überraschende und authentische Episoden in meinem Buch sein, Ereignisse, die wenig bekannt sind oder ganz unterdrückt wurden. Mancher amerikanische Marineoffizier muß zugeben, daß Kriegsschiffe der Vereinigten Staaten, einschließlich der Zerstörer *Greer, Reuben James* und *Kearney*, bereits im Sommer 1941 Angriffe auf deutsche U-Boote unternommen hatten und damit einen unerklärten Krieg gegen Deutschland führten. Darüber hinaus habe ich bis heute noch nirgends einen veröffentlichten Hinweis auf jenen schockierenden Befehl der U-Bootführung gefunden, der kurz vor der alliierten Invasion in der Normandie ausgegeben wurde. Dieser Befehl wies die Kommandanten von 15 in Brest liegenden U-Booten an, nach Erreichen der riesigen Invasionsflotte ihr Boot zusammen mit der Besatzung in ein gegnerisches Fahrzeug zu rammen, mit anderen Worten: Selbstmord zu begehen. Ein nachfolgender Befehl, herausgegeben am Tage der Landung, war sogar noch unverständlicher. Er war ein Todesurteil für die Besten, die die U-Bootwaffe zu opfern hatte.

Jede Person, die in meinem Buch aufgeführt ist, war einst Fleisch und Blut. Die beiden Kommandanten, unter denen ich zu dienen die Ehre hatte, sind mit ihren wahren Namen genannt; das gleiche gilt für andere U-Bootkommandanten und hervorragende Flottillenchefs und Offiziere, die ich meine Freunde nannte, und ebenso für meine engsten Kameraden, Freunde und Männer, die an den Schlachten zur See und an den Abenteuern im Hafen teilgenommen hatten. Leider sind die meisten von ihnen gefallen. Um einige Überlebende zu schonen, habe ich zwei oder drei Namen geändert.

Dieses Buch gehört meinen toten Kameraden, die in der Blüte ihrer Jugend geopfert wurden. Ich hoffe, daß es ihnen die Ehre erweist, die ihnen gebührt. Und sollte es mir gelungen sein, dem Leser eine uralte Lehre zu übermitteln, die jede Generation zu vergessen scheint – daß Krieg teuflisch ist, daß Krieg Menschen mordet –, dann betrachte ich dies als meine hervorragendste Tat.

Herbert A. Werner

JAHRE DES RUHMS

1

»Fähnriche«, begann der Admiral, »ihr seid heute zusammengerufen worden, um euer erstes Kommando anzutreten. Ihr werdet noch heute an die Front gehen. Wo immer ein Schiff unserer Kriegsmarine Wache steht, sei es in der Ostsee, im Atlantik, im Mittelmeer oder im Eismeer, wird euer uneingeschränkter Einsatz verlangt. Für euch ist nun die Zeit gekommen, zu zeigen, was ihr gelernt habt. Ihr werdet euch für das Wohl unseres Vaterlandes zu beweisen haben. Ihr werdet England schlagen, wo immer ihr seine Schiffe findet, und ihr werdet seiner Macht zur See das Rückgrat brechen. Ihr werdet siegen, damit Deutschland leben kann.«

Wir Fähnriche waren in Hufeisenform auf dem großen Exerzierplatz der Marineschule in Flensburg angetreten. Es war am Vormittag eines sonnigen Tages im April 1941. Der Grund dieses außergewöhnlichen Appells war der Abschluß unserer Offiziers-Hauptprüfung.

Der Admiral fuhr fort, von unserer großen Marinetradition zu sprechen und uns an unsere vaterländischen Pflichten als Deutsche zu ermahnen. Er sprach von Ehre, Tod und dem Sinn unseres Kampfes. Wir alle hatten Reden dieser Art oft genug gehört, aber der Ruf nach Ruhm und Ehre – oder Tod – hatte für die meisten von uns nichts von seiner erregenden Herausforderung verloren.

Für mich war dieser Augenblick besonders befriedigend, weil ich viele Jahre auf ihn gewartet hatte. Die Bestimmung, daß ich einmal die blaue Uniform des Marineoffiziers tragen sollte, war mir bereits mit in die Wiege gelegt worden. Mein Vater, dessen seemännische Ambitionen durch Familienangelegenheiten und geschäftliche Verpflichtungen vereitelt worden waren, entschied, daß ich an seiner Stelle eines Tages die Admiralsstreifen tragen sollte. Und so war ich von Kindheit an der See verschrieben. Bezaubert von Frachtseglern, Handelsschiffen und luxuriösen Ozeandampfern, die die Menschen an alle erdenklichen Küsten tragen, las ich ungezählte Bücher, die von Seeschlachten, Entdeckern, Eroberern und Seehelden berichteten. Noch bevor ich siebzehn Jahre alt war, erlangte ich praktische Erfahrung im Segeln auf dem Bodensee, wo ich nahezu jede Art Segelboot, von der Nußschale bis zu einer 18 Meter langen zweimastigen Jacht, zu meistern lernte. Als ich achtzehn war, fuhr ich als Moses auf einem miserablen Schoner und kreuzte sechs Monate auf der Nord- und Ostsee. Danach diente ich meine Zeit im Arbeitsdienst, regulierte Flüsse im Taunus, drainierte Wiesen und Felder und baute Wege und Straßen. Während meines letzten Jahres in der Liebig-Oberrealschule in Frankfurt bestand ich nach einer aufreibenden Woche im Marinestützpunkt in Kiel-Wik die schwierigen Prüfungen für die Offizierslaufbahn in der Kriegsmarine. Dann kam der September 1939. Der Ausbruch des Krieges zerschlug plötzlich alle Jugendträume von weißen Schiffen und fernen Ländern. Der Blitzkrieg gegen Polen veranlaßte England, in die Feindseligkeiten einzugreifen, und folglich hatte ich mich früher als erwartet bei der Kriegsmarine zu melden. Am 1. Dezember 1939 zog ich in die Kasernen der 7. Schiffsstamm-Abteilung auf dem Dänholm, einer Insel nahe Stralsund, ein. Hier traf ich mit einer Crew von über sechshundert begeisterten Offiziersanwärtern zusammen.

Als ich an jenem ersten Tag im Dezember die blaue Uniform anzog, war ich neunzehneinhalb Jahre alt. Während dieses kalten und rauhen Winters wurden wir der härtesten militärischen Ausbildung unterzogen, die der Mensch je erfunden hatte. Die schärfsten Erziehungsmethoden und rohesten Schleifereien auf dem verschneiten Exerzierplatz dienten dazu, die Schwachen auszusondern und nur die Tüchtigsten vorankommen zu lassen. Dem harten Training an Land folgten drei Monate seemännischer Grundausbildung an Bord des Segelschulschiffs *Horst Wessel,* in besonders erfreulicher Erinnerung durch mein wohl tausendfaches Entern über alle Toppen auf vereisten Wanten. Dann folgte eine scheinbar endlose und anstrengende Seereise auf dem ehemaligen Ostseedampfer *Tannenberg,* der zu einem Minenleger, Artillerie- und Kadettenschulschiff umgebaut worden war.

Nach dem Fall Frankreichs erhielt ich mein erstes Frontkommando. Ich wurde Bootsführer einer Barkasse der 34. Minensuch-Flottille, die in Den Helder, einem wichtigen Hafen an der holländischen Kanalküste, stationiert war. Hier begegnete ich dem Tod zum erstenmal. Während der Minenräumarbeiten im Küstenvorfeld sah ich manches Boot und manchen Kameraden sich in einer Sprengwolke auflösen. Ich steuerte jedoch klar von englischen, französischen, belgischen und holländischen Minen, überlebte schwere britische Luftangriffe auf See wie im Hafen, schoß mit einem alten wassergekühlten Maschinengewehr aus dem Ersten Weltkrieg einen Bristol-Blenheim-Bomber ab, erduldete meine erste und letzte Seekrankheit, wurde zum Seekadetten befördert und erhielt als Gegenleistung für die Beseitigung einer Anzahl dieser runden, explodierenden Ungeheuer das Minensuch- und Vorpostenabzeichen. Im Spätsommer nahm ich an den Übungen der ›Operation Seelöwe‹ teil, einem Versuch, die englische Insel mittels einer primitiven Invasionsflotte zu erobern, die jedoch nie von der Festlandküste loskam. Alles in allem hatte ich meine Beförderung und meine Auszeichnung hart erarbeitet und erwartete, nach einer weiteren Ausbildung auf der Marineschule, mit dem Kommando eines größeren Schiffes belohnt zu werden.

Es war kurz vor Weihnachten 1940, als ich wieder mit meiner Crew auf der Marineschule in Flensburg zusammentraf. Erst jetzt erfuhr ich, daß mancher Freund gefallen war. Wir, die zurückgefunden hatten, wurden zu Fähnrichen befördert, was uns erlaubte, die Matrosenbluse mit einer zweireihigen Uniform zu vertauschen. Die folgenden fünf Monate standen dem Dienst an der Front in nichts nach. Wir lebten unter einem dauernden Druck mit nur wenigen Stunden Nachtruhe. Wir jagten durch eine schnelle Folge von Unterrichtsstunden, um unsere Ausbildung in astronomischer Navigation, Seekriegstaktik, Artillerie- und Torpedoschießen, Meereskunde, Schiffskunde und Ingenieurwesen zu vervollständigen. Wir verbesserten auch unsere englischen Sprachkenntnisse. Im Sport verausgabten wir uns im Geräteturnen, Boxen, Fechten, Fuß- und Handball, Segeln, Reiten und Springen. Den Rest der Zeit verbrachten wir an Bord des 1000 Tonnen großen Navigationsdampfers oder am Steuer eines der vielen Motorboote. Und nun, da der große Augenblick gekommen war, wurde mir bewußt, daß unsere Crew zum letztenmal als geschlossene Einheit beisammen war.

Der Admiral schloß seine Rede mit Nelsons klassischen Worten, geringfügig geändert, um sie der Situation anzupassen: »Meine Herren Fähnriche, an diesem Tage erwartet Deutschland, daß ein jeder von euch seine Pflicht tut.« Dann verließ er mit seinem Gefolge den Platz. Die Offiziere, die uns während der vergangenen fünf Monate geführt hatten, ergriffen prompt die Initiative, um ihre letzte Aufgabe an uns zu erfüllen.

Ich stand in höchster Erwartung in meiner Gruppe, als unser Leutnant die neuen Kommandos verlas. Einige meiner Kameraden wurden auf Zerstörer befohlen, andere auf Minensuchboote. Nur wenige wurden auf Großkampfschiffe beordert. Der größte Teil unserer Crew wurde angewiesen, sich bei der U-Bootwaffe zu melden. Diese Enthüllung verursachte größte Begeisterung, denn noch keiner von uns hatte mit der meistgefeierten Branche der Kriegsmarine Erfahrungen gemacht. Zu meiner Überraschung erhielt ich den Befehl, mich bei der 5. Unterseeboot-Flottille in Kiel zu melden. Kiel-Wik war der größte Marinestützpunkt an der Ostsee, und es war allgemein bekannt, daß die meisten unserer U-Boote in den vorangegangenen Monaten von Kiel aus zu ihren erfolgreichen Feindfahrten ausgelaufen waren.

Wir zerstreuten uns begeistert und stolz. Nach dem Mittagessen dröhnten die Unterkünfte von unserem Gesang rauher Seemannslieder, vom Spinderäumen, Kofferpacken und lautem, aber herrlichem Abschiednehmen. An jenem Abend sah ich manchen Freund zum letztenmal. Wir verließen die Marineschule in verschiedene Richtungen, um unsere persönlichen Schicksale in der Weite der Weltmeere zu finden.

Der überfüllte Zug rollte monoton durch die Nacht. Ich saß in einer Ecke eines Abteils dritter Klasse und träumte mit offenen Augen. Meine Crewkameraden schliefen in unmöglichen Stellungen, eng zusammengepreßt oder lang ausgestreckt in einem Gepäcknetz hoch über den hölzernen Bänken. Ich dachte an zu viele Dinge zur gleichen Zeit, dachte an die Gegenwart, die Zukunft und an die letzten Veränderungen, die der Krieg von uns und der Welt gefordert hatte. Eine Ewigkeit schien zwischen den Schuljahren und dieser Nacht zu liegen, doch die Zeit verging so schnell, fast zu schnell, um alles zu begreifen. Ich wußte nur, daß die Jugend für immer hinter mir lag, daß Behaglichkeit und Sicherheit Dinge der Vergangenheit waren. Ich fragte mich, was sich in den kommenden Monaten ereignen und wie ich von meiner ersten Feindberührung an Bord des mysteriösen U-Boots beeinflußt werden würde. Ich dachte daran, daß meine erste Geleitzugschlacht auch meine letzte sein könnte. Sollte ich aber das Glück haben, die erste zu überleben, wieviel mehr – versuchte ich zu erforschen – würden mir erlaubt sein, bevor das Schicksal zuschlug? Und ich fragte mich, wie Wasserbomben dröhnen, ob die erste die eiserne Hülle durchschlagen oder ob zehn, fünfzig oder hundert nötig sein würden, um mein Schiff zu versenken. Ich ertappte mich bei dem Versuch, mir die entsetzlichen letzten Minuten in einem sinkenden Boot im Geiste vorzustellen. Würde der Tod in einer Tiefe von fünfhundert Metern langsam kommen oder schnell? Würde die Rettungsweste tragen und wie lange, sollte ich schwimmend auf der endlosen Weite des Meeres zurückgelassen worden sein? Und als ich weiter nachdachte, gingen meine Gedanken und Erinnerungen zurück zu meinen Eltern und zu meiner Schwester. Ich wußte, daß sie zu dieser Stunde in Sicherheit waren, während ich einer fragwürdigen Zukunft entgegenfuhr. Nun wußte ich, daß alles, alles begrenzt war. Ruhm und Ehre, Träume von einem erfolgreichen Leben, die Küsse verlangender Frauen – alles konnte bald vorbei und unerfüllt sein. Ich würde entweder in einer eisernen Tauchröhre eingeschlossen auf dem Meeresgrund liegen oder irgendwo auf dem Weltmeer dahintreiben, ein Köder für hungrige Haie.

Diese Gedanken begleiteten mich durch die Nacht. Ich fühlte mich dem Tod näher als dem Leben, das ich gerade angefangen hatte zu genießen. Was wußte ich eigentlich vom Leben und von der Liebe? Ich mußte zugeben, daß ich in der Tat sehr wenig wußte. Aber ich war bereits willens und gerüstet, diese Welt zu verlassen, wann immer es sein sollte. Man hatte uns immer und immer wieder gesagt, daß unsere Aufopferung den Endsieg garantieren würde.

Es war noch dunkel, als der Zug in Kiel ankam. Nur eine Handvoll Fähnriche verließ das Abteil. Der Rest fuhr weiter nach anderen Häfen. Da zu dieser frühen Morgenstunde noch keine Straßenbahn fuhr, verbrachten wir die Wartezeit im Bahnhofsrestaurant und schlürften einen dünnen Ersatzkaffee. Als schließlich die erste Tram die Klingel anschlug, stürmten wir sie mit unserem schweren Gepäck und verließen die Innenstadt auf laut quietschendem Unterbau in Richtung Kiel-Wik. Während die Straßenbahn durch die erwachenden Vororte schwankte, färbte sich der Himmel im Osten langsam purpurrot. Die Straßenlaternen brannten noch, als wir an unserem Ziel den Wagen verließen.

Plötzlich stand ich vor der hohen Backsteinmauer, die den Marinekomplex umgab. Ein Posten prüfte meine Papiere, trat dann beiseite. Wir zwängten uns durch das schmale, eiserne Tor, das mit schrillem Ton hinter uns ins Schloß fiel. Schweigend marschierten wir zum Wasser. Unsere Schritte hallten hohl von den Mauern der Kasernen wider. Gebäude und Exerzierplatz waren uns längst vertraut. Vor nahezu drei Jahren hatten wir hier die schwierigen Prüfungen gemeistert, die die Marine Bewerbern für die Offizierslaufbahn auferlegte. Im Frühjahr 1940 war ich mit dem Segelschulschiff *Horst Wessel* hierher zurückgekehrt, und im vergangenen Herbst, nach dem Minenräumdienst im Kanal, hatte ich der Wik erneut einen kurzen Besuch abgestattet. Nunmehr stand ich zum viertenmal an dieser historischen Stätte der Kriegsmarine, ahnte aber nicht, daß ich während meiner Dienstzeit noch oft und unter eigenartigsten Umständen hierher zurückkehren würde.

Im Dämmerlicht vor dem Wecken bot sich die Kieler Förde in ihrer ganzen natürlichen Schönheit dar. Das Wasser war ruhig und wie Silber. Das gegenüberliegende Ufer widerspiegelte in dunklem Grün. Morgennebel berührte die zahlreichen vor Anker liegenden Kriegsschiffe und ließ ihre grauen Aufbauten in der diesigen Luft nahezu weiß aufleuchten.

Vor uns lag die Tirpitz-Brücke, die nach dem Gründer der modernen Kriegsmarine, Admiral Alfred von Tirpitz, benannt war. Die Mole reichte wie ein Arm weit in die Förde hinaus. Manches britische Kriegsschiff hatte an dieser Pier zu Kaisers Zeiten anläßlich eines freundschaftlichen Besuchs der international berühmten ›Kieler Woche‹ seine Leinen festgemacht. Während des Ersten Weltkriegs stachen von dieser Mole Teile der deutschen Hochseeflotte in See, um im Skagerrak dem englischen Vetter die größte Seeschlacht aller Zeiten zu liefern. Hier begannen auch unsere kaiserlichen Unterseeboote von 1914 bis 1918 ihre erfolgreichen Feindfahrten gegen England. Dann hallten vorübergehend Schüsse über die Planken der Mole. Die Spartakus-Revolution hatte Verbände der Kriegsmarine in ihr Lager gezogen. In den folgenden Jahren des Friedens sah die Tirpitz-Mole den Beginn neuer Karrieren von Männern und Schiffen. Mit dem Ausbruch des Krieges im September 1939 begann an dieser Pier ein neues Kapitel der Marinegeschichte: unsere U-Boote eröffneten nach 25 Jahren ihren zweiten Angriff auf die englische Insel.

Die Ebbe war niedrig, und das Wasser plätscherte gegen die hölzernen Pfähle der Pier. Der Geruch von Teer, Salz und Öl vermischte sich mit dem von Fischen, Seegras und Farbe. Zahlreiche U-Boote lagen in Päckchen von zweien und dreien längsseits. Die Posten am Oberdeck lehnten sich gegen die Turmaufbauten oder gegen die 8,8-cm-Kanonen, ihre Maschinenpistolen lässig um den Hals gehängt. Sie musterten uns schwerbeladene Ankömmlinge zuerst kritisch, wandten sich aber dann amüsiert ab, als wir schwitzend über die geteerten Planken paradierten.

Wir erreichten das Ende der hölzernen Mole. Zwei Schiffe, solide vertäut, schienen hier einen dauernden Liegeplatz gefunden zu haben. Ein älterer Dampfer von etwa 10 000 Tonnen lag an der Nordseite der Pier, während an der Südseite der Tender *Lech,* das Kommandoschiff der U-Bootflottille, festgemacht hatte. Wir zeigten einem Posten unsere Marschbefehle, balancierten dann mit unsicheren Schritten über die enge Stelling an Bord der *Lech* und stapelten unser übergroßes Gepäck entlang der Steuerbordreling auf. Ohne weitere Verzögerung suchten wir nach der Offiziersmesse. Der Duft von frischgebrautem Bohnenkaffee führte uns in den hellen Raum. Nach einem ausgezeichneten Frühstück fühlten wir uns wie neugeboren. Bald füllte sich die Messe mit Offizieren aller Dienstgrade. Sie trugen schneeweiße Jacken und schwarze Binder, sahen erholt und zufrieden aus. Es war allzu deutlich, daß sie hier ein ideales Marineleben gefunden hatten: sie arbeiteten und schliefen auf einem Schiff, sahen das Wasser den lieben langen Tag, waren aber nie zu weit von der Stadt und ihrem aufregenden Nachtleben entfernt.

Gegen 8 Uhr bereiteten wir uns vor, vom Chef der 5. U-Bootflottille empfangen zu werden. Sein Adjutant, ein junger, arroganter Leutnant ohne irgendwelche Frontauszeichnung, ließ uns über eine Stunde warten, bevor er uns mitteilte, daß der Flottillenchef nicht für uns zu sprechen war. Wir hatten unsere Wichtigkeit gehörig überschätzt. Unsere vorläufige Unabhängigkeit ausnutzend, verließen wir den Tender, um uns mit den U-Booten und ihren Besatzungen näher vertraut zu machen. Wir erfuhren, daß ein oder zwei Boote erst vor kurzem eingelaufen waren, während andere ihre Ausbildungszeit in der Ostsee beendet hatten und für ihre erste Feindfahrt ausgerüstet wurden. Große Mengen Büchsen, Kisten, Kartons und Frischgemüse wurden von Lkws auf die Pier gefahren und längsseits der Boote aufgestapelt.

Kurz vor 12 Uhr trafen wir uns wieder in der Messe der *Lech*. Kleine Gruppen diskutierten über die letzte Sondermeldung, die wenige Minuten zuvor über das Radio bekanntgegeben worden war. U-Boote hatten einen englischen Geleitzug im Nordatlantik angegriffen und bisher acht Schiffe mit über 40 000 Tonnen versenkt. Da die Boote den Gegner weiterhin verfolgten, konnte mit weiteren Versenkungen gerechnet werden. Einer der größten Erfolge einer einzigen Geleitzugoperation schien sich anzubahnen. Ein Gefühl des Stolzes ergriff uns, als die Fanfaren ertönten, obgleich wir noch nicht endgültig zur U-Bootwaffe gehörten. Die Begeisterung schlug höher, als der Flottillenchef in die Messe trat. Er ging zu seinem Stuhl, wartete einen kurzen Augenblick, bis jeder einen Platz gefunden hatte; dann wandte er sich an die Versammlung: »Meine Herren, wir haben zahlreiche Funksprüche von unseren Kommandanten aufgefangen, die gegenwärtig das englische Geleit über den Atlantik jagen. Nach diesen Meldungen ist die Zahl der versenkten Schiffe auf vierzehn angestiegen; es sind ungefähr 85 000 Tonnen vernichtet. Ein Zerstörer wurde ebenfalls versenkt. Dies, meine Herren, ist bei weitem die erfolgreichste Jagd. Die Atlantikschlacht ist unsere Schlacht. Es sind unsere U-Boote, die dem Gegner die Bedingungen diktieren.«

Wir ergriffen unsere Gläser und stießen auf den weiteren Erfolg der Operation an; dann ließen wir uns zum Essen nieder. Die Neuigkeit war das Hauptthema unserer Unterhaltung. Mit der stetigen Zunahme unserer U-Boote im Nordatlantik erreichten die Verlustziffern der englischen Schiffahrt beispiellose Ausmaße.

In der Tat, wir hatten allen Grund zu der Annahme, daß unsere Hungerblockade gegen England bald erfolgreich sein würde. Überdies hatten unsere Armeen sich tief in feindliches Gebiet vorgearbeitet. Nach der Besetzung Polens wurde Norwegen nahezu über Nacht besiegt; Holland, Belgien und Frankreich waren innerhalb weniger Wochen überrannt und Dänemark ebenfalls besetzt worden. Unsere schweren Schiffe kontrollierten die europäischen Gewässer bis weit in die Arktis. Es schien mir, daß nur noch eine einzige Sache übrigblieb: die Verschärfung des U-Bootkrieges gegen England, um die Briten auszuhungern und zur Übergabe zu zwingen.

Nach dem Essen versammelten wir Neuankömmlinge uns auf dem Oberdeck der *Lech,* um neue Befehle zu erwarten. Endlich, um 14 Uhr 30, passierte der Adjutant unsere Gruppe, indem er ein Bündel weißer Papiere schwenkte. Wir folgten ihm in die inzwischen leere Messe, umringten ihn und zogen nervös an unseren Zigaretten, während er umständlich die Bogen sortierte. Schließlich begann der Adjutant zu sprechen. Er rief unsere Namen in alphabetischer Reihenfolge auf und nannte die Häfen, in denen wir uns an Bord unserer Schiffe zu melden hatten. Da mein Name am Ende der Liste stand, wurde meine Geduld auf eine harte Probe gestellt. Mancher Kamerad hatte besonderes Glück und wurde auf ein Boot kommandiert, das an der Tirpitz-Mole lag. Einige sahen sich jedoch genötigt, in andere Häfen zu reisen. So wurden meine Freunde Ahlers, Busch und Faust nach Bremerhaven befohlen. Goebel, Gerloff und Fred Schreiber wurden zum U-Bootstützpunkt in Königsberg beordert. Überglücklich schlugen sie die Hacken zusammen und eilten in die Schreibstube, um ihre Marschbefehle in Empfang zu nehmen. Dann schloß der Adjutant mit den Worten: »Diejenigen, die sich in Bremerhaven, Danzig oder Königsberg zu melden haben, müssen den nächsten Zug benutzen. Es bleibt keine Zeit für ein letztes Tête-à-tête mit euren Mädchen, meine Herren Fähnriche. Die Pflicht geht vor dem Vergnügen. Fähnrich Werner hält sich hier an Bord der *Lech* zur besonderen Verwendung bereit.«

Ich war betäubt, verwirrt. In der Hoffnung, daß jemandem ein Fehler unterlaufen war, näherte ich mich dem Adjutanten und fragte ihn, warum man gerade mich auf der *Lech* aufs Trockene gesetzt habe.

»Machen Sie sich keine Sorgen«, antwortete er geringschätzig. »Sie kommen noch schnell genug an die Front. Ihr Boot, U-551, ist noch auf Feindfahrt. Sie müssen sich schon gedulden, bis es zurückkommt.«

»Wann wird das Boot erwartet, Herr Leutnant?«

»Das kann ich nicht genau sagen. Aber wenn's Ihnen irgendwie hilft, kann ich Ihnen verraten, daß das Boot bereits per Funkspruch den Abbruch seiner Unternehmung gemeldet hat.«

Zu meiner Erleichterung hörte ich, daß ich einer erfahrenen Besatzung zugeteilt werden sollte. Trotzdem war ich ein enttäuschter und etwas neidischer Fähnrich, als ich die Hände meiner abschiednehmenden Freunde schüttelte. Später an jenem Nachmittag wurde mir befohlen, mich zur Verfügung des Adjutanten zu halten, mit dem Hinweis, daß es in Zukunft meine Aufgabe wäre, die Offiziere der Flottille mit den Verkehrsbooten über die Förde nach Kiel und in die Werften zu fahren. Ich war tief enttäuscht. Ich hatte eine verantwortliche Stellung erwartet und wurde nun mit einer mehr oder weniger geringen Aufgabe betraut, die jeder Bootsmannsmaat hätte ebensogut ausführen können. Ich versuchte vergeblich, den Adjutanten zu überzeugen, daß ich noch nie ein derartiges Fahrzeug gesteuert hätte. »Wir werden sehen, Fähnrich«, sagte er, indem er mich an Bord eines der Boote nahm, »wenn Sie wirklich noch nie eine Pinasse gefahren haben, werden Sie es eben lernen müssen.« Trotz meiner Anstrengungen, einige miserable Manöver zu fahren, schien der Adjutant mit meiner Leistung zufrieden, und zu meinem größten Mißvergnügen fand ich mich am Ende der kurzen Prüfungstour für die Barkassen der Flottille verantwortlich.

Mehrere Tage vergingen. U-551 war noch nicht von Feindfahrt zurückgekehrt. Von Zeit zu Zeit wandte ich mich an den Funkoffizier, um Neuigkeiten aus erster Hand zu erfahren. Ich wurde immer ruheloser, während ich meinen Crewkameraden zusehen mußte, wie sie sich für ihre erste Unternehmung vorbereiteten. Dann kam der Tag, der alle meine Hoffnungen auf ein baldiges Auslaufen zerschlug. Der Adjutant brachte mir die Hiobsbotschaft, daß U-551 nie wieder zurückkehren würde. Das Boot war im Nordatlantik verlorengegangen.

Ich nahm an, daß ich nach diesem Verlust sofort auf ein anderes Boot kommandiert werden würde. Als aber nach mehreren Tagen nichts geschah, wurde ich nervös und besorgt. Ich vermutete, daß der Adjutant es vorsätzlich übersehen hatte, mir ein neues Kommando zuzuteilen, um den nunmehr eingespielten Pendelverkehr über die Förde nicht zu unterbrechen. Ich tat alles, um meine zweitrangige Betätigung mit einem Frontkommando einzutauschen, und es gelang mir an einem der folgenden Tage, mich beim Frühstück neben den Flottilleningenieur zu setzen, den ich als einen wohlwollenden Offizier kannte. Nach einer kurzen Unterhaltung über unwichtige Dinge steuerte ich auf mein Vorhaben zu und erklärte ihm meine unangenehme Situation. Ohne Umschweife versprach er, etwas für mich zu tun. Obwohl ich nicht ganz sicher war, ob er sein Versprechen im Ernst gegeben hatte, oder nur, um mich loszuwerden, kam der Erfolg auf dem Fuße. Bereits am folgenden Nachmittag wurde ich zum Adjutanten gerufen. Ausdruckslos übergab er mir einen Zettel. Innerhalb einer Sekunde war mir klar, daß ich meinen Marschbefehl in Händen hielt. Ich klappte die Hacken zusammen, grüßte und verließ die Schreibstube, so schnell ich konnte. Draußen an Oberdeck las ich den Befehl in allen Einzelheiten durch. Er wies mich an, mich unverzüglich auf *U-557* im Hafen Königsberg zu melden.

Gegen 21 Uhr am selben Abend rollte mein Schnellzug in den Stettiner Bahnhof in Berlin. Der Bahnsteig war trotz der späten Stunde von Reisenden und Soldaten aller Wehrmachtsteile überfüllt. Unter dem Gewicht meiner beiden schweren Koffer stöhnend, wechselte ich zur S-Bahn über und fuhr die kurze Strecke zum Bahnhof Friedrichstraße. Bevor ich Kiel verlassen hatte, war es mir gelungen, meiner blonden Marianne ein Telegramm zu schicken. Ich hatte sie seit dem letzten Dezember nicht mehr gesehen, und ein Rendezvous war längst überfällig. Ich hoffte, sie in einem kleinen Café nahe der Scala zu treffen, wo wir gewöhnlich aufeinander warteten. Ich wußte, daß Marianne ebenso zuverlässig wie schön war.

Sie kam tatsächlich nur fünf Minuten zu spät. Ihr Gesicht und ihre Augen leuchteten wie damals, als ich sie zuerst getroffen hatte – in einer lauen Sommernacht am Bodensee kurz vor dem Krieg. Als wir das Café verließen, war es eine unausgesprochene Vereinbarung zwischen uns, daß wir in dieser Nacht zusammenbleiben würden. Nur wenige Schritte entfernt im Osten lag die Friedrichstraße, die pulsierende Ader Berlins. Sie war in Dunkelheit gehüllt. Nur einige abgeblendete Straßenlaternen erlaubten uns, den Weg zu finden. Trotz der späten Stunde war die Friedrichstraße voll von Zivilisten, Soldaten und Seeleuten, alle damit beschäftigt, sich einen Weg durch die verdunkelte Stadt zu bahnen. Marianne und ich schritten nach Norden, passierten den Bahnhof und näherten uns dem dunklen, ruhigen Stadtteil Moabit. Nur gelegentlich sahen wir eine einsame Seele oder ein Auto mit abgeblendeten Scheinwerfern an uns vorbeihuschen. Wir hatten gehofft, in einer kleinen Pension Asyl zu finden, drückten aber einige Dutzend Klingeln, ohne daß sich eine Tür öffnete. Wir gingen die Straße wohl über eine Stunde auf und ab, bis wir eine kleine Absteige und ein winziges Zimmer für die Nacht entdeckten.

Es war lange nach Mitternacht, als plötzlich die Sirenen aufheulten. Ich hatte bereits vergessen, daß Krieg war und die Tommies gelegentlich durch unsere Luftverteidigung schlüpften. Nach kurzem Zögern entschlossen wir uns zu bleiben, wo wir waren, und nicht in einem Keller Schutz zu suchen. Während die Flak in kurzen Abständen bellte und hämmerte, hörten wir das Sausen fallender Bomben, gefolgt von gedämpften Explosionen.

Wir entschieden uns für ein Frühstück im *Café Wien* auf dem Kurfürstendamm. Dort sahen wir keinerlei Zeichen des nächtlichen Angriffs. Die Welt sah an jenem klaren Aprilmorgen so friedlich aus wie ehedem. Läden, Cafés und Hotels waren belebt wie immer. Die berühmte Allee war wie die Bühne einer modernen Schau, und als die Kirchenglocken die Stunde schlugen, war es wie an jedem sonnigen Sonntag vor dem Krieg.

Der Augenblick des Scheidens kommt immer zu früh; aber an jenem Tag war ich nicht ganz sicher, ob ich es vorgezogen hätte, meine Abreise zu verschieben. Obwohl ich mich in meiner Liebe zu Marianne ganz behaglich fühlte, war, so fand ich, meine Liebe zur Marine von dauerhafterer Natur. Es war kurz vor Sonnenaufgang, als wir uns auf dem Bahnhof zum Abschied küßten, und wir versprachen uns gegenseitig, sobald der Krieg es erlauben würde, uns wiederzusehen.

Die weiten Ebenen von Pommern streckten sich endlos entlang der Geleise. Heidekraut wechselte mit Kiefernwäldern. Vor dem Krieg hatte man auf einer Reise nach Königsberg die deutsche Grenze zweimal überschreiten müssen. Man zeigte seinen Paß, wenn man von Westpreußen nach Polen überwechselte, und präsentierte ihn einige Stunden später nochmals, wenn man Polen verließ und nach Ostpreußen hineinfuhr. Heute war die Überquerung der Grenze sehr einfach geworden.

Ich überquerte die Schlachtfelder des Krieges mit Polen ohne Aufenthalt und kam bei Einbruch der Dunkelheit in Königsberg an. Ich war verblüfft, den Bahnhof völlig erleuchtet vorzufinden, gerade als ob tiefster Frieden herrschte. Straßenlampen, Neonleuchten, Ladenfronten und Schaufenster tauchten die Straßen in strahlende Helle. Trotz der umständlichen Beschreibung eines Polizisten fand ich die Werftanlagen, wo U-557 vertäut liegen sollte. Längsseits einer steinernen Mole erkannte ich im Dunkeln einige U-Boote. Ich blieb für einen Augenblick stehen, starrte auf die langen Boote, die wie schwarze, schmale Dolche in dem trüben Wasser lagen, und fragte mich insgeheim, welches mich wohl in den Kampf tragen würde.

In einiger Entfernung lag an der Pier ein eleganter Ozeanriese. Er war blendendweiß gestrichen und wie ein Weihnachtsbaum erleuchtet.

In der Annahme, daß das weiße Schiff das Hauptquartier der Flottille war, schleppte ich mein Gepäck über die schräge Stelling und meldete mich beim wachhabenden Offizier. Dieser verwies mich an den Unteroffizier vom Dienst. Der UvD schickte mich zum Zahlmeister, einem Überbleibsel der friedensmäßigen Besatzung, der mir schließlich eine Kabine zuwies. Hungrig und erschöpft fiel ich in einen einladenden Lehnstuhl. Ich war endlich an meinem Ziel angelangt.

Es war spät, als ich eine Expeditionsreise durch das Schiff unternahm, um den *Dining Room* und etwas zum Essen zu finden. Als ich an der Bar vorbeischlenderte, entdeckte ich meine Crewkameraden Günther Gerloff und Rolf Göbel, die etwa zwei Wochen zuvor von Kiel abgereist waren. Ich näherte mich ihnen vorsichtig von hinten, schlug gleichzeitig auf ihre Schultern und sagte: »Na, ihr Helden, wie kommt es, daß ihr nicht auf See seid?«

Beide fuhren herum. Göbel, pausbackig und mittelgroß, entgegnete mit gespielter Würde: »Du hast überhaupt nichts zu fragen, du Landratte. Aber zu deiner Information – wir sind heute nach einer langen Übungsfahrt zum erstenmal wieder an Land.«

Gerloff, hochgewachsen und blond, fügte lächelnd hinzu: »Siehst du die Salzkrusten auf unseren Lippen? Die lösen sich nicht mehr mit Wasser auf. Wir probieren es jetzt mit Alkohol. Du kannst ja mal raten, wie lange wir auf See waren.«

»Gib mal nicht so an, Hein Tatendrang. Ich werde euch bald eingeholt haben«, gab ich zurück.

»Aber nicht, wenn sie dich wieder zum Motorbootfahren im Hafen behalten«, antwortete Göbel.

»Macht euch über mich keine Sorgen! Diesmal habe ich ins Schwarze getroffen. Ich bin auf U-557 kommandiert. Wißt ihr zufällig, wo das Boot liegt?«

»Mensch, was für ein Treffer! Das ist unser Boot«, sagte Gerloff. »Der Alte wird verrückt, wenn er von deiner Zukommandierung erfährt.«

Das redselige Paar begann sofort, mir ein Seemannsgarn über ihre ersten Erfahrungen an Bord eines U-Bootes aufzutischen. Ihre Begeisterung für die Waffe, den Kommandanten und die Besatzung war tief und echt und nicht nur das Ergebnis übermäßigen Alkoholgenusses. Ich vergaß meinen Hunger, hörte zu und spülte ihre Erzählungen mit mehr Drinks, als ich gewohnt war, hinunter. Es war lange nach Mitternacht, als ich endlich meinen schweren Kopf, der wie ein Kreisel surrte, auf ein Kissen legte.

2

Kurz vor 8 Uhr am nächsten Morgen meldete ich mich an Bord von U-557 zum Dienstantritt. Das Boot war stark vom Wetter mitgenommen. Der Turm glich einem surrealistischen Gemälde. Die Mennige, der rote Schutzanstrich, wurde in langen Strähnen unter der abgesplitterten grauen Deckfarbe sichtbar. Überall hatte sich Rost gebildet, an der Brückenverkleidung wie auch am Rohr der übermäßig eingefetteten 8,8-cm-Kanone auf dem Vordeck. Eine dünne grüne Schicht von Algen bedeckte die hölzernen Planken des Oberdecks. Das ungepflegte Äußere des Bootes war das Ergebnis monatelanger Erprobungsfahrten in der Ostsee; ich fand sein Aussehen ganz in Ordnung und höchst interessant.

Ich trat vor den Kommandanten, überreichte meinen Marschbefehl und meldete vorschriftsmäßig: »Fähnrich Werner meldet sich an Bord.«

Er warf einen Blick auf das Papier und knurrte: »Was, zum Teufel, hat die Führung veranlaßt, mir einen dritten Fähnrich zu schicken? Ich bin genug bestraft mit zweien von Ihrer Sorte – Anfängern, die noch keinen echten U-Bootmief gerochen haben!« Mit einem unmißverständlichen Fluch machte er seinem Ärger Luft und gab zugleich der Hoffnung Ausdruck, daß ich mich vielleicht als zusätzlicher Ballast nützlich machen könnte.

Das Barometer meiner Begeisterung sank augenblicklich. Obgleich ich über den eigenartigen Empfang enttäuscht war, machte der Kommandant einen starken Eindruck auf mich. Oberleutnant Ottokar Paulshen war ein mittelgroßer, kräftig gebauter Offizier, Anfang der dreißiger Jahre. Er hatte blonde, leicht gelichtete Haare und blaue Augen, die klug unter dem Schild seiner weißen Mütze hervorschauten. Die goldgestickten Ornamente der weißen Mütze, die nur der Kommandant an Bord tragen durfte, zeigten Spuren von Grünspan. Er trug eine lange, hellgraue Lederjacke, deren Säume an den Schultern und Taschen mit weißem Segelgarn musterhaft geflickt waren. Eine kunstvoll geflochtene Pfeifenschnur, die nahezu weiß gebleicht war, reichte von seinem linken Schulterstück in die linke Tasche. Seine Füße steckten in etwas zu großen, mit Filz ausgelegten Lederstiefeln, die unter den langen, faltigen Lederhosen hervorschauten. Alles in allem glich Paulshen dem Idealbild, das ich mir von einem U-Bootkommandanten gemacht hatte.

Ohne Rücksicht auf Formalitäten befahl er mir, mich aus meiner blauen Galauniform herauszuschälen, und überließ mich dann dem

Zweiten Wachoffizier, dem II. W. O. Ein hagerer Mann, schätzungsweise zwei Jahre älter als ich, stellte sich als Leutnant Seibold, Wach- und Funkoffizier vor. Wir schüttelten uns kräftig die Hände.

Leutnant Seibold beantwortete meine Fragen, bevor ich Zeit hatte, sie zu stellen. Er berichtete, daß U-557 gerade seine siebenmonatige Erprobungszeit in der Ostsee beendet hatte. Die Besatzung bestand aus 48 Mann – wir drei Fähnriche noch nicht einbegriffen – und setzte sich aus vier Offizieren, drei Oberfeldwebeln, vierzehn Unteroffizieren und siebenundzwanzig Heizern, Mechanikern, Seeleuten, Torpedomechanikern, Elektrikern und Funkern zusammen. Ein Teil der Männer war bereits an der Front gefahren, und mit ihrer Hilfe und Erfahrung hatte Paulshen aus Boot und Besatzung eine kampffähige und wirksame Kriegsmaschine geschmiedet, die bereit war, das Werk der Zerstörung zu beginnen. Paulshen, fuhr Seibold fort, war ein Veteran der U-Bootwaffe. Während des spanischen Bürgerkrieges hatte er auf einem U-Boot gedient, das als Teil der Internationalen Kontrollkommission das Mittelmeer, den Atlantik und die Biskaya abpatrouillierte. Nach Ausbruch des Krieges hatte Paulshen als Kommandant eines Schulbootes manche Besatzung ausgebildet, die nun auf erfolgreichen U-Booten den Atlantik befuhr. Am Ende dieser kleinen Geschichtsstunde befahl Seibold dem ersten Bootsmannsmaat, mir bei der Beschaffung der notwendigen Bordausrüstung behilflich zu sein.

Zusammen mit der seemännischen ›Nummer eins‹ kehrte ich auf den blendendweißen Luxusdampfer zurück. In der Kleiderkammer empfing ich drei U-Bootpäckchen (olivgrünes Arbeitszeug), eine Lederjacke, Lederhose, Ölzeug für schlechtes Wetter, zwei blaue Pullover, gestrickte blaue Unterwäsche, Gummistiefel, mit Filz ausgelegte Lederstiefel, dicke Lederhandschuhe, Fernglas, Sonnengläser und eine Menge kleinerer Gegenstände. Ich mußte den Weg von der Kleiderkammer zu meiner Kabine dreimal wiederholen, um den unerwarteten Ausrüstungssegen unterzubringen.

Ich war gerade dabei, mich in eines der neuen, nach Mottenpulver riechenden U-Bootpäckchen zu zwängen, als Rolf Göbel in meine Kabine stürmte und dabei beinahe die Tür aus den Scharnieren hob. »He, Seemann, pack' deine Sachen«, rief er. »Um 14 Uhr ist seeklar. Auf geht's und zurück nach Kiel.«

»Verrückte Welt!« knurrte ich. »Von da komme ich gerade. Ohne meinen Abstecher nach Berlin hätte sich die Reise wahrhaftig nicht gelohnt.« Ich packte hastig meine Sachen, trug mein gewaltig angewachsenes Eigentum in mehreren Gängen auf U-557, zwängte mich durch das vordere Luk in die ungewohnte, bedrückende Enge der Stahlröhre und warf mein Zeug in eine der schmalen Kojen der Oberfeldwebelmesse.

14 Uhr. U-557 löste sich sacht von der Pier. Von den geräuschlosen Elektromotoren angetrieben, glitt das Boot in vollständiger Stille dahin. Paulshen manövrierte es geschickt in das Fahrwasser und schaltete dann auf Dieselantrieb um. U-557 machte bald schnelle Fahrt und nahm Richtung auf die offene See.

Als die Silhouette von Königsberg langsam hinter der Kimm verschwand, befahl der Kommandant die dritte seemännische Wache auf die Brücke. Dann ging das Boot auf westlichen Kurs. Harte, kurze Brecher trafen es von Steuerbord voraus. Feiner Sprühregen überschüttete die Aufbauten. Die Raucher auf der Brücke warfen ihre Zigaretten über Bord und verschwanden durch das Turmluk im Boot. Ich folgte ihnen und schwang mich auf der senkrechten Aluminiumleiter in die lange, enge Röhre. Hier unten war alles friedlich. Jeder einzelne hatte seinen bestimmten Platz eingenommen. Das einzige Geräusch, das ich in den vorderen Räumen hörte, war das monotone Klopfen der Diesel.

Oberleutnant Kern, der Erste Wachoffizier, I. W. O., fing mich im Mittelgang ab und hielt mir eine strenge, fast dramatische Vorlesung über meine bevorstehenden Pflichten. Er teilte mich der zweiten seemännischen Wache zu; bestimmte, daß ich bei Überwasserfahrt als Ausguck auf die Brücke aufzuziehen und im Tauchzustand als Seiten- und Tiefenrudergänger meine Lehrjahre zu ergänzen, außerdem dem Obersteuermann Wiesner mit Standortberechnungen zur Hand zu gehen und schließlich dem II. W. O., Seibold, die Entzifferung von sogenannten Offiziersfunksprüchen abzunehmen hätte. Darüber hinaus befahl er mir, meine Freizeit mit ihm, Kern, und Feder, dem Leitenden Ingenieur, zu verbringen. Sie würden mich schnellstens mit der Konstruktion des Bootes, Maschinen, Einrichtungen, Regel- und Trimmzellen, mit dem Torpedo-Vorhaltrechner sowie mit der Torpedo- und Artilleriebewaffnung vertraut machen. Schließlich riet er mir mit besonderem Nachdruck, den Rest meiner Zeit mit dem Studium technischer Handbücher auszufüllen, damit ich auf kürzestem Wege den Ausbildungsstand der Besatzung erreichte. Dann nahm er mich auf einen Gang durch das Boot.

Die Tour verwandelte sich augenblicklich in ein ernüchterndes Experiment. Nach einigen Schritten verlor ich die Orientierung. Ich stieß mit dem Kopf gegen Rohrleitungen, Luftschächte, Handräder, Instrumente und die niedrigen, runden Kugelschotten in den drucksicheren

Wänden, die die einzelnen Räume abteilen. Es war mir, als kröche ich durch einen Flaschenhals. Besonders unangenehm war, daß das Boot in der zunehmenden See stark zu schaukeln begann. Um das Gleichgewicht nicht zu verlieren, suchte ich fortwährend nach einem Halt und stolperte wie ein Betrunkener über die Flurplatten. Dabei wurde mir klar, daß ich von nun an meinen Kopf einzuziehen, mit weichen Knien zu gehen und mit dem Boot zu schwingen hatte – andernfalls würde ich nicht einen einzigen Tag in der Tauchröhre überleben.

Als wir durch die Zentrale schwankten, beugte ich mich unter der Verlängerung des Zentraleluks zum Turm. Ohne Warnung kam im gleichen Augenblick ein schwerer Brecher krachend durch den Turm herab und durchnäßte mich bis auf die Haut. Die alten Veteranen lachten laut. Der I.W.O., der die Taufe wahrscheinlich vorausgesehen hatte, verbarg sein Lächeln und fuhr fort, mir die Konstruktion des Unterwasserwunders zu erklären.

Das Boot war in vier druckfeste Räume aufgeteilt. Das Achterschiff enthielt die Dieselmaschinen, Elektromotore und Generatoren, elektrische Einrichtungen, Luftverdichter, Handruderanlage und achteres Torpedorohr. Die beiden starken Diesel verliehen dem aufgetauchten Boot eine Spitzengeschwindigkeit von 19 Meilen. Zwei Elektromotore, die von umfangreichen Batterien gespeist wurden, trieben das Boot vorwärts wenn es getaucht war. Höchstfahrt unter Wasser war allerdings nur 8 Meilen, und diese konnte nur etwa eine Stunde gehalten werden, danach war die Kapazität der Batterien erschöpft. Jedoch konnte sich das Boot bei einer Marschgeschwindigkeit von ungefähr zwei Meilen bis zu drei Tagen unter Wasser halten. Die Batterien mußten unter normalen Umständen alle 24 Stunden nachgeladen werden. Das konnte nur an der Oberfläche geschehen, da die Batterien mittels Generatoren aufgeladen wurden, die wiederum von den Dieseln angetrieben werden mußten.

Vor dem Dieselraum waren eine kleine Kombüse, ein WC, der Unteroffiziersraum und unter den Flurplatten die eine Hälfte der 50 Tonnen schweren Batterien untergebracht. In der druckfesten Abteilung mittschiffs befand sich die Zentrale, das Herz und Hirn des Bootes. Dieser Raum war überladen mit Rohrleitungen, Ventilen, Manometern, Handrädern, Wasserstandsgläsern, Schaltern, Kabeln, Luftschächten und Kontrollapparaten. Die wichtigste Einrichtung bestand aus Kreiselkompaß, Magnetkompaß, Seiten- und Tiefenruderanlage, Luftzielsehrohr, Lenzpumpen, Lufterneuerungsanlage, Frischwassererzeuger, Kartentisch und Trimm- und Regelanlagen.

Die vordere Abteilung enthielt den Funkraum, Horchraum, die kleine Kommandantennische, Offiziers- und Oberfeldwebelmessen mit Kojen, eine Andeutung von einem WC, den Bugraum mit vier Torpedorohren, Reservelagerungen und Kojen für die Mannschaft und schließlich unter den Flurplatten der Offiziers- und Feldwebelmessen die zweite Hälfte der Batterien. Diese drei druckfesten Abteilungen waren wiederum in sieben Räume unterteilt, die mit wasserdichten Schotten versehen waren und einen Druck von etwa zehn bis zwölf Atmosphären, gleich dem einer Wassertiefe von etwa 110 Metern, aushalten konnten.

Die vierte und kleinste Abteilung, der Turm, enthielt das Angriffssehrohr, Torpedovorhalterechner sowie die zweite Steuerungsanlage. Tauchtanks, Regler- und Trimmzellen, Treibstoffbunker und Frischwasserzellen waren im Boot verteilt und zumeist in den Außenbordbunkern untergebracht.

Nachdem ich durch die Gesamtlänge der Stahlröhre gegangen war, war ich von ihrer Kompliziertheit überwältigt und von den oberflächlichen Erklärungen des I. W. O. vollständig verwirrt. Ich war überzeugt, daß es mich Jahre kosten würde, mir seine Kenntnisse, die Erfahrungen des Leitenden Ingenieurs und die Fähigkeiten des Kommandanten anzueignen.

Noch tief beeindruckt von dem Gesehenen, lehnte ich mich über den kleinen Kartentisch in der Zentrale und versuchte aus der Koppelei des Obersteuermanns klug zu werden. Ein plötzlicher Befehl des Kommandanten wehte von der Brücke ins Boot:

»Auf Tauchstationen – Alarm zur Übung!«

Der Befehl wurde einigemal im Boot wiederholt, ein kurzes Hin und Her, dann kam die Brückenwache die Aluminiumleiter hinuntergestürzt. Die Alarmglocke gellte durch das Boot. Maschinisten hingen an den langen Hebelarmen schnell wirkender Hebelventile, um den Tauchvorgang zu beschleunigen. Andere drehten wie die Teufel zahlreiche Handräder. Mit lautem Getöse entwich die Luft aus den Tauchtanks, und das Seewasser drang gurgelnd ein. U-557 wurde schnell stark vorlastig, und ich mußte mich am Kartentisch festhalten, um nicht auf die Flurplatten geschleudert zu werden. Ich wurde erneut daran erinnert, mächtig auf der Hut zu sein, weil ich sonst mehr fliegend als stehend die Reise überstehen würde.

Da – ein Ruf – durchdringend und schneidend: »Wassereinbruch im Dieselraum, Diesselluft-Fußventil läßt sich nicht schließen.«

U-557 schoß mit einer Vorlastigkeit von 35 Grad in die Tiefe. In der gleichen Sekunde schrie der Maschinengefreite neben dem achteren Kugelschott: »Dieselluft-Kopfventil klemmt.«

Paulshen handelte sofort und brüllte: »Preßluft auf alle Tanks – beide Tiefenruder oben – auftauchen ...«

Sekunden des Wartens. Die Nadel des Tiefenmanometers schwang auf 60 Meter, dann auf 70, 85, 110 Meter. Plötzlich pendelte das Boot durch – und sackte dann mit dem Heck nach unten. Ich konnte mich gerade noch an einer Rohrleitung festhalten. Das Boot fiel schnell und mit zunehmender Achterlastigkeit dem Boden der Ostsee entgegen. Der Fall war so jäh, daß alles, was nicht festgezurrt war – Koffer, Kisten, Büchsen –, durch den Mittelgang achteraus flog. Die beiden Tiefenrudergänger wurden von ihren Sitzen hochgehoben und in die Ventilstation geschleudert. Ein Mann schnellte durch die runde Öffnung des vorderen Kugelschotts, konnte sich aber im letzten Augenblick daran festhalten.

Der Leitende schien sofort die Lage zu übersehen und rief: »Stop Anblasen – beide E-Maschinen äußerste Kraft voraus ...«

U-557 fiel weiter dem Meeresboden entgegen. Aus dem Dieselraum kam ein lautes Getöse. Tonnen von Seewasser rauschten durch den Zuluftschacht ins Boot. Dann schlug es mit einem heftigen Stoß auf. Das Licht erlosch. Ich verlor meinen Halt und landete auf dem Obersteuermann, der selbst über einem Zentralemaat lag. Dann war alles sehr still.

Eine hohle Stimme kam wie aus einem Grab aus den achteren Räumen »Dieselluft-Fußventil ist geschlossen und gesichert.«

Der Wassereinbruch war bewältigt. Aber das Boot, sein Heck tief im Seesand vergraben, hing mit fünfziggradiger Achterlastigkeit in der Ostsee und schwang wie ein Pendel sachte hin und her.

»Hilfsbeleuchtung einschalten – alle Mann zum Bugraum!« Das war die ermutigende Stimme des Kommandanten. Unmittelbar darauf zuckten einzelne Lichtkegel durch den Raum, und schattenhafte Gestalten begannen nach voraus und oben zu klettern. Mit einem schnellen Seitenblick sah ich daß die Nadel des Tiefenmessers 142 Meter anzeigte. U-557 schien für immer im Schlick verankert zu sein, unerreichbar für Rettungsfahrzeuge. Der Stromkreis war völlig ausgefallen. Die Batterien hatten eine Menge Säure verloren; den Batterieräumen entwichen giftige Chlorgase. Die Gefahr einer Explosion stand plötzlich wie ein Todesurteil vor uns auf. Meine Gedanken über die beinahe hoffnungslose Lage wurde von einer Stimme unterbrochen, die durch ein Sprachrohr kam: »Hier Heckraum – Maschinengefreiter Eckstein ist tot.«

Augenblicklich jagte der Gedanke durch mein Hirn, daß Eckstein den besseren Teil abbekommen hatte. Wenn nicht die tödlichen Gase unsere Lungen zerfraßen, mußten wir aus Mangel an Sauerstoff kläglich ersticken. Wir krochen auf Händen und Knien nach oben, stemmten unsere Füße gegen eine Pumpe, ein Ventil oder eine Rohrleitung. Flach auf den Flurplatten vorwärtsrobbend, schaute ich in die Gesichter der Männer, die ich kaum kannte. Durchnäßt, mit Öl und Fett beschmiert, schmutzig und schwitzend, folgten sie Paulshens Befehl, ohne irgendeine Gefühlsbewegung zu zeigen. Wir alle waren plötzlich wertvoller Ballast geworden Es war in der Tat eine Ironie, daß der Kommandant mich als überflüssigen Ballast bezeichnet hatte, als ich mich am Morgen an Bord meldete.

Die Leute sammelten sich im vorderen Torpedoraum. Aber der Bug des Bootes senkte sich nur geringfügig. Es schien in seiner Lage festgerammt zu sein; das ungeheure Gewicht des Wassers in den achteren Bilgen wirkte wie ein Anker. Ich hörte den Kommandanten sich mit dem L. I. in der Zentrale unterhalten. Ich konnte die beiden durch die runde Öffnung des Kugelschotts in dem gering beleuchteten Raum erkennen. Es war, als stände ich auf der obersten Etage eines zehnstöckigen Treppenhauses und schaute in das Vestibül im Erdgeschoß.

Paulshen befahl, daß fünfundzwanzig Männer eine Eimerkette bilden und das Wasser von den überfluteten Maschinenräumen in die Bilge des Bugraums transportieren sollten, um auf diese Weise das Boot auf ebenen Kiel zu legen. Ich konnte nicht länger untätig bleiben, schloß mich dieser Gruppe an und rutschte, auf den Flurplatten sitzend, den steilen Mittelgang nach unten und achteraus. Im Dieselraum angekommen, sah ich das schwarze, ölige Wasser den größeren Teil des Heckraums ausfüllen. Außer Reichweite, im Gestänge des achteren Torpedorohrs, hing der tote Mechaniker. Seine rechte Schläfe war aufgespalten. Blut entstellte sein gelbes Gesicht.

Die dunkle, scheinbar zähe Flüssigkeit, die das Heck ausfüllte, schien mir wie ein Meer, zu weit und zu tief, um sich mit Eimern und Büchsen verteilen zu lassen. Ich war nahezu überzeugt, daß unsere Anstrengungen, das Wasser zum Bugraum zu befördern, nur unnötigerweise Sauerstoff verbrauchen würden. Trotzdem begann ich aus schierer Verzweiflung zu schöpfen. Wir reichten die vollen Eimer von Mann zu Mann durch unser eisernes, langes Grabmal und schütteten das ölige, salzige Wasser fortwährend über uns selbst und die Männer in der Kette unter uns. Während wir so versuchten, die vollen Büchsen nach oben zu reichen, rutschten wir grotesk über die nassen Flurplatten, unfähig, eine bestimmte Stellung lange einzuhalten. Nur allzuoft kam eine leere Büchse oder Kanne wie ein Geschoß an unseren Köpfen vorbeigeflogen. Einige stöhnten unter dem Gewicht der Eimer, andere stießen unterdrückte Flüche durch die Zähne, wenn das schmutzige Wasser über ihre Gesichter schwappte.

Drei Stunden vergingen. Wir zählten die Eimer, Büchsen und Kanister: »Vierhundertundzwanzig, vierhunderteinundzwanzig, ... zweiundzwanzig ...«

Vier Stunden. Fünf Stunden. Mit ungeheurer Anstrengung kämpften wir gegen Ermüdung und Selbstaufgabe. Der Wasserspiegel im Heckraum war nur wenig gefallen. Aber die Eimer gingen in ununterbrochener Kette weiter von Hand zu Hand. »Fünfhundertzweiundachtzig ... dreiundachtzig ...«

Nach sechsstündiger, harter Arbeit übernahm die zweite Hälfte der Besatzung ihren Törn. Die Luft war dick geworden. Sie roch nach Öl, Schweiß, Chlor und Urin. Unser Atem war kurz, unsere Bewegungen schwach. Und trotzdem fuhren wir fort, die Eimer weiterzureichen. Wir waren halb erstickt, halb ertrunken.

Nichts hatte sich nach vierzehnstündiger Tauchzeit geändert. Die erste Eimerbrigade hatte längst ihre zweite Schicht angetreten. Aber U-557 hatte seinen Bug nur unmerklich gesenkt. Paulshen, sichtlich verärgert, machte einen neuen Versuch, zum Leben zurückzukehren. Er befahl, die Eimerkette aufzulösen und in den Bugraum zurückzukehren.

Nach Luft ringend, arbeiteten wir uns in Richtung des aufragenden Vorderteils des Bootes. Als ich mich zwischen die Torpedorohre zwängte, ereignete sich das nahezu Unmögliche. Sehr langsam und sachte begann der Druckkörper zu schwingen. Mit einem gutturalen Laut entwichen plötzlich einige Luftblasen den Entlüftungen der vorderen Tauchzellen Dann senkte sich der Bug und schlug mit einem dumpfen Geräusch auf den Grund auf.

Irgendwie zwangen sich die Männer zum Handeln. Der tote Mechaniker wurde in die Nische des Kommandanten gebracht und mit einer Persenning zugedeckt. Paulssen zog den grünen Vorhang zu und trennte damit seine Ecke vom Durchgangsverkehr. Er hatte dem Toten den besten Platz an Bord gegeben. Da die Stromzufuhr unterbrochen und damit die Lenzpumpen ausgefallen waren, wurde das überschüssige Wasser in den achteren Bilgen weiterhin mit Eimern verteilt, um den Trimm des Bootes wieder auszugleichen. Die Wasserschäden im E-Maschinenraum – Schäden, die auf See nicht behoben werden konnten

– hatten auch unsere Kocheinrichtung ausgeschaltet, und der Smut verteilte auf Befehl des Kommandanten Fruchtkonserven: Pfirsiche, Birnen, Erdbeeren und Stachelbeeren. Die Stimmung hob sich im gleichen Maße, wie Hunger und Durst gelöscht wurden. Doch eine Tatsache stand noch drohend vor uns: Wir waren unsere eigenen Gefangenen, eingeschlossen in einem eisernen Sarg und lebendig begraben. Eine Wassersäule von 165 Metern lag über uns, und etwa 40 Tonnen Wasser hielten das Boot auf dem Meeresboden fest.

Der Leitende ging erneut an die Arbeit, um sich selbst und uns zu befreien. Ein kurzer Befehl – und Druckluft schoß mit einem zischenden Geräusch in die Tauchtanks. Aber das Boot blieb am Grund kleben. Mehr Luft rauschte und strömte durch die Leitungen. Immer noch kein Zeichen von Auftrieb. Dann versiegte das Getöse – der Luftstrom verebbte. Grabesstille. Unser Druckluftvorrat war verbraucht. Was blieb dem Leitenden noch zu tun übrig? Wir schienen verloren.

Der L.I. aber gab noch nicht auf. Er wirbelte herum und brüllte: »Alle Mann voraus. Hebt eure müden Glieder, los, los, meine Herren …«

Alles rannte und stolperte vorwärts. Im Bugraum angekommen, kommandierte uns der Leitende wieder achteraus. Außer Atem rannten wir zurück, stürzten in die entgegengesetzte Richtung, bückten uns durch die runden Kugelschotten, schlüpften und rutschten auf den nassen Flurplatten dahin. Im Heckraum hörten wir wieder die schneidende Stimme des L.I., wieder kehrten wir um und begannen nach vorne zu jagen wie wilde Stiere in einer Arena. Wir keuchten, husteten und rannten. Dann fast ummerklich, begann das Boot sich zu bewegen. Als wir in den Bugraum strömten, hob sich plötzlich das Heck. U-557 hatte sich freigearbeitet.

Die Männer eilten auf ihre Stationen. Nahezu unglaublich, doch ganz deutlich, hob sich der Bug, und das Boot trieb sachte und in völliger Freiheit aufwärts. Noch keuchend kam ich in der Zentrale an. Die Nadel des Tiefenmessers zitterte bereits bei 140 Meter, schwang schnell auf 130 Meter und bewegte sich rapide über die Skala. Der L.l. rief mit unbändiger Freude zum Kommandanten im Turm: »Achtzig Meter, vierzig Meter, zwanzig Meter, Turm kommt frei, Boot ist aufgetaucht.«

Paulshen drückte einen Hebel – und das Turmluk flog auf. Unser zwanzigstündiger Aufenthalt in unserem eisernen Grabmal war zu Ende. Frische, kristallklare Luft strömte durch das Boot und erweckte alle Männer – bis auf einen – zu neuem Leben.

U-557 nahm seine unterbrochene Reise nach Kiel wieder auf und fuhr aufgetaucht westwärts. Bordroutine löste das aufregende Zwischenspiel ab. Eine Untersuchung ergab, daß ein Schraubenschlüssel im Dieselluft-Kopfventil unter dem Zigarettendeck eingeklemmt war. Niemand wußte, wie er dorthin gekommen war.

Während der nächsten beiden Tage und Nächte gewöhnte ich mich langsam an das Leben in der Tauchröhre und an das ewige Rollen und Schwanken. Ich machte mich mit den meisten Männern der Besatzung bekannt und nahm alle acht Stunden meinen Platz in der zweiten Brückenwache ein. Ich lernte, mit dem Boot zu schwingen, die Aluminiumleiter hochzusteigen oder herunterzugleiten, ohne mich zu verletzen, mein Gleichgewicht zu halten, wenn ich in schwerer See durch den Mittelgang balancierte, mich durch die runden Kugelschotten zu bücken, ohne Beulen zu bekommen, meine Mahlzeiten trotz des Stampfens und Schlingerns des Bootes einzunehmen, ohne Teile davon in den Bilgen zu verlieren; ich sammelte beachtliche Erfahrung in der Handhabung der Pumpe im WC und lernte, die verschiedenen Ventile in der richtigen Reihenfolge zu öffnen und zu schließen. Ich erfuhr, daß die Rauheit des Kommandanten nur eine Schale um einen verträglichen Charakter war, daß er verheiratet war und einen kleinen Sohn hatte und daß – zu unserer gegenseitigen Überraschung – wir praktisch zusammen aufgewachsen waren. Wir hatten dieselbe Realschule besucht und dieselben Professoren geärgert, hatten vom gleichen Brunnen auf dem Schulhof getrunken und das Segeln auf dem Bodensee lieben gelernt. Diese Entdeckung änderte jedoch Paulshens Haltung mir gegenüber keineswegs. Im Gegenteil. Ich glaube, daß er sogar, was meine Ausbildung betraf, härtere Anforderungen an mich stellte. Während meine beiden Crewkameraden Gerloff und Göbel seiner ständigen Beaufsichtigung entgingen, entwickelte er die Gewohnheit, mich nach einem ermüdenden Tag in meiner Koje aufzustöbern und mich für einen Wachtörn in den Maschinenraum zu schicken, anstatt mir etwas Ruhe zu gönnen. Trotzdem gelang es mir, meine verschiedenen Wachen durchzustehen, ohne dabei einzuschlafen.

Am fünften Tag unserer beinahe tödlichen Überführungsfahrt näherten wir uns gegen 7 Uhr dem Kieler Feuerschiff. Eine Stunde später passierten wir das Ehrenmal der Marine bei Laboe, das wie ein warnender Finger in den Morgenhimmel ragte. Die Kieler Förde öffnete sich unter dem schillernden Frühnebel, und unser Boot fuhr vorsichtig durch den zunehmenden Verkehr immer tiefer in die Bucht, in Richtung Marinestützpunkt Kiel-Wik. Um 10 Uhr 30, am 26. April, kam U-557 an der Tirpitz-Mole längsseits.

Unser rostiges Boot machte achteraus des Tenders *Lech* fest. Die Leinen waren noch nicht vollständig gesichert, als Kern, der I.W.O., auch schon auf die Mole sprang und zu dem alten Dampfer an der Nordseite überwechselte, um für die Unterbringung der Besatzung zu sorgen und Ecksteins letzte Reise in seine Heimatstadt vorzubereiten. Für die nächsten zwei Stunden waren wir damit beschäftigt, durchnäßte Seesäcke, beschädigte Koffer und Kisten und halbverkommene Ausrüstungsgegenstände vom Boot zum Dampfer zu transportieren. Die Kammern auf dem großen Schiff unterschieden sich gewaltig von den engen Verhältnissen auf U-557. Ich richtete mich in einer Kabine dritter Klasse ein und kehrte dann in die Stahlröhre zurück, die inzwischen zum Zwecke der bevorstehenden Reparaturen und der anschließenden Ausrüstung zur Feindfahrt völlig ausgeräumt war. Sieben Monate härtester Ausbildung, die ihren dramatischen Höhepunkt in unserem unfreiwilligen Sturz in die Tiefe erreichte, hatten tiefe Wunden im Boot hinterlassen. Aber die Männer hatten bereits ihren Zusammenstoß mit dem Tod vergessen. Sie waren entspannt und verrichteten ihre Arbeit wie gewöhnlich. Die Lautsprecher in den einzelnen Abteilungen verbreiteten die Klänge der bekanntesten Schlagermelodien.

Ich war gerade dabei, meine letzten Kleinigkeiten aus einem Spind in der Oberfeldwebelmesse herauszufischen, als Gerloff sich durchs vordere Luk ins Boot zwängte und atemlos hervorstieß: »Hast du die letzten Nachrichten gehört?«

»Nein, schieß los, was ist denn so wichtig?« fragte ich.

»Kretschmer und Schepke sollen versenkt worden sein. Ich kann's nicht glauben.«

Aber die Nachricht wurde von Leutnant Seibold bestätigt. U-99 unter dem Befehl von Kapitänleutnant Kretschmer und U-100, Kapitänleutnant Schepkes Boot, waren beim Kampf mit einem Geleitzug im Nordatlantik vernichtet worden. Beide Kommandanten wurden als unbesiegbare Helden verehrt, und ihr Verlust – der erste, der nach achtzehnmonatigem U-Bootkrieg öffentlich bekanntgegeben wurde – bewies uns, daß die Schlacht zur See infolge intensiverer englischer Abwehrmaßnahmen an Härte zugenommen hatte. Kretschmer war unser Tonnage-König, er hatte nahezu 325 000 Tonnen feindlichen Schiffsraums und drei Zerstörer versenkt. Schepke, mit mehr als 250 000 Tonnen auf seinem Versenkungskonto, war gefallen, als sein Boot von dem Zerstörer gerammt wurde, der es an die Oberfläche gebombt hatte. Kretschmer dagegen konnte sein sinkendes Boot rechtzeitig verlassen und geriet mit seiner Besatzung in englische Gefangenschaft.

Diese Doppeltragödie, die sich bereits am 17. März ereignet hatte, verwirrte die Bevölkerung. Hatten die Briten neue Waffen oder eine neue Technik der U-Bootabwehr eingeführt? Seit Beginn des Krieges war die Jagd nach feindlicher Tonnage verhältnismäßig leicht gewesen. Unsere U-Boote waren über Wasser schnell und wendig und konnten vor englischen Wasserbomben mit einer Mischung von Glück und taktischem Können untertauchen. Unsere bisherigen Verluste waren gering im Vergleich zu den Versenkungen, die unsere Boote dem Gegner beibrachten. Wir hatten keine Erklärung für den Verlust von Schepke und Kretschmer. Um die schlechte Nachricht abzudämpfen, veröffentlichte das Oberkommando der Wehrmacht einen Sonderbericht, der die Nation aufhören ließ. Danach hatten unsere U-Boote seit Beginn des Krieges über vier Millionen Tonnen feindlichen Schiffsraums vernichtet sowie ein Schlachtschiff, einen Flugzeugträger und achtzehn weitere Fahrzeuge der *Royal Navy* versenkt.

Am selben Nachmittag wurde U-557 in die Werft verholt. Eine vollständige Überholung der Anlagen, einschließlich der Diesel, E-Maschinen und Batterien, die durch unser nasses Tauchmanöver sehr gelitten hatten, war vorgesehen. Für die Dauer einer Woche fuhr die Besatzung zwischen der Tirpitz-Mole und dem Trockendock hin und her. Für mich ergaben sich völlig neue Erfahrungen in schneller Folge. Am ersten Werftliegetag wurde ich zum Marineamt gesandt, um unsere Navigatonsunterlagen mit Seekarten vom Atlantik zu ergänzen; am zweiten Tag half ich dem I.W.O., unsere technische Bücherei mit Torpedo- und Artillerie-Handbüchern aufzufüllen; am dritten Tag machte Seibold von meinen bescheidenen Kenntnissen in der Verwaltung und meinem Vierfingersystem auf der Schreibmaschine Gebrauch. Feder, der L.I., wies mir die Aufgabe zu, unseren Proviant-Stauplan im Querschnitt aufzuzeichnen, und ich verfertigte Listen, die alles fiskalische Eigentum an Bord aufführten, wie Werkzeug, Ersatzteile, seemännische Ausrüstung, Lederlappen und Medizingläser. Die Offiziere zeigten dabei eine erstaunliche Fähigkeit, ihre Pflichten auf uns Fähnriche abzuwälzen, und meine Tage und Nächte waren deshalb mit einer Menge Kleinarbeit ausgefüllt.

Das Wochenende brachte endlich einige Erleichterung. Am Samstag fuhr ich mit Gerloff und Göbel nach Kiel, wo wir die Buchläden nach etwas Lesbarem für die langen Wochen auf See durchstöberten. Wir aßen gutes Wiener Gebäck in einem Café und erlaubten uns zum Abendessen die Extravaganz eines Hammelbratens in unserem bevorzugten Restaurant, dem Ratskeller. Wir füllten unsere Gläser mit Moselwein und stießen wiederholt auf eine erfolgreiche erste Feindfahrt an. Nicht für einen Augenblick kam es uns in den Sinn, daß unsere erste Geleitzugschlacht auch unsere letzte sein könnte.

Am Montag, dem 5. Mai, kehrte U-557 vollständig überholt aus der Werft zurück. Es war mit einem frischen grauen Farbanstrich versehen und roch, als ob es gerade neu in Dienst gestellt worden war. Wir verbrachten die folgenden drei Tage in der Förde, machten Tauch- und Trimmversuche und andere Manöver und prüften Instrumente und Maschinen. Ich war von dem Ausbildungsstand der Besatzung und der großen Manövrierfähigkeit des Bootes tief beeindruckt. Obgleich es 770 Tonnen verdrängte, etwa 67 Meter lang war und mittschiffs einen Durchmesser von etwa fünf Metern hatte, reagierte das Boot auf die Kommandos des Leitenden geschwind und präzise. U-557 war nun bereit, den anderen Booten in ihrem Kampf zur See beizustehen.

Am 8. Mai fuhren wir das Boot ins Arsenal, wo wir vierzehn Torpedos übernahmen. Die Mehrzahl war von neuester Konstruktion, elektrisch angetrieben und mit Magnetzündung versehen. Nachdem die letzten beiden Torpedos in ihren Halterungen auf den Flurplatten im Bugraum festgezurrt waren, wurde ein zweiter Boden über die stählernen Fische gelegt, der den Männern gerade genug Raum ließ, um zu den Kojen und Torpedorohren zu kriechen.

Am 9. Mai übernahmen wir Proviant und Artilleriemunition. Büchsen, Kanister, Fässer mit Butter und Eiern und Kartons wurden sorgfältig sortiert und im Boot verstaut. Während die Granaten für die 8,8-cm-Kanone und das 2-cm-Flugabwehrgeschütz in Spezialbehältern verschlossen wurden, verteilten unsere Männer die Nahrungsmittel im ganzen Boot. Ich war mehr als erstaunt, den gesamten Lebensmittelvorrat für acht Wochen zwischen Rohrleitungen und Ventilen, Spanten und Luftschächten und hinter den Maschinen verschwinden zu sehen. Riesenhafte geräucherte Schinken wurden in der Zentrale aufgehängt. Spezielle Konserven, wie Schlagsahne, Süßrahmbutter, Bohnenkaffee und Tee wurden vom Kommandanten unter Verschluß genommen, der sich die spätere Verteilung vorbehielt. Die Treibstoffübernahme wurde am 10. Mai durchgeführt. Am 12. Mai erhielten wir einige Wagenladungen frisches Gemüse, Eier, Brot und Trinkwasser. Wir zwängten die Laibe in die letzten unbenutzten Spalten, füllten dann noch drei Schlafsäcke mit dem, was übrigblieb, und ließen sie frei im Bug- und Heckraum hin- und herschwingen.

Als diese Tage der Vorbereitung schließlich zu Ende gingen, verwandelte sich unsere sorglose, fröhliche Laune in eine verhaltene, ernste Stimmung. Ich zog mich auf meine Kammer an Bord des alten Dampfers zurück, packte meine überflüssige blaue Uniform und den Rest meiner Habseligkeiten in zwei Koffer, verzeichnete den Inhalt und versah das Gepäck mit meiner Heimatadresse. Falls die See mich nicht mehr zurückkehren ließ, würde irgend jemand sich der Koffer annehmen und sie nach Hause schicken. Ich schrieb einen letzten Brief an meine Eltern und einen anderen an Marianne. Dann war ich bereit, dem Ungewissen entgegenzutreten.

3

Am Morgen des 13. Mai, es war ein Dienstag, war U-557 seeklar. Als letzte rituelle Maßnahme brachten wir unsere wenigen Kleidungsstücke und andere persönlichen Dinge an Bord, wie Bücher, Zahnbürste und Paste sowie Fotos der nächsten Angehörigen und unserer Mädchen. Rasierzeug war nicht erlaubt. Unsere Bärte mußten wachsen. Der begrenzte Vorrat an Frischwasser war nur zum Kochen und Trinken bestimmt. Leutnant Seibold, der diese letzten Vorbereitungen beaufsichtigte, beobachtete wachsam unser geschäftiges Hin und Her. Seine gelegentlichen Kontrollen förderten einige verbotene Flaschen und alles Überflüssige an Kleidung und Zigaretten zu Tage, erzielte jedoch schließlich das gewünschte Gleichgewicht zwischen Angebot und Nachfrage.

Um 11 Uhr 30 versammelte sich die Besatzung zu einem Abschiedsessen im Speisesaal des Dampfers. Der Stab der 5. U-Bootflottille hatte sich ebenfalls eingefunden, um uns gute Reise zu wünschen. Wir waren plötzlich gefeierte Persönlichkeiten und standen im Mittelpunkt der Aufmerksamkeit. Nach der Mahlzeit – jeder einzelne Mann hatte ein ganzes knusperiges Huhn bekommen – hielt der Flottillenchef seine Abschiedsrede. Er wünschte Kommandant und Besatzung zahlreiche Versenkungen und eine glückliche Heimkehr und fügte hinzu: » … daß einer von euch heute Geburtstag hat, ist sicher ein gutes Vorzeichen, und euer Auslaufen zur Feindfahrt am 13. Mai wird mit Erfolg gekrönt werden. Viel Glück zu eurer Unternehmung und – ein gutes neues Jahr für den Fähnrich Werner.«

Ich war mehr als überrascht. Ich hatte sofort den II.W.O., Seibold, in Verdacht, dem Flottillenchef mein Geburtsdatum verraten zu haben, um mit einem alten Aberglauben aufzuräumen. Nun selbst überzeugt, daß ich ein Glücksbringer war, stand ich auf und nahm den Trinkspruch mit verhaltener Würde entgegen.

Die Stimmung war auf dem Höhepunkt, als wir unser letztes Glas Champagner leerten und kurz darauf aus dem Dampfer auf die Mole strömten.

Eine Marinekapelle spielte einen dröhnenden Marsch. Soldaten, Seeleute und Zivilisten drängten sich auf den hölzernen Planken. Benommen von dem reichlichen Essen, dem Champagner und der Begeisterung der Menge überschritten wir die Stelling zu unserem Boot. Aber als wir auf dem Achterdeck dichtgedrängt antraten, war alle Verbindung mit dem Land abgebrochen. Die Bordroutine hatte bereits angefangen. Eine letzte Zählung – einige Befehle –, und die Leinen wurden von den Pollern geworfen.

U-557 glitt geräuschlos achteraus. Es trennte sich langsam von der Menge und der Mole, klarierte die Tiefenruder und nahm dann Fahrt auf. Etwa fünfzig Meter von der Pier drehte der I.W.O. das Boot in das Fahrwasser der Förde und schaltete auf Diesel um. Eine starke Erschütterung ging durch das Boot. Für wenige Sekunden entwichen den beiden Auspuffleitungen dunkle Abgaswolken. Die zwei Schrauben schlugen das Wasser unterm Heck zu einem schaumigen Strudel.

Von der Mole gellte ein Ruf übers Wasser: »Heil und Sieg und fette Beute.«

Die Kapelle antwortete mit dem Marsch: » … denn wir fahren, denn wir fahren, denn wir fahren gegen Engelland, Engelland …«

»Beide Maschinen halbe Fahrt voraus – neuer Kurs 95 Grad.« Der I.W.O. sprach seine Worte ruhig und beherrscht in das Sprachrohr.

U-557 drehte scharf nach Steuerbord in die Fahrrinne und röhrte aus der Förde. Die Musik verklang in der Ferne, und die Menge am Ufer verteilte sich. Die Verbindung mit der Flottille war gelöst.

Eine Stunde später steuerten wir durch die Schleusen bei Holtenau in den Nord-Ostsee-Kanal. Für den Rest des Tages und die folgende Nacht hindurch fuhren wir mit verminderter Geschwindigkeit durch den engen Wasserweg. Bei Morgengrauen erreichten wir die westliche Einfahrt: die Schleusen von Brunsbüttelkoog. Hier trafen wir mit zwei weiteren U-Booten zusammen, die, von Hamburg kommend, auf uns gewartet hatten. Um 10 Uhr legten die drei grauen Wölfe ab und steuerten geradewegs in die offene See. Die flache Küste verringerte sich bald zu einer dünnen Linie und versank dann ganz hinter der schmutzigen Kimm. Das Rudel fuhr in Kiellinie, U-557 an der Spitze. Ich hatte Brückenwache bis 12 Uhr. Als Teil meiner zahlreichen Pflichten hatte ich für die Dauer der Feindfahrt die Brücke um 8 Uhr und um 20 Uhr für vierstündige Törns unter dem Obersteuermann und III.W.O., Wiesner, zu besteigen. Nach einem hastigen Mittagessen kehrte ich auf die Brücke zurück, um die Ausguckposten auf ihrer Suche nach Treibminen zu unterstützen. Bald erschien die Insel Helgoland an Backbord. Eine Regenbö, die wie ein Vorhang niederkam, verwischte jedoch die Sicht.

Das Rudel machte schnelle Fahrt. Weit hinter der Kimm im Osten lag Dänemark und das Festland. Im Westen, nur wenige Meilen entfernt, lauerten riesenhafte Minenfelder dicht unter der Oberfläche. Nach Sonnenuntergang bestieg ich wieder die Brücke, um meine Wache anzutreten. Wir waren vier Mann: der Obersteuermann, der dritte Seemannsmaat, ein Seemann und ich. Wir kämmten den Himmel nach feindlichen Flugzeugen und die endlose Wasserwüste nach treibenden schwarzen Kugeln ab. Die Dunkelheit senkte sich langsam auf die Nordsee und ließ das Wasser schwärzer und schwärzer werden.

Um Mitternacht löste Gerloff mich ab. Ich fiel durch das Turmluk und ließ mich entlang der Aluminiumleiter in die verdunkelte Stahlröhre gleiten. Der Turm war von der phosphoreszierenden Scheibe des Kompasses nur schwach beleuchtet. Die Zentrale war abgeblendet und fast dunkel. Ich konnte nur mit Schwierigkeit die Rundung des Druckkörpers, die vielen Manometer, Handräder, Schalter, Ventile und Einrichtungen erkennen. Eine kleine Lampe, gut abgeschirmt, verbreitete ein weiches Licht über den Kartentisch. Das ständig überholende und stampfende Boot unter meinen Füßen, taumelte ich in die winzige Oberfeldwebelmesse, wo man mir eine schmale Ledermatratze angewiesen hatte. Ich schwang und zwängte mich in die Koje über der des Diesel-Obermaschinisten, klemmte mich zwischen zwei Spinde und die Bordwand und schloß dann das niedrige Schlingergeländer. Lange Stunden lag ich da, wachgehalten von dem rhythmischen Hämmern der Diesel, dem Plätschern des Wassers am Druckkörper und der Erregung, die diese erste Fahrt gegen den Feind in mir erweckte.

Gegen 6 Uhr kam es mir zum Bewußtsein, daß das Boot heftig stampfte. Wir hatten die Deutsche Bucht längst verlassen und durchkreuzten das Skagerrak. Um 8 Uhr übernahm ich, eingepackt in schweres Ölzeug, meine Brückenwache. Harte Brecher krachten fortwährend gegen die Turmaufbauten. Das Boot zitterte und schüttelte sich unter den wuchtigen Schlägen. Wir hatten die beiden anderen Boote während der Nacht verloren. U-557 war allein in der ungeheuren Weite der stürmischen Wasserwüste. Und wir auf der Brücke kämmten schweigend die See, die Kimm und den Himmel ab – den Himmel, die Kimm und die See.

U-557 fuhr in den zunehmend wilden Gewässern nach Norden. Der Wind blies mit einer Stärke von 7 bis 8. Als das Boot die nördliche Breite von Bergen erreichte und etwa 30 Meilen westlich der norwegischen Küste stand, befahl Paulshen den ersten Tieftauchversuch. Das Turmluk schlug mit einem dumpfen Laut zu. Das Boot sank auf ebenem Kiel langsam tiefer und tiefer. Ein eigenartiges Gefühl überkam mich. Hier hingen wir in einer Luftblase zwischen Oberfläche und Meeresboden, gefährlich überladen mit Torpedos, Treibstoff Proviant, Trinkwasser – einundfünfzig Mann in einer eisernen Trommel, die kaum genug Auftrieb hatte, um aufgetaucht auf dem Wasser zu schwimmen. Aber die ruhige Stimme von Feder, dem L.I., einem alten, erfahrenen Hasen von der Handelsmarine, beruhigte meine Nerven, und ich folgte dem langsamen Abstieg in die Tiefe mit aller Anspannung. Gedämpftes Summen der Lenz- und Trimmpumpen erfüllte den Raum. Leise Kommandos und Antworten schwirrten hin und her. Als das Boot unter die 120-Meter-Grenze sank, begann der Stahl unter dem gewaltigen Außendruck zu klopfen und ächzen; die Geräusche vergrößerten sich tausendfach in der Stille der Tiefe des Meeres. Doch das Boot hielt dicht. Die entscheidende Probe war gelungen. Preßluft pfiff plötzlich in die Zellen, die Elektromotore gingen auf höchste Umdrehungen, der Bug des Bootes hob sich, U-557 schnellte nach oben, legte sich auf ebenen Kiel und begann augenblicklich wieder in der wütenden See zu stampfen.

Als U-557 genau östlich der Shetland-Inseln stand und sich seinen Weg durch riesenhafte Berge von Wasser und Schaum bahnte, änderten wir den Kurs auf Westnordwest, Richtung Atlantik. Am 18. Mai gegen 23 Uhr befahl der Kommandant einen weiteren Kurswechsel – rechtweisend West. Wir hatten einen Punkt ungefähr 70 Meilen nördlich der Shetland-Inseln erreicht, von wo wir den Durchbruch durch die englische Luft- und Seeblockade wagen mußten. Die Diesel brummten zuverlässig. Das Rauschen der Zulüfter vermischte sich mit dem Getöse des Sturmes. Das Boot stampfte mit 14 Meilen durch die reißende See. Ab und zu schaute der Mond hinter den fliegenden Wolken hervor. Wir vier auf der Brücke drückten uns hinter die Turmverkleidung, aber die Wasserkaskaden verwandelten die Brücke in eine riesige Badewanne. Mein Frotteehandtuch, das ich um den Hals gebunden hatte, war mit Wasser vollgesogen. Wasser klatschte in mein Gesicht, in mein Genick. Wasser rann über meine Brust. Wasser lief mir den Rücken hinunter. Wasser fand seinen Weg in meine abgebundenen

Ärmel, sooft ich die Zeissgläser an die Augen hob, und Wasser rann an meinem Körper entlang in die Stiefel.

Plötzlich die Stimme des Maaten: »Schatten in 300 Grad – scheint ein Frachter zu sein.«

Ich flitzte herum und richtete mein starkes Nachtglas in die angegebene Peilung. Sechs- bis siebentausend Meter voraus überquerte ein schwacher Schatten unsere verlängerte Kurslinie in einem spitzen Winkel. Das Schiff dampfte nach Westnordwest.

»Kommandant auf die Brücke«, rief Wiesner erregt in den Turm.

Die Meldung wurde im Boot zweimal wiederholt. Sekunden später zwängte sich der Kommandant durch das Luk. Wiesner deutete erregt auf das schattenhafte Ziel.

Paulshen, dessen Augen sich schnell an die Dunkelheit gewöhnten, erkannte das Fahrzeug und handelte: »Ich übernehme die Wache. Gehn Sie runter, Wiesner, und koppeln Sie den Angriff.« Dann beugte er sich über die runde Öffnung des Turmluks und brüllte: »Auf Gefechtsstation – hart Steuerbord – neuer Kurs 320 Grad – beide Maschinen äußerste Kraft voraus!«

Die Jagd begann.

Paulshen konzentrierte sich auf das schattenhafte Fahrzeug. Wir andern überwachten angespannt die aufgewühlte See. Der I.W.O. stürmte auf die Brücke und befestigte das starke Angriffsglas auf der U-Bootzieloptik (UZO). Zwei Mann der Wache wurden ausgewechselt. Der Maat im Turm ließ den Vorhaltrechner warmlaufen. Die Torpedomechaniker eilten zu ihren Rohren. Die Funker besetzten ihre Geräte. Die Besatzung war auf Gefechtsstationen.

Mittlerweile hatte der Frachter nach Backbord gezackt und zeigte uns sein Heck. War es Absicht oder Zufall? Paulshen fand sich plötzlich in denkbar ungünstigster Lage. Er drehte sofort sein Boot in den Wind. Die Wellen krachten von rechts voraus gegen den Turm. Bellender Donner folgte. Schwarze Wolken verdeckten den Mond. Für die Dauer einer Minute verloren wir unser Ziel. Als der Mond wieder erschien, entdeckten wir unsere Beute in der kochenden See. Das Fahrzeug lief mit voller Kraft nach Westen ab.

Paulshen, der sich über den geringen Fortschritt der Verfolgung seine Gedanken machte, brüllte in das Sprachrohr, das ihn mit dem Funkraum verband: »Auf 600-Meter-Welle schalten und internationalen Funkverkehr abhören – möglich, daß wir entdeckt worden sind –, der Kerl macht vielleicht mit seinem Hilferuf die ganze Nachbarschaft verrückt.«

Der Gegner zackte wieder nach Steuerbord und legte sich auf seinen alten Kurs. Der I.W.O. nahm eine schnelle Peilung, gab seine Werte in den Turm und rief laut: »Frage Gegnerfahrt und Kurs ...«

Augenblicke des Schweigens. Dann kam Wiesners Stimme von unten: »Gegnerfahrt vierzehn – Kurs 260 Grad.«

Das Fahrzeug war ein schnelles, modernes Handelsschiff, das den Atlantik allein zu überqueren versuchte. Noch hatte es seine Funkstille bewahrt. Aber während der ersten 70 Minuten unserer Jagd hatten wir die Entfernung beträchtlich verringert, und es war mit Gewißheit anzunehmen, daß es die andere Küste nicht erreichen würde. Und die Verfolgung ging weiter. Jagdfieber hatte uns alle ergriffen. Wir spürten weder die Brecher, die in unsere Gesichter schlugen, noch das Wasser, das an uns herunterlief. Vor uns lag unser erstes Opfer – das allein zählte. Unsichtbar, bis zum Rand der Brücke in mächtige Wellen getaucht, jagten wir auf einem genau berechneten Kurs in die Nacht und hielten das todgeweihte Schiff scharf im Auge. Um 2 Uhr 15 hatten wir es an Backbord rechtweisend 270 Grad. Weiter ging die Verfolgung, weiter pflügten wir die tosende See mit röhrenden Dieseln und fuhren das Boot in Angriffsposition. Um 3 Uhr berichtigte Paulshen den Kurs. Es war uns gelungen, uns ungesehen vor den Gegner zu setzen. Der hatte seinen Kurs in regelmäßigen Zeitabständen gewechselt und damit den Erfolg unseres Angriffs garantiert.

Um 3 Uhr 25 befahl der Kommandant, die Rohre zu bewässern. Kern zwängte sich hinter das UZO, umklammerte mit seiner Linken den Sockel und richtete mit seiner Rechten das Nachtglas auf den Gegner. Dann brüllte er in den Turm, um das Heulen des Sturmes und der Diesel zu übertönen: »Rohr eins bis vier fertig zum Überwasserangriff – Mündungsklappen öffnen ...«

Wenige Augenblicke später kam die Meldung von unten: »Rohr eins bis vier fertig zum Überwasserangriff.«

Dann wieder Kern: »Gegnerfahrt vierzehn – Gegnerlage links fünfzig – Entfernung eintausend – Tiefe sieben ...«

Die nächste Maßnahme mußte vom Frachter kommen. Es würde seine letzte sein, vorausgesetzt, alle unsere Schätzungen waren korrekt. Sie waren es. Auf die Minute genau wendete der Gegner, schwang seinen Bug auf uns zu – und rannte direkt in die Falle, die Paulshen ihm gestellt hatte. U-557 drehte bei und zeigte dem Gegner die schmalste Silhouette.

Das Schiff kam wie ein Ungeheuer auf uns zu und schloß die Entfernung bis auf 1000 Meter.

»Schieß, I.W.O., schieß«, rief Paulshen.

Kern zielte noch einmal, dann bellte er in den Sturm: »Rohre eins fertig ... fertig ...«

Ein harter Brecher schlug plötzlich gegen die Turmverkleidung, zersprang und zerstäubte am harten Stahl zu beißendem Sprühregen, der in unsere angespannten Gesichter klatschte. Dann verteilte sich die Gischt, löste sich auf, und das Salzwasser gurgelte von der Brücke. Mit schmerzenden Augen und nassen Gläsern versuchten wir das Ziel wieder zu fassen.

Aber der Gegner hatte abgezackt. Im fahlen Schein des Mondes, der für Sekunden die Aufbauten des Dampfers aufleuchten ließ, erkannten wir, daß er scharf abgedreht hatte. Wieder stand unser Boot in ungünstigster Schußposition.

Ein Fluch – und ein Kommando Paulshens. Die Diesel heulten jäh auf, röhrten laut, und U-557 schoß mit höchster Fahrtstufe dem davonlaufenden Phantom nach. Dichte Rauchwolken entströmten dem Schornstein des fliehenden Riesen. Der Sturm trieb die Schwaden tiefer und auf die schäumende, kochende See. Der Mond verschwand, und die Dunkelheit war wieder fast schwarz. Wir preßten unsere Gläser gegen unsere Augen, daß die Augenhöhlen schmerzten. Dann wurde die schattenhafte Masse aus Stahl kleiner und kleiner.

Da kam Seibolds aufgeregte Stimme durchs Sprachrohr: »Gegner funkt auf 600-Meter-Welle wie folgt: GERMAN SUBMARINE – ATTACK BY GERMAN SUBMARINE – FIFTY NINE NORTH ..., das Signal wurde nicht beendet.«

Paulshen jagte sein Boot erneut, verbissen und zäh, in die Flanke des ablaufenden Gegners. Ein neuer Zack, ein zweiter, ein dritter. Dreißig Minuten zornigen Jagens vergingen. Noch hatten wir das Schiff in unseren Gläsern, verschwommen und unwirklich. Aber nach weiteren fünfundvierzig Minuten heißer Verfolgung mußten wir enttäuscht gestehen, daß der Gegner uns und damit seiner Vernichtung entronnen war.

Es war 4 Uhr 10 am 19. Mai. Paulshen drehte den Bug seines Bootes nach Westen. Die Mündungsklappen wurden geschlossen, die Rohre entwässert, die Männer von den Gefechtsstationen entlassen. Aber trotz der entkommenen Tonnage war der Druck, der seit Tagen auf uns lastete, plötzlich verschwunden.

U-557 fuhr aufgetaucht und mit Höchstfahrt nach Westen ab. Der Kommandant wollte in der kürzesten Zeit zwischen uns und dem Ort der Feindberührung eine möglichst große Entfernung legen. Er rechnete damit, daß der Gegner noch vor dem Morgengrauen seine Kräfte in dieser Gegend massieren würde.

Ich war völlig durchnäßt und schauderte nach einer neunstündigen Wache auf der Brücke. Das Wasser in meinen Stiefeln kippte bei jeder Bewegung über, als ich die Leiter ins Boot hinabstieg. Ich schälte mich aus meinem aufgeweichten U-Bootpäckchen und Unterzeug, hängte die Sachen zum Trocknen im Heckraum auf, rannte dann nackt durchs Boot und kroch müde, aber seltsam erregt in meine enge Koje.

Tagelang verfolgte U-557 seinen westlichen Kurs über Wasser. Das Boot wälzte sich in der schweren See mühsam voran. Es schaukelte, schwankte, stampfte, rollte und holte über in einem ewigen Rhythmus. Die Feuchtigkeit im Boot war nahezu unerträglich. Sie schlug sich auf dem kalten Stahl des Druckkörpers nieder und rann in Strömen in die Bilgen. Ein Brecher nach dem anderen fand seinen Weg durchs Turmluk in die Zentrale. Nahrungsmittel verfaulten und mußten über Bord geworfen werden. Das Brot weichte auf und wurde schimmelig. Was immer wir berührten, war naß und schleimig. Seit Tagen hatten wir keinen genauen Standort. Wir sahen weder die Sterne noch die Sonne oder den Mond. Nur das tägliche Prüfungstauchen brachte kurze Erleichterung. Dort drunten in der Ruhe der Tiefe beendeten wir unsere Arbeiten, die wir über Wasser nicht durchführen konnten, und hatten eine Mahlzeit, ohne sie auf den Flurplatten oder in den Bilgen zu verlieren. Für eine oder zwei Stunden erholten wir uns von dem Toben der Elemente, warteten aber bereits mit einem unangenehmen Gefühl in der Magengrube auf den nächsten Angriff von Wasser und Sturm.

An einem dieser wilden Tage, an denen wir das Wetter, aber keinen Gegner bekämpften, erhielten wir vom Befehlshaber der U-Boote, dem BdU, einen Funkspruch von höchster Bedeutung. Danach befand sich das Schlachtschiff *Bismarck* auf einer Such- und Zerstöraktion in arktischen Gewässern und war dabei, in Begleitung des schweren Kreuzers *Prinz Eugen* in den Nordatlantik vorzustoßen. Am 24. Mai wurden alle in diesem Seegebiet stehenden U-Boote vom schnellen Sieg der *Bismarck* über das englische Schlachtschiff *Hood,* das größte Schiff Seiner Majestät, aufgeklärt. Die Boote wurden angewiesen, weitere Befehle in bezug auf die zukünftige Operation der *Bismarck* abzuwarten. Wir betrachteten das plötzliche Erscheinen deutscher Überwasserstreitkräfte im Atlantik als eine außerordentliche Leistung. Es war klar, der Nordatlantik war ein deutscher Binnensee geworden, und es würde für die britische Home Fleet wie auch für die alliierte Handelsschiffahrt tödliche Folgen haben, sich darin aufzuhalten. Unsere Überzeugung wurde durch Funksprüche bestärkt, die wir von anderen Booten abfingen. U-556, unser Schwesterboot unter Kapitänleutnant Wohlfahrt, hatte auf seiner letzten Feindfahrt Schiffe mit über 30 000 Tonnen versenkt. U-203, Mützelburg, U-93, Korth, und andere hatten weit über 100 000 Tonnen alliierten Schiffsraums in nur wenigen Wochen vernichtet.

Ende Mai, zwischen Sonnenuntergang und Abenddämmerung eines grauen Tages, entdeckten wir Ausgucks der dritten Wache einen Schmierfleck am westlichen Horizont. Einige Augenblicke später hatte sich der Schmierfleck in dicken Qualm verwandelt, in Rauchfahnen, die von einer großen Anzahl Schornsteinen in den Abendhimmel stiegen. Dann sahen wir die Spitzen zahlloser Masten. Wir waren auf Kollisionskurs mit einem Geleitzug.

»Kommandant auf die Brücke!«

Paulshen schnellte auf die Plattform, erfaßte die Lage und stieß eine Reihe Befehle durch seinen zweiwöchigen Bart. Die Alarmglocke schrillte. Wir sprangen in den Turm. U-557 schnitt in die Wellen und war nach zwanzig Sekunden von der Oberfläche verschwunden. Das Boot pendelte schnell durch. Die Besatzung huschte auf Gefechtsstationen. »Auf Sehrohrtiefe gehen«, befahl der Kommandant. U-557 steuerte sich auf der befohlenen Tiefe ein. Der I.W.O. stieg zu uns in den Turm, und ich übernahm das elektrische Ruder. Das summende Geräusch des Sehrohrmotors erfüllte den engen Raum. Paulshen fühlte sich sichtlich bequem auf dem Schaumgummisitz des Sehrohrs. Einen Hebel betätigend, fuhr er es vorsichtig ein und aus und folgte mit der Spitze des langen ›Spargels‹ dem mächtigen Heben und Senken der groben See. Der Funkmaat am Horchgerät meldete durchs Sprachrohr mit gedämpfter Stimme die Peilung des Verbands. Bald darauf hörten wir das Mahlen vieler Schrauben mit bloßem Ohr. Plötzlich entdeckte der Horcher eine Suchgruppe vor dem Geleit – die Feger. Das schlagende, klopfende Geräusch vieler Schrauben und Kolbenmaschine bedeckte den ganzen westlichen Horizont. Dann hörten wir das scharfe, metallische ping, ping, ping der Asdic-Impulse, die die Zerstörer ausstrahlten, um den Gegner aufzuspüren. Für die meisten von uns war es ein völlig neuartiges Geräusch. Die Töne trafen den Druckkörper, als ob eine Stimmgabel dagegen schlüge, drangen durch den dicken Stahl, liefen durchs ganze Boot, entwichen – und verbreiteten sich über die ungeheure Weite des Atlantik. Das tiefe, stampfende Klopfen der Kolbenmaschinen und der zirpende Gesang der Turbinen wuchs gewaltig an. Dann meldete der Horcher, daß der Verband nach Süden abgedreht sei.

Plötzlich hörten wir die zischenden Schrauben eines Zerstörers. Der Kommandant drehte das Sehrohr schnell um die Achse, hielt an und flüsterte: »Drei Zerstörer in 230 Grad, Entfernung 3000 Meter – Ruder hart backbord, neuer Kurs 260 Grad.«

Paulshen hätte die gefährlichen Zerstörer ohne viel Aufhebens versenken können, wählte aber klugerweise größeres und sichereres Wild. Plötzlich rief er:

»Was für eine Aussicht! Torpedowaffe Achtung! Rohr eins bis fünf klar zum Unterwasserschuß!« Dann leiser zum Maat am Vorhalterechner, »Gegnerfahrt zehn, Lage links dreißig, Tiefe sieben, Entfernung zwölfhundert ... he, I.W.O., schauen Sie sich mal diese Parade an.«

Kern beugte sich vorwärts und preßte seine Stirn gegen das Schaumgummistück am Okular, keuchte und staunte: »Das sind mindestens dreißig Dobasse dort oben. Schaukeln wie die Elefanten.«

Der Kommandant nahm seinen Rundblick wieder auf, hielt an, stutzte und brüllte: »Beide Maschinen äußerste Kraft voraus, runter mit dem Boot, schnell auf 150 Meter gehen, runter in den Keller, L.I.«

Die Schrauben drehten sich mit höchsten Touren. Das Boot zitterte stark. Dann fiel es dem Meeresboden entgegen.

»Achtung – Wasserbomben ...«

Das nervenzerreißende swisch-swisch-swisch eines näherkommenden Fegers wurde lauter und übertönte den tosenden Lärm der dreißig Frachter. Der Zerstörer überquerte harmlos unser unsichtbares Kielwasser und stieß dann in nördlicher Richtung davon. Feder brachte das Boot langsam wieder auf Sehrohrtiefe, ein Manöver, das uns zwanzig wertvolle Minuten kostete.

Mittlerweile hatte der Verband wieder gezackt, und ein schneller Rundblick belehrte den Kommandanten, daß er sich in ungünstigster Schußposition befand, zu weit nördlich für einen sicheren Treffer.

21 Uhr 15. Erneuter Rundblick. Es waren nur Minuten bis zum Einbruch der Dunkelheit. Paulshen entschied sich, die Nacht abzuwarten, dann aufzutauchen und das Geleit von achtern anzugreifen. Ölzeug wurde uns in den Turm gereicht. Die Gefechts-Brückenwache machte sich in der Zentrale fertig. Ich wurde vom Ruder abgelöst. Tiefenruder- und Trimmkommandos des Leitenden unterbrachen zeitweilig die Stille im Boot. Dreißig Minuten vergingen, während der Kommandant schweigend und gebeugt am Sehrohr saß. Dann meldete der Horcher, daß der gegnerische Verband wieder gezackt hatte. Das aufreizende Dröhnen vieler Kolbenmaschinen, das Rauschen schlagender Schrauben, gewaltig verstärkt durch das klare Wasser des Nordatlantik, ließ

unsere Herzen schneller schlagen. 22 Uhr 45. Es war soweit. Paulshen sprang hoch und rief: »Anblasen.«

Das Boot brach durch die Oberfläche, der Deckel des Turmluks sprang zurück, und der heulende Sturm fegte eisigen Sprühregen in unsere Gesichter. Fünf Mann folgten dem Kommandanten auf die Brücke. Die Nacht war mondlos und schwarz – ausgezeichnet für eine Geleitzugschlacht. Das Boot lag tief in der schwellenden See. Das Oberdeck war völlig überspült. U-557 gewann Fahrt und jagte mit blökenden Dieseln seinem Ziel entgegen. Unsere Augen bohrten sich ins Dunkel. Die Spannung war bis zur Unerträglichkeit angestiegen. Mit schäumenden Flanken preschte das Boot voraus, zerteilte die Wellen, sprühte Fahnen von Gischt und zog eine hellleuchtende Schaumschleppe achteraus.

Drunten im Boot ölten die Dieselheizer ihre Maschinen, prüften die Torpedomixer ihre Geräte, warteten die E-Maschinen-Heizer ihre Batterien, drückten die Funker ihre Tasten und sandten die Meldung über unsere Feindberührung in den Äther.

»Schatten in 25 Grad, Entfernung 5000 Meter«, meldete ein Ausguck verhalten.

»Mehrere Schatten in 350 Grad«, rief ein anderer.

Wir hatten den Geleitzug rechts voraus und schlossen die Lücke mit hoher Fahrt. Paulshen ließ sein Boot geschickt dreihundert Meter hinter einem schemenhaften Frachter in den Verband hineingleiten. Nirgendwo ein Sicherungsfahrzeug – unglaublich. Sie suchten sicher in der verkehrten Richtung. Gut für uns – schlecht für das Geleit. Der Wolf war mitten in der Herde.

»Beide Maschinen halbe Fahrt voraus«, rief Paulshen – und wandte sich an Kerp. »Ich steuere zwischen die beiden Kolonnen – nimm einen Aal für ein Fahrzeug – schieß auf das entfernteste Ziel zuerst, auf das nächste zuletzt – schieß nach beiden Seiten – ziel immer auf den Schornstein.«

Die Entfernung zu den schwarzen Ungeheuern wechselte zwischen vier- und siebenhundert Metern. Es war eine überwältigende Situation, unentdeckt in der Mitte der Armada feindlicher Schiffe zu fahren und in aller Ruhe diejenigen auszusuchen, die sterben mußten.

U-557 rollte nun fast gemächlich in der langen Dünung. Die See schäumte und polterte um Turm und Oberdeck. Schwarz war die Nacht, aber unsere Ziele waren noch schwärzer. Der I.W.O. hatte seine Opfer für die Hinrichtung aufgereiht, verbesserte seine Werte und vergewisserte sich, daß sie alle richtig waren.

»Bug rechts Lage 70, Entfernung 500, Gegnerfahrt elf …«

Da gellte die Stimme des Kommandanten in den Wind: »Gib es ihnen, I.W.O.! Feuererlaubnis!«

Ich stand gegen den Sehrohrbock gelehnt, beobachtete fiebernd die schaumgekrönte See und erwartete gespannt den Schuß. Zwei Zerstörer schaukelten in einiger Entfernung an Steuerbord. Für sie waren wir unauffindbar. Unsere niedrige Silhouette konnte in dieser aufgewühlten, langen Dünung unmöglich ausgemacht werden. Dagegen zeigten sich die Frachter wie Freiwild. Paulshen steuerte sein Boot unerschrocken durch die Lücken, die der Gegner ihm bot, und verringerte weiter die Entfernung zu den Zielen. Die Diesel arbeiteten auf höchsten Touren. Unsere Herzen schlugen im Takt der Ventile. Dort, verschwommen, zackten die Zerstörer. Aber wir waren mitten im Geleit, wo Zerstörer nicht mit Sicherheit operieren konnten. Paulshen stand in seiner Steuerbordnock. Unbeirrt fuhr er sein Boot zum ersten Angriff. Für ihn war ein Sieg so sicher wie das Amen in der Kirche.

Jetzt – jetzt mußte der Schuß fallen. Herrgott, wenn der I.W.O. nur schießen würde.

Da erschien Seibolds blonder Schopf im schwarzen Rand des Turmluks »Funkspruch vom BdU, Herr Oberleutnant«, rief er prustend.

»Mach schnell.«

»AN U-557 – ANGRIFF UNTERLASSEN – PEILZEICHEN ERBETEN – BIS AUF WEITERES FÜHLUNG HALTEN – BDU.«

»Himmelkreuzdonnerwetter«, zischte Paulshen durch seine Zähne. Der Befehl zwang ihn, so lange mit dem Gegner Versteck zu spielen, bis unsere Peilzeichen andere Boote an die Beute herangeführt hatten. Verärgert verringerte er die Fahrt. U-557 fiel ans Ende des Verbands zurück und fegte dann mit Höchstgeschwindigkeit nach Nordosten, indem es den dunklen Horizont einer Schlechtwetterfront als Deckung benutzte. Doch als ich gewohnheitsmäßig mit meinem Glas den vorderen Sektor bestrich, war ich vor Schrecken wie gelähmt. Keine 1000 Meter entfernt kam ein Zerstörer mit Lage Null auf uns zu, seine weiße Bugwelle hoch aufwerfend. Zwei andere folgten in Dwarslinie in kurzem Abstand. Waren wir tatsächlich entdeckt worden? Für einen langen Augenblick blieb meine Zunge am Gaumen kleben. Dann erst konnte ich rufen: »Zerstörer in 340 Grad – Lage Null …«

Paulshen reagierte sofort: »Hart steuerbord – beide Maschinen dreimal äußerste Kraft voraus!«

U-557 drehte scharf ab und holte stark über. Mit allem, was die beiden Diesel hergeben konnten, stürmte das Boot westwärts und krachte in den Ansturm der Wellen. Die drei Verfolger, jetzt achteraus, schlugen und stampften hart in der hohen See, die sich drohend auftürmte. Ihr Vorschiff bohrte sich tief in die heranrollenden Wellen; sie schüttelten ganze Niagarafälle vom Oberdeck, wenn sie die Kämme erklommen und ihren Kiel freilegten. Aber trotz ihres Wälzens und Schlagens verringerten sie die Entfernung. Ich stand und starrte ihnen entgegen, als hätte ich allein die Kraft, sie aufzuhalten. Und ich dachte: ›Wenn wir nur ein oder zwei Meilen mehr aus den Maschinen herausholen könnten, würden wir die drohende Gefahr abhängen können.‹ Und die Diesel rasselten, hämmerten. Das Boot bockte und sägte die See. Dann erkannte ich mit einem eisigen Frösteln, daß die Zerstörer verdammt schnell näher kamen.

»Alarm!« Der Ruf des Kommandanten schnitt schrill in die Nacht. Wir fielen Hals über Kopf durchs Turmluk, durch den Turm und auf die Flurplatten in der Zentrale. Paulshen brüllte in das Brausen, Dröhnen und Röhren des Tauchmanövers: »Auf 170 Meter gehen – Zerstörer im Anlauf ...«

Der L.I. bellte seine Anweisungen ins Mikrophon. Der Kommandant drehte das Boot auf Gegenkurs. U-557 zitterte unter der Wucht der Schrauben, als es sich den Zerstörern entgegenschwang, die sich in voller Fahrt seiner Tauchstelle näherten. Bei unserem fast wahnsinnigen Versuch, den Angriff zu unterschneiden, kippte das Boot vorne stark ab und rauschte mit einer gewaltigen Vorlastigkeit dem Grund entgegen – 5000 Meter unter unserem Kiel. Die zischenden Schrauben der Zerstörer kamen mit irrsinniger Geschwindigkeit näher. Alle Augen richteten sich in der Erwartung des Unvermeidlichen aufwärts.

Eine schauderhafte Explosion. Eine riesige Macht hob U-557 am Heck schüttelte es wild, warf die Männer auf die Flurplatten, tauchte das Boot in völlige Dunkelheit. Eine zweite Detonation krachte Sekunden später. Tief rollender Donner folgte.

»Hilfsbeleuchtung einschalten – Preßluft auf Tauchzelle 3 – beide Tiefenruder oben hart ...« Das war Feders verhaltene Stimme.

Einige Lampen flackerten auf. Meldungen kamen von den verschiedenen Räumen. Die Wellenstopfbuchsen machten stark Wasser. Die Druckwelle des wohlgezielten Wurfs hatte das Boot auf 185 Meter gedrückt. Aber der L.I. hatte das Boot in der Gewalt. Es war das schnellste Alarmtauchen das er je durchgeführt hatte.

Paulshen befahl äußerste Stille. Er sprach leise, flüsternd: »Auf Schleichfahrt gehen – Backbordmotor 70 Umdrehungen – Steuerbordmotor 60.« Alle Hilfsmotoren wurden abgestellt. Alle Instrumente, die nicht unbedingt nötig waren, abgeschaltet. U-557 glitt geräuschlos durch die unermeßliche Tiefe. Aus dem Horchraum kam die Meldung: »Gegner in 120 Grad, ein zweiter in 225 Grad.«

Wir brauchten keinen Horcher, um uns zu sagen, was auf der Oberfläche vor sich ging. Wir konnten mit bloßen Ohren ihre Hilfsmotoren hören. Asdic-Impulse trafen unsere Bordwand wie Pfeile: ping, ping, ping. Die Zerstörer gruppierten sich zum zweiten Anlauf. Wir hörten ihre Pumpen, ihre Ruderketten arbeiten. Wir hörten auch, wie einer der Tommies einen Hammer in die Bilge fallen ließ. Für einen Augenblick lagen alle drei Verfolger gestoppt. Dann warf einer seine Turbine an, brachte seine Schrauben auf höchste Umdrehungen und begann seinen Anlauf. Das zischende Geräusch war von heftigen Asdic-Impulsen begleitet. Sie drangen durch den Stahl unserer Röhre in das Herz eines jeden Mannes. Der Zerstörer kam schnell näher, jetzt – jetzt – zwei, drei deutliche Aufschläge an der Oberfläche – Wasserbomben.

Drei ohrenbetäubende Explosionen Backbord achteraus. Das Boot ächzte unter der Wucht der Detonationen und schüttelte dann mit einem wilden Aufbäumen die Salven ab. Da begann auch schon ein zweiter Zerstörer mit seinem Anlauf.

»Beide Maschinen volle Kraft voraus«, befahl Paulshen, »holt tief Luft, Männer!«

Drei erbarmungslose, gellende, reißende Schläge. U-557 zitterte, bäumte sich; die Flurplatten sprangen hoch, Preßluft zischte, Wasserstandsgläser platzten – aber das Boot hielt dicht. Der letzte Wurf detonierte Steuerbord achteraus. Es schien, als ob die Suchgruppe kein klares Bild über unseren genauen Standort hatte. Die hohe See und unsere große Tiefe hatten uns gerettet. U-557 glitt langsam und geräuschlos aus dem Gefahrenbereich und ließ bald die nervös suchenden Zerstörer weit achteraus. Während der nächsten drei Stunden fuhren wir mit Schleichfahrt ab, während die Zerstörer fortwährend ihre Kanister warfen.

Um 5 Uhr tauchte U-557 auf. Frische Luft strömte in das Boot. Die Nacht war immer noch schwarz, die See rollte noch hoch vom Westen nach Osten. Die Diesel begannen zu klirren, die Lüfter zu rauschen. Die neue Wache kletterte auf die Brücke. Wir waren noch einmal davongekommen. Wir schlugen einen großen Bogen um die Verfolger und nahmen die Jagd nach dem Geleit auf. Der Steuerborddiesel trieb das Boot vor den mächtigen, überrollenden Wellen voran. Die Backbordmaschine heulte laut und lud unsere erschöpften Batterien auf.

Kurz nach der Morgendämmerung am 27. Mai fing unser Funker einen dringenden Funkspruch vom BdU ab: AN ALLE – AN ALLE U-BOOTE MIT TORPEDOS – SOFORT UND MIT HÖCHSTFAHRT ZUR BISMARCK GEHEN – QUADRAT BE 29.

Paulshen erhielt die entzifferte Meldung um 6 Uhr 35 auf der Brükke. Zu diesem Zeitpunkt war der Befehl bereits acht Stunden alt. Er war um 21 Uhr 15 am vorhergehenden Abend ausgestrahlt worden. Aber zu dieser Uhrzeit waren wir getaucht und hatten keine Gelegenheit gehabt, ihn zu empfangen. Da wir für den größeren Teil der Nacht mit Wabos beharkt wurden, hatten wir keinerlei Kenntnis von der ernsten Lage der *Bismarck.* Wir nahmen nun an, daß unser Schlachtschiff auf übermächtige feindliche Streitkräfte gestoßen war, nachdem die *Prinz Eugen* entlassen worden war.

Für Paulshen war guter Rat teuer. Er hatte sich zu entscheiden, ob er seine Jagd nach dem lohnenden Geleit fortsetzen oder dem großen Schiff zu Hilfe eilen sollte. Der Standort der *Bismarck* war mehr als 350 Seemeilen südöstlich von U-557, zu weit, um das Schlachtschiff innerhalb eines Tages zu erreichen. Während Paulshen noch um eine Entscheidung rang, fingen wir ein Kurssignal von U-556, Wohlfahrt, auf. Danach war die *Bismarck* in einen aussichtslosen Kampf verwickelt. Diese Meldung veranlaßte Paulshen, den Bug seines Bootes herumzuwerfen und auf die zuletzt gemeldete Position der *Bismarck* zuzusteuern. Als U-557 vor der See nach Südosten jagte, war uns nicht bekannt, daß zwei englische Schlachtschiffe, ein Flugzeugträger, zwei Kreuzer und eine Anzahl Zerstörer sich auf dem entfernten Schlachtfeld konzentriert hatten, um dem deutschen Schiff den Todesstoß zu versetzen.

Die Wellen türmten sich hoch, der Wind wehte hart und zerrte an unseren Südwestern. Scharfer Sprühregen schnitt in unsere Gesichter. Um 9 Uhr 25 sichteten wir zwei Sicherungsfahrzeuge des Geleits und mußten einen Umweg von einer halben Stunde machen, um ihnen zu entwischen. Als wir auf unseren alten Kurs zurückkehrten, war unser Vorhaben bereits überflüssig geworden. Um 11 Uhr 50 erhielten wir den folgenden Funkspruch vom Befehlshaber der U-Boote BISMARCK OPFER KONZENTRIERTEN FEINDLICHEN FEUERS – ALLE U-BOOTE IN DER NÄHE NACH ÜBERLEBENDEN SUCHEN.

Die ganze Nacht und den folgenden Morgen fuhren wir mit Höchstfahrt durch eine sich langsam beruhigende See in Richtung Planquadrat BE 65, wo die *Bismarck* ihre letzte Schlacht geschlagen hatte. Wir erreichten ihr Grab gegen Mittag des 29. Mai, zwei Tage und sieben Stunden zu spät. Der Atlantik atmete ruhig und war mit einer dicken Schicht Treiböl und zahlreichen Trümmern bedeckt. Während die

Brückenwache die Kimm und den Himmel nach dem Feind absuchte, durchforschte die Freiwache die Trümmer nach Überlebenden. Wir fanden keine. Weder eine Leiche, noch einen Rettungsring, noch ein Floß. Wir durchkämmten mit langen Suchstößen einen vollen Tag lang die Gegend und kehrten dann ergebnislos auf die nördlichen Geleitzugwege zurück.

4

Bereits zwei Tage später hatten wir eine unerwartete Feindberührung. Die Sonne schien von einem unbefleckt blauen Himmel. Eine leichte Brise wehte aus Südwest. Das grünblaue Wasser hatte hier und dort weiße Schaumkappen.

Ich hatte meine Wache um 12 Uhr beendet, hatte mein saures Mittagessen mit einer gehörigen Portion Mut und Pfeffer hinuntergewürgt und rauchte gerade eine Zigarette auf der Brücke, als der Backbordausguck nach vorne zeigte und rief: »Mastspitze in 350 Grad.«

Meine Armbanduhr zeigte 13 Uhr 50.

Der I.W.O. drehte sofort das Boot auf Gegenkurs und verständigte den Kommandanten. Bevor U-557 seinen Kreis gezogen hatte, war Paulshen auf der Brücke. Das Ziel war inzwischen achteraus gewandert und reckte seine Masten wie Zahnstocher in die Luft. Paulshen erkannte sofort, daß der Gegner einen westlichen Kurs steuerte, fluchte kurz aber heftig und rief ins Turmluk: »Hart Steuerbord – beide Maschinen äußerste Kraft voraus!«

Das war das Signal. Die Jagd begann. Unser schlankes Boot schnitt die kabbelige Oberfläche mit Eleganz und zog eine schäumende Hecksee hinter sich her. Die Zulüfter rauschten, die Diesel rasselten, das Wetter war klar und sichtig. U-557 dampfte den Gegner am Rande der Sicht aus. Kern schickte einen unaufhörlichen Strom von Peilungen in den Turm, die Wiesner auswertete. Nach fünfzehn Minuten erkannten wir mit Sicherheit, daß wir einen übergroßen, modernen Frachter vor unseren Rohren hatten. Mit einem deutlichen Fahrtüberschuß jagte Paulshen sein Boot hinter der Krümmung der Erde westwärts, die Mastspitzen des Fahrzeugs fest in seinem Doppelglas. Seine Absicht war, sich für einen Unterwasserschuß dem Gegner vorzusetzen. Plötzlich zackte das Schiff weg. Seine drei Masten schmolzen in einem zusammen – und sanken dann schnell ins Meer. Zwanzig Minuten lang stand unsere Verfolgung auf des Messers Schneide. Dann krochen die Masten wieder im Süden über die Kimm.

Dann zackte das Schiff noch einmal und zeigte uns Derricks und Schornstein. Es war 15 Uhr 15.

Kurz darauf kletterte Wiesner auf die Brücke und zeigte Paulshen seine Koppelung. »Herr Oberleutnant«, sagte er keuchend, »der Dampfer zackt deutlich um einen Generalkurs von 260 Grad, Fahrt 14 Meilen. Schätze wahre Fahrt auf 15 bis 16 Meilen.«

Paulshen war sehr zufrieden. Einige Minuten lang koppelten beide den günstigsten Angriffskurs, dann befahl Paulshen gutgelaunt: »Zwo Dez nach Steuerbord – beide Maschinen zehn mehr – Torpedowaffe fertigmachen ...«

Der Duft frischgebrauten Bohnenkaffees wehte plötzlich durchs Turmluk. Dann erschien auch schon der Smut und lieferte eine Kanne des heißen Getränks und eine Platte mit Pumpernickel und Salami ab. Für eine halbe Stunde hielten wir Seeleute von der Brückenwache ein Kaffeekränzchen, während das verlorene Schiff sich beeilte, sein Rendezvous mit seinem Scharfrichter einzuhalten.

19 Uhr 10. Kurswechsel auf den Generalkurs des Gegners. Eine Stunde später verringerte U-557 seine Fahrt und drehte nach Osten, dem Dampfer entgegen. Mit langsamen Umdrehungen fuhren wir unter dem wolkenlosen Himmel dahin, richteten alle unsere Gläser nach Osten – und warteten. Zuerst sahen wir ein Rauchbällchen, dann erkannten wir die Mastspitzen. Es war Zeit, von der Oberfläche zu verschwinden.

»Alles einsteigen – los, runter – fluuuten ...«

Das Tauchen ging wie ein Uhrwerk. Der Horcher meldete Schraubengeräusche recht voraus. Paulshen schwang sich in den Sehrohrsitz im Turm, nahm einen schnellen Rundblick und gab routiniert seine Befehle: »Keine weiteren Meldungen mehr, meine Herren, hab' das Schiff im Fadenkreuz. Backbord 10 – recht so – neuer Kurs 70 Grad. Achtung Vorhalterechner: Gegnerfahrt 16 – Lage links 25 – Tiefe 8 ...«

Der Vorhalterechner ermittelte automatisch den genauen Vorhaltewinkel und übermittelte ihn zu jedem Torpedo in den Rohren. Der Sehrohrmotor summte. Paulshen benutzte das Sehrohr sehr sparsam, verringerte die Fahrt, verbesserte die Werte, änderte geringfügig den Kurs, gab dem Leitenden einige Anweisungen – stieß dann den entscheidenden Befehl hervor: »Neue Entfernung 800 – Lage links 30 – Rohr drei fertig ... fertig ... los.«

Ein leichter Stoß – und der Aal hatte das Rohr verlassen. Ein zischendes Rauschen ertönte im Bugraum. Der Druck im Boot nahm gleichzeitig zu. Ich drückte zum Druckausgleich die Nase. Die Preßluft, die den Ausstoß des Aals bewirkte, wurde ins Boot freigelassen. Dadurch wurde eine Luftblase an der Oberfläche verhindert, die im Ersten Weltkrieg den Standort manches getauchten Bootes verraten hatte. Der Torpedo, mit Batterien angetrieben, folgte seinem geheimen Kurs auf das todgeweihte Schiff ohne die verräterische Blasenbahn, die dem Preßlufttorpedo eigen war. Und so liefen der stählerne Fisch und der englische Frachter genau aufeinander zu.

Wir zählten die Sekunden und warteten. Wir warteten vergebens. Der Aal war ein Fehlschuß.

Schnelle Reaktion vom Kommandanten. Hastige Verbesserung der Werte. Nur 60 Sekunden nach dem ersten Schuß folgte der zweite. Neues Warten – neues Zählen.

Eine gewaltige Explosion. Treffer! Es war genau 20 Uhr 44.

»Er ist getroffen – er sinkt«, rief Paulshen begeistert. Dann lehnte er sich weit zurück und erlaubte dem I.W.O. einen schnellen Blick durchs Okular. Der zweite Seemannsmaat, der den Vorhalterechner bedient hatte, war der nächste. Ich folgte – und war von dem Schauspiel überwältigt. Das Schiff sank auf ebenem Kiel. Es war kein Feuer an Bord. Seine Aufbauten leuchteten in einem kräftigen Gelb, der Rumpf war rot wie ein Feuerwehrauto. Ein wunderschönes Schiff. Es lag nun bewegungslos, das Oberdeck etwa einen Meter über der Wasserlinie, und machte keine Anstalten, weiter zu sinken. Die Besatzung verließ ihr wundes Fahrzeug ohne Panik in einer öligen See. Als die Rettungsboote vom Frachter abstießen, fuhr Paulshen sein getauchtes Boot durch die kleine Flottille und richtete das Auge seines Sehrohrs auf die niedergeschlagenen Männer. Wieder ließ er uns einen kurzen Blick durch den ›Spargel‹ nehmen. In einem der Boote erkannte ich den Kapitän, der seine weiße Mütze als einen letzten Gruß für sein sterbendes Schiff hin- und herschwenkte. Eine ergreifende Geste des Verlierers.

Paulshen entschied sich, einen weiteren Aal zu opfern und dem Frachter den Todesstoß zu geben. Er steuerte von den Booten klar, richtete den Bug von U-557 auf den stilliegenden Koloß und feuerte einen dritten Torpedo. Aufschlag nach 32 Sekunden. Mit einer hohlen Detonation sank das Schiff auf den Grund.

Dreißig Minuten nach Sonnenuntergang tauchten wir auf. In drei Stunden hatten wir neun Meilen zwischen uns und die Rettungsboote gelegt. Um die Rettung der Schiffbrüchigen zu sichern, funkten wir das übliche SOS-Signal auf der 600-Meter-Welle in die Welt. Minuten später sandte Paulshen den folgenden Funkspruch an den BdU: VERSENKTE FRACHTER – 8000 TONNEN – GERINGER BRENNSTOFFBESTAND – U-557.

Unsere kurze Unternehmung hatte sich bereits als erfolgreich erwiesen. Boot und Besatzung hatten mit fliegender Fahne ihre erste Feuertaufe überstanden. Wir hatten noch genügend Torpedos an Bord, um uns eine Geleitzugschlacht zu leisten. Nach einem Tagesmarsch von etwa 200 Seemeilen nahmen wir die beiden Reservetorpedos aus ihren Oberdeckbehältern und fierten sie bei träger See durchs vordere Luk in den Bugraum. Am selben Nachmittag erhielten wir von der U-Bootführung einen neuen Einsatzbefehl: U-557 MIT HÖCHSTFAHRT IN QUADRAT AK 65 GEHEN – HALIFAX-ENGLAND-GELEIT ERWARTET – GEGNERFAHRT NEUN MEILEN – KURS OSTNORDOST.

Paulshen drehte sofort bei und jagte die Diesel auf höchste Touren. Der Frühling war in den Nordatlantik zurückgekehrt, und zum erstenmal seit unserem Auslaufen war der Aufenthalt auf der Brücke angenehm. Bärtige, bleichgesichtige Maschinisten stahlen sich einige Minuten, um den Himmel und die Sonne zu sehen und ihre Lungen mit reiner, frischer Luft zu füllen. Drunten in der bedrückenden Enge der Stahlröhre waren die Verhältnisse völlig anders. Der Geruch von einundfünfzig schwitzenden Männern, von Dieselöl, Schmieröl, verkommenen Nahrungsmitteln und verschimmeltem Brot vermischte sich mit dem Duft, der von der Kombüse und den beiden winzigen Aborten kam. Der üble Geruch, das ewige Schlingern und Rollen des Bootes und das Eingeschlossensein in der erbärmlich kalten Röhre machte uns schwindlig, betäubt und benommen.

Auf unserem Marsch in die nördlichen Regionen überquerte nicht ein einziges feindliches Schiff unseren Kurs. Aber Paulshen war weit davon entfernt, die Borddisziplin zu lockern. Im Gegenteil. Er hatte es sich zur Gewohnheit gemacht, das Boot unerwartet mit einem ›Alarmtauchen zur Übung‹ in einen hektischen Zustand zu versetzen. Ferner hatte er Kern, dem Torpedo- und Artillerieoffizier, Seibold, dem Funkoffizier, Feder, dem Leitenden Ingenieur, und Wiesner, dem Obersteuermann, strenge Anweisungen erteilt, uns Fähnriche zu guten U-Bootfahrern heranzubilden, bevor wir in den nächsten Hafen einliefen. Auch ohne diese Extralektionen wären wir bereits ausgelastet gewesen. Wir bestiegen alle acht Stunden die Brücke für unseren vierstündigen Wachtörn. Gerloff war der ersten, Göbel der zweiten und ich der dritten seemännischen Wache zugeteilt. Wir halfen den Torpedomixern beim Regeln der Aale; standen zusätzlich Wache im Diesel- und im E-

Maschinenraum; krochen in die engen Batterieanlagen, um den Säuregehalt zu prüfen und die Luft nach entwichenen Gasen zu untersuchen; halfen den Zentralemaaten beim Trimmen und Regeln und machten darüber hinaus noch Standortberechnungen für den Obersteuermann anhand der Sternhöhen, die er in der Morgen- oder Abenddämmerung mit seinem Sextanten geschossen hatte, wann immer die Sterne sichtbar waren und die Kimm für einen ›Schuß‹ scharf genug war. Trotz dieser gewaltigen Arbeitsbelastung gab uns Paulshen wahllos zu jeder Tages- und Nachtstunde Unterricht über Tauchmanöver und Angriffstaktik. Aus Sorge, seinen Anforderungen nicht genügen zu können, schwangen wir uns regelmäßig nach getaner Arbeit mit einem technischen Handbuch in unsere Kojen und studierten, bis der Schlaf uns überwältigte. Die Kopflampen in den engen Kojen brannten gewöhnlich noch, wenn wir zum Antritt der Brückenwache geweckt wurden.

Nach einem Vorstoß von einem Tag nach Norden kamen wir in unserem Planquadrat an. Die Sicht war ausgezeichnet. Eine leichte Brise kräuselte die See. Aber weder unsere Gläser noch unsere Horchgeräte entdeckten ein feindliches Fahrzeug. Der Nordatlantik schien ausgestorben. Wir durchkämmten die Wasserwüste mit riesigen Suchschleifen – vergeblich. Schließlich benachrichtigte der Kommandant den BdU über unsere ergebnislose Jagd. An einem Nachmittag Anfang Juni wurden wir in ein anderes Quadrat kommandiert. Nach den Mitteilungen unseres Geheimdienstes hatte sich ein Geleitzug vor dem Hafen von Halifax auf Nova Scotia angesammelt. Sein Weg über den Atlantik sollte ihn in eine Gegend etwa 600 Seemeilen südlich Grönland bringen. U-557 ging sofort auf einen neuen Kurs, um den Verband abzufangen.

Nach 30 Stunden Höchstfahrt erreichten wir unsere neue Position in Quadrat AJ 94. Kurz nach unserer Ankunft rollte dichter Nebel heran. Er nahm uns jede Chance, einen Geleitzug auf Sicht zu erfassen. Die milchige Nebelbank war oft derart dick, daß wir auf der Brücke weder unseren Bug noch das Heck erkennen konnten. Wir tauchten alle zwei Stunden für einen Horchrundblick. Aber um unser großes Revier zu überwachen, mußten wir zwischen den einzelnen Tauchmanövern enorme Entfernungen zurücklegen. Diese gefährlichen Vorstöße in die dichten Nebelbänke verringerten unseren Brennstoffbestand beträchtlich; es wurde uns klar, daß wir ohne Ergänzung weder eine Geleitzugschlacht schlagen noch in einen Hafen zurückkehren konnten. Paulshen sandte deshalb erneut einen noch dringenderen Funkspruch an die Führung mit der Bitte um schnellste Beölung. Sechs spannende

Stunden warteten wir auf die Antwort. Sie wies uns schließlich an, einen Punkt etwa 80 Meilen südwestlich der Südspitze Grönlands anzusteuern und dort aus dem Tanker *Belchen* Brennstoff und Proviant zu ergänzen. Die Männer der *Belchen* hatten es meisterhaft verstanden, den britischen Suchgruppen zu entgehen, um unsere Hilfskreuzer und U-Boote auf hoher See zu versorgen. Wir berichtigten unseren Kurs und jagten dem Treffpunkt entgegen. Das Wetter veränderte sich schnell. Es wurde kälter, und wir schlüpften in warmes Unterzeug.

Einen Tag später, nach einer anstrengenden Fahrt, stießen wir auf die Eisberggrenze. Wir änderten fortwährend unseren Kurs, um die zahlreichen Eisbrocken zu umsteuern. Bald erschienen riesige Berge, und wir entschieden uns, diese Kolosse in respektvoller Entfernung zu passieren. Niemand an Bord hatte je ein derartiges Schauspiel gesehen; der Kommandant erlaubte der Besatzung, diese einzigartige Szenerie zu bestaunen. Zwischen dem azurblauen Himmel und dem leuchtenden Grün des Meeres glitten Hunderte von Eisbergen, blendend weiß und in allen Größen, majestätisch nach Süden. Die Sonne spiegelte sich millionenfach in der Oberfläche dieser schwimmenden Inseln. Erstaunt und beeindruckt umfaßten wir das gigantische Panorama.

»Rauchwolke an Backbord«, gellte ein Ausguck.

Augenblicke später sichteten wir die grauen, typischen Aufbauten dreier Kriegsschiffe, Fahrzeuge einer größeren Klasse unbekannter Nationalität. »Alarm!« Wir stürzten ins Turmluk, und U-557 verließ die Oberfläche mit einem rasenden Fall. Feder pendelte das Boot auf 60 Meter durch und brachte es mit Höchstfahrt zurück auf Sehrohrtiefe. Paulshens Sicht war durch die gefährlichen und drohend aufragenden Eisberge blockiert. In seiner Anstrengung, einen Rammstoß gegen den unsichtbaren Teil eines dieser Eisklötze zu vermeiden, fuhr er sein Sehrohr wie ein Karussell im Kreise. Dann sichtete er die drei Schiffe – drei englische Kreuzer der *London*-Klasse. Indem er die Optik vom Gegner auf die Eisberge und zurück zum Gegner schwenkte, befahl Paulshen, alle Rohre für einen Unterwasserangriff zu bewässern. Eine fieberhafte Erregung vibrierte durchs Boot. Der Sehrohrmotor summte. Paulshen flüsterte, verbesserte Werte, änderte den Kurs und wartete auf die eine Sekunde, in der alle Werte in fehlerloser Übereinstimmung sein würden. Aber diese eine Sekunde blieb aus. Die Kreuzer wechselten plötzlich scharf ihren Kurs und dampften mit 24 Seemeilen, einem Mehrfachen unserer eigenen Unterwasser-Höchstgeschwindigkeit, nach Norden davon.

Paulshen schüttelte verärgert den Kopf; die Männer fluchten wie die

Piraten. Nach kurzer Wartezeit tauchten wir auf und kehrten auf unseren alten Kurs zurück.

Die Anzahl der Eisberge verringerte sich zusehends, je näher wir der Südwestküste Grönlands kamen. Bald war die See völlig eisfrei. Am frühen Morgen des dritten Tages nach unserem Treffen mit den englischen Kreuzern fanden wir die einsame *Belchen* auf dem verabredeten Platz. Wir näherten uns vorsichtig, schossen unser Erkennungssignal, wechselten dann einige Grüße durch die Flüstertüte und fingen die Leine, an der der Schlauch für die Ölübernahme befestigt war. Paulshen manövrierte U-557 in das nahezu unsichtbare Kielwasser des Tankers, eines niedrigen, langen Schiffes von ungefähr 15 000 Tonnen. Es hatte wahrscheinlich noch genug Treiböl an Bord, um unsere Boote für Monate oder ein ganzes Jahr zu versorgen.

Ein Zentralemaat befestigte den Schlauch an einem Außenbordventil und sicherte die Leine an Oberdeck. Dann begann U-557 das kostbare Öl in seine leeren Bunker zu saugen. Nahrungsmittel wurden mittels eines Gummibootes von der *Belchen* herangeschafft. Gegen 12 Uhr mittags erhielten wir Zuwachs. Ein zweites Boot hatte seinen Weg zum Versorger gefunden. U-93, Korth, kam längsseits unseres Bootes, wartete aber in einiger Entfernung. Es war eine seltene und seltsame Zusammenkunft von drei deutschen Schiffen in einer scheinbar verlassenen Ecke des Nordatlantik. Grüße machten ihre Runde von Boot zu Boot, und wir übermittelten unsere Warnung vor den drei englischen Kreuzern an die arglose Besatzung. Um 17 Uhr schlugen wir den Schlauch ab und übergaben ihn an U-93, wünschten einander »Mast- und Schotenbruch und fette Beute« und trennten uns dann von der Gruppe.

U-557 ging sofort auf einen südsüdwestlichen Kurs und lief mit Höchstfahrt gegen den aufziehenden Abendhimmel. Vier Stunden später, wir waren für unser Prüfungstauchen auf 80 Meter getaucht, hörten wir weit achteraus drei dumpfe Detonationen. Eine ganze Serie dröhnender Aufschläge folgte. Das Bombardement dauerte etwa zehn Minuten und kam aus der genauen Richtung der *Belchen*. Wir waren überzeugt, daß die englischen Kreuzer ihr Wild endlich gestellt hatten.

Um 23 Uhr tauchte U-557 auf, stellte Funkverbindung mit der U-Bootführung her, meldete die Versorgung durchgeführt und das wahrscheinliche Schicksal der *Belchen*. Zwischen Mitternacht und Morgendämmerung fing unser Funker eine Meldung ab, die unsere Annahme bestätigte: BELCHEN MIT KAPITÄN VON DREI ENGLISCHEN KREUZERN VERSENKT – BESATZUNG GERETTET – TREIBSTOFF-

ÜBERNAHME NICHT BEENDET – KEHRE MIT 49 ÜBERLEBENDEN ZURÜCK – U-93.

Wir fuhren mit voller Kraft in Richtung unseres neuzugeteilten Quadrats BB 90, um dort die Geleitzugwege zwischen Halifax und St. John's anzugreifen. In dem Seegebiet, wo der eisige Labradorstrom und der Golfstrom aufeinanderprallen, trafen wir auf dichten Nebel. Aber der' Vorhang hob sich augenblicklich, als wir den 47. Breitengrad nach Süden überfuhren. Strahlender Sonnenschein überraschte uns nach mehreren Tagen blinden Fahrens. Die See war kabbelig, aber die Luft war mild. Für 48 Stunden patrouillierten wir auf und ab und machten mit nur einem Diesel langsame Fahrt.

Am 15. Juni, einem dieser wolkenlosen, sonnigen Tage, wurde ich um 16 Uhr von meiner Wache abgelöst. Vier Stunden hatte ich auf dem Rande der Brückenverkleidung gesessen und die scharfe Kimm nach einer Rauchfahne oder einer Mastspitze abgesucht. Der Wind kam aus Süden, Seegang war 2 bis 3. Ich stieg ins Boot und aß eine Scheibe von dem klebrigen Brot, das mit ranziger Butter und grünem Schimmel garniert war. Ich versüßte sie mit einer gehörigen Portion Erdbeermarmelade und spülte sie mit einer Tasse starken Kaffees hinunter. Es war 18 Uhr 15, als meine Mahlzeit jäh unterbrochen wurde.

Ein Schrei von der Brücke, elektrisierend, haarsträubend: »Beide Maschinen äußerste Kraft voraus ... Ruder hart Backbord ... Torpedolaufbahn an Steuerbord ...«

Ich jagte wie ein Blitz durch die Zentrale und auf den Turm. Die Diesel fingen gerade an zu fauchen, als ich mich auf der Brücke aufrichtete. In derselben Sekunde sah ich drei Blasenbahnen mit irrsinniger Genauigkeit auf unser Boot zulaufen. Das Entsetzen über den Anblick des heranschießenden Todes lähmte uns völlig. Ein – zwei Augenblicke – und die Schaumstreifen würden das Boot erreichen ... jetzt ... jetzt!

Aber da war keine Detonation – nicht einmal der Aufschlag von Stahl auf Stahl. Erstaunen über das Wunder überwältigte uns. Wir wandten uns nach Backbord. Drei Blasenbahnen entfernten sich wie von Geisterhand gezogen. Sie verrieten uns, daß zwei Torpedos unter dem Kiel unseres Bootes durchgeschossen waren und einer dicht am Ruder achteraus vorbeigesteuert war. Nicht ganz sicher, ob wir noch am Leben waren, holten wir vorsichtig tief Luft. Dann begannen unsere Herzen wieder zu schlagen.

U-557 hatte in qualvoller Trägheit endlich seine Wendung nach Steuerbord vollzogen und größere Fahrt aufgenommen. Recht voraus war der Ausstoß-Schwall der feindlichen Torpedos auf der Oberfläche deutlich sichtbar. Nach kurzen Augenblicken erreichten wir den Fleck. Paulshen, der die Brücke nur Sekunden, nachdem der Tod uns streifte, erreicht hatte, befahl mit schneidender Stimme: »Auf Gefechtsstationen – klar zum Tauchen – runter von der Brücke, meine Herren, tempo, tempo.«

Die Besatzung brannte auf ein Duell zwischen einem U-Boot und einem *submarine.* Die Alarmglocke schrillte – und U-557 sank in die schwarze Tiefe, seinem unsichtbaren Gegner entgegen. Der Kommandant ließ alle Rohre bewässern und machte es sich in der Zentrale bequem, wo er sich auf den Vorhalterechner und zugleich auf das Horchgerät konzentrieren konnte. Dies war ein Kampf, der von der normalen Regel völlig abwich. Unser Boot glitt nahezu geräuschlos dahin. Unser Horchgerät fing das Schraubengeräusch des feindlichen Unterseeboots auf. Es lief deutlich mit hoher Fahrt nach Westen ab. Sobald wir es vor unserem Bug hatten, verminderte sich das zischende Geräusch seiner Schrauben. Der Gegner war auf der Flucht. Wir jagten ihm mit aller uns zur Verfügung stehenden Kraft nach. Vergeblich. Der Gegner war schneller als wir.

Paulshen wurde argwöhnisch. »Ich wette, der Kerl taucht jeden Augenblick auf. L.I., klar zum Anblasen. Halt die Diesel für sofortige Höchstfahrt bereit.«

Ich folgte mit der Brückenwache dem Kommandanten in den Turm. Die Stimme des Horchers kam plötzlich durch das Sprachrohr: »Gegner bläst an – Gegner taucht auf!«

Paulshen handelte. »Anblasen – ausblasen mit beiden Diesein! Große Fahrt voraus.«

Sekunden später brach unser Boot durch die Oberfläche, und wir stürmten auf die Brücke. Wir richteten unsere Gläser recht voraus. Dort, nicht mehr als 8000 Meter vor unseren Rohren, war das feindliche Boot. Mit ›dreimal äußerste Kraft voraus‹ jagten wir das *submarine.* Seine qualmenden Diesel verrieten uns deutlich, daß es mit allen Mitteln unseren Gegenangriff zu vermeiden suchte. Es begann zu zacken. Seine aufgeregten Zickzacks nach beiden Seiten erlaubten uns, einen Blick auf seine Aufbauten zu werfen, und wir verglichen sie mit den Angaben in Weyers Taschenbuch der Kriegsflotten. Paulshen und Kern machten das feindliche Boot als ein englisches U-Boot der *Thames*-Klasse aus.

Wir stellten bald fest, daß das feindliche Boot uns an Fahrt und Größe überlegen war. Es weiter zu verfolgen, war nutzlos. Wir änderten unseren Kurs nach Osten und verfolgten den Gegner mit unseren Gläsern, bis er hinter der Kimm in Richtung Boston verschwunden war.

Wir fragten uns, was der englische *skipper* wohl zu sagen hatte, nachdem es ihm nicht gelungen war, uns mit drei Torpedos zu versenken. Er hatte einen klassischen Anlauf gefahren und einen ausgezeichneten Fächerschuß losgemacht. Zwei der drei Aale wären Treffer gewesen. wenn sie auf der richtigen Tiefe gesteuert hätten. Was immer die Ursache des Versagens war – sie hatte einundfünfzig Mann vor dem Jenseits bewahrt.

Bei Sonnenuntergang und 25 Meilen später tauchten wir, um das Überleben der Besatzung zu feiern. Wir nannten es eine Geburtstagsfeier. In derselben Nacht, wir waren bereits wieder aufgetaucht, setzten wir einen Funkspruch an die Führung ab: WURDEN VON ENGLISCHEM UNTERSEEBOOT ANGEGRIFFEN – DREIERFÄCHER – QUADRAT CC 36 – GEGENANGRIFF ERFOLGLOS – U-557.

Noch fünf Tage dampften wir in derselben Gegend auf und ab. Wir waren höllisch auf der Hut. Der unerwartete Überfall veranlaßte uns, nicht nur nach Rauchwolken, sondern auch nach Sehrohren Ausschau zu halten. Aber wir sahen weder die einen noch die anderen. Zum zweitenmal innerhalb einer kurzen Zeitspanne waren wir in ein bestimmtes Seegebiet befohlen worden, um einen bestimmten Geleitzug zu erfassen – der nicht existierte. Der Gedanke an Verrat, an eine gefährliche Lücke in unserem Sicherheitsdienst, drängte sich auf.

Einem neuen Befehl des BdU folgend, stießen wir ins Quadrat BC 35 vor. Zusammen mit zwei anderen Booten sollten wir einen Vorpostenstreifen bilden, der sich etwa 450 Seemeilen östlich von Neufundland, vom 48. bis zum 53. Breitengrad erstreckte. Zwei Tage später kamen wir in unserem neuen Operationsgebiet an. Zu diesem Zeitpunkt waren wir bereits sechs Wochen auf See und hatten uns zu echten, routinierten U-Bootmännern entwickelt. Unser Proviant, der für zwei Monate berechnet war, war jedoch trotz der Büchsen, die wir von der *Belchen* erhalten hatten, bedenklich zusammengeschrumpft. Vieles war auf den Flurplatten oder in den Bilgen gelandet, manches war ungenießbar geworden oder hatte sich einfach aufgelöst. Aber Paulshen löste das Verpflegungsproblem mit üblicher Schnelligkeit: er befahl Seibold, die täglichen Rationen zu halbieren. Und folglich schnallten wir unsere Gürtel jeden zweiten Tag um ein Loch enger.

Am Vormittag des 20. Juni fingen wir folgenden Funkspruch des Kapitänleutnants Mützelburg auf, dessen Boot ebenfalls im Nordatlantik jagte: HABE AMERIKANISCHES SCHLACHTSCHIFF TEXAS IM BLOKKADEGEBIET GESICHTET – FRAGE FEUERERLAUBNIS – U-203.

Das plötzliche Erscheinen der *Texas* war eine bemerkenswerte Herausforderung der Amerikaner. Sie wußten genau, daß jedes fremde Schiff, das sich in unser Blockadegebiet wagte, in höchster Gefahr schwebte. Wie würde sich Dönitz entscheiden? Wir waren alle für die Versenkung der *Texas*. Aber U-203 war am Nachmittag noch ohne Antwort der Führung. Mützelburg wiederholte seine Frage um Feuererlaubnis. Erst bei Einbruch der Dunkelheit erhielten und entzifferten wir den Funkspruch vom BdU, der die Entscheidung bekanntgab: DER FÜHRER HAT VERMEIDUNG JEDES ZWISCHENFALLS MIT USA FÜR DIE NÄCHSTEN WOCHEN BEFOHLEN. IN ALLEN DENKBAREN FÄLLEN IN DIESEM SINNE HANDELN. DARÜBER HINAUS BIS AUF WEITERES ANGRIFFE AUF KREUZER, SCHLACHTSCHIFFE, FLUGZEUGTRÄGER NUR, WENN DIESE EINWANDFREI ALS FEINDLICH ERKANNT. ABGEBLENDET FAHREN GILT BEI KRIEGSSCHIFFEN NICHT ALS BEWEIS FEINDLICHEN CHARAKTERS.

Dieser Befehl verweigerte nicht nur U-203 das Recht zum Angriff, er war auch an alle auf See befindlichen U-Boote gerichtet und begrenzte bedeutungsvoll unsere zukünftigen Angriffsmethoden, ganz besonders an bewachten Geleitzügen. Wie wir später erfahren sollten, war es bei Nacht praktisch unmöglich, einen englischen Zerstörer von einem amerikanischen Geleitsicherungsfahrzeug zu unterscheiden.

Am 22. Juni erschütterte der neueste Wehrmachtsbericht unser Boot wie eine Wasserbombe. Unsere Armeen waren auf breiter Front zum Angriff auf die Sowjetunion angetreten und marschierten von der Ostsee bis zum Schwarzen Meer nach Osten. Dieses Ereignis rief eine nicht geringe Begeisterung an Bord hervor. Wir waren in dem Gedanken erzogen worden, daß es für Deutschland keine Möglichkeit gäbe, neben der Sowjetunion zu leben. Der Kommunismus, nicht England oder seine westlichen Allierten, war Deutschlands Todfeind. Und wie jeder wußte, war der Nichtangriffspakt, den Hitler mit Stalin im August 1939 geschlossen hatte, nur eine vorübergehende Maßnahme, eine geschickte Hinhaltetaktik. Nun, da unsere Ost-Armeen auf dem Vormarsch waren, konnte der Fall Rußlands bald erwartet werden.

Wir kreuzten im Quadrat BC 35 für einige Tage mit weiten Suchschlägen hin und her, hatten aber keinen Erfolg. Dann endlich, im Morgengrauen des 23. Juni, fingen wir das langerwartete Kurssignal auf: GELEITZUG IN BD 15 – KURS OST – ZEHN MEILEN – ALLE BOOTE IN DER NÄHE SOFORT UND MIT HÖCHSTFAHRT AUF GELEIT OPERIEREN.

Wir berechneten unsere Chancen. Sie schienen ausgezeichnet. U-557 nahm sofort die Verfolgung auf. Sie entwickelte sich zu einer spannenden und aufregenden Jagd. Wir pflügten mit 18 Meilen nach Südosten und kalkulierten, daß wir den feindlichen Verband in etwa 22 Stunden abfangen konnten. Ein unbeschreibliches Hochgefühl bemächtigte sich der Männer. Jeder bereitete sich auf den Zusammenstoß mit dem Gegner vor. Mit ungeheurer Macht wurde unser Boot von der westlichen Dünung vorwärtsgetrieben. Das Rauschen des Meeres am Druckkörper, das Heulen der Zulüfter und das Klingeln der Diesel war die Musik, die uns in den Kampf begleitete. Der Tag verging; die Nacht versprach eine neue Schlacht. Der Himmel war schwarz, die Luft klirrend frisch, die See kabbelig und dunkel – eine ausgezeichnete Nacht für einen überraschenden Angriff.

Aber nicht ein einziger Schatten wurde gesichtet. Als der neue Tag anbrach, entdeckten wir, daß wir auf der endlosen Weite des Meeres allein waren. Gemäß unserer Berechnungen hätten wir das Geleit bereits vor vier Stunden treffen sollen. Da wir nicht genau wußten, wo der Verband zu suchen war, fuhren wir mit großen Zickzack-Schleifen auf einem östlichen Generalkurs durch die hohe Dünung. Das Wetter war klar und sichtig, und wir suchten mit unseren scharfen Gläsern ständig die Kimm ab.

Um 9 Uhr 15, die Spannung an Bord war nahezu zur Unerträglichkeit angestiegen, erhielten wir neue Anweisung von der Führung: ERSTES BOOT DAS FÜHLUNG MIT GELEIT HERSTELLT VOR ANGRIFF ALLE GEGNERWERTE MELDEN – BDU. Ein nachfolgendes Signal unterrichtete uns, daß noch vier weitere Boote gegen den Verband operierten. Dieser jedoch blieb unauffindbar. Es war, als hätte es ihn niemals gegeben. Die Verfolgung, die sich bereits seit Tagen dahinzog, hatte unseren Brennstoffbestand beträchtlich verringert, und es war uns klar, daß wir nicht mehr nach Westen steuern würden.

21 Uhr 35. Ein Schrei durchs Turmluk: »Kommandant auf die Brücke – Schatten voraus.«

Paulshen riß die dunkle Brille, die er zum Schutz gegen die Beleuchtung im Boot trug, vom Gesicht, warf sie auf den Kartentisch und kletterte die Aluminiumleiter nach oben. Sekunden später hörte ich seinen Ruf: »Auf Gefechtsstationen – Torpedowaffe fertigmachen zum Überwasserangriff!«

Ich hievte mich in Position hinter den Kommandanten. Wir waren von achtern auf den Verband gestoßen. Das erste, was ich sah, war ein Schatten auf Parallelkurs – ein Zerstörer. Paulshen manövrierte den gefährlichen Burschen aus und ließ ihn an Steuerbord zurückfallen. Die Sicht war nur 3000 Meter. Wir pirschten vorsichtig, die Dunkelheit geschickt ausnutzend, nach vorn und hängten uns an die Ausläufer des Geleits, um die Gegnerwerte genau festzustellen. Dann meldete Seibold unsere Feindberührung der Führung, und U-557 stürmte auf Angriffskurs. Von der Nacht verschluckt und tief in der See liegend, schlich sich das Boot in den Verband, umkreiste die Nahsicherung, schlingerte mit schwerer Schlagseite über den Kamm einer abbrechenden Welle, röhrte gischtsprühend in ein langgezogenes Wassertal, bockte und stampfte mit brausenden Lüftern und hämmernden Dieseln immer weiter in die Formation des Gegners hinein. Zwei Schatten an Backbord. Sie wuchsen schnell zu gigantischen Wänden. Ein anderes Phantom an Steuerbord voraus. Mittlere Entfernung nur 600 Meter. Zwei Fahrzeuge überlappten sich. Ausgezeichnete Ziele. Das Boot war in Schußposition. Paulshen brüllte einige Befehle. U-557 verringerte die Fahrt. Acht, neun Schatten wälzten sich träge unter dem sternenlosen, nachtblauen Firmament durch die lange Dünung. Dann der Kommandant: »Feuererlaubnis!«

Im selben Augenblick erkannte ich, wie ein Zerstörer den Vorhang der Dunkelheit achteraus durchbrach – nein, zwei Zerstörer – in Lage Null. Ich wartete drei Sekunden auf den I.W.O., seine Aale loszuwerden, vier Sekunden, dann konnte ich nicht mehr an mich halten und rief: »Zerstörer in Lage Null! Rechtweisend 170 Grad!«

Paulshen drehte sich um, erkannte die Gefahr und brüllte: »Zum Donnerwetter, I.W.O., schieß!«

U-557 schoß wie ein Pfeil nach vorne. Aber noch während wir auf die Massen von Stahl zujagten, wurden wir von den beiden Zerstörern in eine tödliche Zange genommen. Sternraketen und Leuchtfallschirme überfluteten plötzlich unser Boot mit Tageshelle. In diesem Augenblick erkannten wir, daß wir in der Falle saßen. Die beiden Jäger achteraus waren dicht aufgeschlossen. Ein dritter preschte Steuerbord querab hinter einem Frachter hervor.

»Alarm!« Der Befehl des Kommandanten ging im Klirren der Glocke unter. U-557 tauchte seinen Bug in die tintenähnliche See. Ein Gepolter, ein Rauschen – und ohnmächtige Ungewißheit. Dann hob eine donnernde Explosion das Heck des Bootes, schüttelte es, drehte es um seine Achse und schleuderte es in totale Finsternis. U-557 war außer Kontrolle. Es sank schnell.

»An alle Stationen – Frage Wassereinbrüche.«

»Heckraum dicht.«

»Bugraum dicht.«
»Beide Tiefenruder klemmen.«
»Umschalten auf Hand ...«
»Wassereinbruch im Dieselraum.«
»Steuerbord-E-Maschine ausgefallen.«

Plötzlich vier höllische, vulkanähnliche Ausbrüche. Sie warfen das Boot wie ein Spielzeug herum, zwangen es tiefer und tiefer, schüttelten und bogen den Druckkörper, daß es nur so ächzte und stöhnte und krachte. Die Männer rutschten und flogen auf den Flurplatten entlang. Im flackernden Dämmerlicht der Hilfsbeleuchtung sah ich die Nadel des Tiefenmessers auf der 152-Meter-Marke zittern, dann schnell auf 160, 180 Meter ausschlagen. Das dreschende Stampfen der Zerstörerschrauben trommelte laut gegen den Stahl unseres Bootes. Alle Augen waren aufwärts gerichtet. Das Zischen der Propeller über uns schwoll abermals an. Ein neuer Anlauf der Zerstörer.

»Ruder hart Steuerbord«, befahl Paulshen, »Backbordmotor halbe Fahrt voraus!«

Drei Wabos explodierten direkt über dem Turm. Krachender Donner. Dreimal sprang das Boot zur Seite, dreimal hüpften die Flurplatten und stießen uns die Füße in den Unterleib. Holz splitterte, Wasserstandsgläser zersprangen mit einem Knall, Büchsen flogen durch das Boot; alles war für Sekunden schwarz, bis die Hilfsbeleuchtung wieder aufflackerte. Der Sitz vieler Ventile hatte sich gelöst, Seewasser strömte rauschend in die Bilgen. Der Druck der Detonationen hatte das Boot tiefer gepreßt, und das eindringende Wasser belastete es mehr und mehr. Ein kurzes Kommando vom Leitenden, und Preßluft zischte in die Tauchzellen, um das Boot nicht ins Bodenlose durchsacken zu lassen.

Die Verfolger gruppierten sich zu einem neuen Anlauf. Die Asdic-Impulse zirpten unaufhörlich. Die Minuten zogen sich qualvoll ins Endlose. Wir wagten kaum zu atmen. Plötzlich zwei harte Explosionen in der Richtung des entschwundenen Geleits. Andere Boote hatten den Verband erreicht. Aber unsere gedämpfte Freude wurde schnell von neuem Schrecken abgelöst, als die Zerstörer wiederum mit hoher Fahrt auf unsere Tauchstelle zustießen. Einer nach dem anderen schäumte über unseren eisernen Sarg und warf zum Abschied eine letzte Serie wie einen Strauß Chrysanthemen auf unser Grab. Die teuflischen Detonationen konnten uns nur betäuben. U-557 war bereits zu tief gefallen, als daß die Wabos es hätten zerstören können. Nur die Tiefe selbst konnte unsere Hülle zerdrücken.

Zwei Stunden später tauchten wir auf, erschöpft und benommen. Das Boot wurde durchgelüftet, und die Brise belebte uns schnell. Dann untersuchten wir unsere Schäden. Sie waren größer, als zuerst angenommen. Der Steuerbordmotor war aus dem Fundament gerissen, die Steuerbordwelle gebogen, die achtere Tauchzelle gerissen. Das bedeutete das Ende unserer Unternehmung.

U-557 begann, lahm und schwer angeschlagen, eine 1600 Seemeilen lange Rückreise zu seinem neuen Heimathafen Lorient in Westfrankreich. Die Moral der Besatzung war jedoch nach unserem Erfolg auf das höchste angestiegen. Wir vergaßen die Wunden, die unser Boot erhalten hatte. Die 8000 Tonnen britischen Schiffsraums, die wir versenkt hatten, hoben alle Schäden auf, ließen uns alles Erduldete schnell vergessen. Sie waren unser Beitrag zum Sieg über Großbritannien.

5

Fünf Tage vorsichtigen Fahrens brachten U-557 an die westliche Grenze der Biskaya. Die Führung hatte uns gewarnt: die Bucht sei mit äußerster Vorsicht anzusteuern, da die Briten inzwischen ihre Luftüberwachung in diesem Seegebiet erweitert hatten. Aber hier wie im Atlantik – wir erfuhren es durch die abgefangenen Funksprüche anderer Boote – kam die Royal Navy schlecht davon. Die Kurzsignale ließen einen scharfen Anstieg der alliierten Verluste erkennen.

Ein U-Boot, das die Biskaya zu einer neuen Unternehmung verließ, meldete: PASSIERTE ACHTEN LÄNGENGRAD WEST – VERSENKTE EINEN ZERSTÖRER.

Ein anderes Boot informierte die Führung: VERSENKTE FÜNF – ZUSAMMEN 28 000 TONNEN – EIN FRACHTER BESCHÄDIGT – LEICHTE ABWEHR – STOSSE NACH.

Von einem Boot im Nordatlantik: VERSENKTE SECHS – 42 000 TONNEN – ALLE TORPEDOS VERSCHOSSEN – KEHRE ZUM STÜTZPUNKT ZURÜCK.

Ein anderes Boot berichtete: GELEITZUG IN AK 40 – VERSENKTE ZWEI 13 000 TONNEN – HALTE FÜHLUNG – SENDE PEILZEICHEN.

Aber der größte Erfolg wurde von einem schwereren Boot, das im Südatlantik operierte, gemeldet: FEGTE SEEGEBIET SAUBER – VER-

SENKTE ACHT ZUSAMMEN 53 000 TONNEN – EIN ZERSTÖRER – BITTE SENDET TORPEDOS LUFTFRACHT EXPRESS.

Die Schlacht im Atlantik nahm im selben Maße an Stärke zu, wie neue U-Boote durch die wirkungslose englische Abwehrkette zwischen den Shetland-Inseln und Island nach Westen durchbrachen. Die Schlinge um England schloß sich immer enger.

Am Morgen des 10. Juli, genau acht Wochen nach unserem Auslaufen aus dem kalten, unfreundlichen Norden, schauten wir gespannt in die Ferne und warteten, bis die dünne, dunkle Linie der bretonischen Küste sich endlich aus dem Morgennebel im Osten emporhob. Immer höher stieg das Festland aus dem Meer. Bald konnten wir die grünen Streifen der Vegetation erkennen. Allmählich kamen weiße Häuser mit roten, grauen und blauen Dächern in Sicht.

Um 13 Uhr trafen wir auf einen Sperrbrecher, ein Minenräumschiff, das auf einem vereinbarten Punkt auf uns gewartet hatte. In seinem Fahrwasser folgend, schleusten wir uns durch die minenverseuchten Gewässer nach Lorient. Einige unserer Seeleute hantierten mit einem weißen Wimpel und hißten ihn an einer Leine auf, die von der Spitze des halb ausgefahrenen Sehrohrs zum Geländer des Zigarettendecks reichte. Der Wimpel war mit einer schwarzen Zahl versehen – die Tonnage des versenkten Schiffes. Die Männer waren in aufgeräumter Laune. Sie hatten frische U-Bootpäckchen angezogen und kämmten ihre struppigen, langen Bärte für den Empfang.

Das Boot umrundete die felsigen Ausläufer einer kleinen Halbinsel, glitt dann an der alten Festung Port Louis vorbei. Recht voraus entdeckten wir Lorient. Es war ein heißer Mittsommertag, die Blumen leuchteten farbiger, das Gras war grüner, die Häuser blendeten weißer, und alles schien so völlig anders zu sein, als die düstere Welt, die wir zwei Monate zuvor verlassen hatten.

U-557 verringerte seine Fahrt und steuerte in den inneren Hafen. Geräuschlos trieben wir mit einer Maschine der Menschenmenge entgegen, die den Kai bevölkerte. Unsere Waffenkameraden in Marineblau, Feldgrau und im Braun des Arbeitsdienstes standen neben einigen Schwestern vom Militärkrankenhaus, die mit Blumen auf uns warteten. Wie gut war es, erwartet zu werden; wie gut war es, noch einmal davongekommen zu sein.

Eine Militärkapelle begann plötzlich einen dröhnenden Marsch. U-557 kam am Kai längsseits; helfende Hände fingen und befestigten die Leinen. Der Chef der 2. U-Boot-Flottille rief einen Willkommensgruß, kam dann über die schmale Stelling an Bord, drückte die Hand des

Kommandanten und anschließend die vom Salzwasser aufgesprungenen und vom Öl befleckten Hände unserer Leute. Die Schwestern folgten mit einem Lächeln, einem Siegerkuß und einem Blumenstrauß für jeden. Nun wußten wir, daß wir tatsächlich dem Teufel von der Schippe gesprungen waren, daß das Leben süß und lohnend sein konnte.

Mit der Ausnahme einer kleinen Wache, die das rostige und vom Wetter stark mitgenommene Boot zu bewachen hatte, versammelte sich die Besatzung in den alten Räumen der ehemaligen französischen Marinepräfektur. Die Einlauffeier, nur für Männer bestimmt, begann unverzüglich. Zuerst gratulierten wir Paulshen zu seiner Beförderung zum Kapitänleutnant, die nur wenige Stunden zuvor per Funkspruch durchgegeben worden war. Es gab Champagner und Langusten als Vorspeise und eine Hauptmahlzeit typisch französischen Charakters. Der Kommandant hielt eine kurze Ansprache. Als schließlich die letzte Flasche Champagner geleert war, erhielten wir unsere Post. Die angesammelten Briefe wurden vor uns auf dem Leinentischtuch in großen und kleinen Bündeln aufgestapelt, und wir öffneten die Umschläge in andächtigem Schweigen. Ich schnitt die Briefe mit einem Buttermesser auf. Marianne hatte jede Woche einen besorgten, aber liebevollen Brief geschrieben. Einige Zeilen von meinen Eltern baten um ein Lebenszeichen. Ihre Besorgnis war rührend und tröstend. Ja, ich war zurückgekommen. Ich lebte noch und hoffte noch recht lange am Leben zu bleiben.

Wir gerieten in eine feuchtfröhliche Stimmung. Nach der schweren Mahlzeit flossen Mengen deutschen Biers. Nach Stunden angestrengten Essens und Trinkens lotsten wir drei Fähnriche uns gegenseitig in die Unterkünfte des alten Hafengebäudes. Dort fanden wir unser Gepäck, das per Lkw aus Kiel herangeschafft worden war. Nachdem wir unsere doppelreihigen, blauen Uniformen glattgestrichen und aufgehängt hatten, plantschten wir in einer primitiven Badewanne, setzten uns danach wohlig in einen Sessel des Stützpunktfriseurs und ließen uns Kopf- und Barthaare trimmen – alles zum erstenmal nach einer achtwöchigen Pause. Stunden später, elegant in Blau, mit Geld in der Tasche und Stolz im Herzen, brachen wir erwartungsvoll auf, um die fremde Stadt zu erforschen. Unser Fortschritt war jedoch ungeschickt und unsicher. Wir waren es nicht mehr gewohnt, auf festem Boden zu navigieren, nachdem wir wochenlang auf den fortwährend schwingenden und rollenden Flurplatten dahingeschwankt waren. Nach einigen komischen Versuchen bekamen wir allmählich unsere Landfüße zurück, und es gelang uns, auf einer malerischen Allee in die Innenstadt zu steuern.

Trotz der späten Stunde waren die Straßen noch voll regen Verkehrs. Straßenverkäufer boten Körbe mit Früchten und Fischen an und riefen in ihrer melodischen Sprache die Vorzüge ihrer Waren aus. Frauen trugen die farbenprächtigen bretonischen Trachten – gestickte Blusen, weiße, gestärkte Hauben und aufgebauschte Röcke, die bis zu den Fersen reichten. Aber die Soldaten beherrschten das Straßenbild: überall sahen wir Heeresfahrzeuge und deutsche Uniformen in Grau und Grün und Blau.

Wir tranken in einem Bistro einen Aperitif und machten uns dann im Dunkeln auf den Weg zu einem Restaurant im Hafen, wo die Fischer anzulegen pflegten. Nahe einer vernachlässigten Mole genossen wir ein exotisches Abendessen, bei dem alles französisch war, beugten uns über unsere Gläser mit Beaujolais und schauten auf das träge, schwarze Wasser des Hafens hinaus. Dann stiegen plötzlich die Bilder unserer ersten Feindfahrt in unserer Erinnerung auf und ließen unsere Unterhaltung langsam verstummen.

Die nächsten drei Tage verbrachten wir mit dem Aufklaren unseres Bootes und in Erwartung des Besuchs von Admiral Dönitz, den wir den ›Löwen‹ nannten und der in Kerneval, einer kleinen Stadt nördlich von Lorient, sein neues Hauptquartier aufgeschlagen hatte. Eine Besichtigung unserer Besatzung und derjenigen zweier anderer Boote, die ebenfalls kurz zuvor zurückgekommen waren, war längst überfällig. Am vierten Morgen nach unserem Einlaufen versammelten wir uns vor dem Gebäude der Préfecture, dem ehemaligen Sitz der aufgelösten französischen Hafenverwaltung. Unter der ungewöhnlich heißen Julisonne warteten wir auf den ›Löwen‹ und schwitzten und fluchten in unseren dicken Uniformen, die für dieses Klima viel zu warm waren. Wir schimpften wütend in zwei Sprachen und wünschten uns, im Schatten der Palmen und Akazien, die den Platz umsäumten, vor der sengenden Glut Schutz suchen zu können. Endlich begann die Kapelle zu spielen. Der Admiral betrat den Platz. Ein größeres Gefolge, Offiziere seines Stabes und Gäste der Wehrmacht, drängte sich nach.

Dönitz sprach kurz und bündig, hart und unerbittlich in seinen Forderungen. Für uns, die Männer der U-Bootwaffe, gab es nur drei Pflichten, einen Grundsatz: Angriff – ran – versenken. Dann schritt der Löwe langsam unsere Reihen ab, schüttelte jedem die Hand, befestigte Orden und U-Bootabzeichen an Blusen und Jacken.

Dieser heiße Sommertag war auch in anderer Hinsicht bedeutsam. Nach der Feier auf dem palmenumstandenen Platz erhielten meine beiden Crewkameraden Göbel und Gerloff ihre sofortige Abkommandierung zur U-Bootschule. Die Nachricht dämpfte ihre Begeisterung beträchtlich. Anstatt neuer Versenkungen und Siegesfeiern hieß es für sie, die Schulbänke zu drücken. Für mich jedoch war ihre Abreise eine gewonnene Schlacht. Auf jeden Fall würde ich meine anfänglich verlorenen Seetage bei einer neuen Feindfahrt wettmachen können. Bei Sonnenuntergang trafen wir drei Fähnriche uns zu einem letzten gemeinsamen Essen in einem Restaurant in der Stadt, begossen unsere Auszeichnungen, tranken auf unser gegenseitiges Wohl und versprachen uns, noch manchen Dampfer in die Tiefe zu schicken, bevor der Krieg zu Ende gehen würde.

Meine Freunde reisten mit dem Morgenzug ab. Ich habe sie nie wiedergesehen. Beide fanden ihr Grab in der Weite des Atlantik. Für beide wurde die erste Feindfahrt nach der Schule die letzte.

Die unerwartete Abkommandierung meiner Crewkameraden war nicht die einzige bittere Pille, die ich zu schlucken hatte. Um diese Zeit erreichte uns neben den Siegesmeldungen aus dem Atlanik und von der Ostfront auch die Nachricht von der Vernichtung zweier unserer bekanntesten Boote. Lange nachdem sich der erste Verlust zugetragen hatte, gab unsere Führung bekannt, daß U-47 unter dem Kommando des berühmten Korvettenkapitäns Günther Prien bei der Verfolgung eines Geleits von englischen Zerstörern versenkt worden war. Prien hatte im Herbst 1939 bei seinem verwegenen Einbruch in die Bucht von Scapa Flow, die Zufluchtstätte der Home Fleet das Schlachtschiff *Royal Oak* torpediert und versenkt und den Träger *Pegasus* schwer beschädigt. Prien war auf einer seiner Siegesfahrten gestoppt worden, nachdem er über 200 000 Tonnen alliierten Schiffsraums zerstört hatte. Der zweite Verlust war U-556 unter Kapitänleutnant Wohlfahrt, das ebenfalls von englischen Zerstörern vernichtet worden war. Wohlfahrt galt als einer unserer hervorragendsten Kommandanten mit mehr als 100 000 Tonnen auf seinem Erfolgskonto. Ich wußte, daß Männer wie Prien und Wohlfahrt nicht ersetzt werden konnten.

Am darauffolgenden Tag wurde U-557 von dem ungeschützten Kai in ein Trockendock verholt, das mit seinem eigenartigen Betondach wie eine Kathedrale aussah. Nachdem das Boot versorgt war, wurde die Besatzung in drei Gruppen geteilt, die sich abwechselnd für eine Woche im Seebad Carnac erholen sollten. Bevor ich meinen Törn antreten konnte, hatte ich mich durch Berge von Papierkram hindurchzuarbeiten und Verantwortungen zu übernehmen, zu denen meine Vorgesetzten keine Lust hatten. So schrieb ich das Kriegstagebuch auf der Reiseschreibmaschine ins reine; tat dasselbe mit dem Bericht des L.I.; machte eine Liste über den Verbleib und die Anwendung eines jeden einzelnen Torpedos; beendete meine Zeichnung, eine Wiedergabe unserer Feindfahrt, mit Tusche auf Leinen, und zeichnete die Angriffskurse Paulshens mit allen Einzelheiten. Um der dauernden Beanspruchung durch Feder, Kern und Seibold zu entgehen, schrieb ich auch freiwillig ihre Urlaubsscheine für einen Aufenthalt in Paris.

Heiß und lang waren diese Sommertage, und lauwarm waren die Nächte. Unsere Männer, die die *établissements* von ihren Vorgängern geerbt hatten, vergnügten sich mit den Mädchen, die manchem Seemann gedient hatten, der längst auf dem Meeresboden lag. Für diejenigen, die einen Gaumen für französische Gastronomie entwickelten, gab es mehrere gute Restaurants mit speziellen Mahlzeiten und langen Weinlisten. Sogar ein Essen mittelmäßiger Qualität war ein gewaltiges Erlebnis für Männer, die sich wochenlang von verdorbener Nahrung und schimmeligem Brot ernährt hatten. Und es war auch ein Vergnügen, so einfach allein auf den Straßen Lorients dahinzuschlendern und in die Schaufenster zu schauen. In dieser Gegend, die vom Krieg verschont geblieben war, wurden Waren in ungewöhnlicher Reichhaltigkeit und in guter Qualität angeboten.

Aber der Krieg war trotzdem überall zu spüren, besonders dort, wo ich meine meiste Zeit verbrachte: im Stützpunkt. Die Wehrmachtsberichte, die regelmäßig über unsere deutschen Sender ausgestrahlt wurden, hielten uns mit Meldungen über die Fortschritte unserer Truppen an der Ostfront in einem Dauerzustand der Begeisterung. Unsere Divisionen hatten der Roten Armee entscheidende Niederlagen beigebracht und nahezu zwei Millionen Gefangene gemacht. Unsere Infanterie war auf dem Vorstoß nach Leningrad; sie hatte Riga am 29. Juni eingenommen, Minsk einen Tag später. Der Feldzug im Osten versprach unseren Vormarsch auf dem Balkan im vergangenen Frühjahr, jedoch in einem viel größeren Ausmaß, zu wiederholen.

Sondermeldungen berichteten über die Triumphe der U-Boote. Die Fanfarenklänge ertönten nahezu ununterbrochen über alle Sender. Im Monat Juli allein wurden im Nordatlantik mehr als 300 000 Tonnen alliierten Schiffsraums versenkt. Damit wurde das Ergebnis vom Juni weit übertroffen. Wiederholte Erfolge wurden auch von unseren U-Booten, die gegen die britischen Geleitzüge im Mittelmeer operierten, berichtet. Diese Boote sicherten unsere Nachschublinien nach Nordafrika, wo Rommels Afrika-Korps eine Offensive gegen die englischen motorisierten Kolonnen eingeleitet hatte, nachdem unsere italienischen Verbündeten sich im Wüstensand festgefahren hatten.

Das Leben an Land wie auch die Neuigkeiten über den Krieg liefen auf höchsten Touren, als ich endlich in Carnac in der Sonne lag. Ich räkelte mich im weißen Sand am langen Strand in der sengenden Hitze des französischen Sommers, schwamm mit einigen der einheimischen Schönheiten im warmen Wasser der Biskaya. Nach einigen Tagen dieses sommerlichen Idylls rief aber wieder die Pflicht; ich kehrte mit meiner Gruppe nach Lorient zurück, wo wir mit rauhem Ton aufgefordert wurden, auf dem Platz der Préfecture anzutreten. Zum erstenmal nach zwanzig Tagen war die Besatzung wieder vollzählig beisammen. Kern ließ uns ohne Umschweife wissen, daß das gute Leben zu Ende sei und U-557 bereits an den Kai verholt worden war; wir würden für die nächsten Tage wie die Sklaven zu arbeiten haben, um das Boot für die kommende Unternehmung mit Torpedos, Munition, Proviant und Treibstoff auszurüsten.

Unsere Arbeit erwies sich als so hart, wie Kern vorausgesagt hatte. Aber die Leute übernahmen sie mit einer Art Genugtuung. Für die meisten war der Zauber des Lebens an Land bereits verblaßt, und der Wunsch, wieder gegen den Feind zu fahren, war mächtig in uns aufgestiegen.

Die Ausrüstung des Bootes war wie geplant beendet, und unser Auslaufen wurde auf den folgenden Morgen festgelegt. Wiederum durchschritten wir den rituellen Vorgang, uns von allen Verbindungen zu Land und Leben zu lösen. In der Einsamkeit unserer Stuben und Kammern beschrifteten wir unser Gepäck, schrieben unsere letzten Briefe und brachten unsere seemännische Ausrüstung in Ordnung. Wir alle fragten uns dabei, wie oft wir wohl diese Routine wiederholen durften und ob wir das nächstemal wieder zurückkehren oder auf See bleiben würden.

6

Es war am 19. August 1941, ein feuchter und heißer Tag, als U-557 zu seiner zweiten Feindfahrt auslief. Um 14 Uhr warfen wir die Leinen los. Die obligatorische Musikkapelle spielte wieder den üblichen Marsch, und ein donnerndes Hurra kam vom Chef der Flottille, von den Offizieren und Mannschaften an Land. Und am entfernten Ende des Kais, wo die Zivilisten und Werftarbeiter dichtgedrängt standen, hatte sich auch eine Anzahl Mädchen fragwürdigen Gewerbes eingefunden, die ihren Liebhabern zum Abschied winkten.

U-557 verließ den Hafen von Lorient mit elektrischer Kraft. Als wir Port Louis an Backbord querab hatten, begannen die Diesel ihr altvertrautes Lied zu brummen. Ein Teil der Besatzung stand auf dem achteren Zigarettendeck oder lehnte lässig gegen die Reling, schwatzend, lachend, rauchend, um die letzte Stunde Sonnenschein zu genießen. Achteraus verschwand langsam die bretonische Küste und das malerische Lorient in der diesigen Ferne. Als unser Geleitfahrzeug abdrehte, rief sein Kommandant durch die Flüstertüte: »Angenehme Reise und erfolgreiche Jagd!«

Paulshen schwenkte zum Dank seine weiße Mütze. Die Männer wurden nach unten befohlen. Die Wache und der Kommandant blieben auf der Brücke, zusammen mit einem Neuankömmling, der sich erst eine halbe Stunde vor dem Auslaufen eingeschifft hatte. Kapitänleutnant Kelbling, ein Crewkamerad Paulshens, war als zukünftiger Kommandant eines neuen Bootes an Bord befohlen. Er hatte keine besonderen Aufgaben; er sollte lediglich seine Erfahrungen auf einer Feindfahrt abrunden. Später liefen wir durch eine Fischereiflottille, deren Boote träge in der gleißenden Sonne lagen. Ihre gelben, roten und grünen Segel ragten wie farbige Zuckerhüte in das tiefe Blau des Himmels. Als wir an dem letzten Boot vorbeifuhren, befahl Paulshen ohne weitere Zeitverschwendung: »Beide Maschinen volle Kraft voraus – neuer Kurs 270 Grad – Richtung Atlantik!«

Nachdem das Festland ins Meer versunken war, tauchte U-557 zum ersten Trimmversuch. An den folgenden drei Tagen sahen wir weder ein Flugzeug noch eine Rauchwolke. Die Biskaya lag ruhig und verlassen da.

Als U-557 den achten Längengrad West überquerte, öffnete Paulshen den versiegelten Umschlag, den er von Dönitz erhalten hatte. Gemäß dem Befehl hatten wir die Geleitzugwege im Nordkanal zwischen Irland und Schottland anzugreifen. Der BdU erwartete demnach eine Konzentration feindlichen Schiffsverkehrs in jener Gegend. Der Umschlag enthielt auch Einzelheiten über die Minenfelder nördlich des Kanals.

U-557 ging sofort auf nordwestlichen Kurs. Am folgenden Morgen, genau um 7 Uhr, wurde die Freiwache von einem plärrenden Lautsprecher geweckt. Es war nicht das erstemal, daß Schallplattenmusik einen neuen Tag an Bord ankündigte. Aber es war das erstemal, daß ein englisches Soldatenlied durch die Räume tönte. Jeder erkannte die ehrgeizigen englischen Verse, lächelte und summte mit den Tommies im Chor: »*We are hanging our washing on the Siegfried Line …*« Die Briten, die unsere westliche Verteidigungslinie weder im Ersten noch im Zweiten Weltkrieg überrennen konnten, hatten die Platte zusammen mit Uniformen und allerhand Kriegsmaterial in Lorient zurückgelassen, als sie vor unseren anstürmenden Truppen im Jahre 1940 durch Frankreich geflohen waren.

Am dritten Tag unserer Unternehmung durchkreuzten wir eine kritische Gegend 120 Seemeilen südwestlich Fastnet Rock, dem Leuchtturm an der Südspitze Irlands. Die Geleitzugwege bündelten sich hier zu einem engen Trakt, nicht mehr als 80 Meilen breit. Wir sahen jedoch nicht ein einziges feindliches Fahrzeug und fuhren auf einem großen Bogen ungefähr 250 Seemeilen westlich der Irischen Küste nach Norden, um nicht von der englischen Fernluftaufklärung gesichtet zu werden. Schließlich überquerten wir den 58. Breitengrad, machten eine scharfe Wendung nach Steuerbord und gingen auf Ostkurs in Richtung Nordkanal. Sechs Tage nach dem Verlassen des französischen Paradieses erreichten wir eine Position drei Meilen nordwestlich der himmelragenden Klippen der Insel Inishtrahull, die in der Mitte des Schiffahrtsweges liegt. Wir versuchten uns hier auf die Lauer zu legen, da der Leuchtturm uns eine ausgezeichnete Navigationsunterlage bot. Aber die starke Strömung, die durch den Kanal spülte, zwang uns wieder in den Atlantik zurück.

Für mehrere Tage durchkreuzten wir die Gegend mit weiten Suchschlägen, ohne jedoch ein Geräusch zu hören oder ein Fahrzeug zu sichten. Bald war es uns klar, daß die Engländer ihren Schiffsverkehr verlagert hatten. Die ergebnislose Suche begann die Stimmung der Männer zu beeinflussen. Und Paulshen, ebenfalls ungeduldig, meldete schließlich die Lage an den BdU und bat, in ein aussichtsreicheres Jagdgebiet versetzt zu werden. Die Antwort blieb nicht lange aus und bewies, daß die Führung ausgezeichnete Verbindungen in Nova Scotia hatte: NEUES OP-GEBIET QUADRAT AL 69 – HALIFAX-ENGLAND-GELEIT ERWARTET – KURS OSTNORDOST – ELF MEILEN – LEICHTE ABWEHR-GUTE JAGD.

Drei Tage lang kurbelten wir mit Höchstfahrt westwärts. Als wir in unserem neuen Operationsgebiet ankamen, war es Nacht, und die See atmete schwer. Wir stoppten beide Maschinen, und der Horcher begann seine Wache. Das Boot schlingerte und rollte gemächlich in der langen Altdünung. Das Wasser plätscherte über das Oberdeck, füllte den Raum zwischen Druckkörper und Planken und rauschte aus den Entlüftungslöchern, wenn das Boot sich auf dem Rücken einer Welle wiegte. Nahebei hörten wir das Pfeifen und Puffen vorbeiziehender

Wale. Die Aurora Borealis flackerte schillernd am Nordhimmel. Mit den ersten Sonnenstrahlen nahmen wir die Jagd wieder auf und durchquerten das Quadrat in einer unregelmäßigen Zickzackbewegung. Um 15 Uhr 10, das Wetter war gut, Seegang 2 und die Sicht ausgezeichnet, brüllte ein Ausguck auf der Brücke: »Rauchwolke in 300 Grad.«

Ich stand gerade am Kartentisch in der Zentrale, koppelte unseren Kurs und wiederholte den Ruf in Richtung zum vorderen Kugelschott. Der Kommandant flitzte durch die Öffnung, raste an mir vorbei und schoß die Leiter hinauf zur Brücke. Dann hörte ich ihn den Ausguck in unmißverständlichem Ärger anfahren: »Das nennst du eine Rauchwolke! Mann, der ganze Horizont steht in Flammen! Auf Gefechtsstationen ...«

Ich jagte auf die Brücke. U-557 war bereits auf die schwarze Verfärbung des Himmels zugedreht. Wir fuhren vorsichtig und mit langsamer Fahrt nach Westen. Die Wolke vergrößerte sich zusehends zu einem breiten, dicken Vorhang von Rauch und Ruß. Kurz darauf erkannten wir die Mastspitzen und Schornsteine der aufgeregt zackenden Zerstörer, die der Mahalla voranfuhren: die Feger. Fünf Minuten später kroch ein Wald von Masten über die scharfe Linie der Kimm. Wir hatten einen Riesenkonvoi vor den Rohren.

15 Uhr 35. »Alarm! – – – Fluten!«

15 Uhr 45. Der Dampferpulk war mit dem Sehrohr noch nicht auszumachen. Paulshen verließ sich allein auf die Meldungen des Funkmaaten im Horchraum. Die Besatzung eilte fast lautlos auf Gefechtsstationen. Die Torpedomixer bewässerten die Rohre. Der zweite seemännische Maat hantierte am Vorhaltrechner. Ich übernahm das Ruder im Turm.

16 Uhr 10. Zwei Feger kamen in Sicht. Sie zackten regellos.

16 Uhr 25. Das Horchgerät nahm die beiden Zerstörer auf, deren helles Schraubengeräusch sich nun deutlich von dem tiefen Rauschen und Schlagen der Armada hervorhob. Bald surrten die Propeller in hohen Umdrehungen. Beide Fahrzeuge machten aufgeregte Vorstöße und wendeten unregelmäßig, nicht sicher, in welcher Richtung sich der unsichtbare Gegner versteckte. Asdic-Impulse begannen in langen Abständen auf unsere Außenhülle aufzuschlagen.

16 Uhr 35. Das Poltern, Schaufeln, Mahlen nahm an Stärke schnell zu. Das Hämmern der Kolbenmaschinen, das Dreschen der Schrauben vieler Schiffe, die unbeirrbar auf unseren geheimen Standort zuliefen, erreichte ein gewaltiges Ausmaß.

16 Uhr 45. Wiesner hatte Gegnerfahrt und Kurs genauestens berech-

net Der Rest war Sache des Kommandanten. Und Paulshen schwenkte sein Boot auf Angriffskurs. Seine Hände arbeiteten fieberhaft, um das Auge des Sehrohrs dem Auf und Nieder der See anzugleichen. Er ließ das Fadenkreuz von einem fetten Dampfer zum anderen wandern und suchte sich die besten Brocken aus. Er allein sah – was wir nur ahnen konnten –, wie die großen Schiffe in geordneter Formation heranstampften und, von einer trägen Dünung getragen, unschuldig ihrer Vernichtung entgegenfuhren. Noch war alles friedlich an der Oberfläche. Aber innerhalb weniger Minuten würde diese Parade von fünfundvierzig Giganten sich in ein Inferno von brennenden, auseinanderbrechenden Schiffen verwandeln, in dem die Besatzungen der getroffenen Fahrzeuge Rettungsboote und Flöße bemannen und der Rest in totaler Verwirrung versuchen würde, dem Chaos zu entrinnen.

Ein – zwei – drei harte Explosionen. Wasserbomben.

16 Uhr 55. Plötzliches nervöses, stoßhaftes Herumfahren Paulshens um den Sehrohrsockel. Der Motor summte laut in der atemlosen Stille im Turm. Dann kam der Befehl »Konvoi zackt nach Norden. Wahrscheinlich normale Abendkursänderung. Unterwasserangriff ausgeschlossen. Fertigmachen zum Auftauchen und Überwasserangriff!«

Enttäuschung huschte über die Mienen der Männer. Nur für Sekunden, dann spannten sich die Gesichter, und es war, als liefe unser Schicksal nach einem genauen Stundenplan ab, auf den wir keinen Einfluß hatten.

17 Uhr 10. Wasserbomben detonierten in nächster Nähe. Paulshen behauptete, daß sie mindestens 1000 Meter Backbord querab krepierten.

17 Uhr 20. Horchpeilungen ließen beträchtlich nach.

18 Uhr. Der Smut verteilte heißen Bohnenkaffee und Gefechtsbrote. Die Torpedomixer prüften die Aale, die Diesel-Heizer ölten ihre Maschinen, und wir von der Gefechts-Brückenwache zwängten uns in unser schweres Ölzeug. Der L.I. handhabte das Boot wie ein Jongleur. Der Kommandant saß immer noch am Sehrohr und beobachtete, wie der Verband in Richtung der Südspitze von Irland floh.

21 Uhr 25. Aufgetaucht. Nur ein dünner, heller Strich im Westen deutete an, daß ein bemerkenswerter Tag zu Ende gegangen war. Die Dunkelheit verminderte die Sicht. Aber der Konvoi konnte uns nicht entwischen – wir waren ihm zu nah auf den Fersen. Mit beiden Dieseln ›volle Fahrt voraus‹ verfolgten wir die Herde.

22 Uhr 05. Wir setzten folgenden Funkspruch an die Führung ab: GELEIT IN AM 71 – KURS 125 GRAD – STOSSE NACH.

Mitternacht. Der Wind hatte sich gedreht, und eine leichte Brise wehte aus Südwesten. Der Himmel war bedeckt. Die Nacht war dunkel, und Seegang war 2 bis 3. Keine Spur von einem Geleit. Wir drehten nach Steuerbord ab und suchten in südlicher Richtung.

0 Uhr 30. Getaucht zum Horchrundblick. Da rief auch schon der Horcher: »Schraubengeräusche in 300 bis 360 Grad. Entfernung wahrscheinlich 10 Meilen.«

0 Uhr 40. Aufgetaucht. Augenblicke später jagte U-557 weiter in die Nacht. Wieder sangen die Diesel, der Sog der Zulüfter und das Rauschen des Wassers am Druckkörper die Hymne, die uns in die Schlacht begleitete.

Eine Leuchtrakete stieg und fiel im Osten. Wir korrigierten unseren Kurs. 0 Uhr 55. Zerstörer an Backbord 3000 Meter. Wir beschrieben einen großen Bogen um das Fahrzeug und schwenkten dann das Boot in das Kielwasser des Konvois. Es war, als führen wir ins Nichts hinein. Himmel und Wasser bildeten eine solide, schwarze Wand. Der Verband war und blieb verschwunden. Wir harkten die See mit langen Zickzackschlägen ab und spähten mit unseren Gläsern in die Nacht.

U-557 stieß unaufhaltsam vorwärts. Es war kurz nach 1 Uhr, am 21. August, als ein Schatten in mein Glas einwanderte. Dann waren es zwei, nein – drei, vier. Paulshen erkannte sie, und der I.W.O. sah sie auch. Zwei Zerstörer lagen am Ende der Steuerbord-Kolonne des Verbands. Einer zackte vor unserem Boot. Sie alle ahnten nicht das geringste von unserem Durchbruch durch ihre Fern- und Nahsicherung. Riesenhafte Schatten, gigantische Frachter schaukelten unbeirrt nach Osten und boten ihre Breitseiten dar.

U-557 schwang sich mit einer Hundekurve in Angriffsposition. Ein Sicherungsfahrzeug brach plötzlich durch die Wand der Nacht, aber wir hängten es schnell ab, indem wir uns nahe an einen Frachter heranschlichen. Paulshen brach in die Herde ein. Kein feindliches Auge konnte unsere winzige Brücke in dem hochgepeitschten Riesenstrudel erkennen. Als Paulshen zäh zwischen die beiden Kolonnen steuerte, wuchsen die fetten Ziele zu wahren Ungeheuern an. Dann brüllte der Kommandant in den zunehmenden Sturm: »I.W.O., such dir die dicksten Brocken aus und mach schnell, wir können nur einmal schießen.«

»Hab' sie alle wie an einer Leine aufgereiht. Rohr eins fertig … fertig …«

»Ruder hart Steuerbord«, gellte Paulshen. »Schieß, I.W.O.«

Sekunden später sprangen zwei Torpedos, Einzelschüsse, aus ihren

Rohren. Uhrzeit: 1 Uhr 25. Der zweite Aal schraubte sich auf den nächsten Schatten in der Kolonne zu. Atemloses Warten folgte.

»Ruder hart Backbord, auf 250 Grad gehen«, rief der Kommandant und klappte den Deckel des Sprachrohrs zu.

Lange Sekunden tickten dahin.

Eine Sprengwolke, ein Feuerball, dann eine krachende Detonation. Eine riesige Fontäne hob sich über einem sterbenden Schiff. Ein zweiter Blitz, ein Knall – ein ungeheures Kreischen. Dann eine dritte Explosion. Große Brocken von Stahl und Planken wirbelten in die beleuchteten Wolken. Der Steven eines Frachters brach vom Rumpf. Das Schiff trieb brennend inmitten des Verbands und konnte nur mit gewagten Hartrudermanövern von den nachfolgenden Fahrzeugen gemieden werden. Platzende Leuchtraketen, explodierende Ladungen und vom Wind gehetzte Leuchtfallschirme verwandelten die Nacht in ein Flammenmeer. Ein Zerstörer schoß plötzlich heran, drohte unsere Kiellinie in knapper Entfernung zu kreuzen. Aber U-557 drehte hart ab, zeigte sein Heck und verschwand in einem Wellental.

Eine neue Explosion zersprengte die Nacht. Vulkane brachen aus dem Wasser hervor. Scharfe Stöße schüttelten das Boot. Das Bersten und Brüllen der Detonationen erfüllte die Luft. Dutzende von Leuchtgranaten stiegen himmelwärts, und zahlreiche Leuchtfallschirme hingen in den Wolken und beleuchteten unser Boot mit einem geisterhaften grünen und gelben Schein.

Wir waren lange dem Schauplatz der Vernichtung entronnen, als zwei Zerstörer auf der Szene erschienen, um Überlebende zu retten. Die Wucht unseres Angriffs war derart heftig und die Verwirrung so groß, daß der Gegner keine ernstlichen Gegenmaßnahmen unternahm. Wir hängten uns an das Kielwasser des Verbands, und Paulshen hielt sich in vorsichtiger Entfernung nahe dem Heck des letzten Dampfers, der schattenhaft vor uns hin- und herpendelte. Das angeschlagene Geleit machte eine scharfe Kurswendung nach Norden. Aber der Wolf war noch immer in der Herde und folgte nach. In einiger Entfernung im Südosten verloren zwei englische Frachter ihren Kampf ums Dasein; die letzten flackernden Flammen wurden schließlich von der stürmischen See verschluckt.

Während dieser Augenblicke zwischen Leben und Tod stellte ich mir vor, wie sich die Seeleute der verlorenen Dampfer auf den riesigen Wellen reitend an einem kümmerlichen Floß festhielten. Sie taten mir leid, diese Männer, deren Mut unumstritten war, die aber ihrem Ende nicht entrinnen konnten. Es war das schreckliche Ende eines hoffnungslosen Ringens. Ich begriff sehr wohl, warum die englischen Seeleute weiterfuhren – sie kämpften für den Bestand ihres Vaterlandes. Aber ich war über die Dickköpfigkeit der Kapitäne und Besatzungen der Schiffe fremder Länder erstaunt. Warum nur fuhren sie für die Briten, und warum stellten sie sich unseren Torpedos und der wachsenden Grausamkeit der Schlacht so hartnäckig entgegen? Was immer die Briten für ihre Dienste bezahlten – der Preis konnte niemals das Risiko und ein verlorenes Leben entschädigen. Ich war erstaunt, daß die britische Admiralität immer noch in der Lage war, Schiffe fremder Flaggen für den tödlichen Dienst im Nordatlantik anzuheuern.

Als die undurchdringliche Dunkelheit sich wieder über die Wasserwüste legte, stießen wir erneut auf den Verband und erwarteten nichts als Erfolg. Wie immer vor einem Angriff fühlten wir eine Mischung von Erregung und vielleicht ein wenig Angst in uns aufkommen. Bald begrenzte die neblige, schmutzige Nacht wieder unsere Sicht. Dann sahen wir wieder die geisterhaften Fahrzeuge der Weit- und Nahsicherung des Geleits unser Kielwasser mit hoher Fahrt durchkreuzen. Wieder drangen wir unbehelligt in den Dampferpulk ein. Drei, vier Frachter nahmen an Steuerbord querab deutliche Formen an, alle in ausgezeichneter Schußlage.

Ein schneller Befehl, ein hartes Rudermanöver, dann Paulshens Ruf: »Schieß, I.W.O., ich kann den Kurs nicht mehr lange halten ...«

Kern drehte sein UZO im Kreise; seine Ziellinie war von den hohen Wellenbergen dauernd unterbrochen.

»Zum Teufel, laß' die Aale aus den Rohren«, schleuderte der Kommandant seinen Befehl in Kerns Gesicht.

Der I.W.O., seine Hände um den stählernen Sockel des UZOs gekrampft und seine Stirn gegen das Gummipolster des Nachtglases gedrückt, kreiste, zielte, dann schrie er das entscheidende Kommando und drückte zweimal den Abschußhebel. Es war 1 Uhr 34.

U-557 drehte mit einer scharfen Kurve ab.

Eine Explosion – ein Treffer. Einer der Dampfer brach unmittelbar hinter der Brücke auseinander. Das neue Opfer legte nach Steuerbord über, eine Stichflamme schoß kurz aus dem Schornstein, dann sackte sein Deck langsam ins Wasser. Der Sturm trug den Gestank der Explosionen, den beißenden Geruch brennender Ladung und die Qualmwolken kohlegefeuerter Kessel zu uns herüber.

Von auftümmenden Wellen getragen, jagte U-557 dem nächsten Ziel entgegen. Im Ablaufen hielten wir das letzte Opfer in unseren starken Gläsern fest. Im teuflisch flackernden Schein der Sternraketen sahen wir, daß der Dampfer keine Anstalten machte, zu sinken. Kurzentschlossen warf Paulshen sein Boot herum und fuhr einen zweiten Anlauf auf den stilliegenden Riesen. U-557 schloß schnell die Entfernung. Kern nahm den 6000-Tonner aufs Ziel. Der Schuß fiel aus voller Fahrt. Das Schiff sackte unter dem furchtbaren Schlag sofort weg. Sein Heck richtete sich steil auf, seine Schraube drehte sich in letzten Zuckungen. Sofortige Gegenmaßnahmen der Abwehr. Langbrennende Leuchtraketen fuhren in den Nachthimmel. Ihr Schein war so hell, daß ich die Bartstoppeln im Gesicht des Kommandanten zählen konnte. Nicht weit an Backbord brach das sterbende Schiff knirschend auseinander.

Paulshen manövrierte sein Boot geschickt durch die Kolonnen und stieß in den dunklen Teil der Parade vor. Die Leuchtraketen hatten die Zerstörer angezogen. Einer kam längsseits des sinkenden Schiffes und begann Überlebende aufzunehmen. Ein verlockendes, leichtes Ziel. Aber ein ungeschriebenes Gesetz verbot Paulshen, Schiffe anzugreifen, die mit einer Rettungsaktion beschäftigt waren. Und so brach er nochmals in die Herde ein. Diese Schlacht war seine Schlacht. Er allein diktierte die Bedingungen. Nach zwanzig Minuten gelang es ihm, in die Mitte des Pulks durchzustoßen. Ein Ungetüm von etwa 5000 Tonnen war sein nächstes Opfer. Ein Kommando in das rasende Geheul des Sturmes. Ein Schuß – und der Torpedo zischte davon. Uhrzeit: 2 Uhr 05.

Ein schneller Ausbruch aus dem Verband. U-557 lief mit Höchstfahrt nach Osten ab. Treffer! Eine Stichflamme hinter der Brücke, himmelhoch – dann ein Knall. Mit einem jähen Aufbäumen brach der Frachter, ein 5000-Tonner, auseinander. Dann umhüllte die nächtliche Schwärze das Drama des Sinkens. Während U-557 mit voller Fahrt aus dem aufgescheuchten Geleit entwich und in die Finsternis stob, gurgelten die beiden Teile des Dampfers in die Tiefe. Mit einer Mischung von Erstaunen, schweigendem Entsetzen und Genugtuung registrierten wir eine neue Versenkung – unsere dritte in dieser Nacht.

U-557 setzte sich zum Nachladen der Rohre ab. Das Boot rollte in respektvoller Entfernung vom Geleit in der schweren See. Über eine Stunde schlingerten wir unbeholfen am Rande der Sicht, bis alle Rohre nachgeladen waren. Dann setzten wir zu neuer Verfolgung an. U-557 schloß vorsichtig die Entfernung zum Verband und riß dann die Formation erneut von achtern auf. Wie ein Keil drang das Boot in das Geleit. Zwei Frachter ächzten schwerfällig durch den nächtlichen Dunst und schnurgerade auf ihrem Kurs. Unglaublich – wir blieben unentdeckt.

»Runter mit den beiden Kästen, I.W.O.«, bellte Paulshen mit triefendem Gesicht. U-557 schwenkte in einen großen Bogen, schüttelte sich unter dem harten Aufprall der Quersee und steuerte erneut in Schußposition.

»Zerstörer rechtweisend 220 Grad.« Ein Schrei, gellend und markerschütternd.

Das große Schiff war plötzlich da. Sein Bug wuchs messerscharf aus der Schwärze.

Paulshen beugte sich übers Luk und rief ins Boot: »L.I., hol' das letzte aus den Maschinen, oder jemand beißt uns in den Hintern.«

Das war das Signal für Feder. Die Diesel heulten auf, U-557 machte einen Sprung. Paulshen zwängte das Boot zwischen zwei Frachter – aber der Verfolger klebte an unserem Heck, keine 200 Meter achteraus. Unsere Chancen, auszureißen, schienen verspielt. Tauchen war ausgeschlossen. Auf unregelmäßigem Zickzackkurs jagte der Kommandant das Boot durch den Verband, stieß vor den Bug eines Frachters, versteckte sich im Schatten eines anderen, kreuzte das Kielwasser kurz hinterm Heck eines dritten und wagte einen verzweifelten Vorstoß durch die hochgehende See in die Nacht. Minuten um Minuten vergingen. Aber der Tod verfehlte auch diesmal, nach uns zu greifen.

Unverzüglich ging Paulshen wieder zum Angriff über. Er verringerte die Fahrt, drehte das Boot langsam in die See und gegen den Verband und schlich mit ›halber Fahrt‹ wieder auf die Seitenkolonne zu. Schwarz und drohend reckten sich die mächtigen Schiffskörper in die Dunkelheit. Die Trägheit, mit der sie durch die schwarzen Wassermassen furchten, machten sie zur sicheren Beute. Mit verhaltenem Atem und klopfenden Halsschlagadern näherten wir uns wieder den schaukelnden Kolossen. Brecher um Brecher traf unsere Brücke, durchnäßte uns und ließ unser Boot wie ein edles Rennpferd erzittern.

4 Uhr 12. Hoch ragten die Silhouetten der Opfer vor uns auf. Kühn jagte Paulshen das Boot auf die erste Kolonne zu. Mit wachsender Spannung und bis zu den Hüften im Wasser stehend, kämmten wir die See nach Verfolgern ab. Aber wir waren allein mit den Frachtern, der wütenden See und dem heimlichen Tod.

Dann fiel das entscheidende Wort. »Feuererlaubnis«, brüllte Paulshen – und der Sturm riß den Befehl von seinen Lippen.

Kern, die Linke am UZO-Sockel und mit der Rechten das Nachtglas drehend, zielte lange und gut. Er hatte den nächsten Schatten, keine 500 Meter vor unserem Bug, im Fadenkreuz und hielt ihn fest. Zwei, drei heisere Befehle, der Mann am Vorhaltrechner im Turm wiederholte sie – dann fiel der Schuß.

Schneller Kurswechsel. Hart schlug das Boot in der heranlaufenden See. Ein Zerstörer zackte an Backbord 90. Waren wir gesehen worden? Paulshen drehte bei und zeigte dem gefährlichen Burschen unser Heck.

Die Sekunden rannen. Eine Minute verging. Enttäuschung. Fehlschuß.

Rangeschossen, aufgeschlossen. Drei Fahrzeuge, schwarze Wolken von Ruß spuckend, wuchsen wie Berge vor unseren Rohren auf. Ich glaubte das Stampfen ihrer Kolbenmaschinen zu hören, so nah waren sie. Paulshen, über seine Schulter brüllend, gab den Schuß frei. Es war 4 Uhr 26.

Kern stieß seine Befehle in kurzen Stößen heraus. Der Aal zischte los. Eine Explosion riß die Nacht entzwei. Blitze leuchteten, es gellte, prasselte und klatschte. Feuersäulen stießen himmelwärts. Der Dampfer drehte sich mit Ruderklemmer im Kreis. Dann, wie ein wundes Tier, legte er sich auf die Seite und sank, bevor die Rettungsboote weggefiert werden konnten. Ein neuer Blitz von einem der schwimmenden Kolosse. In unserer Begeisterung waren wir ihm zu nahe gekommen. Ameisenähnliche Gestalten hatten eine Kanone bemannt und schossen wilde Salven. Zwei, drei hohe Fontänen nahe unserem Boot. Einige Granaten heulten über unsere Köpfe. Wir jagten dem spuckenden Frachter davon, verbargen uns hinter einem Vorhang von Rauch und Nebel und ließen uns an das Ende der Herde fallen.

Da kamen auch schon die Feger – Zerstörer. Mit Lage null und schäumender Bugsee schossen die Kästen auf uns zu. Paulshen erkannte, daß wir in der Falle saßen.

»Alarm!« brüllte Paulshen, »auf 170 Meter gehen, Ruder hart Backbord.« Das wilde Getöse des Schnelltauchens übertönte die Schraubengeräusche der Zerstörer, die mit Höchstfahrt auf unser tauchendes Boot zujagten. U-557 fiel mit starker Vorlastigkeit in die endlose Tiefe. Wir hingen an Rohrleitungen und Handrädern, an allem, was uns Halt bot, um uns aufrecht zu halten. Dann hörten wir wieder die Zerstörer auf unsere Tauchstelle zukurbeln. Aber bevor sie unseren Turm aufspalten konnten, war das Boot bereits auf 90 Metern Tiefe.

Zwei Wabos explodierten achteraus. Das Boot schnellte wie von einer Peitsche geschlagen mit dem Heck aufwärts. Für Sekunden war alles schwarz. U-557 stürzte mit rasender Geschwindigkeit dem Grund entgegen. Das war das Ende. Plötzlich wurde es wieder hell, die Hilfsbeleuchtung flackerte, die E-Maschinen summten, Pumpen schnurrten – und Feder pendelte das Boot auf 200 Meter durch.

4 Uhr 40. Beide Zerstörer lagen gestoppt. Ruhe über Wasser – Gra-

besstille in der Stahlröhre. Der Horcher meldete flüsternd neue Schraubengeräusche, die schnell näherkamen. Die Tommies hatten Verstärkung bekommen. Wir bereiteten hastig uns selbst und das Boot auf eine lange Wabo-Verfolgung vor.

4 Uhr 55. Ein Zerstörer begann an unserer Backbordseite aufzulaufen. Wir gingen sofort mit unserer Fahrt hoch, um seinem Wurf auszuweichen. Wir hörten deutlich drei Aufschläge auf der Oberfläche; kurz darauf drei höllische Explosionen. Drucköl spritzte durch die Zentrale, die Hauptsicherung fiel aus, Seiten- und Tiefenruder klemmten, die Flurplatten hüpften und klirrten – und das Boot fiel durch auf 220 Meter. Als das Echo der dröhnenden Schläge in der Weite des Atlantik verhallte, warf jemand die Sicherungsschalter rein, der Leitende ging wieder auf Schleichfahrt, und die eiserne Trommel war wiederum in Grabesstille getaucht. Und über uns hatten die erfahrenen Jäger für eine neue Horchprobe gestoppt.

5 Uhr 18. Ein zweiter Anlauf. Drei Detonationen folgten einander wie ein Feuerwerk. Dann ein neuer Angriff – und noch einer. Im Zwielicht der Notbeleuchtung hockten wir auf unseren Gefechtsstationen, bissen uns auf die Lippen und hielten den Atem an. Die Asdic-Impulse wurden langsam unerträglich. Einige der Männer saßen auf den Flurplatten an die Schotten gelehnt und starrten nach oben ins Leere. Andere stützten anscheinend gleichgültig ihr Kinn in die Hände. Es wurde weder gesprochen noch geflüstert oder gehustet. Doch keiner der Leute zeigte ein Zeichen der Hoffnungslosigkeit – nur Müdigkeit und Spannung prägte die Gesichter.

Stundenlang wurden die Anläufe in unregelmäßigen Abständen wiederholt. Krachender Donner rollte berstend durch die Tiefe. Es knallte, gellte und bellte in dauernder Folge. Der Druckkörper knisterte, knackte und zitterte unter der Wucht unserer bisher längsten Wasserbombenschlacht.

12 Uhr. Über uns waren sie immer noch auf der Suche, warfen immer noch ihre Kanister. Paulshen befahl dem Smut, Fruchtkonserven und Kekse zu verteilen. Eine gesunde Entscheidung. Das Flattern des Magens, das Vibrieren der Nerven und Muskeln verschwand im selben Maße, in dem die Delikatessen in unsere Bäuche wanderten.

14 Uhr 12. Die letzte Serie, ein Wurf von sechs Wabos, brachte die Gesamtzahl auf 128. Danach behauptete der Horcher, er habe deutlich gehört, wie zwei Zerstörer das Schlachtfeld verließen.

15 Uhr 20. Nicht eine einzige Detonation seit mehr als einer Stunde. Hatten die Tommies ihren Wabo-Vorrat verbraucht? Hatten sie ihr

Wild aufgegeben, um es dem sicheren Tod zu überlassen? Der Horcher drehte das Rad des Geräts mit besonderer Sorgfalt und fast liebevoller Zärtlichkeit. Der ganze Horizont schien von Geräuschen frei zu sein. Wo war der dritte Jäger geblieben?

»Hauptlenzpumpe anschalten«, befahl Paulshen nach einer Weile. »Wollen mal sehen, ob der Kerl auf den Köder anbeißt.«

Das unverschämt mahlende Geräusch quälte uns wie der Bohrer eines Zahnarztes. Obgleich der Lärm unsere Lage genau verriet, blieb alles still. Der dritte Zerstörer hatte sein Opfer ebenfalls verlassen.

Wir waren noch einmal davongekommen. Als die Stille zurückgekehrt war, hatte der Kommandant eine Überraschung für uns. Die Versenkung von vier, vielleicht sogar fünf Dampfern verlangte, daß einige ›Medizinflaschen‹ geöffnet wurden, die er unter Verschluß gehalten hatte. Mit einer Porzellantasse in der Hand marschierte die Besatzung durch den engen Mittelgang, hielt für einen Augenblick vor der winzigen Ecke des Kommandanten – aber nur so lange, als es notwendig war, um die Tasse mit einem seltenen Schuß Cognac zu füllen. Dann zogen wir auf unsere Stationen und Kojen zurück, und das erregende Nachvibrieren der Nerven begann langsam abzuebben.

16 Uhr 10. U-557 tauchte nach vierzehnstündiger Schleichfahrt auf. Als der Kommandant das Turmluk öffnete, wurde er buchstäblich von dem stark angestiegenen Innendruck auf die Brücke geschleudert. Wir von der Brückenwache krochen nach oben. Wunderbares Wetter begrüßte uns. Dem Schicksal für unsere Errettung dankbar, sogen wir die reine Luft tief in unsere Lungen. Das plötzliche Übermaß an Sauerstoff ließ uns vorübergehend in die Knie sacken. Dann nahmen wir unseren Rundblick wieder auf. Die Lüfter begannen zu singen und die Frischluft zu den schwitzenden Leuten in der feuchtkalten Stahlröhre zu saugen. Für uns auf der Brücke schien die Sonne niemals so rot, war der Himmel niemals so blau. Da der Geleitzug sich unserem Zugriff entzogen und bereits das Küstenvorfeld erreicht hatte, jagte U-557 auf der Suche nach neuen Zielen wieder westwärts.

Bei Einbruch der Dämmerung meldeten wir das Ergebnis unserer Schlacht mit folgendem Funkspruch an den BdU: VERSENKTE VIER FRACHTER – ZUSAMMEN 17 000 TONNEN – EINEN WEITEREN MIT 5000 TONNEN TORPEDIERT – U-557.

7

Nach einigen Tagen ruhiger Fahrt bei mildem Wetter trafen wir auf schwere See. Der Sommer war unwiderruflich zu Ende, und die ersten heftigen Herbststürme peitschten die Wellen zu gewaltigen Höhen. Unter einem Himmel, der voller dicker, schwarzer Wolken hing, spielten die Wellen mit unserem Boot Fußball, warfen es wild hin und her und füllten die Brücke bis zum Rand mit dem salzigen Wasser. U-557 arbeitete angestrengt, um auf Kurs zu bleiben und Fahrt über den Grund zu machen.

Am vierten Tag nach unserer Schlacht erreichten wir eine Position ungefähr 300 Seemeilen südwestlich des Nordkanals. Das Boot pendelte stark von einer Schlagseite zur andern, als wir in den alten Jagdgrund eindrangen. Am Nachmittag erhielt ich den Befehl, die dritte Brückenwache zu übernehmen – eine der neuen, größeren Verantwortungen, die mir der Kommandant nach Aussteigen meiner Kameraden anvertraut hatte. Die Wache war ein einziger Kampf gegen die reißenden Elemente. Der Sturm verquirlte die See zu einer milchigen Suppe. Tiefhängende Wolken berührten die hochragenden Wellenberge. Das Sausen und Heulen der Orkanböen übertönte das Stottern und Schlucken unserer Diesel. Augen und Nasen waren mit einer dicken Salzkruste bedeckt. Unsere Gläser waren nutzlos.

Nach drei Stunden ständigen Ringens stieß ein Zerstörer in den steuerbord achteren Sektor. Ich drehte sofort das Heck des Bootes gegen den von einer Regenbö halbverdeckten Gegner, ging mit der Fahrt hoch und verständigte den Kommandanten. Ich war überzeugt, daß der Zerstörer ein Teil der Weitsicherung eines Geleits war. Paulshen erreichte die Brücke, hakte den Karabinerhaken seines breiten Stahlgürtels in die Klampe am Turm und jagte die Diesel auf höchste Touren. Dem Befehl folgend, sich möglichst auf fette, beladene Dampfer zu konzentrieren, verschwendete Paulshen keine unnötige Zeit, preschte davon und ließ den heftig stampfenden Zerstörer an die undeutliche Kimm zurückfallen.

Zwei Stunden lang verfolgten wir die irreführenden Manöver des Fahrzeugs in der Hoffnung, es würde uns den Standort des Verbands verraten. Um 15 Uhr 20 war es Wiesner klar, der die Bewegungen des Gegners mitgekoppelt hatte, daß der Zerstörer auf einem Generalkurs von 180 Grad nach Süden steuerte. Der Geleitzug, wenn er wirklich existierte, mußte im Süden stehen. Nach einer weiteren Stunde harten Kampfes gegen gigantische Wellenberge und schneidenden Sprühregen entdeckten wir endlich eine dunkle Wolke an Backbord. Eine neue Jagd begann. Mit äußerster Vorsicht hielten wir mit der dampfenden Herde aus einer wechselnden Entfernung von 6 bis 10 Meilen Fühlung und stürmten mit der Weitsicherung nach Süden.

Wiesner löste mich schließlich auf der Brücke ab. Ich ließ mich in den Turm und dann in die Zentrale fallen. Hier betrug die Luftfeuchtigkeit 100 Prozent. Welle um Welle schüttete Tonnen von Salzwasser durch das Luk auf die Flurplatten. Ich begann meine Arbeit am Kartentisch, um unseren und des Gegners Kurs mitzukoppeln. Die niederschlagende Feuchtigkeit tropfte vom Druckkörper, von Rohrleitungen und Luftschächten auf Seekarte und Millimeterpapier; mein Paralleldreieck klebte auf dem Papier, und mein Bleistift hinterließ keinerlei Striche. Seewasser rauschte in den Bilgen, kippte über die Flurplatten und schwappte im Rhythmus der Schlingerbewegungen des Bootes um meine Füße.

Um 20 Uhr übernahm ich wieder meinen Platz in der Steuerbordnock auf der Brücke. Der Kommandant stand hinter mir. Plötzlich fingerte ein Suchscheinwerfer, sehr verwischt, im Südwesten in den Abendhimmel. Nur für eine oder zwei Sekunden. Wir jagten ihm sofort nach. Vierzig Minuten später erspähten wir einige schattenhafte Umrisse rechts voraus, schwach und unwirklich. Ein schneller Kurswechsel – und wir stießen in einer neuen Richtung in die Nacht, parallel zum Verband. Unsere starken Zeissgläser ließen das klassische Bild abgeblendeter Frachter erkennen, die in der Schwärze einer wilden Sturmnacht scheinbar harmlos dahinstampften. Wir zählten siebzehn Dampfer, vermuteten aber noch mehr hinter der Regenbö. Ein Zerstörer schälte sich plötzlich Backbord achteraus aus der Dunkelheit. Wir hielten ihn unter strengster Bewachung, während wir uns hinter dem schaumgekrönten Gebirge versteckten.

Mitternacht. Wir hatten alle Gegnerwerte ausgedampft – oder geschätzt. U-557 ging zum Angriff über, sprühte Schaum und Gischt. Wir atmeten Luft voller Rauch und Ruß. Der Wind orgelte in allen Tonarten. Die Wellen donnerten über dem Gebrumm der Diesel. Wir jagten an den ersten Silhouetten vorbei und manövrierten zwei Zerstörer ohne Schwierigkeit aus. Die See hatte unsere kleine, stählerne Röhre verschluckt. Nur der Rand der Brücke reckte sich aus dem drohend aufwogenden Nordatlantik. Wir standen im Hufeisen der Turmverkleidung bis zur Brust im Wasser, nur mit einer Stahltrosse ans Boot und Leben gebunden. In all dem tosenden Durcheinander schaukelten die geisterhaften Schiffe in mehreren Kolonnen westwärts und zeigten uns ihre Breitseiten. Durch das Heulen des Sturms und den Lärm unserer Maschinen hörte ich das Brüllen der Befehle und das Bellen der Antworten aus dem Boot. Der I.W.O. hatte die UZO-Säule umklammert, um sich aufrecht zu halten, und bewegte das Nachtglas langsam von einem Ziel zum andern.

»Zerstörer an Backbord – 200 Grad – 700 Meter.« Ein Ruf, hell und klar. Kurzes Erschrecken. Ein Blick Paulshens achteraus. Ein Befehl – und U-557 flog mit schnell zunehmender Fahrt westwärts in das unheimliche, lauernde Dunkel der Nacht. Ein Vorstoß nach Backbord, ein Ausbruch nach Steuerbord. Aber der Bursche schien an unserer Hecksee zu kleben. Dann ein Kurswechsel in die auftürmende See. Ganze Berge von Ozean überrollten die Brücke, drückten uns Ausgucks auf die Flurplatten, zwangen uns in hockende Stellung. Aber das half. Nach zweihundert Herzschlägen war der Zerstörer verschwunden.

Minuten später stieß U-557 wieder nach. Über eine Stunde suchten wir nach dem Verband. Noch eine Stunde – keine Spur von Schiffen. Es war, als hätte das Geleit Flügel bekommen. Wir tauchten für einen Horchrundblick. Doch die sturmgepeitschte See verschluckte jedes feindliche Geräusch. Wieder aufgetaucht. Ratlos und rastlos jagten wir nach Süden. Paulshen folgte plötzlich einer Eingebung und legte sein Boot auf Südwestkurs. Morgendämmerung. Mit dem neuen Tag sprang der Wind um, und eine steife Brise kam aus dem Nordwesten. Die Sicht wechselte schnell von null auf drei Meilen und wieder zurück auf null. Wir kurbelten den ganzen Tag gegen die heranrollende See, ohne eine Rauchwolke, eine Mastspitze zu sichten. Bei Einbruch der Dunkelheit hörten die Männer im Boot eine scharfe Detonation Backbord voraus. Eine zweite folgte. Typische Torpedotreffer. Ein anderer Wolf war in die Herde eingedrungen.

Eine Stunde und sechzehn Meilen später entdeckten wir die ersten Schatten. Paulshen folgte zwanzig Minuten den schwarzen Silhouetten. Der I.W.O. sicherte die Gegnerwerte und ließ die Rohre bewässern. Plötzlich rollte dichter Nebel heran, und die Ziele lösten sich in Nichts auf. Ebenso plötzlich stieß ein Frachter aus der Nebelwand auf uns zu.

»Schatten in 240 Grad«, schrie jemand unnötigerweise.

Der riesenhafte Bug des Schiffes war so nah, so groß, daß uns nur eines übrig blieb: schießen und auf und davon. Da war schon der Befehl: »Rohr fünf – los«. U-557 drehte scharf nach Steuerbord, um einen Rammstoß zu vermeiden – und wir warteten und zählten. Vierzig Sekunden ... sechzig ... der Torpedo hatte sein Ziel verfehlt.

Nur Minuten nach unserem Ausbruch aus dem Geleit stießen wir wieder nach. Aber die Verbindung war und blieb abgerissen. Als um 6 Uhr 15 das vage Grau eines neuen Tages aufstieg, waren wir allein zwischen Himmel und Meer. Die Männer, müde und abgezehrt, schliefen oder saßen auf Gefechtsstationen. Das Essen schmeckte fürchterlich. Das Brot war verschimmelt, wie üblich, die Salami war grün und schleimig. Wir spülten die Brote mit einem starken Kaffee hinunter, den *Café Berger* in Frankfurt nicht hätte besser brauen können. Schweiß, Kondens- und Salzwasser hatten unsere Kleidung aufgeweicht. Der Proviant war verwässert, und alles, was wir anfaßten, war klamm und klebrig. Wir waren schwindlig von dem ewigen Schaukeln und Schütteln des Bootes, schwach in den Knien, gefühllos vor Kälte und nahezu taub von dem fortwährenden Donnern der Diesel. Aber die Jagd ging weiter.

Mit dem Tag kam wieder der Regen. Den ganzen Morgen und die Hälfte des Nachmittags schlug er uns ins Gesicht und wusch die Salzkrusten weg. Der Verband war und blieb verschwunden, weit hinter den tiefhängenden Wolken. Wir karrten durch Regenböen in den aufkommenden Abend. Es war, als führen wir ins Leere. Die Feindverbindung war und blieb abgerissen. Der Konvoi war uns tatsächlich entkommen.

Mit großen Suchschlägen setzten wir unsere Jagd am nächsten Tag fort, fanden aber nicht den geringsten Anhaltspunkt über den Verbleib des Geleits. Am Abend meldeten wir dem BdU den Abbruch der Verfolgung, Standort, Wetter und unseren Brennstoffbestand. Dann nahmen wir Kurs auf unser altes Jagdgebiet.

Wir fuhren drei Tage durch eine kabbelige See und legten etwa 450 Seemeilen zurück. In der vierten Nacht funkte ein Boot, das in den nördlichsten Gebieten operierte, folgendes Kurzsignal: GELEIT AJ 35 – KURS OST – FAHRT 12 MEILEN – GREIFE AN.

Das war das Stichwort. Wir drehten sofort ab, änderten den Kurs, und trotz unseres beträchtlich verringerten Brennstoffbestands stürmten wir wie die Husaren in die alten, entfernten Jagdgebiete. Gleichzeitig entzifferten andere Boote das Signal und schwenkten ebenfalls nach Norden, um den Verband abzufangen. Doch für uns war das Pech noch nicht zu Ende. Die Führung hatte andere Pläne mit uns. Wir wurden aufgefordert, ein anderes Quadrat anzusteuern, und mußten die Beute anderen Booten überlassen, die näher am Geleit standen. Die Besatzung fluchte wie eine Schiffsladung Piraten über verschütteten Rum.

Wie es nicht anders zu erwarten war, hatte ein großes Wolfsrudel einen Halifax-England-Konvoi gestellt. Ein Torpedo nach dem andern krachte in die Flanken des Dampferpulks, versenkte, zerstörte, dezimierte und zersprengte den Verband. Kurzsignale in schneller Folge ließen auf eine der größten Geleitzugschlachten schließen, die je im Atlantik geschlagen worden waren. Die Funksprüche häuften sich auf dem schmalen Tisch des Kommandanten und spiegelten die Wildheit der Angriffe wider, die Schiff auf Schiff ins Grab schickten. Die Kurzsignale waren so klar und präzise wie die Schüsse, die die Kommandanten feuerten: ALLE TORPEDOS VERSCHOSSEN – VERSENKTE FÜNF 24 000 – KEHRE ZUM STÜTZPUNKT ZURÜCK.

VERSENKTE DREI 18 000 TONNEN – ZWEI MEHR BESCHULDIGT – HALTE FÜHLUNG.

VERSENKTE ZWEI FRACHTER – WABOS – SCHÄDEN – SETZE MICH ZUR REPARATUR AB.

VERSENKTE VIER 21 000 TONNEN – JAGE NACH.

Die Schlacht zog sich noch weitere zwei Nächte und zwei Tage dahin. Während dieser Stunden pausenlosen Versenkens schalteten wir auf unsere deutschen Sender und lauschten den Sondermeldungen. Dann verloren die Wölfe den feindlichen Verband im nördlichen Nebel, aber nicht, bevor sie den Boden des Nordatlantik mit zwanzig zerschlagenen, geborstenen Schiffsrümpfen übersät hatten.

Kurz darauf stieß eines der siegreichen Boote auf seinem Rückmarsch zum Stützpunkt auf ein neues Geleit. Innerhalb Stunden war eine neue Jagd in vollem Gange. U-557 wurde endlich angewiesen, dieses neue Ziel anzugreifen. Als wir in die nördlichen Regionen vorstießen, stieg die See gewaltig an. Umweht von weißen Gischtfahnen, fegte unser Boot in die heranheulende Quersee. Kalter Sprühregen, salziger Schaum und ein schneidender Wind richteten mich auf der Brücke übel zu. Die Sicht verringerte sich schnell von sechzehn Meilen auf vier. Das Sausen und Heulen der Sturmböen vermischte sich mit dem Dröhnen der Maschinen. Wie von einer Riesenfaust geschüttelt, wälzte sich das Boot durch die wilde, schäumende, tosende, schwellende See. Das typische Nordatlantikwetter hielt uns wieder in seinen Klauen. Ich hatte deshalb nicht das geringste dagegen, die Brückenwache mit meiner Koje zu vertauschen, als Wiesner mich am zweiten Tag unserer Jagd ablöste.

»Alarm.« Es war genau 17 Uhr 30.

Das Boot kippte sofort an und sank in die Fluten. Paulshen rannte in die Zentrale und rief in den Turm: »Was ist denn los dort oben, I.W.O.?«

Kern antwortete mit steifgefrorenen Lippen: »Zerstörer in 30 Grad, 4000 Meter.«

Als der Leitende sein Boot völlig in der Gewalt hatte, meldete der Horcher, daß die Schraubengeräusche auswanderten und langsam verschwänden. Wir waren nicht gesehen worden. Der Funker machte aber noch eine andere Entdeckung: »Geräuschband Backbord voraus. Typischer Geleitzug.«

Wir waren in die Steuerbordseite eines nicht gemeldeten Konvois gerannt. Paulshen befahl die Besatzung auf Gefechtsstationen und das Boot auf Sehrohrtiefe. Der Rundblick war jedoch frei. Der Verband mußte hinter der Regenwand versteckt sein. U-557 tauchte sofort auf.

Der Turm brach durch die Wassermassen. Wir kletterten durch die herabstürzenden Kaskaden auf die Brücke und pickten die Karabinerhaken unserer breiten Feuerwehrgurte eiligst, aber sorgfältig in die Ösen an der Turmverkleidung. Eine dichte Wolkendecke lag über der kochenden See.

Wir stießen sofort in Richtung des Geräuschbands vor. Vierzig Minuten später sichteten wir einen zweiten Zerstörer, den Paulshen geschickt ausmanövrierte. Die See, die hoch von West nach Ost dahinrollte, trieb uns mächtig voran. Eine riesige, lange Dünung packte unser Heck und hob und schob unser Boot unbarmherzig auf schwindelhohen Wellenkämmen vorwärts.

Während sich die Verfolgung im violetten Zwielicht des sterbenden Tages dahinzog, benachrichtigten wir den BdU über unsere Entdeckung und unseren geringen Brennstoffbestand. Doch bald wurde uns klar, daß der Verband eine drastische Schwenkung durchgeführt hatte: wir fuhren zwei Stunden lang in großen Suchschleifen in östlicher Richtung. Aber da war kein Geleit. Widerstrebend ließ Paulshen das Boot wieder unter Wasser gehen. Horchrundblick in äußerster Stille und unaussprechlicher Spannung. Da meldet der Horcher tatsächlich ein schwaches Geräuschband in Schiffspeilung 40 Grad.

Aufgetaucht. Rangeknüppelt. Die Nacht hatte sich schwarz aufs Meer gesenkt. Sicht war weniger als eine Meile. U-557 schüttelte sich, stampfte und rollte mit starker Schlagseite durch eine tobende See. Tonnen von Salzwasser krachten auf unsere Aufbauten, peitschten unsere Gesichter und brannten in unseren Augen. Ich stand in Hockstellung schutzsuchend hinter der Turmverkleidung und hatte mein Glas auf dem Rande der Brücke aufgelegt. Der scharfe Sprühregen zerriß mir Lippen und Haut, durchnäßte das um meinen Hals gewundene Frotteehandtuch und rannte in Strömen am Körper entlang in die Stiefel. Trotz der dreifachen Schicht Kleidung und dem saumlosen Taucheranzug aus dickem Gummi, der alles wie ein Paket umhüllte, schüttelte ich mich vor Kälte in der Kühle der Nacht.

Aber die Nacht verstrich ohne weitere Feindberührung. Wir karrten mit Höchstfahrt und langen Kreuz- und Querschlägen in den neuen Tag hinein. Der Morgen bescherte uns weder besseres Wetter, noch das Geleit. Dagegen verfuhren wir unsere letzten wertvollen Liter Dieselöl, und jede Meile, die wir mit unserer Suche nach dem entkommenen Gegner verschwendeten, war eine Meile weniger in Richtung Heimat. Am Spätnachmittag meldete Feder, daß er eine weitere Jagd in eine Europa und dem Festland entgegengesetzte Richtung nicht länger verantworten könnte. Damit war Paulshens Jagdfieber ein energisches Halt geboten. Eine Hartruderlage zwang das Boot auf östlichen Kurs. Die Verfolgung war endgültig abgebrochen.

Wir nahmen wieder Kurs auf die Biskaya und tauchten nach zwei Stunden, um der Besatzung eine wohlverdiente Ruhe zu gönnen. Nur einige wenige Leute blieben auf ihren Stationen. Für einige Stunden herrschte Ruhe – im Boot wie auch in der ewigen Tiefe des Atlantik. Die einzigen Geräusche, die wir hörten, waren die Tiefenruderkommandos des wachhabenden Offiziers, das leise Summen der E-Maschinen und das leichte Klopfen der winzigen Kondensattropfen, die auf die Flurplatten aufschlugen.

Beim Angriff auf einen einzigen Geleitzug hatten wir vier Schiffe versenkt und wahrscheinlich eines beschädigt. Aber unser Triumph wurde von anderen Booten geteilt und von einigen sogar übertroffen, wie wir aus den Funksprüchen entnahmen, die wir auf unserem Rückmarsch nach Lorient auffingen. Allein im September waren über 200 000 Bruttoregistertonnen auf den Meeresgrund geschickt worden. In diesem Jahr 1941 mußte in London wieder eine Rekordtonnage aus Lloyds Register gestrichen werden. Es war in der Tat eine schwere Zeit für die internationale Seeschiffahrtsversicherung.

8

Am 18. September lief U-557 wieder in Lorient ein. Die übliche fröhliche Menge erwartete uns am Kai. Als siegreiche Veteranen der Atlantikschlacht nahmen wir den herzlichen Empfang als eine Selbstverständlichkeit hin. Die stürmische Menge, die Blumen, die Klänge der Kapelle, die Begrüßung durch den Flottillenchef und seinen Stab – all das war der Lohn, den man uns schuldete. Aber diesmal waren die Damen von den *ètablissements* nicht beim Empfangskomitee. Der Marinekomplex war während unserer Abwesenheit durch einen hohen Zaun von der Außenwelt abgeschnitten worden. Nach der Begrüßungszeremonie und der gründlichen Reinigung fand aber ein guter Teil unserer Leute heraus, daß ihre Mädchen offenes Haus in der Innenstadt hielten, und so wurden die meisten von ihnen nicht mehr vor dem Wecken im Stützpunkt gesehen.

Unsere zweite Unternehmung hatte die Besatzung völlig verändert. Wir waren nunmehr anerkannte, alterprobte U-Bootmänner. Unsere Vernichtungsaktion gegen den Geleitzug, den wir entdeckt hatten, war ein Beitrag zur unvermeidlichen Niederlage Englands. Wir selbst hatten vier Schiffe aus diesem Verband versenkt und damit unseren Gesamterfolg auf 25 000 Tonnen hochgeschraubt. Unsere letzte Operation wurde von anderen Booten fortgesetzt, die in weniger als vier Tagen weitere sechs Frachter versenkten. Damit hatte sich der Angriff auf den ersten Verband in eine zwölftägige Schlacht gegen drei Geleitzüge ausgedehnt, die versucht hatten, den Nordatlantik nacheinander in östlicher Richtung zu überqueren. Unsere Boote hatten aus dem ersten Geleit die unglaubliche Zahl von zwanzig Schiffen versenkt, vier Frachter aus dem zweiten und neun aus dem dritten Konvoi. Das ergab ein Totalergebnis von über 165 000 Tonnen, die innerhalb von zwei Wochen vernichtet worden waren. Diese bedeutungsvollen Versenkungen bewiesen das große Potential unserer Wolfsrudel-Taktik, die England ohne Verteidigungsmöglichkeiten ließ und den Atlantik sowie die angrenzenden Gewässer um England in einen Friedhof für die alliierte Schiffahrt verwandelte.

Als siegreiche Veteranen der Atlantikschlacht nahmen wir den herzlichen Empfang als eine Selbstverständlichkeit hin. Die stürmische Menge, die Blumen, die Klänge der Kapelle, die Begrüßung durch den Flottillenchef und seinen Stab – all das war der Lohn, den man uns schuldete.

Unsere erste Pflicht nach dem Einlaufen war aber die Teilnahme an der üblichen zeremoniellen Feier in der Préfecture, die zu unseren Ehren gegeben wurde. Das Essen war ein langer und umständlicher Vorgang, der mit Champagner und Rotwein begann und mit deutschem Bier endete. Als die Trinksprüche und Reden schließlich vorüber waren und die Leute sich in ihren verbesserten Unterkünften eingerichtet hatten, wurde ich aufs Boot zurückkommandiert, um die erste Nachtwache im Hafen zu übernehmen.

U-557 lag wie ein Geisterschiff im niedrigen Wasser. Meine drei Posten standen leise plaudernd am Oberdeck und genossen die stille, lauwarme Nacht. Ich ging nach unten, wo der beklemmende Gestank von Dieselöl, Schweiß, Batteriesäure und verfaulendem Proviant die Luft nahezu unerträglich machte. Die plötzliche Ruhe, der bewegungslose Zustand des Bootes, das nahezu fünfzig Tage lang geschaukelt und gestampft und Tod und Zerstörung verbreitet hatte, war ein neuartiges Empfinden. Ich erkannte auf einmal, wie wichtig dieses Instrument höchster Präzision für mich geworden war. Ich fühlte mich ganz im Banne dieses Bootes. Seine Kraft war zu einem wichtigen Bestandteil meines Lebens geworden – wenn nicht ein Teil meiner selbst. Weil ich wußte, daß ich in der nahen Zukunft sehr wenig Zeit haben würde, setzte ich mich auf die grüne Ledermatratze der Kommandantenkoje, knipste die kleine Lampe über dem schmalen Pult an und begann, meine Briefe nach Hause zu schreiben.

Meine Nachtwache endete am frühen Morgen. Kaum hatte die Dämmerung die Nacht abgelöst, kamen die Werftarbeiter an Bord, um U-557 vor seiner Verholung ins Trockendock auszuräumen. Die Männer, auch diejenigen, die erst kurz vor dem Wecken von ihrem Rundgang durch die *ètablissements* zurückgekommen waren, richteten sich für einen längeren Aufenthalt in dem alten Marinekomplex ein. Ich war erstaunt über die Verbesserungen in den Unterkünften, die während unserer Abwesenheit durchgeführt worden waren. Bald fand ich, daß auch meine Lebensverhältnisse an Land sich zu meinem Vorteil verändern sollten. Die Flottille hatte für mich ein großes Zimmer im Hotel *Beauséjour* requiriert; mein Gepäck war bereits dort angeliefert worden. Bald darauf räkelte ich mich unter einer heißen Dusche und schabte mir danach den wochenalten Bart aus dem Gesicht. Nachdem ich mir Salzkruste und U-Bootgeruch von der Haut gewaschen hatte, streckte ich mich auf einem riesigen Doppelbett aus und fiel in einen langen Schlaf.

Die ersten drei Tage in Lorient gaben uns gerade genug Zeit, uns von den Strapazen der Unternehmung und den Einlauffeierlichkeiten zu erholen und uns auf den obligatorischen Besuch von Dönitz vorzubereiten. Der Appell wurde wieder auf dem sonnenüberfluteten Platz der Préfecture abgehalten, wo ein Musikzug einen schmetternden Parademarsch herausfordernd in die anliegenden französischen Wohnviertel blies, während Dönitz mit dem üblichen Gefolge unsere Reihen abschritt. Wieder verteilte er mit freizügiger Hand Abzeichen und Eiserne Kreuze und heftete eines davon auch an meine Jacke.

Nun, da ich der einzige Fähnrich auf U-557 war, verdreifachten sich meine Pflichten. Während die Überholung des Bootes voranging, wurden meine Tage mit zunehmend verantwortlicheren Aufgaben ausgefüllt. Ich erhielt wenig oder keine Hilfe vom Kommandanten, der nach dem Bodensee zu seiner Familie abgereist war, noch von seinem Crewkameraden Kelbling, der kurz nach dem Einlaufen unsere Gemeinschaft verlassen hatte, oder von Seibold und Kern, die ebenfalls einen zweiwöchigen Urlaub angetreten hatten. Aber meine Arbeit blieb nicht ohne Belohnung. An den lauwarmen Abenden schlenderte ich durch die Straßen der Hafenstadt, genoß mein Alleinsein oder zog mich in eines der Eßlokale zurück und ergänzte die Seemannsration des Stützpunkts mit einem Hummergericht. Und als die Besatzung nach drei Wochen wieder beisammen war, hatte ich bereits genug von der Freizeitgestaltung in der Hafenstadt.

Die Schüsse, die unsere Boote im Nordatlantik, in der Arktis und neuerdings auch im Mittelmeer feuerten, und die Fanfaren, die die Sondermeldungen über ihre Erfolge begleiteten, hatten den Ehrgeiz unserer Besatzung mächtig angeregt. Die Versenkungsziffern bewährter Kommandanten hatten in immer zunehmendem Maße die 100 000-Tonnen-Grenze überschritten. U-107, unter dem Befehl von Kapitänleutnant Hessler, hatte im Südatlantik auf einer einzigen Reise nahezu 100 000 Tonnen versenkt. Ein Rekord. Und wir von U-557, Offiziere, Unteroffiziere und Männer, waren davon überzeugt, daß auch Paulshen das Zeug zu einem U-Boot-As in sich hatte und daß es nur eine Frage der Zeit war, bis auch er seine ersten 100 000 Tonnen versenkt haben würde. Die letzte Unternehmung hatte seine Fähigkeiten gezeigt. Wir waren stolz auf ihn. Mit ihm würden wir die monatlichen Versenkungsziffern noch weiter in die Höhe treiben und die 160 000 Tonnen englischen Schiffsraums, die im Oktober versenkt worden waren, im kommenden Monat mit unserer Zugabe noch übertreffen.

Ich hoffte noch mindestens eine Feindfahrt mit U-557 machen zu können, um mit Paulshen und seinen Männern die Lorbeeren zu ernten, nach denen wir strebten. Ich wußte, daß mir nicht viel Zeit dazu gegeben war, um noch einmal eine Geleitzugschlacht zu schlagen. Nach der Abreise meiner Kameraden Gerloff und Goebel zum Wachoffizierslehrgang gab es keinen Zweifel, daß ein gleicher Befehl auch mich bald von der Front vertreiben würde.

Als die Blätter der Akazien sich langsam verfärbten und der Geruch des Herbstes die Stadt umhüllte, war die Besatzung von U-557 damit beschäftigt, die letzten Arbeiten an Bord durchzuführen. Das Nieten und Hämmern der Werft in Lorient war Musik in den Ohren der Männer, die ihren Stahlfisch für eine neue Unternehmung vorbereiteten. Tag für Tag marschierten sie singend zur Werft und kehrten abends mit dem Bewußtsein zurück, dem Auslaufen wieder einen Tag nähergekommen zu sein.

Mit dem Eintreffen des Kommandanten änderte sich die Routine sofort. Das Boot wurde vom Dock an die Pier im Stützpunkt verholt, und mit dem sechsten Morgenappell im November, Paulshens erstem nach dem Einlaufen, waren die Freuden im Hafen zu Ende.

Nach dem Appell übergab mir der Kommandant den Marschbefehl. Ich war ab sofort zur 1. U-Bootflottille in Brest, unserer Stammflottille, abkommandiert. Nur ungern nahm ich den Befehl entgegen. Die Kameradschaft der Männer und Offiziere von U-557 war für mich plötzlich eine Sache der Vergangenheit. Ich fühlte mich aus einer Gemeinschaft gestoßen.

An jenem Tag schüttelte ich zum letztenmal die Hände der Männer, mit denen ich so oft dem Tod entronnen war. U-557 lief am 19. November mit dem Befehl von Lorient aus, ins Mittelmeer, sein zukünftiges Operationsgebiet, einzudringen. Dem Boot gelang der riskante Durchbruch durch die Meerenge von Gibraltar, und es krönte seine Laufbahn mit der Versenkung des norwegischen Dampfers *Fjord* vor Spanien und des englischen Kreuzers *Galatea* vor Alexandrien. Aber die Tage von U-557 waren gezählt. Das Boot traf sein Schicksal am 16. Dezember in der ironischen Form des italienischen Torpedoboots *Orione,* das es in der See von Kreta rammte und mit nahezu der gesamten Besatzung versenkte.

Am 5. November wurde ich von einem russischen Taxifahrer, der behauptete, einst ein zaristischer Kosakenoffizier gewesen zu sein, durch die sonnenüberflutete Landschaft der Bretagne gefahren. Unser Citroën raste wie eine Höllenmaschine über die Landstraße nach Quimper. Geschwindigkeit, Sonne und die herbstlichen Felder und Wälder ließen meine Enttäuschung über die Abkommandierung schnell abebben. Es war wunderbar, nach dem Inferno zur See durch eine Welt voll heller Farben zu fahren. Dennoch war ich etwas erleichtert, als der Wagen vor dem Tor der 1. U-Bootflottille in Brest zum Halten kam.

Vor mir lag auf einem Hochplateau ein weitläufiger Granit-Komplex, der die Bucht von Brest beherrschte. Einige der Gebäude waren noch nicht fertig. Die stattlichen Bauten waren einst dazu vorgesehen, die französische Marine-Akademie aufzunehmen. Aber unsere Eroberung Frankreichs hatte dem Schulprogramm ein Ende bereitet. Anstatt der französischen Offiziersanwärter waren deutsche U-Bootmänner in die Quartiere eingezogen.

Unverzüglich meldete ich mich beim Adjutanten. Er bestätigte mir, was ich bereits wußte: daß ich in Kürze zum U-Bootwachoffiziers-Lehrgang nach Deutschland abkommandiert werden würde. Der Winterlehrgang sollte Anfang Dezember beginnen. Ich war über diese bevorstehende Ortsveränderung nicht gerade erfreut und wäre viel lieber weiter zur See gefahren. Jedoch hatte ich nach meinem aufreibenden Fronteinsatz nichts gegen einige Tage des Müßiggangs einzuwenden und richtete mich in einem Zimmer mit herrlicher Aussicht auf die Brester Bucht und die Halbinsel Crozon häuslich ein. Nach einem Erkundungsgang durch die kühlen Räume des festungsartigen Komplexes verließ ich den Stützpunkt, um die altertümliche Stadt zu erforschen.

Brest war, wie ich gewarnt wurde, ein Brutkasten der Spionage und Sabotage. Angehörige der französischen Untergrundbewegung entführten und ermordeten hin und wieder deutsche Soldaten. Aber ich fand die Stadt niedlich und geschäftig. Cafés, Bistros und Läden blühten und gediehen. Die Gegenwart zahlloser Deutscher in Uniform gab mir zusätzliche Rückendeckung. Es war ein sonniger Tag im November, der Duft des Herbstes lag in der Luft, und ich entschloß mich, die Welt und das neue Leben bis zur Neige zu genießen.

Nach einem schmackhaften Fischgericht schlenderte ich durch die malerischen Straßen, besuchte das eine oder andere Café und durchstöberte jeden Buchladen, an dem ich vorbeikam. In einem dieser Läden sah ich Yvonne. Sie arbeitete dort. Sie hatte blonde Haare und blaue Augen. Ich fragte sie nach einigen Büchern, die sie nicht haben konnte, und es gelang mir, sie in eine Unterhaltung zu verwickeln, die mit einer Einladung zum Abendessen am nächsten Abend endete.

Am folgenden Tag verließ ich den Stützpunkt früh am Vormittag. Ich fürchtete, daß eine plötzliche Abkommandierung meine Pläne zerstören könnte. Ich besichtigte die alten Befestigungen der Stadt und verbrachte den warmen Herbsttag in den etwas vernachlässigten, aber interessanten Vierteln von Brest. Lange bevor die Zeit gekommen war, Yvonne zu treffen, wartete ich auf sie in einem Bistro gegenüber dem Rathaus. Yvonne war graziös, anmutig und zart und voller Furcht. Ihre einzige Berührung mit den Deutschen, behauptete sie, bestand in einer gelegentlichen Bemerkung am Ladentisch über Bücher. Aber bald fand sie sich in einem unpatriotischen *Tête-à-tête* mit einem der Eindringlinge im Halbdunkel eines verschwiegenen Restaurants. Das Essen war ausgezeichnet, und der Nachtisch wurde noch durch ihr Versprechen versüßt, mich wiederzusehen. Der Abend endete viel zu früh an der Gartentür ihres Hauses auf der anderen Seite der Stadt.

Ich traf Yvonne am folgenden Abend wieder. Nicht bei Tageslicht, denn sie wollte nicht mit mir in der Öffentlichkeit gesehen werden. Nach Sonnnuntergang, unter dem Schutz der Dunkelheit war sie nicht mehr so ängstlich. Von dieser Stunde an war ich ein regelmäßiger Gast in ihrer Wohnung. Immer wenn ich zu ihr ging, nahm ich meine Pistole mit und beobachtete wachsam die Straßen. Ich wollte mir ein klares Bild über meinen Gegner machen können, falls ich verfolgt wurde. Ich fragte Yvonne nie mehr, als ich wissen wollte. Sie versicherte mir, daß sie mich liebte – und das war alles, was ich hören wollte.

Ich genoß diese Tage voller Sonnenschein und duftender Herbstblumen mit vollen Zügen. Aber nach zwei Wochen stand ich vor der schwierigen Aufgabe, Yvonne über mein neues Kommando aufzuklären. Wir vereinbarten ein Wiedersehen, sobald ich zurückkehren würde. Ich hoffte im Frühling wieder in Brest zu sein, wenn meine Ausbildung beendet war. Das letzte, was ich von Yvonne sah, war ihr heller Schal, der sich in der Nacht auflöste, als mein Zug langsam aus dem Brester Bahnhof fuhr.

Gare de Montparnasse in Paris. Ich beschloß, den ganzen Tag in Paris zu verbringen und mit dem Abendschnellzug nach Deutschland weiterzureisen. Ich eilte durch den Louvre, schlenderte die Champs Elysees hinauf und hinunter, stand auf dem Place de l'Étoile, überschaute die Stadt von der Spitze des Eiffelturms, saß vor dem Café de la Paix und beobachtete die Vorübergehenden.

Am nächsten Morgen, es war kühl und neblig, überquerte mein Zug den Rhein bei Mainz. Aber als er durch die Kiefernwälder südlich von Frankfurt fuhr, hatte die Sonne den Nebel bereits aufgelöst. Im Hauptbahnhof war der Bahnsteig leer. Niemand erwartete mich. Wie üblich, hatte ich meine Ankunft nicht angemeldet. Ich war es so gewöhnt, und es sollte so bleiben. Ich war kein Freund sentimentaler Begrüßungen in der Öffentlichkeit.

Nicht weit vom Bahnhofsplatz lag die Wohnung meiner Eltern in der ruhigen, baumbestandenen Savignystraße. Als ich in die Allee einbog, ging ein Mädchen vor mir. Ich schaute einmal, zweimal hin und erkannte meine Schwester. Ich rief: »Trudel!«

Sie fuhr herum und fiel mir um den Hals. »Warum hast du uns nicht geschrieben, daß du kommst? Wir hätten dich am Bahnhof abholen können. Du siehst gut aus. Aber mir scheint, du hast etwas Gewicht verloren.«

»Ich glaube nicht. Es sieht nur so aus, weil du mich seit einem Jahr nicht mehr gesehen hast. Wie geht es Vater, und was macht Mutter?«

Trudel versuchte, mir innerhalb der wenigen Minuten alle Neuigkeiten zu erzählen, die es gab. Mutter war voller Freude, natürlich. Ein Jahr lag zwischen diesem Augenblick und meinem letzten Urlaub. Mutter fragte nicht nach dem Krieg. Ihr Interesse war hauptsächlich auf meine Gesundheit und meinen Appetit gerichtet: »Du hättest uns ein Telegramm schicken sollen, und ich hätte heute einen Kuchen für dich.«

Der Kuchen wurde trotzdem gebacken. Ich telefonierte mit Vater. Er schloß sein Büro für den Rest des Tages und kam in aller Eile nach Hause.

»Hallo, alter Krieger, wie lange haben sie dir diesmal Urlaub gegeben?« fragte er.

»Ich habe keinen Urlaub, Vater. Bin nur auf der Durchreise nach der Ostsee, von einem Kommando zum anderen. Ich habe nur etwa dreißig Stunden, die ich hier verbringen kann.«

»Das ist aber viel zu kurz. Laß mal sehen, was wir in diesen Stunden mit dir anfangen können.« Er beriet sich mit Mutter und fing dann an, Fragen zu stellen: wie ich meine Auszeichnungen erworben hatte, wie eine Geleitzugschlacht geschlagen wird und wie Wasserbomben auf Boot und Besatzung wirken. Er war auch begierig, meine Ansicht über unsere Fortschritte im Kampf gegen England zu erfahren und wollte möglichst alle Einzelheiten über meine Feindfahrten hören. Doch bald ging unsere Unterhaltung auf ein anderes Thema über, das ihm große Sorgen zu machen schien: »Glaubst du nicht, daß wir unsere Kräfte etwas zu dünn über das europäische Festland verteilen?«

»Es scheint mir, daß wir genügend Menschenmaterial zur Verfügung haben, um die besetzten Gebiete zu halten.«

»Aber wieviel neue Fronten können wir uns denn erlauben?« fragte er skeptisch.

Darauf gab es keine Antwort. Noch nicht. Die Frage beunruhigte mich ein wenig, und ich steuerte das Gespräch auf erfreulichere Themen zurück.

Jener erste Abend zu Hause und auch der nächste waren besonders angenehm. Das Elternhaus bedeutete Sicherheit und Geborgenheit, es war die Insel der Ruhe im Chaos dieses Krieges. Trotz aller Fragen meines Vaters berichtete ich wenig über den U-Bootkrieg oder von den Gefühlen, die mich während der Schlacht beherrschten. Ich wollte meine Eltern mit der Gewißheit verlassen, daß ich immer wieder zurückkehren würde.

Als mein Zug in Berlin ankam, war es eisig kalt. Marianne war am Bahnhof, pünktlich wie immer. Wir gingen durch die nahezu verlassenen Straßen zum nahegelegenen Hotel *Fürstenhof,* wo ich diesmal absteigen wollte. Das Hotel war eine deutliche, wenn auch teurere Verbesserung gegenüber den schlichten Unterkünften, mit denen wir uns während meiner früheren Besuche begnügen mußten. Aber mit meiner Gehaltsaufbesserung konnte ich mir diese Extravaganz erlauben. Und Marianne ließ mich vergessen, daß der Krieg um uns tobte und daß ich den Sommer und Herbst im Einsatz auf See gewesen war.

Während der zwei Tage meines Besuches eilten wir von einer Unterhaltung zur andern. Zum Leidwesen der Kritiker hatte der Krieg das kulturelle Leben Berlins und das Niveau der Veranstaltungen sehr nachteilig beeinflußt. Eine weitere bedeutende Verschlechterung hatte die Qualität der Mahlzeiten erfahren, die in den Restaurants auf dem Kurfürstendamm geboten wurden. Nein, Berlin war nicht mehr das alte Berlin.

Die Temperatur war auf minus fünfzehn Grad gefallen, als ich am letzten Tag im November in Königsberg ankam. Zitternd in meiner leichten Uniform, gelang es mir, den Lokalzug nach Pillau zu erreichen. Steifgefroren kam ich in dem kleinen Hafen am Frischen Haff an und meldete mich kurz danach auf dem luxuriösen Ozeandampfer *Pretoria,* dem Sitz der 1. U-Bootausbildungsabteilung, an Bord.

Beim Frühstück gab es ein großes Wiedersehen. Ich drückte die Hände vieler Crewkameraden und Freunde, und wir feierten unsere gemeinsame Beförderung zum Oberfähnrich ausgiebig an der Bar. Wir waren aus ganz Europa wieder zusammengetroffen. Sieben Monate lagen zwischen unserer Abschiedsfeier im April und diesem bitterkalten ersten Tag im Dezember 1941.

Der praktische Teil des Wachoffiziers-Lehrgangs begann unter schwersten Bedingungen. Der Hafen von Pillau war völlig mit Eis bedeckt, an manchen Stellen bis zu dreißig Zentimeter dick. Eisbrecher arbeiteten fortwährend, um das Fahrwasser für den Verkehr offenzuhalten und unseren U-Booten Zugang zur Ostsee zu erlauben. Wir fuhren Tag und Nacht zur See, wobei wir abwechselnd die Aufgaben des Kommandanten und Leitenden Ingenieurs übernahmen. Unsere Ausbilder, erfahrene Kommandanten, lehrten uns alle Tricks des nächtlichen Überwasserangriffs und des Unterwasserangriffs bei Tag. Tauchmanöver wurden vorsätzlich gestört, und wir schwitzten Blut, um unsere Boote vor dem Absaufen zu bewahren. Bald waren wir in der Lage, Routine- und Notmaßnahmen im Schlaf auszuführen. Aber wir hatten kaum je genügend Ruhe, um uns von den rauhen Übungen und strengen Anforderungen des Lehrganges zu erholen. Aber es gab auch stillere Tage. Der Chef der Flottille, Korvettenkapitän Schuhart, war ein hervorragender Lehrer, und wir hörten seinen Erfahrungsberichten mit besonderem Interesse zu. Schuhart hatte als U-Bootkommandant im Herbst 1939 den englischen Flugzeugträger *Courageous* versenkt und war für diese und andere Leistungen mit dem Ritterkreuz ausgezeichnet worden.

Die Wochenenden verbrachte ich an Bord der *Pretoria*, las ein Buch, spielte Skat oder diskutierte über die Gründe, die Japan bewogen haben mochten, den amerikanischen Flottenstützpunkt Pearl Harbor anzugreifen. Damit waren die Vereinigten Staaten unmittelbar in den Krieg hineingezogen. Die Kämpfe auf den Philippinen und im Pazifischen Ozean waren jedoch zu weit entfernt, um für uns von größerem Interesse zu sein. Ich war mir allerdings bewußt, daß die Ereignisse im Fernen Osten tiefsten Einfluß auf den U-Bootkrieg im Atlantik haben würden. Mit dem Eintritt der USA in den Krieg, und ganz besonders in unseren Kampf zur See, änderten sich die Zukunftsaussichten beinahe über Nacht. Wir hatten Grund, uns auf einen langen Krieg vorzubereiten.

Die Schlacht im Atlantik ging jedoch gut voran. Unsere Sender ließen fast täglich die Fanfaren ertönen, unterrichteten die Bevölkerung von den Siegen unserer Boote auf See und registrierten Schiffe und Tonnage, die von unseren Torpedos auf den Meeresboden geschickt wurden. Nahezu drei Millionen Tonnen, einschließlich der Versenkungen der Luftwaffe, waren im Jahr 1941 zerstört worden. Nach wie vor waren die Engländer unfähig, sich dem zunehmenden Druck entgegenzusetzen. Ganze Geleitzüge wurden aufgerieben und oft ohne Widerstand unseren reißenden Wölfen zur See überlassen. Natürlich erlitten auch wir Verluste. Im Dezember vorigen Jahres ging wiederum einer unserer erfahrensten Kommdanten verloren. Kapitänleutnant Endrass, Kommandant von U-567, der mehr als 200 000 Tonnen feindlichen Schiffsraums vernichtet hatte, wurde in der Nähe von Gibraltar versenkt. Es gab keine Überlebenden.

Unsere Ausbildung in Pillau wurde bis Ende Januar 1942 fortgesetzt. Anfang Februar wurde ich zusammen mit meinen Kameraden wieder auf die Marineschule in Flensburg kommandiert, um uns mit der Torpedowaffe näher vertraut zu machen. Sechs Wochen Unterricht an Bord des Luxusdampfers *Patria*, verbunden mit Übungsschießen, belehrten mich über die letzten Geheimnisse dieser Waffe. Lehrgänge in Seekriegstaktik und Nachrichtenmittel folgten, als der Winter seinen harten Griff löste. Mit dem Einzug des Frühlings wurde ich zum Leutnant zur See befördert. Zu diesem Zeitpunkt war ich in Swinemünde, wo ich zum Abschluß meiner Ausbildung zum Wachoffizier den Artillerielehrgang besuchte. Nach einigen Scheingefechten auf See und der Abschiedsfeier im Kreise meiner ebenfalls beförderten Crewkameraden wartete ich ungeduldig auf mein neues Kommando, das mich, wie ich hoffte, wieder an die Front rufen würde. Ich dachte an unsere Feiern in Lorient und an Yvonne in Brest und wünschte, daß sich alles wiederholen würde.

Aber Admiral Dönitz hatte andere Pläne mit Leutnant Werner. Ich wurde angewiesen, mich in Danzig auf U-612 als Erster Wachoffizier zu melden. Ich las das Fernschreiben zweimal durch, bevor ich den Inhalt begriff. Hier stand es schwarz auf weiß, daß ich zum ersten Mann nach dem Kommandanten auf einem neuen U-Boot ernannt war. Die Aussicht, selbst U-Bootkommandant zu werden, rückte plötzlich in die Reichweite des möglichen.

Am 19. Mai kam ich in Danzig an. Ich fand U-612 in der Werft. Das Boot, von Wetter und See stark mitgenommen, schaukelte sachte längsseits einer alten Steinmole. Ein Posten bestätigte mir, daß der Kommandant an Bord war. Ich stieg durch das vordere Luk in den Bugraum der Stahlröhre, fand den Kommandanten in seiner kleinen Nische und sagte: »Melde mich gehorsamst an Bord, Herr Oberleutnant.«

»Herzlich willkommen! Ich bin Oberleutnant Siegmann, Paul Siegmann. Ich habe seit gestern auf Sie gewartet. Wir sind klar zum Auslaufen. Kommen Sie, ich möchte, daß Sie die anderen Offiziere des Bootes kennenlernen.« Der Kommandant, ein kräftiger, untersetzter Offizier mit rotblonden Haaren, hatte das Aussehen eines alten Seefahrers. Ich folgte ihm in die kleine Offiziersmesse und wurde dem Leitenden und dem Zweiten Wachoffizier vorgestellt. Wir wechselten einige Freundlichkeiten, dann wurde ich über die Geschichte des Bootes unterrichtet. U-612 war im vorigen März in Hamburg in Dienst gestellt worden. Seitdem war es ununterbrochen zur Frontausbildung in der Ostsee gewesen. Oberleutnant Siegmann hoffte die erforderlichen Übungen innerhalb dreier Monate zu beenden; dann würde die Besatzung für die Schlacht im Atlantik vorbereitet sein. Ich erfuhr, daß der ehemalige Erste Wachoffizier wegen Krankheit abkommandiert worden war, daß der schwarzhaarige L.I., Leutnant Helmut Friedrich, verheiratet und etwa ein Jahr älter war als ich, und daß der II.W.O., Leutnant Heinz Riedel, zu meiner Überraschung ein Crewkamerad war. Beide hatten keine Fronterfahrung, was wohl ausschlaggebend für meine Zukommandierung war. Siegmann dagegen hatte, wie er erklärte, als Kommandantenschüler an einer Atlantikunternehmung teilgenommen. Ein Drittel der Besatzung war auf Frontbooten gefahren, während der Rest für die erste Feindfahrt ausgebildet wurde. Ich stellte mich den Oberfeldwebeln vor, die einen prächtigen Eindruck machten und lange Dienstjahre nachweisen konnten. Daraufhin zog ich mich mit dem Kommandanten in seine enge Nische zurück, wo er mir kurz und bündig mitteilte, was er von mir erwartete.

Als I.W.O. von U-612 war ich Torpedo- und Artillerie-Offizier. Es war meine Aufgabe, bei nächtlichen Überwasserangriffen zu schießen und bei Unterwasserangriffen die Feuerleitung zu überwachen. Als Stellvertreter des Kommandanten hatte ich mich um das Wohl der Männer zu kümmern, Dienstpläne aufzustellen, ihre Durchführung zu überwachen und die Ausbildung der Leute mit allen Mitteln voranzutreiben. Ich war allein aufgrund meiner Feindfahrten für die Stellung des I.W.O. ausgewählt worden. Heinz Riedel und ich hatten später in der winzigen Messe eine entscheidende Unterredung. Wir einigten uns, die Stellung des anderen zu achten und den gemeinsamen Feind und nicht uns gegenseitig zu bekämpfen. Die kurze Plauderei entwickelte sich zu einer engen Freundschaft, die erst mit seinem Tod endete.

U-612 legte noch am selben Tag ab. Wir überquerten die Danziger Bucht und machten unsere Leinen am Spätnachmittag an der Mole der ›Ausbildungsgruppe Front‹ auf der Halbinsel Hela fest. Ich brachte unsere Männer in sauberen Baracken unter, die idyllisch inmitten der Krüppelkiefern in den Dünen lagen. U-612 setzte seine Ausbildung mit einer sechswöchigen Torpedo-Schießübung fort. Tag für Tag stachen wir um 7 Uhr in See. Eine Stunde später schoß ich bereits Übungstorpedos auf die bereitliegenden Zielschiffe. Wir änderten unsere Routine am Nachmittag. Diesmal war es der Kommandant, der ein Rohr nach dem anderen während seiner Unterwasser-Scheinangriffe losmachte. Leergeschossen jagten wir in den kleinen Hafen auf Hela zurück und übernahmen eine neue Ladung Torpedos. Wir wiederholten das Programm in der Dunkelheit und schossen den letzten Aal gewöhnlich um Mitternacht. Die Männer arbeiteten rastlos sechs Tage in der Woche, für sechs lange Wochen.

Anfang Juli beendete die Besatzung ihre wohl anstrengendste Übung. U-612 wurde einer anderen Lehrdivision zugeteilt, und eine gelockerte Tagesordnung löste die fieberhafte Tätigkeit ab. Wir verholten das Boot an eine Pier in Gotenhafen, wo ich mit unseren Männern in die steinernen und kühlen Unterkünfte der ehemaligen Hafenkommandantur zog. Wieder fuhren wir täglich zur See, hatten aber genügend Muße, unseren Freizeitinteressen eine neue Richtung zu geben. Das berühmte Seebad Zoppot war nur eine Eisenbahnfahrt von 20 Minuten entfernt. Ich verbrachte die Wochenenden in seinem luxuriösen Casino, am Strand oder in den Cafés, veranstaltete oder besuchte kleine Feste mit Kameraden und ihren Mädchen.

Während sich Boot und Besatzung auf die Atlantikschlacht vorbereiteten, stießen unsere Armeen immer tiefer nach Rußland hinein. Leningrad war eingeschlossen, hielt jedoch hartnäckig stand. Sewastopol auf der Halbinsel Krim hatte kapituliert. Unsere Divisionen hatten den Kaukasus erreicht, Rostow am Don eingenommen und stießen auf die reichen Ölfelder von Maikop vor. In Nordafrika hatte Rommel sein Afrikakorps von Sieg zu Sieg geführt; er hatte El Alamein in der Libyschen Wüste erobert und stieß gegen den Nil vor. Im Atlantik überfielen unsere Boote die alliierten Geleitzugwege mit zunehmender Härte und erzielten gewaltige Erfolge. Unsere Operationen waren bis zur Ostküste der Vereinigten Staaten vorgeschoben worden, wo die Boote wenig oder keine Gegenwehr fanden. Von Nantucket bis Cap Hatteras, von Florida bis zu den Windward-Inseln zersprengten unsere Torpedos die Stille des bisher ungestörten Handelsverkehrs. Zwischen Boston und New York, vor Jacksonville, Miami, Havanna, New Orleans und Corpus Christi, nahe Baranquilla Maracaibo und Port of Spain, Barbados und Guadalupe griffen unsere U-Boote die alliierten Schiffahrtswege an, torpedierten, beschossen und versenkten eine große Zahl von Schiffen. Während der ersten sechs Monate des Krieges mit den USA wurden 2,5 Millionen Tonnen – über 500 Schiffe, darunter 140 Tanker, auf den Meeresgrund geschickt. Das goldene Zeitalter des U-Bootkrieges war angebrochen.

Der Ausbildungsstand unserer Männer erreichte einen neuen Höhepunkt. Ich selbst aber war angesichts unserer zeitraubenden Übungen in einem Zustand dauernder Gereiztheit. Ich wünschte mich an die Front, um Schiffe zu versenken und Siegesfeste feiern zu können. Aber meine Geduld wurde noch einmal auf eine harte Probe gestellt.

Der 6. August setzte beinahe meinen Ambitionen ein Ende. Wie an jedem anderen Tag lief U-612 um 8 Uhr aus Gotenhafen aus. Die Danziger Bucht war flach, und die Sonne warf ihre Strahlen wie von einem Spiegel zurück. Der Tag versprach wieder heiß zu werden. Über zwanzig U-Boote fuhren in die ihnen zugeteilten Übungsquadrate; ihre Hecksee sprudelte silberig in der klaren Morgenluft. Danzig lag an Steuerbord und reckte seine alten Kirch- und Stadttürme in den fleckenlos blauen Himmel. Unser Obersteuermann Prager nahm fortwährend Peilungen von Land. Nach nahezu zwei Stunden mittlerer Fahrt und träger Unterhaltung meldete Prager, daß das Boot im zugewiesenen Quadrat angekommen sei. Der Kommandant wurde unterrichtet; gleich darauf erschien seine weiße Mütze im Turmluk. Wir begannen mit unseren täglichen Übungen. Die Seeleute, in drei Wachen eingeteilt, exerzierten abwechselnd an der 8,8-cm-Kanone und am 2-cm-Flugabwehrgeschütz, simulierten Tauchmanöver und führten eine Anzahl Scheinangriffe durch. Um 11 Uhr tauchten wir. U-612 fuhr auf einer Tiefe von 30 Metern und machte drei Seemeilen Fahrt. Ich saß mit einem Teil der Besatzung und 12 zusätzlichen U-Bootsschülern im Bugraum und hielt Unterricht über das Einmaleins der Torpedo- und Artilleriekunde.

Um 11 Uhr 42 erhielt das Boot einen scharfen Stoß achteraus. Die Wucht warf das Heck zuerst nach oben, dann nach Steuerbord. Wir waren unter Wasser gerammt worden! Ich rief sofort: »Klar bei Tauchretter – alle Mann in die Zentrale!« Dann rannte ich durch den Mittelgang nach achtern, bis ich im Dieselraum von einem armdicken Wasserstrahl aufgehalten wurde.

U-612 wurde sofort achterlastig. Es sank. Ich sah einige Männer im achteren Torpedoraum und brüllte: »Alle Mann nach vorn, oder ihr kommt nicht mehr lebend raus.«

Sie zögerten einen Augenblick, dann sprangen sie durch den Wasserfall. Das Boot füllte sich schnell. Es gelang mir, die Leute aus den hinteren Räumen zu bekommen; ich schlug die wasserdichten Schotten dicht, sprang in die Zentrale und warf das achtere Kugelschott hinter mir zu. Siegmann war es mittlerweile gelungen, alle Zellen anzublasen und das Boot an die Oberfläche zu bringen. Friedrich ließ die Druckluft durch die Rohrleitungen zischen sowie die Tiefenruder vorne hart oben und hinten hart unten legen, um das Boot möglichst so lange über Wasser zu halten, bis alle Mann der Stahlröhre entronnen waren. Noch rasten die E-Maschinen auf Höchsttouren. Der Kommandant auf der Brücke fuhr sein verwundetes Boot gegen die Küste, vier endlose Meilen im Süden. Ich befahl, alle verfügbaren Tauchretter an unsere U-Bootschüler zu verteilen, und jagte die Männer die Aluminiumleiter nach oben. Für eine Sekunde erblickte ich den blauen Himmel über der runden Öffnung des Turmluks. Ich fühlte einen unwiderstehlichen Drang, die Leiter hinaufzustürmen. Aber die Pflicht verdammte mich dazu, in der engen Röhre auszuhalten und möglicherweise zusammen mit dem L.I. zu ersaufen. Mit einem Auge schaute ich auf die schwingende Nadel des Tiefenmessers und mit dem anderen überwachte ich die Männer, die das sinkende Schiff verließen. Bald würde das Heck des Bootes zu schwer sein. Es würde wie ein Stein absacken und uns in der Zentrale mit auf den Grund ziehen. Ich wirbelte herum und brüllte in den Turm: »Schüttelt das Blei aus euren Füßen, Männer, die andern wollen auch aus der Röhre raus.«

U-612 fiel plötzlich achtern weg. Ein Schrei von der Brücke: »Boot sinkt! Zum Teufel, raus mit euch!«

Die beiden letzten Heizer stemmten sich die Leiter hinauf. Friedrich sprang über die Ventil-Station, beugte sich unter der Verlängerung des Turms und raste nach oben. Ich folgte. Ein plötzlicher, schwerer Wassereinbruch riß mich beinahe von der Leiter. Ich drückte gegen eine Tonne Wasser, zwang mich durch die runde Öffnung und – wurde vom Kommandanten auf die Brücke gezogen. Dann spülte mich die See fort. In diesem Augenblick streckte U-612 seinen scharfen Steven aus der Wasserlinie, dann das ganze Vorschiff, wie die Hand eines Ertrinkenden, richtete sich nahezu senkrecht auf und versank. Ich war über die Plötzlichkeit seiner Vernichtung erschüttert.

Die Besatzung trieb in der sachte dümpelnden See. Ich bemerkte mit siedentheißem Erschrecken, daß ich weder Tauchretter noch Schwimmweste anhatte. Ich hatte beides an die Schüler abgegeben. Das Wasser war aber warm, nur eine leichte Brise riffelte die Oberfläche. In einiger Entfernung sah ich die weiße Mütze des Kommandanten in der Sonne glänzen. Sie saß noch säuberlich auf seinem Kopf, der innerhalb der gelben Schwimmweste dahintrieb. Siegmanns Stimme gellte über das Wasser. »Bleibt zusammen, Leute, wir werden bald aufgefischt.« Dann schwamm er einen Halbkreis und wandte sich an mich: »Haben Sie alle Männer aus dem Boot bekommen, I.W.O.?«

»Nicht eine Seele ist an Bord. Ich war der letzte, der das Boot verließ.«

Schwarze Punkte in gelben Schwimmwesten und roten Tauchrettern schaukelten in der schwachen Dünung auf und ab. Im dunstigen Süden erkannte ich verschwommen die Küste. Die Strömung trieb uns immer weiter in die Bucht hinaus. Mit ihrer Stärke gut vertraut, wußte ich, daß es unmöglich war, die Küste schwimmend zu erreichen.

Wir trieben etwa zwanzig Minuten. Dann durchschnitt der Bug eines Bootes die Oberfläche in unmittelbarer Nähe. Innerhalb von Sekunden war das Boot aufgetaucht und gewann Fahrt in Richtung der schwarzen, roten und gelben Punkte. Das Boot, das den tödlichen Schlag gelandet hatte, war dabei, einen zweiten Fehler zu machen. Ich reckte mich weit aus dem Wasser und schwenkte beide Arme. Es war ein verzweifelter Versuch, dem Boot zu signalisieren, daß es die Maschinen stoppen sollte. Irgend jemand verstand meine Zeichen. Die Diesel wurden abgeschaltet, und das Boot glitt langsam auf uns zu. Plötzlich tauchte ein zweites Boot auf und manövrierte vorsichtig näher. Unsere Männer schwammen auf die beiden stählernen Inseln zu und wurden hustend, schnaubend, niesend und triefend an Bord gezogen. Helfende Hände legten Decken um ihre Schultern.

Ich kletterte auf das Boot, das das unsrige auf den Grund geschickt hatte. Siegmann nahm die Entschuldigung des Kommandanten mit sichtlichem Unbehagen entgegen. Sein Ärger stieg erneut, als der Schuldige erklärte, er habe nicht gemerkt, daß er unter Wasser einen fremden Gegenstand gerammt habe.

Unsere Männer traten auf dem Achterdeck zur Musterung an. Ich zählte siebenunddreißig Köpfe; einschließlich einiger unserer Schüler, die sich ausgezeichnet verhalten hatten. Ich rechnete, daß zweiundzwanzig Leute mit Friedrich auf dem zweiten Boot sein mußten, nahm die Klappbuchse und signalisierte: »Melde bitte Zahl der geretteten Leute.«

»Habe 20 Mann an Bord«, antwortete der L.I.

»Bist du in dieser Zahl miteinbegriffen?«

»Ja«, blinkte er zurück.

»Zähle bitte noch mal, zusammen müßt ihr 22 Mann sein.«

»Tut mir leid, ich kann aus 20 Mann keine 22 machen«, blinkte er.

Zwei Mann waren vermißt. Ich war meiner Sache sicher, niemand an Bord von U-612 zurückgelassen zu haben. Siegmann, vom Ergebnis der Zählung erschüttert, sagte wütend: »Das fehlt uns gerade noch, I.W.O.! Zwei Mann vermißt. Haben Sie mir nicht gemeldet, daß Sie der letzte waren, der das Boot verlassen hat?«

»Jawohl. Ich habe getan, was ich konnte, um alle Männer aus dem Boot zu bekommen. Es ist niemand mehr an Bord«, antwortete ich und deutete hilflos auf die Stelle, an der unser Boot abgesackt war. Unsere Suche nach den beiden Leuten blieb ergebnislos. Wir fanden nur zwei treibende Schwimmwesten. Dann fuhren wir auf dem Boot, das uns in die miserable Lage versetzt hatte, nach Gotenhafen zurück. Der Standort des Bootes war im Augenblick des Zusammenstoßes falsch gewesen. Sein Kommandant hatte die starke Strömung, die durch den Ausfluß der Weichsel verursacht wurde, falsch berechnet oder ganz außer acht gelassen. Er war auf einer Tiefe von 30 Metern gefahren, ohne das Horchgerät oder das Sehrohr zu benutzen. Nachlässigkeit und Irrtum hatten das Leben zweier Männer gekostet und ein U-Boot zerstört.

Welch verheerende Folgen die Versenkung von U-612 nach sich zog, sollte der nächste Morgen zeigen, als Siegmann die tägliche Musterung abhielt. Anstatt an Bord unseres Bootes, waren wir auf dem Innenhof der Unterkunft angetreten. Es war ein ernüchterndes Erwachen. Da standen wir nun – eine hochqualifizierte Besatzung ohne Boot. Nach dem Appell bat der Kommandant uns Offiziere auf sein Zimmer, um unsere Zukunft zu besprechen. Die Stimmung war auf den Nullpunkt gesunken. Wir wußten, daß wir als eine vollausgebildete Besatzung zweifellos ein neues Boot bekommen würden. Aber das langwierige Verfahren von Baubelehrung, Probefahrten, Schießübungen und allgemeiner Ausbildung bis zur Frontreife des Bootes würde uns viele Monate zurückwerfen. In der Zwischenzeit würden die fettesten Geleitzüge von anderen Booten aufgerieben und versenkt sein, und wir mußten uns mit den kläglichen Überresten abfinden. Irgendwie mußte es eine andere, schnellere Lösung geben. Und so prüften wir die Möglichkeit, U-612 aus einer Tiefe von 48 Metern zu heben.

Der Gedanke, unser Boot zu bergen, nahm schnell konkrete Formen an, und Siegmann unterbreitete seinen Plan in allen Einzelheiten der U-Bootführung. Zwei Tage später erhielten wir die Antwort: Hebt U-612. Ohne weitere Verzögerung gingen wir an die Arbeit. Ich fand eine Taucherfirma mit der notwendigen Erfahrung. Friedrich heuerte zwei riesige Schwimmkräne. Ein Schlepper mit einem Taucher, Friedrich und mir selbst an Bord verließ am folgenden Morgen den Danziger Hafen. Das Wetter war ausgezeichnet und unserem Unternehmen günstig. Die beiden Kräne kamen noch am selben Tag über dem Grab von U-612 an. Die Verankerung nahm den größten Teil des nächsten Tages in Anspruch. Während Friedrich und ich uns den Bergungsarbeiten widmeten, verlagerten Siegmann und Riedel die Besatzung nach Danzig, wo wir auf einem altersschwachen Ozeanriesen der Hamburg-Amerika-Linie untergebracht wurden.

Am fünften Tag der Bergungsarbeiten gelang es dem Taucher endlich, die schweren Stahltrossen um den Druckkörper unseres Bootes zu legen. Doch als die beiden Kräne versuchten, das Boot anzuheben, kenterten sie beinahe unter dem Gewicht, und die beiden Trossen rissen.

Ersatzkabel mußten aus Danzig per Boot herangebracht werden. Die Arbeit ging in den siebten Tag, als der Taucher seinen zweiten Versuch beendet und die Stahlschlingen um Bug und Heck des Bootes gewunden hatte. Einem der Kräne gelang es endlich, den Bug von U-612 aus dem Schlick zu befreien und etwa einen Meter über den Grund zu heben. Nachdem der Saugeffekt damit ausgeschaltet war, gelang es dem zweiten Kran, das schwere, vollgelaufene Achterteil unseres Bootes anzuheben. Die beiden Kräne, mit dem Boot in den Schlingen, lichteten daraufhin die Anker und krochen langsam in Richtung Danzig. Nach zweitägiger quälender Fahrt und 16 Seemeilen stufenweisen Anhebens schleppten sie U-612 über den seichten Grund des Hafenbeckens, bis der Turm des Bootes aus dem Wasser ragte. Ein weiterer Tag verging mit dem Abdichten des Lecks von außen. Am zwölften Tag wurde endlich ein Schlauch durch das Turmluk geführt, und ein Schlepper begann das ölige Wasser aus dem Boot zu pumpen. Der Wasserspiegel sank schnell und entblößte Instrumente und Einrichtung. Nach etwa drei Stunden war das Mittschiff leergepumpt.

Neugierig stieg ich die Aluminiumleiter hinunter ins Boot. Die Zentrale war ruiniert. Feiner Sand, mit schwarzem Öl und Algen vermischt, bedeckte alle Teile. Dann machte ich eine vernichtende Entdeckung: auch das Vorschiff zwischen Bugraum und Zentrale war vollgelaufen. Damit waren die vorderen Batterien, die beiden Funkräume, Offiziers- und Oberfeldwebelmessen ebenfalls ruiniert. In der Aufregung des Unglücks hatten wir vergessen, das Sprachrohr, das den Turm mit dem Funkraum verband, zu schließen. Während das Boot auf Grund lag, war das Wasser der Ostsee vom Turm durch die enge Rohrleitung in die vordere Abteilung geflossen und hatte auch diese geflutet.

Das Boot wurde vollständig ausgepumpt und ins Trockendock geschleppt. Ich besuchte U-612 am nächsten Morgen wieder, als es hoch und trocken lag. Das Leck im Druckkörper war so groß wie ein Eimer. Die einzige Abteilung, die nicht gelitten hatte, war der Bugraum. Die Schotten hatten dichtgehalten. Die beiden vermißten Männer waren nicht an Bord. Die Inspektion einer Sonderkommission ergab, daß es acht bis zwölf Monate dauern würde, bis das Boot wieder einsatzbereit war. Meine Hoffnung auf eine baldige Rückkehr in den Atlantik war damit zunichte gemacht.

Zwei Tage warteten wir gespannt auf Nachrichten über unsere weitere Verwendung. Dann wurden wir vom BdU aufgefordert, ein neues Boot, U-230, in Dienst zu stellen, das gegenwärtig in der Germania-

Werft in Kiel seiner Fertigstellung entgegensah. Der Besatzung wurde großzügigerweise ein Sonderurlaub gewährt, bevor sie sich auf dem neuen Boot der alten Aufgabe zu widmen hatte.

Die Versenkung von U-612 und der Verlust der beiden Männer waren nicht das einzige Unglück, das uns in jenen Tagen traf. Während der Bergungsarbeiten hatte Riedel entdeckt, daß unser Koch, der Matrosengefreite Messner, eine größere Menge Bohnenkaffee, Tee, Butter und andere Nahrungsmittel gehortet hatte. Von Riedel zur Rede gestellt, gab Messner zu, ähnliche Mengen auf dem Schwarzen Markt verkauft zu haben. Einige unserer Männer gestanden, auch von Messners Machenschaften gewußt zu haben, seit er an Bord gekommen war. Es war mir unverständlich, daß er mit seinen Diebstählen und Schiebereien fortfahren konnte, ohne gemeldet zu werden. In jedem Fall hatte Messner sich zu verantworten. Messner gestand und wurde zu zehn Tagen strengem Arrest und Dienstgradherabsetzung verurteilt.

Am Tage nach der Verurteilung war Messner verschwunden. Ich suchte in seiner Unterkunft vergeblich nach einem Hinweis über seinen Verbleib. Dabei meldeten mir zwei verstörte Seeleute, daß der Koch dem einen die Kamera und dem andern die beste blaue Uniform gestohlen hatte. Eine schnelle Untersuchung unseres eigenen Gepäcks ergab eine neue Überraschung. Messner, der auch Aufklärerdienste für den Obersteuermann versah, war mit Pragers Pistole verschwunden. Bevor ich jedoch allgemeinen Alarm gab, ließ ich einen Tag und eine Nacht verstreichen, um Messner die Gelegenheit zur Rückkehr zu geben. Inzwischen hörte ich, daß Messner für seine Kollektion von Mädchen bekannt war. Ich stellte eine Liste von Adressen zusammen, wo er sich möglicherweise aufhalten und verstecken konnte, und beschloß, Messner selbst zu fassen und ihm ein Kriegsgericht zu ersparen. Siegmann, der mich unterstützte, gelang es, einen Wagen mit Fahrer zu beschaffen. Ich lud zwei unserer Männer auf den Rücksitz und begann meine private Menschenjagd.

Ich fand die erste Adresse in einer Danziger Vorstadt. Eine saubere Gegend. Das Mädchen behauptete, den Koch seit Wochen nicht gesehen zu haben. Auf der Küstenstraße fuhren wir dann nach Zoppot. Die Mutter einer anderen ›Braut‹ öffnete zögernd die Tür. Ich war auf der richtigen Fährte, war aber zu spät gekommen. Der Koch hatte tatsächlich in der vorherigen Nacht hier geschlafen, war dann aber verschwunden – nach Hause, so habe er gesagt. Ohne weiteren Aufschub rasten wir nach Gotenhafen, wo Messner einem anderen Mädchen den heiligen Stand der Ehe versprochen hatte. Ich fand das Haus, aber nicht den Ausreißer. Die letzte Adresse war eine von Kiefern umgebene Baracke auf Hela. Ein ausgezeichnetes Versteck. Die Hütte war jedoch leer. Erschöpft kehrten wir spät in der Nacht zum Dampfer zurück.

Früh am nächsten Morgen – es war der vierte Tag nach Messners Verschwinden – erhielt ich einen Telefonanruf von der Polizei in Danzig. Danach war ein Seemann in der vorangegangenen Nacht in ein Vorstadthaus eingebrochen. Ich war überzeugt, daß es mein Mann war. Damit war uns der Fall völlig aus den Händen geglitten. Der Koch war zu weit gegangen. Schon am selben Nachmittag wurde ich von der Zoppoter Polizei aber einen neuen Fall unterrichtet. Ein Matrose, auf den Messners Beschreibung paßte, war gesehen worden, wie er nach einem Diebstahl ein Lebensmittelgeschäft verließ. Der Mann entkam. In Erwartung weiterer Entwicklungen blieb ich bis spät in die Nacht wach.

Zwei Tage später wurde das Kapitel Messner für immer geschlossen. Eine Wehrmachtstreife rief von Zoppot an und informierte den Kommandanten, daß Messner im Graben neben der Danziger Straße aufgefunden worden sei. Er habe versucht, sich mit der Pistole das Leben zu nehmen. Es sei ihm aber nur gelungen, sich für den Rest seines Lebens blind zu schießen. Falls wir daran interessiert seien, ihn zu verhören, könnten wir ihn im Stadtkrankenhaus in Zoppot aufsuchen.

Siegmann riet mir, Messner zu verhören, solange er sich noch im Zustand des Schocks befand. Ich fuhr sofort ab. Der Tag war heiß und schwül, Gewitterwolken ballten sich über der Stadt zusammen, als ich in Zoppot ankam. Blitze zuckten über der Danziger Bucht, rollender Donner folgte. Ich erreichte das Krankenhaus noch vor dem Regen. Eine Schwester begleitete mich in den zweiten Stock zu Messners Zimmer. Das Fenster war offen, der Sturm blies die Vorhänge zu einem Ballon. Der Lärm des Gewitters hallte von den weißen Wänden wider. Der Koch lag wie ein Toter ausgestreckt und völlig apathisch. Er war aber bei Bewußtsein. Seine blinden Augen waren blutunterlaufen, seine Lider geschwollen. Eine schmale, weiße Binde um seinen Kopf verdeckte die beiden kleinen Löcher auf beiden Seiten der Schläfen. Ich fühlte Mitleid für den Mann in mir aufsteigen, der die Nerven hatte, sich das Leben zu nehmen, aber nicht den Mut, für seine Fehler geradezustehen.

Ich saß schweigend neben ihm und wartete darauf, daß er zu reden anfing. Aber Messner blieb lange stumm. Ich sah, wie seine nutzlosen Augäpfel sich hinter den geschwollenen Lidern bewegten. Dann kamen ihm die Tränen. Er konnte sich nicht mehr zurückhalten. Der verirrte Krieger weinte, weinte wie ein Kind. Die Tränen verwandelten den Mann in einen Knaben.

Blitze und Donner erreichten einen Höhepunkt. Das halbe Kind in den Kissen bat um Vergebung und weinte und fragte nach seiner Mutter. Ich war unfähig, ihm zu helfen. Von nun an würde er auch sich selbst nicht mehr helfen können.

Als das Gewitter abgezogen war, bat ich den Arzt vom Dienst um eine Schreibhilfe. Sie setzte sich an das Fußende des weißen Bettes, verwirrt und scheu, den Schreibblock auf den Knien. Messner konnte sie nicht sehen. Er beantwortete meine Fragen willig. Am Ende des Verhörs stöhnte er: »Herr Leutnant, ich bin kein Verbrecher, ich wollte nicht stehlen.«

»Warum hast du dann Verpflegung unterschlagen und auf dem Schwarzen Markt verkauft? Warum hast du die Kamera und die Uniform gestohlen? Und warum bist du in das Haus und in den Laden eingebrochen?«

»Herr Leutnant, glauben Sie mir, es ist die reine Wahrheit. Ich wollte erwischt werden. Ich glaubte, es wäre der einzige Weg, dem Krieg zu entgehen. Ich verabscheue diesen Krieg.«

»Was du sagst, Messner, ist reiner Unsinn«, sagte ich erstaunt. »Warum bist du dann vor der Strafe ausgerückt? Und warum hast du danach wieder gestohlen?«

»Meine Kumpels lügen, Herr Leutnant. Sie haben die Kamera und die Uniform für Kaffee, Schokolade und Zigaretten eingetauscht. Und die Nahrungsmittel, die ich in Zoppot und Danzig genommen habe – glauben Sie mir, die habe ich nur gestohlen, weil ich hungrig war.«

»Und warum wolltest du dich umbringen? Ich kann deine Handlungsweise nicht verstehen, Messner.«

»Ich denke, ich war durchgedreht. Ich wollte mich nicht umbringen. Ich habe die Nerven verloren, ich bin erledigt.«

»Du hast recht. Niemand kann dir jetzt helfen. Bete lieber für deine Seele.«

»Herr Leutnant, ich bete nicht – auch jetzt nicht. Ich glaube nicht an Gott. Ich glaube an den Kommunismus. Mein Vater war ein Kommunist. Er wurde während der Spartakus-Revolution erschossen. Und darum verdamme ich diesen Krieg. Herr Leutnant, es ist ein schlechter Krieg.«

Ich starrte ihn fassungslos an und war überzeugt, daß der Mann den Verstand verloren hatte. Da ich genügend Beweismaterial hatte, bat ich die Schwester, seine letzten Bemerkungen nicht niederzuschreiben und mir einen Durchschlag zum Dampfer zu schicken. Ich schloß das Fenster und zog die Vorhänge dicht. Ich glaubte bezeugen zu können, daß Messner tatsächlich irre geworden war.

Tage höchster Betriebsamkeit folgten dem Zwischenfall. Ich beendete die Schreibarbeiten, die mit der Außerdienststellung des Bootes verbunden waren. Der Kommandant war damit beschäftigt, die Besatzung auf Urlaub zu schicken, Berichte zu schreiben und Vorbereitungen für die Übernahme unseres neuen Bootes zu treffen. In der zweiten Septemberhälfte würden wir uns alle wieder in Kiel treffen.

Kurz vor meiner Abreise ereignete sich eine neue Tragödie. Am 2. September fingen unsere Landfunkstellen ein Notsignal auf. U-222, von einer Übungsfahrt zurückkehrend, war von einem anderen Boot gerammt worden. Mit Ausnahme von drei Mann, die beim Aufprall auf der Brücke waren, war die Besatzung mit ihrem Boot auf den Boden der Danziger Bucht gesunken. Als ich davon erfuhr, war es nahe Mitternacht. Ich ging an Bord des Schleppers, der uns geholfen hatte, U-612 zu bergen, und fuhr zur Ansteuerungstonne Hela, wo U-222 gesunken war. Zahlreiche Boote suchten bereits die schwarze See mit Scheinwerfern ab. Unmittelbare Hilfe für die Eingeschlossenen war unmöglich. U-222 lag in einer Tiefe von 93 Metern auf Grund. Die Leute mußten sich selbst helfen, vorausgesetzt, sie waren noch am Leben. Die um die Unglücksstelle versammelten Boote hatten ihre Horchgeräte eingeschaltet und lauschten nach einem Lebenszeichen aus dem gesunkenen Boot. Alle Überwasserfahrzeuge in der Nähe lagen gestoppt, um die Stille nicht zu stören. Das führende Rettungsschiff versuchte stundenlang, Horchverbindung mit unseren Kameraden in dem eisernen Sarg herzustellen. Vergeblich. Die zahlreichen Rufe wurden nicht mehr beantwortet.

Vier Tage später war ich der letzte Angehörige unserer Besatzung, der dem extravaganten Zoppot Adieu sagte. Ich bestieg den nächsten D-Zug nach dem Süden und begann eine lange Reise. Vor Tagen hatte ich von zu Hause gute Nachricht erhalten. Daß meine Schwester am kommenden Wochenende am Bodensee heiraten würde, paßte gut in meine Pläne. Ich entschloß mich zu einem meiner unangemeldeten, kurzen Besuche.

Einen Tag später kam ich im Paradies an. Der See entfaltete sich hinter den Tannen, und sein silbriges Wasser spiegelte die weißen Alpenspitzen wider, die majestätisch in den Himmel ragten. Der Zug hielt in Überlingen-West. In dieser kleinen Stadt am Nordufer des Sees hatte ich viele Jahre meiner Jugend zugebracht. Alles war so friedlich hier, daß ich zögerte, den Zug zu verlassen und die Stille des Ortes mit meiner kriegerischen Erscheinung zu stören. Ich schlenderte in die vertraute Stadt, erkannte die alten Pinien und Kastanienbäume, die seit Jahrhunderten dort standen; betrachtete die Fachwerkhäuser, die sich nie veränderten; sah die Blumenkästen frisch gemalt, die Läden, die Gasthäuser und die Menschen in ihrem alten Gewand. Alles war genau so geblieben, wie es damals war, als ich die Stadt vor sieben Jahren verlassen hatte.

Meine überraschende Rückkehr und meine bereits vergessene Beförderung zum Leutnant verursachten einige Aufregung, aber nur für eine oder zwei Stunden. Dann richtete sich alle Aufmerksamkeit auf die Braut. Die Trauung fand in einer kleinen Dorfkirche statt. Der Bräutigam erschien ebenfalls in Uniform.

Die Hochzeit änderte jedoch das Leben meiner Schwester nur wenig. Fünf Tage nach der Zeremonie mußte ihr Ehemann zu seiner Flak-Einheit zurückkehren. Meine Eltern verließen den See, aber nicht ohne ihre Tochter mitzunehmen. Auf dem Bahnhof versprach ich ihnen, in Zukunft öfters zu schreiben, wußte aber so gut wie sie, daß es wohl bei dem Versprechen bleiben würde.

Ich verbrachte noch einige Tage im Schatten der Alpen. Einmal, als ich an einem der lauen Abende die Seepromenade entlangging und an der Bank neben dem alten Kastanienbaum vorüberkam, erinnerte ich mich an die Mittsommernacht vor dem Krieg, in der ich hier mit Marianne das Feuerwerk bestaunt hatte; mir war, als gäbe es den Krieg überhaupt nicht. Und als ich auf der mittelalterlichen steinernen Mole stand, wo ich nach der Schule die Möwen gefüttert hatte, war ich – wenn auch nur kurz – wieder ein Junge.

9

Es war spät im September 1942. Ich betrat die Tirpitz-Brücke in Kiel kurz vor Mitternacht. Ein Jahr und sechs Monate waren vergangen, seit ich von dieser Pier auf U-557 zu meiner ersten Feindfahrt ausgelaufen war. Vieles hatte sich seither geändert. Die lange Pier, an der eine Anzahl U-Boote festgemacht hatten, war gegen Luftaufklärung abgeschirmt. Wie ich von einem weißbejackten Steward an Bord des alten Dampfers erfuhr, flogen die Engländer regelmäßig täglich über die Förde. Zuerst kamen einzelne Aufklärer bei Tag und fotografierten die

Förde und den Hafen. In der Nacht drangen dann die Bomber in den Luftraum ein, warfen zuerst Leuchtfallschirme, sogenannte Christbäume, und dann die Bomben. Ich war einigermaßen beruhigt zu hören, daß unsere Flak die einzelnen Maschinen in große Höhe zwang und die Angriffe lästiger waren als wirklich gefährlich. Aber die zunehmende Betriebsamkeit der Engländer verursachte mir nicht geringe Sorgen um die Sicherheit von U-230. Falls unser Boot von einer verirrten Bombe beschädigt oder gar versenkt werden sollte, konnte von unserer Teilnahme an der Schlacht im Atlantik auf lange Zeit nicht die Rede sein.

Unsere Männer kamen gut erholt aus dem Urlaub zurück. Drei Tage nach meiner Ankunft musterte ich die Besatzung auf der Mole. Die Männer zeigten sich ohne Ausnahme begierig, in See zu stechen. Aber wie sich bald herausstellen sollte, waren wir weit davon entfernt, von unserem neuen Boot Besitz zu ergreifen. Siegmann dämpfte unseren Tatendrang mit der Nachricht, daß U-230 nicht vor Ende Oktober fertiggestellt sein würde. Als eine Folge räumten wir die Kajüten des alten Dampfers und quartierten uns auf einem uralten abgetakelten Kreuzer ein. Die ehemalige *Hamburg,* ihre Aufbauten bis aufs Oberdeck abmontiert, diente als schwimmende Unterkunft für Besatzungen auf Baubelehrung. Sie bot zusätzlichen Splitterschutz bei nächtlichen Bombenangriffen. Ich konzentrierte mich auf meine Aufgabe, unsere Männer für die Front vorzubereiten.

Anfang Oktober machte ich mich auf eine Reise zur belgischen Küste, um an einem Lehrgang über Funkmeßgeräte teilzunehmen. Unser neues Boot war mit einem Funkmeßgerät ausgerüstet, das uns erlauben würde, den Gegner bei Nacht und Nebel zu orten, lange bevor wir ihn mit unseren Gläsern ausmachen konnten. Das Gerät war seit Jahren auf unseren Großkampfschiffen im Gebrauch und bei der Versenkung der *Hood* durch die *Bismarck* ausschlaggebend gewesen. Nun würde dieses Ortungsgerät den U-Bootkrieg in eine neue Phase führen. Es würde uns erlauben, die Zerstörer an den Geleitzügen auszumanövrieren und die Ziele, ohne sie zu sehen, anzugreifen und zu vernichten. Von dem Potential dieser neuen Waffe beeindruckt, kehrte ich von der Funkmeß-Schule zurück.

Wieder in Kiel, beanspruchte U-230 jede Minute meiner Zeit. Ich hatte nicht nur dafür zu sorgen, daß der Fertigstellungstermin eingehalten wurde; ich hatte auch den Einbau des Funkmeßgerätes zu überwachen, zahlreiche technische Handbücher zu studieren, um mich über die Entwicklungen auf dem laufenden und darüber hinaus die Besatzung körperlich und geistig in guter Form zu halten.

Am 24. Oktober wurde U-230 in Dienst gestellt. Wir hatten das Boot von der Werft an die Tirpitz-Brücke verholt, unsere besten Uniformen angelegt und waren auf dem Achterdeck angetreten. Nach einer kurzen Ansprache gab der Chef der 5. Flottille den Befehl, die Flagge zu hissen. Es war die Flagge des unglücklichen U-612; wir glaubten im Ernst, gemischt mit etwas Aberglaube, daß die alte Flagge das Leben unseres neuen Bootes verlängern würde. Nach der Zeremonie an Bord gab es eine Feier an Land und ein bemerkenswert mageres Essen, das deutlich unseren zusammenschrumpfenden Nahrungsmittelvorrat im vierten Kriegsjahr anzeigte.

U-230 wurde von seiner Besatzung mit einem Gefühl der Dankbarkeit übernommen. Begierig, uns wieder an der Schlacht im Atlantik zu beteiligen, stürzten wir in eine lange und harte Serie von Übungen, Prüfungen, Tieftauchversuchen und Angriffsmanövern. Auf diesen kurzen Seefahrten schalteten wir bei jeder Gelegenheit unser Funkmeßgerät ein, orteten Bojen und Schiffe, wenn sie über die Kimm krochen. Das Gerät erfüllte jedoch nicht unsere Erwartungen. Da die Dipol-Antenne starr an der Vorderseite der Turmverkleidung angebracht war, konnten wir nur Ziele orten, die recht voraus lagen. Um den ganzen Horizont zu bestreichen, waren wir gezwungen, mit dem Boot einen Vollkreis zu beschreiben – ein Verfahren, das nicht nur zeitraubend, sondern im Atlantik und besonders bei Feindberührung unmöglich auszuführen war.

Es war früh im November, als U-230 zu den Schießgründen in der Ostsee auslief. Nicht weit von der Stelle, an der wir U-612 verloren hatten, schossen wir einige Dutzend Torpedos, prüften unsere Feuerleitanlage und frischten unsere Gefechtsroutine auf. Alarmtauchen und Scheinangriffe wechselten mit Trimmversuchen und Übungen an den Kanonen. Die entscheidende Probe unserer verkürzten Ausbildungsperiode kulminierte in einer einwöchigen ›Geleitzugschlacht‹ in der Ostsee. Ein deutscher Verband von etwa 20 Frachtschiffen, begleitet von einigen Zerstörern und Torpedobooten als Geleitschutz, fuhr irgendwo in der östlichen Ostsee. Es war die Aufgabe einiger frontreifer U-Boote, den Verband zu finden, zu jagen und zu ›vernichten‹. Eine Luftwaffen-Einheit flog kriegsmäßige Luftabwehr, um das Angreifen der Boote zu erschweren.

An einem bitterkalten Dezembertag kroch U-230, das sich im Hafen von Pillau mit anderen Booten getroffen hatte, durch die Eisschollen der Hafeneinfahrt und steuerte dann nach Norden. Ein sibirischer Wind trieb gefrorenen Sprühregen gegen die Aufbauten und bedeckte sie bald mit einer dicken Eisschicht. Sechzehn Stunden später sichteten wir das Geleit in der Dunkelheit einer Winternacht und griffen sofort an. Unsere Angriffe wurden Tag und Nacht wiederholt. Der Kommandant wandte jede erdenkliche Taktik an. Wir feuerten unsere Torpedos aus allen Lagen und ›dezimierten‹ den Verband einige Male. Dauernde ›Luftangriffe‹ unserer eigenen Bomber lehrten unsere Männer auf der Brücke höllischen Respekt vor dem Tod aus der Luft. Das Kriegsspiel endete fünf Tage vor Weihnachten. Boot und Besatzung hatten sich ausgezeichnet bewährt und waren ohne Vorbehalt frontreif erklärt worden. Bald darauf navigierten wir U-230 um das Kieler Leuchtschiff, dann durch das enge Fahrwasser der Förde, das ein Eisbrecher in die dicke Eisschicht gebrochen hatte. Rostig und mit Eis überzogen, kam das Boot schließlich wieder längsseits der Tirpitz-Mole an. Aber damit waren die langen Verzögerungen noch immer nicht vorbei.

Einen Tag vor Weihnachten, das Thermometer war auf 17 Grad unter Null gefallen, verholte ich unser Boot in die Werft. Es sollte mit einer Verlängerung des Turms und einem zweiten Deck für eine zusätzliche Flak-Kanone versehen werden. Diese Umbauten waren am Silvesterabend beendet, und unser Auslaufen zur Feindfahrt wurde auf den 9. Januar festgelegt. Aber am 8. Januar entdeckten wir ein ernstes Leck im Dieselraum und mußten unser Auslaufen auf den folgenden Montag verschieben.

Diese letzten beiden Wochen angestrengten Wartens waren für uns alle eine Nervenbelastung. Das Wetter war kalt und stürmisch – ausgezeichnet für Geleitzugkämpfe im Atlantik, aber unangenehm für uns, die wir in den schäbigen Kabinen des alten Dampfers an der Pier gefangen waren. Das Essen war schlecht, sogar am Weihnachtsabend. Der Tag wäre völlig unbemerkt verstrichen, hätten wir nicht einige Briefe und Päckchen von zu Hause erhalten. Wir hörten gespannt die Rundfunkmeldungen und die letzten Wehrmachtsberichte. Doch auch die neuesten Nachrichten waren nicht dazu angetan, unsere Feststimmung zu heben. Rommels Afrikakorps hatte bei El Alamein eine empfindliche Niederlage erlitten und war gezwungen worden, sich in Winterquartiere irgendwo in der Wüste zurückzuziehen. Der russische Winter hatte sich als unüberwindlicher Gegner erwiesen. Aber die Schwierigkeiten, auf die unsere eroberungsgewohnten Armeen plötzlich stießen, waren leichter zu ertragen als die Meldungen über die Erfolge unserer U-Boote, an denen wir nicht teilnehmen konnten. Nach einer Jahresabschlußmeldung des Oberkommandos der Kriegsmarine hatte unser uneingeschränkter U-Bootkrieg die Alliierten allein im Jahre 1942 mehr als sechs Millionen Tonnen Schiffsraum gekostet. Von Juni bis Oktober wurden monatlich über 500 000 Tonnen auf den Grund geschickt. Im November waren 117 Schiffe mit über 600 000 Tonnen versenkt worden. Die Blockade um England schien ihr Ziel zu erreichen. Das Gespenst des Hungers und eines verlorenen Krieges marschierte mit Riesenschritten durch das Vereinigte Königreich.

Der erstaunliche Erfolg der U-Boote war trotz der zunehmenden alliierten Luftüberwachung in den kritischen Abwehrgebieten zwischen Schottland und Grönland und über der Biskaya errungen worden. Der Gegner hatte ein neues Funkmeßgerät entwickelt, das seine Bomber instand setzte, ein aufgetauchtes Boot in schwerer See und auf große Entfernung zu orten. Um dieser Gefahr aus der Luft zu entgehen, wurden unsere Boote mit einem Instrument ausgerüstet, dem Metox, das die feindlichen Ortungsstrahlen auffing und anzeigte. Vor einem unmittelbaren Angriff gewarnt, hatte das Boot Zeit, mit Alarm zu tauchen und schnellstens auf größere Tiefe zu gehen, bevor das Flugzeug anfliegen und seine Bomben abladen konnte.

Die alliierten Luftangriffe hatten auf See wie an Land an Heftigkeit erheblich zugenommen. Hamburg, Düsseldorf und andere Städte waren wiederholt schweren Angriffen ausgesetzt. Wir selbst erlebten einen geringfügigen Angriff in Kiel.

Als das Leck am 8. Januar entdeckt worden war, nahm Siegmann die Gelegenheit wahr, noch einmal nach Hamburg zu fahren und Frau und Kind zum letztenmal vor dem Auslaufen zu besuchen. Ich entschloß mich ebenfalls, diesen letzten Aufschub auszunutzen und einen kurzen Abstecher nach Berlin zu machen. Am Samstagabend war ich wieder bei Marianne. Die Bomber erschienen über Berlin, als wir im *Café Wien* auf dem Kurfürstendamm frühstückten. Unter dem Heulen der Luftschutzsirenen bezahlte ich ein unberührtes Frühstück und rannte mit Marianne am Arm in die nahegelegene U-Bahnstation. Wir arbeiteten uns durch die stoßende und drängende Menschenmenge tiefer in den Tunnel hinein. Die ersten entfernten Explosionen erschütterten die Grundmauern tief unter der Erde. Frauen saßen auf Koffern oder Kartons, die ihre wenigen Habseligkeiten enthielten. Andere standen in Gruppen zusammen und behüteten Säcke und Taschen. Alte Männer und Frauen standen an den Wänden oder saßen auf kleinen Feldstühlen. Kinder spielten unbekümmert und schienen die Erschütterungen, den Donner der Bombenaufschläge sowie das harte Bellen der Luftabwehrgeschütze nicht zu hören. Der Angriff dauerte etwas über eine

Stunde. Als wir schließlich wieder auf die Straße traten, war sie mit Zement, Glas, Backsteinen und Trümmern übersät. Die Luft stank nach Kordit und schwelenden Feuern. Am Himmel hingen schwarze, schmutzige Wolken, die über der gemarterten Stadt aufstiegen. In einiger Entfernung hörte ich das Gewimmer der Feuerwehrglocken und das lange, seufzende Hupen der Polizeiautos.

Mein Zug nach Kiel sollte den Stettiner Bahnhof um 17 Uhr 30 verlassen. Aber die Bomber hatten die Geleise in einem nördlichen Vorort zertört. So stand ich hoffnungslos im Schutt der geborstenen Fassade und in dem zerbrochenen Glas, das vom Dach des Bahnhofs gefallen war. U-230 würde unmöglich pünktlich auslaufen können. Ich erkundigte mich nach der Möglichkeit, einen Zug nach Hamburg zu bekommen, um von dort nach Kiel zu gelangen. Man sagte mir, daß ein Zug um 20 Uhr mit sechsstündiger Verspätung die Hauptstadt verlassen würde.

Der Abschied war keine herzzerreißende Angelegenheit. Marianne war ein tapferes Mädchen. Wir versprachen uns gegenseitig, recht vorsichtig zu sein und unsere Liebe zu bewahren. Als der Zug langsam aus dem verdunkelten Bahnhof fuhr, hörte ich wieder das Heulen der Luftschutzsirenen.

Um 20 Uhr 30 am folgenden Abend erreichte ich endlich Kiel. Vierzig Minuten später klopfte ich an die Tür des Kommandanten. Er hatte bereits von dem Luftangriff auf Berlin gehört, und bevor ich meine vorbereitete Entschuldigung anbringen konnte, sagte er mit einem Ton der Erleichterung: »Sie hätten in Berlin umkommen können, I.W.O. Es wäre für Sie besser gewesen, hierzubleiben.«

Ich war erleichtert. Es war mir klar, daß eine erneute Verzögerung unseres Auslaufens nicht von mir abhing. Ich fragte: »Wann legen wir ab, Herr Oberleutnant?«

»Da sind noch einige kleine Veränderungen und Reparaturen notwendig geworden. In ein, höchstens zwei Tagen sollte das Boot klar sein. Ich möchte am Mittwoch nach dem Mittagessen auslaufen und erwarte Boot und Besatzung zu diesem Zeitpunkt einsatzbereit.«

Wir verließen Kiel um 14 Uhr am 4. Februar 1943. Die Abschiedsfeier war kurz gewesen und die traditionelle letzte Mahlzeit nur ein Schatten der Gelage, die uns bei solchen Anlässen in den vergangenen Jahren serviert worden waren. Ein wütender Schneesturm hatte die Marinekapelle davon abgehalten, zu unserem Abschied an der Pier zu spielen. Für unsere Männer bedeutete das wenig. Nichts war wichtiger, als daß wir endlich wieder hinausfuhren. U-230 kämpfte zäh gegen den

Wintersturm. Starke Windstöße trieben Schnee und Hagel in unsere Gesichter. Kurze, harte Wellen schlugen gegen die Turmaufbauten, und der Sprühregen gefror im Flug. Wir steuerten Kurs Nord. Die Sicht war Null. Wir schalteten das Funkmeßgerät ein und tasteten uns durch das enge Fahrwasser zwischen den dänischen Inseln voran. Die See war öde und verlassen. Überwasserfahrzeuge getrauten sich nicht, während eines derartig undurchsichtigen Schneesturms durch diese gefährlichen Gewässer zu fahren. Aber U-230 tastete sich sicher durch die engen Passagen zwischen den Inseln und verholte sich vorsichtig von Boje zu Boje.

Das Schneetreiben hörte gegen 4 Uhr auf. Bei Tagesanbruch jagten wir mit Höchstfahrt auf neuem Kurs nach Norwegen. Wir durchquerten das Skagerrak über Wasser, liefen kurzer Reparaturarbeiten wegen in Kristiansand ein, umrundeten dann die Südspitze Norwegens und schlüpften in den Hardangerfjord mit seinen prächtigen, schneebedeckten Bergen. Die Landschaft wurde immer grandioser, und die himmelragenden Felsen folgten uns bis in den Hafen von Bergen. Wir lagen dort für einen Tag an der Pier, machten einige geringe Reparaturen, füllten unsere Bunker und Bilgen mit Treibstoff, ergänzten unseren Proviant mit saftigem Grünzeug und vier Fässern frischer Eier. U-230 war nun für eine Reise ausgerüstet, die es leicht bis an die Ostküste der Vereinigten Staaten und zurück nach Frankreich hätte führen können.

Die Sonne schien blendend weiß am Tag unseres Auslaufens. Aber ein ungezähmter Wind fegte mit einer Stärke von etwa 60 Stundenmeilen durch den Fjord. U-230 näherte sich mit halber Fahrt dem Nordausgang. Ich war mit meiner Wache auf der Brücke. Vor uns sah ich die offene See wie eine Riesenwand aufsteigen. Ich sicherte die Antenne unseres neuen Funkmeß-Warnungsgeräts im Windschatten hinter der Turmverkleidung und ließ das zerbrechliche Instrument von einem Seemann ständig im Kreise drehen. Die Antenne war ein unhandliches, hölzernes Kreuz, über dessen Spitzen ein Kabel geschlungen war, das die Ortungsstrahlen des Gegners auffing. Wir nannten es das Biskaya-Kreuz, weil es von unseren Booten in der Biskaya zum erstenmal angewandt worden war.

Im selben Augenblick, in dem wir den Bergenfjord verließen, traf uns die wogende See mit einem fürchterlichen Schlag. Das Biskaya-Kreuz zerbrach unter der Wucht des Ansturms und löste sich in seine Bestandteile auf. Ich stieß die Trümmer in den Turm und befahl, das Gerüst in aller Eile zu reparieren. Blind und ohne Warnungsgerät waren wir dem Gegner aus der Luft unterlegen. Für zwei Stunden arbeiteten wir uns durch die heranrollende See und verließen uns nur auf unsere Augen und unseren sechsten Sinn. Glücklicherweise war die Sicht ausgezeichnet.

U-230 steuerte einen nordwestlichen Kurs, geradewegs in die Nordwestpassage zwischen den Shetland-Inseln und der Färöer-Gruppe. Seegang Stärke 6, der Wind kam aus Westen. Schwere Brecher schüttelten das Boot wie mit einer Riesenfaust, die Brücke stand unter Wasser. Wir nahmen an, daß unser Auslaufen den Engländern bereits bekannt war. Das Ausrüsten eines U-Bootes in Norwegen konnte kein Geheimnis bleiben. Wir erwarteten den ersten Angriff aus der Luft zu jeder Minute. Aber der erste Tag der Unternehmung endete ohne Anflug. Die Dunkelheit senkte sich langsam auf die aufgewühlten Wassermassen, und das Biskaya-Kreuz, inzwischen repariert, wurde unser einziges und mächtiges Auge. U-230 fuhr mit hoher Fahrt immer tiefer in die feindlichen Abwehrgebiete hinein.

2 Uhr 20 die erste Ortung. Ein hoher, zirpender Ton, alarmierend, wurde schnell lauter. Der Funker in seinem Schapp regte sich sofort und rief in den Mittelgang: »Ortung – Stärke zwo, wird schnell lauter.«

Siegmann sprang von seiner ledernen Matratze, schoß durch das niedrige Kugelschott in die Zentrale und brüllte zur Brücke: »Runter mit dem Kreuz ... Alarm!«

Die Diesel gingen auf Höchsttouren. Das Kreuz fiel auf die Flurplatten in der Zentrale, und ein Mann nach dem andern kam wie ein Stein von der Brücke hinterher; ihre Stiefel krachten auf die Metallplatten und zermalmten die Antenne zu einer unkenntlichen Masse. Das Boot senkte seinen Bug, tauchte und war nach 20 Sekunden von der Oberfläche verschwunden. Dreißig Sekunden – und die Nadel des Tiefenmessers kroch auf 40 Meter. Aber das Heck hing noch gefährlich nahe der Tauchstelle. Fünfzig Sekunden – und das Summen der Elektromotoren wurde von vier erbarmungslosen Explosionen ausgelöscht. Viermal wurde U-230 von den Druckwellen gepeitscht. Das ganze Boot schien sich zu biegen. Die Freiwache flog aus den Kojen. Das Licht ging aus. U-230 bäumte sich auf, sein Heck wurde an die Oberfläche zurückgeworfen; dann kippte das Boot in eine starke Vorlastigkeit, schnellte in die Tiefe und schleuderte die Leute, die nicht blitzschnell reagierten, gegen das nächste Schott.

Friedrich stoppte den rapiden Fall des Bootes bei 125 Metern. Die Männer waren mächtig durcheinandergeschüttelt. Für die meisten waren es die ersten Bomben. Aber U-230 blieb unverletzt, hielt dicht. Es hatte die erste Probe bestanden. Um 4 Uhr 30 tauchten wir auf. Die See glitzerte friedlich im Mondlicht. Unser Biskaya-Kreuz war wieder geflickt und drehte sich monoton, während unten in der eisernen Röhre der Funker gespannt in die Stille der Nacht horchte und nervös auf den nächsten aufschreckenden Ton, auf den anfliegenden Tod wartete.

In dieser Nacht tauchten wir noch zweimal. Und am nächsten Tag entzogen wir uns viermal den höllischen Bombenserien und stürzten jedesmal halb betäubt von den Schlägen in die Tiefe. Jedesmal entkamen wir um wenige Meter und wenige Sekunden dem tödlichen Bukett, das uns die Bomber präsentierten. Von einer ununterbrochenen Kette von Anflügen gehetzt, vom Gellen und Bersten der Fliegerbomben verfolgt, die nur zu kurzen Vorstößen an die Oberfläche zum Nachladen der Batterien Zeit ließen, passierten wir schließlich die Inselgruppen und ließen die unfreundliche Gegend bald hinter uns.

U-230 arbeitete schwer gegen die immer höher aufsteigende See in Richtung des ihm zugewiesenen Operationsgebiets 600 Seemeilen östlich von Neufundland. Ein Sturmtief nach dem andern orgelte von West nach Ost. Nebelbänke versperrten die Sicht, und die Verhältnisse an Bord verschlechterten sich zusehends. Das Seewasser rauschte durch das Turmluk, prasselte auf die Flurplatten in der Zentrale und klatschte um unsere Füße. Die hohe Luftfeuchtigkeit in der stählernen Röhre ließ den Proviant verfaulen, die Haut runzlig werden und unsere Seekarten verschimmeln. Der Gestank war brutal. Das zusätzliche Treiböl, das wir in den Bilgen mit uns führten, verbreitete einen penetranten Geruch. Unsere Kleidung stank nach Öl; auch die Verpflegung nahm den Geschmack von Treibstoff an. Das fortwährende Schwingen, Schaukeln und Rollen des Bootes war zuviel für alle, die keine Atlantikerfahrung und keinen gußeisernen Magen hatten. Die Männer verloren ihren Appetit und oft noch viel mehr. Nur eine kleine Gruppe Unverwüstlicher blieb übrig, um die Eier in den vier Fässern zu vertilgen, bevor sie schlecht wurden. Ich selbst half kräftig nach, aß den ganzen Tag Eier in allen möglichen Variationen – roh, bevor ich auf Wache zog; Rühreier, nachdem ich abgelöst wurde; hartgekocht zum Mittagessen; gebacken zum Abendessen und weichgekocht, wann immer ich Appetit auf ein Ei verspürte.

Seit Tagen kämpften wir uns durch die Februarstürme, die schwersten des Winters. Die See kochte und schäumte und schwoll höher und höher unter den Peitschenschlägen der Orkane, die nacheinander von Westen nach Osten über den Atlantik jagten. U-230 quälte sich durch gurgelnde Strudel und über gigantische Wellenberge. Das Boot, von einer turmhohen Woge emporgeworfen, wurde von einer zweiten gefangen und von einer dritten unter Tonnen von Wasser begraben. Sturmböen mit Geschwindigkeiten bis zu 150 Meilen per Stunde pfiffen in den höchsten Oktaven und brummten in tiefstem Baß. Und wie zur Strafe schlug der Wind unserer Brückenwache treibenden Schnee, Schlossen, Hagel und gefrorenen Sprühregen in die verzerrten Gesichter. Er zerrte an unseren dicken, gummierten Taucheranzügen, schnitt in unsere Haut wie eine Geißel und drohte unsere Augenmasken wegzureißen. Nur die breiten Stahlgurte um unsere Hüften hielten uns am Boot und am Leben. Drunten in der tanzenden Stahlröhre schleuderten uns die wilden, schlagenden, stampfenden Bewegungen des Bootes auf die Flurplatten oder gegen die Schotten, warfen uns die starken Schlagseiten wie Puppen durcheinander. Trotz alledem gelang es uns, den rasenden Sturm und die irrsinnige See zu überleben und gefechtsklar in unserem zugewiesenen Quadrat anzukommen.

Der Krieg zur See hatte seit meinen Feindfahrten auf U-557 an Heftigkeit und Ausmaß erheblich zugenommen. Unsere Boote operierten nicht mehr allein oder in kleinen Gruppen von drei oder fünf Booten. Sie patrouillierten nunmehr den Nordatlantik in Wolfsrudeln von zwanzig und vierzig Booten ab und bewachten die ungeheure Wasserfläche mit mathematischer Genauigkeit und in engster Zusammenarbeit mit der U-Bootführung. Ungefähr 100 U-Boote, von einer Gesamtzahl von etwa 200 einsatzbereiten Frontbooten, waren gegenwärtig in mehreren Vorpostenstreifen in den nördlichen Regionen zusammengefaßt. Zweimal innerhalb von zehn Tagen waren wir auf Befehl des BdU umgestaffelt worden, um einen bestimmten Geleitzug abzufangen. Aber Hagel und Schnee, die wie Vorhänge über die See wehten, verringerten die Sicht auf weniger als eine Meile, und unsere Chancen, einen Verband zu entdecken, schrumpften auf ein absolutes Minimum.

Bis Ende Februar kreuzten wir in den sturmgepeitschten Jagdgründen auf und ab. Die alliierten Verluste in diesem Monat waren auf 60 Schiffe mit mehr als 350 000 Bruttoregistertonnen angestiegen – eine bedeutend größere Versenkungsziffer als im Februar des Vorjahres. Das neue Jahr versprach die besten Jagdergebnisse, und wir hofften, die sechs Millionen versenkten Tonnen des Vorjahres noch zu übertreffen. Das einzige Problem war: die Geleitzüge fuhren nicht immer auf Marschrouten, die unseren Ehrgeiz begünstigten.

Schiffsroutine hatte bald die Begeisterung der Jagd abgelöst. Und es war eine völlig verrückte Routine. Das kleine Boot rollte und schlug, holte über und schüttelte sich ohne Unterlaß – endlos, ewig. Kochgegenstände, Ersatzteile, Werkzeug, Konservenbüchsen flogen fortwährend durch die Räume. Porzellantassen und Teller zerbrachen auf den Flurplatten oder in den Bilgen, und wir aßen unsere Mahlzeiten direkt aus den Büchsen. Die Männer, in der stampfenden, schwitzenden Trommel zusammengepfercht, nahmen die Bewegungen und die Monotonie mit stoischer Ruhe ein. Gelegentlich ging das Temperament des einen oder anderen durch, aber die Moral der Besatzung war und blieb ausgezeichnet. Wir waren nunmehr alle, ohne Ausnahme, geduldige Veteranen der Atlantikschlacht. Wir alle hatten manches gemeinsam. Ein jeder schaute aus wie der andere, roch wie der andere, hatte dieselben Phrasen und dieselben Flüche und dieselben Bewegungen. Wir ertrugen die Fehler des andern und wurden Wachleute unserer gegenseitigen Gewohnheiten – wir wußten genau, wie ein jeder lachte, knurrte, redete oder schnarchte, seinen Kaffee schlürfte oder seinen Bart pflegte. Die nervöse Spannung stieg mit jedem Tag, der ereignislos dahinschlich, konnte sich aber beim Sichten eines fetten Geleits spontan in ein gemeinsames Angriffsfieber verwandeln.

An einem rauhen, nebligen Tag früh im März stieg der Kommandant zu mir auf die Brücke und brummte ungehalten: »Sagen Sie, I.W.O., was ist bloß mit den Tommies los? Fahren die denn nicht mehr zur See?«

»Ich glaube, Herr Oberleutnant, die haben auch einen Rucksack voller Probleme«, antwortete ich, ohne das Glas von den Augen zu nehmen. »Mag sein, daß sie ihre Kräfte umbilden, ihre Geleitzugwege verlagern, wer weiß?«

»Irgend etwas muß sich bald ereignen. Diese Nichtstuerei kann so nicht weitergehen«, grollte Siegmann und zündete sich eine Zigarette an. Ein plötzlicher Brecher krachte unangemeldet gegen die Turmverkleidung und überschüttete ihn mit einem Schauer von Sprühregen, der seine Zigarette durchweichte. Mit einem Fluch bückte er sich, sprang ins Luk und zündete sich im Turm eine neue an.

»Geleitzug in AK 79, Ostkurs, Fahrt neun Meilen«, rief Riedel von der Zentrale auf die Brücke.

Minuten später stand Siegmann in Ölzeug verpackt wieder hinter der Turmverkleidung. »I.W.O., ich kann Ihnen nun verraten, was mit den Tommies los ist. Die lassen keine kleinen Geleite mehr allein fahren. Sie warten, bis sechzig oder siebzig Schiffe beisammen sind, bevor sie sie über den Atlantik jagen. Das neue Geleit ist laut Meldung 120 Meilen im Süden, soll fünfundsechzig Schiffe umfassen. Auf, auf, meine Herren, keine Müdigkeit vorschützen – beide Maschinen volle Kraft voraus – Ruder hart Backbord, neuer Kurs 140 Grad.«

Es war der 6. März. Unsere Jagd begann. Das Boot, das den feindlichen Verband entdeckt hatte, funkte zu festgesetzten Zeiten Peilzeichen. Schneeböen verringerten unsere Sicht. Nebel zwang uns, für lange Zeit blind zu fahren. Heulende Böen sandten Flockenwirbel und Hagel von oben. Blitze kamen wie grelle Schlangen aus dem Nichts. Es zischte, klatschte, prasselte. Wir fuhren von einer schwarzen Wetterwand in die andere. Nach vierzehn gefahrvollen Stunden, wir hatten bereits über 150 Seemeilen zurückgelegt, jagten wir immer noch nach Südosten, suchten, schnüffelten, horchten in den Sturm hinaus.

Um 19 Uhr 10, es war eine pechschwarze Nacht, stellten wir Fühlung mit dem Geleit her. Borchert, ein Ausguck mit Falkenaugen, erkannte den Zerstörer zuerst. Ich schwenkte das Glas nach Backbord und sah eine typische Breitseite hinter einem Vorhang von Schneegestöber. Das Schiff war auf Parallelkurs. Ich nahm an, daß wir seine Gesellschaft schon seit geraumer Zeit hatten. Wir drehten ab, richteten unser Heck gegen den Schatten und knüppelten davon. Aber wir waren entdeckt. Der Zerstörer schwenkte majestätisch herum und preschte mit Volldampf heran. Siegmann jagte seine Maschinen auf Höchsttouren, fuhr sein Boot in eine Schneebö, folgte der Bewegung des Gestöbers und verbarg sich in dem fallenden Schnee. Während wir den Gestank von Rauch, Ruß und Treiböl einatmeten, befahl der Kommandant die Besatzung auf Gefechtsstationen.

20 Uhr 30. Es klarte plötzlich auf, und der Himmel wurde sichtbar. Strahlende Sterne erschienen zwischen den Wolkenfetzen. Der Mond, der ab und zu aus den dahinfegenden Schneevorhängen hervorschoß, überflutete die aufgewühlte See mit silbernem Licht. In einiger Entfernung änderte ein Sicherungsfahrzeug seinen Kurs in normalen Suchschlägen. Wir wichen dem Schatten aus – und ich sah den ganzen östlichen Horizont mit schwarzen Punkten übersät. Da verschwand der Mond, und der Vorhang der Dunkelheit fiel vor uns nieder. Zwei Minuten später entdeckten wir einen weiteren Zerstörer. Er stieß aus einer niedrigen Wolke wie ein Phantom auf uns zu. Ein Ruderkommando, und wir jagten nach Steuerbord in eine weiße, flaumige Wand.

20 Uhr 50. Eine Doppelexplosion recht voraus. Wir stießen nach. Dreißig Minuten vergingen – keine Fühlung. Plötzlich ein Zerstörer – groß wie ein Schlachtschiff. Hart abgedreht. Wir blieben ungesehen. Kurz danach schwenkte Siegmann in die alte Richtung. Der Verband aber blieb verschwunden.

Borchert, unser Mann mit den magischen Augen, sah den Schatten wieder zuerst: »Zerstörer, Kurs Nord, Entfernung 4000 Meter!«

»Paß gut auf ihn auf, Borchert, und sag' mir, wenn er andreht«, mahnte Siegmann ruhig, ohne seinen Sektor außer acht zu lassen. Waren wir gesehen oder geortet worden? Unser Biskaya-Kreuz hatten wir längst im Boot verstaut. Während der Angriffe im Atlantik, wo bisher noch kein feindliches Flugzeug gesichtet worden war, war das sperrige Gerät nur ein Hindernis. Und dann verschwand der schattenhafte Zerstörer in einer Bö. Es war genau 21 Uhr 30. Für die nächsten zwei Stunden jagten wir durch eine der wildesten Nächte, durch heulende Stürme und rasende Schneegestöber. Die See verschlang das Boot bis zur Oberkante der Brücke, griff mit riesenhaften Brechern nach uns, kroch von achtern in die Turmverkleidung, hob uns mit mächtiger Gewalt und drohte uns in die Unendlichkeit wegzuspülen. Nur unsere Stahltrossen, an der Brücke verankert, hielten uns an Bord. Das Boot schlug das Meer zu Schaum und Gischt, und ein großer, weißer Strudel hing ständig an unserem Turm. Diese weißen, phosphoreszierenden Wassermassen waren wie ein leuchtender Kometstreifen, den wir wie eine Fahne in unserem Kielwasser nachschleppten – eine Einladung für jeden aufmerksamen Gegner.

22 Uhr 40. Wieder war es Borchert, der das Geleit zuerst sichtete. »Schatten Backbord voraus, Entfernung 6500 – es ist die ganze Herde.«

Die Schatten, Punkte so groß wie Kakerlaken, bewegten sich an der scharfen Kimm, die für kurze Augenblicke vom Mond beleuchtet war. Lange, rollende Wellen verbargen die Parade von Zeit zu Zeit. Wir schlichen von Südwesten an das Geleit heran, und Siegmann versuchte, in die Steuer-Bordkolonne einzubrechen. Bald erreichten wir eine Position etwa 4000 Meter südlich der letzten Schiffe des gewaltigen Dampferpulks, ritten für eine Weile die hohen Wellen auf Parallelkurs vor dem Wind und der See, dampften die Gegnerfahrt aus und berechneten die Angriffswerte.

23 Uhr 30. Der erste Zerstörer der Nahsicherung schoß aus dem nächtlichen Zwielicht. Für einige Minuten zackte er zwischen uns und dem Geleit, drehte um 120 Grad, jagte in unser Kielwasser, wechselte wieder den Kurs und stob dann auf die Endkolonne der langsam dahinschaukelnden Kolosse zu. U-230 preschte in die südliche Flanke des Verbands in Angriffsposition. Die Nahsicherung flitzte in alle Richtungen, aber nicht in unsere. Als U-230 seine Drehung beendete, begann es wieder hart zu stampfen und schlingern. Das verräterische Kielwasser leuchtete breiter, heller. Es flackerte wie eine Fackel im plötzlichen Schein des Mondes. Ein Schatten trennte sich aus dem schwarzen Hintergrund. Die Silhouette eines Zerstörers wuchs schnell zu einem Un-

getüm. Siegmann drehte ab, steuerte sein Boot in das Tal einer langen Dünung, sah den Feger nach Süden stampfen, hielt ihn 60 Sekunden lang scharf im Auge; dann schwenkte er sein Boot wieder herum und griff von neuem an.

23 Uhr 55. Detonationen lösten unsere Spannung. Der Wettlauf nach Tonnage begann.

0 Uhr 13. Eine neue Explosion. Ein Blitz folgte. Sternraketen verrieten die Position des Dampferpulks. Wir verbesserten unseren Kurs und stürmten vorwärts, nach Norden, parallel mit den Wellen. Doch dann erloschen die Sterne. Die Sicht war Null im Tal der langen Dünung. Die Finsternis war vollkommen.

»Rohr eins bis fünf fertigmachen zum Überwasserschuß!« Ich rief meinen Befehl laut in den Turm, begierig, zu schießen, und besorgt, mein Befehl könnte im Sturm überhört werden.

0 Uhr 25. Zwei Zerstörer liefen ins Blickfeld unserer starken Gläser. Sie zackten aufgeregt vor uns hin und her. Während U-230 mit seinen niedrigen Aufbauten nahezu verborgen blieb, präsentierten die Zerstörer ihre hohen Silhouetten nahezu unverdeckt. Ihre unregelmäßigen Vorstöße zwangen uns mehrmals, unseren Kurs zu ändern. Siegmann warf schließlich sein Boot nach Backbord, brach durch den Sicherungsgürtel und zwang sein Boot in den Ansturm der See. U-230 sägte mit seinem scharfen Bug die Wellen, glitt durch sie hindurch und jagte fast getaucht seinen ersten Zielen entgegen.

Fünfzig Minuten vergingen in unbarmherziger Verfolgung. Das Boot preschte durch Schneeböen, Hagelgestöber, Dunkelheit und durch die peitschende See. Plötzlich drei Sicherungsfahrzeuge an Backbord. Mit einem schnellen Hartrudermanöver nach Steuerbord tauchte U-230 in ein Wellental – lange genug, um zu entkommen. Wir ließen die drei Burschen 600 Meter achteraus. Fünf Minuten später drehte Siegmann wieder nach Norden.

Ein Scheinwerfersignal recht voraus. Im Augenblick des Aufleuchtens erkannten wir die Armada. Bald hatte ich eine Anzahl Schatten in meinem Nachtzielglas. Weitere fünf Minuten – und sie waren zu gigantischen Frachtern angewachsen. Zwei Zerstörer zackten Steuerbord querab, einer an Backbord. Wir waren auf die Steuerbordkolonne des Verbands aufgeprallt. Die Konzentration feindlicher Abwehrkräfte war ungeheuer. Ein Durchbruch in das Herz des Geleits war unmöglich. Die Verhältnisse hatten sich wahrhaftig geändert.

Das wilde Stampfen und Kreisen des Bootes machte ein Zielen mit dem UZO fast unmöglich. Mit aufgeblasenen Backen brüllte ich dem

Kommandanten in das Steuerbordnock zu: »Ich nehm' die vier Dobasse Backbord voraus.«

Siegmann verstand, nickte, änderte den Kurs. U-230 jagte in Schußposion, in die Flanken einer schattenhaften Kolonne schwarzer Ungeheuer. Ich schrie meinen Feuerbefehl. Das Boot schüttelte sich leicht. Uhrzeit war 2 Uhr 10, am 1. März.

Der Aal zischte dem Feind entgegen. Würde er in der wilden Wassermasse sein Ziel erreichen? Der Kommandant schwang sein Boot herum. Der Schuß aus Rohr V war gefallen. U-230 krachte frontal in die aufbäumende See; damit wurde jede weitere Aktion unmöglich. Ein Feuerball, ein Treffer. Ein zweiter Blitz, ein dritter. Drei Riesendetonationen sandten Feuersäulen und Funken in den nächtlichen Himmel. Dann fielen die Flammen in sich zusammen. Das Schiff brannte. Seine Derricks ragten grotesk in die Dunkelheit. Der Verband jagte Notsignale in den Nachthimmel. Leuchtraketen stiegen und fielen. Aber der Sturm wehte das Feuerwerk fort wie große Fetzen brennender Segel. Leuchtfallschirme entfalteten sich, wurden aber im Nu ins Wasser gedrückt. Bald bedeckte die Dunkelheit das Schlachtfeld achteraus, wo der wundgeschossene Frachter langsam unter der Oberfläche verschwand.

2 Uhr 15. Gewaltige Schatten voraus. Frachtschiffe. Ich schätzte sofort Gegnerwerte, alle Schußunterlagen. Die Rohre waren bewässert, die Torpedowaffe feuerbereit. Der Kommandant fuhr sein Boot, die Wellentäler geschickt ausnutzend, in Schußposition. Zwei, drei Minuten – und U-230 war in idealer Lage. Plötzlich eine Bewegung der Kolonne. Die ganze Parade zeigte uns ihr Hinterteil. Neuer Anlauf. Von Steuerbord voraus kam ein Feger herangeprescht. Hart Ruderlage, Rückzug. Dann neuer Vorstoß. Nach einer waghalsigen Fahrt von zwei Meilen durch Hagel und Schnee krachten wir beinahe in das Heck eines Frachters. Ein schnelles Rudermanöver, eine Wendung nach Steuerbord, ein Anlauf parallel zum Dampfer, Entfernung 400 Meter, ich zielte und schoß. Uhrzeit: 2 Uhr 20.

Das Schiff brach vor der Brücke auseinander. Es sackte wie ein Stein unter den Füßen seiner Besatzung ab. Der Verband begann sofort wild zu signalisieren. Leuchtraketen spritzten in die tiefhängenden Wolken, blitzten kurz über den nachtdunklen Himmel, wurden dann von den weißen Fetzen von Hagel und Schnee ausgelöscht. Wir jagten weiter, immer weiter voraus. Unser nächster Schuß mußte fallen.

Drei neue Explosionen irgendwo im Osten. Andere Boote zerfetzten das Geleit und schnitten die Zerstörerbewachung in zwei Teile. Wände von Wasser und Feuer stiegen in den Nachthimmel. Während die Schlacht weiterwütete, setzten wir uns ab und luden die Rohre nach. Die Männer tief unten in der Enge des Bootes begannen ihr schwierigstes Werk. Mit Hilfe von Laufkatzen, Kränen und klirrenden Ketten hievten sie schwitzend und keuchend die Torpedos in die vorderen Rohre. Um ihre Arbeit zu erleichtern, änderte der Kommandant den Kurs, legte sein Boot vor den Wind und die See und jagte mit dem Geleit nach Osten.

Dann erkannten wir den Zerstörer. Eine schwarze Silhouette in ungestümer Bewegung. Unser Ablaufen vor dem Wind war eine Vergnügungsfahrt im Vergleich zu dem Tanz des Gegners. Auf nordwestlichem Kurs der See entgegenstampfend, tauchte er seinen Steven in die riesigen Wasserberge und schöpfte ganze Ozeane mit seinem Bug. Turmartige Wellen krachten gegen seine Brückenaufbauten und zwangen ihn in eine gefährliche Schlagseite. Seine Geschützrohre schöpften das Wasser wie Pützen. Ich hatte das bestimmte Gefühl, daß ich an Bord meines Bootes sicherer war, und hatte nicht den geringsten Wunsch, auf ein Überwasserfahrzeug umsteigen, gleichgültig, um welchen Preis. Während der Sturm mit der Gewalt eines Orkans weiterblies, arbeiteten unsere Männer in der nassen Trommel taumelnd und benommen, um die Rohre zu laden, die Maschinen auf Touren zu halten, die Bilgen zu lenzen und das Boot an der Oberfläche zu halten.

Die Nacht war undurchsichtig. Die See hatte an Stärke zugenommen. U-230 schlug hart in die aufsteigenden Wellen, um die Fühlung mit dem Verband wieder herzustellen. Plötzlich ein weißes Licht an Steuerbord. Drei Meilen voraus. Wir drehten bei, verlangsamten unsere Fahrt und krochen vorsichtig näher. Bald erkannten wir das weiße Strahlenbündel eines Scheinwerfers, das auf einen sinkenden Dampfer gerichtet war. Wir sahen eine Korvette gestoppt neben dem todgeweihten Frachter liegen und Überlebende aufnehmen. Das Fahrzeug war das leichteste Ziel, das ich jemals vor den Rohren hatte. Es lag dort, etwa 800 Meter voraus, und bot mir seine volle Breitseite an. Aber Siegmann beugte sich einem ungeschriebenen Gesetz der Ritterlichkeit und fluchte leise: »Zur Hölle mit diesen Blechbüchsen. Frachter sind mir lieber – Ruder hart Backbord – beide Maschinen kleine Fahrt voraus«

U-230 drehte langsam ab, um seine Gegenwart nicht zu verraten. Da kroch ein rotes Licht, klein und rund, plötzlich hinter dem absackenden Frachter hervor und tanzte wie ein Lampion um dessen Heck. Der rote Fleck wuchs schnell zu einem rotglühenden Ballon. Erst jetzt erkannten wir einen Zerstörer in voller Verfolgung, ein Infrarotlicht voll auf uns gerichtet. Ein Kommando – und die Diesel gingen sofort auf Höchsttouren. Siegmann warf sein Boot vierkant in die heranstürmenden Wellen, schnitt sie, untertauchte sie. Der Zerstörer schlug stark in der hohen See, holte gewaltig über und rollte gefährlich – schloß aber die Entfernung mit irrsinniger Beharrlichkeit. Siegmann aber hatte den Vorteil, den Kurs zu diktieren. Er zackte in unregelmäßigen Stößen und trieb das Boot wie einen Keil in die heranrollenden Wasserwände. Von Zeit zu Zeit brüllte Siegmann in den Sturm: »Was macht der Zerstörer, I.W.O.?«

»Hält die Entfernung«, rief ich über meine Schulter, unwillig zuzugeben, daß der Zerstörer seinen Abstand weiter verringert hatte und zu einem lebensgroßen Schlachtschiff angewachsen war. Er stampfte gewaltig in der hohen See. Aber die Jagd ging weiter. Der Wind nahm an Stärke zu. Die Wellen türmten sich höher und versetzten dem Zerstörer schwere Hiebe.

Wir sicherten uns mit Stahltrossen an der Brücke und untertauchten die mächtigen Wellen, um den Gegner abzuschütteln. Minuten um Minuten vergingen in zunehmender Spannung. Endlich, nach 90 Minuten heißer Verfolgung und verzweifelten Aushaltens auf der Brücke, hatten wir den Zerstörer im schwarzen Atlantik verloren.

Die Dämmerung brach mit ungewöhnlich plötzlicher Schnelligkeit an. Sie überfiel uns zwischen Geleit und Zerstörersicherung. Wir fuhren in großen Zacks durch die kochende See, hielten Fühlung mit den Fegern, spielten im Schneegestöber Versteck und atmeten die stinkenden Abgase von etwa sechzig rußenden Schornsteinen ein.

8 Uhr 15. Tiefliegender Schatten an Steuerbord. Zerstörer, Entfernung 1400 Meter. Rotes Licht an der Mastspitze. Rettet wahrscheinlich Überlebende.

8 Uhr 40. Große, schwarze Silhouette Backbord voraus. Daneben eine kleinere. Ein Zerstörer löste sich von dem größeren Schatten und überquerte unseren verlängerten Kurs. Während dieser atemlosen Sekunden verschwand der Frachter im Dunst. Nachgestoßen. Wieder ein Zerstörer an Backbord. »Wieviel dieser Blechbüchsen haben denn diese Kerle am Geleit …«, knurrte Siegmann ärgerlich, machte eine schnelle Ausweichbewegung, und U-230 kreuzte das Kielwasser des Fegers ungesehen.

9 Uhr 23. Zwei Silhouetten an Backbord, hoch und schwerfällig. Eine dritte, tiefliegend an Steuerbord. Siegmann schwang sein Boot sofort in Angriffsposition. Seine rauhe Stimme wurde vom Wind weggefegt: »Nun sind Sie dran, I.W.O., der Rest ist Ihre Sache!«

Ich zielte und bellte: »Rohr eins und drei ... los!«

Die Schüsse fielen aus voller Fahrt. Der Untergang des Schiffes schien besiegelt. Während die beiden Aale in Fächerform gegen das Ziel ausscherten, stürmte U-230 unaufhaltsam vorwärts. Ich reihte drei weitere Schatten im Fadenkreuz auf und machte den Rest der Torpedos für eine schnelle Feuersalve fertig. Bevor ich den Abschußhebel drükken konnte, explodierte der erste Torpedo. Ein Feuerstrahl. Schneller Zielwechsel. Noch lag die Dämmerung wie Blei über der tintenähnlichen See. Ich faßte einen schweren Brocken mit dem Fadenkreuz auf. Ein Brecher klatschte gegen das Nachtglas und in mein Gesicht. Triefend von salzigem Wasser, brüllte ich neue Gegnerwerte in den Turm, wartete auf die Antwort aus der dunklen Röhre und rief dann in eine zerstäubende Welle: »Rohr zwei und vier ... fertig ... fertig ... Los.« Es war 9 Uhr 25.

Kurswechsel nach Backbord – und ein neues Ziel kroch durch das Fadenkreuz. Da – ein Knall. Jähes Aufflammen. Dann wieder bleigraues Dämmerlicht. Eine neue Stichflamme, riesenhaft, wie ein Strom glühender, goldener Lava. Im flackernden Schein des Brandes sahen wir, wie der Dampfer langsam auseinanderbrach. Ein Drama von grausamster Wirklichkeit, ein Bild von teuflischer Schönheit. Das war das Ende des Schiffes – und das Ende meines Schießens. Zwei Zerstörer kamen auf uns zugeschwungen. Der Kommandant brüllte einen Befehl, das Boot beschrieb eine scharfe Kurve und stob davon. Wir passierten den sterbenden Frachter etwa 70 Meter hinter dem Heck, und Siegmann brachte ihn geschickt zwischen uns und die Verfolger. Dann war die See plötzlich leer, das Fahrzeug war gesunken. U-230 stieß in den Wind, schnitt die Wellen im rechten Winkel und zackte in unregelmäßigen Stößen nach beiden Seiten, um die Verfolger abzuschütteln. Eine schnelle Drehung nach Steuerbord, eine zweite Wendung – und innerhalb einer Minute glitten wir hinter den Vorhang einer Hagelbö. Mit diesem Manöver verloren wir die Fühlung. Die Dampfer blieben verschwunden. Wir suchten drei Stunden in nördlicher Richtung, pflügten dann nach Osten. Abgesehen von einigen Berührungen mit den Fegern begegneten wir nicht einem einzigen Dampfer.

Bei Tagesanbruch kreuzten wir durch eine himmelhohe See – aber weit und breit kein Geleit. Mit unheimlicher Anstrengung erklomm U-230 die Wellengebirge, kreiste auf den scharfen Kämmen, stürzte dann die Hänge hinunter und vergrub sich tief in den Wellentälern. Wenn das Boot den Gipfel eines der gigantischen Wasserberge erklomm, konnten wir für lange Sekunden über eine Alpenlandschaft imposanter

Wasserberge schauen und tief hinunter in die Täler, vierzig oder sechzig Meter unterhalb der Brücke. Und wenn dann das Boot in die Tiefe brauste und sich in einem gischtenden Mahlstrom vergrub, schlugen die Wellen über uns zusammen und nahmen die Sicht in den blauen Himmel. Um 11 Uhr waren die Wellen so gewaltig angewachsen, daß unsere Suche nach dem Geleit sinnlos wurde. Der Tauchbefehl des Kommandanten wurde deshalb mit allgemeiner Zustimmung aufgenommen. Bald trieben wir auf einer Tiefe von 140 Metern, wo das Boot noch von der wahnsinnigen See auf- und niederbewegt wurde.

Irgendwann am Nachmittag – ich lag erschöpft und halbwach in meiner Koje, hörte ich eine leise Stimme wie aus einer anderen Welt sagen: »Schraubengeräusche in 35 Grad.« Das war der Horcher, und er hatte nur geflüstert.

Das mußte der verschwundene Geleitzug sein, Frachter oder Zerstörer. Siegmann befahl das Boot auf Sehrohrtiefe. Wieder stieg ich in meinen Taucheranzug, schloß den Reißverschluß bis zum Kinn, stopfte das Frotteehandtuch zwischen Hals und Gummihaut, stülpte den Südwester über mein salziges Haar und verholte mich in den Turm. Als U-230 auf 60 Meter kam, wurde es von einem gewaltigen Sog gepackt und wie ein hüpfender Ball aus dem Wasser geworfen. Siegmann und ich erreichten die Brücke Sekunden später, hakten unsere Stahltrossen und damit uns selbst an die Klampen auf der Brücke. Ein schneller Rundblick – und ein plötzliches Erschrecken: wir waren inmitten des Geleits aufgetaucht.

Dort, nicht mehr als 500 Meter ostwärts, rang ein havarierter Zerstörer erbärmlich um sein Dasein. Noch näher trieb ein Frachter mit beschädigter Brücke vor dem Wind. Sechs andere Schiffe, ihre langsam drehenden Schrauben aus dem reißenden, strudelnden Wasser strekkend, erklommen die Kämme kliffähnlicher Riesenwellen und boten ihre Breitseiten zum Todesstoß an. Sie alle waren in erstklassiger Schußposition. Sie alle waren in Seenot. Riesige Wasserwände, die unbarmherzig gegen die Schiffskörper und Aufbauten schlugen, zerbrachen ihre Reling wie Strohhalme, zerschlugen ihre Rettungsboote und rissen sie von den Davits, zerquetschten Schornsteine, knickten Masten und Ladebäume, durchlöcherten die Rümpfe, zersplitterten Decks, hoben die Deckel der Ladeluken ab, rissen die Ladung von Deck und warfen sie über Bord. Brecher auf Brecher zerschmetterte Ruder, bog Wellen, zerbrach ihr Rückgrad. Diese Schiffe brauchten keine Torpedos, um zu sinken.

Die gelähmte Armada, von dem schlimmsten Orkan des Jahrhunderts hilflos von Westen nach Osten getrieben, war unfähig, Kurs zu halten. Unser Boot, umgeben von bewaffneten Schiffen und einem Zerstörer in Schußentfernung, tanzte wild und ausgelassen in den schäumenden Strudeln. Es bestand keinerlei Gefahr, angegriffen zu werden. Während dieser Augenblicke schauderhaften Erfassens der übernatürlichen Kraft der Elemente, stellte ich mir den Schrecken vor, den wir mit unserem plötzlichen Erscheinen unter den Seeleuten des Geleits hervorriefen. Sie waren wahrscheinlich weiß vor Angst, nacheinander, Schiff auf Schiff, torpediert und versenkt zu werden, ohne sich verteidigen oder entkommen zu können. Aber U-230 war selbst nicht in der Lage, anzugreifen. Torpedos, in diese wilde See geschossen, hätten nie ihr Ziel erreicht. Es blieb uns nichts anderes übrig, als fluchend in die grimmigen Fluten zu tauchen und den Orkan in sicherer Tiefe zu überstehen.

Zwanzig Stunden später wurden alle Boote aufgefordert, die Operation gegen das Geleit abzubrechen und ihren Standort zu melden. Wir wurden ebenfalls unterrichtet, daß andere Boote die Versenkung von sechs Schiffen aus diesem Verband gemeldet hatten. Zwölf U-Boote hatten sich für drei Nächte und drei Tage an diesem Geleit festgefressen, hatten es wieder und wieder angegriffen, bis die Operation schließlich wegen des fortwährend schlechten Wetters abgebrochen wurde.

U-230 brach seine Funkstille und meldete: VERSENKTE DREI, 16 000 TONNEN – EIN VIERTER TORPEDIERT – SINKEN NICHT BEOBACHTET – GERINGER BRENNSTOFFBESTAND.

Ich war gerade von der Wache abgelöst worden und schüttete einige Liter Salzwasser aus meinem Taucheranzug in die Bilge, als der Kommandant seinen Kopf durchs Kugelschott in die Zentrale steckte. Sein rauhes Gesicht war von einem dreiwöchigen roten Bart eingerahmt. Seine Zähne leuchteten hellweiß. »I.W.O., eins der Boote hat das Geleit gesichtet. Auf zur Jagd – beide Maschinen äußerste Kraft voraus.«

Die Neuigkeit jagte wie ein Funke durchs Boot. Ich hängte meine nasse Kleidung zum Trocknen in den achteren Torpedoraum, lief nackt durch das hüpfende Boot zu meiner Koje, schlüpfte in frische Wäsche und gesellte mich zu der kleinen Konferenz um das Pult des Kommandanten. Wir beugten uns über die schimmelnde Seekarte, auf der Prager bereits den gemeldeten Standort des Geleits eingetragen hatte. Trotz des fortwährenden Stampfens und Schlingerns gelang es uns, den besten Angriffskurs festzulegen. Die Jagd begann.

Während die hämmernden Diesel das Boot über die gigantischen Wellengebirge trieben, bedienten die Torpedomixer ihre Aale, ölten die

Heizer ihre Maschinen, warteten die Männer ihre E-Maschinen und Batterien, entschlüsselten die Funker eine ununterbrochene Kette von Kurzsignalen, stand die Wache auf der Brücke bis zu den Achselhöhlen im Wasser. Alle taten ihre Arbeit wie alte Krieger. Der Wind kam von achtern und blies die Männer auf der Brücke wie nasse Blätter gegen die Turmverkleidung. Mächtige Wellen hoben das Boot himmelhoch und schnellten es wie einen Pfeil vorwärts. Nur wenn der Abend sich niedersenkte, verlor das Meer etwas von seiner Wildheit. Aber sobald der Tag anbrach, erreichte der Sturm neue, ungebändigte Kraft und türmte die Wellen zu neuen Höhen. Am Ende des ersten Tages unserer Jagd, als die Dämmerung die Kimm verschwimmen ließ, stießen wir auf die Weitsicherung des Geleitzugs. U-230 bereitete sich auf seinen zweiten Angriff vor.

Typische Zerstörersilhouette an Steuerbord. Leichte Kursänderung nach Backbord. U-230, von harten Brechern durcheinandergeschüttelt, arbeitete sich hartnäckig in die angenommene Richtung des Verbands.

Nach fünfzehn windgepeitschten, spannungsgeladenen Minuten erneute Feindberührung. Zwei Schatten, weit auseinandergezogen, schossen aus dem Vorhang von Dunst und Dunkelheit auf uns zu. Sekunden des Abwägens, Abwartens. Keine auffallende Bewegung der Abwehr. Weiter vorgeschossen, rangeschlossen, immer weiter voraus, wo wir das Geleit vermuteten.

Mitternacht. Immer noch kein Dampfer. Riesenwellen um uns herum, aber keine Ziele. Fortgetragen von der aus dem Westen heranrollenden See, jagte U-230 in die schwarze Wand eines neuen Wintersturms. Sicht plötzlich Null. Schneeflocken klatschten in unsere Gesichter. Die Gefahr eines Rammstoßes in eines der gegnerischen Fahrzeuge stieg drohend vor unseren gemarterten Augen auf. Trotzdem jagte Siegmann sein Boot immer weiter vorwärts, immer tiefer in die wütende Nacht.

2 Uhr 17. Ein Zerstörer zerriß plötzlich den Vorhang, rauschte schemenhaft auf entgegengesetztem Kurs an uns vorbei, nur 200 Meter Steuerbord voraus, verschwand dann in einer Hagelbö.

Neuer Vorstoß nach Steuerbord. Irgendwo mußten sich die dicken Brocken verstecken. Mit röhrenden Dieseln jagten wir ins Nichts. Zwanzig Minuten vergingen. Keine Feindberührung. Kurswechsel nach Backbord. Naß bis auf die Haut und frierend wie ein Rudel Wölfe in einem sibirischen Schneesturm, klammerten wir uns auf der Brücke an die Klampen, um von der See nicht weggespült zu werden, und bohrten unsere Augen in die undurchdringliche Dunkelheit.

Stunde um Stunde verging – kein Geleit. In dieser Nacht hatten wir noch sieben oder acht Berührungen mit Zerstörern, fanden aber keine Spur des Dampferpulks.

10. März. 6 Uhr 40. Der Kommandant entließ die erschöpfte Besatzung von Gefechtsstationen und ließ sich in das abgedunkelte Boot hinunter, nicht ohne Ermahnung: »I.W.O., ich nehm' ein Auge voll. Melden Sie mir sofort jede Lageveränderung.«

Ich blieb auf der Brücke, um meine Wache zu beenden. Grüne, schmutzige Wellen mit langen weißen Schaumstreifen verwandelten das Meer in dunklen Marmor. Ein donnernder Wind trieb schwere Wolken tief übers Wasser und ließ das Dämmerlicht des Morgens hier und dort durchscheinen. Dunstbänke hoben und senkten sich verschwommen im Zwielicht. Dann kamen wieder Schnee und Hagel trommelnd nieder. Seegang war 4 bis 5. Die Sicht war nur 200 bis 300 Meter.

7 Uhr 10. Ich begann zu schnüffeln. Ein deutlicher Geruch von verbranntem Dieselöl hing in der Luft.

7 Uhr 13. Der Gestank wurde schnell schärfer. Da brachen wir plötzlich durch eine Wolkenwand, der Himmel riß auf und – vor uns lagen etwa sechs Schiffe, die in einem hellen Flecken dahinschaukelten. »Kommandant auf die Brücke, Besatzung auf Gefechts ...« Ein alles erschütternder Knall. Das nächste Fahrzeug, 500 Meter Backbord voraus, ein 10 000-Tonnen-Frachter, explodierte und zerbarst in seine Bestandteile. Die Druckwelle traf uns mit ungeheurer Wucht. Unsere Lungen drohten zu platzen. Siegmanns Kopf erschien im Luk, verschwand aber schnell wieder, als der gigantische Feuerzauber riesige Sprengstücke durch die Luft schleuderte und Tonnen von Trümmern auf uns niederregnen ließ. Die Wache nahm Deckung hinter der Brückenverkleidung. Sekunden später, als ich es wagte, über den Brückenrand zu blinzeln, sah ich fünf Dampfer schwerfällig die Wellen reiten. Aber dort, keine 1000 Meter an Steuerbord, standen zwei Zerstörer hinter einem Frachter hervor und auf uns zu. Ein dritter kam von achtern. Es gab nur eine Lösung: »Runter von der Brücke – beide Maschinen äußerste Kraft voraus ... Alarm.«

Wir hatten nur einen Weg: den Sprung in große, sichere Tiefe. Wir mußten die Bestrafung auf uns nehmen, die eigentlich dem Boot galt, das den Dampfer torpediert hatte. U-230 schüttelte sich und kämpfte mit äußersten Mitteln, um in den Fluten zu verschwinden. Aber die Oberflächenspannung schien es festzuhalten, als schwämme es in einem Meer von zähem Leim. Alle verfügbaren Männer stolperten und strauchelten in den Bugraum. Das verlagerte Gewicht ließ das Boot endlich ankippen, während die dröhnende, mahlende Kadenz der Schrauben der Zerstörer schnell näher kam. Mit unfaßbarer Trägheit bohrte sich U-230 in die Tiefe. Eine Serie von acht Wabos peitschte unser Boot mit harten Schlägen und schickte es mit dreißiggradiger Vorlastigkeit zum Boden des Atlantik. Friedrich gelang es, das Boot auf 200 Meter abzufangen; er ließ es durchpendeln und steuerte es in aller Eile ein. U-230 schwang nahezu geräuschlos in eine ausweichende Kurve. Wir hörten, wie sich der Verband nach Osten absetzte, und wie die Asdic-Impulse auf unseren Druckkörper auftrafen. Wenige Minuten nach dem ersten Angriff explodierten sechzehn Wasserbomben über unserem Turm. Ein infernalisches Konzert. War das das Ende? Der Stahl stöhnte, die hölzernen Spinde splitterten, ohrenbetäubendes Krachen, Bersten, Zischen, Brausen, Rollen, Reißen. Scharfe Kursänderung, um der nächsten Salve zu entgehen. Aber der Gegner über uns war kein Anfänger. Ein neuer Teppich von vierundzwanzig Kanistern detonierte über unserem Heck. Wir wurden auf die Flurplatten geschleudert, zur Decke geworfen. Die Wasserstandsgläser platzten, Rohrleitungen zischten, Wasser sprühte. Bärtige Gesichter wandten sich gegen die Decke, blutunterlaufene Augen suchten ängstlich nach einem tödlichen Leck in der dünnen Stahlhaut. Der Befehlsübermittler am hinteren Kugelschott flüsterte: »Wellenstopfbuchsen machen stark Wasser.«

Der L.I. versuchte vergeblich, das Boot auf ebenen Kiel zu legen. Die zahlreichen Wassereinbrüche hatten die achteren Bilgen gefüllt. Das Boot hing mit starker Achterlastigkeit wie an einem seidenen Faden. U-230 glitt weiter abwärts, immer abwärts, mit zunehmender Lastigkeit. Wabos explodierten alle zwanzig Minuten. Neun Stunden vergingen, und die Zerstörer warfen immer noch ihre Kanister. Die Kälte kroch durch den Stahl des Druckkörpers, ließ uns frösteln, schaudern, zittern. Die Feuchtigkeit schlug sich an der blanken Bordwand, an Rohrleitungen und Luftschächten nieder und durchnäßte uns bis auf die Haut. U-230 trieb durch die unendliche Tiefe immer nach unten, immer weiter nach unten. Der L.I. kämpfte verzweifelt, um das Sinken aufzuhalten. Das Boot war auf 245 Meter durchgefallen, und es schien, als sollten wir jeden Augenblick in die Ewigkeit durchsacken. Falls die Verfolgung nicht bald aufhörte und wir nicht in der Lage waren, das Boot auf eine geringere Tiefe zu heben, würde unsere Endstation der Boden des Nordatlantik sein, rund 5000 Meter unter unserem Kiel.

Aber als der Tag zu Ende ging, geschah das Unfaßbare. Die drei Zerstörer drehten ab und fuhren mit Höchstfahrt nach Osten, Richtung Geleit. Wir blieben noch zwei Stunden auf einer etwas angenehmeren Tiefe unter Wasser, dann tauchten wir auf.

Ich versprach mir, den Kommandanten des Bootes zu finden, dessen Aale uns die Zerstörer und die Wasserbomben beschert hatten. Wochen später erfuhr ich, daß Kapitänleutnant Trojer mit U-221 den Munitionsträger torpediert hatte. Leider gab mir das Schicksal keine Gelegenheit, ihm zu sagen, in welch miserable Lage er uns gebracht hatte. U-221 blieb auf einer späteren Unternehmung am Feind. Es gab keine Überlebenden.

Wir durchlüfteten das Boot, lenzten die Bilgen, luden unsere Batterien, reparierten die Schäden, benachrichtigten die Führung und jagten dann wieder mit Höchstfahrt in die Nacht. In den frühen Morgenstunden entzifferte Riedel einen Funkspruch vom BdU. Danach hatte unsere Gruppe in einer Schlacht, die sich über drei Tage und Nächte hinzog, sechs Schiffe mit über 50 000 Tonnen versenkt. Ferner forderte uns das Signal auf, eine Position in einem neuen Vorpostenstreifen einzunehmen und Anweisung betreffs Treibstoffübernahme abzuwarten. Die Aufgabe war, einen größeren Verband aus Halifax abzufangen und aufzureiben. Aufgrund der verschiedenen Meldungen, die wir in den folgenden Stunden auffingen, schloß ich, daß etwas Besonderes in der Entwicklung war. Zumindest vierzig U-Boote waren über ein Seegebiet von 80 000 Quadratmeilen, durch das die bekanntesten Geleitzugwege im Nordatlantik führten, verteilt worden.

U-230 nahm seinen Platz im Vorpostenstreifen kurze Zeit später ein, kreuzte drei Tage lang in einer außergewöhnlich schweren See und verringerte seinen Brennstoffbestand auf ein gefährlich niedriges Maß. Am 16. März prallte ein Boot unserer Gruppe auf den Geleitzug SC 122 auf und meldete Fühlung. Ohne Verzögerung erhielten vierzig U-Boote den Befehl: ALLE BOOTE GRUPPE RAUBGRAF MIT HÖCHSTFAHRT AUF GELEIT OPERIEREN – QUADRAT BD 14 – ÜBER 60 SCHIFFE – KURS NORDOST – FAHRT NEUN MEILEN.

Wir errechneten, daß wir den Verband in zwölf bis vierzehn Stunden erreichen konnten und gerade noch genügend Brennstoffvorrat hatten, um uns für eine Nacht am Geleit aufzuhalten und unsere letzten Torpedos an die Ziele zu bringen. Mit neuer Energie jagten wir ihm nach. Trotz der außerordentlichen Belastung eines siebenwöchigen Kampfes gegen Orkane, Schneestürme, himmelhohe Seen und einen zähen Gegner war die Moral und Stimmung der Besatzung auf dem Höhepunkt. Wir hatten drei Dampfer versenkt und einen weiteren torpediert, dessen Sinken angenommen werden konnte. Es war eine angemessene Belohnung für unsere wochenlangen Kämpfe gegen die Elemente und einen zähen Gegner, eine Leistung, auf die wir alle stolz sein konnten. Irgendwo im Südosten, wo die Nacht sich bereits auf das Meer gesenkt hatte, schaukelte das Geleit, dessen Offiziere und Mannschaften dauernd der Gefahr ins Auge sehen mußten, augenblicklich angegriffen, dezimiert und versenkt zu werden. Diese Gefahr wuchs mit jeder Meile und war in der Mitte des Atlantiks am größten. Und dieser Punkt war in der kommenden Nacht erreicht. Zwei Stunden, nachdem die Sonne im Wasser versunken war, stieg der Mond hinter den schnell dahinfliegenden Wolken auf. Sein gelbes, fahles Licht war keine Hilfe für uns. Im Gegenteil, es hinderte uns, aus naher Entfernung zu schießen. Aber als die Nacht voranschritt, ließ der heftige Sturm etwas nach.

Mit klirrenden Dieseln stürmten wir dem berechneten Standort des Riesenkonvois entgegen. Wenige Stunden später meldete ein Boot Fühlung am Geleit. Der neugemeldete Standort war jedoch viel weiter östlich, als früher angenommen. Schneller Kurswechsel, nachgestoßen. Aber mit jeder Meile, die wir in nordöstlicher Richtung fuhren, verringerte sich unsere Chance, wieder in einen Hafen einzulaufen. Doch trotz des hohen Brennstoffverbrauchs und der Aussicht auf leere Bunker setzte Siegmann die Jagd nach dem Verband fort. Zeitweilig nahmen Schneegestöber uns die Sicht. Dann wieder strich das silbrige Licht des zunehmenden Mondes wie ein Scheinwerfer über die bewegte, glitzernde Fläche der See. Gegen Mitternacht meldeten acht Boote Feindberührung. Neue Lage- und Standortmeldungen folgten einander wie Blitze in einem Unwetter. In den ersten Morgenstunden des 17. März meldeten weitere sechs Boote, daß sie die Verbindung mit dem Feind hergestellt hatten. Eine Geleitzugschlacht von unvorhergesehenem Ausmaß schien sich zu entwickeln. Aufgepeitscht von den Kurzsignalen und unzähligen Tassen heißen, starken Bohnenkaffees, flogen wir mit unserem Boot dem Konvoi entgegen.

Ein Feuerschein hinter dem östlichen Horizont. Ein zweiter folgte. Dort, nur Meilen voraus, war der Feind. Wir konzentrierten unsere Augen auf die Kimm, die sich im Schein des Mondes vom Nachthimmel abhob.

»Zerstörer an Steuerbord 120 Grad.« Das war Rocher, unsere seemännische Nummer eins. Siegmann zwang sein Boot sofort auf einen nördlichen Kurs. Der Schatten folgte uns hartnäckig. Dann warf Siegmann das Boot in ein wildes Zick-Zack-Manöver. Aber der Verfolger klebte an der weißen Fahne unseres Kielwassers. Brecher über Brecher zerstäubte am Turm und überschüttete uns und das Boot mit einem weißen Schauer von Gischt, die uns wie eine Fackel aufleuchten ließ.

Minute um Minute verging in aufreibender Verfolgung. Klar und deutlich standen die vom Mond beleuchteten Aufbauten des Zerstörers vor dem Nachthimmel. Siegmann hielt zäh an der Oberfläche fest. Er wußte, daß wir hier eine Chance hatten, zu entkommen, während ein Alarmtauchen eine lange Wabo-Verfolgung nach sich ziehen würde. Er wußte, daß ein falscher Entschluß unseren Tod bedeuten konnte. Und so rasten wir mit singenden Zulüftern und knatternden Dieseln in nördlicher Richtung davon, unsere starken Nachtgläser in die Augenhöhlen gepreßt. Zwanzig, fünfundzwanzig wie eine Ewigkeit erscheinende Minuten – dann nahm eine Schneebö uns die Sicht. Mit einem scharfen Kurswechsel verschwanden wir in dem aufkommenden Gestöber. Fünfzehn Minuten später schlugen wir eine Kurve nach Osten in Richtung Geleit.

Plötzlich Leuchtraketen an Backbord. Ein schauriger Knall folgte. Unsere Boote bissen sich am Geleit fest. Dann war nur noch das Sausen und Brausen des Sturms und das Rauschen des Meeres in der Luft. Kurze Zeit darauf erhielten wir die Anweisung vom BdU, uns am 22. März in Quadrat BE 12 aus U-463, einem U-Tanker, zu versorgen und dann unverzüglich den Rückmarsch anzutreten.

Aber in dieser Nacht war das Kriegsglück nicht mit U-230. Um 4 Uhr 40 meldete Friedrich dem Kommandanten, daß er einen weiteren Vorstoß nicht mehr verantworten und daß eine zweite Verfolgung durch Zerstörer tödlich sein könnte. Mit anderen Worten: unsere Brennstoffbunker waren nahezu leergefahren. Siegmann, seine Lippen gesprungen, seine Augen gerötet und sein Bart vom Salzwasser weiß gebleicht, gab unwillig den Befehl zum Abbruch der Jagd.

U-230 zog sich vom Schlachtfeld zurück. Die ganze Nacht hindurch sahen wir zuckende Blitze, hörten das harte Bellen von Torpedodetonationen und das Brechen von Schotten und Schiffskörpern. Als die Morgensonne zögernd aufging, den Nebel auflöste und rote und goldene Wolken in den hellblauen Himmel sandte, hatten die Alliierten 14 Schiffe mit über 90 000 Tonnen verloren. Sechs weitere Fahrzeuge trieben beschädigt durch das peitschende Meer langsam nach Osten.

U-230, sein Treibstoff nahezu aufgebraucht, der Proviant verkommen oder verzehrt, begann den langen Marsch zur Biskaya-Küste. Während wir durch neue Schneestürme nach Südosten abliefen, wurde die Schlacht gegen den Geleitzug SC 122 von den anderen Booten fortgesetzt. Als der 17. März sich zu Ende neigte, waren weitere acht Handelsschiffe in ihr nasses Grab gesunken. Und als die Nacht des 18. März sich auf Jäger und Gejagte legte, hallte erneut der Donner von Wasserbombenexplosionen und Torpedodetonationen über den Atlantik, und der Kampf des alliierten Verbands gegen die totale Vernichtung erreichte einen neuen Höhepunkt. Den ganzen folgenden Tag verfolgten unsere Boote den Feind, bissen und schossen ihren Weg durch die zusammengeschrumpfte Flotte. Dann entdeckten die Boote plötzlich ein zweites Geleit, den HX 229 im Kielwasser des ersten. Eine neue Schlacht begann. Bald vereinigten sich die beiden angeschlagenen Verbände – 91 Handelsschiffe, über 30 Zerstörer und Korvetten im Kampf mit 38 U-Booten. Die Schlacht wütete für weitere zwei Nächte und drei Tage. Die unendliche Weite des Atlantik hatte uns wider vom scharfen Knall der Torpedotreffer und dem grauenvollen Krachen zerbrechender Schiffe.

Erst als die U-Boote ihren Treibstoff verausgabt und ihre Torpedos verschossen hatten, als neue Schneestürme die schwer angeschlagenen alliierten Verbände mit Schnee und Hagel bedeckten, als ihre verwundeten Überreste schließlich den Schutz der britischen Langstreckenbomber erreichten – erst dann kam die höllische Schlacht zu einem Ende. Der Boden des Atlantik war übersät mit den Wracks alliierter Schiffe. Eine lakonische Meldung der U-Bootführung beschrieb das Ausmaß unseres Sieges: »Insgesamt wurden 32 Schiffe mit 186 000 Tonnen und ein Zerstörer versenkt, außerdem auf 9 weiteren Schiffen Treffer erzielt. Das ist der bisher größte Erfolg einer Geleitzugschlacht und um so erfreulicher, als fast 50 Prozent der Boote (ein Verlust) aktiv daran beteiligt waren ...«

Während eine der größten Seeschlachten der Geschichte 32 britischen, amerikanischen, holländischen, norwegischen, griechischen und panamesischen Schiffen das Leben kostete, hatten wir nur ein einziges U-Boot verloren. U-384 war den Bomben eines Flugzeugs des *British Coastal Command* am letzten Tag der Riesenschlacht zum Opfer gefallen.

Am 22. März, es war ein grauer und diesiger Tag, trafen wir den Versorger im zugewiesenen Quadrat. Der Wind blies aus dem Südwesten mit Stärke vier. Seegang war Stärke drei. Wir fischten den Gummiball mit dem losen Ende des Schlauches, den der Tanker im Kielwasser nachzog, aus der rauhen See, verbanden das Ende mit einem Außenbordventil und begannen dann, das kostbare schwarze Öl an Bord zu saugen. Nach einer zweistündigen, schwierigen Übernahme, während der die tanzenden Boote sorgfältig Abstand hielten, lösten wir die

Schlauchverbindung zum Tanker, wünschten den Männern von U-463 gute Reise und nahmen Kurs auf das europäische Festland.

Zwei Tage später erreichte U-230 die westlichen Ausläufer der Biskaya. Unser rostiges, vom Seeschlag mitgenommenes Boot machte vierzehn Meilen Fahrt. Siegmann gab über die Lautsprecheranlage bekannt, daß wir nach Brest gehen würden. Das hieß für mich: zurück zu jenem Hafen, wo ich Yvonne zurückgelassen hatte. Ich war über meine günstigen Aussichten recht zufrieden. Die Welt war wunderbar. Alles schien nach Wunsch zu gehen.

UND ÜBER UNS DIE HÖLLE

1

Wir alle auf U-230 waren unbekümmert und ohne Vorahnung. Aber unsere Rückreise durch die Biskaya sollte ein Vorbote kommenden Unheils werden. Der 25. März, der fünfte Tag nach der gewaltigen Geleitzugschlacht, verging noch ereignislos. Mit vorgefluteten Außenbordbunkern, Back und Heck geöffnet, das Oberdeck überflutet und unser Metox-Warnungsgerät wieder auf den Gegner eingestimmt, fuhren wir vorsichtig auf Ostkurs in den kommenden Abend hinein. Während der Nacht registrierten wir drei Funkmeßortungen. Dreimal tauchten wir mit Alarm. Dreimal warfen Flugzeuge ihre Bombenserien in unser Kielwasser.

Am folgenden Morgen, um 10 Uhr 12, streckte Borchert, unser Mann mit den magischen Augen, den Arm aus und brüllte: »Flugzeug!«

Ich sah den kleinen, schwarzen Punkt aus der Wolkendecke hervorstoßen, warf das Biskaya-Kreuz in den Turm – und meine Männer fielen hinterher. Die Alarmglocke schrillte, der Bug tauchte unter. Ich warf einen sekundenschnellen Blick nach dem Flugzeug, kalkulierte instinktiv und wußte, daß wir eine Gnadenzeit von etwa dreißig Sekunden hatten, bevor die Koffer explodierten. Dann fiel ich ins Luk und schlug den Deckel dicht. U-230 tauchte innerhalb 18 Sekunden. Das gab uns einen Sicherheitsfaktor von 12 Sekunden. Aber während U-230 mit vierziggradiger Vorlastigkeit in die Tiefe schnellte, flog die Maschine mit irrsinniger Geschwindigkeit auf unsere Tauchstelle zu. Vier Detonationen schlugen gegen unsere Steuerbord-Ballastbunker. Grausam, höllisch. Das Boot bog sich unter der Wucht der Hiebe. Das Heck wurde aus dem Wasser geworfen. Dann sank U-230 kopfüber in die Tiefe. Der Bombenschütze hatte allen Grund, einen Volltreffer zu registrieren.

Drinnen in der Stahlröhre war jeder überrascht. Der Anflug war ohne Ortung erfolgt. Der Anflug aus den Wolken war ein Rätsel. Wir blieben eine halbe Stunde unter Wasser, erholten uns von dem Schock und reparierten die Ausfälle.

10 Uhr 55. Aufgetaucht.

12 Uhr 25. Alarmtauchen vor zweimotorigem Flugzeug. Keine Ortung. Vier Bomben.

12 Uhr 50. Aufgetaucht.

13 Uhr 32. Alarm. Flugzeug. Keine Ortung. Vier Bomben explodier-

ten überm Heck. Ruderklemmer. Hinteres Tiefenruder ausgefallen. Wasserdichtes Heck gerissen.

14 Uhr 05. Mit hoher Fahrt aufgetaucht.

14 Uhr 22. Alarm. Viermotoriges Flugboot, Sunderland. Hartes Rudermanöver nach Steuerbord. Vier Bomben. Lagen gut. Geringe Ausfälle.

Es konnte tatsächlich nicht abgeleugnet werden, daß die Engländer ein engmaschiges Netz von schnellen Flugzeugen über die Biskaya gelegt hatten. Siegmann entschloß sich, während des Tages unter Wasser zu bleiben und nur nachts aufgetaucht zu marschieren, wenn die Tommies gezwungen waren, ihr Ortungsgerät zu benutzen, um uns zu finden. Trotzdem geschah in der Nacht das gleiche wie am Tag. Wir tauchten dreimal mit Alarm und entgingen um Haaresbreite zwölf Bomben. Wir blieben den nächsten Tag getaucht, glitten mit einer Marschfahrt von nur drei Meilen pro Stunde durch die Tiefe und lauschten den singenden, drohenden Schraubengeräuschen einer Suchgruppe, die die Briten in unserem Seegebiet stationiert hatten. Wir hörten auch das endlose Rollen einer Wasserbombenverfolgung am westlichen Horizont. Zu unserer Überraschung war die Biskaya voll regen Lebens. Die Verhältnisse hatten sich wahrhaftig geändert.

Nach Einbruch der Dunkelheit waren wir wieder auf der Oberfläche. Sechsmal tauchten wir mit Alarm, und jedesmal gab es die unvermeidlichen, tödlichen Grüße aus der Luft. Aber jedesmal gelang es uns, mit harter Ruderlage und schnellem Absacken dem krachenden Bombensegen zu entkommen. Den nächsten Tag verbrachten wir wieder auf einer Tiefe von 60 Metern, von vereinzelten, unerklärlichen Explosionen begleitet. Bei Abenddämmerung tauchten wir wieder auf und drangen gegen Mitternacht in eine größere französische Fischereiflotte ein, die friedlich nach Sardinen fischte. Ihre Gegenwart rettete uns vor weiteren Belästigungen aus der Luft. Ab und zu hörten wir das Dröhnen von Flugzeugmotoren. Dann stießen wir in die unmittelbare Nähe einiger Trawler, verholten uns von Boot zu Boot und erschreckten die Fischer mit unseren verrückten Manövern. Kurz nach Tagesanbruch erreichten wir endlich den Ansteuerungspunkt, an dem ein Vorpostenboot sich mit uns treffen sollte. Aber die See war leer. Alles schien verkehrt zu gehen. Unsere Aussichten, bald den Hafen zu erreichen, waren nicht gerade überwältigend. Sie wurden noch mehr in Frage gestellt, als wir von der Versenkung von U-665 an dieser Stelle erfuhren. U-665 war nur eine Stunde vor Geleitaufnahme von einem Flugzeug angegriffen und versenkt worden.

Wir tauchten sofort und warteten. Endlich, gegen 12 Uhr, kam der Sperrbrecher mit sechsstündiger Verspätung angedampft. Siegmann wartete, bis das Schiff so nahe herangekommen war, daß er die Augenfarbe des Kapitäns in seinem Sehrohr ausmachen konnte. Dann tauchten wir auf. Bleichgesichtige Männer quollen aus der übelriechenden Röhre und atmeten begierig die frische Luft. Einige Seeleute befestigten Magazine an den Flugabwehrkanonen und klemmten sich hinter die Waffen. Die anderen versuchten an Oberdeck die ersten unsicheren Schritte. Ein fast unmerklicher violetter Streifen Steuerbord voraus verkündete Land. Die ersten grünen Flecken, von der Sonne beschienenen weißen Wände und roten Dächer wurden langsam sichtbar. U-230 erreichte den Hafen von Brest, ohne einen Schuß abgefeuert zu haben.

Siegmann, seine weiße Mütze verwegen auf dem blonden Haarschopf, sah mit seinem langen, roten Bart wie ein Wikinger aus. Mit Genugtuung paffte er seine Zigarre. Seine Leute versammelten sich an Deck, rauchten, machten Witze und kämmten ihre Bärte, während ihre Gesichter in der Sonne hell aufleuchteten. Ein Willkommensruf schallte über das innere Hafenbecken, als ich U-230 auf die steinerne Pier zusteuerte. Eine Marinekapelle blies einen dröhnenden Marsch. Unsere Männer, die ihre erste Feindfahrt beendeten, waren von der Aufmerksamkeit wie betäubt. Selbst für uns alte Veteranen war diese Heimkehr nach achtwöchigem Kampf gegen Orkane, die See und den Gegner eine bewegende Angelegenheit.

Voraus wuchs ein riesenhafter Betonbunker aus dem Wasser – der bombensichere U-Boot-Bunker, der über vierzig Wölfen Schutz bieten konnte. U-230 suchte sich den Weg in eine Öffnung dieses neugebauten Unterschlupfs.

»Beide Maschinen halbe Fahrt zurück – beide zwomal stop – Leinen festmachen.«

Die Menge an Land war plötzlich still. Die Besatzung stand in Dreierreihe auf dem Achterdeck ausgerichtet. Ich meldete die Männer dem Kommandanten. Siegmann meldete dem Chef der 9. U-Bootflottille, Korvettenkapitän Lehmann-Willenbrock, das Boot von erfolgreicher Unternehmung zurück. Ein dreifaches Hurra von Land, dann allgemeines Händedrücken. Als wir bleichgesichtig und bärtig über die Stelling liefen und vorsichtig auf feste Erde traten, wurden wir von den Mädchen der Marineverwaltung mit Blumen und Küssen empfangen.

Wir taumelten auf unseren schwachen Seebeinen in die Gebäude der 9. U-Bootflottille, wo wir uns, noch benommen von der Einlauffeier und dem kühlen deutschen Bier, einrichteten. Unsere neue Unterkünfte waren sehr gepflegt und stark bewacht. Große Abschirmnetze waren auf den Dächern der einzelnen Gebäude angebracht, um englische Aufklärungsflugzeuge zu täuschen.

Bevor ich Gelegenheit hatte, mich zu rasieren, wurde ich in mehrere Runden feuchtfröhlicher Begrüßung verwickelt. Sie erstreckten sich bis spät in die Nacht. Stolz über unsere Siege und begierig, wieder einmal recht ausgelassen zu sein, taten wir alles im Übermaß. Wir überaßen uns an dem reichhaltigen bretonischen Essen, tranken zu viel von den französischen Weinen, sangen die alten Seemannslieder, daß die Gläser zitterten. Niemand hatte etwas dagegen einzuwenden. Im Gegenteil. Es war gut zu wissen, daß nach Wochen der Anstrengung, der seelischen und körperlichen Spannung, unsere Freunde im Stützpunkt unsere Triumphe, unsere Nöte und unseren Ärger verstanden.

Am folgenden Morgen um 8 Uhr musterte ich die Besatzung auf dem Hof des Stützpunkts. Nur eine kleine Schar war zum Appell erschienen. Die übrigen waren noch außer Gefecht. Während der nächsten Stunden war ich damit beschäftigt, die Männer ins Leben zurückzurufen, Riedel und Friedrich kalte Kompressen aufzulegen und den Kommandanten mit den Unterlagen auszurüsten, die er für seinen Vortrag beim BdU benötigte. Erst nach sechzehnstündigem Landaufenthalt kam ich dazu, auch an mich selbst zu denken. Ich wiederholte das Ritual der Verjüngung, an das ich mich nur allzugut von meinen Tagen in Lorient erinnerte, nahm ein heißes Bad, entfernte vorsichtig das neunwöchige schwarze Bartgestrüpp, schlüpfte in eine frischgebügelte blaue Uniform und saß dann mit geschlossenen Augen im Friseurstuhl, während man mir meine lange Mähne schnitt. Später, als neuer Mensch, sortierte ich meine Post. Zuerst öffnete ich die Briefe von Marianne. In Berlin schienen die Dinge nicht gut zu stehen. Sie schrieb:

»... Die Engländer waren wieder hier. Letzte Woche kamen sie in vier Nächten und zweimal an einem einzigen Tag. Die Angriffe sind erschreckend. Wie Du weißt, arbeite ich im Zentrum Berlins; letzte Woche verbrachten wir lange, bange Stunden im Luftschutzkeller des Bürohauses. Während ich mit den andern im Keller saß, traf ein Volltreffer das Geschäftshaus gegenüber der Straße und zerstörte es vollständig. Alle Leute wurden im Keller begraben. Ich frage Dich, wozu suchen wir Schutz in einer Falle? Als ich schließlich nach Hause ging und die brennenden Häuser, die Zerstörungen und die Toten sah, weinte ich den ganzen Weg. Meine beste Freundin wurde an diesem Tag im Schutt begraben. Ich kann nicht verstehen, warum wir die Tommies nicht vertreiben. Berlin ist doch unsere Hauptstadt und sollte besseren Luftschutz haben. Es ist so schwer zu sagen, wohin wir von hier gehen. Göring versprach uns, daß kein englisches Flugzeug deutsches Gebiet erreichen würde. Wir fragen uns, was jetzt aus seinen Versprechungen geworden ist.

Gestern hörte ich die Sondermeldungen, die von dem großen Erfolg unserer U-Boote im Atlantik berichteten, und ich dachte an Dich. Ich bete darum, daß Du immer von Deinen Feindfahrten zurückkommst und daß meine Briefe Dich erreichen. Ich denke immer an Dich und wünschte, ich könnte bei Dir sein. Bitte, paß gut auf Dich auf. Und wenn der Krieg zu Ende ist, wird alles wieder so sein wie damals am Bodensee unter dem Kastanienbaum in jener langen Nacht im Sommer 1939 …«

Ich war bestürzt. Ich dachte daran, Marianne aufzufordern, Berlin zu verlassen und sich irgendwo auf dem Lande einzurichten – zumindest für einige Zeit, bis die Gefahr vorüber war. Die Nachrichten von meinen Eltern waren längst nicht so dramatisch. Mutter schrieb von einigen erfolglosen Luftangriffen in der Frankfurter Gegend. Sie berichtete, daß die Leute sich zusammengetan hatten, sich gegenseitig halfen, kleine Dachstuhlbrände zu löschen; daß einige englische Flieger abgeschossen worden waren; daß Vater geschäftlich sehr viel zu tun hatte und daß Trudel, Soldatenfrau seit sieben Monaten, ihm weiterhin als Sekretärin zur Hand ginge. Die Nachrichten von zu Hause waren also gut, und ich schrieb in meinen Briefen an Mutter und Marianne, daß sich alles bald zum Besseren wenden würde.

Ich glaubte fest an das, was ich sagte – trotz zunehmender gegenteiliger Entwicklungen. Die Luftangriffe auf unsere Städte hatten ständig an Ausmaß und Heftigkeit zugenommen und den Punkt reiner Belästigungen längst überschritten. Der Rundfunk und die Zeitungen berichteten nur vage über die Bombenschäden und Todesopfer; ich hatte den Eindruck, daß wir tatsächlich starke Verluste und Schäden hinnehmen mußten.

Es galt auch noch anderen bitteren Tatsachen ins Auge zu blicken. Nur widerstrebend nahm ich die Meldungen über die Rückschläge an der Ostfront hin, die sich während unserer Unternehmung zugetragen hatten. Die Winteroffensive der Sowjets hatte mit der Vernichtung unserer Divisionen bei Stalingrad geendet, wo die 6. Armee geschlagen und gefangen oder aufgerieben worden war. Die Nachrichten vom nordafrikanischen Kriegsschauplatz waren ebenfalls nicht ermutigend. Die Engländer waren mit frischen Kräften gegen unsere Wüstenstellungen angerannt und hatten die Front weiter nach Westen zurückgetrieben. Doch alle diese Rückschläge schienen mir nur örtlichen Charakters zu sein; ich glaubte nicht, daß sie das Endergebnis des Krieges beeinflussen würden.

In der Tat, die einzige Front, an der wir ausgezeichnete Fortschritte erzielten, war unsere Front zur See. Unsere U-Boote, die in großen Wolfsrudeln operierten, versenkten eine unglaubliche Menge alliierten Schiffsraums und schlugen vom arktischen Zirkel bis zur Karibischen See hart zu. Der Monat März hatte sich als einer der besten Monate in der Geschichte der U-Boote herausgestellt. Unsere Boote hatten nahezu 650 000 Tonnen alliierten Schiffsraums auf den Meeresboden geschickt. Gegenwärtig waren etwa 250 U-Boote an verschiedenen Fronten im Einsatz, in der Ausbildung in der Ostsee, in deutschen Häfen zur Ausrüstung und in den Werften zur Überholung. Und für die Zukunft trug das U-Boot-Bauprogramm den Stempel höchsten Vorrangs.

Aber selbst im Krieg zur See wurden unsere Erfolge dem Gegner mit einer Zähigkeit abgerungen, die es in den vorhergegangenen Jahren noch nicht gegeben hatte. Wie die Geleitzüge an Größe zunahmen, hatte sich auch die Zusammenarbeit der englischen und amerikanischen Sicherungsstreitkräfte bedeutend verbessert. Zerstörer neuer Bauart, die schnellen und wendigen Korvetten, vergrößerten die Gefahren unserer Angriffe. Schlimmer aber war die Plage der feindlichen Bomber. Immer mehr Flugzeuge stießen immer tiefer in die Weite des Atlantik vor und bombardierten unsere auslaufenden oder zurückkehrenden Boote mit zunehmender Genauigkeit. Die Gefahr aus der Luft hatte dem Seekrieg neue Dimensionen gegeben, und es fiel uns immer schwerer, uns den neuen Verhältnissen anzupassen.

Ich war davon überzeugt, daß der Ausgang des Krieges von dem Erfolg unserer U-Boote im Atlantik abhing. Es war nur allzu deutlich, daß die Alliierten Zeit genug gehabt hatten, sich von ihren anfänglichen Rückschlägen zu erholen; ihre neue Aktivität zu Lande, auf dem Wasser und in der Luft hatten sie allein dem Nachschub von Kriegsmaterial zu verdanken, das aus den USA über den Atlantik herangeschafft worden war. Wir U-Bootfahrer waren die einzigen, die verhindern konnten, daß amerikanische Lebensmittel, Kriegsmaterial, Munition, Flugzeuge und Bomben in britischen Häfen oder an den Docks von Murmansk oder Archangelsk ausgeladen würden. Wir hatten den Feind zur See abzufangen und zu vernichten, bevor es ihm gelang, genügend Kriegs- und Menschenmaterial für eine Invasion des europäischen Festlands auf den englischen Inseln zu massieren. Und wir waren überzeugt, daß wir das verhindern konnten.

Mit Hilfe aller verfügbaren Hände wurde U-230 ausgeräumt und am Ende des zweiten Tages im Hafen den Werftingenieuren übergeben. Meine Arbeit an Bord war nur ein geringer Teil einer hektischen Routine. Ich verfertigte Zeichnungen über unsere Angriffe, schrieb das Kriegstagebuch ins reine und verfertigte Berichte für Siegmanns Vortrag bei Dönitz. Der Kommandant war nach Paris befohlen, wo Admiral Dönitz inzwischen sein Hauptquartier aufgeschlagen hatte, nachdem er im Januar zum Oberbefehlshaber der Kriegsmarine ernannt worden war. Ich traf auch Vorbereitungen, ein Drittel der Besatzung auf Urlaub zu schicken.

Aber nicht alles war Arbeit und Truppenbetreuung. Ich fand auch Zeit, an Yvonne zu denken. Und an einem Spätnachmittag im April ging ich in die Stadt. Mit einem Blumenstrauß bewaffnet, betrat ich den Buchladen in dem ich sie kennengelernt hatte. Aber Yvonne war nicht dort. In der Annahme, daß sie ihre Stellung gewechselt hatte, verließ ich das kleine Geschäft, ohne den Inhaber in meine persönliche Angelegenheit einzuweihen, und begann sie in den anderen Buchläden zu suchen. Aber Yvonne war nirgendwo aufzufinden. Ich entschied mich endlich, den langen Weg zu ihrer Wohnung zu machen, wo ich so manche Nacht verbracht hatte. Aber Yvonne schien dort unbekannt zu sein – selbst die Nachbarn behaupteten, sie nicht zu kennen. Auf dem Rückweg zur Stadt warf ich die Blumen über eine niedrige Steinmauer, überzeugt, daß ich Yvonne nie wiedersehen würde. Dann kehrte ich, einer plötzlichen Eingebung nachgebend, zum ersten Buchladen zurück und fragte den alten Inhaber hinter dem Ladentisch: *»Pardon, monsieur, oú est-ce que je pourrais trouver Yvonne?«*

»Yvonne? Oh, Yvonne …« Da Er blinzelte über den Rand seiner Brillengläser und erzählte mir, was ich bereits wußte: »Sie ist nicht mehr hier.«

Ich wiederholte meine Frage: »Sagen Sie, wo kann ich sie finden?«

»Junger Mann, da ist nicht viel zu sagen. Yvonne hat vor acht, neun Monaten die Stadt verlassen. Sie wollte zu einer Tante in Toulouse ziehen – das hat sie mir gesagt. Aber …«, gab er mir mit einem vielsagenden Blick zu verstehen, »sie hat die Stadt verlassen müssen. Haben Sie nicht gewußt, daß sie schon damals verfolgt wurde? Solche Dinge können hier kein Geheimnis bleiben.« Der Blick des Alten war ohne Haß. Nur Traurigkeit war in seinen Augen.

Das war das letztemal, daß ich von Yvonne hörte.

Zwei Tage später, beim Mittagessen in der Messe, verkündete der Flottillenchef, daß er anläßlich der Rückkehr von U-230 ein Fest geben würde. Er entwickelte seinen Plan in allen Einzelheiten und lud alle Anwesenden ein, an dem Fest auf Schloß ›Château Neuf‹ irgendwo auf dem Lande teilzunehmen. Abschließend verkündete er mit einem Lächeln: »Meine Herren, ich habe den Platz, das Essen, die Getränke und die Kapelle organisiert. Für Damenbegleitung müßt ihr eure eigenen Verbindungen spielen lassen.«

Wie ich bald herausfinden sollte, war die Beschaffung von Damen in einer Stadt voller Offiziere, die nie zur See fuhren, keine leichte Sache. Als der Bus uns aus dem Stützpunkt fuhr, waren diese Herren ohne Ausnahme von hübschen Krankenschwestern und Angestellten der deutschen Verwaltung begleitet. Wir frauenlosen Neuankömmlinge hatten keine andere Wahl, als uns auf die frische und blühende Landschaft der Bretagne zu konzentrieren.

Kurz nach Sonnenuntergang erreichten wir das Château, ein Schloß aus dem 17. Jahrhundert, eingenistet zwischen den rollenden Hügeln. Die Zeit war zu kurz, um die elegante Architektur und die großzügigen Anlagen zu bewundern. Die Hallen füllten sich schnell, und ich schüttelte die Hand manches Freundes und einiger Crewkameraden und traf, zu unserer gegenseitigen Überraschung, Fred Schreiber, meinen alten Freund aus der Rekrutenzeit und den Tagen der Marineschule. Die kleine Kapelle spielte zur Eröffnung der Feier ›*Tiger Rag*‹, dann deutsche, französische und englische Schlager. Das Essen, wie die Weine, war französisch und von ausgezeichneter Qualität. Das Gelage begann früh am Abend und wurde bis zur späten Nachtstunde fortgesetzt. Das Tanzen endete lange nach Mitternacht, nachdem die glücklichen Paare im zweiten Stock verschwunden waren. Das Trinkgelage, mit dem wir benachteiligten Gäste uns begnügten, ging weiter, bis der Wein und die Müdigkeit selbst die härtesten Krieger gefällt hatten. Ich brachte Riedel und Schreiber in ein breites Bett und fand schließlich meinen Frieden in einem übergroßen Armstuhl.

Nach dieser imponierenden Siegesfeier verließ Siegmann, ein standhafter Familienvater, den Stützpunkt. Meine Offizierskameraden nahmen die Abreise des Kommandanten als Stichwort und fuhren ebenfalls in die Heimat, um zwei Wochen mit ihren Familien zu verbringen. Ich blieb mit dem kleinen Überrest der Besatzung in Brest. Meine täglichen Pflichten nahmen etwas gelockertere Formen an. Die bretonische Landschaft stand in diesen klaren Apriltagen in voller Blüte. Ich besuchte das Schloß, wann immer ich Zeit dazu fand, plantschte in den großen Marmorbädern, die tief im Boden versenkt waren und goldene Wasserhähne hatten, durchstöberte die reichhaltige Bibliothek nach alten und wertvollen Büchern, ging mit den Bauern aus der Nachbarschaft auf Fasanenjagd und beobachtete, wie die Blüten und Blätter sich unter der warmen Brise entfalteten, die vom Meer herüberwehte. Der Geruch des Frühlings war überall – auf dem Lande, in der Stadt und auch im Stützpunkt.

An einem dieser milden Abende wurde ich von meinen neuen Freunden, die mein Schicksal teilten, in das süße Leben im Hafen eingeführt. Wir hatten seit Stunden an der Bar im Stützpunkt Cocktails getrunken, Karten gespielt, Seemannslieder gesungen und Seemannsgarn gesponnen, und allmählich befiel uns die Langeweile. Da hatte Forster, einer der jungen Leutnants, eine plötzliche Eingebung: »Kameraden, wie wär's mit einer kleinen Feier in der Stadt? Die Nacht hat ja kaum angefangen. Warum beenden wir sie nicht bei Madame? Schlage vor, wir gehen geschlossen ins C. B. Einverstanden?«

Sein Vorschlag wurde mit allgemeiner Begeisterung aufgenommen. Um mehr über Forsters Idee zu erfahren, fragte ich meinen Gefährten mancher Landschlachten, Fred Schreiber: »Du, Fred, was ist denn so besonders an diesem C. B.?«

Er kippte den Rest seines Gin Fizz hinunter und antwortete mit breitem Lachen: »Zu deiner Aufklärung: das C bedeutet Casino und das B steht für Bar. Die Casino Bar ist ein sehr gemütliches, privates *établissement,* wo einer seinen Kummer vergessen, seinen Durst mit guten französischen Weinen löschen und seinen Hunger nach Liebe mit *Madames* Schönheiten stillen kann – alles in absoluter Abgeschiedenheit.«

»Mit anderen Worten, ein besseres Bordell?«

»Nenn es, wie du willst. Es ist bestens empfohlen.«

Wir marschierten durch die verdunkelte Stadt. Nach einiger Zeit kamen wir vor einer unscheinbaren Tür an, nur von einer kleinen Lampe mit den Initialen C. B. beleuchtet. Forster drückte die Klingel in einem bestimmten Rhythmus – ein Zeichen, daß wir, nur wir draußen warteten. Eine ältere Frau öffnete die Tür, erkannte meine Freunde und ließ uns eintreten. Als die Tür weit aufging, hörte ich das helle Gelächter junger Mädchen, tiefe Männerstimmen und ein Grammophon, das *›J'attendrais le jour et la nuit, j'attendrais toujours …‹* plärrte. Abgedunkeltes, rotes Licht herrschte in den Räumen. Als wir eintraten, ertönten melodische Grüße von beiden Seiten des Eingangs zur Bar, und meine Freunde antworteten *»Hallo, hallo, Suzanne, Janine, bon soir, Paulette, Simone, Yvette. Ah, bon soir, Madame, comment allez-vous?«*

Etwa ein Dutzend hübsche Mädchen hießen uns mit wahrscheinlich gespielter Freude willkommen. Madame war eine zarte, zerbrechliche

Frau in den dreißiger Jahren; sie hatte volles, schwarzes Haar. Fred ertappte mich dabei, daß ich sie anstarrte und riet: »Hände weg von *Madame.* Rühr' sie nicht an, es ist gegen die Spielregeln. Niemand hat bisher das Glück oder den Vorzug gehabt, *Madame* zu erobern. So, ich denke, du konzentrierst dich besser auf die Mädels.«

Madames Mädchen, alle nur wenig über zwanzig Jahre, waren uns Männern an Zahl unterlegen, zumal als unsere Offizierskameraden von der 1. Flottille einige von ihnen entführten. Als der allgemeine Begrüßungstumult nachließ, wurden gemäß der Sitte des Hauses die Neulinge willkommen geheißen. Ich erhielt einen würdevollen Kuß von *Madame.*

Fröhlichkeit und Ausgelassenheit entfalteten sich ohne besondere Aufforderung. Der Champagner sprudelte in den Gläsern, und die Mädchen glühten in unseren Armen. Wir tanzten zu den sanften Klängen des Grammophons, schlürften den schäumenden Wein und küßten die willigen Geschöpfe, als hätten wir niemals zuvor geküßt und als würden wir nie wieder Gelegenheit dazu haben.

Als der Abend in die Nacht überging, wurden unsere Lieder immer ausgelassener, unser Gelächter lärmender und die Mädchen mit jeder Stunde bezaubernder. Wir tranken den Champagner in immer größeren Mengen, und bald fielen unsere Hemmungen – und die seidenen Spitzen der Mädchen. Ich tanzte mit Janine durch die halbe Nacht und fragte mich, wann ich sie wohl dem Feste entführen konnte.

Die Hauptattraktion des *établissements* sollte aber aufgeschoben werden, bis eine Darbietung ganz anderer Art die Voraussetzung dafür geschaffen hatte. Ballard, der Leitende eines der alten Boote, verlangte ohne Vorrede: »*Madame,* zeigen Sie uns doch einen dieser tollen Filme.«

»*Mais Messieurs*«, protestierte *Madame,* »ist es denn nicht schon zu spät für eine solche Schau? Die Mädchen haben ihre beste Vorstellung noch nicht gegeben.«

»Das hat noch Zeit«, widersprach Ballard, »die Nacht hat doch erst angefangen, und wir waren viel zu lange auf See und haben viel von der Liebe vergessen. *Madame,* wir brauchen einen Auffrischungslehrgang.«

Dem allgemeinen Druck nachgebend, seufzte *Madame:* »*Très bien.* Ich verstehe eure Wünsche nur zu gut, wie jede Mutter. Ich hab' ein zu gutes Herz.«

Ich legte meinen Arm um Janines schlanke Taille, griff nach einer neuen Flasche Champagner und folgte der Gruppe in ein Zimmer im zweiten Stock. Die Lichter wurden gelöscht, der Vorführapparat begann zu summen, und der Film fing an. Die nächste Stunde, ich muß gestehen, war lehrreich. Der Film lehrte uns, daß Liebe ohne Kunst wie ein Rennwagen ohne Fahrer ist. Janine war die erste, die mit Wonne das Ergebnis des Unterrichts entgegennahm.

Der Morgen graute bereits, als ich der alten *Concièrge* an der Tür den Tarif bezahlte. Eine frische Brise wehte vom Meer herüber.

Im Stützpunkt gingen die Dinge ihren üblichen Gang. Ich musterte täglich die zusammengeschmolzene Besatzung, erledigte Papierarbeit und machte meine regelmäßigen Werftbesuche, um die termingerechte Fertigstellung des Bootes zu überwachen. Ich traf manchen alten Kameraden aus den ersten Tagen des Krieges, die auf Minensuch- und Vorpostenbooten dienten, erkannte manches Gesicht aus meinen Hafenliegezeiten in Lorient und besuchte Crewkameraden in den Unterkünften der 1. U-Bootflottille, in denen ich im November 1941 gewohnt hatte. Ich hörte dabei von mir bisher unbekannten Verlusten, von Kommandanten und Booten, die nicht von Feindfahrt zurückgekehrt waren. Das vergangene Jahr, so außerordentlich reich an Erfolgen, hatte viele Opfer verlangt. Die Ausdehnung des U-Bootkrieges hatte Lücken in unsere Reihen gerissen: mancher alte Atlantikfahrer, aber auch mancher Neuling an der Front hatte anstatt feuchtfröhlicher Siegesfeiern sein Grab in den Wellen gefunden.

Die Wochen im Hafen vergingen wie Aprilschauer. Unsere Vergnügungen und Trinkgelage an der Bar und im C. B. waren nur geringe Entschädigungen für das, was wir auf See ertragen mußten. Ich besuchte die Treffpunkte der bretonischen Feinschmecker, verschwiegene Lokale, in denen die besten französischen Gerichte ohne Essenmarken zu haben waren; ich hatte unvergeßliche Hummermahlzeiten im ›Seekommandant‹, einem deutschen Restaurant in Brest, und verbrachte friedliche Abende am Kamin in unserem Schloß auf dem Land. Dann waren da die Nächte in der Casino Bar mit Janine, in denen wir uns vom Krieg und seinen rauhen Pflichten lösten.

Aber da waren auch jene stillen Stunden in der Einsamkeit meines Zimmers im Stützpunkt, in denen ich daran dachte, daß die Schlacht im Atlantik noch lange nicht gewonnen war. Die Bilder der von uns verursachten Zerstörung erschienen lebhaft in meiner Erinnerung. Die bellenden Explosionen der Torpedos, gellende Wasserbomben, krachende Fliegerbomben klangen laut in meinen Ohren. Dies waren die Stunden, in denen ich erkannte, wie sehr sich der Krieg seit 1941 verändert hatte. Er war in eine neue Phase gerückt. Auch war die Front gefährlich nahe an die Küste herangetragen worden. Sie begann dort, wo der Himmel und das Meer sich im Westen trafen, an der Kimm, die in zwei Stunden mit ›halber Fahrt‹ erreicht werden konnte. Das war die Linie zwischen Krieg und Frieden.

Unser Leitender, Friedrich, kehrte Mitte April aus seinem Urlaub zurück. Ich sah ihn während des Abendessens mit seinem tiefschwarzen, gutgetrimmten Spitzbart stolz in die Offiziersmesse treten. Belustigt ging ich auf ihn zu: »Hallo, alter Seemann, wie ist Papa zu Hause empfangen worden?«

»Mit Pfeifen und Trompeten. Du siehst, der Bart ist noch da. Die Kinder hatten einen Heidenspaß daran. Also hab' ich ihn weiterwachsen lassen.« Er berichtete, viel Zeit auf der Bahn und bei Verwandten verloren zu haben, und gestand, daß er froh sei, wieder in Brest zu sein. Ich unterrichtete ihn über den Stand der Arbeiten an unserem Boot und gab ihm einen Überblick über die noch ausstehenden Reparaturen, war aber mit der Beschreibung meiner Eskapaden eher zurückhaltend. Als jedoch Junggeselle Riedel mit dem Abendexpreß aus Paris zurückkehrte, erzählte ich ihm von meinem ausgelassenen Leben und hatte keinerlei Schwierigkeiten, ihn in den exklusiven Klub der Günstlinge *Madames* einzuführen.

Die übrigen Urlauber kehrten in kleinen Gruppen von ihren Familien zurück, die über die Hälfte des europäischen Festlands verstreut waren. Auch der Kommandant kam sichtbar erholt im Stützpunkt an. Die Furchen der Anstrengung und Spannung, die unsere Unternehmung in sein Gesicht geprägt hatten, waren verschwunden wie sein flammend roter Wikingerbart. Mehrere Tage eifriger Tätigkeit lösten drei Wochen der Beschaulichkeit ab. Die Werft hatte U-230 auftragsgemäß frontklar abgeliefert. Die Ausrüstung zur Feindfahrt nahm nur vier Tage in Anspruch.

Meine letzte Nacht im Hafen war ruhig und beschaulich. Meine Gedanken kreisten um die bevorstehenden Kämpfe und um das Schicksal, das allen U-Bootfahrern gemeinsam war. Ich versuchte mich zu konzentrieren und meine letzten Briefe zu schreiben. Ich bat Marianne, besonders vorsichtig zu sein, und berichtete meinen Eltern, daß ich für eine Weile stumm sein würde. Gegen Mitternacht packte ich meine wenigen Habseligkeiten zur Lagerung in der Last der Flottille. Ein neuer Befehl wies uns an, außer dem üblichen Inhaltsverzeichnis den Koffern auch ein Testament beizufügen. Es war nicht viel, was ich wegzugeben hatte, sollte ich beim nächsten Mal nicht mehr zurückkehren.

Doch als ich in der Einsamkeit meines Zimmers meinen letzten Willen unterschrieb, hatte ich das Gefühl, mein Leben abgeschrieben zu haben. Und ich fragte mich, ob ich diesen Umschlag jemals wieder aus meinem Gepäck hervorholen oder ob ein anderer ihn öffnen und meinen letzten Wunsch erfüllen würde.

2

24. April 1943. U-230 lag im Halbdunkel des Betonbunkers. Die Leinen waren von den Pollern losgeworfen. Die Besatzung war auf dem Achterdeck angetreten und der Pier zugewandt, wo die Abschiedsgäste standen. Unsere Männer hatten kleine Blumensträuße an ihren Mützen oder in den Knopflöchern ihrer U-Bootblusen befestigt. Das ölige Hafenwasser wurde von den langsam rückwärtsschlagenden Schrauben aufgewirbelt. U-230 löste sich geräuschlos von der Betonwand und fuhr, das Heck voraus, aus dem Dunkel des schützenden Bunkers in blendendes Sonnenlicht. Ein dreifaches Hurra folgte aus der Katakombe. Zur gleichen Zeit trennte sich ein anderes Boot, U-456, von der gegenüberliegenden Pier und folgte in unserem Kielwasser. U-230 und U-456 hatten denselben Befehl, die gleiche Aufgabe. Ich sah Forster, meinen Gefährten mancher gemeinsamen Besuche bei *Madame,* auf der Brücke stehen. Wir winkten uns mit der behandschuhten Rechten zu. Dann vergrößerte unser Boot schnell die Entfernung zu Land und Freunden. Bereits in der Bucht von Brest war alles auf U-230 im Kriegszustand: die Handlungen, das gesprochene Wort und die Gedanken. Es war, als wären wir nie an Land gewesen, niemals auf Urlaub, als hätte es nie einen heiteren Augenblick in der Casino Bar, nie eine Nacht in den Armen einer Frau gegeben.

U-230 rauschte mit 17 Meilen durch das träge Wasser. Der Himmel hing voller dunkler Wolken. Es war kühl und windstill. U-456 jagte auf Parallelkurs nur 500 Meter Steuerbord achteraus. Im Osten verschwand der Sperrbrecher hinter der Kimm. Voraus mischte sich das Grau des Himmels mit dem Grün der See. Wir hämmerten nach Westen, hielten ständig Ausschau nach Flugzeugen und horchten mit geübtem Ohr auf jeden zirpenden Dauerton aus unserem Funkmeß-Warnungsgerät. Wir waren mit einem neuen elektronischen Instrument ausgerüstet worden, einer verbesserten Ausgabe des Biskaya-Kreuzes. Das unhandliche Kreuz, das wir beim Alarmtauchen mit viel Umständen von der Brücke in den Turm zu reichen hatten, war einer kleinen Antenne gewichen, die an die Oberkante der Turmverkleidung geschweißt war. Schwache Impulse begleiteten uns, seit wir Brest verlassen hatten. Als ihre Stärke plötzlich zunahm, verschwand U-230 mit einem schnellen Tauchmanöver von der Oberfläche. U 456 folgte nur Sekunden später. An diesem Nachmittag verloren wir die Verbindung mit unserem Gefährten. Wir marschierten getrennt, aber auf gleichem Kurs ins gemeinsame Operationsgebiet, in die Weite des Nordatlantik.

Bei Einbruch der Nacht tauchten wir auf, um beim Rennen nach Seemeilen, Strom und Luft unser Glück zu versuchen. Das Boot wurde schnell durchgelüftet, beide Diesel auf Hochtouren gejagt, die Batterieladung eingeschaltet. Die Unendlichkeit des nachtblauen Firmaments und die schwarze Weite des Meeres, die in der Ferne miteinander verschmolzen, gaben uns das Gefühl, durch den leeren Raum zu fahren. Allein zwischen Himmel und See, eine lange, helle Schaumfahne nach sich ziehend, schob sich unser schlankes Boot nach Westen – ein sicheres Ziel für jeden feindlichen Bomberpiloten.. Während die Diesel in stetem Rhythmus hämmerten, zählte ich die Minuten, die uns über Wasser vergönnt waren. Siebzehn Minuten vergingen, achtzehn Minuten, dann eine lautstarke Ortung. Wir tauchten sofort.

Kurz nachdem U-230 in der folgenden Nacht die Oberfläche durchstoßen hatte, reagierten die Engländer mit heftigen Angriffen. Indem sie ihr Funkmeßgerät nur sparsam bedienten, überraschten sie uns mit plötzlichen Anflügen. Stunde um Stunde wiederholten wir das Spiel, stürzten stark vorlastig in die Tiefe, warteten, bis wir glaubten, der Gegner habe seine Beute verloren, tauchten nach 20 Minuten wieder auf, karrten mit klirrendem Diesel einige Meilen nach Westen – nur um Minuten später unter dem Getöse nach uns greifender Bomben wieder in die Tiefe zu sinken. Nacht für Nacht entkamen wir den hartnäckigen Verfolgungen untertauchten die krepierenden Koffer. In der fünften Nacht ließen die Angriffe nach, und in der sechsten Nacht waren wir wieder in der Lage, normal zu atmen. U-230 hatte die Blockade durchbrochen und pflügte in einer phosphoreszierenden See weiter nach Westen. In dieser Nacht erhielten wir den Befehl, zusammen mit zehn anderen Booten, die die Gruppe *Drossel* bildeten, Quadrat BE 85 anzusteuern und eine Position in einem Vorpostenstreifen einzunehmen. Äußerste Vorsicht und Unsichtbarkeit waren die Voraussetzungen, wenn wir das Geleit stellen wollten. Die Boote waren angewiesen, getaucht auf der Stelle zu treten. Auftauchen war nur kurz und nur zur Lufterneuerung erlaubt. Das Geheimnis des Vorpostenstreifens mußte unter allen Umständen gewahrt werden. Ungesehen bleiben – das war der Schlüssel zum Erfolg.

Die Nächte wurden zu unseren Tagen und die Tage zu unseren Nächten. Die schleichenden Stunden, in denen wir in unserer Röhre eingeschlossen waren, verbrachten wir im Dämmerlicht einiger schwacher Lampen der Notbeleuchtung, um Strom zu sparen. Die Nächte auf der Brücke waren schwarz wie Teer. Wir fuhren mit langen Suchschlägen im Quadrat auf und ab, die Ohren auf das Ortungsgerät abgestimmt, die Augen abwechselnd auf die tintenschwarze See und in die schattenblaue Luft gerichtet, immer bereit, den Bomben auszuweichen, die mit alarmierender Regelmäßigkeit und Genauigkeit vom Himmel fielen. Und am Tage, wenn die Sonne für alle andern Lebenden schien, glitten wir auf einer Tiefe von 40 Metern, horchten auf die entfernten, trauten Schraubengeräusche, lauschten gespannt den Asdic-Impulsen und den detonierenden Wasser- und Fliegerbomben.

Aber so sehr wir auch horchten und unsere Augen anstrengten – weder wir, noch eines der anderen Boote entdeckten den Konvoi. Es war, als ob er nicht existierte.

Gegen Abend erhielten wir folgenden Einsatzbefehl: GRUPPE DROSSEL SOFORT 60 SM NACH WESTEN VERLEGEN – NORDGEHENDES GELEIT VON EIGENER LUFT GESICHTET – BDU.

Mit Einbruch der Dunkelheit hämmerten elf Boote mit Höchstfahrt westwärts. Elf phosphoreszierende, weiße Schaumstreifen schnellten in die dunkle Weite des Atlantik und griffen nach dem Feind, der im Schutz der Nacht nach Norden stampfte.

Am 1. Mai erreichten wir unsere neue Position, eine Gegend, in der noch kein feindliches Flugzeug gesehen wurde. Die Ortungen hatten nachgelassen, und wir getrauten uns wieder, am Tage aufgetaucht zu bleiben und unter der Sonne weiterzusuchen. Nach dem ewigen Versteckspielen, nach Tagen und Nächten unter dem Druck der Vorstellung, jeden Augenblick mit wohlgezielten Bombenserien angegriffen werden zu können, betrachtete ich die Sonne als den einzigen Garanten unseres Fortbestehens. Ihre Helligkeit erlaubte uns, hoch und weit zu sehen. Mit Hilfe unserer Augen und dem Metox, hoffte ich, würden wir die schwarzen Bienen aus sicherer Entfernung aufspüren und unseren rechtzeitigen Rückzug in die Tiefe garantieren können.

Unser neues Operationsgebiet lag weit südlich der stürmischen Nordregionen des Atlantik, in denen wir während der Wintermonate gekämpft hatten. Ich erwartete günstigere Wetterverhältnisse und Schießbedingungen, wie auch eine schnellere Geleitverfolgung. Die

Spannung, die sich während unseres Marsches durch die Biskaya bis zur Unerträglichkeit gesteigert hatte, war plötzlich verschwunden.

2. Mai. Das Wetter war ungetrübt. Die See war ruhig und schillerte in allen Regenbogenfarben. Um 14 Uhr 08 sah Riedel ein schnellfahrendes Ziel hinter dem südlichen Horizont: ein Einzelfahrer. Wir jagten sofort auf einem neuen Kurs in westliche Richtung, um die verlängerte Kurslinie des Gegners noch vor Abenddämmerung zu erreichen. Drei Stunden heißer Verfolgung trieben das Jagdfieber auf einen neuen Höhepunkt.

Wir dampften das Fahrzeug am Rande der Sicht aus, hielten Fühlung an Mastspitzen und Schornsteinkappe, setzten uns auf den Kurs des Gegners, tauchten und legten uns in den Hinterhalt. Eine Stunde später ging unsere Hoffnung, den ersten Torpedo auf dieser Reise zu feuern, buchstäblich im Rauch des Dampfers auf. Siegmann erkannte in ihm einen schwedischen Frachter, der auf neutraler Route fuhr. Das Fahrzeug hatte seine Landesfarben auf die Bordwand gemalt und benutzte die ›Philadelphia-Route‹, einen Schiffahrtsweg, den unsere Führung neutralen Schiffen als sichere Passage garantiert hatte.

Nachdem wir dem Schweden erlaubt hatten, unsere Rohre zu passieren, tauchten wir auf. Bald danach fingen wir einen Funkspruch von einem unserer Boote auf: GELEITZUG IN AJ 37 – KURS NORDOST – TORPEDIERTE ZWEI – ZUSAMMEN 11000 – HALTE FÜHLUNG – U-192. Das Quadrat AJ 37 lag zwischen Neufundland und Grönland – zu weit entfernt für unseren Zugriff. Wir hatten die Vernichtung dieses Geleits den Wölfen zu überlassen, die im nördlichen Seegebiet operierten.

Kurz nach Einbruch der Nacht kehrten wir auf unsere Ausgangsposition zurück. Wir legten uns sofort auf die Lauer nach dem gemeldeten Verband.

Die Erregung an Bord nahm mit jeder Stunde zu. Die Nacht verging jedoch, ohne daß eines der angesetzten Boote Feindberührung meldete. Unsere Diesel arbeiteten gemächlich in langsamer Fahrt, und die Zulüfter sangen ihr altes, seufzendes Lied.

3. Mai. 10 Uhr 30. Neuer Funkspruch von der Führung: GRUPPE DROSSEL SOFORT AUF SÜDGEHENDES GELEIT IN BD 91 OPERIEREN – FAHRT NEUN MEILEN – DOENITZ. Das galt wieder uns. Diesmal mußten wir die Ziele vor die Rohre bekommen. Ungeachtet der Gefahr, unter einer strahlenden Sonne gesichtet zu werden, karrte das Rudel grauer Wölfe auf den neugemeldeten Konvoi zu. Neben U-230 rauschten U-456, U-436, U-89, U-607, U-603, U-659, U-439, U-400,

U-406 und U-447 einer neuen Geleitzugschlacht entgegen. Die See war kabbelig, und die kurzen Wellen zeigten hier und dort ihre weißen Zähne. Den ganzen Vormittag jagten wir in Richtung des Geleits und erwarteten zu jeder Minute Feindberührung. Die Spannung wuchs, und mit ihr unser Appetit. Wir auf der Brücke standen hinter der Turmverkleidung in leichter Kniebeuge, kauten an unserem Salami-Doppeldecker und spülten die Bissen mit starkem, heißem, Bohnenkaffee hinunter.

Bei Einbruch der Abenddämmerung – Überraschung: U-89 funkte, daß es auf einen nicht gemeldeten Verband mit Landungsfahrzeugen gestoßen war. Kurs Süd, starke Abwehr. Wir waren mehr als erstaunt. Landungsboote im Atlantik? Unsere Kampfstimmung stieg augenblicklich. Niemals sollten diese Kähne gegen unsere Landser eingesetzt werden. Sie mußten in der kommenden Nacht von der Oberfläche gefegt werden.

20 Uhr 10. U-230 tauchte zum Horchrundblick. Schwaches Geräuschband im Nordosten.

21 Uhr. Aufgetaucht. Irgendwo im dunklen Norden schaukelte das Geleit, auf das ein konzentrierter Angriff durchgeführt werden sollte. Ein nächtlicher Überwasserangriff versprach ein Wiederaufleben der alten Rudeltaktik, versprach Verfolgung, Versenkungen und Siegesfeiern. Die Nacht war mondlos und schwarz. Seegang 3 bis 4. Der Wind kam aus dem Westen. Gelegentliche Schauer näßten uns auf der Brücke.

22 Uhr 30. Wir ließen schwache, kurze Ortungen außer acht. Sie waren oft für lange Minuten verschwunden. Das mußten die Sicherungsfahrzeuge des Verbands sein, die die Oberfläche nach uns abstrichen.

22 Uhr 50. Die Ortungen nahmen in Stärke und Anzahl zu. Der Metox machte uns nervös, und die Meldungen von unten störten meine Feuerbefehle. Siegmann befahl, das Gerät abzuschalten. Wir waren ohnehin von den Zerstörern längst entdeckt. Aber die Gefahr, abgefangen zu werden, war nicht größer als bei jeder früheren Geleitzugschlacht. Gemäß Pragers Berechnungen sollten wir bereits Feindberührung gehabt haben. Mit murmelnden Dieseln jagten wir diagonal in die lange, anrollende Altdünung, horchten, schnüffelten. Wir hofften den Qualm des Verbands zu riechen, bevor wir die Schatten zu sehen bekamen.

23 Uhr 50. Borchert entdeckte die ersten Schatten. »Korvette Bug rechts Entfernung 3000 Meter.«

Die Korvette zeigte ihre Breitseite, verschwand aber innerhalb Sekunden in dem nächtlichen Dunst. Plötzlich ertönte Rochers Stimme: »Zerstörer 2000 Meter, Lage Null.«

»Beide Diesel dreimal AK voraus! L.I., heiz deine Töpfe an!« Das war Siegmanns Befehl an Friedrich, die letzte Kraft aus den Dieseln herauszuholen. Es war keine Rede davon, in den Keller wegzutauchen. In derartig gefährlicher Lage waren wir schon oft.

Ein anderer Schatten schoß aus der Dunkelheit. Schiffspeilung 100 Grad. Korvette Bug links. Sie schnitt langsam zwischen unser Boot und den verfolgenden Zerstörer. Siegmann erkannte seine Chancen, drehte sein Boot nach Backbord und brach mit nahezu 20 Meilen Fahrt nach Norden aus während die beiden Verfolger sich in wilde Manöver verwickelten, um eine Kollision zu vermeiden.

4. Mai. 0 Uhr 25. Kurzsignal von U-89.: DREI EINZELSCHÜSSE – ALLE FEHL – ABGEDRÄNGT – STARKE SICHERUNG. Wir bereiteten uns auf einen neuen Zusammenstoß mit der Abwehr vor Der Seegang hatte inzwischen zugenommen. Die Dunkelheit war vollkommen. Siegmann legte sein Boot wieder auf alten Kurs, verringerte die Fahrtstufe auf ›Große Fahrt‹ und jagte vor der See dem berechneten Standort des Verbands entgegen. Unsere Operation verlagerte sich stetig nach der spanischen Küste. Uns wurde klar, daß das Geleit für Gibraltar bestimmt war. Mit unserer Annäherung an Land rechneten wir mit dem Aufkommen der feindlichen Lufttätigkeit und mit erneutem Segen von oben.

2 Uhr 17. Funkspruch von U-456: HABE FÜHLUNG MIT GELEIT IN BF 97 – KURS SÜD – FAHRT ZEHN – GREIFE AN. Von den elf Booten, die an das zuerst gemeldete Geleit angesetzt worden waren, hörten nur neun dieses letzte Funksignal. U-439 und U-659 waren im Dunkel der mondlosen Nacht und in der Hitze der Verfolgung aufeinandergeprallt und gesunken.

Siegmann berichtigte sofort seinen Kurs – und U-230 schloß die Entfernung zum zweiten Verband mit den Landungsbooten mit einer Annäherungsgeschwindigkeit von 24 Seemeilen. Ich ließ die Rohre bewässern, die Feuerleitanlage überprüfen und versuchte mit meinem Nachtglas die Weite der Nachtbläue zu durchdringen.

4 Uhr 45. Zwei Stunden vor Sonnenaufgang. Ein neuer Schatten, tiefliegend und drohend, schnitt in unseren achteren Sektor. Wir knüppelten mit Höchstfahrt davon, Kurs Nord – und liefen plötzlich auf den Geleitzug auf. Schatten recht voraus – drei – vier – zehn. Ich wirbelte herum und nahm die Brocken ins Fadenkreuz.

Ich kam nicht weiter. Eine Korvette stob hinter einem Frachter hervor direkt auf uns zu. U-230 drehte ab und stieß in eine riesenhafte Welle – unser einziger Ausweichkurs.

Eine neue Jagd – eine neue Verfolgung. Der Zerstörer achteraus versuchte uns zu rammen. Wie schon einmal in dieser Nacht wiederholten wir unser Ausbruchmanöver und schüttelten den Gegner nach einer Stunde ab. Siegmann schwenkte das Boot in neue Schußposition. Aber als sich ein grauer Schimmer über den östlichen Horizont verbreitete und ein neuer Tag die See von den Wolken trennte, erkannten wir, daß wir allein waren. In den frühen Morgenstunden nahm die Operation eine scharfe Wendung. Unsere nächtlichen Angriffe hatten die Engländer herausgefordert. Wie vorauszusehen war, warfen sie alles, was fliegen konnte, in die Schlacht – von einmotorigen Maschinen bis zu den modernsten Langstreckenbombern. Eine Massenverfolgung aus der Luft nahm ihren Anfang.

8 Uhr 25. Ich sah eine viermotorige Maschine aus einer Wolkenbank hervorstoßen. Alarm. Das Boot winkelte sofort an und stürzte weg. In diesen Augenblicken völliger Blindheit, Ungewißheit, größter Gefahr und rasantem Fall in die Tiefe – erinnerten uns vier harte Detonationen daran, daß wir in der Hitze des Gefechts vergessen hatten, den Metox wieder einzuschalten. Wir warteten, bis die Maschine abgeflogen war, tauchten nach 40 Minuten auf, jagten der verlorenen Herde nach, hefteten unsere Augen auf Himmel und Kimm.

9 Uhr 23. Alarm vor einer Liberator. Die Tauchröhre folgte brav den harten Lagen von Seiten- und Tiefenruder. Vier Wasserbomben detonierten an Backbord.

9 Uhr 45. Aufgetaucht. Die Luft war rein.

10 Uhr 20. Liberator. Alarm. Vier Wabos. Ausfälle.

2 Uhr 50. Aufgetaucht.

Am Spätnachmittag, wir fielen vor Müdigkeit fast um, hatten wir noch immer keine Berührung mit dem Konvoi. Auch die beteiligten Boote meldeten nichts von einer Sichtung. Der Gegner schien hinter dem Schirm seiner Luftaufklärung unbehelligt seinem Bestimmungshafen entgegenzudampfen. Als die Nacht sich auf den östlichen Atlantik legte, gingen wir in den zweiten Tag ohne Schlaf; wir standen nahezu 24 Stunden auf Gefechtsstationen und hofften unter dem Schutz der Dunkelheit endlich den Gegner zu treffen. Die Rohre klar zum Schuß, schlug U-230 riesige Suchschläge, zuerst nach Norden, dann nach Osten und nach Mitternacht nach Süden. Kein Geleit.

5. Mai. Bei Tagesanbruch war die See leer und so feierlich, wie an einem Tag im Mai zur Friedenszeit. Das Geleit hatte tatsächlich seinen

Ausbruch aus unseren Fängen erzwungen. In den Morgenstunden wurden wir von der Führung aufgefordert, einen neuen Vorpostenstreifen im selben Seegebiet mit dem Rest der Gruppe *Drossel* zu bilden, um zwei gemeldete Nordgeleite abzufangen. Es war eine unangenehme Erkenntnis: der Atlantik wimmelte von feindlichen Geleitzügen, denen es allzuoft gelang, rechtzeitig und auf unerklärliche Weise durchzubrechen.

Neuer Vorstoß – neue Jagd. Mit röhrenden Dieseln, alle Sinne auf den Gegner gerichtet, stießen wir in unser zugewiesenes Quadrat. Das Wetter war ausgezeichnet. Der Himmel fast wolkenlos. Seegang war 2 bis 3. Eine leichte Brise kräuselte die Oberfläche. Dann endlich, um 14 Uhr 02, eine erste Feindmeldung: HABE KREUZER UND ZWEI ZERSTÖRER GESICHTET IN CF 39 – U-456.

Das war der Paukenschlag, die Eröffnung zu einer neuen Verfolgung. Kurswechsel – rangeknüppelt. Das Boot wiegte sich leicht in der langen Dünung. Die Sicht war klar und weit. Der Tag ungewöhnlich ruhig. Die Stille schien trügerisch – aber nicht für uns. Wir hatten gelernt, die Gefahr vorauszuahnen wie ein alter Bär, der schon viele Treibjagden überlebt hat. Wir hatten gelernt, daß eine Sekunde der Sorglosigkeit unser Leben kosten konnte, daß die Gefahr und der Gegner aus der Luft überall lauerten.

Ein neues Funksignal, wurde uns von Riedel durchs Turmluk auf die Brücke gereicht: WERDE VON ZERSTÖRER VERFOLGT – AJ 62 – U-638. Dieser Vorfall ereignete sich zur selben Minute an dem Grönlandgeleit, das am Vortag von U-192 gesichtet worden war. Stoisch nahm Siegmann die Nachricht zur Kenntnis. Es war die letzte Meldung des Bootes. Wir haben nie wieder etwas von ihm gehört.

Nur kurze Zeit später ein weiteres Kurzsignal aus dem kalten Norden: ZWEI ZERSTÖRER – U-531. Nicht mehr, nicht weniger. Dieser zweite alarmierende Notruf ließ klar erkennen, daß der Angriff auf das Grönlandgeleit auf ungewöhnlich heftige Abwehr gestoßen war. Trotz mehrfacher Aufforderung durch den BdU, sich zu melden, antwortete das Boot nicht mehr.

»Rauchwolken an Backbord.« Es war 16 Uhr 25. Der schneidende Ruf von Borchert, unserem Späher, ließ uns unsere Müdigkeit vergessen. Eine fahle Verfärbung am Horizont war die rußige Visitenkarte des Gegners. Mit neuem Elan setzten wir zur Verfolgung an. Bald krochen die Mastspitzen der Frachter und die Rahen der Zerstörer über die Kimm. Unsere Augen in den klaren Maihimmel gerichtet und nur ab und zu einen kurzen Blick auf die Armada werfend, kurbelten wir mit höchsten Umdrehungen voran, um noch vor der Nacht eine vorliche Stellung zum Geleit zu erzwingen. Stunden heißer Verfolgung hielten die Männer in gespannter Bereitschaft. Doch als die Abenddämmerung, von Osten kommend, sich über das Wasser legte, wurde sie zur Verbündeten der Alliierten. Sie umhüllte den Verband mit einer derartigen Plötzlichkeit, daß wir ihn schnell aus den Augen verloren. Siegmann dampfte rücksichtslos in die aufziehende Nacht. Stunde um Stunde kreuzten, suchten und jagten wir durch eine pechschwarze Finsternis. Aber so sehr wir uns auch bemühten, der Verband war so plötzlich verschwunden, wie er gesichtet worden war. Dies war nun die dritte Geleitoperation innerhalb drei Tagen, die fruchtlos endete und uns enttäuscht im Fahrwasser des Gegners zurückließ.

In dieser Nacht verlor die Gruppe *Drossel* zwei weitere Boote. U-600 und U-406 kollidierten bei ihren Angriffsversuchen und mußten schwerbeschädigt den Rückmarsch zu ihren Stützpunkten antreten. Nur U-447 gelang es, an den Feind zu kommen und einen Sperrballon abzuschießen. U-456 meldete später ebenfalls Feindberührung: es war abgedrängt und von der Sicherung mit Wabos bedient worden. Es war in der Tat eine verflixte Nacht, eine enttäuschende Situation.

6. Mai. Es war noch früh und dunkel, als ein neues Kurzsignal über den Atlantik jagte: VON KORVETTE ANGEGRIFFEN – U-438. Diese neue Nachricht verwirrte uns. Was war die Ursache dieses plötzlichen Stroms von Unglücksmeldungen, die nur von Verlusten unserer Boote berichteten?

Eine weitere Abmeldung aus unseren Reihen wurde am selben Vormittag aufgefangen: FLUGZEUG – BOMBEN – VON ZERSTÖRER GERAMMT – U-125.

Ein viertes Opfer! Unsere anfängliche Überraschung verwandelte sich in totale Bestürzung.

Im Vorgefühl eines aufsteigenden Unheils stießen wir weiter nach Norden, in der Hoffnung, Nachzügler des Konvois zu erwischen und sie aufzureiben. Dann am Nachmittag sichtete eine deutsche viermotorige ›Condor‹ das Geleit. Sofort wurden alle restlichen Boote der Gruppe *Drossel* darauf angesetzt. Wir suchten bis in die späten Abendstunden. Vergeblich. Da sichtete eine zweite ›Condor‹ das Geleit wieder. Es hatte in Richtung Kap Finisterre gezackt. Nachgestoßen. Die ganze Nacht hämmerten unsere Diesel im Konzert mit denen der sieben verbliebenen Boote, die in der mondlosen Dunkelheit auf den Kollisionskurs mit der Mahalla zujagten. Aber auch in dieser Nacht kamen wir nicht zum Schuß. Die Nacht war wie verhext. Und der Konvoi.

7. Mai. Nach einigen kräftigen Tassen Kaffee, die meine Müdigkeit etwas verscheuchten, schwankte ich um 4 Uhr auf die Brücke, um meine Wache anzutreten. Seit Tagen waren die Männer auf ihren Gefechtsstationen, aßen im Stehen ihre kalten Mahlzeiten, riskierten in Hockstellung einige Minuten Schlaf. Seit Tagen taten sie ihren aufreibenden Dienst in schulmäßiger Routine. Sie brauchten keine Befehle, um ihre Pflicht zu tun. Sie waren zu jeder Sekunde einsatzbereit, mit Körper und Geist.

5 Uhr 53. Funkmeldung von U-607: GELEITZUG IN CF 37 – KURS NORD.

Eine Kurswendung nach Westen. Wir richteten unsere Zeissgläser auf die nachtschwarze Kimm. U-230 fegte mit außerordentlicher Vorsicht unter einem sternenübersäten Himmel in die Nacht. Plötzlich hörten unsere Funker einen neuen Ruf: BF 45 – VON FLUGZEUG ANGEGRIFFEN – SCHWER GEBOMBT – ERBITTE JAGDSCHUTZ – BESCHRÄNKT TAUCHKLAR – U-663. Auf eine sofortige Anfrage der Führung antwortete das Boot nicht mehr. Es war einem neuen Angriff zum Opfer gefallen. Ich prüfte den Standort des neuen Opfers auf unserer schimmeligen Seekarte und markierte den Punkt seiner Versenkung mit einem schwarzen Kreuz. Das Boot starb in der Mitte der Biskaya. U-663 war das fünfte Boot, das innerhalb dreier Tage sank. Sieben Stunden später mußte ich die Liste erneut berichtigen, als U-192 und U-531 auf die wiederholte Aufforderung der Führung, Standort zu melden, nicht mehr antworteten. Beide Boote hatte das Schicksal bei jenem Geleit südöstlich Grönland ereilt.

7 Uhr. Wieder ein Kurzsignal. Der Strom der Meldungen ging ununterbrochen ein. Dieses kam von unseren Freunden: GELEIT IN CF 34 - LEUCHTGRANATEN – U-456.

Wieder Kursänderung. Mit verbissener Energie, übemächtigt, hungrig und durchnäßt, stießen wir nach.

8 Uhr 25. »Mastspitzen in 40 Grad.« Steuerbord voraus war der Gegner. Wir hatten es geschafft. Siegmann ließ sofort unsere Entdeckung an die Führung funken, drehte sein Boot nach Steuerbord auf Parallelkurs mit dem Geleit, befahl dem L.I., die letzten Pferdestärken aus den Maschinen herauszuholen – und U-230 preschte wie ein Mustang durch die See. Am Rande der Sicht dampften wir nach alter, erprobter Taktik nach vorne und hofften vor Einbruch der Dunkelheit eine vorliche Position erreicht zu haben, dann getaucht in das Geleit einzudringen und unseren Aalen endlich die Ziele zu geben, für die sie konstruiert worden waren. Mit unseren starken Gläsern Fühlung haltend,

jagten wir hinter der Erdkrümmung mit dem Verband nach Norden. Die See war wie eine Silberplatte und der Himmel so blau wie eine Kornblume.

Am Spätnachmittag, die Sonne stand in dieser westlichen Breite noch hoch am Himmel, sichteten wir rechtzeitig eine viermotorige Maschine. Sofort getaucht. Keine Bomben. Fünfunddreißig Minuten später wieder aufgetaucht. Batterieladung eingeschaltet. Das erzwungene Tauchmanölver hatte unseren deutlichen Vorsprung verdorben. Erneuter, zäher, langsamer Vorstoß. Hart klirrten die Diesel, hell seufzten die Zulüfter. Langsam senkte sich der Abend auf die Wasserwüste.

21 Uhr 45. »Flugzeug!« Der Schrei ging im schrillen Klang der Alarmglocke unter. U-230 fiel wie ein Stein in die Tiefe. Eine Sunderland war aus der dunklen Wand der heranrollenden Nacht auf ums herabgestoßen.

Vier vulkanische Schläge. Das Boot machte vier Sätze, stürzte dann weiter in die Tiefe. Ein Rauschen, Brausen, Dröhnen, Sausen. Dann plötzlich Stille. Nur die Elektromotoren summten. Das Boot zitterte unter dem schnellen Schlagen der Schrauben. Friedrich gab einige Befehle nach vorne und achtern. Dann richtete das Boot seine Nase auf, legte sich auf ebenen Kiel, pendelte durch und glitt dann auf die befohlene Tiefe.

22 Uhr 20 aufgetaucht. Die Dämmerung war vollständig. Die Mastspitzen waren verschwunden. Siegmann schwang das Boot in die Richtung, wo er das Geleit vermutete.

22 Uhr 50. »Alarm!« Kurz vor dem Absacken sah ich noch, wie die Sunderland, die Dunkelheit ausnutzend, tieffliegend heranschlich. Ein – zwei – drei – vier gewaltige Detonationen. Mit Hartruderlage wichen wir dem Explosionsdruck aus. Plötzlich Ruderklemmer Steuerbord. Wir fuhren wie wild im Kreis. Heckraum meldet Wassereinbruch durchs achtere Luk. E-Verdichter ausgefallen. Wir waren haarscharf am Tode vorbeigeschossen. Der Kommandant befahl, die wichtigsten Schäden sofort zu reparieren. Kurz nach Mitternacht, nahezu zwei Stunden später, hatte der L.I. das Boot wieder völlig in der Hand. Dann tauchten wir auf.

8. Mai. Für drei Stunden stießen wir in nordwestlicher Richtung nach. Dann änderten wir Kurs auf Nordost und jagten weitere zwei Stunden in diese Richtung. Aber das Geleit war und blieb verschwunden. Als die Morgenröte im Osten aufstieg und die Helligkeit den Horizont erweiterte, sahen wir, daß wir allein waren. Um 6 Uhr 10 wur-

den alle Boote aufgefordert, Standort zu melden. Es meldeten sich alle, bis auf U-447. Wir haben nie wieder etwas von ihm gehört. U-89 und U-607 berichteten von erfolglosen Angriffen und Zerstörerverfolgungen. Keines der Boote hatte einen Erfolg erzielt.

Am Vormittag befahl uns die Führung, die Verfolgung abzubrechen, in das Quadrat BD 95 vorzustoßen und dort einen größeren ebenfalls nordgehenden Geleitzug abzufangen. Mit äußersten Vorsicht und sparsamster Marschfahrt fuhren wir nach Westen. Die Verlagerung gab uns nach einer einwöchigen, aufreibenden, zehrenden Jagd die Möglichkeit, den verlorenen Schlaf nachzuholen. Normale Bordroutine löste die hektischen Tage ab.

10. Mai. Es war ein sonniger, wolkenloser Tag. Wir stießen in unser zugewiesenes Quadrat, einen kleinen Flecken in der Mitte des Atlantik. Die Lücke im Vorpostenstreifen war geschlossen. Der gemeldete Verband konnte nicht entkommen. Die Gruppe *Drossel,* nunmehr auf sechs Boote zusammengeschrumpft, lag auf der Lauer, weitere Boote standen in gestaffelten Vorpostenstreifen zwischen unserem Standort und den englischen Inseln. U-456 unter dem Befehl von Kapitänleutnant Teichert, unser Gefährte seit unserem Auslaufen aus Brest, lag irgendwo hinter der Kimm in seinem Versteck. Die Falle war gestellt.

Um 18 Uhr 30 ging ein neuer Funkspruch ein. Er war von U-403 abgegeben, das weiter westlich stand – GELEITZUG IN CE 24 – KURS NORDOST – FAHRT ZEHN MEILEN. Das war der Verband, nach dem wir suchten. Nur wenige Minuten später wurde die Gruppe *Drossel* vom BdU aufgefordert, die Verfolgung aufzunehmen. U-230 machte eine scharfe Wendung und jagte dem Geleit entgegen.

11. Mai. Eine neue Todesnachricht, wieder aus der Biskaya: BE 65 FLIEBOS – TAUCHUNKLAR – ERBITTE SOFORT FLUGHILFE – U-528. Die Meldung traf uns hart. Wir wußten, daß sich ein so schwer angeschlagenes Boot nicht lange halten konnte. Tatsächlich sank das Boot noch am gleichen Tag. U-558, zur Hilfe angesetzt, mußte seine Suche aufgeben. Wir waren fest entschlossen, den Verlust des Bootes hundertfach zu vergelten.

Inzwischen schäumte U-230 mit klingenden Dieseln einem neuen Feind entgegen. Sein Bug teilte die See in zwei sprühende Fontänen. In Erwartung des Angriffs befahl ich, alle Torpedos zu prüfen und die Feuerleitanlage zu überholen. Wir erwarteten nichts anderes als Erfolg.

12. Mai. 4 Uhr. Die Spannung war im ganzen Boot zu spüren. Als ich die Brücke zur Übernahme meiner Wache bestieg, waren wir alle von seltsamer Erregung erfüllt.

6 Uhr 40. Der neue Tag kündete sich im Osten an. Prager erschien auf der Brücke und schoß mehrere Sterne. In der Stille der Dämmerung errechnete er unsere Position. Um 6 Uhr 50 meldete er, daß das Boot auf dem gemeldeten Generalkurs des Geleits angekommen war. Ich verminderte die Fahrt, legte U-230 auf einen Südwestkurs, dem Verband entgegen, und fuhr, vorsichtig die Kimm abstreichend, voraus. Der östliche Himmel verfärbte sich blutigrot, als die Sonne sich anschickte, aus dem Wasser zu steigen. Nur ein dunkler Strich im Westen erinnerte an die Nacht.

7 Uhr 15. Die Sonne schoß wie ein Feuerball aus dem Meer. In diesem großartigen Augenblick erkannte ich eine verschwommene Rauchwolke über dem westlichen Horizont – das Geleit. Ich rief nach dem Kommandanten und sagte Sekunden später, als Siegmann sich durchs Turmluk zwängte: »Habe eine Morgengabe für Sie, Herr Oberleutnant.«

»Danke, I.W.O., endlich mal 'ne gute Nachricht.«

Wir beobachteten mit unseren starken Zeissgläsern, wie die Rauchwolke größer und breiter wurde. Dann drehte der Kommandant das Heck des Bootes gegen die grauen und schwarzen Schwaden. Drei Mastspitzen krochen über die scharfe Linie der Kimm im Westen und stiegen schnell höher – die Feger vor dem Verband. Sie zackten schnell näher und bewegten sich ruckweise, wie Puppen auf einer leeren Bühne. Wir liefen langsam nach Osten ab, hielten sichere Entfernung zu den Masten, dampften den Gegner schulgemäß aus, bestimmten genauen Kurs und Fahrt.

7 Uhr 38. Neue Mastspitzen erschienen über einem weiten Sektor des westlichen Horizonts. Dann folgten die Schornsteinkappen. Das waren die Frachter, das eigentliche Wild unserer Jagd. Ein gigantisches Panorama von Masten und Schornsteinen entfaltete sich und stieg immer höher aus dem Meer. Wir standen vor der Parade in ausgezeichneter Schußposition.

Innerhalb einer Stunde, sagte ich mir, würden wir eine Unmenge dieser Opfer zur Auswahl vor unseren Rohren haben.

7 Uhr 45. Riedel sandte folgendes Kurzsignal an den BdU und die anderen Boote im Hinterhalt: GELEITZUG IN BD 28 – KURS NORD – FAHRT 9,5 SM – TAUCHE ZUM ANGRIFF – U-230.

7 Uhr 55. Siegmann handelte. Es war höchste Zeit. »Brücke räumen! – Auf Tauchstationen.«

Ich sprang nach den Männern in den Turm. Die Alarmglocke schrillte. Es war das Signal zum Angriff. Fünf Minuten später war das Boot auf Sehrohrtiefe eingesteuert und glitt nur wenige Meter unter der Oberfläche dem Gegner entgegen. Der Kommandant saß auf dem Sehrohrstuhl, ergriff das Mikrophon und sprach mit verhaltener Stimme: »Wir haben einen besonders großen Geleitzug gesichtet. Wahrscheinlich über einhundert Schiffe. Wir werden unter Wasser angreifen. Ich erinnere euch daran, daß wir nicht auf einer Ferienreise sind. Ich erwarte euer Bestes, um diesen Angriff erfolgreich durchzuführen.« Dann drückte er einen Hebel, und der Motor des Sehrohrs begann zu summen.

8 Uhr 05. Das Geleit war noch außer Sichtweite. Siegmann befahl, alle Rohre zu bewässern.

8 Uhr 10. Ich meldete die Torpedowaffe fertig zum Angriff. Das schlagende, klopfende Geräusch des Verbands verbreitete sich immer lauter durch die Tiefe.

8 Uhr 16. Der Horcher meldete durch das Sprachrohr. »Geleit hat Kurs gewechselt. Geräuschband auf 310 Grad ausgewandert.« Siegmanns Plan für einen Unterwasserangriff war plötzlich ruiniert.

Der Kommandant, über den unerwarteten Kurswechsel verärgert, fuhr das Sehrohr weiter aus, um einen Überblick über das Geleit zu bekommen. Die singenden Sägegeräusche zahlreicher Zerstörer hallten schrill durch die Tiefe, und das dumpfe, mahlende Rollen der mächtigen Armada traf auf den Stahl unseres Druckkörpers wie das tiefe Schlagen zahlloser Urwaldtrommeln.

»Verdammter Trick«, brummte Siegmann. »Das Geleit hat tatsächlich nach Nordosten gezackt. Etwa ein Dutzend Korvetten sind über seine Steuerbordseite verteilt.«

Während U-230, von der Fernsicherung unentdeckt, geräuschlos dahinglitt, dampfte der Verband mit 11 Seemeilen Fahrt davon. Wir waren unfähig, die Lücke zu schließen. Das rhythmische Dreschen von über einhundert Schrauben drang durch den Stahl unserer Außenhaut und schien im Boot weiterzuschwingen. Der Kommandant gab seinen Sitz am Sehrohr auf und knurrte: »Kommen Sie, I.W.O., und schauen Sie sich das mal an. Wenn ich ein schnelleres Boot hätte, könnte ich das Geleit wie einen Teppich aufrollen.«

Ich schwang mich in den Sessel. Sieben Meilen an Backbord sah ich ein erstaunliches Bild. Der gesamte Horizont, soweit mein Auge reichte, war von Schornsteinen und Masten dick wie ein Wald bedeckt. Schnelle Zerstörer schnitten mit arroganter Eleganz durch die kabbelige, grüne See. Wahrscheinlich flitzten zwei Dutzend dieser schnellen Korvetten um die Ausläufer des Verbands. Ich sagte voller Erstaunen:

»Das ist wahrscheinlich der größte Verband, den wir je vor die Rohre kriegen.«

»Sie mögen recht haben, I.W.O. Wenn wir an diese Riesenwand von Schiffen rankommen, können unsere Aale überhaupt nicht fehl gehen.«

Bevor wir es riskieren konnten, aufzutauchen und in eine neue Schußposition zu jagen, hatten wir eine beträchtliche Entfernung zwischen uns und das Geleit zu legen. Das Zischen der Schrauben und Klopfen der Kolbenmaschinen, das Singen der Turbinen und Zirpen der Asdic-Impulse begleitete uns auf unserer geheimnisvollen Fahrt durch die Tiefe. Für nahezu eine Stunde liefen wir diagonal von den Stahlgiganten ab und bereiteten uns für eine Verfolgung über Wasser vor.

9 Uhr 30. Aufgetaucht. Ich folgte Siegmann auf die Brücke. Das Oberdeck lag noch unter Wasser. Wir nahmen einen schnellen Rundblick. Weit entfernt, im Nordwesten, bewegten sich die Mastspitzen an der scharfen Linie, die das Meer vom Himmel trennte. U-230 nahm schnell Fahrt auf und arbeitete sich am Rande der Sicht durch eine stetig zunehmende See. Der Wind kam aus dem Westen, Stärke 5 bis 6, Seegang Stärke 4. Unser Kurs war parallel zum Geleit. Unsere Fahrt: alles, was die Diesel hergeben konnten. Siegmann beabsichtigte, sich mit allen Mitteln vor das Geleit zu setzen, um vor Dunkelwerden einen neuen Unterwasserangriff zu fahren.

9 Uhr 55. Ein Schrei in meinem Rücken: »Flugzeug!«

Ich sah die einmotorige Maschine aus den Wolken auf uns herabstürzen. Die Überraschung war vollkommen.

»Alarm ...« Wir stürzten Hals über Kopf in den Turm. Das Boot reagierte sofort und schnitt schnell unter.

Vier kurze Explosionen. Das Wasser um uns herum bebte, barst, brüllte. Das Boot zitterte, bäumte sich auf – und schoß dann mit fünfziggradiger Vorlastigkeit in die Tiefe. Wasser spritzte, der Stahl schrie, die Spanten ächzten, Ventile platzten, Flurplatten klirrten, das Boot versank in völliger Dunkelheit. Als die Notbeleuchtung aufflackerte, schaute ich in die erstaunten Augen der Leute. Sie hatten alles Recht, erstaunt zu sein. Der Angriff aus der Sonne war ein Rätsel. Von woher war das kleine Flugzeug gekommen? Es hatte nicht die Reichweite, um zwischen dem nächsten Flugplatz an Land und unserem Standort im Atlantik hin- und herzupendeln. Die Schlußfolgerung war enttäuschend, aber unabweisbar: der Verband hatte seine eigene Luftsicherung. So sehr wir uns gegen die Wahrheit sträubten, es war unverkennbar, daß die Maschine zum Geleit zurückkehrte und auf einem

Flugzeugträger niederging. Die Tatsache, daß ein Geleit nun seine eigene Flugsicherung besaß, zerstörte unsere Grundbegriffe vom U-Bootkrieg. Nach diesem Eröffnungsschlag erkannten wir mit Bitterkeit, daß wir nicht mehr in der Lage waren, einen Überraschungsangriff zu fahren oder unser Entkommen zu sichern, ohne wilde Gegenmaßnahmen des Feindes aus der Luft auf uns zu ziehen.

10 Uhr 35. U-230 ging auf Sehrohrtiefe. Ein sorgfältiger Rundblick mit unserem Luftzielsehrohr ließ kein Flugzeug erkennen. Wir tauchten mit hoher Fahrt auf.

Die Jagd ging weiter. Die Diesel hämmerten und drückten das Boot durch schaumgekrönte Wellen stetig nach Osten. Ich warf nur gelegentlich einen kurzen Blick auf den dichten Wald von Masten entlang der Kimm und konzentrierte mich auf den Himmel. Bauschige, weiße Wolken folgten uns in mittlerer Höhe, von einer steifen Brise dahingetrieben. Der Wind peitschte das Wasser auf Deck und blies ab und zu Schaumfetzen auf die Brücke.

11 Uhr 10. Ich erspähte ein Glitzern von Metall, hoch über uns in den Wolken. Eine Maschine setzte zum Sturzflug an.

»Alarm.«

Fünfzig Sekunden später belehrten uns vier harte Detonationen, daß der Pilot auch ein guter Bombenschütze war. Die Druckwellen schüttelten das Boot, es prasselte, krachte, bellte. Jetzt nur nicht die Nerven verlieren, tief durchatmen und die Sinne behalten. Friedrich kämpfte mit aller Kraft, um das Boot vor dem Sinken zu bewahren. Er fing es auf 180 Meter, ließ es durchpendeln und brachte es zurück auf Sehrohrtiefe.

11 Uhr 25. Aufgetaucht. Wir schäumten vorwärts, immer vorwärts, und hängten uns an die Ausläufer des Geleits. Es war reiner Instinkt, der uns vorwärts hetzte, uns zwang, das Geleit weiter zu verfolgen. Instinkt, der uns gefühllos gegen die wiederholten Detonationen machte. Trotz der lauernden Gefahr aus der Luft, karrten wir weiter – gegen die Spitze des Geleits.

11 Uhr 42. »Flugzeug-Alarm ...!«

U-230 stürzte in die Tiefe. Vier gewaltige Aufschläge peitschten den Druckkörper, warfen die Besatzung durchs Boot. Aber U-230 überlebte auch diese Detonationen. Mit pumpenden Lungen warteten wir stumm, bis die Maschine abgeflogen war.

12 Uhr 04. Wieder aufgetaucht. Der Seegang hatte inzwischen bedeutend zugenommen. Die Wellen hatten weiße Kronen aufgesetzt. Das Boot zitterte unter ihren Schlägen. Aber weiter ging es nach Osten,

weiter vorwärts. Der Verband war trotz unserer irrsinniger Tauchmanöver bedeutend achteraus gefallen. Trotz der dauernden Belästigungen aus der Luft hatten wir eine günstige Position erreicht. Ich entdeckte die Feger des Geleits an der Grenze der Sicht, etwa 16 Seemeilen in Westnordwest. Von ihnen drohte keine Gefahr. Der Tod lauerte in der Luft, wo die Wolken tief und schnell dahinwanderten und die letzten blauen Flecken des Atlantikhimmels bedeckt hatten.

12 Uhr 08. Ein Ruf kam von unten auf die Brücke geweht: »Meldung an Kommandant. Kurzsignal gerade eingelaufen: VON FLUGZEUG ANGEGRIFFEN – U-89.«

Ein neuer Verlust, ein neuer Schlag. Wir waren betäubt, erschüttert.

12 Uhr 17. »Flugzeug achteraus – Alarm!«

U-230 sackte sofort weg. Es sank mit größtmöglicher Schnelligkeit. Ich biß auf meine Lippe und wartete auf den schauderhaften Knall, den letzten, den ich hören würde. Fünfundvierzig Sekunden – und vier ohrenbetäubende Schläge hieben auf das Boot ein. Sekunden entschieden über Leben und Tod. Jede Sekunde, die wir den Flugzeugen abringen konnten, brachte uns dem Geleit und dem Erfolg näher. Tauchten wir nur eine Sekunde zu spät, so würden die Bomben unser Boot in einen Riesensarg verwandeln.

12 Uhr 30. Aufgetaucht. Wir waren nur drei Mann auf der Brücke: der Kommandant, Rocher, der erste Seemannsmaat, und ich. Wir kurbelten unbeirrt nach Nordosten, von dem quälenden Gedanken verfolgt, innerhalb einer Stunde sterben zu müssen.

13 Uhr 15. Ein einmotoriger Doppeldecker fiel plötzlich aus einer niedrigen Wolke, nur 800 Meter achteraus. Es war zu spät zum Tauchen. Die Schrecksekunde ließ uns gefrieren – dann handelten wir. Siegmann brüllte: »Ruder hart Steuerbord!« Ich sprang achteraus aufs Zigarettendeck, um zu schießen. Rocher besetzte die zweite Kanone. Die anfliegende Maschine wuchs im Bruchteil von Sekunden zu einem Ungetüm. Da stürzte sie auch schon auf uns nieder und feuerte aus allen Bordkanonen in unsere offene Brücke. Das Boot drehte nur langsam an. Ich drückte verzweifelt auf den Abzug meiner 2-cm-Kanone – Versager. Rocher brüllte vor Wut – Versager. Dann klinkte die Maschine ihre Bomben aus. Ich sah die schwarzen Koffer auf mich zufallen; die Maschine zog hoch, schoß tief über unsere Brücke und jagte heiße Abgase in unsere Gesichter. Dann vier Explosionen. Vier Fontänen entlang unserer Steuerbordseite. Die harten Schläge warfen uns zur Seite. Dann brachen die Geyser über uns zusammen. Das Boot sackte weg – nein, es hob sich aus der tosenden See – und stampfte unbeschädigt

weiter. Das Flugzeug, um seine Ladung erleichtert, drehte ab und verschwand augenblicklich in Richtung des Geleits.

13 Uhr 30. Riedel reichte einen dringenden Funkspruch durch das Luk: BD 42 – FLIEBOS – TAUCHUNKLAR – FLUGZEUG HÄLT FÜHLUNG – ERBITTE DRINGEND HILFE – U-456.

»Laß Prager den genauen Standort festlegen, Riedel«, rief Siegmann zurück. »Wir müssen die Besatzung retten, sie müssen ganz in unserer Nähe sein.«

Die impulsive Reaktion des Kommandanten, seinen Kameraden Teichert vor dem Ersaufen zu retten, konnte sehr gut mit Selbstmord enden. Wir waren dem Tod näher als dem Leben. Aber Hilfe mußte gewagt werden. Wir erwarteten dasselbe von andern, wenn unsere Hülle geborsten war. Augenblicke später meldete Prager, daß U-456 nur 12 Meilen und 15 Grad an Steuerbord voraus war. Siegmann änderte sofort den Kurs.

13 Uhr 50. Wir entdeckten ein Flugzeug vier Meilen voraus. Es flog nicht an. Es drehte Kreise über einer Stelle. Dann nahmen meine Gläser den Bug von U-456 auf. Er ragte nur wenig aus der aufgewühlten See. Die Männer von U-456 hingen am Stahlkabel, das von der Brücke zum Steven führte, und klammerten sich an das schlüpfrige Deck. Sie alle standen bis zur Brust im Wasser. Und über ihnen kreiste die Maschine. Das Boot war im Sinken begriffen. Hilfe war ausgeschlossen. Auch wir selbst waren plötzlich in größter Gefahr. Dann kam eine neue Drohung über die Kimm gekrochen – eine Korvette – unzweifelhaft von der Maschine herbeigerufen. Wir drehten scharf ab und flüchteten in Richtung des Geleits.

Meine Gedanken über das Schicksal von Teicherts Boot wurden von Rochers Schrei jäh unterbrochen: »Flugzeug achteraus.« Es war 14 Uhr 22.

Zu spät zum Tauchen. Die einmotorige Maschine kam im Tiefflug und in gerader Linie über unsere Hecksee auf uns zugeschossen. Wieder fingerte ich an meiner Kanone, wieder war sie verklemmt. Ich stieß mit dem Stiefel gegen das Magazin – da hackte sie los, stockte wieder. Rochers Automatik bellte kurz auf. Mit irrsinniger Genauigkeit kam die Maschine auf uns zugeflogen. Nur langsam schwang das Boot nach Steuerbord – aber genug, um den Anflug um wenige Meter zu vereiteln. Die Maschine röhrte voraus, drehte zu neuem Anflug an, unser Boot schwang träge nach Backbord – da war die Maschine heran, kam mit Genauigkeit von rechts voraus dahergeschossen, tief und schnell. Und das träge Boot jagte direkt in das Ziel. Plötzlich begann der Motor der Maschine zu spucken, sie schwankte, berührte mit einem Flügel den Kamm einer Welle – krachte dann mit voller Wucht in die nächste, schmetterte das Ende eines Flügels gegen unsere Aufbauten und brach im Schaum der Welle entzwei. Ich sah, wie der Pilot aus der Maschine geschleudert wurde, sah noch im Vorbeirauschen, wie er den Arm hob und um Hilfe winkte, und sah dann, wie er von den Explosionen seiner vier Bomben, die für uns bestimmt gewesen waren, zerrissen wurde. Vier heftige Schläge an Steuerbord. Sprühregen durchnäßte uns. Aber U-230 verließ die erschütternde Szene unbeschädigt.

Der Absturz der Maschine schien die Flugroutine des Gegners durcheinandergebracht zu haben. Minute um Minute verging, ohne daß sich die Angriffe wiederholten. Es waren Minuten voll quälender Spannung. Minuten, in denen wir mit äußerster Kraft vorauskarrten und eine vorliche Lage zum Geleit erkämpften. Noch eine Stunde, rechneten wir, und wir konnten in den Generalkurs des Verbands einbrechen, tauchen und schießen.

15 Uhr 45. Eine neue Meldung vom Funkraum: »Meldung an Kommandant: U-186 antwortet auf wiederholte Aufforderung der Führung nicht mehr.« Dieser neue Verlust war der elfte seit Beginn unserer Unternehmung. Eine Katastrophe größten Ausmaßes schien sich anzubahnen.

16 Uhr. U-230 traf auf den verlängerten Generalkurs des Verbands. In der klaren Luft sah ich vier Kolonnen wuchtiger Schiffe über die scharfe Kimm im Südwesten herandampfen. Wir mußten diese Kolosse aufhalten, mußten Feuer und Zerstörung in ihrer Mitte verbreiten und tiefe Lücken in diese Masse von Eisen und Stahl reißen.

16 Uhr 03. »Flugzeug in 320 Grad!«

Wir fielen stark vorlastig in die Tiefe. Vier barbarische Detonationen. Das Boot wurde wie von einer Riesenfaust geschüttelt und nach unten gewuchtet. Seiten- und Tiefenruder blockierten in harter Lage. Wasserstandsgläser platzten. Plötzliche Dunkelheit. Dann erschütterten weitere Explosionen das Boot. Danach ein langes, grollendes Nachrollen. Bald konnten wir das mahlende, dreschende Dröhnen des Riesengeleits mit bloßem Ohr hören. Siegmann befahl das Boot auf 15 Meter. Minuten später fuhr er das Sehrohr vorsichtig aus, zog es aber sofort wieder ein und fluchte: »Verdammt, der Kerl hat eine Rauchbombe geworfen und das Wasser gelb gefärbt.«

Trotz des Farbflecks, der unsere Tauchstelle markierte, befahl der Kommandant den Angriff aufs Geleit, bevor die Sicherungsfahrzeuge Zeit und Gelegenheit hatten, sich auf uns zu stürzen. Zirpende Asdic-

Impulse, bellende Detonationen und das Rauschen von über einhundert Schiffsmaschinen bildeten den musikalischen Hintergrund unseres Angriffs.

16 Uhr 38. Sehrohr aus. Schneller Rundblick. Plötzliches Erschrecken, dann Siegmanns Befehl: »Rohr eins bis fünf fertig zum Unterwasserschuß, schnell, schnell, I.W.O., wo bleiben die Meldungen?«

»Rohr eins bis fünf *sind* fertig«, gab ich schnell zurück – und hielt den Atem an.

Irgend etwas mußte sich oben abspielen. Siegmann fuhr rasend um die Achse des Sehrohrs, ich sah, wie sein freies, linkes Auge sich im Kreis bewegte, dann rief er wie vom Blitz getroffen: »Runter mit dem Boot, L.I., runter um Gottes willen, Zerstörer in Rammlage, runter auf 200 Meter.«

»Mündungsklappen schließen«, brüllte ich dazwischen und erwartete jeden Augenblick, daß der scharfe Steven eines Zerstörers in den Turm einschnitt. Das Boot kippte an, fiel aber nur langsam. Das Geräusch näherkommender Schrauben traf den Stahl unserer Außenhaut mit erschreckender Heftigkeit. Der Lärm wuchs so schnell und hallte so schrill, daß wir alle unfähig waren, zu reagieren. Nur die E-Maschinen im Heckraum arbeiteten präzise. Aber das Boot sank nur langsam, zu langsam, um dem Vernichtungsschlag zu entgehen.

Eine ohrenbetäubende Explosion, dann eine zweite, eine dritte ... Eine Serie von sechs Wasserbomben schleuderte das Boot zurück zur Oberfläche, wo vier Zerstörer zum Todesstoß angesetzt hatten. Für Sekunden war Stille. Für Sekunden drehten sich die Schrauben unseres Bootes in höchsten Umdrehungen. Für Sekunden lag das Boot auf dem Wasser. Für Sekunden waren die Briten überrascht. Dann, nach einer ganzen Ewigkeit, kippte der Bug an, tauchte unter – und das Boot sank und sank.

Eine neue Serie explodierender Kanister warf unser Heck wie mit magischer Kraft wieder nach oben. U-230, völlig außer Kontrolle, stürzte in eine starke Vorlastigkeit und wurde von der gewaltigen Druckwelle in Richtung Meeresboden katapultiert, der fünf Meilen unter unserem Kiel lag. U-230 fiel mit fünfziggradiger Vorlastigkeit wie ein Stein in die Tiefe. Bei etwa 250 Metern gelang Friedrich sein Meisterwerk. Er stoppte den rapiden Fall, lenzte und trimmte das Boot und steuerte es auf Schleichfahrt ein – alles in einer Rekordzeit. Das Boot glitt auf einer Tiefe von 230 Metern fast geräuschlos dahin. Eingetrimmt für eine lange Wabo-Verfolgung, schlich es mit einer geringen Vorlastigkeit, aber leichten Aufstiegstendenz, unter dem Kiel der Verfolger davon.

16 Uhr 57. Eine neue Serie betäubte uns, nahm den Atem weg. Der Stahl des Druckkörpers klopfte, ächzte, quietschte gefährlich. Ventile wurden in offene Stellungen geworfen. Die beiden Wellendichtungen machten stark Wasser. Ein kleiner Wasserfall füllte die achtere Bilge und belastete das Boot zusätzlich. Pumpen ächzten, spritzten. Die Sehrohrpackungen ließen das Wasser in Strömen in die Zylinder fließen. Wasser war überall. Sein Gewicht zwang unser Boot immer tiefer. Mittlerweile kroch das Geleit wie eine Riesenprozession über unser Boot.

17 Uhr 40. Der Aufruhr war auf dem Höhepunkt. Ein plötzliches Klatschen auf der Oberfläche warnte uns vor einer neuen Salve. Wir hatten ungefähr 15 Sekunden, um uns auf einen neuen, vernichtenden Schlag vorzubereiten. Dann schien die Welt unterzugehen. Während der Atlantik unter dem vulkanischen Ausbruch zahlloser Sprengladungen erzitterte, fuhr der riesige Dampferpulk über die Stätte unserer Hinrichtung. Ich stellte mir vor, wie die Frachter einen respektvollen Bogen um die Zerstörer machten, die sich über unserem Grab versammelt hatten, um uns auszulöschen. Sollten wir versuchen, tiefer zu gehen? Aber wo war die Festigkeitsgrenze, die Linie zwischen Leben und Tod? Ich wußte nicht, wo diese Grenze lag, auf welcher Tiefe unser Druckkörper zerquetscht werden würde. Niemand an Bord wußte es. Diejenigen, die diese Grenze herausgefunden hatten, hatten ihre Kenntnis mit in die Tiefe genommen.

Stunden vergingen. Für Stunden nahmen wir die Züchtigung und die Qualen dahin und sanken immer tiefer. Gutgezielte Würfe in Serien von vierundzwanzig Wasserbomben schlugen alle 20 Minuten gegen unser Boot. Einmal, es war bereits Abend, glaubten wir gewonnen zu haben. Das war, als die Jagdgruppe in nordöstlicher Richtung abdampfte, um sich dem Geleit anzuschließen und seine alte Stellung einzunehmen. Aber unsere Hoffnung auf ein Ende der Marter war nur von kurzer Dauer. Die Jäger hatten den Todesstoß den Fegern überlassen, die im Kielwasser des gewaltigen Geleits folgten.

20 Uhr. Die neue Gruppe begann ihren ersten Anlauf. Ein erbärmliches Reißen, Gellen, Brüllen. Ein zweiter Anlauf folgte, dann ein dritter. Wir saßen hilflos unter einer Wassersäule von 265 Metern. Unsere Nerven zitterten, unsere Muskeln vibrierten. Unsere Körper waren steif von Kälte, Furcht und unbeschreiblicher Spannung. Die Bilgen verbreiteten einen üblen Gestank, waren von Seewasser, Urin und Öl überflutet. Unsere Waschräume waren verschlossen. Die Öffnung eines Außenbordverschlusses hätte das Boot sofort überflutet. Büchsen, halb gefüllt mit Treibstoff, wurden herumgereicht, damit sich die Männer

erleichtern konnten. Unsere Nieren arbeiteten übermäßig, und die Bilgen nahmen auf, was die Büchsen nicht halten konnten. Der Gestank von Exkrementen, Dieselöl und Schweiß vermischte sich mit dem üblen Geruch der Batteriegase. Die zunehmende Feuchtigkeit schlug am Druckkörper nieder, rann in die Bilgen, tropfte von Röhren und durchnäßte unsere Kleidung. Um Mitternacht erkannte Siegmann, daß die Briten nicht die Absicht hatten, die Bombardierung einzustellen. Er befahl, Kalipatronen zu verteilen, um uns das Atmen zu erleichtern und Sauerstoff zu sparen. Bald hatte jeder eine der großen Metallbüchsen umgeschnallt. Mit einem Gummischlauch zwischen den Zähnen und einer Nasenklemme im Gesicht sahen wir aus wie Ungeheuer von einem anderen Planeten. Und weiterhin hockten wir und warteten, warteten – und das Boot sank immer tiefer und tiefer.

13. Mai. Über 200 Wabos waren über uns und um uns herum krepiert. Es war inzwischen 1 Uhr geworden, und wir hatten bereits einige Male versucht, eine Kriegslist anzuwenden – aber ohne Erfolg. Durch ein kleines Außenbordventil hatten wir einen ›Bold‹ ausgestoßen, einen kleinen Schwimmkörper, der sich im Salzwasser auflöste und einen riesigen, sprudelnden Blasenfisch verursachte. Dieser Schirm von Myriaden von Schaumperlen bildete eine solide Wand, auf die das Asdic-Gerät des Gegners ansprach und hinter der wir zu verschwinden versuchten. Aber unsere Verfolger jagten nur zweimal hinter dem Köder her. Und in beiden Fällen ließen sie einen Feger über unserem Boot zurück. Unfähig, die Verfolger abzuschütteln, gaben wir die Sache auf und konzentrierten uns darauf, Strom, Preßluft und unseren gefährlich nachlassenden Sauerstoffvorrat zu sparen.

4 Uhr. Das Boot war auf 275 Meter durchgesackt. Wir waren den Angriffen seit über zwölf Stunden ausgesetzt und erkannten noch kein Zeichen des Nachlassens der Verfolgung. Dieser Tag war mein Geburtstag, und ich fragte mich, ob es mein letzter sein würde.

8 Uhr. Immer noch kein Nachlassen der Angriffe. Das Wasser in den Bilgen war über die Flurplatten gestiegen und spritzte um unsere Füße. Die Lenzpumpen waren in dieser Tiefe nutzlos. So oft eine Wasserbombenserie losbrach, ließ der L. I. Preßluft in die Tauchzellen strömen, um so den Auftrieb des Bootes zu garantieren. Aber wie lange würde er diese Maßnahme durchführen können, bis der Luftvorrat erschöpft war?

12 Uhr. Die Achterlastigkeit des Bootes hatte bedeutend zugenommen. Unser Vorrat an Druckluft war nahezu aufgebraucht. Und das Boot sank immer weiter.

20 Uhr. Die Luft war dick und schlecht und brannte wie Feuer, wenn wir sie durch unsere heißen Kalipatronen atmeten. Überall lagen die Männer, röchelnd, schwer atmend. Auch der Vorrat an Sauerstoff war zu Ende. Unter dem gewaltigen Außendruck ächzte und stöhnte unsere Stahlhülle.

22 Uhr. Die Wasserbombenschlacht nahm an Heftigkeit zu, während die Abenddämmerung sich auf das Meer senkte. Wilde Angriffe in kürzeren Zeitabständen deuteten an, daß die Tommies die Geduld verloren hatten.

14. Mai. Gegen Mitternacht waren wir auf eine Tiefe von 280 Metern gesunken, und das Boot fiel noch weiter, schneller, unaufhaltsam. Ich schleifte mich durch den Mittelgang und stieß einen Mann hier und schüttelte einen Mann dort, zwang sie so, wach zu bleiben. Wer jetzt einschlief, hatte keine Chance, wieder aufzuwachen.

3 Uhr 10. Eine neue Serie kam donnernd auf uns niedergeprasselt. Ohne Wirkung. Wir waren näher daran, von dem zunehmenden Außendruck zusammengequetscht, als von den explodierenden Wabos zerrissen zu werden. Doch als das Echo der letzten Ladung verebbte, hörten wir etwas Besonderes. Es war das dreschende Geräusch auswandernder Schrauben. Aber wir waren unfähig, zu begreifen, daß die Tommies die Jagd aufgegeben hatten.

4 Uhr 30. Für über eine Stunde war Stille. Wir verbrachten die ganze Zeit damit, unser Glück zu bezweifeln. Um zu prüfen, ob wir tatsächlich alleine waren, stellte der L.I. den Frischwassererzeuger an und ging mit den Umdrehungen der E-Maschinen etwas hoch. Keine Reaktion von oben. Mit Hilfe der letzten Atmosphären Preßluft gelang es Friedrich, das überschwere Boot Zentimeter um Zentimeter zu heben. Dann plötzlich, unfähig, seine schnelle Auftriebsbewegung aufzuhalten, ließ er das Boot frei nach oben schnellen und rief in den Turm: »Boot steigt schnell, 50 Meter, 30 Meter ... 15 Meter ... Turm kommt frei ... Boot ist aufgetaucht.«

U-230 brach durch die Oberfläche. Siegmann zwängte sich auf die Brücke, ich folgte. Um uns herum erstreckte sich die unendliche Nacht. Die Sterne glitzerten prächtig, und die See atmete leicht. Der Augenblick der Wiedergeburt war überwältigend. Noch vor einer Minute konnten wir kaum glauben, die Schlacht überlebt zu haben. Und jetzt konnten wir kaum begreifen, daß der Tod für 35 grausame Stunden seine Finger um unsere Kehle gelegt hatte – so wunderbar war unser Erwachen.

Plötzlich spürte ich die sauerstoffreiche Luft. Ich sackte in die Knie, verlor nahezu die Besinnung und fiel mit dem Oberkörper über den Rand der Brückenverkleidung. Hier hing ich, bis der Anfall vorüber war. Dem Kommandanten ging es ebenso, doch auch er erholte sich schnell, und wir gratulierten uns gegenseitig.

Dann rief Siegmann: »Beide Diesel halbe Fahrt voraus – Boot durchlüften, Batterieladung einschalten – wegtreten von Gefechtsstationen – alle Schäden melden – neuer Kurs 180 Grad.«

Die Diesel erwachten zu neuem Leben. Da der Geleitzug längst verschwunden war, steuerten wir nach Süden in Richtung unserer letzten Position. Die Maschinen murmelten stetig, luden unsere erschöpften Batterien und fuhren das Boot einem neuen Sonnenaufgang entgegen. Die Ausfälle wurden repariert, die Bilgen gelenzt, die Luft erneuert und der Abfall über Bord geworfen. Als sich die Dunkelheit langsam auflöste, war U-230 wieder einsatzbereit.

Noch gefühllos von der mörderischen Schlacht und steif von der Kälte der Tiefe, zogen wir Bilanz. Drei Boote unserer Gruppe waren versenkt worden. Dem Verlust standen über einhundert alliierte Schiffe gegenüber, die an uns vorbeigepflügt waren. Wir konnten mit ziemlicher Sicherheit annehmen, daß damit über 700 000 Tonnen Kriegsmaterial die englische Insel erreichen würden. Das war in der Tat ein nicht sehr ermutigendes Bild.

Der Tag versprach schön zu werden. Der Himmel war wolkenlos. Prager schob sich durchs Luk auf die Brücke und schoß mehrere Sterne, bevor die Sonne sie von dem blauen Firmament wischen konnte. Ich zündete mir eine Zigarette an und betrachtete voller Dankbarkeit den überwältigenden Sonnenaufgang.

7 Uhr 10. »Rauchwolken recht voraus«, rief Rocher. Alle Gläser fuhren herum und hefteten sich auf den dunklen Flecken, der sich über der Kimm im Südwesten gebildet hatte. Es gab keinen Zweifel – wir hatten einen zweiten Geleitzug gesichtet. In diesem Augenblick kam es mir in den Sinn, daß es kein Zufall war, daß uns die U-Boot-Jagdgruppe verlassen hatte. Sie wußten, wir würden früher oder später in die Hände der nachfolgenden Zerstörer des neuen Geleits fallen.

7 Uhr 20. Alarm. Getaucht. Die Männer, seit über 70 Stunden ohne Schlaf, gingen auf Gefechtsstationen. Sie hatten hohle Wangen, schmale Gesichter und gerötete Augen. Ihre Blicke gaben mir zu verstehen, daß auch sie begriffen, wie sehr sich die Dinge verändert hatten.

7 Uhr 45. Eine Stimme kam durchs Sprachrohr im Turm: »Horcher an Kommandant – Schraubengeräusche wandern nach Steuerbord aus – Gegnerkurs ist Ost – nicht Nordost.«

Siegmann brummte einen unmißverständlichen Fluch durch seinen roten Bart, suchte mit dem Sehrohr aufmerksam die Oberfläche ab, sah nichts, befahl dann dem L.I., aufzutauchen. Ich entdeckte plötzlich, daß diese neue Geleitzugoperation eine verdammte Ähnlichkeit mit der vor drei Tagen hatte.

7 Uhr 50. Aufgetaucht. Siegmann stürmte auf die Brücke. Ich hinterher. Wir überprüften den Himmel – dann den Verband – alles innerhalb von zwei Sekunden. Es war uns sofort klar: die Parade hatte ihren Morgenzack gemacht. Der Verband lief diagonal ab, genau so, wie es das vorige Geleit getan hatte. War es Zufall oder Ortung? Ohne weiteres Zögern nahm Siegmann die Jagd auf.

8 Uhr 22. »Flugzeug aus der Sonne.«

Alarm. Das schnelle Tauchmanöver brachte uns rechtzeitig aus dem Wirkungsbereich der detonierenden Bomben. Der L.I. fing das Boot sofort ab und steuerte es auf Sehrohrtiefe ein. Die Luft war leer. Sekunden später klappte Siegmann die Handgriffe des Luftzielsehrohrs zurück, richtete sich auf und brummte ärgerlich: »Zum Teufel mit diesen Bienen. Die Maschine hat 'ne Rauchbombe geworfen. Nur weg aus dieser unfreundlichen Gegend! Friedrich – fertigmachen zum Auftauchen und mit sofortiger Höchstfahrt ausblasen.«

8 Uhr 32. Aufgetaucht. U-230 schwenkte nach Osten und entfernte sich schnell von der dicken, schwarzen Rauchwolke, die unsere Tauchstelle markierte und wie ein Pilz in den Himmel stieg. Weitab an Steuerbord, durch die Erdkrümmung verdeckt, ließen zahllose Schiffe ihre Masten und Schornsteinkappen an der Kimm entlangwandern. Korvetten und Zerstörer zackten arrogant. Ein überwältigendes Schauspiel zusammengeballter Macht.

8 Uhr 55. Eine zweimotorige Maschine flog von achtern an. U-230 tauchte innerhalb von 18 Sekunden. Vier Bomben zerrissen die See.

9 Uhr 15. Aufgetaucht. Wir jagten vorwärts, immer vorwärts. Ein Notsignal wurde Siegmann auf die Brücke gereicht: GEBOMBT – U-640.

10 Uhr 05. »Alarm!« Ein Flugzeug war plötzlich in der Luft. U-230 tauchte in Rekordzeit. Als der Donner der Detonation verhallt war, stellten wir mit Erstaunen fest, daß das Boot noch immer schwamm.

Wieder und wieder tauchten wir auf und schossen mit übermäßiger Vorlastigkeit in die Tiefe. Wir duckten uns vor den Schlägen, fieberten unter den berstenden Detonationen. Das Boot schien unter ihnen auseinanderzufallen. Nieten platzten, Schrauben barsten, Bolzen brachen, Spanten bogen sich, und der Druckkörper wurde wie Wellblech eingedrückt. Aber U-230 gehorchte weiterhin Siegmanns Befehlen, der immer wieder zu neuem Angriff fuhr.

Bei Sonnenuntergang schien Siegmanns Zähigkeit belohnt zu werden. Vor der Weitsicherung durch die Krümmung der Erde verborgen, hatten wir uns 25 Meilen vor den Verband gearbeitet. Aber dann zwang ein Luftangriff uns wieder in die Tiefe. Siegmann erkannte seine Chance. Während der Geleitzug langsam durch die höher werdenden Wellen stampfte, eilten unsere Leute hastig auf Gefechtsstationen. Ihre Bewegungen verrieten verhaltene Erregung. Entschlossen bereitete ich die Torpedowaffe für eine nächtliche Geleitzugschlacht über Wasser vor.

Aber es gab keinen neuen Erfolg. Im Aufruhr und Lärm des heranrollenden Geleits war es drei Korvetten gelungen, sich an unsere Tauchstelle heranzuschleichen. Siegmann sah sie und brüllte: »Schnell auf 200 Meter gehen – Achtung Wasserbomben.«

Sekunden später präsentierten uns die Feger ein verschwenderisches Geschenk. Ein dicker Teppich von Wasserbomben, der alle früheren Serien in den Schatten stellte, explodierte wie ein Vulkanausbruch. Totale Dunkelheit folgte dem betäubenden Getöse. U-230 sank wie ein Lot. Ich richtete mich am Sehrohr in der Zentrale auf, leuchtete mit meiner Taschenlampe auf den Tiefenmesser, sah mit Schrecken, wie die Nadel stark ausschlug, sah die beiden Tiefenrudergänger in voller Verwirrung an den großen Handrädern hängen, horchte auf die verzweifelten Befehle des L.I und auf das Geräusch einbrechenden Wassers. Dann hob sich der Bug, das Boot pendelte durch – und legte sich auf ebenen Kiel.

Damit begann eine neue Wasserbombenschlacht. Sie entwickelte sich zu einem genauen Abbild der Verfolgung, die wir am letzten Geleit durchgestanden hatten. Als der Abend hereinbrach, ließ der Wind nach, die See glättete sich, und die Schlacht nahm an Grausamkeit zu. Wilde Salven ließen den Atlantik aufdröhnen und widerhallen. Wir froren vor Kälte, zitterten vor Spannung. Wir waren heiß und kalt und gefühllos. In dieser Nacht entwichen unseren Batterien giftige Gase. Wir waren der Ohnmacht nahe. Die Männer übergaben sich in die Bilgen, röchelten vor Atemnot. Unsere Sauerstoffflaschen waren längst leer – aufgebraucht während der letzten Verfolgung. Und als die Sonne wieder aufging, erneuerten unsere Verfolger die Angriffe mit äußerster Heftigkeit. Wir zählten über dreihundert Wasserbomben, die sie ergebnislos an uns verschwendeten. U-230 glitt weiterhin in der unglaublichen Tiefe von 280 Metern dahin, nur wenige Meter unterhalb der explodierenden Kanister.

Am Nachmittag sahen wir der Tatsache ins Gesicht, daß es für uns keinen Ausweg mehr gab. Die Atemluft war verbraucht. Der Sauerstoffvorrat war erschöpft. Die Batterien waren nahezu leergefahren. Wir hatten zwischen Selbstmord und Übergabe zu wählen. In seiner letzten Anstrengung, dem Tod oder der Gefangenschaft eine weitere Stunde abzuringen und das Boot vor dem Durchsacken zu bewahren, entließ Friedrich neue Preßluft in die Tauchzelle 3. Das zischende Geräusch erregte sofort die Aufmerksamkeit der Verfolger. Ein wahnsinniger Knall schleuderte das Boot aufwärts. Die Detonation lag unter dem Heck. Die Luft in den Tauchzellen dehnte sich aus – das Boot schnellte nach oben. Eine neue Serie explodierte überm achteren Deck und drückte das Boot wieder in die Tiefe. Wir krochen durch den Mittelgang nach vorn, um unser Gewicht zu verlagern. Sehr sachte senkte sich der Bug, das Boot pendelte durch, und U-230 schüttelte sich nahe der 300-Meter-Grenze. Die Männer bissen auf die Mundstücke der Kalipatronen und sogen die heiße Luft in die Lungen. Sie husteten, röchelten. Acht Minuten nach der letzten Explosion war U-230 immer noch am Leben und glitt weiterhin durch die Tiefe. Dann detonierten sechs Wasserbomben weiter achteraus. Danach blieb alles still, über eine Stunde. Nicht ein Ping, nicht ein Piep, nicht ein Geräusch war von oben zu hören. Da wir die Grenze unseres Sauerstoffgehalts längst unterschritten hatten, versuchten wir, die Tommies mit einem Hammerschlag gegen den Druckkörper zu einer Reaktion zu zwingen. Aber alles blieb unheimlich ruhig. Nach weiteren zwanzig Minuten begann U-230 seinen langsamen Aufstieg.

19 Uhr 55. Der Deckel des Turmluks flog auf. Siegmann und ich wurden von dem inzwischen mächtig angestiegenen Innendruck auf die Brücke geschleudert. Heller Sonnenschein empfing uns. Luft gab es im Überfluß. Aber kein Gegner, soweit das Auge reichte. Nach einem sorgfältigen Rundblick überprüften wir unsere Schäden. Der Steuerbord-Außenbunker war weit aufgerissen. Dieselöl quoll in dickem Strom aus dem Leck und ließ eine lange, schillernde Farbe in unserem Fahrwasser zurück. Für den Gegner war ein derartig großer Ölfleck das sichere Zeichen eines direkten Treffers – einer Versenkung. Das war der Grund, weshalb die Briten die Verfolgung eingestellt hatten und so schnell verschwunden waren.

Das Boot war ein Wrack. Zwei Außenbordbunker waren leck gesprungen. Die Steuerbordwelle war verbogen. Das Fundament des Steuerborddiesels war gerissen. Zahlreiche kleinere Schäden vervollständigten die Liste. Eine große Menge Treibstoff war Neptun geopfert worden. Die Fortsetzung unseres Unternehmens war damit unmöglich gemacht. Selbst die Rückkehr zum Stützpunkt schien in Frage gestellt. Wir waren im Atlantik gestrandet.

Um 21 Uhr 05 schickte Riedel einen Funkspruch an die Führung, meldete unseren hoffnungslosen Zustand, berichtete von der enormen Luftabwehr in der Mitte des Atlantik und von den beiden Geleitzügen, die sich unserem Angriff entzogen hatten, ohne daß wir in der Lage gewesen waren, einen einzigen Schuß abzufeuern.

Am Abend des 15. Mai, am Ende der Viertageschlacht, wurde uns bestätigt, daß U-456 tatsächlich verloren war und daß drei weitere Boote ihm auf den Meeresboden gefolgt waren. U-266, U-89 und U-753 hatten die wiederholte Aufforderung der Führung, Standort zu melden, nicht mehr beantwortet. Das Ergebnis des Kampfes war erschütternd: sechs U-Boote waren versenkt worden, und das siebte war schwer angeschlagen und kampfunfähig gebombt. Es war ein Unglück größten Ausmaßes und die zweite Niederlage im Mai. Die alliierte Gegenoffensive zur See hatte uns mit überraschender Kraft und Genauigkeit getroffen.

U-230 hinkte durch den Atlantik, unfähig, schnell zu reagieren. Der Kurs war Ost. Glücklicherweise sichteten wir für die zwei nächsten Tage kein Flugzeug. Die Ruhe wurde jedoch durch eine lange Reihe verzweifelter Kurzsignale unterbrochen, die unsere Boote in Seenot ausstrahlten. Die Entzifferung der Todesnachrichten wurde zu einem normalen Bestandteil unserer Bordroutine. Die Meldungen häuften sich auf dem kleinen Tisch des Kommandanten; so oft ich einen neuen Notruf durchlas, traf es mich wie ein Schlag, und ich erwartete halbwegs, eine ähnliche Meldung von U-230 zu lesen:

VON FLUGZEUG ANGEGRIFFEN – BOOT SINKT.

VON ZERSTÖRER ANGEGRIFFEN – TAUCHUNKLAR – VERLASSE BOOT.

ZERSTÖRER – FLUGZEUG – BOMBEN – TAUCHUNFÄHIG. VON FLUGZEUG ANGEGRIFFEN – BOOT SINKT.

Nie wieder hörten wir von diesen Booten. Der Gedanke an unsere eigene Vernichtung verfolgte uns täglich, stündlich, je mehr Todesrufe wir auffingen. Es konnte nicht mehr lange dauern, bis die Jäger auch uns in unserer lahmen Tauchröhre einfangen und den Tod in unserem eigenen eisernen Sarg bringen würden.

16. Mai. Bei Morgengrauen wurden wir aufgefordert, von U-634 in Quadrat BE 81 am 17. Mai Brennstoff zu übernehmen.

17. Mai. U-230 kreuzte für Stunden auf dem angegebenen Treff-

punkt mit U-634. Um 13 Uhr 15, wir hatten bereits an der Existenz von U-634 gezweifelt, machte Borchert das Boot in der Ferne aus. Vierzig Minuten später kamen wir längsseits unseres Versorgers. Es war ein seltsames Wiedersehen. Ich erkannte in dem Kommandanten von U-634, Oberleutnant Dahlhaus, einen Freund aus meinen Minensuchtagen in Holland und in dem I.W.O. des Bootes meinen Crewkameraden Bosch aus Stuttgart. Wir riefen uns Grüße zu und begannen dann sofort, Feuerlösch-Schläuche von Boot zu Boot zu legen. Während wir auf Parallelkurs gegen die See und den Wind andampften, transportierten die Pumpen fünfzehn Tonnen Dieselöl in unsere leeren Bunker. Die Treibstoffübernahme dauerte etwa zwei Stunden. Für zwei Stunden suchten wir nervös und angespannt den grauen Himmel nach Flugzeugen ab, zu jeder Sekunde bereit, die Schläuche zu kappen und wegzutauchen – oder uns mit den nie funktionierenden Fla-Waffen in einen ungleichen Kampf einzulassen. Aber kein Flugzeug erschien. Erleichtert beendeten wir die Übernahme, trennten uns von U-634, und beide Boote setzten ihren Marsch nach Brest fort.

19. Mai. U-230 überquerte den 15. Längengrad West, das Tor zur Biskaya – das Tor zum Fegefeuer.

Um 10 Uhr 40 tauchten wir vor einem viermotorigen Flugboot – Sunderland. Keine Ortung. Sehr wahrscheinlich auf Sicht angeflogen. Vier Bomben. Dieser Angriff war der Beginn einer unbeschreiblichen, fünftägigen Hetzjagd.

Unter dem Schutz der Dunkelheit wagte U-230 einen Sprung über Wasser nach Luft und Strom. Höchstgeschwindigkeit: zwölf lächerliche Meilen. Siebenmal tauchten wir vor schreienden Ortungen und schüttelten achtundzwanzig gut liegende Bomben ab. Bei Sonnenaufgang waren wir wie erschlagen, nahezu taub, und unsere Batterien waren nur dreiviertel aufgeladen. Wir verschwanden für den Rest des Tages in den Fluten.

Die Engländer vernichteten an diesem Tage zwei unserer Boote. U-954 und U-273 wurden nahezu gleichzeitig gebombt und versenkt. Ihr Schicksal war dasselbe, nur der Standort ihres Untergangs war verschieden.

20. Mai. Die Briten hatten offenbar erkannt, daß zwei Boote nach Osten, zur Küste strebten. Ungezählte Bomber, einschließlich viermotoriger Landmaschinen, jagten uns. Während der folgenden Nacht stürzten wir neunmal in die Tiefe und überlebten sechsunddreißig mörderische Bombenwürfe.

21. Mai. Drei Stunden nach Tagesanbruch trieben wir in den gefähr-

lichen Bereich einer U-Boot-Jagdgruppe. Auf einer Tiefe von nur 40 Metern dahinschleichend, gelang es uns, an den endlosen Feldern der Asdic-Impulse vorbeizuschlüpfen. Eine Stunde vor Mitternacht tauchten wir auf, gierig nach Luft und Strom und völlig bewußt, daß die kommende Nacht unsere letzte sein konnte.

Erster Angriff. Getaucht. Vier wilde Detonationen schüttelten das Boot. Plötzlich ein Feuerstrahl im achteren Teil der Zentrale. Funken schossen quer durch den Raum. Sofort umhüllte uns dichter Rauch. Die Zentrale stand in hellen Flammen. Es schien unmöglich, das Boot zur Oberfläche zu bringen. Der Erstickungstod stand drohend vor uns auf. Die Schotten wurden zugeschlagen, die Abteilungen abgeschlossen. Einige Männer bekämpften die Flammen mit Feuerlöschern. U-230 wurde plötzlich achterlastig und schoß zur Oberfläche zurück, wo nur Sekunden zuvor die feindliche Maschine ihre Visitenkarte abgeworfen hatte. Dicke Rauchschwaden nahmen uns den Atem. Ich preßte ein Taschentuch ins Gesicht und folgte dem Kommandanten in den Turm. Feuer sprang von Wand zu Wand. Da legte sich das Boot auf ebenen Kiel – es war aufgetaucht. Wir stürzten auf die Brücke. Irgend jemand warf Munition auf die Plattform. Der Backborddiesel begann zu stottern. Rote Rauchwolken entwichen dem Turmluk. Wir fuhren wie eine lodernde Fackel durch die schwärzeste Nacht. Endlich gelang es den Männern unten in der Zentrale, die Flammen zu ersticken.

In dieser Nacht überlebten wir sieben Angriffe aus der Luft und manövrierten 28 Bomben aus.

22. Mai. Es war der vierte Tag unserer Jagd nach dem Leben, unseres Rennens nach dem Hafen. Wir trieben auf 40 Metern und lauschten einer Wasserbombenverfolgung irgendwo im Westen. Sie dauerte den ganzen Tag. Um 22 Uhr 30 tauchten wir auf. Die Nacht war schwarz, undurchsichtig. Für über eine Stunde keine Ortung. Die Lüfter sogen die Nachtluft ins Boot. Plötzlich hing ein riesenhafter Scheinwerfer am dunklen Firmament; er wuchs mit wahnsinniger Geschwindigkeit, dann umfaßte sein langer, weißer Lichtstrahl unsere Brücke, überflutete das Boot mit gleißendem Tageslicht – blendete uns. Eine viermotorige Maschine, eine Liberator, stürzte aus allen Kanonen schießend auf uns nieder. Ein Ruderkommando – und das Boot schwang träge dem näherkommenden Lichtkegel entgegen. Dann röhrte der Riesenvogel auch schon wie ein vorsintflutliches Ungeheuer über unsere Brücke, überschüttete uns mit heißen Abgasen und katapultierte in die Nacht. Vier Bomben explodierten. Meine Beine wurden bei jedem Schlag in meinen Körper gestoßen. Dann fielen vier Riesenfontänen in sich zusammen.

»Boot ist tauchklar«, kam der Ruf von unten.

Die Alarmglocke schrillte – und U-230 fiel sofort in die schützende Tiefe. Als es auf 60 Metern durchpendelte, stürmte Siegmann in den Funkraum, um dem Maaten, der uns nicht gewarnt hatte, eine Lektion zu erteilen: »Was zum Teufel ist denn mit Ihnen los, Kästner? Haben Sie geschlafen? Um Haaresbreite wären Sie von Petrus zum Rapport gerufen worden.«

»Herr Oberleutnant, da war keine Ortung«, protestierte der Maat, »und unser Gerät ist in bester Ordnung.«

»Erzählen Sie mir doch keinen Rees, Kästner«, wetterte Siegmann wütend. »Die ganze Besatzung ist in Ihren Händen, Mann. Wenn Sie wieder versagen, ist Ihre Haut keinen Pfennig wert.«

23. Mai. Kurz nach Mitternacht aufgetaucht. Wir hatten nur wenig Frischluft im Boot und noch weniger Strom in den Batterien. Die Spannung war auf dem Höhepunkt. Ich rechnete damit, daß wir ein zweites Mal nicht davonkommen würden, sollte sich der Anflug wiederholen. Aber für lange Minuten war nur das Heulen unseres Backbord-Diesels und das Stöhnen der Zuluft das einzige Geräusch, das wir hörten.

Nach einer Gnadenfrist von etwa einer Stunde war unsere Zeit abgelaufen. Ein Lichtbündel erhellte plötzlich die Brücke. Der scharfe Strahl kam von Steuerbord voraus auf uns zu. Alles ging viel zu schnell. Zum Schießen keine Zeit. Wie ein Gespenst kam die Liberator auf uns zu. Kleine Flammen züngelten aus ihren Bordkanonen. Die Geschosse zirpten um unsere Köpfe. Sekundenschneller Überflug, heiße Abgase, dann totale Finsternis. Vier Bomben krachten entlang unserer Außenbordbunker. Vier Geyser stiegen in die Nachtluft. Das Boot wurde zur Seite geschlagen, löste sich aus dem Wirbel von Schaum und Gischt – noch immer tauchklar. Wir tauchten sofort.

Als ich dem Kommandanten in seiner Nische gegenüberstand, knöpfte er seine salzüberkrustete Lederjacke auf und sagte kopfschüttelnd: »Ich muß zugeben, I.W.O., da war tatsächlich keine Ortung, auch diesmal nicht. Unser Metox scheint in Ordnung zu sein. Die Engländer müssen einen neuen Ortungstrick angewandt haben. Ich habe keine andere Erklärung für diese mysteriösen Anflüge.«

Wir waren völlig überrascht, erschüttert. Zuerst die Flugzeugträger am Geleit, nun dieser neue Trick der Bomber, der es ihnen erlaubte, uns zu orten, ohne ihre Position zu verraten. Es gab keinerlei Gründe, unser Leben sinnlos zu riskieren, also bei Tage getaucht und bei Nacht aufgetaucht zu fahren. Wir mußten unsere Taktik umkehren und am Tage über Wasser marschieren, wenn wir unseren Gegner mit dem bloßen

Auge sehen konnten. Es schien günstiger, bei Tage ein Duell zu wagen, als uns in der Nacht von den Bomben in Stücke hacken zu lassen.

Um 7 Uhr 20 tauchten wir auf. Unsere Aussichten, den letzten Sprung von 170 Meilen in den Hafen von Brest zu schaffen, waren nicht gerade vielversprechend. Vorgeflutet und zu sofortigem Tauchen bereit, fuhren wir der Küste entgegen. Wir entdeckten vier Sunderlands und fünf Liberators. Neunmal tauchten wir wieder auf und riskierten einen neuen Vorstoß nach Osten. Wir erreichten den Festlandsockel am gleichen Nachmittag. Bei Einbruch der Dunkelheit meldeten wir der Führung, daß wir am folgenden Morgen um 8 Uhr am Aufnahmepunkt sein würden.

3

Am 24. Mai, um 12 Uhr 20, glitt U-230 in das innere Hafenbecken von Brest. Das Achterdeck halb unter Wasser, die Aufbauten durchlöchert und beschädigt, vermittelte das Boot jedem auf der Pier einen Eindruck davon, was es durchgemacht hatte. Die Kapelle, die sonst einen Marsch spielte, war nicht da. Nur die Mädchen mit ihren Blumensträußen erinnerten uns an die glorreiche Vergangenheit. Der Chef der 9. U-Bootflottille und sein Gefolge zeigten deutliche Zeichen der Verstörtheit. Wir wurden schnell und unzeremoniell in den Stützpunkt transportiert. Aber als wir im Empfangssaal an den weißgedeckten Tischen Platz genommen hatten, versuchten die Landratten doch, uns die Heimkehr so angenehm wie möglich zu machen.

Nach der Feier kehrte ich in mein Zimmer zurück, das ich fünf Wochen zuvor verlassen hatte. Meine Koffer waren bereits aus der Last angeliefert worden. Als ich den Umschlag mit meinem Testament aus meinem schweinsledernen Koffer herausfischte, fühlte ich Dankbarkeit in mir aufsteigen. Ich war noch einmal davongekommen. In meiner Post fand ich nur zwei Briefe von Marianne. Eine Menge eigenartiger Gedanken drängten sich mir auf. Ein kleines Päckchen von zu Hause aber lenkte mich ab. Mutter hatte mir einen Geburtstagskuchen gebacken. Er war schon vier Wochen alt, hart und in viele Krumen zerfallen. Aber um Mutters Glauben an mein Glück zu ehren, aß ich den harten Kuchen auf.

Die anstrengende Routine der ersten beiden Tage im Hafen – das Ausräumen des Bootes und seine Verholung ins Dock – hielten mich vorerst davon ab, über unser Unglück nachzudenken. Aber am dritten Morgen wurde ich wieder an unsere gescheiterte Unternehmung erinnert, als ich den Kommandant von U-634 auf der Mole vor seinem Boot antraf, das in der unserer Rückkehr vorangehenden Nacht ebenfalls zurückgefunden hatte. Ich dankte Dahlhaus für seine Hilfe mit einem kräftigen Handschlag.

Trotz allem gelang es mir, die Gedanken an den Tod zu unterdrücken. Mit meinen Freunden – jenen, denen es ebenfalls gelungen war, zurückzukehren – ging ich in die Casino Bar. Wir feierten unsere Wiederauferstehung mit den Schönen von *Madame* und tanzten mit einer Ausgelassenheit, wie sie nur die Überlebenden einer Schlacht aufbringen. *Madame* hatte ihren Vorrat an exotischen Blumen neu aufgefüllt; sie war immer sehr charmant und widerstand meinen gelegentlichen Annäherungen mit sachter Entschiedenheit. Nicht einer verließ die Casino Bar in dieser Nacht. Jede der Stunden mit Janine, jede Nacht konnte die letzte sein.

In der Tat, der U-Bootkrieg wurde langsam zu einer langen Beerdigungsprozession. Die alliierte Gegenoffensive hatte mit unerwarteter Kraft zugeschlagen. Die Engländer und Amerikaner hatten in aller Stille ihre Hochseeflotte mit schnellen Korvetten ausgerüstet, eine große Zahl kleiner Flugzeugträger – umgebaute Handelsschiffe – in Dienst gestellt, eine Menge kleinerer Flugzeuge auf diesen Taschenträgern stationiert und eine Flotte von Langstreckenbombern auf günstig gelegenen Flugplätzen um den Atlantik massiert. Dann hatten sie überraschend zugeschlagen und in achtunddreißig Fällen ins Schwarze getroffen. Das war das bittere Ergebnis: nicht weniger als achtunddreißig Boote waren in diesem schicksalsschweren Monat Mai versenkt worden. Viele meiner Kameraden hatten auf diesen Booten den Tod gefunden. Es war mir klar, daß unsere stolzen U-Boote sich in einen gewaltigen Schrotthaufen eiserner Särge verwandeln würden, sollte es unserer Führung nicht sofort gelingen, wirksame Gegenmaßnahmen einzuleiten.

Die Werftingenieure berechneten die Liegezeit zur Überholung unseres Bootes auf mindestens vier Wochen. Da ich diesmal Anrecht auf einen längeren Urlaub hatte, nahm ich mir vor, mich einen Tag in Paris aufzuhalten, eine Stippvisite bei meinen Eltern zu machen und den Rest, eine volle Woche, mit Marianne in der heißen Sommersonne am Wannsee zu verbringen.

An einem Juniabend übergab ich meine Aufgaben an Heinz Riedel und verließ Brest mit dem Nachtschnellzug nach Paris. Als der Zug durch die französische Landschaft raste, glaubte ich bekannte Geräusche zu hören: das Hämmern der Diesel, Wasserbombenexplosionen, Detonationen von Fliegerbomben und Torpedos, das Brechen von Schiffen und das wilde Geheul des Sturms. Aber es war nur das Klikken der Eisenbahnräder, das mich nicht einschlafen ließ.

Ich kam auf dem Gare Montparnasse an, als der Morgen noch frisch und jung war. Ein Taxi fuhr mich zu meinem Hotel nahe der Place Vendôme, das für Marineoffiziere reserviert war. Ich hatte mich entschlossen, während meines kurzen Besuchs frei und unabhängig zu bleiben. Aber der Überfluß an freundlichen Damen machte es mir schwer, zu meinem Entschluß zu stehen. Ich eilte in die kühlen Hallen des Louvre und verbrachte den größten Teil des Tages, indem ich durch die Galerie d'Apollon, die Grande Galerie und die Salle des Cariatides schlenderte, in der, wie es hieß, die Hugenotten an den Deckenbalken aufgehängt worden waren. Bei Sonnenuntergang ging ich in ein teures Restaurant in der Nähe der Oper und gab mich ganz allein einem Schlemmeressen hin. Dann wanderte ich über den Boulevard des Capucines, wies einige Aufforderungen käuflicher Liebe höflich ab und zog mich in die behagliche Stille meines Hotelzimmers zurück.

Am nächsten Tag stand die Zeit für mich still. In der Morgenkühle ging ich zur Place Pigalle, frühstückte in einem kleinen Straßencafé, stieg dann die weiten Marmortreppen zur Sacré Cœur hinauf und verbrachte Nachmittag und Abend auf den Straßen und in den Cafés des Quartier Latin. Um 22 Uhr bestieg ich den D-Zug nach Deutschland.

Die Morgensonne stand bereits hoch am Himmel, als mein Zug in den Frankfurter Hauptbahnhof einfuhr. Ich sah sofort, daß der riesige Glasdom, der die Gleise überspannte, schwer beschädigt war. Das Glas war aus dem Gerüst herausgefallen; nur das nackte Stahlskelett war noch übrig. Der Anblick war ein düsteres Vorspiel meines Besuchs.

Wie immer kam ich unangemeldet zu meinen Eltern. Meine Mutter hörte die Klingel, öffnete die Glastür und starrte mich an, als wäre ich ein Fremder. Nach einer Sekunde des Abwägens sagte ich mit leichter Befremdung: »Guten Tag, Mutter – nun laß mich schon rein, ich bin noch am Leben. Es ist gut, wieder hier zu sein.«

Ich bemerkte, daß meine Mutter seltsam nervös war. Sie hatte beträchtlich Gewicht verloren. Ich glaubte einen Zug des Kummers in ihrem Gesicht zu entdecken. Aber anstatt sie mit Fragen zu belästigen, sagte ich: »Ich bin wirklich froh, daß ich die Füße wieder unter deinen Tisch strecken kann.«

Wie alle Mütter, fragte sie mich, ob ich auch genug zu essen bekäme; sie behauptete, ich sei sehr dünn geworden, und wollte wissen, wie es um meine Gesundheit stände. »Hast du auch genügend Wäsche, um dich warm zu halten? Du kannst es nicht wissen, aber ich muß es dir sagen – wir haben deine Sachen und die Wäsche für unsere Soldaten an der Ostfront abgegeben. Wir haben auch deine Schuhe und sogar die Skiausrüstung weggeben. – Und was ist mit dem U-Bootkrieg im Atlantik? Wir hören nicht mehr viel von unseren U-Booten.«

Ich warf ein, daß sie bald wieder von unseren Erfolgen hören würde, wechselte dann aber schnell das Thema. Ich hatte mir vorgenommen, nichts von unseren augenblicklichen Rückschlägen zu erzählen, und fragte: »Wie geht es euch allen? Was macht Trudel? Hat sie ihren Hans seit der Hochzeit wieder zu sehen bekommen?«

»Trudel geht es gut«, sagte sie, »Hans war zu Ostern hier. Seine Eltern haben uns auch besucht. Sie hatten ein paar sehr ernsthafte Luftangriffe in Düsseldorf und hatten die Stadt verlassen, um im Schwarzwald abzuwarten, bis die Verhältnisse sich wieder bessern. Wir hatten neulich auch einige schwere Angriffe; du hast sicher davon gehört. Aber sie waren nicht so verheerend wie in anderen Städten, Berlin und Hamburg zum Beispiel.«

Dann fragte ich: »Und wie geht es Vater?«

Da brach Mutter plötzlich in Tränen aus. Schluchzend berichtete sie, daß man Vater abgeholt hatte. Die Gestapo hatte ihn vor drei Monaten verhaftet. Er saß im Untersuchungsgefängnis in der Hammelsgasse. Und Mutter weinte: »Ich habe dir nichts davon geschrieben. Ich wollte dir das Leben an der Front nicht noch schwerer machen, als es schon ist.«

Zwischen Unglauben und aufsteigendem Zorn hin- und hergerissen, gelang es mir, aus Mutter herauszufragen, was tatsächlich geschehen war. Vater hatte eine etwas mehr als nur oberflächliche Freundschaft mit einer jungen Frau unterhalten. Sie war in seinem Betrieb angestellt gewesen, und er hatte sie lange Zeit als Sekretärin in seinen Büchern geführt. Eines Tages im Frühjahr hatte er Mutter um die Scheidung gebeten, um das Mädchen zu heiraten. Aber das war natürlich nicht der Grund seiner Verhaftung. Das Schicksal wollte es, daß die junge Frau eine ›jüdische Vergangenheit‹ hatte; Vater hatte ein gefährliches Verbrechen begangen, indem er sie dem Zugriff der Gestapo entzog. Unglücklicherweise hatte jemand herausgefunden, daß das Mädchen Jüdin war, und so hatte die Gestapo beide verhaftet. Die junge Frau wurde in ein Konzentrationslager abgeschoben und Vater ins Gefängnis geworfen.

Ich war über Vaters Verhaftung entsetzt; aber die Ungerechtigkeit des ganzen Verfahrens überraschte mich nicht. Vater hatte schon früher unter den Maßnahmen der Regierung zu leiden gehabt. Im Winter 1935 wurde sein Geschäft, ein Mobiliar-Zweckspar-Verband, aufgrund einer Regierungsverordnung zusammen mit sechsunddreißig ähnlichen Firmen geschlossen. Nur weil derartige Gesellschaften nicht länger der Auffassung unserer neuen Führer des Dritten Reiches entsprachen, wurde Vater ohne vorherige Warnung, Erklärung oder Berufungsmöglichkeit um sein Lebenswerk gebracht. Und so hatte er im Alter von sechsundvierzig Jahren von vorn anfangen müssen. Seiner Erfindungsgabe und seinem Fleiß war es zu verdanken, daß es ihm wieder gelungen war, ein neues Geschäft aufzubauen und für seine Familie zu sorgen.

Bald nach diesem Vorfall hatte der ideologische Irrwahn unserer Regierung weit üblere Folgen. Ich selbst hatte die Kristallnacht im Herbst 1938 erlebt, als die Meute durch die Straßen Frankfurts tobte, Schaufenster zertrümmerte und jüdische Geschäfte plünderte, während die Polizei danebenstand und nichts unternahm. Der Mob warf Möbel aus den Fenstern jüdischer Wohnungen, kippte Klaviere über Balkongeländer und schleuderte Porzellan, Bücher, Lampen und Haushaltsgegenstände auf die Straßen. Und nachdem alles Wertvolle gestohlen war, wurde der Rest zu einem Berg angehäuft und verbrannt. Ich erinnerte mich, wie Vater mich durch die brennenden Trümmerhaufen im Zooviertel führte, um einem jüdischen Geschäftsfreund zu helfen – und wie wir seine Wohnung ausgeplündert vorfanden. An jenem Tag sah ich meinen Vater zum ersten Mal mit feuchten Augen.

Für uns war die Kristallnacht beschämend und tragisch. Aber mein Vater war kein Rebell oder Aufrührer, kein Partisan einer hoffnungslosen Sache, und ich war es auch nicht. Natürlich wußte ich, daß nicht alles im bester Ordnung war. Aber der Krieg überraschte mich, als ich neunzehn war, und ich hatte weder die Zeit noch das politische Interesse, um mir darüber Gedanken zu machen. Nun aber war ich unentrinnbar in eine Angelegenheit verwickelt, die mich hell empörte. Ich hatte die Sache zu lösen, selbst wenn es meine Stellung kosten oder meine soldatische Laufbahn zerstören sollte.

Ich ging zum Hauptquartier der Gestapo in der Lindenstraße; es war nur ein kurzer Weg von unserer Wohnung. Meine Uniform und die Auszeichnungen ließen mich die Wache ungehindert passieren. In der Empfangshalle fragte mich eine Sekretärin hinter einem schwarzen Eichentisch, ob sie mir helfen könnte.

»Ich möchte Obersturmbannführer von Molitor sprechen, bitte.« Ich setzte mein gewinnendstes Lächeln auf, gab ihr meine Visitenkarte und fügte hinzu: »Es wird für Herrn von Molitor eine Überraschung sein.« Ich nahm an, daß er wohl selten einen U-Bootfahrer zu sehen bekam – und schon gar keinen, dessen Vater hinter Gittern saß.

Ich hatte gerade genug Zeit, um mir einen Angriffsplan zurechtzulegen, als das Mädchen mich in ein gut eingerichtetes Zimmer führte und mich dem obersten SS-Offizier der Stadt vorstellte. Das also war einer der gefürchteten SS-Männer, dessen Wort über das Leben eines Menschen entscheiden konnte. Der Offizier mittleren Alters glich in seiner hellgrauen SS-Uniform eher einem jovialen Geschäftsmann als einem kaltblütigen Henker.

Von Molitors Begrüßung war genauso friedfertig wie sein Aussehen. »Es ist mir ein Vergnügen, zur Abwechslung jemanden von der Marine begrüßen zu können. Ich sehe, Sie dienen in der U-Bootwaffe. Wohl eine sehr aufregende und interessante Sache, was? Nun, was kann ich für Sie tun, Herr Leutnant?«

Ich antworte in ernstem Ton: »Obersturmbannführer, Sie haben meinen Vater verhaften lassen. Ich glaube nicht, daß ein triftiger Grund dafür vorliegt. Ich erwarte, daß Sie ihn sofort freilassen.«

Der Ausdruck in seinem fleischigen Gesicht wechselte von einem freundlichen Lächeln zu totaler Überraschung. Er schaute auf meine Visitenkarte, las wiederholt meinen Namen und stotterte dann: »Es tut mir leid, Herr Leutnant, da muß jemandem ein Fehler unterlaufen sein. Ich werde die Sache sofort prüfen lassen.« Er schrieb etwas auf ein Stück Papier und drückte auf einen Knopf. Eine hellblonde Sekretärin kam herein und nahm den Zettel aus seiner Hand.

»Sie müssen wissen, Herr Leutnant, ich bin nicht über jeden einzelnen Fall unterrichtet. Aber ich weiß natürlich, daß Sie nicht hier wären, wenn sich Ihr Vater nicht in Haft befände.«

»Das ist richtig, und ich halte den Grund seiner Verhaftung für völlig …« Bevor ich einen gefährlichen Fehler machen konnte, kam das Mädchen zurück und reichte von Molitor einen anderen Zettel.

Er nahm sich die Zeit, ihn sorgfältig durchzulesen, und sagte dann in versöhnlichem Ton: »Herr Leutnant, ich erinnere mich nun an den Fall. Sie können Ihren Vater noch heute abend zurückhaben. Ich bin überzeugt, daß drei Monate Einzelhaft ihm eine Lehre erteilt haben. Der Vorfall tut mir leid. Aber es war einzig und allein die Schuld Ihres Vaters. Ich bin froh, daß ich Ihnen einen Gefallen tun konnte. Ich nehme an, Sie werden Ihren Urlaub nun auf angenehme Weise verbringen können, Herr Leutnant. Heil Hitler!«

Ich stand schnell auf und dankte ihm kurz – nicht, weil er mir einen Gefallen getan hatte, sondern weil er mir meine Forderung kaum hätte abschlagen können. Ich verließ ihn mit einem herausfordernden militärischen Gruß. Als ich wieder auf der Straße war, dachte ich auch an die junge Frau, die wohl für immer in einem Lager verschwunden war. Es tat mir leid, ihr nicht helfen zu können.

Lange nach Kriegsende erfuhr ich, daß sie den Krieg und das Lager überstanden hatte.

Ohne Umwege ging ich zu Vaters Geschäft, um meine Schwester zum ersten Mal nach ihrer Hochzeit zu sehen. Als ich ihr sagte, daß Vater zum Abendessen zu Hause sein würde, brach sie in Tränen aus. Sie sagte weinend: »Wir haben immer wieder vergeblich versucht, Vater freizubekommen. Aber die Gestapo reagierte nicht auf unsere Eingaben. Ich bin so froh, daß du zurückgekommen bist. Die Ehe unserer Eltern ist dahin. Seit Vater in der Hammelsgasse ist, habe ich das Geschäft allein geführt.«

Ich ließ Trudel wissen, wie stolz ich auf sie war, und schlug vor, das Geschäft für den Rest des Tages zu schließen und meinen Erfolg gebührlich zu feiern. Sie gab der Vorarbeiterin ihre Anweisungen, und wir beide gingen den kurzen Weg nach Hause.

Es war beinahe Essenszeit, als sich ein Schlüssel in der Glastür drehte und Vater, von meiner Anwesenheit nichts ahnend, in das Vestibül trat. Als er mich sah, war ihm natürlich klar, daß ich für seine Entlassung verantwortlich war. Schweigend schüttelten wir uns die Hände. Er trug einen einwöchigen Bart. Die Gestapo hatte ihm nicht einmal erlaubt, sich zu rasieren.

Der Abend schleppte sich unbehaglich dahin. Es fiel uns schwer, uns auf einen Gesprächsgegenstand zu konzentrieren; eine Unterhaltung kam kaum zustande. Ich berichtete kurz von der Atlantikfront, ohne jedoch die volle Wahrheit zu sagen. Die Schwierigkeiten unserer Armeen auf dem russischen Kriegsschauplatz und die Niederlage Rommels in Nordafrika machten Vater mehr Kummer, als das Intermezzo mit der Gestapo. Er erzählte mir von den ständigen Angriffen auf Frankfurt und sprach davon, sein Geschäft aufs Land zu verlagern. Wir unterhielten uns über viele Dinge, aber Vater berührte niemals die Angelegenheit, die zu seiner Verhaftung führte. Und was mich anging, so war mir nichts wichtiger, als daß Vater wieder zu Hause war.

Einen Tag und eine Nacht später kam ich in Berlin an. Ich trat aus dem Anhalter Bahnhof in die Schwüle eines Sommertages – und stand mitten in einer zerstörten Stadt. Glasscherben und Trümmer lagen überall verstreut. Und zum ersten Mal war Marianne nicht am Bahnhof.

In der Hoffnung, Marianne in ihrem Büro zu treffen, bestieg ich eine Straßenbahn und fuhr in das Zentrum Berlins. Die Fahrt war erschütternd, niederschmetternd. Große Stadtteile waren von den Bombenteppichen völlig eingeebnet worden. Mir war, als verlöre ich den Boden unter den Füßen. Eine innere Stimme ermahnte mich, umzukehren und Berlin mit dem nächsten Zug zu verlassen. Aber ich erreichte schließlich den Häuserblock, in dem Marianne arbeitete. Aber das siebenstöckige Bürohaus war nicht mehr da. Nur einige zerborstene Mauern waren davon übriggeblieben. Backsteine, Eisenträger, verkohlte Balken bildeten einen riesigen Trümmerberg. Die Verwüstung war vollständig.

Mit einem Schaudern wandte ich mich ab, suchte und fand den Eingang zur nächsten U-Bahn und nahm einen Zug in die Vorstadt, wo Marianne mit ihren Eltern lebte. Ich verließ die Endstation und sah nur Trümmer. Hier ein Haus in Asche, dort ein Wohnhaus zerbombt. Während ich mich Mariannes Heim näherte, bereitete ich mich auf die Wirklichkeit vor, die ich bereits ahnte. Dann stand ich vor dem Berg verkohlten Gebälks, das einmal ein Haus gewesen war. Ein Schornstein ragte wie ein warnender Finger in den Himmel. Das zerbrochene Mauerwerk war vom Ruß schwarz gefärbt. Stahlträger hatten sich in der Hitze des Feuers durchgebogen. Dann sah ich das Holzschild, das im Geröll steckte. Irgend jemand hatte mit roter Kreide darauf geschrieben: ALLE ANGEHÖRIGEN DER FAMILIE HARDENBERG SIND TOT.

Ich las das Schild zwei- oder dreimal, bevor ich mich abwandte. Ich war unfähig zu begreifen. Irgend etwas Scharfes brannte in meiner Kehle. Ich schluckte wiederholt. In diesem Augenblick war in mir alles tot – ausgebrannt, wie die Häuser um mich herum. Ich war ohne jede innere Erregung.

Der nächste Schnellzug brachte mich nach Frankfurt zurück. Ich verbrachte vier ruhelose Tage im Haus meiner Eltern. Ich saß eine Nacht im Keller, hörte das Heulen der Sirenen und das Bellen der Flak, spürte die Erschütterung explodierender Bomben und sah die versteinerten Gesichter der Menschen, die den Luftangriff als ein routinemäßiges Ereignis über sich ergehen ließen. Als der Angriff vorüber war, war die Nacht vom Korditgestank, vom Stöhnen der Verwundeten und vom schrillen Klingeln der Feuerwehrautos erfüllt. Dahin also hat uns der Krieg gebracht, überfiel es mich bitter – daß Marianne das Opfer der

Luftangriffe geworden war, daß meine Eltern sich daran gewöhnen mußten, in einem Keller ihr Dasein zu fristen, von der dauernden Furcht geplagt, augenblicklich ihr Leben verlieren zu müssen. Nach dieser Nacht gab es nichts mehr, das mich hätte zu Hause halten können. Ich mußte zu meinem Boot zurückkehren, allein um derer willen, die in der Heimat zurückblieben.

Nach einer ermüdenden Nachtfahrt in einem verdunkelten Zug kam ich in Paris an. Die Stadt atmete Frieden, und die Junisonne vergoldete Bäume und Dächer. Die Hitze machte meine Uniform doppelt schwer und unbequem; die Vorteile einer Zivilgarderobe waren kaum zu bestreiten. Ich stellte mir vor, wie sehr ich es genießen würde, den Franzosen vorzutäuschen, ich gehörte zu der gutgekleideten Pariser Menge, die sich über den Krieg nicht den geringsten Gedanken machte. Mein Wunsch, mir einen Zivilanzug zuzulegen, wurde zum Entschluß, als ich in einem Rohrstuhl vor dem Café de la Paix saß und einen Aperitif schlürfte. Mir fiel auf, daß die elegantesten Pariserinnen uns Männern in Uniform absolut keine Aufmerksamkeit schenkten. Mir wurde bewußt, wie weit ich von ihrem Charme, ihrer Schönheit und ihrem Leben voller Glanz entfernt war und wie tief die Kluft war zwischen den Bewohnern dieser herrlichen Stadt und uns Männern von der Front.

An einem späten Juniabend war ich wieder in Brest. Ich fand Riedel und meine Kameraden in fröhlicher Runde in der Bar der Flottille. Ich gesellte mich zu der trinkfrohen Gruppe, und bald erzitterten die Wände von unserer Ausgelassenheit und dem Echo rauher Seemannslieder. Das war es, was wir alle brauchten, um zu vergessen, daß unsere Namen in Kürze aufgerufen werden würden, daß wir alle nur eine beschränkte Zeit zum Singen und Trinken hatten. Das war, was ich brauchte, um Mariannes Tod und Vaters Schwierigkeiten mit der Gestapo zu vergessen. Ich brauchte aber auch die Pflicht und die Arbeit, um zu vergessen.

Ich fiel schnell wieder in die gewohnte Routine, machte meine täglichen Gänge zur Werft und nahm die Besatzung wieder unter meine Obhut. Nur ein Mann machte mir Schwierigkeiten. Ein überlanger Seemann, der sich nachts regelmäßig über die Mauer schwang, um in der Stadt das Vergnügen zu finden, das der Stützpunkt nicht aufzuweisen hatte. Er hatte jedoch das Pech, wiederholt in Schlägereien verwickelt zu werden, natürlich wegen Mädchen, die er, ohne eine Gebühr zu bezahlen, erobern wollte. Ich hielt es für angebracht, ihn für acht Tage in Einzelhaft zu schicken. Andererseits war er ein ausgezeichneter Seemann und zuverlässig, sobald unser Boot den Hafen verließ.

Während meiner Abwesenheit war das Flottillenpersonal auf bemerkenswerte Art bereichert worden. Offenbar hatte man die Wichtigkeit unserer Flottille für die Geschichtsschreibung der Marine entdeckt; und damit ergab sich die Notwendigkeit, daß ein Fotograf die interessanten Ereignisse für die Nachwelt festhielt. Der Fotograf war eine attraktive junge Frau. Als wir uns zufällig an der Bar trafen, begann ich die Unterhaltung: »Sie haben aber einen sehr vertrauten süddeutschen Dialekt.«

»Sie sprechen aber auch nicht gerade Berlinisch«, gab sie mit einem Lächeln schnippisch zurück.

»Man kann seine Herkunft nicht verbergen. Ich bin am Bodensee aufgewachsen, in Überlingen, um es genau zu sagen.«

»Was für ein Zufall«, rief sie, »ich wohnte auf der anderen Seeseite – in Konstanz. Ich heiße Vera.«

Wir prosteten einander zu. Dann lud ich Vera zum Abendessen in der Stadt ein. Ohne Zögern nahm sie an. Nachdem meine Tagesarbeit erledigt war, nahm ich ein Bad im Schwimmbecken, das ebenfalls eine neue Attraktion im Stützpunkt war, bereitete mich auf mein Rendezvous mit Vera vor und klopfte schließlich an der Tür des kleinen Bungalows, der ihr als Wohnung zugewiesen war.

Gemeinsam verließen wir den Stützpunkt und schlenderten durch die Straßen von Brest. In einem mir seit Jahren vertrauten Restaurant bestellten wir Schnecken in Butter gebacken, Krabben in Tartarsauce, einen Hummer und eine Flasche Beaujolais. Später zogen wir uns in ein kleines Café zurück und tanzten zur Musik eines Pianisten, der uns alle französischen Lieder vorspielte, die wir hören wollten.

Vor Mitternacht kehrten wir in den Stützpunkt zurück. Es war für mich ein seltenes Erlebnis, mit einer Frau von der Wache am Tor eingelassen zu werden.

Von nun an traf ich Vera regelmäßig nach meiner Arbeit.

Am folgenden Samstag fiel mir ein, daß ich mir einen Zivilanzug schneidern lassen wollte; ich lud Vera ein, mich auf der Suche nach Stoff und einem Schneider zu begleiten. Trotz des langen Krieges bot mir ein *tailleur* eine erstaunliche Auswahl von Stoffen an – natürlich ohne die obligaten Kleiderpunkte. Ich wählte ein Pepitamuster, ließ den Schneider maßnehmen, vereinbarte einen Preis und den Liefertermin. Daß ich unter Umständen nie Gelegenheit haben würde, den Anzug zu tragen, beunruhigte mich nicht. Ich zwang mich mit diesem Kauf, ein Optimist zu sein und zu bleiben.

Während dieser Tage im Hafen hatten wir tatsächlich allen Grund zum Pessimismus. Sooft ein Freund nicht mehr von Feindfahrt zurückkam oder die Wahrheit über unsere Verluste im Mai bestätigt wurde, sooft ein Boot schwer beschädigt in den Hafen kroch und wenn die Nachrichten über das zunehmende Sterben der Boote in den Messen der Flottillen umliefen, stieg die Vorahnung eines bevorstehenden Unglücks wie eine Wand um uns auf. Das Schlimmste war, daß unsere Männer nicht in der Lage waren, ihre Haut teuer zu verkaufen. Der Lohn unserer Anstrengungen im April war nur ein Drittel des Schiffsraums, den wir im März versenkt hatten. Und nur fünfzig alliierte Schiffe mit zusammen 265 000 Tonnen waren im Mai auf den Grund des Atlantik geschickt worden. Mitte Juni war der U-Bootkrieg praktisch zum Stillstand gekommen. Innerhalb zweier Wochen waren weitere sechzehn Boote verloren gegangen. Daraufhin hatte Admiral Dönitz unsere Angriffe auf die Nordatlantik-Geleite vorübergehend gestoppt. Die überlebenden Boote wurden auf andere Ziele angesetzt, aber nicht von der Front zurückgezogen. Im Gegenteil! Um unsere Verluste auszugleichen, geschah alles, was nötig war, um die Boote in den Werften, auf den Halligen und in den Trockendocks schnellstens frontklar zu machen. Die Absicht war, jedes verfügbare Boot für den Fronteinsatz bereitzustellen, um den Alliierten zu beweisen, daß unser Rückgrat nicht gebrochen war. Dönitz versicherte uns anläßlich einer Rede in Lorient, daß der Rückschlag in der Schlacht im Atlantik nur vorübergehend sei und die Lage sich bald wieder ändern würde, sobald unsere Gegenmaßnahmen frontreif seien; mittlerweile müßten wir aber weiterhin zur See fahren, um die alliierten Flottenverbände im Atlantik zu binden und ihre Bomber von den Städten unserer Heimat fernzuhalten.

Ende Juni übernahm ich U-230 aus dem Trockendock und verholte es an die Pier, wo die Frontausrüstung vorgenommen werden sollte. Damit kamen alle unsere Abenteuer im Hafen zu einem plötzlichen Ende. Wirklichkeit war unser Boot, der Krieg und der unvermeidliche Zusammenprall mit dem Gegner.

Am Nachmittag des 29. Juni, kurz nachdem der Kommandant von einer Lagebesprechung beim Führer der U-Boote West zurückgekommen war, bat er mich auf sein Zimmer und fügte hinzu: »Bringen Sie Friedrich und Riedel mit. Ich habe einige sehr interessante Neuigkeiten.«

Zwanzig Minuten später trafen wir Siegmann in seiner kleinen Wohnung. Er begann ohne Umschweife: »Nehmen Sie Platz, meine Herren. Was ich Ihnen zu sagen habe, dauert eine Weile. Und was Sie hören werden, wird dieses Zimmer nicht verlassen.

Die Führung hat uns für einen Sondereinsatz vorgesehen. Hauptaufgabe unserer nächsten Feindfahrt ist eine Minenunternehmung. Unser Ziel ist die Ostküste der Vereinigten Staaten. Wir werden vierundzwanzig Magnetminen neuester Konstruktion übernehmen und sie in der Chesapeake Bay – genauer: vor den amerikanischen Marinestützpunkt Norfolk legen. Ich brauche die Gefahr dieser Unternehmung nicht besonders hervorzuheben. Wichtig ist, daß das Marschziel ein Geheimnis bleibt, bis wir auf See sind. Ich möchte nicht in den Vereinigten Staaten von einem Empfangskomitee begrüßt werden.

Noch eine andere Sache. Die Chesapeake Bay ist sehr flach – zu flach, um eine derartige Aufgabe getaucht durchzuführen. Wir werden das Legen der Minen deshalb über Wasser durchführen. Ich bitte Sie, I.W.O., alle notwendigen Seekarten dieser Gegend an Bord zu schaffen, ganz diskret, wenn ich bitten darf, und sie unter Verschluß aufzubewahren.«

Wir drei hatten gespannt zugehört und begrüßten den Plan als eine willkommene Abwechslung. Eine normale Feindfahrt ließ nicht viel Raum für Erfolge. Über unsere Verteidigung besorgt, fragte ich den Kommandanten: »Die vierundzwanzig Minen erlauben uns aber nicht mehr als zwei Torpedos, Herr Oberleutnant.«

»Zwei Torpedos, genau. Und die werden wir auch mitnehmen. Der Bugraum wird von den Minen überladen sein, für die Sie, I.W.O., verantwortlich sind.«

Friedrich hatte eine andere Frage: »Wieviel Treibstoff werden wir an Bord nehmen?«

»Die normale Menge, L.I. Alles ist sehr gut vorbereitet. Wir werden auf See von einem unserer großen U-Tanker irgendwo in der Nähe der westindischen Inseln versorgt werden. Das ist unser zukünftiges Operationsgebiet, nach Erledigung der Minenaufgabe, versteht sich. Wir werden dort genügend Proviant, Treibstoff und Aale übernehmen. Und Sie, Riedel, werden für Tropenausrüstung und Spezialverpflegung sorgen.« Und Siegmann schloß: »Meine Herren, ich nehme an, daß wir für den Rest des Sommers auf See bleiben.«

Am 1. Juli übernahmen wir die Minen. Die Anlieferung der eigenartig geformten Kapseln brachte unter den Männern allerlei Gerüchte in Umlauf. Einige waren überzeugt, daß wir einen englischen Hafen verminen würden. Die besonders Schlauen behaupteten jedoch, wir würden die Eier vor dem entfernten, aber wichtigen afrikanischen Hafen Freetown legen.

Aber je näher der Tag unseres Auslaufens heranrückte, desto skeptischer wurde ich, was die Lage im Atlantik anging. Nicht eins der versprochenen Abwehrgeräte war auf U-230 eingebaut worden. Das Metox, unser Funkmeßbeobachter, wurde weiterhin als das beste Flugzeugwarngerät angesehen. Zusätzliche Abwehrkanonen hatte man uns versprochen; sie waren aber nicht in genügender Menge im Hafen eingetroffen. Gerüchte über neue Erfindungen, wie zum Beispiel eine Gummihaut um Druckkörper und Aufbauten, die Funkmeß- und Asdic-Ortungen aufschluckte, blieben Gerüchte. Die einzige wirkliche Verbesserung an Bord war der Einbau starker Panzerplatten um die Brückenaufbauten, als Ersatz für unser aktives Ortungsgerät, das so nutzlos geworden war wie die 8,8-cm-Kanone auf dem Vordeck – die man ebenfalls abmontiert hatte. Wie die Dinge standen, waren alle Wahrscheinlichkeiten gegen uns. Die Briten hatten eine derartig große Anzahl von Flugzeugen eingesetzt, daß kein U-Boot die Biskaya unentdeckt passieren konnte. Während einer Zeitspanne von nur sechs Wochen hatten die Alliierten unsere aktive U-Bootwaffe um 40 Prozent verringert, und viele der überlebenden Boote mußten noch die Blockade in der Biskaya durchbrechen, um den schützenden Hafen zu erreichen.

Trotz dieser erschreckenden Dezimierung unserer Reihen glaubten wir das Kriegsglück wenden zu können, wenn wir lange genug aushielten. Und aushalten mußten wir.

Zwei Tage vor dem Auslaufen besuchte ich meinen Schneider. Mein Anzug war noch nicht fertig. Ich sagte ihm, ich würde in zwei Wochen wiederkommen, und bezahlte den Rest des Kaufpreises im voraus. Falls ich nicht mehr zurückkehren sollte, wollte ich ihm nichts schuldig bleiben.

4

Montag, 5. Juli. Das Auslaufen von U-230 war für den Abend festgesetzt. Während des Tages erhielten wir einen zusätzlichen Passagier. Wegen der erwarteten Länge der Unternehmung und weil die Geschützbedienungen immer häufiger durch Bordwaffenbeschuß der Flugzeuge verwundet wurden, hatte die Führung uns einen Arzt zugewiesen. Beladen mit mehreren Gepäckstücken kam er auf der Pier an, als ginge es auf eine Erholungsreise. »Hallo, Herr Leutnant«, rief er. »Ich bin Dr. Reche. Werde versuchen, auf ihre Leute gut achtzugeben.

Aber ich muß gestehen, ich war noch nie auf einem Schiff, geschweige denn auf einem U-Boot. Würden sie mir bitte meine Kabine zeigen?«

Unsere Männer, die grinsend zugehört hatten, machten einige unangebrachte Bemerkungen. Ich drückte die schmale Hand des Arztes und erklärte: »Herr Doktor, auf einem U-Boot gibt es keine Kabinen. Auch für Ihr großes Gepäck haben wir keinen Platz. Bitte nehmen Sie nur, was sie wirklich brauchen – ungefähr ein Drittel von dem, was Sie haben – und folgen Sie mir bitte unter Deck.« Nachdem er sein Gepäck, nicht ohne Widerstand, drastisch verringert hatte, gelang es mir, ihn in einer Koje über der des Obersteuermanns unterzubringen.

Bei Sonnenuntergang versammelten wir uns zur Abschiedsfeier im großen Saal des Stützpunkts. Danach gingen wir in kleinen Gruppen an Bord. Nicht ein Mann, vom Kommandant bis zum letzten Seemann, verriet seine Gedanken über unser bevorstehendes Treffen mit dem Gegner. Trotz angestrengtester Geheimhaltung war bekannt geworden, daß die alliierten Bomber von fünf Booten, die ihren Marsch durch die Biskaya wagten, drei versenkten. Allein am 24. Juni hatten die Tommies innerhalb von 16 Stunden vier Boote auf den Boden der Biskaya geschickt.

Die Nacht war mondlos und sehr dunkel. Kein Musikzug, keine beifallsrufende Menge verriet den französischen Partisanen oder den englischen Spionen unser heimliches Auslaufen. In diesen Tagen und Wochen hatte der englische Spionagedienst seine Augen und Ohren überall – im Stützpunkt, in der Werft, in den Restaurants und sogar in den *établissements.*

An der westlichen Spitze der Bretagne, wo die Felsen im Meer versinken, wurden wir von einem Vorpostenboot aufgenommen, das uns zu einem Treffpunkt mit anderen Booten aus Lorient geleitete. Die Nacht verging ohne Zwischenfall. Bei Tagesgrauen trafen wir auf U-506 und U-533. Wir hatten Befehl, zusammen durch die Biskaya zu marschieren und mit konzentrierter Feuerkraft die britischen Luftangriffe abzuschlagen.

Die Boote liefen auf Rufweite nebeneinander her. Vier Bewachungsfahrzeuge umkreisten die seltsame Versammlung in gespannter Aufmerksamkeit, ihre Rohre fertig zum Schuß. Die drei Kommandanten der Boote unterhielten sich durch ihre Flüstertüten und besprachen die Strategie des Gruppenmarsches. Danach sollten alle drei Boote am Tage aufgetaucht und mit Höchstfahrt nach Westen stoßen, während der Nacht aber getaucht und in engster Verbindung bleiben. Bei Tagesanbruch sollte auf ein gemeinsames Zeichen aufgetaucht und der Marsch über Wasser fortgesetzt werden. Bei der Sichtung eines Flugzeugs aus sicherer Entfernung sollte eine gelbe Flagge geschwenkt und sofort mit Alarm getaucht werden. Eine rote Flagge sollte geschwenkt werden, falls eine der feindlichen Maschinen bereits zu nahe herangekommen war und damit ein Tauchen unmöglich machte. Die rote Flagge bedeutete: oben bleiben und aus allen Rohren schießen.

Dieser Plan, von unseren Stabsoffizieren am grünen Tisch ausgeklügelt, war von Grund auf fehlerhaft und unter Kriegsverhältnissen nicht ausführbar. Da wir aber nichts Besseres hatten, versuchten die drei Kommandanten ihr Glück.

8 Uhr 10. Die drei Boote drehten ihren Bug westwärts und begannen ihren Versuch, die alliierte Verteidigungslinie zu durchbrechen. Die Geleitfahrzeuge dampften nach Osten zurück, zum sicheren Hafen. Die Wolken trieben hoch, der Dunst hing tief. Die See war träge und grau. Unser Metox war still. Drei angespannte Stunden vergingen – keine Ortung – keine Feindberührung.

11 Uhr 35. Plötzlich wurde auf der Brücke von U-533 die gelbe Flagge geschwenkt. In Sekundenschnelle erkannten wir ein Flugzeug 10 000 Meter an Steuerbord. Alle drei Boote tauchten sofort. Dreißig Minuten später hörten wir das Unterwasserschallgerät von U-506, das Signal zum Auftauchen. Wie trainierte Seelöwen brachen die drei Boote gleichzeitig durch die Oberfläche, gingen sofort auf hohe Fahrt und hämmerten westwärts, drei lange, weiße Streifen nach sich ziehend.

13 Uhr 10. Eine Liberator schoß aus der Wolkendecke hervor, Entfernung 3000 Meter. Keine Ortung. Zu spät zum Tauchen. Die rote Flagge ging auf unserer Brücke hoch. Alle Rohre schwenkten gegen die Maschine. Dann setzte der große Vogel zum Angriff an. Aber bevor wir das Feuer eröffnen konnten, zog die Maschine hoch, flog außer Reichweite und begann unsere Gruppe zu umkreisen.

13 Uhr 18. Eine zweite Liberator erschien am nördlichen Horizont – eine neue Variation einer bekannten Methode. Beide Flugzeuge umflogen uns in respektvoller Entfernung. Ich befahl, mehr Munition auf die Brücke zu bringen und zusätzliche Magazine im Turm aufzustapeln. Tauchen war nun völlig ausgeschlossen. Von den Maschinen in die Zange genommen, schossen wir kurze Feuerstöße in die Luft, um ihre Angriffslust abzukühlen. Und weiter brüllten unsere Diesel und trieben unsere Boote immer tiefer in die Weite des Atlantik. Aus der Luft kam das tiefe Gebrumm der Flugzeugmotoren.

13 Uhr 25. Eine Sunderland tauchte durch die Wolkendecke und schwenkte in den Kreis der beiden andern Maschinen ein. Das plötzli-

che Erscheinen einer dritten Maschine verringerte unsere Chancen, der Falle zu entkommen.

13 Uhr 32. Mit der Ankunft einer dritten Liberator sanken unsere Chancen auf den Nullpunkt. Unsere Unternehmung, nur wenige Stunden alt, schien ein vorzeitiges Ende erreicht zu haben. Wir erwarteten den Angriff mit einem winzigen Rest des Vertrauens, mit dem wir ausgelaufen waren.

13 Uhr 40. Eine Liberator stürzte zum Angriff herunter. Unsere Kanonen jagten dem Piloten, der wie irrsinnig in unser konzentriertes Feuer flog, einen Hagel hochexplosiver Geschosse entgegen. Dann griff eine zweite Liberator von der gegenüberliegenden Seite an und zwang uns, die Feuerkraft zu verteilen. Alle drei Boote versuchten mit wilden Zickzackbewegungen den Anflügen auszuweichen. Eine Maschine röhrte plötzlich feuerspeiend auf uns zu, warf ihre Bomben, überflog unsere Brücke nur wenige Meter über unseren Köpfen. Sengende Hitze traf unsere Gesichter. Vier gewaltige Schläge in unsere Flanke, vier Geysir. Gewaltige Wassermassen brachen über uns herein. Ein Mann an der unteren Kanone sackte in die Knie. Ein anderer löste ihn ab. Und wieder standen vier weiße Pilze um den Turm von U-506; dann schnitt die zweite Maschine durch unsere Feuerlinie.

Einige Sekunden Ruhe. Wir hievten neue Munition auf die Brücke. Plötzlich begann U-506 zu tauchen. Die vier Geier erkannten ihre Gelegenheit und stürzten zum Angriff nieder. Doch dann hob sich der Turm von U-506 wieder aus dem Wasser, Männer sprangen an die Kanonen, das Boot drehte scharf nach Backbord und entwich den Bomben der Sunderland. Dann krachten die Explosionen zwischen dem Bellen unserer Flak, dem Stottern der Bordkanonen, dem Geheul der Diesel und dem Donner der Flugzeugmotoren. Die See dampfte vom Qualm der Auspuffgase, schäumte vom Bersten der Bomben. Querschläger, die von unserer Panzerung absprangen, pfiffen durch die Luft. Dann kam der entscheidende Augenblick. Mit donnernden Dieseln duckten sich alle drei Boote gleichzeitig und verschwanden sekundenschnell in der aufgewühlten See. Wir waren noch nicht auf schützender Tiefe angekommen, als der Schwall detonierender Bomben uns bewies, daß die Engländer noch nicht aufgegeben hatten.

Das war das Ende unseres Versuchs, in einer Gruppe durch die Biskaya zu marschieren. Wir verloren bald darauf die Verbindung mit den beiden anderen Booten. Keines erreichte jemals wieder den Hafen. U-506 sank sechs Tage nach diesem Scharmützel und U-533 zwölf Wochen später. Beide wurden das Opfer alliierter Flugzeugangriffe.

Dr. Reche, von Furcht und Seekrankheit geplagt, behandelte unseren einzigen Verwundeten. Glücklicherweise hatte das Geschoß den Oberschenkel glatt durchschlagen. Reche verband den Mann unter größten Schwierigkeiten, Schweißperlen auf der bleichen Stirn. Als er fertig war, kroch er in seine Koje, selbst der Hilfe bedürftig.

Tage und Nächte fuhren die Jäger in der Luft fort, uns mit ihren schweren Koffern zu bombardieren. Wir wurden gehetzt, verfolgt und nahezu zum Wahnsinn getrieben. Stunde um Stunde stürzten wir in die Tiefe; die Detonationen griffen mit tödlicher Genauigkeit nach uns. Und trotzdem gelang es uns, der Vernichtung zu entgehen. Erst als U-230 schließlich die rollende Prärie des Mittelatlantik erreichte, wo wir uns verhältnismäßig sicher fühlten, tauchten wir auf, erstaunt, noch einmal davongekommen zu sein. Andere Boote hatte weniger Glück gehabt. U-514 und U-232 waren am 8. Juli in Stücke gerissen worden, U-435 wurde einen Tag später versenkt. Am 12. Juli gelangen dem Gegner zwei Volltreffer auf U-506 und U-409. Einen Tag danach versenkten die Briten U-607.

Nachdem wir dem Hexenkessel der Biskaya entronnen waren, tauchten wir nur zwei- oder dreimal am Tag vor plötzlichen Anflügen und gewannen lange Stunden Überwasserfahrt. Das Boot wurde von Schimmel und Fäulnis gereinigt. Die Bilgen wurden geschrubbt, der Abfall über Bord geworfen – eine Routinearbeit, die wir in der Biskaya wohlweislich unterlassen hatten. Wir bereiteten unsere Minen zum Wurf vor und warteten unsere Aale, um sie für den Notgebrauch schußfertig zu haben. Die Brückenwachen genossen die sonnigen Tage, und die glühende Sonne brannte ihre Haut tiefbraun. Die Besatzung begann wieder Appetit zu zeigen; einige Männer von der Maschine kamen abwechselnd in den Turm oder auf das Zigarettendeck, um eine Pfeife oder eine Zigarette zu rauchen. Der einzige, der nie die Sonne sah und sich nie von seiner Ledermatratze erhob, war unser Doktor. Von der Seekrankheit geschüttelt, löste er sich langsam in seiner Koje auf. Gelb und dünn ruhte er still auf seiner schmalen Matratze, aß nichts, verlangte nichts, sprach nichts. Nur wenn unser Boot während unseres täglichen Prüfungstauchens auf 60 Meter Tiefe zur Ruhe kam, kroch er aus seiner Koje und erinnerte uns daran, daß er noch an Bord war.

U-230 hielt in sparsamster Marschfahrt Kurs auf die Chesapeake Bay. Im Durchschnitt legten wir täglich etwa 160 Meilen zurück, was allerdings von der Heftigkeit der Belästigungen aus der Luft abhing. Der Strom der Kurzsignale, der Todesnachrichten von unseren Booten, versiegte jedoch nie. U-509 meldete, daß es von einem Flugzeug angegriffen und schwer beschädigt worden sei. Es erbat dringend Ersatzteile, das war die letzte Nachricht. Um diese Zeit sanken auch U-513, Guggenberger; U-67, Müller-Stockheim; U-160, Pommer-Esche; U-159 und U-622, alles alte Kämpen des U-Bootkrieges. Unsere Funker entschlüsselten jedoch nicht nur Notsignale. Sie hörten täglich die Wehrmachtsberichte und vervielfältigten sie auf unserer Reiseschreibmaschine. Auf diese Art erfuhren wir von den aufsehenerregenden Landungen der Alliierten auf Sizilien und von den fortwährenden Rückschlägen unserer Truppen an der russischen Front. Die Welt stand in Flammen, und die Flammen schlugen am höchsten, wo man es am wenigsten erwartet hatte: in Deutschland. Unsere Luftwaffe, von Göring vernachlässigt und von den Alliierten dezimiert, konnte die angloamerikanischen Bomberverbände, die unsere Städte in Schutt und Asche legten, nicht aufhalten. Ich erkannte mit größter Besorgnis, daß die Rückschläge unserer U-Bootwaffe eine alarmierende Ähnlichkeit mit der Niederlage der Luftwaffe hatten. Aber trotz der Brände und der Bombenteppiche in der Heimat, trotz der Rückzüge und der Niederlagen an den Landfronten und der Gefahr, die uns unmittelbar drohte, hielten wir unsere Hoffnung hoch.

Aber unsere U-Boot-Verluste stiegen auch weiterhin. Am 20. Juli bestätigte ein Kurzsignal, daß das Logbuch eines unserer Kameraden aus besseren Tagen in Brest für immer geschlossen war: VON FLUGZEUG ANGEGRIFFEN – BOOT SINKT – GEHE IN GEFANGENSCHAFT U-558. Das war die letzte Meldung des Bootes.

Am folgenden Tag sichteten wir eine Catalina, ein zweimotoriges Flugboot. Wir tauchten sofort, blieben zwei Stunden unter Wasser und zwangen den Piloten der amerikanischen Maschine, seine Jagd aufzugeben. Als wir am Spätnachmittag auftauchten, war der Himmel mit schweren Wolken überzogen. Wir erkannten den Vorteil der Sturmfront und stießen mit äußerster Kraft in den Abend hinein. Die Nacht legte sich über den Atlantik, verwandelte sich aber bald in hellen Tag. Blitze zuckten über das nachtblaue Firmament und ließen den Himmel in hellen Flammen auflodern; der Donner krachte, knallte und rollte wie ein gigantisches Artilleriegefecht. Nach fünf Stunden kam der Regen. Während die grellen Strahlenbündel die Wolken durchstachen und der Donner im Himmel widerhallte, glätteten die Ströme von oben die Meeresoberfläche. Als der tropische Sturm schließlich vorüber war, stieg ein neuer Tag am Horizont auf – der Tag, an dem wir den Festlandsockel von Nordamerika erreichten.

In Erwartung schwerer amerikanischer Luftüberwachung, tauchten wir um 9 Uhr 45 und legten U-230 in einer Tiefe von 110 Metern auf einen neuen Kurs. Während der langen Unterwasserfahrt saß ich mit dem Kommandanten, Riedel und Friedrich in der Offiziersmesse. Wir planten die Taktik unseres Vorgehens. Die Besatzung ruhte in vollkommener Stille. Gegen Abend wurden die Männer über das Ziel unserer Reise aufgeklärt. Nach Einbruch der Nacht tauchten wir auf. Es war 21 Uhr 15. Die See atmete leise. Der tiefblaue Abendhimmel war wolkenlos. Die Kimm war scharf und schwarz. Prager kam auf die Brücke, um einige Sterne zu schießen. Während er seinen Sextanten justierte, sagte ich: »Sehen Sie nur zu, daß Sie einen guten Standort kriegen. Es wäre verdammt ungemütlich, wenn wir uns in den Schleusen des Panamakanals wiederfänden.«

»Was würden Sie sagen, I.W.O., wenn ich das Boot in den Ontariosee gelotst hätte?« entgegnete Prager; und als die Wache laut auflachte, fügte er hinzu: »Lacht nicht so unverschämt, ihr Waisenknaben, wir sind auf dem richtigen Kurs.«

Um 1 Uhr 40 entdeckten wir einen Schatten an Steuerbord. Wir erkannten einen schnellfahrenden Frachter. Sein Kapitän hatte wahrhaftig einen Schutzengel auf der Brücke. Um unsere Minenunternehmung mit Erfolg durchzuführen, hieß das erste Gebot: unentdeckt bleiben und keine Schiffe versenken. Der Rest der Nacht war ereignislos, mit der Ausnahme eines falschen Alarms, als die Venus in vollem Glanz aufging. Die Luft und die See blieben feindfrei. Weder ein Flugzeug noch ein Boot der amerikanischen Küstenwache stoppte unsere heimliche Annäherung an die Küste. U-230 jagte unentdeckt mit 18 Meilen Fahrt westwärts und hatte Cape Charles recht voraus.

In jener entscheidenden Nacht empfingen wir eine aufregende Nachricht. Wir hörten über unseren Kurzwellenempfänger, daß in Italien ein Staatsstreich stattgefunden hatte, daß Mussolini verhaftet war und Marschall Badoglio ihn als Staatsoberhaupt abgelöst hatte. Wäre diese Meldung nicht von einer deutschen Rundfunkstation ausgestrahlt worden, hätten wir sie als Lügenpropaganda der Alliierten abgewiesen. Sie kam uns trotzdem sehr unwahrscheinlich vor, und wir maßen ihr keine besondere Bedeutung zu.

Als die Sonne aufging, tauchten wir auf 40 Meter, stießen langsam nach Westen vor und kamen bis auf 30 Meilen an Cape Charles heran. Da wir keine Informationen über die amerikanische Küstenverteidigung hatten, gingen wir auf Gefechtsstationen und machten unser achteres Rohr klar zum Schuß. Kurz nach 12 Uhr meldete der Horcher zunehmende Schraubengeräusche. Friedrich brachte das Boot auf Sehrohrtiefe. Zu Siegmanns Überraschung standen wir direkt vor einem kleinen Geleit – viel näher, als unser Horchgerät angezeigt hatte. Vier Zerstörer bewachten nur sieben Frachter. Plötzlich rief der Kommandant: »Boot kommt raus, L.I., bring das Boot runter! Die Brücke bricht durch, L.I., runter, runter.«

Friedrich versuchte alle erdenklichen Notmaßnahmen – jedoch ohne Erfolg.

»Was zum Teufel ist bloß mit dieser Schaluppe los! L.I., runter in den Keller«, donnerte Siegmann.

Wertvolle Sekunden vergingen. U-230 hing wie ein Fisch an einer Angel vorlastig unter der Oberfläche und bot die Oberkante des Turms dem Gegner an. Dann bohrte es sich langsam, wahnsinnig langsam durch eine dichte Wasserschicht. Gerade als das Heck in das spezifisch schwerere Wasser eindrang, detonierte eine Waboserie in unmittelbarer Nähe. Die Explosionen drückten das Boot nach unten. Seine Schrauben mahlten in höchsten Umdrehungen. Sie trieben und zwangen das Boot in die Tiefe, bis es Grund berührte. Dann legte sich die Röhre schwerfällig auf die Seite. Asdic-Impulse, von den amerikanischen Zerstörern ausgestrahlt, zirpten durch das flache Wasser, trafen aber den Druckkörper nicht mit der gewöhnlichen Stärke. Die Schallwellen wurden von den verschiedenen Wasserschichten entweder aufgeschluckt oder abgelenkt. Nahezu zwei Stunden durchsuchten die Jäger die See – vergeblich. Dann liefen sie, ohne eine weitere Wasserbombe an uns zu verschwenden, in Richtung des kleinen Geleits ab.

Bei Dunkelwerden tauchten wir auf. U-230 stieß schnell nach Westen vor. Die Nacht war mondlos und fast windstill. Drei Stunden vergingen in zunehmender Erregung. Dann hob sich ein leichter Schimmer über die Kimm – die Lichter von Norfolk. Minuten später brüllte Borchert: »Amerika recht voraus!«

Wir hatten unser Ziel erreicht. Die Zeit: 23 Uhr 25. Der Tag: der 27. Juli 1943.

Als die dünne Linie der Küste über dem Wasser sichtbar wurde, kam Pragers Stimme aus der Dunkelheit der Zentrale: »Boot steht vier Meilen östlich Cape Charles. Vorschlage Kursänderung auf 235 Grad.«

»Sehr gut, Prager«, bestätigte Siegmann. Dann wandte er sich an mich und befahl: »Machen Sie die Eier für den Wurf fertig, I.W.O.«

»Jawohl, Herr Oberleutnant«, antwortete ich, »hart oder weich gekocht?«

Ich befahl, die vier vorderen Rohre zu bewässern und die Mündungsklappen zu öffnen. U-230 jagte mit hoher Fahrt in die Bucht und ließ Fisherman's Island an Steuerbord. Unser Elektrolot tastete in langen Abständen die Tiefe ab. Prager nahm dauernd Peilungen von Punkten an Land. Unsere Gegenwart blieb unbemerkt, unser Vorstoß ein Geheimnis.

Als wir halbwegs zwischen Cape Charles im Norden und Cape Henry im Süden standen, drehte Siegmann den Bug seines Bootes in die flachen Wasser der Chesapeake Bay. Noch blieb alles ruhig. Nirgends ein gegnerisches Fahrzeug, das unser Eindringen aufhalten konnte. Wir gingen mit der Fahrt herunter und schlichen langsam voran. Die Lichter von Norfolk wurden immer deutlicher. Die amerikanischen Seeleute mußten sämtlich auf Landgang sein; auf See waren sie wahrhaftig nicht. Wir ließen den Marinestützpunkt an Backbord liegen. Die Silhouette der Stadt hob sich scharf gegen den Nachthimmel ab. Überall um uns herum stieg Land auf, während wir vorsichtig tiefer in die Bucht eindrangen.

Zwei Stunden nach Mitternacht entdeckten wir einige Frachter, die uns entgegenkamen und in die offene See hinausfuhren. Ihr plötzliches Erscheinen vereitelte unseren Plan, die Minen in dieser Nacht zu werfen. Das flache Wasser erlaubte uns nicht, zu tauchen und damit ungesehen zu bleiben. Wir hatten nur einen Weg: Rückzug in die Dunkelheit, zurück zum Atlantik. Für eine lange Minute zeigten wir den Fahrzeugen unsere Breitseite, bis U-230 seine volle Kurve beschrieben hatte. Dann röhrten wir vor den Frachtern aus der Bucht. Später sahen wir einen der Schatten nach Norden abbiegen. Drei Fahrzeuge drehten nach Süden. Bald waren sie in der Nacht verschwunden. Wir fuhren dreißig Meilen nach Osten, tauchten und legten das Boot auf Grund, um den neuen Abend abzuwarten.

28. Juli, 21 Uhr 45. Als die letzten Strahlen der Sonne hinter der Kimm versunken waren, tauchten wir auf. Wieder dampften wir mit Höchstfahrt in die Chesapeake Bay. Die Nacht war pechschwarz, aber klar. Wir passierten die Linie Cape Charles – Cape Henry. Auch diesmal war die amerikanische Marine an Land. Die Bucht lag völlig verlassen vor uns. Erst kurz vor Mitternacht entdeckte Borchert einen Schatten recht voraus. Wir verlangsamten unsere Fahrt. Der Schatten wuchs schnell zu einem Riesenschiff. Siegmann stoppte beide Maschinen, um einen Rammstoß zu vermeiden. Das Fahrzeug steuerte Kurs Baltimore. Es machte acht Meilen. Viel zu langsam für unseren begrenzten Stundenplan. Da wir aber dem Kapitän nicht befehlen konnten, Dampf aufzumachen, glichen wir unsere Fahrt der seinen an und

folgten in seinem Kielwasser. Wir hatten minutenlang Zeit, unsere Nachtgläser auf dem Rand der Brücke aufzulegen und die amerikanische Landschaft zu beobachten.

29. Juli, 0 Uhr 10. Siegmann glaubte weit genug in die Bucht eingedrungen zu sein. Er schwenkte das Boot auf Gegenkurs, den Lichtern von Norfolk entgegen. Als U-230 sicher auf seinem neuen Kurs lag, verschwand ich im abgeblendeten Boot, um den Wurf der Minen zu überwachen. Nach fünf Minuten fiel das erste Ei mit einem weichen Stoß aus dem Rohr. Drei Minuten später folgte das zweite, dann das dritte – und das erste Rohr war leer. Während die Minen in regelmäßigen Zeitabständen ausgestoßen wurden, luden die Männer die leeren Rohre nach. Der Bugraum dampfte vom Schweiß halbnackter Körper und dröhnte vom Klirren der Ketten und Laufkatzen. Der Ausstoß der tödlichen Ladung war Präzisionsarbeit und dauerte eine Stunde und fünfzig Minuten. Danach eilte ich auf die Brücke: »Melde gehorsamst, vierundzwanzig Eier in Onkel Sams Vorgarten gelegt.«

Siegmann grinste. »Wir haben erst in neun Monaten Ostern und können nicht warten, bis das Eierrollen anfängt. Beide Maschinen große Fahrt voraus. Neuer Kurs 90 Grad.«

Das Boot gewann schnell Fahrt und lief mit 17 Meilen ab, passierte Norfolk, dann Fisherman's Island und jagte dann einem neuen Morgenhimmel entgegen. Gegen 6 Uhr tauchten wir und trieben langsam in die offene See hinaus.

Um 22 Uhr 30 am selben Abend tauchten wir auf. Wieder war die Nacht mondlos, nur eine leichte Brise kräuselte die See. Siegmann ging auf Südkurs und jagte die Maschinen auf Höchsttouren, um den Ort unserer heimlichen Tätigkeit so schnell wie möglich weit hinter sich zu lassen. Am folgenden Tag waren wir wieder in unserer alten Routine und tauchten täglich drei- oder viermal vor den geschäftigen Bienen. Da unser Metox keine zuverlässige Hilfe war, um feindliche Flugzeuge rechtzeitig zu erfassen, verließen wir uns auf unsere Augen.

Am 30. Juli fingen wir drei Kurzsignale auf, die kurz hintereinander abgegeben worden waren. Es waren die letzten Meldungen dreier Boote. Sie alle gaben denselben Standort in der Biskaya an. Riedel, sichtbar erschüttert, überreichte mir die entschlüsselten Signale:

VON FLUGZEUG ANGEGRIFFFEN – BOMBEN – BOOT SINKT – 46N 10W – U-504.

BOMBEN – BOOT SINKT – 46N 10W – U-461.

FLUGZEUG – BOMBEN – BOOT SINKT – 46N 10W – U-462.

Bestürzt erkannten wir, daß die Boote in derselben von unserer Führung so genial erfundenen Formation gelaufen waren, die wir schnellstens als unpraktisch aufgegeben hatten. Und diese drei Boote waren, wie wir wußten, unhandliche U-Tanker und viel verletzlicher als die Kampfboote. Wir konnten uns deshalb ein klares Bild über die letzten Minuten ihres Kampfes machen. Unfähig, innerhalb Sekunden zu reagieren und blitzschnell zu tauchen oder sich gegenseitig mit den ungenügenden Bordkanonen zu unterstützen, hatten sie die Schlacht bereits verloren, bevor sie Gelegenheit hatten, eine Flagge zu schwenken, wie es die Phönizier vor dreitausend Jahren getan hatten. Mit dem Verlust dieser drei Boote verringerten sich unsere Aussichten, auf hoher See versorgt zu werden, bedeutend.

Der britische Sieg in der Biskaya wurde aber von einem anderen an Land noch weit übertroffen. Zum drittenmal innerhalb kurzer Zeit hörten wir über unseren Kurzwellenempfänger, daß Hamburg wieder schwer zerbombt worden war. Wie es hieß, hatte sich der schwerste aller Angriffe in der vergangenen Nacht zugetragen. Die halbe Stadt sei in Flammen aufgegangen. Ich sah das Gesicht des Kommandanten erbleichen. Er zog sich wortlos in seine Nische zurück, schloß den grünen Vorhang und rührte weder das Mittag- noch das Abendessen an. Wir alle wußten, daß seine Familie in Hamburg wohnte – seine Frau, die Kinder und auch die Eltern.

1. August. Wir hatten etwa 400 Seemeilen zwischen uns und die Chesapeake Bay gelegt und riskierten es nun, einen Funkspruch an den BdU abzugeben: SONDERAUFGABE ERFOLGREICH DURCHGEFÜHRT – ERBITTE NEUE BEFEHLE – GERINGER TREIBSTOFFBESTAND – STANDORT 27N 68W – U-230.

Drei Stunden nach Abgabe unserer Meldung stürzten plötzlich aus dem wenig bewölkten Himmel zwei viermotorige Maschinen auf uns zu. Wir tauchten sofort. Wasserbomben explodierten in unmittelbarer Nähe. An diesem Tag tauchten wir noch viermal. Uns war nunmehr völlig klar, daß unser Funkspruch eine umfangreiche Jagd amerikanischer Flugzeuge ausgelöst hatte. Nach Einbruch der Dunkelheit erhielten wir den Befehl unseren Weg nach Süden in die Gegend östlich der Windward-Inseln fortzusetzen. Dort sollte U-459, eine unserer Milchkühe, uns versorgen.

Zwei Stunden nach Eingang dieses Funkspruchs entzifferte Riedel eine persönliche Nachricht für den Kommandanten: U-230 – SIEGMANN – FAMILIE GESUND UND WOHLAUF AUF DEM LANDE – DÖNITZ. Diese Meldung war für uns alle wichtiger, als es jede Auszeichnung hätte sein können.

Wir setzten unseren Marsch nach Süden mit äußerster Vorsicht fort. Das Alarmtauchen wurde wieder Routine; von den Bomben galt das gleiche. Am 3. August erhielten wir einen Funkspruch vom BdU, der seit Beginn der alliierten Gegenoffensive die größte Überraschung an Bord verursachte: ACHTUNG ALLE BOOTE – METOX SOFORT ABSCHALTEN – STARKE EIGENSTRAHLUNG DIE VOM GEGNER ANGEPEILT WERDEN KANN – KURZWELLENSENDER UND EMPFÄNGER EBENFALLS BIS AUF WEITERES ABSCHALTEN – NEUE MELDUNGEN FOLGEN. –

Diese Warnung erreichte U-230 noch zur rechten Zeit; aber für die vielen hundert Boote, die bereits auf dem Grund der sieben Meere lagen, kam sie zu spät. Monatelang hatten wir ein Gerät benutzt, das wie ein Leuchtturm dem Gegner unsere Position verraten hatte. Diese Erkenntnis ließ unser Überleben wie ein Wunder erscheinen.

Wir schalteten unser Metox mit einigen deutlichen Ausdrücken der Erleichterung ab und setzten die Reise nach dem Süden mit gesteigerter Vorsicht fort. Unsere Hoffnung, jemals wieder in Brest einzulaufen, sank jedoch von Tag zu Tag, weil unser U-Tanker die wiederholten Aufforderungen der Führung, Standort zu melden, nicht mehr beantwortete.

In diesen Tagen wurde unsere Treibölübernahme dreimal verschoben. Jedesmal warteten wir auf einem neu angewiesenen Treffpunkt vergeblich auf den U-Tanker. Jedesmal mit weniger Brennstoff in den Bunkern. Schließlich trieben wir nahezu hilflos irgendwo in der Weite des Atlantik. Unsere Lage verschlimmerte sich täglich und wurde ernst, als unser Brennstoffvorrat immer mehr versiegte.

Am 9. August ereignete sich eine neue Tragödie, in die drei unserer Boote verwickelt waren. Sie begann mit einem Kurzsignal von U-604, das einige hundert Seemeilen westlich Recife in Seenot war: VON FLUGZEUG ANGEGRIFFEN – SCHWERE SCHÄDEN – TAUCHUNKLAR – U-604. Um die Besatzung zu retten, befahl die Führung U-172 und U-185, die in der Nähe des angeschlagenen Bootes standen, mit Höchstfahrt zur Hilfe zu eilen. Dann herrschte für etwa 30 Stunden Funkstille. Am 11. August kam ein neuer Hilferuf aus dem Südatlantik: FLUGZEUG -BOMBENSCHÄDEN – U-172. Nur wenige Minuten später ein drittes Kurzsignal: VON LIBERATOR ANGEGRIFFEN – BOOT SINKT – U-604. Und eine Stunde später empfingen wir folgenden Funkspruch: FLUGZEUG ABGESCHOSSEN – BESATZUNG VON U-604 GERETTET – SCHADEN – U-185.

Nachfolgende Meldungen verrieten, daß U-172 ebenfalls Überlebende von U-604 an Bord genommen hatte und mit Hilfe von U-185 notdürftig repariert worden war. Dann begannen die beiden Boote den Rückmarsch über 3000 Seemeilen zu ihrem Heimathafen in Westfrankreich. Aber U-185 kam niemals dort an. Es wurde am 24. August das Opfer eines neuen Flugzeugangriffs.

Am 13. August trieb U-230 mit nur zwei Tonnen Brennstoff auf einer trägen See. Unser Standort war etwa 300 Seemeilen östlich der westindischen Inseln. Am Nachmittag erhielten wir eine vierte Aufforderung, ein neues Versorgungsboot, U-525, in Quadrat DE 59 zu treffen. Die Ölübernahme war auf den 17. August festgesetzt. Um unentdeckt zu bleiben und gleichzeitig mit Treibstoff und Strom sparsam umzugehen, blieben wir während des Tages getaucht und fuhren nachts mit sparsamster Fahrt über Wasser dem Tanker entgegen. Wir kamen pünktlich im zugewiesenen Quadrat an und kreuzten langsam durch das Seegebiet, bis unser Brennstoff aufgebraucht war. Dann trieben wir hilflos in der sachten Dünung. Stunden später entdeckten wir einen schwarzen Punkt in weiter Ferne. Er kam langsam näher. Bald erkannten wir die vertrauten Umrisse einer U-Bootbrücke. Aber anstatt den Tanker zu treffen, begrüßten wir U-653, das ebenfalls aus U-525 versorgt werden sollte.

U-525 aber blieb verschollen. Nach nahezu zweitägigem Warten entschlossen sich Siegmann und der Kommandant von U-653 zu folgender Taktik: U-653, das noch etwa 15 Tonnen Treibstoff hatte, sollte 150 Seemeilen nach Westen stoßen, dann die Führung von unserer Lage unterrichten und nach Abgabe des Funkspruches wieder zurückkommen. Dieses vorsichtige Manöver würde unseren Standort weiterhin geheimhalten, selbst wenn es dem Gegner gelingen sollte, das Kurzsignal von U-653 einzupeilen.

U-653 verschwand bald hinter der westlichen Kimm. U-230 lag bewegungslos an der Oberfläche. Nach zehn spannungsgeladenen Stunden fingen wir das Notsignal an Dönitz auf. Dann warteten wir mit noch größerer Spannung auf die Antwort. Sie kam im Morgengrauen des 20. August und gab uns neue Hoffnung: U-653 TREIBSTOFF MIT U-230 TEILEN – BEIDE BOOTE IN QUADRAT DF 91 GEHEN – DORT VERSORGUNG AUS U-847 AM 27. AUGUST – RÜCKFAHRT ZUM STÜTZPUNKT AUF KÜRZESTER MARSCHROUTE.

U-653 kam nach 46 stündiger Abwesenheit zurück. Anstatt bei Tageslicht Brennstoff zu übernehmen und dabei in Stücke gebombt zu werden, entschlossen wir uns, bis zum Sonnenuntergang zu tauchen. Nach Einbruch der Dunkelheit waren beide Boote wieder oben, kamen längsseits, und bald saugten wir unseren Anteil der kostbaren Flüssigkeit aus den Bunkern von U-653. Danach trennten sich die Boote und marschierten allein zum neuen Treffpunkt.

Die Nächte auf unserem Marsch nach Osten waren ruhig. Wir blieben getaucht, solange die Sonne am Himmel stand. Aber als wir die Mitte des Atlantik erreichten, wo der Flugverkehr bedeutend nachließ, gewannen wir viele helle Stunden an der Oberfläche. In der Nacht zum 27. August stießen wir in das Quadrat unseres neuen Treffpunkts mit dem U-Tanker und suchten die Wasserwüste nach der vertrauten Silhouette ab. Stunden angespannter Aufmerksamkeit folgten. Am Vormittag hoben sich plötzlich die Aufbauten dreier Boote aus der rollenden Dünung. Kurz darauf waren es bereits sechs Boote. U-847, der Versorger, war ebenfalls angekommen. Wir begrüßten das große Boot, winkten den Männern auf U-653 zu, riefen unsere Wünsche hinüber zu U-508, das längsseits gekommen war, sprachen durch die Flüstertüte mit Neide auf U-415 und sandten unsere Anerkennung an Emmermann auf U-172, der die Hälfte der Besatzung von U-604, Höltring, gerettet hatte. Vergeblich aber warteten wir auf das Eintreffen von Maus und seinem U-185. Es lag bereits auf dem Boden des Mittelatlantik.

Diese Ansammlung von sechs Booten mußte den Gegner wie ein Magnet anziehen. Wir konnten nur hoffen, daß er von unserem Treffen nichts ahnte. U-653 und U-415 verloren deshalb keine Zeit; kamen längsseits des Versorgers und begannen die ihnen zugeteilte Brennstoffmenge zu übernehmen. Drei Stunden höchster Alarmbereitschaft folgten. Danach übergab U-653 seinen Schlauch an uns, und U-230 begann das Treiböl aus den Bunkern von U-847 zu saugen. Bald hatte auch U-415 seinen Anteil erhalten und machte für U-172 Platz. Kurz bevor U-415 zum Trimmversuch wegtauchte, wünschten wir ihm eine glückliche Rückreise nach Brest. Ich hätte ihm ein Stoßgebet nachgesandt, wäre ich hellseherisch begabt gewesen. Denn sieben Monate später sollte ich Kommandant von U-415 werden.

In unserer Manövrierfähigkeit stark beeinträchtigt und einem Angriff aus der Luft nahezu hilflos ausgesetzt, trieben wir und U-508 auf Parallelkurs neben dem Versorger dahin. Wir postierten nur die besten Ausgucks auf die Brücke, zwei Mann an die beiden Fla-Waffen und einen Mann an Oberdeck, der ständig bereitstand, mit einer Axt den Schlauch zu kappen. Die Besatzung des Versorgers benahm sich jedoch unverständlicherweise völlig unbekümmert. Die Männer lagen an Deck, hingen faul über der Reling oder standen wie Eckensteher auf der großen Brücke. Erstaunt über soviel Leichtsinn, rief ich durch die Flüstertüte den I.W.O. des Bootes an: »Was ist bloß mit Ihren Leuten los? Habt ihr gar keinen Respekt vor den Bienen?«

»Wir haben nicht eine einzige gesehen, seit wir die Dänemarkstraße hinter uns haben«, brüllte er zurück.

»Seien Sie lieber vorsichtig! So viel Glück kann nicht ewig dauern. Sagen Sie, wo fahren Sie eigentlich hin?«

»Nach Japan«, rief er aufgeräumt zurück. »Aber nachdem wir fünfzig Tonnen Sprit an euch abgegeben haben, werden wir es wohl nur bis Surabaja machen.«

Ich wünschte ihm und der Besatzung viel Glück, hatte aber meine Zweifel. Bald darauf wurde unser Schlauch abgeschlagen, und U-230 zog sich aus der gefährlichen Lage zurück. Nach einem kurzen Trimmversuch tauchten wir wieder auf und marschierten mit größter Vorsicht nach Nordosten, im Kielwasser unserer Vorgänger und auf geradem Kurs nach Brest. An jenem Spätnachmittag hörten wir das Echo zahlreicher Detonationen aus der Richtung unseres verlängerten Kielwassers durch den Atlantik rollen. Instinktiv wußten wir, daß Bomben das Ende für die Männer von U-847 bereitet hatten.

Unsere Annahme wurde zwei Tage später bestätigt. U-508, das als letztes Boot die Treibölübernahme beendet hatte, funkte am 29. August folgende Einzelheiten: U-257, U-172, U-653, U-230, U-415, U-508 AUS U-847 VERSORGT – U-185 NICHT EINGETROFFEN – AM 27. 8. LUFTABWEHR – SPÄTER SCHWERE DETONATIONEN – VERMUTLICH U-847 GEBOMBT. Auf wiederholte Signale der Führung, sofort Standort zu melden, antwortete U-847 nicht mehr. Das Boot war von den Flugzeugen des amerikanischen Trägers *Card* aufgefaßt, mit Bomben belegt und versenkt worden.

Wie die anderen Boote hatte auch U-230 nicht genug Brennstoff, um im Falle einer Verfolgung ein größeres Ausweichmanöver durchzuführen. Wir waren deshalb genötigt, uns durch die Inselgruppe der Azoren hindurchzuwinden. Nachdem wir die Inseln am Nachmittag des 29. August passiert hatten, fingen wir ein Kurzsignal von U-634, Dahlhaus, auf: GELEITZUG – KURS NORD – WERDE VON KORVETTE VERFOLGT. Nur Minuten später hörten wir das Dröhnen einer Wasserbombenschlacht aus der Richtung des von Dahlhaus zuletzt angegebenen Standorts. Die Schlacht dauerte über acht Stunden. Danach antwortete U-634 nicht mehr. Es war mit der gesamten Besatzung gesunken.

Kurz nachdem wir den 20. Längengrad West überquert hatten, verdichteten sich die Angriffe aus der Luft. Wir entschlossen uns, während der Nächte getaucht zu bleiben und nur am Tage über Wasser zu marschieren, wenn der Himmel klar und wolkenlos und die Sicht nicht behindert war. Aber die Tommies beherrschten die Luft und das Meer, und die Biskaya erzitterte unter den Detonationen ihrer Bomben. Wir fuhren unaufhaltsam vorwärts, immer ostwärts, durch unablässige Angriffe, durch das züngelnde Feuer der Bordkanonen und durch eine kochende See, um nur einige Meilen zu gewinnen. Stunde um Stunde untertauchten wir die Bombenschläge, Tage um Tage entwischten wir den nervenzerreißenden Asdic-Impulsen und den summenden Schraubengeräuschen der U-Jagdgruppen. Mit fliegenden Nerven schlüpften wir durch die Barriere von Korvetten und Fregatten, bis wir nach sieben Tagen endlich wieder die Felsen der bretonischen Küste aus dem Meer aufsteigen sahen. Es war der achte Tag im September, nahezu zehn Wochen nach unserem Auslaufen aus Brest.

Am Ansteuerungspunkt, nahe der Einfahrt in die Bucht von Brest, trafen wir ein Minenräumfahrzeug und hängten uns in sein Kielwasser. Das Boot blinkte sofort mit Scheinwerfer: LUFTGEFAHR – BESETZEN SIE SOFORT IHRE FLAWAFFEN. Wir nahmen den Vorschlag sofort an. Es war allzu deutlich, daß unsere Unternehmung noch nicht beendet war. Die Hölle aus der Luft folgte uns direkt in den Hafen.

Inzwischen zwängten sich unsere bärtigen Männer in frische U-Bootpäckchen, kämpften sich erschöpft auf die Brücke und an Oberdeck, um nach Wochen der Enthaltsamkeit ihre erste Zigarette zu paffen. Unser Arzt kroch aus der Koje, hob sein gelbgraues Gesicht in die Sonne und erinnerte uns damit an seine Gegenwart. Siegmann, die weiße Mütze verwegen auf einem Ohr, steckte eine große Zigarre in seinen dichten, roten Wikingerbart und paffte zufrieden vor sich hin. Wieder hatten wir die Anstrengungen unseres Gegners vereitelt, uns auf den Grund des Meeres zu befördern.

U-230 steuerte vorsichtig in einen der Liegeplätze unter dem Betondach des Bunkers. Die Leinen wurden festgemacht, die Besatzung trat an Oberdeck an. Da kam Friedrich, einen Strohhut auf dem langen, schwarzen Haar, das bleiche Gesicht von einem dicken Bartgestrüpp umrahmt, aus dem Boot gekrochen. Mit einer Porzellantasse in der Rechten kam er vorsichtig die Brücke heruntergeklettert und präsentierte die Tasse dem Kommandant: »Melde gehorsamst, das ist der letzte Tropfen Treibstoff, den ich aus den Bunkern herausquetschen konnte.«

Siegmann verzog sein Gesicht zu einem gezwungenen Lächeln und entgegnete: »Da sehen Sie, L.I., wie geschickt ich neuerdings operiere. Sie müssen zugeben, daß ich für den Notfall immer noch genug Spielraum lasse.«

5

U-230 kam im Betonbunker von Brest zur wohlverdienten Ruhe. Nur hier, mit sieben Metern Stahlbeton über unseren Köpfen, fühlten wir uns sicher. Als ich die Stelling überquerte, zog ich die Luft tief ein und stieß dann einen hörbaren Ton der Erleichterung aus. Das war alles, was ich tun konnte, um mein Unbehagen über unser sinkendes Glück auszudrücken. Unsere Jagd endete allzuoft im Chaos. Wir hatten nur noch wenig Boden zu verlieren. Vor zwei Jahren lag die Linie zwischen Krieg und Frieden weit draußen im Atlantik. Im letzten Frühjahr war sie bereits bis zur Zweihundert-Meter-Linie, zum Festlandsockel, zurückgefallen. Nun lag die Front an der Küste Frankreichs. So manches U-Boot, dem es gelungen war, sich während der Wochen seiner Feindfahrt über Wasser zu halten, war in Sicht der Küste und kurz vor der Geleitaufnahme angegriffen und versenkt worden.

Der Unterschied zwischen damals und heute war in Brest deutlich sichtbar. Die Liegeplätze im Bunker waren nur halb gefüllt. Im Frühjahr hatten sich noch bis zu drei Boote in jede der dunklen Öffnungen gezwängt, und manches Boot hatte unter freiem Himmel an der steinernen Mole festgemacht. Auf der Werft war es ungewöhnlich still. Vor nicht allzu langer Zeit hatte die Werft unsere Boote in einem 24-Stunden-Tag überholt. Das Klingen der Hämmer gegen Stahl, das Rasseln der Kräne war nahezu verstummt. Nicht, daß die Boote draußen standen und Geleitzüge jagten – nein, es gab nur noch etwa 70 Wölfe im Atlantik, die einzelne Suchaktionen durchführten, um weiterhin die Kräfte des Gegners zu binden. In den ersten sechs Monaten dieses Jahres waren über 120 Boote verloren gegangen. Und die Zahl der Verluste schnellte weiterhin nach oben. Allein in den letzten zehn Wochen waren über 50 U-Boote überfällig. Eine vernichtende Anzahl. Die meisten sanken unter dem Hagel von Fliegerbomben, der Rest unter den Schlägen neuer und viel gefährlicherer Wasserbomben. Das Ergebnis unserer Unternehmung war ein erstaunlicher Beitrag zu der geringen Versenkungsziffer feindlichen Schiffsraums, die von einer kleinen Anzahl unserer Boote eingebracht wurde.

Unser Empfang in Brest spiegelte die angespannten Verhältnisse und war von der allgemeinen Bestürzung über die ununterbrochene Kette unserer Verluste überschattet. An der Pier im Betonbunker standen nur wenige Männer in Marineblau. Nur zwei Mädchen hatten Zeit gefunden, uns mit Blumen zu begrüßen. Das zeremonielle Essen im Stützpunkt war zwar mit Liebe zubereitet, aber die Stimmung hatte nichts mehr von dem Frohsinn früherer Empfänge. Ich zog mich bald auf mein Zimmer zurück und fand meine Sachen säuberlich auf dem Boden aufgestapelt. Wieder zog ich mein Testament aus dem Koffer und zerriß es in Stücke. So endete meine längste Feindfahrt.

Dann folgte das Ritual der Menschwerdung: ein heißes Bad, Rasieren und der obligate Haarschnitt. Nach dieser gründlichen Überholung wollte ich mich Vera präsentieren. Während der langen Wochen auf See hatte ich oft an diesen ersten Abend an Land gedacht, und für die kommenden Wochen hatte ich große Ideen. Ich war gerade dabei, meine Krawatte zu binden, da trat Fred Schreiber, Verbündeter mancher Gefechte an Land, unsicher in mein Zimmer. In einer Hand jonglierte er ein halbgefülltes Glas, in der anderen hielt er eine Flasche Champagner. »Sieh mal an«, sagte er, »da bereitet sich doch tatsächlich einer auf seine Rückkehr vor. Wie lange warst du auf See? Zehn Wochen? Soll ich mit dir wetten?«

»Was meinst du, Fred? Um was geht die Wette?«

»Ich wette, daß deine Hübsche mit einem andern durchgebrannt ist. Du kannst dein Mädchen doch nicht zehn Wochen allein lassen und dann noch glauben, sie wäre dir treu geblieben. Hier, trink mit uns Benachteiligten, die den Kummer über die Untreue ihrer Mädchen bereits hinuntergespült haben.«

Ich widerstand der Versuchung, ihm zu verraten, daß in meinem Falle die Dinge anders standen und daß mein Mädchen hier im Stützpunkt auf mich wartete.

Da fuhr Fred fort: »Warum willst du nicht bei uns mitmachen? Wir haben für heute abend im Atelier der Fotografin ein Fest organisiert. Eine Menge Mädchen werden dabei sein. Es gibt Champagner, eine Kapelle und Liegewiesen. Burks Freundin, die Fotografin, gibt eine Geburtstagsfeier, und jeder, der trinken und singen kann, ist eingeladen.«

Hatte ich recht gehört? Aufs höchste interessiert, fragte ich: »Sag mal, Fred, wer ist denn dieses Mädchen, das die Feier gibt?«

»Oh là-là«, da hast du keine Chancen. Sie ist bei Burk in festen Händen. Es ist Vera, die Fotografin. Sie wohnt im vierten Stock.«

Das war das Ende meiner Träume, meiner schönen Pläne. Ich nahm

Freds Glas, füllte es mit Champagner und spülte meinen Ärger über Veras Treulosigkeit mit einem Schluck hinunter. Ich erzählte Fred, daß ich bereits eine andere Verabredung hätte, und dankte ihm für die Einladung. Als er gegangen war, zündete ich mir eine Zigarette an und versuchte, mir die Enttäuschung über Vera aus dem Sinn zu schlagen. Natürlich hatte ich kein Anrecht auf Vera. Sie hatte wahrscheinlich nicht mehr mit meiner Rückkehr gerechnet. Zu viele meiner Freunde waren draußen geblieben. Die Lebensspanne eines U-Bootfahrers an der Front war auf sechs oder sieben Monate zusammengeschrumpft, nicht mehr. Vera hatte allen Grund, mich zu vergessen.

Ich entschädigte mich schließlich auf andere Weise. Riedel, Friedrich und ich feierten unsere Rückkehr mit einem Gala-Essen im ›Seekommandant‹, dem deutschen Restaurant, das alles bot, was ein hungriger Seemann begehrte.

Während der Werftliegezeit unseres Bootes sollten größere Verbesserungen an Bord eingebaut werden. U-230 sollte mit zwei 2-cm-Doppellafetten und einer 2-cm-Vierlingsflak ausgerüstet werden, eine Maßnahme, auf die wir lange gewartet hatten. Die Feuerkraft dieser acht Rohre würde unzweifelhaft manchen englischen Flieger davon abhalten, sich auf uns zu stürzen und seine Bomben auszuklinken. Ein neues Funkmeß-Warngerät, die Wanze, ersetzte das veraltete Metox-Gerät. Die Wanze war in der Lage, Wellenlängen im unteren Zentimeterbereich aufzufangen. Damit hatten wir ein Gerät, das uns vor den heimtückischen Anflügen, besonders in der Nacht, warnen würde. Unsere Erfahrung hatte gezeigt, daß das Abschalten des Metox den Gegner veranlaßte, sein aktives Ortungsgerät zu benutzen, um uns zu finden. Neben diesen Verbesserungen waren auch neue Torpedos entwickelt worden, die nun zum Einsatz gebracht werden sollten. Diese und andere Waffen versprachen eine baldige Änderung des U-Bootkrieges.

Die Zeit für eine Veränderung war tatsächlich schon lange reif. Siebenunddreißig Boote waren im Juli verlorengegangen. Von siebzehn Booten, die in den letzten Julitagen versucht hatten, die Biskaya zu durchqueren, hatten zehn das Rennen mit dem Leben bezahlt. Im August wurden weitere sechzehn Boote versenkt. Damit waren in vier Monaten über 100 U-Boote vernichtet worden – 60 Prozent der einsatzbereiten U-Bootflotte. Die Folge war für den Verlauf des Krieges katastrophal. Unsere Versenkungen alliierten Schiffsraums hatten sich von beinahe einer Million Tonnen im März auf nur 96 000 Tonnen im August verringert. Viele Kameraden, viele bekannte Gesichter waren verschwunden. In den Messen standen leere Stühle, und das fröhliche Lachen früherer Tage war verstummt. Wir, die noch einmal davongekommen waren, hatten allen Grund zu der Annahme, daß auch unsere Gesichter bald vermißt werden würden.

Hafenroutine löste die Spannung der langen Feindfahrt ab. Unsere Männer bemühten sich um ihr Boot mit derselben liebevollen Hingabe, mit der sie sich um ihre Mädchen kümmerten. Siegmann fuhr zur üblichen Lagebesprechung bei Dönitz. Danach absolvierte er mehrere Lehrgänge, um sich über die schnellen Entwicklungen fremder und eigener Waffen auf dem laufenden zu halten. Unser Doktor wurde von seiner Pflicht, auf U-Booten zu fahren, enthoben und in die österreichischen Alpen entlassen, um sich von den Strapazen seines Abenteuers zu erholen. Die Führung hatte es endlich aufgegeben, U-Boote mit Ärzten auszurüsten, nachdem eine große Anzahl von ihnen zusammen mit ihren Booten geopfert worden waren. Ihre ärztliche Kunst wurde anderswo viel dringender benötigt.

Für die nächste Feindfahrt waren uns neuartige Torpedos zugesagt worden. Um sie kennenzulernen, besuchte ich einen kurzen Auffrischungskurs in Gotenhafen – ein Zwischenspiel, dem ich mit größter Erwartung und wachsender Hoffnung auf eine Besserung der Lage entgegensah. Vor meiner Abreise fand ich gerade noch genug Zeit, meinen Schneider zu besuchen. Er war sichtlich überrascht, mich wiederzusehen. Unser Dilemma war den Franzosen natürlich kein Geheimnis geblieben. Mein Anzug hing fertig auf einem Ständer. Um meine Garderobe zu vervollständigen, kaufte ich einen Gabardinemantel, Seidenhemden und elegante Sportschuhe mit Kreppsohlen. Obwohl wir bereits im vierten Kriegsjahr waren, beschafften die Franzosen alles, was das Herz begehrte – ohne Marken, aber zu entsprechenden Preisen. Ich konnte es mir leisten, jeden Preis zu bezahlen. Auf See gab es weder Mädchen oder Bars noch ausgelassene, teure Festlichkeiten.

Fünf Tage nach der Rückkehr von U-230 saß ich im Schnellzug nach Paris. Meinen Zivilanzug hatte ich sorgfältig in meinem schweinsledernen Koffer untergebracht. Nach der Ankunft in meinem Hotel nahe der Place Vendôme verwandelte ich mich in einen Zivilisten. Zum erstenmal seit jenem Tag im Dezember 1939, an dem ich das Blau der Marine angezogen hatte, konnte ich meine Uniform für einige Stunden zur Seite legen. Nun konnte ich Paris genießen. Es pulsierte von üppigem, friedlichem Leben. Und ich wünschte mir, daß das Leben immer so bliebe. Mein Verlangen nach einer Atmosphäre des Friedens war gewachsen, je länger der Krieg sich hinschleppte. Ich wünschte mich den Glücklichen anschließen zu können, die sich nicht mit den quälenden

Gedanken über das Morgen zu plagen hatten – über ein Morgen, das vom Geheul der Diesel und dem Krachen explodierender Wasser- und Fliegerbomben erfüllt war und mit dem Tod in unserem eigenen eisernen Sarg enden würde. Ich wünschte mir, nur für Stunden vergessen zu können, daß ich ein Rad in der Kriegsmaschine war, die zerstörte und zermalmte. Ich wünschte mir, für ein paar Stunden das Leben so erleben zu können, wie es wirklich war: nicht als Soldat, sondern fern vom Krieg als unschuldiger Zuschauer. Nur ein Ort in der Welt, so schien es, konnte mir das wunderbare Gefühl der Losgelöstheit, der Freiheit und Beschaulichkeit geben, das ich suchte – Paris.

Paris enttäuschte mich nicht. Es war, wie immer, bezaubernd. Ich fühlte den Charme dieser Stadt, wie ihn Menschen vieler Länder und Zeiten erfahren hatten. Frei von den Einschränkungen des Daseins in Uniform schlenderte ich durch die Straßen; und daß meine Verkleidung ausgezeichnet war, wußte ich, als mich die verstohlenen Blicke jener Pariserinnen trafen, die sich nicht herabließen, einen Mann in Uniform zu beachten. Fünf wundervolle Stunden lang war ich vollständig vom Krieg getrennt. Ich hatte mich selbst wiedergefunden.

Ich war wieder in Uniform, als ich in Frankfurt ankam. Den Abend verbrachte ich mit meinen Eltern und meiner Schwester. Die Zerstörungen in der Stadt hatten groteske Ausmaße angenommen. Seit meinem letzten Besuch im Juni waren ganze Stadtteile ebenso beschädigt worden wie in Berlin. Vaters Betrieb hatte unter den Angriffen stark gelitten und war nur oberflächlich repariert worden. Nach Vaters Bericht war das sechste Feuer im Dachstuhl seines Lagerhauses nur zwei Tage zuvor mit größter Mühe gelöscht worden. Unser Wohnhaus hatte ebenfalls einen Brandschaden erlitten. Diese Eröffnungen waren erschütternd. Irgendwie fühlte ich mich für die vielen Schiffsladungen voll amerikanischer Bomber verantwortlich, die unbehelligt den Atlantik überquerten und nun unsere deutschen Städte zerschlugen.

Im Grunde war ich froh, daß mein gedrängter Reiseplan mir nur wenige Stunden zu Hause vergönnte. Noch in derselben Nacht verließ ich Frankfurt in einem abgedunkelten Zug. Wir hielten mehrfach in Wäldern und auf offenem Felde; und jedesmal war das langgezogene, tiefe Brummen alliierter Bomber zu hören, die am Nachthimmel über Deutschland dahinzogen. Die Reise nach Berlin war eine qualvolle, ermüdende Angelegenheit; ich kam mit achtstündiger Verspätung an. Ich durchquerte die Reichshauptstadt mit der U-Bahn und dachte dabei an glücklichere Zeiten. Seit Mariannes Tod hatte Berlin für mich sein Gesicht und seine Anziehungskraft verloren. Ich verließ die Stadt auf meiner altbekannten Route zur Ostseeküste mit einer weiteren Verspätung von sechs Stunden.

Eine zweite miserable Nacht auf den Schienen. Die einzige Beleuchtung waren die aufflammenden Streichhölzer und die glühenden Spitzen von Zigarren und Zigaretten. Rauch und Gestank verpesteten die überfüllten Abteile. Lebhafte Erörterungen über die Kriegslage hielten Soldaten und Zivilisten wach. Ich war von dem Geist unserer Leute in der Heimat und der Haltung unserer an die russische Front zurückkehrenden Landser tief beeindruckt.

Der Schnellzug fuhr mit zehnstündiger Verspätung in Danzig ein. Ich mußte nochmals umsteigen und kam schließlich mit einer Gesamtverspätung von einem Tag in Gotenhafen an. Ich bemerkte eine gewisse Erregung unter den U-Bootfahrern, die hier zusammengekommen waren, um sich über die erste grundlegende Änderung in der U-Bootkriegführung seit der Einführung der Funkmeßgeräte aufklären zu lassen. Eine praktische Vorführung neuer Torpedos war für die Nacht vorgesehen.

Die Danziger Bucht lag in völlige Dunkelheit gehüllt. Die Nacht war lauwarm. Ich hatte mich auf ein mittelgroßes Motorschiff begeben, das vor dem Kriege als schmucker Passagierdampfer zwischen deutschen und schwedischen Häfen bessere Zeiten gesehen hatte. Das Fahrzeug stoppte in der Mitte der Bucht. Das Wasser war flach und ruhig. Der Chef der Torpedoprüfstelle bat seine Gäste auf das Promenadendeck. »Meine Herren, wir werden Ihnen heute zwei Torpedos vorführen, die den U-Bootkrieg revolutionieren werden. Zuerst werden wir Ihnen die Leistungsfähigkeit des Zerstörerknackers T-5 demonstrieren. Der T-5 ist ein akustischer Torpedo größten Potentials. Danach werden wir den LUT-Torpedo mit seinen vielseitigen Anwendungsmöglichkeiten vorführen. Beide Torpedos sind elektrisch angetrieben. Zum Zwecke dieser Vorführung sind sie mit Leuchtköpfen versehen. Sie können somit den Schlangenbewegungen der Aale folgen und ihre Treffsicherheit beobachten.«

Das Motorschiff begann Fahrt aufzunehmen. Minuten später sah ich ein grünschillerndes Licht im dunklen Wasser der Bucht auf uns zukommen. Unser Fahrzeug schwenkte hart nach Backbord. Das Licht folgte. Dann drehte der Dampfer nach Steuerbord. Das Licht änderte den Kurs und folgte. Eine gespenstische Angelegenheit. Der leuchtende Torpedo verringerte stetig die Entfernung. Das Motorschiff versuchte den Verfolger mit wilden Zickzackbewegungen abzuschütteln. Aber das unheimliche Licht huschte ihm im Wasser nach, folgte standhaft, schloß die Entfernung und jagte unterm Heck des Schiffes durch. Das war der Augenblick, in dem die Magnetzündung eines scharfen Sprengkopfes detoniert wäre. In unserem Fall steuerte jedoch der Übungstorpedo einige Sekunden seinen alten Kurs, wendete dann, schoß dem Dampfer voraus, beschrieb einen Kreis, griff das Schiff ein zweitesmal an, unterschnitt den Kiel, schlug einen neuen eleganten Bogen und untersteuerte das Schiff ein drittesmal, bevor seine Batterien erschöpft waren. Dann tauchte er wie ein toter Fisch auf, und das Licht in seinem Kopf glühte hell im Wasser.

Das war eine erstaunliche Demonstration. Ich erkannte, daß wir hier eine Waffe hatten, die den Kampf gegen die neuen schnellen Zerstörer und Korvetten revolutionieren würde.

Dieser Vorstellung folgte eine zweite, die ebenso eindrucksvoll war. Eine Anzahl Torpedos mit Leuchtköpfen durchquerten die dunkle Bucht mit langen und kurzen Suchschlägen. Bald war die Oberfläche von zahlreichen fackelgleichen Lichtern übersät, die den Generalkurs unseres Motorschiffs fortwährend schnitten, abliefen, andrehten, zurückkehrten und das Spiel wiederholten, bis auch ihre Batterien erschöpft waren.

Von dieser neuen Waffe begeistert, verfolgte ich den dreitägigen Kurs wie eine junge Katze, die darauf wartete, ihre Klauen ausprobieren zu können. Der Zerstörerknacker T-5 war mit einem Horchgerät ausgerüstet, das auf die Schraubengeräusche des Gegners reagierte. Lag das Ziel gestoppt, erfaßte das hochempfindliche Gerät das Geräusch der Hilfsmotoren. Es genügte, den Torpedo in die allgemeine Richtung des Gegners abzufeuern. Der Horchapparat fand die Geräuschquelle und steuerte den Torpedo an das feindliche Fahrzeug heran, gleichgültig, ob es mit hoher Fahrt oder harten Ruderlagen zu entkommen suchte.

Die zweite Zugabe zu unserem Torpedoarsenal hatte einen anderen Anwendungszweck. Es war zunehmend schwieriger geworden, sich den feindlichen Schiffen auf günstige Schußentfernung zu nähern. Der neue LUT-Torpedo sollte diese Lücke überbrücken. Er konnte aus großer Entfernung vom Geleit abgeschossen werden. Er konnte in langen oder kurzen Schleifen auf dem Generalkurs des Geleits den Dampferkolonnen entgegen oder mitlaufend geschossen werden. Ein Viererfächer mit abwechselnd langen und kurzen Suchschleifen konnte so innerhalb eines Geleits eine wirksame Barrikade errichten und versprach hohe Treffmöglichkeit. Es war also nicht mehr notwendig, die Nahsicherung eines Verbands zu durchbrechen, um mit Treffsicherheit zu schießen.

Ich verließ Gotenhafen, von der neuen Waffe begeistert und voll von Gerüchten über andere Entwicklungen. Ich hatte von Wunder-U-Booten gehört, die in der Erprobung waren und auf den Halligen unserer Werften lagen – Boote, die dauernd getaucht fahren und von feindlichen Flugzeugen nicht mehr geortet werden konnten; Boote, mit einer Unterwassergeschwindigkeit, die unserer gegenwärtigen Höchstfahrt über Wasser entsprach. Diese neuen Tauchröhren waren mit einem einziehbaren Mast versehen, einem Schnorchel, der ihnen erlaubte, auf Sehrohrtiefe Frischluft ins Boot zu saugen und die Batterien zu laden. Dieses Gerät schien mir für unsere alten Boote so lebenswichtig, daß ich mich entschloß, sofort nach meiner Rückkehr in den Stützpunkt die Einbaumöglichkeit des Schnorchels in unseren Bootstyp zu überprüfen. Zum erstenmal seit Monaten fühlte ich, daß Dönitz uns endlich die Waffen in Aussicht stellte, mit denen wir unser Leben halbwegs sinnvoll riskieren und die Wende unseres Kampfes zur See herbeiführen konnten.

Die Luftschutzsirenen heulten, als ich in Berlin ankam, und der Gestank von Kordit und schwelenden Bränden erfüllte die Luft, als ich Berlin verließ. Der Nachtschnellzug nach Paris war wieder unbeleuchtet und mit flüchtenden Menschen vollgepackt. Europa brannte, Europa war in flammendem Aufruhr. Die Front war überall: in den Städten, in den Dörfern, in den Herzen der Ausgebombten, der verängstigten Flüchtlinge und Heimatlosen, die die Züge überfüllten.

Fünf Stunden östlich Paris traf ich Marguerite. Sie war in Châlons-sur-Marne zugestiegen. In der Dunkelheit sah ich nur wenig von ihrem Gesicht, roch aber ein Parfüm, das in jedem Salon auf dem Boulevard Haussmann verkauft wird. Zuerst war es nur Höflichkeit, als ich ihr Gepäck ins Netz hob. Später, als die trüben Lampen kleiner Bahnhöfe für Sekunden ihr Gesicht erhellten, sah ich, daß sie hübsch war. Zuerst sprachen wir über nichtssagende Dinge. Aber schließlich erbot sie sich, mir St. Denis zu zeigen, eine nördliche Vorstadt von Paris, wo sie wohnte. »Paris ohne St. Denis«, sagte sie, »ist wie Wein ohne Alkohol.«

Marguerite zeigte mir St. Denis. Am folgenden Morgen fuhren wir nach dem Frühstück nach Paris. Die Sonne stand hoch am Himmel, als wir uns in meinem Hotel nahe der Place Vendôme einlogierten. Aber es war bereits dunkel und Zeit zum Abendessen, als wir das Zimmer verließen. Nach einer Schlemmermahlzeit in der Brasserie Veil schlenderten wir über den Boulevard Montmartre und verbrachten den Rest des Abends im Tabarin. Am anderen Morgen wanderten wir durch die herbstlichen Parkanlagen, die stark nach verwelkendem Laub dufteten.

Ich versprach Marguerite, sie und Paris, falls die See mich noch einmal freigab, wiederzusehen. Als wir uns zum Abschied küßten, weinte sie – und ich ging zurück in meinen Krieg.

Der Stützpunkt in Brest war in heller Aufregung. Über den Rundfunk war gerade die Kapitulation Italiens bekanntgegeben worden. Die Nachricht war das Thema heißer Diskussionen in den Messen und an der Bar der Flottille. Nachdem englisch-amerikanische Divisionen bei Salerno einen neuen Brückenkopf gebildet hatten und damit Rom bedrohten, hatte die Regierung Badoglio den italienischen Soldaten befohlen, die Waffen niederzulegen. Damit waren unsere Truppen in Italien gezwungen, dem Gegner allein Widerstand zu leisten. Zum Glück schienen unsere Linien den Ansturm aufzuhalten. Aber es war deutlich, daß sich der stählerne Ring um die Festung Europa immer mehr verengte.

Schon bei der ersten Mahlzeit im Hafen erfuhr ich weitere deprimierende Neuigkeiten. Strohmeyer, ein Stabsoffizier der Flottille, berichtete, daß drei Kameraden auf See geblieben waren. Ein anderer war zerquetscht worden, als die vordere Batterie des Bootes explodierte. Man hatte ihm im Atlantik das übliche Seemannsbegräbnis gegeben: eingenäht in einen Schlafsack und mit Grundgewichten versehen, hatten sie ihn über Bord gleiten lassen. Und dann kam Strohmeyer mit der Nachricht heraus, daß Gerloff und Göbel, meine Gefährten auf U-557, in den Sommermonaten mit ihren Booten auf ewige Fahrt gegangen waren.

Ich wünschte Strohmeyer einen guten Abend und ging in den anliegenden Raum.

An der Bar saß eine kleine Gruppe Unverwüstlicher, die ebenfalls noch einmal davongekommen waren. Da war Riedel mit seinem Menjou-Bärtchen, einer Erinnerung an seine vielen rasurlosen Fahrten. Da waren von Stromberg, Burk und einige andere, denen der Rückweg nach Brest ebenfalls gelungen war. Ich setzte mich auf einen hohen Stuhl, trank und sang, um zu vergessen. Wir sangen mehr oder weniger melodisch unser ganzes Repertoire von Seemannsliedern, während Burk die Klänge auf dem Klavier herunterhämmerte, dazu den Refrain unserer Version des bekannten Soldatenlieds:

»… und wenn wir auf tausend Meter geh'n,
woll'n wir zu Fuß nach Hause geh'n
zu dir, Lili Marleen, zu dir, Lili Marleen …«

Wie so oft, wenn der Gin Fizz nicht mehr schmeckte und Geduld oder Erfindungsgabe versiegten, entschlossen wir uns, *Madame* und ihren Mädchen in der Casino Bar einen Besuch abzustatten. Ich zwängte mich in den überfüllten Wagen und fuhr mit den anderen durch die verdunkelte Stadt. Die Casino Bar war wie immer laut, verräuchert und bunt beleuchtet. Einige Kameraden der 1. U-Flottille kippten an der Bar ihre starken Getränke, riefen Worte der Begrüßung oder machten sarkastische Bemerkungen über unser Eindringen. *Madame* begrüßte mich charmant wie immer, aber mit einem Anflug des Vorwurfs: »*Monsieur*, wir haben Sie lange nicht zu sehen bekommen. Ich hoffe, meine Mädchen haben Sie nicht schlecht behandelt.«

»*Non, madame,* es war nicht Ihre Schuld, es war ...« Ich hielt an, weil ihr Haus ein alliiertes Informationszentrum sein konnte, und sagte nur: »Es waren die Gezeiten, die mich weggetragen hatten, *madame, c'est tout.*«

Ich setzte mich an die Bar, schlürfte einen Cognac, lauschte dem Plärren der Grammophonmusik und beobachtete amüsiert, wie meine Freunde ungestüm durch die Räume tanzten. Und dann spürte ich auf einmal, daß mich das alles nichts mehr anging und daß die Casino Bar ihre Anziehungskraft auf mich verloren hatte.

Kurz nachdem die Uhr Mitternacht schlug, begannen die Luftschutzsirenen zu heulen. Meine Freunde stürmten aus den Zimmern der oberen Stockwerke, knüpften ihre Krawatten, warfen ihre Jacketts über die Schulter. Natürlich waren sie von dem, was kommen würde, weder beeindruckt noch gar eingeschüchtert. Sie wollten lediglich vermeiden, daß man sie in den Trümmern der Casino Bar fände; es hätte ihnen wenig erwünschte Nachrufe eingebracht. Die Sirenen heulten laut und eindringlich, als wir durch die dunklen Straßen zum Stützpunkt eilten. Ich hörte das tiefe Bellen der schweren Flak aus der Richtung von Ouessant herübertönen.

Da waren auch schon die Bomber über der Stadt. Wir stürzten in einen öffentlichen Luftschutzkeller. Ich blieb am Eingang stehen und starrte in den nachtblauen Himmel, an dem die explodierenden Geschosse aufblitzten. Ich beobachtete, daß der Hauptstoß des Angriffs gegen den Süden von Brest gerichtet war, sah, wie sechs oder sieben Maschinen Feuer fingen, aus der Formation ausscherten und in eleganten Bögen, lange Kometstreifen hinter sich herziehend, abstürzten. Die bedeutend verstärkte Flak um Brest bot ein derart grandioses Schauspiel, daß ich ganz vergaß, Schutz zu suchen. Aber dann war wieder Ruhe eingekehrt. Der Bomberpulk war in Richtung Lorient abgeflogen.

Die nächtlichen Ereignisse hatten uns wieder munter gemacht; niemand dachte daran, schlafen zu gehen. Wir trafen uns in der Bar der Flottille und bestellten mehr Champagner. Ich ließ mich gerade auf einem der Barstühle nieder, als die Tür aufflog und jemand rief: »Die Amerikaner kommen …«

Ungläubig sprangen wir sofort auf. Nach den alliierten Landungen auf Sizilien und in Italien war alles möglich. Doch der Stabsleutnant, der uns die Neuigkeit so ungestüm überbrachte, fügte schnell hinzu: »Nun werdet nicht nervös. Ich wollte nur sagen, daß die abgeschossenen amerikanischen Flieger ins Lazarett eingeliefert werden. Wollt ihr sie sehen?«

Die Nacht wurde immer interessanter. Ich eilte zum nahegelegenen Marinelazarett. Der Platz vor dem Krankenhaus war von zahlreichen Bogenlampen in Tageshelle getaucht – trotz der Gefahr aus der Luft. Lastwagen und Krankenwagen fuhren ununterbrochen heran. Schwestern, Helfer und Neugierige drängten sich um die Fahrzeuge am Eingang. Die Opfer unserer Flak, einige stark verbrannt, wurden auf Tragbahren eingeliefert. Ein Arzt, den ich kannte, erlaubte mir, in den Verbandsraum zu gehen. Einer der Yankees, er trug noch seine braunlederne Fliegerjacke, schien in etwas besserer Verfassung zu sein als seine Kameraden. Er rollte die Augen und drehte den Kopf, sichtlich in Schmerzen. Eine üble, aber oberflächliche Wunde lief von seiner Stirn über den Kopf bis ins Genick: Sie hatte seine Kopfhaut säuberlich in zwei Hälften geteilt. Sein Haarschnitt war kurz, wie der eines preußischen Soldaten um die Jahrhundertwende. Als ich meinem ersten Gegner so nah gegenüberstand, drängte es mich, einige Fragen an ihn zu stellen. Ich sagte: *»Now you see, that's what you get for trying to hit our U-Boat bases.«*

Der Amerikaner zog es vor, zu schweigen.

Ich versuchte es noch einmal: »Haben Sie Schmerzen?«

Wieder keine Antwort. Ich fuhr fort: »Sagen Sie, wie haben Sie bloß diese Wunde bekommen?«

Nun bewegte er leicht den Kopf, überrascht, weil ein Gegner an seinem Zustand Anteil nahm. Dann sagte er: »*Well,* ich muß mich wohl verletzt haben, als ich aus der Kanzel ausstieg. Meine Maschine war getroffen, sie brannte. Die Besatzung war bereits abgesprungen. Aber ich konnte nicht aus der Kanzel raus, das Dach klemmte. Ich schlug mit dem Kopf mehrmals dagegen, bis es aufbrach und wegflog. Ich muß mich dabei verletzt haben. Wie ich runtergekommen bin, weiß ich nicht.«

Sein breiter amerikanischer Akzent beeindruckte mich, denn ich hatte in der Schule englisches Englisch gelernt. »So«, sagte ich endlich, »das bedeutet für Sie das Ende des Krieges. Sind Sie nicht dankbar, daß alles vorüber ist?«

»*Well,* der Krieg mag für mich vorbei sein. Aber für euch wird er auch bald zu Ende sein.«

»Wie meinen Sie das?«

»*You heard me.* Wir werden eure U-Bootbunker und Industrieanlagen pulverisieren und in wenigen Monaten ... *never mind.*«

»*Yes*«, fuhr ich fort, wo er stehenblieb, »aber in wenigen Monaten werden wir euch alles zurückzahlen. Ich weiß nicht, was man Ihnen über uns und unser Potential gesagt hat. Aber eines kann ich Ihnen versichern: eines Tages werden alle eure Maschinen vom Himmel fallen, und das ist das Ende des Krieges.« Ich dachte an die vieldiskutierten neuen Waffen, an Düsenflugzeuge und Todesstrahlen, an denen unsere Wissenschaftler mit Hochdruck arbeiteten.

»*Oh sure*«, antwortete der Amerikaner sarkastisch. »Aber was ist mit euren U-Booten los? In den letzten sechs Monaten haben wir die meisten versenkt. Der Rest wird denselben Weg gehen. Ihr könnt nicht mehr lange weitermachen.«

Ich war von seiner Kenntnis beeindruckt, aber auch von seiner Anmaßung verärgert. »Was Sie sagen, ist Unsinn. Wer hat Ihnen bloß dieses Märchen erzählt, daß wir keine U-Boote mehr hätten?«

»Ist das denn nicht die Wahrheit?«

»Natürlich nicht. Ich selbst bin ein Beweis des Gegenteils. Ich komme gerade von einer Unternehmung zurück und kann Ihnen versichern, daß noch manche Boote in See sind. Und bald werden einige Hundert an der Front stehen, schneller und größer, als unsere gegenwärtigen Boote.« Als ich ihm das gesagt hatte, war ich irgendwie erleichtert.

Aber der Yankee setzte wieder sein skeptisches Lächeln auf und antwortete: »Hören Sie, was ich Ihnen zu sagen habe. Eines Tages werden Sie an mich denken, und der Tag ist nicht allzu fern. Was immer ihr unternehmt es wird zu spät sein. Die Zeit arbeitet für uns. Nur für uns.«

Überzeugt davon, daß er ein typisches Opfer alliierter Propaganda war, legte ich die Hand auf seine Schulter und sagte versöhnlich: »Wir sind nicht so schlecht, wie Ihre Zeitungen es behaupten. Ich wünsche Ihnen gute Erholung. Eines Tages werden Sie zugeben müssen, daß ich im Recht war.«

Wir beide lachten uns gegenseitig an, und ich verließ das Lazarett. Der Amerikaner lag auf dem Operationstisch, danach winkte ihm ein langer Genesungsaufenthalt hinter Stacheldraht.

Inzwischen war es bereits heller Tag geworden – zu spät, oder zu früh, um ins Bett zu gehen. Ich kehrte zum Stützpunkt zurück, packte meine Koffer aus, hängte Uniform und Zivilanzug in einen Schrank, ordnete meine Bücher auf dem Schreibtisch, nahm eines und begann zu lesen. Aber es gelang mir nicht. Ich hörte den amerikanischen Flieger immer wieder sagen, daß die Zeit für sie allein arbeite, nur für sie. Ich griff nach den Briefen von zu Hause und las sie ein zweitesmal. Aber die Stimme des Amerikaners sprach auch aus den Zeilen der Briefe. Die Luftangriffe, schrieben meine Eltern, hätten bedeutend zugenommen, und ein Geschäftsfreund meines Vaters sei bei einem der Angriffe gefallen. Die Briefe verrieten auch, daß Hans, Trudels Mann, auf Urlaub gewesen war und beide eine Woche im Schwarzwald zugebracht hatten, wo die Nächte noch ruhig waren. Aus diesen Briefen sprach die reine Wahrheit: daß auch zu Hause sich die Dinge schnell verschlimmerten. Und wieder hörte ich den Amerikaner sagen, daß die Zeit für sie arbeite, nur für sie.

Anfang November versprachen die Werftingenieure die umfangreichen Reparaturen an U-230 innerhalb zweier Wochen zu beenden. Unser altes Arbeitspferd würde dann mit überholten und teilweise neuen Organen für seine nächsten Schlachten bereit sein. Aber im Grunde war es dasselbe Boot, derselbe Typ, mit dem wir den Krieg begonnen hatten. Noch immer war es ein Überwasserschiff, das nur gelegentlich tauchte, sei es, um einen Unterwasserangriff zu fahren, sich einer Gefahr zu entziehen, das tägliche Pflichttauchen durchzuführen, um Trimm und Gewicht zu regulieren oder eine bestimmte Aufgabe mit der notwendigen Geheimhaltung durchzuführen. Noch immer war das U-Boot infolge seiner beschränkten Tauchkapazität und Geschwindigkeit unter Wasser darauf angewiesen, an der Oberfläche zu marschieren, aufgetaucht die Geleitzüge zu suchen, zu jagen und anzugreifen. Wie unsere Vorgänger im Ersten Weltkrieg vor dreißig Jahren waren wir gezwungen, zum Nachladen der Batterien und zur Frischluftaufnahme aufzutauchen. Nach der Einführung modernster Abwehrmaßnahmen durch die Alliierten war aber unser altes, tapferes Boot den total veränderten Kampfbedingungen nicht mehr gewachsen. Zu lange hatte die Führung auf den Lorbeeren ausgeruht, ohne sich rechtzeitig auf eine veränderte Situation zur See vorzubereiten oder umzustellen. Zulange fuhren unsere Boote ohne nennenswerte Konstruktionsänderungen gegen den Feind, der die modernsten Errungenschaften der Technik zur U-Bootbekämpfung einsetzte. Nahezu über Nacht waren unsere Boote veraltet. Anstatt den Schnorchel bereits im Jahr 1940 zu entwickeln, als die Holländer uns eines ihrer U-Boote mit einer Schnorchelanlage unfreiwillig in die Hände lieferten, und unsere Boote seit

1941 mit einem Schnorchel als Standardausrüstung zu versehen, anstatt die Forderungen des Kampfes fortwährend kritisch zu prüfen und im Anfangsstadium des Krieges die revolutionären Typen zu konstruieren und die Front nach und nach mit dem totalen U-Boot auszurüsten, liefen noch in diesem Herbst die alten Boote vom Stapel, fuhren wir weiterhin nach einer erschütternden Niederlage auf veralteten Booten gegen einen übermächtigen Gegner, der uns mit hochentwickelten Geräten und einer zermürbenden Taktik empfing und unser Leben in der Tauchröhre zur Hölle machte. Wie zum Trost erfuhr ich, daß wir mit zwei neuen, bedeutend verbesserten Funkmeß-Warngeräten ausgerüstet werden sollten – Geräten, die in der Lage waren, Wellenlängen im niedrigen Zentimeterbereich zu orten. Mit diesen Geräten sollten wir uns im Rennen um die Fortschritte des elektronischen Krieges behaupten können. Bisher waren wir auf diesem Gebiet unwiderruflich in die Defensive gedrängt worden. Es waren die Alliierten, die die Bedingungen der Schlacht und die Waffen diktierten.

Am nächsten Wochenende kehrte ich Hafen und Boot den Rücken und bestieg spät am Freitagabend den Schnellzug Brest-Paris. In der Nacht ging ich in den Waschraum und zog Zivil an. Wie vereinbart, traf ich Marguerite unter dem Eiffelturm. Sie trug ein blaues Kleid mit aufgestickten Blumen. Als ich sie küßte, trafen mich die verstohlenen Blicke unserer Landser, die auf den ungestümen Franzosen ganz offensichtlich eifersüchtig waren. Paris war warm und voller Herbstdüfte. Und über allem schien die Sonne, die ich so oft auf See zu meiden gezwungen war.

Kurz nach meiner Rückkehr nach Brest – ich war wieder in Marineblau, und nichts deutete an, daß ich in einer anderen Welt zu Besuch gewesen war, beendete die Werft die Überholungsarbeiten auf U-230. Ich begann sofort damit, das Boot für unsere nächste Unternehmung auszurüsten. Die Anlieferung der neuen Torpedos schien jedoch auf Schwierigkeiten gestoßen zu sein: wir erhielten nur einen der Zerstörerknacker und acht LUT-Torpedos neben drei Aalen alten Typs. Ich fragte auch nach der Verfügbarkeit einer Schnorchelanlage, begegnete aber nur erstaunten Gesichtern. Keiner der Werftingenieure hatte jemals von einer solchen Vorrichtung gehört. Doch das kriegerische Aussehen des Bootes, die schwere Bewaffnung von acht Rohren, gab uns neues Vertrauen. Die Schnellfeuerkanonen, die vielversprechenden Torpedos und das neue Funkmeß-Warngerät gaben uns eine gute Chance, wieder in den Hafen zurückzukehren. Einen Tag vor dem Auslaufen wurde der Kommandant unerwartet zum FdU West befohlen. Der Befehl mußte etwas mit unserer nächsten Unternehmung zu tun haben. Nach eintägiger Abwesenheit kehrte Siegmann zurück und bat uns Offiziere auf sein Zimmer. »Meine Herren«, sagte er ernst, »ich mache es kurz. Man hat uns befohlen, durch die Meerenge von Gibraltar durchzubrechen. Unser zukünftiges Operationsgebiet ist das Mittelmeer.«

Siegmann hielt an, um die Wirkung seiner Worte abzuwarten. Ich zwang mir ein Lächeln auf. Meine Kameraden, Friedrich und Riedel, zeigten Überraschung. Es war allgemein bekannt, daß der Versuch, die Meerenge von Gibraltar zu durchbrechen, nur sehr geringe Erfolgschancen hatte. Aber zu dieser Zeit war es eigentlich gleichgültig, wohin wir fuhren. Es war überall dasselbe – unsere gewaltigen Anstrengungen, an den Feind zu kommen, trafen überall auf heftigste Abwehr. Wir hatten alle Hände voll zu tun, um nicht bombardiert, beschädigt oder versenkt zu werden. Das Ende war immer dasselbe. Nur der Name des Meeres würde sich ändern.

Aber es gab auch einen Trost, eine Belohnung, falls wir die Straße von Gibraltar durchbrechen konnten: wir würden in Zukunft in den ruhigen Wassern des Mittelmeeres operieren können. Um die Spannung zu lösen, sagte ich unvermittelt: »Es gibt dort einige Hafenstädte, die ich noch nicht gesehen habe. Die einzige Schwierigkeit ist nur: wie kommt man hin?«

Der Kommandant nahm mein Stichwort auf und fuhr fort: »Wenn Sie, meine Herren, das Ziel unserer Reise absolut geheimhalten, haben wir begründete Aussichten, im Januar an einem italienischen Strand in der Sonne zu liegen.«

Das Eis war gebrochen. Unsere Unterhaltung wurde sehr angeregt. Aber bald nahm uns Siegmann den Wind aus den Segeln. Er berichtete vom Verlust zweier Boote, U-732 und U-340, die Anfang November bei dem Versuch, die Straße von Gibraltar zu durchbrechen, von den Briten abgefangen und versenkt worden waren. U-455, U-264 und U-661, die ebenfalls die Blockade brechen sollten, waren schwer beschädigt zur Rückkehr gezwungen worden, bevor sie die Meerenge erreicht hatten. Nur drei von acht Booten war der Durchbruch durch die Meerenge gelungen. Weitere Versenkungen im Seegebiet westlich Spanien und Portugal bestätigten die starke Abwehr auf dem Anmarschweg. U-566 war am 31. Oktober nahe der spanischen Küste durch Flugzeuge versenkt worden. Dasselbe Schicksal erlitt U-966 am 10. November. Aber niemals hörten wir von U-134 und U-535, die in jener Gegend versenkt worden waren, ohne ein Notsignal abgeben zu können. Diese Verluste gaben uns ein klares Bild über das, was uns erwartete.

In den Tagen der Vorbereitung unserer Fahrt stiegen die Verlustziffern weiter an. Bis zum 25. November waren weitere fünfzehn Boote vernichtet worden. Damit war die einst große und stolze U-Bootflotte im Atlantik auf weniger als die Hälfte der Stärke vom Frühjahr zusammengeschlagen worden – und das nach einem steten Zustrom neuer und frischer Boote aus der Heimat. Den englisch-amerikanischen Erfolgen im November standen nur 31000 Tonnen alliierten Schiffsraums gegenüber, die unsere Torpedos kleineren Geleitzügen abgerungen hatten.

6

Am Abend des 26. November verließ U-230 den Hafen von Brest zum letzten Mal. Es folgte im Kielwasser eines Minenräumboots, passierte das Netz in der Hafeneinfahrt, fuhr in den engen Wasserweg, der der Bucht von Brest vorgelagert ist, und stieß dann mit hoher Fahrt in die offene See, Kurs Süden. Unser Ablegen war diesmal ein wohlbehütetes Geheimnis geblieben. Der alleswissende englische ›Soldatensender Calais‹, der Nachrichten in deutscher Sprache sendete, hatte heute keine besonderen Grüße anläßlich unseres Auslaufens.

Nur Minuten später die erste Feindortung. Unser neues Warnungsgerät schien tatsächlich gut zu funktionieren. Anstatt sofort zu tauchen, blieben wir oben, gingen auf hohe Fahrt, hielten unsere acht Rohre schußbereit und wandten eine neue Ablenkungstaktik an, die, wie man uns sagte, sehr wirksam sein sollte. Heinz Riedel, mit der Handhabung des neuen Systems beauftragt, füllte einen Ballon mit Heliumgas, das wir in druckfesten Flaschen an der Reling mitführten, befestigte eine lange Leine mit Aluminiumfolien am Ballon und das lose Ende an einem Schwimmer und warf dann das seltsame Bündel achteraus über Bord. Der Schwimmer setzte sich aufs Wasser, der Ballon stieg hoch, und die Schnur mit den Folien streckte sich in voller Länge aus. Der Köder verschwand schnell in der Dunkelheit. Minuten später wiederholte Riedel den Wurf mit einem zweiten Ballon, und ein zweiter Baum trieb durch die dunklen Wasser der Biskaya. Die Aluminiumfolien sollten einen starken Reflex auf dem Bildschirm des feindlichen Funkmeßgerätes verursachen, stärker als der unseres Bootes; sie würden uns erlauben, hinter unserem eigenen Wald von Aluminiumbäumen zu verschwinden. Unglücklicherweise verwickelten sich zwei weitere Aluminiumleinen in der Reling, und drei Ballons platzten, während Riedel sie mit Gas füllte. Das Durcheinander der verworrenen Folien ließ unsere Position nur noch deutlicher erscheinen und bedeutete eine zusätzliche Gefahr. Aber das Glück war wieder mit uns. Noch während Riedel mit den Folien und den Ballons kämpfte, drangen wir in eine größere französische Fischerflottille ein. Sie bot uns mehr Schutz als die Köder und unsere Kanonen. Wir verstauten die Ballons und Folien und gebrauchten sie niemals wieder. Sie waren eine Gefahr – keine Hilfe.

Wir fuhren im Zickzack durch die weit auseinandergezogenen Fischerboote. Während des größten Teils der Nacht machten wir ausgezeichnete Fahrt. Dann waren wir wieder allein mit dem Wind, der See und dem Tod, der auf uns wartete. Aber unser neues Warngerät, die Wanze, arbeitete zuverlässig. Mehrere Male registrierte es anfliegende Maschinen aus großer Entfernung und gab uns damit genügend Zeit zu einem schnellen Sturz in die schützende Tiefe. Jedesmal blieben die Tommies verwirrt in der Luft zurück.

Sobald die Briten erkannten, daß unser neues Gerät uns wieder vor ihren Anflügen warnte, änderten sie ihre Taktik. Sie flogen über unserem Generalkurs auf und ab und griffen in wohlberechneten Zeitabständen an, um uns zu zwingen, in immer kürzeren Abständen zu tauchen, und uns daran zu hindern, die Batterien zu laden, kurz – um uns auszuhungern. Das Ergebnis der ersten Nacht: wir hatten unsere Batterien nur zu 70 Prozent aufgeladen. Aber wir hatten gelernt, daß wir in unserer Wanze ein zuverlässiges Instrument hatten, das uns ermöglichte, den Bombensegen rechtzeitig zu untertauchen.

Lange nach Eintritt der Dunkelheit am nächsten Abend tauchten wir auf und jagten weiter nach Süden. Anstatt ins Todestal zu fahren, marschierten wir zur Nordküste des neutralen Spanien. In dieser Nacht tauchten wir vor drei Ortungen, ohne die sonst üblichen Bombengrüße zu empfangen. Während des Tagesmarsches unter Wasser sprach Siegmann über die Lautsprecheranlage zur Besatzung und informierte sie über unser riskantes Unternehmen. Die Reaktionen waren eine Mischung von Überraschung und vorsichtiger Aufnahme des Unvermeidlichen. Die Leute waren schon durch genug Höllen gegangen, um die Regeln des Spiels zu kennen.

Es gab auch andere, vorauszusehende Auswirkungen. Mancher Seemann hatte ein Mädchen in Brest zurückgelassen. Nun erkannte er plötzlich, daß er es nicht mehr wiedersehen würde, und die Enttäuschung über die erzwungene Trennung trat oft entscheidend zutage.

Auf einem meiner Rundgänge durchs Boot sah ich im Bugraum einen unserer Torpedomixer, von seinen Kameraden umringt, auf einer Koje sitzen. Er hielt einen Büstenhalter und ein seidenes Höschen in seinen rauhen Händen. Seine Kameraden sparten nicht mit eindeutigen Bemerkungen.

Bei unserem vorsichtigen Vorstoß zur spanischen Küste passierten wir das schwerbeschädigte Lorient. In der nächsten Nacht hatten wir La Rochelle an Backbord. Als wir die Lichter von San Sebastian erspähten, tauchten wir auf, drehten nach Westen ab und folgten den schwarzen Umrissen der hohen Berge in einem Abstand von etwa vier Seemeilen. Unsere vorsichtige Fahrt an der Küste blieb unentdeckt. Wir bestaunten abwechselnd die Lichter von Santander und Gijon, die in den dunklen Nächten zu uns herüberleuchteten, und umrundeten in der fünften Nacht Kap Finisterre. In der folgenden Nacht sahen wir den Widerschein von Millionen Lichtern am Nachthimmel – Lissabon. Während die Bürger der Millionenstadt ihren nächtlichen Vergnügungen nachgingen oder friedlich schlummerten, durchquerten wir die Bucht von Lissabon. Am achten Tag unserer Unternehmung gingen wir gelegentlich auf Sehrohrtiefe und nahmen Peilungen von Kap St. Vincent. Als wir am 5. Dezember kurz vor Mitternacht aufgetaucht und im Schatten des Landes die Bucht von Cadiz ansteuerten, schwang sich Riedel auf die Brücke, um mich abzulösen, und sagte: »Da ist ein Offiziers-Funkspruch auf der Back in der O-Messe. Hatte keine Zeit, ihn zu entschlüsseln. Kannst du das übernehmen? Muß was Wichtiges sein.«

Riedel übernahm meinen Platz hinter der Turmverkleidung, und ich stieg in das Dunkel der Stahlröhre. Bewaffnet mit den Entschlüsselungs-Unterlagen setzte ich mich an die Back. Aber der Funkspruch war bereits entschlüsselt, und ich las die Glückwünsche der Führung zu Riedels und Werners Beförderung zum Oberleutnant.

Bald darauf ließen wir Cadiz achteraus und nahmen mit größter Vorsicht Kurs auf die konzentrierte englische Verteidigung der Straße von Gibraltar. Am 6. Dezember drangen wir zwei Stunden nach Mitternacht in die Bucht von Barbate ein. Dies war die Grenze unseres Vorstoßes auf der europäischen Seite der Straße. Wir tauchten und legten U-230 auf Grund. Während des Tages hörten wir die Detonationen einiger Wasserbomben nur einige Meilen entfernt im Osten. Sie machten uns klar, daß die Tommies alles daransetzten, einen Durchbruch von U-Booten durch ihre Blockade zu vereiteln. Während die meisten Männer schliefen, saß ich mit dem Kommandanten in seiner kleinen

Ecke. Siegmann entwarf seinen Plan für den Durchbruch durch die Blockade. Wir erwogen unzählige Möglichkeiten; dann beschloß Siegmann, über Wasser bis vor die nordafrikanische Hafenstadt Tanger vorzudringen und von dort getaucht durchzustoßen.

Am Abend des 6. Dezember schlich die Besatzung auf Gefechtsstationen und wurde angewiesen, für die nächsten drei Tage auf ihren Posten zu verbleiben. Um 21 Uhr tauchten wir auf. Die See war glatt und träge. Die Nacht war mondlos und windstill. Die Spannung an Bord war dem Zerreißen nahe. Dann heulten die beiden Diesel auf, und wir hämmerten mit äußerster Kraft der afrikanischen Küste entgegen. Über uns wölbte sich ein schwarzer, klarer Himmel voller Sterne. Als wir aus dem Schutz der spanischen Küste hervorschossen, trafen uns die Ortungen wie glühende Pfeile.

»Ortung – Stärke drei ...« Der Schrei schnitt durch die Nacht wie splitterndes Glas. Wir fielen in den Turm, und das Boot sackte sofort weg. Doch als sich der Aufruhr des Alarmmanövers gelegt hatte, blieb alles still. Keine Bomben. Ermutigt tauchten wir auf. Acht Meilen später zwang uns eine hartnäckige Ortung wieder in die Tiefe.

23 Uhr, aufgetaucht. Ein neuer Sprung mit allen verfügbaren Pferdestärken. Die Diesel klingelten hell, die Auspuffs dröhnten, die Lüfter rauschten. Wir luden die Batterien voll auf, genug, um eine dreitägige Schleichfahrt durchzuhalten. U-230 pflügte durch eine schier endlose, spiegelnde Wasserfläche, warf eine schillernde Bugwelle auf, peitschte das Wasser um unseren Druckkörper zu weißer Gischt und zog eine verräterische sprudelnde Schaumschleppe hinter sich her. Minute um Minute stürmten wir voran, bis die Lichter von Tanger sichtbar wurden; dann wechselten wir Kurs nach Osten in die Bresche zwischen den beiden Erdteilen.

Bald darauf drangen wir in eine Flottille afrikanischer Fischerboote ein und fuhren im Zickzackkurs durch die verstreut liegenden Fahrzeuge. Siegmann steuerte das Boot immer näher an die Meerenge heran. Vierzig Minuten später hatten wir die arglosen Fischer hinter uns gelassen und waren damit am Ende unserer Überwasserfahrt angekommen. Die Ortungen wurden untragbar laut. Um unser Glück nicht weiter herauszufordern, tauchten wir.

7. Dezember. Um 0 Uhr 42 begann U-230 seine Schleichfahrt durch die Tiefe. Das Boot war ausgezeichnet eingetrimmt. Geräuschlos glitt es mit geringer Vorlastigkeit, aber mit einer leichten Aufwärtstendenz dahin. Die Fahrt des Bootes durchs Wasser war auf anderthalb Seemeilen festgesetzt, gerade genug, um es in der Schwebe zu halten. Die Strö-

mung, die wir an unserer Tauchstelle auf drei Meilen berechneten, würde unsere Fahrt über den Grund auf viereinhalb Meilen heraufschrauben. Mit weiterer Annäherung an die Meerenge erwarteten wir eine Zunahme der Strömung ins Mittelmeer, die an der engsten Stelle eine Stärke von 8 Meilen erreichen sollte.

Ich ließ mich in der Zentrale nieder. Kästner, unser bester Horcher, nahm bald geringe Schraubengeräusche und Asdic-Ortungen auf. Sie alle lagen recht voraus. Dazwischen hörte er seltsame Impulse, die er nie zuvor aufgefaßt hatte. Friedrich hatte Tiefenwache, der Kommandant saß an seinem Pult und horchte angespannt auf Kästners Meldungen. Ich schlich in den Horchraum, um das Phänomen zu studieren, stülpte einen Kopfhörer über meine Ohren und lauschte. Neben den bekannten, herausfordernden Asdic-Impulsen war ein helles Zirpen zu vornehmen, das, wie Kästner behauptete, von einem neuen Unterwasser-Ortungsapparat der Engländer zu kommen schien. Die Impulse hörten sich an wie das Pfeifen und Quietschen eines Gummispielzeugs, wenn man es drückt. Plötzlich kam mir die Erleuchtung. »Das ist kein neuer englischer Kniff, Kästner, das sind Delphine, die sich unterhalten. Hör zu, man kann ihre Stimmen unterscheiden.«

Fasziniert lauschten wir der Unterhaltung der zahlreichen Delphine, die sich in der Unterwasserströmung tummelten. Einige schwammen vor dem Bug, andere aalten sich an unserem Druckkörper. Aber alle schienen einen Gefallen an dem Riesenfisch gefunden zu haben, der scheinbar gekommen war, um sich an ihren Spielen zu beteiligen. Ihr Palaver nahm zu, als wir tiefer in die Meerenge eindrangen und die Strömung stärker wurde. Das gleiche galt für die Asdic-Impulse. Doch als die ersten Wasserbomben explodierten, flohen unsere Begleiter in den Atlantik hinaus.

Über uns zogen Zerstörer geschäftig ihre nervösen Kurven. Ihre Betriebsamkeit erreichte gegen 10 Uhr einen Höhepunkt. Asdic-Impulse trafen uns wie Hagel. Aber die schnellbewegten Wasserschichten verschiedener Temperatur und Dichte legten eine schützende Decke über unser Boot. Die Zerstörer, unfähig, Fühlung herzustellen, nahmen zu ihrem alten Spiel Zuflucht – sie warfen ihre Wasserbomben aufs Geratewohl. Um 12 Uhr übernahm ich die Tiefensteuerung. Die Asdic-Impulse hatten nachgelassen und waren achteraus gewandert. Es wurde immer deutlicher – wir hatten die Blockade durchbrochen, die Zerstörer überlistet und die engste Stelle der Straße von Gibraltar passiert. Der allgemeine Aufruhr der Abwehr ließ weiter nach. Um 16 Uhr war Siegmanns Geduld am Ende. »L.I., bringen Sie das Boot auf Sehrohrtiefe. Will mal sehen, wie weit wir gekommen sind. Müßte interessant sein, Europa und Afrika mit einem einzigen Rundblick zu sehen. Wollen Sie auch ein Auge voll nehmen, I.W.O.?«

Der Kommandant schwang sich in den Sitz des Sehrohrs, fuhr es dann um seine Achse und prüfte die nächste Umgebung. Dann richtete er das gläserne Auge auf einen Punkt an Backbord, drehte nach Steuerbord, dann wieder zurück nach Backbord. Schließlich sagte er: »Ich glaube fast, I.W.O., wir haben den Felsen bereits achteraus. Lassen Sie mich mal das Seehandbuch sehen.«

Ich reichte ihm das Handbuch der spanischen Küste. Es enthielt ein Bild des Felsens von Gibraltar, wie man ihn von See aus sah.

»Natürlich, wir haben ihn bereits passiert. Wir haben bedeutend mehr Fahrt gemacht, als angenommen. He, Prager, schreiben Sie auf – ich nehme einige Peilungen.«

Einige Augenblicke später gab uns der Obersteuermann einen genauen Standort. Das Ergebnis war überraschend. Wir waren bereits siebeneinhalb Seemeilen ins Mittelmeer eingedrungen. Eine schnelle Berechnung ergab, daß wir in der engsten Stelle eine Fahrt von 14 Meilen über den Grund gemacht hatten, wobei die Strömung für 12 1/2 Meilen verantwortlich war.

Siegmann verließ seinen Sitz, ich schwang mich hinein und richtete das Sehrohr auf den Felsen, der schillernd aus dem grünen Wasser in den azurblauen Himmel ragte. Durch den niedrigliegenden Dunst zählte ich mindestens sechs Kriegsschiffe, Zerstörer, die den Eingang ins Mittelmeer bewachten. Ich drehte das Auge des ›Spargels‹ nach Steuerbord und sah die nordafrikanische Küste nahezu senkrecht aus dem Meer emporsteigen. Auf den hohen Klippen von Ceuta stand ein schlankes Kriegerdenkmal, ein Andenken an die Gefallenen des spanischen Bürgerkriegs. Die Küste zu beiden Seiten des Denkmals löste sich im Dunst des Nachmittags auf. Ich war von der Sicht fasziniert und entdeckte das Flugzeug fast zu spät: »Runter mit dem Boot«, rief ich schnell, »auf 60 Meter – Maschine im Anflug.«

Ich fuhr den langen Schaft des Sehrohrs ein, zog meinen Kopf zwischen die Schultern und wartete. Aber U-230 kam ohne Bomben auf der befohlenen Tiefe an. Ich löste Friedrich wieder am Tiefensteuer ab und übernahm auch seine Aufgabe, die Zahl der explodierenden Wasserbomben zu notieren. Letzteres nur aus reiner Neugier. Das Boot war in wunderbare Stille eingehüllt. Die Gefahr, geortet zu werden, verringerte sich mit jeder Meile. Um 22 Uhr wurde die kleine Lampe in der Nische des Kommandanten zum erstenmal nach zwölf

Tagen ausgelöscht und der dunkelgrüne Vorhang vor seiner Koje zugezogen.

Nahezu vierundzwanzig Stunden später, um 21 Uhr 30 in der folgenden Nacht, tauchte U-230 auf. Wir hatten die Lichter von Malaga recht voraus. Die dunklen Berge hinter der beleuchteten Stadt ragten bizarr vor dem fahlen Nachthimmel. Die Nacht war so mild, daß ich schnell meine Lederjacke auszog. Die Diesel begannen wieder zu brummen, und U-230 folgte der schwarzen Gebirgskette nach Osten. Wir durchlüfteten das Boot, schalteten die Batterieladung ein, warfen den Abfall über Bord und setzten unseren ersten Funkspruch an den BdU ab: SONDERAUFGABE ERFÜLLT – ERBITTE NEUE ANWEISUNGEN – U-230.

Wir waren darauf gefaßt, daß unser Signal binnen einer Stunde heftige feindliche Gegenmaßnahmen hervorrufen würde. Aber die Nacht blieb ruhig. Kurz vor Tagesanbruch erhielten wir die Antwort: GUT GEMACHT – SOFORT NACH TOULON GEHEN – BESONDERE VORSICHTSMASSNAHMEN VOR TOULON GEBOTEN – FEINDLICHE U-BOOTE MÖGLICH – DÖNITZ.

Wir hatten uns auf ein hartes Gefecht mit den Alliierten vorbereitet, die zwischen den nordafrikanischen Häfen und der besetzten süditalienischen Küste ein lebhaftes Nachschubgeschäft betrieben. Diesen Handelsverkehr zu stören und damit unsere Italienfront zu entlasten sollte die eigentliche Hauptaufgabe unserer Unternehmung sein. Ich konnte deshalb den Befehl der Führung nicht verstehen, der uns in den Hafen von Toulon diktierte. Der Gedanke, daß wir für eine neue Sonderaufgabe vorgesehen waren, die eine Lagebesprechung verlangte, drängte sich förmlich auf.

Es kostete uns drei Nächte schneller Überwasserfahrt und zahllose unfreiwillige Tauchmanöver, um den Liebesgaben aus der Luft auszuweichen, bevor wir in den Golf du Lion vor Marseille eindrangen. Am 15. Dezember informierten wir um 1 Uhr den Führer der U-Boote Mittelmeer von unserer bevorstehenden Ankunft. In der Morgendämmerung tauchten wir. Nach einigem Suchen erkannte Siegmann durchs Sehrohr ein Vorpostenboot, das nervös zackend über die Kimm kroch. Eine Stunde und zwanzig Minuten später tauchten wir vor dem Bug des aufgeregt kreuzenden Fahrzeugs auf. Ein Flaggensignal empfahl uns höchste Alarmbereitschaft. Englische *submarines* hatten zwei Wochen zuvor eines unserer Vorpostenboote und noch früher ein U-Boot versenkt. Wir dampften hinter dem Sicherungsfahrzeug her und kommandierten alle Leute mit Schwimmwesten an Oberdeck. In der Hafeneinfahrt von Toulon öffnete ein Schlepper das schwimmende Stahlnetz, das den Hafen vor dem Eindringen feindlicher U-Boote bewahrte, und ließ uns passieren.

Mit halber Fahrt liefen wir in den neuen Hafen ein. Ein prächtiges Panorama breitete sich vor uns aus. Die helle Wintersonne schien auf grüne Berge, rote und grüne Ziegeldächer, weißgetünchte Häuser und auf die rostigen Aufbauten einiger beschädigter und auf Grund liegender französischer Kriegsschiffe. U-230 manövrierte vorsichtig durch das innere Hafenbecken. Wir passierten zwei gesunkene französische Zerstörer und drei deutsche U-Boote, die völlig unbeschützt an der Mole lagen. Siegmann entdeckte eine bescheidene Ansammlung von Männern in Marineblau und steuerte U-230 auf einen leeren Platz am Kai. Was wir in Brest als eine Selbstmordunternehmung angesehen hatten, hatte sich in eine spannungsvolle, aber interessante Seereise verwandelt. Unser Glück war noch immer mit uns.

Die Herren der 29. U-Bootflottille empfingen uns mit den altbekannten Begrüßungsformeln und bewirteten uns mit einem ausgezeichneten Essen. Unser Gepäck war von Brest angeliefert und die Post umgeleitet worden. Nichts war vergessen, um uns den Aufenthalt in unseren neuen Unterkünften so angenehm wie möglich zu machen. Ich war gerade dabei, meine Koffer auszupacken, als Siegmanns Aufklarer mich zum Kommandanten bat.

»Hier, I.W.O., nehmen Sie eine Zigarette«, sagte Siegmann. »Ich habe hier ein Fernschreiben von der Führung. Sie sind ab Januar zum Kommandantenlehrgang nach Neustadt abkommandiert. Herzlichen Glückwunsch.«

Bevor ich begreifen konnte, stand Siegmann auf und schüttelte meine Hand. Er wünschte mir mit einem der modernen Boote eine bessere Zukunft, als er sie mit seinem alten U-230 erwarten konnte.

Noch überrascht, dankte ich ihm für die zwanzig Monate, die ich unter ihm gedient hatte, wünschte ihm weiterhin viel Glück und bald ein Kommando über ein neues Boot. Dann besprachen wir die unmittelbaren Probleme, die aus der veränderten Lage entstanden. Der größere Teil der Besatzung, einschließlich Heinz Riedel und Helmut Friedrich, war für einen längeren Urlaub vorgesehen. Da meine Ausbildung nicht vor dem 10. Januar 1944 begann, war ich bereit, für Boot und Männer zu sorgen und zwei Wochen in einer Hafenstadt zuzubringen, die ich noch nicht kannte.

Am 18. Dezember, zwei Tage nach unserem Einlaufen, wurde die Besatzung dem Kommandierenden Admiral Mittelmeer vorgestellt. Er überschüttete uns mit Lob und Auszeichnungen. Als er ein weiteres

Eisernes Kreuz an meine Uniform heftete, kam mir in den Sinn, wie ungleich doch das Eisen verteilt war; ich dachte an meine Freunde und Kameraden, die in ihren eisernen Särgen auf dem Grund des Meeres lagen. An diesem sonnigen Tag im Dezember 1943 war die alte Garde der Atlantikfront nahezu ausgelöscht. Und viele der Neulinge, die aus deutschen Häfen ausgelaufen waren, waren in der Norwegischen See oder in der Nordpassage versenkt worden, bevor sie ihr Operationsziel erreichen konnten. Auch das Mittelmeer war eine einzige U-Boot-Falle. Wer einmal drin war, kam nicht mehr heraus. Das letzte Boot, das der alliierten Übermacht zum Opfer fiel, war U-593 unter der Führung von Kapitänleutnant Kelbling, der einst mit uns auf U-557 im Atlantik gefahren war. Seine erfolgreiche Laufbahn fand nach dreizehn Feindfahrten ein plötzliches Ende. Nachdem er zwei englische Zerstörer an der nordafrikanischen Küste versenkt hatte, wurde er von amerikanischen Zerstörern abgefangen. Glücklicherweise wurde Kelbling mit Besatzung gerettet.

Was unsere Boote in einem Kampf über vier lange Jahre nicht erzielen konnten – die Seeherrschaft über den Atlantik –, hatten die Alliierten in weniger als sieben Monaten erreicht. Ihre gewaltigen Anstrengungen, die Meere von U-Booten freizufegen, hatten Früchte getragen. Bis Mitte Dezember hatten die Alliierten 386 Boote vernichtet, von denen allein im Jahre 1943 237 Boote versenkt worden waren.

Einen Tag nach der Ordensverleihung fuhren Siegmann und der größte Teil der Besatzung in Urlaub. Ich machte mich mit den Offizieren im Stützpunkt bekannt. Meine neuen Freunde versäumten keine Zeit, mich in das Nachtleben des Hafens einzuführen. Wir feierten die Feste, wie sie kamen. Sie kamen in schneller Folge, und wir feierten sie mit verzweifelter Ausgelassenheit. An einem dieser Abende besuchte ich ein Fest, bei dem Damen und Herren in einer Badewanne voll Wein und Champagner badeten, bevor sie sich zurückzogen. Bei einer anderen höchst privaten Veranstaltung verursachte eine dunkelhaarige Italienerin eine dramatische Szene, indem sie sich, von ihrem Geliebten in Blau vernachlässigt, nackt in die Arme eines überraschten Infanterieleutnants warf, der als Gast geladen war.

Gerade als das milde Klima der Côte d'Azur mich davon überzeugt hatte, daß der Frühling vor der Tür stände, kam Weihnachten. Die mageren importierten Tannen, mit Lametta und Engelshaar geschmückt, ließen die Feiertage recht unwirklich erscheinen. In der Woche nach Weihnachten fuhr ein Omnibus uns durch das Küstengebiet. Eine Überfülle von Blumen, Zypressen und Pinien begleitete uns auf dem

Weg zwischen den Ferienorten Lavardon, Saint Tropez und Saint Maxime; die Landschaft glich ganz den farbenfrohen Gemälden, die in Paris auf der Straße verkauft werden.

Silvester wurde durch die Ankunft einer Wehrmachts-Betreuungstruppe zu einem besonderen Ereignis. Ich tanzte mit den jungen Mädchen vom Ballett durch die Nacht und in das neue Jahr und vergaß für einige Stunden, daß die Meere von Wasserbomben bebten und widerhallten, daß unsere Städte unter den alliierten Bombenteppichen zusammenfielen und daß der Boden in Rußland unter dem Anprall der sowjetischen Dampfwalze dröhnte.

Meine Tage in Toulon fanden ihr Ende, als Riedel von seinem Urlaub zurückkehrte. Er hatte mit seiner Reise nicht viel Glück gehabt. Infolge der vernichtenden Luftangriffe war es ihm nicht gelungen, bis in seine böhmische Heimat durchzukommen. Vielmehr hatte er den größten Teil seines Urlaubs auf Zügen, in Bahnhöfen und in München verbracht. Ich übergab meinem Freund, der mich als I.W.O. auf U-230 ablöste, meine bisherigen Pflichten und Angelegenheiten. Zum Abschied ermahnte ich ihn: »Denk daran, Heinz, halt' die Augen offen und die Ohren steif. Vorsicht ist das halbe Leben.«

Es war in der Tat mein Abschied von Heinz Riedel. Ein Jahr später fiel er auf seiner ersten Feindfahrt als Kommandant von U-242 in der letzten Runde der Schlacht um England.

7

Meine Reise zur Kommandantenschule in Neustadt begann am Abend des 5. Januar 1944. Ich wurde von einem meiner neuen Freunde von Toulon mit selbstmörderischer Geschwindigkeit über die kurvenreiche Küstenstraße nach Marseille gebracht. Unsere Eile hatte einen Grund. Wir hatten uns in der Silvesternacht mit den Mädchen vom Ballett verabredet und waren bereits spät daran. Minuten vor Mitternacht betraten wir das kleine Hotel an der Canebière, in dem die Mädchen logierten. Zu unserer Enttäuschung war die Truppe am Vormittag abgereist. Mein Freund zog es vor, trotz der mitternächtlichen Stunde nach Toulon zurückzufahren, anstatt eine Gebühr für eine enttäuschte Nacht zu bezahlen. Ich dagegen ließ mir ein Zimmer mit Aussicht auf die Canebière geben, schlief bis 12 Uhr am Mittag, vertauschte die Uniform mit meinem Zivilanzug und begann die berüchtigtste Stadt Europas zu durchstreifen. Seeleute, Bettler, ehemalige französische Soldaten in ihren alten Uniformen, Diebe, Zuhälter, Prostituierte, Araber, Chinesen, Farbige aller Schattierungen und Weiße mischten sich hier in scheinbarer Harmonie. Ich schlenderte durch die verwinkelten Gassen der Altstadt, an den nach Fäulnis riechenden alten Molen entlang, betrachtete die verkommenen Fischerboote und uralten Schiffe längst vergangener Zeiten. Ich bestieg ein kleines Motorboot und fuhr durch den öligen Hafen zum berüchtigten Château d'If, das als das angebliche Gefängnis des Grafen von Monte Christo berühmt war. Am Abend wanderte ich durch die eleganten Viertel und zog mich schließlich in ein gemütliches Restaurant zurück, wo mir ein ausgezeichnetes Abendessen serviert wurde.

Am 6. Januar stieg ich um 8 Uhr die weiten Marmortreppen zum Bahnhof Saint Charles hinauf und machte es mir in einem leeren Abteil des Schnellzugs nach Straßburg bequem. Während ich friedlich durch das Rhônetal, durch die sommerlich anmutenden Berge und Täler Südfrankreichs getragen wurde – beschossen in Rußland sowjetische Divisionen unsere Linien zum Auftakt ihrer Winteroffensive; bombardierten die Amerikaner unsere italienische Front, um nach Rom durchzubrechen; wärmten die Tommies auf ihren englischen Inseln die Motoren einiger tausend Bomber für einen Nachtangriff auf Deutschland. Um 22 Uhr 30 kam mein Schnellzug in Straßburg an und überquerte den Rhein bei Kehl gegen Mitternacht.

In Mannheim wurde der Zug ungebührlich lange aufgehalten. Die Lokomotive stand scheinbar unruhig und schnaufend im pechschwarzen Bahnhof. Um die Ursache des Aufenthalts zu erfahren, stieg ich aus einem warmen Wagen in eine rauhe Winterkälte. Ein Beamter erklärte mit unterdrückter Stimme, daß Frankfurt unter einem schweren Luftangriff stünde. »Sie sagen, es sei der schlimmste. Es sieht aus, als ob wir für den Rest der Nacht hier stehenbleiben.«

Ich hatte plötzlich das Gefühl, dem Zug voraus nach Frankfurt eilen zu müssen. Was mochte in diesen Augenblicken mit meinen Eltern geschehen sein? Endlich, endlich rückte der Zug an, kroch durch den weitverzweigten Güterbahnhof von Mannheim und fuhr dann mit aufreizender Langsamkeit auf das brennende Frankfurt zu. Ein grauer, nebliger und kalter Morgen beendete eine qualvolle Nacht, als der Zug sich vorsichtig in den beschädigten Hauptbahnhof von Frankfurt hineinschob.

Ich ergriff meine Koffer und eilte durch den Gestank von Feuer und Kordit, durch Wolken von Staub und Berge von zersplittertem Glas auf

Der Autor an Bord von U-230 auf Feindfahrt im Nordatlantik, März 1943.

Der Verfasser als Offiziersanwärter der Kriegsmarine, 1940.

Offiziersanwärter im ersten Ausbildungsjahr, Winter 1939; der Autor im ersten Glied, zweiter von links.

Hauptgebäude der Marineschule.

Schon als Vierjähriger in Marineblau.

U-557, das erste U-Boot-Kommando des Autors.

13. Mai 1941: U-557 legt zur ersten Feindfahrt von der Tirpitzbrücke im Kieler Hafen ab; der Autor in Bildmitte.

Proviantübernahme zur ersten Unternehmung an Bord von U-557 am 9. Mai 1941.

Links oben: U-557 im Mai 1941 auf Geleitzugjagd im Nordatlantik.
Mit Fernglas: Crewkamerad Gerloff.
Rechts oben: Oberleutnant Paulshen, Kommandant von U-557, im Mai 1941 in der Nordsee.
U-557 in schwerem Atlantiksturm.

Der Autor auf der Brücke von U-953, im Hintergrund das einziehbare Funkmeß-Warngerät.

Ein Geleitzug ändert den Kurs, um U-Booten auszuweichen.

Bei der 1. U-Boots-Ausbildungsabteilung im Hafen von Pillau im Winter 1941–1942.

Frachter sinkt nach Torpedotreffer hinter dem Bug.

Alliierter Frachter geht auf Grund.

Ein schwer getroffenes alliiertes Schiff kurz vor der letzten Fahrt in die Tiefe.
Links unten: Kommandant Paulshen von U-557 bei der Rückkehr von seiner ersten erfolgreichen Feindfahrt in Lorient an der Biskayaküste, Juli 1941.
Rechts unten: Admiral Dönitz bei der Verleihung des Ritterkreuzes an Kommandant Wohlfahrt von U-556, das von seiner nächsten Feindfahrt nicht zurückkehrte.

Alliierter Geleitzug, von einem ›Sunderland‹-Flugboot überwacht, auf dem Weg nach England.

Ein britischer Zerstörer verfolgt ein U-Boot mit Wasserbomben.

U-Boot mit Tonnagewimpeln, die den auf einer einzigen Feindfahrt vernichteten alliierten Schiffsraum anzeigen.

Die Besatzung von U-612 an Deck angetreten.

Der Marktplatz von Lorient; im Hintergrund das Hotel Beauséjour, die Offiziersunterkunft der Kriegsmarine.

U-230 am 24. Oktober 1942 in Kiel-Wik. Von links nach rechts: der Autor, der Leitende Ingenieur Friedrich, der II. Wachoffizier Riedel, Kommandant Paul Siegmann.

U-612 im März 1942 in Hamburg. Auf diesem Boot fuhr der Verfasser zum ersten Mal als I. Wachoffizier.

Nächtlicher Angriff auf einen alliierten Geleitzug.

Die Brücke von U-230 während der Zweiten Wache, rechts Kommandant Siegmann; im oberen Bildteil das hölzerne ›Biskaya-Kreuz‹, die Antenne des Funkmeß-Warngeräts.

Englische Zerstörer begleiten einen großen Geleitzug; eines der Schiffe erhält gerade einen Torpedovolltreffer.

Torpedotreffer bei einem Nachtgefecht.

Alliierter Tanker sinkt mit gebrochenem Schiffsrumpf bei schwerem Sturm im Nordatlantik.

Links oben: U-230, das dritte U-Boot des Verfassers. An der Turmkante das fest angebrachte Ortungsgerät.

Rechts oben: Februar 1943: U-230 auf Geleitzugjagd.

Ein alliierter Tanker sinkt auf ebenem Kiel.

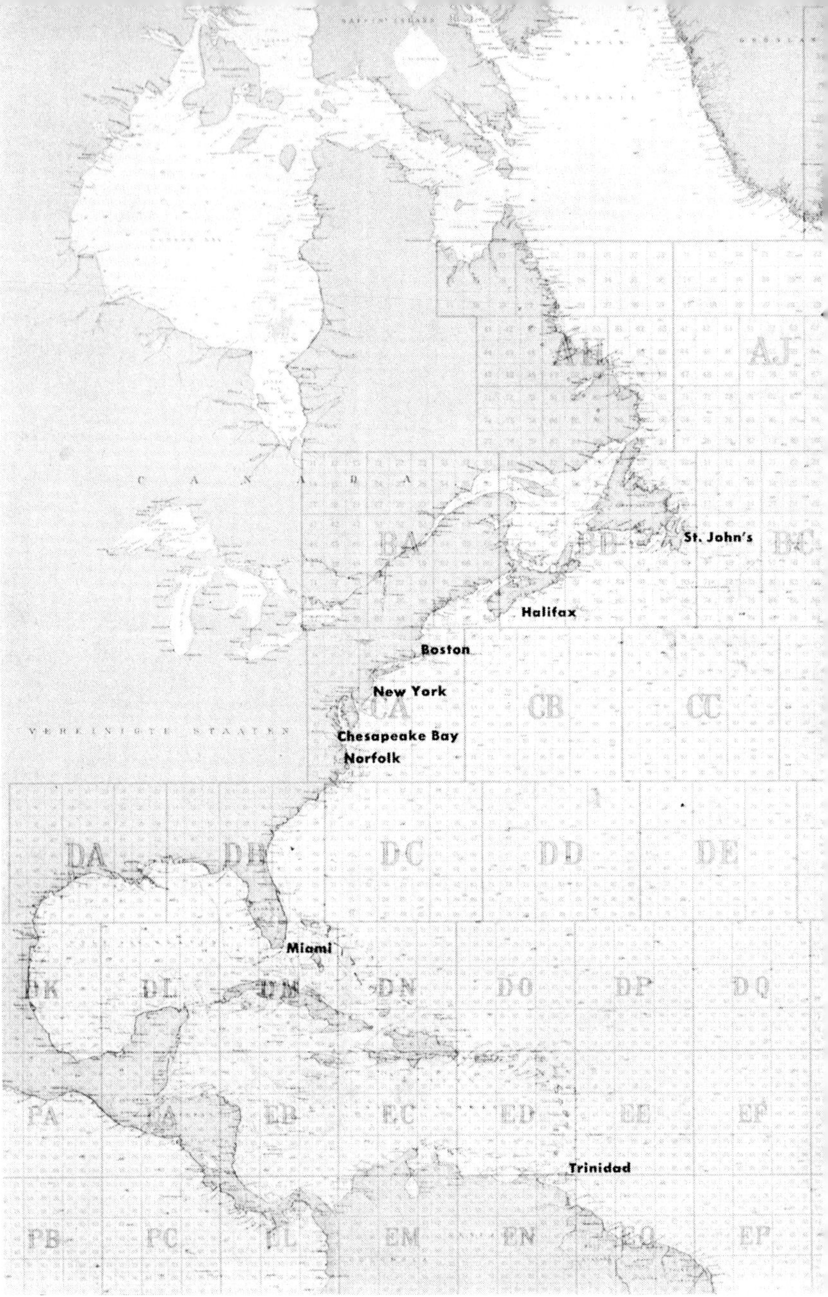

C A N A D A
VEREINIGTE STAATEN
AH
AJ
BA
BD
BC
St. John's
Halifax
Boston
New York
CA
CB
CC
Chesapeake Bay
Norfolk
DA
DB
DC
DD
DE
Miami
DK
DL
DM
DN
DO
DP
DQ
EB
EC
ED
EE
EF
Trinidad
PB
PC
EL
EM
EN
EO
EP

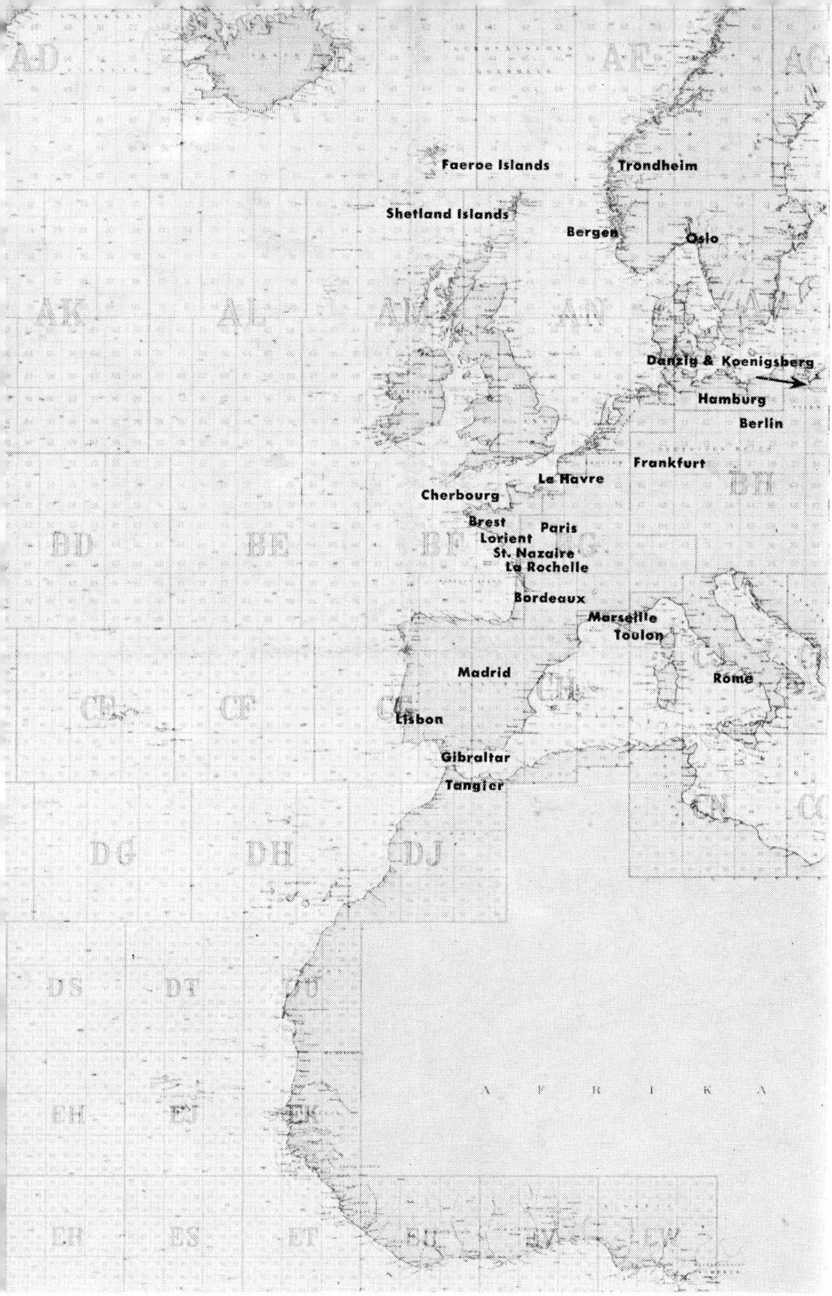

AD
AE
AF
Faeroe Islands
Trondheim
Shetland Islands
Bergen
Oslo
AK
AL
AM
AN
Danzig & Koenigsberg
Hamburg
Berlin
Frankfurt
La Havre
Cherbourg
Brest
Paris
Lorient
St. Nazaire
La Rochelle
BD
BE
BF
Bordeaux
Marseille
Toulon
Madrid
Rome
CE
CF
Lisbon
Gibraltar
Tangier
CN
DG
DH
DJ
DS
DT
A F R I K A
EH
EJ
EK
ER
ES
ET
EU
EV
EW

Eine Wasserbombenserie detoniert über der Tauchstelle eines U-Bootes, das von einem amerikanischen Zerstörer geortet wurde.

Brückenausguck und Seemännische Nummer Eins Rocher in schwerem Regenzeug.

U-230 kehrt im April 1943 von einer Unternehmung zurück. Rechts der Autor; im Hintergrund wird das begleitende Minenräumfahrzeug sichtbar.

die Straße. Die stattliche Rotunde einst stolzer Häuser, die den Platz vor dem Bahnhof umsäumten, war in einen schwelenden Trümmerhaufen verwandelt. Eine riesige Wolke schwarzen Rauchs lag über der Stadt. Feuerwehrautos, Wehrmachtsfahrzeuge, Krankenwagen, Luftschutzkolonnen und Tausende von Menschen bevölkerten die Straßen, gemeinsam bemüht, die Flammen zu bekämpfen und die Durchfahrtswege von Trümmern und Geröll zu befreien. Ich stolperte über Schutt am Rand zahlloser Bombenkrater, rannte über den Bahnhofsplatz, bog in die Mainzer Landstraße ein, machte eine Linkswendung in die Savignystraße, umging einen gigantischen Trichter, der in der Mitte der Straße gähnte, bemerkte Tausende von Aluminiumfolien, die die Bomber abgeworfen hatten, um unsere Funkmeßgeräte auszuschalten, und bewältigte keuchend die letzten fünfzig Meter.

Was ich dann sah, befreite mich von meinen größten Befürchtungen. Unser Haus stand noch. Ich öffnete das eiserne Tor, lief durch den Vorgarten zur Haustür und drückte die Klingel. Keine Antwort. In der Annahme, daß die Klingel nicht funktionierte, rannte ich in den Garten, um nach meinen Eltern zu rufen. Aber wo früher ein Garten war, lag ein Berg von Backsteinen, Mörtel, eisernen Geländern, Fensterrahmen, Glas, Heizkörpern, Rohrleitungen und Trümmern aller Art. Die gesamte Hinterwand des Hauses war von einer Bombe abrasiert; alle fünf Etagen waren völlig bloßgelegt. Vier der fünf Geschosse waren leergeräumt. Die Ausnahme machte das zweite Stockwerk, unsere Wohnung. Ich erkannte das Schlafzimmer meiner Eltern. Die Möbel standen noch wie früher. Die Betten waren unbenutzt. Über dem weißen Bettzeug lag eine Staubschicht. Dort war das Nähzimmer mit der Nähmaschine, die vor einer imaginären Wand stand. Und hier war das Zimmer meiner Schwester mit den türkisfarbenen Möbeln. In der äußeren Ecke der Wohnung hing eine Badewanne halbwegs in der Luft. Und nichts von meinen Eltern oder meiner Schwester.

Eine Frau erschien auf dem Erdgeschoß und rief: »Es ist Zeit, daß jemand nach dem Rechten sieht. Wir wunderten uns schon, warum sich niemand um die Möbel kümmert. Sie kamen gerade zur richtigen Zeit.«

Ich erkannte die Frau des Hausbesitzers und sagte: »Können Sie mir die Tür zu unserer Wohnung aufschließen? Ich habe keinen Schlüssel.«

»Natürlich. Ich gebe Ihnen auch einen Schlüssel und werde einige Nachbarn alarmieren. Sie werden Ihnen helfen, die Wohnung zu säubern.«

Ihre Ruhe und Unbekümmertheit war erfrischend. Ich hörte, daß meine Eltern in den Schwarzwald gefahren waren; für einige Tage, so hatten sie gesagt. Die Frau überreichte mir den Schlüssel, und ich trat wie ein Unbefugter in unsere Wohnung ein.

Die Türen zu den hinteren Zimmern waren aus dem Rahmen gehoben und zersplittert. Bilder waren von den Wänden gefallen. Der Boden war übersät mit Dingen, die von den Kommoden und Tischen gefegt worden waren. Verhältnismäßig wenig war zerstört, nur Glaswaren und einige Porzellanvasen. Aber eine dicke Schicht von Mörtelstaub bedeckte Möbel, Betten und Fußboden. Einer nahezu unlösbaren Reinigungsaufgabe gegenüberstehend, zog ich alte Sachen an, die ich in meinem Zimmer fand, und beantwortete dann das Klopfen an der Glastür. Ich hatte eine kräftige männliche Hilfe erwartet und war überrascht, vier Frauen im mittleren Alter gegenüberzustehen, die in ihrem hellgrauen Arbeitszeug wie berufsmäßige Möbeltransporteure aussahen. Sie übernahmen unsere Wohnung, als ob es ihre eigene wäre, und zusammen schoben, transportierten und zwängten wir die Möbel durch die Türöffnungen in die vorderen Räume. Es war spät am Nachmittag, als die Frauen mich verließen – ohne meinen Dank entgegenzunehmen.

Ich wusch mich in dem verbliebenen Bad mit kaltem Wasser, zwängte mich in meine staubige Uniform und arbeitete mich durch die Trümmer zur Stadtkommandantur. Hier erhielt ich ein kleines Bündel Lebensmittelkarten und einen Stempel auf meinen Fahrschein. Darauf schickte ich ein Telegramm an mein neues Kommando und erklärte den Grund meiner Verzögerung; in einem weiteren ermahnte ich meine Eltern, sofort zurückzukehren. Dann suchte ich nach einer Gelegenheit zum Essen. Aber dieses Vorhaben stieß auf erhebliche Schwierigkeiten. Vier bekannte Lokale der Vorkriegsherrlichkeit erwiesen sich als ausgebombte Ruinen.

Im fünften, einem bekannten Hotel an der Kaiserstraße, waren die feinen Leinentischdecken und Servietten durch Papier und die eleganten Ober durch mürrische Kellnerinnen ersetzt worden. Das Abendessen war ein böser Schock nach der appetitlichen Mahlzeit, die man mir in Marseille serviert hatte. Es war eine bittere Ironie. Die Franzosen, die den Krieg verloren hatten, aßen wie die Könige, während wir, die Sieger, uns mit Kartoffeln und Ersatzmitteln am Leben erhalten mußten.

Als sich die Nacht auf die Stadt senkte und ihre Bürger in Furcht vor einem neuen Angriff zitterten, kehrte ich zu unserem zerschlagenen Heim zurück und hörte die Luftwarnungen, die über den Rundfunk verbreitet wurden, bis die Gefahr eines neuen Angriffs vorüber war.

Ich erwachte im hellen Sonnenlicht und ließ meine Augen über die seltsame, doch so bekannte Einrichtung wandern. An der Wand gegenüber meinem Bett hing eine Zeichnung einer nackten Frau in den Dünen. Ich hatte sie gezeichnet, als ich achtzehn war. Mutter hatte sich immer gewundert, wer für mich Modell gestanden hatte. Daneben hing eine Reproduktion von Rembrandts ›Mann mit dem Goldhelm‹. An der Wand gegenüber dem Fenster hatte ich Flaggen und Mützenbänder und andere Embleme befestigt. Und auf den Regalen an der Wand standen die Bücher, die ich in Läden die über ganz Europa verstreut lagen, eingekauft hatte. Dies war mein Zimmer, das ich 1939 verlassen hatte, um in einen Krieg zu ziehen, der, wie man mir sagte, innerhalb weniger Monate gewonnen sein würde.

Es war wieder dunkel, als sich ein Schlüssel in der Glastür drehte. Meine Eltern waren zurückgekommen. Mutter und Trudel waren bestürzt, verwirrt. Aber Vater sagte mit einem hörbaren Aufatmen: »Nun gut. Wir müssen uns eben an die geringere Bodenfläche gewöhnen. Es hätte viel schlimmer ausgehen können. Seid froh, daß wir wieder beisammen sind. Laßt uns darauf trinken.«

Vater öffnete eine Flasche Moselwein. Wir tranken auf meine doppelte Beförderung und auf unsere Überzeugung, daß die Alliierten viel härter zuschlagen mußten, um uns aus dem Gleichgewicht zu bringen. Wir saßen angeregt und gespannt bis gegen drei Uhr morgens im Herrenzimmer, redeten, erzählten und horchten auf die Stimme des Lautsprechers, die lakonisch die Warnungen über die feindlichen Einflüge übermittelte. Beruhigt, daß keine alliierten Bomber Frankfurt anflogen, riskierten wir es, ins Bett zu gehen.

Spät in der darauffolgenden Nacht verließ ich den langsamsten Zug der Reichsbahn im Ostseehafen Neustadt. Die Kriegsmarine hatte hier die fortschrittlichste U-Boot-Ausbildungsabteilung untergebracht. Ich fand eine leere Koje in einer der sauberen, hölzernen Baracken und warf mich auf eine Matratze, die mit Stroh gefüllt war.

Um 8 Uhr am nächsten Morgen wurde ich als Nachzügler einer kleinen Gruppe angehender Kommandanten zugeteilt, die an einem Spezialgerät praktizierten. Ein komplizierter Apparat, der das Innere eines U-Boot-Turms mit Ruderanlage und Sehrohr darstellte, war über einem großen Becken so angebracht, daß es von dem Kommandantenschüler in jede beliebige Richtung bewegt werden konnte. Diese Einrichtung, zusammen mit einer Anzahl kleiner Modelle von Frachtdampfem, Tankern, Zerstörern und anderen Kriegsschiffen, die im Bassin ferngesteuert jede erdenkliche Formation ausführen konnten, erlaubten es dem zukünftigen Kommandanten, sich mit allen Tricks des Unterwasserangriffs vertraut zu machen. Da ich schon einige Erfahrungen von der Front mitbrachte, bestand ich den Kurs mit Leichtigkeit. Nach zwei Wochen intensiver Ausbildung und langweiligen Lebens in der kleinen Stadt begrüßte ich meine Abkommandierung zur Schießflottille nach Danzig.

An einem späten Januartag bestieg ich in Berlin den Schnellzug nach Osten. Der Bahnsteig wimmelte von Infanteristen aller Dienstgrade. Sie stürmten den Zug, um sich, und sei es mit Gewalt, einen Sitzplatz für die lange Reise an die russische Front zu erobern. Bald saß mein Abteil voller Infanterieoffiziere, die ihre selbstgedrehten Zigaretten aus russischem Machorka qualmten, ein Tabak, den sie aus Mangel eines besseren zu rauchen gelernt hatten. Es dauerte nicht lange, bis ich ihnen meine aromatischen Zigaretten mit türkischem Tabak anbot, der uns Angehörigen der Marine zur Verfügung stand. Dieses Geschenk verbesserte das Verhältnis zwischen den beiden Wehrmachtsteilen beträchtlich – und auch die Luft im Abteil. Während der Schnellzug nach Osten raste, unterhielten wir uns über den Krieg im allgemeinen und über die Feldzüge in Rußland im besonderen. Diese Männer von der Front waren überzeugt, daß unsere Linien trotz der unaufhaltsamen sowjetischen Anstürme gehalten würden.

Sagte ein Hauptmann: »Die wenigen Meter, die wir hier und dort nachgeben, sind lediglich strategische Berichtigungen.«

»Die Sowjets haben nicht unser industrielles Potential«, behauptete ein anderer. »Sie haben nicht das Material, um ihre Angriffe auf die Dauer durchzuhalten oder unsere Gegenangriffe abzufangen.«

Da sagte ein dritter: »Ihre plumpe Ausrüstung kann niemals gegen unsere neuen, modernen Waffen aufkommen. Wartet nur, bis der Sommer kommt ...«

Dies waren Männer kämpfender Einheiten. Sie alle glaubten, daß im Frühling unsere Waffen und eine neue Taktik die manchmal verwirrenden Situationen an den verschiedenen Frontabschnitten drastisch ändern würden. Als wir uns Danzig näherten, wünschte ich ihnen Glück in der russischen Steppe.

In Danzig brachte mich eine Straßenbahn in die Nähe der Mole, wo die großen Ozeandampfer der Hamburg-Amerika-Linie seit Jahren vertäut lagen. Ich fand den Dampfer, auf dem die 23. U-Bootflottille in schöner Eleganz untergebracht war. Meine Unterkunft war eine antike Staatskajüte mit viel Plüsch und Samt. Obgleich sie stark nach Mottenpulver und Zigarren roch, fühlte ich eine unmittelbare Zuneigung zu dem alten Schiff.

Ich fand den Flottillenchef, Fregattenkapitän Lüth, in der Bar. Er war von einer Gruppe zukünftiger Kommandanten umgeben. Lüth, ein ehemaliger Kommandant mit über 250 000 Tonnen feindlichen Schiffsraums auf seinem Konto, grüßte mich höchst unmilitärisch und stellte mich den Männern des Lehrgangs vor. Ich erfuhr, daß außer mir nur ein Mann von der U-Bootwaffe kam. Keiner der anderen Lehrgangsteilnehmer hatte, wie es früher üblich war, als Kommandantenschüler an einer Unternehmung teilgenommen. Sie waren von Zerstörern, Minensuchbooten, Großkampfschiffen und sogar aus Schreibtischstellungen abkommandiert worden, um unsere erschreckenden Verluste zu ergänzen. Diese Neulinge hatten ein Jahr U-Bootausbildung bekommen, um das zu lernen, was mich drei Jahre härtesten Einsatzes an der Front gekostet hatte. Sie alle besaßen nicht, was nur der Einsatz lehren kann: die absolute Beherrschung des Bootes in allen Gefahrenlagen; die Fähigkeit zu sekundenschnellen Entscheidungen; das Vorausahnen der nächsten Maßnahme des Gegners; die Erfahrung, wann zu tauchen und wann oben zu bleiben und zu schießen ist; das Können, um die Gewalt über das Boot zu behalten, wenn Wabos und Bomben niederregneten und tausend Ausfälle den Sturz in die Unendlichkeit unvermeidbar erscheinen ließen. Diese Neulinge, denen in wenigen Wochen das Kommando über ein Boot anvertraut werden würde, hatten nur eine geringe Chance, ihre erste Feindberührung zu überleben.

Unsere Schießübungen begannen vor Morgengrauen am folgenden Tag. Sieben U-Boote und eine kleine Flotte von Überwasserfahrzeugen verließen den Hafen mit Kurs in die östliche Ostsee. Unsere Übungstorpedos, mit Druckluft angetrieben, erlaubten uns, die Blasenbahn zu verfolgen und unsere Tagesschüsse auszuwerten. Für das Nachtschießen wurden die Aale mit dem üblichen Leuchtkopf ausgerüstet, damit wir unsere Schüsse der Dunkelheit registrieren konnten. Unsere Lehrer, erfahrene Kommandanten, hetzten uns durch eine harte Schule, durch haarsträubende Manöver, die uns zwangen, augenblicklich richtig zu denken und zu handeln. Diese Übungen wurden für uns nach drei langen Wochen zur Routine. Wir hatten kaum Zeit zum Schlafen und deshalb wenig Interesse an verlockenden Landgängen. Am Ende des Lehrganges versammelten wir uns in der Messe des alten Dampfers, zum erstenmal nach drei Wochen mit weißem Hemd und schwarzer Fliege, um über unsere Leistungen unterrichtet zu werden. Ich erfuhr, daß ich mit höchster Punktzahl bestanden hatte. Ich wünschte mir als Belohnung das Kommando über ein neues Wunderboot.

Zwei Abende später erhielt ich den Befehl, der meine Marinelaufbahn krönen sollte. Wir hatten uns zur Abschiedsfeier in der rauchigen Bar des Dampfers versammelt. Der Chef hielt eine Ansprache, voll von Lob und guten Wünschen für die Zukunft. Dann griff er nach einem Bündel Fernschreiben und sagte. »Meine Herren, ich habe hier die Anweisungen für Ihre zukünftige Verwendung in der U-Bootwaffe. Ich beginne mit dem einzigen Frontkommando, das ich heute zu vergeben habe. Der glückliche Gewinner des Haupttreffers ist Oberleutnant Werner.«

Ich sprang auf die Füße. Lüths Stimme schien plötzlich weit entfernt, als käme sie durch eine dicke Nebelwand. Ich hörte Lüth sagen: »Sie werden sich am 1. April bei der 1. U-Flottille in Brest melden und das Kommando von U-415 übernehmen.«

Ich nahm den Befehl entgegen. Er war so gut wie ein Todesurteil. Die Lebensspanne eines Frontbootes war auf drei oder vier Monate zusammengeschrumpft. Und U-415 hatte bereits zu viele Feindfahrten überlebt. Was mir mit der Übernahme dieses neuen Kommandos bevorstand, war lediglich ein Wechsel von einem Fahrzeug aufs andere.

Ich kehrte zu meinem Tisch zurück. Es gelang mir sogar, zu lächeln und meinen Verdruß zu verbergen. Anstatt mir ein neues Wunderboot zu geben, eines jener totalen U-Boote, die nun auf allen verfügbaren Werften gebaut wurden und erfahrenes Personal benötigten, hatte die Führung mir ein völlig veraltetes Boot aufdiktiert.

Wie um meinen Ärger zu lindern, gestattete mir die Führung einen zweiwöchigen Urlaub, bevor ich mein neues Kommando anzutreten hatte. Der März war ein guter Monat zum Skifahren, und ich reiste in Richtung Alpen. Ich erwartete dort viel Schnee und schnelle Abfahrten. In Berlin stieg ich um, schloß meine Augen vor den Verwüstungen und fuhr mit einem langsamen D-Zug durch schwelende Städte und unberührte Dörfer. Am zweiten Tage meiner Reise kam ich gegen 14 Uhr im bayrischen Immenstadt an. Ich verließ das Abteil, um den Bummelzug nach Oberstdorf zu besteigen. Ein zweiter Zug, der gerade in den kleinen Bahnhof einfuhr, entließ eine Welle Reisender, die mir den Weg versperrten. Plötzlich hörte ich jemanden meinen Namen rufen. Ich wandte mich um und schaute in das Gesicht eines Mädchens, mit dem ich vor unendlich langen Jahren befreundet gewesen war. Ich ließ mein Gepäck auf den Bahnsteig fallen, und sie warf sich ohne Zögern in meine Arme.

»Was für eine Überraschung, Marika. Was machst du hier?«

»Ich bin auf der Durchreise«, sagte sie.

»Ich auch. Wo gehst du hin von hier?«

»Ich fahr' wieder nach Hause. Ich war eine Weile bei meinen Eltern in Überlingen.«

Ich fragte mich, warum Marika dieses Wiedersehen herbeigeführt hatte. Sie hätte mich ebensogut vorbeigehen lassen können. Gerade so, wie sie es vor vielen Jahren getan hatte. Bevor ich jedoch eine Antwort fand, schlug Marika vor: »Laß uns die Züge überspringen. Wir können so nicht auseinandergehen, nachdem wir uns nur für Sekunden gesehen haben.«

Wir erkundigten uns nach den Abfahrten unserer Züge und entdeckten, daß wir nahezu drei Stunden Zeit hatten, bevor wir uns wieder trennen mußten. Wir gaben unser Gepäck bei der Aufbewahrung ab und traten auf die schneebedeckte Straße hinaus. Marika hängte sich an meinen Arm, fragte und beantwortete meine Fragen. Sie hatte schönes, blondes Haar, und ihre Gesichtszüge waren reifer geworden. Wir fanden einen leeren Tisch in einem Café nahe dem Bahnhof und nahmen an einem Fenster Platz, das eine wunderbare Aussicht auf die schneebedeckten Bergspitzen bot.

Acht Jahre hatten die Erinnerung an unsere Jugendfreundschaft verwischt. Wir hatten uns oft im Rosengarten der kleinen mittelalterlichen Stadt am Bodensee getroffen, wo die Rosen bis in den Dezember hinein blühten. Wir waren zum erstenmal in unserem jungen Leben verliebt gewesen und hatten nicht gewußt, was wir mit unserer Entdeckung anfangen sollten. Es war nichts zwischen uns gewesen, nur Versprechungen, Küsse und vorsichtige Umarmungen. Als ich damals vom See Abschied nahm, hatten wir uns gelobt, uns oft zu schreiben. Aber acht Monate später hörten ihre Briefe auf. Zwölf Monate genügten, um Marika in eine Braut zu verwandeln. Die Nachricht von ihrer Hochzeit bereitete jener Rolle, die sie in meinem Leben gespielt hatte, ein Ende. Seitdem hatte ich sie nahezu völlig vergessen – bis sie wieder meinen Weg kreuzte.

Marika erklärte mir unter Tränen, woran damals unsere Liebe zerbrochen war. Es war eine klassische Geschichte. Irgendwann im März 1938 hatte sie einen jungen Studenten getroffen, der sie in einer fröhlichen Faschingsnacht verführte. Bald entdeckte sie mit Schrecken, daß sie in anderen Umständen war. Das Ergebnis: eine Hochzeit und die Geburt eines Kindes, das sie nicht gewollt hatte. Erniedrigungen folgten. Eheliche Vergewaltigungen, so nannte sie sie, füllten die Jahre aus. Und nun geschah es, daß sie mich wieder traf. Sie bat mich: »Bitte, geh' heute nicht von mir fort. Nicht jetzt, nachdem wir uns wiedergefunden haben. Laß' uns das Beste aus dem Zufall machen. Verbringe deinen Urlaub mit mir.«

Zuerst lehnte ich mich dagegen auf. Aber es war nicht schwer, die alten Gefühle für sie wieder neu aufleben zu lassen. Ich schlug ihr vor, mit mir nach Oberstdorf zu fahren, wo uns niemand kannte und wo wir uns als Mann und Frau eintragen konnten. Ich kaufte eine zweite Fahrkarte, holte unser Gepäck am Schalter ab, dann bestiegen wir zusammen den altertümlichen Zug nach Oberstdorf.

Der Page im Hotel führte uns zu unserem Zimmer. Nachdem die Tür ins Schloß gefallen war, waren acht Jahre der Trennung und ein endloser Krieg ausgelöscht. Marika war entzückend.

Am folgenden Morgen beim Frühstück lenkte ich die Unterhaltung auf den ursprünglichen Zweck meines Urlaubs. Marika war sehr verständig. Ich mietete eine Skiausrüstung, und sie begleitete mich zu der kleinen Station, von der aus die Drahtseilbahn zur Spitze des Nebelhorns fuhr. Als die Gondel mich über die steilen Abhänge und Schluchten trug, verlor ich Marika aus den Augen.

An der Endstation schnallte ich meine Skier an und stieg fast bis zur Spitze des Nebelhorns. Der Tag war auffallend klar. Um mich herum breitete sich das atemberaubende Panorama der Schweizer, der österreichischen und deutschen Alpen. Die Berge vermittelten mir ein Gefühl unbegrenzter Stärke, einer Kraft, wie ich sie im Atlantik auf der Höhe eines Orkans empfand, und ich wünschte, ich könnte den Bergen Trotz bieten, wie ich den himmelstürmenden Wellen Trotz geboten hatte. Ich stürzte in jäher Abfahrt die steilsten Abhänge hinunter, an den gefährlichen Klippen vorbei, bis die Baumlinie mich zwang, die Schußfahrt zu bremsen. Erst nach mehreren haarsträubenden Abfahrten war ich mit mir selbst zufrieden und kehrte in unser Hotelzimmer zurück.

Der Krieg hatte diese Stadt in den Bergen nicht berührt. Ein friedlicher Tag folgte dem anderen. Während der Morgenstunden fuhr ich regelmäßig zur Spitze des Nebelhorns und jagte dann über die Abhänge, bis es Zeit war, Marika zu treffen. An den Abenden saßen wir in einem der Lokale, in denen der Krieg nur die Qualität des Essens beeinflußt hatte, oder schlürften einen Cognac in einer Bar, tanzten oder sahen einen Film. Und dennoch war der Krieg auch hier schreckliche Wirklichkeit. Man brauchte nur das Radio einzuschalten. Tag für Tag und Nacht für Nacht hörten wir Meldungen über die Einflüge alliierter Bomber, Meldungen, die uns sagten, wo Luftangriffe zu erwarten waren und wo die Bomber ihre Lasten abluden. Diese zermürbenden Nachrichten warfen bald einen Schatten über das friedliche Städtchen. Während die Woche verfloß und der Tag näherkam, an dem ich mein neues Kommando anzutreten hatte, wurde ich immer ungehaltener, nervöser. Die Berge, der Schnee und das Skilaufen verloren langsam ihre Anziehungskraft.

Drei Tage vor meiner geplanten Abreise meldeten die Morgennachrichten, daß Frankfurt wieder von schwersten Bombenangriffen heimgesucht worden war. Der Angriff wurde als der verheerendste seit Beginn des Bombenkrieges bezeichnet. Da alle Telefonverbindungen nach Frankfurt unterbrochen waren, konnte ich über das Schicksal meiner Eltern nichts erfahren. Weder Marikas Liebe noch ihre Bitten konnten mich nun in den Bergen halten.

Wir verließen das Hotel und Oberstdorf zusammen, trennten uns aber in Immenstadt, wo wir uns getroffen hatten. Während ihr Zug nach Osten dampfte, bestieg ich den Schnellzug nach dem Westen, nach dem Bodensee, dem Schwarzwald und dem Rheintal.

Mein Zug keuchte über die Berge und schlängelte sich durch Wälder und Täler. Er erreichte Lindau bei Einbruch der Dunkelheit. Eine Stunde später, es war Nacht und neblig, hielt er im Ostbahnhof von Überlingen. Hier lebten meine Verwandten, unendlich weit entfernt von den heulenden Sirenen, den Bombenteppichen und von dem Elend des Krieges. Ihre täglichen Ängste drehten sich um ihre kleinen Probleme. Sie wußten nichts vom Krieg zur See und hatten wahrscheinlich längst vergessen, daß ich noch lebte; denn die Fanfaren, die einst unsere Siege verkündeten, waren längst verklungen.

Als der Zug stand, sah ich im schwachen Licht einer Laterne einen Reisenden zusteigen. Er trug die Uniform der Infanterie. In der Sekunde, in der er an meinem Fenster vorbeikam, erkannte ich meinen Onkel. Als er die Tür des Abteils zugeschlagen hatte, sagte ich mit verstellter Stimme: »Hier ist noch ein Sitzplatz frei, Herr Major.«

Mein Onkel zündete ein Streichholz an, hielt es mir vors Gesicht und sagte lächelnd: »Was machst du denn ausgerechnet hier?«

»Ich hatte einige Tage Urlaub, bevor ich ein neues Kommando antrete«, antwortete ich. »Ich bin auf dem Rückweg zur Front; über Frankfurt, versteht sich.«

Eine kurze Pause trat ein – lang genug, um mir anzudeuten, daß zu Hause nicht alles in Ordnung war. Ich fragte schnell: »Hast du von meinen Eltern gehört?«

»Ja, sie sind alle am Leben. Aber du brauchst nicht nach Frankfurt zurückkehren. Ihr habt alles verloren. Deine Eltern und Trudel sind im Bahnhofshotel in Karlsruhe untergekommen. Ich habe vor einer Stunde mit deiner Mutter gesprochen.«

Ich preßte die Lippen zusammen und hielt eine plötzliche Welle der

Wut zurück. Glücklicherweise war es dunkel, und mein Onkel konnte mein verzerrtes Gesicht nicht sehen. Es mußte von Bitternis entstellt gewesen sein. Denn ich dachte an meine Eltern, an all das Leid und an das Sterben, das mein Vaterland erlitt.

Eine Weile saßen wir still nebeneinander. Dann begann mein Onkel von seiner Laufbahn als Kommandant eines Gefangenenlagers zu sprechen. Er berichtete von einem völlig anderen Krieg, in dem wahnsinnige Vernichtung durch unsinniges Nichtstun ersetzt war. Seine Kommandierung auf diesen Posten hatte eine lange Vorgeschichte. Seit dem Januar 1933 war er gegen das neue Regime gewesen und hatte seine Meinung mutig in seiner Zeitung veröffentlicht. Daraufhin hatte die Regierung ihn und die Zeitung lange vor dem Krieg aus dem Umlauf genommen. Er hatte viele Jahre auf dem Lande verbracht, nur von seinen Verwandten unterstützt. Dann kam der Krieg. Als ehemaliger Offizier der kaiserlichen Armee wurde mein Onkel reaktiviert, befördert und bald mit der Führung des Gefangenenlagers im Schwarzwald beauftragt.

Eine Stunde vor Mitternacht verabschiedeten wir uns im schwärzesten Teil des Schwarzwaldes. Ich verbrachte zwei Stunden im kalten Bahnhofsgebäude in Villingen, wo einige weibliche Freiwillige des Roten Kreuzes Kaffee und Suppe für die durchreisenden Soldaten bereithielten. Ich schlürfte eine heiße Bouillon, bis es Zeit war, den Bummelzug zur Rheinebene zu besteigen. Nach sechsstündiger Fahrt hielt der Zug im Bahnhof von Karlsruhe. Ich eilte über den Bahnhofsplatz zum Hotel. Der Nachtportier zeigte mir den Weg zum Zimmer meiner Eltern.

»Wer ist da?« fragte Vaters Stimme auf mein Klopfen.

»Ich bin es«, war alles, was ich sagen konnte.

Vater war bleich und übernächtig; sein Haar war plötzlich eisgrau. Mutter und Trudel weinten, als sie mich sahen. Um den Schock des Wiedersehens zu überwinden, schlug Vater vor, zum Frühstück nach unten zu gehen. »Man kann sich dabei besser unterhalten«, meinte er.

Aber selbst am Frühstückstisch ging die Unterhaltung nur langsam voran. Trudel, noch sehr verwirrt, war ruhig. Mutter, entschlossen und resoluter, gewann bald ihr Gleichgewicht zurück. Vater erzählte mir, daß sie den Angriff im Keller überstanden hatten, wo sie für viele Stunden eingeschlossen waren. Sie hatten einige Sachen im Keller zurückgelassen, Koffer und Kisten, die er nun bergen wollte. Er hatte seinen Fahrer mit einem Lkw nach Darmstadt bestellt, von wo er nach Frankfurt vorstoßen wollte, um die wenigen Eigentümer zu retten und in seinem neuen Betrieb auf dem Lande unterzubringen.

Wir stiegen in den nächsten Zug nach Darmstadt. Zwei Stunden später trafen wir den Fahrer und fuhren auf der Darmstädter Landstraße nach Frankfurt. Wir drangen von Sachsenhausen kommend in die Stadt ein, passierten viele zerstörte Gebäude und rauchende Ruinen. Feuerwehrleute schaufelten die Toten aus den Trümmern; wir sahen Reihen von Leichen, auf dem Gehsteig aufgebahrt und mit Decken zugedeckt.

Der Lkw überquerte die Brücke über den Main, rumpelte durch Trümmer und an den geschwärzten Fassaden zerfallener Häuser vorbei. Wir überquerten den Bahnhofsplatz, umfuhren einige Bombentrichter und bogen vorsichtig in die Savignystraße ein. Große Berge von Schutt und Überreste von Brandmauern waren alles, was von den stattlichen Wohnhäusern übriggeblieben war. Der Lkw hielt vor einem Berg zerbrochener Backsteine und verbogener Stahlträger, hier hatte einmal unser Haus gestanden. Das Erdgeschoß des angrenzenden Wohnhauses stand noch, war aber von dem Gerümpel und dem Schutt der oberen Stockwerke voll beladen. Nur deshalb hatten die Rettungskolonnen ein Loch durch die Brandmauern im Keller schlagen und meine Eltern, Trudel und andere Mitbewohner aus dem angrenzenden Haus bergen können.

Ich folgte Vater in den Keller unseres Hauses – oder dessen, was noch von ihm übrig war. Vaters Taschenlampe wies auf das Loch in der Wand, gerade groß genug, um durchzukriechen. Dabei hatte ich das unbestimmte Gefühl, daß die Decke jeden Augenblick auf uns niederkrachen könnte.

Vaters Stimme kam hohl aus unserem Keller: »Komm und sieh dir das an. Hier haben wir gesessen ...«

Ich kroch ins Schwarze und sah im Schein der Taschenlampe Bänke, Kisten und Kartons, mit Staub bedeckt. »Ich kann mir sehr gut vorstellen«, sagte ich, »wie es einem zumute ist, wenn man eine Ewigkeit auf Rettung wartet. Ich kenne das Gefühl, wenn man wie in einem Sarg aushalten muß.«

»Es war keine Hochzeitsnacht, das kannst du mir glauben. Es war wie damals in Flandern 1916, als ich in einem Bunker verschüttet war.«

Wir brachten unser Hab und Gut zur Oberfläche, und der kräftige Fahrer verstaute die letzten Überreste vergangenen Wohlstands auf dem Lkw. Mutter war wieder in Tränen aufgelöst. Sie hatte den Fehler begangen, auf den Schuttberg zu klettern und nach persönlichen Dingen zu suchen. Sie hatte einige zerbrochene Stücke einer früheren Welt gefunden, einer Welt, die aufgehört hatte zu existieren. Als Vater sie von den Ruinen wegführte, gab er seinem Optimismus Ausdruck: »Wir werden schon wieder neue Möbel bekommen, reg dich nicht auf. Die Tommies und Yankees werden die Rechnung bezahlen.«

Heeresfahrzeuge und Krankenwagen behinderten unseren Auszug aus Frankfurt, das nun nicht mehr unsere Heimatstadt war. Eine lange Zeit der Behaglichkeit und häuslicher Wärme war unwiderruflich zu Ende, als wir dem schweren Verkehr entkamen und auf der Autobahn nach Süden fuhren.

In einer knappen Stunde verließ der Lkw die Autobahn und fuhr in das kleine Pfungstadt, wo Vater einen neuen Betrieb eingerichtet hatte. Wir rumpelten über das Kopfsteinpflaster der alten Straßen in den Hof einer Molkerei, die Vater für die Herstellung seiner Nährmittel gemietet hatte. Wir brachten die Kisten und Koffer im Büro unter, dann zeigte Vater mir stolz die Räume, deren Wände und Fußböden mit weißen Kacheln ausgelegt waren.

Meine Abreise nach Brest konnte nicht weiter aufgeschoben werden. Wir fuhren mit dem Lkw nach Karlsruhe zurück. Es war dunkel, als wir am Bahnhof ankamen. Mein Zug war pünktlich. Ich umarmte meine Eltern und meine Schwester voller Zuversicht, daß sie ihre härteste Probe bestanden hatten und für den Rest des Krieges in Sicherheit waren. Als der Zug aus dem Bahnhof fuhr, sah ich sie lange auf dem Bahnsteig stehen und mir nachwinken. Ich sah sie, bis die Dunkelheit ihre Schatten auflöste.

ZUSAMMENBRUCH UND NIEDERLAGE

1

Es war der 4. April 1944, als mein Zug in Brest ankam. Der Morgen war klar wie Kristall, sonnig und warm. Ein alter Omnibus holperte mit mir durch die Straßen der Stadt, fuhr vorsichtig über die Drehbrücke über den Kanal, stotterte bergauf und dann westwärts auf der Anfahrtsstraße zur 1. U-Bootflottille. Hoch über der Bucht schaukelten eine Anzahl Fesselballons in der frischen Morgenbrise. Sie waren ein Teil einer neuen Abwehrmaßnahme, um den Bunker gegen Tiefangriffe aus der Luft zu schützen.

Der Bus hielt vor dem Tor des Stützpunkts. Ich sprang ab und schritt in die vertraute Umgebung. Ich fand die Verwaltungsräume noch verschlossen. Ein älterer Steward erbot sich, mich zum Stab der Flottille zu führen, der gemeinsam auf der breiten Veranda das Frühstück einnahm. Wir traten durch eine große Glastür ins Freie. Die aufgehende Morgensonne blendete mich. Weiße Gartenmöbel waren von etwa einem Dutzend Offiziere in Marineblau besetzt. Da ich den Flottillenchef nicht kannte, musterte ich die Ärmelstreifen der Offiziere und suchte nach dem höchsten Dienstgrad. Einer der Herren sprach mich an: »Sind Sie der neue Kommandant von U-415?«

»Jawohl, Herr Kapitän.«

»Freut mich, Sie zu begrüßen«, sagte der mittelgroße Offizier mit den drei goldenen Streifen und dem Ritterkreuz, das unter seinem weißen Kragen hervorblitzte. »Ich bin Korvettenkapitän Winter, dies hier sind die Herren meines Stabes.« Er stellte mich den Teilnehmern der Frühstücksrunde einzeln vor und bat den Steward, ein neues Gedeck zu bringen. Winter selbst brauchte keine Vorstellung. Sein Name war uns allen bekannt. Er hatte in den frühen Jahren des U-Bootkrieges als Kommandant eines Bootes an den Versenkungsrekorden teilgenommen und über 150 000 Tonnen alliierten Schiffsraums versenkt. Er war einer der wenigen überlebenden Asse der U-Bootwaffe.

Während ich mich mehr oder weniger wortlos meinem Frühstück widmete, berichtete Winter die letzten Neuigkeiten. Ich horchte auf, als er sagte, daß einige Schnorchelanlagen in der Werft angeliefen worden waren und an Bord dreier Boote für Versuchszwecke eingebaut werden würden. Aber nahezu alles andere war nur eine neue Version unserer bekannten Schwierigkeiten. Alliierte Flugzeuge riskieren mehr und mehr regelmäßige Tiefflüge und warfen unter dem Schutze der Nacht Magnet- oder Geräuschminen in den Hafen von Brest und in die Fahrtrinne, die in die offene See führe. Der U-Bootkrieg trat immer noch auf der Stelle. Die Männer an der Front erwarteten mit deutlicher Offenheit die langversprochenen Veränderungen und neue, moderne Boote. Einige wenige der veralteten Tauchröhren, die in den Seegebieten um die englischen Inseln lauerten, waren das Ziel konzentrierter alliierter See- und Luftangriffe. Sogar die großen, freien Gebiete im Mittelatlantik, die lange von der feindlichen Luftaufklärung verschont geblieben waren, wurden nun von Langstreckenbombern und den Maschinen der zahlreichen U-Boot-Jagdgruppen, die mit kleinen Flugzeugträgern verstärkt waren, durchgekämmt. Hunderte der neuen, wendigen Korvetten unterstützten die systematische Verfolgung und Vernichtung unserer Boote. Die gegenwärtige Lage war erschütternd: vier von fünf Booten kehrten nicht mehr von Feindfahrt zurück. Das war eine Verlustziffer, die unsere mageren Versenkungserfolge alliierter Schiffe bei weitem übertraf.

Als sich die Unterhaltung der allgemeinen Kriegslage zuwandte, bemerkte ich, daß die Offiziere der Schlacht um Monte Cassino nur geringes Interesse schenkten und sich um unseren russischen Feldzug keine Sorge machten – Operationen, deren Verlauf nicht gerade den Voraussagen der Heeresführung entsprach. Ihre Gespräche drehten sich hauptsächlich um die Möglichkeit und Gefahr einer alliierten Landung auf dem Festland. Niemand wußte, wann und wo eine Invasion stattfinden würde. Aber niemand schien daran zu zweifeln, daß sie unmittelbar bevorstand. Die Herren des Stabes erwähnten die gegenwärtige Anstrengungen, die überall entlang der französischen Küste im Gange waren, um unsere Küstenverteidigung, den Atlantikwall, zu verstärken und eine Landung am Strand abzuschlagen. Der Führer hatte wiederholt versichen, daß der Atlantikwall uneinnehmbar sei, und niemand zweifelte an seinen Worten. Eine Niederlage war ausgeschlossen. Selbst der Gedanke daran war Landesverrat.

Kapitän Winter erhob sich plötzlich. »Oberleutnant Werner«, sagte er, »Sie werden die Besatzung Ihres Bootes um 14 Uhr übernehmen. Mittlerweile richten Sie sich in Ihrem neuen Quartier ein. Und noch etwas: bereiten Sie sich darauf vor, Ihren Männern etwas zu sagen.«

Ich nahm den Rat dieses sympathischen Offiziers an, zog in ein großes Eckzimmer im Südostflügel des großen Gebäudekomplexes, plantschte in meinem Bad und versuchte dabei eine Rede zu verfassen. Aber mir fiel nichts Gescheites ein, und ich setzte mich schließlich an den großen Schreibtisch, um ein Konzept zu verfassen. Doch auch das mißlang. Und so folgte ich meinem Drang, den Stützpunkt und den Bunker nach alten Gesichtern zu durchforschen – fand aber niemanden von der alten Garde.

Um 14 Uhr traf ich Kapitän Winter und die Besatzung meines neuen Bootes auf dem Innenhof der Flottille. In meiner kurzen Ansprache, die ich aus dem Stegreif hielt, erzählte ich den Männern von unserer Begegnung bei der Ölübernahme im Mittelatlantik und daß wir somit alte Bekannte wären. Ich versicherte ihnen, daß ich stolz auf ihre Leistungen sei und geehrt, ihr Kommandant zu werden, daß an der Bordroutine nichts geändert werden würde und daß U-415 nicht besiegt werden würde, solange ich auf den Planken des Bootes stünde. Ich drückte die Hand jedes einzelnen Mannes, und um 14 Uhr 20 hatte ich Boot und Besatzung übernommen.

Um 14 Uhr 25 gab ich meinen ersten Befehl. Ich wies den I.W.O. an, das Boot in 30 Minuten für Übungen in der Bucht seeklar zu haben. Ich war entschlossen, die Besatzung nach meinen Erfahrungen im U-Bootkrieg auszubilden. Der I.W.O. führte die Männer den steilen Abhang hinunter zum Bunker. Ich folgte mit dem Leitenden und dem II.W.O. und befragte sie über ihre Frontzeit und Ausbildung. Meine Erwartungen wurden zum erstenmal enttäuscht. Der L.I. war der einzige Offizier, der seit der Indienststellung des Bootes an Bord war. Die beiden Wachoffiziere hatten keine oder nur begrenzte Fronterfahrung. Es war mir klar, daß ich einen guten Teil ihrer Pflichten selbst zu übernehmen hatte.

U-415 lag ruhig an seinem Liegeplatz im Bunker. Ich ließ mich durch das Luk auf der Brücke in den Tumm hinunter. Hier wartete die zweite unangenehme Überraschung. Das Sehrohr war von ältester Bauart. Ich war an ein völlig automatisches Sehrohr gewöhnt, das mit Drehsitz, elektrisch betriebener Fahrtanlage und zahlreichen sinnvollen Vorrichtungen versehen und integral mit dem Torpedo-Vorhaltrechner verbunden war. Um diesen prähistorischen Spargel zu benutzen, mußte ich in Kniebeuge gehen und ihn mit akrobatischen Übungen ein- und ausfahren. Eine eingehende Inspektion des Bootes enthüllte jedoch keine weiteren Nachteile – mit Ausnahme seines Alters: es war ein abgearbeiteter Ackergaul. Und das Fehlen eines modernen Sehrohrs wurde durch den Einbau eines neuen und größeren Arsenals elektronischer Geräte sowie zweier 2-cm-Doppellafetten und einer hervorragenden 3,7-cm-Schnellfeuerkanone ausgeglichen.

Den Rest des Nachmittags und drei volle Tage lang fuhr ich U-415 durch die Bucht von Brest, exerzierte alle erdenklichen Rollen- und Tauchmanöver durch, ließ die Männer mit scharfer Munition die Flawaffen einschießen und führte einige Neuerungen ein, die ich für wichtig hielt. Ich brachte die Männer auf die Spitze ihrer Leistung und vertiefte unser gegenseitiges Vertrauen. Am vierten Tag war ich mit Boot und Besatzung zufrieden. Ich meldete Kapitän Winter unsere Bereitschaft. Von diesem Augenblick an ging alles nach Routine. Die Aufgaben, die ich jahrelang selbst ausgeübt hatte, wurden nun von meinen Offizieren übernommen, und ich hatte genügend Zeit, mich auf die erste Unternehmung vorzubereiten.

2

Um 15 Uhr 30 am folgenden Nachmittag betrat ich Winters Büro. Er fragte zunächst besorgt nach der Unterbringung meiner Leute. Ich versicherte ihm, daß wir alle gut aufgehoben waren.

»Gut«, sagte er, »wie Sie wissen, erwartet das Oberkommando eine alliierte Invasion in allernächster Zukunft. Alle Andeutungen weisen auf eine Landung im Mai hin.«

»Jeder hat so seine Theorie, wo sie landen mögen«, fügte ich ein, »aber niemand weiß es genau.«

»Niemand weiß das, nicht einmal die Führung. Norwegen ist eine Möglichkeit. Einige Stellen glauben, daß die Alliierten versuchen werden, an der Biskaya-Küste an Land zu gehen. Ich glaube eher an eine Landung nahe Le Havre. In jedem Fall müssen wir wachsam und vorbereitet sein. Ihr Boot muß in zehn Tagen auslaufklar sein. Während dieser Zeit müssen Sie Ihre Leute auf sechsstündiger Bereitschaft halten. Anweisungen über Ihren zukünftigen Einsatz im Invasionsgebiet werden Ihnen hier durch den FdU West übergeben, sobald alle Kommandanten, die an der Gegenoffensive teilzunehmen haben, eingetroffen sind.«

Ich erinnerte mich an seine Sorge um Boot und Besatzung, die ja auch die meine war, und forderte ihn heraus: »Es scheint mir unmöglich, Herr Kapitän, eine derartige Unternehmung ohne Schnorchel durchzuführen. Hat man irgendwelche Maßnahmen getroffen, um einen solchen auf U-415 einzubauen?«

»Mir ist darüber nichts bekannt«, sagte er ausweichend. »Soweit ich weiß, sind keinerlei neue Anlagen vorhanden. Es tut mir leid, aber Sie müssen sich damit abfinden, wieder ohne Schnorchel auszulaufen – wie viele andere Kommandanten. Wir müssen die Invasion bekämpfen mit dem, was wir haben.«

»Herr Kapitän, glaubt die Führung im Ernst, daß wir das Operationsgebiet ohne Hilfe des Schnorchels erreichen werden?«

»Ich verstehe Ihren Einwand sehr gut, bin jedoch nicht in der Lage zu helfen. Ich wünschte, ich könnte mehr für Sie tun. Aber auch ich bin mit dem, was ich für meine Boote tun kann, gewissen Grenzen unterworfen.«

Ich verließ Winter, entschlossen, einen Schnorchel zu finden und ihn auf U-415 einzubauen, bevor die Invasion der Alliierten losbrach. Ich kannte die enorme Macht des Gegners auf See und war davon überzeugt, daß eine Landungsflotte von gigantischem Ausmaß und keines unserer Boote ohne Schnorchel in der Lage sein würde, einen Angriff darauf zu unternehmen, geschweige ihn zu überleben. Ich war mehr als beunruhigt, als ich sah, wie wenig die U-Bootführung von der Übermacht der Alliierten gelernt hatte und wie gering sie unsere Verluste einschätzte.

In der Absicht, mein Schicksal in eine günstigere Bahn zu lenken, telefonierte ich mit den Werften in Lorient und St. Nazaire und fragte nach der Verfügbarkeit von Schnorchelanlagen. Ich hatte aber keinen Erfolg. Schnorchel waren eine derartige Mangelware, daß nur sieben Boote, die von Brest aus operierten, mit dem neuen Unterwasseratemgerät ausgerüstet werden konnten. Für einen Augenblick jedoch sah ich einen Hoffnungsstrahl, als ein Werftingenieur mir berichtete, selbst einige Schnorchelanlagen auf dem Güterbahnhof von Montparnasse in Paris gesehen zu haben. Meine Anstrengungen, die so verzweifelt benötigte Ausrüstung mittels Lkw nach Brest zu transportieren, versank im Meer der bürokratischen Verwirrungen jener Zeit. Resigniert beugte ich mich schließlich der bitteren Tatsache, daß ich wieder ohne Schnorchel auslaufen mußte.

Tagelang krochen vereinzelte Boote in den Hafen von Brest. Sie stellten nur einen Teil jener Boote dar, die für eine Aktion gegen eine Invasion zurückbefohlen worden waren. Während der ersten vier Monate des neuen Jahres waren 55 U-Boote zerstört worden. Das waren ungefähr 70 Prozent der in See stehenden Boote. Die magere Tonnage, die wir in derselben Zeitspanne versenkten. rechtfertigte die Aufopferung einer derart großen Zahl von Booten nicht. Ihr Fortbestand hätte für die Führung von allergrößter Wichtigkeit sein müssen; schließlich galt es, im Fall einer Invasion genügend Boote zur Verfügung zu haben.

Mit dem Einlaufen von U-821 hörte der dünne Strom zurückkehrender Boote ganz auf. U-311 war auf seinem Rennen zum Hafen überwältigt und versenkt worden. U-240 traf nie sein Geleitfahrzeug am Aufnahmepunkt nahe den Felsen. U-625 und U-653 waren westlich Irland verlorengegangen; U-744 und U-603 waren und blieben verschwunden, ohne ein Kurzsignal abgegeben zu haben. Neben diesen verlorengegangenen Booten, die von Brest zu ihrer letzten Unternehmung ausgelaufen waren und hier wieder zurückerwartet wurden, um die Anti-Invasionsgruppe zu verstärken, waren 13 Boote von norwegischen Häfen nach dem Westen gesandt worden. Nicht einer dieser Neulinge war mit dem Schnorchel ausgerüstet, und allen fehlte die Erfahrung, um den britischen Zerstörern und Korvetten zu entgehen. Nur sieben Boote von den 13 erreichten ihren Bestimmungsort. Damit lagen nur 15 einsatzfähige U-Boote in Brest, sieben Boote mit Schnorchel und acht ohne, um das Tausendjährige Reich gegen einen Angriff über See zu verteidigen.

Der Monat Mai war mit einem duftenden Ausbruch von Magnolien- und Fliederblüten gekommen. Die Düfte wurden von einer sachten Brise vom Meer über die Wiesen und Felder der Bretagne getragen. Als ich im April angekommen war, war nur ein Hauch des Frühlings in der Luft: ein warmer Wind vom Süden und hier und dort einige Knospen. Inzwischen hatten sich die Bäume ganz entfaltet, das Gras war grüner geworden, Blumen blühten überall, und es herrschte heißes, sommerliches Wetter.

Unter dem Betondach des Bunkers arbeitete das Werftpersonal, Deutsche und Franzosen in spannungsgeladener Eintracht, in drei Schichten, um die 15 Boote für ihre wichtigste Unternehmung seeklar zu machen. Torpedos, Treibstoff und Proviant wurden in schneller Folge übernommen. Unsere Leute machten selbst einige Reparaturen, um ihr Boot zum festgesetzten Termin kampfbereit zu haben.

Während die Betriebsamkeit in den Werften langsam nachließ und die Invasionsnervosität im Stützpunkt zunahm, beendete der Gegner auf der anderen Seite des Kanals seine ungeheuren Vorbereitungen für den Tag der Abrechnung. Er verstärkte seine Luftangriffe auf die Biskaya-Häfen, belästigte uns zu jeder Stunde und hielt die Männer der schweren Flak buchstäblich an ihre Kanonen gekettet. Nacht für Nacht drangen alliierte Flugzeuge in den Luftraum unserer U-Boot-Stützpunkte ein und sperrten die Häfen und Wasserwege mit Magnet- und Geräuschminen. Tag für Tag waren unsere Minensuchfahrzeuge auf der Suche nach der verborgenen Gefahr, und der scharfe Knall der Explosionen hallte gelegentlich von den Klippen in der Bucht von Brest wider. Große anglo-amerikanische Bomberverbände flogen nach Frankreich ein und zerbombten und vernichteten systematisch Straßen, Geleise, Bahnhöfe, Güterbahnhöfe, Lagerhäuser, Flugplätze, Kasernen, Brücken, Dörfer und Städte – sie verwüsteten das schöne Frankreich, das bisher vom Krieg so gut wie unberührt geblieben war.

An einem dieser sonnigen, aber Unheil verkündenden Tage im Mai rief der FdU West, Kapitän zur See Rösing, uns Kommandanten zu einer Lagebesprechung in den Stützpunkt der 1. U-Boot-Flottille. Er war von Dönitz beauftragt, uns den Plan der U-Boot-Führung zu übermitteln, der die Versenkung der alliierten Invasionsflotte vorsah. Kapitän Winter empfing den hohen Gast und die Kommandanten der 9. U-Boot-Flottille von der anderen Seite der Stadt. Während wir um den großen Konferenztisch saßen, machte ich mir Notizen über meine Kollegen in dieser außerordentlichen Besprechung. Mein Freund Heinz Sieder, Kommandant von U-984, saß zu meiner Linken. Zu meiner Rechten saß Dieter Sachse, Kommandant von U-413. Weiter anwesend waren Teddy Lehesten von U-373, Heinz Marbach von U-953, Brauer von U-256, Uhl von U-269, Hartmann von U-441, Stark von U-740, Bugs von U-629, Knackfuß von U-821, Boddenberg von U-693, Rodler von Rothenberg von U-989, Stuckmann von U-621, von Bremen von U-764 und schließlich ich selbst von U-415. Wir waren alle jung, voller Glauben und entschlossen, den Kampf zu gewinnen, für den wir so lange gelitten hatten. Aber acht Kommandanten, darunter ich selbst, waren, was die bevorstehende Unternehmung betraf, besonders skeptisch. Admiral Dönitz hatte nicht nach der Meinung jener gefragt, die das Unmögliche wagen mußten – die Invasionsflotte ohne Hilfe des Schnorchels zu erreichen und zu versenken.

Die Gruppe verfiel in Schweigen. Kapitän zur See Rösing strich eine silbrige Haarsträhne zur Seite, die ihn sichtlich in seinem Gedankengang zu stören schien. Nachdem er sie gezähmt hatte, begann er zu sprechen. »Meine Herren, wie Sie wissen, erwarten wir eine alliierte Landung praktisch stündlich. Sie müssen bereit sein, auf sofortigen Abruf auszulaufen. Da unser Nachrichtendienst leider nicht in der Lage war, das genaue Datum und den Ort einer Landung auszukundschaften, habe ich heute nur allgemeine Anweisungen. Wir müssen darauf vorbereitet sein, den Schlag aufzufangen, wo immer er fällt. Wir haben über zwanzig Boote in Norwegen in Bereitschaft liegen. Weitere fünfundzwanzig Boote liegen in den Biskaya-Häfen Lorient, St. Nazaire, La Pallice und Bordeaux. Aller Wahrscheinlichkeit nach wird jedoch eine Invasionsflotte den Kanal zu überqueren versuchen, um irgendwo, sagen wir zwischen zwanzig und fünfzig Seemeilen südlich England, an der nordfranzösischen Küste zu landen. Dort, meine Herren, werden Sie angesetzt werden. Der Befehl der U-Bootführung ist kurz und präzise: *Die Invasionsflotte ist rücksichtslos anzugreifen und zu versenken … jedes feindliche Fahrzeug, das der Landung dient, auch wenn es nur ein halbes Dutzend Soldaten oder einen Panzer an Land bringt, ist ein Ziel, das den vollen Einsatz des Bootes verlangt. Es ist anzugreifen, auch unter der Gefahr des Verlustes des eigenen Bootes … Das U-Boot, das dem Feind bei der Landung Verluste beibringt, hat seine höchste Aufgabe erfüllt und sein Dasein gerechtfertigt. Meine Herren, ich muß es Ihnen noch deutlicher sagen: ich erwarte, daß Sie, wenn angegriffen oder leergeschossen, auftauchen und Ihre Boote in den Angreifer oder in das nächste Ziel in der Landungsflotte rammen. Nur durch Selbstaufopferung können wir dem Feind die größtmöglichen Verluste beibringen und ihn an einer Landung hindern … Kommandanten, die es an der notwendigen Verantwortungsfreudigkeit fehlen lassen, werden nach dem Einlaufen zur Rechenschaft gezogen werden.*«

Grabesstille erfüllte den Raum. Fünfzehn Kommandanten, erfahrene U-Bootfahrer, konnten nicht glauben, was sie gerade gehört hatten. Es konnte doch nicht die Absicht des BdU sein, unsere Boote durch Rammstoß zu vernichten. Wir hatten hart gekämpft, um unser Leben zu erhalten und unsere Boote durch Monate der Niederlage und steigende Verluste hindurchzubringen, um für unsere größte Aufgabe bereit zu sein. Nun, da nur wenige von uns noch am Leben waren, forderte die Führung die Aufopferung aller Überlebenden, ohne einen weiteren Gedanken daran zu verschwenden, wie und mit was der Krieg zur See fortgesetzt werden sollte. War Selbstmord der Endzweck unserer langen Ausbildung? War diese unnütze, wertlose Geste der größte Ruhm, die größte Ehre und Genugtuung, die wir mit uns ins Grab nehmen durften?

Ich gewann meine Fassung wieder und fragte den Überbringer des Befehls: »Herr Kapitän, sagt Ihr Befehl, daß wir ein feindliches Fahrzeug zu rammen haben, auch wenn wir die Gelegenheit haben sollten, wieder zum Stützpunkt zurückzukehren und eine neue Ladung Torpedos zu übernehmen?«

»Der Befehl heißt: Rammen. Das ist genau, was die Führung meint. Meine Herren! Ich muß offen sprechen. Sie werden keine Gelegenheit haben, Ihren Angriff zu wiederholen. Ihr endgültiger Einsatz ist mit Ihrem ersten Angriff erfüllt. Admiral Dönitz verlangt totalen Einsatz, selbst wenn er vorsätzliche Selbstzerstörung bedeutet.«

Das war sehr deutlich. Rösing war in der Auslegung des Befehls des Oberkommandierenden in der Tat sehr präzise und ließ uns keine andere Wahl, als die deutsche Form des japanischen Kamikaze auszuführen. War dieser ungeheuerliche Befehl etwa ein verstecktes Zugeständnis der Führung, daß der Krieg bereits hoffnungslos verloren war? Ich wagte es nicht, in dieser Richtung weiterzudenken. Befehl ist Befehl, und ich hatte zu gehorchen.

Heinz Sieder, Kommandant eines Schnorchelbootes, erlaubte sich, den Gast zu unterbrechen: »Schlage gehorsamst vor, Herr Kapitän, die Schnorchelboote bereits jetzt in den Kanal zu senden. Es würde für uns ein großer Vorteil sein, im Operationsgebiet zu stehen, bevor der Gegner zuschlägt. Wir könnten seine Landungsflotte auf See abfangen und ihr empfindliche Verluste beibringen, bevor sie Gelegenheit hat, das Festland zu erreichen.«

»Wir können es uns nicht erlauben, unsere Boote der alliierten Abwehr vor der Invasion auszusetzen«, entgegnete unser Gast. »Außerdem haben wir keine Ahnung, wo seine Landungsflotte den Kanal überqueren wird. Sie werden den Befehl zum Auslaufen früh genug erhalten. Wir haben entlang der Küste ein gutfunktionierendes Alarmsystem aufgebaut. Anweisungen für den Einsatz jedes einzelnen Bootes werden Sie, meine Herren, im entscheidenden Augenblick erhalten, das heißt, wenn Sie Brest verlassen. Haben Sie noch irgendwelche Fragen? Noch haben Sie Zeit, Fragen zu stellen, meine Herren.«

Was war da noch zu fragen? Wir waren erzogen worden, Befehle auszuführen, ohne zu fragen. Ein jeder hing seinen eigenen Gedanken nach und kämpfte mit seinem Gewissen. Die Konferenz löste sich auf, und jeder ging seinen eigenen Weg, um Zweifel zu unterdrücken und mit seinen Gedanken ins reine zu kommen. Ich zog mich auf mein Zimmer zurück, drehte das Radio an, ließ mich in den breiten Lehnstuhl fallen und versuchte, klar zu denken. Ich rechnete damit, daß, nachdem die Invasion erst einmal begonnen hatte, unsere Boote ohne Schnorchel von der konzentrierten alliierten See- und Luftaufklärung versenkt sein würden, bevor wir einen bestimmten Punkt im Kanal erreichen konnten. Damit hatten nur sieben mit dem Schnorchel ausgerüstete Boote eine Chance, das Invasionsgebiet zu erreichen. Sieben U-Boote – das war die Höchstzahl, die die U-Boot-Führung aufbieten konnte, um einer Landung im Kanal entgegenzutreten. Und diese sieben Boote würden, wenn meine Erfahrungen mit der alliierten Seemacht ein Maßstab waren, einer Invasionsflotte von Tausenden von Frachtern, Kriegsschiffen aller Art und Landungsfahrzeugen gegenüberstehen – nicht zu vergessen die zehntausend Flugzeuge, die die See wie eine Decke beschatten würden. Natürlich konnten sieben U-Boote eine derart riesenhafte Armada nicht aufhalten. Selbst die Annahme, daß sie einer derartigen Landungsflotte irgendwelche bedeutenden Verluste zufügen könnten, war eine infantile Illusion. Wenn unsere Armeen und die Luftwaffe nicht in der Lage waren, den gigantischen Ansturm gegen unsere Küstenverteidigungen abzuwehren und die Alliierten in die See zurückzutreiben – dann gnade Gott unseren Seelen und Deutschland.

Die Einführung einer sechsstündigen Bereitschaft verbot unseren fünfzehn dem Untergang geweihten Besatzungen jeden Landgang. Ausgestellte Urlaubsscheine wurden eingezogen. Ich nahm mich meiner Leute mit besonderer Sorgfalt an und versuchte sie vergessen zu lassen, daß ihre letzte Stunde bald kommen würde. Omnibusfahrten, Ausmärsche und sportliche Veranstaltungen hielten die Männer in Bewegung und im Wettbewerb. Wir Kommandanten verbrachten viele Stunden im Erholungsort der Flottille, Le Treshier; wir schwammen im Meer, lagen in der Sonne, spielten Schach oder Bridge mit den Mädchen von der Marineverwaltung, die von unserer Aufgabe nicht die geringste Ahnung hatten. Wir sprachen niemals über eine Landung, dachten aber unaufhörlich daran.

Alles erinnerte uns an den Tod, besonders das Gerät, das eigentlich unser Leben erhalten sollte. An den Wochentagen sahen wir die mit dem Schnorchel ausgerüsteten Boote in dem blauen Wasser der Brester Bucht trainieren. Wir Nichtschnorchler, Mannschaften wie Offiziere, folgten den Manövern mit zunehmender Eifersucht. Wir beobachteten, wie die kleinen Schnorchelköpfe die Oberfläche schnitten und nur einen kurzen, weißen Schaumstreifen nach sich zogen. Dann wußten wir, die Vernachlässigten, daß der Schnorchel das Leben ermöglichte, während wir ohne ihn unweigerlich sterben mußten.

Am Sonntag, dem 28. Mai, wurden wir fünfzehn Kommandanten von einer SS-Division an die Kanalküste eingeladen, um einen Eindruck von den Verteidigungsanlage zu gewinnen, die an ihrem Küstenstreifen errichtet waren. Wir wurden mit einem Lkw zur Küste gefahren, wo man uns die neuesten Waffen, schwergepanzerte Bunker, Artillerie und Hunderte von Fahrzeugen zeigte. Einige Kompanien der Waffen-SS demonstrierten in eindrucksvollen Manövern, wie sie etwaige Eindringlinge zurückschlagen würden. Die SS-Division bestand aus blutjungen Leuten. Die meisten waren noch nicht achtzehn, und ihre Offiziere waren nicht viel älter. Dennoch gab ihre Vorführung uns neues Vertrauen darauf, daß die Waffen-SS, die Wehrmacht und die Luftwaffe fähig waren, eine Landung in den Anfängen zu zerschlagen, und wir kehrten irgendwie erleichtert nach Brest zurück.

In jener Nacht zählten wir sieben Einflüge einzelner Maschinen in den Luftraum über der Bucht von Brest. Am nächsten Morgen, es war der 29. Mai, wurde mir vom Adjutanten mitgeteilt, daß alle Boote bis auf weiteres an ihren Liegeplätzen zu verbleiben hatten. »Die Tommies haben eine ihrer Minen vor unseren Bunker gelegt«, erklärte er. »Ein Flakkanonier, der auf dem Dach des Bunkers stationiert ist, hat die Mine fallen sehen. Unsere Minensuchfahrzeuge werden die Angelegenheit schnell bereinigen. Der Innenhafen wird bis Einbruch der Dunkelheit wieder dem Verkehr übergeben werden können.«

»Diese Tommies«, sagte ich ärgerlich, »bald werden sie ihre Eier in unsere Betten legen.« Der Adjutant wußte genau, was ich damit meinte.

Für den Rest des Tages kurvten zwei Minensuchboote im inneren Hafenbecken und konzentrierten ihre Suche auf die Einfahrten zum Bunker, in dem fünfzehn Boote gefangengehalten wurden. Trotz größter Anstrengung waren jedoch die beiden Fahrzeuge nicht in der Lage, die Mine zu finden. Am Abend wurde die Suche abgebrochen und der Hafen für den Verkehr freigegeben. Die Angelegenheit war damit beendet. Der Kanonier war sicherlich ein Opfer seiner Nervosität gewesen, die in uns allen langsam zum Siedepunkt kam.

Nach einer Rücksprache mit dem Kanonier war ich von seinen Angaben überzeugt und gab meinen Offizieren den Befehl, bei Manövern im Hafenbecken nur die leisen E-Maschinen zu benutzen.

Tage gespannten Wartens wechselten mit schlaflosen Nächten. Die zunehmenden Luftangriffe, die rege Aktivität der französischen Widerstandsbewegungen, die wachsende Abneigung der bretonischen Bevölkerung, die aggressive Propaganda des alliierten ›Soldatensenders Calais‹ und die Aussicht auf Vollmond in Erdnähe, mit einer Hochflut verbunden – alle diese Dinge deuteten auf die Möglichkeit einer baldigen Landung. Und als am 4. Juni ein britisches Geschwader viermotoriger Liberators aus der Mittagssonne auf unseren U-Bootbunker niederstürzte, um unsere Boote bereits im Hafen zu zerstören, da wußte ich, daß die Stunde unseres letzten Einsatzes sehr nahe war.

Dann kam der 5. Juni. In den frühen Morgenstunden, bevor das Zirpen der Vögel in der aufkommenden Tageshitze verstummte, nahm ich meine Männer wie üblich auf die Landstraße. Wir marschierten singend durch die Vorstädte aufs Land. Der Ausflug wurde von der Besatzung als eine willkommene Abwechselung von der täglichen Routine begrüßt; ihre Lieder hallten laut von den Wänden der alten Häuser wider und weckten manchen Franzosen, der ungehalten die Fensterläden schloß.

Am Nachmittag ließ ich die Leute in der Obhut der Wachoffiziere und ging mit Heinz Sieder, dem Kommandanten von U-984, nach Brest. Um 18 Uhr riefen wir im Stützpunkt an, um uns zu versichern, daß die Invasion nicht ohne uns begonnen hatte. Da keine alarmierenden Meldungen eingelaufen waren, entschlossen wir uns, das Abendessen in einem unserer bevorzugten Lokale einzunehmen, anstatt uns mit den dünnen Broten, die im Stützpunkt serviert wurden, zu begnügen. Wir traten in das Restaurant, wählten zwei große Hummer, hatten gebackene Schnecken als Vorspeise und genossen das bretonische Mahl, ohne an unsere zweifelhafte Zukunft zu denken. Ich vermißte die hübschen Mädchen der Bretagne, die seit kurzer Zeit so scheu und zurückhaltend geworden waren, dachte an Marguerite in Paris und bedauerte, sie nicht wiedersehen zu können.

Der Stützpunkt lag in völliger Stille, als wir in den Gebäudekomplex zurückkehrten. Alles war dunkel. Die wenigen Lampen und Lichter waren abgeblendet. Die Besatzungen schliefen in ihren Quartieren. Nur die Nachtwache und einige Männer im Funkraum waren noch wach.

Ein Hämmern weckte mich. Es war mitten in der Nacht. Faustschläge trommelten gegen die Tür. Da hörte ich die aufgeregte Stimme des Stewards: »Alarm, Alarm, die Alliierten sind gelandet, Alarm ...«

Binnen einer Sekunde war ich an der Tür. »Wo sind sie gelandet?«

»In der Normandie. Die Invasion ist in vollem Gang.« Und weg raste er, um meine Kameraden zu wecken.

Ich drehte das Licht an und blickte auf meine Armbanduhr. Es war 3 Uhr 47. Der Tag: 6. Juni 1944. Während die Alliierten ihre Schiffe und Landungsboote bestiegen hatten, während sie die Motoren ihrer Jagdflugzeuge und Bomber angewärmt hatten, während sie unter dem Schutz der Dunkelheit über den Kanal geschlichen waren, um überraschend zuzuschlagen – lagen wir in tiefem Schlaf einige 200 Seemeilen von der Stelle entfernt, an der wir zu dieser Stunde eigentlich hätten sein sollen.

Voller Spannung, aber seltsam ruhig, zog ich mein U-Bootpäckchen an. Mir blieb nur wenig zu tun übrig. Methodisch sammelte ich meine wenigen Sachen, bündelte und lagerte sie im Spind, steckte meine Zahnbürste und eine kleine Tube Zahncreme in die Brusttasche meiner grünen Bluse, warf meine Lammfelljacke um die Schultern, stülpte die weiße Mütze auf, verschloß das Zimmer, sprang die Treppen hinunter, lief aus dem Gebäude und hinunter zum Bunker. Meine Stunde war gekommen. Ich wußte, ich würde nicht mehr wiederkehren.

Die Besatzung war vollständig und zum letzten Appell an Oberdeck angetreten. Ich überschritt die Stelling, und der I.W.O. meldete: »Alle Mann an Bord. Boot ist klar zum Auslaufen.«

Ich berührte den Schirm meiner Mütze und stellte mich vor die Reihen meiner Männer. »Rührt euch, Leute. Ihr alle wißt, daß der Gegner gelandet ist – oder im Begriff ist – zu landen. Wir sind also nicht mehr in der Lage, das zu verhindern. Was wir aber tun können, ist dies: wir können seinen Nachschub abschneiden und ihn daran hindern, weiteres Kriegs- und Menschenmaterial über den Kanal zu transportieren. Wir werden unser Bestes versuchen. Bereitet euch auf sofortiges Auslaufen vor. Alle Mann auf Gefechtsstationen wegtreten.« Ich sah keinen Grund, ihnen die ganze tödliche Wahrheit zu sagen. Was meine Männer anging, würde die Unternehmung für sie genauso wie jede andere verlaufen. Sie wußten nicht, daß die Führung sie bereits aufgegeben hatte.

Ich lief mit langen Schritten auf dem Oberdeck auf und ab. Ich erwartete augenblicklich den Befehl zum Ablegen. Längsseits lag U-629. Oberleutnant Bugs rannte ebenso nervös herum. Ich hatte mit ihm in Le Treshier manche Flasche Wein geleert. Obgleich wir beide wußten, daß unser letzter Kampf nur noch ein paar Stunden vor uns lag, gelang es uns, ein Lächeln aufzusetzen und gute Wünsche auszutauschen. Dann nahm ich meine Schritte an Deck wieder auf. Die Minuten tickten. Eine Stunde verging ohne Maßnahmen. Dann starb die entscheidende Nacht langsam dahin.

Ein neuer Tag ging zögernd über der Küste der Normandie auf, an der die größte Invasion aller Zeiten im Gange war. Eine ungeheure Flotte – über 4000 Landungsfahrzeuge mit 30 Divisionen alliierter Truppen, 800 Zerstörer, Kreuzer, Schlachtschiffe, Kriegsschiffe aller Art – war dabei, die Küste des Festlands zu erreichen, die von über 10 000 anglo-amerikanischen Flugzeugen sturmreif gebombt war. Divisionen von Luftlandetruppen regneten hinter unseren Küstenverteidigungen nieder; zahllose Segelflugzeuge, vollbeladen mit Truppen, Material, Panzern, Geschützen und Nachschub aller Art, landeten auf den Wiesen der Normandie.

Während die französische Erde unter den Millionen explodierender Bomben und Granaten erbebte, während die ersten Wellen der Angreifer von dem konzentrierten Feuer der Verteidiger dezimiert wurden, während nur einige wenige unserer eigenen Flugzeuge den Weg in die

Luft fanden, während der Widerstand unserer Soldaten, Panzer und Kanonen unter dem gewaltigen Angriff aus der Luft und von der See langsam zusammenbrach – warteten fünfzehn U-Boote unter der schützenden Decke des Betonbunkers in Brest auf ihren Auslaufbefehl, lagen weitere einundzwanzig Boote sicher in anderen Biskaya-Häfen und zweiundzwanzig Boote in norwegischen Fjorden.

Um 10 Uhr noch immer kein Auslaufbefehl. Nicht ein einziges Wort hatte uns erreicht. Unsere Männer brachten die Kurzwellenempfänger an Oberdeck, um den laufenden Meldungen von der Front zuzuhören. Unsere Sender überfluteten das Reich mit den Nachrichten von der Landung, berichteten von dem heroischen Widerstand unserer Armeen und wie sie die Eindringlinge ins Meer zurückwarfen. Fanfaren schmetterten, Militärmärsche dröhnten und tausend Worte versprachen der Nation, daß die größte Schlacht mit einem Sieg unserer Waffen enden würde.

Befehle wurden gegeben und wieder aufgehoben. Die Verwirrung wuchs, je mehr Zeit verging. Um 12 Uhr mittags lagen die Boote immer noch untätig im Bunker. Gerüchte und falsche Alarme jagten einander wie Stiere in einer Treibjagd.

Um 14 Uhr 40 wurden wir fünfzehn Kommandanten aufgefordert, uns in Winters Büro einzufinden. Drückende Stille herrschte, als Winter uns Kommandanten je einen versiegelten Umschlag übergab. Ich öffnete den blauen Umschlag und entfaltete das rote Papier, das Dönitz' so lange aufgeschobenen letzten Befehl enthielt. Als ich auf das Fernschreiben blickte, liefen die Buchstaben ineinander über. Mit Mühe las ich: U-415. UM MITTERNACHT AUSLAUFEN. MIT HÖCHSTFAHRT ÜBER WASSER GEGEN DIE ENGLISCHE KÜSTE MARSCHIEREN. OPERATIONSGEBIET ZWISCHEN LIZARD HEAD UND HARTLAND POINT. NACHSCHUBSCHIFFAHRT IST ANZUGREIFEN UND ZU VERNICHTEN. DÖNITZ.

Dieser Befehl war noch unerklärlicher als der bestehende Rammbefehl. Die neue Anweisung verlangte von mir und meinen sieben Kameraden, ebenfalls ohne Schnorchel, aufgetaucht und ungeschützt auf die Südküste Englands zuzujagen und das zu einer Zeit, da der Himmel schwarz war von Flugzeugen und die See übersät mit Zerstörern, Korvetten und anderen U-Jagdfahrzeugen. Es war mir klar: wir würden gar nicht lange genug leben, um durch Rammstoß Selbstmord zu begehen.

Die sieben mit Schnorchel ausgerüsteten Boote wurden angewiesen, getaucht in das Seegebiet der Landung vorzustoßen. Ihre langsame Unterwasserreise würde aber ihre Vernichtung nur um Tage verschieben.

Winters Gesicht war bleich und finster. Er preßte die Hände der Kommandanten, die seine Freunde geworden waren. Er hatte getan, was in seiner Macht stand, um uns die letzten Tage zu erleichtern. Nun blieb nichts mehr zu tun. Der Wahnsinn triumphierte.

3

Es war kurz nach 17 Uhr, als ich zum Bunker zurückkehrte. Die Lautsprecher waren verstummt. Das riesenhafte Panzergewölbe erdröhnte von den Liedern unserer 800 Männer, die auf den Befehl zum Ablegen warteten. Sie ahnten nicht, daß die Fahrt gegen den Feind eine kurze Reise in den Tod sein würde.

Um 21 Uhr 30, als sich die Nacht langsam über die Schlachtfelder in der Normandie senkte, schlüpften fünfzehn U-Boote aus ihren Liegeplätzen und verholten sich, eines nach dem andern, in die Bucht von Brest. Die Nacht war klar. Die Sterne leuchteten schwach am schimmernden Firmament. Bald würde der Vollmond aufgehen und uns mit seinem Licht den Weg in den Atlantik zeigen.

Die sieben Schnorchelboote nahmen Kurs auf den Atlantik. Ihre Türme verschwanden in Zeitabständen von fünf oder zehn Minuten unter der schwarzen Oberfläche. Ihr Auslaufen blieb von den englischen Maschinen unentdeckt, die entlang der Küste flogen und bereit waren, alles anzugreifen und zu vernichten, was auf dem Wasser kroch. Als die Boote in sicheren Abständen und unsichtbar durch den schmalen Wasserweg in die offene See fuhren, lagen wir Nichtschnorchler in der dunklen Bucht neben den Vorpostenbooten und warteten, bis der große, rote Ball des Vollmonds in Erdnähe aufstieg.

22 Uhr 30. Acht Boote glitten lautlos mit den Sicherungsfahrzeugen auf die Einfahrt der Bucht zu. Als wir die tiefere Fahrrinne erreichten, begannen unsere Diesel zu brummen. Die schwarzen Silhouetten von acht Booten schwenkten nacheinander in das Kielwasser des führenden Minensuchbootes. U-989 unter Kapitänleutnant von Rothenberg übernahm die Spitze der langen Kette. U-413 mit Dieter Sachse folgte dicht auf. Dann brachte Boddenberg sein U-963 in die Kiellinie. U-740, Starck, folgte. Dann kamen Bugs, U-629; Knackfuß, U-821; dahinter folgte U-415 mit mir selbst auf der Brücke; Brauer auf U-256 machte den Schluß. Der Mond war inzwischen überm Horizont im Südosten aufgegangen. Er stand wie eine riesige Laterne im Himmel. Sein Schein

beleuchtete die lange Reihe der U-Boote und spiegelte sich in der ruhigen See. Entgegen üblicher Gewohnheit, hatten alle meine Männer ihre Schwimmwesten angelegt. Berge von Munition waren auf der Brücke aufgestapelt. Der Turm war ein Waffenarsenal. Die Kanoniere hingen in gespannter Erwartung der ersten feindlichen Maschinen in ihren 2-cm-Kanonen und in der 3,7-cm-Automatik. Die Ausgucks bohrten ihre Augen in die helle Nacht. Die Funker lauschten mit verhaltenem Atem nach den ersten Ortungen. Die Heizer arbeiteten mit fliegendem Puls in den heißen Räumen der Stahlröhre. Ich stand in der Steuerbordnock der Brücke und versuchte, mein Boot im Kielwasser von U-821 und in der vereinbarten Entfernung von 300 Metern zu halten.

23 Uhr 10. Die ersten zirpenden Ortungen wurden von unserer Mücke und der Fliege, den neuesten Warnungsgeräten, aufgenommen, je mehr die Küste zurückwich.

»Sechs Ortungen, alle im vorderen Sektor, nehmen an Lautstärke schnell zu ...« Die Meldung von unten alarmierte jeden Mann auf der Brücke. Alle Ohren drehten sich in den Wind. Alle Augen konzentrierten sich auf den Himmel vor uns. Ich stellte mich auf die Fußraste und ließ meinen Blick über die Panzerplatten des Turms in die purpurne Dunkelheit dringen. Aber das helle Mondlicht verriet noch keines der schwarzen Ungeheuer.

23 Uhr 20. Die Spitze unserer Prozession erreichte die offene See. Mit den Sicherungsfahrzeugen auf Parallelkurs, pflügten die acht Boote die silbrige Oberfläche und drangen immer tiefer in die feindliche Verteidigungslinie ein. Das Kreischen lauter Ortungen und der Strom der Warnungen von unten vermischte sich mit dem Gebrüll der Diesel und dem Seufzen der Lüfter.

23 Uhr 40. Plötzlich brach im vorderen Backbord-Sektor ein Feuerwerk aus, etwa fünf Meilen voraus. Ich erinnerte mich an eine Warnung, die wir vor dem Auslaufen erhalten hatten, daß mehrere unserer Zerstörer von Lorient nach Brest unterwegs waren und wir sie nicht mit den Engländern verwechseln sollten. Ich hob mein starkes Nachtglas vor die Augen und sah sieben Zerstörer in Dwarslinie in einen Angriff aus der Luft verwickelt. Tausende von Leuchtspurgeschossen zogen durch den Nachthimmel, blendende Leuchtfallschirme segelten auf unsere Schiffe herab. Zusammen mit dem gelben Schein des Mondes verwandelten sie die Nacht in einen Tag. Der Schall der Fla-Waffen, ungezählter Kanonen und der Widerhall heulender Flugzeugmotoren wurde lauter, je näher wir an den Ort des Kampfes herankamen. Die Tommies, von unserem Näherkommen gewarnt, brachen plötzlich ihre

wilden Angriffe auf die Zerstörer ab, um nicht zwischen U-Booten und Zerstörern ins Kreuzfeuer zu geraten. Die Zerstörer dampften kurz darauf in entgegengesetzter Richtung entlang unserer langen Kiellinie nach Osten. Unsere Begleitfahrzeuge, ihre Chance für eine wohlbeschützte Rückfahrt in den Hafen erkennend, scherten aus der Formation und in das Kielwasser der Zerstörer. Ihr Manöver überließ unsere acht Boote der gnadenlosen Vernichtung aus der Luft. In diesem Augenblick handelten alle Boote nach dem Befehl der Führung, und ich rief ins Sprachrohr: »Beide Maschinen äußersten Kraft voraus – Schießen auf Sicht freigegeben.«

7. Juni, 0 Uhr 15. Unsere lange Kette karrte mit Höchstfahrt in Richtung Atlantik, Richtung Westausgang des Kanals. Die Diesel keuchten, die Auspuffs qualmten, Ortungen verfolgten uns mit zunehmender Lautstärke. Wiederholt warf ich einen kurzen Blick auf das Leuchtzifferblatt meiner Armbanduhr, um die Minuten zu zählen, die uns noch über Wasser vergönnt waren, bis der erste Schlag auf uns niedersausen würde.

0 Uhr 30. Ortungen zirpten über den ganzen Horizont. Die Lautstärken variierten von schwachen Klagetönen zu lauten Schreien. Die Tommies kurvten in gestaffelter Entfernung um unsere Prozession. Sie mußten überzeugt gewesen sein, daß wir nicht mehr Herr unserer Sinne waren: U-Boote, die sich sinnlos zeigten, waren ihnen bisher noch nicht ins Fadenkreuz gekommen. Ab und zu hörte ich das Gebrumm von Flugzeugmotoren in nächster Nähe, konnte aber keine Maschine entdecken. Die Zeiger meiner Armbanduhr krochen langsam vorwärts. Dies waren die Minuten, in denen die Tommies ihren Angriff planten, auf Verstärkung warteten und der leuchtende Mond weiter in den Himmel stieg; Minuten, in denen unsere Diesel röhrten und unsere Boote unbarmherzig dem Gegner entgegentrieben, in denen sich unsere Augen schärften und unsere Herzen immer schneller schlugen.

1 Uhr 12. Die Schlacht begann. Unsere Spitzenboote wurden angegriffen. Leuchtgranaten stoben in verschiedene Richtungen. Dann traf das Blaffen von Kanonen- und Geschützfeuer unsere Ohren. Wasserfontänen streckten sich in den Himmel.

1 Uhr 17. Eines der Flugzeuge war getroffen. Es fiel wie ein Komet in Richtung des Führers unserer Gruppe, überflog das Boot, warf vier Fässer und stürzte dann ins Meer. Ein Aufschlag – und die Maschine war verschwunden. Vier gewaltige Wasserpilze schossen hoch auf, und U-963 mit Boddenberg war lahmgebombt. Mit Ruderklemmer hart Backbord scherte das Boot aus der Reihe, verlor schnell Fahrt und sank.

1 Uhr 25. Die Flugzeuge wiederholten ihren Angriff. Wieder war er auf die Boote voraus gerichtet. Drei Boote, von Fallschirmen hell erleuchtet, konzentrierten ihr Abwehrfeuer und hielten die Maschinen auf Entfernung. Ein großartiges Feuerwerk brach aus, verschlang Boote und Bomber. Dann zogen sich die Engländer plötzlich zurück. Die Ortungen ließen erkennen, daß sie unsere hartnäckige Parade umkreisten und sich für einen neuen Angriff gruppierten. Ich streckte mich über den Rand der Brücke, um die angreifenden Maschinen besser ausmachen zu können. Ich suchte und lauschte aufmerksam in die Nacht.

1 Uhr 45. Angriff auf das Boot achteraus, das letzte in der Kolonne, das erste Ziel der neuen gegnerischen Taktik. In der Absicht, den Bombenteppich von achtern auszurollen, kam eine viermotorige Liberator an Steuerbord herangeschossen und stürzte sich auf den Bug von U-256. Brauers Männer eröffneten das Feuer. Aber die Maschine flog tief vor das Boot und in den toten Winkel der Fla-Waffen. Das war unsere Gelegenheit.

»Feuererlaubnis«, schrie ich.

Fünf Rohre, alles was wir zur Verfügung hatten, schleuderten ihre tödliche Ladung gegen die Liberator. Im Vorbeiflug warf sie vier Wasserbomben vor den Bug von U-256. Vier Wassersäulen schossen himmelwärts. Aber das gutliegende Feuer unserer 3,7-cm-Automatik traf die Liberator in die Breitseite. Sie explodierte in der Luft und stürzte in die See.

U-256, angeschlagen und verstümmelt, lag gestoppt in unserem Kielwasser. Es fiel langsam aus Kiellinie. Das war das letzte, was wir von dem Boot sahen. Mit einem bitteren Geschmack auf der Zunge, wußte ich, daß wir das nächste Ziel eines neuen Angriffs waren. Ich befahl neue Munition auf die Brücke. Ich biß die Zähne zusammen. Nur jetzt nicht durchdrehen. Kräftig durchatmen und Ruhe bewahren.

2 Uhr 20. Ortungen von Steuerbord. Ich nahm an, daß mehrere Flugzeuge gleichzeitig anflogen. Plötzlich wurde eine Sunderland Steuerbord voraus sichtbar.

»Flugzeug – Steuerbord 40 – Feuererlaubnis!«

Kurze Feuerstöße jagten aus unseren Doppellafetten der angreifenden Maschine entgegen. Sie flog geschickt nach recht voraus. Unser Abwehrfeuer wurde wirkungslos. Vier Wasserbomben fielen vor unseren Bug. Im selben Augenblick griff eine Liberator von Steuerbord querab im Tiefflug an. Sie feuerte aus allen Bordkanonen. Im Bruchteil einer Sekunde knallten vier betäubende Detonationen mittschiffs unter dem Boot. Vier gewaltige Vulkane warfen das Boot aus dem Wasser.

Dann fiel U-415 in die See zurück, und die zusammenfallenden Geysir überschütteten die Brücke mit Tonnen von Wasser und sandten Kaskaden durch das Turmluk ins Boot. Beide Diesel stoppten. U-415 scherte mit Steuerbord-Ruderklemmer in einem großen Bogen aus der Kiellinie aus. Es verlor schnell an Fahrt. Das war das Ende. Nahebei schwamm eine Leuchtboje an Steuerbord. Ihr verräterischer Schein erhellte unser sterbendes Boot. U-415, völlig verkrüppelt, lag dann still. Das Treiböl lief aus einem geborstenen Außenbunker – ein angeschossenes Wild, das mit Leichtigkeit erledigt werden konnte.

Verwirrt starrte ich durchs Turmluk ins schwarze Innere des Bootes. Alles Leben schien gestorben. Ich fürchtete, daß das Boot jeden Augenblick wegsacken würde, und befahl: »Alle Mann an Deck – Schlauchboote und Rettungsboje fertigmachen.«

Aber nicht ein einziges Geräusch kam von unten. Die Leute mußten von den harten Explosionen besinnungslos geschlagen worden sein. Unendliche Sekunden vergingen. Aus einiger Entfernung hörte ich das dumpfe Gebrumm einiger Bomber, die zu neuem Angriff ansetzten. Der nächste Anflug mußte tödlich sein. Da kamen einige Männer die Aluminiumleiter herauf. Durcheinandergeschüttelt und noch benommen, atmeten sie die Nachtluft gierig ein und warfen die luftleeren Gummiboote auf die Brücke, sprangen dann an Oberdeck und begannen die Boote aufzublasen. Die Kanoniere richteten ihre Rohre gegen die unsichtbaren Maschinen, die wie Aasgeier unser todwundes Boot umflogen. Die Geschwindigkeit des Angriffs und die erlittenen Schäden hinderten uns, ein Notsignal abzugeben. So mußten viele meiner Kameraden auf See gestorben sein – den stillen Weg, totgeschlagen aus der Luft und unfähig, ein einziges Wort darüber zu funken.

U-415 lag bewegungslos und hoffnungslos beschädigt auf der trägen, hellbeleuchteten Oberfläche und wartete auf den Todesstoß. Da das Boot nicht sank, befahl ich den Männern, hinter dem Turm Dekkung zu nehmen, anstatt mit den aufgeblasenen Dinghis ins Wasser zu gehen und wie die Tontauben abgeschossen zu werden. Ich war entschlossen, an Bord zu bleiben, solange das Boot schwamm und wir noch Munition hatten und schießen konnten. Bald stellte ich jedoch fest, daß wir nicht unabgemeldet sterben sollten. Es gelang unserem Funkmaat, den Notsender zu reparieren und die Meldung über unsere Vernichtung an die Führung abzugeben.

2 Uhr 28. Zunehmendes Motorengeräusch kündete einen neuen Angriff an. Neuer Anflug von Steuerbord voraus. Sunderland. Aus den Bordkanonen züngelten gelbe Flammen. Sie röhrte im Tiefflug über die

Brücke, warf vier Wasserbomben und rauschte, gefolgt von unserem Abwehrfeuer, davon in die Nacht. Vier ohrenbetäubende Schläge. Wieder wurde das Boot aus dem Wasser gehoben. Dann griff eine Liberator in geringer Höhe von Backbord voraus an. Unsere Doppellafetten feuerten sofort, leerten ihre Magazine in die Kanzel der Maschine. Das schwarze Ungeheuer jagte über die Brücke, warf vier Kanister, heulte davon und blies heiße Abgase in unsere Gesichter. Das Boot machte vier wilde Sprünge. Vier weiße Pilze stiegen am Steuerbord-Außenbunker hoch. Der Mann an der 3,7-cm-Automatik hielt sich an seiner Waffe fest und knallte eine volle Ladung hochexplosiver Geschosse in den Rumpf des abfliegenden Bombers. Eine Stichflamme, und die Maschine stürzte ins Meer. Irgendwo in der Entfernung hörten wir das Motorengeräusch der Sunderland.

Dann war alles sehr still. Die Leuchtboje flackerte weiterhin neben unserem Boot. U 415, dem Sterben nahe, schwamm immer noch. Fliege und Wanze waren weggeschossen. Wir waren ohne Warnungsgerät. Die Panzerung der Brücke war durchlöchert. Ein Mann lag von einem Querschläger skalpiert auf der Brücke. Der I.W.O. stöhnte vor Schmerzen. Sein Rücken war von zahlreichen Splittern durchlöchert. Ich fühlte heißen Schweiß unter meiner Mütze hervorquellen und über mein Gesicht strömen. Ich wischte über meine Augen – und meine Hand war rot. Meine weiße Mütze war durchlöchert wie ein Sieb; winzige Sprengstücke hatten mir die Kopfhaut aufgerissen.

Da kam plötzlich die Stimme des L.I. aus dem Innern des Bootes: »Boot macht stark Wasser durch Bugraum- und Kombüsenluk. Starker Wassereinbruch im Funkraum. Versuche Boot zu halten, vorausgesetzt, Sie halten uns die Bienen vom Leib.«

»Können Sie das Boot tauchklar machen?« rief ich zurück.

»Kann nichts versprechen. Wir haben keinen Strom, kein Licht. Wir tun unser Bestes.«

Ich ließ mich auf das schlüpfrige Oberdeck fallen. An verschiedenen Stellen waren die Planken aufgerissen. Einige Wasserbomben waren auf Deck aufgeprallt, bevor sie ins Wasser fielen und dort explodierten. Ein Kanister war auf einen Außenbordbunker aufgesprungen und hatte eine tiefe Beule hinterlassen. Der Steuerbord-Ballastbunker war weit aufgerissen. Dieselöl quoll in einem dicken Strom aus dem Leck und verbreitete sich über die Wasseroberfläche.

Mit jeder Minute dieses fragwürdigen Waffenstillstands nahm die Gefahr eines neuen Angriffs zu. Das Boot schaukelte weich in der langen Dünung, hilflos und scheinbar tödlich getroffen. Die nächsten zwanzig oder dreißig Minuten mußten uns das Ende bringen. Mit jedem Herzschlag erwarteten wir einen neuen Angriff oder daß das Boot unter unseren Füßen wegsacken würde.

Wieder die tiefe Stimme des Leitenden: »Boot ist bedingt tauchklar – nur für 20 Meter – ein Motor ist gut für 80 Umdrehungen.«

»Können Sie das Boot auf 20 Meter halten, L.I., oder rauschen wir auf den Grund durch?«

»Kann's nicht sagen. Wir müssen's versuchen.«

Ich versuchte es. Die Männer kletterten auf die Brücke und purzelten einer nach dem andern durch die runde Öffnung in ihren eisernen Sarg. Ich beobachtete noch, wie das Oberdeck langsam unterging. Als das Wasser auf die Brücke kroch, schlug ich den Deckel dicht. Sekunden später war das Boot von den Fluten umgeben.

Das Innere des Bootes sah aus, wie von einem Tornado heimgesucht. Im Schimmer der Notbeleuchtung sah ich die Flurplatten übersät mit Rohrleitungen, Luftschächten, Kabeln, Glassplittern, Handrädern, Matratzen und Tischen. Wasser rauschte durch das Leck im Funkraum, Wasser strömte durch das Luk im Bugraum und durchs Kombüsenluk. Beide Schraubenwellen waren verbogen – die Steuerbordwelle derart, daß sie nicht bewegt werden konnte. Die vorderen Batterien waren gerissen, und die Säure floß in die Batterieabteilung. Der Funkraum war zerstört. Der Kreiselkompaß ein Wrack. Das Echolot zertrümmert. Beide Luftkompressoren demoliert. Beide Sehrohre ausgefallen, abgesoffen. Der Steuerborddiesel war aus seinen Fundamenten gerissen. Die Hauptlenzpumpe ruiniert. Da Seiten- und Tiefenruder sich elektrisch nicht bewegen ließen, befahl ich, sie auf Hand umzuschalten.

Vorsichtige, sachte, leise Tauchfahrt. Nur das Summen der einen E-Maschine und das unterdrückte, gedämpfte Klirren von Werkzeug war hörbar. Das Zittern der Nerven, die enorme Spannung, der gewaltige Druck ließen langsam nach. Vier Stunden glitt das Boot auf 20 Metern, dann begann es langsam zu sinken. Ich überwachte die Bewegungen des Bootes in der Zentrale, während der Leitende die Reparaturarbeiten überwachte. Wir fuhren blind, steuerten nach dem unzuverlässigen Magnetkompaß und erwarteten jeden Augenblick, ins Bodenlose durchzufallen.

Für Stunden trieben wir an der scharfen Kante zwischen Auftrieb und Untertrieb, entlang der scharfen Kante zwischen Leben und Tod. Die Preßluft entwich aus undichten Leitungen, und das eindringende Wasser zog uns langsam und stetig tiefer.

10 Uhr 27. Ein Schock traf das Boot auf 27 Metern. Zwei weitere

Schläge folgten. Wir waren auf die Klippen, die der bretonischen Küste vorgelagert sind, aufgerannt. Eine entsetzliche Situation. Ich hatte kein brauchbares Sehrohr, um mich zu orientieren.

»Ruder hart Backbord. Tauchzelle drei kurz anblasen. Auf 270 Grad gehen.«

Ein neuer Aufprall, dann ein anderer. Dann ein scharfes Kratzen. Die Stahlröhre bäumte sich auf. Das Boot stieg schnell auf 15 Meter. Neue Schläge, ein unirdisches Mahlen. Das Boot erzitterte unter einem neuen Aufprall. Es wurde beinahe an die Oberfläche geworfen, wo wir nicht länger als einige Minuten zu leben gehabt hätten. Dann endlich schwenkte das Boot irrsinnig langsam auf westlichen Kurs, auf dem ich den tödlichen Klippen zu entkommen hoffte.

10 Uhr 45. Der L.I. fiel wie ein Stein in die Zentrale und meldete das Angriffssehrohr im Turm repariert. Ich übergab ihm die Tiefensteuerung und übernahm meine Aufgabe im Turm. Als das gläserne Auge endlich das trübe Wasser durchstieß, sah ich die schwarzen Felsspitzen um uns herum drohend aus dem Wasser ragen. Auf einem der grotesken Felsgipfel stand der Leuchtturm von Ouessant. Mir wurde klar, daß wir in der Gezeitenströmung gefangen waren, die uns langsam auf die kantigen Klippen trieb. Ich zwang mich zur Wirklichkeit zurück und rief: »L.I., welches sind die höchsten Umdrehungen für Backbordwelle?«

»Einhundertundzwanzig.«

»Gib mir einhundertundfünfzig, oder wir krachen in die Felsen.« Plötzlich erspähte ich eine Anzahl niedrigfliegender zweimotoriger Maschinen, richtete aber das gläserne Auge schnell wieder auf den Leuchtturm, um unseren Kampf gegen die Strömung zu verfolgen. Aber das Boot machte kaum Fahrt voraus. Es stand praktisch still. Wieder rief ich in die Zentrale: »L.I., gib mir noch fünfzig Umdrehungen, und mach' schnell!«

»Ich kann die Verantwortung dafür nicht übernehmen, der Motor bricht aus seinem Fundament«, brüllte er zurück.

»Zur Hölle mit Ihrer Verantwortung. Geben Sie mir 200 Umdrehungen, oder wir sitzen gleich auf den Felsen, und Sie kommen nicht mehr lebend aus Ihrer Röhre raus.«

Das half. Ich fühlte die erhöhte Erschütterung im Boot. Erneut richtete ich das Fadenkreuz auf einen der drohenden Felsen. Das Boot machte verzweifelt Fahrt nach Westen und kroch mit quälender Langsamkeit vorwärts, dem Ausgang der Falle entgegen. Minuten vergingen in höchster Spannung. Langsam wanderten die Klippen achteraus.

Dann hatten wir die westlichsten Felsen ausmanövriert. Erleichtert wischte ich mir den Schweiß aus dem Genick. Später, als die Gezeiten gekentert waren, drehte ich U-415 auf seinen alten südlichen Kurs und verringerte die Umdrehungen der Backbordwelle auf sichere einhundert.

13 Uhr. Sehrohrtiefe. Der Himmel war von Flugzeugen, die in Formationen von vier und sechs flogen, übersät. Land war nirgendwo in Sicht.

13 Uhr 30. Der L.I. meldete, daß wir in weniger als zwei Stunden unseren Strom verausgabt haben würden. Es schien, als ob wir keinen anderen Ausweg hatten, als das Boot zu versenken. Aber ich war noch lange nicht bereit, das Boot aufzugeben. Ich hoffte, mit einem letzten, verzweifelten Vorstoß über Wasser, mit dem Einsatz aller letzten Kräfte den neuen Ansteuerungspunkt B-1 zu erreichen, einen Notruf abzugeben, auf Grund zu liegen und Rettung abzuwarten.

13 Uhr 45. Sehrohrtiefe. Eine Gruppe zweimotoriger Maschinen strich über die Oberfläche, nur eine Meile nordwärts.

13 Uhr 58. Zwei Liberator flogen von Osten heran. Ich zog das Sehrohr ein und wartete.

14 Uhr 10. Raus mit dem Spargel. Eine Unebenheit an der südlichen Kimm überzeugte mich, daß wir uns den westlichsten Klippen der Bretagne näherten, den Ausläufern der Küste nahe Brest. Ein schneller Rundblick. Drei zweimotorige Bienen waren von achtern herangeschlichen. Ich zog das Sehrohr ein so schnell es ging.

14 Uhr 18. Die Luft war rein. Das makellose Blau des Himmels war unbeschmiert. Das war unsere Chance.

14 Uhr 20. Das Boot brach mit letzter Kraft an die Oberfläche. Ich erreichte die Brücke, von der Sonne geblendet. Der Backborddiesel stotterte, begann zu qualmen – und das träge Boot gewann langsam Fahrt voraus. Ich bestrich nervös den Himmel. Ein Funkmaat hantierte an den Knöpfen des Notsenders. Nach einigen vergeblichen Versuchen stellte er Verbindung mit Land her, jagte sein Kurzsignal in den Äther und verschwand schnell im Boot. Das Signal bat um Geleit und Feuerschutz für mein nächtliches Einlaufen. Kurze Minuten des Alleinseins auf der Brücke. Das Boot kroch mit schwerer Schlagseite durch eine ruhige See und schleppte eine breite Fahne schillernden Dieselöls verräterisch nach. Für einige Minuten blieb der Himmel klar und frei; ohne Einmischung aus der Luft erreichten wir den berechneten Punkt B-1, den möglichen Treffpunkt mit dem Geleit. Ich drehte das Boot nach Osten, um die Entfernung zum Land zu verringern. Aber da war unse-

re Gnadenfrist abgelaufen. Fünf zweimotorige Maschinen huschten über die nördliche Kimm.

»Alarm.«

Das Boot, stromlos, manövrierunfähig und von dem eindringenden Wasser schwer überladen, sank kopfüber in die See. Ein Stoß – und U-415 bohrte seinen Bug in den Grund. Ein harter Aufschlag. Dann hatte es sich auf ebenem Kiel in den Schlick gelegt. Der Tiefenmesser zeigte 42 Meter. Sekunden später gellte eine Serie von Explosionen durch das Boot. Wasser spritzte, schwappte über die Flurplatten, füllte die Bilgen und drohte die wichtigsten elektrischen Einrichtungen auszuschalten. Ich rechnete mit der Möglichkeit, unbeabsichtigt die Zeitgrenze zu überschreiten; dann würde das Boot zu schwer sein, um sich vom Grund zu lösen. Die Aussichten, wieder Land zu sehen, waren alles andere als ermutigend.

Stunden des Wartens schlichen langsam dahin. Stundenlang sahen wir das Wasser steigen, fühlten, wie die Atemluft versiegte und die Müdigkeit uns überwältigte.

19 Uhr 35. Der steigende Wasserspiegel verursachte einen Kurzschluß in unserer Stromversorgung. Die einzige noch arbeitende Lenzpumpe fiel damit aus. Die Möglichkeit, das Boot vom Grund zu lösen, hatte sich weiter verringert. Im Boot war es still wie in einer Gruft. Nur das weiche Plätschern des Wassers war hörbar. Ich warf mich auf meine Koje, schloß den grünen Vorhang und dachte über die wenigen Möglichkeiten nach, die mir noch offen blieben.

23 Uhr. Ich erwartete jeden Augenblick Maßnahmen vom Stützpunkt. Ich ließ das Horchgerät einschalten. Aber das einzige Geräusch, das wir hörten, war das Geräusch eindringenden Wassers.

1 Uhr. Immer noch keine Spur von einem Schraubengeräusch aus dem Osten, wo der Hafen und die Rettung so nahe schienen. Ich entschloß mich, noch zwei Stunden zu warten und dann allein den Durchbruch zu wagen.

1 Uhr 15. »Leise Schraubengeräusche recht voraus.« Die Stimme des Funkmaaten elektrisierte mich. Ich schlug den Vorhang zurück, sprang in den Horchraum, drückte einen Kopfhörer gegen ein Ohr und lauschte. Das Geräusch wurde aber nicht lauter. Es wurde leiser und leiser und verschwand plötzlich. Enttäuschung. Ich fühlte plötzlich das gesamte Gewicht der Wassermassen über dem Boot physisch auf meinem Körper ruhen. Hatten die Vorpostenboote gestoppt? Waren sie umgekehrt? Wurden sie aus der Luft angegriffen? War unser Standort falsch? Peinliche, nervöse Stille folgte.

3 Uhr 07. Die Geräusche erschienen wieder und wurden schnell lauter. Das dreschende Rauschen zweier Schrauben verschiedener Boote war klar auszumachen. Ich mußte schnell handeln und verhindern, daß die beiden Fahrzeuge vor einer leeren See umdrehten.

3 Uhr 08. »Anblasen.« Preßluft zischte in die Tauchzellen. Aber U-415 blieb bewegungslos liegen.

3 Uhr 09. »Stop Anblasen. Alle Mann achteraus.« Das Boot lag wie festgenagelt.

3 Uhr 10. »Alle Mann voraus – Preßluft auf alle Zellen.« U-415 rührte sich nicht.

3 Uhr 11. »Alle Mann achteraus ...« Kalter Schweiß brach aus meinen Poren.

3 Uhr 12. »Alle Mann zurück zum Bugraum, los, los, keine Müdigkeit vorschützen«, rief ich verzweifelt. Dann versiegte die Druckluft.

3 Uhr 13. »Alle Mann achteraus ...« Da, sehr sachte, begann das Boot zu schwingen. Es zitterte, hob seinen Bug, dann sein Heck – und stieg. U-415 hatte sich freigearbeitet. Mit einem deutlichen Ruck brach es durch die Oberfläche, lag dann plötzlich still.

Ich schlug den Deckel des Turmluks zurück und sprang in die Dunkelheit. Die beiden Vorpostenboote vor unserem Bug schwangen sofort auf Gegenkurs. Ich signalisierte schnell, daß wir beschädigt waren und nur fünf Meilen Fahrt machen konnten. Da drehte eines der Fahrzeuge bei und setzte sich in unser Kielwasser. Somit zwischen beide Boote genommen, begann U-415 seinen langsamen Marsch nach Brest.

4 Uhr 45. U-415 kroch, von nur einem lahmen Diesel angetrieben, in das minenverseuchte Hafenbassin vor dem Bunker. Ich stoppte die Maschine und ließ das Boot ohne Kraft dahingleiten. Mit harter Ruderlage steuerte ich es in einen der schlechtbeleuchteten Liegeplätze unter der Betondecke. Ich erkannte einige schwarze Gestalten auf der Pier – unwirklich, verschwommen. Dann schob sich der Bug geräuschlos in den Bunker, die Leinen wurden an Land geworfen, der Steven krachte gegen die Kopfwand des Liegeplatzes, das Boot schüttelte sich und blieb dann, von den Leinen gezähmt, längsseits der Pier liegen.

Die Stelling wurde von Brücke zu Land gelegt, und Winter eilte an Bord. Er drückte mir wortlos und sichtlich bewegt die Hand. »Gratuliere zu Ihrer Rückkehr. Sie waschen sich besser das Gesicht. Sie sehen aus wie ein Pirat. Schicken Sie Ihre Leute in die Quartiere und gönnen Sie sich jede erdenkliche Ruhe. Sehen Sie mich morgen, wenn Sie ausgeruht sind.« Dann wandte er sich an meine Männer, grüßte lange und nachdenklich und kehrte zur Pier zurück.

Als ich die Stelling überquerte, wurde ich von Boddenberg und Brauer begrüßt. Ich hatte die beiden für tot gehalten. Sie hatten aber unter sonderbarsten und schwierigsten Umständen in den Hafen zurückgefunden. Ihre schwerbeschädigten Boote waren von den Begleitfahrzeugen, die sich in das Kielwasser der Zerstörer geschwungen hatten, gerettet und eingeschleppt worden.

Ich stieg müde den Abhang zum Stützpunkt hinauf und ging auf mein Zimmer. Welches Glück mußte ich haben, wieder einmal davongekommen und dem irrsinnigen Selbstmordbefehl auf so wunderbare Weise enthoben zu sein! Ich war nun überzeugt, daß U-415 seine letzte Fahrt gemacht hatte. Das Boot war ein Wrack, zu stark beschädigt, als daß es wieder einsatzbereit gemacht werden konnte. Nun würde mir die Führung ein neues Boot mit Schnorchel geben müssen. Von dieser Überzeugung getröstet, duschte ich, wusch Blut und Schweiß aus meinen Haaren, rollte mich dann zwischen die weichen, weißen Leinentücher und fiel in einen todähnlichen Schlaf.

Schwere Schmerzen zwangen mich zurück in die Welt. Es war gegen Mittag, und mein Kopf schmerzte von den Splitterwunden. Die helle Sonne öffnete meine Augen, und ich sprang aus dem Bett, zog mich halb betäubt an und kämpfte mich zum Revier durch.

Ein junger Arzt betrachtete meine Wunden und sagte bedächtig: »Muß die Kopfhaut glattrasieren, um zur Wurzel Ihres Übels zu kommen.«

»Sind Sie ganz von Gott verlassen, Mann?«

Ich stritt mich eine Weile mit ihm, bis er schließlich einwilligte, nur kleine Haarbüschel zu entfernen und meinen übrigen Kopfschmuck unberührt zu lassen. Er vereiste die Kopfhaut, sondierte und schnitt für nahezu eine Stunde, bevor er mich als verarztet entließ. Von den Schmerzen befreit, besuchte ich den skalpierten Seemann und meinen verwundeten I.W.O. Beide waren guten Mutes und baten mich, nicht nach Ersatz zu suchen.

Der Flut der eingehenden Nachrichten, Funksprüche und Gerüchte entnahm ich, daß die alliierte Landung an der Küste der Normandie noch völlig unentschieden war. Die Amerikaner hatten starke Brückenköpfe auf der Halbinsel Cotentin gebildet, und die Engländer hatten sich nahe Bayeux festgefressen. Unsere Front hatte schwere Schläge erlitten, war aber nicht durchbrochen worden. Aber während der Kampf an der Küste tobte, wurden die Überreste der einst stolzen U-Bootwaffe weiterhin zerschlagen. In den Tagen, die dem schicksalsschweren 6. Juni vorangingen, waren fünfundzwanzig Boote versenkt worden. Damit war der Gesamtverlust auf die unglaublich klingende Zahl von 440 U-Booten angestiegen.

Das ließ uns weniger als sechzig einsatzbereite Boote, um die Invasion zu bekämpfen. Die größere Anzahl dieser Boote war in norwegischen und in den Biskaya-Häfen abgestellt; aber die einzigen, die unmittelbaren Kampfeinsatz im Kanal sahen, waren jene fünfzehn, die von Brest aus eingesetzt worden waren. In den ersten Tagen der Invasion sanken U-955, U-970, U-490, U-980, U-373, U-629, U-740 und U-821. Die letzten vier Boote waren aus Brest ausgelaufen. Vier zurückkehrende Boote ohne Schnorchel, U-415, U-989, U-963 und U-256, waren nur durch Zufall der Vernichtung entgangen. Das Schicksal der restlichen Boote, die mit uns am 6. Juni ausgelaufen waren, war zu diesem Zeitpunkt unbekannt. Aber von den fünf anderen Schnorchelbooten, die vom Atlantik in den Kanal gesandt worden waren, trafen nur zwei im Operationsgebiet ein. So waren innerhalb weniger Tage, während der ersten Phase der Invasion, mindestens zwölf U-Boote versenkt und ausgeschaltet worden.

U-415 wurde vor Ablauf von 48 Stunden ins Trockendock verholt. Praktisch alle Maschinen und der größte Teil der Einrichtung benötigte Überholung oder vollständige Auswechslung. Von unserem eingedrückten Druckkörper bis zu den beiden verbogenen Wellen war alles an Bord Schrott. Mein L.I. hatte eine Liste von nahezu 500 Punkten angefertigt; Dingen, die dringend einer Reparatur bedurften. Aber die Liste wurde auf 55 Punkte zusammengestrichen. Der Grund war Mangel an Ersatzteilen, Arbeitskräften und Zeit. Jedes verfügbare Boot mußte sobald wie möglich zurück an die Front, selbst wenn es nur begrenzt einsatzfähig war. Und so wurde in vollständiger Verachtung der Erfordernisse der Front bestimmt, daß U-415 innerhalb von zwei bis drei Wochen zu einer neuen Unternehmung bereitgestellt werden mußte.

Zu diesem Zeitpunkt hielt ich das Fehlen eines Schnorchels für absolut tödlich. Während die Arbeiten an Bord vorangingen, versuchte ich erneut, einen Luftmast in mein Boot eingebaut zu bekommen. Aber meine verzweifelten Anstrengungen stießen auf unüberwindlichen Widerstand. Ich versuchte erneut, einen Lkw zu requirieren, um meine Jagd nach einer Schnorchelanlage selbst durchzuführen. Aber eine Reise über Land wurde als zu gefährlich abgelehnt. Und so blieben die Schnorchel weiterhin auf dem Güterbahnhof in Montparnasse liegen, wo sie verrosteten. Wie diese Luftmaste waren andere Ausrüstungen und Ersatzteile derart große Mangelware, daß man beschloß, U-256 auszuschlachten und dessen Maschinen und Material zu verwenden, um U-415, U-989 und U-413, das in der Nacht zum 9. Juni schwer beschädigt eingelaufen war, wieder frontklar zu machen. Brauer, Kommandant von U-256, stellte sein Boot daraufhin außer Dienst und reiste mit seiner Besatzung nach Deutschland ab, um ein neues Boot zu übernehmen.

Nach Brauers Abreise waren Sachse, Boddenberg, von Rothenberg und ich vorübergehend die letzten Kommandanten in Brest. Ich erkannte, daß die, die uns Befehle gaben, ihr gutes Urteilsvermögen verloren hatten. Aber wir waren in der Tradition erzogen, Gehorsam zu üben und selbst unvernünftige Befehle auszuführen. Wir wußten, daß wir mit unseren schnorchellosen Booten nur eine Zukunft hatten – den Tod in unseren eisernen Särgen.

Während der zweiten und dritten Woche der Invasion verstärkten die anglo-amerikanischen Kräfte ihre Stellungen auf der Cotentin-Halbinsel, durchbrachen dann plötzlich unsere Front an zwei Stellen und stießen nach Westen vor. Neue Divisionen wurden in die Schlacht geworfen. Weiterhin waren wir voller Hoffnung, daß unsere neuen Linien halten würden. Aber währenddessen verschlechterte sich der U-Bootkrieg immer mehr. U-247, ein Schnorchelboot, wurde von zwei Zerstörern gezwungen, in den Stützpunkt zurückzukehren, bevor es in den Kanal eindringen konnte. U-269, Uhl, ebenfalls ein Schnorchelboot, wurde nahe der englischen Südküste versenkt. Fünf Boote ohne Schnorchel verließen schließlich ihre norwegischen Häfen, wurden aber in schneller Folge versenkt. Am 30. Juni waren unsere U-Boot-Operationen seit Beginn der Landung ein vollständiges Dilemma. Um die geringe Zahl von sechs Frachtern und vier Fregatten zu vernichten, wurden in der entscheidendsten Kampfphase zweiundzwanzig U-Boote geopfert.

Während der letzten Junitage bereitete mir die Führung eine unwillkommene, unzeitgemäße Überraschung. Drei sehr junge und völlig unerfahrene Offiziere wurden dem Boot zugewiesen, um die Plätze der älteren, erfahrenen Veteranen einzunehmen. Die Jungen sollten ihre erste, möglicherweise auch ihre letzte Anschauungsprobe über den U-Bootkrieg bekommen. Meine Besatzung nahm die Neulinge mit einer gehörigen Portion von Zweifel und Skeptizismus auf. Der Verlust meines qualifizierten Leitenden Ingenieurs hinterließ eine Lücke, die ich nur selbst füllen konnte. Das Gewicht der Verantwortung für Boot und Männer wurde unter dieser neuen Last noch schwerer. Und dann, Anfang Juli, wurde U-415 für einsatzbereit erklärt.

Am Vorabend meiner neuen Unternehmung erhielt ich einen Brief von Zuhause. Darin stand, daß meine Eltern zusammen mit Trudel in eine neue Wohnung im Zentrum von Darmstadt eingezogen waren und daß meine Schwester bald ein Kind erwartete. Die Neuigkeit über das Baby war erfreulich. Ich mißbilligte aber Vaters Entscheidung, sich wieder in einer Großstadt niederzulassen, die die feindlichen Bomber anzog wie der Bienenstock die Bienen. In meinem letzten Brief nach Hause erklärte ich Vater meinen Standpunkt und bat ihn dringend, seinen Entschluß zu ändern. Ich sagte nicht, für wie gering ich meine eigenen Chancen hielt, die unmittelbare Zukunft zu überleben. Und gegen meine Überzeugung beendete ich die Zeilen mit meinen Wünschen für ein baldiges Wiedersehen.

4

Es war spät am Abend eines frühen Julitages und sehr dunkel. Die Besatzung schlich so unauffällig wie möglich in kleinen Gruppen an Bord, um bei den französischen Werftarbeitern der Nachtschicht nicht die Vermutung aufkommen zu lassen, daß wir ausliefen. Um Mitternacht warfen wir die Leinen los. Ich zog das Boot mit den E-Maschinen aus dem Bunker und navigierte es in die schwarze Wand der Nacht. Es war nicht ganz 2 Uhr, als U-415 – immer noch ohne Schnorchel – seine letzte Reise antrat.

Sobald wir sichere Tiefe unter dem Kiel hatten, tauchten wir. Um Strom zu sparen, glitten wir mit geringster Kraft über Grund und trieben mit dem auslaufenden Ebbestrom westwärts. Ich hatte Befehl, in einem Seegebiet von etwa 200 Quadratmeilen, ungefähr 80 Seemeilen westlich der bretonischen Küste, zu operieren, um den Eingang zum Hafen von Brest von feindlichen Zerstörern oder Landungskräften freizuhalten. U-415 war nur noch ein Geisterschiff. In seinen Bewegungen beträchtlich eingeschränkt, von höchst zweifelhafter Einsatzfähigkeit und in seinen fundamentalen Notwendigkeiten dauernd herausgefordert, war es ein schwimmender Sarg. Unter dem Zwang, zur Lufterneuerung und zum Nachladen der Batterien aufzutauchen, war es auch weiterhin den massierten Angriffen aus der Luft ausgesetzt, denen es, wie die anderen 500 Boote, irgendwann einmal zum Opfer fallen mußte.

Als die Gezeiten kenterten und ein neuer Tag anbrach, setzte ich U-415 in den Sand, um Hochwasser abzuwarten. Der Bug berührte den

Boden so sachte wie ein grasendes Pferd. Alle Maschinen und Motoren waren abgeschaltet. Bis auf eine kleine Wache lagen alle Mann in den Kojen oder auf den Flurplatten. Mit der auslaufenden Strömung löste ich das Boot vom Grund, glitt sechs Stunden lang geräuschlos im die offene See und legte es dann wieder auf den sandigen Boden der Biskaya. Ich wiederholte diesen Vorgang in gleichen Abständen. In der zweiten Nacht riskierten wir fünf endlose Minuten an der Oberfläche, um unsere Luft zu erneuern. Wir tauchten unter einem Hagel von Ortungen, nahmen dann unsere Schleichfahrt über Grund wieder auf. Das Echo der Detonationen aus dem Kanal erinnerte uns daran, daß die Briten nur allzuoft ihre Beute fanden.

Nach 25 Stunden erreichte U-415 das ihm zugewiesene Operationsgebiet. Mit geringster Kraft bewegte es sich nach Norden, nur 30 Meter unter der Oberfläche. Unser Horchgerät meldete nicht die Spur eines Schraubengeräusches. Als der Tag verging und der Augenblick näherrückte, in dem wir uns stellen mußten, begann unser Puls wieder schneller zu schlagen. Dann stießen wir in eine unheimliche Nacht.

Etwas mehr als zwanzig Minuten ließen uns die Tommies unbelästigt. Dann aber kamen sie in großer Zahl. Geübt verschwanden wir in der tintenschwarzen See. Als das Wasser über unserem Boot zusammenschlug, kam ein Hagel von Wasserbomben auf uns niedergedonnert. Die plötzlichen Schläge waren zuviel für meinen neuen Leitenden. Unfähig, das Boot zu halten, steuerte er uns auf eine Berg-und-Tal-Fahrt, die uns abwechselnd auf den Grund und an die Oberfläche warf. Ich übernahm die Tiefensteuerung, stoppte die wilden Bewegungen des Bootes, zähmte und trimmte es, bis es ruhig auf ebenem Kiel dahinglitt. Mit einem tiefen Aufatmen sagte ich zu meinem L.I.: »Übernehmen Sie das Boot, Selde, und halten Sie es auf dieser Tiefe. Die Angst übernimmt der Kommandant alleine.«

Von den Detonationen noch tief beeindruckt, übernahm er seine Aufgabe. Es waren seine ersten Bomben, seine erste Berührung mit dem Tod. Ich wußte, daß ich auf seine Unerfahrenheit Rücksicht nehmen und ihm noch viele Gelegenheiten geben mußte, sich an die veränderten Verhältnisse zu gewöhnen.

Mit diesem Eröffnungsreigen begann der Todestanz. Die ganze Nacht kämpften wir, immer wieder auftauchend, um Luft und Strom. Eine Stunde vor Dämmerung und auf unserem letzten Sprung über Wasser gelang es uns, die Batterien voll zu laden. Und nach der letzten, ohrenbetäubenden Serie blieben wir in schützender Tiefe, müde, erschöpft, erschlagen.

Weder am ersten noch am zweiten Tag kamen die Zerstörer, zu deren Vernichtung wir ausgesandt worden waren, in Sichtweite. Während die *Royal Air Force* alles daransetzte, uns und andere einsame Wölfe zu versenken, ließ uns die *Royal Navy* unbelästigt. Nicht ein einziges Kriegsschiff oder Landungsfahrzeug drang in unser Seegebiet ein. Immer an der Kante seines Grabes operierend und pausenlos aus der Luft verfolgt, hielt sich U-415 im Operationsgebiet. In der folgenden Nacht forderte ich die Aufmerksamkeit der Tommies mit einem Funkspruch heraus: KEIN VERKEHR IM QUADRAT – ERWARTE NEUE ANWEISUNGEN – U-415.

Nach Abgabe des Funkspruchs tauchten wir sofort. Auf einer Tiefe von 25 Metern eingesteuert, erwarteten wir die Antwort der Führung. Sie befahl uns schließlich, nach Brest zurückzukehren. Wir schafften die Rückkehr zum Bunker in nur 18 Stunden, ließen uns in regelmäßigen Zeitabständen mit der Gezeitenströmung nach Osten treiben, setzten uns bei Gegenströmung auf Grund, lösten das Boot bei Niedrigwasser und ließen es mit der einlaufenden Flut in den schmalen Schlauch der Einfahrt von Brest hineingleiten. Am späten Abend des 13. Juli kamen wir am Aufnahmepunkt an. Ein schnelles Auftauchen, ein noch schnelleres Beantworten des Erkennungssignals, und U-415 begann seine letzte Fahrt in den Hafen.

Um 22 Uhr 35 manövrierte ich mein Boot in den Bunker, unter die schützende Decke von sieben Metern Eisenbeton. Die Maschinen stoppten, die Leinen wurden festgezurrt. Das geisterhafte Licht warf dunkle Schatten auf die gelben Gesichter meiner Männer, als Korvettenkapitän Winter über die Stelling schritt. Er dankte für meine Meldung, hieß die Besatzung mit einem steifen Lächeln willkommen, unfähig, seine Sorgen zu verbergen. Dann wandte er sich an mich und sagte mit gedämpfter Stimme: »Sie sind für eine Sonderaufgabe zurückgerufen worden. Besprechen Sie bitte mit dem Flo-Ing die wichtigsten Reparaturen, die sofort durchgeführt werden können. Sie müssen in drei Tagen für eine neue Unternehmung ausgerüstet sein. Mehr Zeit kann ich Ihnen leider nicht geben.«

Ich grüßte und kletterte dann auf die Brücke. Der Flottilleningenieur sprach bereits mit meinem Leitenden, und ich hörte, wie er sagte: »... ich schlage vor, daß wir das Boot morgen früh um sieben seeklar haben. Ich möchte es zwecks Feststellung der Mängel in die Bucht nehmen. Haben Sie was dagegen?«

Natürlich hatte ich etwas dagegen. Ich hatte seit Tagen nicht geschlafen, und die Besatzung brauchte ebenfalls Ruhe und eine Gelegenheit, die Sonne zu sehen. Ich sagte deshalb sehr betont zum I.W.O.: »Seeklar ist Punkt 9 Uhr. Nicht früher. Veranlassen Sie bitte, daß der Koch mich um sieben weckt. Haben Sie noch eine Frage?«

»Nein, Herr Oberleutnant.«

»Gut, lassen Sie die Leute wegtreten, und sehen Sie zu, daß kein Trinkgelage ausbricht, oder ich müßte einige Vorrechte streichen.«

Durch den Nebelvorhang meines langsamen Erwachens hörte ich das Dröhnen von Wasserbomben-Explosionen. Die letzten Schläge zwangen mich, die Augen zu öffnen. Ich erkannte mit Erleichterung, daß ich an Land, in meinem Zimmer war, und daß jemand heftig gegen die Außentür hämmerte. Benommen schwankte ich zur Innentür, öffnete sie und rief ins Vestibül: »Genug, genug! Ich hab' Sie gehört.«

Dann drang die Stimme des älteren Stewards durch die äußere Tür: »Herr Oberleutnant, Sie werden an Bord erwartet. Sie hatten für neun Uhr seeklar befohlen. Es ist bereits zehn. Seit sieben Uhr heute morgen versuchen Ihr Koch und ich Sie zu wecken.«

»Besten Dank. Rufen Sie doch bitte den Bunker an, und sagen Sie dem I.W.O., daß ich in wenigen Minuten unten bin.«

Über meine Verspätung verärgert, zog ich mich in aller Eile an, fuhr mit den Fingern durch die Haare, setzte die weiße Mütze auf, rannte, immer fünf Stufen auf einmal nehmend, die Treppen hinunter, eilte den Serpentinenweg hinunter zum Bunker, bog nach links auf das große Tor zu – und sah mein Boot mit qualmenden Dieseln, Heck voraus, ins innere Hafenbecken gleiten. Plötzlicher Zorn stieg in mir auf. Der I.W.O. hatte keinerlei Befugnis, das Boot ohne meinen ausdrücklichen Befehl aus dem Liegeplatz zu ziehen. Gerade als ich mir überlegte, wie ich ihn zurechtsetzen würde, erschütterte eine donnernde Explosion die Luft. Eine riesige Fontäne schoß himmelwärts – dort, wo ich gerade mein Boot gesehen hatte. Dann – es mußte eine Sinnestäuschung sein – wurde das Heck von U-415 wie ein Baumstamm aus dem Wasser geschleudert. Ich sah zwei meiner Leute in hohem Bogen durch die Luft fliegen. Der Geysir brach zusammen und klatschte auf das Boot. U-415 war auf eine Mine gelaufen. Das Boot drehte scharf nach Steuerbord und fuhr dann langsam auf die lange Steinmole zu, die den Innenhafen umschloß.

Für einen Augenblick war ich ein gelähmter Zeuge der Hinrichtung meines Bootes. Dann erwachte ich aus meiner Betäubung, sprang auf einen naheliegenden Ponton, von dort in ein Motorboot, startete den Motor und jagte meinem todwunden U-415 nach. Das Boot trieb auf den Molenkopf zu und krachte dann mit dem Bug gegen die Steinwand. In diesem Augenblick kam ich längsseits. Seeleute und Heizer hasteten aus dem Turmluk, blutend, bleich und durcheinandergeschüttelt. Einige hinkten, andere krochen und schleiften ihre Beine nach. Das Boot holte stark über und legte sich auf die Backbordseite. Ich drängte mich durch den Strom der Verwundeten, die das Boot verließen, kletterte auf die Brücke und beförderte die gegen das Ersaufen kämpfenden Männer durch das enge Turmluk.

»Da sind noch mehr in den achteren Räumen, tot oder ohnmächtig«, keuchte ein Maschinenmaat.

»Und warum bringt ihr sie nicht in die Zentrale?« fragte ich. Der Mann gab mir keine Antwort. Auch er war ohnmächtig geworden.

Der Strom der Verwundeten kam weiter die Aluminiumleiter herauf. Einige hatten gebrochene Arme, andere gebrochene Beine. Nachdem der Andrang nachgelassen hatte, ließ ich mich in die Zentrale fallen, gefolgt von zwei unverwundeten Maaten. Das Boot war ruiniert. Rohrleitungen, elektrische Leitungen, Luftschächte, Schalter, Manometer, Handräder und Einrichtungsstücke aller Art lagen auf den Flurplatten und in den Bilgen.

Schmutziges, stinkendes Wasser drang durch einen breiten Riß im Druckkörper unter den E-Maschinen ins Boot und füllte es schnell. Drei Mann lagen besinnungslos auf den Metallplatten im Dieselraum. Zwischen den E-Maschinen im achteren Raum lagen zwei Maate. Während das Boot sich schnell mit dem öligen Wasser füllte und langsam nach Backbord überkippte, schleppten wir die Maschinisten in den Bugraum. Irgend jemand hatte das vordere Luk geöffnet, das gerade noch über dem Wasserspiegel lag. Mit Hilfe vieler Hände schafften wir die Verwundeten aus dem eisernen Sarg und legten sie behutsam in mehrere Motorboote, die längsseits gekommen waren.

U-415 bekam gefährliche Schlagseite. Das Heck war im Wasser versunken. Als ich auf eine der wartenden Pinassen übersprang, glitt das gute, alte Arbeitspferd von den Felsen. Das Deck verschwand in dem schmutzigen Wasser. Dann, mit einer letzten, zuckenden Bewegung, kippte der Turm über. U-415 verschwand unter der Oberfläche. U-415 war tot.

Ich starrte immer noch auf den Fleck über seinem Grab, als das Motorboot den Ponton berührte und mein I.W.O. hinkend herantrat. Mein Zorn über sein unbefugtes Manöver stieg wieder an, und ich sagte wütend: »Dafür bringe ich Sie vors Kriegsgericht, I.W.O.«

»Herr Oberleutnant, der Flo-Ing befahl mir, das Boot aus dem Liegeplatz zu ziehen. Er sagte, daß Sie mit einem Motorboot nachkommen würden. Wir hatten über eine Stunde auf Sie gewartet. Der Flo-Ing war sehr ungeduldig.«

»Der Flo-Ing ist nicht Ihr Vorgesetzter. Er kann Ihnen bezüglich des Bootes keine Befehle geben. Sie hätten das wissen müssen. Lassen Sie alle Mann zur Zählung antreten. Ich fahre mit den Verwundeten ins Lazarett.«

»Ich glaube, wir haben zwei Mann verloren, Herr Oberleutnant.«

»Sie denken diesmal richtig. Ich sah sie durch die Luft fliegen. Nehmen Sie ein Boot und kreuzen Sie im Hafen. Vielleicht können Sie die beiden auffischen. Bemühen Sie sich um alle, die Lebenden und die Toten, und machen Sie mir sofort Meldung.«

Die Explosion hatte Männer von anderen Booten sowie Werftpersonal und Stabsoffiziere herbeigelockt. Helfende Hände gab es überall. Wir trugen die Verwundeten in wartende Krankenwagen. Ich hatte nun Gelegenheit, ihre Verletzungen näher zu betrachten. Alle hatten gebrochene Beine; ihre Füße hingen lose am Körper, und ihre Zehen zeigten in die verkehrte Richtung. Einige hatten ganz deutlich innere Verletzungen erlitten und stöhnten vor Schmerzen. Andere, bewußtlos und aus Kopfwunden blutend, schienen auch Schädelbrüche zu haben.

Ich setzte mich in einem der Krankenwagen neben einen schwerverwundeten E-Maschinenmaat und raste mit heulender Hupe durch die Straßen von Brest. Plötzlich kam mir die Bedeutung des Tages zum Bewußtsein.

Es war Freitag, der 14. Juli, Bastille-Tag, und U-415 hatte als ein britisches Geschenk an die französische Bevölkerung sterben müssen. Mein Boot war der Mine zum Opfer gefallen, die in der Nacht vom 28. zum 29. Mai geworfen worden war. Der Flak-Kanonier hatte recht gehabt. Die klopfenden Diesel hatten den geräuschempfindlichen Zünder der Mine detonieren lassen. Trotz unserer Verluste erkannte ich plötzlich, daß das Schicksal uns gnädig gewesen war. U-415 war nicht auf hoher See gesunken, wo wir alle in unserer eisernen Hülle für immer eingeschlossen worden und ersoffen wären. Sein Ende kam im Hafen, wo wir eine Chance hatten, weiterzuleben. Warum nur hatte ich die Zeit verschlafen? Warum nur hatte der I.W.O. ohne Befehl gehandelt? Warum hatte er die lauten Diesel statt der leisen E-Maschinen eingeschaltet, wie ich es befohlen hatte? Und warum war ich bisher verschont geblieben, während Tausende meiner Kameraden auf See unter dem Hagel der Bomben sterben mußten? Diese Fragen marterten mein geplagtes Hirn; es sah so aus, als wollten weder Himmel noch Hölle einen Teil von mir haben.

Im Marinelazarett war Alarmzustand. Einige meiner Leute waren bereits auf dem Operationstisch. Die fünf Mann, die wir aus den achteren Räumen gerettet hatten, waren noch bewußtlos. Die gebrochenen Arme und Beine waren keine ernste Sache, aber die Ärzte waren sehr besorgt um zwei meiner Leute mit gebrochenem Rückgrat. Andere hatten Schädelbrüche, Gehirnerschütterungen und Kopfverletzungen, die sie erlitten hatten, als sie von dem wuchtigen Schlag von unten gegen die Decke geschleudert wurden. Als ich dem Lazarett den Rücken kehrte, ließ ich vierzehn Mann meiner Besatzung zurück.

Im Stützpunkt traf ich einen verstörten Kapitän Winter. Der Flottilleningenieur hatte ihn bereits über seinen fatalen Befehl aufgeklärt. Da der Flo-Ing der zweitälteste Offizier im Stützpunkt war, war Winter in einer unangenehmen Situation. Auch ich war nicht in der Lage, unter diesen Umständen gegen einen dienstälteren Offizier vorzugehen. Ich konnte nur die Abkommandierung des I.W.O. veranlassen, eine Maßnahme, die bereits illusorisch geworden war. Im Grunde hatte ich ihm seine Handlung schon vergeben. Es war allzu deutlich, daß er nur auf Befehl gehandelt hatte.

Der Verlust von U-415 war nur ein weiteres Kreuz in der Liste der schnell zunehmenden U-Bootverluste. In den ersten beiden Wochen im Juli, während meiner letzten Unternehmung, hatten wir allein elf Boote, acht ohne Schnorchel, verloren. Das war nahezu das gesamte einsatzbereite Kontingent der Biskaya-Boote. Zwei Schnorchelboote waren im Kanal versenkt worden. Damit war die Anti-Invasionsgruppe auf vier Boote zusammengeschmolzen. Nach dem Verlust von U-415 lagen nur U-256, U-413, U-963 und U-989 in der Werft zwecks Reparaturen und Einbau der Schnorchelanlage.

Mittlerweile benutzten die fünf im Kanal verbliebenen Boote ihren Luftmast, um der Vernichtung aus der Luft zu entgehen. Sie erzielten sogar einige Erfolge. U-953, Marbach, versenkte drei Zerstörer. U-984, Sieder, schickte drei Frachter und eine Fregatte auf den Grund des Kanals. U-763, Cordes, versenkte drei Handelsschiffe und einen Zerstörer.

Während dieser entscheidenden Tage griffen nicht mehr als drei U-Boote die Nachschubgeleite zwischen den südenglischen Häfen und der Küste der Normandie an. Nahezu 100 U-Boote hätten eingesetzt werden können, wäre der Einbau des Schnorchels zu einem früheren Zeitpunkt und mit höchster Dringlichkeit in den Frontbooten vorgenommen worden. Aufgrund des Entschlusses der Führung, den Krieg mit veralteten, der Forderung der Front nicht gewachsenen U-Booten fortzusetzen, um – nach Dönitz' eigenen Worten – die alliierten Streitkräfte zu Wasser und in der Luft zu binden, war es dem Feind gelungen, die U-Bootwaffe rechtzeitig auszuschalten. Nun war der U-Bootkrieg praktisch zum Erliegen gekommen, und die Alliierten verloren nur wenig von ihrem Nachschub auf See. Immer neue anglo-amerikanische Divisionen, Tausende von Panzern, Geschützen und Fahrzeugen strömten über riesige Pontonbrücken, die an die Küste der Normandie geschleppt und dort versenkt worden waren. Die Alliierten eroberten Cherbourg und sicherten sich damit einen Hauptstützpunkt mit einem funktionierenden Hafen. Von hier begannen sie ihre gigantischen Operationen; die Halbinsel Cotentin und die Normandie waren bald in ihrer Hand. Unseren Armeen gelang es nicht, den Ansturm der feindlichen Divisionen aufzuhalten, die tiefe Keile in unsere Linien trieben und in das französische Hinterland durchbrachen. Avranches war gefallen; amerikanische Einheiten stürmten entlang der Nordküste der Bretagne nach Westen und näherten sich unaufhaltsam der Stadt Brest.

Am Tage nach der Zerstörung von U-415 machte ich den ersten meiner vielen Besuche im Lazarett. Ich fand die meisten meiner verwundeten Männer in verhältnismäßig guter Verfassung und ihre Arme und Beine in Gipsverbänden. Die fünf Schwerverletzten lagen vom Kopf bis zu den Füßen in Gips. Zwei waren immer noch bewußtlos. Ich verteilte Zigaretten und Tabak. Das war alles, was ich tun konnte.

Bei meiner Rückkehr zum Stützpunkt wurde ich von meinem Obersteuermann aufgehalten, der mir eine interessante Geschichte erzählte. Der englische ›Soldatensender Calais‹ hatte eine Mitteilung bezüglich unseres Bootes durchgegeben. »Der Ansager behauptete, Sie hätten selbst U-415 versenkt, um mit dem alten Blechkasten nicht mehr auslaufen zu müssen«, sagte Bruns belustigt.

Ich war darüber amüsiert, lächelte und sagte: »Da sehen Sie, Bruns, wie schnell die Tommies ihre Informationen kriegen und verdrehen. Es sollte für euch alle eine Warnung sein.«

Mit einem breiten Grinsen und einem kurzen Gruß sagte der Obersteuermann im Davongehen: »Ich wette, die Kerle zählen sogar nach, wie oft wir auf die Latrine gehen.«

Die folgenden Tage verbrachte ich mit ungeduldigem Warten auf ein neues Kommando. Daß ich eines der modernsten Tauchboote erhalten würde, war für mich eine unumstößliche Tatsache. Während sich die Führung Zeit ließ, eine Entscheidung über meine Zukunft zu treffen, sah ich Heinz Sieder von seiner Unternehmung zurückkommen, begrüßte ich Marbach an der Pier und hörte Cordes' erstaunlichen Bericht. Wir feierten ihre Erfolge und versuchten, die guten alten Zeiten mit viel Champagner und verschwenderischen Fischgerichten wieder aufleben zu lassen. Falls einer unter uns befürchtete, daß der Krieg zu einem schrecklichen Ende kommen würde, so behielt er seine Befürchtung streng für sich. Wir waren voller Hoffnung und vom Endsieg überzeugt. Ich war sicher, daß der Krieg eine dramatische Wendung nehmen würde, wenn erst unsere neuen Wunder-U-Boote in größerer Zahl zur Verfügung ständen, und ich glaubte, bald eines dieser Unterwasserwunder gegen den Feind fahren zu können.

Dann kam der 20. Juli. Es war ein heißer Tag, und ich war bei meinen Verwundeten im Lazarett gewesen, wo es noch halbwegs kühl war. Nach meiner Rückkehr zum Stützpunkt am Spätnachmittag meldete mir der Steward, daß der Flottillenchef alle Offiziere in der Messe erwartete. Zu meinem Erstaunen fand ich Offiziere und Feldwebel dort versammelt. Nur ein Ereignis von größter Bedeutung und weitreichenden Folgen konnte diese Zusammenkunft veranlaßt haben. Vielleicht ein entscheidender Sieg in der Normandie? Es gab viele Vermutungen. Die Spannung war auf dem Höhepunkt, als Kapitän Winter mit seinem Stab die Messe betrat. Winters Gesicht war aschfahl, steinern. Er bat um Ruhe. »Meine Herren«, begann er, »ich habe die Pflicht, Ihnen den Inhalt dieses Fernschreibens von unserem Großadmiral zu übermitteln, das ich soeben erhalten habe. Heute morgen wurde ein Attentat auf das Leben des Führers verübt. Der Führer ist jedoch nicht verwundet. Der Attentäter, ein Offizier der Wehrmacht, wurde verhaftet. Ich kann Ihnen versichern, daß die Kriegsmarine keinen Anteil an einer Verschwörung hatte. Meine Herren, das Attentat wird nichts ändern. Der Krieg geht weiter bis zu einem siegreichen Ende.«

Die Enthüllung verursachte Bestürzung. Die Tatsache, daß man versucht hatte, das Idol der Nation zu ermorden, ging über unser Begriffsvermögen. Unsere Reaktionen bewegten sich zwischen Unglauben und tiefer Sorge. Die Versammlung löste sich in totaler Verwirrung auf. Was sollte ich meinen Männern sagen? Die Nachricht eilte durch den Stützpunkt. Die Besatzungen wurden sofort über die Tatsachen aufgeklärt, bevor sie die entstellte Propaganda des Senders ›Calais‹ zu hören bekamen. Die Leute nahmen meine Darstellung der Ereignisse mit stoischer Ruhe hin.

Ich zog mich daraufhin in die Stille meines Zimmers zurück. Natürlich wußte ich, daß es viel Unzufriedenheit zu Hause gab. Das war nach einem langen Krieg mit all seiner Härte, den schweren Verlusten und den weitverbreiteten Verwüstungen unvermeidlich. Aber ich hatte nie damit gerechnet, geschweige daran gedacht, daß es einen organisierten Widerstand gab, der Landesverrat und offene Rebellion plante. Anstatt alle Kräfte zu vereinen, um den Krieg zu gewinnen und dann den Grund allen Übels auszumerzen, hatten die Verschwörer unsere Kräfte zerrüttet, die Fronten in der Heimat wie am Feind geschwächt und das Bestehen Deutschlands in Frage gestellt. Obwohl ich befürchtete, daß die Moral unserer Männer angesichts des Attentats leiden würde, verursachte es nur eine einzige sichtbare Veränderung in unserem Marineleben: der militärische Gruß wurde abgeschafft und der Gruß der Partei in allen Wehrmachtsteilen eingeführt. Das Ergebnis waren oft erheiternde Situationen. Inzwischen ging der Krieg weiter – immer blutiger, immer vernichtender.

Dann kam eine Zeit tragischen Abschiednehmens. Am 21. Juli schleiften zwei Schlepper das gesunkene U-415 über Grund ins Trockendock. Ich erhielt Befehl, wertvolle Instrumente und die Geheimsachen sicherzustellen. Zusammen mit meinen Offizieren und dem Rest der Besatzung ging ich zum Dock. Dort fanden wir unser Boot auf der Steuerbordseite liegend. Der achtere Teil des Druckkörpers war wie Wellblech eingedrückt. Ein breiter Riß klaffte unter dem E-Maschinenraum. Spanten waren verbogen und gebrochen, die achteren Tauchzellen aufgeschlitzt, die Wellen verbogen, Seiten- und Tiefenruder vom Druckkörper abrasiert. Was von U-415 übriggeblieben war, war Schrott. Ich überließ die Aufsicht über die Arbeiten meinen Stellvertretern und wandte meinem Boot den Rücken.

Zwei Tage später gab die See die Leichen der beiden Männer zurück, die beim Untergang von U-415 gefallen waren. Ein Minenfahrzeug brachte die beiden an Land. Am 25. Juli begruben wir unsere Toten auf einem kleinen Militärfriedhof nahe dem Stützpunkt. Die Lebenden waren in ihren besten blauen Uniformen angetreten. Einige hatten noch die Arme im Gipsverband, als wir unseren Gefallenen, die ohne jeden Grund sterben mußten, die letzte Ehre erwiesen. Winter legte seinen Kranz wortlos an den Gräbern nieder. Dann, unter einer Salve von vierundzwanzig Gewehrschüssen, wurden die beiden Särge der französischen Erde übergeben.

Bevor der Tag zu Ende ging, sah ich mich der schwierigen Aufgabe gegenüber, den Eltern der Gefallenen zu schreiben. Was konnte ich den Eltern sagen, die erwarteten, daß ihre Söhne, wenn sie schon sterben mußten, im Kampf als Helden gefallen waren? Ich entfaltete das dünne

Papier mit dem schwarzen, schmalen Rand und dem Eisernen Kreuz in der linken oberen Ecke und begann zu schreiben. Ich kämpfte mit meinen Sätzen noch lange nach Mitternacht.

5

Ich war froh, daß der Juli sich seinem Ende näherte. Wie in den vergangenen Monaten verschlechterten sich die Verhältnisse zusehends. Starke alliierte Kräfte, die von der Normandie gegen den leichten Widerstand unserer Etappe angerannt waren, drohten die Bretagne vom übrigen Frankreich abzuschneiden und unsere Verbindung mit Deutschland zu unterbrechen. Unsere wichtigen U-Boot-Stützpunkte an der Atlantikküste waren immer mehr der Gefahr der Einschließung ausgesetzt, je länger unsere Gegenoffensive auf sich warten ließ. Die Stützpunkte, die einst sehr lebhaften Häfen Brest, Lorient und St. Nazaire, zusammen mit den einst glorreichen U-Bootflottillen, waren praktisch schon ausgestorben. Allein im Juli wurden weitere achtzehn Boote versenkt. Die meisten fielen den Flugzeugen des *British Coastal Command* zum Opfer. Unter ihnen befanden sich die veralteten Boote U-212 und U-214, die ohne Schnorchel von Brest ausgesandt worden waren, um unser Küstenvorfeld von alliierten Streitkräften freizuhalten. Englische Zerstörer, die den Ring um Brest enger zogen, hatten beide Boote auf den Grund geschickt.

Ende Juli nahm ich auch Abschied von meinen Freunden Dieter Sachse, U-413, und Heinz Siedler, U-984. Sie waren auf Einzelunternehmung in den Kanal beordert. Beide Boote wurden eigenartigerweise am selben Tag, am 20. August, von U-Jagdgruppen erfaßt und vernichtet. Beide Boote waren Totalverluste.

Nach dem Auslaufen meiner beiden Kameraden fühlte ich mich ziemlich überflüssig. Die Führung hatte immer noch keine Entscheidung über meine Zukunft getroffen. Vergeblich suchte Winter sich für mich einzusetzen. In Ermangelung meiner gewohnten Bordtätigkeit bereitete ich mich auf einen Landkrieg vor. Die Belagerung von Brest war nicht mehr aufzuhalten. Starke amerikanische Panzerverbände rollten durch das Hochland der Bretagne, und unsere Truppen begannen sich auf Brest zurückzuziehen. Die Stadt wurde zur Festung erklärt. Meine Männer, soweit sie nicht im Lazarett lagen, erhielten Gewehre und Maschinengewehre, und ich wurde angewiesen, sie für einen Landkampf auszubilden. Unsere Aussichten, in der Festung Brest eingeschlossen zu werden und damit in der Falle zu sitzen, waren nur zu gut.

An einem sonnigen Tag Anfang August, ich kehrte gerade mit meinen Männern von einer Feldübung zurück, wurde mir gemeldet, daß der Flottillenchef mich zu sehen wünschte. Winter begrüßte mich mit einem seltenen Lächeln. »Sie sind ein Glückspilz, Werner. Sie sind zum Kommandanten von U-953 ernannt worden. Gratuliere.«

Ich war angenehm überrascht, begeistert. Marbach, der Kommandant des Bootes, war nach der Versenkung der drei Zerstörer zu Dönitz ins Berliner Hauptquartier befohlen worden, um sein Ritterkreuz in Empfang zu nehmen. Mit dem Durchbruch der Alliierten durch unsere Stellung und mit der Einkesselung von Brest war Marbachs Rückkehr zum Stützpunkt unmöglich gemacht worden.

»Sie werden die Besatzung in einer Stunde als neuer Kommandant begrüßen«, fuhr Winter fort. »Das Boot ist, wie Sie wissen, mit einem Schnorchel ausgerüstet; die Reparaturarbeiten werden in etwa zehn Tagen beendet sein. Bereiten Sie sich auf eine interessante Aufgabe vor.«

»Ich danke Ihnen, Herr Kapitän.« Dieses neue Kommando gab meinen Aussichten für die unmittelbare Zukunft eine neue Richtung. Anstatt in der Festung Brest in der Falle zu sitzen, an Land erschossen oder in einem Gefangenenlager gedemütigt zu werden, würde ich zumindest in der Lage sein, auf See zu kämpfen und zu sterben. Das war der Krieg den ich kannte, und der Platz, auf den ich gehörte.

Zur festgesetzten Stunde übernahm ich die Führung von Marbachs Boot. Die meisten seiner Leute kannten mich oder hatten zumindest von mir gehört. Diese Tatsache sowie die bevorstehende Belagerung veranlaßte die Männer, ihren neuen Kommandanten mit einem Gefühl der Erleichterung aufzunehmen. Da ein Teil der Besatzung auf Urlaub war und nicht mehr an Bord zurückkehren konnte, füllte ich die Lükken mit Seeleuten und Heizern von U-415 auf. Anstatt an Land gegen Panzer zu kämpfen, zogen sie es vor, mit einem Dinghi gegen die englischen Zerstörer zu fahren.

Die Tage vergingen schnell mit Vorbereitungen zum Auslaufen. Meine zusammengewürfelte Besatzung arbeitete mit allen Kräften, um den Auslauftermin einzuhalten, und ihre Hilfe ersetzte den Mangel an zuverlässigen und erfahrenen Werftarbeitern. Der alliierte Vormarsch ermunterte immer mehr französische Werftarbeiter, ihre Arbeit für die Besatzungsmacht einzustellen. Einige rannten während der Mittagspause davon, andere kehrten am Morgen nicht zur Arbeit zurück. Die Verhältnisse spitzten sich stündlich zu. Der Rest meiner Männer von

U-415, diejenigen, die ich nicht auf mein neues Boot nehmen konnte, wurde in die vordersten Gräben von Brest geschickt. Und die Besatzung wurde fortwährend von deutschen Zivilangestellten, die ihnen große Beträge als Bestechung anboten, darum angegangen, sie an Bord zu schmuggeln und aus der Falle entwischen zu lassen. Unter derart hektischen Zustanden war es uns unmöglich, den Auslauftermin einzuhalten.

Brest erwartete den Feind. Immer mehr deutsche Truppen strömten in die Stadt, als schnelle motorisierte amerikanische Verbände aus der Normandie durchbrachen, Paris bedrohten, Lorient belagerten und den Hafen St. Nazaire erreichten. Die Bürger von Brest versteckten sich in ihren Häusern und erwarteten das Kommende mit einer Mischung von Furcht, Stoizismus und Hoffnung auf Befreiung. Viel zu spät befahl unsere U-Bootführung, die Stützpunkte Brest, Lorient und St. Nazaire, die bereits eingekesselt waren, von den verbliebenen U-Booten zu räumen. Zu diesem Zeitpunkt hatte die englische Flotte Dönitz' Befehl bereits erwartet und unsere Fluchtwege abgeriegelt. Starke Zerstörerverbände waren nach Süden gedampft und lagen nun vor den drei wichtigen Häfen. Nacht für Nacht warfen alliierte Flugzeuge ihre Minen in das Fahrwasser; sie stoppten damit allen Verkehr und verwandelten das Auslaufen der Boote in eine gefährliche Angelegenheit. Neben der Jagd auf See griff die *Royal Air Force* alle Stützpunkte wiederholt mit großer Stärke an. Die Überreste einer U-Bootflotte, die einmal mehrere hundert Frontboote umfaßte, versuchten ihre Zerstörung aufzuschieben, indem sie sich in dem düsteren, nahezu leeren Bunker und unter dem Schutz von sieben Metern Eisenbeton versteckten.

Am 12. August, um 10 Uhr 45, heulten die Luftschutzsirenen durch den Stützpunkt in Brest. Ich nahm mit meinen Männern Deckung in den Tunnels, die in den Felsen gesprengt waren. Fast sofort begann ein wütendes Schießen. Vom Eingang der unterirdischen Gewölbe sah ich einen Schwarm von etwa vierzig viermotorigen Flugzeugen aus der Sonne stürzen. Sie flogen in mittlerer Höhe und unbeirrt ins konzentrierte Feuer unserer schweren Flak. Schwarze Pilze standen plötzlich überall in der Luft. Die Maschinen kamen unbeirrt näher, hielten beharrlich Höhe und Kurs. Ein Flügel brach vom Rumpf einer Maschine und schwebte durch die Luft. Das Flugzeug trudelte, kreiste und fiel in die Bucht. Die weißen Punkte von vier Fallschirmen entfalteten sich in der Bläue des Morgens, kurz bevor die Maschine aufs Wasser aufschlug. Der Rest des Flugzeugpulks flog in gerader Linie auf unseren Bunker zu. Eine zweite Maschine fing Feuer und scherte aus der Formation. Ein drittes Flugzeug explodierte. In diesem Augenblick klinkten die andern Maschinen, alles Lancasters, je eine Bombe aus. Die Riesenkoffer waren deutlich sichtbar. Ich zog mich eiligst in das Dunkel des Tunnels zurück. Dann wurde die Welt aus den Angeln gehoben. Vulkanartige Ausbrüche erschütterten den Berg und ließen die Luft erzittern. Harte Druckwellen trafen uns mit niederschmetternder Gewalt und nahmen uns den Atem. Himmelhohe Fontänen von Staub und Trümmern stoben gegen die nutzlosen Fesselballons und verwischten das Panorama. Einige heftige Stöße, ein unregelmäßiges Ballern unserer schweren Flak, ein tiefes Brummen in der Luft in nördlicher Richtung – dann seltsame Stille.

Besorgt um mein neues Boot, lief ich im Eilschritt den Berg hinunter zum Bunker, kletterte über Berge von Steinen, zerbrochenem Eisenbeton, stürmte in die dunkle Kühle des Bunkers und fand U-953 unversehrt an seinem Liegeplatz. Ich lief eilig durchs Gewölbe, an den vielen leeren Liegeplätzen entlang bis zum Ende des Bunkers. Eine Gruppe gestikulierender Arbeiter versperrte mir den Weg. Sie starrten wie gebannt zur Decke. Da sah auch ich die Risse. Verbogenes Moniereisen ragte hier und dort in das Gewölbe. U-247, das einzige Boot an der Pier, war mit einer dünnen Schicht Zementstaub bedeckt. Die Sechs-Tonnen-Bombe, die schwerste, die die Alliierten zur Verfügung hatten, hatte ihre Gewalt harmlos verpufft. Dieser Treffer war der einzige, den der Bunker erlitten hatte. Die enorme Anstrengung unserer Gegner, die letzten U-Boote bereits im Hafen zu versenken, war ein kompletter Fehlschlag.

Ich kehrte zu meinem Boot zurück, um den Fortschritt der Arbeiten zu überprüfen, die ich innerhalb der nächsten vier Tage zu beenden hoffte. An Oberdeck wurde ich von meinem Leitenden, der schon mit Marbach gefahren war, aufgehalten. Er bat mich in den Bugraum. Ich ließ mich durchs vordere Luk in das Halbdunkel des Bootes hinunter und starrte in die gähnende Öffnung von Rohr III. Der Bodenverschluß lag an Deck. Der runde Deckel, der einzige Sicherheitsverschluß außer der Mündungsklappe, hatte sich aus der Verriegelung gelöst und war am Scharnier abgebrochen. Ich war mehr als erstaunt – ich war äußerst besorgt.

Der L.I. erklärte mir: »Das kommt von der Druckwelle einer der Bomben, die etwa 50 Meter achteraus im Hafenbecken krepierten. Wir können auf diese Weise manches Boot verloren haben. Mit geöffneten Mündungsklappen und einem fehlerhaften Bodenverschluß braucht ein Boot nur eine Wasserbombe, um in die Ewigkeit abzusacken. Diejenigen, die die Erfahrung gemacht haben, können uns leider nicht erzählen, wie es passiert ist.«

»Hören Sie, L.I.«, antwortete ich verärgert, »wenn unsere Mündungsklappen offen gewesen wären, würde auch unser Boot nun auf dem Grund liegen, und wir beide müßten uns in Zukunft entweder in den Gräben herumquälen oder auf einen langen Fußmarsch in ein Gefangenenlager vorbereiten. Prüfen Sie bitte alle Bodenverschlüsse, und lassen Sie diesen da so schnell wie möglich ersetzen. Ich möchte mit dem Auslaufen nicht länger warten.«

Wie in Brest hatten auch die alliierten Luftangriffe auf unsere Bunker in Lorient, St. Nazaire, La Pallice und Bordeaux wenig oder keinen Erfolg. Die anglo-amerikanischen Fortschritte an der Landfront jedoch verursachten allgemeine Bestürzung. Jedes Boot, das fliehen konnte, verließ unsere bedrohten nördlichen Stützpunkte, um zur weiteren Überholung nach La Pallice und La Rochelle zu gehen. Diese beiden Häfen, die eine gemeinsame Einfahrt zwischen den Inseln Ile de Ré und Ile d'Oléron hatten, waren noch nicht von alliierten Truppen eingeschlossen oder von englischen Seestreitkräften blockiert; sie boten noch einen Fluchtweg durch Frankreich für Tausende von Marinesoldaten, denen befohlen wurde, sich abzusetzen. Diese beiden Häfen wurden vom Befehlshaber der U-Boote als Zufluchtsplätze für U-Boote aus den nördlichen Häfen bestimmt. Hier würden unsere Boote erhalten, was immer sie an Ausrüstung und Reparaturen für die anschließende Unternehmung benötigten.

Aber die *Royal Navy* beherrschte die Gewässer um die nördlichen Häfen, und unsere Besatzungen, die die Stützpunkte mit ihren lahmen, oberflächlich zusammengeflickten und meist schnorchellosen Booten verließen, hatten nur geringe Chancen, die beiden südlichen Häfen zu erreichen. Boote, die nicht von den Blockade-Zerstörern versenkt wurden, fielen den Minen oder den Flugzeugbomben zum Opfer. U-736, von Lorient auslaufend, wurde am 6. August in Landnähe versenkt. U-608 wurde beinahe am selben Standort am 10. August von Bomben zerschmettert. Einen Tag später wurde U-385 von Wasserbomben in Stücke zerrissen. Am 12. August wurde U-270 vor Lorient zerstört, und U-981 lief bei dem Versuch, in den Hafen von La Rochelle einzulaufen, auf eine Mine und wurde anschließend durch Bomben versenkt. Am 14. August wurde U-618 durch Luftangriff tauchunklar gebombt und kurz darauf von Zerstörern vernichtet. Am 18. August erlag U-107 einer Bombenserie, und U-621 wurde das Opfer einer erfahrenen englischen U-Jagdgruppe.

Während dieser Tage des langsamen Verfalls unseres Atlantikwalls an Land und zur See wurden auch von den anderen Fronten Rückschläge gemeldet. Sowjetische Armeen hatten die Städte Przemysl, Bialystok, Kowno und Preskow zurückerobert und stießen mit einer machtvollen Offensive immer tiefer in die alten russischen Gebiete vor. In Griechenland hatten unsere Divisionen eine Schlacht nach der andern verloren. Rumänien war in das Lager der Gegner übergelaufen. In Italien zogen sich unsere Truppen aus Rom zurück und wurden nördlich der Stadt in schwere Kämpfe verwickelt. Um das Maß der Niederlagen und Rückzüge voll zu machen, war eine starke alliierte Invasionsarmee am 15. August zwischen Marseille und Toulon an der französischen Mittelmeerküste gelandet. Motorisierte Einheiten, die von dieser neuen Front nach Norden jagten, drohten unsere Divisionen in Westfrankreich abzuschneiden. Der U-Bootstützpunkt in Toulon wurde überrannt und mit der Versenkung von acht U-Booten, darunter das alte U-230, ausgelöscht. Auf diese Weise kam der U-Bootkrieg im Mittelmeer zum Erliegen. Das grausame Bild des bevorstehenden Unglücks wurde noch durch den Verlust unserer Zerstörer, Minensuchboote und Vorpostenboote im Mittelmeer und anderen französischen Gewässern abgerundet.

Mit unseren Rückzügen kamen Verwirrung und Panik. Die Atmosphäre in der Festung Brest näherte sich dem Flammpunkt. Unseren Soldaten war der Zutritt in die Stadt verboten. Auch der Bevölkerung war eine strenge Ausgangsbeschränkung auferlegt worden. Die Werften wurden durch Marinesoldaten gesichert. Alle Flakgeschütze wurden in strategische Positionen verlagert, um die Ringverteidigung von Brest zu verstärken. Marine-Einheiten, bis an die Zähne bewaffnet, patrouillierten durch Stadt und Vororte. Die Marineschule, der einstige Sitz der berühmten 1. U-Boot-Flottille wurde wegen ihrer weitverzweigten Bunkeranlagen zum Zentrum der Verteidigung von Brest erklärt. Die 9. U-Boot-Flottille wurde aufgelöst und ihr Chef von Dönitz angewiesen, den Hafen zu verlassen und per U-Boot nach Norwegen durchzubrechen. Tatsächlich gelang ihm die nahezu unmögliche Leistung, Brauers ausgeschlachtetes U-256 notdürftig zu reparieren und mit einem behelfsmäßigen Schnorchel auszurüsten, aus dem Hafen zu schlüpfen, die englische Blockade zu durchbrechen und Norwegen zu erreichen.

Korvettenkapitän Winter verlagerte die letzten Einheiten der 1. U-Boot-Flottille in die Höhlen in den Felsen und wehrte mit Bravour eine Invasion der Infanterie ab. Eine größere Anzahl arroganter Infanterieoffiziere, die der Schlacht um Deutschlands Schicksal entronnen waren und ihr leichtes Leben in Frankreich konserviert hatten, stürmten mit ihren Mätressen und einem Troß persönlichen Gepäcks, Wein und Champagner in die Hafenstadt. Einige der Herren verlangten U-Boot-Transport für sich und ihren Besitz und waren entrüstet, wenn Winter sie höflich, aber bestimmt abwies. Die Lage verschärfte sich fast bis zum Aufruhr, als in den vorderen Linien die ersten Schüsse abgefeuert wurden und die ersten Sherman-Panzer in Sichtweite der äußersten Verteidigungslinie kamen.

Während dieser chaotischen Tage, als die Kriegsmarine der einzige Verteidiger von Brest war und niemand wußte, wo die Front verlief, was der nächste Tag bringen oder wann die Alliierten angreifen würden, waren nur drei U-Boote im belagerten Hafen verblieben. U-953, U-256 und U-247 näherten sich ihrer oberflächlichen Fertigstellung, die ihnen erlauben würde, den Ausbruch in die relative Freiheit der See zu wagen. U-247, notdürftig seeklar, versuchte den Ausbruch, wurde aber vier Tage später versenkt. Es gab keine Überlebenden.

Mitte August wurde U-953 endlich für beschränkt seeklar erklärt. Beide Diesel waren in schlimmstem Zustand. Die Batterien waren bereits im Frühsommer zum Austausch vorgesehen. Aber es gab weder Ersatzteile noch Material noch eine Gelegenheit, diese Reparaturen auszuführen. Die Besetzung der Halbinsel Crozon durch die Amerikaner und die Einflüge der Engländer in den Luftraum über Brest hinderten uns daran, Tauchversuche oder Schnorchelübungen durchzuführen. Wir verdoppelten unsere Wache an Bord, um etwaige Versuche französischer Widerstandsgruppen zu vereiteln, unser Boot bereits an der Mole zu versenken. Mit viel Erfindungsgabe gelang es uns, das Boot mit Treibstoff und Proviant auszurüsten. Zu meiner Bestürzung erhielt ich Befehl, statt einer Ladung Torpedos Boot und Rohre mit Ingenieur-Ausrüstung, wissenschaftlichen Geräten, wertvollen Instrumenten und technischem Personal zu beladen. Diese wichtige Ladung sollte ich nach La Rochelle transportieren, wo die Zivilisten mit ihren Apparaten den Versuch unternehmen sollten, sich durch das feindliche Frankreich nach Deutschland durchzuschlagen.

Ich betrachtete die Lage mit einem kritischen Auge und kam zu einem schnellen Entschluß. Was für Zivilisten gut war, war für den Rest meiner alten Besatzung noch besser. Ich erhielt Winters Genehmigung, meine gesunden Leute von U-415 an Bord zu nehmen und sie aus der Falle herauszuführen. Ich sammelte die Leute in den Schützengräben auf, fuhr dann schwerbewaffnet zum Lazarett, um mich von unseren Verwundeten zu verabschieden; ich wußte, daß sie einer langen Belagerung und einem noch längeren Aufenthalt hinter Stacheldraht entgegenzusehen hatten. Dann wies ich meine Besatzung an, alle unnötigen Dinge im Stützpunkt zu belassen. Jeder Mann durfte nur einen Koffer oder Seesack mit an Bord nehmen; ich überwachte ihren Auszug aus dem Komplex der 1. U-Boot-Flottille. Als ich selbst mit meinen geringen Habseligkeiten auf der Pier im Bunker ankam, stand ich einer aufgeregten Menge schreiender und gestikulierender Zivilisten gegenüber, Deutschen und Franzosen, die mit Gewalt versuchten, an Bord zu gelangen. Meine Leute stießen die rasende Gruppe mit Faust- und Kolbenschlägen auf die Pier zurück. Einige der Zivilisten waren derart verzweifelt, daß wir sie mit Maschinenpistolen in Schach halten mußten.

Die Besatzung trat auf dem Achterdeck zur letzten Zählung an. Sechs Zivilisten standen auf der Brücke, gespannt und ein wenig verloren. Mein neuer I.W.O. meldete mir die verstärkte Besatzung. Mit den eingeschifften Technikern und mir selbst waren es 99 Mann, 45 mehr als unter normalen Verhältnissen. In der Hoffnung, die Menge auf der Pier zu verscheuchen, gab ich mit lauter Stimme wenig ermutigende Anweisungen: »Männer, ich möchte hervorheben, daß dies eine unserer schwierigsten Unternehmungen sein wird. Wir werden von Pier zu Pier mit allen Leuten, also auch den Überzähligen von U-415, auf Gefechtsstationen fahren. Die Besatzung von U-953 wird ihre Stationen besetzt halten; die Gäste von U-415 nehmen ihre alten Stationen ein. Ihr werdet auf Gefechtsstationen arbeiten, essen und schlafen. Es gibt kein Herumlaufen, kein unnötiges Sprechen, keine Unterhaltung. Büchsen als Toilettenersatz werden in allen Räumen bereitgestellt. Ihr müßt euch darüber im klaren sein, daß die Küstengewässer von feindlichen Fahrzeugen wimmeln und ich unsere Chancen, die Blockade zu durchbrechen, für sehr gering halte. Macht euch also keine falschen Illusionen. Bereitet euch auf sofortiges Ablegen vor. Niemand verläßt das Boot, gleichgültig aus welchem Grund.«

Ich ließ die Männer wegtreten und wandte mich an die sechs Zivilisten. Zum erstenmal erkannten sie die bevorstehende Gefahr. Zwei ergriffen ihr Gepäck und eilten von Bord. Ich war amüsiert und froh, sie verschwinden zu sehen. Ihre Flucht gab uns desto mehr Raum zum Atmen. Die vier Mutigen folgten mir unter Deck. Der Mittelgang und die einzelnen Abteilungen, mit Ausnahme der Zentrale, waren mit großen, sperrigen Kisten, Koffern, Apparaten und Instrumenten vollgepackt. Im Bugraum war wichtiges Material in den Torpedolagerungen und

Rohren verstaut und auf den Flurplatten aufgestapelt. Ich sagte den vier Gästen, daß dieser enge Schlauch ihr Aufenthaltsort sei und daß sie ihn nicht verlassen dürften. Dann ließ ich sie in voller Verwirrung stehen.

Ich ging nochmals an Land, um Winter meine Bereitschaft zum Auslaufen zu melden. Als ich den Abhang zum Stützpunkt emporstieg, hörte ich das Bellen von Maschinengewehrfeuer und sah Winters Adjutanten den Berg herabstürmen. Außer Atem meldete er mir, daß sich noch vier weitere Techniker an Bord einschiffen würden – Männer, die das Reich nicht an die Amerikaner verlieren wollte. Da diese Männer aber nicht vor dem nächsten Morgen bereit wären, würde unser Auslaufen um vierundzwanzig Stunden verschoben. Verärgert über diesen neuen Aufschub, ging ich zum Boot zurück. Denn je länger ich im Hafen gehalten wurde, desto härter würde meine Flucht aus Brest und der Durchbruch durch die Blockaden nach La Rochelle sein.

Bald wehte der Duft von Gulasch durchs Boot. Die Männer hockten auf Kisten und Koffern, Rohrleitungen und Kojen und aßen die Mahlzeit, die, wie sie gehofft hatten, ihre letzte in der Festung Brest sein würde. Unsere Lautsprecher verbreiteten leise Schlagermusik. Ich saß an dem kleinen Schreibtisch in meiner Nische und dachte über meinen Ausbruch nach. Dann brach die Musik plötzlich ab, und der Ansager begann zu sprechen. »Dies ist eine besondere Sendung für unsere U-Bootkameraden, die in Brest eingeschlossen sind. Die Zeit ist gekommen, euch von dem nutzlosen Kampf zu befreien. Wenn ihr mit einer weißen Flagge am Sehrohr aus dem Hafen kommt, werden wir euch mit Achtung empfangen und behandeln. Solltet ihr aber entschlossen sein, weiterzukämpfen, so werdet ihr einer schnellen Vernichtung entgegenfahren. Ich sage dies besonders zu euch, Männer von U-953. Ihr steht vor einer neuen Unternehmung. Ich kann euch verraten, daß Dutzende unserer Zerstörer darauf warten, euch gebührend zu empfangen. Sie werden euch das Los erteilen, das eure Freunde bereits gefunden haben. Sie werden euch, falls ihr euch entschließt, euren Krieg fortzusetzen, schnellstens versenken. Ich warne euch, es wird eure letzte … «

Ich hatte nur mit halbem Ohr zugehört und rief ärgerlich in den Funkraum: »Zum Teufel, schalte diesen Unsinn ab und bring' anständige Musik.«

»Herr Oberleutnant, das ist der einzige Sender, den wir hier im Boot empfangen können.«

»Dann schalte das Radio ab und lege ein paar Platten auf.«

Am Vormittag des 15. August kamen unsere letzten vier Gäste mit zahlreichen Koffern und Geräten an Bord. Ich verbot ihnen, mehr persönliches Eigentum mitzunehmen, als ich mir selbst und meinen Männern erlaubte, und nach einem heißen Wortwechsel trennten sie sich vom größten Teil ihrer privaten Reichtümer. Ich schloß sie im achteren Torpedoraum ein und sagte ihnen, daß sie darin zu bleiben, zu essen, zu schlafen und möglicherweise auch zu sterben hätten. Dann ließ ich den Druckkörper bis auf das Turmluk verschließen, befahl, das Radio abzuschalten und die Batterien aufzuladen. Als ich von Bord ging, qualmten und dröhnten die beiden Diesel in der Höhle des Bunkers um die Wette.

Ich trat aus dem kühlen, dunklen Bunker in blendendes Sonnenlicht und Sommerhitze und stieg bergauf, um Winter meine letzte Meldung zu machen. Der riesige Felsen mit den weitverzweigten Gebäuden der 1. U-Boot-Flottille war von Soldaten in Infanterieuniformen besetzt. Einige der Offiziere trugen Uniformen, die für einen Abend in der Pariser Oper geeignet waren, aber nicht für die Verteidigung von Brest. Überall herrschten Verwirrung und nervöse Spannung. Krankenwagen der Infanterie hielten vor dem Tunneleingang und luden die ersten Verwundeten ab. Grimmige Kämpfe wüteten an den äußeren Gräben. Einige amerikanische Panzer waren an verschiedenen Stellen durchgebrochen und in die unmittelbare Nachbarschaft der Flottille vorgedrungen. Auf der Suche nach Winter eilte ich durch die kühlen Katakomben, die in den Felsen gesprengt worden waren; dann erfuhr ich, daß er zum Stützpunkt zurückgegangen war. Ich folgte den deutlich hörbaren Abschüssen der Flak und erreichte die verödeten Quartiere in dem Moment, in dem sich knapp 700 Meter nördlich unseres Haupttors ein schwarzer Rauchpilz in den Himmel hob. Auf dem flachen Dach des Südostflügels sah ich einige Offiziere in Blau ihre Gläser auf die Rauchwolke richten. Ich jagte die Steintreppe nach oben und fand Winter inmitten seiner Vertrauten, die mit dem Erfolg unserer Geschütze höchst zufrieden waren. Ein amerikanischer Panzer war beim Angriff auf den Stützpunkt zerstört worden. Winter, wie ich feststellte, hatte sich bereits der Tatsache gebeugt, daß ein älterer General die Verteidigung von Brest übernommen hatte. Ich näherte mich meinem Chef und meldete U-953 auslaufklar.

»Sie können nach eigenem Ermessen auslaufen«, schlug Winter vor. »Wann gedenken Sie abzulegen?«

»Nach Sonnenuntergang, Herr Kapitän, um 21 Uhr 30.«

»Ich werde mich von Ihren Männern verabschieden. Aber bitte keine besonderen Maßnahmen. Die Werftarbeiter sollen möglichst nicht auf die Idee kommen, daß Sie heute nacht auslaufen könnten.«

Als wir den Berg hinunterstiegen, begannen wieder die Luftschutzsirenen zu heulen. Wir eilten zum Eingang der Tunnels. Augenblicke später erbebte der Berg unter einer endlosen Kette von Explosionen und heftigen Schlägen. Ich folgte Winter in das weitverzweigte Netzwerk der Tunnels, lief an zahlreichen Betten vorbei, in denen bereits die ersten Opfer der Schlacht lagen; warf einen Blick auf die bleichen deutschen Krankenschwestern, deren Zukunft düster war; musterte verstohlen die aufgelösten französischen Damen der Wehrmachtsoffiziere, die als Kollaborateure einem schrecklichen Schicksal entgegensahen; sah ihre Kavaliere in hohen Stiefeln, Ausgehuniformen und rotgestreiften Hosen hochmütig herumstolzieren und Seeleute und Infanteristen herumflitzen, die ihre Befehle geschäftig ausführten. Die Bombardierung ging indessen ununterbrochen weiter. Alles in den Katakomben – die Betten, die Felsen, die rennenden Menschen – zitterte unter den fortwährenden Detonationen der Bomben und dem Bellen der schweren Flak. Das war der Anfang vom Ende der Festung Brest.

Nach ungefähr dreißig Minuten hörte der Angriff plötzlich auf. Nachdem unsere kleine Welt zur Ruhe gekommen war, verkündeten die Sirenen den Abflug der Bombengeschwader, und ich kehrte mit Winter zum Stützpunkt zurück – oder zu dem, was davon übriggeblieben war. Was nur kurze Zeit zuvor ein stattlicher Gebäudekomplex gewesen war, lag nun völlig verwüstet vor uns. Die Tommies hatten ganze Arbeit geleistet. Mit dem Fall der Marineschule war das Schicksal der 1. U-Boot-Flottille besiegelt; Winter stand stumm inmitten der Ruinen seines Werkes. Es gab für ihn nichts mehr zu tun, als eines seiner letzten Boote auf See zu schicken. Ich erkannte, daß er allein gelassen sein wollte, und stieg langsam zu meinem Boot hinunter.

6

16. August 1944. Es war 22 Uhr 20. Nur wenige Seeleute waren an Deck, um die Leinen loszuwerfen. Ich stand auf der Brücke von U-953 und erwartete Winters Abschiedsbesuch.

Um 22 Uhr 29 schritt er über die Stelling. Er erwiderte meinen Gruß und sagte mit fester Stimme: »Passen Sie gut auf Ihre Männer auf – und auf das Boot. Und viel Glück, Mast- und Schotenbruch.«

»Ich wünsche Ihnen dasselbe, Herr Kapitän. Hoffe, daß wir uns bald unter besseren Umständen wiedersehen.«

»Lassen wir das die Zukunft entscheiden. Sehen Sie zu, daß Sie hier herauskommen, bevor es zu spät ist.«

Einige wenige Befehle. Die Leinen wurden von den Pollern geworfen, die Stelling zur Pier zurückgeschoben. U-953 glitt geräuschlos aus seinem Liegeplatz. Es fuhr ruhig in eine Nacht voller Ungewißheiten und in die Mitte der Bucht von Brest, langsam, vorsichtig, geräuschlos, um nicht eine der akustischen Minen zu aktivieren. Ich brachte das Boot zum Stillstand, kletterte in den Turm und ließ es dann von meinem Leitenden routinemäßig für den Trimmversuch auf Tiefe bringen.

Die Verhältnisse in der engen Stahlröhre waren katastrophal; sie hatten mit guter Seemannschaft und den Sicherheitsanordnungen für U-Boote nichts mehr zu tun. Der Mittelgang war von den Geräten und Instrumenten blockiert. Die Befehlsübermittlung zwischen den einzelnen Räumen war unterbrochen. Das schwere Gewicht der zusätzlichen Ladung und die verdoppelte Besatzung verursachten selbst meinem erfahrenen Ingenieur außerordentliche Schwierigkeiten. Es kostete ihn über eine Stunde, den notwendigen Trimm und Auftrieb herzustellen, um allen Gefahrenmomenten gewachsen zu sein.

U-953 tauchte auf und kroch in den Schatten eines Geleitfahrzeugs, eines der letzten verfügbaren Vorpostenboote in französischen Gewässern. Die Nacht war mondlos und schwarz. Das Vorpostenboot nahm Fahrt auf. U-953 folgte im Kielwasser. Nachdem wir das Unterwassernetz passiert hatten, schaltete ich auf Diesel um. Als die Klippen in der Nacht zurücktraten, kamen die Ortungen von recht voraus auf uns zugeschossen. Ich wußte, daß wir bereits entdeckt waren. Plötzlich schoß eine Leuchtrakete 200 Meter vor unserem Bug ins nachtblaue Firmament. Im gleichen Augenblick signalisierte unser Sicherungsfahrzeug: VORSICHT – ENGLISCHE SCHNELLBOOTE IN ANGRIFFSSTELLUNG – BESETZEN SIE ALLE GESCHÜTZE.

Ich hatte nicht damit gerechnet, die Engländer auf diese Weise zu treffen. Alle meine Berechnungen waren plötzlich zerstört. Ich befahl ohne Zögern: »Oberfläche nach S-Booten absuchen – Feuererlaubnis ohne weiteren Befehl.«

Die Leuchtrakete erlosch; das Wasser und die Nacht waren wieder so schwarz wie zuvor. Das Vorpostenboot stoppte und zwang mich, dasselbe zu tun. Wir waren plötzlich einer Gefahr ausgesetzt, die wir nicht sehen konnten. Ein verteufeltes Gefühl. Schießen nach recht voraus war mit unseren Waffen unmöglich, der Turm war in der Feuerlinie. Um meine volle Feuerkraft auf den Gegner konzentrieren zu können, mußte ich das Boot um 180 Grad drehen und sein Heck seewärts richten. Aber wie konnte ich übers Heck am Gegner vorbei und in die offene See ablaufen? Es war ein unmögliches Manöver.

Ich signalisierte dem Begleitfahrzeug, langsam vorauszufahren und dauernd Leuchtraketen zu schießen. Auf diese Weise hoffte ich, die Schnellboote in tieferes Wasser zu zwingen, wo ich wegtauchen konnte. Aber sobald wir Fahrt aufnahmen, sah ich über ein Dutzend kleiner Schatten aus einer Entfernung von etwa 800 Metern zum Angriff ansetzen. Ich handelte sofort: »Beide Diesel äußerste Kraft voraus – Ruder hart Backbord.«

U-953 drehte nur widerwillig und bot unendlich lange den angreifenden S-Booten seine volle Breitseite. Als U-953 endlich den Kreis vollendete, begannen unsere Kanonen zu bellen. Wir jagten mit Höchstfahrt zum Hafen zurück und verdarben den Tommies die Chance, eine volle Ladung Torpedos auf uns abzufeuern. Die kleinen Boote, uns an Geschwindigkeit überlegen, kamen schnell auf. Im flackernden Licht der Leuchtraketen sahen wir sie heranzacken. Dann aber drehten die kleinen Teufel ebenso plötzlich ab, wie sie aufgetaucht waren und verschwanden in Richtung auf die offene See.

Dieser Zwischenfall zerstörte meine Hoffnung, in dieser Nacht auszulaufen – oder in irgendeiner anderen Nacht. Die kleinen Torpedoträger waren nicht die einzige Gefahr. Ihr unerwartetes Auftreten ließ auf die Anwesenheit einer starken Zerstörerflotte schließen. Wie es schien, war unsere Rückkehr nach Brest unwiderruflich. Wir waren dazu verdammt, unser Boot zu sprengen und das Schicksal der belagerten Stadt zu teilen.

Als U-953 in den Innenhafen zurückschlich und sich in seinen Liegeplatz hineinschob, dämmerte es bereits. Ich befahl den Männern, sich von den Werftarbeitern fernzuhalten und nicht ein Wort über unser nächtliches Abenteuer verlauten zu lassen. Zum zweitenmal innerhalb eines Tages schloß ich den grünen Vorhang meiner Nische und dachte über einen Weg nach, der mich aus dieser Falle herausführen würde. Es gab nur eine Möglichkeit. Ich mußte getaucht aus dem Hafen auslaufen – ein Manöver, das jedoch infolge des niedrigen Wasserstandes, der Minen und der starken Strömung gefährlich und nie zuvor versucht worden war. Ich beabsichtigte, bei Hochwasser auszubrechen, mich ohne Begleitfahrzeug durch den engen Schlauch der Ausfahrt treiben zu lassen und, sobald ich genügend Tiefe unter dem Kiel hatte, zu tauchen. Mit nur einem oder zwei Metern Wasser über der Brücke konnten wir mit der auslaufenden Ebbe unter den S-Booten in die offene See gleiten.

Während einhundert Männer in vollem Vertrauen auf meine Fähigkeit, sie in die Freiheit zu entführen, geruhsam schliefen, erhob ich mich von meiner Ledermatratze. Auf dem Weg zu Winter schritt ich durch die verlassenen Werftanlagen. Ich fand Winter in dem unterirdischen Stollen inmitten seines Stabes. Winter war sehr ernst und machte einen müden Eindruck. Ich meldete ihm den S-Boot-Zwischenfall und beschrieb ihm, wie ich die Tommies zu überlisten gedachte. Er wünschte mir ein zweitesmal Glück und eine erfolgreiche Überführungsfahrt nach La Rochelle und fügte hinzu: »Wollen Sie mich auf einem Inspektionsgang durch die Gräben begleiten?«

»Herr Kapitän, ich muß leider ablehnen. Ich muß mich für die kommende Nacht vorbereiten und habe seit Tagen nicht geschlafen.«

Mit einem Anflug des Lächelns sagte Winter: »Dann versäumen Sie vielleicht etwas, das niemand der Nachwelt mitzuteilen in der Lage sein wird.« Dann, indem er seine Bewegung verbarg, fügte er mit lässiger Rauhheit hinzu: »Halten Sie die Ohren steif und den Kopf hoch. Ich kann Sie leider nicht verabschieden. Meine Pflicht hält mich hier fest.«

Wieder drückten wir uns die Hände. Ich verließ ihn mit dem deutlichen Gefühl, daß ich ihn nie wiedersehen würde.

Am 17. August, 2 Uhr 55, schob ich den grünen Vorhang zurück, zog meine Lederjacke an, ging in die abgedunkelte Zentrale und ermahnte erneut meinen L.I., sehr vorsichtig zu tauchen, wenn ich die Zeit und den Augenblick für gekommen hielt. Dann nahm ich meinen Platz auf der Brücke ein.

Um 3 Uhr zog ich U-953 aus dem Bunker. Als das Boot geräuschlos in die Sommernacht glitt und auf das enge Fahrwasser zutrieb, sah ich die schattenhafte Stadt achteraus. Der Hafen mit seinen weiten Dockanlagen zeichnete eine bizarre Silhouette in den nächtlichen Himmel. Und über allem waren die verschwommenen Umrisse von Brest, der Stadt, die in kurzer Frist Belagerung, Zerstörung und Übergabe erwartete. Nun fühlte ich, vielleicht zum erstenmal, daß alles unwiderruflich verloren war, daß Ruhm, Erfolge, Triumphe und Siegesfeiern für immer vorbei waren. Die Vergangenheit würde nie wieder neu aufgebaut werden können.

U-953 trieb an dem verlassenen Unterwassernetz vorbei und glitt wie ein Geisterschiff in den engen Schlauch des Fahrwassers, das in die Biskaya, in den Atlantik führte. Der dunkle Hintergrund der Berge und Klippen verdeckte unsere Flucht. Um 3 Uhr 35, als die Flut am höchsten stand, schlüpften wir über den seichten Grund durch den Kanal nach Westen. Ich verließ mich auf mein Gedächtnis und steuerte das Boot langsam und vorsichtig den wartenden S-Booten entgegen. Als der Himmel im Osten die ersten hellen Striche zeigte, erkannten wir die kleinen Boote regungslos recht voraus auf dem flachen Wasser liegen, nur Punkte in einer purpurnen See – und das Wasser war noch nicht tief genug zum Tauchen. Ich fuhr mit langsamsten Umdrehungen und mit E-Maschinen, um jedes Geräusch zu vermeiden, und zeigte dem Gegner unsere schmalste Silhouette. Eine Andeutung von Morgenrot kündete die Dämmerung an, als wir der Blockade entgegentrieben. Dann sah ich plötzlich Bewegung in der starren Formation der S-Boote. Sie flitzten über die träge Oberfläche und verholten sich hinter die Felsen zu beiden Seiten der Ausfahrt. In diesem Augenblick hatten wir die Grenze unseres Vormarsches über Wasser erreicht.

Um 4 Uhr 23 wurden die Entlüftungen aufgerissen, das Boot entließ ein starkes Stöhnen, und der Bug schnitt schnell unter. Sekundenlang beobachtete ich die Bewegungen der kleinen Boote, dann ergoß sich das Wasser in das Hufeisen der Brücke. Ich schlug das Luk dicht und hörte, wie das Wasser gurgelte und schnell das Boot umhüllte. Laute, hochtönende Schraubengeräusche schlugen die Oberfläche. Die schnellen S-Boote huschten aufgeregt durch die ruhige See. Nachdem der L.I. das Boot eingetrimmt hatte, begann ich mit meinen vorausberechneten Maßnahmen. Ich senkte das Boot auf 15 Meter und befahl langsamste Schleichfahrt. Drei Wabos detonierten in einiger Entfernung.

4 Uhr 40. U-953 sank auf 20 Meter. Eine größere Zahl der flinken Boote kreuzte über unserer überladenen Tauchröhre. Sie warfen Handgranaten, um uns zu erschrecken. Ein alter Trick!

5 Uhr 08. Sechs Wabos explodierten Steuerbord voraus. Zahllose schrille Schrauben schnitten durchs Wasser wie Sägen. Wir saßen mit angehaltenem Atem, schwitzend und kalkulierend, in dem feuchten Sarg.

5 Uhr 20. Eine Serie von zwölf Detonationen hallte seewärts. Asdic-Impulse zirpten durch die seichte Tiefe. Eine neue Serie Wabos donnerte recht voraus, rollte durch die Küstengewässer und hallte lange nach.

6 Uhr 45. Das Boot glitt nun auf 45 Meter. Die S-Boote kreuzten immer noch weit achteraus und warfen weiterhin ihre Handgranaten. Über den gesamten vorderen Sektor, von Ouessant bis zu den südlichsten Klippen des Festlands vibrierte das Meer von den Wabos, die die Jäger wahllos verschwendeten.

7 Uhr 30. Wechselte Kurs nach Südwesten und brachte das Boot auf 50 Meter.

8 Uhr 10. Wir waren 12 Seemeilen über Grund geschlichen, mehrere Male auf Sandbänke aufgelaufen, aber immer wieder hatte uns die Strömung hochgehoben und uns sachte über den unebenen Boden in die offene See geschoben. Einige Meilen voraus zackten vier Zerstörer mit geringer Fahrt. An Steuerbord lotete eine andere Suchgruppe die Tiefe nach dem Flüchtling.

9 Uhr. Neuer Kurs 200 Grad. Tiefe 65 Meter. Unfähig, zu sehen oder mich auf andere Weise zu orientieren, steuerte ich das Boot mit Eingebung und viel Gefühl. Mit abgeschalteten E-Maschinen ließ ich das Boot auf einem Luftkissen und mit dem auslaufenden Ebbstrom in südliche Richtung treiben. Asdic-Impulse trafen unsere Stahlhaut mit zunehmender Stärke. Die Suchtätigkeit der U-Jagdgruppen auf der Oberfläche nahm stündlich zu.

9 Uhr 40. Ebbe. Stillwasser. Der L.I. setzte die Nase des Bootes in den sandigen Grund, 85 Meter unter dem Kiel der Jäger. Um uns herum peitschten die nervös drehenden Schrauben einiger Zerstörer. Sie fuhren im Kreis, stoppten, horchten, warfen Wabos, gruppierten sich um, fuhren an, stoppten wieder, horchten und warfen wieder ihre Fässer, die uns langsam gegen die Felsen rollten und unsere Röhre in eine Folterkammer verwandelten.

12 Uhr Mittag. U-953 hatte seinen Bug in die Strömung gedreht und schaukelte sachte wie ein Pendel. Explosionen und Schraubengeräusche hielten jeden Mann in höchster Bereitschaft. Graues, schlammiges Wasser voller Algen legte eine schützende Schicht über unser Boot.

16 Uhr 30. Die Gezeiten kenterten. Die Strömung ging seewärts. U-953 hob seine Nase und nahm wieder seine lautlose Fahrt über den Grund auf. Von einem rasselnden, zirpenden Schleier von tausend Geräuschen eingehüllt, glitt das Boot sachte in die Biskaya. Als der Lärm langsam nachließ, wußten wir, daß wir aus der Falle entkommen waren. Wir waren frei – aber trotzdem noch die Gefangenen unserer eigenen Hölle. Ein übler Geruch von Treib- und Schmieröl, vermischt mit dem, der von den vielen schwitzenden Körpern und von überfließenden sanitären Kanistern kam, erfüllte die Enge unserer Stahlröhre. Einige der Werftingenieure erbrachen sich in die Bilgen und sanken erschöpft an Deck.

18. August. 3 Uhr. Es war höchste Zeit, den Schnorchel zu benutzen und das Boot durchzulüften. Der Vorgang erlaubte uns, unsere Diesel unter Wasser laufen zu lassen, eine Neuheit, um die ich mich lange bemüht hatte. Der Leitende brachte das Boot auf 14 Meter, ließ den Luftmast aufrichten, dann lenzen. Mit einem langen Seufzer strömte die fri-

sche Seeluft in unsere schwitzende Hülle. Die Trommelfelle knackten scharf unter dem Druckausgleich. Die Diesel begannen zu stottern und saugten in Sekundenschnelle die verbrauchte Luft aus dem Boot. Die technische Leistung war überzeugend: das totale U-Boot war da. Wir waren nicht mehr gezwungen, um Luft und Strom aufzutauchen und unsere Vernichtung herauszufordern. Das Leben in der Tauchröhre war wieder tragbar geworden.

Wir luden unsere erschöpften Batterien in aller Eile auf und trieben getaucht durch die vom Feind beherrschte Biskaya. Wir stoppten unsere Diesel in unregelmäßigen Zeitabständen, um die See ringsum abzuhorchen. Eine außerordentlich wichtige Maßnahme. Sie erlaubte uns, U-Jagdgruppen oder einzelne Zerstörer zu orten, die unseren Standort und Kurs erfaßt hatten und sich im Rhythmus unserer eigenen geräuschvollen Fortbewegung auf unseren verlängerten Generalkurs zu legen versuchten, um uns mit einer tödlichen Ladung Wasserbomben zu empfangen. Blind und mich nur auf den Mann am Horchgerät verlassend, steuerte ich das Boot nur wenige Meter unter der Oberfläche durch die Hölle der Biskaya, die beiden dröhnenden Diesel verrieten jedem Gegner in Horchnähe, daß wir der Blockade um Brest entkommen waren. Unser Schnorchelkopf ragte nur wenige Zentimeter aus der sommerlich trägen See. Mit höchster Aufmerksamkeit schlichen wir nach Süden. Als sich der neue Tag im gläsernen Auge des ausgefahrenen Sehrohrs ankündigte, brach ich die Schnorchelei ab. Das Sehrohr wurde eingefahren, der Schnorchelmast niedergelegt und U-953 auf einer Tiefe von 40 Metern eingesteuert.

Während die Sonne ihre tägliche Bahn vollzog, fuhr U-953 immer tiefer in die Biskaya. Um 12 Uhr änderte ich den Kurs nach Südost. Die lange Unterwasserfahrt ohne Navigationsunterlagen, den Strömungen und Gezeiten ausgesetzt, blind und unfähig, mich zu orientieren, war eine seemännische Herausforderung, die die Seefahrt zuvor nicht gekannt hatte. Während die Besatzung auf entfernte Explosionen horchte oder vor Erschöpfung auf Gefechtsstationen eingenickt war, saß ich über die Seekarte gebeugt an meinem kleinen Pult und kalkulierte meine Chancen, in die Falle von La Rochelle einzudringen. Um Mitternacht streckten wir wieder den Schwimmer und die Spitze des Sehrohrs vorsichtig aus dem Wasser, und unsere lärmenden Diesel verkündeten aller Welt, daß wir noch am Leben waren. Aber keine der tieffliegenden Maschinen ortete unsere Blankteile, die mein Leitender mit größtem Geschick an der Oberfläche tanzen ließ.

Als die vierte Nacht unserer Flucht nach dem Süden zu Ende war und der Morgen des 20. August zögernd über der Biskaya aufging, glaubte ich den südlichsten Punkt unseres Marsches erreicht zu haben. Ich entschied mich, den Anlauf an die Küste zu wagen. Fünf Stunden später, von schwachen, aber hartnäckigen Schraubengeräuschen verfolgt, berührte U-953 auf einer Tiefe von 48 Metern sachte den Grund. Ich ließ das Boot auf Sehrohrtiefe bringen und unterschied bald im Morgendunst eine dünne, dunkle Linie im Osten – Land. Ein sorgfältiger Rundblick. Dort, an der verschwommenen nördlichen Kimm, entdeckte ich Mastspitzen und einige Schornsteinkappen einer Anzahl Zerstörer, die auf der Lauer lagen. Wir hatten die Jäger durch Zufall umsteuert.

13 Uhr 20. Wieder durchbrach das Auge des Sehrohrs das trübe, schlammige Wasser. Die Küste stand plötzlich wie eine Wand vor dem Boot. Wir waren zu nahe an Land, zu nahe für unsere Sicherheit. Um nicht von der Strömung an den Strand gespült zu werden, befahl ich sofort: »Ruder hart Backbord, neuer Kurs 320 Grad.«

Bald darauf sichtete ich den Leuchtturm auf der nördlichen Spitze der Ile d'Oléron. Ein Geschwader von sechs zweimotorigen Maschinen kam im Tiefflug dahergeschossen. Ich zog das Sehrohr schnell ein und ließ sie passieren. Drei Minuten später war die Luft wieder rein. Ich nahm mehrere Peilungen vom Leuchtturm, und Bruns, mein Obersteuermann, koppelte Kurs und Fahrt. Wir entdeckten eine starke Strömung nach Norden. Ich wußte, daß ich das Boot bis zum Einbruch der Nacht, also bis die Dunkelheit mir erlauben würde, aufzutauchen und unter dem Schutze der Nacht in die Bucht von La Rochelle einzudringen, nicht in dieser starken Strömung halten konnte. Das Boot hatte den Punkt erreicht, an dem nur Tage zuvor einige meiner Kameraden versenkt worden waren. Ich ließ mich vom Turm in die Zentrale fallen und begann die Seekarte zu studieren, die alle Einzelheiten des Küstengewässers um die der Einfahrt vorgelagerten Inseln enthielt. Die Ile de Ré auf der Nordseite der Einfahrt hatte eine zweifelhafte Berühmtheit erlangt: die alte Festung St. Martin war einst eine Zwischenstation auf dem Weg in die Verdammnis gewesen. Von hier hatte die französische Regierung ihre hartgesottenen Gewohnheitsverbrecher und politischen Gefangenen zur Teufelsinsel in Französisch-Guayana transportiert.

Ich legte das Boot auf Grund. Der Bug bohrte sich hörbar in den Küstensand. Mit geringer Vorlastigkeit pendelte U-953 kaum merklich in der Strömung. Das Knirschen des Sandes am Druckkörper war im Boot deutlich vernehmbar; das gleiche galt für die Schraubengeräusche der englischen U-Jagdgruppe, die sich in respektabler Entfernung von unserer Küstenverteidigung vor der Einfahrt versammelt hatte. Zwei Stunden nach Sonnenuntergang tauchten wir auf. Die Nacht war undurchdringlich schwarz. Der Leuchtturm, der seine friedensmäßige Feuerung vor Jahren eingestellt hatte, war verschwunden. In der Annahme, daß die Strömung uns nach Norden getrieben hatte, drehte ich den Bug in die Strömung und lief mit leisen E-Maschinen nach Süden. Lautlos, ohne die Aufmerksamkeit der Zerstörer auf mich zu ziehen oder eine der akustischen Minen unterm Kiel detonieren zu lassen, kämpfte das Boot gegen die Strömung an. Sieben Minuten später schob sich der hohe, dünne Leuchtturm verschwommen in mein Nachtglas. Ich erkannte ihn als den gesuchten Turm auf dem Nordende der Ile d'Oléron, schickte einen Strom von Peilungen zu Bruns in den Turm und verließ mich ganz auf sein Können, das Boot durch das enge Fahrwasser in den Hafen von La Rochelle zu navigieren.

»Zeit nach Osten zu drehen – neuer Kurs 115 Grad«, schlug Bruns vor.

»Ruder hart Backbord – neuer Kurs 115 Grad«, befahl ich dem Rudergänger.

Als U-953 geräuschlos dem Land zudrehte, hatte ich das Gefühl, als führen wir geradewegs in den Grund. Dann plötzlich ein Mahlen und Schleifen – ein leichter Stoß –, und das Boot saß tatsächlich im Schlick fest.

»Preßluft auf alle Zellen, beide Maschinen äußerste Kraft zurück«, rief ich sofort.

Das Boot hob sich, und die wilddrehenden Schrauben zogen es aus dem Sand und in tieferes Wasser zurück. Ich mißachtete die Zerstörer und befahl, das Echolot anzustellen und laufend zu loten. Nach einigen Kurven in totaler Finsternis glaubte ich die Fahrrinne gefunden zu haben und verfolgte einen östlichen Kurs, nicht ohne gelegentlich Grund zu berühren. Mit dem Echolot die Kontur des Grundes abtastend, schlichen wir langsam in die Bucht. Der Leuchtturm löste sich achteraus in der Schwärze der Nacht auf. Vier Stunden angestrengten Tastens und Suchens vergingen. Ich war nicht in der Lage, irgendeinen Punkt an Land auszumachen, und begann an der Richtigkeit meiner Maßnahme zu zweifeln. Als der Grund sich stetig und unaufhaltsam unserm Kiel näherte, wurde ich noch argwöhnischer. Dann kam der Augenblick, der uns nicht den geringsten Spielraum mehr ließ. Ich drehte das Boot einige Male im Kreis, traf aber überall auf Grund. Die Dämmerung begann, Nebel rollte heran. In der Absicht, mich in der Strömung zu halten, bis die Sonne die weiße Masse weggebrannt hatte und ich einige Peilungen von Land nehmen konnte, ließ ich Anker werfen.

7 Uhr 40. Der Nebel bedeckte See und Land und ließ nur die höhergelegenen Teile der Küste erkennen. Dann, unvermittelt, hob sich das weiße Tuch, verdunstete, und die Küste erschien rings um uns herum. Das Boot lag wie eine Ente in einem Teich. Ich ließ sofort Anker lichten, verglich die Seekarte mit dem Seehandbuch und den Punkten an Land. Doch dann zerriß eine Explosion in unmittelbarer Nähe die Morgenstille. Eine Fontäne sprang etwa 100 Meter an Backbord in die Bläue der Morgenluft. Der tiefe Knall eines Geschützes folgte. Wir wurden von unserer eigenen Artillerie beschossen.

»Aufforderung von Land. Sie verlangen das Erkennungssignal«, meldete der erste Seemannsmaat.

»Nimm den Scheinwerfer, und raus mit dem E. S. Gib ihnen auch unsere Bootsnummer und sag' ihnen, sie sollen den Stützpunkt benachrichtigen, daß wir um 23 Uhr am Aufnahmepunkt sein werden.«

Die Tatsache war eindeutig – ich war in die verkehrte Bucht eingelaufen. Da ich nicht die Absicht hatte, mich wie eine sitzende Ente aus der Luft abschießen zu lassen, befahl ich dem L.I., sofort zu tauchen. Mit einem leichten Aufschlag legte sich das Boot in den weichen Schlick. Nur zwei Meter des grauen, sandigen Wassers bedeckten die Oberkante der Brücke – und die Flut hatte eben ihren Höchststand erreicht! Mein Versprechen, vor Mitternacht im Hafen zu sein, war mehr als optimistisch.

Es war nicht zu leugnen: ich hatte in der Nacht den Leuchtturm am Nordende der Ile de Ré irrtümlich für den Leuchtturm an der Nordspitze der Ile d'Oléron gehalten. Da ich am Vortag mit Sicherheit den richtigen Leuchtturm ausgemacht hatte, schloß ich, daß wir von der starken Strömung um die unwahrscheinliche Strecke von 17 Seemeilen nach Norden abgetrieben worden waren. Dabei hatten wir, ohne es zu ahnen, die minenverseuchte Einfahrt von La Rochelle passiert, wo drei unserer Boote in der vergangenen Woche zerstört worden waren. Weil sich unbefeuerte Leuchttürme in der Nacht nicht voneinander unterscheiden lassen, hatte ich keinen Grund, an meiner Annahme zu zweifeln; ich hatte meine Peilungen vom falschen Leuchtturm genommen und war in die Bucht von Pontius Bretin eingelaufen. Die Einfahrt in diese Bucht hat die gleichen charakteristischen Merkmale wie jene, die in den Hafen von La Rochelle führt.

Ich zwängte mich in den Sitz des Angriffssehrohrs und ließ das gläserne Auge nur Zentimeter über die Oberfläche schauen. Ich war dazu verdammt, das stete Fallen des Wassers zu beobachten, das uns schließlich freigeben und dem Angriff aus der Luft aussetzen würde.

Ich fragte mich, wie lange es mir wohl erlaubt sein würde, Bucht und Landschaft durchs Sehrohr zu beobachten, bevor die angriffslustigen Bomber uns als Zielscheibe benutzten. Draußen, nahe dem Leuchtturm von Ile de Ré kämmten drei Maschinen die Oberfläche ab; gleichzeitig hoben sich die Brückenaufbauten langsam aus der silberigen Fläche der Bucht. Mit schweißbedecktem Gesicht beobachtete ich, wie der Wasserstand Zentimeter um Zentimeter fiel und immer mehr vom Turm sichtbar werden ließ. Endlich, um 14 Uhr, war Niedrigwasser. Bald begann das Wasser zu steigen, Millimeter, Zentimeter. Ich war von den britischen Maschinen, die draußen auf See hochmütig ihre Kreise zogen, derart hypnotisiert, daß ich nicht bemerkte, wie das Wasser wieder die Brücke umschloß. Ich erwachte aus meiner Trance, als das Auge des Sehrohrs umspült wurde und dann unter der Oberfläche verschwand. Erleichtert wischte ich den Schweiß von Stirn und Nacken und ließ mich auf die Flurplatten der Zentrale fallen. Für den Rest des Nachmittags spielte ich mit dem Leitenden und den Zentralemaaten Skat, immer darauf gefaßt, daß eine der Bienen den Schatten des Bootes in dem seichten Wasser entdeckte und unserem Leben mit einer wohlgezielten Ladung ein Ende bereitete.

21 Uhr 30. U-953 löste sich vom Grund und tauchte auf. Wieder war die Nacht mondlos. Wir jagten mit donnernden Dieseln aus der unfreundlichen Bucht, passierten den Leuchtturm, rasten eine halbe Meile seewärts, drehten nach Süden und hämmerten parallel zum Strand der Ile de Ré der Einfahrt in den Hafen von La Rochelle entgegen. Die Schatten der Zerstörer folgten uns, verwirrt über unser rücksichtsloses Auftauchen. Nach einer scheinbar endlosen Stunde, von Ortungen und schattenhaften Silhouetten verfolgt, erreichten wir die tiefe Fahrrinne zwischen den beiden Inseln. Ich stoppte sofort die Diesel und schaltete auf E-Maschinen um.

Bald erspähten wir die Silhouette eines kleinen Minenräumboots. Ein gegenseitiges Austauschen des Erkennungssignals – und das Boot eilte mit rasselndem Suchgerät in Richtung Hafen zurück. Sechs Minen explodierten nacheinander in unmittelbarer Nähe des Fahrzeugs und brachten die letzten Männer aus unserem Boot an Deck.

Um 2 Uhr 30, am Dienstag, dem 22. August, glitt U-953 in einen Liegeplatz im Bunker von La Pallice. Es war eines der wenigen Boote, dem die Verlagerung in den südlichen Stützpunkt gelungen war.

Der aromatische Duft von Bohnenkaffee und das leise Huschen der Backschafter, die den Kaffee durch den blockierten Mittelgang reichten, weckten mich. Ich schob den grünen Vorhang zur Seite und drehte die kleine Kopflampe an. Bald von dem starken Gebräu erfrischt, verließ ich Boot und Bunker, um meine Ankunft dem Chef der 3. U-Bootflottille mitzuteilen. Ich sah nur zwei alte Boote verrostet und mit beschädigten Türmen im Bunker liegen. Die Zeichen der Verödung waren überall deutlich sichtbar. Ich erreichte das Ende des kühlen, dunklen Bunkers und trat in die schwüle Morgenluft. Eine kurze Fahrt mit einem Citroën brachte mich schnell in die mittelalterliche Stadt La Rochelle. Der Wagen hielt vor einem zweistöckigen Gebäude in der Innenstadt. Bewaffnete Posten begleiteten mich zum Büro des Flottillenchefs.

Ein mittelgroßer Offizier in einer ausgewaschenen Khaki-Uniform erhob sich hinter seinem Schreibtisch. »Habe Sie bereits erwartet. Weiß auch von Ihrer seltsamen Ankunft. Wir sind das ganze Wochenende über geöffnet, Sie brauchten nicht bis heute zu warten, um einzulaufen. Sie hatten Glück, daß unsere Artillerie Ihr Signal verstanden hat. Sie verstehen es gewöhnlich nicht. Haben Befehl, auf alles zu schießen, was Land ansteuert. Die dachten erst, ein englisches U-Boot sei im Begriff, Saboteure abzusetzen. Sie sehen, wir sind gut auf eine Landung vorbereitet.«

»Erwarten Sie eine Landung, Herr Kapitän?«

»Natürlich. Die Alliierten werden wahrscheinlich versuchen, von See aus anzugreifen. Aber unsere Geschütze werden ihnen den Spaß schnell verderben. Wir haben einige Vorteile gegenüber Brest und Lorient. «

Mit kurzen Worten beschrieb er die Anstrengungen aller Wehrmachtsteile, die Verteidigung der Stadt auszubauen. Unsere Front an der Biskaya-Küste fiel langsam weiter zurück, und die Marineverteidigung von La Rochelle erwartete einen großen Zustrom von schwerer Artillerie, Panzern und Infanterie, die die Seeleute von ihren unvertrauten Landpflichten ablösen sollten.

Der Chef riet mir dringend, meine Riesenfracht – die überflüssigen Leute von U-415, die Ingenieure und Techniker – sofort zum Adjutanten zu schicken. Dieser würde für ihren Weitertransport nach Deutschland sorgen. Alle Geräte und Apparate, die wir dem Zugriff der Alliierten entrissen hatten, sollten auf Lkws verladen und ohne weitere Verzögerung in die deutschen Häfen transportiert werden.

»Ihr Boot muß am Wochenende für eine neue Unternehmung seeklar sein. Vier Tage Liegezeit ist alles, was ich Ihnen bewilligen kann«, schloß der Flottillenchef seine Rede.

»Herr Kapitän, ich benötige mehr Zeit als vier Tage«, entgegnete ich überrascht. »Meine Batterien und Diesel hätten vor Monaten ausgewechselt werden sollen. Man hat mir in Brest versichert, daß ich hier in La Pallice neue Batterien bekommen würde. Ich habe den Weg hierher hauptsächlich aus diesem Grund gemacht. Die Kapazität der alten Batterien ist weit unter das Maß des Erlaubten gesunken.«

»Es tut mir sehr leid, aber Sie sind nicht richtig informiert«, sagte er mit Nachdruck. »Wir haben keine Ersatzteile, keine Vorräte irgendwelcher Art. Es tut mir wahrhaftig leid, aber Sie müssen mit dem Auswechseln der Batterien und Diesel warten, bis Sie nach Norwegen kommen.«

Ich würgte meinen Ärger hinunter und meldete mich ab. In dem Zustand, in dem sich das Boot befand, würde eine Reise nach Norwegen eher auf dem Boden des Atlantik, als in einem norwegischen Fjord enden. Und in vier Arbeitstagen konnten wir nicht einmal die allernotwendigsten Reparaturen ausführen, die für die Sicherheit des Bootes notwendig waren. Die kurze Fahrt von Brest nach La Pallice hatte bereits zahllose Mängel aufgedeckt; sie würden sich zweifellos noch gefährlich vermehren, je länger sie nicht behandelt oder abgestellt wurden.

Nach meiner Rückkehr zum Bunker, zum Boot und der Besatzung begann ich sofort, meine lange Unternehmung nach dem kalten Norden vorzubereiten. Ich informierte meine neuen Offiziere über den Blitztermin. Ich entdeckte überdies, daß das deutsche Werftpersonal nahezu vollständig geflohen war und die französischen Werftarbeiter sich in alle Winde zerstreut hatten, um dem aufziehenden Unheil zu entrinnen. Ich befahl deshalb die gesamte Besatzung an die Arbeit, um U-953 zum festgesetzten Termin einsatzbereit zu haben. Eine emsige Tätigkeit entwickelte sich an Bord und an der Pier, an der unser Boot vorübergehend Zuflucht gefunden hatte. Die sperrige Ladung, die unsere Bootsroutine so nachteilig beeinflußt hatte, wurde ans Tageslicht befördert und auf Lastkraftwagen verladen. Die Fahrer standen ungeduldig und nervös neben ihren Fahrzeugen; sie brannten sichtlich darauf, sich nach Osten abzusetzen.

Die Lage im Hafen spiegelte die Verwirrung wider, die sich über das französische Hinterland verbreitet hatte. Die Alliierten, die mit starken motorisierten Einheiten in alle Richtungen vorstießen, hatten während unserer Überführungsfahrt beträchtliche Fortschritte erzielt. In der Bretagne hatten amerikanische Einheiten die Stadt Nantes überrannt und marschierten mit großer Geschwindigkeit entlang der Küste nach Süden. Paris war am 24. August, zur Freude der französischen Bevölkerung, in alliierte Hände gefallen. An der Cote d'Azur hatten die Angreifer Toulon eingenommen, Marseille erobert und damit unsere Widerstandszentren im Süden Frankreichs zerschlagen. Überall im den deutschbesetzten Gebieten gewannen Saboteure und Gruppen der französischen Untergrundbewegungen an Stärke. Von anglo-amerikanischem Nachschub aus der Luft unterstützt und ausgerüstet, schnitten sie unsere Verteidigungs- und Nachschublinien ab und überfielen unsere Rückzugsstraßen im Hinterland. Schienenstränge und Straßen wurden die Ziele alliierten Bombengeschwader. Jagdflugzeuge beschossen die langen Kolonnen, die aus den westlichen Häfen strömten, mit ihren Bordwaffen. Tausende von Männern, ungeschult im Landkampf – Seeleute und Zivilisten, Techniker und Schreibstubenpersonal, Werftangestellte und Arbeiter – konnten sich gegen die Überfälle aus dem Hinterhalt und aus der Luft nicht wehren und wurden in Massen zusammengeschossen. Manche Marschgruppe schmolz zu einer erbärmlichen Handvoll von Flüchtlingen zusammen, die schließlich ihren Weg nach Deutschland durch Wälder und Felder erzwang und sich von dem ernährte, was die Natur hergab.

Fünfundzwanzigtausend Männern gelang es, aus La Rochelle und den südlicheren Häfen während dieser Tage allgemeinen Rückzugs auszubrechen. Darunter waren meine Leute von U-415, zusammen mit Hunderten von Seeleuten anderer Boote, die nicht mehr seeklar gemacht werden konnten. In Lorient und Bordeaux versenkten die Besatzungen von U-123, U-129, U-178 und U-188 ihre ruhmreichen, alten Boote, bevor sie den Marsch ins Elend antraten. Ihre Flucht durch das feindliche Frankreich führte sie durch eine Hölle von Erniedrigung und Verderben. Nur wenige erreichten die deutsche Grenze. Die übrigen endeten entweder tot und verstümmelt in den Straßengräben Frankreichs oder hinter Stacheldraht.

Auch in La Rochelle kam die U-Boot-Tragödie zu einem Ende – wenn auch etwas verspätet. U-260 lief Ende August mit dem Ziel aus, ebenfalls nach Norwegen zu gehen. Es war eines der wenigen Boote, denen der Durchbruch durch die Blockade gelang und die Norwegen erreichten. Es ging später in einem Minenfeld nahe der südirischen Küste verloren. Nach dem Auslaufen von U-260 war mein Boot eines der beiden, die noch in dem Betongewölbe von La Pallice lagen. Zur Blütezeit unserer Macht zur See hatte der Bunker bis zu 40 Booten Sicherheit geboten. Seit Beginn der Invasion waren 66 Boote versenkt worden, nahezu das gesamte einsatzbereite Kontingent; eine unfaßbar hohe Verlustziffer, wenn man sie den 200 000 Tonnen feindlichen Schiffsraums gegenüberstellt, die unsere Boote im gleichen Zeitraum dem Gegner abgerungen hatten. Die Alliierten hatten ihre U-Bootjagd so hervorragend ausgebaut und ihre Abwehr so wirksam zusammengefaßt, daß nahezu siebzig Prozent der Schnorchelboote, die im Kanal eingesetzt worden waren, zerschlagen und zerbombt wurden. Während der entscheidenden Tage im August wurde die britische Abwehr entlang der Geleitzugrouten im Nordkanal und in der Irischen See von unserer Führung als schwach bezeichnet. Aber auch hier kamen nur wenige Boote, die ausgesandt waren, um diese Schwäche auszunutzen, mit dem Leben davon.

Nach der Vernichtung von über neunzig Prozent unserer Atlantikboote und mit dem Verlust der Biskaya-Häfen als U-Bootstützpunkte, war unsere Führung gezwungen, den U-Bootkrieg im Kanal aufzugeben. Der letzte Akt der Tragödie sollte in den nördlicheren Seegebieten gespielt werden – und mein Boot lag noch in La Rochelle.

Ich erkannte, daß Frankreich für uns umwiderruflich verloren war und wir nur noch wenige Tage hatten, unseren Sold zu verschwenden, und erlaubte deshalb meinen Männern am Sonnabendnachmittag eine dreistündige Einkaufstour in den Läden der Innenstadt von La Rochelle. Auch meine Taschen waren voll wertloser Francs, ich fand aber nur wenig, das meinem Geschmack entsprach. Schließlich reichte ich mein Bündel französischer Banknoten der Inhaberin einer Boutique als Entgelt für eine farbenfreudige Hausjacke für meine Mutter und Seidenstrümpfe für meine Schwester. Die Männer kehrten pünktlich vor Einbruch der Dunkelheit in ihre Quartiere zurück, denn ihre Sicherheit konnte nach Dunkelwerden nicht mehr garantiert werden. An jenem Morgen hatte man zwei Marineoffiziere tot im Rinnstein einer Gasse in La Rochelle aufgefunden – halbnackt, die Kehlen zerschlitzt und die Geschlechtsteile abgeschnitten.

U-953 war natürlich zum festgesetzten Termin am Wochenende nicht seeklar. Meine Leute arbeiteten am Sonntag und am Montag, um die wichtigsten Reparaturen zu beenden. Erst am Dienstagabend, am 29. August, erklärte der L.I. das Boot für seetüchtig – mit gewissen Einschränkungen, wie er betonte. Ich legte daraufhin das Auslaufen für die Nacht vom Mittwoch zum Donnerstag fest.

Um 10 Uhr am 30. August betrat ich wieder das Büro des Chefs der 3. U-Boot-Flottille und meldete U-953 klar zum Auslaufen. Er nahm meine Meldung lässig entgegen und wünschte mir eine gute Reise. Dann teilte er mir mit, daß der FdU West, Kapitän Rösing, mich in seine Villa befohlen hätte. Ich fragte mich, was Rösing mir noch so Wichtiges zu sagen haben würde. Seine wirkliche Funktion war mir nie ganz klar geworden, denn der taktische Einsatz der Boote wurde von Dönitz selbst geführt. Ich sprang in den wartenden Wagen und raste mit dem Flottillenchef und zwei schwerbewaffneten Seeleuten durch die aufgeregte Stadt. Minuten später hielten wir vor einer stattlichen Villa. Überall gab es Zeichen einer hastigen Abreise – einer Flucht. Rösing war gerade dabei, der Belagerung der Stadt mittels Flugzeug zu entgehen. Marinesoldaten verbrannten Berge von Dokumenten auf dem Rasen, andere luden Büromaschinen und Aktenschränke auf Lastkraftwagen. Ich wurde in das elegante Zimmer des FdU geführt.

Der Kapitän, in blütenweißer Flanellhose, packte seine Tennisbälle und Schläger in einen Koffer und begann dann in seiner abgehackten Weise zu sprechen: »Hatte Zeit, Ihr Kriegstagebuch durchzublättern. Ich sehe, Sie manövrieren gut in Küstengewässern. Ist das Ihre Spezialität? Mir scheint auch, Sie haben keine Schwierigkeiten, Blockaden zu durchbrechen.«

»Herr Kapitän, es kommt darauf an, von welchem Standpunkt man die Sache sieht«, antwortete ich leicht verstimmt. Ich erinnerte mich mit gewissem Unbehagen an seine letzte Konferenz mit uns Anti-Invasions-Todeskandidaten. Denn er war es gewesen, der uns Kommandanten den Rammbefehl gegeben hatte. Auch bedeutete das Kompliment sehr wenig; es kam von einem Mann, der seine U-Boot-Fahrenszeit ersichtlichermaßen längst vergessen hatte.

»Nun gut«, fuhr der FdU fort, »wir werden Ihnen diesmal eine harte Nuß zu knacken geben.« Dabei entfaltete er eine Seekarte und den Plan der Führung für meine nächste Unternehmung. Mein Operationsgebiet war der Nordkanal, das gefährliche Seegebiet zwischen der nordirischen Küste und den angrenzenden Minenfeldern westlich Schottland und südlich der Hebriden. Einzelheiten des Einsatzbefehls würden per Funkspruch folgen. Er übergab mir einige Unterlagen, die die Minensperren betrafen, und gab mir gute Ratschläge für den Ausbruch aus La Rochelle und meine Fahrt ins Operationsgebiet. Dann sagte er kurz: »Haben Sie noch eine Frage?«

Da ich über meine Taktik meine eigenen Gedanken hatte, antwortete ich einfach: »Keine Fragen, Herr Kapitän.«

Der Gruß des FdU beendete das eigenartige Treffen. Ich eilte zu dem wartenden Citroën, jagte an bewaffneten Kolonnen vorbei zum Stützpunkt, packte meine wenigen Sachen und stieg wieder in das bereitstehende Auto. Auf meinem Weg nach La Pallice und zum Bunker sah ich Panzer, motorisierte Einheiten und schwere Artillerie durch die Stadt strömen und offensichtlich ihre Verteidigungsstellungen einnehmen. Von weither dröhnte der tiefe, grollende Donner der näherkommenden Schlacht. In einer knappen Woche war La Rochelle von einer schlafenden, mittelalterlichen Stadt in eine starke Festung verwandelt worden, die entschlossen war, entscheidenden Widerstand zu leisten.

In La Pallice hielt ich vor dem Eingang zum Bunker kurz an und hob mein Gesicht zum Himmel und zur Sonne. Ich genoß den Augenblick mit dem Bewußtsein, daß ich von der kommenden Nacht an viele Wochen in Dunkelheit und Verborgenheit leben würde und die Sonne nicht zu sehen bekäme, bis ich nach einer Unterwasserreise von über 2000 Seemeilen wieder auftauchen würde, nachdem der Sommer längst vergangen und der Herbst oder sogar der Winter eingekehrt war.

Als ich auf der Pier ankam, war ich von dem Anblick der Körbe mit frischem Gemüse, die an Oberdeck meines Bootes standen, seltsam berührt. Für einen Augenblick schien es, als hätte sich seit den Tagen unseres Ruhms, als ich meinen Dienst auf U-Booten antrat, nichts geändert. Natürlich war nichts mehr wie früher. Wie unsere großen Siege an Land war auch unsere einst stolze Flotte von einigen hundert U-Booten eine Sache der Vergangenheit. Über 600 Boote lagen bereits zerhackt und zerbombt auf den Friedhöfen der Meere. Aber U-953 würde nicht kampflos sterben.

Mein I.W.O., der die Übernahme und Verstauung des Proviants überwachte, kam auf mich zu und nickte wortlos zu meiner Entscheidung: »Wir verlassen diese Falle eine Stunde nach Mitternacht – ohne Begleitfahrzeug. Behalten Sie das bitte für sich. Und keine Musterung an Oberdeck.«

»Soll ich die Artillerie benachrichtigen, die Küstenbatterien?«

»Nicht nötig. Ich möchte nicht, daß irgend jemand von unserem Auslaufen erfährt. Die Tommies haben ihre Ohren überall. Ich nehme das Risiko auf mich, beschossen zu werden«, antwortete ich und ließ mich in die Zentrale hinunter.

Um 20 Uhr 30, nach dem Abendessen, wurden die Lichter gelöscht. Ich schloß den grünen Vorhang vor meiner Nische und streckte mich auf der Ledermatratze aus. Die Last der Verantwortung, der Druck der Ungewißheit ergriffen mich wie eine kalte Faust. Mit dem Auslaufen von U-953 – dem Verschwinden eines der letzten U-Boote aus unserem letzten funktionierenden Hafen an der Biskaya-Küste – kam die Schlacht im Atlantik zu einem bitteren, herausfordernden Ende.

7

31. August, 1 Uhr. Ich studierte die Seekarten im trüben Licht der Zentrale und war so in meine Gedanken vertieft, daß ich überrascht war, die gedämpfte Stimme des I.W.O. zu hören: »Boot ist auslaufklar – die Besatzung ist auf Gefechtsstationen.«

»Danke, I.W.O. Schließen Sie alle Schotten und lassen Sie die Leute Schwimmwesten anlegen. Und nur zwei oder drei Mann unter Deck, wenn wir den verminten Hafen durchqueren.«

Die wasserdichten Schotten klickten, und die Besatzung schlüpfte in die aufblasbaren, gelben Jacken. Ich zog meine Lammfelljacke über, folgte dem letzten Mann auf die Brücke und befahl: »Alle Leinen los – beide E-Maschinen langsame Fahrt zurück – Ruder mittschiffs.«

Das Boot klarierte die vorderen Tiefenruder, trennte sich von der Pier und glitt, Heck voraus, aus dem Betonbunker und in eine dunkle Nacht. Nicht eine Seele hatte unseren heimlichen Ausbruch bemerkt.

»Beide Maschinen stop – beide Maschinen kleine Fahrt voraus – Ruder Backbord 20 – neuer Kurs 280 Grad.«

Ich steuerte das Boot in das Fahrwasser zwischen den beiden dem Festland vorgelagerten Inseln Ile de Ré und Ile d'Oléron. Zum letztenmal blickte ich auf die schattenhaften Umrisse der Stadt La Rochelle, die bald das Schicksal von Brest teilen würde. Das schlanke Boot fuhr geräuschlos durch die schwarzen Gewässer der Bucht. Eine dicke Wolkenschicht verdeckte die Sterne; die Nacht war geisterhaft dunkel. Einer der letzten Wölfe verließ sein Lager. Bitternis überkam mich, als U-953 die Küste aufgab, von der aus wir unsere Flagge über die sieben Weltmeere getragen hatten.

Irgendwie hatte ich das Gefühl, daß alle unsere Siege und großen Opfer vergebens waren.

Als der schwache Streifen Land achteraus langsam zusammenschrumpfte und die Bucht in das Meer überging, erreichte die Flut ihren Höchststand. Der schlanke Turm des Leuchtfeuers auf der Nordspitze der Ile d'Oléron Backbord voraus zeigte uns den Weg in den bläulichen, nächtlichen Dunst. »Schatten an Steuerbord – Zerstörer in 40 Grad.«

Sechs feindliche Fahrzeuge, nur verschwommene Silhouetten an der Kimm, lagen scheinbar regungslos. Alles blieb ruhig. Die Luft, die See, selbst das Boot machten nicht das geringste Geräusch. U-953 schlich, von den E-Maschinen sachte angetrieben, mit dem auslaufenden Ebbstrom in die See. Keine Ortung. Kein Schuß. Selbst unsere eigene Artillerie hatte uns nicht entdeckt.

Der schattenhafte Umriß des Leuchtturms wanderte nach Backbord 120 Grad. Ich ging auf Südkurs, schwenkte geräuschlos mit langsamen Umdrehungen aus dem Fahrwasser und benutzte den niedrigen Streifen der Insel in unserem Rücken als Deckung für unseren Ausbruch. Nachdem der Leuchtturm außer Sicht gekommen war, schaltete ich auf Diesel um. Die abgenutzten Maschinen fingen an zu stottern und qualmten lange. U-953 gewann schnell Fahrt. In unmittelbarer Nähe der Küste fuhren wir zehn Seemeilen nach Süden, immer bereit, von einem überlegenen Gegner überrascht zu werden. Doch wie ich erwartet hatte, zogen sich die Wachhunde mit dem ersten Zeichen eines neuen Tages vor den Rohren unserer Küstenbatterien an den westlichen Horizont zurück. Ich drehte das Boot in die offene See. Und als die Sterne von der Morgenröte ausgelöscht wurden, verschwand U-953 von der Oberfläche. Es wurde nie wieder an der Biskaya-Küste gesehen.

Nach Sonnenuntergang an unserem zweiten Tag auf See kam ein schwerer Sturm auf. Harte Böen fegten hohe Wellen über unseren Schnorchelkopf, schnitten die Luftzufuhr ab und verursachten eine Luftleere im Boot, die uns den Atem raubte, die Trommelfelle platzen und unsere Köpfe nahezu explodieren ließ. Aber trotz des wütenden Sturms fühlte ich mich halbwegs sicher. Das Boot, von einer vierzehn Meter hohen Wassersäule beschützt, Sehrohr und Schnorchelkopf von schäumenden Wellen überrollt, konnte von der gegnerischen Funkmeßortung nicht erfaßt werden. Es war lange her, daß ich mich in der Biskaya so sicher gefühlt hatte. Und die unangenehmen Begleiterscheinungen der Schnorchelroutine wurden durch die raffinierte Eleganz ausgeglichen, mit der wir uns vor den Flugzeugen versteckten.

Während dieser Stunden heimlicher Aktivität und höchster Wachsamkeit nur wenige Meter unter der Oberfläche waren unsere Funker damit beschäftigt, Signale der Führung an die wenigen Wölfe, die bisher der Vernichtung entgangen waren, zu entziffern. Unter den Nachrichten, die mich in der Zentrale erreichten, war auch eine genaue Anweisung bezüglich meines neuen Einsatzes. U-953 wurde angewiesen, zusammen mit U-484, U-743 und U-925 einen Vorpostenstreifen westlich des Eingangs zum Nordkanal zu errichten. U-953 sollte in einem fächerförmigen Sektor die südlichste Position einnehmen.

Nach der üblichen Sendung der Funksprüche taktischen Inhalts gab die Führung die letzten Wehrmachtsberichte aus. Sie unterrichteten uns von den wütenden Schlachten und schweren Verlusten im westlichen und südlichen Frankreich. Die Engländer hatten einen dramatischen Vorstoß bis nach Belgien erzwungen; die Amerikaner hatten eine

Linie, die von Namur bis nach Orleans führte, erreicht. Wir hörten auch, daß französisch-englische Einheiten durch das Rhônetal nach Norden vorstießen und daß sowjetische Armeen unsere östlichen Provinzen zu überrennen drohten.

Andere Meldungen berichteten von Luftangriffen, die unsere Städte einebneten und in Verbrennungsöfen verwandelten. Es gab nicht eine einzige ermutigende Nachricht, nicht ein hoffnungsvolles Wort, nicht die geringste Andeutung einer Wendung unseres niedergehenden Kriegsglücks. In der Nacht zum 10. September begann unsere ununterbrochene Serie von Ausfällen. Ein Kabelbrand in der Zentrale brachte uns nahezu an den Rand der Vernichtung. Nur dem schnellen Zugriff des Leitenden, der die Flammen mit seinen behandschuhten Händen erstickte, war es zu verdanken, daß uns ein Auftauchen erspart blieb.

U-953 verfolgte einen nordwestlichen Kurs quer durch die weite Fläche der Biskaya. Starke Herbststürme türmten Wasserberge auf und machten den Gebrauch des Schnorchels fast unmöglich. Während der frühen Morgenstunden des 11. September, kurz nachdem wir den 8. Längengrad West überschritten hatten, fiel unsere Hauptlenzpumpe aus. Ihr Zusammenbruch war mit größter Gefahr verbunden. Sie war die einzige Pumpe mit genügender Kapazität, um in plötzlichen Gefahrenlagen das Boot vor dem Absaufen zu bewahren. Berger, Maschinist und Mädchen für alles, nahm die Pumpe auseinander und arbeitete über einen Tag, bis er sie wieder zusammensetzen konnte.

Nicht lange nach Mitternacht am 13. September empfingen unsere Funker wie üblich den Wehrmachtsbericht. Aber diesmal enthielten die alarmierenden Nachrichten des Oberkommandos der Marine eine persönliche Mitteilung. Was ich immer befürchtet hatte, war eingetroffen: Darmstadt der neue Wohnsitz meiner Eltern, war in der vorletzten Nacht das Ziel eines schweren Luftangriffs gewesen. Nach dem Wehrmachtsbericht hatte der Angriff die Innenstadt zerstört. Zehntausende waren in den Flammen umgekommen, Tausende waren obdachlos geworden. Meine Eltern die gegen meinen Rat in das Zentrum der Stadt gezogen waren, hatten wahrscheinlich wieder alles verloren, es sei denn ... Ich zögerte, weiterzudenken. Ich konnte nur hoffen, daß sie in einem der öffentlichen Luftschutzbunker Schutz gefunden hatten.

Am nächsten Tag setzte ich U-953 auf einen nordwestlichen Kurs entlang der 200-Meter-Linie, entlang der Kante des Festlandsockels. Seit unserem Auslaufen aus La Rochelle war unsere Reise vom Feind ungestört verlaufen. Ohne Zweifel verdankten wir unser Leben dem

Schnorchel, wie dessen Fehlen Hunderten von U-Booten den Tod gebracht hatte.

16. September. Vierzig Minuten nach Mitternacht stoppte plötzlich der Steuerbord-Diesel. Die Ausfälle begannen mich zu verfolgen. Der Leitende fing das Boot ab, eilte in den Dieselraum, während ich das Boot auf dreizehn Metern einsteuerte. Als der L.I. von achtern zurückkehrte, verriet sein verzerrtes Gesicht seine Gedanken. »Zum Teufel mit diesem alten Gerümpel«, zischte er durch die Zähne, »Dieselstopfbuchse ist ...« Ein plötzliches Vakuum hinderte ihn, weiterzusprechen. Der Schwimmer des Schnorchels klemmte in geschlossener Lage, vom Wellenschlag festgerammt. Die Luftzufuhr war unterbrochen, der Backbord-Diesel saugte in Sekundenschnelle die Luft aus dem Boot. Bevor der Diesel abgestellt werden konnte, verdünnte sich die Luft zu einem undurchsichtigen Nebel. Plötzliche Atemnot. Die Befehle des L.I. erstarben in der dünnen Luft. Mit hervortretenden Augen rangen die Männer nach Sauerstoff. Der L.I. ließ das Boot auf größere Tiefe durchsacken, in der Hoffnung, den Schwimmer lösen zu können. Vergeblich. Der gewaltige Unterdruck im Boot, der Mangel an Sauerstoff ließ unsere Kräfte schnell erlahmen. Der L I, wild gestikulierend, gab seinen Leuten Zeichen, den Schnorchelmast niederbiegen. Diese Maßnahme mochte den Schwimmer lösen. Mit letzter Kraft erhoben sich die Leute, drehten, der Ohnmacht nahe, an den Handrädern, betätigten die Winde, legten den Mast an Oberdeck und richteten ihn wieder auf. Qualvolle Minuten verstrichen. Alles röchelte, rang nach Luft. Dann hoben die E-Maschinen das Boot wieder auf Schnorcheltiefe. Das Seewasser im Luftmast rauschte in die Zentralebilge – und endlich löste sich der Schwimmer mit einem dumpfen Schlag, und frische Seeluft rauschte wie ein Wirbelwind ins Boot. Die Trommelfelle knackten und rissen beim plötzlichen Druckausgleich. Die Männer gingen in die Knie, fielen auf die Flurplatten und wälzten sich vor Schmerzen.

Wir nahmen das Schnorcheln mit einem Diesel wieder auf, und die Leute in der Maschine begannen die schwere Aufgabe, den Steuerbord-Diesel auseinanderzunehmen und unter Wasser zu reparieren.

Maschinenausfälle aller Art verfolgten das Boot unablässig. Rohre platzten, elektrische Leitungen fielen aus und brachten das Boot in dauernde Gefahr. Kurzschlüsse durchzuckten das Boot wie der Spuk in einem Gespensterhaus. Dann kam die Nacht zum 17. September. Die See ging hoch, von orkanartigen Winden gepeitscht. Das Schnorcheln mit nur einem betriebsklaren Diesel war ein Alptraum. Es erforderte stahlharte Nerven und größte Geschicklichkeit, um das Boot auf Tiefe zu halten. Der Leitende versuchte seit Stunden, die Batterien vollzuladen. Doch seine Maßnahmen wurden durch die wilde See und den fortwährend klemmenden Schwimmer stark beeinträchtigt. Dann, ohne Warnung, sackte das Boot plötzlich ab. Ein Schrei aus dem Dieselraum: »Wassereinbruch!«

Das Geräusch einbrechenden Wassers elektrisierte alle Männer im Bruchteil einer Sekunde. Das Boot wurde sofort achterlastig und glitt, Heck voraus, in die Tiefe. Mit Preßluft in den achteren Tauchzellen, den E-Maschinen auf Höchsttouren und den Tiefenrudern in harten Lagen gelang es dem L.I., das Boot auf 285 Metern abzufangen und es nach einigen gewaltigen, jähen Sinuskurven auf ebenen Kiel zu legen. Die Lenzpumpen summten, und jeder schaute in die verwunderten Augen des andern. Was war geschehen?

Der Wassereinbruch war ein Rätsel. Das Leck war irgendwo im Zuluftmast. Gemessen an den Wassermassen, die durch den Zuluftschacht ins Boot eingedrungen waren, mußte das Leck im Mast gewaltig sein. Wir hatten etwa 20 Tonnen Wasser in der Dieselbilge und fünf Tonnen im Zuluftmast. Ich wagte nicht daran zu denken, daß das Ende unserer Schnorchelei gekommen war. Während ich mit dem L.I. die Ursache des Wassereinbruchs zu ergründen suchte, wurden die Bilgen gelenzt, das Boot wieder auf Schnorcheltiefe eingesteuert und bei höchster Alarmbereitschaft die Ventile geöffnet. Aber anstatt der erwarteten Luft rauschten wieder Tonnen von Seewasser durch den Luftschacht ins Boot und zwangen es abermals in die Tiefe.

Es gab keinen Zweifel, der Schnorchelmast war ausgefallen. Unsere Lage war hoffnungslos. Das einzige Mittel, das uns vor der Vernichtung aus der Luft bewahrte, war zusammengebrochen. Das Schicksal ließ uns damit nur zwei Möglichkeiten offen: Unterwasserfahrt mit E-Maschinen bis Strom und Luft ausgegangen waren und das Boot als ein stiller Sarg sich auf den Grund legen würde – oder hinauf an die Oberfläche, wo wir zumindest kämpfend sterben würden. Ich wählte die Oberfläche. Hier hatten wir eine, wenn auch sehr geringe Chance, die irische Küste zu erreichen, wo ich hoffte, das Boot hinter den Klippen verstecken und die Schäden reparieren zu können.

Ich legte U-953 auf Ostkurs und ließ auftauchen. Mächtige Wellen ergriffen sofort das langsame Boot. Die Nacht war schwarz wie Pech. Regen peitschte mir ins Gesicht. Der Sturm heulte in allen Oktaven. Die Männer sprangen an ihre Kanonen und hakten sich fest. Zwei Leute aus der Maschine lösten die Deckplatten vom oberen Zigarettendeck und verschwanden in dem Raum zwischen Aufbauten und Druckkörper. Würde es ihnen in dieser schweren See möglich sein, das Leck zu finden? Der Backbord-Diesel stöhnte, und das Boot begann vor dem Wind und der See Fahrt aufzunehmen. Von gewaltigen Wellen fortgetragen, von krachenden Brechern ständig überrollt und von brausenden Regenkaskaden eingehüllt, lief U-953 rollend und stampfend nach Osten. Es war eine abscheuliche Nacht, eine Nacht, in der die Zerstörer Schutz im sicheren Hafen suchten und Flugzeuge in ihren Hangars blieben.

Da das Wetter uns günstig gesinnt war, verlängerte ich das Rennen an die Küste, und es gelang uns sogar, die Batterien voll aufzuladen. Die beiden Männer unter der Gräting hangelten sich prustend und durchnäßt zur Brücke zurück. Sie hatten gute Nachricht. Mit einem schnellen Blick auf die tobende See ließ ich das Boot tauchen. Wir verschwanden von der Oberfläche ohne jegliche Feindberührung. Der L.I. steuerte das Boot auf 40 Metern ein und berichtete vom Ergebnis der feuchten Untersuchung. Ein blinder Flansch an einem TEE, wo der Luftmast außenbords mit dem Dieselluftkopfventil verbunden war, war aus seinem Sitz gerissen worden. Ein neuer Flansch konnte binnen 24 Stunden angefertigt werden. Die Aussicht auf die Reparatur unserer Lebensleine machte den Morgenkaffee besonders schmackhaft. Bald vernahm ich das ruhige Atmen der Freiwächter und das dumpfe Geklirr von Werkzeug aus den achteren Räumen.

Eine neue Nacht in einer orkanartigen See an der Oberfläche, wo nur U-Boote mit Sicherheit fahren konnten, bewahrte uns vor der Vernichtung aus der Luft. Nach zweistündigem Kampf mit den Elementen war es den beiden Mechanikern gelungen, den Flansch unterm Zigarettendeck einzubauen. Durchweicht von der See und dem Ertrinken nahe, zogen wir sie auf die Brücke. Ohne unser unwahrscheinliches Glück weiter herauszufordern, tauchte ich U-953 in eine Zwanzigmeterwelle.

Um 23 Uhr 18 in der folgenden Nacht sichteten wir das erste Leuchtfeuer von Irland. Es brannte friedensmäßig. Nach der Beschreibung der Feuerung durch meinen I.W.O. am Sehrohr, identifizierte ich das Feuer als das von Loop Head an der Mündung des Shannon-Flusses. Fünfunddreißig Minuten nach Mitternacht, während eines Horchrundblicks, hörten wir das Echo einer Wasserbombenschlacht an den Felsen. Die Serien kamen aus der Richtung, wo wir nur eine Nacht zuvor gewesen waren. Die Briten waren wieder in ihre Jagdgründe zurückgekehrt.

Aber der Kampf gegen Ausfälle ging ohne Unterbrechung weiter. Die Männer in der Maschine arbeiteten seit Tagen, um die Steuerbord-

Stopfbuchse zu reparieren. Wir in den vorderen Räumen konzentrierten uns darauf, das Boot durch die Küstenströmungen und Klippen zu steuern, auf Schnorcheltiefe zu halten, Luft zu holen, die Batterien zu laden und den U-Jagdgruppen zu entwischen. Während dieser nächtlichen Stunden höchster Gefahr erreichten uns die Kurzsignale und Funksprüche, die wir bei Tage nicht empfangen konnten. Wiederholt wies die U-Bootführung die wenigen verbliebenen Wölfe an, auf ihrem Marsch ins Operationsgebiet oder zurück nach Norwegen, an der 200-Meter-Linie entlangzumarschieren. Aber die verstärkte alliierte Aktivität, die ich an dieser Linie beobachtet hatte, ließ in mir den Verdacht aufkommen, daß Verrat die englischen Zerstörer vor uns dort hingeschickt hatte. Etwa ein halbes Dutzend Boote, die Tag und Nacht getaucht operierten, waren dort den Attacken einer überwältigenden alliierten Seemacht ausgesetzt, die starke Streitkräfte hier konzentriert hatte, um die Wölfe abzufangen. Alle, bis auf zwei Boote, wurden systematisch verfolgt. Die Todesmeldungen trafen uns mit unverminderter Heftigkeit. Ein Notsignal, von der Führung wiederholt, wurde mir in der Zentrale übergeben: BOMBEN – BOOT SINKT 62N O1E – U-867. Nicht viel später kam ein weiteres Kurzsignal aus demselben Seegebiet: VON FLUGZEUG ANGEGRIFFEN – TAUCHUNKLAR – U-865. Diese Meldung war die letzte des Bootes. Bevor der Tag anbrach, wurde es das Opfer eines neuen Angriffs aus der Luft. Es gab keine Überlebenden.

Später in derselben Nacht erfuhren wir, daß die Festung Brest gefallen war. Sie hatte der Belagerung nur vier Wochen standgehalten. Ich dachte an Korvettenkapitän Winter zurück, der alles getan hatte, was in seiner Macht stand. Dann wanderten meine Gedanken weiter nach Osten – nach Darmstadt. Hatten meine Angehörigen das Flammenmeer überstanden? Ich wußte es nicht. Vor einem Jahr, als Dönitz noch enge Verbindung mit seinen Kommandanten an der Front hielt, würde ich längst eine Antwort auf meine Fragen erhalten haben. Aber solche Tage waren unwiderruflich vorbei.

Ein plötzlicher Schrei. Er kam vom Rudergänger im Turm: »Kann Kurs nicht halten. Kompaß ausgefallen.«

Ich fluchte in zwei verschiedenen Sprachen und befahl dem Rudergänger, nach dem Magnetkompaß in der Zentrale zu steuern. Dieser Ausfall war besonders schwerwiegend. Ohne Kreiselkompaß war unsere Unternehmung in größter Gefahr. Der Magnetkompaß war keine Hilfe, im Gegenteil, er konnte uns in die Minenfelder führen. Seit das Boot vor einem Jahr Kiel verlassen hatte, war er nicht justiert worden und deshalb völlig unzuverlässig. Ich wollte in diesen schwierigen Küstengewässern kein weiteres Risiko eingehen, legte das Boot auf Grund und hoffte auf ein Wunder. Es kam in Gestalt von Berger. Er erinnerte sich an einen Kurs, den er vor Jahren beim Hersteller des Kreiselkompasses in Kiel besucht hatte, und nahm den Kompaß auseinander. Wiederholt drohte er, er habe nicht die geringste Ahnung, wie er ihn wieder zusammensetzen sollte. Den ganzen Tag hörten wir die Schraubengeräusche der U-Jagdgruppen in verschiedenen Peilungen und Entfernungen. Gelegentliche Waboexplosionen erhöhten die vibrierende Spannung. Endlich, nach neunzehnstündiger Arbeit, war es Berger gelungen, die Einzelteile des Kompasses wieder zusammenzumontieren.

In der Morgendämmerung am 20. September nahm ich Peilungen vom Inishbofin-Leuchtturm. Die Schraubengeräusche hatten inzwischen an Zahl und Stärke bedeutend zugenommen, und ich erwartete unmittelbare Feindberührung. Ich beendete das Schnorcheln und suchte bei Hellwerden nach dem Gegner. Asdic-Ortungen und abscheuliche Rasselgeräusche verbanden sich zu einem höllischen Konzert. Aber ich entdeckte nur eine leere See, die Klippen von Claire Island und eine Maschine in geringer Höhe.

Da kam mir die Erleuchtung: wir waren von einem neuen englischen Trick getäuscht worden. Die Tommies hatten, es konnte gar nicht anders sein, die Küstengewässer mit Geräuschbojen aller Art verseucht, die in den Gezeitenströmungen an der Küste entlangtrieben, um die lauernden U-Boote in die offene See zu scheuchen, wo sich die U-Jagdgruppen versammelt hatten und die Wasserverhältnisse keinen nachteiligen Einfluß auf Horch- und Ortungsgeräte ausübten. Ich wies meine Leute an, den Krawall zu mißachten, und setzte die Unterwasserfahrt fort.

In der darauffolgenden Nacht umsteuerte U-953 Erris Head und glitt geräuschlos in die Donegal-Bay. Die See war ruhig und träge. Die Geräuschbojen rasselten abscheulich. Um 3 Uhr stoppte der Backbord-Diesel. Die Meldung von achtern war vernichtend: »Dieselkupplung festgefressen.«

Ich fluchte wie ein Korsar, übernahm die Tiefensteuerung und befahl dem Leitenden, den neuen Ausfall zu untersuchen. Das Ergebnis bestätigte meine Befürchtung: die Kupplung mußte auseinandergenommen werden. Die Arbeit würde zwei Tage beanspruchen. Ich entschloß mich, das Boot unter dem Schutz der Küste auf Grund zu legen und eine Generalreparatur durchzuführen. Vorsichtig und mit leisen E-

Maschinen stieß ich in die Sligo-Bay vor und legte das Boot nur eine halbe Meile von der Küste in weichen Sand. Die Leute im Dieselraum, dick mit Fett und Öl beschmiert, begannen keuchend und schwitzend in der heißen, sauerstoffarmen Luft ihre Arbeit. Das Dröhnen von Wasserbomben am westlichen Horizont, Asdic-Impulse, falsche und wahre Schraubengeräusche hielten unsere Spannung und Aufmerksamkeit auf dem Höhepunkt. Die Arbeit an den beiden Dieseln nahm den Rest der Nacht, den folgenden Tag und die Hälfte der nächsten Nacht in Anspruch. Eine Stunde nach Mitternacht meldete der L.I. die Reparaturen beendet und die Diesel wieder fahrklar. Das schier Unmögliche war Wirklichkeit geworden. Im Schatten der irischen Küste tauchte ich kurz auf, ließ das Boot durchlüften, die zahlreichen Abfallsäcke über Bord werfen, erlaubte den Heizern einige Minuten auf der Brücke, ließ dann das Boot in die schwarze Flut zurücksinken und setzte unsere Unterwasserfahrt fort.

Die harten Schläge, das dumpfe Rollen und Rumpeln der detonierenden Wabos folgte uns an der felsigen Küste nach Norden. Bei Morgengrauen erkannte ich den Leuchtturm von Aran im prächtigen Sonnenlicht, und in der Abenddämmerung nahm ich Peilungen von Tory Island, dessen himmelragende Klippen wie eine Kathedrale aus dem Meer stiegen. In dieser Nacht drang U-953 in den Nordkanal ein – das Ziel unseres Einsatzes. U-953 schnorchelte vorsichtig von Leuchtfeuer zu Leuchtfeuer und erreichte Inishtrahull Island bei Tagesanbruch. U-953 war in seinem Jagdrevier angekommen. Es war 6 Uhr. Ich legte das Boot auf den felsigen Grund des Kanals, um Strom für einen Angriff zu sparen.

Die Donnerschläge im Westen nahmen an Heftigkeit zu. Die Tommies warfen ihre teuren Wasserbomben, als wären es billige Murmeln. Die Zähigkeit, mit der sie ihre Jagd fortsetzten, ließ mich wieder vermuten, daß die Briten über unsere Unternehmung unterrichtet waren und starke Abwehrkräfte dort massiert hatten, wo meine Kameraden Aufstellung genommen hatten. Infolge dieser Aktivität war ich tiefer als befohlen in den Kanal eingedrungen; ich erwartete hier nicht nur freie Jagd, sondern auch eine Konzentration der Schiffsrouten. Gegen Abend lief ein Zerstörer, von See kommend, in einer Entfernung von etwa zwei Seemeilen an uns vorbei in Richtung Londonderry Harbour. Um Mitternacht legte ich das Boot auf Ostkurs, schnorchelte und drang tiefer in den Kanal ein, wo das enge Fahrwasser den Geleitzügen nicht viel Spielraum zum Entkommen gab. Starke Gezeitenströmungen packten das Boot und drückten es wiederholt auf die Minensperre im Norden zu, nur meine Gewaltmaßnahmen retteten uns vor dem unheimlichen Tod aus der Tiefe. Drei Stunden patrouillierten wir durch die enge Gasse, manövrierten vorsichtig, horchten und fuhren mit beiden Dieseln gegen die Strömung an. Dann legte ich das Boot 13 Meilen östlich Inishtrahull wieder auf Grund. Ein ausgezeichnetes Versteck. Der Donner der Wabo-Explosionen und schwache Schraubengeräusche schnellfahrender Zerstörer berichteten uns von den wütenden Kämpfen seewärts. Aber nicht einer der britischen Zerstörerkommandanten dachte daran, die Einfahrt zum Kanal zu untersuchen. Sie hätten uns zwischen der felsigen Küste im Süden und den Minenfeldern im Norden leicht stellen können. Starke Gezeitenströme, unterstützt von der heranstürmenden See aus dem Atlantik, trieben unser Boot auf die felsigen Klippen zu, und das Knirschen, Mahlen, Schleifen und Kreischen, das unser schlürfender Kiel verursachte, war eine Einladung zum Selbstmord. Aber die Strömung selbst war der beste Schutz gegen die feindliche Unterwasser-Ortung. Wir gewöhnten uns an den Donner der Wabos, an die Schraubengeräusche der Zerstörer, an die Lärmbojen, die Asdic-Ortungen und das Dröhnen der Brandung an der nahen Küste.

Während unseres dritten Tages im Kanal klirrten zwei Zerstörer, vom Atlantik kommend, in die Irische See. Ich ließ die beiden in Erwartung größeren und lohnenderen Wildes, das hier vorbeikommen sollte, laufen. Ein vorzeitiger Angriff hätte uns verraten und die Sperrung des Kanals für die Nachschub-Schiffahrt veranlaßt. Zwei weitere Tage gingen vorüber. Wir saßen in unserer nassen und kalten Röhre und warteten gespannt auf den Feind. Es gab genügend Aktivität entlang der 200-Meter-Linie – aber nicht ein einziges lohnendes Ziel, nicht ein Geleit im Kanal.

Am 29. September, nach acht Tagen angestrengter Suche und nervenaufpeitschender Fahrerei unter Wasser, kam unsere Unternehmung zu einem plötzlichen, vorzeitigen Ende. Die Schnorchelroutine war wieder ein Alptraum gewesen. Ein wilder Sturm trieb hohe Wellen vom Atlantik gegen die Küste. Eine starke Grundsee verursachte gefährliche Querströmungen, und U-953 kämpfte wie ein schwerfälliges Walroß, um nicht auf die Klippen geworfen zu werden. Der L.I. arbeitete, in Schweiß gebadet, um das Boot auf Schnorcheltiefe zu halten und es den Zugriffen der Bomber zu entziehen. Dennoch ragte der Luftmast oft genug drei oder vier Meter in die Luft und bot den Tommies ein ausgezeichnetes Ziel für einen Anflug. Ich sah deshalb keinen Grund, mit der riskanten Schnorchelei fortzufahren, nur um gebombt oder in die Felsen geworfen zu werden, und rief, um die Folter zu beenden: »Genug für heute nacht, L.I., bring das Boot auf 40 Meter.«

Einige kurze Befehle – und die Diesel stoppten. Dann ein Schrei vom achteren Teil der Zentrale: »Luftmast läßt sich nicht niederlegen.« Es war der Mann, der die Winde betätigte. »Das Kabel ist gerissen … das verdammte Ding ist gerissen …«

Das war schlimm. Jede geringste Vorlastigkeit würde den Mast umkippen und an Deck fallen lassen. Und keine Macht der Welt würde ihn wieder aufrichten. Das würde das Ende unserer Unterwasserfahrt, das Ende unserer Existenz bedeuten. Jeder Mann an Bord wußte, daß wir außer Gefecht gesetzt waren. Und doch war das Glück uns hold gesinnt: der Mast war in aufrechter Stellung festgehalten und erlaubte uns den weiteren Gebrauch des Schnorchels, vorausgesetzt, wir konnten ihn in dieser Lage halten. Und sein auffallender Schwimmer, der auf Sehrohrtiefe weit sichtbar aus dem Wasser ragte, nahm uns jede Hoffnung auf einen Unterwasserangriff. In der Tat, mit diesem neuen Ausfall war die Einsatzbereitschaft des Bootes zerschlagen. Die weitere Durchführung unserer Aufgabe war illusorisch geworden.

Der Schnorchelschaden war der Schlußakt einer Feindfahrt, bei der es technische Ausfälle und Mängel in Fülle gegeben hatte. Obgleich die Besatzung zumindest einen Sieg als Belohnung für ihren Einsatz verdiente, entschloß ich mich, die Unternehmung abzubrechen. Mit aufgerichtetem Schnorchelmast setzte ich U-953 in einer Tiefe von 40 Metern auf neuen Kurs – Richtung Bergen, Norwegen. Diagonal den Nordkanal überquerend, kämpfte das Boot mit gefährlich vibrierendem Schnorchelmast gegen die starke Strömung an und nahm zwischen Minenfeldern und U-Jagdgruppen Kurs auf die Hebriden.

Es war Mitternacht, am 1. Oktober. U-953, wieder auf Schnorcheltiefe, gewann die freie See. Die Diesel drückten das Boot kräftig nach Norden. Ich lehnte über dem Kartentisch in der Zentrale und verfaßte ein Kurzsignal, das die Führung über unsere Panne sowie über die Verhältnisse im Kanal unterrichten sollte. Gleichzeitig plante ich unser schnelles Ausrücken aus diesem Seegebiet nach Abgabe des verräterischen Funkspruchs.

Um 1 Uhr, eine neue Wellenlänge war gerade in Kraft getreten, drückte mein Funkmaat auf die Taste und sandte unsere Nachricht über die kleine Antenne auf dem Schnorchelkopf in den Äther. Es waren nur vier Buchstaben. Entschlüsselt bedeuteten sie: KEIN FEINDLICHER VERKEHR IM OPERATIONSGEBIET – SCHADEN – KEHRE ZUM STÜTZPUNKT ZURÜCK – U-953.

Meine Mitteilung veranlaßte die Führung, die anderen Boote, die in dasselbe Seegebiet entsandt worden waren, nach ihren Feststellungen zu befragen. Drei Kameraden, die ebenfalls in den Nordkanal befohlen worden waren, hörten diese Aufforderung nicht mehr. U-484 und U-743 wurden nordwestlich Inishtrahull am gleichen Tag und nur 20 Seemeilen voneinander entfernt versenkt. U-925 war nahe der irischen Küste gestellt und von den englischen Jagdgruppen vernichtet worden.

Mein Kurzsignal hatte auch andere, noch unangenehmere Folgen. Wie erwartet, erfaßte unser Horchgerät drei Zerstörer, die bei Tagesgrauen von achtern aufkamen. Ich schwor, nie wieder einen FT abzugeben und den Herren in der Führung das Raten zu überlassen. Um 10 Uhr 30 wurde eine neue Suchgruppe backbord voraus vom Horcher entdeckt. Sechs Korvetten, wahrscheinlich von einem ganzen Geschwader von Flugzeugen unterstützt, waren angesetzt worden, um ein verhältnismäßig kleines Seegebiet abzuriegeln und einen der letzten Wölfe zu vernichten. Das singende, pochende, stampfende, zirpende Getöse erfüllte bald alle Räume. Einige Männer horchten mit weitgeöffneten Augen, andere drehten sich in ihren Kojen um und taten, als hörten sie nichts. Die Tommies kurvten, stoppten, horchten, fuhren wieder an, zackten, gingen mit der Fahrt hoch, versuchten uns zum Schnorcheln zu verleiten, entdeckten aber nicht, daß wir nur drei Meilen östlich an der Westkante der Minenfelder lagen und langsam nach Norden trieben. Bei Einbruch der Nacht waren die Geräusche seewärts und achteraus gewandert. Um Mitternacht war nur noch eine geringe Andeutung von einem Geräusch in unserem Gerät. Zwei Stunden später war der Spuk vollständig verschwunden. Und um 3 Uhr atmeten wir wieder frische Luft und nahmen unsere geräuschvolle Schnorchelroutine wieder auf.

Mehrere Nächte und Tage marschierte U-953 entlang der westlichen Hebriden in die nördlichen Seegebiete. Starke Herbststürme peitschten das Meer und drohten unseren beschädigten Luftmast zu zerschlagen. Dauernd von Zerstörern gejagt, von zahllosen Flugzeugen beschattet, blieb U-953 trotzdem unentdeckt. Während dieser Wochen nervenzerreißender Unterwasserfahrt lebten die Männer mit geplatzten Trommelfellen und mit vermindertem Augenlicht, mit mißhandelten Lungen und, schlimmer noch, mit den heimlichen, zermürbenden Gedanken an die Heimat. Manch einer dachte an die Jugend, an die Schulzeit, an die einstigen Erfolge an Land und auf See, an Versenkungen und Siegesfeiern, an Frauen und an Liebe. Doch gleichzeitig erinnerten wir uns auch unserer verlorenen Schlachten, unserer Niederlage auf den Meeren, unserer Flucht aus den westfranzösischen Häfen, unserer gefallenen Kameraden, die nun auf dem Meeresboden ruhten, der Rückzüge an Land und der zerbombten Städte. Aber neben all diesen Gedanken und Erinnerungen plagte mich der Gedanke über das ungewisse Schicksal meiner Eltern und meiner Schwester mit zunehmender Heftigkeit.

Während U-953 auf seinem östlichen Kurs dahinglitt und in der zweiten Oktoberwoche die Shetland-Inseln passierte, war die Vernichtung der U-Bootwaffe eine unwiderrufliche Tatsache. Seit wir aus dem Hafen von La Rochelle ausgebrochen waren, waren weitere 17 Boote den massierten Angriffen des Gegners zum Opfer gefallen. Mit Ausnahme von vier Booten waren sie alle von Norwegen auf ihre erste Unternehmung ausgelaufen. Sie waren alle mit dem Schnorchel ausgerüstet. Ihre Besatzungen waren prächtige Männer, gut ausgebildet – aber falsch beraten und mit den grausamen Frontverhältnissen nicht vertraut, wurden sie ein schnelles Opfer eines völlig veränderten U-Bootkrieges.

Vierzig Seemeilen nordöstlich der Shetlands rannten wir in eine Suchgruppe, die die Norwegische See abgeriegelt hatte. Es folgten achtundzwanzig Stunden unablässiger Verfolgung, nervenzerreißender Jagd, atemberaubender Schleichfahrt; ständiges Ausweichen, schreiende Asdic-Impulse, jagende Schrauben, kreisende Zerstörer, detonierende Wabos. Nur wenige Meter unter der Oberfläche trieben wir weiter nach Osten. Trotzdem gelang es uns, dem Zugriff der Suchgruppe zu entwischen. Noch viele Stunden danach hörten wir den Lärm in unserem Kielwasser, bis nach sechs Wochen ständiger Unterwasserfahrt die Berge Norwegens unseren Vormarsch nach Osten aufhielten.

U-953 näherte sich vorsichtig den Schären, die dem Festland vorgelagert sind. Seit Wochen ohne Navigationsunterlagen, Gezeiten und Kalkulationsfehlern ausgesetzt, manövrierte ich das Boot mit einem wohlausgebildeten sechsten Sinn an die gefährliche Küste. Stundenlang saß ich am Sehrohr und hoffte einen Punkt an Land auszumachen. Bald nach Tagesanbruch entdeckte ich die englischen Flieger vom Dienst, die an der Küste patrouillierten. Bald sah ich auch den niedrigen Leuchtturm auf einem einsamen Felsen mitten in der Einfahrt in den Bornjefjord. Die See brach sich an dem nackten Gestein und legte einen Schaumkranz um die kleine Insel. Weil ich dem aufgerichteten Mast in der starken Strömung nicht mehr traute, brach ich das Schnorcheln ab und schaltete auf E-Maschinen um. U-953 arbeitete hart, um die Strömung zu bewältigen und eine Position zu gewinnen, von der aus ich das Boot in den Fjord steuern konnte. Die Röhre schüttelte sich unter dem Aufprall der heranstürmenden See. Ein plötzlicher dumpfer Schlag, ein Rumpeln, ein Krachen – der Luftmast war an Deck gefallen. Die Kraft der Strömung drohte das Boot in die dem Festland vorgelagerten Schären zu schleudern. U-953 schoß mit nahezu zehn Meilen Höchstfahrt vorwärts und kämpfte wie ein Lachs gegen die Strömung, die 7 bis 8 Meilen pro Stunde erreichte. Meter um Meter kroch es nach vorn. Auf der Höhe des Leuchtturms wurde es von einem Wirbel erfaßt und gegen eine Bergwand geworfen, die fast senkrecht aus dem Meer stieg. Eine harte Ruderlage, U-953 drehte scharf nach Steuerbord, ging mit einer Maschine voll zurück – dann schob sich das Boot in den Fjord hinein.

8

Ein Vorpostenboot lag fast bewegungslos im Fjord, etwa zwei Meilen innerhalb der Einfahrt. Es war von unserer Rückkehr nicht unterrichtet. Als ich die Gesichter der Besatzung klar erkennen konnte, fuhr ich das Sehrohr ein. Mein Befehl zum Auftauchen beendete die lange Unterwasserfahrt. Druckluft zischte durch die Rohrleitungen. Mit einem tiefen Stöhnen schoß U-953 ans Tageslicht – exakt in die mit Flakgeschützen gespickte Breitseite des Vorpostenbootes.

»Was, zum Teufel, machen Sie denn da?« brüllte der überraschte Kommandant des Bootes durch die Flüstertüte.

Mit dem Erfolg meines Tricks zufrieden, rief ich zurück: »Eine Razzia, mein Lieber. Haben Sie Konterbande an Bord?«

»Nein, nur einen Harem. Aber nicht für Ihre Leute.« Und als rechnete er tatsächlich damit, daß meine Männer, bärtigen Piraten gleich, einen eingehenderen Blick auf sein Schiff werfen könnten, drehte er sein Boot auf Gegenkurs. Mittlerweile war unsere Besatzung durchs Turmluk geströmt. Einige saßen an den Geschützen, andere stapelten Munition auf der Brücke auf; die übrigen schwangen sich durch die Reling an Oberdeck und steckten sich weiße Glimmstengel in ihre gelben Gesichter.

Nachdem ich für einige Zeit die frische, gesunde Seeluft geatmet hatte, wurde mir von dem scheußlichen Geruch nach Fäulnis und Verwesung, der dem Turmluk entwich, fast übel. Selbst der aromatische Duft von Tabak, den wir so lange vermißt hatten, konnte den widerlichen Gestank nicht vertreiben. Im Gegenteil. Die ersten Zigaretten verursachten einen bitteren, fast ekelhaften Geschmack auf der Zunge. Erst nach zwei Stunden, nachdem U-953 in den Bergenfjord eingebogen war, entdeckte ich ihr altes, würziges Aroma wieder.

Das Vorpostenboot hatte unsere Heimkehr vorausgefunkt. Ein magerer Empfang war schnell vorbereitet worden. Eine Handvoll Leute in blauer Uniform und grauem Lederzeug war zu unserer Begrüßung an die Pier gekommen. Für sie war es eine seltene Gelegenheit, ein U-Boot von Feindfahrt zurückkehren zu sehen. Seit Monaten waren die Boote ausgelaufen, aber nur wenige waren wieder zurückgekommen. Doch meine Männer paßten kaum in die heroische Rolle, die man von ihnen erwartete. Wir hatten filzige Haare, lange Bärte, gelbe Haut, hohle Backen und Augen wie Golfbälle. Wir sahen aus wie unterernährte, erschöpfte Dschungelkämpfer, aber nicht wie die Helden der Nation, die gelobt hatten, die Schlacht im Atlantik zu gewinnen.

Unsere Leinen wurden an Land geworfen und an den Pollern festgezurrt. Der Chef der 11. U-Bootflottille kam an Bord, nickte kurz zum Dank für meine Meldung, begrüßte die Männer und beglückwünschte sie zu ihrer Leistung. Gleichzeitig teilte er uns mit, daß noch größere Opfer von uns erwartet wurden; das Schlimmste aber läge hinter uns, und die Dinge würden sich bald grundsätzlich ändern. Dann lud er uns zum Empfangsessen ein. Die Getränke waren stark und die Mahlzeit ungewohnt schwer. Wir wurden von den neugierigen Landratten über unsere letzten Tage in Brest und unseren Aufenthalt in La Rochelle ausgefragt, und unsere Männer antworteten mit Seemannsgarn im Stil von Tausendundeiner Nacht. Als es deutlich wurde, daß die Leute zuviel von den an Bord vermißten Getränken zu sich genommen hatten, stand ich schnell auf und beendete das Gelage. Wir wurden in sauberen Quartieren, in einem Haus für uns allein, untergebracht, und bald konnte man hören, wie die bärtigen Seefahrer ihre Shanties sangen und in Badewannen und Brausebädern plätscherten. Nach meiner ersten Nachtruhe in sechs Wochen begann ich meinen Kampf um ein neues Boot. Der Zustand von U-953 war unter aller Kritik. Das Boot fiel buchstäblich auseinander. Es benötigte nicht nur eine neue Schnorchelanlage, sondern auch zwei neue Diesel, neue Batterien und tausend andere Teile, die nicht greifbar waren. Rohrleitungen und elektrische Kabel waren in denkbar schlechtester Verfassung und eine Gefahr für die Besatzung. Meine Besprechung mit dem Flottillen-Ingenieur ging in die gewünschte Richtung. Es gab im Stützpunkt nicht einen Diesel, nicht eine Batterie, nicht einen Schnorchel, noch gab es ein Trockendock, das für eine völlige Überholung des Bootes notwendig war. Es schien, als hätte ich meinen Fall bereits gewonnen.

Aber ich vermißte in Bergen noch mehr als nur Ersatzteile und neue Maschinen. Ich wartete vergeblich auf unsere Post, auf einen Brief oder ein Telegramm von zu Hause – auf irgendeine Mitteilung, die mir sagte, daß alles in Ordnung war. Aber unsere Postsäcke waren entweder in dem gigantischen Umleitungswirrwarr in Frankreich verlorengegangen oder mit einem Nachschubdampfer im Skagerrak oder in den norwegischen Fjorden von englischen Flugzeugen oder U-Booten versenkt worden. Wir waren buchstäblich von Deutschland abgeschnitten, und die Ungewißheit über das Schicksal unserer Angehörigen lastete auf jedem meiner Soldaten.

Durch graue Schichten tiefliegender Wolken verholte ich U-953 in das Arsenal, um die Torpedos abzugeben. Dort sahen wir einige Hüllen einstiger stolzer U-Boote, aus denen man Material und Ersatzteile ausschlachtete. Ich hatte eine lebhaftere Aktivität in den norwegischen Häfen erwartet, nachdem die Stützpunkte in Frankreich verlorengegangen waren. Aber die Stille war erdrückend. Ich suchte vergeblich nach den neuen Bootstypen, die man uns so lange versprochen hatte.

Im Stützpunkt war das Abendessen sehr mager und genau zugeteilt, ein deutlicher Maßstab unseres Kriegsglücks im fünften Kriegsjahr. Nach dem Essen wurde ich zu einer kleinen Feier in eine Villa im Walde eingeladen. Ich kehrte auf meine Stube zurück und nahm meine verdrückte blaue Uniform aus dem einzigen Koffer, den ich noch besaß. Sie war feucht und roch stark nach Schimmel. Der Geruch begleitete mich, als ich zu dem behaglichen Forsthaus in den Bergen gefahren wurde. Hier waren die Verhältnisse denen im Stützpunkt entgegengesetzt. Es gab Delikatessen, gute Getränke, einige sehr hübsche, blonde norwegische Mädchen und verlockende Angebote. Aber weder die Mädchen noch die Klänge der vertrauten Schlager waren dazu angetan, meine Stimmung zu heben oder mich von den Gedanken an ein drohendes Unheil abzulenken; ich war froh, als der Wagen mich wieder im Quartier meiner Besatzung absetzte.

Am folgenden Morgen, es war der dritte Tag an Land, traf ich einen alten Bekannten – Kapitän zur See Rösing. Es war ihm gelungen, nur wenige Stunden vor der Einkesselung von La Rochelle durch die Amerikaner die Stadt mit dem Flugzeug zu verlassen. Nun hatte er sich bereits wieder nahe dem Stützpunkt niedergelassen, um unsere unerfahrenen Besatzungen in die Schlacht um England zu führen. Nach einer kurzen Besprechung meiner letzten Fahrt brachte ich mein Anliegen vor: »Herr Kapitän, U-953 ist so gut wie Schrott. Es gibt hier in Norwegen keinerlei Anlagen noch Ersatzteile, um es wieder frontklar zu machen. Ich bitte Herrn Kapitän gehorsamst um ein neues Boot, um einen größeren, schnelleren Typ.«

»Ich sehe zu dieser Zeit keine Möglichkeit, Ihnen ein neues Boot zu geben«, entgegnete der FdU. »Wir tun schon, was wir können, um alle alten Boote im Frühjahr frontreif zu haben. Wir werden mit einer großangelegten Offensive zurückschlagen und dem Gegner zeigen, daß er uns nicht zermürben kann.«

»Herr Kapitän, es wird mehr Zeit in Anspruch nehmen, U-953 wieder seetüchtig zu machen, als ein neues Boot an die Front zu bringen.«

»Das lassen Sie mal unsere Sache sein. Wir treffen die Entscheidungen. Sie führen Befehle aus.« Das war sehr deutlich. Diese Feststellung war das Ende unserer Unterhaltung und meines Vortrags. Ich war entlassen.

Noch am selben Tag fiel die Entscheidung, U-953 in einer deutschen Werft zu überholen. Meine Zukunft war untrennbar mit der meines Bootes verwoben. Ich erkannte, daß es besser war, mich darauf zu konzentrieren, das Leben des alten Arbeitspferdes zu erhalten, anstatt von einem neuen Boot zu träumen.

Der Befehl, das Boot in einer deutschen Werft von Grund auf zu überholen, wurde von der Besatzung mit gedämpfter Zustimmung aufgenommen. Wir würden für die nächste Unternehmung zumindest einen seetüchtigen Untersatz unter unsere Füße bekommen. Es gab andere Neuigkeiten, Nachrichten, die über das Radio kamen und weit mehr Sorge verursachten. Die Engländer, hörten wir, hatten den Niederrhein erreicht, und die Amerikaner waren in Aachen eingedrungen, der ersten deutschen Stadt, die den Landkrieg zu spüren bekam. Stuttgart, München und sogar Innsbruck waren das Ziel großer alliierter Bomberverbände gewesen. Man sagte uns, daß die Lage sehr ernst, aber nicht hoffnungslos sei. Die Stimme aus Berlin versicherte uns immer wieder, daß wir bald mit neuen Waffen zurückschlagen würden. Wir glaubten, wir vertrauten, und wir fuhren weiter zur See.

Bei Einbruch der Dunkelheit, es war ein nebliger Tag spät im Oktober, verließ U-953 den Hafen von Bergen. Ein kleiner Vorposten-Kutter geleitete uns in den Fjord. Bald lag totale Finsternis über dem schmalen Wasserweg, und es schien, als wollten die himmelragenden Berge auf uns niederstürzen. Ich bohrte meine Augen in die Nacht, um meinen Abstand zum Führungsfahrzeug zu wahren und die gefährlichen Klippen zu umsteuern. Es war ein stiller Marsch durch unfreundliche Gewässer, in denen englische S-Boote unvermittelt zuschlugen. Am Ende der ersten Nacht fuhren wir in den Hafen von Haugesund und versteckten unser Boot hinter einem Holzgebäude. Am Abend, als alles dunkel und schwarz war, folgten wir einem neuen Begleitfahrzeug durch Klippen und Stromschnellen nach Egersund. Hier befestigten wir unsere Leinen an verkrüppelten Föhren, die aus den Spalten eines riesigen Felsen wuchsen, und versteckten das Boot unter den Ästen. In der nächsten Nacht jagten wir allein in die offene See und schnorchelten – das Kabel war in Bergen notdürftig repariert worden – um die Südspitze Norwegens in das Skagerrak. Zwei Nächte später trafen wir in der westlichen Ostsee einen deutschen Geleitzug und passierten kurz vor Tagesanbruch das Feuerschiff KIEL. Es war ein grauer, kalter, nebliger Morgen, als U-953 an der Tirpitz-Brücke anlegte. Wir waren endlich wieder in Deutschland.

Unsere Ankunft verursachte keinerlei Aufmerksamkeit. Übermüdet und in mein altes, faltiges Lederzeug verpackt, stieg ich auf die Mole und schritt über die vertrauten Planken zu dem alten Dampfer, der seit Kriegsbeginn an der Nordseite der Mole vertäut lag. Der Tender *Lech* war verschwunden, und ich suchte nach den Räumen der 5. U-Boot-Flottille. Ein Posten sagte mir, daß die Flottille an Land verlegt worden war. Unbeholfen schritt ich über die geteerten Planken und sah weitverbreitete Zerstörungen, das Ergebnis gewaltiger Luftangriffe, die seit meinem letzten Besuch vor 22 Monaten den Hafen verwüstet hatten. Ein alter Tender lag neben der Mole auf Grund, ein ausgebombtes Wrack. Sein Oberdeck war von öligem Wasser überspült. An Land erkannte ich in der Ferne die schwarzen Grundmauern zerbombter Häuser. Berge von Schutt, die das Ufer übersäten, kündeten von dem einstigen Wohlstand des eleganten Stadtviertels Bellevue. Ich fand die Räume der Flottille inmitten zerstörter Kasernen, und der Flottillenchef nahm meine Meldung mit erschütternder Gleichgültigkeit hin. Dann klärte er mich auf, daß ich hier am falschen Platz war. Die Überholung meines Bootes konnte in Kiel nicht durchgeführt werden; im Gegenteil, sie würde nur seine Existenz gefährden. Ich erhielt deshalb Befehl, unverzüglich nach Lübeck zu gehen.

Eine Stunde nachdem wir die Leinen an den Pollern der Tirpitz-Brücke befestigt hatten, warfen wir sie wieder los. U-953 röhrte aus dem Kieler Hafen, passierte abermals das Feuerschiff und jagte auf Ostkurs in einen tiefhängenden Abendhimmel hinein. Eine neue Nacht ohne Schlaf und größter Aufmerksamkeit bei zunehmendem Verkehr. Als sich der Morgennebel hob, steuerte ich das Boot in die Mündung der

Trave, und kurz vor 12 Uhr kam das Boot an einer Behelfsbrücke des kleinen Marinestützpunktes Lübeck-Siems zu liegen. Mein Versuch, dem Stützpunktleiter unsere Ankunft zu melden, endete vor verschlossenen Türen. Ein Posten gab mir freiwillig Auskunft. Der Chef war zum Mittagessen nach Hause gegangen, und es würde Stunden dauern, bis er sich wieder sehen ließe.

Das Barackenlager lag verlassen da. Die geringe Betriebsamkeit verriet, daß die Marine von dieser Einrichtung wenig Gebrauch machte. U-953 war das einzige Boot an der Pier. Die Männer saßen auf dem Rand der Brücke und auf der Reling oder hockten an Oberdeck und verzehrten ihr letztes bordmäßiges Mittagessen. Es war nicht viel, aber wir alle waren dankbar dafür. Der Nachmittag war bereits fortgeschritten, als mir gemeldet wurde, daß der Stützpunktleiter geneigt war, uns zu empfangen. Die Besatzung trat auf dem kleinen Hof zwischen den Baracken an. Ich meldete die bärtigen Männer dem wohlgenährten Offizier. Es bedeutete für mich wenig, daß er hier einen idealen Platz gefunden hatte, seinem Vaterland zu dienen und gleichzeitig seine Gewohnheiten und sein Familienleben zu pflegen. Aber ich war mehr als aufgebracht, als ich einen Zug des Widerwillens und des Ekels über sein Gesicht huschen sah, während er meine Seefahrer besichtigte, die ungekämmt und mit langen Haaren und Bärten, von Monaten des Fronteinsatzes erschöpft und mitgenommen waren.

Unsere Rückkehr zu einer normalen Lebensweise begann mit der Verholung des Bootes in die Werft. In den Stützpunkt zurückkehrend, bemerkte ich mit Zufriedenheit, daß der I.W.O. von einer sehr sauberen Baracke Besitz ergriffen hatte und dabei war, die Männer in ihre Quartiere einzuweisen. Mein Koffer war in ein Eckzimmer gebracht worden, das mir für die Dauer unseres Aufenthalts als Heim dienen sollte. Ich sandte meine Sachen in die Wäscherei und zur Reinigung und versuchte dann, mit meinen Eltern in Verbindung zu treten. Aber die Telefonverbindung nach Darmstadt war immer noch unterbrochen – zwei Monate nach dem Angriff! Ich schickte daraufhin ein Telegramm und bat meine Eltern um telegrafische Antwort.

Dann nahm meine Sorge um Boot und Besatzung meine ganze Aufmerksamkeit in Anspruch. Man teilte mir mit, daß die Überholung des Bootes acht bis zehn Wochen dauern würde, der endgültige Termin aber von der Anlieferung neuer Diesel abhängig wäre. Diese Nachricht garantierte jedem Besatzungsmitglied den lange erwarteten Urlaub und entsprechende Erholung nach sechsmonatigem Einsatz. Es war eine angemessene Belohnung und ein Geschenk für manche, deren

Wunsch, nach Hause zu eilen und nach den Angehörigen zu forschen, seit unserem Einlaufen in Norwegen mächtig angestiegen war. Ich selbst machte keine Ausnahme. Nachdem meine Eltern auf mein dringendes Telegramm nicht geantwortet hatten, beabsichtigte ich, früher abzureisen, als ursprünglich vorgesehen. Ich war gerade dabei, den Stützpunkt zu verlassen, als ich von der Personalabteilung die Mitteilung bekam, daß der Leitende und der I.W.O. auf neue Boote abkommandiert waren. Der Verlust des L.I., eines hervorragenden Ingenieurs, traf mich schwer; ernst jedoch wurde die Situation, als sich herausstellte, daß der Ersatz jener unerfahrene, ehemalige Leitende von U-415 war, der nur eine zweiwöchige Fronterfahrung nachweisen konnte. Um die Personalveränderung auf die Spitze zu treiben, wurde ich mit einem blutjungen Oberfähnrich belastet, der die Stellung des II.W.O. übernehmen sollte. Abgesehen davon, daß er nicht die geringste U-Booterfahrung besaß, veranlaßte mich die Umgruppierung, meinen bisherigen II.W.O., den unerfahrenen Ziehmer, zum I.W.O. zu ernennen. Diese gefährliche Personalveränderung verlangte energische Gegenmaßnahmen, aber ich beschloß, nichts zu unternehmen, bis ich aus dem Urlaub zurückgekehrt war.

Es war ein kalter und nebliger Tag früh im November, als ich aus Lübeck abreiste. Der Schnellzug war mit Menschen vollgepackt, die mit hartem baltischem Akzent sprachen. Menschen, die aus ihren Heimen vertrieben und vor der anrückenden russischen Armee geflohen waren. Die Flüchtlinge, Frauen, Kinder und alte Leute, waren ärmlich gekleidet und trugen nur wenige bescheidene Besitztümer mit sich. Sie standen zitternd in Gruppen neben Schachteln, Bündeln, Koffern und Bettzeug. An dieser erbärmlichen, bemitleidenswerten Menschenkette entlang gingen alarmierende Nachrichten von Mund zu Mund, von Abteil zu Abteil. Die Front im Osten bewegte sich schnell, allzu schnell nach Westen. Königsberg war in größter Gefahr, in die Hände der Sowjets zu fallen. Und zur gleichen Zeit bewegte sich die Westfront unaufhaltsam ostwärts.

Ich lehnte im Gang am Fenster, tief in Gedanken verloren. Zu meinen Füßen stand der Koffer mit den Geschenken für meine Eltern und Trudel. Die Landschaft huschte vorbei, trostlos und schwarzgrau. Nach einiger Zeit rückten immer größere Mengen schwarzer Überreste von Häusern, von Bombentrichtern, Schutt und abgebrochenen Schornsteinen in das monotone Bild der norddeutschen Ebene. Dann schlossen sich die einzelnen Ruinen zu einer Wüste zerstörter Stadtviertel zusammen. Wir waren in Berlin angekommen.

Menschen in ewiger Bewegung, Menschen auf der Flucht. Tausende füllten den Bahnhof. Frauen in Rotkreuz-Uniformen verteilten warmes Essen und Ersatzkaffee. Magere, junge Infanteriesoldaten, mit Rucksack und Gewehr überschwer beladen, trugen fadenscheinige Uniformen, die an vielen Stellen geflickt waren, und bewegten sich wie alte Männer. Ich drängte mich mit meinem Koffer über den überfüllten Bahnsteig, fuhr mit der U-Bahn durch die Stadt zum Anhalter Bahnhof und ersparte mir so den Anblick der Ruinen, aber nicht der menschlichen Wracks, der Heimatlosen, die in der U-Bahn saßen: hohlwangige Frauen und Kinder auf der Flucht, verwirrte Soldaten auf ihrem Weg von zerstörten Heimen zurück zu den zerschmetterten Fronten. Not, Entbehrung, Hunger und Elend und Mangel an Schlaf, Gleichgültigkeit und Verzweiflung und Ergebung ins Unvermeidliche hatte diese Gesichter gezeichnet.

Nacht war über die Reichshauptstadt gefallen, als mein verdunkelter Zug das verwüstete Berlin verließ und auf seinem Weg nach Süden langsam dahinratterte. Ich verbrachte die Stunden rauchend, wartend, träumend. Ich rechnete damit, um die Mittagszeit am folgenden Tag zu Hause zu sein; wenn nicht in Darmstadt, so in Vaters neuem Betrieb in Pfungstadt auf dem Land, vorausgesetzt, die Reise verlief gut.

Eine Stunde nach Mitternacht. Eine junge Frau in der Uniform der Luftwaffenhelferinnen trat ins Abteil und setzte sich mir gegenüber. Bald zeigte sie ein etwas mehr als nur gewöhnliches Interesse. Um ihrer Neugierde zu entgehen, trat ich in den Gang und zündete mir eine neue Zigarette an. Aber nur wenige Augenblicke später folgte sie mir.

Sie fragte zögernd: »Sind Sie nicht Trudel Werners Bruder Herbert?«

Ohne zu wissen, warum, leugnete ich: »Nein, Sie müssen sich irren.«

»Verzeihen Sie«, fuhr sie fort, »der Bruder meiner Freundin ist auch bei der Marine und Ihre Ähnlichkeit ist verblüffend.«

Es tat mir bereits leid, daß ich so abweisend war; ich gab nun zu: »Nun gut, ich bin Trudels Bruder – und wer sind Sie?«

Sie lächelte. Ihre Erinnerung hatte sie nicht betrogen. »Erkennen Sie mich denn nicht? Ich bin Klara Ehinger, ich war Trudels Klassenkameradin und vielleicht beste Freundin.«

Nein, ich hätte diese junge Frau nicht wiedererkannt. Aber ich erinnerte mich an sie, als sie noch ein kleines Mädchen war und ich ein Junge von fünfzehn. Zehn Jahre, ein ganzes Leben, waren seither vergangen. Nun, da sie hier war, nahm ich die Gelegenheit wahr, meine Reise mit angenehmen Erinnerungen an eine glückliche Jugend zu verkürzen. Wir unterhielten uns über die Schuljahre und riefen längst vergessene Episoden wach. Sie war in der Tat die beste Freundin meiner Schwester, als wir noch in Singen wohnten, wo der Hohentwiel mit seiner alten Burgruine meine ganze Welt war. Dann erzählte Klara von meinen Eltern, daß sie sie immer gemocht hätte und daß der lange Artikel im ›Seeboten‹, der lokalen Zeitung, so schön abgefaßt gewesen war.

Da legte sich plötzlich eine eiskalte Hand um meine Kehle, und ich fragte sie zögernd: »Was für einen Artikel meinen Sie?«

Ihre Augen weiteten sich, ihr Mund öffnete sich vor Schrecken. »Wissen Sie denn nicht …« stotterte sie, »nein, Sie können es ja nicht wissen …« Sie bedeckte ihr Gesicht mit beiden Händen. Sie brauchte mir nichts mehr zu sagen.

Alles um mich herum begann sich zu drehen. Sehr langsam zuerst, dann immer schneller, als wäre ein Riesenrad außer Kontrolle geraten. Ich hörte das Mädchen weinen und wie aus weiter Entfernung sagen: »Oh, verzeihen Sie mir, die arme Trudel und Ihre Eltern sind bei dem Luftangriff auf Darmstadt ums Leben gekommen.«

In einem Schwindelanfall preßte ich mich gegen die Glaswand des Abteils, um aufrecht stehen zu bleiben. Das Fenster, die Wand, die Menschen verschwammen vor meinen Augen. Ich preßte meine Zähne zusammen und kämpfte meine Tränen zurück. Ich schloß die Augen und holte tief Luft.

Endlich – ich weiß nicht, wie lange es mich gekostet hatte – erfaßte ich die Umgebung und die Nachricht, die ich gerade gehört hatte. Nein, Klara mußte alles falsch verstanden haben. Aber ich wußte, so sehr ich mich dagegen sträubte, daß es die Wahrheit war. Nun war alles vorbei. Nie wieder würde ich meine Lieben sehen können, nie wieder das helle Lachen meiner Schwester hören, nie wieder Mutters Sorge fühlen, nie wieder Vaters Plänen lauschen. Sie waren das Opfer eines schrecklichen Fehlers geworden. Ich war es, der hätte sterben sollen. Ich war es, der tausendmal darauf vorbereitet war, sie zurückzulassen. Ich war zur See gegangen, um für ihr Leben, für ihre Sicherheit zu kämpfen. Aber ich hatte kläglich versagt. Klara erholte sich langsam von dem Schock. Sie war tief bestürzt über die Rolle, die sie als Überbringerin der Todesnachricht gespielt hatte. Ich versuchte sie zu trösten und sagte ihr, daß sie mir viel Kummer und eine Reise in die verkehrte Richtung erspart hatte. Dann änderte ich meine Pläne.

In Eisenach wechselten wir den Zug, und ich fuhr mit Klara zum Bodensee. Die Nacht war lang, und unsere Unterhaltung schlich träge dahin. Ich konnte an nichts anderes denken, als an den Verlust dessen, was mir lieb und teuer war, und an die Sinnlosigkeit dessen was zurückblieb. Als der Zug in einen neuen, grauen Novembermorgen hineinfuhr und ich die milchige Feuchtigkeit vom Fenster wischte, kam es wie eine erdrückende Ironie über mich; mit großen Buchstaben in weißer Farbe war die Losung unserer schweren Stunde an die Wand eines Bahnhofsgebäudes geschrieben: UNSERE MAUERN BRECHEN, ABER UNSERE HERZEN NICHT.

Als eine neue Nacht über die östlichen Ausläufer des Schwarzwalds fiel, erreichte der Schnellzug Klaras Heimatstadt. Ich reiste weiter in die Nacht, bis der Mond sich im stillen Wasser des Bodensees spiegelte. In Überlingen-Ost verließ ich den Zug. Hier hatten meine Verwandten Zuflucht vor dem Krieg gefunden. Der Weg zu ihrem Haus war nur kurz. Auf der Höhe, am Ende der Granit-Treppe, die zum oberen Teil der kleinen Stadt führte, blieb ich stehen. Ich hatte plötzlich den Drang, umzukehren, einen anderen Zug zu nehmen und zu Boot und Besatzung zurückzukehren. Das war der Platz, wo ich hingehörte. Aber ich ging weiter den Berg hinauf, und der Koffer mit den Geschenken hing schwer in meiner Hand. Ich wußte nicht, wem ich die Geschenke geben sollte. Ich hatte niemanden, dem ich die Dinge geben konnte, nicht einmal eine Freundin. Marianne lag unter den Trümmern Berlins begraben. Yvonne war verschwunden. Marguerite hatte ich in Paris an die Amerikaner verloren, und Marika war die Frau eines anderen Mannes.

Mein Erscheinen im Haus meines Großvaters verursachte größte Bestürzung. Meine zahlreichen Verwandten, die in mehr oder weniger verträglicher Harmonie unter seinem Dach zusammenlebten, hatten meine Rückkehr nicht mehr erwartet. Sie waren überzeugt, daß ich im Wirrwarr der Invasion verschollen sei. Es war ungefähr ein halbes Jahr her, seit meine Eltern meinen letzten Brief erhalten hatten. Und sechs Monate des Schweigens waren im Krieg eine lange Zeit. Ihr Schock über meine Rückkehr wich schließlich verstohlenen, beunruhigten Blicken und nervösem Geflüster hinter meinem Rücken. Um sie zu beruhigen, sagte ich endlich: »Ich hab's bereits gehört. Ihr braucht mir nichts zu erklären.«

»Was hast du jetzt vor«, fragten sie mit gequälten Blicken.

»Ich weiß nicht.«

»Willst du hierbleiben?«

»Nein, ich kam nur, um euch guten Tag zu sagen. Ich werde einige Bücher hierlassen und einige andere Dinge ...«

Ich erfuhr, daß meine Kusine im Schwarzwald Zuflucht gefunden hatte. Ich rief sie sofort an. Lore berichtete von sehr viel Schnee, und daß das Skilaufen ausgezeichnet sei. Endlich, glaubte ich, hatte ich einen Ort gefunden, an dem ich zu mir selbst zurückfinden konnte.

Früh am nächsten Morgen, von Büchern und Geschenken erleichtert, reiste ich ab. Der langsam dahinschleichende Zug trug mich in die Berge des Schwarzwalds, die sich innerhalb einer Stunde von Dunkelgrün in glitzerndes Weiß verwandelten. Der Winter war hier früher eingekehrt als erwartet. Vor dem Bahnhof in Triberg bestieg ich einen Schlitten. Von zwei Pferden gezogen, gelangte ich in die höhere Region und erreichte bald Schönwald, wo meine Kusine für mich ein Zimmer im Hotel *Hirschen* reserviert hatte. Es war Spätnachmittag, die Sonne war bereits hinter den Spitzen der Tannen versunken, als ich endlich am Ende meiner Reise ankam.

Lore war nicht nur ein hübsches Mädchen, sondern auch eine gute Skiläuferin geworden. An den nächsten Tagen trafen wir uns sehr früh, bevor die Sonne die andern Gäste weckte, stiegen in die weißen Wälder hinauf und schossen im Slalom hinunter in die Täler. Wir wiederholten unsere ermüdende Tour mehrere Male, aßen aus einem Proviantbeutel, den ich mitgenommen hatte; dann fuhren wir wieder über die steilen Hänge und gefrorenen Flüsse und Bäche, bis der frühe Abend uns zwang, ins Hotel zurückzukehren.

Lore tat alles, um meine Stimmung zu heben. Aber sie konnte nicht viel tun. Sie konnte das dumpfe Rollen der Artillerie nicht aus der Welt schaffen, das wir an den stillen Abenden zu hören verurteilt waren. Der Donner unserer schweren Geschütze in den Vogesen, nur sechzig Kilometer entfernt, war eine schlechte Begleitmusik für unsere Gespräche nach dem Abendessen; er hielt mich davon ab, in der Nacht meine Ruhe zu finden. Wir konnten auch unsere Ohren nicht den Rundfunkmeldungen verschließen, die uns von den niederschmetternden Verlusten an allen Fronten berichteten. Die Sowjets hatten Riga erobert, Litauen und die Hälfte von Polen überrannt und den Balkan eingenommen. Am Westufer des Rheins waren heftige Kämpfe entbrannt. Amerikanische Bomber hatten Aachen und Köln dem Erdboden gleichgemacht. Ich hörte die Berichte mit wachsender Unruhe. Nein, ich konnte hier nicht länger bleiben, während unsere Männer an den Fronten verbluteten, die Verteidigung unseres Reiches zusammenbrach und unsere Städte in Feuer und Rauch zusammenfielen. Ich gehörte zu meinem Boot, zu meinen Leuten. Sie waren alles, was ich noch besaß.

An einem kalten Novembernachmittag sagte ich Lore Adieu und nahm den Schlitten zurück nach Triberg. Auf der Fahrt ins Tal fragte ich mich, wohin unser Weg noch führen würde. Was war mit all den Wunderwaffen geschehen, die man uns immer und immer wieder versprochen hatte? Wie sollten wir ohne sie die Russen, die Amerikaner, die Engländer, die Franzosen, die ganze Welt aufhalten und besiegen?

Zwei Tage später kam ich im Stützpunkt in Lübeck-Siems an. Das Wetter war sehr rauh und bitter kalt. Ein eisiger Wind fegte vom Osten heran. Selde, mein neuer L.I., den ich mit der Aufsicht über die Besatzung während meiner Abwesenheit beauftragt hatte, berichtete von Luftangriffen und Terminverschiebungen. Fehlende Ersatzteile hatten die Arbeiten an unserem Boot sehr nachteilig beeinflußt; es war vorauszusehen, daß wir nicht vor Neujahr den Hafen verlassen würden. Trotz der schlechten Nachrichten ließ ich mich in meinem gemütlichen Zimmer in der Holzbaracke mit dem Gefühl nieder, endlich zu Hause angekommen zu sein. Der Raum duftete nach Holz und Harz. Ich wußte meine Männer in den angrenzenden Räumen, hörte ihre lauten Gespräche und ihr Gelächter. Ich fühlte mich erleichtert. Ihre Gegenwart gab mir Vertrauen, war Inhalt meines Tuns und Handelns.

Ich erfuhr bald, daß eine größere Anzahl meiner Leute ähnliche bittere Erfahrungen gemacht hatten. Obermaschinist Berger hatte seine Heimatstadt Cleve zertrümmert vorgefunden. Die Stadt lag nur einen Steinwurf von der Front entfernt. Seine Frau und sein Kind waren in den Flammen umgekommen. Irgend jemand zeigte ihm ein Grab und sagte ihm, daß sie dort begraben lägen. Zur selben Stunde war er umgekehrt und zu Boot und Besatzung zurückgefahren. Ein Maschinenmaat hatte das Haus seiner Eltern in Trümmern vorgefunden, ohne die Angehörigen selbst zu finden. Sie waren, ohne eine Anschrift zu hinterlassen, nach dem Westen gegangen. Auch er war zu seinen Kameraden zurückgeeilt. Andere hatten ihren Urlaub auf Zügen, Omnibussen und auf Bahnhöfen verbracht und hatten die Fluchtwege ihrer Familien von Stadt zu Stadt verfolgt. Für jene, die ihre Lieben schließlich gefunden hatten, blieb wenig Zeit, das Wiedersehen gebührend zu feiern. Einige der Männer waren zurückgekehrt, ohne das Ziel ihrer Reise erreicht zu haben. Die Front war bereits über ihre Heimat, über Höfe und Orte in Ostpreußen hinweggerollt. Für alle, wie auch für mich, führte der Weg nur in eine Richtung – zurück zum Boot und zu den Kameraden, mit denen wir unsere schwersten Stunden geteilt hatten.

Inzwischen war der Dezember mit Eis und Schnee eingekehrt; die beißenden Stürme aus dem Osten kündeten einen langen Winter an. Und die Schwierigkeiten mit meinen drei Offizieren machten meine Stimmung so schlecht wie die trostlosen, grauen Tage. Sie waren nicht nur zu jung für eine verantwortliche Stellung an Bord eines eingefahrenen Frontbootes, sie waren unreif und sehr unerfahren. Sie waren eher ein Problem als eine Hilfe. Mehr noch, sie wurden von den alten Seefahrern nicht mit der notwendigen Achtung, die ihnen als Vorgesetzten gebührte, behandelt. Männer mit langen Fahrenszeiten und hohen Auszeichnungen waren nicht bereit, unverständlichen Befehlen unerfahrener Neulinge Folge zu leisten. Ich war mir klar, daß das Gleichgewicht der Besatzung gestört war, und bemühte mich wiederholt bei der Personalabteilung um die Zukommandierung fronterfahrener Offiziere. Dieser normale Antrag, der noch vor einem Jahr widerspruchslos angenommen worden wäre – selbst wenn man die Wünsche des Kommandanten als launenhaft erkannte –, wurde mir rundweg abgelehnt. Obwohl meiner Bitte meine Sorge um den Bestand des Bootes und damit um das Leben der Besatzung zugrunde lag, war die Antwort der Führung nur allzu deutlich: Wozu sich noch bemühen? Die Lebensspanne eines Bootes war viel zu kurz, als daß eine sorgfältige Auslese der Besatzung sich lohnte.

Meine Schwierigkeiten mit dem Oberfähnrich begannen mit seiner allgemeinen Inkompetenz. Doch um die Dinge auf die Spitze zu treiben, war er von der Führung und der Partei dazu ausersehen, meine Männer in den Richtlinien der Partei zu unterrichten. Die Einmischung der Partei in Marine- beziehungsweise U-Bootangelegenheiten hatte eine kurze, aber stürmische Geschichte. Sie begann mit dem Attentat auf Hitler. Die U-Bootwaffe war bis dahin frei von politischem Einfluß gewesen. Sogar nach dem Attentat, als die Macht der Partei überall zunahm, hatten wir U-Bootkommandanten gegen die Einsickerung politisch geschulter Offiziere erfolgreich passiven Widerstand geleistet. Aber mit dem zunehmenden Verfall des Reiches wuchs der Einfluß der Partei auch in der Marine – zum Entsetzen der U-Bootveteranen mit und ohne Portepee. Meine Leute hatten sich wiederholt über die Durchhaltephrasen beschwert, die der Oberfähnrich ihnen ohne mein Wissen vermittelte. Ihre Reaktion war absolut normal: sie hatten ihre Treue und ihren Mut an der Front bewiesen. Sie brauchten keinen Parteiprediger, der ihnen sagte, wie sie zu kämpfen und zu sterben hatten.

Gleichgültig, ob ich die Abkommandierung des Oberfähnrichs durchsetzen konnte oder nicht – ich war entschlossen, seine Vorträge zu verhindern. Ich befahl meine drei Offiziere zu einer Besprechung in mein Zimmer und machte ihnen klar, daß sie sich für ihre Stellungen an Bord von U-953 noch nicht bewährt hätten und daß ihre Tage gezählt wären, falls sie nicht mein Ausbildungsprogramm einhalten und sich für die kommende Unternehmung entsprechend vorbereiten würden. Ich legte zusätzlich dem Oberfähnrich zahlreiche kleinere Pflichten auf, die ihm keine Zeit für seine Parteireden übrig ließen.

In der zweiten Dezemberwoche hatte die Betriebsamkeit im Hafen und im Stützpunkt bedeutend zugenommen. Sie deutete auf eine Frühjahrsoffensive unserer Kräfte auf See hin. Innerhalb von zehn Tagen waren fünf Boote des Typs VII, Boote einer längst überholten Bauart wie das unsrige, von der Ostsee kommend eingelaufen. Die Baracken sprühten von neuem Leben, und die Werft hallte vom Hämmern und Nieten wider. Aber diese Boote versprachen keine dramatische Veränderung unserer Lage zur See. Sie hatten alles mit unserem altertümlichen U-953 gemeinsam. Und all diese Aktivität konnte unser nachlassendes Kriegsglück nicht aufhalten.

Aber plötzlich erleuchtete eine glänzende Offensive unserer Truppen im Westen den dunklen Horizont; sie weckte neue Hoffnung auf einen Sieg unserer Waffen. In den frühen Morgenstunden des 16. Dezember begannen unsere Armeen in den Ardennen einen gewaltigen Gegenangriff auf die anglo-amerikanischen Linien. Die Rundfunksender des Reichs verkündeten Siege und erstaunliche Fortschritte in den ersten Stunden unseres Angriffs. Die große Offensive, lange versprochen, hatte sich endlich verwirklicht. Wir marschierten endlich wieder nach Westen! Und unsere Divisionen würden nicht anhalten, bis der letzte alliierte Soldat ins Meer getrieben war. Ich lauschte gespannt den Nachrichten und den schmetternden Fanfarenklängen mit einer Mischung von Hoffnung, Sorge und vorsichtiger Bewertung der Meldungen. Obgleich der Massenangriff anfänglich enorme Erfolge erzwang, war der Vorstoß auf einen zu engen Frontabschnitt begrenzt; ein tieferes Eindringen in die feindliche Etappe war von vornherein nicht möglich. Als die Tage vergingen und die Nachrichten aus dem Westen langsam versiegten, ließen meine Hoffnungen nach, und meine Sorgen wuchsen. Eine Woche, nachdem wir von den Fanfaren und den Klängen der Marschmusik aufgerüttelt worden waren, schwiegen die Stimmen, die uns einen schnellen Sieg verkündet hatten. Die Offensive war durch Eis, Schnee und Schlamm aufgehalten und von frischen alliierten Truppen, die eiligst in die Bresche geworfen worden waren, gestoppt worden. Am Weihnachtsabend waren unsere Aussichten auf einen Sieg zerronnen.

Weihnachten im Stützpunkt war ruhig und feierlich, zumindest bis Mitternacht. Ich hatte die Abendrunde durch die verschiedenen Räume gemacht und hier und dort ein ermunterndes Wort gesagt, was bei meinen Männern im Grunde nicht nötig war. Sie hatten sich ihre eigene harte Schale zugelegt, um das, was um sie herum vorging, abzuweisen. Ich zog mich bald auf mein Zimmer zurück.

Im Raum war der Duft des Tannenbaums, den meine Leute in einer Ecke errichtet hatten. Der Baum, das Lametta und das Engelshaar erinnerten mich an glücklichere Weihnachten. Der Stützpunkt war zur Ruhe gekommen. Alles war still.

Stunden nach Mitternacht. Ich wurde von lautem Klopfen aufgeweckt. Es war der politische Oberfähnrich, der Wachhabende in dieser Nacht.

»Herr Oberleutnant, ich muß Ihnen melden, daß sich einige Mädels in den Unterkünften aufhalten.«

»Leiden Sie unter Wahnvorstellungen?«

»Nein, Herr Oberleutnant. Ich beobachtete, wie einer der Seeleute sich mit einem Frauenzimmer durch den Zaun zwängte und in einem der Räume verschwand.«

Die Angelegenheit fing an, interessant zu werden. Ich schlüpfte in meine Uniform und begann meine Runde am entfernten Ende der Baracke, wo die meisten der Männer einen Raum teilten. Ich öffnete leise die Tür. Alles war dunkel und friedlich. Ich knipste das Licht an – aber alles blieb dunkel. Die Leute hatten vorsichtigerweise die Birnen aus den Fassungen geschraubt.

»Holen Sie Ihre Taschenlampe, Oberfähnrich.«

»Jawohl«, sagte er voller Unternehmungslust.

Ich blieb an der Tür horchend stehen. Das langsame, rhythmische Atmen der schlafenden Männer war alles, was ich hörte. Ich bedauerte die Einmischung des Oberfähnrichs in diese Angelegenheit, wie auch meine eigene. Welchen Unterschied machte es zu diesem Zeitpunkt des Krieges, in welchem Bett die Männer liebten? Sicher war, daß keiner von uns noch lange Zeit zum Leben hatte, geschweige denn Zeit zum Lieben. Aber Befehle waren gegeben. Befehle mußten befolgt werden.

Der Oberfähnrich kam mit seiner Taschenlampe zurück, und ich ließ den Lichtstrahl über das Gesicht des ersten Mannes und über seine Decke gleiten. Alles schien normal zu sein. Das nächste Gesicht erwachte, aufgerissene Augen blickten in das kalte Lichtbündel. Die dritte Decke war verräterisch aufgebauscht; ich hob eine Ecke hoch – und entdeckte das kleine Gesicht eines erschrockenen, blonden Mädchens. Ich erkannte, wie grob ich war, und ließ die Decke fallen. Dann ging das Licht in der Baracke an, und ich entdeckte noch zwei weitere Mädchen.

Ich verzögerte die weitere Untersuchung und hoffte, daß die Männer in den anderen Räumen die Flucht ihrer Mädchen aus der Baracke unterstützten. Was die drei Männer anbetraf, die ich auf diese Weise in etwas ungewöhnlicher Lage ertappt hatte, konnte ich den alten Konflikt zwischen militärischer Disziplin und persönlicher Zuneigung nicht vermeiden. Ich verschob die Entscheidung auf die Tage nach Weihnachten.

Am zweiten Weihnachtstag begann die Erde zu zittern – ein bekanntes Symptom. Es war ein stetes, dumpfes Dröhnen in weiter Entfernung. Eine Stadt wurde zerbombt und in Asche verwandelt: Hamburg. Ich nahm eines der starken Zeissgläser und ging auf die nahe Landstraße, von wo man ausgezeichnete Sicht über die Landschaft hatte. Der Winterhimmel war hellblau und wolkenlos. Die Luft war kalt und klar. Eine weiße Wintersonne schien über Hamburg. Sie spiegelte sich wider in den Flügeln und Rümpfen von Hunderten ›Fliegender Festungen‹, die von der Nordsee her einflogen. Sie kamen aus der unwahrscheinlichen Weite immer näher heran. Pulk auf Pulk zog seine Bahn durch die frostklirrende Morgenluft. Winzige graue und schwarze Sprengwolken entfalteten sich zwischen den vielen hundert Bombern, die von unzähligen Jagdflugzeugen begleitet waren. Durch mein Glas sah ich den Bombenregen, den die Maschinen fallen ließen. Dann explodierten die ersten Flugzeuge, rote und gelbe Feuerbälle an einem seidenblauen Himmel. Ich sah brennende Maschinen durch die Luft wirbeln und unsere Messerschmitt-Jäger wie die Falken auf die Bomber niederstürzen. Der Boden zitterte unter meinen Füßen, viele Kilometer von der eigentlichen Hölle entfernt. Tausende unschuldiger Menschen, die am Weihnachtsabend noch um ein gnädiges Schicksal gebetet hatten, wurden nun zerschmettert und verbrannt. Ich dachte an meine Eltern und an meine Schwester, die denselben Tod gefunden hatten.

Was für ein miserabler, scheußlicher Krieg, in dem taugliche Männer und hochentwickelte Maschinen eingesetzt wurden, um die Hilflosen und Harmlosen zu töten. Ich bildete mir ein und glaubte fest daran, daß mein Krieg zur See anders war. Es war ein Krieg, in dem Schiffe benutzt wurden, um andere Schiffe zu versenken und Waffen zu vernichten, bevor sie zur Vernichtung und Zerstörung eingesetzt werden konnten. Aber auf welche Weise auch immer einer seinen Krieg führte und kämpfte, das Endergebnis war unteilbar, unbeeinflußbar von allen, die darin verwickelt waren. Das Sterben in gigantischem Ausmaß war zu einer derartigen Gewohnheit geworden, daß das Leben belanglos erschien. Auch die ehemals so allgemeinen Freuden des Lebens schienen plötzlich unheimlich belanglos zu sein.

Meine Bitternis über den Krieg und über die groben Fehler unserer Führung, die unsere Aufopferung bagatellisierten, wurde Anfang Januar 1945 immer unerträglicher. Nachdem ich die Tage zwischen Weihnachten und Neujahr mit vergeblichen Versuchen verbracht hatte, die Arbeit an unserem Boot zu beschleunigen, erhielt ich Befehl, mich bei Admiral Dönitz in seinem Hauptquartier östlich Berlin zu melden. Es war ein unerwarteter Befehl. Schon seit geraumer Zeit hatte sich der Löwe immer weiter von der Front und von seinen Kommandanten entfernt. In den Jahren glorreicher Siege hatte er seine Männer bei jeder Gelegenheit in den westlichen Stützpunkten besucht. Später, als er Oberbefehlshaber der Marine wurde, hatten seine häufigen Besuche aufgehört; statt dessen sahen ihn seine Kommandanten in der kühlen Atmosphäre seines Hauptquartiers in Paris. Dann, nachdem der Seekrieg seine gewaltige Wendung genommen hatte und unsere Frontboote in Massen dahinstarben, hatte der BdU seinen Sitz nach Berlin verlegt, und die Besprechungen mit seinen Kommandanten hörten bald ganz auf.

In Berlin nahm ich ein Zimmer im altbekannten Hotel *Fürstenhof*, nahm ein langes Brausebad, zog ein neues, weißes Hemd an, fuhr mit der S-Bahn in die Vorstadt Bernau, bestieg einen kleinen Bus, der offenbar nur auf mich gewartet hatte, und rollte dann über eine geteerte Landstraße durch Kiefernwälder in das strengbewachte Hauptquartier mit dem exotischen Namen Koralle. Ein Posten prüfte meine Papiere auf das genaueste und ließ mich eintreten. Irgend jemand führte mich dann in das Innere des Marinehauptquartiers. Sein Labyrinth steriler Gänge, dazu Legionen makellos weißbejackter Offiziere erweckten den Eindruck eines großen Krankenhauses. Nur der Geruch von Äther und Karbol fehlte.

Der Admiral, sagte man mir, war noch nicht anwesend; ich wurde eingeladen, zusammen mit dem Stab das Mittagessen einzunehmen. Die dekorierten Tische, das feine Leinen, das erlesene Porzellan, das ausgesuchte Silberbesteck, die dichten Reihen weißgekleideter Offiziere – all das schien mir übertrieben vornehm. Ich ertappte mich bei dem Gedanken, daß die meisten dieser Herren die Kriegsjahre mit besserem Nutzen hätten verbringen können. Wenn sie sich nur etwas weniger amüsiert und etwas mehr angestrengt hätten, uns an der Front zur richtigen Zeit mit den wirksamsten Waffen auszurüsten, mit Waffen, die wir so dringend benötigten, um zu kämpfen und erfolgreich zu sein, dann würde Deutschland noch die meisten der Besatzungen der 241 Boote haben, die allein im vergangenen Jahr versenkt worden waren –

vielleicht sogar noch eine aktive U-Bootwaffe, nahezu so umfangreich wie die Geisterflotte von 630 U-Booten, die seit Beginn des Krieges auf den Boden des Meeres geschickt worden waren.

Die eleganten Stabsoffiziere standen auf und verschwanden. Ich blieb mit fünf Offizieren allein, die sich durch ihr Marineblau von den weißbejackten Herren unterschieden. Das Fehlen des U-Boot-Abzeichens brandmarkte die fünf Kommandanten als Neulinge, die noch keine Wasserbombenschlacht durchgestanden hatten. Ich erfuhr zu meiner Überraschung, daß sie Kommandanten neuer Boote einer Serie waren, die bereits bei der Indienststellung veraltet war. Sie hatten ihre Ausbildung beendet und waren gerade im Begriff, zu ihrer ersten Feindfahrt auszulaufen, als auch sie zu ihrem Befehlshaber gerufen wurden. Ich betrachtete sie mit einem verstohlenen Blick und sah tote Männer. Sie hatten in der Tat kaum eine Chance, ihre erste Unternehmung zu überstehen. Obwohl sie Männer von hoher Intelligenz waren und eine erstklassige Ausbildung genossen hatten, waren sie äußerst verwundbar. Ihr Mangel war, daß sie nicht an der Front aufgewachsen waren. Ohne die eigene Erfahrung von den gigantischen Abwehrmaßnahmen des Gegners, ohne die harte Lehre der Front hatten sie weder den Instinkt noch das Können, sich erfolgreich mit den unbekannten Verhältnissen auseinanderzusetzen. Ohne Fronterfahrung waren ihre Boote eiserne Särge. Aber es war nicht ihre Schuld. Sie alle waren jung wie ich. Wir glaubten und gehorchten; wir hatten Gehorsam geschworen.

Nach einer kurzen Wartezeit wurde uns mitgeteilt, daß der Löwe bereit war, uns zu empfangen. Wir traten in einen großen, hellen Raum. Dönitz stand am Fenster. Das winterliche Sonnenlicht fiel über sein fahles Gesicht. Er war beträchtlich gealtert, seitdem ich ihn zum letztenmal im Herbst 1941 in Lorient gesehen hatte, an jenem heißen Herbsttag, an dem er das Eiserne Kreuz an meine Jacke geheftet hatte. Er war mager geworden, schmaler und weniger dynamisch.

Der Admiral drückte uns die Hände und wies auf eine Reihe Stühle, die seinem Schreibtisch gegenüberstanden. Für Sekunden schritt er nervös auf und ab. Dann begann er zu sprechen. Er redete langsam, ruhig, jedes Wort wohlüberlegt – ganz im Gegensatz zu seiner energischen, feurigen Art früherer Jahre. Aber er war voller Zuversicht und Entschlossenheit. Er sprach von der Notwendigkeit weiterer Opfer und von neuen Entwicklungen, die den U-Bootkrieg bald günstig beeinflussen würden. Er wiederholte seine früheren Darlegungen, daß wir weiterfahren müßten, bis die neuen Boote zum Einsatz kämen, um die alliierten Seestreitkräfte in ihren eigenen Gewässern zu binden und sie daran zu hindern, in die Seegebiete vorzustoßen, die noch von unseren eigenen Einheiten kontrolliert wurden. Wir seien die Vorposten des Reiches, die den ungleichen Kampf aufrechterhalten mußten, bis sich das Kriegsglück uns wieder zuwenden würde. Dann würden auch wir mit dem Kommando eines neuen Bootes belohnt werden.

Abschließend gab er uns seinen erstaunlichen Entschluß bekannt, alle verfügbaren alten Boote, einschließlich der zur Ausbildung abgestellten Schulboote, im Frühjahr an die Front zu schicken, um den Gegner mit einer großangelegten Offensive zu überraschen.

Die Ansprache des Admirals war kurz und eindrucksvoll. Dönitz, obgleich sichtlich abgespannt, war immer noch in der Lage, den Funken der Begeisterung zu übermitteln, der uns in den Jahren unserer Triumphe angespornt hatte. Doch nichts, was er sagte, war wirklich neu, und ich hatte das Gefühl, daß er nur deshalb so überzeugend wirkte, weil er so verzweifelt um unseren Glauben und Ergebenheit kämpfte. Was ich von ihm wußte, war, daß seine Taktik, die uns einst zum Sieg geführt hatte, nun den Tod Tausender treuer Männer in ihren veralteten Tauchröhren verursachte. Sein letzter Befehl wirkte wie ein verzweifelter Versuch, die unvermeidliche Niederlage zu verzögern. Ich wünschte jedoch von ganzem Herzen, daß meine Annahme falsch war.

Nach zweitägiger Abwesenheit und einer Reise durch Trümmerfelder und rauchgeschwängerte Berliner Luft kehrte ich in den Stützpunkt zurück. Beim Frühstück am nächsten Morgen meldete mir der I.W.O., daß die Überholung unseres Bootes beendet und das Boot an die Mole des Stützpunkts verholt worden sei. Dann berichtete er von zwei U-Booten neuester Bauart, die vor Einbruch der Nacht längsseits gekommen waren. Ich schlüpfte in mein Lederzeug und ging zur Trave hinunter. U-953 lag mit frischgestrichenen Aufbauten, gescheuertem Deck und eingefetteten Flakgeschützen an der Mole. Meine Männer waren zur Morgenmusterung an Oberdeck angetreten, schauten aber mit einem Auge auf die neuen, großen Boote längsseits. Ich schritt über die Stelling auf mein Boot, erwiderte den Gruß des I.W.O. und das donnernde »Guten Morgen, Herr Oberleutnant« der Besatzung. Ich berichtete von meinem Treffen mit dem Löwen und sagte den Männern, daß wir noch einmal mit unserem alten, braven Boot an den Feind fahren mußten, bevor wir ein neues bekämen eines von dem Typ, der längsseits lag. Ich machte das Versprechen in dem Glauben, daß Dönitz sein Wort einlösen würde.

Meine Inspektion von U-953 verlief zufriedenstellend. Die Werft hatte gute Arbeit geleistet. Das Boot, das an allen möglichen Alterskrankheiten gelitten hatte, war wieder tauglich und überraschte mich mit einigen völlig neuen Einrichtungen. Eine hydraulische Schnorchelanlage mit einem bedeutend verbesserten Schwimmer hatte das alte, primitive Gerät ersetzt. Zwei neue Diesel und eine neue Batterieanlage versprachen eine Reise ohne Ausfälle. Der Verwesungsgestank war dem guten Geruch frischer Farbe gewichen. U-953 war erneut frontklar.

Das Interesse an meinem Boot war aber durch die Anwesenheit der beiden neuen Boote beeinträchtigt, die inzwischen meine Aufmerksamkeit auf sich gezogen hatten. Ich überquerte die schmale Laufplanke zu dem großen Walfisch, der neben uns lag, und fragte den Posten an Oberdeck: »Ist der Kommandant an Bord?«

»Jawohl, Herr Oberleutnant.«

»Wie heißt Ihr Kommandant?«

»Kapitänleutnant Siegmann.«

Was für ein Zufall! Mein alter Kommandant von U-230! Ich kletterte schnell auf die Brückenaufbauten, fiel durchs Luk in einen geräumigen Turm voller rätselhafter Anlagen und ließ mich dann an der Leiter in die Zentrale hinunter, die dem Turbinenhaus eines Kraftwerks glich. Ich erkannte Siegmann in seiner Nische im Vorschiff; er wandte mir den Rücken zu. Ich beugte mich durchs Kugelschott und sagte: »Guten Morgen, Herr Kapitänleutnant, melde mich gehorsamst an Bord.«

Er fuhr herum. »Sind Sie das wirklich? Was, zum Teufel, bringt Sie denn in diesen lausigen Hafen?«

»Bin von Norwegen gekommen, um aus meiner alten Schaluppe ein neues Boot zu machen.«

»Was, Sie fahren noch einen dieser alten Särge?«

»Ja, ich habe leider nicht Ihre Verbindungen. Gratuliere zu Ihrem neuen Boot.«

»Besten Dank. Kommen Sie, ich nehme Sie auf einen Rundgang mit – oder haben Sie so ein Boot schon gesehen?«

»Nein, hatte noch nicht das Vergnügen.«

Auf dem Weg zum Bugraum berichtete Siegmann in kurzen Worten, daß er im Frühjahr des vergangenen Jahres sein altes U-230 gegen dieses Wunderboot eingetauscht hatte, daß Friedrich weiterhin sein Leitender war und daß er einige Schlüsselstellungen mit Männern von U-230 besetzen konnte. Dann verriet er mit deutlicher Besorgnis in der Stimme, daß unser U-230 bei der Invasion im südlichen Frankreich auf See verlorengegangen war, wobei aber laut Agentenmeldung unsere treuen Männer in Gefangenschaft geraten seien. Nein, Riedel war nicht unter den Gefangenen. Er war kurz vor dem Ende der U-Boot-Ära im Mittelmeer auf U-242 kommandiert worden und sah seiner ersten Unternehmung als Kommandant entgegen.

Wir waren im Bugraum angekommen. Sechs Torpedorohre, statt unserer vier, ragten in den großen Raum. Am Druckkörper waren die Halterungen für vierzehn Torpedos angebracht. Die Abteilung glich einem technischen Laboratorium mit einer Fülle neuester Apparate und Instrumente.

»Wir laden unsere Rohre in zehn Minuten nach. Alles geht mühelos und völlig hydraulisch«, erklärte Siegmann stolz. »Wir drücken einige Knöpfe, und das Nachladen wird geräuschlos und automatisch vorgenommen. Wir fassen unsere Torpedos überhaupt nicht mehr an.«

Der Bugraum war allein für die Lagerung, Bedienung und das Nachladen der Aale bestimmt. Die Besatzung, die auf den alten Booten zwischen Torpedos und Nachladeeinrichtung wie die Heringe zusammengepackt lebte, schlief und ihre Mahlzeiten einnahm, war nun in einer eigenen, geräumigen Abteilung untergebracht. Unteroffiziers –, Oberfeldwebel- und Offiziersräume glichen Luxuskabinen auf Ozeanriesen. Die Wasserverdrängung dieses Bootes war nahezu dreimal so groß wie die von U-953.

Siegmann erläuterte weiter: »Sie werden erstaunt sein, zu hören, daß wir unter Wasser schneller sind als über Wasser. Wir können eine Tauchfahrt von 17 Seemeilen für mehrere Stunden halten, ohne unsere Batterien völlig zu erschöpfen.«

»Das bedeutet, daß Sie die alten Geleitzugschlachten im getauchten Zustand wieder aufleben lassen können.«

»Mehr als das. Wir sind nicht nur schneller als die alten Boote und viele Zerstörer, wir können auch aus einer Tiefe von 50 Metern schießen, ohne die Ziele zu sehen. Wir tauchen fast doppelt so tief wie Sie mit Ihrer alten Tauchröhre, und wir laufen vor jedem Zerstörer mit Leichtigkeit weg.«

»Das macht das Boot praktisch unverwundbar.«

»Richtig. Die hohe Unterwasser-Geschwindigkeit erlaubt uns, anzugreifen und abzulaufen, ohne entdeckt oder geortet zu werden. Ein neuer Vorhaltrechner gibt uns eine hundertprozentige Treffsicherheit. Unser neuer Schnorchel wird in derselben Weise ein- und ausgefahren wie das Sehrohr. Er erlaubt uns schnelleres Nachladen der Batterien. Dieses Boot ist das totale U-Boot.«

Was man uns seit Monaten erzählt hatte, war tatsächlich wahr: die neuen Wunderboote existierten. Der Beweis war überwältigend. Es waren Wunderwerke der Technik. Diese Boote, in genügender Anzahl eingesetzt, konnten noch immer die Alliierten zur See in die Defensive zwingen. Wenn nur die Fronten im Osten und im Westen lange genug standhielten …

Siegmann bedauerte, meine Einladung zum Mittagessen ablehnen zu müssen. Er hatte seiner Frau versprochen, das Wochenende mit seiner Familie auf dem Lande nahe Hamburg zu verbringen, und der Zug verließ Lübeck in einer knappen Stunde. Wir trennten uns mit einem herzhaften Händedruck und wünschten uns gegenseitig Glück und Erfolg. Aber wir beide wußten, daß unsere guten Wünsche nur wohlgemeinte Phrasen waren und daß eine Riesenwand zwischen uns aufgerichtet war. Sein Boot gab ihm alle Garantien, weiterzuleben und das Ende des Krieges zu sehen. Mein Boot verdammte mich zum sicheren Tod.

Mit wachsender Bitternis und in großer Sorge um meine Besatzung bereitete ich mich auf ein Auslaufen am frühen Morgen vor.

9

Am Morgen des 4. Februar lief U-953 aus der Kieler Bucht. Kurs war Nord. Wir hatten in Kiel, mitten im Schneesturm abgelegt, nachdem wir dort Torpedo-Übernahme und Ausrüstung unter völlig veränderten Verhältnissen vorgenommen hatten. Nach zwölfstündigem Rollen und Schlingern in den kurzen Brechern der winterlichen Ostsee schien es uns, als wären wir niemals an Land gewesen. Trotz der vielen Flüche und unfreundlichen Bemerkungen, die wir über unser Boot gemacht hatten, war es seetüchtig und benahm sich wie ein anständiges Schiff.

U-953 pflügte mit ›Großer Fahrt‹ durch das Fahrwasser zwischen den dänischen Inseln. Ein umfangreiches Arsenal elektronischer Geräte sicherte es vor einem Überraschungsangriff aus der Luft. Ein neues Funkmeßortungsgerät, das ›Hohentwiel‹, das wie ein Sehrohr ausgefahren werden konnte, drehte sich stetig im Kreis. Noch war die Luft feindfrei, und das neue Gerät bewährte sich ausgezeichnet, indem es die Bojen im Fahrwasser bereits an der Kimm aufnahm.

Wir erreichten das Skagerrak am zweiten Abend. Zugleich mit unserer Ankunft in tiefem Wasser kam Nebel auf. Feindliche Flugzeuge hatten uns seit Stunden verfolgt, ihren Angriff aber auf die Nachtstunden verschoben. Schwache Ortungen zirpten aus verschiedenen Richtungen, aber der dichte Nebel umhüllte das Boot wie Baumwolle. Trotz der weißen Decke hatte ich nicht vor, das Boot zu riskieren und mich an der Oberfläche mit den Bienen herumzuschlagen. Als unser Funkmeßgerät zwei Flugzeuge an der unsichtbaren Kimm aufnahm, befahl ich dem neuen Leitenden, das Boot langsam unter Wasser zu bringen, und fügte hinzu: »Keine übermäßige Lastigkeit, bitte, und bring das Boot vorsichtig auf 25 Meter.«

Ich hörte noch den langgezogenen, zischenden Laut der aus den Tauchzellen ausströmenden Luft und fühlte, wie das Boot vorne schnell wegfiel. Bevor ich das Turmluk zuschlug, war mein letzter Gedanke, daß die Tommies unsere Tauchstelle in diesem Nebel wohl kaum finden würden.

U-953 tauchte, wie ich annahm, für eine Unterwasserreise von sieben oder acht Wochen, die mit dem Einlaufen in einem norwegischen Hafen enden würde.

Dann hörte das Zischen und Dröhnen entweichender Luft auf, das Boot pendelte durch, legte sich auf ebenen Kiel, und ich ließ mich vom Turm auf die Flurplatten fallen.

Plötzlich ein Schrei von achtern: »Dieselladeluk gerissen, macht stark Wasser!«

»Gottsakra, auch das noch!« fluchte ich. »Zur Hölle mit diesem alten Kasten.« Dann gab ich schnell meine Befehle: »Entlüftungen schließen – klar zum Anblasen. – Hauptlenzpumpe anstellen.«

Aber bevor die Kreiselpumpe wirksam wurde, sackte das Heck des Bootes schnell weg. Ich gab meine weiteren Befehle so ruhig wie möglich. »Schwimmwesten oder Tauchretter anlegen – klar zum Gefecht – beide Maschinen große Fahrt voraus – anblasen!« Dann kletterte ich in den Turm.

Ein Ruf aus der Zentrale: »Brücke kommt frei.«

Ich öffnete das Luk, stemmte mich auf die Brücke. Die Kanoniere folgten sofort. Nacht hatte die Abenddämmerung abgelöst. Der Nebel lag so dicht um das Boot, daß es aussah, als hätte es Heck und Bug verloren. Es gab nur einen Weg, den nach Norden in den Oslofjord. Ich hoffte – sollten wir die Nacht überleben –, in dem kleinen Marinestützpunkt Horten Werfteinrichtungen vorzufinden, um das Leck zu reparieren.

»Flugzeug in rechtweisend 125 Grad – Entfernung 500 – kommt schnell näher«, kam der Ruf des Funkers durchs Sprachrohr. Dann ein Gebrumm in der Luft. Die Steuerbord-Doppelflak begann loszuhämmern. Die 3,7-cm-Automatik folgte. Im Bruchteil einer Sekunde huschte ein Schatten über unser Boot. Irgendwo detonierten zwei Bomben. Die Motoren einer zweiten Maschine heulten auf. Unsere Geschütze schickten eine Barriere von Metall in den Nebel. Dann wieder das Dröhnen über uns. Es bellte und spuckte. Plötzlich fiel helles Licht vom Himmel. Der Nebel leuchtete wie loderndes Feuer. Der Tommy hatte einen Leuchtfallschirm abgeworfen, der irgendwo im Nebel hing.

Neuer Angriff von Steuerbord achteraus. Unsere Leuchtspurgeschosse spritzten durch die Helligkeit. Eine zweite Leuchtrakete entfaltete sich, blendete uns. Wir hörten das Brummen zweier Maschinen, die über der Nebeldecke um unser Boot kreisten. Dann nahm unser ›Hohentwiel‹ eine dritte Maschine auf. Bald waren es vier, die wie hungrige Aasgeier um uns herumflogen. Schußbereit, die Munition zu Bergen aufgestapelt und mit einigen Seitenblicken auf das eiskalte Wasser des Skagerrak, erwarteten wir den Angriff. Dann tauchte eine Maschine nach der anderen im Sturzflug auf uns nieder. Hartes Rudermanöver – wildes Feuern unserer Flawaffen. Das Heulen der Motoren und das Klirren unserer Diesel vermischte sich mit dem Kläffen der Kanonen. Als der Angriff vorbei war, stellte unser ›Hohentwiel‹ nur noch drei Maschinen fest.

Unsere Diesel hämmerten mit den Flugzeugmotoren um die Wette. Unsere Geschütze bewegten sich langsam und folgten der Richtung, die unser Funkmeßgerät anzeigte. Über zwei Stunden kein neuer Angriff. Dann, um 2 Uhr 20, brach unser ›Hohentwiel‹ zusammen: das Hauptkabel war durchgeschmort. Mit dem Ausfall unseres Auges in der Luft hatten wir keine Möglichkeit mehr, genau zu schießen. Das Ende unseres Bootes schien näher als der Oslofjord.

Wir rauschten mit langen Zickzackschlägen nach Norden. Weitere zwei Stunden hingen die Bienen über uns, ohne anzugreifen. Dann ereignete sich wieder das Unbegreifliche, das Unwahrscheinliche. Eine Maschine nach der andern gab die Verfolgung auf und verschwand hinter der westlichen Kimm. Um 4 Uhr 40 war die Luft frei von Flugzeugen. Kurz nach 6 Uhr hob sich der Nebel und legte die norwegische Küste bloß. Ein scharfer Kurswechsel nach Nordosten – und eine Stunde später liefen wir in den Hafen von Horten ein.

Zu meiner Enttäuschung war der Stützpunkt nicht hinreichend ausgerüstet, um mein Dieselladeluk zu reparieren. Ich beschloß, in der kommenden Nacht nach Kristiansand zu fahren; die dortige Flottille besaß eine größere schwimmende Reparaturwerkstatt. Es gelang mir jedoch, einen tüchtigen Elektroingenieur aufzutreiben, der das verbrannte Hauptkabel des ›Hohentwiel‹ durch ein neues ersetzte. Nach einem rastlosen Tag in einem ungeschützten Hafen steuerte ich U-953 nach Einbruch der Dunkelheit in die gefährlichen Küstengewässer. Mit Höchstfahrt rauschten wir an den schwarzen Schären entlang, ertasteten unseren Weg mit Hilfe des Funkmeßgeräts durch kleine Ansammlungen norwegischer Fischerboote und entkamen so den Ortungen der Tommies, die die südlichen Seegebiete nach U-Booten absuchten. Eine Stunde vor Sonnenaufgang schlängelte sich U-953 durch das tückische Fahrwasser in den Hafen von Kristiansand. Hier erfuhr ich zu meinem erneuten Ärger, daß der einzige Platz, an dem meine Ladeluke geschweißt werden konnte, die Werft in Bergen war. Ich hatte keine andere Wahl, als meine Reise tauchunklar fortzusetzen, hoffte jedoch auf mein sprichwörtliches Glück und auf die Unachtsamkeit der englischen Flieger. Ich wußte, daß ich keine Möglichkeit hatte, eine Katastrophe zu verhüten, falls der Gegner mit einem Massenangriff aus der Luft zuschlug.

Eine Stunde nach Dunkelwerden legten wir ab, hämmerten durch eine mittelmäßige See, jagten durch die gefährlichen Klippen bei Mandal, schwenkten entlang der schattenhaften Küste nach Norden, tasteten uns mit dem Funkmeßgerät in einen Fjord und rauschten im Schatten der norwegischen Berge nach Egersund. Wieder versteckten wir uns unter den Asten der Krüppelföhren, die aus den Felsen wuchsen, rauschten nach Einbruch der Nacht wieder hinaus in die offene See, karrten mit brummenden Dieseln und brausenden Lüftern, von brüllenden Ortungen verfolgt, an der Küste entlang nach Stavanger. In der folgenden Nacht schlängelten wir uns durch enges Fahrwasser und erdrückende Fjorde an den Rohren englischer S-Boote vorbei immer weiter nach Norden, bis endlich bei Sonnenaufgang am 16. Februar der Bug unseres Bootes in den Bergenfjord wies. Damit kam unsere selbstmörderische Reise zu einem Ende, eine Leistung, die zur damaligen Zeit als undurchführbar galt. Wir hatten den ganzen Weg von Kiel bis Bergen, ohne Schaden zu nehmen, aufgetaucht zurückgelegt. Ich war überzeugt, daß ich diese Fahrt nicht wiederholen konnte.

Wir fanden die 11. U-Boot-Flottille in einem Zustand größter Besorgnis. Die Aufregung galt nur teilweise dem mysteriösen Verschwinden von U-1053 am vorhergehenden Tag. Das Boot, das nach dem Einlaufen von seiner ersten Unternehmung einen Tieftauchversuch an der tiefsten Stelle des Fjords durchgeführt hatte, war nicht mehr an die Oberfläche zurückgekommen. Trotz aufgeregter und verzweifelter Suche war keine Spur des Bootes gefunden worden.

Der zweite Grund der Aufregung war eine erschütternde Rundfunkmeldung, nach der die Rote Armee durch unsere Front im Osten durchgebrochen war und unsere Truppen auf das Westufer der Oder zurückgetrieben hatte. Außerdem war es den Russen gelungen, auf der Westseite der Oder nahe Wriezen einen Brückenkopf zu errichten. So unwahrscheinlich es klingen mochte – Tatsache war, daß die Sowjets damit nur 60 Kilometer östlich von Berlin und nur 40 Kilometer vor Dönitz' Hauptquartier standen. Es war allzu deutlich, daß die Wahrheit stärker war als Hoffnungen und Wünsche. Die Wahrheit war brutal und unparteiisch. Ich erkannte mit erschreckender Nüchternheit, daß das Bestehen Deutschlands in viel größerer Gefahr war, als wir den Mut hatten, zuzugeben.

Trotz all dieser erdrückenden Nachrichten, die täglich auf mich einstürmten, fuhr ich fort, meine Arbeit zu verrichten, als ginge der Krieg nie zu Ende. Mit grimmiger Energie konzentrierte ich mich darauf, mein Boot so zu führen, wie es mir befohlen war. Am Nachmittag jenes Tages verholte ich U-953 in die Werft, um das Dieselladeluk nieten und schweißen zu lassen. Ich hatte alle Maschinen, Batterien und Ausrüstung an Bord und nicht die Absicht, das Luk zu benutzen, solange ich das Boot führte. Ich zog mich früh auf mein Zimmer im Stützpunkt zurück. Es war die letzte Gelegenheit, um in Frieden zu schlafen, bevor ich wochenlang über das Leben von Boot und Besatzung Wache halten würde.

Am frühen Nachmittag des 9. Februar entließ die Werft mein Boot. Ich hatte die Versicherung des Werftpersonals, daß die Schweißnaht um die Ladeluke auch den schwersten Wasserbombenschlägen standhalten würde. Um die Dichtigkeit und Druckfestigkeit des Bootes zu prüfen, folgte ich dem Weg, den U-1053 auf seiner Fahrt in den Tod genommen hatte. Dasselbe kleine Sicherungsfahrzeug, das vergeblich auf die Rückkehr von U-1053 gewartet hatte, legte sich längsseits und erwartete den Beginn unseres Tieftauchversuchs. Ich brachte U-953 zum Stillstand, schloß mich mit meinen Leuten in der langen Trommel ein und befahl dem L.I., das Boot vorsichtig und schulmäßig unter die Oberfläche zu bringen. Das Boot sank, schwebte tiefer und tiefer, langsam, vorsichtig. Wir horchten auf das kleinste Geräusch, lauschten und warteten auf das Krachen eines Niets, das Reißen einer Schweißnaht, das Brechen einer Spante. Aber alles blieb still. U-953 sank auf 250 Meter, die Grenze unseres Versuchs. Das Boot blieb dicht, verhielt sich gut und führte alle Befehle willig aus.

Am späten Abend des 21. Februar verließen wir Bergen. Die Nacht war schnell über den Fjord gefallen. Die Berge ragten über uns zusammen, als wollten sie uns erdrücken. Ein Sturm jagte schwere Wolken von West nach Ost. Fetzen schnell dahinziehender Regenböen bedeckten gelegentlich den klaren Mond und lieferten den Vorhang für unser Verschwinden. Nach zwei Stunden erreichten wir die nördliche Ausfahrt des Bergenfjords. Bizarre Klippen, drohende Schären reflektierten das fahle Mondlicht und brachen den gischtenden Ansturm des Meeres.

»Ortungen über den ganzen vorlichen Sektor«, brüllte der Funkmaat durchs Sprachrohr.

Ich stand in meiner Steuerbordnock auf der Brücke und spähte angestrengt in die Weite des nächtlichen Himmels. Ich wußte, daß unsere Überwasserfahrt nur sehr kurz sein würde und daß die Tommies bereits ungeduldig auf ihr Opfer warteten. Aber ich brauchte noch Zeit, vielleicht todbringende Minuten, um das Boot von der Strömung und den Klippen freizusteuern. Als U-953 aus den relativ ruhigen Wassern des Fjords in die aufstürmenden Wellen der Norwegischen See überwechselte, rief ich den L.I. ans Turmluk. »Hören Sie gut zu, Selde«, sagte ich wie zu einem Kind, »bei Alarm will ich, daß Sie das Boot sehr vorsichtig und sehr flach nach unten bringen. Keine Eile, keine übermäßige Vorlastigkeit. Nicht mehr als dreißig Grad und nicht tiefer als dreißig Meter. Haben Sie mich verstanden?«

»Jawohl, nicht mehr als dreißig Grad, nicht tiefer als dreißig Meter.«

»Ortung in 2500 Metern, Lage Null ...« schrie der Maat von unten. Das war das Ende unserer Überwasserfahrt. Die Alarmglocke schrillte. Die Luft entwich pfeifend. Noch als ich mich durchs Turmluk zwängte, bemerkte ich, wie der Bug zu schnell und zu steil wegfiel. Ich rief entsetzt: »Halt' das Boot über dreißig Meter, L.I. Paß auf, oder wir sitzen auf den Felsen ...«

Ich schlug den Deckel dicht und fühlte im selben Moment, wie das Boot in eine starke Vorlastigkeit fiel. »Verflucht, Selde, fangen Sie das Boot ab und halten Sie die Nase hoch ...«

Ein erschütternder Schlag, ein Krachen, Schleifen – Aufprall. Ich wurde durch die Zentrale gegen das vordere Schott geworfen. Dann bäumte sich das Boot wie ein wildes Pferd auf und schoß unkontrolliert an die Oberfläche. Ich griff sofort ein. Harte Tiefenruderlagen, schnelles Trimmen und Regeln – und das Boot beruhigte sich langsam. Mit rasendem Puls und noch außer Atem fragte ich den L.I.: »Was in Teufels Namen haben Sie gemacht?«

»Der Trimm muß sich verlagert haben«, murmelte Selde entschuldigend.

»Unsinn, L.I., Sie haben den Trimm vor drei Stunden selbst hergestellt.«

»Es kann auch der frontale Angriff der See gewesen sein.«

»Nun reden Sie kein dummes Zeug, Selde. Ich sehe, ich muß Ihnen das Tauchen beibringen, wenn wir wieder eingelaufen sind, vorausgesetzt, wir kehren wieder zurück.« Ich griff nach dem Mikrophon und befahl: »Achtung Bugraum. Alle Torpedorohre, Mündungsklappen, Gestänge und Außenbordventile überprüfen. Meldungen sofort erbeten.«

Nach Minuten angespannten Wartens kamen die Meldungen. Der I.W.O. im Bugraum meldete alles in Ordnung. Meine Befürchtungen hatten sich nicht verwirklicht. Obwohl der Stoß gewaltig war, schienen wir ohne Schäden davongekommen zu sein. Für eine ganze Weile glitt U-953 auf der vorgeschriebenen Tiefe. Kurs war Nordwest – Richtung Atlantik. Aber bald demonstrierte der L.I. wieder seine Unerfahrenheit, schlimmer noch, das Fehlen jeglicher Eignung. Unfähig, das Boot auf ebenem Kiel und auf Schnorcheltiefe zu halten, setzte er uns wiederholt den wachsamen Augen der Tommies aus und ließ Sehrohr und Schnorchel fünf bis sechs Meter aus dem Wasser ragen, nur um uns anschließend mit jäher Vorlastigkeit dem Grund entgegenzujagen. Wieder und wieder verlagerte er den Trimm des Bootes und bereitete der Besatzung unerträgliche Foltern. Plötzliche Luftleere ließ die Männer erbrechen, ihre Trommelfelle platzen und ihre Augen hervorquellen. Zu alledem warfen uns die Pirouetten des Bootes auf den nassen Flurplatten einmal nach voraus, dann unversehens achteraus. Wenn die Marter untragbar wurde, sprang ich nach vorne, übernahm die Tiefensteuerung, zwang das Boot in ruhige Lage und versuchte dem L.I. die Grundbegriffe des Schnorchelns beizubringen.

Nacht für Nacht schnorchelten wir unter wilden Bewegungen des Bootes immer tiefer in das feindliche Abwehrgebiet. Seit wir die westfranzösischen Häfen aufgeben mußten, hatten die Alliierten ihre vormals weitverteilten Seestreitkräfte zusammengezogen und um die englischen Inseln konzentriert. Zerstörer in überwältigender Anzahl waren nahe den Faröer- und den Shetland-Inseln postiert, um die wenigen einsamen Wölfe abzufangen, deren Ein- und Auslaufen der britischen Admiralität von Verrätern aus unseren eigenen Reihen mitgeteilt wurde. Keine unserer Vorbereitungen für die Frühjahrsoffensive zur See, kein Operationsbefehl war dem Gegner unbekannt geblieben. Während der ersten Tage im Februar wurden sechs Boote versenkt. Alle waren zu ihrer ersten Feindfahrt ausgelaufen. Eines nach dem anderen fuhr in die gigantische Abwehr des Gegners, der auf ihr Kommen bereits vorbereitet war. Unerfahren und unter Wasser zu langsam, hatten sie keine Chance, der engen Zusammenarbeit der gegnerischen Kräfte auf See und in der Luft auszuweichen. Die Gewässer um England waren eine Art privates Schwimmbecken für die Alliierten geworden, in dem sie mit den lahmen U-Booten ihr Spiel trieben und sie erbarmungslos dahinschlachteten. Und sollte es den vielen hundert Flugzeugen und den U-Jagdgruppen nicht gelungen sein, das eine oder andere Boot zu stellen, dann gab es noch die Hunderte von Quadratmeilen minenverseuchten Seegebietes.

Das war die Lage, als U-953 sich der ersten Linie der alliierten Abwehr näherte. Seit Tagen hatte die Besatzung unter den Manövern des Leitenden gelitten. Aber trotz ihrer geplatzten Trommelfelle, ihrer hervorquellenden Augen und gequälten Lungen verlor keiner den Sinn oder den Humor. Wenn ruhige Unterwasserfahrt die Schnorchelroutine ersetzte, entspannten sich die Männer. Einige schrieben Briefe, die, wie sie genau wußten, niemals abgesandt werden würden. Andere lasen oder schrieben Gedichte. Ich erhielt gelegentlich Abschriften ihrer literarischen Erzeugnisse zusammen mit den maschinengeschriebenen Blättern des täglichen Wehrmachtberichts. Die Verse ersetzten an Echtheit und Glaubwürdigkeit, was ihnen an Stil abging.

Die ›Schnorchel-Klage‹, von dem Maschinengefreiten Hagemann verfaßt, behandelte mit Humor die Leiden, die wir jede Nacht erduldeten:

»Seit Bergen ist uns Armen schon
Soviel Trauriges beschieden.
Mit Zittern, Zagen und klagendem Ton
Gehen wir immer auf Schnorchelstation.
Denn das Trommelfell wird uns aus dem Ohr gerissen,
Und wir werden vor Schmerz an Deck geschmissen.
Die Augen aus dem Kopfe kommen,
Sie werden zum Sehen in die Hand genommen.
Mit verzerrtem Gesicht steht die ganze Blase
Und kneift zum Druckausgleich sich die Nase.
Ein jeder denkt: ›Wie wär es mir lieb,
Wenn das Schnorcheln mir nur ein Geheimnis blieb'.‹
Doch wir sind eben zum Schnorcheln geboren
Und vom Schicksal dazu erkoren,
Alle einmal in späteren Tagen
Trommelfell und Augen in der Tasche zu tragen.«

Der Mechanikergefreite Müller, gutmütig und noch sehr jung, brachte ein heitereres Thema in Verse:

»Ein Seemann trägt zur Dekorierung
Mitunter eine Tätowierung.
Geständnisse all seiner Sünden,
Sind auf seiner Haut zu finden.
Bei Ankertau und Rettungsringen,
Bei Sägefisch und Schmetterlingen
Thront wunderschön in Grün und Blau
die einst geliebte nackte Frau.
Er hält sie sicher, fest und warm
Auf dem behaarten linken Arm.
Rechts ein verschlungenes Händepaar,
Darunter: Hanni, dein für immerdar.
Manche Mädchen stehen dazwischen,
Mitsamt dem Datum durchgestrichen.
Ja, so ein Seemann ist beherzt.
Ein falsches Weib ist schnell verschmerzt.
Ein Strich hindurch! Wo ist noch Platz?
Ich hab' schon einen neuen Schatz.«

Nach einer Woche erbarmungsloser Tortur und verzweifelter Versuche, den Horden der U-Jagdgruppen auszuweichen, erhielten wir unseren Einsatzbefehl. Unsere Funker empfingen den F. T. eine Stunde vor Mitternacht am 3. März. U-953 stampfte schwer, schlug und pendelte, am Schnorchelmast und am Sehrohr hängend, in einem wilden Sturm aus westlicher Richtung. Der L.I. versuchte vergeblich, das Boot auf Schnorcheltiefe zu halten. Es stieg und fiel wie eine Schaukel und zwang die Männer, sich an Rohrleitungen und Handrädern festzuklammern. In schierer Verzweiflung über so viel Unzulänglichkeit und nach Tagen endloser Quälerei, die uns wiederholt an den Rand der Vernichtung brachten, übernahm ich die Tiefensteuerung und rief in das Chaos: »Wie oft soll ich Ihnen denn noch zeigen, wie man das Boot steuert und auf ebenem Kiel hält?«

»Der Sturm ist an allem schuld. Er wird von Minute zu Minute schlimmer. Nur deshalb kann ich das Boot nicht halten.«

»Erzählen Sie mir keine Geschichten, Selde. Sie sehen, das Boot steht wie ein Felsen im Wasser. Nehmen Sie es, und halten Sie es auf dreizehn Meter.«

Innerhalb von Minuten hatte das Boot seine Stabilität wieder verloren. Die Männer rangen nach Luft und rutschten erneut auf den nassen Flurplatten wie auf Eis. Und dann kippte das Boot plötzlich an und schoß an die Oberfläche. Brückenaufbauten, Sehrohr und Schnorchelmast ragten fünfzehn Meter aus dem Meer und boten jedem aufmerksamen Gegner das beste Ziel.

Und die Habichte hatten uns schon entdeckt. »Ortung Lautstärke drei ...« brüllte der Funker.

Ich widerstand meinem Drang, in den Turm zu klettern, das Turmluk aufzureißen, die Männer auf die Brücke zu jagen und die Kanonen zu besetzen, und brüllte statt dessen: »Beide Diesel äußerste Kraft voraus – alle Entlüftungen öffnen – alle Mann in den Bugraum – das gilt auch für Sie, L.I.«

Die Diesel hämmerten wild. Das Boot stampfte hart in der langen Dünung. Einige Sekunden, die wie ein ganzes Leben schienen, hielt die See das Boot in einem eisernen Griff, fuhren wir in der Trommel eingeschlossen an der Oberfläche. Dann endlich sank es, ganz langsam zuerst, dann immer schneller. Als es in eine vierziggradige Vorlastigkeit abkippte, kämpften sich die Männer zu ihren Stationen zurück, krochen, schoben und zwängten sich in die achteren Abteilungen. Die E-Maschinen übernahmen den Antrieb, Schnorchel und Sehrohr schnitten unter, und das Boot stürzte in die Tiefe. Auf 80 Metern gelang es mir, das Boot abzufangen, auszupendeln und zu trimmen. Erst dann bemerkte ich, daß uns keine Bomben in die Tiefe gefolgt waren.

Zwanzig Minuten später, als U-953 wieder seinen Weg westwärts schnorchelte, schloß ich das Kapitel ›Leitender‹ ein für allemal. Es war mir klar, Selde würde es nie lernen. Es war mir aber auch klar, daß ich es nicht verantworten konnte, ihm auch nur noch eine einzige Gelegenheit zu geben, vierundfünfzig Männer mit ihrem Boot ins nasse Grab zu schicken. Sie waren mir anvertraut. Ich würde sie nicht sinnlos opfern. Ich befahl dem L.I., die Zentrale zu verlassen, sich für die Dauer der Unternehmung in der Offiziersmesse aufzuhalten und sich als meinen Gast zu betrachten.

Für den Rest der Nacht fuhr ich das Boot weiter auf Schnorcheltiefe und änderte den Kurs nach Westsüdwest. Als die ersten Asdic-Ortungen gegen den Druckkörper schlugen und eine Anzahl Schraubengeräusche in typischen Suchschlägen näherkamen, ließ ich die Diesel abstellen, den Luftmast niederlegen und bereitete das Boot auf einen Zusammenstoß mit dem Gegner vor.

Der Funkspruch der Führung lag seit Mitternacht unberührt auf dem Koppeltisch. Ich hielt das Papier unter die kleine Lampe und las: U-953 – OPERATIONSGEBIET IN PLYMOUTH BUCHT VON LIZARD HEAD BIS START POINT – ENTLANG 200-METER-LINIE MARSCHIEREN – ANGABEN ÜBER NEUE MINENFELDER FOLGEN.

Der Befehl war aus zwei Gründen verblüffend. Admiral Dönitz hatte den U-Boot-Einsatz im Kanal bereits im Oktober vorigen Jahres aufgegeben, da unsere Verluste in keinem Verhältnis zu den Erfolgen standen. Warum hatte er sich jetzt entschlossen, uns in ein Seegebiet zurückzuschicken, das bereits mit den Trümmern unserer U-Boote übersät war? Und warum bestand er auf dem hartnäckigen Befehl, unsere Boote entlang der 200-Meter-Linie marschieren zu lassen, wo sie wie die lahmen Enten abgefangen und versenkt wurden? Die Führung war oft genug – und nicht von mir allein – von der enormen feindlichen Abwehr an dieser Linie unterrichtet worden. Konnte es die Absicht der Führung sein, uns dem Gegner auszusetzen und in unser Massengrab fahren zu lassen, statt das Leben der letzten U-Bootfahrer sinnvoll einzusetzen? Entschlossen, keinen Selbstmord zu begehen, ließ ich den letzten Teil des Befehls unbeachtet und steuerte das Boot auf meiner bewährten, alten Route nach Süden.

U-953 machte auf seinem Marsch entlang der westlichen Hebriden gute Fortschritte. Ich navigierte es auf 40 Metern Tiefe vorsichtig an der westlichen Kante der riesigen Minenfelder entlang, umging eine Horde Zerstörer am Eingang zum Nordkanal, glitt durch die gefährlichen Küstengewässer westlich Irlands, passierte die bekannten Leuchtfeuer, nahm Peilungen mit dem Sehrohr, entwischte einem Zerstörer, der sich auf meine verlängerte Kurslinie geschmuggelt hatte, und setzte meine Reise nach dem Süden mit größter Vorsicht fort. Während unserer geheimen Reise ins Operationsgebiet brachte der Versuch der Führung, den U-Bootkrieg im Kanal wieder aufleben zu lassen, die ersten Opfer. U-480 wurde nahe Land's End versenkt. U-927 wurde von einem Flugzeug bei den Eddystone Rocks vor Plymouth vernichtet. U-322 fand sein Ende nahe den Shetland-Inseln, und U-869 wurde vor Gibraltar von einer U-Jagdgruppe in die Tiefe geschickt. U-869 war das fünfzehnte Boot, das im Februar auf den Grund geschickt wurde.

Drei Wochen Unterwasserfahrt lagen bereits hinter uns. Drei Wochen ohne Schlaf. Einundzwanzig Tage, erfüllt vom Lärm der Diesel, von der wütenden See, von entfernten Wasserbombenexplosionen, Schraubengeräuschen, Asdic-Impulsen, von dem Krach wandernder Geräuschbojen und dem Sägen der Zerstörer. Die Tiefensteuerung mit meinem Obermaschinisten Berger teilend, fuhr ich das Boot unaufhaltsam nach Süden. Während dieser Tage lasen wir die Wehrmachtsberichte mit verzweifelter Hoffnung und suchten vergeblich nach einem Zeichen der Besserung. Aber die Nachrichten wurden immer hektischer, niederschmetternder, als unsere Fronten unter der Wucht des alliierten Anpralls mehr und mehr zusammenbrachen. Am 5. März marschierten amerikanische Truppen in Köln ein. Zwei Tage später überquerten sie bei Remagen den Rhein, und kurz darauf fiel die gesamte Länge des Rheins, von Holland bis Koblenz, in alliierte Hände. Im Osten standen die sowjetischen Armeen an der gesamten Front von der Ostsee bis nach Schlesien auf deutschem Gebiet und trieben Hunderttausende von Soldaten und Zivilisten vor sich her. Während wir noch auf das Wunder warteten, das unser Vaterland retten sollte, wurde die Heimatstadt manch eines Mannes vom Feind überrannt. Zur gleichen Zeit brach auch unsere Frühjahrsoffensive zur See unter den vernichtenden Schlägen der englisch-amerikanischen Seemacht zusammen.

Unzulängliche Boote, unerfahrene Offiziere und ihnen hilflos ausgesetzte Mannschaften wurden erbarmungslos mit Wasserbomben überschüttet, systematisch verfolgt und auf den Grund geschickt. Das Geräusch Tausender von Bojen, die falsche Signale feindlicher Zerstörer zirpten, war die Beerdigungsmusik für Deutschlands treueste Männer.

Dieses diabolische Konzert begleitete uns Tag für Tag und Nacht für Nacht durch die Tiefe. Die Explosionen, die U-683 versenkt hatten, hallten noch von der Küste wider, als wir Lizard Head an der Südwestküste Englands an einem klaren, sonnigen Morgen ansteuerten. Das Gerassel verfolgte uns bis zum Eingang des Hafens von Falmouth, wo ich drei wirkliche – nicht nur akustisch vorgetäuschte – Zerstörer entdeckte. Die Fahrzeuge zackten in der starken Strömung den ganzen Vormittag, aber die Dichte des Wassers schützte uns wie ein Schild, und die Strömung, die uns tiefer in die Bucht hineinschob, half ebenfalls, unsere Gegenwart zu verbergen.

Für mehrere Tage schlichen wir in Sicht der Küste durch die starken Gezeitenströmungen und hatten oft nur fünf Meter Wasser über der Kante der Brücke und zwei Meter unterm Kiel. Unberechenbare Ebbströme und saugende Grundseen trieben unser Boot über Sandbänke in den Kanal zurück. Wenn die Gezeiten kenterten und die Flut mit ihren tückischen, schleichenden, gurgelnden, reißenden Strömen der Küste zutrieb, wurde das Boot wie von einer großen Faust erfaßt und hochgetrieben, über den Grund geschleift, in eine ungewünschte Richtung gedreht und gewaltsam auf Land getrieben. Mit einer Mischung von Gefühl, sechstem Sinn und navigatorischem Geschick gelang es mir, die Fahrt des Bootes über Grund zu schätzen, Ruder und Schrauben geschickt anzuwenden und das Boot meinem Willen unterzuordnen. Um uns herum rauschte und krachte, dröhnte und zirpte, rasselte und krachte die Tiefe, als wäre das Jüngste Gericht herangebrochen. Zwischen Eddystone Rocks und den Hafen von Plymouth eingezwängt, lagen oder trieben wir auf der Lauer, pendelten auf und ab, hin und her, von Zerstörern, Korvetten und Trawlern gesucht, von Flugzeugen beschattet und von Geräuschbojen verfolgt, die uns davon abhielten, unseren Luftmast aufzurichten und den Schwimmer, wenn auch zaghaft und vorsichtig, über die Oberfläche zu recken und das Boot durchzulüften.

Am 19. März waren wir nahe daran, das Schicksal unserer versunkenen Kameraden zu teilen. U-953 lag auf Grund und wartete auf den Gezeitenwechsel. Plötzlich Schraubengeräusche achteraus. Sie schwollen mit unerklärlicher Geschwindigkeit zu dröhnenden Umdrehungen an. Bevor ich Zeit hatte, das Boot vom Grund zu lösen, waren drei Fahrzeuge, Korvetten oder Zerstörer, über unserer Tauchstelle und hielten uns auf nur 38 Metern gefangen. Ein Hagel von Asdic-Ortungen schlug gegen die Bordwand. Dann krachte eine Serie von sechs Wasserbomben und ließ das Boot sechs Sprünge seitwärts machen. Harte Schläge, ohrenbetäubendes Knallen, Bersten, Gellen. Das Boot zitterte, klirrte. Der Krach der betäubenden Hiebe war jedoch erträglicher, als die Geräusche, die dem Angriff folgten. Ein Kratzen, Schlürfen, Schleifen, als ob Ketten oder stählerne Netze über den Druckkörper geschleppt würden, ließ uns jäh den Atem anhalten. Dann folgte ein noch gräßlichereres Geräusch. Es war, als schütteten die Verfolger eine Ladung Kieselsteine nach der anderen über dem Boot aus. Ein infernalischer Lärm, ein teuflischer Trick, eine höllische Situation. Was bedeuteten diese neuartigen, quälenden Geräusche, das irrsinnige Kratzen und Trommeln? War es ein neuer Geräuscheffekt, erfunden, um uns an die Grenze des Wahnsinns zu bringen? Aber ich war überzeugt – und mit Recht, wie ich später erfuhr –, daß die Tommies ein neues Suchgerät angewendet hatten, um Boote in ungünstigen Wasserverhältnissen zu orten.

Der Widerhall der ersten Serie war noch nicht verklungen, als die Verfolger einen zweiten Anlauf machten. Das Meer barst unter neuen Schlägen, die Bomben ließen den Grund erbeben, schlugen und peitschten das Boot, bogen den Stahl bis zur Leistungsgrenze. Aber U-953 blieb dicht. Asdic-Impulse prallten auf unsere Stahlhaut wie Hammerschläge. Die dritte Serie detonierte weiter seewärts. Die vierte war bereits harmlos. Es war eindeutig, die Jagdgruppe war durch Zufall über unsere Tauchstelle gelaufen, und ihr Suchgerät war nicht in der Lage gewesen, unser Boot zu erfassen, trotz der unwahrscheinlich geringen Tiefe von 38 Metern. Bald trieb der auslaufende Ebbstrom die Jäger weiter in den Kanal; noch drei Stunden danach hörten wir ihre vergeblichen Versuche, uns zu vernichten.

20. März. U-953 kreuzte mit der Strömung auf Sehrohrtiefe. Die See war spiegelglatt und reflektierte die kleinen Wolkenknäuel, die in dem tiefblauen Himmel standen. Leichter Dunst lag in der Ferne über der Kimm. Es war ein herrlicher Frühlingstag. Um 9 Uhr 20 erspähte ich mehrere Mastspitzen, die im Osten sich langsam aus dem Wasser hoben. Zehn Minuten später waren die Masten hoch herausgewachsen, und ich zählte die Schornsteinkappen von sieben Frachtern, die von einigen Zerstörern bewacht wurden. Berauscht von der Sicht und dem Gedanken, einige dieser schwarzen Ungetüme auf den Grund zu schicken und für alles, was wir bisher ertragen mußten, Vergeltung zu üben, befahl ich: »Auf Gefechtsstationen – beide Maschinen halbe Fahrt voraus.«

Nach Wochen und Monaten des Fahrens und einem einzigen Kampf ums nackte Leben würden wir endlich mit Erfolg belohnt werden. Ich setzte das Boot auf Kollisionskurs mit dem Geleit, kalkulierte meine Chancen, ging mit der Fahrt hoch, ließ die Rohre bewässern und die Gegnerwerte im Vorhaltrechner einstellen. Zwei Feger sicherten das kleine Geleit nach voraus, zwei folgten im Kielwasser der Frachter, und die andern Zerstörer beschützten sie seewärts. Die Steuerbordseite des Geleits war frei für meinen Angriff, es war die Landseite, von wo sie keinen Angriff erwarteten. Drunten in der Zentrale steuerte Obermaschinist Berger das Boot wie ein alter, erfahrener L.I., seine leisen Befehle wirkten beruhigend. Er behandelte das Boot wie seine Braut – mit Fingerspitzengefühl und mit Liebe. Ich war sehr zufrieden mit meiner Wahl. U-953 stieß aus dem Hinterhalt vor und schloß die Entfernung zum Geleit, das nicht die geringsten Ausweichbewegungen machte. Es fuhr in gerader Richtung und mit unglaublicher Arroganz direkt nach Lizard Head oder Falmouth Harbor. Begeistert über den leichten Anlauf, gab ich meine Befehle: »Steuerbord zehn – recht so – beide Maschinen zwanzig Umdrehungen mehr.«

Schneller Rundblick. Einige Flugzeuge hingen am südlichen Himmel wie ein Fliegenschwarm. Sonst war alles leer – bis auf den Verband. Und der konnte mir nicht mehr entkommen. Bruns koppelte eifrig den Angriffskurs, Berger gab fachmännisch seine Trimmbefehle, die seemännische Nummer Zwei drehte liebevoll die Knöpfe am Vorhaltrechner.

»Mündungsklappen öffnen – Rohr eins bis vier fertig zum Unterwasserschuß – neue Entfernung 2000 – beide Maschinen große Fahrt voraus ...« U-953 jagte mit hoher Fahrt gegen die Ziele, gut verborgen und bereit, augenblicklich zu schießen. Dann aber kam die Meldung, die den Angriff zerschlug: »Mündungsklappen lassen sich nicht völlig öffnen!«

Siedendheißes Erschrecken. Eine Kette von Flüchen. »Himmelkreuzdonnerwetter – macht die Mündungsklappen auf!«

Wertvolle Sekunden vergingen. Das Boot schoß weiter nach vorne.

»Wir können die Mündungsklappen nicht ganz öffnen – Gestänge muß verbogen sein«, brüllte der I.W.O. durchs Sprachrohr.

»Zum letztenmal: dreht was das Zeug hält!« Mein Temperament flammte auf.

Stille, quälende Stille.

»Mündungsklappen bewegen sich nicht«, rief plötzlich der I.W.O. von der Zentrale voller Bestürzung in den Turm.

»Haben Sie denn die Mündungsklappen nicht vorschriftsmäßig geprüft, wie ich Ihnen befohlen hatte?«

»Jawohl, Herr Oberleutnant. Ich habe sie geprüft. Sie funktionierten damals.«

Enttäuscht legte ich das Boot auf Grund. Ich war nun überzeugt, daß der I.W.O. die Mündungsklappen nicht nach dem vorgeschriebenen Verfahren geprüft hatte. Ich eilte in den Bugraum, in der Hoffnung, das Problem selbst zu lösen. Mehrere Leute versuchten vergeblich, das Gestänge zu drehen. Aber die Mündungsklappen blieben in halboffener Stellung blockiert. Der Ausfall der Rohre versagte uns nicht nur den Erfolg, sondern auch zukünftige Erfolge. Darüber hinaus war die Lage gefährlicher als alles, was wir bisher durchgestanden hatten. Mit den Mündungsklappen in halboffener Stellung waren die Bodenverschlüsse die einzige Verriegelung, die einzige Wand zwischen den gewaltigen Wassermassen und unserem engen Lebensraum. Aber die Bodenverschlüsse boten keinen genügenden Schutz gegen den enormen Druck von außen. Sie waren zu schwach, um den Schock einer Wasserbombenexplosion aufzuhalten. Mit Unbehagen erinnerte ich mich an den Luftangriff auf den Bunker in Brest, als eine einzige Bombe, die etwa 50 Meter von unserem Boot entfernt detonierte, einen Bodenverschluß abgeschlagen hatte, obwohl die Mündungsklappe geschlossen war. Ich fühlte einen eisigen Schauer meinen Rücken hinunterlaufen. Ein Zusammenstoß mit einer U-Jagdgruppe, wie wir ihn am Tage zuvor erlebt hatten, würde unweigerlich unsere Bodenverschlüsse eindrücken und uns innerhalb weniger Sekunden ersaufen lassen.

Ich gab mir selbst die Schuld, das Ergebnis der Untersuchung des I.W.O. nicht nachgeprüft zu haben, als wir noch in der Nähe einer Werft waren. Ich hätte wissen müssen, daß seine Ausbildung mangelhaft war, und daß er mit den Routinemaßnahmen in derartigen Fällen nicht vertraut sein konnte.

Nun sah ich mich der dunklen Aussicht gegenüber, mich auf dem Rückweg nach Norwegen von Bomben oder Wasserbomben überraschen zu lassen, die absolut tödlich sein mußten. Mit nur dem achteren Rohr V einsatzbereit, bereitete ich mich darauf vor, durch die gefährlichen Gewässer zwischen England und Irland zu schleichen, mich entlang der Küste Irlands nach Norden zu verholen, mich durch den Nordkanal und durch die mörderische Nordpassage zu schmuggeln.

Als die Gezeiten gekentert waren und der auslaufende Ebbstrom einsetzte, ließ ich das Boot vom Grund lösen und legte es auf westlichen Kurs, zum Ausgang des Kanals. Der Tod stieg vor unseren Augen auf, als eine wütende Wasserbombenschlacht aus der Richtung Lizard Head herandonnerte. Am gleichen Tag wurde das Todesurteil an zwei weiteren Booten vollzogen. U-1003 wurde im Nordkanal abgefangen und versenkt und U-905 nahe den Hebriden zerstört. Die Schlacht um England wurde zu einer völlig einseitigen Angelegenheit. Die Boote wurden methodisch geortet oder auf ihren lauten Schnorchelfahrten gestellt, verfolgt und oft ohne Warnung und innerhalb von Sekunden aus der Luft mit wohlgezielten Waboserien ausgelöscht. Die donnernden Willkommensgrüße, mit denen unsere Neulinge im Nordkanal, in der Irischen See, nahe Land's End und Lizard Head empfangen wurden, waren ein neuer Beweis, daß die Engländer von unserem Kommen wußten und über unsere Einsatzbefehle vorzeitig unterrichtet waren.

Es war in diesen Wochen irrsinniger Selbstzerstörung, daß ich auch meinen alten Freund und Kameraden Heinz Riedel verlor. Auf seiner ersten Feindfahrt als Kommandant von U-242 fand er sein Grab in den englischen Küstengewässern. Er sank ohne Aufhebens, ohne eine Meldung.

Er starb so ruhig, wie sein Leben gewesen war. Niemand weiß genau, wo sein eiserner Sarg seine letzte Ruhestätte fand.

U-953 glitt heimlich aus dem Kanal, überquerte das Vorfeld der Irischen See, klarierte die Minenfelder südlich Irlands, schnorchelte vorsichtig an der Westküste der irischen Insel entlang, durchkreuzte den Nordkanal, passierte die Hebriden und schnorchelte Nacht für Nacht in einer satinartigen See. Wir entkamen zahlreichen Zerstörern, umgingen ganze Horden von Jagdgruppen in der Nordpassage und entgingen einem letzten britischen Versuch, uns in der Norwegischen See abzufangen und zu vernichten. Als U-953 endlich nur drei Meilen westlich der majestätischen Berge Norwegens stand, gaben die Verfolger in der Luft und auf See die Jagd auf, in der Annahme, daß wir bald wiederkehren würden. Ohne um Geleitschutz zu funken, drang ich getaucht in die Nordeinfahrt des Bergenfjords ein, fuhr tiefer und tiefer in den Fjord, wartete, bis der Himmel frei von Flugzeugen war, tauchte auf und nahm Kurs auf Bergen. Nach dieser langen, quälenden und tragischen Reise hatten wir nichts zu zeigen, als unser Leben.

10

Graue Wolken hingen tief im Fjord, als U-953, von Rost zerbissen, am ›Dobbaskai‹ in Bergen festmachte. Es war 16 Uhr 10, am 3. April 1945. Niemand hatte uns erwartet. Niemand war gekommen, um uns zu begrüßen; ich hatte es vorgezogen, nicht zu funken und die Bienen auf mich zu ziehen. Es begann zu nieseln, als die Männer zum Stützpunkt hinaufmarschierten. Die Berge und Hügel um die Stadt und den Fjord verschwanden in einer kalten Regenbö. Es war ein trauriger Sonnenuntergang voll schlechter Vorzeichen.

Der Chef der 11. U-Boot-Flottille ordnete schnell ein Empfangsessen an. Ich meldete, daß ich die Feindfahrt nicht gemäß den Erwartungen der Führung und unseren eigenen durchgeführt hätte, und berichtete von der gewaltig zunehmenden Abwehr und von dem Geleit, das ich hatte laufen lassen müssen.

»Es gibt immer eine zweite Chance«, sagte der Flottillenchef. »Die Engländer verschwinden nicht einfach von der Oberfläche. Sie werden auf Ihrer nächsten Unternehmung noch genügend Ziele vorfinden.« Er versicherte, daß wieder größere Erfolge in Aussicht ständen, daß die neuesten Bootstypen bald in Bergen einträfen und daß die alten Boote von den Lehrdivisionen und die Reste alter Serien in derart großer Zahl eingesetzt werden würden, daß den Engländern bald Hören und Sehen verginge.

Unsere Unterhaltung schlich dahin. Wir sprachen von dem Schaden, den das Boot erlitten hatte, aber nicht vom Krieg in der Heimat. Ich war zu müde, um Konversation zu machen. Ich hatte während der Unternehmung kaum geschlafen und in den letzten fünf Tagen nicht einmal den Kopf auf die Ledermatratze gelegt. Als die ungewohnten Getränke ihre Wirkung auf meine Leute zeigten, stand ich kurzentschlossen auf und beendete die Feier.

Am nächsten Morgen verholte ich U-953 zwecks gründlicher Untersuchung der Schäden in die Werft. Sie erwiesen sich als viel ernsthafter, als ich zuerst angenommen hatte. Die umfassenden Reparaturarbeiten verlangten ein Trockendock. Da in Bergen kein Trockendock vorhanden war, wurde die Überstellung des Bootes nach Drontheim befohlen, wo die Werft über größere Anlagen verfügte. Bewaffnet mit einem schriftlichen Bericht der Werft, der mir neuen Grund zu Maßnahmen gegen meinen Leitenden gab, steckte ich Seekarten und Kriegstagebuch ein und machte mich in meinem zerknitterten und abgetragenen Lederzeug auf den Weg zum FdU.

In makelloses Blau gekleidet, begrüßte er mich nervös und ohne menschliche Wärme. Sorgenfalten prägten seine Züge. Die Zuversicht, die er an jenem Tag im Mai 1944 an den Tag legte, als er mir den Rammbefehl übermittelte, war völlig verschwunden. Ohne Umschweife bat ich um die Abkommandierung meines Leitenden.

»Wir haben keinen Ingenieur mit den Eigenschaften, die Sie suchen«, erklärte er. »Ingenieure sind Mangelware; Sie müssen sich mit dem, was wir haben, zufrieden geben. Ich schlage vor, daß Sie Ihrem Mann das Tauchen und Schnorcheln im Fjord beibringen, bevor Sie wieder auslaufen.«

»Herr Kapitän, ich war sehr geduldig. Habe wieder und wieder versucht, ihm die Grundbegriffe der Tiefensteuerung beizubringen. Alles vergebens. Er hat nicht die geringste Eignung. Mein Oberfeldwebel Berger hat schließlich seine Aufgaben übernommen. Ohne ihn wäre die Kriegsmarine um ein Boot ärmer, Herr Kapitän.«

Mit sichtlichem Unbehagen versprach er mir, die Angelegenheit zu prüfen. Ich verließ die Lagebesprechung mit dem Gefühl, meine Forderung nicht hart genug vorgebracht zu haben, so daß die Sache damit nicht zum Abschluß gekommen war.

Doch die Entscheidung fiel am nächsten Tag. Ich war dabei, Boot und Besatzung für die Überführungsfahrt nach Drontheim vorzubereiten, als ich zum FdU gerufen wurde.

»Ihr Leitender hat sich darüber beschwert, daß Sie ihn während des größten Teils der Unternehmung in die Offiziersmesse gesperrt hätten«, begann Kapitän Rösing. »Warum haben Sie zu dieser drastischen Maßnahme gegriffen? Und warum haben Sie mir davon nicht Meldung gemacht?«

»Herr Kapitän, die Maßnahme war für die Sicherheit des Bootes erforderlich. Ich habe die Angelegenheit nicht gemeldet, weil ich ihr keinen größeren Wert zumaß.«

»Ganz im Gegenteil. Die Angelegenheit ist ernst genug und ändert die Sachlage bedeutend. Ich verstehe nun Ihre Situation. Aber ich kann Ihre Maßnahme trotzdem nicht billigen.«

»Herr Kapitän, ich erlaube mir, Sie daran zu erinnern, daß die Verantwortung des Kommandanten mit der Sicherheit von Boot und Besatzung beginnt. Wenn diese Sicherheit gefährdet ist, hat der Kommandant die Pflicht, jede Maßnahme zu ergreifen, die er unter den gegebenen Umständen für richtig hält. Ich allein war zum Zeitpunkt der Ereignisse in der Lage, diese Umstände zu beurteilen. Ich tat, was ich für notwendig hielt.«

»Ich erlaube Ihnen diese Ausführung. Ich sehe nun klar. Ihr Leitender wird abgelöst.«

Trotz der Dringlichkeit unseres Aufbruchs nach Drontheim verwickelte mich der FdU in eine Unterhaltung. Er berichtete, daß nahezu 60 Boote alter Bauart für den Fronteinsatz ausgerüstet würden. Wichtiger noch, 80 große und 40 kleine Boote neuester Konstruktion sähen dem Ende ihrer Ausbildung entgegen und würden in wenigen Wochen frontreif sein, um in einer gewaltigen Offensive zuzuschlagen. Bald würden wir mehr als 150 Boote um die britischen Inseln einsetzen können und den alliierten Nachschubverkehr für immer unterbinden. Ich hörte seiner Rede mit wachsendem Erstaunen zu. Alles schien so einfach – so unendlich einfach. Ich fragte mich, ob mein Vorgesetzter die letzten Wehrmachtsberichte gehört hatte.

Am selben Abend, es war der 11. April, legte U-953 ab. Noch vor dem Auslaufen hatte man mir einen Lotsen, einen Leutnant der Vorpostenboote, an Bord gegeben, der mit dem heimtückischen Fahrwasser in den Fjorden vertraut war. Das Boot hämmerte laut durch schwarze Schluchten und forderte die englischen S-Boote, die hier schon einige unserer Schiffe versenkt hatten, zum Angriff heraus. Drei anstrengende Nächte lang schlängelten wir uns durch die engen Fahrrinnen, schlichen durch die tintenschwarze Dunkelheit und glitten um Haaresbreite an den Klippen und Schären vorbei. Bei Hellisoey, wo die Tommies in der Nacht zuvor U-486 torpediert und versenkt hatten, entkamen wir dem Tod; gerieten nahe Aalesund auf Grund, schlüpften aber mit heulenden Dieseln rückwärts von den Felsen; röhrten mit hohen Umdrehungen hinaus in die offene See und setzten uns für eine Ewigkeit zahlreichen Ortungen aus; steuerten dann in ein Loch in einem Riesenfelsen, die Einfahrt zu einem weiteren Fjord; verfehlten um Handbreite die Klippen bei Smoela, wo die norwegische Untergrundbewegung das Leuchtfeuer verstellt hatte, um uns in die Schären zu locken, und kamen schließlich am Ende der dritten Nacht in Drontheim an. Es war 6 Uhr, am 14. April, als U-953 im Betonbunker festmachte.

Da es noch zu früh war, dem Chef der 13. U-Boot-Flottille meine Ankunft zu melden, für die Besatzung Unterkünfte und für das Boot ein Trockendock zu beschaffen, entschloß ich mich zu einem ausgiebigen Frühstück. Ein deutscher Sender brachte leichte Musik, die leise durchs Boot schwang. Ich schlürfte meine erste Tasse heißen Bohnenkaffee in meiner engen Nische, als der Ansager die Stimme Rosita Serranos unterbrach und mit einer gewissen Erregung in seiner Stimme sagte: »Achtung, Achtung. Wir werden Ihnen in Kürze eine wichtige Mitteilung machen.«

Die Töne des Schlagers erklangen von neuem. Meine Müdigkeit verschwand augenblicklich. Eine Sondermeldung – das bedeutete eine gute Nachricht. Doch noch in der vergangenen Nacht hatten wir über denselben Sender erfahren, daß das Ruhrgebiet von alliierten Truppen eingeschlossen war, daß eine englische Armee auf Hamburg vorstieß, daß die Amerikaner Darmstadt, Frankfurt und Stuttgart besetzt hatten, der Schwarzwald von französischen Truppen überflutet wurde, die Russen in Wien standen und im Begriff waren, Berlin zu erobern. Wenn Deutschland noch durch ein Wunder gerettet werden konnte, mußte es schon ein gigantisches Wunder sein.

Die Musik verklang, und die Stimme erschien wieder: »Achtung, Achtung. Es folgt eine Sondermeldung aus dem Führerhauptquartier. Franklin Delano Roosevelt, der Präsident der Vereinigten Staaten von Amerika, ist am 12. April gestorben. Die Vorsehung hat damit einen der heftigsten Gegner unseres Vaterlandes beseitigt. Roosevelts Tod ist von weittragender Bedeutung. Die Einheit der Alliierten wird zerbrechen und der Krieg sich zu unseren Gunsten entscheiden. Ich wiederhole, Franklin Delano Roosevelt ist in den Vereinigten Staaten gestorben ...« Die Stimme des Ansagers ging in den Klängen eines Militärmarsches unter.

Meine Männer, die still zugehört hatten, frühstückten gelassen weiter. Die Nachricht schien nicht wichtig genug zu sein, um ihre Aufmerksamkeit von ihren Gedanken an das Boot, an die Heimat und an ihre Familien abzulenken. Ich selbst konnte im Tod Roosevelts keinen Lichtblick für Deutschland entdecken. Ein anderer würde an seinen Platz treten und denselben Kurs steuern. Siegreiche Armeen machen nicht einfach auf dem Schlachtfeld kehrt und marschieren in der entgegengesetzten Richtung davon.

Die Unterkünfte der 13. U-Boot-Flottille waren klein und beengt, obwohl Drontheim zu einer früheren Zeit ein wichtiger Stützpunkt für unseren U-Bootkrieg in der Arktis gewesen war. Ich fand niemanden, den ich kannte. Ich meldete meine Ankunft und brachte die Mannschaft in den sauberen Gebäuden unter. Der Umzug vom Boot in die Quartiere ging schnell und reibungslos vonstatten: eine Zahnbürste, etwas Unterwäsche, ein U-Bootpäckchen – mehr besaßen wir nicht. Um mich über die Entwicklungen in der Heimat auf dem laufenden zu halten, nahm ich den Kurzwellenempfänger vom Boot mit auf mein Zimmer. Die Berichte des OKW ließen meine Gedanken zurückwandern zu den Plätzen, wo ich meine Jugend verbracht hatte, nach Frankfurt und in den Schwarzwald, wo deutsche Menschen und deutsche Erde bereits unter alliierter Herrschaft waren. Deutschland wurde ganz offensichtlich zwischen zwei gigantischen Kräften zerdrückt, zermalmt.

Am 17. April erhielt ich die Meldung, daß U-953 nahezu irreparable Schäden erlitten hatte. Die Bugrohre mußten neu ausgerichtet werden, ein langes und schwieriges Verfahren. Die Reparatur würde unsere nächste Unternehmung beträchtlich verzögern. Und die Tatsache, daß das Trockendock für eine geraume Zeit nicht verfügbar war, verschlimmerte die Lage erheblich.

Ich wurde immer nervöser. Mit plötzlicher und erschreckender Klarheit erkannte ich nun, daß der Krieg verloren war. Ich sah die Niederlage in der Heimat so, wie sie wirklich war, und wußte, daß wir alle im Gefangenenlager enden würden.

Wir würden verachtet, bespien, brutalisiert und erniedrigt werden, und es würde keinen Ausweg geben aus dieser Niederlage, als den Tod durch Hunger und Verzweiflung.

Aber es gab einen Ausweg aus dem Chaos, das uns zu verschlingen drohte; einen sicheren Weg, zu entkommen. Drunten im Bunker lag mein Boot. Voll ausgerüstet, konnte ich es nach Südamerika, nach Uruguay oder Argentinien fahren. Mich mit dem Boot davonzumachen, schien mir plötzlich die einzige Möglichkeit, der Katastrophe zu entgehen.

Ich versuchte diese Eingebung sofort in die Tat umzusetzen. Ich bat

Bruns, meinen Obersteuermann, die notwendigen Seekarten von Südamerika zu beschaffen, ohne ihm meine Absicht mitzuteilen. Tagelang blieb ich in meinem Zimmer, über meine Karten gebeugt, und erwog verschiedene Fluchtwege. Ich kalkulierte meine Chancen, den Rio de la Plata zu erreichen, dachte daran, die Besatzung zu verringern, nur die zuverlässigsten, unverheirateten Leute mitzunehmen und dadurch das Risiko des Verrats zu vermindern. Ich wußte, ich konnte mich auf meine Männer verlassen. Meine jungen Offiziere durfte ich keinesfalls in meinen Plan einweihen. Der L.I. war bereits abkommandiert worden; ein neuer Leitender, mit Boot und Besatzung nicht vertraut, würde nur eine Belastung sein. Dasselbe galt für den I.W.O. und den Oberfähnrich. Beide waren zu jung, um die Lage richtig zu beurteilen. Ich wählte deshalb nur die wichtigsten Männer, eine kleine Schar, denn ich spielte ein sehr gefährliches Spiel. Ich würde mich nicht nur der Befehlsgewalt der Marine entziehen, sondern auch der Gewalt einer starken Gruppe unverwüstlicher Parteinachläufer, die Norwegen zu einer Festung ausbauen und ihren privaten Krieg weiterführen wollten.

Mittlerweile zerbrach der deutsche Widerstand in Italien, in Österreich und innerhalb Deutschlands. Nur ein Irrer konnte noch von einer Wiederauferstehung, von einem Sieg überzeugt sein. Aber der Eid für Führer, Volk und Vaterland war so tief in uns verwurzelt, die Disziplin so hoch geachtet, daß viele Männer ihr Leben in das Feuer einer verlorenen Sache warfen. Unter ihnen waren die Kommandanten und Besatzungen der Boote auf See. Sie wurden das Opfer einer Massenschlächterei unvorstellbaren Ausmaßes. Sie alle waren aus Bergen oder Kristiansand zu ihrer ersten und letzten Feindfahrt ausgelaufen, waren aber zu unerfahren, um sich mit der Übermacht des Gegners erfolgreich auseinanderzusetzen. Im Durchschnitt sanken täglich zwei unserer Boote. Es gab aber auch Tage, an denen vier U-Boote den vereinigten Maßnahmen alliierter See- und Luftstreitkräfte zum Opfer fielen.

Am 27. April lag U-953 immer noch in der Werft, und ich befürchtete, daß es nicht mehr zur rechten Zeit seeklar gemacht werden konnte, um meinen Fluchtplan in die Tat umzusetzen. Doch am gleichen Tag erhielt ich Befehl, mich beim FdU in Bergen zu melden. Über den dringenden Ruf erstaunt, bereitete ich mich für eine lange Bahnfahrt durch die norwegischen Berge vor. Weil ich nur ein grünes U-Bootpäckchen besaß, das für eine Reise denkbar ungeeignet war, beschaffte ich mir einen Ski-Anzug aus der Kleiderkammer, die in besseren Tagen Offizieren zur Verfügung gestanden hatte, die ihren Urlaub in den Bergen verbrachten. In hellblauen Skihosen und grüngrauem Anorak, mit Proviant für drei Tage in einem kleinen norwegischen Rucksack, begann ich meine Reise durch die Schneelandschaft. Am Spätnachmittag des 30. April rollte der Zug in den Bahnhof von Bergen ein. Ich fand den Stützpunkt, ohne zu fragen. Irgend jemand gab mir ein Zimmer. Ich fühlte mich wie ein Fremder in einem Hotel.

Dienstag, 1. Mai. Um 8 Uhr 30 klopfte ich an die Tür zum Heiligtum des FdU. »Melde mich wie befohlen zur Stelle, Herr Kapitän.«

»Sie wurden bereits gestern erwartet«, war Rösings trockene Antwort.

»Herr Kapitän, ich bin gekommen, so schnell ich konnte.«

»Macht nichts. Ihr Boot wird nicht mehr rechtzeitig für die Offensive fertig sein. Wir brauchen alle erfahrenen Kommandanten an der Front. Wir können es uns nicht leisten, Sie in einem Stützpunkt herumsitzen zu lassen. Sie werden das Kommando über ein anderes Boot übernehmen, das von Deutschland kommend in Kristiansand einlaufen wird. Es ist zur Feindfahrt ausgerüstet. Sie werden den Kommandanten ablösen.«

»Jawohl, Herr Kapitän.«.

»Sie werden mit Entschlossenheit und Energie gegen England fahren.«

»Jawohl, Herr Kapitän.«

»Admiral Dönitz hat allen fahrbaren Booten befohlen, nach Norwegen zu gehen. Wir werden von hier aus den Krieg zur See fortsetzen. Wir werden uns niemals ergeben. Wir werden durchhalten, und unsere U-Boote werden dem Feind unsere Bedingungen aufzwingen.«

Er übergab mir den Befehl, mich bei der 15. U-Boot-Flottille in Kristiansand zu melden, und fügte hinzu: »Übrigens können Sie bei dieser Gelegenheit als eine Art Kurier einspringen. Ich werde Ihnen einige geheime Kommandosachen übergeben, die Sie in unseren Stützpunkten in Oslo, Horten und Kristiansand abliefern werden. Die Papiere liegen am Nachmittag für Sie bereit.«

Ich schlug die Hacken zusammen und verließ den Raum. Auf dem Gang angekommen, biß ich mir auf die Lippen. Mein wunderbarer Plan, dem unvermeidlichen Chaos zu entkommen, war zerschlagen. Aber dann kam mir plötzlich in den Sinn, daß ein neues Boot, zur Feindfahrt ausgerüstet, noch eine viel bessere Gelegenheit bot, Südamerika zu erreichen. Mein Entschluß, dem Zusammenbruch zu entgehen, wurde noch durch den vernunftlosen Befehl der Führung bestärkt, den Kampf zur See fortzusetzen, bis das letzte Boot und der letzte Mann der U-Bootwaffe auf dem Meeresboden lag.

Das Ergebnis des Einsatzbefehls war überall erkennbar. Im Stützpunkt und an den Molen wurden die letzten Vorbereitungen getroffen, die veralteten Boote in den Tod zu schicken. Besatzungen und Werftpersonal arbeiteten hektisch, als hinge der Bestand des Reiches einzig von ihren Anstrengungen ab. Mittlerweile verbreiteten sich verwirrende Nachrichten. Der Wehrmachtsbericht hatte zugegeben, daß die Schlacht um Berlin sich dem Höhepunkt näherte. Hitler selbst habe den Oberbefehl über die Verteidigung der Reichshauptstadt übernommen.

Um 19 Uhr erhielt ich die Geheimpapiere, auf die ich ungeduldig gewartet hatte. Aber es war schon zu spät, um abzureisen. Ich nahm das spärliche Abendessen in der Offiziersmesse ein und ging früh auf mein Zimmer. Ich hatte vor, meine Reise nach Kristiansand gut ausgeruht anzutreten.

Ich schaltete das Radio ein, streckte mich auf dem Bett aus und wartete auf die Nachrichten. Plötzlich wurde die Musik unterbrochen. Die Stimme des Ansagers, zuerst heiser, dann laut und klar, brach die kurze Stille: »Achtung, Achtung. Ich habe eine wichtige Ansage zu machen ...«

Ich war augenblicklich hellwach und schaute auf die Uhr. Es war genau 21 Uhr 30. Tragische Takte aus einer Wagneroper kündeten eine sehr ernste Mitteilung an. In dieser Schicksalsstunde war alles möglich: Berlin konnte in sowjetische Hände gefallen sein, ein Waffenstillstand konnte das sinnlose Morden beendet haben. Dann sprach der Ansager wieder. Mit tiefer, feierlicher Stimme begann er: »Aus dem Führerhauptquartier wird gemeldet, daß unser Führer Adolf Hitler heute nachmittag in seinem Befehlsstand in der Reichskanzlei, bis zum letzten Atemzug gegen den Bolschewismus kämpfend, für Deutschland gefallen ist.

Am 30. April hat der Führer den Großadmiral Dönitz zu seinem Nachfolger ernannt. Der Großadmiral und Nachfolger des Führers spricht zum deutschen Volk.«

Das war das Ende. Das Ende des Krieges, das Ende Deutschlands und deutscher Geschichte. Das einzig mögliche Unglück war nun vollendete Tatsache. Hitlers Tod konnte nur eines bedeuten: das Geständnis absoluter Niederlage. Wie aus weiter Ferne hörte ich die Stimme des Löwen. Er sagte, daß der Kampf weitergehen müßte, um Millionen Flüchtlingen das Leben zu retten; daß wir weiterkämpfen mußten, um unsere Rechte zu verteidigen. Seine Erklärungen gingen in den Klängen des Deutschlandliedes unter.

Eine unendliche Trauer überkam mich. Zusammen mit Millionen

Deutschen hatte ich alles gegeben, was mir lieb war. Ich hatte Eltern und Schwester geopfert um des Vaterlandes, des Sieges willen; hatte blind geglaubt, gekämpft und gehofft und gelitten und in tiefer Ergebenheit auf das Wunder gewartet. Nun war alles vorbei – einfach vorbei. Es war das Ende.

Verstört taumelte ich hinunter in die Offiziersmesse. Der Flottillenchef und einige Offiziere saßen bleich in ihren Sesseln. Einer sagte: »Er starb auf den Barrikaden. Wir müssen weiterkämpfen ...«

Ein anderer erklärte: »Er gab uns ein Beispiel. Wir müssen aushalten und den Kampf hier in Norwegen fortsetzen. Die Alliierten werden es nicht leicht haben, uns hier in den Bergen auszuräuchern.«

Andere äußerten vorsichtig ihre Meinung und gaben zu, daß dies das Ende war. Hoffnungslosigkeit ließ die Unterhaltung bald verstummen. Wir gingen auseinander.

Am folgenden Morgen, am 2. Mai, nahm ich den Schnellzug nach Oslo und kam dort spät am Abend an. Am 3. Mai lieferte ich einen Umschlag mit Geheimpapieren bei der befohlenen Adresse ab, bestieg dann einen Zug nach Horten, übergab dort dem Adjutanten des Stützpunktes einen weiteren Umschlag und nahm schließlich den nächsten Zug für die letzte Strecke meiner Fahrt.

4. Mai. Nach einer schlaflosen Nacht auf einer hölzernen Bank in einem ungeheizten Abteil kam ich gegen 7 Uhr in Kristiansand an. Ein blauer Himmel wölbte sich über der Stadt. Ich wanderte auf einem staubigen Weg durch ein Wäldchen verkrüppelter Kiefern zum U-Boot-Stützpunkt und betrat das Verwaltungsgebäude der Flottille genau um 8 Uhr 30. Ein sehr junger Leutnant, der Adjutant, zeigte mir den Weg zum Zimmer des Flottillenchefs. Vor mir erhob sich ein mittelgroßer Offizier mit Ritterkreuz. Korvettenkapitän Jürgensen war Kommandant eines Bootes gewesen, als das Jagen und Schießen noch ein Vergnügen war. Jürgensen war einer der wenigen Glücklichen, die man rechtzeitig von der Front zurückgezogen hatte, um sie der Nachwelt zu erhalten.

»Melde mich gehorsamst zur Stelle«, grüßte ich vorschriftsmäßig.

»Ja, ja, natürlich. Bin von Ihrer Ankunft unterrichtet. Sie sollen einen Kommandanten ablösen. Das Boot ist noch nicht eingetroffen. Wird wohl in Kürze einlaufen. Machen Sie es sich inzwischen bequem. Ich lasse Sie rufen. Das ist im Augenblick alles.«

Der kühle, kurze Empfang vermittelte mir ein seltsames Gefühl. Irgendetwas im Verhalten Jürgensens war eigenartig. Sein Gesicht war wie eine Maske. Er schien abwesend, verwirrt. Ich verließ den Raum und war überzeugt, daß er mehr wußte, als er willens war, zuzugeben.

Ich eilte hinunter ans Wasser. Zwei U-Boote alter Bauart lagen längsseits eines Pontons. Neben einem der Boote erspähte ich den kleinen Turm eines neuen, kleineren Wunderbootes. Ich trat näher, um die Aufbauten zu betrachten; doch dann erschien die weiße Mütze des Kommandanten über dem Rand der Brücke; das Gesicht folgte.

»Angermann, bist du es wirklich?« rief ich über den Fjord.

»Hallo, du hast dich ja prächtig über Wasser gehalten«, kam es zurück. »Unkraut verdirbt nicht.«

»Ist einer von diesen Kähnen deiner?« fragte er und wies auf eines der alten, grauen Boote.

»Nein, ich warte darauf, ein anderes zu übernehmen. Soll von Deutschland kommen.«

»Ich will dich nicht entmutigen, Alter, aber da draußen ist die Hölle los. Das Boot ist vielleicht schon abgesoffen. Wir selbst haben das Skagerrak unter den verheerendsten Verhältnissen durchquert. Ich kann dir was erzählen! Flugzeuge wie Sand am Meer. Und in Deutschland ist der Teufel los. Berlin ist von den Sowjets eingenommen. Die Amerikaner haben sie an der Elbe getroffen. Wir sind unter direktem Beschuß von Land aus Kiel ausgebrochen.«

Er wischte sich den Schweiß vom Gesicht und fuhr fort: »Die Tommies haben Kiel erobert. Die ersten Panzer erreichten die Tirpitz-Brükke, als ich in der Mitte der Bucht war. Sie schossen verdammt gut. Gott, es ist ein Wunder, daß wir es bis hierher geschafft haben. Wir haben auf der Überfahrt mindestens sieben Boote verloren. Ich habe mit dem Zählen heute morgen aufgehört. Ich sage dir, es kann nicht mehr lange dauern.«

In Angermanns Gesicht stand noch die Erinnerung an das Grauen. Da glitt langsam ein anderes kleines Boot auf die Pier zu. Ein Mann warf eine Leine. Im selben Augenblick erkannte ich das Gesicht unter der weißen Mütze des Kommandanten. Es war mein Freund Fred Schreiber. Auch er war der Schlacht in der Ostsee entkommen.

Fred hob seine rechte Hand und grüßte müde. Seine ehemals munteren, sprühenden Augen hatten ihre Lebhaftigkeit verloren. Seine Haut war aschfahl. Sobald die Stelling niedergelegt war, eilte ich an Bord. Wir drückten uns wortlos die Hände. Er zog ein zerknülltes Papier aus der Tasche seiner Lederjacke und reichte es mir. Seine Augen waren feucht. Ich entfaltete das Blatt. Es war ein entschlüsselter Funkspruch des Löwen: ALLE U-BOOTE – AB SOFORT SICH JEGLICHER AN-

GRIFFSHANDLUNG ENTHALTEN UND RÜCKMARSCH ANTRETEN – DÖNITZ.

Ich starrte auf die Meldung. Die Buchstaben begannen sich zu verwischen. Ich hörte Fred sagen: »Wir erhielten den FT vor einer halben Stunde. Das ist das Ende.«

Ich fühlte einen plötzlichen Schmerz in mir aufsteigen. Ich wandte mich ab und kämpfte meine Tränen zurück. Man hatte uns nicht gelehrt zu verlieren.

Am 5. Mai wurden die Kriegshandlungen eingestellt. Dönitz, der Chef der neuen deutschen Regierung, hatte einem Waffenstillstand und der bedingungslosen Kapitulation aller Wehrmachtsteile im Nordraum an die Engländer zugestimmt.

Am folgenden Tag kam ein neuer Funkspruch von Dönitz, der sich an alle Männer im Stützpunkt richtete. Der Admiral, der die U-Boote zu Ruhm und Niederlage geführt hatte, trauerte um die Toten, die auf dem Boden der Weltmeere lagen, und dankte den Überlebenden der gigantischen Schlacht:

»Meine U-Boot-Männer!
Sechs Jahre U-Boot-Krieg liegen hinter uns. Ihr habt gekämpft wie die Löwen. Eine erdrückende Materialübermacht hat uns auf engstem Raum zusammengedrängt. Von der verbleibenden Basis aus ist eine Fortsetzung unseres Kampfes nicht mehr möglich.
U-Boot-Männer! Ungebrochen und makellos legt ihr nach einem Heldenkampf ohnegleichen die Waffen nieder. Wir gedenken in Ehrfurcht unserer gefallenen Kameraden, die ihre Treue zu Führer und Vaterland mit dem Tod besiegelten. Kameraden! Bewahrt euren U-Boot-Geist, mit dem ihr lange Jahre tapfer und unbeirrt gekämpft habt, auch in Zukunft zum Besten unseres Vaterlandes.
Es lebe Deutschland!

Euer Großadmiral.«

Dies war die Mitteilung, die allem Leiden ein Ende setzte. Sie gab zum erstenmal die völlige Niederlage zu. Das Morden war endlich vorbei. Von nun an würden wir wieder ohne die Angst leben können, morgen sterben zu müssen. Eine unbekannte Ruhe überkam mich, als ich erkannte, daß ich mit dem Leben davongekommen war. Das Urteil, längst gefällt, das mich zum Tod in einem eisernen Sarg verdammte, war endlich aufgehoben. Die Wahrheit war wunderbar, sie war wie ein Traum.

Epilog

Der Waffenstillstand beendete den Krieg am 5. Mai 1945. Ich hatte aber noch für weitere sechs Monate zu kämpfen, bevor ich die Schlacht um mein Leben gewann. Der Zusammenbruch Deutschlands traf mich besonders schwer, ich fühlte mich betrogen und verführt. Nach dem Tod Hitlers, der Auflösung der von uns anerkannten Ordnung und der Zerschlagung der Wehrmacht kam ich zu dem Schluß, daß ich von meinem Eid auf den Führer enthoben war. Alles, was mir teuer gewesen war, war tot. Mein einziger Gedanke war, frei zu sein und zu bleiben. Aber zwischen mir und der Freiheit lag die Macht der alliierten Besatzung. Ich war überzeugt, daß wir alle, die für Deutschland gekämpft hatten, schmachvoller Gefangennahme und erniedrigenden Verhören ausgesetzt werden würden. Ich weigerte mich, die Anmaßung der alliierten Besatzungstruppen anzuerkennen, die entweder von der ungeheuren Aufgabe verwirrt oder ihren früheren Gegnern gegenüber im höchsten Grade rachsüchtig sein mußten. Ich war entschlossen zu fliehen, um meinen eigenen Frieden zu finden. Ich gelobte mir selbst, daß nichts mich davon abhalten konnte genau das zu tun, was ich tun wollte.

In den Tagen nach der Kapitulation fand ich auch keinen Grund, den Siegermächten zu vertrauen. Die Engländer setzten ihre Angriffe auf unsere letzten U-Boote fort, die aus deutschen Häfen entkommen und nach Norwegen unterwegs waren. Ich schloß daraus, daß sie ihre Ausrottung für unbestimmte Zeit weiterbetreiben würden. Ich verbrachte meine schwerste Zeit drunten an der Pier und auf Fred Schreibers Boot und hatte Gelegenheit, einige wenige Boote zu begrüßen, die schwer angeschlagen einliefen. Eckel von U-2325 und Wex von U-2354 berichteten noch im Schock, daß fünf weitere Boote im großen Belt und im Skagerrak versenkt worden waren. Dies brachte die Zahl der nach dem Waffenstillstand vernichteten Boote auf 16, womit die Gesamtverluste an U-Booten seit Beginn des Krieges auf 779 angestiegen waren.

Der 7. Mai war ein Tag, an dem die Hysterie unbeschränkt regierte. Die norwegische Bevölkerung feierte ihre Befreiung mit Ausgelassenheit. Dabei ereignete es sich, daß drei Seeleute aus dem Stützpunkt nahe der Stadt im betrunkenen Zustand angetroffen wurden und im Begriff waren, ihre Hoheitsabzeichen mit den Zähnen abzureißen. Ihr kurzer Ausflug in die neue Welt kam aber zu einem schnellen Ende, als der Chef des Stützpunkts, Korvettenkapitän Jürgensen, aus der Stadt kommend die grölenden Männer verhaftete und sie mit seinem Wagen zurückfuhr. Bei einer sofort eingeleiteten Untersuchung wurde gemeldet, daß die Verhafteten Waffen gestapelt und nach Aussage anderer Stützpunktsoldaten versucht haben sollten, Kameraden zu einer Meuterei aufzuwiegeln. Daraufhin wurden die drei Aufgegriffenen im Keller des Verwaltungsgebäudes in Ketten gelegt und ein Standgericht angeordnet. Überdies landete eine englische Korvette im Hafen von Kristiansand, was den wilden Gerüchten über eine unmittelbare Besetzung des U-Boot-Stützpunkts freien Lauf ließ. Vor diesem hektischen Hintergrund versuchte ich Fred Schreiber zu überreden, mit mir nach Südamerika zu fliehen. Obwohl anfänglich skeptisch und abgeneigt, willigte er schließlich ein. Wir würden mit seinem kleinen Boot und einigen seiner Leute heimlich aus dem Hafen schleichen, entlang der norwegischen Küste nach Drontheim schnorcheln und dort auf U-953 übersteigen, das irgendwo an einer Pier liegen mußte und auf mich wartete. Wir würden versuchen, es mit Proviant auszurüsten und mit Treibstoff vollzupumpen, und uns dann mit den von mir ausgesuchten Leuten heimlich davonmachen und nach Argentinien durchbrechen. Wir setzten die Stunde unseres nächtlichen Ausbruchs fest und bereiteten uns innerlich schon auf eine aufregende Reise vor.

Bevor wir unseren Plan in die Wirklichkeit umsetzen konnten, nahmen uns Korvettenkapitän Jürgensens Maßnahmen in Anspruch. Die Nacht hatte sich bereits auf die Schären gelegt und den Stützpunkt in tiefe Dunkelheit getaucht, als alle Soldaten und Besatzungen der an der Pier liegenden Boote auf den Platz vor der kleinen Werft befohlen wurden. Fred und ich folgten den Männern seines Bootes durch die nachtblaue Luft. Bestürzung lähmte unsere Schritte, als wir den schwacherhellten Platz betraten. Die U-Bootbesatzungen waren in Hufeisenform gegenüber der weißgetünchten Wand des Werkstattgebäudes angetreten, die Front einem behelfsmäßigen Galgen zugekehrt. Drei groteske, weiße Schlingen hingen von einem Stahlgerüst, von dem flackernden Schein einer Schiffslaterne beleuchtet. Unter den Schlingen stand ein großer Tisch, auf dem drei Hocker aufgereiht waren. Für jeden Knoten ein Hocker: der Ersatz für die Falltür. Vor diesem primitiven Galgen stand ein zweiter Tisch, mit einer Kriegsflagge bedeckt. Sie leuchtete im Schein der Schiffslaterne, die auf der einen Seite des Tisches stand, blutigrot auf. Auf der anderen Seite lag ein Buch: Hitlers *Mein Kampf*. In der Mitte lag ein Marinedegen. Eine Gruppe bewaffneter Stützpunktsoldaten nahm hinter dieser Bühne Aufstellung. Offiziere des Flottillenstabs eilten geschäftig hin und her. Jürgensens Adjutant erteilte nervös Befehle.

Die Menge verfiel in bedrücktes Schweigen. Korvettenkapitän Jürgensen trat in den Lichtkreis der Laterne. Sein Gesicht leuchtete im Schein der Lampe hell auf, als er zu sprechen begann: »Soldaten! Ich habe euch zusammengerufen, um euch zu zeigen, wie wir ein neues 1918 vermeiden. In unserer Marine haben wir keinen Platz für Revolutionäre. Ich werde den drei Anführern, die wir heute in der Stadt aufgegriffen haben, die Strafe erteilen, die ihnen gebührt und die das Gericht für richtig hält. Es soll eine Lehre sein für jeden, der sich mit revolutionären Ideen beschäftigt. Wir werden unsere Ideale zu behüten und zu erhalten wissen. Wache bringt diese Männer vor Gericht!«

Was nun folgte, war ein Alptraum, der sich in harte Wirklichkeit verwandelte. Die Gefangenen wurden aus den Kellern herausgeholt und durch den dunklen Kiefernwald geführt. Mit auf dem Rücken gefesselten Händen wurden sie nacheinander auf den hellen Platz geschoben. Jähes Erschrecken – da stand ein Galgen, pendelten weiße Schlingen. Irrsinniges Begreifen des nahen Todes. Der augenblicklichen Lähmung folgte die Reaktion. Eine Wendung – und die drei Gefangenen brachen aus und rannten in das dunkle Kieferngestrüpp. Der Adjutant zog seine Pistole und schoß einen der Männer, es war ein Maat, mehrmals in den Rücken. Der Mann strauchelte und fiel auf sein Gesicht. Die beiden anderen Flüchtigen wurden schnell umstellt, ergriffen und zusammen mit dem Maat zum Galgen geführt.

Der Adjutant postierte sich vor den Besatzungen und den wenigen Offizieren der Boote, die schweigend dem Geschehen folgten, und rief eine lange Liste von Anklagen in die Stille der Nacht. Am Ende seiner mit atemloser Spannung aufgenommenen Rede verlangte er schließlich die schärfste Bestrafung: Tod durch Erhängen.

Dann trat Korvettenkapitän Jürgensen wieder in das Licht der Laterne und hinter den Tisch mit der blutroten Fahne. Mit abwägenden Worten befragte er die angetretenen Besatzungen, ob sie die Urteile im Sinne der Anklagen für richtig fanden. Die Reaktion gab ihm die Macht, über Leben oder Tod der Angeschuldigten zu entscheiden, und er verurteilte die drei Soldaten zur Hinrichtung durch den Strang, ›bis der Tod die Seele vom Körper getrennt hat‹.

Der Wache wurde befohlen, das Urteil zu vollstrecken.

Der Maat und angebliche Anführer, der während der Anklage und dem Urteil in den Armen von zwei bewaffneten Matrosen hing, erwachte zu plötzlichem Leben. Mit den Kugeln in seinem Körper kämpfte er sich frei, sprang mit wenigen Sätzen in die Reihen der Mannschaften. Die beiden anderen Angeklagten, die Überraschung ihrer Bewacher ausnutzend, spurteten davon. Schüsse fielen, Schreie, Stampfen; Staub wurde aufgewirbelt; Flüche, Schläge, Tumult. Das trübe Licht der Laterne beleuchtete eine Szene von roher Wildheit. Mit übermenschlichen Kräften kämpften, stießen und rannten die Todeskandidaten um ihr Leben. Aber bald waren sie umringt und überwältigt.

Korvettenkapitän Jürgensen, die Unmöglichkeit der wortgetreuen Durchführung seines Befehls erkennend, änderte das Urteil ›Tod durch den Strang‹ in ›Tod durch Erschießen‹ um.

Die Wache hörte den Befehl. Dann ging alles sehr schnell. Ein Posten hob sein Gewehr zum Anschlag und schoß aus kürzester Entfernung auf den Maat. Sein Gesicht flog wie ein Pfannkuchen davon. Sekunden später brachen die beiden anderen Verurteilten von Kugeln durchsiebt zusammen. Die Soldaten schleiften die Toten zur weißen Wand der Werkstatt, wo ein Sanitätsoffizier ihren Tod bestätigte. Das Standgericht wurde für beendet erklärt. Die Bootsbesatzungen wurden entlassen. Die Wache marschierte ab.

Nach Mitternacht halfen mir zwei Unteroffiziere, die drei Leichen in ein Ruderboot zu heben. Das war alles, was ich für die Toten tun konnte. Wir befestigten schwere Grundgewichte an Hals und Füßen der Erschossenen, ruderten das Boot in die Mitte des dunklen Fjords – dann drei Aufschläge auf dem Wasser, und die toten Matrosen hatten ihr Seemannsbegräbnis erhalten.

Die Warnung des Stützpunktleiters verfehlte ihre Wirkung nicht. Angesichts dieser drastischen Maßnahme entschloß sich Fred, weder in dieser noch in irgendeiner anderen Nacht auszulaufen. Und so blieb mein Schicksal weiterhin an Deutschland gekettet.

Für die nächsten Tage lag der Stützpunkt in tödlicher Stille. Wir erwarteten die Sieger. Das Standgericht machte meine letzte Hoffnung zunichte: wenn Deutsche ohne Umstände Deutsche erschossen, konnte es in Deutschland keine Zukunft geben, konnten wir von den Eroberern keine Gnade erwarten. Aber zur allgemeinen Überraschung zeigten die Sieger weder an uns, noch an unseren Booten im Stützpunkt Interesse. Sie versenkten auch jene nicht, die ihrem Befehl Folge leisteten, sich mit schwarzer Flagge am ausgefahrenen Sehrohr zu ergeben. Und meine Befürchtungen wurden weiterhin gemildert, als ich meine erste Berührung mit einem englischen Offizier hatte.

Es war Mitte Mai. Ich hatte Befehl, mit dem englischen Bezirkskommandanten in einem kleinen Ort östlich Kristiansand Verbindung aufzunehmen. Meine Aufgabe war, über die Evakuierung des Marinepersonals vom Stützpunkt mit den Siegern zu verhandeln. Mit einem leichtgepanzerten Fahrzeug machte ich mich auf den Weg. Zwei Seeleute mit schußbereiten Maschinenpistolen saßen auf dem Rücksitz. Ich war vor der Abfahrt vor einem möglichen Hinterhalt einer norwegischen Untergrundbewegung gewarnt worden. Doch ohne einen Schuß abzufeuern, kam ich in dem kleinen Dorfhotel an und fand in einem Zimmer im zweiten Stock den Colonel Mac Gregor, der mich, nur mit einer Sporthose bekleidet, empfing.

Mac Gregor schloß die Tür und bot mir einen Stuhl an. *»I have just taken my morning exercises«*, sagte er entschuldigend mit schottischem Akzent. »Ich mache jeden Tag einen Dauerlauf, um mich in guter Verfassung zu halten. Ein Mann in meinem Alter muß auf sein Gewicht achten.« Ich schätzte ihn auf etwa vierzig Jahre. Er war mittelgroß, stark gebaut und hatte rotblondes Haar. Zu meiner Überraschung ergriff Mac Gregor zwei Gläser, füllte sie mit Wein, reichte mir eines und sagte: *»It's the best stuff I could find in this damn town …«* Während er seine Felduniform überzog, erzählte Mac Gregor mir eine faszinierende Geschichte. Drei Monate zuvor war er mit Fallschirm in den norwegischen Bergen abgesprungen und hatte den Widerstand der Bevölkerung und der Untergrundbewegungen organisiert. Während wir auf unsere letzten Feindfahrten gingen, uns in den Fjorden sicher fühlten und manche Dienststelle die Fortsetzung des Kampfes in Norwegen für möglich hielt, hatte er bereits den totalen Widerstand und wirksame Sabotage in die Wege geleitet. Dann kam er zum eigentlichen Punkt unseres Treffens. Wir hatten unseren Stützpunkt innerhalb drei Tagen zu räumen. Alle Marineverbände in und um Kristiansand mußten sich geschlossen und in ordentlicher Formation auf die nahegelegene Insel Tromöy zurückzuziehen. Unsere Waffen, betonte er, konnten wir vorläufig behalten. Von Mac Gregors Ungezwungenheit beeindruckt, kam ich zu dem Schluß, daß es weder entehrend noch erniedrigend war, sich einem solchen Offizier unterzuordnen.

Am Abend vor dem Abmarsch ging ich zur Pier hinunter, wo die U-Boote noch längsseits lagen. Zum letztenmal betrachtete ich die grauen Wölfe, die der Inhalt meiner Laufbahn gewesen waren. Ich wußte, daß ich nie wieder an Bord eines U-Bootes gehen würde. Die bittere Erkenntnis, daß alle meine Anstrengungen vergebens und alle Opfer umsonst gewesen waren, machte mich schwermütig. Ich drehte mich schnell um und ging auf mein Zimmer zurück.

Obersteuermann Prager ›schießt‹ die Sonne mit dem Sextanten zur exakten Positionsbestimmung.

Eine schwere Welle rauscht durch das Brückenluk in die Zentrale.

1 Außenhülle
2 Druckkörper
3 Oberdeck
4 Bugraumluk
5 Offiziersraum
6 Turm
7 Brücke
8 Luftzielsehrohr
9 Funkpeiler
10 Angriffssehrohr
11 2-cm-Flak auf Doppellafette
12 3,7-cm-Flak
13 Ruder
14 Achtere Tiefenruder und Schrauben
15 E-Maschinenraum und achteres Torpedorohr
16 Dieselraum
17 Kombüse und achteres W. C.

Atlantik-U-Boot, Typ VII, des Zweiten Weltkriegs

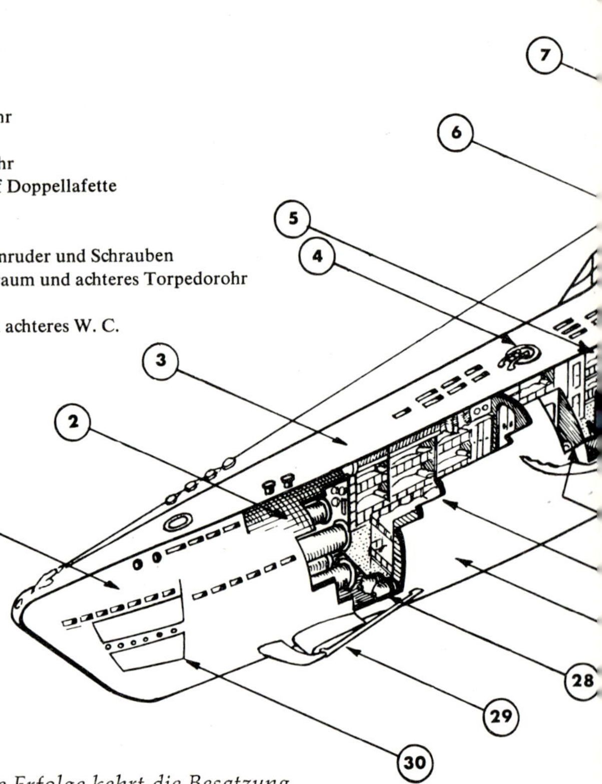

Froh über ihre Erfolge kehrt die Besatzung von U-230 im April 1943 in den Hafen von Brest zurück.

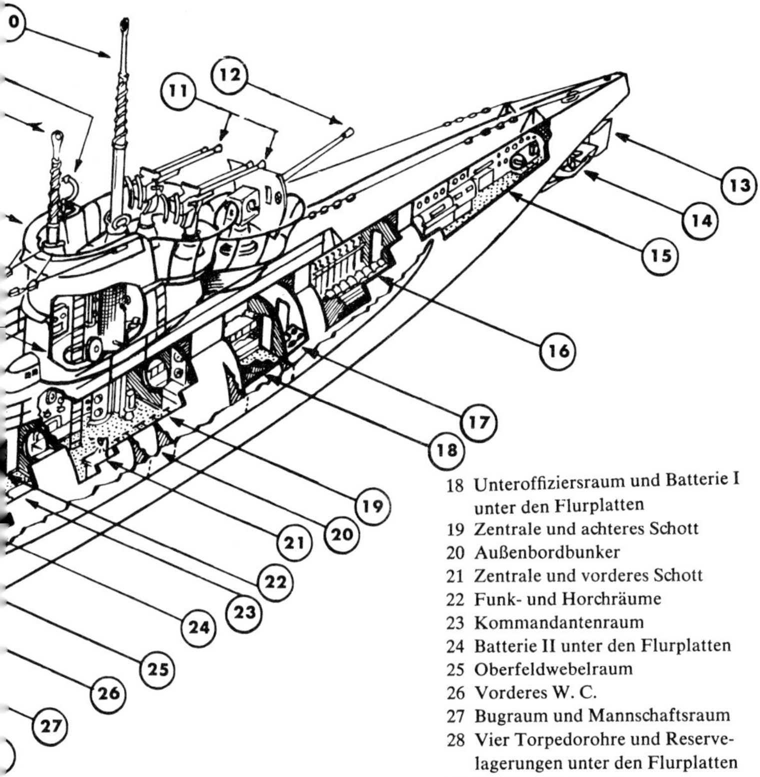

18 Unteroffiziersraum und Batterie I unter den Flurplatten
19 Zentrale und achteres Schott
20 Außenbordbunker
21 Zentrale und vorderes Schott
22 Funk- und Horchräume
23 Kommandantenraum
24 Batterie II unter den Flurplatten
25 Oberfeldwebelraum
26 Vorderes W. C.
27 Bugraum und Mannschaftsraum
28 Vier Torpedorohre und Reservelagerungen unter den Flurplatten
29 Vordere Tiefenruder
30 Torpedo-Mündungsklappen

U-230 auf einer alliierten Geleitzugroute im Nordatlantik: die Erste Wache hält gespannt nach feindlichen Schiffen Ausschau.

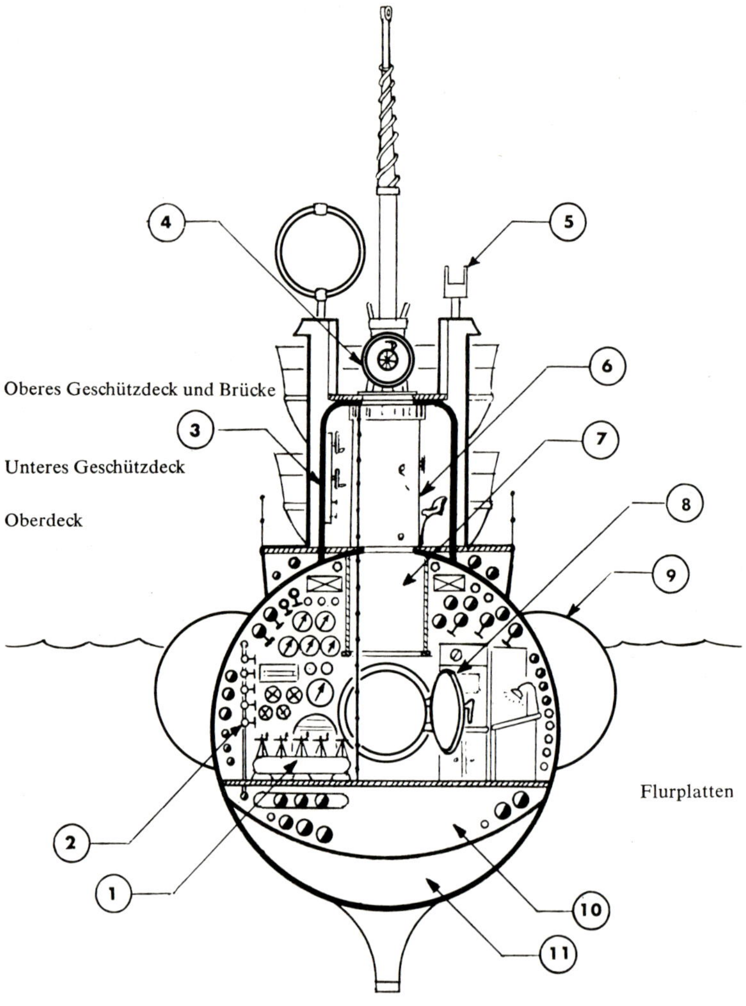

Atlantik-U-Boot

Schnitt durch Zentrale und Turm

1 Trimmwasser-Ventilstation
2 Preßluft-Verteiler
3 Turm mit Vorhaltrechner
4 Turmluk mit Deckelverschluß
5 Funkmeß-Warngerät
6 Sehrohr-Gehäuse
7 Notausstiegsluk
8 Kugelschott zu den achteren Räumen
9 Außenbordbunker
10 Zentrale-Bilge
11 Tauchzelle Nr. 3

L. I. Friedrich von U-230 erinnert sich zufrieden des Erfolgs der beendeten Feindfahrt.

Kommandant Siegmann demonstriert dem Chef der 9. U-Boot-Flottille im April 1943 seine Angriffsmanöver.

Ein Teil der alten Befestigungsanlagen von Brest; im Vordergrund zwei französische Zerstörer aus Vorkriegszeiten.

Der Stützpunkt der 9. U-Boot-Flottille in Brest.

Ein typischer U-Boot-Bunker: eine sieben Meter dicke Konstruktion aus Stahlbeton schützt die U-Boote im Hafen.

Ein U-Boot an seinem Liegeplatz im Bunker.

U-634 unter dem Befehl von Dahlhaus versorgt U-230 auf hoher See mit Dieseltreibstoff.

Der Autor begrüßt während der Treibstoffübernahme alte Freunde an Bord von U-634.

Unablässige Wache an Bord von U-230: im Mai 1943 erreichte die alliierte Gegenoffensive ihren Höhepunkt.

Mai 1943: der ›Thunderbolt‹ der Alliierten schlägt zu. Ein tauchendes U-Boot wird von einem Bomber mit Bordwaffen angegriffen.
Links unten: Ein U-Boot wird von einer ›Sunderland‹ mit Bomben belegt.
Rechts unten: Volltreffer am Achterschiff: das U-Boot macht schnell Wasser und sinkt über das Heck. Die Brückenbesatzung kann über Bord springen, doch keiner der Männer überlebte.

Eine Vier-Bomben-Serie detoniert am Heck eines U-Boots, das mit leergefahrenen Batterien tauchunklar ist. Das Boot kehrte nicht zurück.

U-Boot, das von einer ›Sunderland‹ des ›British Coastal Command‹ *angegriffen wurde. Die Besatzung versucht, sich in Einmannschlauchboote zu retten. Das Bild wurde von einem ›Liberator‹-Bomber aus aufgenommen, der das Boot mit Wasserbomben belegt hatte.*

Von Wasserbomben auf See schwer beschädigtes U-Boot, dem die Rückkehr zum Hafen gelang, im Trockendock.

Die Besatzung von U-847 drängt sich auf der Brücke; sie scheint die alliierten Flugzeuge nicht zu fürchten.

U-847 unter Kuppisch versorgt am 27. August 1943 im Mittelatlantik fünf U-Boote mit Treibstoff.

U-847 versorgt U-172 (im Hintergrund) und U-230 mit kostbarem Dieselöl. Noch am gleichen Tag wurde U-847 von einer Maschine des US-Flugzeugträgers ›Card‹ angegriffen und versenkt.

Die ehemalige französische Marineschule in Brest, Stützpunkt der 1. U-Boot-Flottille.

Schloß Château Neuf, Erholungsstätte der 9. U-Boot-Flottille in Brest.

Der Autor auf der Brücke von U-415; das Boot passiert gerade jene Stelle an der Pier des Innenhafens von Brest, an der es später auf eine Mine lief und sank.

Das letzte Photo der Kommandanten der 1. U-Boot-Flottille; von links nach rechts: Boddenberg (U-963), Werner (U-415), Marbach (U-953), Bugs (U-625, gefallen), Flottillenchef Kapitän Winter, Sieder (U-984, gefallen), Sachse (U-413, gefallen), Knackfuß (U-821, gefallen), Lehesten (U-373, gefallen); 4. Juni 1944.

Die Gefallenen von U-415 wurden an Land zu Grabe getragen. Bild unten: Die Besatzung von U-415 bestattet am 23. Juli 1944 in Brest ihre gefallenen Kameraden; der Autor spricht an den Gräbern.

U-415, das erste U-Boot, das der Verfasser als Kommandant übernahm. Auf der Brücke die beiden 2-cm-Zwillingsflakgeschütze. Das Bild wurde im April 1944 aufgenommen.

Erholung für U-Boot-Kommandanten in Le Treshier; das Bild wurde drei Tage vor Beginn der Invasion aufgenommen. Von links nach rechts: Lehesten (gefallen), Bugs (gefallen), ein Marinearzt, Hartmann (gefallen); im Vordergrund: Sieder (gefallen), Sachse (gefallen), Boddenberg.

Hein Sieder, Kommandant von U-984, erhielt Ende Juni 1944 das Ritterkreuz.

U-953, das Boot des Verfassers, im August 1944 bei Manövern in der Bucht von Brest.

Februar 1945: U-953 wird zur letzten Feindfahrt ausgerüstet. Rechts am Turm ist der Luftmast der Schnorchelanlage befestigt.

An Bord von U-953: der Autor vor dem Kugelschott zwischen der Zentrale und den Bugräumen.

Nach sieben Wochen fast ununterbrochener Tauchfahrt erreicht U-953 den Stützpunkt der 11. U-Boot-Flottille in Bergen, Norwegen.

U-1009 war das erste U-Boot, das übergeben wurde. Mit der schwarzen Flagge am ausgefahrenen Sehrohr nähert es sich am 7. Mai 1945 dem Begleitschiff HMS ›Byron‹ der Royal Navy.

Die Royal Navy *versenkte alle ausgelieferten U-Boote in einer Massenaktion. Auf dem Bild wird U-2335 durch Geschützfeuer eines britischen Zerstörers vernichtet. Die Boote wurden von Loch Ryan in Südschottland in den Atlantik geschleppt und dort auf Grund geschickt.*

Mai 1945: deutsche U-Boote an der Pier eines schottischen Hafens.

In der Hitze eines Maitages strömten Tausende von Marinesoldaten und U-Bootmännern über die Brücke in die gutgepflegten Kasernen auf Tromöy. Die Insel hatte jahrelang einem Regiment der deutschen Küstenbatterien als Unterkunft gedient. Unsere Leute wurden in saubere Baracken einquartiert. Fred Schreiber und ich schlossen uns einer Gruppe von Seeoffizieren an und belegten ein gepflegtes Farmhaus, das einst als Offiziersmesse gedient hatte. Die vollständige Abwesenheit englischer Truppen und unser ungestörtes Niederlassen in geschlossenen Gruppen ließ den Gedanken aufkommen, daß unser Aufenthalt auf Tromöy eine kurzfristige und angenehme Angelegenheit werden würde.

Doch schon bald sollte sich das Gegenteil beweisen. Trotz unserer selbstauferlegten Tagesroutine, die geordnete Tätigkeiten wie Sport, Unterricht und einen frühen Zapfenstreich einschloß, krochen die Stunden und Tage träge und langweilig dahin. Gerüchte, fantastische Meldungen und wilde Spekulationen über den Zusammenbruch in der Heimat, über Deutschlands und unsere eigene Zukunft, flackerten wie Waldbrände im Lager auf. Als es bekannt wurde, daß Hitler nicht, wie man uns gesagt hatte, auf den Barrikaden in Berlin als kämpfender Soldat gefallen war, sondern sich feige aus dem Chaos geschlichen und sich das Leben genommen hatte, brach der letzte Pfeiler unserer Traumwelt zusammen. Während wir unser Leben für ihn und die Nation im Glauben an seine Idee in die Schlachten geworfen hatten, hatte der Führer uns rücksichtslos in einen totalen Zusammenbruch getrieben. Hitlers Selbstmord war eine Verhöhnung unserer Taten, unserer Leistungen – eine Verhöhnung unserer millionenfachen Opfer. Anstatt ›des besonderen Schutzes des Führers sicher zu sein‹, wie unser Offizierspatent versicherte, waren wir unseren Gegnern hoffnungslos ausgeliefert gewesen. Nun hatten wir uns selbst zu helfen. Der Verursacher unseres Unglücks hatte es vorgezogen, die Konsequenzen uns zu überlassen.

An einem der langen Abende einer Mittsommernacht saß ich auf den roten Felsen von Tromöy und schrieb mir meine Qual vom Herzen:

»Wir waren jung, wir haben geglaubt und alles ertragen.
Wir haben gekämpft, uns bitter und tapfer geschlagen.
Wir haben gelitten und wurden zerschunden, ohne zu klagen.
Wir haben gehofft und haben Treue erwiesen, ohne zu fragen.
Wir haben gestritten, bis wir alle waren erschlagen.
Wir haben gehorcht, aber ihr Alten habt uns alle verraten.«

Unter dem Druck der Niederlage und der Bekanntgabe von Greueltaten und der Zerstückelung unseres Vaterlandes verlor manch einer das Gleichgewicht. Und es gab andere, die einfach zusammenbrachen. In einer dieser hellen Nächte erhängte sich ein Offizierskamerad auf dem Dachboden unseres Hauses. Wir beerdigten ihn zwischen den Felsen von Tromöy.

Unsicherheit, Empfindlichkeit und Verdruß wuchsen stetig, als die Tage sich zu Wochen streckten und wir von den Engländern nichts über unsere Zukunft oder unseren Abtransport nach Deutschland hörten. Etwa drei Wochen nach unserer Ankunft auf der Insel brach plötzlich ein Aufstand in einer der Baracken aus. Soldaten, die behaupteten, weder Deutsche noch Grenzlanddeutsche und in den Wehrdienst gepreßt worden zu sein, rebellierten gegen ihre Gefangenhaltung. Sie verbarrikadierten sich in den Quartieren und erschossen einen unserer Offiziere, der die Lage zu ermitteln versuchte. Die Meuterei dauerte nur einen Tag und kam zu einem schnellen, unheroischen Ende, als britische Truppen die Baracke umzingelten und die Aufrührer in Lastwagen abtransportierten.

Zwei Nächte später kehrten die Engländer zurück. Wir wurden mit viel Geschrei und Gewehrschüssen aus dem Schlaf geschreckt, auf einer Wiese zusammengetrieben und erhielten Befehl, uns nackt auszuziehen. Während einige Tommies unsere Quartiere nach Waffen durchsuchten, schritten wir im Adamskostüm durch ein Spalier von Bajonetten. Unsere Nacktheit war eine wohlberechnete Beleidigung. Sie löschte den Unterschied zwischen Offizieren und Mannschaften aus und ließ uns alle wissen, daß unsere Unterwerfung bedingungslos war. Die Tommies fanden wenig, das sie interessierte. Nachdem sie in ihrer Enttäuschung unsere Räume in Wildwestmanier beschossen hatten, fuhren sie ebenso plötzlich ab, wie sie gekommen waren.

In den ersten Julitagen kamen sie wieder. Diesmal, um unter freiem Himmel eine Prüfungskommission einzurichten. Wir wurden aufgefordert, uns zwecks Verschickung in die Heimat registrieren zu lassen. Über die neuen Aussichten erfreut, gab ich dem Engländer alle Angaben, die er wissen wollte. Als meinen gewünschten Entlassungsort nannte ich ohne Zögern Frankfurt. Es war der einzige Ort, wo ich ein neues Leben beginnen konnte, obwohl ich keine weiteren Verbindungen in der Stadt hatte, als traurige Erinnerungen und ein Bankkonto mit wertloser Währung. Nachdem die Kommission Tromöy verlassen hatte, war alles ruhig wie zuvor. Nichts ereignete sich. Zwei weitere Wochen fast unerträglichen Wartens ließen unsere Hoffnungen tiefer und tiefer sinken.

Aber am 24. Juli fiel die Entscheidung. Eine Abteilung englischer Truppen schwärmte durchs Lager und forderte diejenigen von uns, die sich für die Entlassung in die französische und amerikanische Besatzungszone gemeldet hatten, auf, die bereitgestellten Leichter zu besteigen. Eine eintägige Reise auf dem Wasserweg entlang der klippenreichen Küste brachte uns nach Mandal. Bei der Ausschiffung wurden wir von einer gemischten englisch-norwegischen Einheit, die sich alarmierend kriegerisch gebärdete, umringt und hinter starkbewachte Stacheldrahtzäune geschleust. In jener Nacht schliefen wir auf einem norwegischen Kornfeld in englischen Zelten und unsere Bäuche, zum erstenmal nach vielen Wochen, mit einem warmen *Irish Stew* gefüllt.

Am nächsten Morgen folgte eine lange Kette von Filzungen und Verhören. Um uns in die möglichst ungünstigste Lage zu versetzen und eine Täuschung auszuschließen, mußten wir uns bis auf die Haut ausziehen. Dann brachten sie uns zum Verhör einzeln in eine nahegelegene Scheune. Mein Inquisitor war ein englischer Offizier, etwa vierzig Jahre alt. Zum erstenmal wurden mir Fragen gestellt, die ich ehrlich beantwortete und die in der Zukunft noch oft an mich gerichtet werden sollten.

»Was war Ihre letzte Stellung in der Kriegsmarine?«

»U-Boot-Kommandant.«

»Ich dachte, wir hatten euch ausgerottet. Wieviel Schiffe haben Sie versenkt?«

»Ich habe sie nicht gezählt.«

»*Come, now*, haben Sie Ihre Versenkungen nicht gemeldet?«

»Natürlich. Aber ich habe nicht darüber Buch geführt.«

»Heißt das, daß Sie die Verantwortung für Ihr Handeln ablehnen?«

»*Sir*, ich habe meine Pflicht getan. Ich stehe dafür ein.«

»*Well*, lassen Sie uns nicht darüber streiten. Wir haben Ihre Reihen ganz gehörig gelichtet, nicht wahr?«

»Es mögen noch etwa ein Dutzend Kommandanten am Leben sein. Darunter zwei oder drei, die wie ich den größten Teil des Krieges überstanden haben.«

»Waren Sie Mitglied der Nazipartei?«

»Nein.«

»Waren Sie Mitglied der Hitlerjugend?«

»Nein.«

»Waren Sie Mitglied irgendeiner Nebenorganisation der Partei?«

»Nein.«

»*Nonsense!* Das sagen alle Deutschen heute. Sie mußten Mitglied mindestens einer der Nazi-Organisationen gewesen sein. Wie konnten Sie sonst Marineoffizier werden und bis zum U-Boot-Kommandanten aufsteigen? *Come on*, geben Sie schon zu, daß Sie Mitglied der Hitlerjugend waren.«

»Tut mir leid, Sie zu enttäuschen. Aber Sie sind falsch unterrichtet. Die Kriegsmarine hat ihren Offiziersnachwuchs nicht aus der Hitlerjugend rekrutiert. Und Mitgliedschaft in der Partei war ebenfalls keine Voraussetzung zum Eintritt in die Kriegsmarine. Wir hatten lediglich dieselben Qualifikationen nachzuweisen, die auch von der *Royal Navy* verlangt werden.«

»Das weiß ich besser. Ich muß Sie warnen. Sagen Sie die Wahrheit. Jede falsche Antwort wird schwer bestraft. Sie geben besser Ihre Mitgliedschaft zu und ersparen sich somit eine Menge Unannehmlichkeiten. Wir haben alle Unterlagen der Partei erbeutet, und es ist für uns leicht, die Wahrheit herauszufinden.«

»Dies sind die Tatsachen. Ich habe nichts hinzuzufügen.«

Der Engländer brach seine Befragung ab und griff nach einem dicken Band, dem Verbrecheralbum der Alliierten. Nachdem er vergeblich nach meinem Namen gesucht hatte, fragte er mich, wie es mir gelungen war, den Krieg zur See zu überleben. Für eine geraume Zeit hörte er sich meine Ausführungen an und drückte dann einen Stempel auf meine Entlassungspapiere. Er reichte sie mir mit einem schiefen Lächeln und sagte betont: »Passen Sie gut auf diese Papiere auf. Ohne sie werden Sie hinter Stacheldraht enden. Und – *Captain – good luck.*«

Bei Sonnenuntergang stand ich an der Reling eines schmutzigen, alten Frachters, der uns nach Deutschland brachte. Mehrere Tausend Marinesoldaten, mit knisternden Entlassungspapieren in den Taschen, überfluteten das Deck und sahen die norwegische Küste langsam verschwinden. Es gab kein Lachen, keine Fröhlichkeit. Nur gedrückte Stille und gespannte Erwartung.

Am nächsten Morgen, es war der 26. Juli, waren wir alle an Deck. Die Sonne ging auf, und der Himmel war wolkenlos. Die Nordsee atmete ruhig, als der Dampfer vorsichtig in die weite Mündung der Weser fuhr. Der Hafenverkehr verstärkte sich, je tiefer wir nach Bremerhaven vordrangen. Dann kamen zwei Schlepper längsseits und bugsierten den trägen Frachter an eine Pier. Plötzlich jähes Erwachen. Amerikanische Soldaten in olivgrünen Uniformen sprangen aus bereitstehenden Fahrzeugen und riegelten die Pier ab. Wir waren alle sprachlos, als wir die Stelling hinunterliefen und unsere Füße auf deutsche Erde setzten und unsere englischen Entlassungspapiere eingezogen wurden. Noch benommen von dem Überfall, wurden wir auf Lkws verladen, in ein Lager außerhalb Bremerhavens gefahren, entlaust und in ein leeres *Cage* geschleust. Die Nacht fiel über ein Lager ohne Zelte und über mehrere Tausend deutsche Soldaten, die, von den Engländern entlassen, von den Amerikanern wieder gefangengenommen waren. Fred und ich teilten eine Büchse Sardinen aus seinem abnehmenden Bordbestand sowie einige Biskuits, die wir auf Tromöy gespart hatten, rollten uns in unsere Decken und fielen bald unter den Sternen in einen leichten Schlaf.

27. Juli. In der Morgendämmerung wurden wir – dreitausend Mann – wie eine Herde zur Schlachtbank in einen wartenden, offenen Güterzug verladen. Das Ziel war Frankfurt, wie man uns versicherte, wo unsere englischen Papiere einen amerikanischen Stempel erhalten und wir entlassen werden würden. Es war eine lange, langsame, traurige Fahrt in den offenen, windigen, rußigen Güterwagen. Wir fuhren durch Weizenfelder, die reif zur Ernte waren; durch zerstörte Städte und Ortschaften; vorbei an idyllischen Dörfern und Straßenkreuzungen, die von den Eroberern bewacht und gesichert waren; an Autostraßen entlang, auf denen sich amerikanische Artillerie, Panzer und motorisierte Kolonnen stauten; durch Berge von Trümmern, die einst deutsche Städte gewesen waren. Wir erreichten Frankfurt am Spätnachmittag des zweiten Tages unserer Reise. Als die lange Kette unserer offenen Wagen durch die Vorstädte und dann am Schaumainkai entlangfuhr, nahm ich die bittere Tatsache zur Kenntnis, daß meine Heimatstadt bis zur Unkenntlichkeit zerstört und eine amerikanische Garnison geworden war.

Der Zug hielt am Kai inmitten des einst blühenden Nizza-Parks. Ich fragte einen der fünf amerikanischen Posten, wo und wann wir entlassen werden würden. Der Korporal hatte keine genauen Anweisungen, gab mir aber zu verstehen, daß wir bis Hoechst noch in unseren Güterwagen zu bleiben hätten.

Bald rollte der Zug wieder weiter, schlängelte sich durch Weichen und ein Gewirr von Schienen, verließ Frankfurt, rollte nach Hoechst, dann durch Hoechst hindurch und immer weiter westwärts in den Abend hinein. Dann öffnete sich das Rheintal – und mit plötzlichem Erschrecken erkannte ich, daß wir betrogen worden waren. Mit einem Ruck hielt der Zug westlich von Rüdesheim. Schüsse – Aufregung – Waffengeklirr – Motorenlärm. Französische Truppen umschwärmten den Zug. Eine Stimme sprach in fließendem Deutsch über einen Lautsprecher: »Runter mit euren Köpfen! Hier ist die französische Armee.

Wir werden beim geringsten Zeichen des Ungehorsams schießen. Und wir schießen gut. Bleibt ruhig und befolgt unsere Befehle.«

Bestürzung, wahnwitzige Unfähigkeit zu handeln! Wir waren verkauft, gefangen. Ich wußte nun, daß der Gedanke an die Freiheit nur ein Traum gewesen war. Die Wirklichkeit war Gefangenschaft, Stacheldraht. Wir fluchten und beklagten uns erbittert über unsere widerrechtliche Auslieferung an die Franzosen. Aber es gab niemanden, der unsere Anklage hörte. Die Nacht war still wie ein Grab. Keiner schlief. Wir saßen in unseren offenen Wagen, von den Siegern umringt, von Scheinwerfern beleuchtet und von drohenden Gewehrläufen im Schach gehalten.

29. Juli. Morgendämmerung. Die Klänge der Marseillaise klirrten durchs Rheintal. Wieder sprach die Stimme mit dem elsässischen Dialekt über den Lautsprecher: »Verlaßt sofort die Wagen. In Dreierreihen am Ufer antreten. Macht keinen Versuch, zu fliehen. Er würde tödlich sein – *allez, allez hopp.*«

Dreitausend Deutsche, die niemals gegen die Franzosen gekämpft hatten, traten ihren Weg in die Gefangenschaft an. Wir formierten uns am Ufer; dann ging es über eine schwingende Pontonbrücke über den Rhein in die französische Besatzungszone.

Angetrieben von einer brüllenden, gestikulierenden Abteilung französischer Truppen, marschierten wir durch die Morgenhitze. Um die Mittagszeit waren wir ausgetrocknet, durstig und von dem ungewohnten Marsch erschöpft. Staubig und zutiefst gedemütigt, schleppten wir uns durch ein geschmücktes Siegestor in das berüchtigte Lager von Dietersheim. Ein Pferdefuhrwerk, das das Lager verließ, drängte uns zur Seite. Es war mit abgemagerten, nackten Leichen angefüllt. Blinkende Bajonette trennten uns Offiziere von den Mannschaften und stießen uns in einen riesigen Käfig, der mit bärtigen, zerlumpten Gestalten angefüllt war. Wandelnde Skelette, nahezu nackt und verkommen, Haare und Bärte lang und filzig, die Haut tiefbraun und hart wie Leder und von Unterernährung aufgerissen, empfingen uns. Seit Monaten hatten diese Gefangenen im Freien gelebt und geschlafen und in Erdlöchern gehaust. Regen würde die nackte Erde in einen See von Schlamm verwandeln und die Männer in ihren eigenen Gräbern verschütten, die sie mit ihren Händen gegraben hatten.

Fred und ich wählten ein verlassenes Loch, vergruben unsere Uhren, Ringe und andere Wertsachen im Staub und warteten auf das, was sich ereignen würde. Ich stellte fest, daß unsere Bewacher marokkanische Soldaten waren. Sie warfen dauernd Handgranaten und feuerten zur

Belustigung Maschinengewehrsalven über unsere Köpfe. Am Spätnachmittag wurde ein Leiterwagen mit Aluminiumkannen in unser *Cage* gefahren. Es enthielt unsere erste Mahlzeit seit dem *Irish Stew*. Man sagte uns, die Flüssigkeit in den Kannen sei Suppe. Aber sie sah aus – und schmeckte – wie schmutziges Spülwasser. Ich wandte mich angeekelt ab und sagte kurzentschlossen zu Fred, daß ich nicht hier herumsitzen würde, um ebenfalls zum Skelett dahinzusiechen. Ich war entschlossen zu fliehen.

Noch in derselben Nacht begann ich meinen verzweifelten Kampf um die Freiheit. Als die Dunkelheit sich über die kahle Erde legte, verließ ich meine Höhle. Die Bogenlampen an der Umzäunung des ausgedehnten Lagers erzeugten einen gespenstischen Schein. Flach in den Staub gedrückt, kroch ich langsam durch das erste Hindernis – einen drei Meter hohen Stacheldrahtzaun – ins Niemandsland. In dieser Gasse zwischen zwei parallellaufenden Zäunen, die das *Cage* der Offiziere von dem der Unteroffiziere trennte, schlich ich, robbte ich vorsichtig, oft verhaltend und lauschend, auf den hellerleuchteten Doppelzaun des äußeren Drahtverhaus zu. Mit angehaltenem Atem schlängelte ich mich der beleuchteten Zone immer näher, wechselte zwischen zwei Maschinengewehrnestern auf hohen Wachttürmen auf die andere Seite des Niemandlands, drückte mein Gesicht in den Staub, zwei, drei Züge – und ich lag im dünnen Schatten des Eckpfostens der inneren Umzäunung. Regungslos verweilte ich auf dem schmalen, dunklen Strich, den die Bogenlampen nicht erfassen konnten. Mein Atem ging schnell, mein Puls schlug hart, meine Zunge klebte am Gaumen. Vor mir lag die Feuerlinie zwischen dem Innen- und Außenzaun, das letzte Hindernis. Eine Stacheldrahtrolle versperrte den Weg. Außerhalb des Zauns war im Halblicht der Bogenlampen die Außenwelt erkennbar. Das Gras am Zaun war auf eine Breite von etwa fünfundzwanzig Metern abgemäht. Aber dahinter, in der unwirklichen Dunkelheit, versprach hohes Gras oder ein Kornfeld Schutz und Versteck.

Minuten verstrichen. Vielleicht eine ganze Stunde verging. Ich lag, horchte und beobachtete. In langen Abständen hämmerten Maschinengewehrgarben durch die Stille der Nacht. Eine Handgranate explodierte weitab. Posten patrouillierten durch das Schußfeld. Von den Wachttürmen hallten Rufe in die Nacht. Meine Augen erfaßten alle Einzelheiten. Da entdeckte ich in nächster Nähe eine dunkle Zone in der Feuerlinie zwischen den beiden Zäunen, einen dreieckigen Schatten, der von zwei zu weit auseinanderstehenden Bogenlampen verursacht wurde. Das war die Stelle meines Ausbruchs. Hier würde ich durch das Niemandsland kriechen, mich durch die Rolle zwängen und den Außenzaun überwinden. Ich dachte weder an die Kugeln, die mich treffen würden, noch an das, was mir blühte, sollte ich im Stacheldraht hängend überrascht werden. Dort draußen war die Freiheit – und ich mußte sie erreichen.

Ich schaute auf meine Uhr – ich hatte über drei Stunden kriechend und beobachtend zugebracht. Es war bereits zu spät für einen Versuch. Ich entschloß mich zur Flucht in der kommenden Nacht, kroch langsam und leise in das Zwielicht der Lampen zurück und robbte an den inneren Zäunen entlang in die Tiefe des Lagers, wo die Dunkelheit mich verschluckte. Als ich in mein Erdloch sprang, kündete ein heller Streifen im Osten den neuen Tag an.

Die Klänge der Marseillaise rissen mich aus meinem ersten Schlaf. Ich berichtete Fred von meiner Entdeckung. Zu meiner Überraschung teilte Fred meine Begeisterung nicht. Er war überzeugt, daß unsere Gefangennahme ein Mißverständnis war, daß die Dinge sich bald aufklären und wir bis zum Wochenende entlassen werden würden. Ich sah aber in unserem Freiheitsentzug genau das, was es war, und befürchtete eine jahrelange Inhaftierung, die in den Dschungeln von Guayana enden würde. Ich hielt an meinem Plan fest, gab Fred eine Frankfurter Adresse, unter der er mich finden würde, falls er sich später zur Flucht entschließen sollte, und bereitete mich auf meinen Ausbruch vor.

Die Stunden zogen sich träge dahin. Die Hitze stieg an, zitterte über der ausgedörrten Erde und ließ die abgezehrten Körper der alten Gefangenen noch mehr vertrocknen. Ich begriff das Elend in seinem ganzen Ausmaß und wußte, daß nur Flucht mich vor dem Hungertod bewahren konnte. Ich lief wie in Trance durch das *Cage,* überlegte jede Bewegung für die Nacht, gab meine Suppe einem der Todgeweihten und begnügte mich mit dem letzten Zwieback, den ich von Tromöy aufgespart hatte.

Als die Nacht sich über das Tal der Nahe gelegt hatte, begann ich wieder zu kriechen. Es war 21 Uhr 30. Langes, atemraubendes Schleichen. Vorsichtig schlängelte ich mich in den schmalen Schatten des Eckpfostens der inneren Umzäunung. Wieder lagen vor mir nur die Stacheldrahtrolle und die letzte Hürde: der Außenzaun. Minutenlang blieb ich unentschlossen liegen. Dann zwang ich mich zum Handeln. Zentimeter um Zentimeter kroch ich in die dunkle Zone zwischen den beiden Bogenlampen. Flach auf die Erde gepreßt, die Zähne zusammengepreßt, mit einem Puls so stark wie Hammerschläge, glitt ich durch die Feuerzone. Jede Sekunde konnte eine Maschinengewehrgarbe aufknattern. Ich streckte die Arme nach vorne, grub die Finger in die Erde und zog den Körper nach. Schweiß rann mir aus allen Poren, rann mir in die Augen, durchnäßte meine Kleidung. Dann berührte ich die Stacheldrahtrolle, teilte den Draht ganz langsam, ganz leise, zu einer Öffnung, kroch in das Gewirr – und lag plötzlich vor dem Außenzaun. Stille. Unheimliche Ruhe. Ich holte tief Luft, warf zwei Blicke auf die Wachttürme, schob mich unter den untersten Draht des Zauns, schlüpfte hindurch, ließ den Draht langsam los – und war in Freiheit. Langsam rollte ich einmal um meine Achse. Nicht ein Laut, keine Reaktion von den Türmen. Dann rollte ich wie eine Walze weg von den Lampen und dem Licht, über die Feuerzone, immer weiter weg vom Zaun und in das tiefe Gras und in die Dunkelheit. Ich hatte es geschafft.

Stille. Kein Schuß war gefallen. Ich schlich durch Wiesen und Kornfelder und näherte mich einem Dorf im Nahetal, etwa drei Kilometer südlich des Lagers. Mit meinen Schuhen in den Händen, schritt ich barfuß über das Kopfsteinpflaster, huschte im Schatten der Gebäude tiefer in den Ort, fand eine Scheune, warf mich in einen Ballen Heu und fiel sofort in tiefen Schlaf.

Ein scharfer Klang weckte mich. Ich spähte durch einen Spalt in der Tür und sah den Bauern seinen Pferden das Geschirr anlegen. Ich öffnete die knarrende Tür, eilte auf ihn zu und gestand ohne Umschweife, daß ich aus dem Lager entkommen war und Hilfe brauchte. Der Bauer war mehr als überrascht. Das Kunststück, aus dem Lager herauszukommen, war, wie er mir erzählte, bisher nur Gefangenen gelungen, die sich unter Druck der Fremdenlegion verschrieben hatten. Er nahm mich schnell in die Küche, wo seine Frau und Tochter mir bald ein Riesenfrühstück mit Eiern, Speck und Bratkartoffeln vorsetzten. Zwischen den Bissen aufatmend, gab ich meinen Helfern einen kurzen Bericht über meine militärische Vergangenheit und ungewöhnliche Gefangennahme. Ihre Sorge um meine recht fragwürdige Freiheit ging so weit, daß der Bauer sich erbot, Ausweispapiere für mich und Fred zu besorgen.

»Ohne Papiere«, mahnte er, »werden Sie an der nächsten Straßenkreuzung verhaftet und landen hinter demselben Stacheldraht, aus dem Sie ausgerissen sind.«

Bald saß ich in einer Zinkbadewanne in der Scheune, seifte den Schmutz des Lagers von meinem Körper, wusch meine Wäsche und ließ dann Haut und Hemd in der Sonne trocknen. Lange bevor der Tag zu Ende ging, kroch ich in ein weiches Bett, das nach herber Seife roch, und deckte mich mit einer Daunendecke zu, die so groß war wie ein Ballon.

Nach erfrischendem Schlaf erwachte ich mit neuer Kraft und dem unumstößlichen Entschluß, Fred aus dem Lager herausholen. Obgleich der Bauer und seine Frau das Risiko für zu hoch hielten, versorgten sie mich mit Brot, Kartoffeln, Mehlspeisen, Marmelade, Wurst und einigen Päckchen amerikanischer Zigaretten für die Kameraden, die zurückbleiben mußten. Nach Einbruch der Dunkelheit schulterte ich den Sack und marschierte durch die nachtblaue Luft, durch Wiesen und Felder zum hellerleuchteten Lager. Zweihundert Meter vor dem Zaun legte ich mich wieder flach auf die Erde und kroch langsam, mich nach allen Seiten sichernd, auf die Bogenlampen zu. Als die Silhouetten der Wachttürme über dem hohen Gras erschienen, überfiel mich ein unsicheres Gefühl. Aber nur für Sekunden übermannte mich das Gefühl der Sinnlosigkeit meines Tuns, das in meiner Hinrichtung im Gewirr des Stacheldrahts enden konnte. Dann kroch ich weiter, den Sack an einem Lederriemen nachziehend. Plötzlich Stimmen, ganz nahe. Schritte im hohen Gras. Zwei marokkanische Soldaten standen wie riesige Schatten vor mir. Ich hatte verspielt.

Ich stand sofort auf und erwartete das Unvermeidliche. Aber zu meiner Überraschung waren die beiden Posten mehr an dem Inhalt meines Sacks, als an mir persönlich interessiert. Ein kurzes Palaver – und ich erkannte meine Chancen. Da meine französischen Sprachkenntnisse besser waren als die der Wüstensöhne, überzeugte ich sie leicht von meinem harmlosen Unternehmen: daß ich lediglich versuchte, Nahrungsmittel zu den hungrigen Gefangenen zu schmuggeln. Ich zündete mir lässig eine amerikanische Zigarette an und reichte den Rifkabylen in Uniform den Rest des Päckchens. Mit gierigen Fingern griffen beide nach den begehrten Zigaretten, und ich gab ihnen Feuer. Damit beherrschte ich die Lage. Ich versprach ihnen einen regelmäßigen Nachschub amerikanischer Zigaretten als Gegenleistung für ihre Hilfe, mich nach Belieben den Stacheldraht passieren zu lassen. Das Verlangen nach Tabak triumphierte. Sie griffen schnell nach dem zweiten Päckchen *Camel*, führten mich zum Wachtturm an der Ecke, wo ich dem Posten auf der Plattform ein drittes Päckchen opferte, dann öffneten sie den Zaun und hielten ihn offen, bis ich mich mit meinem Sack hindurchgezwängt hatte. Ein geübtes Bücken, eine schnelle Bewegung – und ich hatte den zweiten Zaun hinter mir. Ein Wink mit meiner freien Hand – und ich verschwand in der relativen Dunkelheit des Lagers.

Ich sprang in das Loch, das ich mit Fred geteilt hatte. Er erwachte aus tiefem Schlaf. Zuerst benommen, dann sprachlos über meine Rückkehr, griff er in den Sack, zog ein Stück Bauernbrot hervor und biß hinein. Mit aufflammendem Ärger erkannte ich, daß er mehr an dem kulinarischen Segen, als an einer Flucht interessiert war, die durch meine Bestechung alle Gefahren verloren hatte. Er bestand darauf, daß er seine Entlassungspapiere mit einem französischen Stempel am Sonnabend wieder in Händen haben würde, und daß alle Kameraden aus Norwegen der gleichen Meinung wären. Vom Zusammenbruch meines Plans enttäuscht, ließ ich Fred, den Sterbenden und den Hoffnungslosen den Proviant zurück, erzwang aber noch sein Wort, daß er mir, falls es sich anders ergäbe, in der Nacht zum Sonntag folgen würde.

Mein letztes Päckchen *Camel* sicherte mir den Rückzug aus dem Lager. Eine Stunde später war ich wieder in der Scheune und warf mich erschöpft in den Ballen Heu.

Für zwei Tage genoß ich das Leben auf dem Bauernhof. Ich half dem Bauern bei seiner Arbeit auf den Feldern, rechte das Heu und lud es auf die Wagen, aß das kräftige Essen mit ungewöhnlichem Appetit, badete nach Sonnenuntergang in der Zinkbadewanne in der Scheune und war mit meinem Schicksal recht zufrieden. Ich hatte entdeckt, daß die Freiheit in einem einzigen mutigen Augenblick gewonnen werden konnte.

Es kam der Samstagabend, dann die Nacht. Fred hatte den Weg in die Freiheit nicht gefunden, weder legal, noch illegal. Um seine Hoffnungen betrogen, hoffte ich ihn in der notwendigen Verfassung vorzufinden, um den entscheidenden Schritt zu wagen. Entschlossen, ihm das Schicksal einer langen Inhaftierung zu ersparen, machte ich mich auf den Weg zum Lager. Alles war ja so einfach. Wieder war ich mit amerikanischen Zigaretten versehen, traf dieselben Posten, die mit derselben Gier die *Camel* an sich rissen, und zwängte mich durch denselben Stacheldraht, der sich inzwischen als so leicht überwindbar erwiesen hatte. Aber einmal innerhalb der Umzäunung, wurde ich durch das aufgeregte Umherhuschen schattenhafter Gestalten alarmiert. Ich näherte mich Freds Lager voller Neugierde. Dann wurde ich plötzlich von Gestalten umringt und in das Erdloch gestoßen. Mit siedendheißem Erschrecken erkannte ich, daß ich von meinen eigenen Kameraden gefangengehalten wurde.

Aus den verwirrten Gesprächen entnahm ich, was sich am Nachmittag ereignet hatte. Bei einer überraschenden Zählung wurde ich als anwesend gemeldet. Doch als der französische Lagerkommandant nach der Zählung bekanntgab, daß der gesamte Zuwachs aus Norwegen nach Frankreich abgeschoben würde, und daß für jeden fehlenden Mann am Ende der Reise fünf Soldaten erschossen würden, fanden sich meine Offizierskameraden plötzlich in einer verzweifelten Lage. Anstatt die Drohung als das, was sie war, zu akzeptieren oder den Lagerkommandanten aufzuklären und meine Flucht zu melden, verließen sie sich auf mein Versprechen, das ich Fred gegeben hatte. Ich konnte den Mitgefangenen den Verrat nicht vergeben und zog in dieser Stunde einen scharfen Trennungsstrich zwischen mir und meinen Kameraden von gestern.

Bei Sonnenaufgang und unter den Klängen der Marseillaise wurde ich zusammen mit viertausend Gefangenen auf die Lagerstraße getrieben. Unter der Bewachung senegalesischer Truppen, die die Ausfallstraße säumten, wurden wir unter lautem Geschrei durch ein Spalier aufgepflanzter Bajonette geschleust, durch eine deutsche Landschaft gehetzt und in zweiundvierzig Viehwagen verladen, die auf einem Nebengeleis bereitstanden. Jeweils hundert Mann wurden in einen der stinkenden, geschlossenen Wagen gezwängt und die Rolltür geschlossen.

Unter der Glut der Sommersonne setzte sich der lange Zug in Bewegung. Atemraubende Hitze, der Geruch ungewaschener Körper und der Gestank von Mist verwandelten den Viehwagen in eine Folterkammer. Der Zustand gab meinem Freiheitsdrang neue Energie. Während der Güterzug mit seiner menschlichen Fracht ruckweise und langsam nach Westen rollte, saß ich an der Rückwand des Wagens und sägte mit einem Pfadfindermesser durch die Planken. Ich sägte im Rhythmus der Schläge, die die Räder verursachten, wenn sie über die Fugen der Schienen klickten. Ich sägte vorsichtig, verhalten, heimlich. Während die Mitgefangenen stumpfsinnig, halb betäubt von dem Gestank, von Durst und Hunger herumlagen, bereitete ich meinen Ausbruch vor. Bei Einbruch der Dunkelheit hatte ich die Hälfte meiner Arbeit bewältigt. Gegen Mitternacht entfernte ich ein Stück der Rückwand. Die so entstandene Öffnung war groß genug, um hindurchzukriechen. Bald verlangsamte der Zug die Fahrt. Das war der günstige Augenblick. Ich zwängte Kopf und Oberkörper durch den Spalt in die kühle Nachtluft. Doch dann wurde ich plötzlich an den Füßen gepackt. Ich stieß und kämpfte verzweifelt in ungünstigster Lage. Ich wurde in den Wagen hineingezogen und von einem Dutzend schattenhafter Gestalten überwältigt. Wieder war ich der Gefangene meiner Kameraden von gestern.

Die Reise in die Erbärmlichkeit nahm ihren Fortgang. Sie dauerte die ganze Nacht, noch einen Tag und die nächste Nacht. Niemand öffnete die Tür, niemand reichte uns Wasser oder gab uns Nahrung. Der Gestank von Mist, Urin und menschlichen Exkrementen stand wie eine dichte Wolke im Viehwagen. Männer übergaben sich, krümmten sich unter den Anfällen von Ruhr. Eines der Skelette starb in der zweiten Nacht, ein weiteres am folgenden Morgen. Der Geruch von Verwesung, Tod und menschlicher Auflösung wurde unerträglich. Mein Atem ging schwer. Ich stand auf und preßte mein Gesicht gegen die vergitterte Öffnung. Dann roch ich das Meer.

Die Lokomotive zischte, verlangsamte ihre Fahrt. Üppiger Laubwald, nahezu tropisch, wuchs an der Bahnstrecke. Ein Quietschen von hundert Bremsen und ein Ruck. Der Zug kam neben einer improvisierten Plattform zum Stehen. Eine Kompanie regulärer französischer Soldaten umschwärmte die Wagen, Gewehre und Maschinengewehre im Anschlag. Ein schrilles Geräusch – die Tür wurde zurückgeschoben. Rufe, Geschrei, Befehle in französischer Sprache, die keiner verstand oder verstehen wollte. Taumelnd kletterten, fielen wir aus den Wagen. Die meisten schleppten sich mit schlaffen Gliedern auf die Plattform. Totale Ergebenheit in ihr Schicksal, zweifelndes Erstaunen oder der nahe Tod standen in ihren Gesichtern. Unter Kolbenschlägen, Schreien und Bajonettstößen trotteten wir auf einem moosbewachsenen Waldboden in ein verborgenes Lager, das einer kolonialen Dschungelfestung glich. Mit den geübten Augen eines gehetzten Wildes suchte ich sofort nach einem Fluchtweg.

Aber das Lager verschlang mich zusammen mit der Masse der Verdammten. Wir Offiziere wurden wieder von den Männern getrennt und in ein *Cage* in der Nordostecke des Lagers verfrachtet, dort eiligst registriert und in eine große Lagerhalle eingewiesen. Zusammen mit Fred belegte ich eine hölzerne Doppelkoje, ich nahm die untere, Fred die obere Hälfte. Es gab weder einen Strohsack noch eine Strohunterlage. Aber es gab über viertausend Neuankömmlinge, die mit den veränderten Verhältnissen zufrieden waren. Ohne weiteres Zögern machte ich einen Erkundungsgang durch das *Cage*.

Das Lager, wie ich schnell von den Altinsassen erfuhr, lag zwischen Le Mans und Nantes, nahe dem Ort La Flèche. Ein stark gesicherter, doppelter Außenzaun mit überhängenden Sicherungsdrähten, mehreren Stacheldrahtsperren, starken Bogenlampen, rotierenden Scheinwerfern und Bewachungstürmen, besetzt mit regulären, blutjungen französischen Truppen, die sich nicht mit amerikanischen Zigaretten bestechen ließen, machten das Lager ausbruchsicher. Ich sah ein, daß ich mich auf ein langsames Dahinsiechen hinter Stacheldraht bei winzigen Rationen vorzubereiten hatte.

Die Tage schlichen in Hitze und Hunger dahin. Ich machte endlose Runden durch das *Cage* und suchte verzweifelt nach einem Weg in die Freiheit. Stundenlang lag ich nackt im Schatten der Latrinen nahe dem Eckturm und dem Zaun und beobachtete die Gewohnheiten der Wachen. Nachts, wenn die Hitze nachgelassen hatte, kroch ich an den Drahtverhauen und Bogenlampen entlang, schlüpfte aus dem Lichtkegel der rotierenden Scheinwerfer und kletterte über die Zäune der angrenzenden Käfige für Unteroffiziere und Mannschaften. Vergebens. Es gab keinen Ausweg. Obwohl ich den Gedanken an Flucht nicht aufgab, fügte ich mich äußerlich in das Lagerleben ein. Ich trank morgens die braune Rübenbrühe als mageren Kaffee-Ersatz, schlürfte das Spülwasser mit Spuren von Gras, wenn die Sonne am höchsten stand, und empfing die fünf Stücke Schiffszwieback am Spätnachmittag, die ich mit ritueller Langsamkeit kaute und wiederkaute und schließlich mit einigen Schlucken Bohnenkaffee hinunterspülte, den Fred wie ein Medizinmann aus den Bohnen herzustellen verstand, die er aus den Säumen seines Rucksacks hervorzauberte.

Aber nach zwei Wochen waren meine Backen hohl, und meine Rippen traten beängstigend unter der ledernen Haut hervor. Ich verachtete die, die mich in diese Lage gebracht hatten, aber auch die, die sich apathisch in ihr Schicksal ergeben hatten. Hunger war größer als Freundschaft, stärker als Gebete, tödlicher als Krankheit. Erbarmungsloses Handeln unter den Gefangenen war so allgemein wie das Sterben. Ringe, Uhren, Kleidungsstücke und Goldzähne wurden gegen Nahrungsmittel und Tabak eingetauscht. Essenrationen wurden für feuchte Zigarettenkippen weggegeben. Es gab Verräter, Diebe, religiöse und politische Fanatiker, Verrückte und Schwache, aber nur wenige, die ernsthaft daran dachten, zu fliehen.

Nach drei Wochen ruheloser Suche fand ich durch Zufall den Fluchtweg. Mein Plan war so einfach, daß ich fürchtete, er könnte von den Franzosen vorzeitig durchschaut werden. Seit Tagen hatte ich eine Gruppe unserer Soldaten beobachtet, die am Vormittag regelmäßig in unser *Cage* kamen und die schweren Tonnen aus den Latrinen einsammelten, sie unter Bewachung aus dem Lager trugen und nahe dem Nordtor in ausgehobene Gruben entleerten. Nach dreißig Minuten kehrten die erbarmungswürdigen Skelette mit den leeren Tonnen zurück. Mein Plan war, daß Fred und ich uns der Arbeitskolonne anschließen, mit einem der Kübel aus dem Lager marschieren und anstatt zurückzukehren, im angrenzenden Wald verschwinden würden.

Der Plan war einfach, die Ausführung aber konnte tödlich sein. Unser erster Fluchtversuch mißlang am folgenden Morgen. Als wir unser *Cage* mit der Arbeitskolonne verließen – wir hatten unsere Garderobe mit viel Geschick von allen militärischen Kennzeichen befreit –, wurden wir von einem jungen österreichischen Leutnant erkannt, der uns der Wache verriet. Glücklicherweise konnte ich Fred und mich selbst vor einer zweimonatigen Einzelhaft bewahren. Der Vorfall zwang mich, meinen Plan zu ändern. In der nächsten Nacht, zwischen Mitternacht und Morgengrauen, schlüpfte ich aus der verdunkelten Baracke in den Hof. Im Lager herrschte tiefste Stille. Der Hof lag verlassen da. Ich huschte in den Schatten des nächsten Gebäudes, sprang zum Zaun, der unser *Cage* von dem der Unteroffiziere trennte, kletterte hoch, schwang mich hinüber und verschwand in der Latrine. Sekunden später war Fred an meiner Seite.

Bei Sonnenaufgang erwachte das Lager zum Leben. Zwei Stunden angestrengten Wartens folgten. Dann erschien die Arbeitskolonne. Fred und ich hoben eine Tonne aus der Halterung, schlossen uns der Gruppe an und marschierten unerkannt aus dem *Cage* der Unteroffiziere hinaus auf die breite Lagerstraße. Mit fliegendem Puls keuchten wir unter der Last menschlicher Exkremente, passierten das Lagertor, die Wachttürme und schleiften unsere Tonne zur entferntesten Grube. Ein schneller Rundblick. Keine verdächtigen Bewegungen der Posten. Keine alarmierende Massierung von Maschinenpistolen. Alles schien normal. Wir bückten uns schnell hinter der großen Tonne. Ein kühner Entschluß – und ich fiel flach auf den Boden, kroch in den hohen Farn, robbte auf Händen, Knien und Fußspitzen dem nahen Wald entgegen, jeden Augenblick den scharfen Knall eines Gewehres erwartend. Dann war ich im Unterholz; zwei, drei Züge, und ich stand hinter einer wuchtigen Tanne. Laubbäume versperrten mir die Sicht. Einige Herzschläge später knisterte es: Fred. Wir drangen sofort tiefer in das Dickicht ein. Aber alles blieb still, unwahrscheinlich still. Wir drängten uns durch dichtes Unterholz, jagten durch Hochwald, überquerten Bäche und Waldwege und keuchten weiter nach Westen, immer tiefer in den Wald hinein.

Nach dreistündigem Kampf gegen Dornen, Äste und Unterholz fielen wir erschöpft in ein Dickicht. Hier fanden wir einige Beeren. Sie beruhigten unsere Magennerven, konnten aber unseren Durst nicht stillen. Hitze, Durst und Ungeziefer machten unsere Ruhepause zur Hölle. Bei Einbruch der Nacht schlichen wir in die Richtung, aus der wir Motorengeräusch gehört hatten. Von der Kühle der Nacht erfrischt, betraten wir die Straße und marschierten nach Osten, immer nach Osten, wo Deutschland sein mußte.

Lange, unendlich lange und quälende Stunden schleppten wir uns auf der geteerten Straße dahin, sprangen in den Graben, so oft das Geräusch eines Wagens näherkam, krochen auf das harte Pflaster zurück, wenn wir uns wieder sicher fühlten, und setzten unseren Marsch mit schmerzenden Füßen fort. Unsere Socken lösten sich auf, Blasen entstanden an Zehen und Fersen, und die Haut schälte sich bald von den Füßen. Wir stolperten durch endlose, pechschwarze Nächte, passierten französische Posten und Bauern auf ihrem Weg nach Le Mans, ernährten uns von Tomaten, die wir in Vorgärten fanden, oder von dem, was wir aus dem Abfallhaufen eines Schlachthauses hervorzogen, schliefen während der Tage tief in Laub vergraben in kleinen Wäldchen oder in einem Dickicht – immer auf dem Sprung, rastlos, jede Minute gewärtig, entdeckt und wieder eingekerkert zu werden. Am Ende der dritten Nacht erreichten wir endlich den westlichen Stadtrand von Le Mans. Wir säuberten unsere Kleidung, rasierten uns in einem Park und wagten uns dann vorsichtig und mit äußerster Wachsamkeit in das Zentrum der Stadt. Hungerkrämpfe schüttelten uns, als wir an einer Bäckerei vorbeiliefen und den Duft frischgebackenen Brotes einatmeten. Wir fanden den Hauptbahnhof, ohne zu fragen. Ich las die Abfahrtzeiten der Züge und fand, daß der Nachtschnellzug nach Paris die beste Möglichkeit bot, um aus der Gefahrenzone herauszukommen. Es war derselbe Zug, den wir in besseren Zeiten benutzt hatten, als wir noch die Sieger waren. Wir schüttelten die Erinnerungen ab, verließen die Innenstadt, suchten vergeblich nach einem schützenden Wäldchen und versteckten uns schließlich in Ermangelung eines Besseren in einem Resedafeld. Schlaf war ausgeschlossen. Gehetzt und hungrig, hielt uns die Spannung hellwach. Nach Einbruch der Dunkelheit traten wir zögernd auf die Straße, hinkten mit wunden Füßen schwerfällig durch die Altstadt von Le Mans und drangen vom Güterbahnhof her in die unmittelbare Nachbarschaft des Hauptbahnhofs vor, wo Dunkelheit und abgestellte Güterwagen das Anschleichen an die Bahnsteige erleichterte.

Um 1 Uhr 07 lief der Schnellzug aus Brest im Bahnhof ein. Ein Sprung aus unserem Versteck, einige große Sätze durch den verdunkelten Güterbahnhof, dann auf den Bahnsteig und in die Menge der aufgeregten Reisenden, die uns wie eine Welle in den Pullmanwagen schwemmte. Kurz darauf ein Ruck – und der Zug fuhr langsam aus Le Mans. Wir fanden uns zwischen rauchenden, schwätzenden Passagieren eingeklemmt. Andere hockten schlafend auf dem Boden. Ich flüsterte Fred zu, dieselbe Stellung einzunehmen. Ich hoffte, daß sich der

Schaffner dann nicht die Mühe machen würde, uns aufzuwecken und nach einer Fahrkarte zu fragen, die wir nicht hatten. Da erschien auch schon der Beamte im vorderen Teil des Wagens und rief mit sonorer Stimme: »*Vôtre billets, mesdames, messieurs* ...« Ich fiel sofort in Hockstellung und winkte Fred, meinem Beispiel zu folgen. Aber Fred hatte seinen eigenen Willen. Er drehte sich umvermittelt um und verschwand im nächsten Wagen. Wie erwartet, ließ der Schaffner uns Schlafende unbehelligt, und bald hörte ich seinen Ruf im hinteren Teil des Zuges verklingen. Dann wartete ich auf Freds Rückkehr. Ich wartete vergebens.

Es war ein wunderschöner, klarer Sonnabendmorgen, jener erste Tag im September 1945. Der Schnellzug fuhr langsam in den Bahnhof Montparnasse in Paris ein. Es war genau 7 Uhr. Ich stand wie ein Felsen inmitten der ausströmenden Reisenden auf dem Bahnsteig und suchte Fred. Bald lag der Bahnsteig verlassen da. Mein Versuch, mich mit den letzten Reisenden durch die Sperre zu zwängen, mißlang. Es war das Ende meiner Freiheit. Ein Kontrolleur verwickelte mich in ein Frage- und Antwortspiel. Ein Gendarm forschte tiefer. Ich versuchte, ihm die alte Geschichte vom gestohlenen Gepäck glaubhaft zu machen, hatte aber wenig Glück. Plötzlich sah ich mich von Uniformen umringt. Eine blitzschnelle Reaktion – und ich floh mit blutenden Füßen durch Paris. Die Qual verlangsamte mein Tempo. Nach einer kurzen Jagd durch die Straßen, auf denen ich einst mit Marguerite spazierengegangen war, wurde ich umstellt. Ich war wieder gefangen. Da ich meinen Status als Kriegsgefangener dem eines Verbrechers vorzog, gab ich zu, aus dem Lager La Flèche entwichen zu sein.

Die Wirkung meines Geständnisses kam wie erwartet. Unter dem Beifall aller Gendarmen wurde ich ausgezogen und in eine fensterlose Zelle geschoben.

Auf meine Forderung nach einem französischen Offizier erschien ein Korporal. Er erlaubte mir, meine Kleider, aber nicht meine Schuhe anzuziehen, legte mir Handschellen an und winkte mir mit seiner entsicherten Pistole, auf die Straße zu treten und vor ihm herzugehen. Barfuß betrat ich die Stadt, in der ich so viele glückliche Stunden verbracht hatte; die Erinnerungen stiegen auf wie Lava aus einem Vulkan. Mit einem schnellen Seitenblick erhaschte ich die verstohlenen Blicke der Pariserinnen, die in ihren leichten Sommerkleidern meine Lage noch miserabler erscheinen ließen. Mit einer energischen Kopfbewegung schüttelte ich die Gedanken ab. Wieder fühlte ich den Lauf der Pistole in meinem Rücken und folgte den Anweisungen des Korporals mit dem Bewußtsein, die unterste Sprosse meiner Lebensleiter erreicht zu haben. Von nun an konnte es nur noch bergauf gehen. Wir stiegen in die kühlen Gewölbe der Metro hinab, fuhren durch das unterirdische Labyrinth zum Gare de Nord, bestiegen einen elektrischen Vorortzug, den wir in Commeille-en-Parisis verließen, und marschierten durch eine sonnenüberflutete Landschaft, die wie ein Gemälde von Monet aussah, den Abhang eines Hügels hinan, auf dem sich schließlich das düstere Fort Commeille erhob.

Eine neue Leibesvisitation, ein neues Verhör. Ich verweigerte dem Sergeanten jede Auskunft und bestand auf meinem Recht, als gefangener Offizier von einem Offizier verhört zu werden. Der Sergeant jedoch hielt sich an eine andere Auslegung der Haager Abmachungen. Kopfüber wurde ich in ein unterirdisches Verlies geworfen. Es hatte kein Fenster, kein Bett, keinen Stuhl. Ich tastete in der Dunkelheit umher, fand einen Strohhaufen und fiel sofort in tiefen Schlaf.

Später – ich weiß nicht, wieviel später – wurde ich geweckt und von zwei Soldaten aus der Zelle geschleift. Sie schleppten mich durch zahlreiche Korridore, durch Kasematten, die wie Leichenhäuser rochen, in ein Büro. Dort bot mir ein elsässischer Sergeant ein Geschäft an: ein Glas Wasser für ein volles Geständnis. Durstig willigte ich ein. Aber die Wahrheit gefiel dem Sergeanten nicht. Mit blumenreicher Umschreibung beschrieb er die Konsequenzen, die ein derartiges Paket von Lügen nach sich zöge – unbegrenzte Einzelhaft und Entzug aller Vorrechte. Jedoch, betonte er, gäbe es noch eine andere Lösung. Offiziere mit meiner Ausbildung und Vergangenheit wären in der Fremdenlegion sehr gesucht. Als ›Freiwilliger‹ könnte ich in vier Wochen ein freier Mann sein und das vorzügliche Essen, den täglichen Rotwein und die talentierten Prostituierten von Sidi-bel-Abbes mit anderen Legionären teilen. Mit deutlichem Nachdruck ließ ich ihn wissen, daß er die Prostituierten, den Wein und das Essen für sich selbst haben könnte, kurz, daß ich nicht sein Mann sei. Er lächelte boshaft und bewilligte mir genügend Zeit, um mir meinen hastigen Entschluß gründlich zu überlegen. Bald darauf schloß sich wieder die Tür der Zelle hinter mir.

Nacht umgab mich. Hunger verzehrte mich. Aber die Dunkelheit war ein Trost. Sie ersparte es mir, das Ungeziefer zu sehen, das meine Zelle bevölkerte. Stundenlang, tagelang lebte ich in einem Zustand tiefer Trance, von dem Rat des Sergeanten verfolgt, mir die Sache noch einmal zu überlegen. Meine Aussichten waren denkbar schlecht. Wie die Dinge standen, gab es für mich keine Möglichkeit, aus dieser Festung auszubrechen. Ich mußte die Mauem mit List hinter mich bringen, um einen Weg in die Außenwelt zu finden.

Als die Wache mich aus der Zelle trug, sagte ich dem Sergeanten: »Ich unterschreibe. Du hast gewonnen.« Er setzte wieder sein boshaftes Lächeln auf und befahl einem Soldaten, mir etwas zum Essen zu bringen. Von Gulasch, Weißbrot und Kaffee genügend gestärkt, verpfändete ich mein Leben der Fremdenlegion. Wovon ich einst glaubte, es käme nur in Romanen vor, das erlebte ich nun selbst im vollen Bewußtsein meiner verzweifelten Lage. Ich unterschrieb, wurde untersucht, für tauglich befunden und auf die Trikolore eingeschworen. Als Gegenleistung versprach mir der Sergeant einen schnellen Abtransport in ein anderes Lager, wo ich mich auf den Dienst in der Legion vorbereiten könnte. Aber meine Abreise wurde durch einen schlimmen Fall von Ruhr verzögert, der mich für eine Woche ins Revier des Forts verbannte. Mehrere Tage lang hing mein Leben an einem seidenen Faden. Nur mein Wille, zu fliehen, bewirkte meine erstaunlich schnelle Genesung. Am 28. September wurden mir überraschend meine Besitztümer zurückgegeben. Aber statt meines neutralen Anzugs wurde mir eine schäbige Arbeitsdienstuniform ausgehändigt. Erneut wurde ich daran erinnert, daß eine neue Macht für mich dachte und sorgte. Ein Korporal bewachte mich auf der Bahnreise von Cormeille-en-Parisis nach Paris und von dort nach Le Mans und in ein mir unbekanntes Lager.

Als neuer Legionär war ich alles andere als frei. In der Tat war meine Lage recht undurchsichtig. Zwei Tage war ich ein Gefangener in dem stark bewachten Gefängnis innerhalb des Lagers und teilte die Zelle mit einem Heeresoffizier. Am Montagvormittag wurde ich zum Lagerkommandanten geführt. Er warnte mich äußerst korrekt, daß ich als zukünftiger Legionär den Gesetzen der Legion unterstand. Ein neuer Fluchtversuch würde unweigerlich Kriegsgericht und Todesurteil zur Folge haben. Sollte ich aber zu meinem Eid stehen, würde ich in wenigen Wochen von Offizieren der Legion abgeholt werden, und einer neuen glorreichen Laufbahn unter der Flagge Frankreichs stünde nichts mehr im Wege.

Am 1. Oktober wurde ich in ein Offiziers-*Cage* entlassen, das in der Mitte des Lagers lag. Hier traf ich einige der Gefangenen von La Flèche wieder, die man aus Sicherheitsgründen hierher verlagert hatte. Das Lager Le Mans, insbesondere das *Cage* der Offiziere, galt als ausbruchsicher. Obwohl ich fast dreißig Pfund abgenommen hatte, begann ich noch am selben Abend, mich nach Ausbruchsmöglichkeiten umzusehen. Hohe Zäune, komplizierte Drahtverhaue und aufmerksame Posten erschwerten mir die Suche. Tag für Tag verbrachte ich viele Stunden mit dem Studium der Gewohnheiten der Wache auf den Türmen und an den Doppelzäunen, die unser *Cage* von der Unterkunft der französischen Truppen trennten. In den kühlen Nächten kletterte ich über Zäune in andere *Cages*, um die schwächste Stelle des Lagers herauszufinden. Meine Suche nach einem Fluchtweg wurde um so dringlicher, je näher der Tag meines Abtransports nach Afrika und Sidi-bel-Abbes heranrückte.

Am 13. Oktober begann mein Glücksstern aufzusteigen wie ein Komet. Die französische Verwaltung übergab mir ein Paket des Internationalen Roten Kreuzes, für das ich im Revier von Fort Cormeille gezeichnet hatte. Das Paket machte mich plötzlich zu einem reichen Mann: Käse, Biskuits, konzentrierte Nahrungsmittel, und das Beste von allem: vier Päckchen amerikanischer Zigaretten und eine Büchse Tabak. Ich besaß damit wertvolle Waren, die ich gegen Zivilkleidung eintauschen konnte. Aber eine noch viel wertvollere Entwicklung ergab sich zwei Tage später. Auf einem meiner routinemäßigen Erkundungsausflüge in das angrenzende Revier machte ich die Bekanntschaft eines deutschen Medizinstudenten, der unsere schwersten Krankheitsfälle in das Krankenhaus von Le Mans begleitete. Ich betrachtete seine Frage, ob ich etwas zu verkaufen hätte, als ein weiteres Glied meiner Glückskette und bot ihm meine Armbanduhr an. Wir einigten uns über den Preis, und dann wechselte die Uhr, die ich während des ganzen Krieges getragen und durch manche Filzung geschmuggelt hatte, den Besitzer. Der Student versprach mir tausend Francs, die er mir am nächsten Abend durch den Zaun reichen würde. Einen vollen Tag lang zweifelte ich an der Ehrlichkeit des Studenten und war angenehm überrascht, als er mir, wie versprochen, ein Bündel Francs durch den Maschendraht reichte. Die Summe stimmte. Mit einem Augenzwinkern bemerkte er, daß das Bündel für eine Fahrkarte bis zur deutschen Grenze reichen würde.

Während ich wohlüberlegt um meine Reisekleidung feilschte, nahm mein Fluchtplan langsam konkrete Formen an. Meine Mitgefangenen waren meinen amerikanischen Zigaretten besonders zugetan, und ich erstand für sechs Zigaretten eine Ledertasche für meinen mageren Besitz und den noch magereren Reiseproviant. Ein taubengrauer Wintermantel kostete mich zehn Zigaretten, ein Hut und ein Hemd nur drei. Meine größte Auslage waren zwanzig Zigaretten und meine verräterische braune Uniform als Kaufpreis für einen unauffälligen blauen Anzug. Aber noch bedeckte die umgearbeitete Marineuniform die dünne

Gestalt meines Mitgefangenen Horst Bender. Er allein hatte mein ganzes Vertrauen, und ihn allein hatte ich gebeten, mir in der Nacht meiner Flucht behilflich zu sein. Als letzten Artikel benötigte ich eine Anzahl Metzgerhaken. Ich erhandelte zehn Haken für zehn Zigaretten von einem jungen Gefangenen, der in unserem *Cage* beschäftigt war. Ich erzählte ihm, ich brauchte die Haken für einen Kleiderständer. In Wirklichkeit aber brauchte ich sie, um das dichte Drahtverhau eines weniger hellbeleuchteten Teils der Umzäunung zwischen der Lagerküche und der französischen Unterkunft zu überwinden.

Ich überprüfte meinen Fluchtplan stündlich, legte im voraus jede Bewegung, jeden Schritt fest und erwog jede mögliche Überraschung. Viele Stunden verbrachte ich in den dunklen Herbstnächten im Schatten der Bäume nahe der Zäune. Ich war entschlossen, eher kämpfend zu sterben als in Sidi-bel-Abbes den roten Wein und die Prostituierten mit den Legionären zu teilen. Ich legte meine Flucht auf 22 Uhr am 27. Oktober fest. Zu dieser Stunde war der Mond noch nicht aufgegangen.

Sonnabend, der 27. Oktober. Die Morgenzählung ging wie üblich ohne Zwischenfall vorüber. Der Gedanke, daß in vierundzwanzig Stunden das Lager in hellem Aufruhr sein würde, versetzte mich in beste Stimmung.

Ich sprach noch einmal mit allen Männern, die ich kannte. Es war meine Weise, ›auf Wiedersehen‹, zu sagen. In den Nachmittagsstunden stieg meine Spannung. Wiederholt gab ich Horst Bender letzte Anweisungen für die Rolle, die er in meinem nächtlichen Schauspiel zu spielen hatte. Während die Gefangenen ihre Abendsuppe schlürften, schnürte ich im verdunkelten Hof und unter dem Schatten eines Baumes den Wintermantel um die Ledertasche, gab Horst Bender das Bündel und postierte mich dann im Lichtschatten einer trüben Laterne in der Nähe des kleinen Wachgebäudes. Dort stand der Wagen mit den leeren Suppenkannen, die allabendlich in unser *Cage* gefahren wurden

Es war eine rauhe und kühle Nacht. In meine Arbeitsdienstuniform gekleidet, wartete ich ungeduldig auf das Erscheinen der Arbeitskolonne. Kurz nach 20 Uhr erschienen einige Männer, griffen in die Speichen der Räder und begannen den Leiterwagen aus unserem *Cage* hinauszuschieben. Ein Sprung – und ich war bei ihnen, griff kräftig mit in die Speichen und schob und drückte das Fahrzeug durchs Tor, über die Lagerstraße und durch die Umzäunung der Lagerküche. Unter dem Schutz der Dunkelheit huschte ich in die Latrine. Ich versteckte mich, bis die abendlichen Spaziergänger im *Cage* den Hof verlassen hatten. Dann trat ich in die pechschwarze Nacht und näherte mich dem Zaun.

Eine schattenhafte Gestalt löste sich von einem Baum – Horst Bender. Ein Bündel flog über den hohen Zaun in meine ausgebreiteten Arme. Ich eilte zur Latrine zurück, packte das Bündel aus, streifte meine braune Uniform vom Leib und zog Benders blauen Anzug an. Dann schnürte ich die Arbeitsdienstuniform zusammen, schlich leise zum Zaun und warf das Paket in die Hände des halbnackten Komplizen. Als Gegenleistung warf er meine Tasche mit dem Wintermantel über den hohen Draht. Dann winkte eine weiße Hand in der dunklen Nacht. Sie war das letzte, was ich von Bender sah.

Ein paar Sprünge zum doppelten Drahtverhau. Ich legte mich flach ins Laub. Vor mir ragte das schier unüberwindliche Gewirr der Umzäunung. Auf der anderen Seite des Doppelverhaus aus Stacheldraht stand das Wachhaus der französischen Truppen. Einige Fichten und Tannen zu beiden Seiten der Umzäunung, von den Bogenlampen angestrahlt, warfen gespenstische Schatten. Lange, bange Sekunden lag ich regungslos, als ein Posten, nur wenige Meter von mir entfernt, am Außenzaun entlangpatrouillierte. Dann war wieder Stille. Ich bündelte einige der untersten Drähte des Innenzauns mit zwei Haken, warf einen kurzen Blick auf das Wachhaus, dann auf die beiden Türme zur Rechten und zur Linken – und kroch durch das Hindernis, schob mein Kleiderbündel vor mir her, robbte am Schatten einer Tanne entlang, der sich quer über das Niemandsland streckte, erreichte die Stacheldrahtrolle, hängte sie vorsichtig mit zwei Haken an den Außenzaun, schlüpfte unter ihr durch, bündelte mit den letzten Haken einige Drähte des Außenzauns, dann zwei, drei Stöße – und ich hatte das Gewirr bewältigt. Im Schatten der Wachstube richtete ich mich auf, holte tief Atem, warf den Wintermantel um, stülpte den Hut über meine schweißnassen Haare, klemmte die Ledertasche unter den linken Arm, steckte eine Zigarette zwischen die Lippen und ging, wachsam um mich blickend, in das Lager der französischen Soldaten. Zuerst zögernd, schritt ich bald zügig und bestimmt über den Exerzierplatz. Plötzlich löste sich eine Gruppe Soldaten aus der Dunkelheit. Ich blieb stehen, zündete die Zigarette an, zog ein –, zwei –, dreimal und paffte eine weiße Wolke in die Nachtluft. Vorsichtig und ohne mich umzublicken, setzte ich einen Fuß vor den anderen, marschierte über den Platz, zwischen die Baracken, überquerte die belebte Lagerstraße und verschwand nach endlosen Minuten in der Schwärze des unbeleuchteten Teils der französischen Unterkunft. Ein letzter Zaun war schnell überwunden. Dann stieg der Mond am fahlen Nachthimmel auf.

Rauchend betrat ich die Landstraße, die nach Le Mans führte, und marschierte auf den großen Lichtschein im Westen zu. Mit einem unangenehmen Gefühl in der Magengegend ließ ich einige Fahrzeuge passieren. Ich erreichte unbehelligt die Stadt, durchquerte einen Vorort und erreichte den Hauptbahnhof um 23 Uhr 10. Meine Nerven bestanden eine neue Zerreißprobe, als ich für einige meiner Scheine eine Fahrkarte zweiter Klasse nach Paris kaufen mußte. Zwei Stunden später, am Sonntag, dem 28. Oktober, bestieg ich als legaler Fahrgast den Schnellzug nach Paris und besetzte einen Eckplatz in einem rauchigen Abteil. Genau um 7 Uhr lief der Zug im Bahnhof Montparnasse ein. Mit einem Gefühl enormer Sicherheit gab ich meine Fahrkarte am Durchgangsschalter ab, drückte mich an dem Gendarmen vorbei, der mich zwei Monate zuvor verhaftet hatte, und nahm die Metro zum Gare de l'Est. Ich orientierte mich über die Züge nach der deutschen Grenze, entschied mich für einen Nachtschnellzug nach Metz und kaufte eine neue Karte zweiter Klasse. Dreizehn Stunden des Wartens lagen vor mir, 780 Minuten, die mir zum Unheil werden konnten. In größter Unruhe, doch äußerlich beherrscht, durchquerte ich in der Metro das unterirdische Paris, streifte durch die bekannten Straßen und Alleen, glaubte die Augen aller Spaziergänger auf mich gerichtet und war darauf gefaßt, von einem Gendarmen nach Papieren gefragt zu werden, die ich natürlich nicht besaß. Aber es gelang mir, die Stunden zunehmenden Hungers und Durstes mit Haltung zu überstehen. In meiner Rastlosigkeit kehrte ich viel zu früh zum Bahnhof zurück. Auf dem Bahnsteig gab es weder Gendarmen, noch eine Militärstreife, und ich hatte genügend Zeit, mir ein behagliches Abteil auszusuchen, in dem ich mich erschöpft in eine Ecke zwängte.

Die neunstündige Fahrt nach Metz brachte mich an den Rand der Erschöpfung. Seit zwei Tagen und zwei Nächten war ich ohne Schlaf, immer von dem Gefühl verfolgt, erkannt zu werden. In Metz schloß ich mich in einen Waschraum ein, rasierte meinen verräterischen Bart, lief dann ruhelos vor der Tafel mit den Abfahrtszeiten der Züge auf und ab, entschied mich für einen Zug nach dem französisch besetzten Saarbrücken, erstand eine neue Fahrkarte zur Grenzstadt Forbach und nahm mir vor, meine Reise nach Deutschland fortzusetzen, sobald die Dunkelheit Schutz für meine Flucht über die Grenze bieten würde. Wieder trat ich auf die Straße. Ich war benommen, und mein Magen schmerzte unerträglich. Ich war am Ende meiner Kraft. Ich brauchte Schlaf, aber ich wagte nicht zu schlafen. Ich hatte Hunger, aber ich zögerte, einen Laden zu betreten. Ich hatte Durst, aber die Vorsicht hielt mich davon ab, aus einem Wasserhahn zu trinken. Doch endlich gewann das Vertrauen auf mein Glück, das mir bis hierher geholfen hatte, die Oberhand. Vorsichtig betrat ich eine Bäckerei, gab murmelnd vor, meine Brotkarten vergessen zu haben, und wurde von einem erfrischend pausbäckigen Mädchen bedient. Ich wanderte durch die Gassen der Altstadt und würgte die zwei knusprigen, langen Brote hinunter. Doch das warme Brot machte mich nur noch hungriger. Ich unternahm einen erneuten Vorstoß, diesmal in ein Restaurant, und meine Frage nach einem Mittagessen ohne Marken wurde von der Wirtin mit einem gewinnenden Lächeln beantwortet. Arglos servierte sie mir einen Teller Erbsensuppe, Lyoner Wurst mit Kartoffelsalat und zum Nachtisch Reispudding – eine Götterspeise. Nach diesem reichlichen Mahl nahm ich meine rastlose Wanderung wieder auf.

Nach Einbruch der Dunkelheit, um 18 Uhr 45, kehrte ich zum Bahnhof zurück. Überzeugt, daß in Forbach eine scharfe Grenzkontrolle zu erwarten war, suchte ich auf dem wartenden Zug nach einem sicheren Versteck. Die Dunkelheit verhüllte den schlechtbeleuchteten Bahnsteig. Aber die alten, hochrädrigen Personenwagen waren zu allem, aber nicht zu einer Flucht geeignet. Bei der Lokomotive angekommen, traf mich die Idee wie ein Blitz. Die Lokomotive war unbemannt. Ein schneller Entschluß, ein Sprung auf den Tender, und ich lag flach auf einem Berg staubiger Kohle. Nur Augenblicke später kehrten Lokführer und Heizer zurück. Sie hantierten an Hebeln und Rädern, dann schrillte die Pfeife, und der Zug fuhr langsam aus dem Bahnhof von Metz.

Nach zwei Stunden hatte der Heizer sich gefährlich nahe an mein Versteck herangearbeitet. Vorsichtig kroch ich ans Ende des Tenders, fand einen großen Werkzeugkasten, öffnete den Deckel, nahm einen Schlauch heraus, stieg hinein und schloß den Deckel wieder bis auf einen kleinen Spalt. Ich tat es genau zur rechten Zeit. Die Bremsen kreischten, der Zug verlangsamte seine Fahrt und hielt mit einem Ruck im Bahnhof Forbach. Lärm, Waffengeklirr, Tumult. Eine Abteilung französischer Truppen umschwärmte die Wagen, kroch auf die Dächer und beleuchtete die Achsen. Dann hörte ich Stimmen. Ich schloß sofort den Deckel. Ich spürte, daß die Lok vom nächsten Wagen abgehängt wurde. Dann schnaufte sie plötzlich davon. Einige zischende Kolbenstöße, und die Maschine blieb stehen. Ein Rauschen verriet mir, daß sie frisches Wasser übernahm. Erneut Schritte. Der Deckel des Kastens wurde aufgerissen – und ich blickte in die rußigen, vom trüben Licht einer Laterne beschienenen Gesichter des Lokführers und des Heizers. Völlige Überraschung, stammelnde Fragen. Ich antwortete auf französisch, murmelte eine Entschuldigung, die die beiden scheinbar zufriedenstellte – daß ich Freunde auf der anderen Seite der Grenze besuchen wollte –, und sah mich plötzlich einer unerklärlichen menschlichen Reaktion gegenüber. Anstatt mich den französischen Soldaten auszuliefern, verboten sie mir nur, ihre Lok weiterhin zu benutzen. Mit einer schnellen Wendung sprang ich von der Maschine, huschte in die Dunkelheit, schlich in den Güterbahnhof, versteckte mich unter einem Viehwagen und wartete. Die Soldaten brachen ihre Suche nach entsprungenen Kriegsgefangenen ab und zogen sich ins Bahnhofsgebäude zurück. Die Lok dampfte, bewegte sich rückwärts, wurde an den ersten Wagen angekuppelt und zog dann den kleinen Zug langsam aus der Station Forbach hinaus. Ich sprang aus meinem Versteck, rannte über die Geleise, schwang mich auf den Puffer des Gepäckwagens, kletterte an einer dünnen, schwankenden Leiter aufs Dach und legte mich flach nieder.

Der Zug stöhnte schwankend durch die Nacht. Ich spürte weder die Kälte, noch den beißenden Qualm in meinem Gesicht. Irgendwo war die deutsche Grenze, und vor mir lag Deutschland. Ich legte mich auf den Rücken und starrte in den klaren Sternhimmel hinauf. Dann tauchten Lichter auf. Ich ließ mich an der wackelnden Leiter auf den Puffer nieder und wartete. Ein Quietschen, ein Ruck, und der Zug hielt auf dem Bahnhof in Saarbrücken. Ich sprang auf den Bahnsteig. Französische Truppen überall. Reisende strömten aus den Abteilen. Ich mischte mich schnell unter die Ankömmlinge. Zwei deutsche Bahnbeamte standen am Ausgang. Ich näherte mich dem einen und flüsterte: »Ich brauche Hilfe, bin aus einem Lager ausgebrochen.«

Der Mann nickte, ergriff meinen Arm und zog mich in die Dunkelheit. »Komm mit«, sagte er einfach, »tu so, als wärst du einer von uns.« Dann brachte er mich über den nachtschwarzen Güterbahnhof zu einem verlassenen Pullmanwagen. Ein Klopfen, und die Tür wurde geöffnet. Ein scharfer Lichtstrahl; zwei Hände zogen mich schnell in das Innere des geräumigen Wagens. Mit einem Schlag fiel die Tür ins Schloß.

Während ich den Ruß aus meinem Gesicht und von meinen Händen wusch, überschütteten mich die beiden Beamten mit Fragen. Ich antwortete ihnen und spülte gleichzeitig eine Portion heißer Bratkartoffeln mit Ersatzkaffee hinunter. Ihre Hilfe und Sorge waren wohltuend. Sie rieten mir, die Gefahrenzone schnellstens zu verlassen und den nächsten amerikanischen D-Zug aus Paris für meine weitere Flucht zu benutzen. Der Zug sollte um Mitternacht eintreffen und würde von hier aus mit einer deutschen Lokomotive und deutschem Personal die Reise nach Frankfurt fortsetzen.

Der Augenblick erneuten Handelns kam mit Eilzuggeschwindigkeit. Mit einer Laterne in der Hand, einen Hilfsbeamten vortäuschend, ging ich mit meinen beiden Samaritern zum Bahnsteig zurück. Im gleichen Moment schob sich der D-Zug aus Paris in den Bahnhof. Amerikanische Militärpolizisten sprangen heraus und beleuchteten die Achsen der Schlafwagen mit langschäftigen Taschenlampen. Die Lok wurde ausgewechselt, und der Schnellzug war fertig zur Abfahrt. Aufs äußerste gespannt, stand ich zwischen meinen Helfern neben der Lokomotive, zum Sprung bereit. Alles um mich herum, das Schnaufen der Lok, der Lärm der Militärpolizisten, Worte in französisch, Befehle in englisch, alles drang wie Messerstiche auf mich ein. Plötzlich ein lautes Knarren. Die Lok setzte sich in Bewegung. Ich drückte meinen Helfern die Hände und sprang auf die fahrende Maschine. Zehn, zwölf Kolbenstöße, und der Schnellzug rollte aus dem Bahnhof in die Dunkelheit, weg von der Grenze, weg von der Gefahr, immer tiefer nach Deutschland hinein.

Als sich der Himmel im Osten langsam purpurrot färbte, polterte der Zug auf der Mainzer Brücke über den Rhein und rollte weiter ostwärts, immer ostwärts. Als die ersten Sonnenstrahlen die Baumspitzen eines Kiefernwaldes südlich von Frankfurt berührten, wußte ich, daß ich frei war. Um 6 Uhr 40, am Dienstag, dem 30. Oktober 1945, kam der Zug vor einem Signal zum Stillstand. Ich sprang von der Lok und verschwand in den Wäldern meiner Jugend.

Worterklärungen

Anblasen Das Wasser mittels Preßluft aus den Tauchzellen eines U-Boots blasen, wodurch das U-Boot aufsteigt oder auftaucht.

Asdic Aktives Unterwasser-Ortungsgerät, mit dem Überwasserfahrzeuge getauchte U-Boote mittels hochfrequentierter Schallwellen feststellen. Asdic ist der gebräuchliche Name für ein englisch-amerikanisches Gerät. Deutsche Bezeichnung: S-Gerät.

Back Bezeichnung für ›Tisch‹ und für den vorderen Teil des Schiffes.

Backbord Die linke Seite eines Schiffes, gesehen von einer Person, die sich dem Bug zuwendet. Auch: auf der linken Seite.

Backbord achteraus Links hinten, von der Brücke des Schiffes aus gesehen.

Backschafter Essenträger, Geschirrspüler.

BdU Befehlshaber der U-Boote.

Ballasttank oder Ballastbunker Außenbordzelle eines U-Bootes, hauptsächlich bei älteren Typen. Mehrere dieser Bunker waren zu beiden Seiten des Druckkörpers in der Wasserlinie angebracht und bei Beginn der Unternehmung mit Treibstoff gefüllt. Im gleichen Maße, wie der Treibstoff verbraucht wurde, füllte sich der Bunker durch eine Bodenöffnung mit Seewasser. Die Tanks wurden auch als Ausgleichszellen benutzt.

Bilge Raum im untersten Teil des Schiffes, in dem sich Wasser und Ölreste sammeln.

Biskaya-Kreuz Deutsches Funkmeß-Warngerät; passives Gerät; ein Kabel, um die Spitzen eines hölzernen Kreuzes gelegt, diente als Antenne und konnte Wellenlängen im Dezimeterbereich aufnehmen. Das Gerät, das zuerst von den U-Booten in der Biskaya angewandt worden war, war bald veraltet, da die Alliierten ihre Wellenlängen verkleinerten.

Bold Störgerät gegen die Asdic-Ortungen.

Davits Galgen zum Aufhängen der Rettungsboote.

Deck Jede waagerechte Unterteilung im Schiffskörper.

Dwarslinie Formation, in der die Schiffe seitlich gestaffelt fahren.

FdU Führer der U-Boote. FdU West = Befehlshaber der im Atlantik eingesetzten Boote, in der Stellung dem BdU, dem Befehlshaber der U-Boote, untergeordnet.

Festlandsockel Der Teil des Festlands (Kontinents), der unter verhältnismäßig geringer Wassertiefe liegt und von dem tiefergelegenen Meeresbassin durch einen steilen Abhang getrennt ist. Die obere Linie des Abhangs liegt auf einer ständigen Tiefe von etwa 200 Metern unter Mittelwasserstand.

Fieren Herablassen oder Lockern von Tauen.

Fliege Deckname für ein verbessertes deutsches Funkmeß-Warngerät, das Ortungsstrahlen feindlicher Radargeräte im niedrigsten Zentimeterbereich feststellen und die Richtung der Ortung angeben konnte.

Fluten Tauchbefehl. Die Entlüftungen werden geöffnet, das Wasser dringt in die Tauchzellen ein. Damit wird der Auftrieb des U-Bootes aufgehoben, und das Boot taucht.

Funkmeßgerät Aktives Gerät: Funkmeß-Ortungsgerät (Radar), sendet hochfrequentierte Strahlen aus, die von einem Gegenstand über Wasser zurückgeworfen und von dem Gerät wieder aufgefangen werden, das Entfernung und Winkel zu diesem Gegenstand anzeigt. Passives Gerät: Funkmeß-Beobachtungsgerät, ist eine Warnanlage, die feindliche aktive Funkmeß-Ausstrahlungen anzeigt.

Funkpeiler Antenne auf einem Schiff in der Form eines Ringes, mit dem Funk- oder Radiowellen empfangen und der Standort des Senders festgestellt werden kann. Der Treffpunkt dreier oder mehrerer Funksignale, die von dem Schiff bekannten Sendern ausgestrahlt werden, bestimmen den genauen Standort des Schiffes. Die von einem an einem Geleitzug stehenden U-Boot ausgesandten Funkzeichen, sogenannte Peilzeichen, konnten andere Boote an das Geleit heranführen.

Hieven Heben, hochwinden.

Horizont Die Linie, die die Grenze zwischen Himmel und Meer beschreibt. Der Horizontkreis erweitert oder verringert sich je nach der Wetterlage und der Höhe des Standorts eines Beobachters. Der Horizont, von der Brücke eines U-Bootes gesehen, liegt an einem klaren Tag bei etwa 16 Seemeilen.

Impuls Elektrische oder physikalische Einheit, die von einem Gerät ausgesandt wird.

Kimm Seemännischer Ausdruck für Horizont.

Klappbuchse Kleine Lichtquelle für Morsezwecke.

Kreisel Ein schnell rotierendes Rad, das so aufgehängt ist, daß seine Achse in jede gewünschte Richtung gedreht werden kann, und das dann in der Lage ist, diese Richtung absolut festzuhalten, ohne

Rücksicht auf die Bewegungen der Aufhängung und anderer umgebender Teile.

Kreiselkompaß Ein Instrument, das wie ein Magnetkompaß gebraucht wird, um den Kurs eines Schiffes zu bestimmen. Statt einer Magnetnadel benutzt der Kreiselkompaß einen Kreisel, der elektrisch angetrieben und auf 20 000 Umdrehungen pro Minute gehalten wird und so aufgehängt ist, daß seine Achse dauernd den geographischen Nordpol und somit die wahren geographischen Längengrade anzeigt, die in der Navigation im Gegensatz zu den magnetischen Längengraden maßgeblich sind.

Kugelschott Runder, druckfester Verschluß in den druckfesten Querwänden zwischen zwei Abteilungen des Bootes.

Lage Lagewinkel: der Winkel, in dem ein anderes Schiff zur Blickrichtung des Beobachters fährt.

Lenzen Wasser außenbords pumpen. Geschieht auf U-Booten auch mit Preßluft.

L.I. Leitender Ingenieur an Bord eines Schiffes.

Luftzielsehrohr Sehrohr in der Zentrale eines U-Bootes, das es erlaubt, den Himmel genau über dem Boot zu beobachten. Der Kopf dieses Sehrohrs ist bedeutend größer als der des Angriffsehrohrs und deshalb für einen Unterwasserangriff bei Tag ungeeignet.

LUT Lageunabhängiger Torpedo, der aus großer Entfernung in einen Konvoi geschossen werden und in einem vorher eingestellten Programm lange oder kurze Schleifen senkrecht zum Geleitkurs pendeln konnte.

Maat Unteroffizier.

Magnetkompaß Gerät, das die Richtung des magnetischen Nordpols anzeigt. Auf modernen Schiffen nur als Reserve benutzt, falls der Kreiselkompaß ausfällt.

Mahalla Ansammlung von Schiffen.

Maschinentelegraf Einrichtung zur direkten Übertragung von Maschinenbefehlen der Brücke an die Maschine.

Metox Deutsches Funkmeßwarngerät, Ersatz für das sperrige Biskaya-Kreuz. War in der Lage, feindliche Radarwellen im Dezimeterbereich aufzunehmen, hatte aber starke Eigenstrahlung.

Mixer Torpedomechaniker.

Nock Seitlicher Vorsprung der Brücke auf Schiffen.

Ortung Erfassung eines Gegenstands mittels Funkmeßwellen. Auch: passive Feststellung einer feindlichen Funkmeßausstrahlung.

Peilen Richtung nehmen.

Peilzeichen Funksignale, ausgestrahlt, um anderen die Feststellung des Standorts des Zeichengebenden zu ermöglichen.

Pier Steinerne Hafenmauer, auch zum Anlegen von Schiffen benutzt.

Planquadrat Mit Buchstaben und Zahlen angegebenes Quadrat eines Seegebiets, das anhand einer Seekarte, die mit einem dichten Netz von Quadraten versehen ist, identifiziert werden kann.

Poller Holz- oder Metallpfosten zum Befestigen von Tauen.

Pulk Ansammlung von Schiffen auf See.

Radar Englische Bezeichnung des aktiven Funkmeß-Ortungsgeräts.

Schnorchel Luftmast für U-Boote, durch den Luft in das Boot gesaugt wird, um das Arbeiten der Diesel im Tauchzustand zu ermöglichen.

Schott Senkrechte Trennwand auf Schiffen, auch Tür.

Schußwinkel Winkel, der durch die Kreiselkontrolle des Torpedos kurz vor dem Schuß festgelegt wird. Winkel ›null‹ läßt den Torpedo in der Verlängerung der Kiellinie des Bootes weiterlaufen, also auf demselben Kurs, den das Boot im Augenblick des Schusses fuhr. Winkel 45 zwingt den Torpedo in einen seitlichen Winkel von 45 Grad.

Seemännische Nummer Eins Ältester seemännischer Unteroffizier, für alle seemännischen Aufgaben an Bord verantwortlich.

Sehrohr Optisches Instrument, bestehend aus einem langen Schaft mit einer Anzahl von Prismen und Spiegeln, das eine Beobachtung der Wasseroberfläche im Tauchzustand ermöglicht.

Sextant Winkelmeßinstrument zur Positionsbestimmung.

Sperrbrecher Spezialschiff, das in minengefährdeten Gewässern den Booten vorausfuhr.

Stelling Laufbrücke zwischen Schiff und Land.

Steuerbord Die rechte Seite eines Schiffes, gesehen von einer Person, die sich dem Bug zuwendet.

Tauchretter Sauerstoffgerät für U-Bootfahrer, um aus großer Tiefe auszusteigen.

Tauchzelle Druckfester Tank innerhalb des Druckkörpers. Mehrere dieser Zellen, auf die Länge des Bootes verteilt, ermöglichen das Tauchmanöver und die Regulierung des Gewichts des Bootes, Auftrieb und Untertrieb.

Trimmzelle Druckfester Tank innerhalb des Bootes. Mehrere dieser Zellen ermöglichen es, Gewicht und Lastigkeit des Bootes zu regulieren.

Trimmen Wasser mittels Preßluft oder durch Überlaufen in Längsrichtung des Bootes von einer Trimmzelle in die andere verlagern.

T 5 Horchtorpedo, auf Schraubengeräusch usw. reagierend, steuert den

Gegner an und verfolgt ihn bis zum Ziel oder bis die Batterien erschöpft sind.

UZO U-Boot-Zieloptik. Ein Gerät, das auf der Brücke angebracht und mit einem starken Nachtglas versehen ist, mittels dessen die Schiffspeilung gemessen und automatisch in den Vorhaltrechner übertragen wird.

Vorhaltrechner Elektrisches, schnellarbeitendes Rechengerät, das die Schußwerte für die Torpedos anhand Gegnerfahrt, Kurs und Entfernung zusammen mit der Eigenfahrt und dem Eigenkurs des Bootes bestimmt und somit den Kurs im Augenblick des Schusses an den Torpedo überträgt. Der Vorhaltrechner erlaubt sekundenschnelles Schießen und ist unabhängig von der Bewegung des Bootes im Augenblick des Schusses.

Wanze Bordjargon für WANZ = Wellenanzeiger. Verbessertes deutsches Funkmeßwarngerät, das feindliche Radar-Ortungen im niedrigsten Zentimeterbereich auffassen konnte.

W.O. Wachoffizier. I.W.O. = Erster Wachoffizier. II.W.O. = Zweiter Wachoffizier.

Zentralemaat Technischer Unteroffizier in der Zentrale eines U-Bootes.

Bildnachweis:
Compix (3), Imperial War Museum (9), World Wide Photos (4), Archiv des Verfassers.

WOLFGANG HIRSCHFELD
Feindfahrten

Inhalt

Vorwort

Ich bin Angehöriger des Jahrganges 1916 und im Dezember 1935 zum Dienst in der Kriegsmarine eingetreten. Meine infanteristische Grundausbildung erhielt ich in Stralsund, dann kam ich auf einen Funkerlehrgang in Flensburg-Mürwik und anschließend zum Beobachtungsdienst, dem sogenannten B-Dienst gegenüber Polen und der Sowjetunion. Im September 1937 kehrte ich zur Flotte zurück und fuhr als Funker auf Räum- und Minensuchbooten. Nach erfolgreichem Abschluß der Unteroffizierslehrgänge diente ich bei Ausbruch des Zweiten Weltkriegs als Funkmaat und Stationsleiter auf dem Torpedoboot T 139.

Im Jahre 1940 wurde ich zur U-Boot-Waffe kommandiert, absolvierte Lehrgänge in Pillau und Flensburg und kam schließlich an Bord von U 109, das am 5. Dezember 1940 auf der Werft der Deschimag AG Weser in Bremen von Kapitänleutnant Hans Georg Fischer in Dienst gestellt wurde. Unter ihm und seinem Nachfolger, Kapitänleutnant Heinrich Bleichrodt, einem der erfolgreichsten U-Boot-Kommandanten des Zweiten Weltkriegs, die überlebt haben, blieb ich bis Ende 1942 an Bord von U 109 und machte auf diesem Boot sechs Feindfahrten mit.

Nach längerem Lazarettaufenthalt und erfolgreicher Absolvierung der Oberfeldwebellehrgänge wurde ich im Dezember 1943 zum Oberfunkmeister befördert und auf Verlangen des Kommandanten, Kapitänleutnant Heinrich Fehler, auf U 234, das letzte große Boot vom Typ XB, kommandiert. Auf U 234, das am 2. März 1944 in Dienst gestellt wurde, erlebte ich die Kapitulation im Mai 1945 auf hoher See. Weisungsgemäß liefen wir, eskortiert von einem Zerstörer, den amerikanischen Hafen Portsmouth im Bundesstaat Maine an. Aus der amerikanischen Kriegsgefangenschaft bin ich im Jahre 1946 über Belgien nach Deutschland zurückgekehrt.

Bereits nach der Indienststellung von U 109 hatte ich begonnen, ein Tagebuch zu führen, obwohl das streng verboten war und kriegsgerichtlich geahndet werden konnte. Die Aufzeichnungen, die ich meist während der langen Nachtwachen machte, wenn nur geringer Funkverkehr herrschte, konnte ich unter ›Geheimsachen-Verschluß‹ aufbewahren. In alten FT-Kladden hielt ich Ereignisse und Gespräche fest, die mir wichtig erschienen, darunter auch einige, die nicht in das Kriegstagebuch aufgenommen wurden. Da ich wiederholt die handschriftlichen Aufzeichnungen des Kommandanten in Maschinschrift übertragen mußte, war mein Informationsstand an Bord beträchtlich.

Dieses persönliche Logbuch von U 109, das ich geführt habe, ist kein Epos von Heldentaten und glorreichen Siegen. Es schildert das Leben der Unterdecksfahrer aus meiner Sicht und entsprechend meinen damaligen Auffassungen von Krieg und Regime.

U 109 war kein Boot mit überragenden Erfolgen. Es hat aber, dank der Umsicht und der Erfahrung des Kommandanten, Kapitänleutnant Heinrich Bleichrodt, und mit etwas Glück, zwei Jahre lang allen Gefahren im Atlantik trotzen können, ehe es dann im Mai 1943 unter einem neuen Kommandanten einem Angriff aus der Luft zum Opfer fiel. Kapitänleutnant Bleichrodt hatte sich bereits zu Beginn des Krieges als zeitweiliger Kommandant von U 48 dem erfolgreichsten U-Boot des Zweiten Weltkriegs, einen Namen gemacht und war mit dem Ritterkreuz des Eisernen Kreuzes ausgezeichnet worden. Für seine Feindfahrten mit U 109 erhielt er dann das Eichenlaub zum Ritterkreuz.

Von den Männern, die U 109 im Dezember 1940 in Dienst gestellt hatten, waren beim Untergang des Bootes nur noch wenige an Bord. Die meisten von ihnen sind später auf anderen Booten gefallen.

Meine Aufzeichnungen von der einzigen Feindfahrt mit U 234 wurden bei meiner Gefangennahme von den Amerikanern vereinnahmt. Ich habe sie kurz nach meiner Heimkehr im Jahre 1947 rekonstruiert.

W. H.

I

Die erste Feindfahrt

5. Dezember 1940. Indienststellung bei Deschimag in Bremen. Ein naßkalter Tag mit Regenschauern. Alles grau in grau, so wie das Boot. Wir stehen auf dem Achterschiff angetreten, und der Kommandant, Kapitänleutnant Hans Georg Fischer, spricht vom Turm markige Worte. Dann wird die Flagge gehißt. Wir sind froh, als die Zeremonie beendet ist und wir zur feucht-fröhlichen Feier in das Bootsinnere wegtauchen können. Es ist warm und gemütlich unten im Boot. Die beiden einzigen Überlebenden von UB 109 aus dem Ersten Weltkrieg sind zur Feier eingeladen worden: der ehemalige Funkmaat Carl Keitel aus Hamburg und der Heizer Franz Dompke aus Essen. Sie sitzen in unserer Mitte und müssen erzählen. Wir erfahren, wie unser Traditionsboot verlorenging und was sie dabei erlebten. Beim Unterwassermarsch durch ein Minenfeld vor der holländischen Küste brachte UB 109 eine Mine zur Auslösung und fiel auf den Grund. Da die Tiefe nur 40 m betrug, konnten sich einige Besatzungsmitglieder retten. Sie wurden dann von eigenen Vorpostenbooten aufgefischt.

Na ja, denke ich, das wird uns nicht passieren. Wir werden draußen in der Weite des Atlantiks kämpfen. Für uns wird es keine Flachwasser-Unternehmungen geben. Wir wissen zwar nicht, was uns bevorsteht, aber wir sind alle guten Mutes. Erst müssen wir einmal durch die Ausbildung in der Ostsee gehen. Die soll schlimmer sein als die Front, sagen die alten U-Boot-Fahrer.

7. Dezember 1940. Bremen ausgelaufen. Weser abwärts und dann Marsch durch die Nordsee und den Kaiser-Wilhelm-Kanal nach Kiel. Schwere Regenschauer. Dunkle Wolken jagen am Himmel dahin. Kein Flugzeug.

8. Dezember 1940. Ausbildung beim UAK Kiel beginnt. Erste Tauchversuche in der Strander Bucht und vor Heikendorf mit Kapitän zur See Valentiner. Der alte Haudegen aus dem Ersten Weltkrieg mit dem schlohweißen Haar macht den LI, Oberleutnant Weber, zur Schnecke, als er das Boot vor Heikendorf in den Schlamm setzt. »Hier ist schon mal ein Boot aus ungeklärter Ursache verlorengegangen«, knurrt er ärgerlich. Mir läuft es kalt über den Rücken, aber wir haben zum Glück zwei erfahrene Obermaschinisten, Winter und Schewe, und den großartigen Zentralemaaten Otto Peters aus Bremen. Sie behalten die Ruhe und haben nach einiger Zeit das Boot aus dem Schlamm befreit.

20. Dezember 1940. Kiel ausgelaufen, mit Höchstfahrt nach Danzig. Erste Dauerbelastung für die Diesel. Wir pflügen mit breitem Kielwasser durch die ruhige Ostsee. Hinter Swinemünde wird es bedeutend kälter. In der Danziger Bucht herrscht tiefster Frieden. Durch Neufahrwasser geht es in den Danziger Hafen. Unser Wohnschiff ist die *Iberia.*

3. Januar 1941. Danziger Bucht – Gotenhafen. Die Dompteure der Agru-Front kommen an Bord. Die Übungen beginnen mit Alarmtauchen und der Simulierung leichter Ausfälle, die von Tag zu Tag gesteigert werden. Meine Umformer und Apparate bleiben von Ausfällen verschont, weil wir sonst im Notfall keine Nachricht mehr nach oben geben könnten. 5. bis 8. Januar. Festgemacht in Gotenhafen.

12. Januar 1941. Agru-Front bestanden. Maschinenpersonal war sehr gut. Wieder in Danzig eingelaufen. Ausbildung im Torpedoschießen bei der 25. U-Flottille. Chef ist Kapitän zur See Hashagen. Auch ein alter Haudegen aus dem Ersten Weltkrieg. Flottillenschiff ist der alte Rügendampfer *Hertha.*

20. Januar 1941. Jeden Tag Torpedoschießen in der Danziger Bucht. Heute ließ mich der Kommandant während des Marsches zum Schießquadrat auf die Brücke rufen. »Sehen Sie mal den Schlitten da drüben. Ist das nicht Ihr altes Boot?« Ich sehe in ca. 500 m Entfernung ein Torpedoboot auf Gegenkurs. Am Bug das taktische Zeichen von T 139. Der Kommandant erlaubt mir einen Winkspruch, und Karl Will von der Brückenwache winkt für mich hinüber »Fkmt. an K: Fährt der alte Kasten immer noch? Es grüßt Ihr alter Funkmaat Hirschfeld.« Von T 139 kommt nach einiger Zeit zurück »K an Funkmaat. Wünsche Ihnen ein langes Leben! Ihr alter Kommandant.« Hans Georg Fischer lächelt amüsiert. »Der glaubt wohl nicht, daß wir noch lange leben …«

23. Januar 1941. Grau und trüb ist der Morgen. Dichtes Schneetreiben läßt gerade noch das Vorschiff erkennen. Im Danziger Hafen treiben schon Eisschollen. Das heutige Torpedoschießen ist abgesagt. So nehme ich die Gelegenheit wahr und fahre nach Neufahrwasser, um bei dem einzigen mir bekannten Schlachter Fleisch für U 109 zu bestellen. Als Funkmaat bin ich auch für die Menage zuständig. Nur mein 2. Funkmaat weiß, daß ich von Bord bin. Vorsorglich habe ich mir eine Aktentasche mit Badehandtuch und Seife unter den Arm geklemmt.

Nach der Fleischbestellung gehe ich an Bord des Dampfers *Hertha.* Ich habe dort vor einigen Tagen im oberen Deck eine Badekabine entdeckt. Die Gelegenheit ist günstig. Das Bad ist während der Dienstzeit unbenutzt. Damit habe ich natürlich gerechnet und mich entsprechend vorbereitet.

Schnell lasse ich ein heißes Bad ein, während ich mich ausziehe. Genußvoll lege ich mich in das dampfende Wasser. Das Bullauge über der Badewanne in der Außenbordwand ist vollkommen vereist. Träumend genieße ich das lang entbehrte Bad. Von draußen tönt nur gedämpftes Dampfertuten. Typische Hafengeräusche, denke ich. An der Bordwand ist das Scheuern der Eisschollen vernehmbar. Wahrscheinlich fahren die Schlepper laufend durch die Fahrrinne, um sie vom Eis freizuhalten. Wie herrlich ist es hier im warmen Wasser bei dem Sauwetter da draußen.

Jetzt schwankt die *Hertha* sogar ein wenig. Das Eis scheuert viel stärker an der Bordwand. Komisch, so große Schiffe können doch gar nicht hier vorbeifahren. Oder sollte die *Hertha* etwa ...? Nein, das ist doch nicht möglich. Ein schrecklicher Gedanke läßt mich hochfahren. Ich versuche, das vereiste Bullauge aufzudrehen. Vergeblich. Ich schöpfe mit den Händen warmes Wasser aus der Wanne über die Vorreiber. Endlich gelingt es mir. Ich reiße das Bullauge auf und sehe hinaus. Verdammt! Kein Ufer mehr gegenüber. Nur Schneetreiben und Eisschollen, soweit ich sehen kann. Die *Hertha* ist also wirklich ausgelaufen. Wie ist das nur möglich? Wird die Flottille nach Westen in eisfreies Wasser verlegt? Ich hatte das schon einmal im Winter 1939/40 bei der 24. U-Bootflottille erlebt, als der Hafen von Warnemünde zufror. Damals wurde nach Kiel verlegt.

Verdammt! Niemand auf meinem Boot weiß, wo ich bin. Nun heißt es Ruhe bewahren. Während ich mich langsam anziehe, überdenke ich meine Lage. Zunächst einmal werde ich in den Funkraum gehen und unauffällig die Lage peilen. Sollte die Flottille wirklich nach Westen verlegen, werde ich mich beim Flottillenchef Korvettenkapitän Hashagen melden. Er ist ein alter U-Boot-Fahrer und wird Verständnis für mein Bad haben.

Im Funkraum treffe ich einen alten Freund, mit dem ich 1936 auf der Nachrichtenschule war. Er lacht, als ich ihm erzähle, was mir passiert ist. »Ja«, sagt er, »da hast du Pech gehabt. Der Befehl, im Hafen zu bleiben, ist widerrufen worden, weil die Danziger Bucht noch ziemlich eisfrei ist. Der Chef meint, die Boote müßten auch bei Schneetreiben schießen können.«

Da saß ich also nun frisch gebadet und harrte der Dinge, die da kommen sollten. Wohl war mir nicht zumute, aber ich hatte wenigstens die Gewißheit, daß wir am Abend wieder in Neufahrwasser einlaufen würden. Gegen 15.00 Uhr reicht mir mein alter Kumpel einen gerade entschlüsselten FT herüber. Ich lese, und mir stockt der Atem. »An 25. U-Fl. von T 156: Habe getauchtes U-Boot überlaufen und gerammt. Annahme U 109.«

Auch das noch. Was soll geschehen, wenn sie abgesoffen sind? Kapitän Hashagen jagt sofort einen FT an alle Boote hinaus! »Standort melden!« Bald laufen die ersten Meldungen ein. Ich sitze neben dem Schlüsselgerät, doch U 109 schweigt. Unwillkürlich muß ich an U 18 denken, das im November 1936 bei einer Übung nach Kollision mit einem Torpedoboot in der Lübecker Bucht gesunken ist. Der Kommandant, Kptlt. Hans Pauckstadt, und einige Männer der Besatzung konnten gerettet werden. Fieberhaft entschlüsseln wir die einlaufenden Funksprüche. Da – endlich die Meldung von U 109 »Sehrohr von Torpedoboot abgefahren!« Alles atmet auf.

Das Schneetreiben ist so stark geworden, daß Kapitän Hashagen, um weitere Unfälle zu vermeiden, das Schießen abbricht. Wir laufen ein, und als ich bei völliger Dunkelheit an Bord von U 109 gehe, merke ich erst, daß der Kommandant meine Abwesenheit gar nicht bemerkt hat.

24. Januar 1941. Wir gehen in die Werft und bekommen ein neues Sehrohr. Bei einer Flasche Wein sage ich dem Kommandanten, daß ich ihm einen guten Nachruf geschrieben hätte, wenn das Boot abgesoffen wäre. Kptlt. Fischer lacht. »Und Sie sind fest davon überzeugt, daß Sie rausgekommen wären«, meint er. »Ja«, antworte ich lachend, »ich war nämlich gar nicht an Bord.« Er sieht mich mit großen Augen an, und ich befürchte ein Donnerwetter. Er bleibt aber ruhig, und ich erzähle ihm, wie ich auf der *Hertha* ein heißes Bad nahm und schließlich mit dem Dampfer in See stach. Fischer sieht mich grübelnd an und sagt schließlich: »Hirschfeld, haben Sie die Sache mal durchgedacht? Wenn wir abgesoffen wären, hätte kein Mensch gewußt, daß Sie nicht an Bord waren.« Er schlägt mir lachend auf die Schulter. »Sie hätten nach Hause fahren und untertauchen können. Sie hätten am Krieg nicht mehr teilnehmen müssen. Sie waren da schon gefallen.« Ich schüttle den Kopf. »Das wäre nicht gegangen. Der wachhabende Funkmaat im Funkraum der *Hertha* kannte mich.«

»Na, dann prost«, lacht der Alte. »Es wäre Ihnen also nichts erspart geblieben. Sie hätten dann eben auf ein neues Boot steigen müssen.«

26. Januar 1941. Der Hafen ist über Nacht zugefroren. Auch die Danziger Bucht ist voll Treibeis, das sich allmählich festlegt. Beim letzten Einlaufen haben wir ein Geleitboot in Schlepp genommen, das hilflos im Packeis trieb. Es hatte die Turbinen abstellen müssen, da die Kühlwasser-Ansaugrohre von zermahlenem Eis verstopft waren. Mit unseren starken Dieseln haben wir das Boot in den Hafen gezogen. Wir können der Witterung wegen nicht mehr auslaufen und fahren deshalb für vierzehn Tage auf Urlaub.

25. Februar 1941. Wieder in Danzig. Diesmal haben wir die *Hansa* als Wohnschiff. Immer noch starker Eisgang. Schlepper sind ständig unterwegs und halten die Fahrrinne frei. Heute soll der Schießbetrieb wieder aufgenommen werden.

Es ist noch sehr dunkel, als wir durch den hohen Schnee zu unseren Booten stapfen, um ›Seeklar‹ zu machen. Neben uns liegt U 111 als äußeres Boot im Päckchen. Es legt vor uns ab, und die Besatzung ruft uns lachend zu »Na, denn gute Übung!« Auch wir laufen aus, und bald danach kommt die seemännische Nr. 1, Bootsmaat Walter Groß, auf den Turm und meldet dem Alten: »Auf dem Vorschiff zwischen Turm und Kanonensockel steht eine Gulaschkanone festgezurrt.« Der Kommandant steigt auf die Fußrasten und versucht in der Dunkelheit das Oberdeck vor dem Turm zu erkennen. »Verdammt«, sagt er, »wie kommt die dahin?«

»Das muß die Crew von 111 gewesen sein«, sagt Walter trocken. »Die haben vorhin so dreckig gelacht.«

Der Kommandant geht an Oberdeck und besieht sich die Bescherung, während wir durch das Grummeleis nach Neufahrwasser laufen. »Das Ding muß von Bord«, ruft der Alte der Nr. 1 zu. Dann kommt er wieder auf den Turm und sagt zum I WO:

»Hoffentlich ist die *Hertha* schon ausgelaufen. Wenn es hell wird und die sehen das Ding bei uns an Oberdeck, gibt es ein homerisches Gelächter in der ganzen Flottille.«

Wir legen unbemerkt in Neufahrwasser an, und es gelingt uns, die Gulaschkanone, die aus den Beständen des RAD stammt, von Bord zu schaffen und neben einem Kohlenschuppen abzustellen. Dann jagen wir mit Höchstfahrt durch das Grummeleis in die Danziger Bucht. Als es hell wird, stehen wir in unserem Quadrat und sichten an Steuerbord querab U 111. Von dort sind alle Gläser auf uns gerichtet. »Mein Gott«, sagt Keller, der II WO, »wenn wir mit der Gulaschkanone hätten tauchen müssen.«

»Dann hätte Kleinschmidt sich totgelacht«, meint der Kommandant.

26. Februar 1941. Der strenge Winter verzögert die Ausbildung um etwa vier Wochen, der strenge Frost läßt zwar langsam nach, aber es liegt noch viel Schnee.

Die letzte Nacht bei der Schießflottille verbringen wir in Neufahrwasser. Es gibt keinen Dampfanschluß für die Boote, und da kein anderes Wohnschiff zur Verfügung steht, müssen wir auf der *Hertha* schlafen. Durch die Kojen an der Bordwand zieht ein eisiger Wind. Obwohl der Dampfer beheizt wird, glitzert an der Außenbordwand das Eis. Wir sind über dieses Quartier sehr erbost, und Funkmaat Ernst Bischoff ruft als erster »Ich gehe ins Hotel!« Wir ziehen alle los, um einen Umtrunk zu nehmen und sind im Lederpäckchen mit blauer Pudelmütze nicht als Soldaten zu erkennen.

Um Mitternacht sind nur noch fünf trinkfeste Maate übriggeblieben, die nach mehrmaligem Lokalwechsel in der Kneipe ›Zum Leuchtturm‹ landen. Wir haben schon ziemlich getankt, und der Wirt will uns nichts mehr geben. Um noch etwas Sekt locker zu machen, erzählt Bootsmaat Maureschat dem Wirt, ich sei Deutschlands zweitbester U-Boot-Kommandant. Daraufhin stoßen er und die letzten Gäste begeistert mit uns an.

Da erscheint plötzlich der Alte mit Leutnant Keller. Beide sind auch im Lederpäckchen, und der Wirt stellt mich als berühmten U-Boot-Kommandanten vor. Der Alte gibt mir lachend die Hand und sagt: »Ich möchte auch mal so berühmt werden.«

»Mein Sohn«, sage ich, um den Wirt und die Gäste nicht zu enttäuschen, »aus verständlicher Freude, daß Sie mich hier kennenlernen durften, geben Sie jetzt noch einen aus.«

So wird weiter getrunken bis zwei Uhr früh. Da erscheint die Wehrmachtsstreife, und wir müssen gehen.

Bootsmaat Kuddel Wenzel will aber nicht auf den verdammten Rattendampfer zurück. Er ist volltrunken und zerschlägt mit der Faust einen zweiteiligen Glastresen, hinter dem Brötchen und Salate stehen. Seine Hand blutet stark, und er wird in einem Sanitätsfahrzeug abtransportiert. Jetzt müssen wir Farbe bekennen und sagen, wer wir sind, wobei der Kommandant dem Wirt die Versicherung gibt, daß der Schaden am nächsten Tag bezahlt wird.

Schließlich wanken wir durch die sternklare, kalte Nacht hinunter zum Hafen. Bischoff findet einen Schlitten, auf den wir uns zu fünft zwängen. Auch der Kommandant ist mit von der Partie. Wir rodeln einen Abhang hinunter, bis ein alter Drahtzaun unsere Fahrt beendet. Den blutverschmierten Kopf des Alten müssen wir aus den Maschen des Zaunes ziehen. Wir wanken weiter zum Schiff.

Die Kälte spüren wir nicht. Rechts vor der Stelling liegt einer im Schnee und schläft; es ist Eduard Maureschat. Gemeinsam schleppen wir ihn an Bord und werfen ihn in die Koje. Wie ich von der Toilette komme, liegt er vor der Kabine auf dem Gang. Er muß wieder herausgekrochen sein. Da ich ihn nicht allein in die hohe Koje bugsieren kann, werfe ich ihm seine Decke zu und laß mich selbst in die Koje fallen. So schlafen wir die letzte Nacht auf dem alten Dampfer *Hertha*, ohne die Kälte zu spüren.

27. Februar 1941. Gotenhafen festgemacht. Leutnant Keller hat sich eine Barkasse kommen lassen und ist mit mir zum Arsenal gefahren. Wir haben für die Kantine und für die Menage Spirituosen eingekauft. Echten französischen Cognac, schottischen Whisky, Mandarin Ginger und andere köstliche Sachen aus ehemaligen polnischen Beständen. Als wir mit der Barkasse bei U 109 längsseits gehen, fassen alle mit an, um die kostbare Fracht an Bord zu hieven. Anschließend heizen wir von innen ein, um die Kälte nicht zu spüren, denn auch hier gibt es keinen Dampfanschluß und kein Wohnschiff.

1. März 1941. Wir sind bei der taktischen Übungsflottille, der 27. U-Flottille, gelandet. Führungsschiff ist der moderne U-Boot-Tender *Wilhelm Bauer*. Der Chef der 27. U-Fl., Korv. Kpt. Ernst Sobe, ein alter Bekannter unseres Alten, ist ein Dompteur besonderer Güte. Der Kommandant erzählt uns, daß sie sich schon als Seekadetten nicht leiden konnten. Na, denke ich, das kann ja heiter werden. Die taktischen Übungen in der Ostsee sind gefürchtet, denn sie verlangen Offizieren und Mannschaften das Letzte ab.

Als erstes gehe ich an Bord der *Wilhelm Bauer* in den Funkraum, um etwas über die funktechnische Abwicklung der Übung zu erfahren. Zum Glück treffe ich einen alten Freund, den Funkmaat Hein Walter aus Flensburg. Er ist erfreut über unser Wiedersehen nach so langer Zeit und führt mich in den großen Funkraum hinter der Brücke, der mit allen modernsten Funk- und Peilgeräten sowie einer Luftwaffenstation ausgerüstet ist.

Von hier aus wird die ›Taktische‹ geleitet. Wir werden Geleitzugschlachten üben, d. h. im Aufklärungsstreifen den Geleitzug suchen, nach Kontaktnahme Fühlung halten und schließlich auf Befehl von der Leitstelle im Rudel angreifen. Im FT-Raum laufen die Fäden aller an der Übung beteiligten Parteien zusammen. Außerdem fährt ein Oberst der Luftwaffe mit, der den Einsatz der U-Boot-Abwehr aus der Luft leitet. Als Längstwellensender für Wiederholungen der Funksprüche und für Unterwasserempfang mit Peilrahmen steht der Langwellensender Warschau zur Verfügung.

Mir kommt da ein Gedanke. »Sag mal, Hein, wenn der Oberst hier auf der Brücke mitfährt, kann er dann nicht mitkriegen, wo die U-Boote stehen?«

Hein Walter lacht. »Von Sobe erfährt er nichts. Aber ...«

»Was aber?« bohre ich.

»Na ja, ich glaube schon, daß er einen Funkmaat bestochen hat. Der braucht ihm dann nur ein Stück Papier mit einer Zahl an die Scheibe halten, und der Oberst kennt das Quadrat, in dem seine Flieger ein U-Boot erwischen können.«

»Das ist ja eine große Sauerei«, sage ich empört.

»So mußt du das nicht sehen. Sie haben ja nicht genug Brennstoff, um den ganzen Tag die Boote zu suchen. Und angreifen sollen sie euch ständig, damit ihr an die Härte der Front gewöhnt werdet.«

Jetzt wir mir klar, warum diese Übung die härteste Zeit der Ausbildung sein wird. Hein Walter gibt mir noch den guten Rat, mich reichlich mit Funkspruchblöcken einzudecken, denn es wird Tag und Nacht FTs hageln. Dabei sind 60 % aller Sprüche nur Rügen an die Kommandanten. Das ist zugleich die schwerste Bewährung für die FT-Mannschaft. Und das weiß Sobe auch. »Mein lieber Wolf«, sagt Walter satanisch grinsend, »die Taktische ist nicht nur Training für die Kommandanten. Auch die Funkmannschaft kann durchfallen.«

Wir gehen in die Messe der *Wilhelm Bauer*, um noch einmal einen ordentlich auf die Lampe zu gießen, bevor die große Schlacht beginnt, und treffen dort die Funkmaaten von U 111, von Kentrats U 74, von Kaufmanns U 79 und meine alten Freunde Billep und Schirrmacher von Ringelmanns U 75.

3. März 1941. Beginn der taktischen Übung. Im Morgengrauen legen wir ab. Die Diesel der Boote röhren auf. Es ist ein kalter, klarer Tag. Ein ganzes U-Boot-Geschwader begibt sich auf den Marsch. Mit großer Fahrt geht es hinaus in die Danziger Bucht. Herrlich geht die Sonne auf. Ich stehe noch einmal auf der Brücke und atme die frische Luft, denn in den nächsten vierzehn Tagen werde ich kaum an Deck kommen.

Die Boote formieren sich jetzt zur Kiellinie, und von Steuerbord achteraus kommt ein Torpedoboot auf. Der Alte sieht auf die Uhr und gibt uns einen Wink, einzusteigen. Kaum sind wir unten, rasen die Alarmklingeln durch das Boot. Die Brückenwache poltert in die Zentrale, während die Fahrt schon abwärts geht. Der LI pendelt das Boot ein und geht dann auf Sehrohrtiefe. Ich sitze am Horchgerät und höre die zwitschernden Schrauben des Torpedobootes näher kommen. Der Alte sitzt am Sehrohr im Turm, und jetzt klickt es in den Lautsprechern: »An alle

Stellen. Achtung, es gibt einen Wasserbomben-Serienwurf. Auf Außenbordsverschlüsse achten. Ende.«

Das Torpedoboot steht jetzt querab, und dann geht es los. Eine Faust schüttelt das Boot, gewaltige Schläge hämmern gegen die Bordwand, ein grauenhafter Donner rollt durch die See. Es ist wie ein Weltuntergang. Ich blicke durch den Gang und sehe die entsetzten Augen des Befehlsübermittlers im Kugelschott zur Zentrale. Verdammt, so gewaltig haben wir uns das denn doch nicht vorgestellt. Dieser Donner läßt jeden bis ins Mark erzittern.

Walter Groß, die Nr. 1, steht neben mir im Horchraum. »Ja, Wolf, stell dir das mal vor – stundenlang Wabos. Wie das an den Nerven sägt. Wenn ich an U 14 und an Weingärtner denke, vor Norwegen, in diesem verdammten Einbaum.«

Wir tauchen bald wieder auf, und die Boote streben nach dieser ersten Begegnung mit der U-Boot-Abwehr auseinander. Mit großer Fahrt geht es um die Halbinsel Hela herum in Richtung Stolpe Bank. Dann beginnen wir im großen Aufklärungsstreifen nach Nordosten hin den Geleitzug zu suchen. Ich blättere in den Übungsunterlagen. Der Geleitzug besteht aus dem Dampfer *Mersburg* und zwei weißen Bananendampfern. Einen davon kenne ich; es ist die *Ahrensburg*. Dazu kommen noch *Wilhelm Bauer* als Hilfskreuzer und einige schnelle Bewacher.

Wir sind alle sehr gespannt, was nun kommen wird. Noch herrscht Ruhe auf allen Wellen. Wir pflügen durch die Ostsee und kreuzen in unserem Streifen auf und ab. So geht es auch die ganze Nacht hindurch, wobei wir uns immer weiter nach Nordosten bewegen.

Gegen Mittag des nächsten Tages kommt die erste Sichtmeldung von U 111. Kleinschmidt ist also Fühlungshalter. Die Jagd geht los und damit auch der Funkverkehr. Die Diesel hämmern große Fahrt. Von jetzt ab hat jede Wache im Funkraum hart zu arbeiten: Aufnehmen auf Kurzwellen, entschlüsseln, in die Kladde eintragen, dem Kommandanten vorlegen, Antworten verschlüsseln, FTs abgeben, Peilzeichen vom Fühlungshalter einpeilen und Resultate an den Obersteuermann in der Zentrale geben. Eine Flut von Funksprüchen prasselt auf uns ein. Sobe hält uns in Atem. Auf U 111 werden sie schon schwitzen, und wir schicken ein Stoßgebet zum Himmel: Herrgott, laß uns niemals Fühlungshalter werden, denn dann müßten wir mit zwei Wachen arbeiten und kämen gar nicht mehr zum Schlafen.

Bald kommen auch die ersten Flugzeuge, und wir müssen mehrmals mit ›Alarm‹ in den Keller. Das sind zwar die einzigen Ruhepausen für uns, aber nachher müssen die fehlenden FTs im Wiederholungs-Programm auf Längstwelle wieder hereingeholt werden.

Immer wieder tauchen wir auf und eilen mit großer Fahrt den Peilzeichen des Fühlungshalters nach. So geht es den ganzen Tag bis hinein in die Nacht. Die Boote schließen auf, und einzeln gehen die Meldungen ein, daß sie am Geleit sind. Es kann also endlich losgehen. »Angriff frei!« lautet der Funkspruch, doch dann erhellen plötzlich Leuchtgranaten die Nacht. Der Angriff ist entdeckt. Bewacher drängen uns ab, das Geleit zackt weg, und schlechtes Wetter kommt auf. Die Fühlung geht verloren. Die Funker von U 111 werden froh sein.

Die Suche geht also erneut los. Der Kommandant hat kaum geschlafen. Er steht in der Zentrale über die Karte gebeugt und kombiniert, wo das Geleit wohl sein könnte. Ob. Strm. Petersen koppelt unsere Fahrt. »Kommen wir nicht zu weit nach Norden, Herr Kaleu?« höre ich seine warme, sonore Stimme. Kptlt. Fischer schüttelt den Kopf. »Nein, Petersen. Sobe ist uns bestimmt hier in den Aufklärungsstreifen geschlüpft. Ich denke, er fährt jetzt Kurs Gotland.«

Die Sicht wird immer schlechter, denn es kommt auch noch Nebel auf. Der Kommandant läßt tauchen. Wir machen einen Rundhorch. Da – in 40° hören wir Schraubengeräusche von mehreren Schiffen. Das kann nur das Geleit sein. Wir tauchen auf und jagen durch den wallenden Dunst. Wir müssen nahe dran sein, als wir von *Wilhelm Bauer* ein FT erhalten »An alle. Standort melden.«

Ich lasse dem Alten den FT vorlegen, doch er sagt lachend: »Nein, wir melden noch nicht. Dann zackt er nämlich wieder ab.« Etwas später sichten sie auf der Brücke den Geleitzug. Verdammt, jetzt sind wir Fühlungshalter. Der Rummel im FT-Raum geht los. Nach Abgabe der Sichtmeldung erhalten wir eine Rüge, weil wir vorhin keinen Standort gemeldet haben. Der Alte lächelt aber nur.

Trotz schlechter Sicht halten wir Fühlung. Obwohl wir von den Bewachern oft abgedrängt werden, geben wir laufend Meldungen über jeden Kurswechsel des Geleits und senden Peilzeichen auf Langwelle. So geht es den ganzen Tag und durch die Nacht, bis die anderen Boote heran sind. Dann läßt Sobe angreifen. Alle Boote kommen zum Schuß, nur wir nicht. Wir müssen weiter Fühlung halten und melden, während die anderen zum zweiten Angriff nachladen. Die Sicht ist noch schlechter geworden und die Fühlung geht verloren. Der Alte kommt von der Brücke und wirft sich auf seine Koje, gegenüber dem Funkraum. Ich glaube, er ist fertig. Wir sind es alle, besonders meine Funker.

Die Ruhe ist aber nur kurz. Ein neuer Fühlungshalter meldet sich, und weiter geht die Jagd. Die Diesel hämmern durch den Tag und durch die Nacht, und dann sind wir dran. Endlich kommen wir zum Angriff. Wir jagen mit großer Fahrt in der Finsternis mitten durch das Geleit und schießen alles ab, was uns vor die Rohre kommt. Natürlich nur auf dem Papier. Dann plötzlich wieder Leuchtraketen. Wir sind entdeckt und verschwinden mit Höchstfahrt in der Dunkelheit.

Järschel, der Koch, sorgt in vorbildlicher Weise für unser Wohl. Nur sein starker Kaffee, den der stämmige Oberschlesier vorzüglich zu kochen versteht, hält uns aufrecht. Ich habe Järschel bereits in Bremen zum Koch gemacht, weil er gelernter Schlachter ist und ich schon auf T 139 die Erfahrung gemacht habe, daß die Schlachter kochen können.

In der zweiten Woche bessert sich das Wetter, und manchmal kommt sogar die Sonne durch. Wir stehen eines Morgens weitab vom Geleit, um uns in großem Bogen für den Nachtangriff vorzusetzen. Ich gehe auf die Brücke, um in Ruhe eine Zigarre zu rauchen. Lt. Keller hat die Wache. Die Sonne geht strahlend auf und blendet sehr, aber ich genieße ihre Strahlen.

Da, ein Schrei vom achteren Ausguck: »Flieger in 180°!« Zum Tauchen ist es zu spät. Im Tiefflug kommt er aus der Sonne. Wir werfen uns instinktiv hinter die Brückenverschanzung. Ich drücke mich an den Sehrohrblock, denn es sieht so aus, als wollte er uns den Turm wegrasieren. Die Motoren donnern, als er uns genau von achtern nach vorn überfliegt und anstelle von Bomben zwei Echolote wirft. Wir erheben uns und starren dem Flugzeug nach. Dann höre ich die gewaltige Stimme von Maureschat: »Ihr verdammten Himmelhunde. Könnt ihr denn nicht besser aufpassen? Wenn der echt gewesen wäre, würden wir jetzt auf Tiefe gehen!«

Der Kommandant, der wohl gerade ein wenig geschlafen hatte, kommt auf die Brücke gefegt. »Was war das, Keller?« Der II WO lächelt verlegen. »Eine Arado, Herr Kaleu!« Der Alte sieht ihn vernichtend an. Keller holt tief Luft. »Kam genau aus der Sonne.« Der Alte blickt grimmig über die See. »So, eine Arado. Dann sind wir gebombt.« Das Flugzeug ist nur noch ein Punkt an der Kimm. »Wenn das der Sobe erfährt, dann gute Nacht.«

Ich tauche hinab ins Boot, denn da muß ja bald ein FT kommen. Es dauert auch gar nicht lange, und wir müssen Standort melden. Nachdem dies geschehen ist, kommt bald darauf der FT: »An U 109, Fischer, Sie wurden um 06.32 Uhr gebombt und versenkt.« Das ist ein vernichtendes Urteil.

Bald darauf läßt mich Lt. Keller auf die Brücke rufen und sagt zu mir: »Sehen Sie sich mal Ihre Stabantenne an.« Ich denke, ich sehe nicht richtig. »Die ist ja ganz verbogen.« – »Ja«, sagt Keller, »das muß ein verrückter Hund gewesen sein. Der hätte dabei glatt selbst in den Bach fallen können.« Ich tauche wieder unter und melde dem Alten, daß die Stabantenne verbogen ist. Dabei erzähle ich ihm auch, wie der Luftwaffenoberst auf der *Wilhelm Bauer* seine Flugzeuge einsetzt. Er lächelt etwas gequält. »Hab' mir schon so etwas gedacht. Aber es nützt nichts. Er hat uns erwischt.«

Trotzdem müssen wir weiterkämpfen. Wir finden abermals den Geleitzug und sind für kurze Zeit neuerlich Fühlungshalter. Dann aber sind wir wieder frei für den Angriff und jagen, manchmal in gefährlichem Kollisionskurs mit den Schiffen, durch die Nacht. Die Beanspruchung geht bis zur Leistungsgrenze, und dabei haben wir noch nicht einmal schwere See. Langsam bekommen wir einen Begriff davon, was es heißt, am Geleitzug zu kämpfen. Am schwersten hat es der Kommandant. Er kommt kaum zum Schlafen, er ist die Seele des Angriffs und muß bei jeder Änderung der Lage entscheiden, ob er am Feind bleiben oder abdrehen soll, und von seiner Entscheidung hängt unser aller Leben ab.

15. März 1941. Endlich geht das grausame Spiel zu Ende, und die Boote dürfen den Rückmarsch nach Gotenhafen antreten. Der Alte würde es wahrscheinlich am liebsten wie Lemp machen, der sich, wie mir Hein Walter erzählt, nach der taktischen Übung einfach per FT abgemeldet hat. Sobe reagierte nicht darauf; vielleicht war es auch vorher abgesprochen. Lemp hatte ja eine eingefahrene Besatzung; nur der Bootstyp IX b war für sie neu. Dafür sind sie jetzt schon wieder im Atlantik. Wir aber müssen noch Kritik über uns ergehen lassen.

16. März 1941. ›Diese Übung ist beendet!‹ ist ein taktisches Signal. Endbesprechung der Kommandanten und Endbesprechung der Funkmannschaften auf der *Wilhelm Bauer*. Ich kann mit meinen Leuten zufrieden sein. Wir sind heilfroh, daß diese Tortur hinter uns liegt. Jetzt sollen wir noch zu Restarbeiten nach Stettin gehen. Dann geht es hinaus in den Atlantik.

Ich bin mit Fkmt. Ernst Bischoff bereits seit langem wieder an Bord, als endlich der Kommandant von der Besprechung kommt. Er wirft mit einem Fluch die Mütze auf die Koje und blickt grimmig um sich. »Funkmaat, besorgen Sie mir einen doppelten Whisky.« Ich spritze in die Offiziersmesse, die gleich hinter dem Horchraum liegt. Lt. Keller hat den Wunsch des Kommandanten gehört und nimmt Flasche und Gläser aus dem Schrank. Der I WO ist von der Koje gesprungen. Er und Keller kommen zum Kommandantenschap gegenüber dem Funkraum.

»Ja, meine Herren«, sagt der Alte ganz ruhig und nimmt dem II WO die Flasche und ein Glas aus der Hand. »Wir sind durchgefallen! Alles noch einmal.«

»Was denn«, sagt Schwartzkopff, »die ganze Übung?« Keller schüttelt verzweifelt den Kopf. »Ich denke, wir sollen so schnell wie möglich an die Front.«

»Ja, die ganze Übung«, knurrt der Alte wie abwesend. »Wir sind noch nicht reif für die Front. Prost!« Er gießt sich einen Whisky in die Kehle, während die beiden WO's betreten zu Boden sehen. Bei den letzten Worten des Kommandanten ist auch der III WO, Ob. Strm. Bruno Petersen herangetreten.

»Na, Petersen«, sagt der Alte, »was sagen Sie dazu?« – »Ach, Herr Kaleu«, erwidert der Ob. Strm. mit entwaffnendem Lächeln, »wir sollten darüber nicht traurig sein. Ich habe gehört, der Krieg dauert noch etwas länger.« Jetzt lacht der Alte. »Sie haben recht, Petersen, Kretschmer und Schepke werden uns wohl noch einige Dampfer übriglassen.« Er gießt sich wieder ein, nimmt Keller ein zweites Glas aus der Hand und füllt es ebenfalls. Mit den beiden Gläsern in den Händen, dreht er sich jetzt zum Funkraum herum. »Na, und ihr Funkenpuster seid in Ordnung, habe ich gehört.« Er reicht mir ein Glas. »Jawoll, Herr Kaleu. Wir haben mit ›Sehr gut‹ abgeschnitten.« Er nickt. »Na denn?« Wir kippen gemeinsam den Whisky hinunter. »Besatzung U 109 in Ordnung, nur der Kommandant ...« Er schüttelt mißbilligend den Kopf.

19. März 1941. Wir fahren also unsere zweite taktische Übung. An Bord ist diesmal Korv. Kpt. Hans-Gerrit von Stockhausen, der als Kommandant von U 65 das Ritterkreuz erhalten hat. Auch er ist mit unserem Alten seit der Seekadettenzeit bekannt. Stockhausen ist ein Offizier, von dem wir alle begeistert sind. Nachts, wenn etwas Ruhe auf den Funkwellen ist und wir nicht gerade angreifen, sitzt er bei mir im Funkraum, und wir deklamieren Balladen von Münchhausen, Fontane, Strachwitz, Felix Dahn und anderen. Einmal steckt der Kommandant nachts seinen Kopf in den FT-Raum. »Ach, du meine Güte, Balladen! Damit hat der Hans-Gerrit meine Nerven schon als Fähnrich strapaziert. Und jetzt ist mein Funkmaat auch von dieser Krankheit ergriffen.« Von Stockhausen lacht amüsiert. »Ja, mein lieber Hans Georg, wie ich festgestellt habe, liest du immer noch diese billigen Kriminalromane. Demnach hast du dich geistig nicht weiterentwickelt.« Wir müssen alle lachen Stockhausen hat recht. Ich muß dem Alten aus der Bordbücherei, die ich verwalte, immer Krimis besorgen.

Auch diese taktische Übung kostet wieder Nerven, obwohl wir bereits wissen, worauf es ankommt. Am 2. April haben wir endlich alles überstanden. Endbesprechung erfolgt wie gehabt. Wir Funker von U 109 sind nun schon alte Hasen im Geleitzugkampf, und man kann uns auch diesmal keine Fehler vorwerfen. Nach der Besprechung zieht mich Hein Walter zur Seite. »Komm mit in meine Kammer. Wir trinken noch einen. So bald werden wir uns nicht wiedersehen.« Während er mir einen Rum pur eingießt, sagt er: »Daß Matz' U 70 abgesoffen ist, weißt du.« – »Nein«, sage ich. »Da war doch unser Ausbilder von der ULD Lt. Klagges an Bord.« – »Richtig«, nickt Hein, »ich glaube, es war seine erste Fahrt.« Wir trinken aus, und Hein schenkt nach.

»Übrigens, Prien ist auch weg.« – »Verdammt«, entfährt es mir. »Woher weißt du das? Unsere Offiziere wissen nichts davon.« Hein nickt ernst. »Bekannt ist ja auch noch nichts. Er war am 6. März noch mit U 99 an einem Geleit. Übrigens das gleiche Geleit, an dem Matz abgesoffen ist. Von Kernevel wird er dauernd gerufen. Aber er meldet sich nicht mehr.« – »Vielleicht ist sein Sender ausgefallen und mit Bordmitteln nicht zu reparieren«, sage ich. Hein winkt ab. »Nein. In dieser Zeit hätte er schon einen Hafen erreichen können. Der ist weg.« Wir trinken schweigend.

Hein fängt wieder an: »Kretschmer und Schepke sind auch vernichtet.« Mir stockt der Atem. »Ja«, sagt Hein gedehnt, »unser alter Freund Jup Kassel soll noch offen gefunkt haben, daß sie das Boot aufgeben und in Gefangenschaft gehen.« – »Und Schepke?« frage ich. »Beide waren am gleichen Geleitzug. Schepke meldet sich auch nicht mehr.«

Was war da draußen im Atlantik los? Die Asse der U-Boot-Waffe alle auf einmal weg. Da stimmte doch etwas nicht. Hatten die Tommys neue Abwehrmittel? Ein kalter Schauer lief mir über den Rücken.

Wie ich an Bord komme, sitzt der Alte schon auf seiner Koje. »Na, Hirschfeld, alles klar bei der Funkenpusterei?« – »Jawoll, Herr Kaleu, wir können es ja nun. Oder müssen wir die Übung noch mal machen?« Er sieht mich lächelnd an. »Möchten Sie wohl?« – »Na ja«, sage ich etwas gedehnt. »Draußen im Atlantik ist wohl der Teufel los.« Er steht auf und kommt zum FT-Raum. »Ach, Sie haben wohl schon gehört? Ihr Funker wißt ja alles. Aber es soll noch nicht darüber gesprochen werden. Also Schnauze, klar?« – »Klar, Herr Kaleu.«

3. April 1941. Ohne großen Abschied von der *Wilhelm Bauer* haben wir in Gotenhafen abgelegt. Nur einige Bekannte, unter anderem Hein

Walter, stehen an der Reling und winken uns nach. Der Alte steht auf der Brücke und sieht nicht zurück. Ich glaube, er ist froh, seinem persönlichem Feind Sobe entronnen zu sein.

Mit großer Bugwelle schiebt sich unser Boot in die Danziger Bucht. Die Diesel brummen in vertrauter Weise. Von Osten weht eine steife Brise. Bald schäumt der Gischt über das 40 m lange Vorschiff. Nur träge hebt und senkt sich der Bug. Die Brückenwache schlägt die Kragen hoch, und ich steige durch das Turmluk hinab in die gemütliche Wärme des Bootes. Die Abgasheizung ist voll aufgedreht. Herrgott, bin ich froh, ein so großes Boot gewählt zu haben, als ich bei der 1. U-Flottille gefragt wurde, ob ich Typ VII oder Typ IX fahren wolle. Damals hatten mir alle Kameraden abgeraten. »Mensch, nimm doch Typ VII. Da hast du bestimmt mehr Chancen zu überleben. Die tauchen viel schneller weg, und die Reisen sind nicht so lang.« Aber Bischoff und ich wählten das große Boot. Als ich dann einmal in Danzig von den Funkmaaten Billep und Schirrmacher auf U 75 eingeladen wurde, kam mir die Enge dieses Bootstyps so richtig zum Bewußtsein.

Im Boot duftet es herrlich nach Kaffee. Alles ist guter Laune. Die Besatzung freut sich auf die Werftliegezeit in Stettin und den letzten Urlaub vor dem Einsatz. Bischoff hat die Funkwache. Ich gehe langsam nach vorn durch die Offiziersmesse in die Kombüse. »Na, Järschel, in Stettin müssen wir den restlichen Proviant abgeben. Haben wir viel über?« Järschel grinst verschmitzt. »Wird nix über sein. Das können sie mit 'nem Handwagen abfahren.« – »Nun, machen Sie es nicht so arg, daß wir auffallen.« – »Nee, ich nicht. Die Pampelmusen gebe ich alle wieder ab. Die will nämlich keiner fressen. Sonst hab' ich alles gerecht verteilt. Ihren Anteil finden Sie in Ihrem Spind im U-Raum. Nur den Kaffee kann ich morgen erst verteilen.« – »Nun ja, ich habe nichts gesehen und nichts gehört.«

Ich gehe weiter durch die Oberfeldwebelmesse in den Unteroffiziersraum. Da sitzt schon der Zentralemaat Otto Peters und schlürft genußvoll seinen Kaffee. »Du, Wolfgang, hast du schon gehört, der Walter Groß will heiraten.« Walter sitzt lachend dabei. »Nanu«, sage ich, »wann denn?« Walter schiebt grinsend das Kinn vor. »Sobald wir in Stettin festgemacht haben, haue ich ab. Der Alte weiß schon Bescheid.« Otto legt sein Gesicht in ernste Falten. »Walter, überleg dir das …« Er will noch etwas sagen, aber da kommt aus der Zentrale der Ruf »Funkmaat Hirschfeld unters Turmluk.« Ich eile in die Zentrale und melde nach oben. Der Alte ruft mir zu, ich solle in den Horchraum gehen und ihm sagen, was ich höre. Ich schüttle den Kopf und mache ihm klar, daß dies bei dieser Fahrtstufe und dem leichten Seegang ganz unmöglich ist. Daraufhin kommt er lächelnd ins Boot gestiegen und sagt »Gut, dann werden wir mal kurz tauchen. Alarm!«

Die Klingel rast durchs Boot. Otto Peters kommt fluchend angerannt. »Nicht mal seinen Kaffee kann man in Ruhe trinken. Die Übung ist doch vorbei.« Die Brückenwache fällt gefechtsmäßig durch das Luk in die Zentrale. Oblt. Weber sitzt schon auf seinem Bock, die Tiefenruder werden besetzt. Noch ehe Lt. Keller das Turmluk zugedreht hat, knallen vorn die Entlüftungen auf, und das Vorschiff schneidet steil unter. Ja, das haben wir gelernt.

Das Rauschen an der Außenhaut hört auf. Noch einige Wellen klatschen gegen den Turm. Dann ist es ganz still. »Eins«, tönt es aus den Lautsprechern. Es ist die Stimme des LI. Erst jetzt wird die letzte Entlüftung am Heck aufgerissen. Ich sitze schon am GHG, dem Gruppenhorchgerät, und mache zuerst einen Rundhorch. Die Horchverhältnisse sind ausgezeichnet. Einige langsame Dampfer und Fischkutter sind auszumachen und in 70° ein dickes Schiff. Ich rufe Bischoff zu mir. »Hör doch mal, mindestens drei Schrauben.« Er horcht angespannt. »Donnerwetter, noch nie gehört. Was meinst du, Schlachtschiff?« – »Ja, das will der Alte von uns wissen.« Da kommt der Kommandant auch schon durch das Zentraleluk gestiegen. »Na, meine Herren, was kreucht denn da oben so herum?« – »Außer einigen Dampfern und Fischkuttern in 70° ein dicker Zossen«, melde ich. »Hat mehrere Schrauben. Schätze Schlachtschiff.«

Der Alte lächelt. »Geben Sie mir mal den Kopfhörer.« Er horcht interessiert. Dann sieht er uns bedeutungsvoll an. »Merkt euch das. Schlachtschiff-Geräusche. Es ist die *Bismarck.*« Er gibt mir den Kopfhörer zurück. »Auf ein Schlachtschiff bin ich ganz besonders scharf«, sagt er lachend und steigt wieder durch das Kugelschott in die Zentrale. »LI auf Sehrohrtiefe zum Rundblick«, höre ich ihn dann sagen. Auch auf Sehrohrtiefe ist die *Bismarck* noch gut zu hören. Das Wasser der Ostsee trägt weit. Dann kommt der Befehl zum Anblasen. Knatternd jagt die Luft in die Zellen. Mit einem Satz bricht das Boot durch die Oberfläche. Um uns rauscht wieder die See. »Ausblasen mit Diesel!« tönt es in der Zentrale. Ein Zittern geht durch das Boot, als die schweren Diesel angeworfen werden. Zugleich nehmen wir wieder Fahrt auf. Weiter geht es nach Westen.

4. April 1941. Stettin eingelaufen. Oderwerke festgemacht. Restarbeiten. Wir unterstehen jetzt der 4. U-Flottille. Unser Wohnschiff ist die *Usambara.* Ein wunderschönes Schiff. In der Kantine gibt es noch friedensmäßig fast alles zu kaufen. Ich erstehe einen vergoldeten Globus. Für ganze 32,- RM.

Walter Groß ist gleich in Urlaub gefahren und mit ihm ein Teil der Seeleute. Nur die Techniker, Torpedomixer und Funker müssen erst die Werftbesprechungen und Aufträge fertigen. Am Tag der Hochzeit von Bootsmaat Groß gehen Bischoff und ich zur Hauptpost und geben ein Telegramm auf:

»Wir wünschen Dir nach alter Seemannsart
viel Glück zur ersten Probefahrt.
Ein kurzer schneidiger Nachtangriff,
dann Feuer aus und Ruhe im Schiff. Deine Kameraden.«

Aber die Dame bei der Telegramm-Annahme weigert sich, das Ding zu befördern. »Das sind ja militärische Geheimnisse«, sagt sie streng. Wir müssen laut lachen. »Hören Sie, das ist ein Glückwunschtelegramm zur Hochzeit«, sage ich, mühsam wieder ernst werdend. »Haben Sie noch nie eine Hochzeitsnacht mitgemacht? Nein? Dann wird es aber Zeit.« Jetzt ist sie aber ganz böse. »Das wird nicht befördert!« Rums ist der Schalter zu. Erst nachdem wir einen höheren Postbeamten eingeschaltet haben, wird unser Telegramm befördert.

Unser Kommandant Hans Georg Fischer ist Korvettenkapitän geworden. Die Werftliegezeit unseres Bootes wird auf vier Wochen veranschlagt. Wir bekommen eine neue 10,5 cm-Kanone, die auch als Flakgeschütz eingesetzt werden kann. Eduard Maureschat ist der Kanonenmaat.

Ernst Bischoff fährt vor mir auf Urlaub. Kurz bevor er zurückkommt, kann dann auch ich fahren, denn alle Restarbeiten der FT sind in Gang oder schon lange erledigt. Bei meiner Rückkehr ist Bischoff nicht mehr da. Wie mir Kuddel Wenzel erzählt, ist er in der Dunkelheit in eine offenstehende Luke im Oberdeck gefallen. Was Bischoff sich alles gebrochen hat, weiß Wenzel allerdings noch nicht. Jedenfalls ist er sofort ins Lazarett nach Kiel gekommen. Als ich den Alten treffe, sagt er mir, daß wir Bischoff bis zur ersten Feindfahrt nicht mehr wiedersehen werden. Ein neuer Funkmaat ist für uns schon in Marsch gesetzt.

Ob. Strm. Bruno Petersen, dem ich die Sache erzähle, kratzt sich am Hinterkopf und macht ein gequältes Gesicht. »Ja, sieh mal, Puster, die Sache ist so«, fängt er langsam an. »Wenn einer vor so einer Unternehmung plötzlich aussteigt, hat das immer was zu sagen. Entweder saufen wir ab und der da oben hat den Bischoff dafür bestimmt, übrig zu bleiben, oder wir kommen durch und er ist für ein Boot bestimmt, das dann absäuft. Kapiert?«

»Aber Herr Obersteuermann, wo haben Sie denn diesen Aberglauben her? Ich glaube bestimmt daran, daß wir wiederkommen.« Er sieht mich treuherzig an mit seinen blauen Augen. »Ja, ja, das sollt ihr jungen Burschen ja auch glauben. Aber glaub mir, das ist öfter schon passiert.«

Und dann kommt mein neuer Funkmaat, Ferdinand Hagen aus Dortmund. Er war vorher auf dem Kreuzer *Hipper,* also kein Kleinbootsfahrer, wie die meisten von uns. Er ist aber ein guter Kumpel und lebt sich schnell bei uns ein. Außerdem habe ich mit ihm einen ausgezeichneten Funker bekommen, auf den ich mich verlassen kann.

Am 2. Mai werfen wir in Stettin die Leinen los und verlegen nach Kiel zur Frontausrüstung. Wir gehören jetzt zur 5. U-Flottille. Unser Wohnschiff ist die *St. Louis.* Unsere letzten Tage in Deutschland: Brennstoff-Übernahme, Proviant-Übernahme, letzte Instruktionen der Schiffsführung beim Flottillen-Chef und der Funker auf der *Erwin Wassner*. Wir werden nicht nach Kiel zurückkehren. Nach dem Auslaufen gehören wir zur 2. U-Flottille mit Stützpunkt Lorient in Frankreich.

6. Mai 1941. Heute geht es los. Strahlend geht die Sonne auf. Wolkenlos der blaue Himmel. Noch einmal schnell gebadet auf der *St. Louis.* Dann sind wir klar zum Auslaufen. Wir hätten auf der *St. Louis* noch essen können, aber der Alte hat abgelehnt. Järschel hat statt dessen Würstchen mit Kartoffelsalat gemacht.

Vormittags wird einer unserer Seeleute plötzlich mit starken Leibschmerzen ins Lazarett gebracht, wo ihm der Blinddarm entfernt wird. Nun haben wir einen Mann zu wenig. Bruno Petersen tippt mir bedeutsam auf die Schulter. Ich muß lachen. »Ach, Herr Obersteuermann, unken Sie doch nicht immer so.«

Kurz vor dem Mittagessen kommt der Kommandant an Bord und bringt einen neuen Matrosen mit. »Der hat mich angesprochen, ob er nicht mitfahren kann«, sagt er lachend. »Da hab' ich ihn gleich mitgenommen.« Der neue Mann bekommt von der Nr. 1 die nötige Bordausrüstung und steigt stolz in das Lederzeug. Er ist aus der Personalreserve der 5. U-Flottille. Mittags frißt er wie ein Scheunendrescher, und der Obersteuermann schüttelt lächelnd den Kopf. Meldet sich da einer freiwillig zum Sterben. »Verstehen Sie das?« – »Nee«, sage ich, »aber der ist ganz wild auf das U-Boot-Fahren.«

13.30 Uhr deutsche Sommerzeit. Wir stehen angetreten auf dem breiten Oberdeck unseres Bootes. Vom Turm schrillt die Pfeife: »Alle Leinen los!« Die E-Maschinen summen. Musik klingt auf, das Englandlied. Langsam löst sich der wie ein Tiger gestreifte Leib des langen Bootes von der Tirpitzmole. Dann faucht es aus den Auspufflöchern. Die Diesel brummen auf und lassen das Boot erzittern. Mit halber Fahrt geht es aus dem U-Boot-Hafen heraus, um die Tirpitzmole herum. Überall auf den Decks und Aufbauten der *St. Louis* und der *Weichsel* stehen die Kameraden und winken.

Ein würgendes Gefühl steigt mir in der Kehle hoch. Nur nicht weich werden jetzt. Hungrig nehmen die Augen noch einmal das vertraute Bild des Kieler Hafens in sich auf. Ist es ein Abschied für Jahre oder für immer?

Sicher wird mancher von uns diesen Hafen nie wiedersehen. Nur gut, daß keiner weiß, was ihm noch bevorsteht. Es ist Krieg auf allen Meeren, und der Kampf im Atlantik ist verdammt hart geworden. Ein Inselvolk kämpft um sein Leben. Stehen wir erst am Anfang dieses Kampfes? Oder haben wir mit dem Verlust der größten Asse der U-Boot-Waffe den Zenit schon überschritten? Prien und Schepke sind mit ihren Leuten gefallen, und Kretschmer soll fast mit seiner ganzen Besatzung in Gefangenschaft sein. Wenn es diese alten U-Boot-Fahrer erwischt hat, was haben wir dann noch für Chancen?

Neues Boot. Neue Besatzung. Kommandant und seemännische Offiziere unerfahren im Unterwasserkrieg. Nur der Obstrm., der LI, die beiden Obermaschinisten und einige Unteroffiziere sind schon länger bei der U-Boot-Waffe.

Ach was. Weg mit diesen Gedanken. Auch andere Jungboote kämpfen sich durch. Wir sind in vier Monaten schärfster Ausbildung zu einer Crew zusammengeschweißt worden, die sich auch in schwierigsten Situationen zu helfen weiß. Neue Sterne werden am U-Boot-Himmel aufsteigen und die alten Asse vielleicht noch in den Schatten stellen.

Während das Boot in die Holtenauer Schleuse einbiegt, blicken wir noch einmal zurück über die Kieler Förde. Viele Dampfer liegen da; Schweden, Dänen, Russen, Finnen. Ein Glück nur, daß wir keinen Krieg mit Rußland haben. Frankreich niedergeworfen und besetzt. Einziger Gegner ist nur noch England. Wer zweifelt daran, daß wir siegen werden? Trotzdem ist uns allen klar, daß es noch ein hartes Ringen geben wird, denn sie sind furchtbar zäh dort drüben auf der Insel.

Mit 8 sm Fahrt gehen wir durch den Kanal nach Westen. Der Lotse steht neben dem Kommandanten auf der Brücke und schlürft seinen Kaffee. Ich sitze rauchend auf dem Wintergarten und sehe, wie der Lotse besorgte Blicke auf die Uferböschung wirft, an der eine ziemlich hohe Brandungswelle hinter uns herläuft. Plötzlich setzt er die Tasse ab und fragt »Was machen wir für Fahrt, Herr Kapitän?« Der Alte nimmt lächelnd die Zigarre aus dem Mund. »Nicht mehr als 8 sm.« Er hat natürlich längst gemerkt, daß die Maschine mit den Umdrehungen langsam höher gegangen ist. Die Seeleute wollen möglichst früh in Brunsbüttel sein, aber dem alten erfahrenen Lotsen können sie nichts vormachen. »Fahrt ist zu hoch, Herr Kapitän. Lassen Sie bitte 10 Umdrehungen weniger machen.« Der Alte lächelt. »Nun gut. An Maschine: 10 weniger!«

Weiter geht es, an der Kolonialschule Rendsburg vorbei. Dumpf heult nach alter Tradition unser Typhon, aber nur ein einziges Mädchen steht am Fenster und winkt. Ich muß an so manche Fahrt im Frieden denken, wenn wir hier mit der Minensuch vorbeikamen. Es war eine Gaudi, wenn unsere Sirenen losheulten, und wenn es Nacht war, flammten alle Scheinwerfer auf, die Kolonialschule lag in blendendes Licht getaucht, und die Mädchen standen in ihren Nachthemden auf den Fensterbrettern und winkten. Jedes Glas wurde dann auf das beleuchtete Gebäude gerichtet, und sogar der Mann am Ruder warf schnell einen Blick hinüber. Es ist 20.30 Uhr, als wir in Brunsbüttelkoog festmachen. Noch ist uns eine Nacht auf heimatlichem Boden vergönnt. Das Geleit für die Nordsee kann erst am nächsten Tag gestellt werden. Der Alte zieht mit der ganzen Besatzung, bis auf eine Wache, in das Restaurant zur Schleuse. Ich gebe noch die Kanalpassiermeldung per FT ab und folge etwas später. Den Fk. Ob. Gefr. Hümpel lasse ich im FT-Raum zurück, um etwaige Luftwarnmeldungen rechtzeitig zu erhalten.

Als ich dann in das Schleusenrestaurant komme, ist die Zecherei schon auf vollen Touren. Der dicke Wirt mit dem Parteiabzeichen hat ein Faß Bier gestiftet und ergeht sich in patriotischen Reden. Grinsend holt er ein dickes Gästebuch herbei, in das wir uns eintragen sollen. Ich kenne diese Bücher von den Flottillen her. Einer aus der Crew malt eine Karikatur hinein, dazu kommt die Bootsnummer und dann unterschreiben alle Offiziere und Unteroffiziere. Die Besitzer dieser Bücher rechnen sicher mit dem späteren historischen Wert der Unterschriften. Man sieht es einem UBoot-Kommandanten zwar nicht an, ob er einmal berühmt wird, aber mancher ist schon durch diese Schleuse gegangen, der es zu hohen Ehren gebracht hat.

Der Alte gibt mir das Buch, damit ich eine Karikatur zeichne, wie ich es schon bei den Übungsflottillen gemacht habe. Ich durchblättere das Buch. Da stehen sie wirklich alle, die großen Namen: Hartmann, Prien,

Schepke, Bleichrodt, Lemp, Suhren und noch viele andere. Vor fünf Tagen die letzte Eintragung U 111. Kleinschmidt.

Mit großen Lettern male ich auf die nächste Seite U 109. Eigentlich ein ungeheurer Bruch der Geheimhaltung, denke ich. Dann sehe ich den lauernden Blick des dicken Wirtes auf mich gerichtet und habe keine Lust mehr zu zeichnen. Als der Alte sich in das Buch eintragen will, sagt er nur: »Nanu, kein Bild?« – »Nein«, sage ich. »Keine Idee.« – »Ist auch Quatsch«, meint er und prostet mir zu.

Die Zecherei scheint bereits ihren Höhepunkt erreicht zu haben, als jemand brüllt »Fliegeralarm!« Wir stürzen ins Freie. Vom nahen Hamburg herüber bellt die Flak. Scheinwerfer suchen den Himmel ab. Jetzt fangen auch rings um uns die Geschütze zu donnern an. Wenn sie die Schleuse bombardieren, dann war alles umsonst. Als wir zum Boot laufen, fallen schon die Flaksplitter. Wie durch ein Wunder wird keiner von uns verletzt. Der Feuerzauber hält noch eine ganze Weile an, von Bomben bleiben wir aber verschont. Hümpel meldet mir, daß die Maschinen von See aus eingeflogen sind und der Alarm ohne Vorwarnung kam. Der Kommandant sitzt sinnend auf seiner Koje, als der IWO aus der Zentrale kommt und vor dem FT-Raum stehenbleibt. »Daß dieser Wirt auch so ein Gästebuch hat«, sagt er. »Der braucht das Ding doch nur abzufotografieren und an den Feind liefern.« Der Alte nickt. »Ja, nicht jeder ist ein guter Deutscher, nur weil er ein Parteiabzeichen trägt. Mir gefiel schon nicht der große Abschied mit Musik an der Tirpitzmole. Von der Hindenburg-Promenade konnte jeder sehen, daß wieder ein U-Boot ausläuft. Wir müssen in der Nordsee höllisch aufpassen. Dort wird fast jedes Boot von Flugzeugen angegriffen.«

7. Mai 1941. Der Himmel ist bedeckt. Die Sicht ist schlecht. Ein feiner Regen sprüht uns ins Gesicht, als das Boot aus der Schleuse in das schmutziggelbe Wasser der Unterelbe gleitet. Grauer Dunst hüllt die Ufer ein. Es ist uns nicht vergönnt, das letzte Stück deutscher Erde im Frühlingssonnenschein zu sehen.

Um 16.00 Uhr stehen wir vor Cuxhaven. Aus dem Minensuchhafen schiebt sich ein dicker, von Flak strotzender Sperrbrecher und übernimmt das Geleit. Einige kurze Winksprüche gehen hin und her, dann scheren wir in sein Kielwasser ein und folgen Kurs Nord. Die Diesel laufen große Fahrt. Die See ist mäßig bewegt. Der Kriegsmarsch hat begonnen.

Gegen Abend brist es von Nordwesten auf. Die ersten Brecher schäumen über das Vorschiff und knallen gegen den Turm. Die Auspufflöcher der Diesel fauchen und gurgeln, wenn sie unter Wasser schneiden. Tiefhängende Wolken jagen über uns hin. Richtiges Nordsee-Wetter, bei dem wir keine Überraschung aus der Luft zu erwarten haben. Ich war nur kurz auf dem Turm und steige wieder hinab in die Zentrale. Unten im Boot ist es warm und gemütlich. Aus den Lautsprechern klingt Musik. Es sieht gar nicht nach Feindfahrt aus.

In der Nacht wird der Sperrbrecher entlassen. Er schert aus dem Kurs und dreht um. Letzte Grüße und ›Gute Fahrt‹ werden herübergeblinkt. Dann ist der graue Schatten bald hinter uns in der Dunkelheit verschwunden.

Von U 111 kommt ein Kurzsignal: »60° Nord passiert.« Als der Kommandant das liest, zieht er die Brauen hoch. »Hm – der hat fünf Tage gebraucht.« Dann lächelt er. »Das werden wir in drei Tagen machen.« Ich sehe ihn erstaunt an. Lachend klopft er mir auf die Schulter. »Natürlich Überwassermarsch, Tag und Nacht.« Dann zieht er seinen grünen Vorhang zu und wirft sich auf die Koje, um einen Krimi zu lesen.

Soweit mir bekannt ist, gibt es einen BdU-Befehl, daß wir in der Nordsee wegen starker Fliegergefahr tagsüber nur unter Wasser marschieren sollen. Aber Korv. Kpt. Hans Georg Fischer stört das nicht. Er will so schnell wie möglich an den Feind.

9. Mai 1941. U 110, Lemp, meldet ein Geleit südwestlich von Irland. Für uns nicht erreichbar. Grau in grau kommt der Morgen herauf. Mit großer Fahrt hämmern die Diesel das Boot immer weiter nach Norden. Gegen 08.00 Uhr zerreißt die Wolkendecke. Es klart langsam auf. Der steife Nordwest flaut etwas ab. Die Brücke bleibt jetzt trocken. Ich stehe oben an den Sehrohrbock gelehnt und rauche eine Pfeife. Obstrm. Petersen hat die Wache. Kritisch mustert er immer wieder den Himmel. »Paßt mir bloß auf, ihr Himmelhunde«, knurrt er die Brückenwache an. Er kennt diese Gegend hier am Skagerrak genau. »Soll mich wundern, wenn wir ungeschoren durchkommen«, brummt er mißvergnügt. »Haben schon mit U 14 hier immer einen auf den Hut bekommen.«

Auch mir gefällt die hohe Wolkendecke nicht. Ich tauche wieder in das Bootsinnere hinab. Gegen 14.30 Uhr bin ich gerade auf dem Lokus im Heckraum, da rasen die Alarmklingeln durchs Boot. Verdammt. Fieberhaft versuche ich noch zu pumpen. Da knallen schon die Entlüftungen auf. Hastig schließe ich die Außenbordventile. Steil sinkt das Vorschiff nach unten. »Eins«, höre ich die Stimme des LI aus dem achteren Lautsprecher. Ich zwänge mich durch die Lokustür, steige über den davor liegenden Torpedo und stehe im Heckraum. Fast zu steil geht es nach unten. Mir läuft es kalt über den Rücken. Das war kein Prüfungstauchen. Was mag da oben los sein? Ich darf nicht nach vorne gehen, bis das Boot eingesteuert ist, und blitzschnell wird mir klar, daß man im Heckraum von allen Nachrichten abgeschnitten ist.

Plötzlich ein gewaltiger Knall hinter unserem Heck. Das Tiefen-Manometer im Heckraum zeigt gerade 40 Meter an. Vorne werden sie schon tiefer sein. Immer noch geht die Fahrt abwärts. »Das war keine Wasserbombe«, meint der Torpedomixer. »Mein Gott«, sagt Karl Will, »wenn die seitwärts gelegen hätte, dann hätt's den Heckraum fertig gemacht.« Das glaube ich auch.

Langsam richtet sich das Boot auf. Aus dem Lautsprecher tönt wieder die Stimme des LI: »Alle Außenbordverschlüsse prüfen!« Ich warte die Meldungen aus den einzelnen Räumen noch ab. »Alle Außenbordverschlüsse sind dicht.« Dann gehe ich nach vorne. In der Zentrale steht der Kommandant am Kartentisch. »Nanu, wo waren Sie denn?« – »Ich war gerade auf dem Lokus«, sage ich. Er lacht. »Haben Sie gehört? Das war eine Fliegerbombe.« – »Sie war nicht zu überhören«, brumme ich, »vor allem im Heckraum. Ganz schön für den Anfang.« Er winkt ab. »Lag weit ab.« Na ja, denke ich, wenn sie noch näher liegt, ist es aus.

Dann sagt Walter Groß, der gerade auf der Brücke war: »Das war sicher der Flieger vom Dienst. Kam plötzlich aus einem Loch in den Wolken. Hätte schiefgehen können, wenn wir ihn nicht gleich gesehen hätten.«

Ich gehe in den FT-Raum. Irgendwie muß ich an den dicken Wirt in Brunsbüttel denken. Unsere Ausbildung in der Ostsee hat sich doch gelohnt. Die berühmten 35 Sekunden Tauchzeit haben uns gerettet. Irgendwie muß unser Auslaufen wohl verraten worden sein. Auch Ferdinand Hagen im Horchraum ist dieser Ansicht. »Vollkommener Blödsinn«, brummt er, »dieser letzte Abend in Brunsbüttel. Wetten, die haben in England sogar schon unsere Bootsnummer.«

Im Horchgerät ist kein Schiff zu hören. Nach 30 Minuten läßt der Kommandant die Oberfläche ansteuern. Der Obersteuermann schüttelt den Kopf und Oblt. Schwartzkopff macht Einwendungen. »Wir müssen weiter, I WO«, sagt der Alte. »So schnell wie möglich ins Kampfgebiet.« Die Lords in der Zentrale stoßen sich an. »Merkste was? Der Alte hat große Halsschmerzen.« Vorsichtig steuert der LI die Oberfläche an. 30 m, 20 m, 15 m. Wir sind darauf gefaßt, gleich wieder Bomben auf den Kopf zu bekommen.

»Sehrohr kommt frei!« höre ich aus der Zentrale. Der Alte hat das Fliegersehrohr ausgefahren und sucht den Himmel ab. »Aha, da ist die Biene ja«, hören wir ihn sagen. Na also. Der Vogel ist noch da. In der

Zentrale halten sie den Atem an. Flüsternd wird die Nachricht nach vorn und hinten durchgegeben. Dann kommt ein Befehl: »An LI. Boot bleibt noch auf Sehrohrtiefe. Maschine ist im Abflug.« – »Das sollte mich aber wundern«, brummt Petersen und macht seine Notizen fürs Logbuch. Nach einiger Zeit fährt der Kommandant das Sehrohr ein. »Auf 60 Meter gehen. Unterwassermarsch.« Scheint doch nicht so frei zu sein, der Himmel da oben.

Gegen 22.40 Uhr wird schließlich zum nächtlichen Überwassermarsch aufgetaucht. Es geht mit großer Fahrt unaufhaltsam weiter nach Norden.

10. Mai 1941. Der Himmel ist grau in grau. Der Wind bläst mit Stärke 4 aus West. Nur die Dünung wird jetzt länger. Das Vorschiff hebt und senkt sich in angenehmem Rhythmus. Des öfteren taucht die ganze Back weg, aber auf der Brücke bleibt es noch trocken. Um 21.15 Uhr geben wir unser erstes Kurzsignal ab: »Habe in der Nordsee 62° Nord passiert. U 109.« Wir haben es in drei Tagen geschafft.

11. Mai 1941. Noch ist es ein Marsch wie im Frieden. Wache – Essen – Schlafen. Keine besonderen Vorkommnisse. Oder doch? Obstrm. Bruno Petersen ist an diesem Tag der letzte Wachoffizier auf der Brücke. Gegen 21.30 Uhr, es dämmert bereits stark, sichtet er eine Treibmine genau auf unserem Kurs. Der Kommandant eilt nach oben. Wir müssen den Kurs ändern. In großem Bogen umfahren wir die Mine. Nicht auszudenken, wenn wir in der Dunkelheit auf sie geknallt wären. »Aus unbekannter Ursache verloren gegangen«, hätte es dann geheißen.

12. Mai 1941. Wir laufen jetzt Kurs West. Diesig und grau kommt der Morgen hoch. Ich bin auf der Brücke, um eine Pfeife zu rauchen. Wieder hat der Obersteuermann die Wache. Neben ihm steht Bootsmaat Karl Wenzel. Die beiden stammen aus Flensburg und waren schon auf U 14 und U 16 zusammen. Petersen nimmt einen Augenblick das Glas von den Augen und sieht mich ernst an. »Verfluchte Gegend hier zwischen Shetland und Färöer. Fragen Sie mal Wenzel.« Der schiebt die Unterlippe vor. »Mag gar nicht daran denken, pfui Deibel. Die Zerstörer haben uns hier gefaßt.« Der Obersteuermann hat das Glas schon wieder vor den Augen und brummt vor sich hin »Sollte mich wundern, wenn wir hier durchkommen.«

Jetzt muß ich aber doch lachen. Der alte Petersen kann das Unken einfach nicht lassen. Von Nordwesten jagt eine finstere Wolke auf uns zu, und dann prasselt plötzlich erbsengroßer Hagel auf uns nieder. Ich drücke mich gegen das Schanzkleid der Brücke, bis die Bö vorüber ist, während die Wache die Gläser in die Augenhöhlen preßt. Immer neue

Böen stürmen von Nordwesten heran. Die Sicht ist denkbar schlecht geworden, und der Wind wird zum Sturm. Der Obersteuermann setzt das Glas ab und ruft durch das Turmluk nach unten: »An Kommandant. Sicht nur noch 1000 Meter.«

Gleich darauf erscheint der Alte auf der Brücke und mustert die immer gröber werdende See. Die Brecher rollen jetzt über das lange Vorschiff und knallen gegen den Turm. Plötzlich ruft Wenzel: »Fischdampfer in 50 Grad!« Der Alte nimmt das Glas vor die Augen. Auch ich starre in die Richtung. Aus einer dunklen Bö kommt langsam ein Schatten. Man kann ihn schon mit bloßem Auge erkennen, und Petersen meint: »Scheint ein Vorpostenboot zu sein.« Der Alte nickt. »Möglich. Auf 250 Grad gehen, dann kommen wir gut um ihn herum.« Petersen gibt den Befehl an den Rudergänger im Turm, der auf den Knopf der elektrischen Ruderanlage drückt und den Ruderlageanzeiger langsam auf 250° wandern läßt. Das Vorschiff schwenkt herum, bis wir die See von Steuerbord haben.

Ich klopfe meine Pfeife aus und steige hinunter. Es ist doch möglich, daß noch Alarm kommt. Der Rudergänger hat schon an die Räume durchgegeben, daß die See jetzt von der Seite kommt. In den Wohnräumen sind die Männer eifrig damit beschäftigt, alles seefest zu verstauen. Das Boot fängt auf dem neuen Kurs auch mächtig an zu rollen. Als ich durch den Offiziersraum nach vorne gehen will, steckt der I WO seinen Kopf aus der Koje und fragt mich, was der Kurswechsel zu bedeuten hat. »Nur ein Fischdampfer«, sage ich. Der WO läßt sich wieder zurückfallen und zieht den Vorhang zu.

Der Wetterfrosch, Dr. Schröder aus Berlin, der nur für diese Fahrt bei uns eingeschifft ist, sitzt in der Messe. »Ein Fischdampfer?« fragt er mich. »Ja«, sage ich, »und er kann uns eine ganze Meute von Zerstörern auf den Hals hetzen.« Dr. Schröder nickt bedächtig. »Es kann aber auch ein Wetterdampfer von uns sein. Die fahren auch als Trawler oder Fischdampfer getarnt weit draußen herum.« Das war mir neu, aber Dr. Schröder muß es ja wissen.

»Der Fischdampfer versucht nachzudrehen«, hören wir von oben. Er scheint doch nicht so harmlos zu sein, kommt aber in einem Regenschauer bald aus Sicht.

Am Nachmittag hat es stark aufgebrist. Die Seen schlagen jetzt über den Turm, und die Diesel laufen nur noch halbe Fahrt. Wir haben wohl inzwischen Seegang 7 bis 8. Ich liege auf der Koje und muß gerade eingeschlafen sein, als mich die Alarmklingel emporreißt. Überall fahren die Männer aus den Kojen, um auf ihre Gefechtsstationen zu eilen.

Vorne knallen schon die Entlüftungen auf, und steil schneidet das Vorschiff unter. Zweimal schlagen die Brecher noch oben gegen den Turm, dann wird es ganz still um uns. Ich habe Mühe, mich bei der Vorderlastigkeit durch die Messen und die Kombüse zum Horchraum hochzuarbeiten. In der Zentrale werden gedämpfte Befehle gegeben. Ferdinand hat schon das GHG besetzt. Er gibt mir den zweiten Hörer.

Da klickt es in den Lautsprechern, und die Stimme des Kommandanten ertönt: »An alle! Oben ist ein Zerstörer Steuerbord voraus. Er ist aus einer Hagelbö gekommen. Entfernung ungefähr 2500 Meter. Er drehte auf uns zu. Deswegen ist anzunehmen, daß er uns gesehen hat. Ein weiterer Zerstörer steht Backbord voraus am Horizont. Boot geht auf 80 Meter Schleichfahrt. Ende!«

Etwas später erscheint der Alte bei uns am Horchraum. »Na, hören Sie die Brüder?« – »Jawoll, Herr Kaptän. Alle beide.« – »Ha«, lacht er, »das hätten Sie eben sehen müssen, wie der in der See rollt. Standen bestimmt an den Geschützen und konnten nicht schießen.« – »Aber Wabos können sie doch werfen, Herr Kaptän«, sage ich. »Kaum. Sie können keine hohe Fahrt laufen, und genau horchen können sie auch nicht. Zu schwere See.« Er wirft sich gegenüber dem FT-Raum auf seine Koje und liest seinen Kriminalroman weiter.

Ohne Pause peilt Ferdinand zwischen den beiden Geräuschen. Fast unhörbar mahlen unsere Schrauben mit 90 Umdrehungen. Es ist totenstill im Boot. Die Zerstörer scheinen kein Asdic zu haben, sonst würde man das Zirpen hören. Stunde um Stunde vergeht. Die beiden Wachhunde da oben sollen verhindern, daß die U-Boote in den Atlantik kommen, aber das Wetter ist ideal für einen Durchbruch.

Der Zerstörer aus der Hagelbö steht jetzt Steuerbord querab. Der andere kommt von Backbord voraus genau auf uns zu. Ich melde diese Lage dem Alten. Er sieht von seinem Roman auf und überlegt einen Augenblick. Dann ruft er dem Befehlsübermittler am Zentraleluk zu: »An LI: Beide Maschinen halbe Fahrt!« Das Horchen ist nun durch die eigenen Schraubengeräusche etwas erschwert. Wir müssen höllisch aufpassen: Wenn die Bewacher jetzt stoppen, könnten sie uns vielleicht doch hören.

Nach einiger Zeit scheint sich die höhere Fahrtstufe bemerkbar zu machen. »Schraubengeräusch an Backbord wird stärker, wandert aber mehr auf 300 Grad zu«, melde ich dem Alten. »Schön«, brummt er und liest weiter. Nach einiger Zeit ist das Geräusch auf 270°, also BB quer ab. Der andere Zerstörer ist auch schon etwas achterlich auf 120°. Der Kommandant läßt mit der Fahrt wieder auf 90 Umdrehungen gehen, um die Batterien zu schonen. Ganz langsam wandern die Geräusche achteraus. Wir haben die Absperrung unterlaufen. Nach Einbruch der Dunkelheit tauchen wir auf; die beiden Bewacher waren nur noch ganz schwach zu hören gewesen.

Oben rollen die Wogen wieder über das Boot und knallen gegen den Turm. Es ist die lange Atlantik-Dünung. Fluchend zieht die Brückenwache auf. Es war so gemütlich unter Wasser. Nun stehen sie wieder auf dem Turm und müssen sich bei jedem Brecher, der über die Brücke orgelt, hinter das Schanzkleid drücken.

Im U-Raum treffe ich den Torpedomaat Borchers. »Ist doch alles Mist«, sagt er. »Bei dem heutigen Stand der Technik müßte es doch möglich sein, Torpedos zu bauen, die man aus jeder Tiefe abschießen kann und die dem Schraubengeräusch eines Schiffes nachlaufen. Aber diese alten Hohlköpfe bringen nichts fertig.«

13. Mai 1941. Wir haben die Sperre passiert. Kein Bewacher hemmt mehr unseren Marsch. Vor uns liegt nun die Weite des Atlantiks. 300 sm südwestlich von uns ist Wohlfahrts U 556 an einem Geleit. Lange überlegt der Kommandant, ob er auf dieses Geleit operieren soll. Dann kommt ein FT: »Es besetzen als Angriffsräume U 111 Qu. AK 1525, U 109 AK 5535. Tiefe 20 sm. BdU.«

Lemps U 110 soll Standort melden. Aber er meldet sich nicht mehr. Nachdem Oblt. Schwartzkopff die Kladde gelesen hat, wiegt er bedenklich den Kopf. »Ja, der Lemp, das ist auch so ein Draufgänger. Genau wie die anderen Asse. Die sind durch ihren Erfolg zu sorglos geworden.« Am Nachmittag bricht die Sonne durch die Wolken. Der Sturm flaut ab. Weiße Schaumkämme nur, soweit das Auge reicht.

14. Mai 1941. Herrliche Sonne strahlt vom blauen Himmel. In langer Nordwest-Dünung rollt das Boot auf und ab. Keine Rauchfahne, kein Segel weit und breit.

Kuddel Wenzel kommt zu mir in das Funkschap. »Du, Wolf, der neue Mann, den wir am letzten Tag in Kiel noch an Bord genommen haben und den die Lords Bruno nennen, na, du weißt schon, dieser Witzbold ist seit Kiel noch nicht zum Lokus gewesen.« – »Was?« sage ich, »der frißt doch immer wie ein Scheunendrescher. Dann muß er ja innen schon versteinert sein.« Kuddel nickt. »Du bist der Bordarzt. Der Mann ist mir vorhin auf der Brücke umgefallen. Du mußt etwas machen.« Ich lasse mir den Bruno kommen und flöße ihm eine halbe Flasche Rizinus ein. Der immer lustige Bruno, der während der ganzen Fahrt durch den Kaiser-Wilhelm-Kanal auf der Brücke mit seinem Schifferklavier für uns Stimmung machte und unermüdlich Witze erzählte, macht jetzt einen etwas geknickten Eindruck. »Melden Sie mir sofort, wenn das Öl gewirkt hat«, sage ich zu ihm.

Am Nachmittag passieren wir 30° West. Am Abend hat sich bei Bruno noch nichts getan. Ich muß die Sache dem Alten melden und schlage vor, einen Einlauf zu machen. Er stimmt sofort zu. »Bringen Sie mir bloß den Mann wieder in Ordnung. Der kann unsere ganze Unternehmung gefährden.«

Obermaschinist Schewe läßt mir aus einer Konservendose und einem Batterieschlauch ein Einlaufgerät bauen, Järschel kocht eine stark konzentrierte Seifenlauge, und dann muß sich Bruno im Heckraum mit dem Bauch auf seine Koje legen. Ich führe das Rohr in den Darm ein, während Järschel die Dose mit der Lauge füllt. Bruno stöhnt und schreit »Genug! Hört auf!«, aber zwei Mann halten ihn fest, und Järschel füllt grinsend immer mehr Lauge in die Dose. »Du mußt nur aufpassen, daß dir die Scheiße nicht durch die Nase spritzt«, sagt er gelassen zu Bruno.

Schließlich können wir ihn nicht mehr halten, ohne selbst Gefahr zu laufen, etwas abzubekommen. Wir lassen Bruno los und er schafft es noch, über den Torpedo in den Lokus zu kommen. Dann hören wir, wie er explodiert. Der Erfolg ist durchschlagend. Die ersten Schlacken lösen sich aus seinem Darm. Trotzdem gebe ich ihm noch einmal Rizinus. Er trinkt es wie Limonade.

Um 23.30 Uhr erhalten wir ein FT: »Mit Marschfahrt neue Angriffsräume besetzen in Richtung 215°, 240 sm von bisher befohlenen Ang. Räumen. BdU.«

15. Mai 1941. Viele kleine Wolken stehen am blauen Himmel. Die Männer auf der Brücke pressen die Gläser in die Augenhöhlen. Gegen 17.30 Uhr meldet Btsmt. Maureschat einige Rauchpilze voraus. Der Alte eilt auf die Brücke und starrt in die angegebene Richtung. Dann setzt er das Glas ab und lächelt. »Das ist einer. Beide Diesel große Fahrt voraus.«

Vorbei die Eintönigkeit der letzten Tage. Ein Zittern geht durch das Boot. Die Diesel brummen auf. Der Bug hebt sich hoch und taucht tiefer in die nächste Woge ein. Die Wogen knallen gegen den Turm. Die Männer kommen aus den Kojen. Schnell geht die Nachricht durchs Boot. Also endlich ein Dampfer. Aber es dauert bei ständig wechselnder Sicht fast fünf Stunden, bis wir uns vorgesetzt haben. Der Wind flaut ganz ab, und es herrscht nur noch eine leichte Dünung, als wir um 22.26 Uhr DGZ zum Unterwasser-Angriff tauchen.

Es ist alles wie beim Übungsschießen in der Ostsee, und doch ergreift uns ein seltsames Gefühl. Zum erstenmal werden die Aale todbringend die Rohre verlassen und ein Schiff vernichten. Vielleicht wird auch die Mannschaft dabei draufgehen. Verdammter Krieg. Aber um Tonnage zu versenken sind wir ausgeschickt worden, und der Krieg nach Prisen-Ordnung ist längst vorbei. Die Handelsschiffe sind fast alle bewaffnet.

Der Kommandant läßt uns noch Abendbrot essen, denn es wird etwa eine Stunde dauern, bis das Schiff heran ist. Wir hören seine Schrauben gut im GHG. Seltsam kommt mir nur vor, daß dieser Kasten so geraden Kurs läuft. »Auf Gefechtsstationen«, tönt es gedämpft aus den Lautsprechern. Oben ist jetzt Dämmerung. Die See ist nur leicht bewegt. Alles eilt auf Stationen. Die Backschafter räumen hastig das Geschirr weg. Der Kommandant sitzt im Turm auf seinem Sessel am Sehrohr, das er in kurzen Abständen ausfährt. Maureschat steht am Vorhaltrechner. Alles läuft schulmäßig ab. Noch einmal werden die Umdrehungen des Dampfers mit dem Horchgerät nachgeprüft. Dann ist es soweit.

»Achtung Rohr eins«, kommt es aus dem Turm. Die Spannung steigt ins Ungeheure. Gleich wird der erste Torpedo dieser Reise das Rohr verlassen. Aber dann fährt das Sehrohr surrend wieder aus, und wir hören den Alten fluchen. Was ist geschehen? Hat der Dampfer weggezackt? Ich frage Ferdinand, der am GHG sitzt, aber er verneint. Dann tönt es aus den Lautsprechern »An Torpedowaffe: Mündungsklappen schließen. An alle: Dampfer hat soeben Laternen gesetzt. Zusätzlich Bordwände beleuchtet. Es handelt sich um einen Finnen, der freie Durchfahrt hat. Wegtreten von Gefechtsstationen!«

Kopfschüttelnd verlassen die Männer ihre Stationen. Ausgerechnet einen Neutralen treffen wir in dieser Wasserwüste. Wahrscheinlich der einzige Finne im ganzen Nordatlantik. Nur ein Glück, daß er noch rechtzeitig Laternen gesetzt hat. Einen Augenblick später wäre der Aal gelaufen und hätte vielleicht den hell erleuchteten Dampfer getroffen.

Bald darauf kommt: »Klarmachen zum Auftauchen!« Wenige Minuten später knattert es in den Anblaseleitungen. Das Boot bricht durch die Oberfläche. Rauschend empfängt uns oben die See. Dann fauchen die Diesel los. Querab zieht der Finne hell beleuchtet seine Bahn. Es ist der angemeldete Dampfer *Hogland.*

16. Mai 1941. Wir sind nun außerhalb des erklärten Sperrgebietes um England. Die See ist ruhig. Es brist am Vormittag etwas auf. Von Westen wälzen sich dicke Nebelmassen heran. Die Sicht wird immer schlechter. Der Kommandant geht mit der Fahrt herunter. Nur leise wiegt sich das Boot in der langen Dünung. Am Nachmittag ist der Nebel so dick, daß kaum noch das Vorschiff zu erkennen ist. Da kommt ein FT vom BdU: »U 109 Wetter melden.«

Endlich kann Dr. Schröder in Aktion treten. Wir sind ihm bei seinen Vorbereitungen behilflich. Zuerst müssen wir am Allwellen-Empfänger im Horchraum ein Spezialgerät anbauen, mit dem man die Frequenzschwankungen eines Senders auf Millimeterpapier aufzeichnen kann. Dann gehen wir mit einem Ballon und dem Miniatursender, der nicht größer als eine Zigarrenkiste ist, auf den Turm. Die Männer der Wache sehen neugierig zu. Sie haben heute die Gläser nicht vor den Augen in der dicken Watte ist doch nichts zu erkennen. Aus einer Gasflasche, die unter dem Aufbau des Wintergartens eingebaut ist, füllen wir den gelben Ballon, bis er etwa zwei Meter Durchmesser hat. Dann schraubt Dr. Schröder an den kleinen Sender eine Platte mit Thermometern, deren steigende oder fallende Quecksilbersäulen Kontakte schließen und dadurch die Frequenz des Senders verändern.

Zwei Mann halten jetzt den Ballon, an dem Dr. Schröder den kleinen Sender samt einer fünf Meter langen Antenne befestigt. Dann klettert er in den Horchraum hinab, und auf sein Kommando lassen wir den Ballon fliegen. Er steigt schnell empor, und nachdem er den Nebel durchbrochen hat, wird er von den Strahlen der Sonne getroffen und leuchtet hell auf. »Verdammt«, knurrt der Alte. »Der ist aber weit zu sehen.« Noch lange kann die Brückenwache den gelben Ballon mit den Gläsern verfolgen. Also liegen die Nebelschwaden nur über der See. Die Daten, die der Ballonsender liefert, werden mit dem Spezialwetter-Schlüssel verschlüsselt und als Kurzsignal abgegeben.

Walter Groß hat neben dem Boot eine treibende Konservendose entdeckt. Der Kommandant läßt sie auffischen. Es ist eine amerikanische Milchdose. Sie kann noch nicht lange im Wasser liegen, da sie durchlöchert, aber trotzdem nicht gesunken ist. »Hm«, knurrt der Alte. »Hier ist irgendein Schiff oder gar ein Geleitzug in der Nähe und wir können nichts sehen.« Dann gibt er Befehl zum Unterwassermarsch.

Länger als eine Stunde sitzt Ferdinand mit mir am GHG. Schließlich empfangen wir ein schwaches Geräusch. Ich bitte den Kommandanten, etwas tiefer zu gehen, damit wir besser horchen können. Er läßt sofort auf 60 Meter gehen. Dann steht er erwartungsvoll neben dem Horchraum. Wir können jetzt gut hören. Neben zwei starken Geräuschen sind auch noch helle, hechelnde Schrauben zu vernehmen. Ich sehe Ferdinand an. Er nickt ernst. »Sag's ihm.«

Ich melde dem Alten »Zwei dicke Schiffe, jedes vielleicht mit drei

Schrauben. Daneben Zerstörerschrauben.« Die Augen des Alten werden schmal. »Eigene Schiffe können das nicht sein. *Scharnhorst* und *Gneisenau* liegen in Brest«, sinniert er. Einige Zeit beobachten wir noch die Geräusche und stellen fest, daß sie nach Osten auswandern. Dann läßt der Kommandant auftauchen. Oben ist immer noch dicker Nebel. Die Diesel springen an. Dann kommt der Befehl »Beide Maschinen große Fahrt.« Der Obersteuermann bleibt kopfschüttelnd bei uns im FT-Raum stehen. »Das ist doch heller Wahnsinn. Mit großer Fahrt durch diesen Nebel.« Im Boot ist eine ungeheure Spannung.

Eine Stunde vergeht ereignislos. Plötzlich heißt es »Beide Maschinen stopp!« Der Kommandant kommt von oben. »Können Sie nochmals horchen, Funkmaat?« Ich gehe in den Horchraum und schalte das GHG ein, aber die See rauscht zu stark durchs Oberdeck. »Kann so nichts hören, Herr Kapitän. Können wir wenigstens das Vorschiff unter Wasser kriegen?« Er nickt und ruft zur Zentrale »An LI: Vorschiff fluten!« Gleich darauf knallt die Entlüftung 8 auf. Langsam schneidet das Vorschiff unter. Einen Augenblick rauscht es vorne noch. Dann ist es einigermaßen ruhig. Ich lasse langsam den Zeiger wandern. Da, da sind die Schrauben plötzlich ganz laut. »Hier, Herr Kapitän. Auf 160 bis 200 Grad, ziemlich nahe, denke ich.« Er lächelt. »Also doch. Genau vorbeigestoßen. An LI: Vorschiff ausblasen!«

Wieder fauchen die Diesel los. An meiner Kompaßtochter im Horchraum sehe ich, daß das Boot um 180° nach Steuerbord dreht. Dann klickt es in den Lautsprechern: »Auf Gefechtsstationen. Torpedowaffe: Mündungsklappen Rohr 1 bis 4 öffnen.« Oben auf der Brücke tasten sie sich jetzt mit langsamer Fahrt durch den dicken Nebel, der aber an einigen Stellen schon aufreißt.

Eine ungeheure Spannung lastet auf uns allen. Überwasserangriff bei Tage. Wird er glücken? Was sind das überhaupt für Schiffe? Uns am GHG ist es fast zur Gewißheit geworden, daß es sich nur um Schlachtschiffe handeln kann. Der Kommandant glaubt aber nicht recht daran.

Da, ein Schrei von der Brücke. Ich hänge am Sprachrohr zum Turm, kann aber nichts verstehen. Dann kommen Maschinenkommandos. Ich höre nur, wie der Rudergänger im Turm wiederholt: »Große Fahrt voraus. Ruder hart Backbord.« Das Boot holt in der langen Dünung stark über. Dann höre ich: »Äußerste Kraft voraus!« Um 60° haben wir schon gedreht. Was ist bloß los da oben? Immer noch drehen wir weiter. Will der Kommandant jetzt mit Heckrohren schießen? Ich frage bei Eduard Maureschat im Turm an. »Ich weiß nichts«, antwortet er. »Die brüllen da oben rum. Ich glaube, wir sind entdeckt.« Die Diesel hämmern wie wild. Das Vorschiff taucht in die lange Dünung. Wir laufen jetzt 18 sm. Plötzlich poltert die Wache von oben in die Zentrale. Fast gleichzeitig rast die Alarmklingel. Aus den Lautsprechern ertönt Maureschats Stimme: »An Torpedowaffe: Mündungsklappen schließen. Boot geht auf 60 Meter.« Schon knallen die Entlüftungen auf. Das Vorschiff schneidet bei der hohen Fahrt schnell unter. Vorn drehen die Mixer wie wild die Klappen dicht. Auf 60 Meter Tiefe ist endlich Ruhe im Boot. Lt. Keller steht neben mir am GHG. »Es sind Amerikaner«, flüstert er mir zu. »Der Nebel zerriß plötzlich nach oben. Da waren Gittermasten zu sehen. Wir haben sofort abgedreht. Aber dann kam das halbe Schiff frei und ein Zerstörer. Der drehte gleich auf uns zu.« – »Frage Horchpeilung«, kommt es von der Zentrale. »Zerstörer in 190°«, gebe ich zurück.

»Wenn es Amerikaner sind, kann uns ja nichts passieren«, sage ich beruhigt zu Lt. Keller. Er sieht mich beinahe mitleidig an. »Das werden wir gleich sehen.« Die Kompaßtochter zeigt an, daß wir nach Backbord drehen. Das Zerstörergeräusch wird überlaut. »Große Fahrt«, hören wir aus der Zentrale. »Nehmen Sie die Kopfhörer ruhig ab«, sagt Keller zu mir. »Wir hören ihn schon so.« Die Männer in den Räumen starren gespannt nach oben, als ob es dort etwas zu sehen gäbe.

Plötzlich ein Knall – wir sehen uns an – dann noch zwei Schläge, scharf hintereinander. Das Boot rührt sich nicht. »Das sollen Amerikaner sein?« sage ich ungläubig zu Keller. »Doch«, sagt Keller. »Ich habe das Schiff selbst einen Augenblick gesehen. Ein älterer Typ. Vielleicht *Arizona* oder *New York*. Jedenfalls kein Brite.« Aus den Lautsprechern kommt die gedämpfte Stimme des LI: »Alle Außenbordverschlüsse prüfen.« Bald darauf laufen die Meldungen in der Zentrale ein. Alle Außenbordverschlüsse sind dicht. Keine Schäden. Ich nehme die Kopfhörer wieder auf. Die Schrauben sind jetzt Steuerbord achteraus. Das Geräusch flaut langsam ab. Ich melde an Zentrale: »Zerstörer läuft in 160 Grad ab. Verband steht in 100 Grad.« Der Kommandant kommt durch das Zentraleluk. »Na, Keller, sehen Sie, das nennt man Neutralität.« Der II WO lacht. »Wir hätten dem dicken Pott doch einen verpassen sollen, Herr Kapitän.« Der Kommandant läßt sich auf seine Koje fallen. »Nee, nee, Keller, denken Sie an den Führerbefehl, wonach wir jeden Zwischenfall mit amerikanischen Seestreitkräften vermeiden sollen.« – »Das heißt also«, meint der II WO, »daß wir uns ruhig die Jacke vollhauen lassen sollen.« – »Ja, so ungefähr«, nickt der Alte. »Die Amerikaner scheinen aber andere Befehle zu haben«, grollt Keller.

Der Kommandant faltet ungerührt seine Gradnetzkarte auseinander.

»Das scheint mir auch so. Was suchen die sonst hier am Rande des Blockade-Gebietes. Sicher klären sie für einen nachfolgenden Geleitzug auf, oder sie wollen einen Zwischenfall provozieren.« Er trommelt ärgerlich auf die Schreibtischplatte. »Was denken Sie, Keller, wenn wir versehentlich so ein Schlachtschiff versenkt hätten. Dann hätte Roosevelt endlich einen Anlaß, in diesen Krieg einzugreifen.« Der II WO nickt. »Und wir hätten dann auf der Donau weiterfahren können.« – »Sie vielleicht, ja«, meint der Alte lächelnd. »Mich hätte der BdU bestimmt zur Infanterie geschickt.«

Wir bleiben weiter unter Wasser. Zur Programmzeit läßt der Kommandant auf 13 m gehen, um die fehlenden FTs über Längswelle hereinzuholen. Kentrat von U 74 meldet, daß er zwei Schlachtschiffe vom Typ *New York* mit drei Zerstörern vom Typ *Dunlap* beobachtet hat. Das Quadrat liegt ganz in unserer Nähe. Also muß Kentrat die Schiffe schon vor uns gesehen haben. Ich frage den Alten, ob wir die Begegnung ebenfalls melden sollen. »Aber nein«, sagt er. »Kentrats Meldung genügt. Wir sollen möglichst Funkstille halten. Wir sind das westlichste Boot.«

17. Mai 1941. Wir stehen 600 Seemeilen vor Labrador. Der BdU will hier einen Vorpostenstreifen bilden. Es sind aber noch nicht alle Boote auf Position. Die See scheint heute wieder wie ausgestorben. Sicht ungefähr 12 sm.

Unser Peiler läßt sich nicht mehr ausfahren. Obermaschinist Schewe meint, daß es an den oberen Stopfbuchsen liegen muß, an die man nicht herankommt, ohne ein Loch in die innere Brückenwand zu schneiden. Da wir den Peiler für den Geleitzugkampf unbedingt brauchen, nimmt Schewe also einen Schneidbrenner und schneidet ein viereckiges Stück aus dem inneren Schanzkleid. Jetzt kann man an den oberen Stopfbuchsen, dort wo der Peiler aus dem Druckkörper kommt, arbeiten. Schewe schraubt die Backen ab, und siehe da, der Peiler läßt sich wieder ausfahren. Er legt die Ledermanschetten neu eingefettet wieder um das Rohr und sagt zu mir, ich solle in die Zentrale gehen und den Peiler langsam einfahren. Er wolle die Metallbacken mit der Hand festhalten, um zu sehen, wie der Peiler einfährt. Ich lehne ab und mache ihn darauf aufmerksam, daß dabei seine Hände abgefahren werden können. Ich weiß genau, daß beim Einfahren die Luft im letzten Viertel immer zu schnell entweicht und der Peiler dann trotz Gegenluft oft zu hart aufsetzt.

Der Rotschopf Schewe verträgt Widerspruch nicht. Wenn ich es nicht tun wolle, sagt er, dann solle es der jüngste Zentraleheizer tun.

Auf seine Finger könne er selbst aufpassen. Nun gut. Ich rutsche die Leiter hinab in die Zentrale und erkläre dem jungen Zentraleheizer Wüsteney, was er zu tun habe. Der Zentralemaat Otto Peters wendet sich kopfschüttelnd ab. Der kleine Wüsteney hat auch rote Haare und viele Sommersprossen im Gesicht. Er kratzt sich verlegen den Kopf, geht dann aber an den Peiler. Ich rate ihm nochmals, sehr vorsichtig zu sein und nicht die Augen vom Luft-Druckmanometer zu lassen. Wenn der Druck zu schnell falle, müsse er sofort neues Luftpolster geben. Ich steige durch das Zentraleluk nach vorn und setze mich in den FT-Raum. Voll Unruhe höre ich, wie in der Zentrale die entweichende Luft am Peiler zischt. Plötzlich ein dumpfes Geräusch. Verdammt, der Peiler hat hart aufgesetzt. Mit einem Satz bin ich am Kugelschott. Der kleine Wüsteney ist um einen Schein blasser geworden und starrt mich erschrocken an. Gespannt horche ich nach oben. Alles ist ruhig. »Na, scheint ja gut gegangen zu sein«, sage ich. Da beginnt der I WO auf der Brücke so laut zu fluchen, daß man jedes Wort in der Zentrale versteht. »Ach du Scheiße! Schewe, was haben Sie bloß gemacht? Gehen Sie sofort runter!«

Das Luk verdunkelt sich, und ganz langsam kommt jemand von oben die Leiter herunter. Schließlich steht Schewe vor mir und hält mir seine Hände hin. Mir sträuben sich fast die Nackenhaare. An der rechten Hand ist der Daumen zur Hälfte weg. An den nächsten drei Fingern fehlen die Kuppen. An der linken Hand sind nur die Fingerkuppen angeschlagen.

Schewe lächelt etwas verlegen. Seine Hände zittern leicht. »Schöne Bescherung«, sage ich. Er sagt gar nichts. Wir steigen durch das Kugelschott und gehen zum Arzneispind, der sich neben der Koje des Kommandanten befindet. Der Steuermannsmaat Hein Jürgensen kommt gerade von vorn. Ich frage ihn um Rat. Er war ›Kapitän auf großer Fahrt‹ bei der Handelsmarine und kennt sich gut aus mit Verletzungen. Schewe hat sich auf die Koje des Kommandanten gesetzt, und Hein Jürgensen besieht sich die Finger. Sonderbarerweise blutet der abgeschlagene Daumen nicht. »Ja«, meint Hein, »da schmier mal einfach Lebertransalbe drauf. Die Venen haben sich von selbst geschlossen.«

Versehentlich greife ich aber zur Lanolintube, die fast genauso aussieht wie die große Tube mit der Lebertransalbe und drücke eine genügende Menge auf die Wunden. Erst als ich den Verschluß zuschraube und Hein schon den Verband anlegt, bemerke ich den Irrtum. »Halt an, Hein, falsche Salbe.« Gleichmütig wickelt Hein den Verband wieder herunter. »Ja, dann kratz mal den Mist wieder ab.« Voll Wut, aber ohne ein Wort zu sagen, sieht Schewe zu, wie ich mit einer Holzspachtel die Lanolincreme wieder abschabe. Am liebsten würde er mir ins Gesicht springen. Hein tröstet ihn mit seiner beruhigenden Stimme. »Weißt du, daß ich mal im Indischen Ozean eine Kesselexplosion hatte? Da kamen die Heizer wie die Affen aus der Maschine an Oberdeck. Und einer schrie unten wie verrückt. Ich wollte den LI, der auch aus der Maschine hochkam, wieder runterjagen. Aber der feige Hund ging nicht. Es sei nur ein Neger noch unten, meinte er. Da bin ich dann selbst runter. Der arme Kerl lag mit einem Fuß unter einer schweren Eisenplatte, die ich auch nicht anheben konnte. Das kochende Wasser lief auf uns zu. Da habe ich eine von diesen schweren Kohlenschaufeln gepackt und ihm den Fuß abgeschlagen. Dann habe ich mir den Kerl über die Schulter geworfen und bin mit ihm nach oben geentert. Was denkst du? Der Kerl lebt heute noch!«

»Hör doch auf«, ruft Schewe, »mir wird schlecht.« Hein Jürgensen lacht und meint: »Ich wollte dir ja nur sagen, daß es viel schlimmere Unfälle gibt, als das mit deinen Fingern.«

18. Mai 1941. Erneut wälzen sich dicke Nebelmassen von Labrador heran. Gegen Mittag stehen wir in dicker Watte. Das Vorschiff ist gerade noch zu erkennen. Um Kollisionen zu vermeiden, läßt der Alte tauchen. Unterwassermarsch. Als ich nach dem Essen Ferdinand Hagen am GHG ablösen will, macht er mich auf ein Geräusch aufmerksam, das er gerade entdeckt hat. Ich horche angespannt. »Das sind keine Schrauben«, sage ich. »Habe ich auch schon gedacht. Hört sich eher an wie Dieselgeräusch.« – »Du hast recht, das kann nur ein Diesel sein. Melde das mal dem Alten.«

Einen Augenblick später kommt der Kommandant. »Wieviel Grad?« – »In 295 Grad, Herr Kapitän.« Er wirft einen Blick auf die Kompaßtochter. »Also von Westen kommt der Kerl«, sagt er sinnend. »Na, dann beobachten Sie mal weiter und melden Sie, wenn er näher kommt.« Auftauchen hat keinen Zweck. Zu sehen ist oben sowieso nichts. Stunde um Stunde vergeht. Immer wieder Rundhorch. Aber nur das stete Dieselgeräusch ist da.

Nach etwa drei Stunden wandert der Diesel vorne vorbei. Jetzt kann man auch deutlich Schrauben hören. Das Fahrzeug muß ziemlich nah sein. Der Kommandant läßt unser Boot drehen, bis wir das Geräusch wieder voraus haben. Dann kommt der Befehl, die Oberfläche anzusteuern. Bevor der Alte in den Turm steigt, sage ich ihm noch, daß es sich auch um ein U-Boot handeln kann. Er knurrt: »Das werden wir ja sehen.« Der Rundblick durchs Sehrohr bringt nichts. Also tauchen wir auf.

Rauschend empfängt uns oben die See. Es hat etwas aufgebrist. An einzelnen Stellen zerreißt der Nebel, und wir jagen mit ›Großer Fahrt‹ los. Ich habe mein Sprachrohr zum Turm besetzt und warte gespannt.

Da, ein Ruf auf der Brücke. »U-Boot genau voraus!« Dann hat sich der Nebel plötzlich wieder geschlossen. Zwei Mann haben das Boot gesehen. »Einwandfrei deutsches Boot«, behauptet Bootsmaat Wenzel. Bruno Petersen stimmt ihm zu. »Ja, Typ VII. Ich hab' ihn gleich im Glas gehabt.« Kapitän Fischer kneift die Lippen zusammen. Er glaubt nicht recht daran, daß ein eigenes Boot durch unser Quadrat geht. Zudem sind wir doch das westlichste Boot, und dieses Boot kam von Westen. »Na, wollen mal hinterher«, sagt der Alte. Wir laufen mit hoher Fahrt weiter. Nach kurzer Zeit zerreißt der Nebel erneut, und jetzt sehen es alle: Kaum hundert Meter vor uns läuft das andere Boot. Kein Zweifel, ein deutsches Boot. Man kann von hinten direkt in die Brücke sehen. Alle vier Mann schauen nach vorne. Welcher Leichtsinn. Sie glauben wohl, in diesem Nebel könne nichts von hinten kommen.

Der Alte läßt noch näher herangehen. Ab und zu schieben sich wieder Nebelschwaden zwischen die Boote. Über das Gesicht des Kommandanten geht ein satanisches Lächeln. »Die könnte man glatt wegrasieren«, meint er und beugt sich zum Turmluk. »An Zentrale Luft auf Typhon.« Jetzt wissen alle, was er beabsichtigt. Das gibt einen Höllenspaß in dieser Wasserwüste. Gleich darauf wird das Typhon klar gemeldet. Der Alte läßt jetzt so dicht aufschließen, daß unser Bug beinahe neben dem Heck des anderen Bootes durch die ruhige See schäumt. Dann dröhnt das Typhon mächtig auf.

Drüben fahren sie erschrocken herum, als wären sie von der Tarantel gestochen. Zwei Mann springen gleich ins Turmluk. Ich bin auf den Turm geeilt, um mir den Spaß anzusehen. Wir lachen und winken. Als dann der Kommandant drüben auf der Brücke erscheint, sind wir schon durch höhere Fahrtstufe auf gleicher Höhe mit dem anderen Boot. In ca. 30 Meter Abstand nebeneinander fahrend, kann die Reeserei mit der Flüstertüte beginnen.

Wir erfahren, daß es sich bei dem anderen Boot um U 98, Kapitänleutnant Gysae, handelt, der über den gelungenen Spaß lacht. Nun, er hat gut lachen, denn er hat erst vor einigen Tagen einen Hilfskreuzer von rund 20.000 BRT versenkt. Jetzt gehört er zum gleichen Aufklärungsstreifen wie wir. Den amerikanischen Verband hat U 98 nicht gesehen.

Schließlich gleiten die Boote langsam auseinander. Noch einmal winken wir uns zu, dann trennt uns wieder der Nebel. Unser Bug schwenkt um 180 Grad nach Süden.

U 110, Fritz-Julius Lemp, hat sich trotz mehrfacher Aufforderung durch den BdU nicht mehr gemeldet. Wir müssen annehmen, daß ihn das Schicksal ereilt hat.

Um 20.00 Uhr stehen wir auf Position im Quadrat AK 7397. Da immer noch Nebel herrscht, gehen wir unter Wasser, weil man bei diesem Wetter besser horchen als sehen kann.

19. Mai 1941. Um Mitternacht aufgetaucht. Leichte Dünung, immer noch schlechte Sicht, aber kein Nebel mehr, der alles verhüllt. Das Boot steht im Vorposten-Streifen auf und ab. Der Kommandant läßt mehrmals tauchen, um zu horchen, aber unter Wasser ist es totenstill. »Verdammter Mist«, schimpft Eduard Maureschat. »Auf diesem Atlantik ist auch gar nichts los.« Er kommt von den Schnellbooten, wo alles etwas schneller ging.

Gegen 13.30 Uhr plötzlich ein FT von Kuppisch: »Geleitzug in Sicht. Quadrat AJ 6636, Kurs Nord, 8 sm Fahrt. 15 Dampfer, ein Hilfskreuzer.« Ich reiche dem Kommandanten den FT. Er kommt von seiner Koje hoch und liest mit gerunzelter Stirn. Dann greift er zu der kleinen Quadratkarte. Nur einen Augenblick vergleicht er die Quadrate, dann springt er auf. »Da müssen wir ran«, sagt er nur und geht in die Zentrale, um den neuen Kurs abzustecken. Die Diesel brummen auf. Das ganze Boot erzittert. Wir laufen große Fahrt. Kurs Nordwest.

Überall kommen die Köpfe aus den Kojen. Alle merken, daß etwas los ist. Der Zentralemaat Otto Peters kommt von vorn und steckt seinen Kopf ins Funkschap. »Was ist los, Wolfgang?« – »Kuppisch hat einen Geleitzug gemeldet«, sage ich. »Nun jagen wir hinterher.« – »Ach du Scheiße«, sagt er nur und kratzt sich hinterm Ohr. Ich muß lachen und versuche ihn zu trösten. »Es ist nur ein Hilfskreuzer dabei. Kein einziger Zerstörer gemeldet.« Er macht ein skeptisches Gesicht. »Dat wäre ja noch zu ertragen. Na, ick laß mir überraschen.« Damit verschwindet er durchs Kugelschott in die Zentrale. Peters stammt aus Bremen, spricht aber gar zu gerne im Berliner Jargon. Dann erscheint Bootsmaat Maureschat bei mir. »Wann sind wir dran, Wolf?« – »Der Alte hofft morgen abend, wenn wir mit dieser Fahrtstufe weiter laufen können.« Er knurrt unzufrieden »Diese langsamen Diesel.«

20. Mai 1941. Mit großer Fahrt geht es weiter nach Norden. Einige Stunden nachdem wir die Verfolgung aufgenommen haben, kommt der Befehl vom BdU: »U 94 dranbleiben. Westboote auf gemeldeten Geleitzug operieren.«

Heute ist mein Geburtstag, und heute soll unser erster Geleitzugkampf beginnen. Wie wird dieser Tag enden? Kuppisch spielt Fühlungshalter. Acht Boote operieren auf diesen Geleitzug. Jede Stunde kommt programmgemäß eine Meldung über Kurs, Fahrt und Standort des Konvois. Jede halbe Stunde gibt U 94 zusätzlich Peilzeichen auf Langwelle. Es ist wie bei der taktischen Übung. Kuppisch meldet, daß die Sicht nur noch eine Seemeile beträgt, und erhält Angriffserlaubnis. Von Norden kommt Wohlfahrts U 556 auf das Geleit zu. U 94 ist immer noch Fühlungshalter. Ich bin froh, daß wir es nicht sind.

Gegen Mittag melden U 74 und U 93, daß sie am Geleit sind. Kapitän Fischer beißt sich unwillig auf die Lippen, als er die FT-Kladde gelesen hat, und läßt sich stöhnend auf seine Koje fallen. »Herrgott! Seit heute nacht schießen sie nun schon an dem Geleit herum. Was soll da noch für uns übrig bleiben?«

Um 18.00 Uhr mehrere Rauchfahnen im Nordwesten. Wir sind nicht weit von Kap Farewell. Schwere Hagelböen verschleiern wiederholt die Sicht. Plötzlich ein einzelner Dampfer vor uns. Den will der Alte haben. Vielleicht hat er das Geleit verlassen, um auf Grund seiner höheren Geschwindigkeit durchzukommen. Der Kommandant ist der Meinung, daß sich der Konvoi bereits in Auflösung befindet. In weitem Bogen versuchen wir uns vorzusetzen. Wegen der dauernd wechselnden Sicht dauert es schier endlos.

Plötzlich rast die Alarmklingel durchs Boot. Fluchend poltert die Brückenwache von oben in die Zentrale. Es geht alles sehr schnell. Das Turmluk ist noch nicht dicht, da knallen schon die Entlüftungen auf. In steiler Fahrt geht es abwärts. Ich werfe einen Blick in die Zentrale. Bootsmaat Groß sitzt am vorderen Tiefenruder.

Die Situation scheint doch ziemlich gefährlich zu sein. Hat uns ein Flugzeug gesichtet? Ich gehe zum Horchraum, wo der Funkgefreite Hümpel schon am GHG sitzt. Schweigend reicht er mir den zweiten Kopfhörer. Er hat schon ein Geräusch eingepeilt. Das sind doch – ich kann es kaum glauben. Das sind einwandfrei Zerstörerschrauben, die da zwitschern. Auf 70 Meter wird das Boot abgefangen. Die Schrauben kommen von Steuerbord voraus direkt auf uns zu. Sie sind bald mit bloßem Ohr zu hören.

Plötzlich knallt es. Ein infernalisches Krachen direkt voraus. Zweimal treffen uns mächtige Hammerschläge. Das sind andere Wasserbomben, als die amerikanischen Wabos vor einigen Tagen. Die Schrauben wandern schnell nach Backbord aus. Auf einmal steht der Alte neben mir. »Wo ist er?« – »Wandert nach Backbord ab, Herr Kapitän.

Ist jetzt in 340 Grad.« Er nickt und beißt sich auf die Lippen. »So ein Saukerl«, brummt er. »Kam ganz plötzlich aus einer Hagelbö heraus. Hätte uns mit Artillerie glatt über den Haufen schießen können.« Dann geht der Kommandant zu seiner Koje und liest die neuen FTs, die ich ihm auf den Tisch gelegt habe.

Die Schrauben zwitschern indessen in höchster Fahrt weiter, und bald sind sie Backbord querab. Ganz allmählich wird das Geräusch leiser. Kaum zu glauben, aber der Zerstörer wandert ab. Er muß uns doch gesehen haben, oder sind wir so schnell getaucht, daß er seiner Sache nicht ganz sicher war? Nach 30 Minuten kann ich dem Alten melden: »Zerstörer läuft ab!« Kapitän Fischer springt von der Koje auf und kommt zu mir. »Können Sie Entfernung angeben?« – »Nein, Herr Kapitän. Anscheinend hat das Wasser hier keine Schichtungen, so daß wir ihn vielleicht noch hören werden, wenn er hinter dem Horizont ist.« Der Alte überlegt einen Augenblick. »Können Sie den Dampfer denn noch hören?« Hümpel geht aus der Peilung der Zerstörerschrauben und beginnt herumzusuchen. Dann meldet er »Hier ist er in 310 Grad – ganz schwach.« – »Gut«, sagt der Alte. »Dann wollen wir auftauchen und nichts wie hinterher.«

Langsam wird die Oberfläche angesteuert, und bald höre ich aus der Zentrale die Stimme des LI: »Sehrohr kommt frei!« Ich halte das Ohr wieder ans Sprachrohr zum Turm. Ruhig klingt die Stimme des Kommandanten: »Rundblick ist frei. Auftauchen!« Kaum daß wir die Oberfläche durchbrochen haben, fauchen die Diesel wieder los. Die Brückenwache zieht auf. Das Boot nimmt große Fahrt auf, und wir jagen dem Dampfer nach. Von dem Zerstörer ist nichts mehr zu sehen. Dort, wo wir ihn zuletzt gepeilt hatten, stehen jetzt schwarze Regenwolken. Es weht ein steifer Nordwest mit Stärke vier bis fünf. Dazu eine lange Dünung. Immer wieder jagen Hagel- und Regenschauer von Grönland heran.

Es dauert fast eine Stunde, bis sie auf der Brücke den Dampfer wieder in Sicht haben. Und zwei Stunden brauchen wir, um uns weit genug vorzusetzen. Dann endlich, um 22.30 Uhr stehen wir vor ihm auf seinem Kurs. Die Alarmklingel rast. Wir tauchen zum Angriff. Nachdem das Boot eingependelt worden ist, klickt es in den Lautsprechern. »An alle Stationen. Wir haben ungefähr eine Stunde Zeit. Es wird schnell noch etwas gegessen und alles wieder abgeräumt, bevor es auf Gefechtsstationen geht. Ende!« Das war die Stimme des Kommandanten. Ferdinand löst mich vorübergehend ab, und ich gehe nach vorne, wo es wüst aussieht. Die Torpedomixer haben den Bugraum ziemlich ausgeräumt und machen alles zum sofortigen Nachladen klar. Schnell esse ich einige Brote mit Hartwurst und begebe mich wieder in den Horchraum. Ferdinand lächelt zufrieden. »Kommt genau auf uns zu.« Ich stülpe die Kopfhörer wieder über. Das Schraubengeräusch ist sehr laut geworden. Es dauert auch nicht mehr lange, da tönt es aus den Lautsprechern:

»Auf Gefechtsstationen!« Der LI hat das Boot schon auf Sehrohrtiefe gebracht. Vorsichtig fährt der Kommandant das Sehrohr aus. Immer nur für Sekunden.

Maureschat ist wieder am Rechengerät im Turm. Noch einmal müssen wir auf Befehl des Kommandanten die Umdrehungen der Dampferschrauben zählen.

Dann ist es soweit. Die Männer stehen und hocken gespannt auf ihren Gefechtsstationen. »Rohr eins fertig! Rohr zwei fertig!« Es ist totenstill im Boot. Dann höre ich gedämpft die folgenschweren Worte: »Rohr eins los! Rohr zwei los!« Zischend verlassen die Aale die Rohre, und ihr Geräusch übertönt im GHG die ganze Skala. Es ist genau 23.30 Uhr DGZ.

Die Stoppuhren laufen. Je weiter sich die Torpedos entfernen, desto besser kann ich wieder horchen. Nach drei Minuten erfolgt die erste Detonation. Gleich darauf die zweite. »Treffer mittschiffs, Treffer Achterschiff«, sagt der Alte ruhig. Dann fährt surrend das Sehrohr ein.

Ich höre noch immer die Schrauben des Dampfers laufen, doch dann verstummt das Geräusch. Jetzt muß er gestoppt haben. Plötzlich heftige Detonationen, die uns wie mit Hammerschlägen treffen. Das Boot schüttelt sich: Erstaunt sehen wir uns an. Das sind doch keine Wasserbomben; sollte das Artillerie sein? Nein, unmöglich, es war ja kein Zerstörer in der Nähe. Ich höre, wie der Alte das Sehrohr wieder ausfährt. Dann sagt er zu Maureschat: »Hm – kein Schiff mehr zu sehen. Ist einfach weg. Muß in die Luft geflogen sein.« Wir hören weitere Detonationen, manchmal klingt es, als wenn MG-Salven abgefeuert werden. Dann ein Knacken und Knirschen, ein gräßliches Geräusch.

Der Obermaschinist Winter, der mehrere Fahrten mit Kapitän Hartmann gemacht hat, steht neben mir im Horchraum. »Hören Sie«, sagt er. »Jetzt geht er auf Tiefe. Die Spanten brechen, das kenne ich genau.« – »Torpedowaffe nachladen«, klingt Maureschats Stimme aus den Lautsprechern. Wir laufen vorerst unter Wasser weiter, während die Männer im Bugraum im Schweiße ihres Angesichts die Rohre nachladen. In der Ferne sind mehrere scharfe Detonationen zu hören. Das müssen die anderen Boote am Geleit sein. Wir sind ihnen schon sehr nahe gekommen.

21. Mai 1941. Nach Mitternacht ist die Torpedowaffe mit dem Nachladen fertig. Der Kommandant läßt auftauchen. Eine dunkle Nacht umfängt uns, der Wind hat aufgefrischt, und eine lange, hohe Dünung wirft uns hin und her. Kuppisch ist immer noch Fühlungshalter, obwohl auch er schon zum Schuß gekommen ist. Wir sind ihm bereits sehr nahe, denn wenn er seine Meldung macht, müssen wir den Lautstärkeregler am Empfänger ganz zurückdrehen. Der Kommandant weiß, daß dies wohl die letzte Nacht an diesem Geleit ist, das die anderen Boote schon stark dezimiert haben.

Vergeblich versuchen die Männer auf der Brücke mit ihren Gläsern die Dunkelheit zu durchdringen. Der Alte ist bei ihnen, und plötzlich wird ein Schatten Steuerbord voraus gemeldet. Kapitän versucht ihn mit seinem Glas zu erfassen. »Zerstörer, Herr Kapitän. Läuft genau Kollisionskurs mit uns.« – »Ja, ich sehe ihn jetzt«, brummt der Alte. »Wir werden etwas abdrehen. Der sieht uns nicht.« Er gibt Befehl, 10 Grad nach Steuerbord zu drehen, um hinter dem Zerstörer vorbeizukommen. Da meldet der achtere Ausguck noch einen Zerstörer an Steuerbord, der offensichtlich gleichen Kurs wie wir läuft. Der Alte flucht leise vor sich hin. »Wo kommen die bloß her?« Aufmerksam beobachtet er den zuletzt gemeldeten Zerstörer. Der Abstand beträgt kaum 1000 Meter.

Plötzlich ruft der II WO, in dessen Sektor sich der erste Zerstörer befindet: »Zerstörer dreht auf uns zu!« Der Kommandant fährt herum und sagt zunächst gar nichts. Alle auf der Brücke wissen, mit welchem Gedanken er jetzt kämpft. Soll er sich bei Dunkelheit unter Wasser drücken lassen? Er hat nicht mehr viel Zeit, sich zu entscheiden. »Jetzt Lage null«, ruft Keller. Einen Augenblick lang hat Kapitän Fischer den Schatten mit der schäumenden Bugwelle im Glas. Er ist schon zu nah, als daß wir über Wasser entkommen könnten. »Einsteigen«, sagt der Kommandant nur und zum Rudergänger im Turm: »Alarm!«

In steiler Fahrt geht es abwärts. Bei 40 Meter wird das Boot abgefangen. War es Zufall, daß der Zerstörer auf uns zudrehte, oder sind wir bemerkt worden? Ich mache mit dem GHG einen Rundhorch und höre nun noch einen dritten Zerstörer von Backbord herankommen. Abwechselnd lasse ich den Zeiger des Horchgerätes von einem Geräusch zum anderen wandern. Da, was ist das? Zwei Zerstörer sind nicht mehr zu hören, ihre Schrauben arbeiten nicht mehr, sie haben gestoppt.

Der Kommandant steht jetzt neben mir und schüttelt ungläubig den

Kopf. Ich gebe ihm einen zweiten Kopfhörer und pendle über die Stellen. »Das sind sie. Hören Sie die Hilfsmaschinen, Herr Kapitän? Es ist verdammt gutes Horchwasser hier.« Ich lasse den Zeiger weiter über die Skala gleiten. Nanu – wo ist denn der dritte? Verdammt, auch er hat gestoppt. »Jetzt liegen sie alle drei gestoppt und horchen, Herr Kapitän.«

Der Alte wirft einen Blick auf die Umdrehungsanzeiger über dem GHG. 90 Umdrehungen machen die Schrauben. Das ist Schleichfahrt. Im Boot herrscht Totenstille. Langsam lasse ich den Zeiger weiter nach Backbord gleiten. Da, nochmals zurück. Wirklich, ein neues Geräusch. Metallisch scharf. »Ein vierter Zerstörer in 300 Grad«, melde ich. Der Kommandant streift resigniert die Kopfhörer ab und geht zu seiner Koje. Müde setzt er sich nieder und stützt den Kopf in beide Hände.

Zur Vorsicht horche ich noch einmal die Steuerbordseite ab. Da, verdammt, da kommt doch noch einer. Einwandfrei, ein fünfter Zerstörer läuft auf uns zu. Als ich ihn in 90 Grad melde, springt der Alte auf. »Das ist ja alles Unsinn, Funkmaat. Sie hören wahrscheinlich lauter Echos. Meinen Sie, da legen sich fünf Zerstörer oben hin, um ein U-Boot zu beobachten, und warten der Dinge die da kommen, während sieben andere U-Boote das Geleit fertig machen?« Ich muß mich beherrschen, denn ich bin von meinem Gerät und von meinen Angaben überzeugt. »Die Geräusche sind einwandfrei, Herr Kapitän. Ich glaube nicht an Echos, wo wir hier zweitausend Meter unterm Kiel haben«, versuche ich möglichst ruhig zu sagen. Fischer wendet sich ungläubig ab und steigt durch das Kugelschott in die Zentrale.

Gleich darauf steht Bruno Petersen neben mir im Horchraum. »Stellen Sie sich vor«, raunt er mir zu, »der Alte will unter den Zerstörern durchlaufen.« – »Auf 40 Meter?« frage ich. Er nickt. »Tiefer geht er nicht.« – »Das ist ja Wahnsinn. Wenn wir unter ihnen sind, laufen sie an, und dann knallt's«, flüstere ich zurück. »Das glaube ich auch.« Der zuletzt in 90 Grad gehorchte Zerstörer kommt schnell näher. Petersen hat sich den anderen Kopfhörer genommen und horcht mit. »Der hat aber viel Fahrt drauf«, zischt er, »der wird werfen!« Bald ist das Geräusch überlaut. Ich melde an Zentrale: »Zerstörer wird uns gleich überlaufen!« Da stößt mich Petersen an. Er zeigt auf die Kompaßtochter. Mit einem Blick sehe ich, daß wir nach Backbord drehen. Die Peilung wandert achteraus. Die Männer in den Räumen starren mit großen Augen nach oben. Durch das Luk kann ich den Kommandanten sehen, der wie unbeteiligt über den Kartentisch gebeugt steht. Auch er muß jetzt die näher kommenden Schrauben hören. Warum ist er nicht tiefer gegangen? Ein kaltes Grauen kriecht mir den Rücken herauf. Wenn die Wasserbomben tiefer als 40 Meter eingestellt sind, werden sie das Boot glatt aus dem Wasser werfen. Und dann werden sie uns rammen oder mit Artillerie fertig machen.

Jetzt läuft der Zerstörer hinter uns vorbei. Wir alle halten den Atem an. Die Schrauben wandern schnell weiter. Gerade wollen wir aufatmen, da bricht mit schrecklichem Getöse die Hölle los. Wie die Schläge eines riesigen Hammers, der den Druckkörper zerschmettern will, krachen fünf Detonationen kurz hintereinander. Das Licht flackert, geht aus, flammt aber gleich wieder auf. Unwillkürlich haben sich alle geduckt. Nachdem der Donner vorübergerollt ist, kommen die Köpfe langsam wieder hoch. Erstaunte Blicke, daß wir noch leben nach diesem Bombardement.

Während die Meldungen aus den einzelnen Räumen in der Zentrale einlaufen, kommt der Kommandant durch das Kugelschott zu mir. »Was macht er?« – »Läuft geraden Kurs weiter. Durch die Drehung ist er jetzt hinter uns.« Fischer nickt. »Und die anderen?« Ich lasse den Zeiger kreisen. »Liegen alle noch gestoppt, Herr Kapitän.« – »Hm«, brummt er nur und starrt auf die Kompaßtochter. Ich beobachte wieder den ablaufenden Zerstörer. Plötzlich verliert sich das Schraubengeräusch. »Der letzte hat nun auch noch gestoppt, Herr Kapitän.« Der Alte sieht mich ungläubig an, dann wendet er sich kurz ab und steigt durch das Luk wieder in die Zentrale. Petersen, der einen Schritt zurückgewichen war, kommt wieder näher. »Er glaubt nicht, daß sie alle um uns herum liegen«, flüstere ich. »Laß es erstmal hell werden da oben«, sagt er. »Dann geht der Rummel richtig los.«

»Obersteuermann zum Kommandanten«, wird vom Zentraleluk durchgegeben. Petersen wirft mir einen vielsagenden Blick zu und geht. Ich kann durch das Luk sehen, wie er sich mit dem Kommandanten über die Karte beugt. Nach einiger Zeit wird eine Meldung flüsternd durch die Räume gegeben. »Boot steuert Oberfläche an.«

Ich lasse den Zeiger auf der Skala von Zerstörer zu Zerstörer kreisen. Wenn jetzt einer von ihnen anläuft, kann das tödlich sein. Sie liegen aber noch immer alle gestoppt, und nur das leise Rauschen und Zischen ihrer Hilfsmaschinen ist zu hören. Eine ungeheure Spannung lastet im Boot. Schließlich ertönt die gedämpfte Stimme des LI aus der Zentrale: »Turmluk kommt frei!« Gleich darauf hören wir das Rauschen der See.

Ein Luftzug jagt durch das Boot. Der Kommandant muß das Turmluk geöffnet haben. Bange Minuten vergehen, während der Alte allein auf der Brücke ist. Plötzlich ruft er von oben: »Funkmaat auf die Brükke!« Verdammt, denke ich, jetzt gibt es eine gewaltige Zigarre. Habe ich doch nicht richtig gehorcht und ist am Ende gar kein Zerstörer mehr zu sehen? Mit gemischten Gefühlen steige ich durch den Turm nach oben. Oben umfängt mich stockfinstere Nacht. Der Alte drückt hinter mir das Turmluk zu und packt mich an der Schulter. »Sehen Sie etwas?« Ich versuche vergeblich die Finsternis zu durchdringen. »Nein, Herr Kapitän.« – »Gewöhnen Sie sich erst einmal an die Finsternis. Dann werden Sie schon etwas sehen«, sagt er. Ich starre vor mich hin und entdecke schließlich einen Schatten. »Direkt voraus, Herr Kapitän.« Er reicht mir sein Glas, ich presse es in die Augenhöhlen und sehe vor mir einen großen Zerstörer mit vier Schornsteinen. Dann dreht mich der Alte an den Schultern herum. »Und da ist einer und da und da. Ich habe fünf Fahrzeuge entdeckt. Sie haben richtig gehört. Sie liegen alle im Halbkreis um uns herum.« Ich gebe dem Kommandanten das Glas zurück. »So, nun tauchen Sie unter und sagen dem LI: Wir drehen mit kleiner Fahrt um 180 Grad nach Backbord und laufen so ab, ohne auszublasen. Ich bleibe auf der Brücke.«

Eiligst verschwinde ich durch das Luk nach unten, während Fischer dem Rudergänger im Turm die neue Kursanweisung gibt. Als ich dem LI in der Zentrale den Befehl des Kommandanten übermittle, schüttelt er verzweifelt den Kopf. Dicker Schweiß steht ihm schon auf der Stirn. Entschlossen tritt er unter das Luk und ruft nach oben: »Kann Boot so nicht halten, Herr Kapitän. Bitte um Fahrterhöhung!« Als ich im Horchraum ankomme, sehe ich, daß die E-Maschinen schon 250 Umdrehungen machen.

Auf den Zerstörern scheint man unser Manöver nicht zu erkennen. Bei diesem guten Horch-Wasser müßten sie eigentlich jetzt, da wir mit erhöhter Fahrt laufen, unsere Schrauben hören, aber vielleicht ist der Horchwinkel zu spitz. Minute um Minute vergeht. Die Spannung ist fast unerträglich. Alles bleibt ruhig. Wir können es kaum glauben. Immer weiter entfernen wir uns von dieser verdammten Unterwasserfalle. Der Alte ist immer noch allein auf der Brücke.

Eine Stunde lang laufen wir so mit E-Maschinen dann kommt der Befehl zum Ausblasen. Die Diesel springen an. Alles atmet auf. Aus den Lautsprechern hören wir: »Wegtreten von Gefechtsstationen! Brückenwache aufziehen!« Der Alte kommt von oben, wirft seine Mütze in die Ecke, setzt sich auf seine Koje und sagt: »Na, Hirschfeld, die haben wir aber angeschissen, was?«

Ich muß lachen. »Ja«, antworte ich und nehme die Kopfhörer ab.

»Das hätte aber auch ins Auge gehen können.« Er kneift die Lippen zusammen. »Möchte nur wissen, wo die auf einmal alle herkamen. Wo steht der Geleitzug jetzt?« Ich gebe ihm die letzte Fühlungshaltermeldung, und er geht damit durch das Luk zum Kartentisch. Der Peiler wird ausgefahren, und bald darauf habe ich die neueste Peilung.

Verdammt, die Peilung zeigt genau dorthin, wo wir eben waren. Als ich dem Kommandanten diese Meldung übergebe, sieht er mich einen Augenblick sinnend an. »Na, dann hilft es nichts. Wir müssen heute noch ran«, sagt er und gibt neue Kursanweisungen. Die Diesel brummen auf, und mit zweimal großer Fahrt laufen wir erneut nach Westen. Uns ist allen nicht wohl dabei. Hein Jürgensen steht über die Karte gebeugt und schüttelt den Kopf. »Wir laufen genau dorthin, wo sie uns gefaßt haben«, sagt er ärgerlich. »Die werden sich freuen, wenn wir wiederkommen.«

Eine halbe Stunde später habe ich die neue Peilung. Obwohl mir der LI gesagt hat, daß niemand auf die Brücke darf, steige ich in den Turm. »Frage: Ein Mann Brücke?« rufe ich nach oben. Der Kommandant steht breitbeinig über dem Luk und fragt zurück – »Wer ist da?« – »Funkmaat Hirschfeld.« Der Kommandant gibt das Luk frei. »Soll raufkommen.« Ich steige nach oben und melde den Standort des Geleitzuges. Der Alte sagt nur »Danke.« Ich will schnell noch einige Züge Frischluft tanken und schiebe mich im Dunkeln an Bootsmaat Maureschat heran. Ohne das Glas von den Augen zu nehmen, raunt er mir zu: »Sieh dir mal den Horizont im Osten an.« Ich hatte es schon bemerkt: Dort beginnt es ist leicht zu dämmern und vor uns ist pechschwarze Nacht. Der II WO spricht aus, was wir alle denken: »Herr Kapitän, wir zeichnen uns als scharfe Silhouette gegen Osten ab.« Der Kommandant sagt nichts, preßt stur sein Glas in die Augenhöhlen und starrt nach vorn. Er will unbedingt in dieser Nacht noch zum Schuß kommen. Viel kann nicht mehr übrig sein vom Geleit.

Auf einmal brüllt Maureschat neben mir: »Schatten voraus in 30 Grad!« WO und Kommandant fahren herum. »Verdammt«, brummt Keller, »zwei Zerstörer.« – »Das sind die achteren Feger«, meint der Alte. Ich weiß, daß es jetzt Zeit für mich ist, die Brücke zu verlassen. Gerade wie ich den Fuß auf die erste Sprosse der Leiter setze, werden wir plötzlich von rotgelbem Licht überflutet. An Backbord voraus schießt eine riesige Flamme zum Himmel. »Tankerfackel!« schreit der WO. Das sehe ich mir noch einen Augenblick an, aber als dann auch noch Leuchtgranaten die See erhellen, wird es mulmig, und ich sause die Leiter hinab. Keinen Augenblick zu früh. Hinter mir fällt schon die

Brückenwache durchs Luk. Dann rast die Alarmklingel. »Fluten!« Die Stimme des LI übertönt den Lärm, und wieder geht es in fast zu steiler Fahrt abwärts in die schützende Tiefe.

Endlich ist das Zentraleluk frei, so daß ich zum Horchraum gehen kann. Hümpel sitzt schon am GHG. Die Diesel sind verstummt, aber noch ist keine Ruhe im Boot. In der Ferne rollen schwere Detonationen. Sicher Wasserbomben. Plötzlich hören wir ein scharfes, metallisch klingendes Schraubengeräusch. Donnerwetter, der muß aber schon verdammt nahe sein. Ich frage Leutnant zur See Keller: »Wo kommt denn dieser Zerstörer her?« Dabei zeige ich ihm die Gradzahl. Er winkt mit der Hand ab. »Den haben wir erst gesehen, als der Tanker brannte und die Leuchtgranaten kamen. Hätte uns glatt über den Haufen gefahren. War wohl auch seine Absicht.« Mir sträuben sich die Haare bei dieser Vorstellung. »Suchen Sie mal weiter«, sagt Keller. »Da sind sicher noch mehr.« Hümpel läßt den Zeiger über die Skala gleiten. »Herrgott«, entfährt es mir, »die kommen ja von allen Seiten.« Keller nickt. »Die haben uns schon längst kommen sehen, gegen den hellen Horizont.« Dann lächelt er. »Möchte bloß wissen, wer den Tanker torpediert hat. Er muß von Westen angegriffen haben und auch die Zerstörer gesehen haben.«

Endlich herrscht Ruhe im Boot. Wir können genau horchen. Da kommt auch schon der Alte. »Na, Funkmaat, was hören Sie?« Ich fange an zu erklären: »Zerstörer in 290 Grad und in 310 Grad, Tanker noch mit einigen Umdrehungen in 350 Grad. Genau voraus Dieselgeräusch. Sicher ablaufendes U-Boot. Dann weitere Zerstörer in 17, in 25, in 40 Grad und sehr schwach in 75 Grad.« Es sieht so aus, als ob wir in ein Zerstörernest gestoßen sind. Der Kommandant starrt düster auf das GHG. Diesmal zweifelt er nicht an meinen Angaben. Dann sieht er den II WO an. »Wir müssen unter dem Tanker durch nach Westen.« Keller macht ein skeptisches Gesicht. »Und wenn uns der Tanker auf den Kopf fällt?« – »Nun«, sagt der Alte bedächtig, »wir brauchen ja nicht genau unter ihm durchtauchen.« Kellers Blick ruht auf den Umdrehungsanzeigern über dem GHG. Dann holt er tief Luft. »Das wird aber einige Stunden dauern bei dieser Schleichfahrt. Auftauchen können wir dann nicht mehr, solange die da oben sind. Es wird inzwischen hell sein.« Der Alte nagt wie immer an seiner Unterlippe. »Das stimmt. Aber trotzdem wollen wir diesen Kurs weiter laufen.« – »Schlage vor, tiefer zu gehen, Herr Kapitän«, wendet der II WO noch ein. Fischer lacht. »Ach was, Keller. Die stellen die Wabos doch nur auf 20 bis 30 Meter ein. Wir sind jetzt auf 60 Meter. Das genügt.« Damit wendet er sich ab und wirft sich auf seine Koje. Keller sieht mich an und schüttelt den Kopf. »Der Geleitzug scheint vollkommen aufgerieben zu sein«, raunt er mir zu. »Sonst könnten die sich mit uns gar nicht so intensiv befassen.«

Inzwischen kommen die Schraubengeräusche von allen Seiten näher. Die Männer auf ihren Stationen vom Bug bis zum Heck wissen alle, wie es oben steht. Der mündliche Nachrichtendienst an Bord klappt vorzüglich. Im Boot herrscht Totenstille. Die verdammten Schrauben werden immer lauter, und dann werden wir überlaufen. Aber nichts geschieht, und das Geräusch verliert sich plötzlich. Gleich darauf läuft abermals ein Zerstörer über uns hinweg, ohne zu werfen, und stoppt. Also das alte Spiel. Einer nach dem anderen kommt näher und stoppt. Nach einer Stunde haben sich sechs Zerstörer um uns versammelt. Der Alte liegt auf der Koje und liest einen Krimi. Die Horchdisziplin im Boot ist vorbildlich. Kein lautes Wort wird gesprochen, kein Werkzeug fällt auf die Flurplatten. Nur ganz leise drehen sich die Schrauben.

Da, verdammt, was ist das? Plötzlich ist ein feines Zirpen zu hören. Kaltes Grauen sitzt mir im Nacken. Hümpel sieht mich an. Für einen Augenblick kommen mir Zweifel. Sollte eine Röhre im GHG tropfen? Nein, das sind Asdic-Impulse. Wie genau man mit ihnen orten kann, weiß ich aus eigener Erfahrung. Ich melde dem Kommandanten, daß wir mit S-Geräten geortet werden. Er sieht nur kurz auf. »Hm, dagegen können wir nichts machen.«

Jetzt kommt auch vom Rudergänger aus dem Turm die Meldung: »Ortungsimpulse zu hören.« Der Kommandant nickt und liest weiter. Ich wundere mich schon, daß nichts weiter geschieht, aber auf einmal werden die tropfenden Impulse von kurzen, schnell hintereinander folgenden Geräuschen abgelöst. Nun haben sie uns wahrscheinlich genau eingepeilt. Es dauert auch nicht lange, da fangen die Schrauben oben an zu zwitschern. »Zerstörer in 290 Grad läuft an, Zerstörer in 310 Grad läuft an«, rufe ich.

Der Kommandant legt das Buch weg und richtet sich auf. »Zentrale! Beide Maschinen große Fahrt voraus!« Mir stockt fast der Atem. Auf der ganzen Skala rauscht es jetzt von Zerstörerschrauben. Die Männer in den Räumen heben die Köpfe. Man kann die Schrauben jetzt mit bloßem Ohr hören. Ich denke an unsere geringe Tiefe. Unter uns 2000 Meter. Die Katastrophe scheint unabwendbar. Stur wird der Kurs durchgehalten. Ausweichen wäre auch wohl sinnlos. Ich kann den Kopfhörer abnehmen; das Rauschen geht über die ganze Skala.

Und dann geht der erste Zerstörer über uns hinweg. Ich sehe, wie der Kommandant den Kopf in die Hände stützt. In der Zentrale trommelt der Obersteuermann nervös mit dem Bleistift. Aus der Offiziersmesse starrt mich das wachsbleiche Gesicht Dr. Schröders an. Oberleutnant zur See Schwartzkopff liegt in seiner Koje und starrt auch zu mir herüber.

Dann bricht das Inferno mit so furchtbarer Gewalt über uns herein, daß ich denke: Jetzt ist es aus! Die Detonationen schütteln das Boot. Es kracht und ächzt in allen Fugen. Sind das die brechenden Spanten? Die Kopfhörer sind mir aus der Hand gefallen. Krampfhaft halte ich das Steuerrad des Horchgerätes gepackt. Solche Schläge hält kein Boot aus. Der I WO liegt mit aufgerissenen Augen sprungbereit in seiner Koje. Dr. Schröder hat den Kopf in beide Arme vergraben.

Langsam verlischt das Licht. Nur meine Armaturen leuchten noch, und in den Gängen flammt die Notbeleuchtung auf. Ein Zerstörer nach dem anderen rauscht über uns hinweg. Die Detonationen scheinen kein Ende zu nehmen. Die Hölle ist entfesselt. Eine ungeheure Angst schnürt mir die Kehle zu. Ist das nun das Ende? Gehen wir auf Tiefe? Bricht schon irgendwo Wasser ein?

Auf einmal verrollt der Donner. Unheimliche Stille umgibt uns. Wir leben noch! Ich stülpe die Kopfhörer wieder über. Unglaublich, das Gerät funktioniert; zwei Zerstörer sind zu hören. Nach einer Weile flammt das Licht wieder auf. Bleiche Gesichter sehen mich an. Dann kommen die Meldungen aus den Räumen: Vorne sind alle Außenbordverschlüsse dicht. Aber achtern sind wir angeschlagen. »Steuerbordwelle, Stevenbuchsen und Abgasklappen machen Wasser. Mündungsklappe Rohr sechs hält nicht mehr dicht. Durch das Dieselmontageluk kommt ein zwei Millimeter dicker Wasserstrahl.« Der Alte nickt nur. »Auf 80 Meter gehen. Schleichfahrt.« Dann sieht er mich fragend an. »Alle Zerstörer haben wieder gestoppt«, sage ich. »Es wird weiter mit Asdic geortet.« Der Kommandant nagt wieder an seiner Unterlippe. »Die Wabos lagen weit hinter uns, weil wir mit den Maschinen angegangen sind, aber den Kurs werden wir nicht ändern.«

Die Minuten schleichen dahin. Keiner spricht. Alle warten auf den nächsten Angriff. Wir wissen, daß uns die Zerstörer fertigmachen wollen. Zeit spielt dabei keine Rolle, denn das Geleit brauchen sie nicht mehr zu schützen. Das haben die anderen Boote aufgerieben und an uns wird nun Rache geübt.

Es geht wieder los. Der erste Zerstörer läuft an, der zweite und dann der dritte. Und wieder beginnt das Inferno der entfesselten Gewalten.

Jeden Augenblick glaube ich, daß der Druckkörper zerreißen wird, aber auch dieses furchtbare Gewitter rollt ohne weitere Schäden über uns hinweg.

Eine Zeitlang zwitschern noch die Schrauben, dann umgibt uns wieder die unheimliche Stille, in die nur das nerventötende Zirpen der Asdic-Ortung tropft. Die Schrauben des Tankers sind nicht mehr zu hören; er kann aber noch nicht gesunken sein, denn es waren keine Sinkgeräusche zu vernehmen. Vielleicht liegt er noch brennend über uns.

Die nächsten sechs Wasserbomben fallen etwas seitlich vom Boot. Wir sind inzwischen auf 100 Meter gegangen. Dann vergeht fast eine Stunde bis zum nächsten Angriff. Sie lassen sich viel Zeit da oben, weil sie genau wissen, daß wir auftauchen müssen, wenn die Batterien leer sind. Das GHG ist sehr leise geworden. Ich kann im Getöse der Wasserbomben nicht mehr feststellen, wie viele Jäger uns überlaufen. Bei dieser Tiefe liegen die Bomben nicht mehr so nah.

Beim GHG habe ich auf der Steuerbordseite 24 Röhren Typ P 2000 ausgewechselt. Ferdinand hat vorne im Bugraum die Verteiler-Kästen über den Torpedorohren aufgeschraubt und mit Heißluft ausgetrocknet. Es hat nicht viel geholfen. Unter dem Oberdeck müssen einige Sammeldruckdosen abgesoffen sein.

Viele Außenbordverschlüsse lecken seit einiger Zeit sehr stark. Wir haben schon viel Wasser im Boot. Der Kommandant hat den Turm räumen lassen. Der Rudergänger steuert das Boot jetzt aus der Zentrale.

Ich sitze am GHG, als der LI durch das Luk zum Alten kommt. »Wir müssen lenzen, Herr Kapitän. Das Wasser steht in der Zentrale bald bis zu den Flurplatten.« Der Kommandant ringt mit sich. »Das hört man doch meilenweit.« Aber dann stimmt er zu, denn die Bilgen sind voll. Der LI steigt in die Zentrale zurück, und gleich darauf läuft mit fürchterlichem Krach die Lenzpumpe los. Dieses Geräusch schneidet in die Magenwände. Nie ist mir früher aufgefallen, wie laut die Hauptlenzpumpe ist. Das müssen die Zerstörer hören. Als die Pumpe schweigt, höre ich die Schrauben plötzlich wieder. Ein neuer Anlauf.

Mit ungeheurer Wucht schlagen die Detonationen aufs Boot. Die Bomben liegen näher als zuvor. Also haben sie da oben außer dem Asdic auch die Horchgeräte noch besetzt. Immer wieder überlege ich: Warum haben sie mit ihren Asdic-Impulsen keine genaue Ortung mehr? Ich muß an die Flottenparade vor Hitler und Horthy denken. Damals habe ich auf der *Saar* erstmals gesehen, wie ein S-Gerät funktioniert, als wir das russische U-Boot in der Ostsee verfolgten. Das Gerät war gegen Erschütterungen sehr empfindlich. Sollten den Zerstörern die Asdic-Geräte durch die eigenen Wasserbomben durcheinandergeraten sein?

Die Luft im Boot ist schlecht und verbraucht. Trotz des starken Kaffees, den Järschel uns gekocht hat, spüre ich Ermüdungserscheinungen.

Der II WO hat sich neben mich ans Horchgerät gesetzt. Als wieder ein Wasserbomben-Segen über uns hinweggedonnert ist, schüttelt er den Kopf. »Soviel Wabos können die gar nicht mitgehabt haben«, flüstert er mir zu. »Ich glaube, die haben ganz in der Nähe auf Grönland einen Stützpunkt. Da laufen sie abwechselnd hin und holen neue Wabos.«

»Wie lange soll das so gehen«, frage ich. »Bis wir auftauchen müssen. Die Tommys sind zäh. Bei Gibraltar haben sie mit dieser Masche auch ein Boot zum Auftauchen gezwungen.« Der Kommandant ist offensichtlich zu der Ansicht gekommen, daß unsere Schleichfahrt, wenn sie uns nicht treffen, noch Tage dauern kann, und gibt den Befehl: »Alle Mann durch Kalipatronen atmen.« Wir hängen uns also alle eine Kalipatrone um, setzen den Nasenklemmer auf und beißen auf das Mundstück des Atemschlauches. Die Freiwachen müssen in den Kojen liegen. Keiner darf mehr in Schuhen laufen. Die Nr. 1 hat Schleichsocken verteilt. Alles unnötige Licht in den Räumen wird ausgeschaltet, um Strom zu sparen.

Noch haben wir aber keinen Sauerstoff zugesetzt. Nur die Luft wird ständig von vorn nach achtern und von achtern nach vorn gewirbelt. Das ist Miefverteilung. Mit dem Sauerstoff könnten wir zwei Tage auskommen, meint Otto Peters. Nur ob die Batterien so lange halten, ist fraglich. Das Wasser im Boot steigt schon wieder gefährlich. Der Kommandant liegt auf seiner Koje und starrt gegen die Decke. Oder schläft er? Auch ich halte mich nur mühsam wach, bis Ferdinand mich ablöst. Durch die halbverdunkelten Räume schleiche ich nach vorne und haue mich in die Koje. Trotz dem dicken Schafspelz, in den ich mich gewickelt habe, wird mir nicht warm.

Plötzlich höre ich wieder Schraubengeräusche. Sie müssen ganz nah sein. Gleich wird das Höllenkonzert neuerlich losgehen. Ich halte den Atem an und warte, aber nichts geschieht. Das Geräusch verebbt, wird leiser, schwillt plötzlich wieder stark an. Dann wird es ganz leise und ist mit bloßem Ohr nicht mehr zu hören. Sonderbar. Langsam dämmere ich hinüber.

Als Hümpel mich weckt, weiß ich erst gar nicht, wo ich bin. »Seit zwei Stunden keine Wabos«, flüstert er. Mein Schlaf muß totenähnlich gewesen sein. Ich nehme eine Dose Schokakola und schleiche zum

Horchraum. Ferdinand übergibt mir die Kopfhörer. »Sie sind noch da«, sagt er müde. »Sie fahren ständig hin und her. Ich weiß nicht, ob sie uns verloren haben. Der Kommandant hat vorhin einen Bold ausstoßen lassen. Vielleicht hat sie das irritiert.« – »Na ja«, sage ich, »das sind diese Aluminiumwolken. Darauf soll das Asdic ansprechen.« Ferdinand winkt ab und schleicht nach vorn zu seiner Koje.

Wir sind immer noch auf 100 Meter. Komisch, denke ich, daß in dieser Tiefe die Außenbordverschlüsse so lecken. Kommt sicher von den vielen Detonationen.

Dann höre ich die Zerstörer wieder anlaufen, kriege aber keine genaue Peilung. Dann rollt abermals der schreckliche Urweltdonner durch die See, aber die Bomben liegen nicht mehr so dicht. Das Boot zieht ruhig seine Bahn. Der Kommandant richtet sich von seiner Koje auf. »Merken Sie was, Funkmaat? Die Bolde scheinen doch zu helfen.« Ich bin skeptisch. Wir kommen mit unseren neunzig Umdrehungen ja nicht weit genug weg, um auftauchen zu können. Es ist ganz sonderbar. Mal liegen die Wasserbomben weiter weg, mal sind sie wieder ziemlich nah. Dann werfen sie nur noch jede Stunde eine Serie von sechs Bomben.

Der II WO löst mich am GHG ab. »Hauen Sie sich ruhig in die Koje und lassen Sie den Hagen auch schlafen. Das GHG ist sowieso hinüber.« Ich wanke nach vorn und lasse mich in die Koje fallen. Langsam umfängt mich wohltuende Schwerelosigkeit. Wie aus weiter Ferne höre ich eine Serie Wasserbomben. Es ist alles so gleichgültig geworden. Auch die schleichende Kälte spüre ich nicht mehr. Warum ist es nur so still um uns?

Dann kommt es mir wie eine Erleuchtung. – Natürlich, sie schlafen ja alle. Keiner kann sich mehr erheben. Der Zentralemaat ist auch eingeschlafen und hat vergessen, neuen Sauerstoff zuzusetzen. Auch mir ist es nicht mehr möglich, ihn wachzurütteln. Meine Glieder sind schon gelähmt. Nicht mal rufen kann ich mehr. Auch die Männer an den Tiefenrudern werden eingeschlafen sein. Gibt es noch einen Ausweg? Nein!

So gleiten wir nun steuerlos dahin. Langsam werden wir immer tiefer sinken, denn das Wasser tropft unaufhörlich und läuft schon über die Flurplatten. Wie tief wir wohl schon sind? Irgendwo bei 400 bis 600 Meter wird das Wasser den Druckkörper zusammendrücken, es wird so knirschen und krachen wie bei dem Munitionsdampfer, als er auf Tiefe ging.

Aber das wird keiner mehr von uns erleben. Bis dahin sind wir alle schon hinübergeschlafen. Ganz sanft, wie schon einmal ein Boot. Wann war das nur? Ich denke angestrengt nach. Ach ja, jetzt fällt es mir ein. Ich habe von U 31 gelesen, das sich nach einer stürmischen Fahrt in der Nordsee bei 60 Meter zum Schlafen auf den Grund gelegt hat. Das war schon im ersten Krieg. Das Boot tauchte nach Monaten von selbst auf und trieb an der englischen Küste an. Die Preßluftventile waren mit der Zeit undicht geworden und hatten die Zellen selbständig angeblasen.

Von uns wird dagegen keine Kunde in die Heimat gelangen. Wir werden in 2000 Meter Tiefe bei Grönland liegen, und oben werden die Zerstörer durch einen großen Ölfleck laufen.

Es ist wunderbar, so hinüberzudämmern, bis das Bewußtsein ganz verlöscht. Es ist so gleichgültig, was die See dann mit unseren Körpern macht. Wir fühlen es ja nicht mehr. Die anderen müssen schon weg sein. Auch ich werde gleich weg sein. Die Wasserbomben höre ich nur noch wie aus weiter Ferne.

Da, plötzlich höre ich ein Flüstern. Sollte noch einer leben? Mit Gewalt reiße ich die Augen auf. Ach, es war alles nur ein Traum, und wir haben das Sterben noch vor uns. Hinter dem Bugraumluk steht der Maschinen-Obergefreite Kaufmann, klopft an das kleine Tiefenmanometer und schüttelt den Kopf.

Ich reiße mir den Schlauch aus dem Mund und schiebe mich durch das Kugelschott. »Was ist los, Kaufmann?« Er sieht mich mit großen Augen an. »Diese Tiefe, Herr Funkmaat. Ich kann's nicht glauben.« – »Wie tief?« Er holt Luft. »Zweihundert gehen durch.« Plötzlich bin ich hellwach. »Was haben Sie gesagt?« – »Zweihundert gehen durch«, wiederholt er.

Verdammt, so tief war noch kein Boot. Ich überlege blitzschnell. »Kaufmann, rufen Sie sofort die Zentrale an und melden Sie die Tiefe.« – »Aber wir dürfen doch keine Telefone und kein Sprachrohr benutzen«, flüstert er mir zu. Ich sehe nach hinten durch die Räume. Die Befehlsübermittler liegen in den Gängen und schlafen. Durchs Boot laufen darf auch niemand. »Egal«, sage ich, »rufen Sie an mit Telefon. Auf meine Verantwortung!« Er führt aus, was ich ihm befohlen habe. Das batterielose Telefon schnarrt. Dann gibt er die Meldung durch. Er muß sie wiederholen. Nachdem er eingehängt hat, sieht er mich skeptisch an. »Zentrale meint, unser Tiefenmanometer sei hinüber. Wir sind immer noch auf 100 Meter.« – »Nun, die müssen es ja wissen«, sage ich und lege mich wieder hin.

Bald darauf schnarrt das Telefon im Bugraum wieder. Ich höre, wie Kaufmann antwortet: »Zweihundert sind durch. Der Zeiger befindet sich im weißen Feld.« Ich springe auf und beuge mich durchs Luk. »Was ist nun los, Kaufmann?« Er hat den Hörer noch in der Hand und sieht mich mit großen Augen an. »Sie haben den Heckraum angerufen. Dort zeigt das Tiefenmanometer dieselbe Tiefe an.«

Jetzt läuft es mir doch kalt über den Rücken. Dann muß ja das Tiefenmanometer in der Zentrale ausgefallen sein, ohne daß man es dort gemerkt hat.

Plötzlich beginnt sich das Vorschiff zu heben. Aha, nun steuern sie mit Tiefenruder hinauf. Kaufmann sieht sich beunruhigt um. Die Neigung nach achtern wird schnell größer. Das Wasser aus der Bugraumbilg steht schon am Luk. Die Männer richten sich in den Kojen auf und reißen die Schläuche aus dem Mund. »Was ist denn nun los?« Ich habe das ungute Gefühl, daß sie in der Zentrale das Boot nicht mehr im Griff haben. Die Achterlastigkeit wird immer stärker. Da klickt es in den Lautsprechern: »Alle Mann voraus!« Die Stimme des LI klingt sehr aufgeregt. Kann er das Boot nicht mehr halten? Im Bugraum poltert es laut. Mit der Schleichfahrt ist es auf einmal vorbei. Ich werfe mich in meine Koje, denn nun kommen sie von achtern gerannt, schwingen sich durch die Luken und stürmen an mir vorbei in den Bugraum. Aber es hilft nichts. Die Achterlastigkeit nimmt immer mehr zu. 30 Grad, 40 Grad und weiter. Dann kommen die ersten Sachen aus dem Bugraum geflogen, voran die Brote aus der Hängematte. Apfelsinenkisten, Eimer und Geschirr folgen. Wir pressen uns in die Kojen, um nicht getroffen zu werden. Jetzt haben wir bestimmt schon 60 Grad Achterlastigkeit; wir können bereits auf dem Fußende meiner Koje stehen. Wie ein Wasserfall rauscht das Wasser aus dem Bugraum nach hinten.

Das ist nun das Ende, denke ich. Selbst wenn sie uns bereits verloren gehabt hätten – jetzt hören sie uns oben bestimmt. Gleich wird es wieder Wasserbomben geben. Dann ist es aus. Eduard Maureschat steht auf dem Kleiderspind und ruft laut: »Jetzt geht's abwärts, Kameraden!« Er hält sich am Deckengestänge fest. Flüche werden laut. »Halt die Schnauze, Ede!« Dr. Schröder hat meinen Arm gepackt. »Stellen Sie sich vor, fünf Kinder hab' ich,« schnauft er. »Ich weiß, ich weiß,« sage ich gequält. Da kommt ein Schrei von achtern »E-Maschine brennt!!!« Verdammt! Die Anker laufen bestimmt im Bilgenwasser, das nach hinten gelaufen ist. Gleich darauf knirscht und kracht es im Achterschiff. Das müssen die wegbrechenden Spanten sein. Wie tief wir wohl sind?

»Wassereinbruch Heckraum!« schallt es aus den Lautsprechern. Blitzschnell wird mir klar: Der Heckraum bricht zuerst zusammen. Er liegt bestimmt 50 Meter tiefer als wir hier vorne. Nun gibt es keine Rettung mehr. So sieht also das Ende aus. Wenn bloß schon alles vorbei wäre.

Plötzlich knattert es in den Anblaseleitungen. »Sie blasen an!« schreit Maureschat. Ein Hoffnungsschimmer erscheint auf den bleichen Gesichtern. Alle starren durch das Bugraumluk zu Kaufmann, der mit der linken Hand das Zuleitungsrohr des Tiefenmanometers umklammert und mit der Rechten gegen das Glas pocht. Der Zeiger hat das weiße Feld schon überschritten und liegt von hinten am Nullpoller an. Wir hören die Luft in den Anblaseleitungen zischen, aber der Zeiger rührt sich nicht.

»Verdammt«, schreit Kaufmann, »Boot steigt nicht!« Dann hört das Zischen auf. Was ist nun wieder los? Ist die Preßluft schon verbraucht? »Warum wird nicht weiter geblasen?« ruft Maureschat nach unten. Keller sitzt im Zentraleschott. »Es wird nur achtern geblasen, weil vorn die Luft entweicht«, schreit er zurück.

»Boot steigt nicht«, meldet Kaufmann neuerlich. Langsam erlischt das Licht. Also ist die elektrische Anlage beim Teufel. Nur die Notbeleuchtung ist intakt. Ihr fahles Licht läßt die Gesichter der Männer verzerrt erscheinen. Im Bugraum leuchten jetzt Taschenlampen auf. Sie sind auf das Manometer gerichtet.

»Da, der Zeiger hat sich doch bewegt«, sagt einer. »Nein, er steht doch, ja, jetzt geht er zurück«, höre ich Kaufmann sagen. Rasch gleitet der Zeiger über das weiße Feld zurück.

»Boot steigt!« brüllen fünf Stimmen zugleich. »Laufend Tiefe durchgeben. Heckraum meldet sich nicht mehr«, schreit Keller in der Zentrale. »Die sind wohl abgesoffen da hinten«, sagt einer. »Zweihundert gehen durchs, meldet Kaufmann. Hundertachtzig gehen durch!« Unsere Herzen schlagen höher. Es geht aufwärts.

»Hundertfünfzig gehen durch!« Wie im Fahrstuhl geht es aufwärts. Jetzt ist kein Halten mehr. Die Luft in den Zellen dehnt sich aus, je mehr der Außendruck nachläßt. Wir schießen jetzt förmlich nach oben. »Fluten«, hören wir plötzlich die Stimme des Kommandanten. Aber wir steigen weiter mit unerhörter Schnelligkeit. Und achtern brennt die E-Maschine. »Hundert gehen durch!« – »Siebzig gehen durch!« Das Boot ist nicht zu halten. Gleich müssen wir oben durchbrechen, und dann werden alle Geschütze auf uns losdonnern oder ein Rammstoß wird unseren Druckkörper zerschneiden. Ich habe den Gedanken noch nicht zu Ende gedacht, da sind wir schon durchgebrochen. Wir hören das Rauschen der See, einen Augenblick zeigt der Bug noch steil nach oben, dann klatscht er zurück in die See. Wir sind jetzt stark vorlastig, das ganze Vorschiff muß unter Wasser sein. Da knattert es in den Anblaseleitungen; es wird vorne geblasen, bis wir auf ebenem Kiel liegen. Wir sehen uns alle ratlos an. Was soll nun geschehen?

Walter Groß reißt im OF-Raum einen Tauchretter vom Haken und ruft. »Klar bei Tauchretter und Schwimmwesten! Boot wird sofort verlassen! Weitergeben!« Das Boot wird also aufgegeben, und wir müssen ins kalte Wasser.

Ich sehe, wie Ferdinand nach den Reservetauchrettern greift, die über uns hängen, und falle ihm in den Arm. »Laß hängen für die anderen, die nicht auf Gefechtstationen sind. Wir haben unsere ja im Funkraum.« Er nickt, und wir versuchen, uns durch das Gewühl nach achtern durchzuarbeiten.

Im OF-Raum liegt noch einer in der Koje und schläft. Es ist der Steuermannsmaat Hein Jürgensen. Ich packe ihn am Arm und rufe: »Hein, raus! Wir steigen aus!« Er fährt empor. und sieht mich schlaftrunken an. »Was ist los?« – »Wir steigen aus!« – »Sind wir schon in Lorient?« – »Nein, du Esel! Boot wird verlassen!« Er hält mich am Arm fest. »Was ziehen wir denn an? Segeltuchschuhe oder Stiefel?« – »Womit du am besten schwimmen kannst.« Ich reiße mich los und versuche weiterzukommen. In der Kombüse hat Schewe den Eisschrank geöffnet und greift mit seinen verbundenen Fingern nach einer Rinderzunge. »Sie sollten auch was essen«, sagt er. »Morgen sind wir schon hinter Stacheldraht.« Ich drücke wortlos die Eisschranktür zu und schiebe ihn zur Seite. Wir hasten weiter durch den leeren Offiziers-Raum. Endlich bin ich im Funkraum und greife hinter den Peiler, aber ich greife ins Leere.

Verdammt! Mein Tauchretter, meine Schwimmweste – alles weg. Ich wende mich zum Horchraum, in dem immer ein Reserve-Tauchretter lag. Auch Ferdinand sucht seine Garnitur, dreht sich zu mir und ruft in hellem Zorn »Alles weg! Diese Bande!«

Die Mannschaften steigen schon aus. Obermaschinist Winter steht an der Leiter zum Turm und feuert zur Eile an. Hinten in der Backbord-Ecke ist der Zentralemaat Otto Peters damit beschäftigt, die restliche Preßluft durch die Zellen zu jagen. Aus dem Maschinenraum ist Qualm in die Zentrale gedrungen; es stinkt entsetzlich nach elektrischem Brand. Vor den Tiefenrudern sitzt der kleine Wüsteney und weint. »Alles ist vorbei. Unser schönes Boot!« Winter packt ihn am Arm und schiebt ihn zur Leiter. »Los, raus! Ehe sie uns rammen!«

Winters linke Hand umklammert die Leiter, gegen die sich der LI lehnt und mit weit aufgerissenen Augen nach oben durchs Luk starrt.

Trotz der zischenden Preßluft höre ich, wie Winter ihn anbrüllt: »Du steigst ganz zuletzt aus und reißt die Entlüftungen auf. Dafür sorge ich!« Donnerwetter, denke ich. So sieht also das Ende aus, wenn es um das nackte Leben geht.

Dann werde ich am Arm gepackt. Vor mir steht der II WO, Keller, mit Tauchretter und Schwimmweste, und sagt »Hirschfeld, wir müssen noch geheime Sachen vernichten.« Ich werfe einen Blick nach vorne. Laut Vorschrift müßten wir jetzt die Geheimsachen in einen Beutel stecken und, mit einem Gewicht versehen, durch ein Torpedorohr hinausschießen. »Wir können nichts mehr rausschießen, Herr Leutnant«, sage ich. »Von der Torpedowaffe ist keiner mehr vorn.« – »Dann reißen Sie wenigstens Ihre Rotdrucke raus und treten Sie die Dinger in das Bilgenwasser.« Erst jetzt sehe ich, daß der Kokosläufer, auf dem wir stehen, in dreckigem Wasser schwimmt, das bei der starken Lastigkeit vom Bugraum hierhergeflossen ist.

Ich stürze in den Funkraum, reiße die Spinde auf und werfe die wasserlöslichen Rotdrucke in die Wasserlache. Der II WO hat das Geheimfach in der Kommandantenkoje geöffnet und feuert ebenfalls alles raus, was auf wasserlöslichem Papier gedruckt ist. Jetzt kommt auch Ferdinand und hilft mir. Er hat eine Schwimmweste um. »Wo hast du die her?« frage ich ihn. »Aus dem Offiziersraum«, raunt er mir zu. »Sieh doch, da liegt der Tauchretter vom Alten auf seiner Koje!« Ich glaube zuerst an Halluzination. Vielleicht ist es auch nur die leere Tasche. Mit einem Sprung bin ich an der Kommandantenkoje. Tatsächlich – der Tauchretter ist noch drin.

»Hat der Alte keinen Tauchretter um?« frage ich den II WO, der immer noch die Umschläge mit der inneren Schlüsseleinstellung zerreißt und ins Wasser tritt. »Nee, der braucht keinen. Er will nicht gefischt werden. Nehmen Sie ihn ruhig.«

In der Zentrale wird geschrien. Ich stecke den Kopf durch das Luk, um zu hören, was los ist, aber man kann in dem Lärm nichts verstehen. Endlich hat Obermaschinist Winter begriffen, was los ist. »Festblasen! Festblasen«, brüllt er, den Lärm übertönend, zum Zentralemaaten. Otto Peters reagiert blitzartig und wirbelt die Ventile dicht. Das Sausen und Zischen hört auf. Plötzlich ist Stille um uns. Winter zieht die letzten Männer von der Leiter und tritt unter das Luk. »Was ist los da oben?« fragt er.

»Kein Zerstörer mehr da«, ertönt die Stimme des I WO. Ein Aufatmen geht durchs Boot. Wir können es kaum fassen. Der ganze Wirbel umsonst? Keller sieht mich an. Die Tragweite unserer Vernichtungsaktion wird uns bewußt, und wir versuchen unsere Rotdrucke aus dem Wasser zu zerren, aber die Ausbeute ist gering.

Gleich darauf kommt der Kommandant in die Zentrale. »Winter«, ruft er. »Löschen Sie sofort die E-Maschine und lassen Sie Schewe die Diesel anwerfen. Wir müssen sofort hier weg.« Dann kommt der Alte durch das Kugelschott und sieht uns in den nassen Geheimpapieren wühlen. Er sagt kein Wort und setzt sich auf seine Koje. Die Haare hängen ihm wirr ins Gesicht.

»Hirschfeld, wir müssen etwas zu essen haben«, sagt er müde. »Jawohl, Herr Kapitän. Ich lasse auch sofort einen starken Kaffee kochen«, antworte ich, ohne daran zu denken, daß wir noch gar keinen Strom haben. Gerade kommt Järschel durchs Luk. Ich halte ihn am Arm fest. »Järschel, einen prima Kaffee. Und versuchen Sie von den Broten noch etwas zu retten. Sie liegen überall herum.« Der nickt mißmutig. »Die meisten liegen aber in der Scheiße, Herr Funkmaat. Der Scheißkübel im Bugraum ist auch umgekippt.« Brummend geht er in die Kombüse.

Also deswegen stinkt es hier so entsetzlich. Es wird noch eine Weile dauern, bis er sein Wasser kochen kann. Erst muß der Brand in der E-Maschine gelöscht sein. Jetzt, da das Kugelschott zum Diesel geöffnet ist, dringt von achtern ein entsetzlicher Gestank nach vorne. Der Maschinenmaat Vetter kommt durch das Luk gestiegen und fragt nach mir. Sein Gesicht ist mit Blut verschmiert. »Nanu, Walter, was ist dir denn passiert?« Er drückt einen blutverschmierten Putzlappen gegen das linke Auge. »Mir ist bei der Achterlastigkeit im Dieselraum ein Ersatzteilkasten an den Kopf geflogen.« Ich ziehe ihn zum Arzneischrank und nehme den Putzlappen weg. Verdammt, die linke Augenbraue hängt herab und muß geklemmt werden. Wieder kommt mir Hein Jürgensen zu Hilfe und verarztet den Mann fachgerecht. Gerade als wir fertig sind, flammt das Licht auf.

»Brand in E-Maschine gelöscht!« wird in der Zentrale gemeldet. Gleich darauf fauchen die Diesel los, doch das vertraute Geräusch verstummt sofort wieder. Obermaschinist Schewe kommt durch die Zentrale gerannt. »Backborddiesel brennt«, schreit er. »Wo sind noch Feuerlöscher?« Ich reiße den Feuerlöscher neben dem Funkraum aus der Halterung und reiche ihn in die Zentrale. Schewe rennt damit zurück und löscht den Brand in kurzer Zeit.

Dann gehen die Männer an der E-Maschine vorsichtig daran, das Luk zum Heckraum zu öffnen. Alle nehmen an, daß er vollkommen abgesoffen ist, aber kein Wasser strömt ihnen entgegen. Die beiden Männer, die im Heckraum auf Gefechtsstationen bleiben mußten, sind wohlauf. Der Matrosen-Gefreite Karl Will und der Torpedomixer sind zwar etwas grün im Gesicht, aber sie leben. Bei der plötzlich auftretenden Achterlastigkeit rutschte der Mixer zwischen die Torpedorohre und riß das Kabel des Mikrofons ab, das er gerade in der Hand hielt. So wurde die Sprechverbindung zum Heckraum unterbrochen. Zwei Spanten sind eingedrückt, und der Dichtungsring am achteren Torpedoluk ist nach innen weggedrückt. So kam es zum Wassereinbruch.

Die E-Maschine und der Dieselraum gleichen einer Schneelandschaft. Die Schaumlöscher haben ganze Arbeit geleistet. Beim Anblick der Diesel könnte man weinen, aber Schewe ist mit seinen Männern bereits an der Arbeit. Ich habe weiter nichts zu tun und steige auf die Brücke, um etwas frische Luft zu schnappen. Leise wiegt das Boot in der langen Dünung auf und ab. Es ist kaum zu fassen, daß wir diese Hölle überstanden haben. Auf den ersten Blick scheint die See frei zu sein, aber im Osten steht eine dicke Qualmwolke. Ich setze mich neben den II WO auf den Wintergarten. Er schiebt mir eine Zigarette zwischen die Lippen, und während er mir Feuer gibt, sagt er düster: »Wenn wir hier nicht bald abhauen, sehe ich schwarz.« – »Warum?« frage ich. Er deutet auf die Qualmwand im Osten. »Was denken Sie, was dahinter liegt?« Ich starre hinüber. Bedächtig spricht er weiter: »Ich habe zuletzt am Horchgerät gesessen und weiß, daß die Zerstörer nicht abgelaufen sind. Sie haben uns nur verloren, weil wir so tief waren.«

Ein Zittern geht durch das Boot, und gleich darauf faucht der Steuerbordauspuff. »Steuerbord-Maschine macht kleine Fahrt voraus!« wird von unten gebrüllt. Wir atmen auf, weil nun wenigstens ein Diesel wieder läuft. Langsam nimmt das Boot Fahrt auf. Der Bug dreht nach Südwesten. Kurs Labrador.

Das Maschinenpersonal stellt dauernd neue Schäden fest: Die Kopfventile der beiden dicken Zuluftmasten sind gerissen, Backbord-Drucklager und Wellenlager sind ausgelaufen, achterer Tiefenrudermotor und beide Batterien haben vollen Schluß, Backbord-E-Maschine ist völlig ausgebrannt, die Steuerbordwelle schlägt, daß man es im Bugraum hört. Das Gruppenhorchgerät ist nur noch bedingt klar. Die meisten der 48 Empfänger sind ausgefallen. Irgendwo muß auch eine Zelle gerissen sein. Wir ziehen eine Ölspur hinter uns her.

Beim Überprüfen der Tiefenmanometer in Turm und Zentrale stellt Otto Peters fest, daß sie in Ordnung sind, aber lediglich das Zentrale-Tiefenmanometer abgestellt war. Wüsteney hätte das Tiefenmanometer Turm abstellen sollen und hatte versehentlich das Tiefenmanometer Zentrale abgedreht. Der LI wiederum hatte vergessen, das Rohr zu entwässern, weshalb ihm die Verwechslung nicht auffiel. So sank das Boot langsam immer tiefer, während der LI glaubte, wir seien auf 100 Meter.

Wie es doch auf jeden Mann ankommt. Unser Boot hatte wie ein Wunder die schwersten Wasserbombenserien überstanden und wäre dann beinahe durch den falschen Handgriff eines Heizers vernichtet worden. Oder war gerade dieser falsche Handgriff unsere schicksalhafte Rettung? Der Kommandant wäre wohl nie auf diese Tiefe gegangen. »Nun ja«, meint Otto Peters lächelnd, »wir wissen jetzt endlich, wie tief wir mit diesen Booten gehen können. Die Werft konnte es uns ja nicht sagen.«

Um den Gestank im Vorschiff loszuwerden, hat Walter Groß kurz entschlossen alle Kokosläufer zusammenrollen lassen und über Bord geworfen. Jetzt wird eifrig mit P III geschrubbt.

22. Mai 1941. In der Nacht bekomme ich wieder Strom und meine Umformer springen alle noch an. Auch die Lüfter laufen wieder auf Hochtouren. Wir schalten auf Atlantikwelle; die geretteten Schlüsselmittel reichen noch bis Ende Mai. Kurzsignalheft, Wetterkurzsignal und die meisten Tauschtafeln aus wasserlöslichem Rotdruck sind vernichtet. Von der inneren Einstellung der Schlüsselmaschine ›M‹ hatte der II WO gerade den letzten Umschlag in der Hand, als der Ruf zum ›Festblasen‹ kam. Die Einstellung endet am 31. Mai. Alle anderen Schlüsselunterlagen für diese Unternehmung sind nicht mehr lesbar. Wenn wir bis Ende Mai keinen Stützpunkt erreicht haben, muß uns der BdU eine eigene Welle zuweisen, auf der wir mit den alten Schlüsselmitteln weiter funken können.

Unter den FTs, die wir im Wiederholungsprogramm auf Längstwellen hereinholen, ist auch eine Weisung an die Boote am Geleit ›Kuppisch‹. Wenn die Abwehr zu stark geworden, sollen die Boote nicht länger am Konvoi bleiben. Wir setzen uns nach Südwesten ab, um das Boot gründlich zu überholen, und geben dann endlich unsere Meldung an Kernevel ab. »An BdU: Aus Geleit Kuppisch einen 7000 BRT-Munitionsdampfer. Nach Waboverfolgung durchgesackt auf T 100, BB-Wellenlager, St. B.-Drucklager ausgelaufen. Brand BB-E-Maschine. – AJ 3473. – U 109.«

Den Namen des versenkten Schiffes kennen wir leider nicht, werden ihn aber wohl noch vom BdU erfahren.

23. Mai. 1941. Der Wind hat aufgefrischt und kommt mit Stärke sieben genau aus Westen. Das Boot rollt mächtig in der hohen Dünung und erschwert die Arbeit der Männer im Maschinenraum.

Der BdU hat die Westboote zu einem neuen Vorposten-Streifen formiert. Obwohl das Boot nicht mehr tauchfähig ist, läßt der Kommandant den Marsch zur befohlenen Position antreten. Das löst eine heftige Debatte in der Offiziersmesse aus. Ich kann vom Horchraum aus fast jedes Wort verstehen. Alle Offiziere sind gegen einen erneuten Einsatz mit dem schwer angeschlagenen Boot, das eine nochmalige Wasserbomben-Verfolgung nicht aushalten würde. Sollte ein Wassereinbruch durch die Zuluftmasten erfolgen, wäre es kaum noch möglich, das Boot durch Anblasen der Zellen nach oben zu bringen.

Da die Schäden mit Bordmitteln nicht zu beheben sind, entschließt sich der Kommandant zum Rückmarsch. Wir geben erneut einen FT ab. »An BdU: BB-Drucklager beschränkt wieder klar. BB-E-Maschinenanker eins ausgefallen. Achterer Tiefenrudermotor beide Batterien voller Schluß, St. B.-Welle schlägt. Ein Spant verbogen. Boot eingeschränkt tauchklar. Trete Rückmarsch an. U 109.«

Die Nachricht geht schnell durch alle Räume. Die Männer atmen auf, sprechen schon wieder vom Urlaub und was sie dann alles anstellen wollen. Um 13.00 Uhr kommt eine Sondermeldung über den Rundfunk »U-Boote versenkten über 100.000 BRT.« Auch unser Munitionsdampfer wird erwähnt.

24. Mai 1941. Es hat noch stärker aufgebrist. Eine schwere Dünung rollt von Westen. Der Kommandant beabsichtigt, weit nach Süden auszuholen, um dann die Biskaya anzusteuern.

Die Steuerbord-E-Maschine haben die Männer wieder klar gekriegt. Die Arbeiten an der Batterie sind auch abgeschlossen. Die ausgelaufene Säure wurde durch kräftiges Durchspülen beseitigt. Der LI will einen Tauchversuch durchführen. Uns ist gar nicht wohl dabei. Die Brückenwache steigt friedensmäßig ein. Der I WO schraubt das Turmluk zu, und dann erst knallen die Entlüftungen auf. Die Diesel sind verstummt. Früher als sonst läßt der LI die hintere Entlüftung ›eins‹ ziehen, um beim Untertauchen eine zu große Lastigkeit nach vorn zu vermeiden. »Auf 20 Meter gehen«, befiehlt der Kommandant. Noch zweimal rauschen die Brecher gegen den Turm, dann umgibt uns wieder die eisige Stille der Tiefe.

Ferdinand und ich sitzen am GHG. Ich lasse den Zeiger über die Skala gleiten und höre in 90 Grad sofort ein scharf abgegrenztes Schraubengeräusch. Wir sehen uns erstaunt an. Ferdinand schüttelt den Kopf. »Kann nicht sein. Oben war nichts zu sehen.« Ich kann auch nicht glauben, daß ein Schiff so nah ist. Aber wie kommt es zu diesem Geräusch? Wir überlegen. Es kann sich nur um unser eigenes Geräusch handeln. Aber wie kommt es genau auf 90 Grad?

Da hören wir den LI rufen: »Kann Boot nicht halten, Herr Kapitän! 60 Meter gehen durch!« Also läßt sich das Boot mit der einen E-Maschine nicht mehr auf einer bestimmten Tiefe steuern. Die Stevenbuchsen, die schon bei Überwasserfahrt Wasser machten, lecken stark und der Dieselzuluftmast ist auch undicht. »Auftauchen«, sagt der Alte nur. Es knattert in den Anblaseleitungen und wir schießen nach oben. Befreit hören wir wieder das Rauschen der See.

Südlich von uns meldet ein Boot einen Geleitzug. Wir laufen in großem Bogen um ihn herum. Hümpel reicht mir einen gerade entschlüsselten Funkspruch. Ich lese ihn und es verschlägt mir den Atem. »Schlachtkreuzer *Hood* heute morgen in der Dänemarkstraße von *Bismarck* versenkt. Große Kreuzer halten Fühlung an *Bismarck* und *Prinz Eugen. Bismarck* versucht die fühlunghaltenden Streitkräfte über West-Boote zu ziehen!«

Westboote? Das ist der Vorpostenstreifen, dem wir auch zugeteilt waren. Der Kommandant liest den FT und sagt nur: »Donnerwetter!« Dann geht er in die Zentrale und verliest den Funkspruch über die Lautsprecheranlage. Englands größter Schlachtkreuzer ist nicht mehr. Es war der Traum aller U-Boot-Fahrer, dieses berühmte Schiff einmal vor die Rohre zu bekommen. ›Parole Hood‹ hieß es lachend beim Auslaufen. Nun hat es die *Bismarck* geschafft.

25. Mai 1941. Heute ist Sonntag, aber hier draußen sind alle Tage gleich. Der Wind hat auf Nordwest gedreht. Eine schwere Dünung schiebt uns vor sich her. Oft läuft die See von achtern in die Brücke, so daß die Brückenwache das Turmluk zudrücken muß. Dann fauchen und gurgeln die Diesel, bis der Auspuff wieder frei ist. Die Stevenbuchsen achtern lecken jetzt auch beim Überwassermarsch stark.

Bruno hat schon wieder Stuhlverstopfung. Ich frage ihn, wann er zuletzt auf dem Lokus war. »Na, ja«, sagt er gedehnt, »damals bei dem Einlauf.« Mir verschlägt es die Sprache. Das war vor 11 Tagen. Also die ganze Prozedur noch einmal. Als der Kommandant davon hört, sagt er zu mir: »Den können wir nicht wieder mitnehmen.«

Hinter uns kommt die *Bismarck* mit großer Fahrt von Norden. Sie kann nur noch 28 Seemeilen laufen, da sie einen Treffer im Vorschiff hat. Der BdU unterrichtet uns laufend über die Lage, da die U-Boote keine Schlüsselmittel der Flotte besitzen. Die *Bismarck* zieht starke englische Streitkräfte hinter sich her und will in Brest einlaufen. Von Kanada, England und Gibraltar sind Träger mit Schlachtschiffen ausgelaufen, um sie zu stellen.

Uns kann eigentlich nur noch die südliche Gruppe mit dem Träger

Arc Royal gefährlich werden. Aus dem Süden meldet Kapitänleutnant Schewe durch FT: »93.000 BRT versenkt. Verschossen. Trete Rückmarsch an.« Es dauert nicht lange, da kommt ein FT an Schewe: »Zähigkeit hat doch gelohnt. BdU.«

26. Mai 1941. Wir rollen schwer in der langen Atlantikdünung. Dunkle Wolken jagen am Himmel dahin. Es sieht aus, als würden wir von einem Sturmtief eingeholt.

Nordöstlich von uns meldet Kentrats U 74: »Ein Schlachtschiff, drei Zerstörer, Kurs 170 Grad.« Als ich diesen FT in die Zentrale gebe, höre ich den Obersteuermann fluchen: »Verdammt! Die haben genau Kollisionskurs mit uns.« Der Kommandant läßt nach Süden abdrehen. Wir laufen aber dadurch noch mehr Gefahr, in den Bereich des Trägers *Arc Royal* zu kommen, der vermutlich schon in der Biskaya steht. Der ganze Nordatlantik scheint auf einmal von Kriegsschiffen zu wimmeln.

Und ausgerechnet wir müssen uns inmitten dieser Ansammlung von Seestreitkräften tauchunklar nach Hause schleichen. Sehnlichst erwarten wir die Nacht, die uns vor Flugzeugen, Zerstörern und Schlachtschiffen schützen wird. Am Abend kommt ein FT vom BdU mit niederschmetternder Wirkung: »*Bismarck* durch Torpedotreffer in Ruderanlage zur Zeit steuerungsunfähig in Quadrat BE ...«

Wir vergleichen die Quadrate auf der Seekarte. Die *Bismarck* steht 600 Seemeilen von Brest und wir ungefähr 100 Seemeilen südwestlich von ihr. Dann ein neuer FT vom BdU: »An alle Boote in Biskaya! Wer noch Torpedos hat, ran zum Schutze *Bismarck.*«

Zweimal liest der Kommandant diesen Funkspruch, dann sieht er mich an. »Ja, damit sind auch wir gemeint«, sagt er, ruft nach dem LI und fragt ihn: »Können wir große Fahrt laufen?« Oberleutnant Ing. Weber überlegt einen Augenblick. »Nein, Herr Kapitän. Die Wellen würden anfangen zu brennen. Außerdem würden die Stevenbuchsen noch mehr Wasser machen.« Der Alte brummt »Na gut. Trotzdem Kurs 52 Grad.«

Im Vorschiff hat sich wie immer schnell herumgesprochen, was der Kommandant vorhat. Aber achtern ahnt man noch nichts. So kommt es, daß der Alte den ahnungslosen Maschinen-Obermaat Breuer regelrecht überlisten kann. Er zieht ihn von den hämmernden Dieseln weg in den E-Maschinenraum und sagt: »Obermaat Breuer, Sie wollen doch auch schnell nach Hause kommen. Können wir große Fahrt laufen?«

Matthias Breuer kratzt sich verlegen am Hinterkopf. »Ja, Herr Kapitän«, sagt er gedehnt, »wenn wir auf jede Welle einen Mann mit der Ölkanne zum Kühlen hinsetzen, mag es gehen. Aber die Wellen gehen dabei zum Teufel.« Der Alte winkt mit der Hand ab. »Unwichtig. Setzen Sie gleich die Männer auf die Wellen. Wir werden große Fahrt laufen.«

Gleich darauf steht der Kommandant in der Zentrale unter dem Turmluk und ruft nach oben: »Beide Maschinen große Fahrt voraus!« Der Rudergänger denkt, er hört nicht recht, und brüllt zurück: »Nicht verstanden!« Dem Alten schwillt die Ader auf der Stirn. »Beide Maschinen große Fahrt voraus!« ruft er nochmals hinauf. Jetzt erkennt der Rudergänger den Kommandanten. »Jawoll, Herr Kapitän. Beide Maschinen große Fahrt voraus!«

Ein Zittern geht durch das Boot. Die Diesel hämmern los. Hoch hebt sich der Bug aus der beinahe von vorn kommenden See, um donnernd zurückzufallen und von der nächsten Woge überrannt zu werden, die wuchtig gegen die Turmverkleidung knallt. Der LI kommt aus der Offiziersmesse in die Zentrale gestürmt. »Wer hat das befohlen?« schreit er aufgeregt den am Kartentisch lehnenden Obersteuermann Petersen an. Der sieht ihn nur kurz an und wendet sich wortlos wieder seiner Karte zu. Aus dem Schatten des Turmluks tritt der Kommandant ins Licht.

»Ich habe das befohlen«, sagt er leise. »Aber, Herr Kapitän, ich habe Ihnen doch gemeldet, daß die Maschinen keine große Fahrt laufen können!« Der LI ist sehr erregt. Seine Stimme überschlägt sich fast. »Außerdem habe ich Ihnen das Boot kampfunfähig gemeldet.« – »Schweigen Sie!« Korvettenkapitän Fischer wirft ihm einen vernichtenden Blick zu. Ein gefährlicher Unterton schwingt in seiner Stimme mit, als er sagt: »Ein Schlachtschiff ist wohl ein U-Boot wert. Heut nacht haben wir noch die Chance, einen Träger oder ein Schlachtschiff zu versenken. Wir haben die meisten Torpedos an Bord. Die anderen Boote sind verschossen.« Er macht eine Pause, um dann leiser fortzufahren: »Morgen wird das Boot bei Insichtkommen von feindlichen Einheiten oder Flugzeugen versenkt. Wir werden uns nicht aufbringen lassen.«

Der LI sieht sich hilflos im Kreise um. Der Kommandant beachtet ihn nicht mehr und beugt sich über die Seekarte. Ich verlasse die Zentrale und gehe nach vorn in den Unteroffiziersraum. Vorn wissen sie schon, was anliegt. Otto Peters haut mit der Faust auf die Back. »Verdammte Sauerei! So dicht vor dem Hafen sollen wir noch draufgehen. Dem Matthias könnt ich die Gurgel abdrehen.« Ich winke ab. »Er konnte ja nichts dafür, Otto. Er denkt ja jetzt noch, daß wir nach Hause fahren.« – »Oh«, stöhnt Otto Peters verzweifelt, »wie kann man nur so dämlich sein.«

27. Mai 1941. Der Wind aus Nordwest ist zum Sturm geworden. Nach Mitternacht ist der II WO mit seiner Wache aufgezogen. Oberleutnant zur See Schwartzkopff kommt fluchend und schnaufend mit seiner Wache von oben. Sie sind durch und durch naß. Der Kommandant lehnt am Kartentisch und beobachtet die Männer, während der I WO sich den Südwester abbindet.

»Herr Kapitän«, sagt er, »ich glaube kaum, daß wir die hohe Fahrt beibehalten können. Die Brücke ist dauernd unter Wasser, und es ist verdammt finster. Wir können kaum etwas sehen.« Der Kommandant wirft einen Blick auf die Karte und schüttelt den Kopf. »Wir müssen aber so weiter laufen. Sonst kommen wir nicht ran. Ich werde selbst mal nach oben gehen.«

Der Kommandant steigt durchs Kugelschott, um sich seine Lederjacke und den Südwester zu holen. Ich stehe noch am Kartentisch, als der Kommandant wieder in der Zentrale erscheint und sich den Südwester aufstülpt. Da wird plötzlich von oben gebrüllt: »Beide Maschinen stopp! Äußerste Kraft zurück!« Mir steht für einen Augenblick das Herz still. Was ist da oben los? Nur eine unmittelbar tödliche Gefahr kann diesen Befehl ausgelöst haben. Der Alte stürmt die Leiter zur Brücke empor.

In der Maschine haben sie blitzschnell reagiert. Das ganze Boot bebt und zittert. Die Diesel laufen rückwärts. Ich stehe unter dem Luk und horche nach oben. Der LI erscheint in der Zentrale und fragt: »Was ist los?« Wir zucken die Schultern. Otto Peters stößt mich an. »Hast du deinen Tauchretter klar?« – »Nee, verdammt!« Er wiegt bedächtig seinen Kopf. »Vielleicht brauchen wir ihn gleich.«

Da kommt von oben der Befehl »Beide Maschinen stopp!« Es ist auf einmal sehr still im Boot. Keiner sagt etwas. Das Boot wiegt sich in der langen Dünung und schwoft langsam quer zur See. Sonderbar, das wird doch sonst immer vermieden. Die Spannung wird unerträglich. Der LI sitzt neben mir auf einem Kartoffelsack. Wir warten voller Unruhe. Immer stärker holt das Boot über.

Endlich kommt von oben der Befehl: »Beide Maschinen kleine Fahrt voraus.« Die Diesel brummen wieder auf. Langsam nimmt das Boot Fahrt auf und wird auf den alten Kurs gebracht. Das seitliche Überholen hört auf. Gleich darauf hören wir den Rudergänger im Turm den Befehl wiederholen: »Große Fahrt voraus!« Wieder orgeln die Brecher über das lange Vorschiff und knallen gegen den Turm.

Nach einer Weile kommt der Kommandant von oben und wirft fluchend den Südwester auf die Kartoffelsäcke. »Na, das ist noch mal gutgegangen.« Er lacht uns an wie ein Junge, dem ein Streich gelungen ist. »Sechs Zerstörer Backbord gestaffelt von Südosten über unseren Kurs. Hätten uns beinahe über den Haufen gefahren!«

Obersteuermann Petersen holt tief Luft. »Haben sie uns nicht bemerkt, Herr Kapitän?« Der Alte lacht wieder. »Na, dann hätten sie uns doch wegrasiert, kaum 90 Meter vor unserem Bug gingen sie vorbei.« Er schüttelt den Kopf. »Die haben nichts gesehen. Es ist auch stockfinstere Nacht da oben.«

»Wir sollten doch lieber mit der Fahrt runtergehen, Herr Kapitän«, wagt Petersen einzuwerfen. »Es hat doch keinen Zweck, so blind gegen die See anzulaufen, wenn die Wache oben dauernd unter Wasser steht.« Der Kommandant zieht die Augenbrauen hoch. »Mein lieber Petersen. Seit den Abendstunden steht die *Bismarck* im Kampf mit überlegenen Streitkräften und versucht mit Schrauben zu steuern. Sie wissen, was das heißt, bei dieser See.« Seine Stimme klingt heiser, als er weiterspricht: »Das Schiff ist verloren!« Mir läuft es kalt über den Rücken, wenn ich an die 2400 Mann denke, die da zum Sterben verurteilt sind. »Sehen Sie, Petersen, heute nacht ist die letzte Chance, einen Träger zu erwischen. Deshalb müssen wir erst mal ran, ganz gleich, was geschieht.«

Der Obersteuermann wendet sich resigniert seinen Karten zu. Ich steige durch das Kugelschott und begebe mich in den FT-Raum, um Ferdinand abzulösen. Es ist 2.00 Uhr. Ein gewaltiger Funkverkehr läuft auf den U-Boot-Wellen. Hümpel hat vollauf zu tun, um alles zu entschlüsseln, was ich aufnehme. U 556, Wohlfahrt, erhält vom BdU den Befehl, an die *Bismarck* heranzugehen und das ›Tagebuch Flotte‹ zu übernehmen. Wohlfahrt meldet aber einige Zeit später, daß dieser Einsatz wegen Brennstoffmangel nicht möglich sei. Darauf funkt U 74, Kentrat, daß er versuchen will, das Tagebuch zu übernehmen. Er ist aber nach der Wabo-Verfolgung bei Kap Farewell nur beschränkt tauchklar und kann sich wegen undichter Außenbordverschlüsse höchstens eine Stunde unter Wasser halten. Nach seinen Angaben muß er in der Nähe der *Bismarck* stehen.

Bald darauf wird auf U-Boot-Wellen ein Funkspruch der *Bismarck* wiederholt, der uns allen bis in die Knochen geht: »Wir kämpfen bis zur letzten Granate! Es lebe der Führer! Es lebe Deutschland!« Da kämpfen also 2400 Mann und wissen genau, was ihnen bevorsteht. Nichts kann sie mehr retten. Die U-Boote ringsum, sie haben sich in Geleitzugkämpfen verschossen. Nur wir haben noch Aale, und ausgerechnet wir sind tauchunklar.

Wer wohl den FT auf der *Bismarck* abgegeben hat? Ich versuche, mir die Männer im Funkraum des Schlachtschiffes vorzustellen. Viele von den Maaten kenne ich, denn ich war mit ihnen vor der Norwegenaffäre auf die *Karlsruhe* kommandiert. Nach dem Untergang des Kreuzers vor Kristiansand war ich zur U-Boot-Waffe und sie zur Baubelehrung *Bismarck* gekommen. Als ich ihn das letztemal in Hamburg traf, sagte mein Freund Fred Hämisch noch zu mir: »Unser Schlachtschiff ist die beste Lebensversicherung.« Als ich das bezweifelte, meinte er: »Jedenfalls haben wir größere Chancen, diesen Krieg zu überleben, als ihr auf euren U-Booten.«

Der Kommandant ist wieder auf die Brücke gegangen, weil die Wache Mündungsfeuer gesehen hat. Um 3.00 Uhr kommt Kurswechsel auf 120 Grad. Einige Male holen wir schwer über, dann liegt das Boot ruhiger in der See.

Da wir die Funksprüche bereits aufgearbeitet haben, übergebe ich die Kopfhörer an Hümpel und steige kurz auf die Brücke, um frische Luft zu schnappen. Der Kommandant steht neben dem WO und starrt unentwegt in die Richtung, in der es am Horizont aufblitzt. Der Sturm heult um die Turmverkleidung. Er muß in den letzten Stunden noch zugenommen haben. Wie hoch die See geht, kann man nur ahnen. Es ist immer noch stockfinster. Eine grauenhafte Nacht.

Aber was wird sein, wenn der Morgen kommt? Ich denke mit Grauen daran, in dieser See schwimmen zu müssen. Einen eigenen Tauchretter habe ich wieder. Aber wie lange hält man es aus, bis man im Wasser vor Kälte erstarrt? Und wer soll uns retten?

Ich gehe wieder in den Funkraum. Meine Wache dauert bis 08.00 Uhr. Wir arbeiten wieder Funksprüche auf. Nichts mehr von Bedeutung. Der FT-Verkehr hat sehr nachgelassen. Der Kommandant sitzt auf seiner Koje und starrt sinnend zu uns hinüber. Von der Zentrale kommt durch Lautsprecher der Befehl: »Tauchretter nachfüllen!« Als ich daraufhin mit meinem Tauchretter zur Zentrale will, wo sich der nächste Füllstutzen befindet, lacht der Kommandant und sagt: »Dieser Notausgang für Helden wird euch auch nichts nützen.«

Als Ferdinand zur Ablösung erscheint, ist der Funkverkehr fast ganz zum Erliegen gekommen. Ich ziehe meine Lederjacke an, um noch eine Pfeife auf der Brücke zu rauchen. »Gehen Sie nach oben?« fragt der Kommandant. »Jawoll, Herr Kapitän!« – »Sagen Sie dem WO, daß ich ein wenig schlafen werde. Bei Insichtkommen von Flugzeugen soll er mich sofort wecken.« – »Jawoll, Herr Kapitän!«

Langsam steige ich die Leiter nach oben. Im Turm zünde ich meine

Pfeife an. »Frage: Ein Mann Brücke?« – »Kommen Sie rauf«, knurrt Obersteuermann Petersen. Ich melde ihm, was der Kommandant befohlen hat. Er nimmt das Glas von den Augen und sieht mich schweigend an. Ich nicke. »Unten ist alles zum Versenken klar. Ich habe meine restlichen Geheimsachen schon in Säcken mit Grundgewichten.« Petersen nimmt wortlos das Glas wieder vor die Augen und stützt die Ellenbogen auf die Turmverkleidung.

Der Morgen ist schnell heraufgekommen. Eine mächtige See rollt von Nordwest und schiebt uns vor sich her. Ich bleibe auch noch oben, als meine Pfeife schon längst ausgegangen ist. »Ziemlich leichtsinnig von Ihnen«, knurrt mich der Obersteuermann von der Seite an, »so ohne Tauchretter hier oben zu erscheinen.« – »Aber«, sage ich, »wer soll denn bei diesem Wetter noch fliegen?« Ich muß daran denken, daß die deutsche Luftwaffe gerade wegen diesem Wetter der *Bismarck* nicht zu Hilfe kommen kann; aber gerade als ich die Brücke verlassen will, läßt uns der Schrei des achteren Steuerbord-Ausgucks zusammenfahren. »Flugzeug in 160 Grad!« – »Verdammt«, knurrt Bootsmaat Wenzel, »fünf Maschinen.« Der Obersteuermann sagt nichts und unternimmt auch nichts. Bald kann ich die Maschinen mit bloßem Auge sehen. Sie fliegen in ungefähr 8000 Meter an Steuerbord vorbei. Wir starren wie gebannt zu ihnen hinauf. Wenn sie jetzt einschwenken, ist es aus.

Petersen und Wenzel folgen ihnen mit den Gläsern, bis sie ihren Blicken entschwinden. Dann sagt Wenzel zu mir: »Das ist noch mal gut gegangen. Vielleicht hatten die andere Sorgen und suchten ihren Träger.« Der Obersteuermann drückt mit dem Fuß das Turmluk dicht. »Hört mal alle her. Daß ihr mir ja die Schnauze haltet. Der Alte darf das nie erfahren.« Wir nicken. Dann steige ich wieder nach unten; ohne Tauchretter ist mir doch nicht ganz wohl auf der Brücke.

Im Funkraum erzählt mir Ferdinand, daß der Londoner Rundfunk schon die Versenkung der *Bismarck* gemeldet hat. Der deutsche Nachrichtendienst spricht lediglich davon, daß sie seit den Abendstunden im Gefecht mit überlegenen schweren Streitkräften stehe.

Um 14.00 Uhr kommt ein FT über die Lage. Die Seekriegsleitung nimmt an, daß die *Bismarck* gesunken ist. Ferner wird uns mitgeteilt, daß der spanische Kreuzer *Canarias* mit zwei Zerstörern zur Rettung Überlebender aus El Ferrol ausgelaufen ist. Außerdem befindet sich der deutsche Wetterdampfer *Sachsenwald* als Fischdampfer getarnt im Kampfgebiet. Alle U-Boote werden aufgefordert, nach Überlebenden zu suchen.

Wir suchen bis zum Abend, finden aber nichts. Soweit das Auge reicht, nur weiße Schaumkämme. Die armen Kerle! Da ist es doch besser, einfach in die Luft zu fliegen wie die *Hood.* Als es dunkel wird, bricht der Kommandant die Suche ab. Kurs Lorient!

Mit großer Fahrt hämmern die Diesel das Boot gen Osten. Wir haben wieder Hoffnung, den Hafen doch noch zu erreichen.

Wohlfahrt meldet mit FT, daß er die *Arc Royal* und ein Schlachtschiff ohne Zerstörer-Begleitung vor den Rohren hatte, aber keinen Torpedo mehr besaß.

28. Mai 1941. Wir jagen unbehelligt durch die Nacht nach Osten. Um 1.00 Uhr gebe ich ein Kurzsignal ab: »Stehe in 30 Stunden vor Einlaufhafen. U 109.« Das Signal wird sofort bestätigt. Als ich um 2.00 Uhr nach meiner Ablösung auf die Brücke gehe, riecht es oben nach Land.

In den frühen Morgenstunden gehen neue Funksprüche über die Suchaktion ein. Fünf U-Boote, der Kreuzer *Canarias* und der Dampfer *Sachsenwald* suchen weiter nach Überlebenden der *Bismarck.* Kentrat meldet, daß er drei junge Matrosen auf einem Floß gefunden hat. Sie gehören zur Flakbedienung und sind vor dem Sinken des Schiffes von Bord gegangen.

Die englischen Streitkräfte scheinen abgelaufen zu sein. Die spanischen Zerstörer mußten wegen zu hohem Seegang umkehren. Bei Anbruch der Dunkelheit wird die Suche eingestellt. Der Wetterdampfer *Sachsenwald* hat noch zwei Überlebende gefunden. So wurden fünf Mann gerettet.

29. Mai 1941. Ein herrlicher Morgen kommt herauf. Der Sturm hat nachgelassen. Die See ist ruhiger geworden. Järschel, der Koch, hat auf Befehl des Kommandanten ein Heimkehr-Frühstück zubereitet: Leckere Appetithappen werden auf großen Platten herumgereicht. Wir stehen auf der Brücke, reden, rauchen und lachen. Fast die ganze Freiwache ist auf dem Turm, als die Platten heraufgebracht werden. Mit großem Hallo greifen wir zu. Der Alte lächelt. Die Überraschung ist ihm gelungen.

Die Lords reden nur noch vom Urlaub. Was kann uns noch passieren? In kurzer Zeit muß die französische Küste in Sicht kommen. Nur der Obersteuermann Bruno Petersen wiegt bedenklich den Kopf. »Jungs, Jungs«, brummt er warnend, »wir sind noch nicht im Hafen.« Und die Brückenwache ermahnt er, scharf aufzupassen. Aus Erfahrung weiß er, daß die Feindfahrt erst zu Ende ist, wenn das Boot im Hafen festgemacht hat.

»Sehrohr an Steuerbord!« Der Schrei kommt von Walter Groß. Wir fahren herum. Alle sind verstummt und starren auf die See. »Wo?« fragt der Kommandant. »Schon weg, Herr Kapitän. War nur 100 Meter entfernt. Ein ganz dickes Sehrohr.« Der Kommandant befielt Zickzack-Kurs. Das Heck schwingt scharf herum und die Diesel hämmern höchste Fahrt.

Nach einer Weile schüttelt der Alte den Kopf. »Sie haben sich wohl geirrt, Bootsmaat Groß.« Aber der beharrt auf seiner Meldung: »Habe es ganz deutlich gesehen, Herr Kapitän. Es war ein typisch englisches Sehrohr.« – Jetzt wendet sich der Obersteuermann an den Alten. »Der Groß versteht etwas von englischen Sehrohren, Herr Kapitän.« Der Kommandant antwortet nicht, und ich frage ihn, ob wir nicht einen FT abgeben sollen. Er sieht mich sinnend an. Dann schüttelt er den Kopf. »Nein, lassen Sie man. Wir machen damit nur alles verrückt.« Er glaubt also nicht an das Sehrohr. Ich muß an Kentrat denken, der mit den drei Überlebenden der *Bismarck* hinter uns kommt. Der Londoner Rundfunk hat gemeldet, daß britische Schiffe 110 Mann aufgefischt haben. Es ist unfaßbar, daß es so wenige Überlebende gibt. Sollten die Briten einfach abgelaufen sein? Und wo blieb der Große Kreuzer *Prinz Eugen?* Von ihm ist in keinem der Funksprüche mehr die Rede.

»Land voraus«, meldet Kuddel Wenzel. Es ist die ›Ile de Croix‹. Ein Fischdampfer mit Minensuchgerät erwartet uns schon. Kurze Winksprüche gehen hin und her. Dann nimmt er Fahrt auf, und wir folgen in seinem Kielwasser. Die Sonne lacht vom blauen Himmel.

»Na, Herr Obersteuermann«, kann ich mir nicht verkneifen zu sagen, »was soll uns jetzt noch passieren?« Petersen sieht mich nachsichtig an und legt mir väterlich die Hand auf die Schulter. Mit seiner warmen, sonoren Stimme sagt er: »Haben Sie mal was von Grundminen gehört? Manche kann man vierundzwanzigmal überfahren, und beim fünfundzwanzigsten Mal gehen sie hoch.«

Plötzlich ein Ruf aus der Zentrale: »Funkmaat Hirschfeld in den FT-Raum.« Widerstrebend tauche ich unter. Ferdinand hat noch kurz vor dem Ausschalten der FT-Station einen Funkspruch aufgenommen. »Von U 74. Soeben Sechserfächer ausgewichen in Quadrat BE …« Ich schicke Hümpel sofort mit dem FT auf den Turm. Der Alte kommt von oben, und wir suchen auf der Seekarte die Position, an der Bootsmaat Groß das dicke Sehrohr sah. Hein Jürgensen hat an der gekoppelten Stelle ein Kreuz gemacht, und nun sehen wir! Genau dort wurde auf Kentrat geschossen.

Der Kommandant nagt an seiner Unterlippe. »Wir hätten doch melden sollen«, sage ich. Er nickt nur grimmig und geht wieder nach oben. Die Unterlassung unserer Warnung hätte U 74 beinahe das Leben gekostet. Ich schließe die FT-Station und gehe mit der FT-Mannschaft nach oben. Als wir durch die Enge zwischen Kernevel und der Festung Port Louis kommen, wird das Oberdeck zum Betreten frei gegeben. In der Bucht hinter der Festung sehe ich einen alten verrostenden Kreuzer vor Anker liegen, der mir sehr bekannt vorkommt. »Na«, sagt der I WO Schwartzkopff, der das alte Schiff ebenfalls interessiert betrachtet, »was denken Sie?« »Ein Kreuzer mit drei Schornsteinen und Klippersteven«, sage ich. »Sieht aus wie ein deutscher Kreuzer aus der Skagerrak-Schlacht.« Der I WO nickt. »Sie haben recht. Es ist die alte *Regensburg*. Die Franzosen haben sie als Reparation bekommen. Sie lief lange Jahre unter dem Namen *Strasbourg* in der französischen Flotte.«

Der Minensucher schert aus, und wir laufen das letzte Stück allein. Die Ufer rücken immer näher und die Fahrrinne wird enger. Um 9.00 Uhr machen wir an der alten Hulk *Isère* fest, auf der Flottillen-Chef Korvettenkapitän Fischer mit vielen Offizieren und Männern der 2. U-Flottille steht. Mit der Flüstertüte ruft er zu uns herüber: »Willkommen, Fischer!« Und unser Alter ruft zurück: »Danke, Fischer!« Die Leinen fliegen hinüber und werden festgemacht. U 109 liegt an der *Isère*. »Wegtreten von Manöverstationen. Boot hat festgemacht.«

30. Mai 1941. Ein herrlicher, sonniger Frühlingsmorgen. Wir sind auf dem freien Platz vor der Präfektur angetreten und warten auf den BdU. Über uns in den Bäumen zwitschern die Vögel. Noch können wir es kaum fassen, daß wir hier stehen, nach der grauenvollen Waboverfolgung.

Dann kommt der Admiral. »Stillgestanden! Augen rechts!« Korvettenkapitän Hans Georg Fischer geht dem BdU entgegen und meldet U 109 von Feindfahrt zurück. Langsam kommt Dönitz auf uns zu. Schlank, groß und ernst. Ich sehe ihn zum erstenmal. Er begrüßt die Offiziere mit Handschlag. Dann höre ich zum erstenmal seine Stimme. »Na, Weber, Sie sind auch überall dabei, wo Mist gemacht wird.« Ich schiele nach rechts und sehe, wie der LI ganz rot wird. »Ich konnte nichts dafür, Herr Admiral.« – »Ja, ich weiß. Das sagten Sie damals auch.« Wir wissen alle, was der BdU meint. Weber war auf dem U-Boot, das auf einer Klippe vor Norwegen hängen blieb und interniert wurde. Das war Anfang 1940. Bei der Einnahme von Norwegen wurde die Besatzung dann von den deutschen Truppen befreit.

Langsam geht Dönitz die Front entlang und bleibt hin und wieder stehen. »Ah, unser alter Petersen ist auch dabei. Wie geht es Ihnen?« Er drückt dem Obersteuermann lächelnd die Hand. »Danke gut, Herr Admiral.« – »Das freut mich. Auf den großen Booten lebt es sich doch besser, wie?« – »Jawoll, Herr Admiral. Ich kann wenigstens aufrecht stehen.« Der BdU nickt ihm zu und geht langsam weiter. Prüfend liegt sein Blick auf unseren Gesichtern. Dann stellt er sich ungefähr 15 Schritte vor die Front und verschränkt die Arme vor der Brust. Seine Lippen werden schmal. Was wohl jetzt kommt?

»Ihr habt Mist gemacht. Das wißt ihr.« Seine Stimme klingt jetzt scharf. »Und wenn ihr schon auf Tiefe geht, dann braucht ihr nicht gleich einen Weltrekord aufzustellen.« Otto Peters, der Zentralemaat, stößt mich an und raunt mir zu: »Zu uns sagt er das und den Alten meint er.« Ich kann mir das Lachen kaum verbeißen.

»Es war nicht viel mit euren 7000 Tonnen. Das muß besser werden.« Der BdU läßt den Blick über die Offiziere gleiten. Dann sieht er für einen Augenblick den Kommandanten an. Der fährt mit der Hand an die Mütze. Er hat verstanden. Dönitz lächelt, und seine Stimme klingt versöhnlich, als er fortfährt: »Aber ihr habt wenigstens das Boot nach Hause gebracht. Das ist auch etwas wert.«

Er angelt umständlich aus seiner Jacke ein EK II mit Band und drückt es dem Kommandanten in die Hand. Der lächelt verlegen und läßt den Orden in seiner Tasche verschwinden. »O weh«, zischt Otto Peters neben mir. »Jetzt wird der Alte auf der nächsten Fahrt ganz verrückt spielen.« Der Kommandant läßt stillstehen. Noch einmal geht wie fragend der Blick des BdU über uns hinweg. »Habt ihr mir noch etwas zu sagen?« Seine Frage richtet sich mehr an die Offiziere. Da meldet sich der LI und tritt vor. Kapitän Fischer kneift das linke Auge zu. Er denkt sicher: Was will der LI? Dann dürfen wir wegtreten; nur der Zentralemaat Otto Peters muß dableiben.

Bald darauf kommt er lächelnd in die Unterkunft. Wir starren ihn an. Er trägt das EK I. Der LI hat dem BdU gemeldet, daß der Zentralemaat durch sein geschicktes ›Anblasen‹ das Boot vor Grönland gerettet hat. »Kinder, ich sage euch, es braut sich was zusammen in der Präfektur«, sagt Otto Peters. »Schwartzkopff und Keller wollen den BdU auch noch sprechen. Ich glaube, die wollen sich über den Alten beschweren …«

II

Erfolglose Jagd

31. Mai 1941. Ein Ruf geht durch die Salzwedel-Kaserne. »Wohlfahrt läuft ein!« Wir laufen hinunter zur Pier, wo die *Isère* liegt. Da kommt das Boot schon. Am Oberdeck stehen die bärtigen Männer, und vom ausgefahrenen Sehrohr flattern Wimpel. Sie zeigen die Zahl der versenkten Schiffe an und sind mit der Tonnagezahl bemalt. Wohlfahrt und seine Männer haben 49.000 BRT versenkt.

Musik klingt auf. Die Leinen fliegen herüber, U 556 macht fest. Der BdU geht an Bord und legt seinem Parzival das Ritterkreuz um. In der ganzen U-Boot-Waffe ist Wohlfahrt wegen seines FTs an Dönitz bekannt: »Löwe von Parzival: Jaja, die kleinen Boote.« Mit U 14 und U 137, beides kleine Boote von 300 Tonnen, genannt Einbäume, hat er mehr als 50.000 BRT versenkt.

Dönitz begrüßt die Besatzung von U 556. Dann steigt Wohlfahrt auf die Pier und schreitet mit dem Flottillenchef Korvettenkapitän Heinz Fischer die Front der Ehrenkompanie ab. Ich kann endlich meinen alten Freund Funkmaat Schlupp, Stationsleiter auf U 556, begrüßen, der immer Durst und nie Geld hat. Seit der Ausbildung in der Ostsee haben wir uns nicht mehr gesehen. Wir stürmen in die Kantine, erzählen uns unsere Erlebnisse am Geleitzug Kuppisch vor Grönland, und ich frage nach Lemp.

»Der ist abgesoffen«, meint Schlupp, »sonst müßte er schon hier sein. Um den 10. Mai herum waren wir mit ihm an einem Geleit, aber dann haben wir von ihm nichts mehr gesehen und gehört.« Dann frage ich Schlupp nach seinem Kleiderbestand, den er schon auf der Nachrichtenschule verkauft hat. »Ach«, meint Schlupp, »ich habe nur noch meinen Extra-Anzug. Wenn ich bei der nächsten Fahrt nicht absaufe, komme ich noch vors Kriegsgericht.« Ich muß lachen. »Wenn sie dich verurteilen, darfst du nicht mehr U-Boot fahren«, sage ich. »Das wäre allerdings sehr schlimm«, meint er völlig ernst.

Noch einen alten Kameraden treffe ich in Lorient wieder: Ober-Funkmaat Hans Langen, mit dem ich 1936 beim B-Dienst in Stolpmünde war. Er fährt auf U 141, dem letzten Einbaum, der an der Front eingesetzt wird.

Heute abend fährt der erste Törn in Urlaub. Ich bin auch dabei. Als ich mir vom I WO den Urlaubsschein hole, erfahre ich, daß Korvettenkapitän Hans Georg Fischer nicht mehr unser Kommandant ist. Er wurde mit dem heutigen Tag abkommandiert. Schwartzkopff lächelt hintergründig. Mir ist die Sache nicht ganz klar. Meiner Meinung nach war er ein ausgezeichneter Kommandant.

Am Abend geht es mit dem Zug über Paris nach Hamburg. Herrliche zehn Tage Urlaub. Aber in zehn Tagen kann man nicht alles vergessen.

11. Juni 1941. Gestern früh um 7.30 Uhr fuhr ich aus Hamburg ab. In Bremen stieg Otto Peters zu. Wir sahen uns an und gaben uns die Hand, aber gesprochen haben wir bis Paris kaum.

Viele Truppentransporte rollen an uns vorbei nach Osten. Panzer, Geschütze und immer wieder Panzer. Sie verlassen Frankreich. Wenn wir gegenüber einem Transportzug halten, fragen wir die Landser, wohin sie fahren, aber sie wissen es nicht.

Um 6.00 Uhr fährt unser Zug im Gare du Nord in Paris ein. Unser Anschlußzug geht vom Bahnhof Montparnasse nach Lorient. Wir könnten ihn mit der Metro schnell erreichen, aber wir haben einige Kameraden getroffen und beschließen, gemütlich auf dem Gare du Nord zu frühstücken. Dann fahren wir zum Bahnhof Montparnasse und lassen uns vom Bahnhofsoffizier bescheinigen, daß wir erst um 18.00 Uhr weiterfahren können. Er hat uns natürlich gleich durchschaut, aber dieser schwäbische Hauptmann ist ein prima Kerl.

Wir bummeln durch das erwachende Paris, über dem noch Nebelschwaden hängen, doch als wir am Invalidendom ankommen, bricht die Sonne durch. Dann stehen wir am Sarkophag Napoleons. Der Aufseher erzählt uns, daß in einem Jahr Besatzungszeit mehr deutsche Soldaten das Grab des großen Korsen besucht haben, als in zehn Jahren zuvor französische Besucher gezählt wurden.

Wir wandern weiter zum Eiffelturm. Der Fahrstuhl ist außer Betrieb. »Das haben sie wohl gemacht«, sagt Otto Peters, »damit wir nicht raufkommen.« Wir lassen uns aber nicht abhalten, steigen die schier endlosen Stufen hinauf, stehen schließlich etwas ausgepumpt auf der obersten Plattform und blicken über Paris hinweg weit ins französische Land. Es ist ein herrlicher Sommertag geworden.

»Sieh mal hinunter«, sagt Otto. »So tief waren wir unter Wasser. Kann man sich gar nicht vorstellen, was?« Ich sehe die kleinen Menschen da unten und denke mit Schaudern an die Wassermassen, die über uns waren. Um 18.00 Uhr steigen wir in den Nachtexpreß nach Brest.

13. Juni 1941. Ruhe vor dem Einsatz. Der zweite Törn der Besatzung ist auf Urlaub gefahren. Das Boot ist in der Werft und wird überholt. Wir aber liegen am Strand von Carnac. Herrlich strahlt die Sonne vom Himmel, und sanft streicht der Wind über unsere bräunenden Körper. Man könnte meinen, es sei tiefster Frieden. Nur die Gäste aus Paris fehlen. Wir wohnen im Grandhotel und schlafen in breiten französischen Betten. Das Essen ist ausgezeichnet.

Von meinem Zimmer sehe ich weit über den Strand und das Meer. Wenn ich bei offener Balkontür auf dem Bett liege, höre ich das Rauschen der Brandung. Wir genießen diese Ruhe vor der nächsten Fahrt.

22. Juni 1941. Bei den Morgennachrichten verschlug es uns fast den Atem. Die deutschen Truppen marschieren über die Demarkationslinie gegen Osten, hinein ins weite Rußland. Der alte Churchill wird sich die Hände reiben. Das könnte England retten. Ich muß unwillkürlich an Napoleon denken.

Eines ist uns allen heute klar geworden: Ein Ende dieses Krieges ist nicht abzusehen. Nun werden wir wohl noch lange gegen England fahren müssen.

23. Juni 1941. Wir sind wieder in Lorient, um die letzten Vorbereitungen für die Feindfahrt zu treffen. Gerade als ich die Funkstation durchprüfe, kommt der neue Kommandant durch das Zentraleluk.

Ich melde mich als Stationsleiter. Vor mir steht Kapitänleutnant Heinrich Bleichrodt, Ritterkreuzträger. Er mustert mich kritisch und gibt mir die Hand. »Funkmaat, wir müssen gut zusammenarbeiten. Ist das klar?« – »Jawoll, Herr Kaleu!« Nachdem er gegangen ist, steckt der I WO seinen Kopf in den Funkraum. »Na, was sagen Sie nun? Jetzt haben wir einen Kommandanten, was?« – »Na ja«, sage ich gedehnt, »der wird keine Halsschmerzen mehr haben. Das Ritterkreuz hat er ja schon.« Schwartzkopff lacht.

Der neue Kommandant, in der U-Boot-Waffe Ajax genannt, hat einige Männer von seinem letzten Boot, U 67, mitgebracht, darunter den Bootsmaat Berthold Seidel und den Torpedomixer Walter Monecke. Dafür wurde Bootsmaat Kuddel Wenzel zum Obersteuermanns-Lehrgang abkommandiert. Bruno Petersen wird wahrscheinlich sagen: »So, so, der Wenzel ist ausgestiegen. Na, Sie wissen ja, wie ich darüber denke.«

27. Juni 1941. Gestern ist Hans Langen mit seinem Einbaum U 141 eingelaufen. Sie haben eine Flachwasser-Unternehmung an der englischen Küste gemacht und dabei einen Dampfer von 4000 BRT versenkt. Dabei mußten sie eine schauerliche Wabo-Verfolgung über sich ergehen lassen, die ihnen beinahe das Leben gekostet hätte.

Heute nachmittag war Abschiedsessen bei der zweiten U-Flottille. Putenbraten und Sekt. Die französischen Mädchen im Speisesaal wissen nun also, daß wir auslaufen. Wir haben viel mit ihnen gescherzt, aber sonst spielt sich nichts ab. Die Lords gehen in das vom Heer kontrollierte Bordell, denn Stabsarzt Dr. Ziemke warnt vor den Mädchen, die sich frei anbieten. Viele von ihnen sollen krank sein. Vielleicht ist das eine Geheimwaffe der Briten. Wenn mehrere Männer krank sind, kann ein Boot nicht auslaufen oder die Unternehmung muß abgebrochen werden, wenn die Krankheit erst in See festgestellt wird.

28. Juni 1941. Heute, am Sonnabend, ist es soweit. Wir haben unsere Koffer gepackt und bei der Flottille abgegeben. Um 19.00 Uhr ist ›Seeklar‹. Das Boot liegt mit der Steuerbordseite an der *Isère.* Das Musikcorps spielt.

Wieder stehen wir an Oberdeck angetreten. Kapitänleutnant Bleichrodt kommt an Bord. Eine kurze Musterung, dann erfolgt Meldung an den Flottillen-Chef Korvettenkapitän Heinz Fischer: »U 109 klar zur Feindfahrt!« Fischer dankt und richtet einige Worte an uns. Sie plätschern an unseren Ohren vorbei.

»Wegtreten! Auf Manöverstationen! Alle Leinen los!« Das ist die Stimme des neuen Kommandanten. Die E-Maschinen summen. Das Boot löst sich von der *Isère* und die Musik spielt: ›Denn wir fahren gegen Engeland.‹

Langsam gleiten wir an U 141 vorbei, auf dem Hans Langen steht und winkt. Die Diesel springen an, und wir rauschen durch die Enge von Kernevel und Port Louis. Vor der Villa des BdU stehen drei Offiziere und winken mit der Mütze. Mit großer Fahrt geht es hinaus in die Biskaya. Langsam entschwindet die Küste unseren Blicken; wir sind wieder allein auf der weiten See.

Der Kommandant gibt uns den Einsatzbefehl bekannt. Wir sollen, wenn möglich, vier Monate draußen bleiben. Operationsgebiet Westküste Afrika. Mit dem Ausbruch der Feindseligkeiten zwischen uns und den USA ist auf dieser Reise zu rechnen. Na ja, das ist eine schöne Aussicht.

29. Juni 1941. Kurz nach Mitternacht machen wir den ersten Tieftauchversuch hinter der 200-Meterlinie. Vorsichtig taucht der LI bis auf 180 Meter. Nun wird sich zeigen, ob das Boot wieder intakt ist. Es knistert und knackt im Gebälk. Die Männer kontrollieren auf ihren Stationen die Außenbordverschlüsse. Ich prüfe Peiler und Stabantenne. Bei mir ist alles in Ordnung, aber die Sehrohre lecken stark, und die Steuerbord-Dieselkupplung schlägt bei langsamer Fahrt unter Wasser. Sonst ist das Boot dicht.

Der Kommandant läßt auftauchen. Weiter geht es mit großer Fahrt durch die Nacht und durch den Tag nach Westen. Die Sonne lacht vom blauen Himmel der Biskaya. Es wird sehr warm. Das Boot liegt tiefer als sonst in der See. Wir haben diesmal 25 Torpedos mit, 15 Aale unter Deck und 10 Aale in den Oberdeckstuben. Um 20.00 Uhr stehen wir schon auf 45 Grad, 3 Minuten Nord und 8 Grad, 31 Minuten West.

Am Nachmittag begegnen wir einer Walfamilie. Sie profitieren von diesem Krieg; sie werden nicht gejagt. Um 22.45 Uhr geben wir unser erstes Kurzsignal ab: »Neun Grad West passiert.«

1. Juli 1941. Wir haben weit nach Westen ausgeholt. 120 sm westlich der spanischen Küste marschieren wir dieselelektrisch nach Süden, um Brennstoff zu sparen. Der Himmel hat sich bezogen. Die See ist nur wenig bewegt. 300 sm nordwestlich von uns fährt ein Geleitzug mit starker Bewachung Kurs 210 Grad. Die Meldung stammt von einer Condor-Maschine. U-Boote scheinen nicht in der Nähe zu sein. Mit Spannung verfolgen wir die Nachrichten und Sondermeldungen im deutschen Rundfunk. Lemberg, Brest-Litowsk, Libau in deutscher Hand. Große Panzerschlachten. 280 russische Flugzeuge abgeschossen. Und massenhaft Gefangene. Der Kommandant ist sehr nachdenklich bei dieser Nachricht. Ob er auch an Napoleon denkt?

5. Juli 1941. Wir stehen südlich der Azoren auf 30 Grad Nord und 29 Grad, 45 Minuten West. Es fächelt nur ein sanfter Westwind. In der leichten Dünung wird das Boot kaum bewegt. Wir steuern mit wechselnden Kursen von 245 bis 275 Grad auf Südamerika zu.

Die erste Woche auf See ist vergangen, und noch immer haben wir keine Mastspitze gesichtet. Die See ist wie ausgestorben. Dabei knallt die Sonne vom blauen Himmel, daß die Männer auf der Brücke schon die Tropenhelme tragen müssen.

Seit dem 27. Juni meldet sich U 556, Wohlfahrt, nicht mehr. Das Boot war nach den vorliegenden Funksprüchen zuletzt mit U 564, U 79, U 77, U 371 und U 651 an einem Geleit südlich Island. Es wurden elf Schiffe mit rund 57.000 BRT versenkt. Sollte es Wohlfahrt dabei erwischt haben?

Der Löwe ruft Parzival, aber Parzival antwortet nicht mehr. So geht einer nach dem anderen dahin. Ob Oberfunkmaat Schlupp noch lebt? Um seinen fehlenden Kleiderbestand braucht er sich jedenfalls keine Sorgen mehr zu machen.

6. Juli 1941. Heute ist Sonntag. Aber für uns ist es ein Tag wie jeder andere. Sonne, warmer Wind und ruhige See. Wir kreuzen die traditionellen Dampfer-Routen, aber kein Schiff ist zu sehen. Seit Mitternacht laufen wir mit Kurs 75 Grad auf die afrikanische Küste zu.

Da, um 10.45 Uhr, kommt plötzlich von der Brücke der lang ersehnte Ruf: »Mastspitzen in Sicht.« Der Kommandant nimmt ein Glas vom Haken und entert auf den Turm. Bald darauf hämmern die Diesel ›Große Fahrt‹. Es ist ein Einzelfahrer mit südlichem Kurs. Die Jagd beginnt.

Das Vorsetzmanöver dauert stundenlang. Nach wie vor sind nur die Mastspitzen zu sehen. Sie müssen zu einem schnellen Schiff gehören, denn wir kommen nur langsam voran. Außerdem zackt er stark. Backen und Banken fällt aus, jeder ißt nur schnell etwas, denn der Kommandant will noch bei Tageslicht einen Unterwasserangriff fahren, und das Schiff läuft mindestens 14 sm.

Wir haben im Funkraum die internationalen Wellen 600 m und 36 m zusätzlich geschaltet, um zu hören, ob der Dampfer Funkverkehr mit Landstationen unterhält, aber noch herrscht Ruhe auf diesen Wellen. Endlich um 13.35 stehen wir weit genug vor dem Kurs des Dampfers. Die Alarmklingeln rasen durchs Boot. Schnell sind wir unter Wasser. Das Boot wird auf Sehrohrtiefe eingesteuert. Wir haben das Horchgerät besetzt. Im Bugraum werden die Mündungsklappen aufgedreht. Dann ist endlich Ruhe im Boot, aber noch hören wir den Dampfer nicht. Ich habe mein Ohr am Sprachrohr zum Turm. Bootsmaat Maureschat steht wie immer am Vorhaltrechner. Dann höre ich den Kommandanten am Sehrohr sagen: »Er kommt genau. Das ist gut.« Es ist ganz still im Boot. Schließlich hat Ferdinand das Schraubengeräusch im Horchgerät. Aber es dauert noch fast eine Stunde, bis wir in Schußposition sind. Ab und zu schnarrt der Tiefenrudermotor. Das Gestänge ächzt etwas; das hat die Werft noch nicht wieder hingekriegt.

Im Turm gibt der Kommandant Lage und Kurskorrekturen. Maureschat am Rechengerät wiederholt monoton. Plötzlich sagt der Alte: »Verdammt, der Bursche zackt ab. So eine Schweinerei!« Wie ein Lauffeuer geht es durchs Boot. Hat er uns bemerkt? Die See ist nur wenig gekräuselt, und eine aufmerksame Wache könnte sehr wohl ein Sehrohr entdecken. Zu dumm, daß wir jetzt nicht die internationalen Wellen hören können.

Es bleibt uns nichts übrig, als abzuwarten, bis er unter dem Horizont verschwunden ist, um dann wieder an der Sichtgrenze hinter ihm herzueilen. Werner Borchardt läßt die Mündungsklappen im Bugraum zudrehen, kommt zu mir und sagt lachend: »Scheiß-U-Boote. Viel zu langsam unter Wasser. Ist alles noch genauso wie im Ersten Weltkrieg. Und damit sollen wir diesen Krieg gewinnen. Ick sehe schwarz.«

Es dauert fast eine Ewigkeit, bis der Dampfer abgelaufen ist. Der Alte gebraucht das Sehrohr weiterhin nur ganz vorsichtig. Endlich kommt der Befehl zum Anblasen, und wir tauchen auf. Ein Strom frischer Luft fegt in das Boot, als das Turmluk geöffnet wird. Die Diesel fauchen los. Es ist 16.30 Uhr.

Auf den internationalen Wellen herrscht Ruhe. Er scheint also nicht gefunkt zu haben. Das Vorsetzen dauert wieder sehr lange. Da wir es bis zur Dämmerung nicht mehr schaffen, entschließt sich der Kommandant zum Nachtangriff über Wasser.

7. Juli 1941. Um 1.30 Uhr läuft das Boot zum Angriff an. Es ist eine stille Nacht. Wir jagen aus dem Dunkel auf den Dampfer zu, der sich in der Silberbahn des Mondes scharf abzeichnet. Wie immer beim Überwasserangriff steht der I WO hinter dem UZO und schießt, während der Kommandant das Boot fährt. Wir ziehen eine weiße, schäumende Hecksee hinter uns her. Bei Entfernung 2000 m verläßt der erste Aal das Rohr. Er soll dem Schiff zunächst einmal die Fahrt nehmen.

Wir verfolgen ihn mit dem Horchgerät. Werner Borchardt kommt mit der Stoppuhr in der Hand von vorne. Wortlos geben wir ihm den zweiten Kopfhörer. Die Minuten vergehen. Gespannt halten wir den Atem an. Dann sehen wir uns an. »Vorbei!« sage ich. Borchardt nickt. »Kannst du sagen, ob er vorn oder hinten vorbeigegangen ist?« fragt er wie benommen. »Nee«, sage ich. »Du hast ja selbst gehört. Der Aal übertönt alles.«

Auf der Brücke rufen sie nach dem Mixermaaten. Werner Borchardt lacht. »Siehst du, jetzt werden sie oben sagen, der Aal ist nicht gelaufen.« Er steigt erbost nach oben, um sich zu verteidigen. Da er uns als Zeugen hat, kann er die Möglichkeit eines Torpedoversagers schnell widerlegen.

Also alles noch einmal. Da der Dampfer in der Dunkelheit nicht mehr zackt, können wir uns schneller vorsetzen. Genau eine Stunde später beginnt der zweite Anlauf. Schuß aus Rohr IV. Entfernung etwa 1000 m. Wieder kommt Borchardt mit der Stoppuhr gelaufen. Wir horchen. Der Aal läuft einwandfrei. Die Minuten vergehen unendlich langsam. Borchardt sieht mich an. Nichts! Keine Detonation. Verdammt, was ist da los?

Der Alte läßt nicht locker. Es muß doch möglich sein, diesen Dampfer zu treffen. Um 4.00 Uhr beginnt der dritte Anlauf. Diesmal fährt der Kommandant noch näher heran. Bei Entfernung 800 verläßt der dritte

Aal sein Rohr und läuft einwandfrei seine Bahn, aber es erfolgt keine Detonation.

Nun ist das Gemecker im Boot nicht mehr zu bremsen. »Sollen einpacken da oben auf der Brücke. Jagt den I WO vom Nachtzielgerät weg!« Es ist gut, daß sie auf dem Turm diese Unfreundlichkeiten nicht hören können.

Auf der Brücke werden noch einmal alle Schußunterlagen geprüft, aber es ist nicht festzustellen, warum die Aale nicht treffen. Bootsmaat Groß meldet, daß der Dampfer gestoppt hat; seine Bugwelle ist weg. »So eine Schweinerei«, brummt der Alte. Ohne neuen Anlauf feuern wir den vierten Aal ab, aber plötzlich hat das Schiff wieder eine weiße Bugwelle. »Dampfer geht mit großer Fahrt an«, meldet Walter Groß. »Dann geht auch dieser Aal vorbei«, sagt der Alte. »Wahrscheinlich hat er bei jedem Schuß kurz gestoppt«, meint Schwartzkopff. Der Kommandant hat noch die Stoppuhr in der Hand. »Dann muß er ein Horchgerät haben«, überlegt er laut. »Und wenn er jedem Schuß ausgewichen ist, ohne um Hilfe zu rufen, dann stimmt etwas nicht mit diesem Burschen.« Der I WO starrt schweigend auf das Schiff in der silbernen Flut. Der letzte Aal war sieben Minuten lang zu hören gewesen, und unter dem Vorwand, dies zu melden, bin ich auf die Brücke gekommen, obwohl ich eigentlich nur das Schiff sehen wollte.

Da zieht es hin in der Silberbahn des Mondes, und ich denke: Was soll nun geschehen? Einen Fächer schießen? Aber einem Fächer kann man auch ausweichen. »Wir müssen ihn mit der Kanone umlegen, Herr Kaleu«, ruft der II WO mit jugendlichem Elan. Bleichrodt kneift das linke Auge zu. »Ich traue diesem Schiff nicht. Das ist ein Stinkeputz.« – »Aber wir können ihn doch nicht fahren lassen«, meint Keller. »Es wäre auch zu schade um jeden weiteren Torpedo, wenn er immer ausweicht«, brummt Schwartzkopff vor sich hin. Der Alte schweigt und starrt durch sein Glas.

»Er hat wieder volle Fahrt«, meldet Walter Groß. Plötzlich läßt der Alte sein Glas sinken. »Nun gut«, sagt er lächelnd, »wenn ihr es nicht anders haben wollt. Versuchen wir es mal mit der Kanone. Klar zum Artilleriegefecht.«

Ich lasse mich gleich durchs Turmluk fallen, um nicht im Wege zu sein. Der Befehl ist schon bis zur Zentrale gedrungen, wo der LI das Mikrofon aus der Halterung reißt und hineinbrüllt: »Klar zum Artilleriegefecht!« Die Männer auf ihren Stationen fahren empor. »Na, endlich. Das ist ein Wort.« Die Artillerie-Mannschaft reißt die Schwimmwesten aus den Halterungen und stürmt nach oben. Sie brauchen weiter nichts anzuziehen. Die Nacht ist warm und das Oberdeck wird nicht überspült. In der Zentrale reißen die Munitionsmänner die Flurplatten auf und zerren die 10,5 cm-Granaten aus den Schutzhüllen. Es geht alles sehr schnell.

Die Diesel laufen wieder große Fahrt. Das Boot liegt sehr ruhig in der leichten Dünung. Der Gegner müßte gut zu treffen sein. Bootsmaat Maureschat meldet das Geschütz klar, aber er muß sich noch gedulden. Der Kommandant will noch näher heran. Schließlich höre ich durchs Sprachrohr von der Brücke: »Feuer frei!«

Die 10,5 cm-Kanone auf dem Vorschiff donnert los. Sie steht genau über dem Funkraum. Nur gut, daß alle Apparate in Schwingmetall gelagert sind. Der Donner im Funkraum ist kaum zu ertragen, aber gerade jetzt müssen wir die internationalen Wellen abhören. In der Zentrale stemmen die Lords im Schweiße ihres Angesichts die schweren Granaten durchs Turmluk nach oben. Schuß auf Schuß jagt Eduard hinaus. Der Funkraum bebt. Wir haben die 600-Meter-Welle auf den kleinsten Lautsprecher geschaltet, und bald geht es los:

»SSS SSS SSS City of Auckland SSS SSS SSS 33 r 14 n, 31 r 21 w SSS SSS SSS.« Endlich haben wir den Namen des Schiffes. Fieberhaft suchen wir in Lloyds Register. Da steht es *City of Auckland,* 8000 BRT, Bauwerft AG Weser, Bremen.

Ich springe zum Turmluk, um den Namen hinaufzubrüllen, aber sie können mich bei dem Krach nicht verstehen. Dafür höre ich sie schreien: »Treffer Achterschiff!« Die 10,5 cm donnert weiter. Ich entere auf den Turm und melde: »Dampfer ist *City of Auckland,* 8000 BRT.« Der Kommandant nimmt das Glas nicht von den Augen. »So, 8000 BRT, das hab' ich mir gedacht. Da, verdammt, jetzt nebelt er sich ein. So eine Schweinerei!«

»Oder Maureschat hat eine Nebelleitung getroffen«, meint der I WO. »Auch möglich«, brummt der Alte. »Schlimm genug, daß er überhaupt eine Nebelanlage hat.« Noch zweimal donnert die 10,5. Durch den Nebel flammt es auf. »Wieder Treffer Achterschiff«, sagt Keller. Dann verdecken die weißen Schwaden das ganze Schiff.

»Feuer einstellen«, sagt der Kommandant. »Beide Maschinen stopp.« Das Boot verliert an Fahrt. Was nun? »Nachstoßen, Herr Kaleu und dann torpedieren«, ruft der II WO, und wir sind wohl alle seiner Meinung. »Die Kanone des Dampfers auf dem Achterschiff dürfte unbrauchbar sein«, wirft Schwartzkopff ein. Bleichrodt lächelt nur. »Werde mich hüten«, sagt er leise, »behaupte immer noch, das ist ein Stinkeputz. Der hat noch mehr auf Lager. Wollen erst mal abwarten.«

So liegen wir gestoppt und starren auf die Nebelwand. Die Wellen plätschern gegen die Außenhaut. Das Boot schwabbelt leise in der leichten Dünung. Ab und zu rollen die leeren Geschoßhülsen auf dem Vorschiff hin und her. 35 Schuß sind raus. Die Geschützmannschaft steht bereit, jeden Augenblick das Feuer wieder zu eröffnen. Der Kommandant und die Wachoffiziere suchen schweigend die Nebelwand ab. Warum stößt der Alte nicht nach? Die Minuten verrinnen. Wir können seine Vorsicht nicht verstehen.

Plötzlich schreit der I WO: »Da bricht er durch, Herr Kaleu!« Der Alte starrt mit dem Glas in die angegebene Richtung. »So etwas hab' ich mir doch gedacht. Paßt auf, der Kerl will uns rammen.« Dem Rudergänger im Turm ruft er zu: »Beide Diesel große Fahrt voraus. Ruder hart Backbord.« Die Sache scheint mir noch gar nicht so gefährlich, denn der Dampfer ist doch weit weg. Die Diesel fauchen los, und wir nehmen langsam Fahrt auf. Noch liegen wir auf Kollisionskurs, als die *City of Auckland* mit weißschäumender Bugwelle aus der Nebelwand herauskommt. »Beide Maschinen äußerste Kraft voraus«, brüllt der Kommandant. Die Diesel hämmern wie wild. Unser Bug dreht langsam auf 60 Grad. Jetzt laufen wir höchste Fahrt und zeigen ihm das Heck. Das Schiff liegt im hellen Mondenschein, während wir in die Dunkelheit fahren, doch unsere Hecksee schäumt so weiß, daß sie wohl weit zu sehen ist. Noch immer stehen die Männer am Geschütz auf dem Vorschiff. Nur schießen können sie nicht, da der Dampfer genau hinter uns ist. Sicher will der Kommandant einen Haken schlagen, um das Geschütz wieder zum Einsatz zu bringen.

»Er dreht ab«, ruft Schwartzkopff. Tatsächlich, der Schatten wird immer breiter. Na ja, denke ich, jetzt sind wieder wir am Zuge. Aber was ist das? Drüben blitzt es auf, und einen Augenblick später ziehen wir unwillkürlich die Köpfe ein, als eine Salve über uns hinwegheult. »Verdammt«, schreit Keller, »er schießt aus mehreren Rohren, mittleres Kaliber.« Der Alte beißt sich auf die Lippen. »Habe es euch doch gleich gesagt, daß es ein Stinkeputz ist. Da sind wir an eine Falle geraten.« Er preßt das Glas an die Augen. »Auf 90 Grad gehen«, sagt er dann. Ich hätte schon längst wieder unter Deck sein müssen, aber in der Aufregung hat man mich ganz vergessen. Wieder blitzt es drüben auf, aber zum Glück heulen die Granaten wieder über uns hinweg, und schnell wird der Abstand größer.

»Geschütz fest. Artilleriemannschaft einsteigen!« befiehlt der Kommandant. »Herr Kaleu, die leeren Hülsen«, brüllt Maureschat von unten. »Über Bord damit!« Klatschend fliegen die Geschoßhülsen zu beiden Seiten ins schäumende Wasser. »Das Schießen scheint er aufzugeben«, meint Schwartzkopff lächelnd. »Wir sind auch schwer zu treffen.« Leutnant zur See Keller schüttelt den Kopf. »Er kann einfach nicht über den Bug schießen. Solange wir nicht seine Breitseite sehen, sind wir wohl sicher.«

Ich werfe noch einen Blick auf die *City of Auckland,* die mit schäumender Bugwelle hinter uns herläuft, und gleite dann durchs Turmluk nach unten.

Wir jagen durch die See. So vergeht eine Stunde. Der Dampfer hat nach seinem SSS-Ruf nicht wieder gefunkt. Sicher har er noch eine Verbindung auf Marinewellen oder der Kapitän drüben glaubt, daß er mit uns alleine fertig wird. Wahrscheinlich hat er noch einige Überraschungen auf Lager.

Ich gehe in die Zentrale, wo der Obersteuermann über die Karte gebeugt steht. »Was machen wir, wenn es hell wird?« frage ich. »Immer weiterlaufen. Nur nicht tauchen.« Er zeigt mir unseren Standort. »Und wo kommen wir hin, wenn wir immer weiterlaufen?« Petersen lächelt. »Ja«, sagt er gedehnt, »dann brummen wir bei Agadir auf den weißen Strand und gehen zu Fuß nach Marrakesch. Aber vorher haben wir noch die Möglichkeit, ganz langsam nach Süden abzubiegen und zwischen die Kanaren zu kommen.« – »Gute Aussicht«, sage ich. »Aber was wollen wir wirklich machen?« Petersen wiegt bedenklich den Kopf. »Wir haben noch eine Chance. Eine Stunde, bevor es Tag wird, geht der Mond weg. Dann ist es tiefschwarze Nacht. Das müssen wir nützen.«

So geht es weiter durch die Nacht. Der Dampfer gibt nicht auf, aber allmählich wird unser Vorsprung größer. Ich steige noch einmal auf die Brücke, um die Lage zu peilen.

Die Nacht ist nicht mehr so hell. Der Mond steht schon tief und ist in Dunst gehüllt. Schweigend stehen die Brückenwächter mit den Gläsern vor den Augen und beobachten ihre Sektoren. Der Alte lehnt am Sehrohrbock und starrt nach achtern. Ich kann den Dampfer mit bloßem Auge nicht mehr sehen. Nur seine weiße Bugwelle läßt mich ahnen, daß er noch da ist. Die Diesel fauchen und rumoren. Wir jagen schäumend durch die schwarze See. Auch auf dem Dampfer werden sie nur noch unser Kielwasser sehen können.

Der Alte faßt mich am Arm. »Wie sieht es auf den internationalen Wellen aus?« – »Völlige Ruhe, Herr Kaleu.« – »Gut. Dann gehen Sie runter und sagen Borchardt, daß er die achteren Rohre klar machen soll. Wenn es ganz dunkel ist, drehen wir nach Süden ab. Vielleicht können wir ihn dann doch noch umlegen.« Ich tauche hinunter und übermittle den Befehl an die Torpedowaffe. Es spricht sich schnell im Boot herum, was der Alte vorhat. Die Spannung wächst wieder. Die Freiwächter kommen aus den Kojen, und alle spüren, daß noch in dieser Nacht die Entscheidung fallen soll.

Dann ist es endlich soweit. Von oben kommt der Befehl: »Beide Maschinen kleine Fahrt!« An meiner Kompaßtochter sehe ich, daß wir nach Süden abdrehen. Dann plötzlich »Beide Diesel stopp. Beide E-Maschinen halbe Fahrt voraus. Diesel abstellen. Auf Gefechtstationen!« Die Männer hasten schweigend am FT-Raum vorbei. Rohr V und Rohr VI werden klar gemeldet. Ferdinand hat das GHG besetzt. Ich achte auf die internationalen Wellen, und Hümpel beobachtet die U-Boot-Wellen. Wir laufen jetzt genau Kurs 180 Grad. Unheimlich langsam schleichen die Minuten dahin. Nichts geschieht. Ich frage bei Maureschat im Turm an, was los ist. Gedämpft antwortet er: »Ich glaube, sie haben ihn verloren.« Etwa eine halbe Stunde später klickt es in den Lautsprechern: »Wegtreten von Gefechtsstationen. Mündungsklappen schließen.« Enttäuschung auf allen Gesichtern. Knurrend kommen die Männer auf dem Weg in ihre Kojen am FT-Raum vorbei. Wir laufen weiter mit E-Maschinen. Nach einiger Zeit kommt der Kommandant von oben. »Kein Funkverkehr mehr festgestellt«, melde ich.

»Dieser Stinkeputz«, sagt er lachend und hängt sein Glas an den Haken. »Hat uns wohl nicht mehr gesehen und dann gestoppt. Plötzlich war seine Bugwelle weg. Ist ein ganz raffinierter Bursche. Jetzt liegt er irgendwo und horcht, ob er unsere Diesel hört.«

Kurz bevor die Sonne hochkommt, tauchen wir und die Rohre werden nachgeladen. Dann versucht der Kommandant den ganzen Vormittag, den Dampfer wiederzufinden. Es scheint ihn doch mächtig zu wurmen, daß er uns entkommen ist. Aber die Suche ist vergeblich; der Horizont ist wie leer gefegt.

8. Juli 1941. Beim Prüfungstauchen stellt der Kommandant fest, daß Luftblasen aus der Turmverkleidung aufsteigen. Es wird vermutet, daß die dort angebrachten Azetylenflaschen undicht sind. Nach Abseifen und Nachziehen der Verschlüsse treten aber immer noch Blasen auf.

Wir laufen mit 290 Grad nach Westen ab und melden mit FT 1942//8/151 an den BdU den Zusammenstoß mit der *City of Auckland.* Das Wetter verschlechtert sich sehr. Heftige Regenschauer nehmen der Brückenwache oft völlig die Sicht. Der Wind weht aus Nordost mit Stärke fünf. Seegang 4.

9. Juli 1941. Die Sonne lacht vom wolkenlosen Himmel. Es ist sehr warm. Wir stehen südöstlich der Azoren und laufen mit sparsamer Fahrt. Keine Rauchfahne, keine Mastspitze. Die alten Dampferrouten sind wie leergefegt.

Um 11.45 ein Offiziersfunkspruch vom BdU an U 109: »Versorgung Culebra in Nacht durchführen vom 18. zum 19. Juli. Angeforderte Ersatzteile sind bereitgestellt.« Der neue Kurs wird auf 160 Grad festgelegt. Auf nach den Kanarischen Inseln.

Der Rundfunk bringt eine Meldung, die uns aufhorchen läßt. »Amerikanische Einheiten haben Island besetzt.« Das dürfte mit Neutralität nichts mehr zu tun haben; damit gewinnen sie einen Stützpunkt für ihre Zerstörer, die ohnehin schon die britischen Geleitzüge sichern.

Beim Prüfungstauchen wieder Luftblasen aus der Turmverkleidung. Um die Ursache festzustellen, werden die Untertriebszellen entlüftet. Ohne Erfolg. Die Sache macht uns langsam nervös.

10. Juli 1941. Weiterhin Kurs 160 Grad. Herrliche Sonne. Der Wind kommt nur noch mit Stärke 1 bis 2 aus Südwest. Leichte Dünung. Gegen Mittag machen wir Prüfungstauchen. Wie üblich wird das Horchgerät besetzt. Plötzlich ruft mich Leibling. Ich gehe zum Horchraum, und er gibt mir den zweiten Kopfhörer. Ein einwandfreies Schraubengeräusch in 90 Grad. Ich melde es dem Alten. Er kommt und horcht mit. Das Geräusch ist einwandfrei.

Bleichrodt läßt auftauchen, und wir jagen mit Höchstfahrt in die gepeilte Richtung, doch die Brückenwache sucht vergeblich den Horizont ab. Nach zwei Stunden wird die Suche abgebrochen. Der Kommandant läßt das Vorschiff fluten, damit wir horchen können. Wir hören aber kein Schiff; dafür viele andere Geräusche: Schmatzen, Schnarren und Knarren. Manchmal tönt es wie Hohngelächter. Es sind Delphine, die um uns herum spielen. Sollten auch die vermeintlichen Schraubengeräusche von ihnen stammen?

11. Juli 1941. Immer weiter nach Süden. Die Sonne brennt vom wolkenlosen Himmel. Die Männer auf der Brücke tragen Tropenhelme, damit sie keinen Sonnenstich bekommen. Leise wiegt das Boot in der leichten Dünung. Es ist die reinste Sommerreise.

Am Nachmittag begegnen wir einem Rudel von sechs Pottwalen. Sie sind sehr zutraulich. Der Kommandant läßt alle Männer nacheinander auf den Turm kommen, damit sie das Schauspiel genießen können. Die Wale kommen manchmal bis auf zwanzig Meter an das Boot heran, und wenn sie spauten, sprüht es über die Brücke. Eine Stunde begleiten sie uns, dann drehen sie nach Südwesten ab. Und kein Schiff weit und breit.

FT an alle von BdU: »Führer wünscht erneut für Dauer Rußlandfeldzug Vermeidung aller Konfliktmöglichkeiten mit USA. U-Boote müssen nach bestem Wissen hiernach verfahren. Erkannte USA-Handelsschiffe sind weder inner- noch außerhalb des Blockadegebietes, weder in Geleitzügen noch einzeln fahrend anzugreifen. Kriegsschiffe sind inner- und außerhalb des Blockadegebietes überhaupt erst vom Kreuzer an aufwärts anzugreifen, vorausgesetzt, daß ihr feindlicher Charakter sicher erkannt ist. Bei Kriegsschiffen gilt abgeblendet fahren nicht als Beweis feindlichen Charakters, auch nicht im Blockadegebiet.« Das ist alles leichter gesagt, als getan.

12. Juli 1941. Heute sind wir zwei Wochen in See. Unser Standort gegen 16.00 Uhr 29 Grad 18 Minuten Nord, 24 Grad 18 Minuten West. Das ist querab Teneriffa. Wir sind zusammen mit U 66, U 123 und U A, die weiter südlich etwa bei Freetown stehen, die einzigen Boote im Süden. Keiner meldet Erfolge. Seit vor uns sieben Boote hier 74 britische Frachter versenkt haben, scheint jeglicher Verkehr gestoppt worden zu sein. Auch bei den Westbooten ist nichts los. Wir ändern den Kurs auf 105 Grad. Hier müßten doch schnelle Einzelfahrer laufen.

Nur die Nachrichten im Rundfunk erinnern uns ständig an den Krieg. In Rußland wird heftig gekämpft; die Stalinlinie ist durchbrochen.

13. Juli 1941. Heute ist wieder Sonntag. Der Kommandant hat mir befohlen, ein entsprechendes Essen auszugeben. Nach eingehender Beratung mit Järschel erhält jeder eine dicke Scheibe ›Holsteiner Katenschinken‹ und eine kleine Dose Spargel.

Der Wind weht mit Stärke 2 aus Nord-Nord-Ost. Die See ist kaum bewegt. Wir steuern wechselnde Kurse von 105 bis 245 Grad. Kein Schiff weit und breit. Die Sehrohre lecken jetzt auch bei geringen Tiefen stark. Die Stopfbuchsen lassen sich nicht mehr nachziehen, da sie schief aufgesetzt sind. Schlechte Werftarbeit.

16. Juli 1941. Ein Tag wie jeder andere. Keine Mastspitze, keine Rauchfahne. Wenn es so weiter geht, verfahren wir unseren Brennstoff, ohne etwas zu erreichen. Obermaschinist Schewe hat mir erzählt, daß wir die letzten 50 cbm Brennstoff nicht verfahren dürfen, solange wir die Aale an Bord haben, weil sonst das Boot zu schwer wird. Dabei haben wir noch 21 Torpedos und kein Ziel. Vorgestern haben wir viele Baumwollballen gesichtet. Wahrscheinlich treiben sie schon wochenlang in der See, denn in letzter Zeit hat kein Boot die Versenkung eines Schiffes in diesem Gebiet gemeldet.

Von Rosenstiels U 502 wird aufgefordert, seinen Standort zu melden. Er war auf dem Weg nach Lorient; es muß ihn in der verdammten Biskaya erwischt haben. In einem langen FT informiert uns der BdU über einen Befehl des Präsidenten Roosevelt an die USA-Marine: Sie soll ab nun auf jedes deutsche Schiff oder U-Boot schießen.

In der Nacht kommt ein FT von BdU an U 109: »Versorgung aus Culebra nicht möglich. Versorgung Moro beabsichtigt in der Nacht vom 21. Juli zum 22. Juli. Durch Kurzsignal ›Ja‹ melden, wenn Erreichen Moro zu dem genannten Datum möglich. Andernfalls gewünschtes Datum hergeben.« Der Alte liest den FT und brummt: »So ein Mist.«

Dann kommt Schwartzkopff, liest den FT und schüttelt den Kopf. »Wo soll denn das sein?« – »Nehme an, in Südspanien«, sage ich feixend. Der Kommandant kommt aus der Zentrale. »Ja, meine Herren. Wir müssen nach Cadiz.« Kurs 30 Grad; auf nach Spanien!

17. Juli 1941. Kurz nach Mitternacht habe ich einen FT abgegeben: »An BdU. Quadrat DH 7987, 107 cbm, erbitte Weitermarsch nach Süden und Versorgung aus Troß-Schiff. Kein Verkehr, 10 Atos, 11 Etos. U 109.«

Wir stehen ungefähr 75 sm nordwestlich von Palma. Der Kommandant läßt den Kurs auf null Grad ändern, um Madeira an Steuerbord zu passieren. Auf den Funkwellen wird es etwas lebhafter. Die West-Boote haben dank Luftaufklärung einen Geleitzug gefunden. Der BdU gibt eine B-Dienstmeldung durch: Die britische Admiralität warnt vor einem U-Boot im Seegebiet nordwestlich von Madeira. Der angegebene Standort liegt etwa 80 sm nordöstlich von uns, aber uns können sie damit nicht gemeint haben, und ein anderes deutsches U-Boot steht auch nicht in diesem Gebiet.

Es muß ein Italiener sein.

Eigentlich sehr gefährlich für die Italiener, daß wir ihre Standorte in See nicht kennen, denn bei Nacht sind sie leicht mit den britischen Booten zu verwechseln.

Um 4.25 Uhr kommt die Antwort auf unseren FT: »Versorgung aus Troß-Schiff nicht möglich. BdU.« Also müssen wir doch nach Cadiz. Gegen Mittag erneut ein FT an U 109: »1. Durchführung in Nacht vom 21. 7. zum 22. 7. anstreben, falls nicht erreichbar, in nachfolgender Nacht durchführen. 2. Alle dort vorhandenen Torpedos können übernommen werden. 3. Nach Versorgung Marsch in Südraum. BdU.«

Gleich darauf ein FT an alle Südboote: »Culebra bis auf weiteres ausgefallen. Z. Zt. keine Ergänzung außerhalb eigener Stützpunkte möglich. Rückmarsch entsprechend antreten. Notfalls kann Moro in Anspruch genommen werden. BdU.«

18. Juli 1941. In der Morgendämmerung sichtet die Wache ein großes U-Boot am Horizont. Der Kommandant eilt auf die Brücke. Werden wir Jagd auf das Boot machen? Der Kommandant läßt aber abdrehen. Es muß ein Italiener sein. Wahrscheinlich das Boot, vor dem die britische Admiralität warnte.

Madeira haben wir passiert. Laut B-Dienstmeldung kommt ein Geleitzug von Gibraltar mit Kurs Westnordwest. 15 Schiffe mit vier Zerstörern. Der Kommandant läßt sofort den Kurs auf 60 Grad ändern. Die Diesel hämmern große Fahrt. Es kommt viel Wasser über die Brücke, da das Boot sehr tief liegt und eine lange Dünung von Nord-Osten steht. Wenn die Angaben stimmen, stoßen wir genau auf das Geleit und werden allein kämpfen müssen. Es ist kein anderes Boot in der Nähe.

19. Juli 1941. Der Himmel ist bedeckt. Der Wind kommt aus Ostnordost mit Stärke vier. Wir laufen immer noch mit Kurs 60 Grad. Vom Geleitzug ist nichts zu sehen. Um 12.00 Uhr stehen wir auf 33 Grad 45 Minuten Nord, 17 Grad 19 Minuten West. Luftaufklärung müßten wir haben, denn es ist für ein einzelnes Boot fast hoffnungslos, in dieser Wasserwüste das Geleit zu finden.

Um 13.45 ein FT an U 109 vom BdU: »Falls Operieren auf Gibraltar-Geleitzug aussichtsreich, kann Boot Versorgung um ein bis zwei Tage verschieben. Bei Verzögerung von zwei Tagen Meldung durch Kurzsignal.« Weiter geht es mit großer Fahrt dem gemeldeten Geleitzug entgegen.

20. Juli 1941. Heute ist Sonntag, und es gibt wieder Schinken mit Spargel. Am Vormittag hat der Kommandant die Suche nach dem Geleitzug aufgegeben, auf den wir um 4.00 Uhr treffen hätten müssen. Wir stehen vor dem Golf von Cadiz und steuern mit 60 Grad die portugiesische Küste an. Ein frischer Ostwind hat den Himmel leergefegt, und wieder lacht die Sonne vom blauen Himmel. Jetzt sind wir auch vor Angriffen aus der Luft nicht mehr sicher.

Der Kommandant will nahe der portugiesischen und der spanischen Küste nach Osten marschieren. Es kommt darauf an, unbemerkt nach Cadiz zu kommen, denn die Briten dürfen auf keinen Fall erfahren, daß wir in einem spanischen Hafen ausrüsten.

21. Juli 1941. Es ist eine dunkle Nacht, und der Himmel ist bewölkt. Langsam nähern wir uns der portugiesischen Küste. Um 1.00 Uhr wird das Feuer von Kap Vincent in 60 sm Abstand gesichtet. Unterhalb der Küste herrscht reger Dampferverkehr. Wir schieben uns noch näher an Land heran und gehen dann auf Kurs 85 Grad. Alle Feuer brennen friedensmäßig. Dann haben wir die spanische Küste an Backbord.

Langsam schleicht der Tag herauf. Ich gehe noch einmal auf die Brücke, um eine Pfeife zu rauchen. Lange werden wir den Überwassermarsch nicht mehr fortsetzen können. Oben duftet es herrlich nach Land. Im aufkommenden Morgenlicht sehe ich, daß am Flaggenstock die spanische Flagge weht. Schwartzkopff lächelt. »Nur eine kleine Kriegslist«, sagt er leise. Der Himmel ist noch immer teilweise bedeckt. Ständig werden die Wolkenlöcher mit den Gläsern abgesucht, denn wie schnell kann aus einem dieser Löcher eine Maschine auf uns stürzen.

Um 11.00 Uhr läßt der Kommandant zum Unterwassermarsch tauchen. Obersteuermann Petersen hat ausgerechnet, daß wir mit Unterwasserfahrt bis zur Nacht vor Cadiz stehen. So sind wir auch vor allen Überraschungen aus der Luft sicher. Nachdem das Boot eingesteuert ist, herrscht wunderbare Ruhe. Nur Zentrale, Horchraum und E-Maschine sind besetzt.

Gegen 14.00 Uhr läßt der Kommandant auf Sehrohrtiefe gehen und macht einen Rundblick. Plötzlich werde ich unter das Turmluk gerufen. Nichtsahnend steige ich durch das Kugelschott in die Zentrale und melde mich. Der Alte fragt, ob wir nichts im Horchgerät gehört hätten. Ich sage: »Nein, Herr Kaleu.« – »Ich sehe aber in ca. 4000 m Entfernung einen Fischdampfer. Anscheinend Portugiese. Den müßten Sie doch schon lange hören.« – »Jawohl, Herr Kaleu. Ich werde das Gerät sofort durchprüfen.« Mir ist gar nicht wohl, als ich zum Horchraum zurückgehe. Das hat es noch nie gegeben, daß wir gar nichts gehört haben.

Ich schicke Ferdinand in den Bugraum, damit er die Verteilerkästen der Außenbord-Druckdosen auf Feuchtigkeitsschluß überprüft. Im Horchraum rupfe ich mit Hümpel das halbe Gerät auseinander. Wir prüfen alles durch, soweit es mit Bordmitteln möglich ist. Das Gerät scheint durchaus in Ordnung zu sein, und Ferdinand meldet, daß auch vorne alles in Ordnung ist. Warum ist aber dann nichts zu hören?

Der Alte fährt schließlich das Sehrohr ein und kommt aus dem Turm zum Horchraum. Ich melde ihm, daß das Gerät einwandfrei arbeitet und wir trotzdem nichts hören. Er wirft mir einen vernichtenden Blick zu. Seine Stimme hat einen gefährlichen Klang, als er sagt: »Der Dampfer fährt uns gleich über den Haufen. Ihr Gerät kann nicht in Ordnung sein.« Jetzt komme ich in Fahrt. Wieder schraube ich das GHG auf, reiße alle 96 Röhren vom Typ ›P 2000‹ raus und ersetze sie durch 96 neue Röhren. Das Resultat ist gleich null: Wir hören nur das übliche Rauschen, aber keine Schrauben. Jetzt kommt der II WO, unser FT-Offizier, zum Horchraum. »Was ist los, Hirschfeld?« – »Ich weiß es nicht, Herr

Leutnant. Vielleicht leidet der Alte unter Halluzinationen, oder der Dampfer da oben segelt. Wir können kein Schraubengeräusch feststellen.« Keller sieht sich vorsichtig um, aber der Alte ist bereits wieder im Turm am Sehrohr. »Wahrscheinlich sieht er den Fliegenden Holländer«, sagt Keller gedämpft. Wir lachen beide.

Einige Stunden später, Hümpel hat gerade die andere Wache abgelöst, bekommt der Kommandant wieder ein Schiff ins Blickfeld. Ich eile zum Horchraum. Bei einer Entfernung von ca. 3000 m hören wir endlich ein schwaches Schraubengeräusch. Auch Keller kommt zum Horchraum. Er sitzt neben mir, als aus dem Turm die Frage kommt, um welche Art von Schiff es sich handle. Wir sehen uns beide ratlos an. Dann nimmt Keller das Sprachrohr und sagt gedämpft: »Fischdampfer. Von unten mit roter Mennige angestrichen. Kapitän steht auf der Brücke mit Zigarre im linken Mundwinkel.« Wir hören, wie der Rudergänger Paul Pötter im Turm die Meldung wörtlich wiederholt. – Jetzt bin ich gespannt, wie der Alte reagiert.

Einen Augenblick herrscht Totenstille im Turm. Dann brüllt der Alte los: »Funkmaat unters Luk!« Ach du meine Güte. Ich hänge die Kopfhörer an das Gerät und erhebe mich. »Melden Sie gleich, daß ich es war«, sagt der II WO lachend zu mir. Wie ich durch das Luk in die Zentrale steige, feixen mich alle an. Sogar der LI kann ein Grinsen nicht verbergen. Nur mir ist nicht wohl. Dann stehe ich unter dem Luk und melde mich zur Stelle. Ehe ich noch etwas sagen kann, geht ein Donnerwetter auf mich los. Erst nach einiger Zeit habe ich Gelegenheit zu sagen, daß der II WO die Meldung durchs Sprachrohr gegeben hat. Einen Augenblick ist es ganz ruhig, dann gibt mir der Kommandant den Befehl, Leutnant zur See Keller in den Turm zu schicken.

Während der II WO im Turm seinen Segen empfängt, halten sich die Männer vom Bugraum bis zum Heckraum den Bauch vor Lachen. Nur mir ist sehr ernst zumute. Warum hören wir hier unter Wasser so schlecht? Das Gerät muß in Ordnung sein; es kann sich also nur um starke Wasserschichtungen handeln. Noch nie hatten wir so schlechte Horchverhältnisse, aber wir waren ja auch noch nie vor der Straße von Gibraltar.

Als es dunkel wird, macht der Kommandant die Schatten von drei abgeblendeten Fahrzeugen aus. Sie liegen genau in unserem Kurs. Es müssen britische Bewacher sein. Erwarten sie uns schon? Da wir sie wieder nicht hören, empfiehlt mir der Kommandant, das Horchgerät einzustampfen. Er ist wütend auf die ganze Funkerei.

Da wir keine Zeit mehr haben, die Bewacher weiträumig zu umgehen, entschließt sich der Alte, unter ihnen durchzulaufen. Langsam geht das Boot auf 60 m. Die Schrauben machen nur 90 Umdrehungen. Also Schleichfahrt. Ich habe mich an das GHG gesetzt und horche mit. Da, plötzlich höre ich sie. Ich beuge mich zum Schott hinaus und melde es dem Kommandanten. Er kommt zum Horchraum und fragt: »Was machen sie?« – »Sie laufen ganz langsam. Wahrscheinlich versuchen sie zu horchen. Wir sind jetzt genau unter dem mittleren Bewacher.« Er läßt sich von Hümpel den Kopfhörer geben. Mit gerunzelter Stirn horcht er mit. Ganz langsam mahlen die Schrauben über uns. »Die hören genau so schlecht wie wir vorhin«, sage ich. »Es muß doch an den Wasserschichtungen liegen.« Bleichrodt gibt die Kopfhörer zurück und sieht mich mitleidig an. »Einstampfen, habe ich gesagt. Aber darüber sprechen wir noch im Hafen.« Grollend geht er davon.

»Au weh«, sagt Hümpel zu mir, »bei dem haben wir aber gründlich verschissen.« – »Nur Ruhe bewahren und abwarten«, sage ich. »Das Gerät muß in Ordnung sein. Aus dieser Tiefe hören wir doch ganz einwandfrei. Sie müssen sich daran gewöhnen, Hümpel, daß die seemännischen Offiziere der Funkerei immer mißtrauen, weil sie davon nichts verstehen,« Hümpel kratzt sich am Kopf. »Unter diesen Umständen habe ich gar keine Lust, jemals Stationsleiter zu werden«, sagt er resigniert.

Um 22.10 Uhr meldet der Obersteuermann Petersen, daß es Zeit zum Auftauchen ist. Kein Schraubengeräusch zu hören. Der Kommandant läßt auftauchen. Wir stehen genau vor der Hafeneinfahrt von Cadiz. Der Obersteuermann ist doch Klasse. Ganz leise, nur mit E-Maschinen gleiten wir auf die Einfahrt zu. Die Diesel würde man zu weit hören. Kein entgegenkommendes Schiff stört unsere Fahrt.

22. Juli 1941. Kurz nach Mitternacht sind wir im Hafenbecken. Ich habe mich auf den Turm geschlichen, um das Einlaufen mitzuerleben. Schwartzkopff hat die Wache, aber Keller und der Obersteuermann sowie der Alte sind auch auf dem Turm. Wie eine Förde breitet sich das große Hafenbecken aus. Es ist eine wunderbare Sommernacht, und die hell erleuchteten Kaianlagen spiegeln sich im kaum bewegten Wasser des Hafens. Hier herrscht tiefster Frieden, und nur wenige Seemeilen entfernt liegt die Festung Gibraltar.

Fast unhörbar gleiten wir tiefer in das Hafenbecken hinein. Nur leise plätschern die Wellen an der Bordwand. Der deutsche Dampfer *Thalia,* von dem wir versorgt werden sollen, liegt laut Anweisung vom BdU in der Mitte der Bucht vor Anker.

»Da, Backbord voraus«, höre ich Schwartzkopff sagen. Die Männer auf der Brücke richten ihre Gläser auf die Stelle. »Da liegen ja drei Dampfer«, sagt Petersen. »Ja, verdammt. Jetzt müssen wir nur den richtigen erwischen«, knurrt der Alte. »Da haben sich bestimmt die Tommys in die Nähe gelegt, um unseren Dampfer zu überwachen.«

Wir gleiten mit einigem Abstand an den vor Anker liegenden Schiffen vorbei. Die Silhouetten werden mit der uns vorliegenden Silhouette der *Thalia* verglichen. »Der erste ist es«, sagt der I WO. Der Alte bleibt skeptisch. »Fordern Sie ES an«, sagt er zu Walter Groß, der die Klappbuchse in der Hand hält. Walter morst kurz mit vorgeschaltetem Blaufilter. Wir starren gespannt hinüber. Drüben blinkt es auf, aber die Zeichen sind unverständlich.

»Da stimmt was nicht«, sagt Walter laut. »Verdammter Mist«, knurrt der Alte. »Die wollen uns reinlegen.« Wir fahren langsam weiter an dem nächsten Schiff vorbei, das, den Aufbauten nach zu schließen, nicht die *Thalia* sein kann. Das dritte Schiff wird angeblinkt, und von seiner Brücke kommt das richtige ES. Es muß der Tanker *Thalia* sein.

Obwohl jetzt auch der Kommandant überzeugt ist, das richtige Schiff gefunden zu haben, läßt er Handfeuerwaffen auf die Brücke bringen. Auch mir drückt man eine Maschinenpistole in die Hand. Falls wir geentert werden, wird ohne Rücksicht geschossen. Auch die Maschine ist auf den Alarmfall eingerichtet. Die Briten achten neutrales Gebiet nicht; das haben wir bei der Sache mit der *Altmark* in Norwegen gesehen.

Der Kommandant zieht eine große Schleife nach Backbord und fährt dann langsam von hinten an das Schiff heran. Unsere Nerven sind angespannt. Mit der Steuerbordseite, den Bug zur Hafenausfahrt gerichtet, legen wir vorsichtig an. Oben an der Bordwand stehen dunkle Gestalten. Die Leinen fliegen hinüber. Es wird kein Wort gesprochen. Dann wird ein Fallreep von oben heruntergelassen. Es geht alles lautlos. »Na, denn«, sagt Schwartzkopff und steigt nach oben, während wir mit dem Finger am Abzug bereitstehen.

Die Sekunden werden zur Ewigkeit. »Wenn es nun ein Tommy ist«, flüstere ich zu Walter Groß. »Dann fahren wir ohne den I WO ab«, raunt er zurück. Schwartzkopff ist jetzt oben über der Bordwand verschwunden, und endlich ertönt seine erlösende Stimme: »Alles klar, Herr Kaleu!« Wir atmen auf. Der Alte nickt uns zu.

»Wegtreten von Gefechtsstationen.« Es ist 00.45 Uhr. Die Versorgung beginnt sofort. Der Kommandant sagt mir noch, daß die Funkstation besetzt bleiben muß. Ich steige hinab in den FT-Raum, um die Programmzeit auf Längstwelle abzunehmen, und lasse Ferdinand mit den Funkgasten auf die *Thalia* zum Baden gehen.

An Oberdeck wird fieberhaft gearbeitet. Drei Torpedos werden nachgeladen; für die Übernahme eines vierten Aals fehlt die Zeit. Brennstoff wird ergänzt und Proviant erhalten wir auch. Da ich den FT-Raum nicht verlassen kann, leitet Järschel die Verteilung. Meine Hoffnung, auch noch baden zu können, erfüllt sich leider nicht, denn Ferdinand kommt erst kurz vor dem Ablegen zurück. »Mensch, die hatten Dortmunder Bier«, sagt er begeistert und betrunken.

Um 5.00 Uhr haben die Männer alles unter Deck verstaut. Es sieht wüst im Boot aus, aber Ordnung kann während der Unterwasserfahrt gemacht werden. Wir müssen im Schutze der Dunkelheit den Hafen verlassen. Die Männer der *Thalia,* die sich das Boot angesehen haben, und der Kapitän von der deutschen Botschaft in Madrid gehen von Bord. Dann werden die Leinen losgeworfen und fallen auf unser Oberdeck. Einige gedämpfte Rufe erschallen: »Gute Fahrt!« Die E-Maschinen laufen schon. Mit großer Fahrt geht es hinaus aus der Bucht. Ich verlasse die Brücke und steige hinab in die Röhre.

In den Wohnräumen herrscht Chaos. Järschel ist mit den Männern der Freiwache dabei, die Sachen zu verstauen. Es dauert nicht lange, da rast die Alarmklingel durchs Boot. Rauschend geht es in die Tiefe. Kurs 280 Grad. Schleichfahrt.

Die Männer werden in die Kojen geschickt. Nur ich muß auf Wache bleiben, denn mein volltrunkener Ferdinand kann mich nicht ablösen. Es herrscht wieder vollkommene Ruhe im Boot. Wir schleichen in 60 m Tiefe nach Westen.

Plötzlich habe ich die Schrauben der Bewacher wieder im GHG. Sie haben wohl die ganze Nacht oben gewartet. Der Kommandant kommt zum Horchraum, hört sich die Geräusche an und nickt grimmig. »Die wußten, daß wir kommen. Der erste Dampfer, der uns Zeichen gab, war wohl ein Brite. Liegt erst seit einigen Tagen dort. Ich glaube, die Sache war verraten.« Es dauert eine Stunde, bis wir die Bewacher, die hier auch nur schlecht horchen können, passiert haben. Dann kann ich mich in die Koje hauen.

Den ganzen Tag Unterwassermarsch. Gegen 22.00 Uhr gehen wir auf Sehrohrtiefe. Der Alte steckt den Spargel raus. Die See ist frei, aber wir ziehen einen Blasenstreifen hinter uns her. Um 22.20 Uhr läßt Bleichrodt auftauchen. An der Küste flammen die Feuer auf. In 28 sm Steuerbord querab passieren wir St. Antonio.

23. Juli 1941. Um 0.20 haben wir Kap St. Maria in 14 sm querab erreicht. Die See ist nur mäßig bewegt, aber gegen 6.00 Uhr taucht der Bug in die lange Dünung des Atlantiks, die von Nordwesten heranrollt. Wir haben in 20 sm Abstand Kap Vincent passiert, noch einmal starren wir hinüber zu der Küste Portugals, an der wie im Frieden alle Feuer brennen. Um 7.45 tauchen wir zum ganztägigen Unterwassermarsch.

24. Juli 1941. Unter den vielen Funksprüchen, die während des Tages gekommen sind und die wir nun im Wiederholungsprogramm auf Längstwelle hereinholen, ist einer für uns.

»An U 109 von BdU: Italienisches U-Boot meldet Geleitzug südwestlich Kap Vincent, Kurs Gibraltar.« Der Kommandant läßt sofort den Kurs auf 210 Grad, Kollisionskurs mit dem Geleitzug ändern. Die Aussicht, diesen Konvoi zu finden, ist aber gering. Die Positionsangabe ist zu ungenau, und es folgen keine Fühlungshalter-Meldungen.

Gegen Mittag plötzlich ein Schrei von der Brücke: »Mastspitzen voraus!« Der Kommandant eilt auf die Brücke. Sollten wir doch auf das Geleit gestoßen sein? Es dauert einige Zeit, bis wir von oben hören, daß es nur ein einzelnes Schiff ist. Das Vorsetzen geht verhältnismäßig schnell; der Dampfer scheint sehr langsam zu sein. Außerdem fährt er einen geraden Kurs. Wir tauchen und warten, daß er uns vor die Rohre läuft. Aber plötzlich fährt der Alte das Sehrohr ein und läßt von Gefechtsstationen wegtreten.

Das Schiff von ca. 4000 BRT ist ein Portugiese. Er hat sogar ein Seenotzeichen gesetzt. Oder sollte es eine U-Boot-Falle sein? Wir lassen ihn ablaufen und tauchen erst wieder auf, als er außer Sicht ist. Weiter geht es nach Süden. Bei Beginn der Dämmerung wird wieder ein Schiff gesichtet. Erneut geht die Jagd los. Schnell bricht die Dunkelheit herein. Wir schließen näher heran, und dann beginnt der Überwasser-Nachtangriff. Mit schäumender Bugwelle jagen wir auf den Dampfer zu, der plötzlich Laternen setzt und seine Bordwand beleuchtet. Man kann die spanischen Farben erkennen. Der Kommandant läßt hart abdrehen. Mit Kurs 230 Grad suchen wir weiter nach dem Geleitzug.

Eingang FT von BdU an U 109: »Angriffsraum ist Gebiet ET und westlich davon in den für U-Boote befohlenen Grenzen. Vormarsch dorthin auf 30 Grad West.« Das ist das Gebiet vor Freetown und der Pfefferküste.

25. Juli 1941. Der Kommandant bricht die Suche nach dem Geleitzug ab. FT von U 109 an BdU: »Versorgung durchgeführt. Von den Ital. U-Booten gemeldeten Geleitzug erfolglos gesucht. Stehe DH 36.«

Wieder sticht die Sonne vom wolkenlosen Himmel. Es wird sehr heiß im Boot. Am Abend stehen wir südlich Madeira. Keine Mastspitze weit und breit.

27. Juli 1941. Wieder ist es Sonntag. Gestern in der Nacht haben wir einen Portugiesen gesichtet. Es scheint hier von Neutralen zu wimmeln. Ob sie alle echt sind? Die Westboote haben gestern auf der Höhe von Brest einen südgehenden Geleitzug erwischt. Seitdem ist der FT-Verkehr sehr angeschwollen. Die Boote sind auf starke Sicherung gestoßen. Aus den Funksprüchen geht hervor, daß es ein harter Kampf ist. Die Briten haben einen neuen U-Jäger-Typ eingesetzt. Sie nennen ihn ›Korvette‹.

Seit dem 21. Juli marschieren drei weitere Boote in breiter Formation wie wir nach Süden: U 93, U 94 und U 124. U A muß ohne Erfolg den Rückmarsch antreten. Obermaschinist Schewe flucht über den schlechten Brennstoff, den wir in Cadiz bekamen. Dafür ist der Proviant über alle Erwartungen gut.

28. Juli 1941. Wir stehen westlich der Kanaren. Der Wind weht aus NNO mit Stärke 3–4. Eine leichte Dünung schiebt uns vor sich her. Der Himmel ist bedeckt, aber es ist sehr warm. U 141 meldet durch FT: »Aus stark gesichertem Geleit in der irischen See drei Dampfer mit insgesamt 21.000 BRT versenkt.« Das ist eine beachtliche Leistung. Ich muß an meinen Freund Hans Langen denken, der auf diesem letzten Einbaum fährt.

Die Westboote jagen immer noch den stark gesicherten Geleitzug und stehen jetzt querab Kap Vincent. Es scheint die größte Geleitzug-Schlacht dieses Monats zu werden. Ansonsten hört man nichts. Es sind sicher zu wenig Boote draußen.

30. Juli 1941. Gestern konnte der BdU nach langer Zeit wieder eine Sondermeldung durchgeben lassen: »83.000 BRT, ein Zerstörer und eine Korvette versenkt.«

Die Stimmung im Boot ist miserabel. Keine Mastspitze, keine Rauchfahne. Die Briten haben den Verkehr nach Freetown gestoppt. Die letzten Verluste waren wohl zu hoch. Wir stehen 22 Grad Nord und 30 Grad West. In der Nacht haben wir einen FT abgesetzt: »An BdU. Außer drei Neutralen bisher kein Verkehr. U 109.« Wir laufen weiter mit Kurs 210 Grad nach Süden. Immer wieder versucht das Maschinenpersonal die Ursachen der aufsteigenden Luftblasen bei getauchtem Boot festzustellen. Ohne Erfolg.

Gegen 18.00 Uhr Eingang FT 1648/30/193: »U 109 kehrt. Auf bisher befohlenen Längen mit etwa 100 sm Vormarschgeschwindigkeit je Tag in Zickzackschlägen nach Norden marschieren. Späterer Einsatz vor

Gibraltar beabsichtigt. Weiteres folgt. BdU.« Auch die anderen Südboote sollen nach Norden aufkreuzen; nur U 123 unter Hardegen soll weiterhin querab Freetown operieren.

Der Bug schwingt auf 310 Grad herum, ein Kurs, der genau auf die Azoren weist. Gegen 20.00 Uhr Eingang FT 1812/30/197: »U 109 ohne Zickzackschläge mit Etmal 180 sm nach Norden marschieren. BdU.« Dönitz scheint es nun eiliger zu haben; wahrscheinlich hat der B-Dienst einen auslaufenden Geleitzug gemeldet.

31. Juli 1941. Wir stehen nordwestlich der Kapverdischen Inseln in Quadrat 6553 DS. Der Kommandant läßt entgegen dem Befehl mit wechselnden Kursen von 350 Grad bis 21 Grad steuern. Gegen Mittag meldet die Brückenwache einen Wal. Ich steige auf die Brücke, um ihn mir anzusehen. Er ist schon sehr nah herangekommen. Oft ist er nur drei Meter von der Bordwand entfernt. Anscheinend sucht er Anschluß bei uns. Der Kommandant ist nach oben gekommen und brummt: »Hoffentlich reibt er sich nicht an der Bordwand und verbiegt uns das Tiefenrudergestänge dabei.« Auch der LI kommt auf die Brücke und besieht sich den Außenbord-Kameraden. »Junge, Junge«, sagt er, »wenn der uns eins mit der Schwanzflosse versetzt, schlägt er die ganze Ruderanlage kaputt. Schlage vor, wir machen Prüfungstauchen. Dann verliert er uns.« Der Kommandant ist einverstanden. Die Freiwache, die sich inzwischen auf der Brücke eingefunden hat, muß den Turm räumen. Dann geht es in die Tiefe. –

Für die Männer war das Auftauchen des Wals eine Abwechslung im Einerlei von Wache, Essen und Schlafen. Tag für Tag immer das gleiche. Und dazu unaufhörlich die Diesel. Nur beim täglichen Prüfungstauchen verstummen sie für kurze Zeit. Und kein Schiff weit und breit. Die Stimmung ist zum Kotzen. Alles läuft mit finsteren Gesichtern herum. Auch der Kommandant ist nervös und gereizt. Er weiß, daß der BdU Erfolge von ihm erwartet. Ein berühmter Name und ein Ritterkreuz verpflichten, aber wenn die Männer auf der Brücke kein Schiff in Sicht bekommen, obwohl wir alle altbekannten Nordsüd-Dampferrouten kreuzen, kann auch er nichts machen. Nur bei uns im Funkraum ist immer Betrieb. Wir überwachen den Atlantik von Grönland bis Kapstadt.

Nach dem Auftauchen ein Ruf von der Brücke: »Unser Wal ist wieder da!« Er spautet so stark, daß die Wache auf der Brücke naß wird. Die Männer fluchen und verlangen Regenzeug. Ein homerisches Gelächter geht durchs Boot. Gott sei Dank, wir können noch lachen …

1. August 1941. Wind NNO 2, kaum bewegte See, helle Mondnacht, gute Sicht. Die ganze Nacht zieht der Wal mit uns nach Nordwesten. Am Morgen stehen wir auf 26 Grad 52 Minuten Nord, 30 Grad West. Der Kommandant läßt auf 55 Grad drehen, das ist Kurs Casablanca. Der Wal verläßt uns tauchend und spautend. Wir sind wieder allein in der Weite des Atlantiks.

Nur sanft hebt und senkt sich das lange Vorschiff in der leichten Dünung. Um 11.25 Uhr Eingang FT 0945/1/138: »An U 109, 93, 94, 124. Aufklärungsstreifen bilden von DG 6835 nach DG 3835 am 3. Aug. 08.00, Kurs 75 Grad Vormarschgeschwindigkeit 180 sm je Tag in Kurslinie. Keine Angriffs-Beschränkung auf bestimmte Ziele. Nach Feindberührung anstreben richtige Position im Aufklärungsstreifen wieder einzunehmen. Portug. Hoheitsgewässer um Madeira umgehen. BdU.«

2. *August 1941.* Heute sind wir seit fünf Wochen in See und haben noch keine Tonne versenkt. Es ist verdammt heiß im Boot. Dazu kommt, daß das Trinkwasser knapp geworden ist, denn der Trinkwasser-Erzeuger ist seit Tagen ausgefallen. Die Männer der Maschine versuchen vergeblich, ihn wieder in Gang zu bringen. Der LI hat den Trinkwasserhahn in der Kombüse mit einem Vorhängeschloß abgesichert. Es gibt nur noch einen Becher Wasser pro Mann am Tag. Gewaschen wird nur noch mit Seewasser und Seewasser-Seife. Solange wir noch die Literflasche Eau de Cologne haben, kann uns nichts erschüttern. Rasiert wird sowieso nicht. Wir ähneln langsam einer Räuberbande aus den Ardennen. Da es zu wenig Wasser gibt, trinken wir den Rotwein der *Thalia.*

3. *August 1941.* Der Wind hat etwas aufgefrischt: NO 3, bedeckt, mittlere Sicht. Es kommt schlechtes Wetter auf. Regenschauer jagen über die See. Es ist Sonntag und im Rundfunk wird das ›Deutsche Volkskonzert‹ übertragen. Die Lords liegen auf den Kojen und träumen von der Heimat, aber es hat wenig Sinn, an sie zu denken. Wir haben 24 Aale an Bord und noch kein Ziel gefunden.

4. *August 1941.* Weiterhin Kurs 75 Grad. Es brist langsam auf. U 66 unter Korvettenkapitän Zapp hat Einlaufmeldung Lorient abgegeben. Die Geleitzugschlacht westlich der spanischen Küste scheint ohne Verluste abgelaufen zu sein. Es wird kein Boot gerufen. Im Juni sind wahrscheinlich zwei Boote verloren gegangen. U 138, Gramitzki, stand zuletzt etwas westlich von Cadiz. Keine Meldung mehr. U 147, Wetjen, ist im Nordatlantik verschollen. Der Versenkungsdurchschnitt im Juli war sehr schlecht. Irgendwo laufen im Atlantik dicke Geleitzüge, die wir nicht erfassen, weil wir zu wenige Boote und keine Luftaufklärung nach Westen haben. Heute sind wir nach langer Zeit wieder auf 120 m

getaucht. Die Sehrohrbuchsen lecken sehr stark. Es kommt viel Wasser ins Boot. Wie soll das bei einer Verfolgung werden?

Eingang FT 07/4/165: »Boote westlich Gibraltar Kurs Ost, Marschfahrt U 124 und U 109 Fahrt auf Etmal 240 sm erhöhen. BdU.«

5. August 1941. Wir stehen 60 Seemeilen südlich von Madeira. Seegang 6–7. Lange Atlantik-Dünung. Brecher orgeln über den Turm, aber es ist hier nicht so kalt wie im Nordatlantik. Ein Regenschauer jagt den anderen. Die Sicht ist dadurch denkbar schlecht. Im Turm ist ein Mann ständig damit beschäftigt, die Gläser der Brückenwache trockenzuputzen. Der Rudergänger im Turm hat Ölzeug an, denn durch das offene Luk kommt viel Wasser. Alles ist feucht im Boot.

Um 10.00 Uhr läßt der Kommandant auf Kurs 90 Grad gehen, um nicht in die portugiesischen Hoheitsgewässer vor Madeira zu geraten. Ringelmann meldet aus dem Nordatlantik zwei Schiffe mit insgesamt 12.000 BRT versenkt. Vor fünf Monaten haben wir noch zusammen in der Ostsee die ›Taktischen Übungen‹ gefahren. Am Nachmittag Eingang FT 1656/5/128: »Boote westlich Gibraltar: 1. In den nächsten Tagen wird Auslaufen eines Geleitzuges aus Gibraltar erwartet. 2. Bis Auslaufen dieses Geleitzuges besetzen als Angriffsräume U 93, U 94, U 109, U 124 – DJ 1542, Tiefe 60 sm. BdU.«

6. August 1941. Wir stehen östlich von Madeira und laufen mit langsamer Fahrt Kurs 70 Grad. Der Wind hat mächtig aufgefrischt. Das Boot rollt stark in der gewaltigen Dünung. Tief taucht das lange Vorschiff in die heranrollenden Wogen, und dann knallen Brecher gegen den Turm, daß das ganze Vorschiff erbebt. Die Brückenwache steht dauernd im Wasser und kann kaum etwas sehen.

Um 12.00 Uhr läßt der Kommandant zum Unterwassermarsch tauchen. Otto Peters kommt aus der Zentrale und wischt sich mit dem Schweißtuch, das er immer um den Hals hängen hat, das Gesicht ab. Provozierend sagt er: »Warum stehen da eigentlich immer vier Mann auf der Brücke? Einer genügt doch, wo es keine Dampfer mehr gibt im Atlantik.« Wir schlürfen schweigend unseren Kaffee und wissen, daß er uns reizen will. Grinsend setzt er sich zu uns und gießt sich Kaffee ein. »Junge, Junge«, fängt er im Selbstgespräch wieder an, »da haben wir 24 Torpedos an Bord. Ich glaube, so viel hat noch nie ein Boot mitgehabt. Ob wir die bis Weihnachten verschossen haben?« Keiner antwortet ihm. Dann stößt er mich an. »Das wird 'ne lange Fahrt. Und so lange ohne Frauen. Nee, ich steige aus.« Da donnert es plötzlich in der Ferne. Zwei scharfe Detonationen. Wir sehen uns an. »O Gott«, sagt Otto, »wenn ich an unsere Blasenbahn denke.«

»Funkmaat Hirschfeld in die Zentrale«, wird gerufen. Ich mache mich sofort auf den Weg. Obermaschinist Schewe steht hinter dem Kartentisch neben der Stabantenne und winkt mich heran. »Ihre Antenne ist undicht. Sehen Sie mal hier oben die Stopfbuchsen.« Er leuchtet mit seiner Stablampe. Ein feines Rinnsal läuft an dem dicken Rohr der ausfahrbaren Stabantenne entlang in die Bilge. Ich sehe Schewe an. »Sie wollen doch nicht wieder die Stopfbuchsen wie beim Peiler auseinandernehmen?« Er sieht auf seine Hände, die in Lederhandschuhen stecken, und schüttelt den Kopf. »Nee, alles was von der Funkerei mit Luft aus- und eingefahren wird, fasse ich nicht wieder an. Meine Hand ist noch verbunden. Wir können höchstens die unteren Buchsen so fest anziehen, daß kein Wasser mehr kommt. Aber dann können Sie das Ding auch nicht mehr ausfahren.« – »Gut«, sage ich. »Machen Sie das ruhig. Wir werden doch nicht dazukommen, unter Wasser zu senden.«

Wie ich durch den Offiziersraum nach vorne gehe, hält mich der II WO am Arm fest. »Ich knoble immer noch an dem Offiziersfunkspruch von gestern nachts. Sie müssen mir helfen. Aber Schnauze halten, klar?« – »Selbstverständlich, Herr Leutnant«, sage ich. Wir gehen die Einstellung des Schlüssels durch, und ich finde bald den Fehler. Der Text verschlägt mir die Sprache.

»Achtung, Sabotageverdacht bei U-Boot-Torpedos. Bei zwo von Unternehmung zurückgebrachten Torpedos äußerer Ring des G. A. im oberen Lager durch Einschieben von Packungsmaterial schwergängig gemacht. Gleichzeitig Winkelverstellung, so daß mit Sicherheit Kreisläufer. G. A. sämtlicher Torpedos nachprüfen. Ähnliche Feststellungen mit Torpedonummer sofort melden. BdU.«

Keller sieht mich an. »Verdammte Schweinerei. Da können wir uns mit den eigenen Torpedos versenken.« Er eilt mit dem FT sofort zum Kommandanten, der den Torpedomaaten Werner Borchardt kommen läßt und ihm den Befehl gibt, die Regelung aller Torpedos durchzuführen. Die Torpedomixer arbeiten im Schweiße ihres Angesichts bis 22.00 Uhr. Endlich können wir auftauchen und erhalten prompt ein FT. »An Boote westlich Gibraltar: Bei Beginn des Auslaufens des Geleitzuges ergeht an die Boote Stichwort ›Aufmarsch‹. Auf dieses Stichwort besetzt U 109 als Angriffsraum DJ 2125. Von dann ab Angriff frei nur auf Geleitzüge und besonders wertvolle Einzelfahrer. BdU.«

7. August 1941. Wir stehen 200 sm vor Casablanca. Der Wind scheint etwas nachzulassen, aber die See rollt noch sehr stark. Eingang FT 0938/7/178: »Auslaufen des Geleitzuges wird für den 8. 8. erwartet.

Unbedingt ungesehen bleiben. Funkstille halten bis auf taktisch wichtige Meldungen. BdU.«

Otto Peters kommt am Funkraum vorbei und steckt sein unrasiertes Räubergesicht herein. »Was spricht man in Heizerkreisen? Geht es wieder los mit einem verfluchten Geleitzug?« – »So ist es, Otto, und ich hoffe nur, daß wir nicht Fühlungshalter werden.« Fühlung halten ist für Schiffsführung und Funkerei aufreibender als ein Angriff.

Das Trinkwasser ist weiterhin knapp; es ist aber nicht mehr so heiß im Boot.

8. August 1941. Weiterhin starke Dünung. Bedeckt, helle Mondnacht. Wind frischt auf. Das Boot stampft und schlingert wild. Um schlafen zu können, muß man ein Bein durchs Kojengitter flechten. Vergeblich warten wir auf das Stichwort vom BdU. Am Nachmittag meldet U 93 einen Verband, bestehend aus einem Schlachtschiff, einem Truppen-Transporter und zwei Zerstörern, Kurs West. Fährt er Aufklärung oder soll er als Lockvogel dienen?

Eingang FT 2100/8/114: »Gibraltarboote: Kein uferloses Nachjagen auf Meldung von U 93 hin. Aufmarschräume müssen auf Stichwort ›Aufmarsch‹ innerhalb 16 Stunden erreichbar bleiben. Auslaufen des Geleitzuges wird für 9. Aug. 41 erwartet. BdU.«

Der Befehl ist mir nicht verständlich. Ich würde mit allen verfügbaren U-Booten versuchen, die Überwasserstreitkräfte zu vernichten. Dann hätten unsere schnellen Kreuzer und Schlachtschiffe eine größere Chance, Geleitzüge zu vernichten. Der Große Kreuzer *Admiral Hipper* hat Mitte Februar vor Gibraltar auf einen Schlag 79.000 BRT versenkt.

9. August 1941. Wir sind seit sechs Wochen in See und haben noch kein Schiff versenkt. Der Wind bläst aus Nord mit Stärke sechs, Seegang fünf. Es ist bedeckt, aber die Sicht ist gut. Der Tag vergeht, ohne daß wir etwas von dem Geleitzug hören, am Abend geht es los. Eingang FT 1806/9/135: »Aufmarsch. Geleitzug begann am 9. August auszulaufen. BdU.« Dann folgt FT auf FT. Die Boote erhalten geänderte Angriffspositionen. »Bleichrodt Quadrat 2215, Höchstfahrt!« Eingang FT 1901/9/139: »Gibraltarboote: Neue Angriffsräume müssen bis Hellwerden 10. Aug. eingenommen sein. BdU.« Eingang FT 2145/9/142: »Gibraltarboote, die neue Position nicht rechtzeitig erreichen können, dies nicht melden. BdU.«

Die Diesel hämmern ›Große Fahrt‹. Tief wühlt sich das Vorschiff in die anstürmende See. Die Brecher orgeln über den Turm. Es knallt und kracht gegen die Turmverkleidung. Manchmal ist der Turm samt Brückenwache sekundenlang unter den Wassermassen begraben. In der Zentrale läuft die Lenzpumpe, weil oft das Turmluk vor den überrollenden Brechern nicht mehr rechtzeitig zugedrückt werden kann.

So jagen wir durch die kochende See, um zu unserer Position 20 sm vor der afrikanischen Küste zu kommen. Laut Agentenmeldung aus Tarifa, von wo man den Geleitzug mit guten Gläsern beobachten kann, läuft er mit Kurs Südwest die afrikanische Küste entlang. Wenn er diesen Kurs beibehält, werden wir Fühlungshalter. Ferdinand teilt meine Befürchtung. Der Funkverkehr der Leitstelle Kernevel nimmt zu; die Boote halten aber eisern Funkstille. Nach Agentenmeldung soll das Geleit aus 70 Schiffen bestehen, darunter aber viele Dampfer von nur 1500 BRT bis 2500 BRT. Der Alte flucht leise vor sich hin. Als ich die Befürchtung äußere, daß wir Fühlungshalter werden, lächelt er. »Keine Sorge, Funkmaat. Nach der ersten Meldung greifen wir an, jagen durch das ganze Geleit und schießen aus allen Rohren. So habe ich das auf U 48 mit Suhren auch gemacht. Aber 70 Schiffe. Mein Gott, welch ein Geleit!« Er schüttelt den Kopf und gibt mir die Kladde zurück.

Leider stand in den bisherigen Meldungen nichts über die Sicherung des Geleits. Wir wissen nicht, ob nur Zerstörer und Korvetten oder auch schwere Einheiten dabei sind. Im Boot wächst die Spannung.

10. August 1941. Helle Mondnacht. Mittlere Sicht. Die See geht immer noch hoch. Um 1.45 Uhr Eingang FT 0058/10/144: »Geleit hat mit Kurs West 19.15 Uhr gestern unter Afrika-Küste Tarifa passiert. Admiralität warnt vor U-Boot in Quadrat CG 8866 am 9. 8. 20.00 Uhr. BdU.« Das ist weit nördlich von uns.

Grau kommt der Morgen herauf. Wolkenfetzen jagen über uns und die Sonne kommt nicht durch. Eingang FT 0722/10/149: »U 79 bis U 109 Angriffsräume 30 sm, quer zur Anmarschrichtung des Geleitzuges hin und her dampfen. BdU.« Wir sind auf Position und stampfen auf und ab. Der Tanz kann jeden Augenblick losgehen, sofern das Geleit nicht schon längst Kurswechsel gemacht hat. Im FT-Raum sind wir vorbereitet. Der Sender ist vorgewärmt und eingestellt. Nur den Antennenstöpsel zum vorderen Netzabweiser habe ich herausgezogen, damit der Sender nicht strahlt.

Wir lassen uns unser Sonntagsessen schmecken. Die Backschafter haben gerade abgeräumt, als um 13.45 Uhr die Alarmklingeln durchs Boot rasen. Die Wache kommt polternd von oben. Der LI jagt am Funkraum vorbei in die Zentrale. »Fluten!« tönt es gleich darauf aus den Lautsprechern. Die Entlüftungen knallen auf, und steil neigt sich der Bug nach unten. Ich habe die Tauchzeit gestoppt. Bis zum Ausdrücken der Untertriebszellen wären es 35 Sekunden, trotz schwerer See. Das ist sehr beruhigend. Wir haben noch nichts verlernt. Ich begebe mich in den Horchraum, wo Hümpel schon am GHG sitzt. Gleich darauf steht der I WO neben mir und sagt, daß wir trotz starker Sichtverschlechterung auf 7000 Meter einen Dreischornstein-Zerstörer gesichtet haben. »Warum bleiben wir auf Sehrohrtiefe?« frage ich. Schwartzkopff lächelt. »Der Kommandant ist entschlossen, diesen Burschen umzulegen, falls er in unseren Schußbereich kommt.« Wir können sein Schraubengeräusch nicht erfassen, und ich höre, wie der Alte im Turm wieder über das GHG schimpft. Dann gerät der Zerstörer langsam aus Sicht.

Schon werden Vorbereitungen zum Auftauchen getroffen, als er an Backbord achteraus wieder gesichtet wird. Ich hänge mit dem Ohr am Sprachrohr und höre, was der Alte so von sich gibt: »Er kommt genau auf uns zu. Das ist sonderbar. Er kann uns gar nicht gesehen haben. Petersen, schreiben Sie mit. Hohe, schmale Brücke, drei Schornsteine, von denen der Abstand zwischen den beiden letzteren größer ist. Hoher, schmaler Vordermast mit großem Krähennest. Achtern nur kurzer Signalmast.« Dann ist es eine Weile still im Turm; nur der Elektromotor des Sehrohrs schnurrt ab und zu. Der LI hat große Mühe, bei dem starken Seegang das Boot auf Sehrohrtiefe zu halten.

»Auf Gefechtstationen«, ruft jetzt der Kommandant. Es geht also doch los. Maureschat zieht am Vorhaltrechner im Turm auf. Die Mixer machen die vorderen Rohre klar. Auf einmal hören wir die Schrauben auch im GHG. »Dann ist das Gerät doch in Ordnung«, meint der I WO. »Natürlich«, sage ich. »Es liegt nur am Wasser und hier an dieser geringen Tiefe.«

Die Spannung im Boot wächst. Endlich haben wir einmal einen von diesen verdammten Zerstörern vor den Rohren. Wenn nur die Aale nicht versagen. »LI – halten Sie das Boot unten«, höre ich den Alten plötzlich schreien. Das Sehrohr wird eingefahren. »Bitte um Fahrterhöhung! Kann Boot so nicht halten«, schreit der LI. Mir läuft es kalt über den Rücken. Wenn wir jetzt oben durchbrechen, sieht uns der Zerstörer bestimmt.

Aber der LI schafft es. Nur sind wir jetzt zu tief, und der Alte kann selbst mit völlig ausgefahrenem Seerohr nichts sehen. Der Zerstörer wandert im GHG schnell nach Backbord aus. Ich melde es in den Turm. Dann kommt endlich das Sehrohr wieder frei. »Verdammter Mist«, höre ich den Alten fluchen. »Jetzt hat er abgedreht. Den kriegen wir nicht mehr.« Auf allen Stationen betretenes Schweigen. War der LI nun schuld? »Wegtreten von Gefechtsstationen«, tönt es wenig später aus den Lautsprechern. Der Zerstörer läuft ab, aber wir müssen warten, bis er hinter der Kimm verschwunden ist. Als wir dann um 15.50 Uhr endlich auftauchen können, läuft schon das erste Alfa-Signal von U 79: »Feindlicher Geleitzug in Sicht. Qu. 8661.« Also hat er doch den Kurs geändert, wenn er jetzt südlich Kap Vincent steht. U 79 wurde aber durch Zerstörer abgedrängt und hat die Fühlung wieder verloren. Mit Kurs 310 Grad jagen wir durch die See, um uns vorzusetzen.

11. August 1941. Es ist eine helle Nacht, aber diesige Kimm. Wieder orgeln die Brecher über den Turm. U 401, Zimmermann, wird aufgefordert, sich zu melden. Sonderbar, den Namen habe ich nie gehört. Muß ein neues Boot sein. Sollte es auf der ersten Fahrt verschollen sein?

Grau kommt der Morgen herauf. Ab und zu reißt die Wolkendecke auf. Das ist hier in der Nähe von Gibraltar gefährlich. Um 9.20 Uhr fällt die Kühlwasserpumpe des Backbord-Diesels aus. Wir laufen nur noch mit einer Maschine. Gegen 11.00 Uhr rasen die Alarmklingeln durchs Boot. Steil geht es nach unten. Ein Flugzeug, das direkt aus den Wolken kam, höre ich. Wir sind schnell auf 60 Meter Tiefe. Dann knallt es ohrenbetäubend und gleich darauf noch einmal. Neben mir steht Leutnant zur See Keller, der die Wache gehabt hat. »Die lagen voraus«, sagt er. »Muß ein ausgekochter Hund sein. Hat nicht auf die Tauchstelle geworfen.« Aus den einzelnen Abteilungen laufen die Meldungen ein. »Keine Schäden.«

Jetzt kommt der Kommandant aus der Zentrale. »Keller, Sie müssen einen Mann zusätzlich auf die Brücke nehmen, der nur die Luft beobachtet. Wenigstens solange wir in der Bucht von Gibraltar sind.« Keller nickt. »Jawoll, Herr Kaleu. Wie lange sollen wir unten bleiben?« – »Wir bleiben eine Stunde auf 60 Meter. Dann wird er wohl weg sein.« In der Ferne grollt es wie Donner. Da werden Wasserbomben geworfen. Das muß der Konvoi sein.

Ich gehe in die Zentrale, um nach Stabantenne und Peiler zu sehen. Die Antenne ist jetzt dicht, aber am Peiler tropft es. Obermaschinist Schewe lehnt am Sehrohrschacht und macht ein bedenkliches Gesicht. »Und das bei nur 60 Meter«, sagt er. »Bei 100 Meter werden die Männer am Tiefenruder Ölzeug anziehen müssen.« – »Was ist denn das für ein Geräusch da hinten im Boot?« frage ich. Schewe nickt besorgt. »Die Dieselkupplungen schlagen immer stärker. Muß weit zu hören sein. Aber wir können nichts machen.«

Ein neuer Donner grollt durch die See, gar nicht so weit entfernt. Der Obersteuermann am Kartentisch sagt: »Da machen sie einen fertig.« Wir können ganze Serien von Detonationen zählen; das sind keine wahllos geworfenen Schreckbomben.

Wenn das Grollen in unserer Nähe für einige Augenblicke aussetzt, hören wir in der Ferne Donner. Otto Peters schüttelt den Kopf. »Was mögen nur die Fische denken. Immer dieser Krach.« Der Alte will sehen, was los ist, und läßt Oberfläche ansteuern. Schraubengeräusche sind im GHG nicht zu hören. Ein Rundblick mit dem Sehrohr. Die See und der Himmel sind frei. »Auftauchen!« Weiter geht es mit einem Diesel. Wir holen die fehlenden FTs herein.

FT 1136/11/180: »Geleitzug stand 08.00 h CG 8226, Kurs Lissabon. BdU.« Die Lage ist sehr undurchsichtig. Mehrere Boote geben Geleitsichtmeldungen, aber in verschiedenen Gebieten.

Eingang FT 1317/11/187: »Mit Höchstfahrt auf Geleitzug U 93 operieren. BdU.« Darauf läßt der Kommandant auf nördlichen Kurs drehen.

Gegen 14.30 Uhr sehen wir plötzlich zwei U-Boote voraus. Nach ES-Austausch werden sie als U 124 und U 331 erkannt. Von U 331 kommt ein Wink-Spruch, wonach eine Condor-Maschine den Geleitzug in rechtweisender Peilung von 210 Grad gemeldet hat, allerdings mit ungenauem Standort. Der Kommandant operiert weiter auf den von U 93 gemeldeten Geleitzug. Es kommen neue Meldungen über einzelne Kolonnen mit den unmöglichsten Kursen. Hat sich das Geleit vielleicht geteilt? Einmal werden 3 Dampfer und 4 Zerstörer gemeldet, ein andermal 8 Dampfer und 7 Torpedoboote oder Korvetten. Verdammt viel Sicherung. Um 15.45 Uhr ein FT-Signal: »Feind in Sicht Qu. 5876, westl. Kurs geringe Fahrt. U 94.« Jetzt ist alles durcheinander. Der Alte läßt um 16.00 Uhr tauchen, um den Backbord-Diesel in Ordnung bringen zu lassen.

»Das Theater mit diesem Geleitzug kommt mir wie ein Ablenkungsmanöver vor, um so viele U-Boote wie möglich an dieser Stelle des Atlantiks zu binden«, sagt der Alte zum I WO. »Währenddessen laufen die Geleite ungestört von Kanada nach England.« Der BdU scheint aber ganz wild auf diesen Geleitzug zu sein und gibt durch: »Ran! Dieses Geleit darf auf keinen Fall England erreichen. BdU.«

Um 22.00 Uhr können wir endlich wieder auftauchen. Dabei wird festgestellt, daß die Bordanblaseventile eins, acht und fünf hängen. Die Anblaseleitungen sind vollgelaufen. Es kann nur ganz langsam und vorsichtig angeblasen werden. Auch die Diesel-Abgasklappen sind undicht. Weiter geht die Suche mit wechselnden Kursen in der Nacht.

12. August 1941. Nach dem Auftauchen haben wir die fehlenden FTs hereingeholt. U 79, Kaufmann, meldet, daß er bei Kap Vincent schwer angeschlagen wurde und den Rückmarsch antreten muß. Es war also die Wabo-Verfolgung von U 79, die wir gehört haben.

Dunkle Nacht, steifer Nordwind, Seegang sechs, hohe Dünung und sehr schlechte Sicht. Die Lage wird immer unklarer, denn die Meldungen über Kurs, Fahrt und Standort des Geleites widersprechen sich laufend. Sicher ist nur, daß er in mehrere Gruppen aufgeteilt wurde, die hin und her zacken, um uns zu verwirren. Die Boote melden auch, daß sie jedesmal entdeckt werden, sobald sie das Geleit gesichtet haben. Zerstörer oder Korvetten laufen mit Stichfahrt auch in der Dunkelheit auf sie zu. Das war noch nie so; irgend etwas stimmt da nicht.

Um 2.12 Eingang Signal von U 331: »Feindl. Geleitzug in Sicht. Quadrat 5477. Sicherung steht vor dem Geleitzug. NW-Kurs.« Um 3.05 wieder ein Signal von U 331: »Der richtige Standort des Geleits ist Quadrat 5474, Fahrt sieben Seemeilen.« Und um 4.25 Uhr erneut ein Signal von U 331: »Geleit steht 4696.« Auf Grund dieser Meldungen will der Kommandant nun operieren.

Grau in grau kommt der Morgen herauf. Gegen 8.00 Uhr scheinen die Männer auf der Brücke etwas an der Kimm entdeckt zu haben, aber gleich darauf müssen wir vor einer Sunderland wegtauchen. Wir wissen nicht, ob sie uns gesehen hat. Es fallen jedenfalls keine Bomben. Wir bleiben eine Stunde unter Wasser. In der Ferne hören wir das schwere Rollen der Wabos.

Gegen 16.00 Uhr geht es neuerlich in den Keller. Ich gehe ans Zentraleluk, um zu hören, was los ist. Schwartzkopff meldet dem Alten, daß eine Liberator direkt auf uns zugeflogen kommt. Steil geht es auf 60 Meter Tiefe. Dann knallt es ohrenbetäubend. Eine einzige Bombe, die aber ziemlich nah saß. Walter Groß, der am Tiefenruder sitzt, sagt ganz laut: »Das kenn ich. Der ist sparsam. Der wartet auf uns.«

Wir sind ungefähr eine Stunde unter Wasser, als es erneut hinter uns knallt. Eine Fliegerbombe, genau in unserem Kielwasser, obwohl der Kommandant mit wechselnden Kursen nach Westen hat steuern lassen. »LI, wir müssen eine Ölspur haben«, sagt der Alte. »Oder meinen Sie, daß der Bombenwurf eben Zufall war?« – »Herr Kaleu, das können wir nur über Wasser feststellen.« Es bleibt uns aber nichts übrig, als zunächst weiter unter Wasser zu bleiben. Als wir nach einer Stunde endlich auftauchen, entdecken die Männer auf der Brücke eine Ölspur. Der Kommandant macht ein finsteres Gesicht. Mit diesem Boot soll er einen stark gesicherten Geleitzug angreifen. Dazu noch die Blasenbahn, deren Ursache bisher nicht gefunden worden ist.

Unter den FTs, die nun eingehen, ist eine Meldung von Kapitänleutnant Hardegen, den wir noch im Süden vor Freetown wähnten. Er muß sehr schnell heranmarschiert sein. Unter Wasser stehend, wurde er vom Geleitzug überlaufen. Ihm allein ist es gelungen, dieses Geleit zu sehen, und er meldet, daß in der Mitte ein großer Kreuzer fährt, der von vier Zerstörern abgedeckt wird. Der Kreuzer führt eine Matratze im Mast, wahrscheinlich ein Ortungsgerät. Um das Hauptgeleit fährt ein Ring enger Sicherung und weiter draußen ein Ring weiter Sicherung. Das sieht übel aus. An diesem Geleitzug werden wir uns wohl die Zähne ausbeißen. Wenn er mit seinen großen Zacken so weiterläuft, ist er in zwei Wochen noch nicht in England. Alles sieht wie die Generalprobe einer neuen Abwehrmethode aus.

Wie konnte Hardegen nur so schnell hier oben sein? Immer muß ich an seinen FT aus dem Süden denken, wo er auch an einem Geleit war. »Von Hilfskreuzer *Rio Azul* abgedrängt, versenkt, stoße nach. Hardegen.« Das war einer der klassischen FTs, die in Funkerkreisen nicht vergessen werden.

Wir operieren jetzt aufgrund von Hardegens Angaben. Gegen 19.00 werden auf der Brücke Mastspitzen gesehen. Wir halten vorsichtig Abstand, um in der Dunkelheit heranzustaffeln. Das Wetter ist günstig. Der Himmel bedeckt, einzelne Regenschauer. Der Kommandant hat sich auf die Koje gelegt, um für die lange Nacht etwas ausgeruht zu sein. Da rasen die verdammten Alarmklingeln durchs Boot. Wieder geht es steil nach unten. Schwartzkopff, der immer noch die Wache hat, meldet: »Zerstörer, Herr Kaleu. Kam von Backbord querab mit Lage null. War in einer Regenböe.« – »Hat er uns gesehen?« Schwartzkopff schluckt. »Bestimmt hat er uns gesehen, Entfernung war knapp 6000 Meter.«

Ich gehe in den Horchraum, wo mir Hümpel schon den zweiten Hörer reicht. Obwohl es noch nicht ruhig im Boot ist, können wir das Zwitschern der Zerstörerschrauben hören. Der Alte kommt zum Horchraum. »Hört ihr ihn?« – »Jawoll, Herr Kaleu. Kommt genau von 270 Grad.« – »Gut. An LI: Auf 100 Meter gehen.« Dann folgen noch Kursanweisungen. Immer näher mahlen die verdammten Schrauben. Die Spannung im Boot wächst ins Ungeheure. Schließlich werden wir von einer Gigantenfaust geschüttelt. Es sind nur drei Detonationen, aber sie liegen ziemlich nahe. Zum Glück genau hinter dem Boot, denn in der Längsrichtung haben wir die größte Stabilität. In der Zentrale ist ein Wasserstandglas gerissen. Ich habe mich am Horchgerät festgehalten. Hümpel starrt mich aus großen Augen an. »Soll das wieder so werden wie vor Grönland? Ich werde noch verrückt«, sagt er mutlos. »Aber nein, Hümpel«, sage ich. »Es ist doch nur ein Zerstörer. Da, jetzt dreht der Hund.« Ich melde es dem Alten, und wir schlagen einen Ha-

1/2 Indienststellung von U 109. Der Kommandant, Kptlt. Fischer, begrüßt die Besatzung. Von links nach rechts: Oblt. z. S. Schwarzkopff, Oblt. Ing. Weber, Lt. z. S. Keller, Obstrm. Petersen, die Obermaschinisten Schewe und Winter, Btsmt. Walter Gross

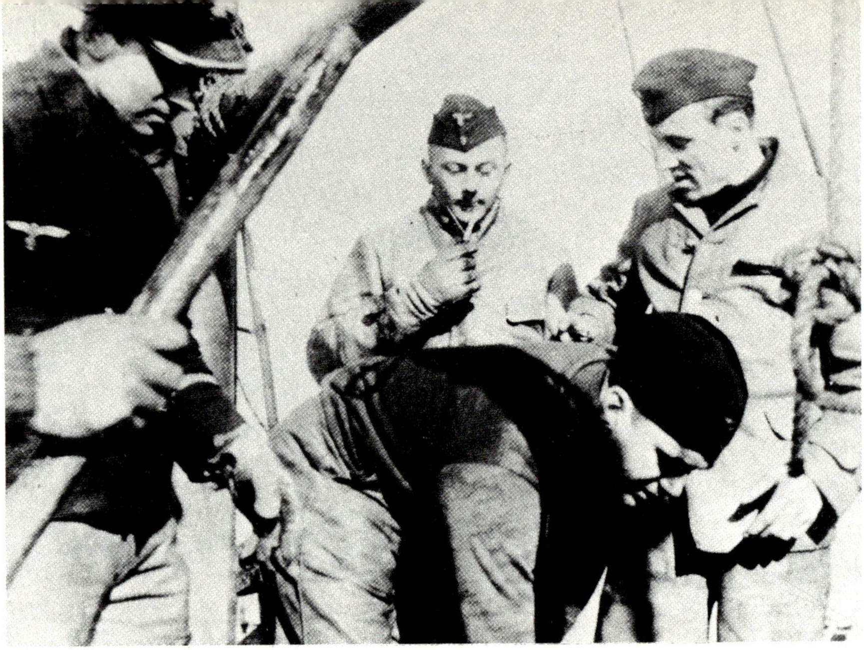

3 Übungsfahrten in der Ostsee: links Lt. z. S. Keller, vorne Btsmt. Maureschat, dahinter der Autor, rechts von ihm Mschmt. Peters

4 Erholung für Unterdeckfahrer auf dem Wintergarten. Bei schwerer See im Atlantik bekommt man nasse Füße

5 Einlaufen in Lorient am 24. Mai 1941. Die Unterschrift von Dönitz datiert von 1976

6 Funkmaat Hagen benutzt beim Einlaufen die Oberdeckstoilette. Vorne rechts der Autor

7 Anlegen in Lorient am 26. Oktober 1942 (folgende Seite)

8 *Brückenwache im Wintersturm vor Labrador*

9 *Der neue Alte, Kptlt. Bleichrodt, genannt Ajax*

10 *Der Tanker »Vimeira« brennt*

11 *Der Kommandant wird vom Flottillenchef Kkpt. Schütze begrüßt*

12/13 *Der Erste Offizier der »Calanda« kommt mit den Papieren an Bord. Die vier Mann der Brückenwache beobachten die zugeteilten Sektoren*

14 *Die stärkste Waffe des Gegners: Wasserbomben*

15/16 *Die drei gefangenen Briten mit Zentralemaat Peters. Unten der Autor mit einem Maschinenmaat und dem Obermaschinisten Schewe*

17 *Sechste Feindfahrt: das Eichenlaub für den Kommandanten*

18/19 *Anlegen in Lorient und Antreten...*

20/21 *...Nach dem Wegtreten geht es auf die »Isère«*

22/23 *Indienststellung von U 234 am 2. März 1944*

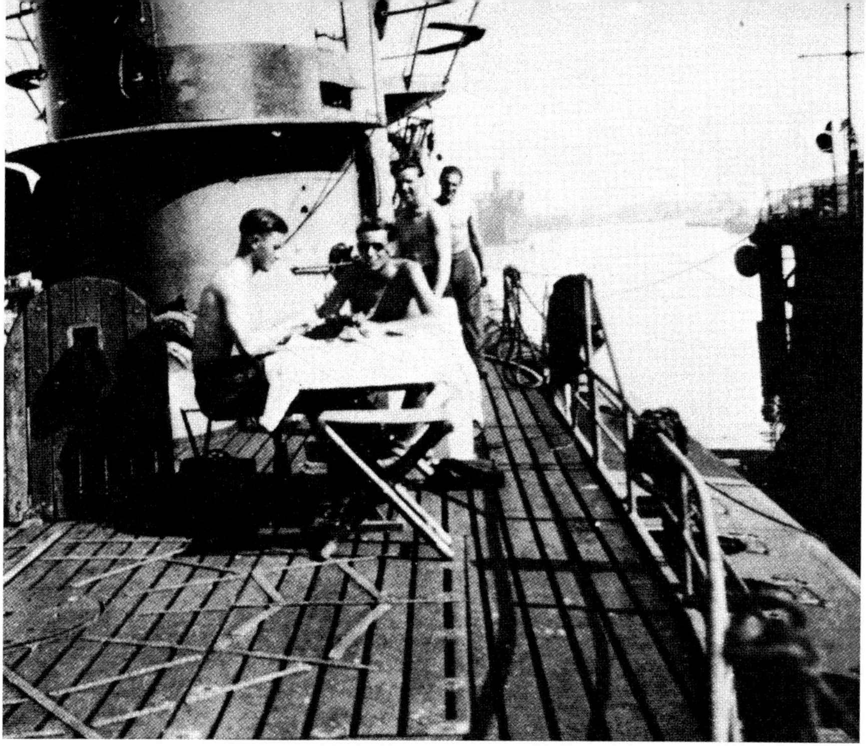

24/25 *Vor dem Auslaufen zur letzten Feindfahrt vor der Kapitulation. Das Wappen von U 234, eine detonierende Mine, aus der ein Teufel springt, verweist auf die ursprüngliche Aufgabe des Bootes*

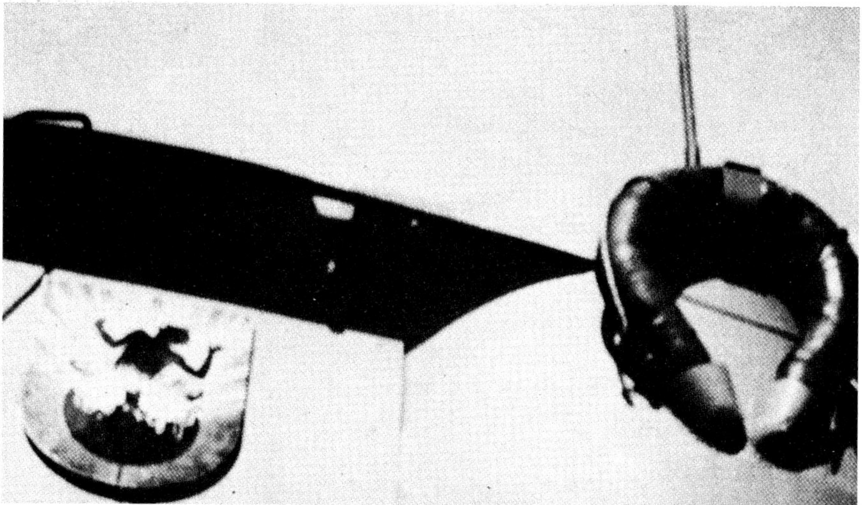

Links oben: Korvettenkapitän Heinrich Bleichrodt. 1944 bis Kriegsende Chef der 22. U-Fl.

Rechts oben: Oberfunkmeister Wolfgang Hirschfeld

Links: Mein bester Freund! Funkmaat Ferdinand Hagen mit Braut. Gefallen auf U 109 am 4. Mai 1943

ken und gehen auf 150 Meter. Wenn nur der Peiler nicht so lecken würde. Die Männer am Tiefenruder fluchen.

Der Zerstörer dreht immer noch. Jetzt läuft er genau über uns hinweg. Wir halten den Atem an. Die Schrauben sind im ganzen Boot zu hören. Von achtern bis vorn wissen alle, was das zu bedeuten hat. Ich halte mich krampfhaft am GHG fest. Die Angst preßt einem die Brust zusammen. Gleich muß es losgehen. Aber die Schrauben zwitschern weiter. Gerade als wir zischend ausatmen, geht das Inferno los. Wahnsinnige Schläge treffen das Boot. Diesmal liegen die Detonationen etwas mehr an Backbord. Mitten in dem anhaltenden Krachen höre ich den Alten schreien: »Beide Maschinen AK voraus!« Langsam verlöscht das Licht, und die Notbeleuchtung geht an. Was ist in der Maschine los? Nachdem die Druckwellen verebbt sind, zittert das Boot immer noch. Ich sehe an meinen Umdrehungszeigern, daß wir äußerste Kraft laufen. Also muß die E-Maschine noch intakt sein. Auch das GHG funktioniert noch, denn wir haben den Zerstörer gleich wieder im Ohr. Er hat noch nicht ein einziges Mal gestoppt, um zu horchen. Asdic-Impulse sind auch nicht zu hören, und trotzdem liegen seine Wabos ziemlich genau.

Aus den einzelnen Räumen laufen die Meldungen in der Zentrale ein. Im Vorschiff ist alles klar. Nur aus dem Heckraum wird gemeldet, daß die Stevenbuchsen und einige Außenbordverschlüsse stark lecken. Das Licht geht an; also ist auch die E-Maschine wieder klar. »Diesmal hat er sechs Bomben geworfen«, sagt Keller. Ich nicke. »Vielleicht steigert er sich jedesmal. Das kann ja heiter werden.«

Der Bursche da oben läuft noch immer mit Höchstfahrt. Jetzt verstehe ich das Manöver unseres Alten. Weit hinter unserem Heck schneidet der Zerstörer unseren Kurs, und dann rollt der Donner durch die See. Aber diese Wabos können uns nichts mehr anhaben.

Werner Borchardt kommt zum Horchraum und sagt: »Siehste, Wolf, jetzt müßte man Torpedos haben, die man aus der Tiefe abschießen könnte.« – »Aber, aber«, erwidert ihm Keller, »wie wollen Sie denn zielen?« Werner winkt lächelnd ab. »Bei dem heutigen Stand der Technik könnte man doch ein Mikrofon in den Kopf einbauen. Dann wird er auf das Schraubengeräusch eingestellt. So ein Aal würde ganz bestimmt treffen.« Keller nickt. »Leuchtet ein. Vor allem, wo der da oben mit höchster Fahrt läuft. Der könnte den Aal gar nicht horchen.«

Der Zerstörer hat wieder einen Kreis geschlagen und schneidet hinter uns den Kurs. Irgendwie muß er sich an unserer Ölspur orientieren. Noch einmal rollen sechs furchtbare Detonationen durchs Wasser, dann läuft er plötzlich ab. Als wir nach dem Abklingen der Geräusche auftauchen, ist oben finstere Nacht.

Der Kommandant läßt auf 270 Grad drehen, da er glaubt, daß das Geleit westlich von uns steht. Um 21.40 Uhr empfangen wir ein Signal von U 123, Hardegen: »Geleitzug steht Quadrat CG 4551, 300 Grad, 7 sm.« Daraufhin kommt vom BdU ein FT, in dem neue Suchsektoren angegeben werden. Wir drehen auf 240 Grad und suchen weiter.

13. August 1941. Es ist finstere Nacht und die See geht immer noch hoch. Die Männer auf der Brücke haben es nicht leicht. Wir müssen ganz nahe am Geleit sein, denn es werden mehrere Schatten gesichtet. Aber immer sind es Bewacher, vor denen wir abdrehen müssen. Es ist sonderbar: Sie kommen immer von dort, wo der Kommandant das Geleit vermutet, mit Lage Null auf uns zu. Wenn wir dann mit Höchstfahrt abdrehen, laufen sie in die Richtung, in der wir vorher standen. Anscheinend sehen sie uns gar nicht. Der Kommandant schließt daraus, daß sie nicht über eigene Funkmeßgeräte verfügen, sondern von dem Kreuzer geleitet werden.

Gegen 1.00 Uhr läßt der Alte auf südlichen Kurs drehen, weil er glaubt, an dem Geleit vorbeigestoßen zu sein. Auch von den anderen Booten werden keine Erfolge gemeldet. Es gelingt scheinbar nicht, die Weitsicherung zu durchbrechen. Wir können auch keine Torpedodetonationen beobachten. Um 2.45 Uhr Eingang FT 0237/13/128: »Ital. U-Boot meldet Geleitzug in CG 4439.« Das scheint dem Alten aber sehr unwahrscheinlich zu sein, da wir dieses Gebiet in den letzten vier Stunden abgesucht haben. Dann wieder ein Signal von U 331: »Geleitzug in Sicht Quadrat 4153.« Bruno Petersen schüttelt verzweifelt den Kopf, wenn er die Meldungen auf der Seekarte einträgt.

U 331 will Peilzeichen senden. Wir können sie aber nicht hören. Wahrscheinlich ist der Peiler abgesoffen. Ein anderes Boot meldet, daß eine Sunderland auch nachts über dem Geleit fliegt. Als der Morgen graut, werden wieder Mastspitzen gesichtet, gleich darauf kommt prompt ein Zerstörer mit Höchstfahrt auf uns zu. Das kann doch kein Zufall sein. Bei dem aufkommenden Tageslicht können wir nicht mehr über Wasser entkommen. Der Kommandant entschließt sich deshalb trotz der Ölspur zum Wegtauchen. Unter Wasser wird sofort Kurs gewechselt. Wir laufen jetzt mit großer Fahrt nach Norden, während der Zerstörer von Osten angebraust kommt.

Der Alte kommt zu mir in den Horchraum. »Haben Sie ihn?« »Jawohl, Herr Kaleu. Es wird schnell lauter.« – »Gut. Passen Sie auf, ob er auf unseren Kurs eindreht oder ob er auf die Tauchstelle zuläuft. Wir bleiben vorerst auf 30 Meter.« Mir läuft es kalt über den Rücken. Ich weiß sofort, was der Alte vorhat. Wenn der da oben seinen alten Kurs weiterläuft, haben wir die Chance, ihn abzuknallen. Dazu müssen wir aber auf Seerohrtiefe gehen. So bleiben wir erst auf 30 Meter.

Der Zerstörer behält seinen Kurs bei, die Rechnung des Alten scheint aufzugehen, doch plötzlich erstirbt das zwitschernde Geräusch. Ich rufe in die Zentrale: »Zerstörer stoppt.« Sofort läßt der Kommandant die hohe Fahrstufe herunternehmen. Wir machen nur noch 90 Umdrehungen. Schleichfahrt. Oben liegt der Zerstörer und horcht. Es ist totenstill im Boot, als der Kommandant zum Horchraum kommt. »Was macht er?« – »Ich höre ihn nicht mehr.« – Bleichrodt beißt sich auf die Lippen. »Aber Sie müssen doch wenigstens die Hilfsmaschinen oder sonst etwas hören.« – »Nichts! Ich höre gar nichts!« Der Alte hat eine Unmutsfalte auf der Stirn. »Ich habe ja gesagt, das Gerät könnt ihr euch in Sauer kochen.« Kopfschüttelnd steigt er durch das Kugelschott wieder in die Zentrale.

Gleich darauf steht Keller neben mir. »Was ist denn?« – »Ach«, sage ich ärgerlich, »er glaubt wieder, daß das Gerät nicht in Ordnung ist.« Keller nickt. »Er traut dem ganzen Boot nicht«, sagt er lächelnd. »Achtern machen wir ganz schön Wasser. Eigentlich können wir damit keine Wabo-Verfolgung durchstehen. Das macht den Alten nervös.« Keller schleicht zum Zentraleluk und kommt gleich zurück. »Wir gehen tiefer. Vielleicht hören Sie dann besser.«

Nach einiger Zeit hören wir tatsächlich ganz leise die Schraubengeräusche. Ich melde an Zentrale: »Zerstörer macht auch Schleichfahrt.« Keller steht immer noch neben mir. »Wenn der unsere Ölspur entdeckt«, sagt er grimmig. Längere Zeit passiert gar nichts. Die Peilung wandert nicht aus. Nervenzermürbende Stille. Man hört, wie es aus den Außenbordverschlüssen tropft, besonders in der Kombüse.

Plötzlich mahlen die Schrauben los: »Zerstörer läuft an«, rufe ich zur Zentrale. »Auf 150 Meter gehen«, sagt der Alte. Die E-Maschinen laufen wieder große Fahrt, so daß wir schnell auf Tiefe kommen. Bei 160 Meter wird das Boot abgefangen. Ich kann hören, wie die Wasserbomben ins Wasser plumpsen, und dann geht das Höllenkonzert los. Das Boot schüttelt sich und bockt, aber es gibt keinen Wassereinbruch. Kaum zu glauben, daß wir nach dieser Wabo-Serie noch schwimmen. Der Zerstörer läuft mit Höchstfahrt weiter und wird dabei leiser. Es ist kaum zu glauben, er läuft ab. Aber wir dürfen uns nicht zu früh freuen. Vielleicht täuscht er auch nur, um uns in Sicherheit zu wiegen. Der Kommandant kommt aus der Zentrale. »Wenn er jetzt wirklich abläuft«, sagt der II WO zu ihm, »dann war er sich seiner Sache nicht sicher. Er hat uns bestimmt nicht hören können.« Bleichrodt sieht ihn mitleidig an. »Aber unsere Ölspur hat er gesehen. Sonst hätte der Reihenwurf nicht so nah gelegen. Oder sind Sie anderer Meinung?« – »Nein, Herr Kaleu. Aber warum läuft er dann ab?« Der Kommandant zuckt die Achseln. »Sicher hat man ihn zurückgepfiffen. Hören Sie doch die Wabo-Serien. Da sind andere Boote näher am Geleit, die bekämpft werden müssen.«

Der Zerstörer läuft weiter ab. Ein Glück, daß er kein Asdic hatte, denke ich, und ein Glück, daß die Männer der Maschine das Schlagen der Backbord-E-Maschinenkupplung durch Verstellen beseitigt haben. Wegen der schweren Wabo-Verfolgungen in unserer Nähe laufen wir noch weiter unter Wasser ab.

Als wir dann am späten Vormittag endlich auftauchen, müssen wir zahlreiche FTs hereinholen, darunter ein Spruch vom BdU, wonach ein Italiener um 12.00 Uhr den Geleitzug in Quadrat CG meldet. Zuletzt beobachteter Kurs 320 Grad, also der Kurs, auf dem wir waren, um uns vor den von U 331 gemeldeten Geleitzug zu setzen.

Mit langsamer Fahrt laufen wir nach Nordwesten in den Atlantik hinein, um einige Reparaturen vorzunehmen. In dieser Nacht will der Alte an das Geleit heran. Ein Angriff bei Tag scheint ihm wenig sinnvoll zu sein.

Um 15.47 Uhr gibt es wieder Alarm vor einer Sunderland. Sie fliegt ziemlich niedrig über der See und ist wohl die gleiche Maschine, die in der Nacht über dem Geleit fliegt. Der Kommandant läßt gleich auf 100 Meter gehen, Nach 15 Minuten knallt es. Der Donner von drei schweren Detonationen rollt durch die See. Wir sehen uns erstaunt an. Das waren keine Fliegerbomben, das waren einwandfrei Wasserbomben aus der Luft. Sie lagen aber zum Glück weit ab. Etwas später fallen noch einmal drei Wasserbomben; also muß die Sunderland da oben noch herumkurven. Um 17.30 Uhr läßt der Kommandant die Oberfläche ansteuern. Während er mit dem Fliegersehrohr den Himmel absucht, beobachtet der I WO mit dem anderen Sehrohr die See und entdeckt unsere Blasenbahn. Er meldet dem Alten, daß zeitweise ein Blasenschwall aus Turmverkleidung und Verdeck aufsteigen. Manche Blasen sind so groß wie eine Handfläche. Das Fliegersehrohr wird eingefahren, und der Kommandant beobachtet durch das Angriffssehrohr die Blasenbahn. Dann läßt er auftauchen.

Aus den nun eingehenden Funksprüchen geht hervor, daß bereits drei andere Boote schwer angeschlagen sind und den Rückmarsch angetreten haben. Keines hat einen Erfolg errungen. Ist das etwa das Ende des Geleitzugkampfes? Aus den FTs am späten Abend erfahren wir, daß die Wabo-Verfolgung in unserer Nähe dem Italiener Marconi und Hardegen galt. Hardegen meldet, daß beide Diesel ausgefallen sind. Wenn er sie nicht wieder klar kriegt, ist sein Boot verloren.

In der Offiziersmesse findet eine Besprechung statt. Der LI macht klar, daß die Schäden mit Bordmitteln nicht mehr zu beheben sind. Es ist genau 22.00 Uhr, als Kapitänleutnant Bleichrodt den Befehl zum Rückmarsch gibt. Es ist sinnlos, mit diesem Boot weiter zu operieren. Wir alle sind froh, daß er sich dazu entschlossen hat, aber für ihn muß es ein schwerer Entschluß gewesen sein. Zum erstenmal in seiner Laufbahn bei der U-Boot-Waffe kehrt er mit allen Torpedos ohne Erfolg heim. Um 23.30 Ausgang FT 2226/13/158: »An BdU: Rückmarsch angetreten. Bleichrodt.«

14. August 1941. Dunkle Nacht mit geringer Sicht. Mit Kurs null Grad marschieren wir an der spanischen Küste entlang nach Norden. Eigentlich ideales Angriffswetter, wenn nur diese verdammte neue Abwehrtechnik nicht wäre.

U 94 meldet schwere Schäden durch Fliegerbombe, ist nicht mehr einsatzfähig und hat auch Rückmarsch angetreten. U 124 unter Wilhelm Schulz hat in der vergangenen Nacht erfolglos angegriffen und wurde abgedrängt. Jetzt sind schon fünf Boote auf dem Rückmarsch.

Was wird Karl Dönitz wohl zu uns sagen? Wir kehren erfolglos zurück, und dieses Geleit kommt nun doch nach England. Es ist die erste Schlacht, die wir auf dem Atlantik verloren haben.

15. August 1941. Wir haben Kap Finisterre passiert und laufen mit Kurs 80 Grad in die Biskaya ein. Eine sehr dunkle Nacht mit schlechter Sicht. Um Mitternacht stehen wir in Quadrat BE 9457, nordwestlich Kap Finisterre.

Gestern ging westlich von uns eine Condor-Maschine verloren. U 124 hat sie qualmend mit Kurs Nordost gesichtet. Vielleicht hat die Besatzung geglaubt, noch die französische Küste erreichen zu können. Mir ist unverständlich, warum sie nicht nach Spanien geflogen sind. Die Brückenwache hat Anweisung, nach den Fliegern Ausschau zu halten. Es könnte ja sein, daß sie noch irgendwo schwimmen. Gegen Mittag wird es empfindlich kalt. Die Männer auf der Brücke müssen Lederzeug tragen. Unsere Wollsachen sind in den Spinden muffig und schimmelig geworden und müssen erst gewaschen werden.

Um 20.00 Uhr machen wir Prüfungstauchen. Die Kupplung der Backbord-E-Maschine schlägt wieder sehr laut. Aus meinem Peiler spritzt das Wasser, daß die Männer an den Tiefenrudern nur noch im Ölzeug sitzen können. Es wird wirklich Zeit, daß wir in die Werft kommen. Um 20.30 Uhr tauchen wir auf. Es ist noch sehr hell, und Backbord voraus werden mehrere Rauchwolken gesichtet. Der Kommandant läßt auf sie zuhalten. Sollten wir doch noch zum Schuß kommen? Nach einiger Zeit werden jedoch zwei kleinere Fahrzeuge mit zwei Masten auf Kurs Süd ausgemacht; Korvetten oder sonstige Bewacher. Wir drehen hart ab, und mit hoher Fahrt geht es wieder auf Heimatkurs nach Lorient.

16. August 1941. Eine finstere Nacht, durch die wir mit hoher Fahrt jagen. Brennstoff spielt keine Rolle mehr. Nur schnell durch die Biskaya. Oberleutnant zur See Schwartzkopff hat die Wache von 0.00 bis 4.00 Uhr. Die Brückenwache wechselt alle vier Stunden; in der Funkerei wird dagegen nachts nur alle sechs Stunden abgelöst.

Um 2.06 Ausgang Kurzsignal: »Stehe 30 Stunden vor Einlaufhafen.« Gegen 3.00 Uhr läßt der I WO den Kommandanten wecken, der sofort auf die Brücke kommt. Ich frage in der Zentrale nach, was los ist. An Backbord wurde ein weißer Stern geschossen. Sollte es sich um die Besatzung der Condor handeln? Ich sehe an meiner Kompaßtochter, daß wir langsam nach Backbord drehen. Ach, wäre es schön, wenn wir wenigstens die Flieger nach Hause bringen könnten.

Plötzlich erzittert das Boot. Die Diesel fauchen los. Ich höre aus der Zentrale: »Äußerste Kraft voraus! Ruder liegt hart Steuerbord!« Verdammt, was mag wieder los sein. Keller steigt durch das Kugelschott in die Zentrale. Wir laufen jetzt Höchstfahrt mit Kurs 90 Grad.

Nach einiger Zeit kommt der II WO zurück und sagt: »Wir wären beinahe in eine U-Jagd-Gruppe hineingelaufen. Schossen plötzlich eine Leuchtbombe. Die Nacht im Westen war taghell. Aber der Alte wittert förmlich die Gefahr. Der hat gleich zum I WO gesagt, daß die Sache stinkt.« Leutnant zur See Keller kratzt sich hinterm Ohr. »Ich weiß nicht«, fängt er wieder an. »Ich werde das Gefühl nicht los, die orten uns jetzt auch von den kleinen Fahrzeugen schon über Wasser. Was meinen Sie? Ist das möglich?« – »Für mich ist die Sache glasklar«, sage ich. »Die haben schon kleine Antennen und brauchen keine große Matratze mehr am Mast.«

Die Diesel laufen weiterhin mit Höchstfahrt. Langsam kommt der graue Morgen hoch. Hinter uns ist kein Verfolger zu sehen. Im Boot herrscht Ruhe. Kurz nach 6.00 Uhr lasse ich Hümpel allein im FT-Raum und gehe nach vorne, um eine Tasse Kaffee zu trinken. Außer den Maschinen-Maaten sitzt auch der Torpedomechaniker-Maat Borchardt an der Back. »Stell dir vor, Wolfgang«, sagt er, »die Stimmung ist beschissen, obwohl wir einlaufen. Kannst du dir das vorstellen?« Ich sehe die finsteren Gesichter in der Runde. Nur Otto Peters feixt unbekümmert. Jetzt kommt auch die seemännische Nr. 3, der Bootsmaat Berthold Seidel, aus der Koje, um sich eine Tasse Kaffee einzuschenken. Er hat mit Bleichrodt bereits alle Fahrten auf U 48 mitgemacht.

»Ja«, sagt er, »kein Schiff versenkt und ohne Wimpel am Sehrohr einlaufen. Das ist mir auch noch nicht passiert.« Dann lacht er plötzlich: »Wenn das der Führer wüßte.« Jetzt müssen alle lachen. Er hat unser neuestes Schlagwort zitiert, das aus einer englischen Propagandasendung stammt.

Am Nachmittag haben wir einen französischen Fischdampfer voraus. Er wird weiträumig umgangen. Man weiß nie, ob diese Brüder nicht jede Sichtung eines U-Boots an die Briten melden. Von 19.00 bis 22.00 Uhr tauchen wir zum Unterwassermarsch, denn wir sind jetzt in der Gegend, in der die englischen U-Boote Tag und Nacht auf der Lauer liegen, um einlaufende deutsche Boote abzuschießen.

17. August 1941. Sonntag und die letzte Nacht in See. Mit großer Fahrt laufen wir auf Weg ›Bogenlampe‹ durch die Dunkelheit und müssen wiederholt Seglern und Fischerbooten ausweichen.

Es ist noch Nacht, als wir vor der Ile de Croix ankommen. Über Wasser zu warten, ist zu gefährlich. Der Kommandant läßt tauchen und bei 26 Meter Tiefe das Boot auf Grund legen. Dort wollen wir geruhsam den Morgen erwarten und schlafen. Aber die Strömung hier unten ist gewaltig und noch dazu haben wir steinigen Grund erwischt. Das Boot schwankt wie im Seegang über Wasser, die Steine knirschen und poltern an der Außenhaut und an Schlaf ist nicht zu denken.

Der Alte läßt den LI rufen. »Können Sie das Boot nicht fester legen?« Der LI läßt noch zehn Tonnen fluten, aber wir liegen dadurch nicht fester. Der Kommandant liegt auf der Koje und versucht zu lesen, aber ich kann sehen, wie auch er dauernd auf das Krachen und Knirschen horcht. Er weiß genau, daß diese Geräusche an den Nerven der Besatzung zerren, aber es ist wohl besser hier zu liegen, als aus der Luft gefährdet zu sein.

Alles atmet auf, als gegen 10.30 die Vorbereitungen zum Auftauchen beginnen. Die Lenzpumpen singen, und langsam hebt sich das Boot vom steinigen Grund. Um 11.00 Uhr schießen wir mit Druckluft empor. Das Turmluk fliegt auf. Der Kommandant und die Wache entern auf die Brücke. Das Geleit ist zur Stelle. Ich schalte die FT-Station aus und gehe mit meiner Funkmannschaft auf den Turm.

Herrliche Sonne lacht uns entgegen. Hinter dem Minensucher laufen wir auf die grüne Küste zu. Mit langsamer Fahrt geht es durch die Einfahrt zwischen Kernevel und Port Louis. Unter den Bäumen am Ufer stehen einige Offiziere vom Stab des BdU und schwenken ihre weißen Mützen. Hinter der Einfahrt biegt der Minensucher ab, und dann kommt die *Isère* in Sicht. Eine Marinekapelle spielt, die Wurfleinen fliegen. U 109 hat wieder festgemacht.

18. August 1941. Gebadet und rasiert stehen wir in Blau auf dem Hof der Salzwedel-Kaserne und warten auf den BdU. Pünktlich um 10.00 Uhr rollt die schwarze Mercedes-Limousine durch die Toreinfahrt und stoppt. Kapitänleutnant Heinrich Bleichrodt gibt sich einen Ruck: »Besatzung U 109 stillgestanden! Zur Meldung an den Befehlshaber – die Augen links!« Dönitz nimmt die Meldung entgegen. »Danke«, sagt er kurz. Dann kommt er langsam auf uns zu und bleibt vor der Front stehen.

»Lassen Sie rühren«, sagt er. Wieder die Stimme des Kommandanten: »Augen gerade aus! Rührt euch!« Der Admiral verschränkt die Arme über der Brust und steht eine Weile schweigend vor uns. Seine Lippen sind schmal. Ich bin gespannt, was nun wohl kommt. »Verdammt feierlich«, murmelt Otto Peters neben mir. Uns allen ist nicht sehr wohl. Der Kommandant steht seitlich hinter dem Admiral und besieht sich interessiert seine Fußspitzen.

Endlich bricht der BdU das Schweigen: »Männer von U 109! Ihr wart vor Afrika und habt dort keinen Dampfer angetroffen. Dafür konntet ihr nichts.« Er spricht langsam und ruhig, doch seine Stimme gewinnt an Schärfe, als er fortfährt: »Vor Spanien wart ihr am Geleitzug und habt nichts versenkt.« Pause. »Ich habe den Eindruck, ihr seid nicht rangegangen.«

Er wendet den Kopf langsam zum Kommandanten. Der steht jetzt wie eine Bildsäule mit der Hand an der Mütze. Otto Peters kann es nicht lassen und stößt mich an. »Der meint den Alten, nicht uns«, raunt er. »Ist doch klar«, brumme ich. Der Admiral sieht uns noch einmal durchdringend an. »Ich möchte das von U 109 nicht wieder erleben.« Langsam geht er auf seinen Wagen zu. Die Stimme des Kommandanten reißt uns aus unserer Verblüffung. »Besatzung stillgestanden! Die Augen links!« Aber der Admiral wendet sich nicht um. Wortlos steigt er in den schwarzen Mercedes und rollt davon. Und wieder der Alte: »Augen gerade aus! Rührt euch!« – »Au weia«, sagt Otto, »der ist uns aber böse.«

Der Kommandant wippt einen Augenblick auf den Fußspitzen.

Dann sagt er: »Rumschließen.« Wir bilden einen Halbkreis um ihn. Er lächelt uns verschmitzt an. »Kameraden, wir dürfen die Worte des Befehlshabers nicht so tragisch nehmen. Sie waren wohl auch nicht so ernst gemeint. Ihr wißt es alle: Das Boot war nicht mehr in Ordnung. Mit diesem Boot konnten wir ein derart stark gesichertes Geleit nicht mehr angreifen, ohne dabei vor die Hunde zu gehen.« Pause. »Ich habe euch und das Boot heil nach Hause gebracht, und ich glaube, das ist auch etwas wert.«

Der Obersteuermann nickt beifällig. Die Männer grinsen. Auch der Alte lächelt wieder. »Nun laßt euch durch nichts verdrießen. Morgen geht der erste Törn in Urlaub. Die Stationsleiter machen ihre Aufträge mit der Werft noch klar. Funkmaat Hirschfeld wird außerdem noch beim NO Leutnant Seidel erwartet, wegen eines Berichtes über das Horchgerät.« Nach dem Wegtreten haut mir Berthold Seidel auf die Schulter. »Siehst du, so ist unser Ajax. Der scheißt nicht in die Hose vor dem BdU.« Ich nicke. »Aber wegen dem Horchgerät wird er Ärger mit mir kriegen«, sage ich. Die Lords gehen lachend davon.

Da kommt schon der Oberfunkmeister Bleihauer auf mich zu und sagt: »Komm mit. Ich soll dich zum Seidel bringen.« – »Gut«, antworte ich, »aber laß den Ferdinand Hagen gleich mitgehen. Der kann alles bezeugen.« So gehen wir zu dritt zum Nachrichten-Offizier der 2. U-Flottille Leutnant NT Seidel, der uns lächelnd empfängt und in seiner netten Art sagt: »Ja, mein lieber Hirschfeld, in dem Bericht des Kommandanten wegen Abbruch der Unternehmung steht, daß auch das GHG mehrmals ausgefallen war oder keine exakten Horchergebnisse lieferte. Stimmt das?« Ferdinand und ich sehen uns an.

»Ich habe das GHG niemals als ausgefallen gemeldet«, sage ich und frage: »Darf ich offen reden?« – »Aber natürlich«, antwortet Seidel. »Wir sind hier unter uns Funkern.« Darauf erzähle ich ihm, was sich vor Cadiz und danach abgespielt hat. Seidel legt das Gesicht in Sorgenfalten. »Ich habe schon von anderen Booten gehört, daß die Horchverhältnisse vor Gibraltar denkbar schlecht sind. Das kann nur an der starken Strömung und an der Wasserschichtung liegen. Auch die Sache mit dem Zerstörer kann nur an den Wasserverhältnissen gelegen haben, denn ihr habt ihn doch nachher gut gehört.« – »Ja«, sage ich, »aber sagen Sie das mal einem Seeoffizier. Unter diesen Umständen«, fahre ich fort, »haben wir Funkmaaten beschlossen, uns auf ein anderes Boot kommandieren zu lassen. Mit einem mißtrauischen Kommandanten können wir nicht weiterfahren.«

Jetzt lacht Leutnant Seidel laut. »Aber meine Herren. Er will euch doch gar nicht loswerden. Nur nicht so eilig. Fahrt erst mal in Urlaub. Inzwischen werden wir das GHG durchprüfen lassen. Dann werden wir weiter sehen. Also, addio.« Draußen sind wir. Bleihauer klopft mir lachend auf die Schulter. »So 'n Quatsch, neues Boot. Werde mich selbst um das GHG kümmern, und nun haut ab.«

Wir gehen in die Werft und geben die Arbeitsaufträge ab. Dann den Koffer gepackt, zum Bahnhof Lorient und mit dem Nachtexpreß Brest-Paris geht es in den Urlaub.

III

Im Wintersturm vor Labrador

17. September 1941. Urlaub und eine Woche Kuraufenthalt in Carnac vorbei, wo wir vom ›Institut zur Erforschung von U-Boot-Krankheiten‹ erfaßt wurden. Nach jeder Fahrt müssen wir jetzt zur Untersuchung.

Habe heute mit Ferdinand in der Werft unsere FT-Station überprüft. Alles klar. Auch das GHG. Die Werft konnte keinen Fehler finden. Am Abend fahren wir ins U-Boot-Heim. Morgen soll Probefahrt sein. Wir stehen also kurz vor dem Auslaufen. Den genauen Termin kennen wir allerdings noch nicht. Jedenfalls haben wir vor, uns heute schrecklich zu besaufen.

Im U-Boots-Heim setzen wir uns an die Bar und fangen mit harten Sachen an. Oberfunkmeister Bleihauer kommt zu uns und trinkt fest mit. Gesprächsthema ist natürlich das GHG und unsere gekränkte Funkerehre. In einer Ecke sitzt der Leutnant NT Waldemar Seidel und beobachtet uns amüsiert. An einem andern Tisch hinter uns haben mehrere Ritterkreuzträger Platz genommen und erzählen von ihren Feindfahrten. Bleihauer dreht sich um. »Ziemlich viele Halsspezialisten heute hier«, meint er. Auch Ferdinand wendet sich um. »Ach, du Scheiße«, sagt er gedämpft. »Da kommt auch noch der Alte. Dreh dich man nicht um.« Ich höre, wie Bleichrodt hinter uns die anderen Kommandanten begrüßt. »Hallo, Ajax. Ist Torpedoträger U 109 wieder klar?« Schallendes Gelächter, in das der Alte mit einstimmt. Wir verstehen nur noch Wortfetzen. »Was hat denn der Löwe gesagt?« Wir trinken ungerührt weiter. Unsere Chips häufen sich, denn bezahlt wird erst am Schluß.

Plötzlich fühle ich eine Hand auf meiner Schulter. Der Alte steht hinter uns. »Hagen, rücken Sie mal«, sagt er und setzt sich zwischen uns. Mit einem Griff hat er unsere Chips eingesteckt und bestellt eine neue Runde. Er prostet uns zu, und wir trinken schweigend mit finsteren Mienen. Dann stößt mir der Alte den Ellenbogen in die Seite. »Funkerei ist Scheiße, nicht?« Ich sehe stur gerade aus, während ich sage: »Bei Ihnen an Bord große Scheiße.« – »Dann sind wir uns ja einig. Prost!«

Bleichrodt sieht jetzt den Oberfunkmeister an und sagt: »Den nennen wir ab sofort nur noch ›Bleiarsch‹!« Bleihauer lächelt nur. »Danke für die Ehre, Herr Kaleu!« Er versucht dem Gespräch eine andere Wendung zu geben. »Morgen ist Werftabnahme, ich werde auch an Bord sein, Herr Kaleu.« – »Ja, Bleiarsch, das freut mich ganz besonders. Ist die FT denn klar?« fragt der Alte leutselig. »O ja«, fällt Ferdinand dazwischen. »Nur das GHG ist genauso wie vorher.«

Der Alte nickt. »Kinder, Kinder, laßt das alte GHG. Ich verstehe doch zu wenig davon.« In diesem Augenblick gehen die Sirenen los. ›Fliegeralarm!‹ Wir müssen das U-Boot-Heim räumen. Ein Oberbootsmann, der unseren Kommandanten vom Segelschulschiff her kennt, fordert uns auf, ihm in die Gewölbe eines nahe gelegenen Schlößchens zu folgen. Dort seien wir sicher und könnten weiter feiern.

Wir stolpern hinter ihm durch die Dunkelheit, während die Flak bereits aus allen Rohren ballert. Ich merke, daß ich einen in der Krone habe. Auch mein Ferdinand schwankt wie ein Rohr im Winde. Als wir endlich im Keller des Schlößchens sind, sehe ich, daß auch Leutnant NT Seidel mitgekommen ist. Sicher aus Sorge um seine Funker.

Der Raum ist mit dicken Teppichen und Sesseln ausgestattet, in die wir uns fallen lassen. Der Oberbootsmann hat reichlich Sekt, aber keine Gläser zur Verfügung, so daß wir aus der Flasche trinken müssen. Das gibt mir den Rest. Der Alte prostet mir dauernd zu. Ich merke, daß er mich fertig machen will, und will feststellen, ob es stimmt, daß er alle unter den Tisch trinken kann. Ferdinand stößt mich an: »Merkst du was?« – »Natürlich«, sage ich. »Er will uns einseifen, um dann wieder sagen zu können: FT fällt immer aus.« Seidel, der neben mir sitzt, tritt mir unauffällig auf den Fuß.

»Aber Hirschfeld«, sagt der Alte lächelnd, »wir wollen doch weiter zusammen fahren. Nur müßt ihr beide wissen: Wenn etwas daneben geht, FT hat immer schuld.« Obwohl meine Sinne schon sehr umnebelt sind, merke ich doch, daß auch ihm die Zunge nicht mehr ganz gehorcht. »Hast du das gehört?« kann Ferdinand nur noch lallen und fällt beinahe aus dem Sessel. Ich springe auf. »Nein«, rufe ich, »das machen wir nicht mit. Wir steigen aus. Das ist Diskriminierung!« Ich weiß nicht, ob ich das Wort richtig heraus bekommen habe. Jedenfalls ist mir dabei ein gewaltiger Schluck des konsumierten Sekts aus dem Gesicht gefallen.

Der Alte feixt. »Hirschfeld, so geht das nicht. Ich glaube, Sie sollten mal rausgehen.« – »Jawohl«, sage ich und wanke zur gepanzerten Tür. Bleihauer und Seidel springen mir bei. Mein Gott, denke ich, so voll warst du noch nie. Der Gang ist so eng, daß Seidel vorangehen muß. Plötzlich ist der Überdruck der Kohlensäure in mir so stark, daß ich anfange, wie ein Wal zu spauten, und ich kann nicht verhindern, daß der gute Waldemar Seidel eine volle Ladung abbekommt. Danach setzt mein Erinnerungsvermögen für einige Zeit aus.

Als der Fliegeralarm vorbei ist, werden Ferdinand und ich von Seidel und Bleihauer in einem PKW der Flottille nach Hause gebracht. Die Fahrer der Flottille sind ehemalige russische Offiziere aus dem Ersten Weltkrieg, die bisher Taxifahrer in Paris waren. Bleihauer erzählt uns am nächsten Tag, daß sie nach Keroman zurückgefahren sind, um den Alten abzuholen, der so voll war, daß er auf sein Zimmer in der Präfektur geschleppt werden mußte. So endete dieser Saufabend.

18. September 1941. Probefahrt. Vier Stunden totenähnlicher Schlaf. Leibling rüttelt uns kurz vor 8.00 Uhr wach. Schnell den Kopf unter die kalte Wasserleitung. Furchtbarer Geschmack im Hals, den kein Mundwasser beseitigen kann. Der Schädel brummt zum Wahnsinnigwerden. Fürs Frühstück ist keine Zeit mehr. Wir stürzen hinunter zum Hafen. Das Boot ist bereit zum Ablegen. Der Kommandant lehnt am Sehrohrbock und sieht uns grinsend an, als wir die Leiter emporsteigen. Auf der Turmverkleidung stehen zwölf Flaschen Bier, die der Alte dem Fähnrich Hengen abgenommen hat, der sie an Bord schmuggeln wollte. Bleichrodt winkt uns heran und drückt jedem eine Flasche Bier in die Hand. »Für den Nachdurst«, sagt er nur und setzt selbst eine Flasche an den Mund.

Punkt 8.00 Uhr wird abgelegt. Die Diesel fauchen los. Außer den Ingenieuren der Werft sind auch Oberfunkmeister Bleihauer und der Flottillen-Ingenieur Korvettenkapitän Ing. Charly Scheel an Bord. Ein großes Aufgebot. Der Flottilleningenieur will während des Tauchens nachprüfen, ob die Blasenbahn beseitigt ist.

Bootsmaat Groß muß das Dingi klar machen lassen. Dieses kleine Boot aus Blech hat Luftkammern, so daß es nicht absäuft, auch wenn es vollgeschlagen ist; außerdem befindet sich im Boden unter der Gräting ein verschraubbarer Bodenverschluß. Groß weiß nicht, daß dieser Verschluß fehlt und von einem der Lords durch einen Putzlappen ersetzt worden ist.

Korvettenkapitän Ing. Scheel setzt sich vergnügt in das Dingi. Er erhält zwei kurze Ruder und wird lachend ermahnt, auf Torpedolaufbahnen zu achten. Dann tauchen wir weg, während das Dingi aufschwimmt. Der Kommandant sitzt im Turm und beobachtet durch das Sehrohr den Flottillen-Ingenieur an der Oberfläche. Ich bin in der Zentrale und prüfe Peiler und Stabantenne auf ihre Dichtigkeit, als ich den Kommandanten im Turm laut lachen höre. »Das ist doch eine Schweinerei, das Dingi ist abgesoffen. Der Charly hängt am Sehrohr. Keller und Weber, kommt mal schnell. Das müßt ihr sehen.« Die beiden Offiziere stürzen zum Turm und entern auf. Obersteuermann Petersen, Otto Peters und ich stehen unter dem Luk und horchen.

»Jetzt droht er mit der Faust«, sagt Keller. »Wir sollten lieber auftauchen.« Wie ein Lauffeuer hat sich die Kunde von Charly Scheels unfreiwilligem Bad im Boot verbreitet, und lautes Gelächter geht durch die Räume. Nur Walter Groß, der gerade in die Zentrale kommt, ist blaß, denn auf ihn wird sich das Donnerwetter entladen. Der Kommandant läßt endlich anblasen. Wir tauchen auf, aber der Alte kann das Turmluk nicht öffnen, weil das Dingi darauf liegt. Durch einen Spalt im Luk ruft er dem Flottillen-Ingenieur zu, daß wir noch einmal fluten werden und er dann das auf schwimmende Dingi auf den Wintergarten ziehen soll. Charly Scheel muß also noch einmal baden gehen.

Nach dem endgültigen Auftauchen kommt Scheel wütend unter Deck. Walter Groß läßt gefaßt die Strafpredigt über sich ergehen. Er hat bereits trockene Sachen, Unterzeug und ein neues Lederzeug aus unserem Bootsbestand bereitgelegt. »Das sehen wir nie wieder«, sagt Walter resigniert, womit er sicher recht behält. –

Kurz vor dem Einlaufen kommt Leibling zu mir und fragt: »Was ist bloß mit Hagen los? Er spricht ja kaum mit mir.« »Ach«, sage ich beruhigend, »dem ist die letzte Nacht wohl nicht bekommen.« Leibling geht kopfschüttelnd wieder davon. Gleich nach dem Anlegen an der Pier meldet sich Ferdinand ins Revier ab. »Mann«, sage ich, »ist es denn so schlimm mit dir?« Er nickt nur und geht. Nach kurzer Zeit ist er zurück und zieht mich mit in den Horchraum. Mit Tränen in den Augen gesteht er mir, daß er sich einen Tripper geholt hat.

Das hat uns so kurz vor dem Auslaufen noch gefehlt. Wir müssen einen anderen Funkmaaten haben. Am Nachmittag fahre ich mit Oberfunkmeister Bleihauer nach Kernevel, um mir einen neuen Mann aus der Personalreserve zu holen.

Auch der I WO, Oberleutnant zur See Schwartzkopff, fährt nicht mehr mit uns. Er ist auf eigenen Wunsch auf U 107 zu Korvettenkapitän Hessler kommandiert worden. Das Boot ist bereits am 8. September in See gegangen und wird voraussichtlich auch vor uns wieder einlaufen. Schwartzkopff soll nach dieser Fahrt zum Kommandanten-Lehrgang. Obersteuermann Bruno Petersen nickt mir sorgenvoll zu, als ich ihm erzähle, daß Hagen nicht mehr mitfährt. »Steigen also allerhand Leute aus. Wenn das nichts zu sagen hat.«

Da schlägt ihm Berthold Seidel auf die Schulter. »Obersteuermann, solange ich an Bord bin, kann dem Boot nichts passieren. Sie wissen, der Alte glaubt fest daran. Deswegen schleppt er mich doch von Boot zu Boot mit.« Bruno Petersen nickt. »Dann werden Sie auch immer Bootsmaat bleiben, solange der Alte fährt.« Berthold lacht. »Das ist mir wurscht. Hauptsache, wir überleben.«

Siegfried Keller ist Oberleutnant zur See geworden, bleibt aber II WO. Dafür haben wir einen neuen I WO bekommen. Oberleutnant zur See Friedrich Wilhelm Wißmann. Bootsmaat Eduard Maureschat hat Ärger mit der Flottille. Er mußte dem Verwaltungsoffizier Oberleutnant Hoffmann eine Verlustverhandlung wegen der über Bord geworfenen 10,5 cm-Geschoßhülsen vorlegen.

»Dieser Saftknabe«, schimpft Maureschat. »Hat noch keinen Schuß gehört in diesem Krieg und will mir erzählen, wie man die Hülsen wieder unter Deck bringt.«

In Kernevel habe ich erfahren, daß U 570 am 27. August bei Island von einem britischen Flugzeug aufgebracht worden ist. Kommandant Kapitänleutnant Rahmlow. Sie waren tauchunklar, haben die weiße Flagge gehißt und sind von britischen Seestreitkräften nach Reykjavik eingeschleppt worden. Das hat es bei der U-Boot-Waffe noch nicht gegeben. Wir wissen nicht einmal, ob die Schlüsselmittel vernichtet wurden. Seltsamerweise werden in letzter Zeit unsere Versorgungsschiffe im Atlantik gefunden und versenkt. Sollte der Gegner in unser Schlüsselsystem eingedrungen sein?

21. September 1941. Nun ist es wieder soweit. An einem Sonntag sind wir eingelaufen, an einem Sonntag laufen wir wieder aus. Befehl: 19.30 Uhr Seeklar. Das Werftpersonal, das bis zuletzt an Bord gearbeitet hat, ist von Bord. Wir sind auf dem Vorschiff angetreten. Vor uns steht der Alte in Seestiefeln, mit ausgebeulten Hosen und in seiner ältesten blauen Jacke. Die durchgewetzten Ellbogen sind mit Segeltuch geflickt.

Er hat schwer getankt, aber er steht wie eine Eins. Von der *Isère* rufen die Offiziere der anderen Boote: »Ajax, sieh mal ...«, und winken lachend mit Sektflaschen. Aber Ajax sieht nicht mehr hin. Für ihn hat die Feindfahrt begonnen.

Dann kommt der neue Flottillenchef an Bord: Korvettenkapitän Viktor Schütze mit Ritterkreuz und Eichenlaub. Er war bisher Kommandant von U 103 in der 2. U-Flottille. Die Lords nennen ihn den dicken Schützen, denn er ist etwas korpulent.

Der Alte kommandiert: »Stillgestanden! Augen rechts!« und meldet, daß U 109 klar zur Feindfahrt ist. Schütze dankt kurz. Er hat natürlich sofort gemerkt, daß der Alte voll wie eine Haubitze ist. Die kleinen, stechenden Augen des Flottillenchefs gehen unsere Reihen entlang. Dann spricht er kernige Worte von unserem Kampf auf der See. Oh, Herr, denke ich, was soll der lange Rees. Als er dann noch von der Musik der Wasserbomben spricht, stoßen wir uns an und können kaum das Lachen verbeißen. Berthold Seidel flüstert mir zu: »Hat der nicht 'nen herrlichen Vogel? Wenn er nicht das Eichenlaub am Halse hätte, könnte man glauben, daß er noch keine Feindfahrt gemacht hat.«

Aus den Lautsprechern braust Musik auf: ›Denn wir fahren gegen Engeland ...‹ Der Flottillenchef geht von Bord. Langsam lösen wir uns von der *Isère* und gleiten in die Fahrrinne hinaus.

Wir haben auf dieser Fahrt einen Gast an Bord. Korvettenkapitän Eberhard Hoffmann, Crew 25, fährt als Konfirmand mit. Er kommt von der Seekriegsleitung aus Berlin und trägt das EK I.

22. September 1941. Das Land ist hinter uns verschwunden. Mit großer Fahrt rauschen wir durch die kaum bewegte See. Kurs 260 Grad. Um Mitternacht stehen wir an der 200-Metergrenze in der Biskaya. Hier will der Alte einen Tieftauchversuch machen, bevor wir hinausgehen. Er scheint dem Boot und der Werft immer noch nicht zu trauen.

Es wird ohne Alarm geflutet. Auf 40 Meter trimmt der LI das Boot ein. Alle Männer sind auf Gefechtsstationen, um Instrumente und Außenbordsverschlüsse zu prüfen. Ganz langsam läßt der LI tiefer steuern. 50 Meter, 60 Meter, 80 Meter, schließlich sind wir auf 100 Meter. Ich höre die Meldungen aus dem Vorschiff: »Außenbordsverschlüsse lecken stark!« Das kann ja heiter werden, wenn das schon bei 100 Meter anfängt. Ich werde in die Zentrale gerufen. Die Männer an den Tiefenrudern haben Ölzeug angezogen, so heftig spritzt das Wasser aus dem Peilrahmenschaft. Ich drücke Fett nach, ziehe die Stopfbuchsen an und denke, daß er jetzt nicht mehr auszufahren sein wird. Der Kommandant lehnt am Kartentisch und nimmt schweigend die Meldungen aus den einzelnen Räumen entgegen.

Dann kommt ein Telefonanruf aus dem Bugraum. Ein Funker soll nach vorne kommen. Der Alte sieht mich nur an. Nichts Gutes ahnend, nehme ich einen Schraubenzieher mit. Im Bugraum zeigt der Mixermaat Borchardt auf die Verteilerkästen meines Horchgerätes. »Sieh dir mal diese Schweinerei an.« Dort, wo das Kabel an der Steuerbordseite durch den Druckkaper kommt, läuft ein feiner Wasserstrahl über den Verteilerkasten. Mich durchfährt ein gewaltiger Schreck. Wenn das Kabel bis zum Funkraum abgesoffen ist, muß die Werft das Vorschiff aufreißen. Ich zwinge mich zwischen Torpedorohre und Druckkörper, schraube den Steuerbordverteilerkasten auf, und wie ich den Deckel abnehme, stürzt mir das Wasser ins Gesicht.

Beim Backbordverteilerkasten bekomme ich einen Schwall Wasser ins Genick, bevor ich den Deckel abhebe. Auf der Steuerbordseite ist inzwischen das Kabel vom Druckkörper-Durchlaß bis zum Verteilerkasten aufgeplatzt. Ein fingerdicker Strahl spritzt gegen die Torpedorohre. Werner Borchardt flucht: »Verdammter Mist. Komm von den Rohren weg und paß auf, daß du nicht unter den Strahl kommst. Wenn der Außendruck hat, hast du ein Loch im Kopf.« Ich ziehe mich eiligst zurück und gehe zur Zentrale. In der Kombüse sehe ich über dem Eisschrank ebenfalls einen feinen Wasserstrahl. Järschel nickt mir zu. »Schon gemeldet«, sagt er nur.

In der Zentrale steht der Kommandant mit finsterem Gesicht am Kartentisch. Als ich ihm melde, daß die Verteilerkästen abgesoffen sind, beißt er sich auf die Unterlippe und sagt: »Horchen Sie mal an Ihrer Stabantenne.« Ach du meine Güte, denke ich, die auch noch, und lege mein Ohr an die Verkleidung der Antenne. Ein starkes Rauschen ist zu hören. Ich drehe den Hahn zur Entwässerung auf, und ein Wasserstrahl zischt in die Bilge: Der Kommandant sieht mich an und nickt vielsagend. »Ich habe doch recht gehabt, Funkerei ist Scheiße. Bereiten Sie ein FT vor, Hirschfeld. Wir kehren um. In der Maschine ist auch Verschiedenes unklar und die Außenbordverschlüsse lecken.« Als ich im FT-Raum ankomme, klickt es in den Lautsprechern, Dann hören wir die Stimme des Kommandanten: »An alle Stellen. Boot steuert jetzt Oberfläche an. Wir tauchen auf und treten sofort den Rückmarsch an, da das Boot nicht fronteinsatzfähig ist. Ende.« Gleich darauf erhalte ich vom Kommandanten den Text des Funkspruches: »An BdU. Bei Tieftauchversuch Peiler, GHG, Stabantenne abgesoffen, E-Maschinenkupplung schlägt. Stevenbuchsen und Außenbordverschlüsse lecken stark. Lot unklar. Trete Rückmarsch an. Erbitte Geleit 6.00 Uhr auf Treffpunkt. Bleichrodt.«

Während Leibling den FT verschlüsselt, heize ich Sender und Empfänger vor, um nach dem Auftauchen gleich abstimmen zu können. Der Kommandant fährt das Sehrohr aus, kann in der stockfinsteren Nacht aber nichts sehen.

So blasen wir auf gut Glück an. Die Brückenwache zieht sofort auf. Es ist 2.00 Uhr. Wir laufen Höchstfahrt wegen der britischen U-Boote. Ich gehe sofort mit dem KW-Empfänger auf Schwebungslücke der Küstenwelle und stimme den Sender darauf ab. Eine Weile muß ich warten, bis die Welle frei wird. Es läuft gerade ein ziemlich langer FT der

Leitstelle. Plötzlich setzt der Empfang aus. Die Skalenbeleuchtung am Empfänger brennt nicht mehr. Mein bester KW-Empfänger ist also ausgefallen. Ich schicke Hümpel in den Horchraum, wo er mit dem Allwellen-Empfänger auf Küstenkurzwelle geht und dann zum Funkraum durchschaltet. Wieder muß ich einen langen FT abwarten, der gerade auf der Welle läuft. Endlich beendet Kernevel, aber da setzt wieder der Empfang aus. Ich brülle durch die Klappe zum Horchraum: »Hümpel, was ist los? Ich höre nichts mehr.« – »Allwellen-Empfänger ausgefallen«, meldet Hümpel trocken. Ich knalle den Kopfhörer auf den Tisch und stürze hinüber. Meine Augen jagen verzweifelt über die Instrumente der Verteilertafel, die uns die Leistung unserer Umformer in der Maschine anzeigt. Ich traue meinen Augen nicht, als ich auf das Voltmeter des Umformers für die Empfänger blicke. »Menschenskind, Hümpel, da liegen ja 350 Volt an. Wie ist das möglich?« Er starrt auf die große Tafel mit den Armaturen. »Das Voltmeter zeigt falsch an. Die Umformer waren doch genau eingestellt«, meint er sinnend. »Ich habe das mit Funkmaat Hagen geprüft.« – »Nein, Hümpel, ich glaube, daß die Anzeige richtig ist. Deswegen sind auch die beiden Empfänger in die Knie gegangen. Gehen Sie mal schnell nach achtern und prüfen Sie die Einstellung der Regelwiderstände.«

Plötzlich steht der Kommandant im Horchraum. »Was ist los, Hirschfeld? Ist der FT raus?« Ich erkläre ihm die Lage, und er schüttelt resigniert den Kopf. »Setzen Sie gleich in den FT ein: Beide KW-Empfänger ausgefallen. Aber was machen Sie nun?« – »Ich unterbreche einfach jeden Verkehr und setze den FT blind ab. Der Sender steht ja noch auf Schwebungslücke.«

Als ich damit fertig bin, kommt Hümpel von achtern. »Das versteh ich nicht«, sagt er. »Der Regelwiderstand war nicht festgesetzt und hat sich wahrscheinlich durch die Diesel-Erschütterungen selbst verändert. Bei der Probefahrt war er aber fest.« Mir kommt ein unheimlicher Gedanke. Bei der Abnahmefahrt war die FT-Station noch in Ordnung. Dann ist das Boot wegen einiger Reklamationen der beiden Obermaschinisten noch einmal kurz in die Werft gegangen. Sollte dort jemand? Es ist kaum zu glauben. Gerade diesmal hatten wir so guten Kontakt mit unserer Werftkolonne und haben den Meister und seine vier Männer mit Alkohol, Zigaretten und Kaffee versorgt. Sollten sie uns den Tod gewünscht haben? Französische Werftarbeiter können es nicht gewesen sein, denn es stand Tag und Nacht ein Posten vor dem Boot. Nur die deutschen Werftarbeiter hatten mit ihren Ausweisen freien Zugang.

Das Geleit steht pünktlich auf Treffpunkt. Unser FT ist also aufgenommen worden. Wir gleiten in das Hafenbecken, und an der menschenleeren *Isère* vorbei geht es in die Werft. Die Ingenieure stehen auf der Pier und kommen nach dem Festmachen sofort an Bord.

»Bevor wir Werftsitzung machen, muß ich mir die von Ihnen gemeldeten Fehler ansehen«, sagt der FT-Ingenieur. »Gut«, antworte ich, »fangen wir vorne an.« Die Nr. 1 läßt das Deck aufmachen, und wir klemmen uns durch das nasse Gestänge, bis wir bei den Druckdosen vom GHG angelangt sind.

»Die ganze Steuerbordseite muß abgesoffen sein«, sage ich. »Kaum zu glauben«, meint der Ingenieur, faßt nach einem der festverschraubten Deckel und – hat ihn in der Hand. Betroffen sieht er mich an. Er prüft den nächsten Deckel. Er ist locker. Und der nächste: ebenfalls locker. Wir sehen uns an. »Kein Wunder, Hirschfeld. Die Druckdosen sind alle offen.« – »Ja«, sage ich, »einer muß sie nach der Probefahrt aufgeschraubt haben. Bei der Abnahme war alles noch klar.« Der Ingenieur sieht finster vor sich hin. »Glauben Sie, daß es Sabotage ist?« Ich muß lächeln. »Wenn Sie ein anderes Wort dafür haben, bin ich gespannt, es zu hören.« »Ich werde die Untersuchung einleiten«, sagt er. »Waren eigentlich französische Arbeiter an Bord?«

Ich überlege einen Augenblick. »Vorher ja. Aber nach der Abnahmefahrt nicht mehr. Es müssen deutsche Werftarbeiter gewesen sein.« Mir läuft es kalt über den Rücken, wenn ich an die Sabotage in den eigenen Reihen denke. Was mag wohl mit den Booten geschehen sein, die spurlos verschwunden sind? Wir werden von nun an auch im Hafen wachsam sein müssen.

23. September 1941. Heute war große Werftsitzung. Alle Reklamationen sind geprüft und als richtig anerkannt worden. Es wurde beschlossen, die FT-Anlage von Grund auf zu überholen und alle wichtigen Anlagen des Bootes durchzuprüfen. Auch eine völlig neue Stabantenne muß eingebaut werden. Die abgesoffenen Kabel und die Verteilerkästen des Gruppenhorchgeräts werden erneuert. Dazu kommen die Stevenbuchsen und die lecken Außenbordverschlüsse sowie die schlagenden Dieselkupplungen. Die Werftliegezeit wird auf 14 Tage veranschlagt.

Oberfunkmeister Bleihauer bringt uns die neuesten Nachrichten, darunter einen Befehl des amerikanischen Marineministers Knox vom 15. September 1941: »Alle Handelsstörer, gleichviel, ob sie Überwasser- oder Unterwasser-Piraten sind, sollen mit allen verfügbaren Mitteln aufgebracht oder zerstört werden.«

»Und was dürfen wir tun?« frage ich. »Gar nichts«, sagt Bleihauer. »Du kennst doch den Führerbefehl.«

29. September 1941. Seit zwei Tagen sind wir wieder in Carnac im ›Grand Hotel‹. Das Wetter ist immer noch sehr mild. Heute wurde ich mit Leibling nach Lorient gerufen, wo uns Leutnant Seidel lächelnd mit den Worten empfing: »Es tut mir leid, Hirschfeld, daß ich Sie zurückrufen mußte, aber ich habe zur Zeit kein anderes Boot und auch keine andere Funkmannschaft zur Verfügung. Der BdU will ein Funkschlüsselgespräch erproben. Trauen Sie sich das zu?«

Ich lasse mir erst mal erklären, was ein Funkschlüsselgespräch ist. Es werden dabei keine Funksprüche mehr aufgeschrieben und dann verschlüsselt, sondern der Kommandant oder ein Offizier diktieren dem Mann an der Schlüsselmaschine den Klartext, der in die Maschine gedrückt wird. Die verschlüsselt aufleuchtenden Buchstaben werden vom Mann an der Taste in den Äther gefunkt, was sich natürlich nicht im üblichen Verkehrs-Tempo 120 abspielen kann. Wir üben im Funkraum, und Leutnant NT Seidel ist mit unserem Tempo zufrieden.

Auf der Gegenseite hat der Mann an der Schlüsselmaschine ebenfalls einen Kopfhörer auf und drückt die ankommenden Morsebuchstaben gleich übersetzt in die Maschine. Auf der Maschine leuchten dann die entschlüsselten Buchstaben auf und ergeben den Klartext, der vom Mann an der Taste aufgeschrieben wird. Der Kommandant oder der Offizier, der über seine Schulter mitliest, kann sofort die Antwort geben.

Wir sind begeistert. Wenn ein Buchstabe falsch gedrückt oder falsch gehört wird, ist das nicht schlimm, sofern man das Wort noch erkennen kann. Fehlt ein Buchstabe, muß die Gegenstelle mit ›eb‹ unterbrechen und mit ›rpt‹ Wiederholung anfordern. Wir haben alles begriffen, und es kann losgehen.

»Hirschfeld«, sagt Waldemar Seidel zufrieden lächelnd, »Sie sind mit Leibling um 15.00 Uhr auf Station und stimmen Sender und Empfänger auf angegebener Welle mit Kernevel ab. Sie haben einen nagelneuen KW-Empfänger. Ich komme etwas später. Um 16.00 Uhr beginnt der BdU das Gespräch mit uns. Ich hoffe, daß wir uns nicht blamieren. Hier sind noch die besonderen Steckerverbindungen für den Schlüssel M, damit andere Boote nicht mithören können.«

Wir sehen der Sache gelassen entgegen, auch wenn der Löwe diesmal persönlich unser Können beurteilen wird. Um 15.00 Uhr schalten wir ein. Sender und Empfänger werden abgestimmt. Auf kurze Anfrage mit Qu-Gruppen meldet Kernevel sofort guten Empfang. Sicherheitshalber gehe ich noch in die E-Maschine und prüfe die Regelwiderstände der Umformer, die dort an der Decke hängen. Es ist alles tadellos in Ordnung. Als Leutnant NT Seidel erscheint, kann ich ihm melden: »Funk-Station klar!«

»Meine Herren«, sagt er lächelnd, »das ist ein historischer Augenblick. Das erste Funkschlüsselgespräch zwischen BdU und U 109 wird in die Geschichte eingehen.« – »Ob das der Führer weiß?« sage ich, und wir lachen alle.

Die Minuten schleichen dahin. Endlich ist es 16.00 Uhr. Der Sender Kernevel legt los; der BdU ist sehr pünktlich. Leibling drückt tapfer in den Schlüssel und ich schreibe. Man kann den Text sofort entziffern, denn der Geber macht hinter jedem Wort eine kleine Pause. Der BdU begrüßt erst einmal Leutnant NT Seidel, dann fragt er, ob wir das Tempo durchhalten können, was Seidel von der neuen Sache hält und ob sie sich auch in dringenden Fällen mit den Booten im Atlantik durchführen lassen wird. Dann wird mit ›sk‹ beendet. Es hat prima geklappt. Nun sind wir an der Reihe.

Seidel spricht ganz langsam, und ich drücke in die Taste, was verschlüsselt auf der Maschine erscheint: »Hier ist U 109. Die Verständigung ist gut. Bei guten Empfangsverhältnissen ...« »Stopp«, rufe ich. Ich höre meinen Sender nicht mehr, drücke vergeblich auf die Taste und sehe, wie alle Zeiger der Instrumente am Sender auf ›Null‹ fallen. Auch der Empfang ist weg. »Was ist?« fragt Seidel. »Kein Saft mehr da!« Ich werfe den Kopfhörer hin und stürze in den Horchraum zur Verteilertafel. Alle Instrumente liegen auf ›Null‹. Kein Umformer läuft mehr.

»Verdammt«, schreie ich, »das waren die Werftarbeiter.« Seidel ist rot angelaufen. »Also Hirschfeld, mit U 109 kann man wirklich alles erleben, was noch nicht da war.« – »Moment mal«, sage ich. »Komme gleich wieder.« Ich schwinge mich durch die Luken und renne nach achtern in die E-Maschine. Irgendwo ist der Strom abgeklemmt. Aber wo? Zurück in den Diesel-Raum und durch das Luk an Oberdeck. Ich frage den Posten, ob er die Arbeiter aus der E-Maschine gesehen hat. »Die Werft ist von Bord«, sagt er ungerührt. »Die arbeiten doch nach Deutscher Sommerzeit.« Resigniert steige ich nach unten und melde Seidel, daß wir heute keinen Saft mehr zu erwarten haben.

»Hirschfeld, wir haben uns unsterblich blamiert. Jetzt muß ich mit dem BdU telefonieren.«

»Herr Leutnant«, sage ich. »Nehmen Sie das nicht so tragisch. Wir sind doch wieder an der Dusseligkeit der Werftgrandis gescheitert.« Er winkt resigniert ab und geht. Leibling schließt die Schlüsselmaschine weg und sagt: »Darauf gehen wir jetzt einen trinken.« Gesagt, getan.

Der Oberfunkmeister Bleihauer erwartet uns schon. »Mensch, Bleiarsch«, sag ich, »ob der BdU uns das jemals verzeihen wird?« Er schüttelt finster den Kopf. »Nee, das nicht. Höchstens, wenn ihr abgesoffen seid. Dann wird er sagen: ›Ach – U 109, da waren doch die beiden Funker drauf, die mich so geärgert haben.‹ …« Wir lachen so laut, daß sich alle in der Kantine nach uns umdrehen.

30. September 1941. Heute haben wir das Funkschlüsselgespräch erfolgreich durchgeführt. Seidel war mit uns zufrieden, der BdU auch, und so haben wir die Funkerehre von U 109 wiederhergestellt. Von Bleihauer erfahre ich, daß die Boote U 107, U 67, U 68 und U 103 im Süden ein Geleit fast aufgerieben haben. Nach einer Jagd von über 1200 Seemeilen waren nur noch drei Dampfer, vier Zerstörer und drei Bewacher übrig.

Also fahren die Sierra-Leone-Geleite wieder. Nur während wir im Süden waren, war alles gestoppt. Schade nur, daß wieder die Zerstörer übriggeblieben sind. Solange wir sie nicht knacken können, bleibt unser Kampf vergeblich.

Heute haben wir auch erfahren, daß wir vor Grönland den britischen Dampfer *Marconi* mit 7408 BRT versenkt haben. Also hatte Korvettenkapitän Hans Georg Fischer gut geschätzt, denn wir hatten 7000 BRT gemeldet.

3. Oktober 1941. Es ist wieder soweit. Wir übernehmen Proviant und Munition. Ich stehe gerade mit Leutnant NT Seidel am Oberdeck, als Ferdinand Hagen an Bord kommt und sich als geheilt aus dem Lazarett zurückmeldet. »Sagen Sie bloß, Sie wollen auf diesem Rattendampfer wieder einsteigen«, sagt Seidel lachend. »Wenn ich schon fahren muß, dann nur auf diesem Kasten«, sagt Ferdinand. Seidel sorgt dafür, daß er sofort wieder an Bord kommandiert wird. Ich bin froh, meinen Ferdinand wiederzuhaben. Der neue Funkmaat ist sehr traurig, daß er wieder nach Kernevel in den Bunker muß. Ich tröste ihn mit der Versicherung, daß der Krieg noch länger dauern wird.

Am Nachmittag ist Endbesprechung für das FT-Personal bei Leutnant NT Seidel. Wir sollen in Hinkunft auf jeder Feindfahrt die Empfangsverhältnisse schriftlich festhalten und über die Horchverhältnisse der einzelnen Seegebiete Buch führen. Es müssen Erfahrungswerte für neue Boote gesammelt werden.

Oberleutnant zur See Mohr, Kommandant von U 124, hat im Nordatlantik während einer Unternehmung von nur 16 Tagen 44.000 BRT versenkt und ist verschossen. FT an U 124: »Der Mohr hat seine Schuldigkeit getan. Er kann gehen. BdU.«

5. Oktober 1941. Wir haben die Quartiere in der Salzwedel-Kaserne geräumt. Alle Männer sind aus Carnac zurück. Meine Funkmannschaft ist wieder vollzählig. Das Boot wird zur *Isère* verholt. Alle wissen: Heute geht es los.

Um 19.00 Uhr ist ›Seeklar!‹. Keine Musik. Keine Musterung durch den Flottillenchef. Der FT-Ingenieur Brechelt, Oberfunkmeister Bleihauer und einige Zivilisten stehen auf dem Wintergarten. Sie sollen bis zur 200 Metergrenze mitfahren und beim Tieftauchversuch prüfen, ob das Boot in Ordnung ist. Ein Vorpostenboot wird uns begleiten und die Herren anschließend zurückbringen.

6. Oktober 1941. Um Mitternacht haben wir den Tieftauchversuch bei 200 Meter Wasser unterm Kiel durchgeführt. Wir tauchten mit etwas gemischten Gefühlen. Meine Geräte waren alle eingeschaltet. Wir prüften die Spannung an den Schalttafeln, fuhren den Peiler und die Stabantenne aus und ein und öffneten die Verteiler-Kästen im Bugraum. Es war kein Fehler zu entdecken.

Kurz nach 1.00 Uhr tauchten wir auf. Da die See ganz ruhig war, ließ der Kommandant das Vorpostenboot längsseits kommen. Oberfunkmeister Bleihauer stieg mit den Ingenieuren über. Der Alte legte die Hände an den Mund und rief ihnen nach: »He, Bleiarsch, kommt gut nach Hause. Laßt euch nicht abknallen!« »Danke gleichfalls, Herr Kaleu!« kam es von drüben. Dann waren sie in der Finsternis verschwunden. Der Alte lachte. »Die sind froh, daß sie entlassen sind.« Vor der Biskaya haben alle Bammel.

7. Oktober 1941. Wir sind den ganzen gestrigen Tag und die Nacht über Wasser marschiert. Der britische Bomber vom Dienst kam nicht. Heute ist U A, das frühere französische U-Boot *Batiray*, nach Süden ausgelaufen. Die Boote müssen informiert werden, wenn U A in See geht, damit es wegen seines fremdartigen Turmes nicht von uns torpediert wird. *Batiray* wurde für die Türkei gebaut und nicht mehr abgeliefert. Vom BdU erfahren wir durch FT, daß ein britisches Flugzeug ein aufgetauchtes U-Boot in unserer Nähe gemeldet hat. Sollten wir gemeint sein? Oder marschiert noch ein anderes Boot in unserer Nähe?

Um 20.00 Uhr gehen wir zum Prüfungstauchen unter Wasser. Zehn Minuten nachdem wir die Oberfläche verlassen haben, hören wir fünf Detonationen. Einwandfrei Fliegerbomben. Sie sind aber weit weg. Also ist doch noch ein anderes Boot da. Als wir gegen 22.00 Uhr auftauchen, hat sich das Wetter geändert. Es hat stark aufgebrist, und von Nordwesten kommt eine lange Dünung auf. Mit 270 Grad geht es weiter nach Westen.

8. Oktober 1941. Ein grauer Morgen. Eine schwere See rollt von Westen heran. Die Brückenwache steht angeschnallt und muß ständig das Turmluk zudrücken, damit nicht soviel Wasser in die Zentrale stürzt. Es ist richtiges Biskaya-Wetter. Weit vor uns in 420 sm Entfernung haben andere Boote zwei Geleitzüge gemeldet mit Kurs Süd und Kurs Nord. Wir können aber nicht ranschließen, denn höhere Fahrt ist bei diesem Wetter nicht möglich.

Über den Rundfunk hören wir die Stimme des Führers. Er spricht davon, daß die völlige Vernichtung der russischen Armeen bevorsteht. Kapitänleutnant Bleichrodt, der bei mir im FT-Raum die Rede mithört, sieht mich sorgenvoll an. Er sagt nichts, aber ich ahne, was er denkt. Wie können sie im Führerhauptquartier schon an einen Sieg über Rußland glauben?! Sie sind ja noch nicht einmal in Moskau, geschweige denn an der Wolga. Und was kommt hinter dem Ural? Und warum greift Japan denn nicht ein?

9. Oktober 1941. Die Bewölkung reißt auf und die Sicht wird besser. Manchmal scheint sogar die Sonne, aber die schwere Dünung hält unvermindert an. Es ist Seegang 8. Der Obersteuermann kann endlich wieder mit dem Sextanten den Standort bestimmen. Wir stehen auf 46 Grad 30 Minuten Nord und 21 Grad 38 Minuten West und steuern 290 Grad.

U 111, Kleinschmidt, meldet sich nicht mehr. Er sollte nach Süden in das Gebiet gehen, in dem wir auf der letzten Fahrt keinen Erfolg hatten. Hat es ihn dort erwischt? Im September sind zwei Boote bei Grönland verlorengegangen. U 501, Korvettenkapitän Hugo Förster, und U 207, Kapitänleutnant Fritz Meyer.

10. Oktober 1941. Wieder alles grau in grau. Wir stampfen weiter Kurs West. Standortbestimmung ist nicht möglich, es wird nur auf der Karte gekoppelt. Unser Konfirmand Korvettenkapitän Hoffmann ist oft auf der Brücke. Er hat sich schnell bei uns eingelebt. In der E-Maschine müssen ständig die Sachen der Brückenwache getrocknet werden. Die Männer fluchen über den verdammten Nordatlantik. Im Süden war es schön, aber es ist wenigstens noch verhältnismäßig warm.

»Wartet erst mal, bis wir nach Grönland kommen, ihr Pfeifenköpfe«, röhrt Eduard Maureschat die Wache an. »Da wird euch der Arsch noch mit Grundeis untergehen. Diesmal fahren wir in den Winter hinein.«

11. Oktober 1941. Weiter Kurs 290 Grad. Immer noch orgeln die Brecher über den Turm. Die Männer auf der Brücke stehen oft bis zum Hals im Wasser. Wenn sie nicht angekettet wären, würde sie das nach achtern ablaufende Wasser in die kochende See reißen.

Wir sollen im Vorpostenstreifen südlich Kap Farewell auf und ab dampfen. Der BdU warnt durch FT vor einer U-Boot-Falle im Gebiet südlich von Madeira. Sollte ihr U 111 zum Opfer gefallen sein? Das Boot hat sich immer noch nicht gemeldet.

12. Oktober 1941. Heute ist Sonntag. Der Sturm hat etwas nachgelassen, aber immer noch rollen riesige Wasserberge von Westen heran. Seit Mitternacht laufen wir mit Kurs 315 Grad. Die See kommt jetzt etwas von Backbord. Das Boot rollt schwer und holt weit über in der mächtigen Dünung. Man muß sich in der Koje festzurren, und an Schlaf ist kaum zu denken.

Der Kommandant hat das tägliche Prüfungstauchen in die Mittagsstunden verlegt. So können wir wenigstens unter Wasser in Ruhe Mittag essen. Wir müssen dazu aber auf 80 Meter gehen. Bei 60 Meter ist die Dünung noch stark spürbar.

In der Zentrale fragt mich Obersteuermann Bruno Petersen: »Was ist mit Kleinschmidt?« – »Ich nehme an, er ist an eine Falle geraten. Jedenfalls ist er weg«, sage ich. Petersen nickt und tippt mit dem Bleistift auf die Karte. »Sie sehen, Hirschfeld, man kann auch im Süden verlorengehen.« – »Na, ja«, sage ich, »aber es stirbt sich besser im warmen Wasser.« Petersen lächelt. »Und die lieben Haifische helfen dabei.«

13. Oktober 1941. Der Sturm nimmt wieder zu. Gegen Abend läßt der Kommandant die Brückenwache einziehen und befiehlt Unterwassermarsch bis zum Morgen. Wir müssen wieder auf 80 Meter gehen, um nichts mehr von der Dünung zu spüren. Nachdem das Boot eingesteuert ist, umgibt uns wohltuende Ruhe. Leibling hat das GHG besetzt, und ich sitze im Funkraum und mache leise Schallplattenmusik für alle Räume. Die Männer liegen träumend in den Kojen.

14. Oktober 1941. Um 10.00 Uhr läßt der Kommandant nach einem Rundhorch auftauchen. Das kanadische Tief ist nach Osten abgezogen. Der Sturm hat nachgelassen. Auch die See ist etwas ruhiger. Zwar schlagen noch einige Brecher über den Turm, aber die Männer stehen nicht mehr bis zum Hals im Wasser.

Die Luft riecht plötzlich winterlich, und es wird empfindlich kalt. Wir haben weit nach Norden ausgeholt. Standort 12.00 Uhr ist 57 Grad Nord und 36 Grad 42 Minuten West. Wir bilden mit anderen Booten eine große Suchharke von Nord nach Süd, etwa 250 sm südöstlich der Südspitze von Grönland, denn der Ost-West-Verkehr der Geleitzüge ist so weit nach Norden ausgewichen.

15. Oktober 1941. Die See hat sich weiter beruhigt, wir haben nur noch Seegang 6. Die vorderen Backbord-Mündungsklappen sind verbeult, lassen sich aber schwergängig noch öffnen. 400 sm hinter uns haben andere Boote einen Geleitzug gemeldet. Wir müssen im Sturm dicht an ihm vorbeigefahren sein. Das kann nur beim Überwassermarsch geschehen sein, denn unter Wasser hätten wir ihn gehört.

U 553, Kapitänleutnant Thurmann, ist Fühlungshalter. Vier andere Boote haben herangeschlossen. Sie melden schwere See und starke Sicherung. Wir sind das nördlichste Boot unserer Suchharke. Der II WO Keller steckt seinen Kopf in den Funkraum. Er hat die FT-Kladde gelesen. »Ist doch komisch«, sagt er lächelnd, »dieses Boot entwickelt die Eigenschaft, an allen Geleitzügen ungesehen vorbeizufahren.« – »Na, ja«, sage ich, »es hat wahrscheinlich bei Kap Farewell einen Schock bekommen.«

16. Oktober 1941. Eisig bläst der Wind von Labrador herüber. Erneut kommt schwere Dünung auf. Wir stehen schlingernd auf und ab. Unser Standort 12.00 Uhr DGZ ist 57 Grad 45 Minuten Nord und 35 Grad 34 Minuten West. Die Boote, die östlich von uns stehen, melden die ersten Erfolge. Dabei werden feindliche Flugzeuge bis 26 Grad West gemeldet. Jetzt fliegen die Bienen also schon bis Mitte Atlantik. Zum Glück stehen wir noch im schwarzen Loch; es scheint noch keinen Flugplatz auf Grönland zu geben.

Am Nachmittag stürzen plötzlich orkanartige Böen auf uns nieder. Um 20.00 Uhr ein FT vom BdU an Bleichrodt. Wir sollen vor der Belle-Isle-Straße Position beziehen. Der BdU nimmt an, daß die Geleitzüge zwischen Labrador und Neufundland durch diese Straße kommen und danach auf dem Großkreis nach England geleitet werden. Dadurch würden sie alle weiter südlich operierenden Suchharken der U-Boote umgehen. Der Kommandant setzt den neuen Kurs auf der Karte ab. Dann schwenkt der Bug nach Westen; Kurs 250 Grad.

17. Oktober 1941. Die Diesel laufen halbe Fahrt. Wir müssen das Boot durchheizen, denn die Brote in den Hängematten im Bugraum fangen bereits an zu schimmeln. Die Wäsche in den Spinden ist feucht, und die Kartoffeln in der Zentrale vergammeln. Soviel Feuchtigkeit hatten wir noch nie im Boot. In großen Schlägen steuern wir Kap St-Charles an, den nördlichen Ausgang der Belle-Isle-Straße.

Aus dem Geleit östlich von uns haben die Boote unter schwersten Wetterbedingungen elf Schiffe mit insgesamt 60.000 BRT und zwei Zerstörer versenkt. Bei diesem Wetter eine tolle Leistung.

Bei uns wird die See etwas ruhiger. Die Funkverbindung mit Kernevel wird aber immer schlechter. Auch auf den Längstwellen reißt die Verbindung ab. Es herrscht starkes Nordlicht. Die FTs der Boote am

Geleitzug werden von der Leitstelle oft nicht wiederholt. Die Leitung des Kampfes scheint dem BdU entglitten zu sein; niemand hatte damit gerechnet, daß das Nordlicht jede Verbindung abreißen läßt.

Auch der deutsche Rundfunk ist auf Kurzwelle schlecht zu hören. Dafür empfangen wir jetzt die Sender der USA auf Mittelwelle sehr gut. Korvettenkapitän Hoffmann und Oberleutnant zur See Wißmann hören bei mir im Funkraum jeweils die Nachrichtensendungen ab. So erfahren wir durch den USA-Rundfunk, daß deutsche U-Boote den USA-Zerstörer *Kearney* torpediert haben. Angeblich schwimmt er noch und versucht, Reykjavik auf Island zu erreichen. Offensichtlich geleiten die Kriegsschiffe der USA die Geleitzüge bis nach England. Bereits am 5. September wurde U 652, Kapitänleutnant Fraatz, von einem US-Zerstörer mit Sonar verfolgt und mit Wasserbomben angegriffen. Fraatz glaubte, es mit einem britischen Zerstörer zu tun zu haben, und schoß zwei Torpedos, die aber ihr Ziel verfehlten.

18. Oktober 1941. Nur noch leichte Dünung. Der Sturm hat völlig abgeflaut. Unser Standort um 12.00 Uhr DGZ ist 56 Grad 18 Minuten Nord und 41 Grad 55 Minuten West. Mit 250 Grad Kurs kommen wir südlich von Kap Farewell über die Stelle, an der wir im Mai den britischen Munitionsdampfer *Marconi* versenkten. Die Funkverbindung mit der Leitstelle Kernevel hat sich wieder gebessert. Der BdU fragt mit FT an, wer den US-Zerstörer geknackt hat. Aus den Meldungen der Boote geht hervor, daß keiner auf ihn geschossen hat. Wie sollen sie auch nachts am Geleitzug wissen, wer Brite und wer Amerikaner ist.

Im Rundfunk hören wir, daß das Weiße Hause das Gesetz zur Bewaffnung der amerikanischen Handelsmarine gebilligt hat. Jetzt ist uns die Aufregung um den Zerstörer *Kearney* klar.

19. Oktober 1941. Wieder ist es Sonntag. Es wäre ein Tag wie jeder andere, wenn wir nicht unser Sonntagsessen hätten. Holsteiner Katenschinken mit Spargel. Aus den FTs geht hervor, daß außer uns noch 20 Boote vor Kanada stehen.

Der BdU hat drei Kampfgruppen gebildet. Wir gehören zur Gruppe ›Mordbrenner‹ und stehen am weitesten westlich und am weitesten nördlich vor Labrador. Hinter uns marschieren in großen Suchharken die Gruppen ›Schlagetot‹ und ›Reißwolf‹. Gewaltige Namen. Wenn es nur etwas zum Schlagen und Reißen gibt. Wir haben auf dieser Fahrt noch keine Mastspitze oder Rauchfahne gesehen.

Es wird immer kälter. Ein Glück, daß diese großen Boote Diesel-Abgasheizung haben. Am wärmsten wird es, wenn die Diesel große Fahrt laufen.

20. Oktober 1941. Nur noch Seegang 6. Die Sicht ist ausgezeichnet. Immer weiter geht es Kurs Belle-Isle-Straße. Langsam hebt und senkt sich das 40 Meter lange Vorschiff in der langen Dünung. Oben auf der Brücke ist es trocken. Die Diesel brummen wie zwei zufriedene Arbeitspferde. Vergeblich preßt die Brückenwache die Zeissgläser in die Augenhöhlen. Am Himmel jagen vereinzelte Wolken dahin, aber der Horizont bleibt leer.

Am Nachmittag brist es langsam wieder auf, und es sieht verdammt nach Sturm aus. Im Boot wird alles sturmfest gezurrt. Östlich von uns sind von einem Boot vier schnelle Dampfer im Geleit von zwei Zerstörern gesichtet worden. Einige Boote jagen hinterher. Ein Erfolg ist aber bei dieser hohen Fahrt sehr fraglich. Die Schiffe sollen 15 bis 18 sm laufen.

21. Oktober 1941. In der Nacht brach der Sturm los. Ich erwachte, als die Brecher mit Wucht gegen den Turm knallten. Rasend schnell hat ein neues Tief den Sturm gebracht. Die Brückenwache steht wieder festgezurrt bis zum Hals im eisigen Wasser, das sich über den Turm ergießt. Unser Standort um 12.00 Uhr DGZ ist 53 Grad 45 Minuten Nord und 50 Grad 34 Minuten West. Seegang 7, Sturm 11.

Die Boote südlich von uns vor Neufundland haben ein ostgehendes Geleit erfaßt. Es sind 22 Schiffe. Kapitänleutnant Bleichrodt hat heute Geburtstag. Als wir ihm gratulieren, winkt er lächelnd ab. »Wie ihr seht, zürnen heut die Götter.«

Am Nachmittag steigert sich der Sturm zum Orkan. Dazu kommen noch Regen- und Schneeschauer. Die Brücke ist andauernd unter Wasser, und die Wache kann kaum noch etwas sehen, so daß sich der Kommandant zum Unterwassermarsch entschließt. Wir sind froh, als uns endlich auf 80 Meter Tiefe wohltuende Ruhe umgibt.

22. Oktober 1941. Nach dem Mittagessen gibt der Alte den Befehl zum Auftauchen. Der LI steuert die Oberfläche an. Ein Rundblick mit dem Sehrohr. Dann kommt der Befehl: »Anblasen!« Rauschend empfängt uns die See, und die Wache zieht auf. Das Sturmtief ist nach Osten abgezogen. Es wird die kämpfenden Boote östlich von uns einholen, aber wir dürfen sie nicht warnen, denn wir müssen unbedingt Funkstille wahren. Gegen Abend wird es bestialisch kalt.

Flachsenberg meldet einen neuen Geleitzug südlich von uns, aber die Entfernung ist zu groß, um ranzuschließen.

23. Oktober 1941. Endlich stehen wir auf der befohlenen Position. 53 Grad Nord und 55 Grad West. Noch etwa 60 sm bis Labrador. Wir fahren diesel-elektrisch, um Brennstoff zu sparen. Auf der Brücke steht die

Wache in dicken Schafspelzen, die beim schnellen Einsteigen sehr hinderlich sind, aber mit Überraschungen aus der Luft rechnen wir hier nicht. Die eisige Luft riecht nach Schnee. Der Horizont ist dunstig verhangen. Es ist alles grau in grau, und die Sicht ist sehr schlecht.

Kein Schiff weit und breit. Nur Möwen, wohin das Auge sieht. Sie segeln meist stumm dahin, ohne aufgeregtes Geschrei wie an unseren Küsten. Seltsame, unheimlich öde Gegend, aber jede Nacht herrliches Nordlicht. Nur die Funkverbindung ist fast abgerissen. Wenn wir hier auf einen Geleitzug stoßen und einen FT abgeben, wird Kernevel uns kaum hören. Wir werden dann allein kämpfen müssen.

24. Oktober 1941. Wir stampfen vor der Belle-Isle-Straße auf und ab. Es wird immer kälter. Auf den Netzabweisern und an der 10,5-Kanone bildet sich ein dicker Eisbelag. Die Funkverbindung ist noch immer sehr schlecht. Wir bekommen auch im Wiederholungsprogramm nicht mehr alle FTs herein, können aber keine Meldung darüber absetzen, weil das die Funkstille durchbrechen würde.

Über der westlichen Kimm brauen sich finstere Wolken zusammen. Ein neues Tief kommt von Labrador. Einige Böen fegen vorweg, dann heult es mit ungeahnter Wucht heran. Eisstücke hageln auf die Brücke nieder, daß es den Männern fast die Gesichter zerfetzt. Unmöglich, noch die Gläser vor den Augen zu halten. Auf einen Befehl des WO werden schnell die Gurte nach oben gegeben. Die Männer haben sie kaum angelegt und die Karabinerhaken in die Halterung des Brückenschanzkleides geschlagen, als die aufgepeitschte See herantobt. Riesige Wellen schlagen gischtend über den Turm und lassen die Männer vor Kälte erstarren. Das Boot holt manchmal über, als wollte es umschlagen.

Der Alte starrt auf seine Gradnetzkarte und gibt Befehl, auf 270 Grad zu drehen. Wir machen nur noch wenig Fahrt, damit die Brücke nicht dauernd unter Wasser ist. Nach einiger Zeit wird es etwas ruhiger, und ich entere schnell auf den Turm. Der Obersteuermann hat die Wache. Bruno Petersen stößt mich an. »Kannst froh sein, daß du kein Seemann geworden bist.« Er muß schreien, damit ich ihn beim Heulen des Windes und dem Krachen der Brecher verstehen kann. Ich nicke nur. »Im nächsten Leben werde ich auch Funker«, schreit er mir in die Ohren. Ich muß lachen. »Aber im Süden«, schreie ich zurück, »da habt ihr euch hier oben gesonnt, und wir haben unten geschmort.«

25. Oktober 1941. Wir sind jetzt dicht unter der Küste. Die See rollt hier nicht mehr so lang, aber die Sicht ist sehr schlecht. Nebelschwaden ziehen über das Wasser. Es riecht nach Land. Jetzt trennen uns nur wenige Meilen von unseren kriegsgefangenen Kameraden in Kanada. Manche sind nun schon zwei Jahre hier, und es ist noch nicht abzusehen, wann sie die Heimat wiedersehen. Möge uns dieses Schicksal erspart bleiben. Lieber mit der Gefahr im Nacken kämpfen, als Jahre in Gefangenschaft.

Die Kälte wird jetzt auch im Boot sehr unangenehm. Bei der kleinen Fahrtstufe mit nur einem Diesel werden die Heizungen überhaupt nicht mehr warm. Der LI hat verboten, die elektrischen Heizkörper mit je 2000 Watt zu benutzen, da die Batterien immer voll geladen sein müssen, falls man uns unter Wasser drückt. Die Männer an den Dieseln lernen jetzt ihren warmen Mief schätzen.

26. Oktober 1941. Nebel, Regen, Eis- und Schneesturm. Wir stampfen wieder auf und ab. Kein Schiff weit und breit. Langsam wird die Funkverbindung in den Nächten besser.

Die Kälte kriecht uns bis in die Knochen. Im Boot ist alles feucht. Das verschimmelte Brot aus den Hängematten können wir wegwerfen. Die Brückenwache steigt fluchend in die feuchtnassen Sachen. Die Männer kriegen in den acht Stunden bis zur nächsten Wache ihre Klamotten nicht mehr trocken.

In der Nacht gerät das Boot in sonderbare Schwingungen und holt stark über, obwohl keine starke Dünung herrscht. Als der Morgen graut, sieht die Wache, daß das Vorschiff stark vereist ist. Aus der Kanone ist ein riesiger Eisblock geworden. Auch am Turm und an der 3,7 cm-Flak-Kanone hat sich so viel Eis gebildet, daß das Boot toplastig geworden ist. Ich entere auf den Turm, um nach meinen Antennen zu sehen. Oberleutnant zur See Wißmann hat die Wache. Gleich hinter mir kommt der Alte auf die Brücke. Auch er besieht sich die Vereisung.

»Wenn wir das mit Äxten bearbeiten«, meint Bootsmaat Groß, »schlagen wir das halbe Vorschiff kaputt.« Der Alte winkt ab. »Da kann sich ja keiner auf dem Deck halten. Und wenn einer in den Bach fällt, können wir ihn nicht mal fischen.« – »Schlage vor, wir tauchen«, knurrt der I WO aus seinem Eiskragen. Der Alte nickt. »Ja, das ist die einzige Möglichkeit, das Eis loszuwerden. Hoffentlich gehen die Entlüftungen auf.« Wir steigen ein und gehen auf Tauchstationen, aber auf das Kommando »Fluten!« geschieht gar nichts. Die Entlüftungen gehen nicht auf. Wenn uns in dieser Situation ein Flugzeug erwischt, können wir nicht tauchen und auch nicht schießen, da die Flak-Mannschaft im Boot ist. Die Männer sehen sich erstaunt an. Mit dieser Lage hat keiner gerechnet. Es gibt also noch Gefahrenmomente, die wir nicht kennen.

Die Entlüftungen können nach einigem Bemühen endlich geöffnet werden. Wir gehen auf 40 Meter. Nach vier Stunden unter Wasser tauchen wir auf. Das Eis ist abgetaut. Es bildet sich aber sofort neues Eis, so daß wir nach vier Stunden erneut tauchen müssen. So geht es weiter; rauf und runter. Und immer wieder Schwierigkeiten mit den Entlüftungen. Der eisige Wind, der vom Festland bläst, läßt alles erstarren. Die Stimmung ist miserabel. Im U-Raum wird viel geflucht. »Nun denkt mal an die Boote, die ständig im Eismeer operieren«, sage ich. »Wir haben doch die Gewißheit, wieder einmal in warmes Wasser zu kommen.« – »Vielleicht zu Weihnachten«, meint Otto Peters. »Hier kommt doch niemals ein Geleitzug lang.«

Wir werden im Boot überhaupt nicht mehr warm, weil wir zu wenig Bewegung haben. Ich habe schon alles angezogen, was ich habe. Das dicke Winterunterzeug, darüber die Taucherkombination aus dunkelblauer Wolle, darüber das graue Moleskinpäckchen und dann noch das Lederzeug.

Im U-Raum haben wir zwei Heizkörper zu je 2000 Watt in Doppelschaltung; einer liegt unter der Back und einer steht neben meiner Koje. Wir sitzen frierend vor ihnen, als Otto Peters aus der Zentrale kommt. »Verdammt«, knurrt er. »Hier isset och nich wärmer als in der Zentrale. Warum macht ihr denn nicht mal den Heizkörper an?« – »Na, Otto, du weißt doch ganz genau, daß der Weber dann an die Decke springt«, sage ich. Otto winkt ab. »Die Batterien sind ganz voll. Das merkt der Weber nicht.« Er kommt zu meiner Koje und schaltet den Heizkörper zweimal zu je 1000 Watt ein. Wir setzen uns alle um den langsam erglühenden Heizkörper und halten die Hände darüber. »So«, sagt Otto, »und jetzt halten wir alle mal hintereinander den Bauch darüber, damit wir erst mal warm werden.« Gesagt, getan, aber der Heizkörper ist zu riechen.

»Mensch, Otto, die Umwälzlüftung ist doch an«, sage ich. Otto lugt durch den Gang zur Zentrale. »Donnerwetter«, sagt er, »hat der Hund eine Nase. Da kommt er schon.« Wir schalten schnell ab und werfen Decken und anderes Zeug über den Heizkörper, so daß seine Form nicht mehr zu erkennen ist. Schnüffelnd kommt der LI in unseren Raum und sieht sich mißtrauisch um. »Haben Sie hier eine elektrische Heizung angehabt?« Otto sitzt auf seiner Koje und schüttelt traurig den Kopf. »Da unter der Back liegt unser Heizkörper. Fühlen Sie mal. Der ist ganz kalt wie wir.« Der LI fühlt tatsächlich nach, dann wirft er noch einen Blick in den Bugraum und schüttelt verwundert den Kopf. »Aber irgendwo war ein Heizkörper an. Ich rieche es ganz genau.« – »Es kann ja auch im Heckraum sein«, sagt Otto ganz treuherzig. Weber läßt noch einen mißtrauischen Blick in die Runde gehen und geht.

Am Nachmittag entschließt sich der Alte, unter Wasser zu bleiben. Die Horchverhältnisse sind ausgezeichnet, so daß wir ein Schiff genauso weit hören müßten, wie es zu sehen ist.

Daß die Stimmung im Boot auf dem Nullpunkt angelangt ist, weiß der Alte. Ganz allein sitzt er im Funkraum und macht Musik von Schallplatten. Alle Räume sind durchgeschaltet. Die Männer liegen auf den Kojen und starren vor sich hin.

Jetzt kommt der Winter, und die Sowjets sind nicht besiegt. Sind unsere Armeen überhaupt für einen russischen Winter ausgerüstet oder sollte sie das gleiche Schicksal treffen wie vor 129 Jahren die französische Armee mit ihren Verbündeten? Ich glaube nicht, daß die Sowjets jemals kapitulieren werden, es sei denn, wir treiben sie bis Wladiwostok.

27. Oktober 1941. Wir bleiben noch den ganzen Vormittag unter Wasser. Es herrscht Totenstille um uns herum. Der Kommandant läßt durchgeben, daß nach dem Essen aufgetaucht wird. Järschel hat einen wunderbaren Eintopf gekocht. Gerade als wir mit dem Mittagessen beginnen wollen, knallt es in der Ferne fünfmal; einwandfrei Fliegerbomben. Ein Boot muß entdeckt worden sein. Nun wird es mit der Ruhe hier vorbei sein.

Um 12.00 Uhr DGZ wird aufgetaucht. Weiterhin eisiger Wind von Westen, etwas aufgefrischt. Dabei Seegang 5. Unser Standort ist 52 Grad 45 Minuten Nord und 54 Grad 5 Minuten West. Die Sicht verschlechtert sich zusehends. Nebel liegt über dem Wasser, und wieder beginnt die Vereisung.

Gegen 15.00 rasen plötzlich die Alarmklingeln. Schnell geht es in die Tiefe. Die Männer kommen von oben. »Was ist los?« frage ich. »Schwerer Bomber von West nach Ost. War gar nicht hoch. Hat uns sicher nicht gesehen«, sagt Pötter zu mir. Nach dem Auftauchen fahren wir vorsichtig mit kleiner Fahrt durch den Nebel. Gegen Abend reißt es teilweise auf.

Ich bin gerade in der Zentrale, als auf der Brücke Rufe erschallen. Otto Peters stürzt unter das Luk und horcht nach oben. »Sie haben ein U-Boot gesehen«, meldet er dem Kommandanten. Der Alte wirft die Pelzjacke über und jagt nach oben. Dann brummen die Diesel auf, und der Bug dreht auf 80 Grad. Wir jagen hinter dem Boot her und kommen unbemerkt ziemlich nah heran. Es ist U 573, Kapitänleutnant Heinsohn, auf dem Rückmarsch wegen Brennstoffmangel. Sie sind froh, diese unwirtliche Küste verlassen zu können. Bleichrodt läßt noch ›glückliche Heimreise‹ hinüberwinken, dann dreht sich unser Bug wieder nach Westen.

28. Oktober 1941. In der Nacht wurde der Nebel noch dicker. Da oben doch nichts zu sehen war, sind wir wieder unter Wasser gegangen. Nach dem Auftauchen am Vormittag, empfangen wir im Wiederholungsprogramm ein FT an U 109. »Neuer Standort: Große Neufundlandbank.«

Der Kommandant gibt Befehl: »Kurs 130 Grad.« Die Diesel hämmern los. Endlich wird die Abgasheizung wieder warm, und bald werden wir wieder im Golfstrom sein.

Ich gehe in die Zentrale. Bruno Petersen zeigt mir auf der Karte den neuen Kurs, den der Alte abgesteckt hat. Vor der Neufundlandbank müssen wir den Kurs vom Geleit Kentrat kreuzen. Darauf will der Alte operieren.

Korvettenkapitän Hoffmann kommt in den FT-Raum, um uns bei der Arbeit zuzusehen, und ich frage ihn, wo er sein EK I erhalten hat. Er lächelt. »Beim OKM für die Ausarbeitung des Kreuzer-Krieges. Ich habe mich zur U-Boot-Waffe gemeldet, um es zu verdienen.« Mir verschlägt es die Sprache. Da gibt einer seinen guten Posten auf, um U-Boot-Kommandant zu werden.

29. Oktober 1941. Mit großer Fahrt rauschen wir durch die wenig bewegte See. Kurs 130 Grad. Nur weg von dieser Küste. Die Luft ist immer noch eisig, aber im Boot ist es wieder warm. Die Lüfter laufen auf Hochtouren, um die feuchte Luft aus dem Boot zu saugen.

Beim Prüfungstauchen um die Mittagszeit hören wir in der Ferne mehrere Wabo-Detonationen. Lang rollt der Donner durchs Wasser. Am Nachmittag reicht mir Leibling einen entschlüsselten FT, der an ›Gruppe Reißwolf‹ gerichtet ist. »Bigalk, Schonder, Kentrat usw.: Reißt, ihr Wölfe! BdU.«

Das ist der Befehl zum Angriff. Heute nacht wird es an diesem Geleit also losgehen. Wir werden erst in ca. 48 Stunden auf dem Kurs des Geleites stehen, und der Kommandant ist fest entschlossen, noch mitzumischen.

30. Oktober 1941. Um Mitternacht gratulieren wir unserem II WO, dem Oberleutnant zur See Keller, zum Geburtstag. Ausgerechnet er ist heute mit der Mittelwache von 0.00 bis 4.00 Uhr dran, aber unser Gast, Korvettenkapitän Hoffmann, hat sich bereiterklärt, die Wache für ihn zu übernehmen. Meine Wache beginnt um 2.00 Uhr. So bekomme ich auch ein Glas Sekt ab, den Keller extra mitgenommen hat.

Wir steuern mit neuem Kurs 160 Grad an der Ostküste von Neufundland nach Süden. Um 1.00 Uhr setzt ein wahnsinniger Schneesturm ein. Die Männer auf der Brücke haben die Gläser von den Augen genommen. Sie können keine zwei Meter weit sehen. Wir jagen mit großer Fahrt blind durch die Nacht. Da der Funkverkehr sehr schwach ist, steige ich einige Male auf die Brücke. Es ist eine schaurige Nacht. Vor- und Achterschiff sind völlig der Sicht entzogen. Der Schnee treibt von hinten in die offene Brücke. Auch der Alte kommt öfters besorgt nach oben, aber er läßt mit großer Fahrt weiterlaufen. Wir müssen so schnell wie möglich nach Süden; raus aus dem verdammten Labradorstrom und ran an den Geleitzug.

Grau verhangen kommt der Morgen hoch. Das Schneetreiben hat etwas nachgelassen, und ich höre von oben, daß das Boot wieder zu übersehen ist. Schnell entere ich nach oben.

Das Oberdeck ist von dickem Eis überzogen. Die 10,5-Kanone, Netzabweiser und Turm sind durch eine Eisschicht verbunden. Der Wintergarten mit den Flak-Geschützen ist nicht wiederzuerkennen. Auch die 3,7 Flak auf dem Achterschiff ist unter dem Eis nur noch zu erraten. Der Kommandant entschließt sich zum Unterwassermarsch, um das Eis loszuwerden. Wieder hören wir unter Wasser die Detonationen der Wabos in der Ferne grollen. Sie gelten den Booten am Geleit Kentrat. Unglaublich, wie weit das zu hören ist. Oder gibt es noch ein Geleit südlich von uns?

Um 16.00 tauchen wir auf. Das Eis sind wir los und der Schneefall hat nachgelassen, aber die Sicht ist immer noch schlecht. Der Funkverkehr ist durch die Boote der ›Gruppe Reißwolf‹ stark angeschwollen. Wir haben im FT-Raum viel zu tun, um die fehlenden FTs im Wiederholungsprogramm hereinzuholen.

Um 22.00 Uhr FT vom BdU: »Mordbrenner ran!« Das ist der Befehl für uns. Die Diesel laufen zweimal große Fahrt. Mit fast achterlicher See jagen wir dem westgehenden Geleit entgegen. Kentrat gibt laufend Fühlungshalter-Meldungen. Wir stehen am weitesten entfernt; die anderen Boote unserer Gruppe sind näher dran.

31. Oktober 1941. Die See ist nur mäßig bewegt. Es ist nicht mehr so eisig auf der Brücke. Um 3.00 Uhr ein FT an uns. »Bleichrodt von BdU: Nicht auf Geleit Kentrat operieren. Aufstellung 8 sm vor Südspitze Neufundland.« Der Kommandant liest den Funkspruch, kneift die Lippen zusammen und geht zum Kartentisch in der Zentrale. Wortlos reicht er dem Obersteuermann den FT. Dann beugen sich beide über die Seekarte, rechnen Fahrt und Zeit zum befohlenen Standort aus und überprüfen die letzten Fühlungshaltermeldungen von Kentrat. Dann entscheidet der Kommandant: »Wir operieren weiter auf Geleit Kentrat!«

Unermüdlich hämmern die Diesel das Boot nach Süden. Der Alte rechnet damit, am 1. November gegen 4.00 Uhr auf das Geleit zu treffen. Binnen weniger Stunden wird es plötzlich warm. Wir ziehen die Pelze und das dicke Taucherunterzeug aus. Ein befreiendes Lächeln geht über alle Gesichter. Wir sind wieder im Golfstrom.

1. November 1941. Wieder kommt ein trüber Morgen herauf. Der Alte hat berechnet, daß wir um 4.00 Uhr auf 45 Grad 38 Minuten Nord und 47 Grad 49 Minuten West am Rande der großen Neufundlandbank stehen. Hier müßte der von Kentrat gemeldete Geleitzug vorbeikommen, aber er und die übrigen Boote haben die Fühlung verloren. Das ist ein schwerer Schlag, denn die mit hoher Fahrt durchlaufene Nacht ist vertan, wenn wir den Geleitzug nicht finden.

Im Morgengrauen werden von der Brücke zwei leichte Rauchfahnen im Osten gemeldet. Schnell kommen die Masten über die Kimm, und die Schiffe werden als Bewacher erkannt. Mit Höchstfahrt laufen wir nach Süden ab. Noch schützt uns der dunkle Horizont im Westen. Dann läßt der Kommandant in großen Schlägen wieder nach Norden über den vermeintlichen Kurs des Geleites aufkreuzen. Unermüdlich pressen die Männer auf der Brücke die Gläser in die Augenhöhlen und suchen den Horizont ab. Vergeblich. Kein Schiff weit und breit.

Keller steckt den Kopf in den Funkraum und grinst. »Habe ich nicht gesagt, wenn wir kommen, ist die See wie leer gefegt.« –»Abwarten«, sage ich. »Hier kommt bestimmt was vorbei.« – »Sie Optimist«, brummt Keller. Wir essen in aller Ruhe Mittag.

Um 14.45 Uhr ein Ruf von der Brücke. »Mastspitzen in Sicht!« Der Kommandant jagt die Leiter empor. Gleich darauf kommt der Befehl: »Zweimal große Fahrt voraus!« Bald erfahren wir, was sie oben sehen: einen Tanker und einen Passagierfrachter. Beides fette Brocken. Die Männer im Bugraum reiben sich die Hände. Vier Aale werden wir bestimmt verschießen, und dann werden die auf den Flurplatten liegenden Torpedos nachgeladen, und im Bugraum herrschen wieder geregelte Wohnverhältnisse. Die beiden Schiffe gehören bestimmt zu dem von Kentrat gemeldeten Geleit, das versprengt zu sein scheint.

Um 15.00 Uhr rasen die Alarmklingeln im Boot. Leibling starrt mich an. Das Turmluk ist noch nicht zu, als schon die vorderen Entlüftungen aufknallen. Steil neigt sich das Vorschiff nach unten. Etwas zu hart, denke ich und stemme die Füße gegen den Sender. Gurgelnd geht es abwärts. Ich habe ein unangenehmes Gefühl im Magen.

Die Lastigkeit nach vorn wird immer stärker. »Eins!« brüllt der LI. Verdammt, denke ich, so steil sind wir noch nie getaucht. »Entlüftung Eins von Hand ziehen!« schreit der LI jetzt in höchster Erregung ins Mikrofon. Aha, die Entlüftung klemmt. Immer stärker neigt sich der Bug nach unten.

Ich habe das Sprachrohr zum Turm geöffnet und höre die Stimme des Kommandanten, der am Sehrohr sitzt. »Verdammt! Der Kerl fliegt uns an mit Lage null. LI! Der Arsch ragt noch aus dem Wasser.« Gleich darauf schreit er zur Zentrale: »LI, warum kommt das Heck nicht unter Wasser? Runter damit, aber schnell!« Aus der Zentrale höre ich die Stimme des Leitenden: »Entlüftung Eins klemmt, Herr Kaleu. Soll ich anblasen?« – »Nein«, brüllt der Kommandant. »Turm wird geräumt. Alle Schotten dicht!« In den vorderen Räumen höre ich es poltern und klirren. Dann geht ein Zittern durch den ganzen Bootsleib. Ein sanfter Stoß. »Angekommen«, schreien die Lords im Bugraum. Das ist die Neufundlandbank. Der Bug geht nicht tiefer und das Heck ragt aus dem Wasser. Verdammter Zustand. Die Schotten vorn zum Bugraum und achtern zum Dieselraum fliegen dicht und werden verriegelt. Der Kommandant sitzt nun im Kugelschott zur Zentrale, das offen geblieben ist. »Kameraden, jetzt Ruhe bewahren. Gleich knallt's«, sagt er beschwörend. Er ist ganz ruhig.

Kalte Schauer rennen mir über den Rücken. Soll es uns hier erwischen, weil die verdammte Entlüftung klemmt? Sieht so das Ende aus? »Totalverlust durch Fliebos auf der Neufundlandbank«, heißt es dann später.

Ein Glück nur, daß es hier nur 50 Meter tief ist. Wenn nicht alle Räume absaufen, kann man vielleicht noch mit dem Tauchretter aussteigen. Das Boot kann ja nicht tiefer fallen. Ach, alles Quatsch. Im kalten Wasser hält es keiner lange durch.

Es ist totenstill im Boot. Die Sekunden schleichen dahin. Alle erwarten die tödlichen Detonationen, aber nichts passiert. Erstaunt heben die Männer die Köpfe. Keine Bomben? Es ist nicht faßbar. Und das Heck ragt immer noch aus dem Wasser.

Langsam erhebt sich der Kommandant, steigt die Leiter empor und öffnet das Zentraleluk. Dann ist er im Turm, und ich höre durch mein Sprachrohr, wie er auf seinem Sitz am Sehrohr herumfährt.

Endlich höre ich ihn brummen: »Maschine im Abflug. Seltsam. Schottendichtzustand aufgehoben. Bringen Sie endlich das Heck unter Wasser, LI.« Obermaschinist Winter macht mühselig eine Bergbesteigung nach achtern. Nach einer Weile knallt es endlich im Heck. Die

Entlüftung Eins ist aufgesprungen. Gurgelnd sinkt das Heck ab. Erleichtert fühlen wir, wie das Boot wieder in die Waagrechte kommt. Dann setzt der Kiel auf dem Grund auf. Die E-Maschinen summen los. Das Boot zittert, bockt und stößt. Wir rutschen über den Grund. Ein Glück, daß hier keine Felsen liegen. Es scheint nur weicher Sand zu sein. »Vordere Tiefenruder aufkommen«, höre ich den LI zischen. Wir rutschen weiter über den Grund. »Aufkommen, aufkommen, habe ich gesagt!« In die Stille sagt Otto Peters in ironischem Tonfall: »Die Untertriebszellen sind noch nicht ausgeblasen, Herr Oberleutnant!« Ich kann den LI nicht sehen, aber ich kann mir sein erregtes Gesicht vorstellen, und ich muß an die Worte des BdU nach der ersten Fahrt denken: »Na, Weber, Sie sind auch immer dabei, wenn Mist gemacht wird.« Verbissen gibt der LI jetzt den Befehl zum Ausblasen der Untertriebszellen. Endlich hebt sich das Boot vom Grund und liegt ruhig. Erleichtertes Aufatmen überall.

Järschel, der Koch, war während des Alarmtauchens im Heckraum, um einen gewissen Ort aufzusuchen. Er hat den eisernen Entlüftungsknüppel mitgebracht und sagt, daß drei Mann vergeblich versucht haben, die Entlüftung Eins von Hand zu ziehen. Der vollkommen verbogene Eisenknüppel ist der beste Beweis für Järschels Stärke.

Der Zorn des Kommandanten verraucht, als er Järschels muskulöse Arme und den verbogenen Knüppel sieht. Dann sagt er ruhig: »LI, klären Sie, aus welchem Grunde die Entlüftung klemmen konnte. Vereisung gibt es hier nicht mehr.« Es liegt ein gefährlicher Ton in seiner Stimme. Der I WO nickt ernst. »Das hätte uns das Leben kosten können.« Das Boot wird aufgeräumt. Die Entlüftungen werden ständig geöffnet und wieder geschlossen. Der LI ist stark beunruhigt, daß kein Fehler zu finden ist, denn ein nicht konstanter Fehler ist gefährlich.

Um 15.48 Uhr steuern wir die Oberfläche an. Im GHG ist nichts zu hören, aber das hat hier nichts zu sagen. Die Horchverhältnisse sind hier wegen der verschiedenen Wasserschichtungen sehr schlecht. Der Alte macht einen Rundblick mit dem Fliegersehrohr. Dann gibt er den Befehl zum Auftauchen. Rauschend empfängt uns die Oberfläche. Die Diesel werden angeworfen, und während das Boot schon Fahrt aufnimmt, wird mit Dieseln weiter ausgeblasen. Weiter geht die Jagd mit großer Fahrt den beiden Schiffen nach. Der Generalkurs ist uns bekannt.

Gegen 16.40 Uhr werden Rauchfahnen achteraus gemeldet. Was trotz unserer hohen Fahrtstufe von achtern aufkommt, kann nur ein Zerstörer sein. Der Kommandant erhöht die Fahrt und bleibt über Wasser, aber das Schiff hinter uns kommt langsam über die Kimm. Einige Minuten später müssen wir tauchen. Wieder knallen die Entlüftungen auf. Das Vorschiff neigt sich. Ich bin mit Ferdinand im Horchraum. »Bin ja mal gespannt, wie das Spiel weiter geht«, sagt er sarkastisch, aber die Entlüftung Eins geht mühelos auf.

Maureschat kommt am Horchraum vorbei. »Was war los, Ede?« frage ich. Er runzelt die Stirn. »Vierschornstein-Zerstörer. Der Hund kam ziemlich weit raus«, sagt er verdrossen. Nach kurzer Zeit läßt der Alte wieder anblasen. Er hat es eilig, aber um 17.01 Uhr rasen erneut die Alarmklingeln. Wir müssen abermals vor einem Zerstörer in den Keller gehen.

Lange hält der Kommandant es nicht unter Wasser aus. Noch ist der Zerstörer nicht ganz hinter dem Horizont verschwunden, da läßt er wieder auftauchen. Weiter geht die Jagd nach Westen auf der Suche nach den beiden fetten Brocken. Noch könnten wir sie erreichen, doch sobald sie die Cabotstraße erreicht haben, besteht keine Chance mehr, uns vorzusetzen.

Nach zweistündiger Jagd sind wieder Mastspitzen in Sicht. Um 20.50 Uhr plötzlich ein Zerstörer mit Lage Null genau von vorn, und mit Alarm geht es wieder in den Keller. Der Zerstörer scheint uns bemerkt zu haben. Trotz der schlechten Horchverhältnisse hören wir bald das Zwitschern seiner Schrauben. Er kommt schnell näher und fegt hin und her, ohne uns zu überlaufen. Dann liegt er eine Weile gestoppt. Wir machen Schleichfahrt. Das alte Scheißspiel. Er geht wieder mit der Fahrt an, und der Alte läßt auch höhere Fahrtstufe laufen. Das geht so einige Male; er scheint aber nichts zu hören, denn er läuft plötzlich ab, was aber auch ein Trick sein kann. Noch lange hören wir seine Schrauben. Gegen 22.00 Uhr gibt der Kommandant Befehl zum Auftauchen.

Die Suche nach den beiden Schiffen können wir jetzt aufgeben. Vom Geleit Kentrat wird nichts mehr gemeldet; es scheint sich vor der Neufundlandbank vollkommen aufgelöst zu haben. Im Funkraum sind wir bemüht, alle durch das Tauchen verlorenen FTs wieder hereinzuholen. Im Nord- und Mittelatlantik ist je ein fetter Geleitzug gemeldet. Die Südboote, die sich auf dem Rückmarsch befinden, sollen noch einmal angreifen.

600 sm westlich von Island wurde am 31. 10. der US-Zerstörer *Reuben James* von einem Nazi-U-Boot torpediert, heißt es im amerikanischen Rundfunk. 115 Mann fanden dabei den Tod. 45 Mann konnten von anderen Sicherungsfahrzeugen gerettet werden. Auch dieser Zer-

störer fuhr Sicherung an einem für England bestimmten Geleit. Wollten wir dem Befehl Hitlers nachkommen, könnten wir schon einpacken

2. November 1941. Grau wie alle vorherigen Tage kommt der Sonntag herauf. Wir kreuzen vor der Cabotstraße. Der Alte rechnet mit Nachzüglern aus dem aufgelösten Geleitzug, aber der Horizont bleibt wie leergefegt. In Kernevel scheinen sie auch gemerkt zu haben, daß hier nichts mehr los ist. Am Nachmittag kommt ein FT für uns. »An Bleichrodt: Freies Manöver. BdU.«

Das ist so ganz nach unserem Herzen. Endlich kann der Alte tun und lassen, was er will, und daß er es richtig macht, davon sind wir alle überzeugt. Zuerst setzen wir uns zur Dieselreparatur nach Süden ab. Runter von der Neufundlandbank, wo wir keine richtige Tauchtiefe haben. Nach kurzer Fahrt wird es fast unerträglich warm im Boot. Wir müssen die Heizung abstellen. Die Wassertemperatur beträgt auf einmal 22 Grad Celsius. Das tut gut. Jetzt sind wir erst richtig im Golfstrom. Die Stimmung verbessert sich sofort. Ich höre wieder Witze und Lachen aus dem Bugraum, obwohl die Aale noch auf den Flurplatten liegen. Es ist einfach herrlich. Wir sitzen in buntkarierten Hemden mit aufgekrempelten Ärmeln an der Back und genießen unser Sonntagsessen. »Hier laßt uns Hütten bauen«, ruft Seidel, als er von der Brücke kommt.

Am Nachmittag meldet Oberleutnant zur See Wißmann, daß die See wieder gröber wird. Ich entere auf den Turm, um noch eine Pfeife zu rauchen. Die See hat schon viele weiße Schaumkämme. Korvettenkapitän Hoffmann ist auch auf der Brücke und betrachtet kritisch den Himmel im Nordwesten. »Ich glaube, das wird einen schönen Sturm geben«, sagt er zum I WO. Es brist zusehends auf, aber noch bleibt die Brücke trocken, denn wir haben achterliche See. Gegen Abend ist der Sturm in voller Stärke da. Kein Waffeneinsatz mehr, heißt es im Kriegstagebuch. Sturm Stärke 10.

Wir gehen unter Wasser, damit Obermaschinist Schewe seine Dieselreparatur in Ruhe durchführen kann.

3. November 1941. Die ganze Nacht unter Wasser marschiert und erst am Vormittag aufgetaucht. Der Sturm hält an. Riesige Wasserberge rollen von Westen heran. Wir machen nur kleine Fahrt. Da die Brücke aber ziemlich trocken ist, steige ich nach oben. Obersteuermann Petersen hat die Wache. Berthold Seidel stößt mich an und raunt mir ins Ohr: »Bruno hat heut Geburtstag.« Der dritte Geburtstag auf dieser Fahrt. Ich gratuliere lachend.

Neuschottland liegt hinter uns. Wir stehen querab New York im

Golfstrom. Der Alte will noch weiter nach Süden. Er kennt die alten Dampferrouten.

4. November 1941. Die See hat sich etwas beruhigt, aber immer noch rollt eine gewaltige Dünung von Westen, und der warme Wind bringt Regenschauer mit. Am Nachmittag ein FT an uns. »An Bleichrodt von BdU. Funkspruch Offizier.« Wir nehmen die erste Entschlüsselung vor und geben dann die Schlüsselmaschine mit dem vorentschlüsselten FT an Keller, der als Nachrichtenoffizier mit einer neuen Einstellung der Maschine den Klartext erstellen soll. Nach einiger Zeit kommt er zu mir und bittet mich, ihm zu helfen, denn er bekommt nichts raus. »Aber Schnauze halten, klar?« – »Selbstverständlich, Herr Oberleutnant!«

Der FT befiehlt uns zu einer Sonderaufgabe. Wir sollen am 10. November 1941 im Seegebiet östlich von Bermuda stehen und dort den norwegischen Frachter *Silvaplana* treffen. Die *Silvaplana* wurde bei den Marshall-Inseln von dem Hilfskreuzer *Atlantis* aufgebracht und mit 15 Mann Prisenbesatzung nach Hause entlassen. Die gesamte norwegische Besatzung befindet sich noch an Bord. Wir sollen das Schiff nach Bordeaux geleiten. Donnerwetter, denke ich. Keine Versenkung von Frachtraum mehr auf dieser Reise. Hauptsache, wir bringen dieses Schiff heil nach Hause. Dafür wird ein kampfkräftiges U-Boot abgestellt. Muß doch sehr wichtig sein, dieses Schiff.

5. November 1941. Wir laufen zunächst mit Kurs 80 Grad. Nur die Offiziere und der Obersteuermann wissen, was anliegt. Meine Funker wissen es natürlich auch, aber ich kann mich auf sie verlassen.

Eduard Maureschat kann seine Neugier kaum zügeln. Immer wieder versucht er mit geschickten Fragen, etwas von mir zu erfahren. – Selbst Otto Peters muß schon lachen. »Mensch, Ede, warte doch ab. Hauptsache, wir fahren nicht wieder nach Norden. Von der kalten Jegend habe ick die Schnauze voll.«

6. November 1941. Leichte Dünung von achtern. Fast taghelle Nacht. Ein warmer Wind weht von Nordwest. Eintönig hämmern die Diesel. Wir sind wieder im alten Trott. Am Tage knallt die lang entbehrte Sonne vom blauen Himmel. Nur vereinzelt sind Wolken zu sehen. Von der Freiwache sind immer mehrere Männer auf dem Wintergarten. Der Alte hat ihnen Sonne verordnet. Es ist herrlich warm, und vor Flugzeugen sind wir hier ziemlich sicher. Das Boot wiegt angenehm in der langen Dünung. O Atlantik – wie kannst du schön sein.

Auch ich genieße so lange wie möglich die Sonne auf dem Wintergarten. Dabei erfahre ich von Maschinenmaat Vetter, daß Obermaschinist Schewe am 29. Oktober auch Geburtstag hatte. »Mein Gott, Walter«, sage ich, »wenn wir an Land gewesen wären, hätten wir bestimmt jetzt eine Alkoholvergiftung. So viele Geburtstage hintereinander hält doch keiner aus.«

Das schöne Wetter lockt auch den Torpedomixer Werner Borchardt aus dem vordersten Winkel seiner Torpedorohre nach oben. »Verdammtes Höhlenleben«, brummt er und sieht mich an. »Ick habe die starke Befürchtung, daß wir unsere Aale wieder mit nach Hause bringen. Oder hast du die leiseste Ahnung, wo wir sie noch loswerden können?« Ich muß lachen. »Du willst mir auf den Zahn fühlen. Warte noch vier Tage. Dann wirst du klarer sehen.«

7. November 1941. Vorbei mit dem schönen Wetter. Der Himmel hat sich bezogen. Schwere Regenschauer kommen von Westen. Die Männer auf der Brücke stehen im Ölzeug und dampfen aus allen Knopflöchern. Es herrscht nur schwacher Wind, und trotzdem kommt eine schwere Dünung auf. Der Obersteuermann nimmt an, daß die Dünung von einem Sturmtief kommt, das nördlich von uns nach Osten jagt.

Heute hat der Kommandant der Besatzung über Lautsprecher unsere Sonderaufgabe bekannt gegeben. Die Männer wissen nun, daß wir die *Silvaplana* auf einem bestimmten Punkt im Atlantik treffen sollen, um sie dann auf dem ›Weg Anton‹, einem international vereinbarten Weg für neutrale Schiffe, vor allen Angriffen aus der Luft und zu Wasser zu beschützen.

Otto Peters kratzt sich am Kopf. »Haste dat gehört. Vor allen Angriffen aus der Luft. Wir sind doch keen Flak-Kreuzer.« Korvettenkapitän Hoffmann, der gerade vorbeikommt, muß lachen. »Ja«, sagt er, »diese Formulierung stammt bestimmt von der Seekriegsleitung.«

8. November 1941. Es brist auf. Die schweren Regenschauer kommen jetzt in kurzen Abständen. Sie hüllen das Boot oft wie in Dunst ein. Die Sicht ist denkbar schlecht. Dazu eine lange, schwere Dünung. Kein Schiff weit und breit. Der Atlantik scheint wieder wie ausgestorben. Aber diesmal ist es gut für uns. Wir haben Schießverbot, und der Hilferuf eines torpedierten Dampfers in unserer Gegend könnte die ganze Aktion gefährden.

Am Abend haben wir Windstärke sieben. Auf den Funkwellen herrscht Flaute. Ich bin gespannt, ob wir die *Silvaplana* auf dem genannten Punkt treffen werden. Keiner weiß, ob die Prisenbesatzung nicht von den Norwegern wieder überwältigt worden ist, oder ob der Dampfer vielleicht von feindlichen Kriegsschiffen aufgebracht wurde.

9. November 1941. Wieder ist es Sonntag. Das Tief ist nach Osten abgezogen. Herrliche Sonne am fast wolkenlosen Himmel. Der Wind ist warm. Eine schwere Dünung schiebt uns vor sich her; das erspart Brennstoff. Ich sitze mit einem Teil der Freiwache auf dem Wintergarten. Heute vor einem Jahr machten wir unsere erste Probefahrt mit diesem Boot weserabwärts. Das Boot wurde noch von der Werft gefahren. Damals spürten wir zum erstenmal die starken Diesel unter uns rumoren. Heute ist uns das Dieselgeräusch ein liebgewordenes, vertrautes Lied.

Keller sitzt rauchend neben mir. »Es ist Ihnen doch wohl klar, warum ausgerechnet wir diese Aufgabe bekommen haben?« sagt er zu mir. Er lächelt hintergründig, als ich den Kopf schüttle. »Nun«, sagt er, »dem BdU ist auch schon aufgegangen, daß U 109 das einzige Boot ist, das diesen Ozean überqueren kann, ohne ein anderes Schiff zu treffen.« – »Na ja«, sage ich, »wenn wir das Schiff nur treffen. Wir haben starke Besteckversetzung.« Keller nickt. »Sehen Sie sich nur diese Wellenberge an. Sie sind etwa sechs bis acht Meter hoch und 200 Meter lang, und wir sitzen hier im Trockenen.« Er hat es kaum gesagt, da läuft eine Welle von achtern in den Wintergarten, und wir haben nasse Füße.

10. November 1941. Strahlende Sonne, aber immer noch mächtige See von achtern. Heute um 12.00 Uhr sollen wir die *Silvaplana* treffen. Der Kommandant gibt es über Lautsprecher im Boot bekannt. Die Techniker bezweifeln, daß wir das Schiff jemals finden werden. Der Obersteuermann hat noch einmal alles genau überprüft. Bei dem klaren Wetter müßte auch das Schiff einen genauen Standort errechnen können. Fraglich ist nur, ob es überhaupt noch existiert.

Unaufhörlich suchen die Gläser den Horizont ab. Um 11.45 Uhr haben sie oben Mastspitzen in Sicht. Um 11.50 Uhr rasen die Alarmklingeln durchs Boot. Die Entlüftungen knallen auf, und das Vorschiff neigt sich steil. Noch einige Male rollt die See über uns hinweg, dann ist es still. »Boot bleibt auf Sehrohrtiefe«, höre ich die Stimme des Kommandanten. Der LI wird wieder Blut und Wasser schwitzen, um bei der schweren See das Boot auf Sehrohrtiefe zu halten. Von der Brückenwache erfahre ich, daß es sich um ein Schiff ohne Rauchfahne handelt. Die Mastspitzen kamen ziemlich schnell über den Horizont. Doch nicht etwa ein Zerstörer, denke ich; dann wäre der Treffpunkt verraten.

Trotz der geringen Tiefe sind die Schraubengeräusche bald im GHG auszumachen. Ferdinand sieht mich an. »Das ist kein Zerstörer. Einwandfrei Dampfer.« Ich nicke. »Kommt aber schnell auf.« Wir melden unsere Beobachtungen an den Turm. Kurz darauf kommt von dort der Befehl: »Auf Gefechtsstationen!«

Der Kommandant fährt ab und zu vorsichtig das Sehrohr aus. Aus der Zentrale höre ich, wie der LI die Tiefenrudergänger anzischt. Er hat es nicht leicht, aber es gelingt ihm, das Boot auf Sehrohrtiefe zu halten. Wieder höre ich den Sehrohrmotor brummen. Noch scheint es dem Alten nicht klar zu sein, ob es sich um unser Schiff handelt. Und wenn es nun nicht die *Silvaplana* ist? Ich glaube, der Alte ist entschlossen das Schiff abzutakeln.

Jetzt sagt er zum I WO: »Gleich zeigt er seine ganze Breitseite. Aufbauten stimmen. Pfahlmasten, Kanone am Heck, Ladeluken, alles wie angegeben, die Wäsche auf dem Vorschiff. Das muß er sein. An LI: Klarmachen zum Auftauchen. Es bleibt aber alles auf Gefechtsstationen.« Der LI steuert erleichtert die Oberfläche an. Das Sehrohr wird eingefahren, und dann kommt der Befehl: »Anblasen!« Rauschend empfängt uns die See. Die Diesel werden sofort angeworfen. Es muß schnell geblasen werden, damit der Turm nicht unter den Brechern begraben wird. Der Alte öffnet das Turmluk und steigt mit dem I WO auf die Brücke. Einige Augenblicke vergehen in höchster Spannung. Ist er es nun? Oder wird es gleich Alarm geben?

Ein Mann mit Winkflaggen wird auf den Turm gerufen. Es dauert nicht lange, da klickt es in den Lautsprechern: »Wegtreten von Gefechtsstationen. Brückenwache aufziehen. *Silvaplana* an Backbord querab.« Es hat also geklappt. Kapitän zur See Rogge schickt ein Schiff aus der Südsee Tausende von Seemeilen über den Ozean auf einen bestimmten Punkt im Atlantik, und es trifft zur vereinbarten Zeit ein. Das Prisenkommando und die Navigation steigen mächtig in unserer Achtung.

Neuer Kurs 64 Grad, Fahrt 10 sm. Die Freiwache darf auf die Brücke und sich das Schiff ansehen. Ich war gleich am Anfang oben und habe die *Silvaplana* noch in ihrer ganzen Breitseite gesehen. Ein schöner, moderner Frachter von 4800 BRT. Winksprüche fliegen hin und her; der Prisenoffizier läßt alles Wissenswerte herüberwinken.

Ladung *Silvaplana:* 2000 t Rohgummi, 5000 t Sago, Kaffee und Tee. Außer der norwegischen Besatzung 15 Mann Prisenbesatzung vom Hilfskreuzer *Atlantis* an Bord. Der Kommandant läßt anfragen, wie lange die Männer da drüben schon in See sind. »Zwei Jahre«, lautet die Antwort. Da werden wir ganz klein. Unendlich käme uns diese Zeit auf See vor. Und von den Männern auf den Hilfskreuzern wird nie gesprochen. Allerdings leben sie auf ihren Schiffen unter anderen Bedingungen als wir.

Auf die Frage des Kommandanten, wie sich die Norweger verhalten, kommt die Antwort: »Norwegische Besatzung ruhig. Sind froh, wieder in die Heimat zu kommen.« Vom BdU erhalten wir einen FT: »Vier Condor-Maschinen klären vor Spaniens Küste für Bleichrodt auf.« Man will uns vor Überraschungen aus Gibraltar warnen.

11. November 1941. Weiter Kurs 64 Grad. Immer noch schwere Dünung von achtern. Die *Silvaplana* folgt ca. 800 Meter in unserem Kielwasser. Durch Winkspruch wird folgendes vereinbart: Beim Auftauchen eines feindlichen Kriegsschiffes wird U 109 wegtauchen und die *Silvaplana* soll durch geschicktes Manöver das feindliche Schiff über unsere Tauchstelle ziehen, damit wir zum Schuß kommen.

Wir hoffen, daß dieser Fall nicht eintritt, denn wie die Ausführung in der Praxis aussehen würde, können wir uns alle vorstellen. Den weiten Weg von der Südsee hat die *Silvaplana* unangefochten zurückgelegt. Es wäre schade, wenn das schöne Schiff mit der wertvollen Ladung kurz vor Frankreichs Küste verlorenginge. Der Prisenoffizier, der jetzige Kapitän des Schiffes, muß ein alter Fahrensmann sein. Er läßt herüberwinken, daß er im Ersten Weltkrieg auch auf einem U-Boot gefahren ist. Da wir gegen Mittag sowieso unser Prüfungstauchen machen wollen, fordert der Kommandant ihn auf, unser Alarmtauchen zu beobachten und die Zeit zu stoppen. Der Kommandant wird eine Winkflagge hochhalten, und wenn er sie niederschlägt, wird der Alarm ausgelöst. Von drüben kommt: »Verstanden.«

Um 12.00 Uhr ist es soweit. Natürlich schummeln wir ein wenig. Alle Stationen sind unterrichtet, die Zuluftmasten werden zugedreht, und alles steht auf Alarmstation. Der Alte läßt einen Mann der Wache vorzeitig einsteigen. Es sind mit ihm nur noch vier Mann sprungbereit auf dem Turm. Auf der Brücke des Dampfers sind alle Gläser auf uns gerichtet. Der Alte hebt den Arm, schreit Alarm und läßt die Flagge niedersausen. Die Entlüftungen knallen auf und die Wache springt in den Turm. Kaum schafft es der Kommandant, das Turmluk zuzudrehen, da rauscht schon die See über uns zusammen. Steil geht die Fahrt abwärts. Donnerwetter, denke ich, jetzt haben wir alle Schnelltauchrekorde unterboten, aber dann höre ich die aufgeregte Stimme des LI in der Zentrale: »Aufkommen, aufkommen vorne. Untertriebszellen ausblasen, ausblasen habe ich gesagt.« Ich habe das ungute Gefühl, daß irgend etwas nicht stimmt, und als ich mich in den Horchraum begebe, sehe ich, wie steil das Vorschiff nach unten zeigt. Hümpel hat sich gegen das GHG gestemmt. »Verdammt steile Fahrt«, knurrt er, »meinen Sie nicht auch?« Ich kann nur nicken, denn ich muß mich selbst festhalten und finde dieses Tauchmanöver doch etwas übertrieben. »Ausblasen!«

schreit Weber jetzt. Durch das Zentraleluk sehe ich, wie zwei Mann vergeblich an dem großen Ventilrad zum Ausblasen der Untertriebszellen reißen. Dann höre ich Otto Peters rufen: »Ventil klemmt!« Der LI schreit: »Ventilreißer nehmen!« Das ist eine Kralle, mit der man in die Speichen des Rades faßt und die einen langen Hebelarm hat, an dem mehrere Männer zugleich reißen können. »Ventilreißer ist hinter die Karoffelkiste gefallen«, schreit einer. Verdammt, jetzt wird's gefährlich, denn von dort kriegen sie das Ding so schnell nicht raus. 60 Meter gehen durch, und die im Innern des Bootes gelegenen Zellen sollen bei 30 bis 40 Meter ausgeblasen werden, weil sie sonst nach innen platzen könnten. Mit 10 Tonnen Untertrieb gehen wir wie ein Stein auf Tiefe.

»Herr Kaleu, kann Boot nicht halten. Wir müssen anblasen«, schreit Weber jetzt. »Dann blasen Sie«, sagt der Alte resigniert. Otto Peters steht schon an seinem ›Tannenbaum‹ bereit. Auf einen Blick des LI läßt er die Preßluft in die Zellen strömen. Die steile Fahrt in die Tiefe wird gebremst. Bei 100 Meter geht es wieder aufwärts. Nur die verdammte Vorderlastigkeit bleibt und ist nicht zu beheben. Ich habe das Horchgerät eingeschaltet, um zu hören, wo der Dampfer ist. Zugleich ertönt die Stimme des Alten: »Weber, jetzt fehlt nur noch, daß Sie den Dampfer von unten rammen.« Verdammter Mist, unser Aufwärtstrend ist nicht mehr aufzuhalten. Wir kennen das ja von Kap Farewell.

Endlich habe ich die Schrauben der *Silvaplana* im GHG. »Dampfer ist nach Steuerbord ausgewichen!« schreie ich zur Zentrale. Einige Augenblicke später hören wir das Rauschen der See an der Bordwand und tauchen mit dem Heck voran auf. Das haben wir noch nie fertig gebracht ... Der Alte öffnet das Turmluk und steigt auf die Brücke. Dann kommt der Befehl: »Brückenwache aufziehen!« Er verzichtet also auf ein neues Tauchmanöver.

»Anruf vom Dampfer«, meldet der achtere Ausguck. »Ach, sehen Sie doch nicht hin«, sagt der Alte verdrossen. Nach einer Weile wieder der achtere Ausguck: »Er ruft aber unentwegt. Kann ja wichtig sein.« – »Nun gut«, brummt der Alte. »Fragen Sie, was er will.« Ich bin im Turm und höre jedes Wort.

»Das war aber ein schneidiges Tauchen. Habe 25 Sekunden gestoppt. Frage: Wird jetzt immer mit dem Heck zuerst aufgetaucht?« Der Alte winkt ab. »Geben Sie rüber: Nur aus Spaß. Nein, stop. Geben Sie: Das ist eine neue Erfindung meines LIs. So rauf wie runter.« Der ist aber wütend auf den LI, denke ich und habe wieder die Stimme des BdU im Ohr: »Na, Weber, Sie sind auch überall dabei, wo Mist gemacht wird.«

Am Nachmittag ein FT vom BdU: »Luftaufklärung meldet: Unbekanntes U-Boot auf Einlaufkurs Bleichrodt.« Der Alte runzelt die Stirn. »Verdammt, das muß ein Brite sein«, knurrt er, »denn in Kernevel werden sie doch wissen, wo unsere eigenen Boote stehen.« – »Ja«, sage ich, »das ist anzunehmen. Aber auch ein eigenes Boot könnte uns doch den Dampfer abschießen. Er wird doch in keinem FT erwähnt. Alle FTs sprechen nur von Bleichrodt.« Der Kommandant sieht mich einen Augenblick nachdenklich an. Dann nickt er. »Dagegen sind wir vollkommen machtlos. Aber wir kommen ja auf dem Weg Anton. Da darf eigentlich keiner schießen. Internationale Abmachung.« Dann geht er mit besorgtem Gesicht in die Zentrale zum Kartentisch und ist wohl selbst nicht davon überzeugt, daß keiner auf Weg Anton schießt.

12. November 1941. Der Himmel ist bedeckt. Weiterhin schwere Dünung von achtern. Große Brennstoffersparnis. Wir könnten jetzt mit großer Fahrt nach Hause laufen. Aber das Schiff hinter uns könnte dabei nicht mithalten.

Keine Rauchfahne, keine Mastspitze. Anscheinend sind wir allein auf weiter See mit der *Silvaplana.* Tagsüber marschiert das Schiff 800 bis 1000 Meter hinter uns. Nachts folgen wir in seinem Kielwasser. Wir müssen auch immer damit rechnen, daß die Prisenbesatzung von den Norwegern überwältigt werden kann. Dann müssen wir das Schiff abschießen. Kein schöner Gedanke, aber die Männer drüben wissen es.

Wir können wieder deutschen Rundfunk auf Mittelwelle hören. Gestern wurde in den Nachrichten gesagt, daß der norwegische Frachter *Silvaplana* versenkt wurde. Das ist sicher ein Trick von Dönitz. Am Nachmittag erhalten wir ein FT vom BdU: »Bleichrodt heute 15.00 Uhr in Quadrat BE 95–96 von eigener Luftaufklärung gesichtet worden.« Dem Kommandanten verschlägt es die Sprache, als ich ihm den FT vorlege. Erst schluckt er, dann fragt er zum Offiziersraum hin: »Wer hatte um 15.00 Uhr Wache?« – »Der III WO«, lautet die Antwort. Obersteuermann Petersen wird zum Kommandanten befohlen. Der Alte gibt ihm wortlos den FT. Bruno Petersen liest und zuckt die Achseln. »Was haben Sie dazu zu sagen?« fragt der Alte. Der Obersteuermann legt den FT auf den Tisch des Kommandanten und sagt: »Wer weiß, was die gesehen haben. Wir haben kein Flugzeug bemerkt.« Jetzt wird der Alte scharf. »Ja, das ist es ja eben. Eine Schweinerei, Petersen. Die werden doch nichts melden, wenn sie nichts gesehen haben.« Wütend nimmt der Alte seine Mütze und geht auf die Brücke. Von oben hören wir, daß er mit Winkspruch bei der *Silvaplana* anfragt, ob sie heute gegen 15.00 Uhr ein Flugzeug gesichtet haben.

Der sonst immer ruhige Bruno Petersen ist auch schwer in Fahrt gekommen. Er läßt sich von mir noch einmal den FT geben und steigt durch das Kugelschott in die Zentrale. Dort sehe ich ihn dann über den Kartentisch gebeugt stehen. Es dauert nicht lange, da kommt der Alte wieder von oben. Die Männer von der *Silvaplana* haben auch kein Flugzeug gesehen. »Der von der Condor gemeldete Standort liegt 300 sm voraus, Herr Kaleu«, höre ich den Obersteuermann jetzt ruhig sagen. »Vor uns muß noch ein anderes Schiff marschieren.« – »Hm«, sagt der Alte. »Das könnte die Lösung sein.«

13. November 1941. Kurs jetzt 90 Grad auf Nordküste von Spanien. Weiterhin schwere Dünung von achtern. Standort um 0.00 Uhr war: 45 Grad Nord und 26 Grad West. Die Sicht ist ausgezeichnet. Diesmal regt sich der Alte nicht auf, als am Nachmittag wieder durch FT gemeldet wird, daß wir gesichtet worden sind. Jetzt wissen wir, daß es sich um eine Verwechslung handeln muß. Der Abstand zu unserem heutigen Standort ist der gleiche, 300 sm. Vor uns marschiert ein anderer Heimkehrer, der vielleicht noch weiter im Süden vermutet wird. Die Männer im Flugzeug werden glauben, daß sie das begleitende U-Boot nicht sehen, weil es jedesmal rechtzeitig wegtaucht. »Luftaufklärung für Bleichrodt morgen nur noch bis 15 Grad West«, heißt es weiter in dem FT. Das ist natürlich schlecht. Dadurch gehen uns die 300 sm Aufklärung bis zu dem vorderen Schiff verloren. Dieser Irrtum kann für uns tragisch werden. So entschließt sich der Kommandant trotz der befohlenen Funkstille zu einem Kurzsignal, obwohl ich ihm sage, daß die Briten auch diese Signale schon einpeilen können.

Ausgerechnet dieses Kurzsignal wird aber von der Leitstelle nicht gehört, obwohl wir es in der Nacht abgesetzt haben. Auf einen weiteren Versuch verzichtet der Kommandant.

Ein FT von Kernevel macht uns stutzig. »Italienische Flieger haben vor Marokko einen starken Flottenverband, bestehend aus Schlachtschiffen, einem Flugzeugträger, Kreuzern und Zerstörern gemeldet.« Was soll dieser FT für die Atlantikboote? Das ist doch Mittelmeer …

14. November 1941. Die See hat sich etwas beruhigt. Ein tropischer Regen rauscht von oben. Die Sicht ist denkbar schlecht, was vielleicht gut für uns ist. Unangefochten kommen wir der spanischen Küste Meile um Meile näher. Morgen müßten wir schon nördlich von El Ferrol stehen. Sobald Kap Ortegal gesichtet wird, dürfte der gefährlichste Teil der Reise hinter uns liegen, aber heute und morgen kreuzen wir die Route England-Gibraltar.

Heute nacht habe ich wegen starker atmosphärischer Störungen einen sehr schnell abgegebenen FT von Reschke leider nur verstümmelt aufnehmen können. Demnach hat U 205 im Mittelmeer Treffer auf dem Flugzeugträger *Arc Royal* und einem Schlachtschiff sowie auf einem Zerstörer erzielt. Jetzt wird uns auch der gestrige FT des BdU auf Atlantikwellen klar. Es müssen einige Boote neu ins Mittelmeer eingedrungen sein, die gestern noch auf der Atlantikschaltung standen. Ansonsten ist der Funkverkehr zwischen Atlantik und Mittelmeer getrennt. Ich weiß nur von meinen Besuchen in Kernevel, daß unsere Kameraden von der Ausbildung in der Ostsee, U 75, Ringelmann, und U 79, Kaufmann, jetzt vor Tobruk operieren.

15. November 1941. Es brist wieder auf. Der Wind dreht von Nordwest auf Süd. Trotzdem lange Dünung noch immer von Nordwest. Bei Morgengrauen Winkspruch von der *Silvaplana:* »Rauchwolke in 350°.« Der Kommandant eilt auf die Brücke und gibt Anweisung, nach Norden auszuweichen. Sie haben auf der *Silvaplana* einen höheren Ausguck; von unserer Brücke war die Rauchwolke noch nicht zu sehen. Das Ausweichmanöver gelingt.

Am Nachmittag fängt es plötzlich stark aus Südosten an zu wehen. Der Wind wird in kurzer Zeit zum Sturm. Jetzt beginnt ein seltsames Schauspiel auf der See. Zuerst noch lange Dünung aus Nordwest. Dann fängt die See an zu schwabbeln. Eine neue Dünung bildet sich in kurzen Seen aus Süden. Sonderbar, daß der Sturm beinahe von Land kommt. Er hält nicht lange an, aber er hat schwarze Wolken herangebracht. Wieder prasseln tropische Regengüsse auf uns nieder. Die Sicht wird immer schlechter, Regenschleier wehen über die See.

Und dann plötzlich ein Schatten Backbord voraus. Ein Segler auf Gegenkurs. Diesmal haben unsere Männer ihn zuerst gesehen. Ganz plötzlich war er da, in dem fast undurchsichtigen Regendunst, aber diesmal läßt der Kommandant den Kurs nicht ändern. Wie ein Schemen zieht der Segler auf ca. 300 Meter Entfernung im Regendunst vorbei. Kein Mensch ist an Oberdeck zu sehen. Keine Nationalität zu erkennen. Ein sonderbares Schiff. Sollte es eine U-Boot-Falle sein? Oder ein deutsches Wetterschiff als Tramp getarnt? Sicher haben sie uns gar nicht bemerkt, aber den hinter uns marschierenden Dampfer mußten sie gesehen haben. Scheinbar verläßt uns unser Ruf, ungesehen über den Atlantik zu kommen. Wir befinden uns jetzt auf der gefährlichsten Strecke der Begleitfahrt.

Die Dunkelheit bricht früh herein. Ich lasse mir in der Zentrale vom Obersteuermann zeigen, wo wir stehen. Er tippt mit dem Bleistift auf die Seekarte. »Mein lieber Funkmaat«, sagt er lächelnd, »in fünf Stunden stehen wir querab Kap Ortegal.« Seine Berechnung stimmt wieder ganz genau. Gegen 23.00 Uhr sind wir im Schutz der spanischen Küste. Die See hat nur noch kurze Brecher. Kap Ortegal wird passiert. Der Kommandant läßt die *Silvaplana* jetzt im spanischen Hoheitsgewässer fahren. Wir halten uns außerhalb der Dreimeilenzone an Backbord des Schiffes. Um 24.00 Uhr ist Cap Estaca in Sicht.

16. November 1941. Mit Kurs 100 Grad in den Golf von Biskaya. Ich habe die Wache von 2.00 bis 8.00 Uhr. Es war in der Nacht sehr ruhig auf den Funkwellen. Gegen Morgen lasse ich Hümpel allein und steige auf die Brücke, um eine Pfeife zu rauchen. Der Wind hat sich fast ganz gelegt. Die See hat nur kleine, kurze Wellen. Und dann bietet sich uns ein herrliches Schauspiel. In leuchtender Röte geht im Osten die Sonne auf und läßt die Felsenküste an Steuerbord wie in Blut getaucht erscheinen. Wir starren hinüber. Es sieht so nah aus. Dort liegt nun das schöne Spanien im tiefsten Frieden. Es ist noch gar nicht so lange her, da tobte dort der Bürgerkrieg.

Die Gipfel des Kantabrischen Gebirges tragen Schnee. Wie lange haben wir so etwas nicht gesehen. Mit gierigen Augen trinken wir das herrliche Bild dieser plötzlich aus dem Meer aufsteigenden Berge in uns hinein. Unendlich klein wirkt die an Steuerbord fahrende *Silvaplana* vor den schneebedeckten Bergen. Wie mag der Eindruck erst für die Männer des Prisenkommandos sein. Von den Marshall-Inseln zur Biskaya haben sie zwei Jahre nur Schiffsplanken unter den Füßen gehabt.

Als ich wieder in den Funkraum komme, legt mir Hümpel einen FT vor. Darin wird uns erneut Luftaufklärung für den Raum Gijon-Santander-Bilbao angekündigt. Also ist das andere Schiff wohl inzwischen in Biarritz angekommen und die Luftaufklärung hat ihren fatalen Irrtum bemerkt. Ich informiere den Kommandanten und übergebe die Funkwache an Ferdinand.

Beim Mittagessen sagt Otto Peters: »Jungs, das ist der letzte Sonntag in See. Bald sind wir wieder bei Muttern.« Werner Borchardt wirft ihm einen ironischen Blick zu. »Freu dich nicht zu früh, Otto.« Von der Brücke kommt der Ruf: »Flugzeug im Anflug!« Der Alte jagt nach oben und ich in den Funkraum. Oben schreien sie: »Einwandfrei He 115.« Das ist die Luftaufklärung; eine He 115 war uns gemeldet.

Kurz darauf rasen die Alarmklingeln durchs Boot. Verdammt! Sollte es doch eine feindliche Maschine sein? Steil geht es in die Tiefe. Wir sind noch nicht bei 40 Meter Tiefe angelangt, da knallen drei scharfe Detonationen hinter uns. Junge, Junge, das ist noch einmal gut gegangen. Der Tommy dachte wohl, wir wollten den Dampfer an Steuerbord abtakeln. Von der Brückenwache erfahre ich dann, daß es ganz anders war: Direkter Anflug von Norden durch einwandfrei erkannte He 115. Trotzdem ließ der Kommandant Erkennungssignal schießen. Die Maschine antwortete mit ES. Es waren aber ganz andere Sterne, und die He 115 stürzte sich wie ein Habicht auf uns.

Das Boot ist auf 60 Meter eingesteuert, als der Kommandant mit tiefer Zornesfalte auf der Stirn bei uns im FT-Raum erscheint. Er sieht mich vernichtend an. »Hirschfeld, Sie haben ein falsches ES herausgegeben. Das hätte unser Tod sein können. Prüfen Sie das sofort nach.« Ich fühle direkt, wie ich bleich werde. Sollten wir an diesem Vorfall schuldig sein? Es ist das erstemal, daß der Funk-Hauptgefreite Leibling das ES abgeschrieben hat. Sonst haben das immer Ferdinand oder ich getan. Aber das ist gleichgültig, denn ich trage als Stationsleiter die Verantwortung für meine Männer.

Ich sage gar nichts und sehe Leibling nur an. Der Alte hat sich inzwischen wütend auf seine Koje gegenüber dem Funkraum geworfen. Leibling sucht mit zitternden Fingern den FT mit den ES-Angaben in der Kladde. Dann geht er wortlos in die Zentrale und vergleicht die Abschrift, die er dem Obersteuermann gegeben hat. Sie stimmt mit der Kladde überein. »Und die Entschlüsselung?« frage ich. Er sieht nach dem Datum. »Der Funkspruch ist vernichtet. Er kam vor zwei Tagen«, sagt er resigniert. Laut Befehl des BdU dürfen Funkspruchzettel mit dem Klartext der Entschlüsselung bei Flachwasser-Unternehmungen und in Nähe von Land nicht länger als 24 Stunden aufbewahrt werden.

Trotzdem blättere ich alle noch vorhandenen FT-Zettel durch. Da, ich traue meinen Augen kaum. Da ist die Entschlüsselung. Jetzt können wir endgültig nachprüfen, ob bei uns ein Fehler vorliegt. Sofort lasse ich den Schlüssel ›M‹ auf das alte Datum einstellen und drücke den FT noch einmal durch. Da steht einwandfrei für den heutigen Tag: ›ES fünf.‹ Wir stoßen beide einen tiefen Seufzer aus. Befreit melde ich dem Kommandanten, daß unser ES richtig ist. Er richtet sich auf der Koje auf. »So«, sagt er gedehnt, »das ist ja interessant. Dann haben die auf dem Fliegerhorst der Maschine ein falsches ES mitgegeben. Na, laß uns mal zu Hause sein. Denen werd ich was erzählen.«

Eine Stunde später tauchen wir auf. Die Maschine ist weg. Mit Höchstfahrt jagen wir hinter der *Silvaplana* her. Schon von weitem morsen sie uns an und fragen, ob wir Hilfe benötigen. »Nein«, läßt der Kommandant mit dem Handscheinwerfer antworten. »Verlassen Sie nicht das spanische Hoheitsgewässer, was auch geschieht.« Die Jungens auf dem Dampfer wissen Bescheid.

Etwas später ein FT: »An Bleichrodt. Falls Schäden durch eigene Fliegerbomben nach Abgabe *Silvaplana* melden. BdU.« Der Alte liest den FT und pfeift durch die Zähne. »Hm, die haben also schon gemerkt, daß sie Mist gemacht haben. Soll bestimmt nicht im KTB stehen.«

Um 16.50 Uhr wieder ein Flugzeug. Einwandfrei als He 115 erkannt. Wir bleiben oben. Die Maschine fliegt uns nicht an, sondern macht einen großen Bogen um uns und dreht dann ab. Wir stehen querab Santander. Nahe an der Küste marschiert unbeirrt das schöne Schiff.

Um 23.00 Uhr sind wir vor San Sebastian. Es ist sehr warm und die Nacht ist stockfinster. Die *Silvaplana* hat friedensmäßig Positionslaternen gesetzt. Plötzlich werden in der Finsternis vier Minensuchboote voraus ausgemacht. Sie haben uns erwartet. Wir versuchen, uns mit der Klappbuchs verständlich zu machen, aber so kleine Lichtsignale kennen sie wohl nicht. Sie reagieren erst, als wir den Handscheinwerfer nehmen. Der Kommandant übergibt mit Morsespruch die Prise in die Obhut der Minensuchboote. Wir fahren im Geleit bis Biarritz mit.

Es ist eine Nacht wie im Sommer. Die Freiwache steht auf der Brücke und auf dem Wintergarten und genießt die herrliche Nacht. Auch ich habe mich über das Brückenschanzkleid gelehnt und starre mit Oberleutnant zur See Keller in das phosphoreszierende Wasser. Es herrscht auf einmal starkes Meeresleuchten; jede Bugwelle, jede Kiellinie der Schiffe ist ein glitzernder Streifen. Die Minensucher morsen mit ihren großen Scheinwerfern durch die Nacht wie im tiefsten Frieden. »Obersteuermann, lassen Sie mal das Achterschiff mit dem Scheinwerfer beleuchten, sonst fährt der uns noch über den Haufen«, ruft der Alte. Ein Minensuchboot ist so dicht aufgefahren, daß wir um unser Heck, das tief im Wasser liegt, fürchten müssen. Als der Handscheinwerfer aufflammt, bleibt das Boot zurück.

»Nun sehen Sie sich diesen Lichtzauber an«, sage ich zu Keller. »Und dabei ist vorhin U-Boot-Gefahr für die gesamte Biskaya gemeldet worden. Wenn hier ein Tommy liegt, der knallt uns alle ab.« Keller zieht an seiner Zigarette und nickt. »Ja, diese Wahnsinnskumpels. Aber das ist typisch Minensuch. Bin bloß gespannt, ob die den Dampfer noch heil nach Bordeaux geleiten.«

Plötzlich packt er meinen Arm und zeigt nach Steuerbord querab, und ich sehe das Entsetzliche, das Unabwendbare in genau 90 Grad. Das Blut gerinnt mir in den Adern und meine Haare sträuben sich. Genau wie Keller, bekomme ich keinen Ton heraus. Es ist auch viel zu spät, denke ich. Drei leuchtende Torpedolaufbahnen ziehen mit unheimlicher Geschwindigkeit auf uns zu. Genau unter dem Turm wird der mittlere Aal treffen. Ein Schrei: »Torpedolaufbahn da, da!« Ich glaube, es ist Walter Groß. »Jetzt ist es aus«, stöhnt neben mir einer gequält. Ein Ausweichen war von vornherein unmöglich. Auch der Alte starrt fassungslos auf den näher kommenden Tod. Gleich muß uns die Detonation zerreißen.

Doch plötzlich, zwei Meter vor der Bordwand, schwenken die Leuchtbahnen ruckartig um 90 Grad und laufen parallel zum Boot genau in Fahrtrichtung. Die Erleuchtung kommt allen zugleich. Delphine! Sprachlos starren wir den Leuchtspuren nach.

»Teufel, das war ein Schreck«, sagt der Alte in die Stille. Die ganze Brückenbesatzung atmet auf. »Das sollte uns eine Warnung sein«, sagt Wißmann. Der Alte nickt. »Wir werden das Geleit verlassen. Dem Schiff können wir nicht mehr helfen. Hoffentlich kriegen sie es mit dieser Leuchtreklame heil nach Hause.«

Noch einmal klappert unser Handscheinwerfer letzte Grüße an die *Silvaplana.* Dann meldet sich der Kommandant beim Führer der Minensucher ab. »Glückliche Heimkehr!« kommt es zurück. Es ist 24.00 Uhr. Wir staffeln vorsichtig aus dem Geleit heraus. Dann fauchen die Diesel los. »Große Fahrt voraus!« Wir haben noch genug Brennstoff.

17. November 1941. Bald haben wir Biarritz und dann Bayonne querab. Um 00.30 Uhr schwenkt der Bug auf Kurs 315 Grad. Wir müssen weit nach Westen ausholen, um nicht in die Ortung der deutschen U-Jagd-Gruppen zu geraten, die seit dem frühen Nachmittag des gestrigen Tages an der französischen Biskaya-Küste operieren.

Die Diesel röhren und fauchen. Die See wird gröber, je weiter wir nach Westen vorstoßen. Die Brückenwache steht angeschnallt, wie so oft auf dieser Fahrt, und starrt verbissen in die Finsternis. Die Männer fluchen über die hohe Fahrtstufe, weil sie dauernd im Wasser stehen, aber der Alte will so schnell wie möglich durch die Biskaya. Wir haben schon ein Signal abgegeben, daß wir morgen früh um 6.00 Uhr an der Ile de Croix auf Treffpunkt mit Geleit stehen. Der Empfang des Signals wurde von Kernevel bestätigt.

Noch während der Nacht muß der Alte doch mit der Fahrt heruntergehen. Wieder kämpfen wir gegen einen Sturm an. Als der Morgen graut, sehen wir, daß eine wahnwitzige Dünung von Nordwesten heranrollt. Finstere Wolken jagen über uns hinweg und erinnern uns an Labrador.

Für die Biskaya ist dem Alten dieser Sturm aber gerade recht. »Kein Flugwetter«, sagt er lächelnd und läßt die Fahrtstufe wieder erhöhen.

So geht es Stunde um Stunde. Unten im Boot ist es warm und gemütlich, solange die See von vorn kommt. Gegen Abend läßt der Sturm nach, und die See wird etwas ruhiger. Der Obersteuermann meldet dem Kommandanten, daß wir jetzt nach Osten drehen können. Der Alte gibt Befehl zum Kurswechsel. Das Boot schwenkt ein auf Weg Grün, den Einlaufkurs nach Lorient. Letzte Nacht in See.

Die Seemännische Nr. 1, Walter Groß, sammelt die Bootswäsche ein. Järschel sortiert die wertvollsten Lebensmittel, die er dann an die Männer verteilt. »Wir sind doch nicht blöd und geben den Proviant ab, damit die Flottillenhengste sich vollfressen können«, ist sein Kommentar. Ich mache beide Augen zu. Alle Abteilungen sind damit beschäftigt, das Boot zur Abgabe fertig zu machen.

Im Funkraum ordnen wir die Geheimsachen und vernichten die letzten Funkspruchzettel, denn wir kommen auf Flachwasser. Gegen 21.00 Uhr wird es ruhiger im Boot. Der Kommandant liegt auf der Koje und liest in einem Buch. Die Männer der Freiwache dösen vor sich hin. Wahrscheinlich denken sie schon an den Urlaub. Auch ich sitze entspannt im FT-Raum auf der gepolsterten Plattenkiste und träume von glücklicher Heimkehr. Auf den Funkwellen ist es ziemlich ruhig.

Seit 20.00 Uhr steht Oberleutnant zur See Keller mit der zweiten Wache auf dem Turm. Das Boot liegt ziemlich ruhig in der nur noch schwachen Dünung. Vor Flugzeugen schützt uns die Dunkelheit auf diesem kurzen Weg zur Küste. Es kann eigentlich gar nichts mehr passieren. Wenn die Sonne aufgeht, sind wir schon im Schutz der starken Flak von der Ile de Croix.

In diese Ruhe gellt von der Brücke ein Schrei: »Auf Gefechtsstationen!« Mir läuft es kalt über den Rücken. Der Alte ist mit einem Satz von der Koje hoch und greift nach seiner Lederjacke. »Der Keller ist wohl verrückt geworden«, höre ich ihn noch fluchen. Dann jagt er die Leiter empor auf die Brücke. Alles stürzt auf Gefechtsstationen. Walter Groß steckt den Kopf in den Funkraum. »Was ist los, Wolf?« – »Ich weiß noch gar nichts, Walter.« Fluchend geht er weiter. Ich gebe Ferdinand meinen Kopfhörer und steige durch das Kugelschott in die Zentrale. Der LI hält mich am Arm fest. »Was ist los, Funkmaat?« – »Das will ich ja gerade mal sehen«, sage ich und klettere die Leiter zum Turm hinauf. Der Gefechts-Rudergänger, Paul Pötter, der gerade aufgezogen ist, weiß natürlich auch noch nichts, aber jetzt kann ich hören, was auf der Brücke geschrien wird. »Lassen Sie mich schießen, Herr Kaleu«, ruft Keller. »Wir haben ihn jetzt genau voraus!« – »Nein«, brüllt der Alte, »ich sehe nichts!« Es ist sehr finster da oben und die Augen des Alten sind noch nicht an die Dunkelheit gewöhnt. »Herr Kaleu, ich sehe ihn ganz genau. Entfernung 800«, höre ich wieder Keller. »Jetzt müssen wir gleich schießen oder abdrehen.«

Einige Augenblicke höre ich gar nichts. Dann die Stimme des Alten: »Nach Backbord abdrehen. Auf zweimal große Fahrt gehen. Zick-Zack-Kurs!« Jetzt entdecke ich Maureschat, der am Vorhaltrechner im Turm steht. »Was ist denn los, Ede?« frage ich. »Großes U-Boot voraus. Eben aufgetaucht. Keller meint, daß es ein Tommy ist.« – »Und warum schießen wir nicht?« – »Keine Ahnung. Der Alte will nicht. Hast doch selbst gehört.« – »Schöne Schweinerei«, brumme ich. »Das kannste wohl laut sagen«, ruft Eduard zurück.

Wir jagen wie von Furien gepeitscht wild zackend durch die ruhige See. Alles bleibt auf Gefechtsstationen. Ich steige wieder in die Zentrale und berichte dem LI, was ich erfahren habe. Resigniert starren die Männer auf ihre Armaturen. Keiner weiß, warum der Kommandant diese Chance nicht genutzt hat. Wir hätten eines der Boote vernichten können, die uns hier beim Ein- und Auslaufen ständig auflauern.

Nach zwei Stunden schwenkt der Bug wieder nach Osten auf Weg Grün. »Wegtreten von Gefechtsstationen!« tönt es aus den Lautsprechern. Sonst ändert sich nichts. Die hohe Fahrtstufe wird noch beibehalten. Der Kommandant kommt von der Brücke und sieht in der Zentrale die finsteren Mienen der Männer. Er spürt die Opposition, und er hört sicher auch das unzufriedene Gemurmel. Nachdem er seine Jacke an den Haken gehängt hat, kommt er zum Funkraum. »Was ist hier eigentlich los?« – »Na ja«, sage ich etwas gedehnt, »die meckern alle, weil Sie das U-Boot nicht abgetakelt haben.« – Der Alte streicht sich bedächtig seinen Bart. »Diese Dummen. Wissen gar nicht, was hier los ist.« Dann lächelt er. »Gib mir mal das Mikrofon und schalte durch in alle Räume.« Das ist schnell getan.

»Hier spricht der Kommandant. Jungens, hört mal zu. Es gibt einen Kommandanten-Befehl, daß in diesem Quadrat nicht auf U-Boote geschossen werden darf. Es kann auch ein heimkehrendes italienisches U-Boot gewesen sein. Daß ich diese Verantwortung nicht auf mich nehmen wollte, wird euch wohl klar sein. Ende!« Klick macht es in den Lautsprechern. Daran haben wir natürlich alle nicht gedacht. Die Italiener haben ja auch so große Boote. Eine Verwechslung wäre in der Dunkelheit leicht möglich gewesen.

Ich muß an U 74, Kentrat, denken, der auf diesem Einlaufweg einem Viererfächer ausgewichen ist. Walter Groß hatte damals im Mai bestimmt das Sehrohr des Briten gesehen, aber Korvettenkapitän Fischer glaubte nicht so recht daran und ließ kein Signal absetzen. Die Diesel hämmern das Boot mit hoher Fahrtstufe nach Osten. Obersteuermann Bruno Petersen hat wieder einmal mit seinem Spruch recht behalten: »Jungens, freut euch noch nicht. Wir sind noch nicht zu Hause.«

18. November 1941. Um 6.00 Uhr ankern wir an der Ile de Croix. Nebelschwaden ziehen über das Wasser. Langsam wird es hell. Es ist zwar kein Geleit zu sehen, aber wir befinden uns im Schutz der mächtigen Flak-Batterien der Insel. Die See ist ruhig. Kaum Dünung.

Nur ein schemenhafter Schatten an Steuerbord läßt ahnen, wo die Insel ist. Nach einiger Zeit löst sich aus diesem Schatten ein Vorpostenboot und kommt langsam näher. Wie ein witternder Jagdhund umkreist es uns vorsichtig. Der Kommandant läßt mit Winkspruch anfragen, ob sie etwas von unserem Geleit gesehen haben, aber die haben keine Ahnung. Scheinen überhaupt etwas verschlafen zu sein. Unglaublich, daß sie nicht mal von unserem Erscheinen verständigt wurden.

Zögernd bricht sich die Sonne Bahn. Der Nebel löst sich langsam auf, und endlich können wir die Küste erkennen. Aber kein Geleit weit und breit. Es ist bereits 7.30 Uhr. Der Alte ist sehr ärgerlich. Unser FT wurde doch quittiert, also wissen sie, daß wir hier auf dem Präsentierteller liegen. Sonst war das Geleit doch immer pünktlich. Die Sonne scheint vom blauen Himmel, und wir sitzen im Hemd auf dem Wintergarten. Kaum zu glauben, daß wir schon November haben. Es könnte auch ein schöner Spätsommertag sein.

Gegen 9.00 Uhr können wir einen großen Sperrbrecher erkennen, der mit schäumender Bugwelle aus dem Hafen kommt. Das muß unser Geleit sein. So ein großes Schiff mit Flak gespickt bekamen wir damals vor Cuxhaven, als wir in die Nordsee ausliefen. Er läuft mit großer Fahrt geraden Kurs unbeirrt auf uns zu.

Der Kommandant läßt den Handscheinwerfer auf die Brücke bringen. Karl Will muß ihn anmorsen und fragen, ob er uns Geleit geben kann. Er verneint, hält aber immer noch geraden Kurs auf uns zu. Jetzt ist der Alte wütend. So etwas war noch nicht da. Wir liegen vor dem Hafen und werden nicht reingeholt. Jeden Augenblick können Flugzeuge auftauchen. Wenn sie im Tiefflug angreifen, können uns auch die Batterien der Insel nicht schützen, denn sie stehen zu hoch.

Bleichrodt beißt sich auf die Unterlippe und streicht sich den Bart. Ich kenne das an ihm und weiß, daß er jetzt mit einem Entschluß ringt. Und dann kommt aus seinem Mund der erlösende Befehl: »Anker lichten!« Na endlich. Wir atmen alle auf. Das ist ein Entschluß. Wir werden ohne Geleit einlaufen, wenn es auch gegen alle Befehle ist. Da muß doch irgendeine Schlamperei in der Flottille passiert sein.

Die Ankerwinde springt an. Walter Groß steht am Bug und gibt Zeichen mit der Hand. Rasselnd und polternd läuft die Ankerkette durch die Klüse in den Kettenkasten. Die Diesel werden angeworfen. Ganz langsam nimmt das Boot Fahrt auf. Jetzt hat sich der Anker vom Grund gelöst. Ich sehe immer noch zu dem imposanten Sperrbrecher hinüber, der gerade seinen Kurs ändert, um uns an Backbord zu passieren. Da, was ist das? Vor dem Sperrbrecher steht plötzlich eine haushohe Wassersäule. Vorschiff und Brücke sind nicht mehr zu sehen. Wir halten den Atem an und starren hinüber. Er ist offensichtlich auf eine Mine gelaufen. Sekundenlang steht die Wassersäule in der Luft. Dann bricht sie zusammen, und das Schiff kommt unversehrt wieder zum Vorschein. Er räumt also mit einem Fernräumgerät. Verdammt! Es liegen Minen hier; wahrscheinlich erst heute in der Nacht von Flugzeugen abgeworfen.

Immer noch rasselt unsere Ankerkette. Gleich muß der Anker oben sein, doch der Alte schreit: »Laß fallen Anker!« Wir sind vollkommen einverstanden mit diesem Befehl. Das hätte ins Auge gehen können. In 400 Meter Entfernung rauscht der Sperrbrecher an Backbord vorbei nach See zu. Gespannt starren wir dem davonschäumenden Schiff nach.

Da, wieder steht eine Wassersäule vor ihm. Gleich darauf trifft ein Schlag unser Boot. Der Sperrbrecher hat erneut mit dem FRG eine Mine ausgelöst; diesmal nur ca. 500 Meter von uns entfernt. Und diesen Weg sind wir vor wenigen Stunden gekommen. Mir läuft es wieder einmal kalt über den Rücken. »Junge, Junge«, sagt neben mir der Obersteuermann, »hier scheint es aber richtig zu sein.« – »Ja«, antworte ich, aber diesmal ohne Ironie, »wir sind immer noch nicht zu Hause.« Er nickt mir ernst zu. »Das sage ich euch doch immer.«

Schier endlos dauert der Vormittag. Kein FT an uns, warum wir kein Geleit bekommen. Endlich gegen Mittag kommt ein alter Minensucher aus dem Hafen. Er bewegt sich nur langsam voran.

Als er auf gleicher Höhe mit uns ist, schwenkt er herum und umfährt in großem Kreis unseren Ankerplatz. Dann fordert er uns endlich mit Winkspruch auf, in seinem Kielwasser zu folgen.

Die Diesel fauchen los, und wir nehmen langsam Fahrt auf. Der Minensucher fährt außer seinem FRG an beiden Seiten noch zwei Ottern achteraus, um allfällige Standerminen zu kappen. Dicht hinter den Ottern folgen wir in seinem Kielwasser.

Kurz vor der Festung Port Louis treibt tatsächlich eine große Standermine vorbei. Auch die Soldaten auf den Festungswällen haben sie erkannt. Sie winken und zeigen auf die Mine. Um diesen schrägen Vogel wird sich wohl die Hafenschutz-Flottille kümmern, denke ich. Als wir sie in ungefähr 100 Meter an Steuerbord passieren, eröffnet der Minensucher vor uns plötzlich aus allen Flak-Waffen das Feuer auf die Mine. Unser Alter kommt in Brass.

»Diese hirnverbrannten Idioten«, schreit er. »Die denken wohl, sie haben ein Panzerschiff im Geleit.« Er läßt hinüberwinken: »Sofort Schießen einstellen. Bei Detonation der Mine fliegen unsere Außenbordverschlüsse raus.« Der Signalgast drüben zeigt verstanden, und sofort hört die Knallerei auf. Die Mine dümpelt zufrieden auf die Festung zu. Sollen die da drüben doch ihre Schießkunst zeigen, sobald wir vorbei sind.

Langsam geht es zwischen Kernevel und der Festung hindurch. Wie hat sich das Land verändert. Kein Laub mehr an den Bäumen. – In Rußland soll schon tiefer Winter sein. Die armen Landser. Dann kommt die schwarze *Isère* in Sicht. Der Musikzug des Infanterieregiments 317 der 211. Division spielt wie immer zu unserem Empfang. Auf der Hulk und auf dem Kai stehen die Kameraden der 2. U-Flottille. Als die Leinen endlich hinüberfliegen, wissen wir, daß wir glücklich gelandet sind. Nur Werner Borchardt sagt zähneknirschend: »Was denkste, wie die Aale sich freuen, daß sie wieder hier sind.«

20. November 1941. Wir haben das Boot ausgeräumt und in die Werft gebracht und haben Bad, Haarschnitt und Rasur hinter uns. Torpedoträger U 109 ist wieder im Hafen von Lorient.

Wir stehen angetreten im Hof der Salzwedel-Kaserne. Der BdU kommt zur Begrüßung, und der Kommandant meldet U 109 von Feindfahrt zurück. Langsam geht Dönitz auf den rechten Flügel zu und begrüßt zuerst die Offiziere. Dann bleibt er vor dem Obersteuermann stehen. »Ach, Petersen ...« Der BdU lächelt. »Nach der nächsten Fahrt steigst du aus, habe einen Job für dich ...« Er sagt noch etwas, das ich nicht verstehen kann. Im Weitergehen blickt er jedem von uns in die Augen. Dann steht er wieder vor der Front. Er scheint mit uns zufrieden zu sein, denn er beglückwünscht uns zu der gut durchgeführten Sonderaufgabe. Das Einbringen der *Silvaplana* mit ihrer wertvollen Ladung war sehr wichtig. Nun sollen wir aber das Boot so schnell wie möglich wieder klar machen. Die Erfolge in den beiden letzten Monaten waren unbefriedigend. Es ist notwendig, daß wir vor Weihnachten wieder hinaus in den Atlantik gehen. »Na, denn prost«, brummt Otto Peters.

Es werden noch einige Orden verteilt. Ich erhalte das EK II. Außerdem erfahre ich, daß ich Oberfunkmaat geworden bin, was nach zwei Jahren als Funkmaat üblich ist. Nach dem Wegtreten sage ich zu Bruno Petersen: »Haben Sie ein Glück, Herr Obersteuermann!« Petersen bleibt stehen und sieht mich an. »Das hätte er nicht sagen sollen«, sagt er völlig ernst. »Aber, Herr Obersteuermann, Sie sollten sich doch freuen.« Petersen klopft mir auf die Schulter. »Es ist nicht gut, wenn man vorher weiß, daß man aussteigen kann. Die letzte Fahrt geht dann meistens schief.« Jetzt muß ich lachen über seine Unkerei. »Aber Berthold Seidel ist doch auch noch an Bord«, sage ich. »Und solange der an Bord ist, saufen wir nicht ab. Das wissen Sie doch.« – »Na ja«, lacht auch er jetzt, »wollen's hoffen.«

Den Funkobergefreiten Hümpel muß ich zum Maatenlehrgang abgeben. Leutnant NT Seidel macht mir klar, daß es nicht anders geht. »Wie soll Friedeburg die Besatzungen für die neuen Boote zusammenbekommen«, sagt er. Eigentlich müßte die halbe Besatzung zur Aufstellung neuer Bootsbesatzungen aussteigen, aber unser Alter hält seine Crew eisern zusammen. Von einer eingefahrenen Besatzung hängt alles ab.

Oberleutnant zur See Volkmar Schwartzkopff ist schon auf dem Kommandanten-Lehrgang. Bald wird auch er mit einem eigenen Boot im Atlantik erscheinen.

11. Dezember 1941. Nun haben wir den Krieg mit den USA. Überrascht hat uns nur, daß die Japaner ihn ausgelöst haben. Endlich gibt es auch für uns klare Fronten. Wir brauchen nicht mehr auf den Führerbefehl Rücksicht nehmen.

Seit dem 3. Dezember sind wir aus dem Urlaub zurück. Mit Ferdinand, Hümpel und noch einigen Kameraden vom Maschinenpersonal war ich wieder in Carnac zur Untersuchung. Marineärztliches Forschungsinstitut für U-Boot-Medizin heißt es jetzt. In Kernevel erfahre ich, daß es kein Italiener war, dem wir beim Einlaufen begegnet sind. Ob die Männer des britischen U-Boots wohl je erfahren werden, an welch seidenem Faden ihr Leben hing? Wenn der Alte das Boot genau erkennen hätte können, hätte er auch geschossen. So aber kam er von unten geblendet auf die Brücke und sah in der Finsternis nichts.

23. Dezember 1941. Das Boot ist fertig. Heute sollten wir auslaufen, aber der Befehl wurde widerrufen. Wie ich von den Kameraden aus Kernevel erfahre, ist vor der Biskaya eine harte Geleitzugschlacht mit einem von Gibraltar kommenden Konvoi im Gang. Durch starke Sicherung sollen fünf Boote schon verloren sein, darunter auch Endrass. Das ist ein harter Schlag für den BdU. U 751, Bigalk, hat einen Hilfsflugzeugträger versenkt. Ansonsten wurden nur zwei Schiffe und ein Zerstörer versenkt. Heute ging ein FT an die Boote: »Operation abbrechen. Rückmarsch antreten. BdU.«

Ist das das Ende des Geleitzugkampfes? Haben die Briten neue Abwehrwaffen? Wenn die Bewacher in der Nacht mit Stichfahrt auf die Boote zustoßen, konnten sie dies nur mit Funkmeß tun. Das ist uns Funkern allen klar. Schleierhaft ist mir nur, daß man es im BdU-Stab noch nicht erkannt hat.

Ferner erfahre ich, daß die *Arc Royal* am 13. November nicht von Reschke, sondern von U 81, Guggenberger, versenkt wurde. Sie müssen beide zur gleichen Zeit angegriffen und geschossen haben. Nur jeder von der anderen Seite. Es wundert mich schon lange, daß bei diesen Nachtangriffen auf ein Geleit von beiden Seiten noch keine Selbstversenkung vorgekommen ist.

Am 25. November hat U 331, Freiherr von Tiesenhausen, vor Tobruk das Schlachtschiff *Barham* mit 31.000 BRT versenkt.

Bei Kapitänleutnant Oesten, U 106, wurde eine ganze Brückenwache über Bord gespült. Die Männer waren bei schwerer See nicht angeschnallt. Man hat ihr Verschwinden in der Zentrale erst nach einiger Zeit bemerkt, weil das Turmluk nicht wieder geöffnet wurde. Oesten hat sofort kehrt gemacht. Sie haben die ganze Nacht gesucht, aber die Wache nicht wiedergefunden.

IV

Das Unternehmen Paukenschlag

27. Dezember 1941. Sonnabend, 15.00 Uhr. Es ist wieder so weit. Wir sind auf dem Oberdeck zur Verabschiedung angetreten. Das Boot liegt mit dem Bug nach Westen an der *Isère.* An der Backbordseite liegt ein neues Boot aus der Heimat, U 130, Korvettenkapitän Kals. Schneidiger Kommandant. Schneidige Besatzung in neuem Lederzeug. Der Flottillen-Chef kommt von der *Isère* und geht über unser Oberdeck zunächst auf das neue Boot. Meldung von Korvettenkapitän Kals an Korvettenkapitän Schütze. »U 130 klar zur Feindfahrt!«

Wir sehen uns an, wie wir in unserem Räuberzivil dastehen: Ringelhemden aus Beständen der französischen Marine und verwaschenen Kombinationen der ›Royal Air Force‹. Unser Alter mit den Segeltuchflecken auf dem vergammelten Blauzeug und den ausgebeulten Hosen über den Seestiefeln sieht eher wie ein Seeräuber aus. So wie die auf U 130 sahen wir auch einmal aus, aber wie lange ist das her! »Laß die man erst ein Jahr hier sein«, brummt Maschinenmaat Vetter, »dann sehen die nicht mehr so aus. Wenn sie noch leben.« – »Haben aber auf der Überführungsfahrt schon ein Geleit angegriffen und zwei Dampfer versenkt«, sage ich. »Schneidiger Kommandant, dieser Kals«, sagt Maureschat so laut, daß es auch der Alte hören muß. Der kümmert sich aber nicht darum.

Wir hören von drüben die markigen Worte des Flottillenchefs über die Musik der Wasserbomben. Ich bin gespannt, ob er bei uns auch wieder diesen Rees hält. Drüben schrillt jetzt die Pfeife. »Auf Manöverstationen!« Schütze steigt auf U 109 über. U 130 legt ab.

Der Flottillenchef sieht einen Augenblick schweigend auf unseren vergammelten Haufen. Dann macht er es sehr kurz. Schütze weiß wohl, daß er bei unserem Alten seine Worte sparen kann.

Auf der *Isère* spielt ein Musikzug der 211. Infanterie-Division. Die Leinen fliegen los. Die Kameraden winken und rufen uns »Gute Fahrt und fette Beute« nach. Mit E-Maschinen legen wir ab, doch sobald wir frei von der *Isère* sind, erzittert das Boot; die Diesel springen an.

Wir sehen nicht zurück. Auch Ajax starrt geradeaus, als wir an Kernevel vorbeilaufen. Die Männer der Freiwache werfen die letzten Zigaretten über Bord und kommen vom Oberdeck auf den Turm, um durch das Turmluk einzusteigen. Alle anderen Luken sind bis zum Ende der Fahrt geschlossen.

Vor uns läuft U 130 durch die Enge von Port Louis, aber kurz hinter der Festung geht der Alte mit großer Fahrt am anderen Boot vorbei. »Ihr scheint viel Brennstoff zu haben«, ruft Kals herüber und lacht. Ajax lächelt und läßt sich die Flüstertüte aus dem Turm reichen. »Wir wollen nur schnell durch die verdammte Biskaya. Dann lassen wir uns mehr Zeit.« Kals zeigt »Verstanden«.

Mit rauschender Bugwelle geht es nach Westen. Als die Insel achteraus liegt, läßt der Kommandant die Freiwache auf den Turm kommen. Das hat er noch nie getan.

Wir sind gespannt, was er uns verkünden will. Bedächtig entfaltet der Kommandant ein Papier. Es ist der Operationsbefehl. Wir erfahren, daß wir mit drei anderen Booten als erste den Verkehr an der amerikanischen Ostküste angreifen sollen. Die anderen Boote sind U 123, Hardegen, U 66, Zapp, und U 130, Kals. Wir sind die einzigen Boote für ozeanische Unternehmungen, die dem BdU im Augenblick zur Verfügung stehen. Der Alte ist entschlossen, diesmal bis zur letzten Brennstoffreserve zu fahren. U 66 und U 130 sind Boote vom Typ IX c und können 30 cbm mehr Brennstoff mitnehmen, da ihre Ölbunker bis zum Kiel gezogen sind.

»Kaum zu fassen«, sagt Otto Peters neben mir. »Vier U-Boote gegen die USA. Ich dachte, wir hätten schon ein paar mehr.« Mit großer Fahrt geht es der untergehenden Sonne nach in die Biskaya hinein. Lange noch kann man U 130 sehen; dann verschwindet das Boot in der Dämmerung.

Bei der 200-Meter-Linie machen wir wie immer unseren Tieftauchversuch. Es wird bis auf 180 Meter getaucht. Alles ist dicht. Das Boot ist in Ordnung. Beim Anblasen ertönt plötzlich ein furchtbares Kreischen in der Anblaseleitung. Was ist das? Hat uns die Werft wieder eine Tücke eingebaut? Der Fehler kann nicht gefunden werden.

28. Dezember 1941. Bis zum Hellwerden mit großer Fahrt gelaufen; dann getaucht und den ganzen Tag unter Wasser marschiert. Ich habe von der Propaganda-Kompanie neue Schallplatten mitbekommen; darunter auch eine Platte mit dem Titel ›New York‹. Sie fängt mit einem Trompetensolo an. Wir ernennen die Melodie zu unserem Amerikamarsch.

Außer den Fähnrichen Wex und Hengen haben wir diesmal auch einen Oberfähnrich an Bord. Er soll wohl den Obersteuermann, nachdem er von Bord gegangen ist, als Wachoffizier ablösen. Ein etwas arroganter Junge mit müdem Gesichtsausdruck. Wir mögen ihn nicht.

Der blonde Fähnrich Wex macht einen aufgekratzten Eindruck und ist immer zu Scherzen aufgelegt. Den dunkelblonden Fähnrich Hengen, Sohn eines Generals, kann ich mir mit seinen verträumten Augen gar nicht als U-Boot-Kommandant vorstellen. Er hat aber dank seiner netten, kameradschaftlichen Art das beste Verhältnis zu allen Unteroffizieren und Mannschaften und wird sicher mit seiner Besatzung später einmal besser klarkommen als die beiden anderen.

Der Torpedomaat Werner Borchardt trifft die beiden Fähnriche im U-Raum und sagt lächelnd: »Ihr seid ja ganz nette Kerle, solange ihr nichts zu sagen habt. Aber der Oberfähnrich kann uns gefährlich werden, wenn der als Wachoffizier aufzieht.« »Wieso?« fragt Dieter Wex. »Wir müssen doch alle mal anfangen.« – »Ja«, meint Borchardt, »ihr müßt aber erst eure Eierschalen loswerden, bevor wir euch unser Leben anvertrauen.« – »Ach, was«, sagt Dieter Hengen einlenkend, »bevor ich Kommandant werde, ist dieser Krieg längst zu Ende.«

In der Ferne grollen drei Detonationen von Fliegerbomben. Um 20.00 Uhr läßt der Kommandant auftauchen. Es ist eine taghelle Mondnacht. Mit großer Fahrt und Kurs 270 Grad geht es durch die Biskaya. Wir holen die fehlenden FTs auf Längstwellen herein. U 66 Zapp meldet mit Kurzsignal, daß er 150 West passiert hat. Er ist also vor uns. Hardegen muß noch weiter voraus sein.

Der BdU hat unsere Unternehmung ›Paukenschlag‹ getauft. Hoffentlich wird es kein Schlag ins Wasser.

29. Dezember 1941. Wir sind in der Nacht unbehelligt gut vorangekommen. Auf den Funkwellen ist es ziemlich ruhig. Es sind nur wenige Boote in See. Nach dem Fiasko am letzten Gibraltar-Konvoi hat der BdU wohl vorerst den Geleitzugkampf abgebrochen. Auch ein nagelneues Boot vom Typ IX c. U 131 Fregattenkapitän Arend Baumann, scheint an diesem Geleit verloren gegangen zu sein. Es fehlt uns jetzt bei dieser Fernunternehmung.

Kurzsignal von U 130: »15° West passiert.« Also hat Kals uns überholt. Um 09.00 Uhr getaucht. Unterwassermarsch bis 20.00 Uhr. Um 10.00 Uhr und gegen 14.00 Uhr wieder mehrere Detonationen in der Ferne. Sicher Fliegerbomben. Es sind jeden Tag mehrere Maschinen über der Biskaya. Und keine Abwehr.

30. Dezember 1941. Wieder sind wir die ganze Nacht mit großer Fahrt Kurs West gelaufen. Kein Schiff, kein Flugzeug. Wir sollen ungesehen bis zur amerikanischen Ostküste vordringen und dann schlagartig angreifen. Nur Schiffe über 10.000 BRT dürfen auf dem Anmarsch torpediert werden. Der II WO Siegfried Keller lächelt, als er die FT-Kladde liest. »Ungesehen über den Atlantik. Darin haben wir Übung. Aber kein Schiff unter 10.000 BRT, hm, hm. Ich wette, einen 7000- oder 8000-Tonner legen wir auch um. Man kann sich ja auch verschätzen.« Er klappt die Kladde zu und sagt resigniert: »Aber wir werden unserem Ruf Ehre machen und kein Schiff treffen.«

Um 09.30 Uhr getaucht. Unterwassermarsch bis 20.00 Uhr auf 60 Meter Tiefe. Wir liegen auf den Kojen, lesen und schlafen. Nach dem Auftauchen gibt mir der Obersteuermann unsere Position. Wir können endlich das Kurzsignal absetzen: »15° West passiert. U 109.« Jetzt weiß der BdU, daß auch wir die Biskaya hinter uns haben. Unser Standort: 15° West und 45° 15′ Nord. Kurs 270°.

31. Dezember 1941. Letzter Tag im alten Jahr. Immer weiter mit großer Fahrt durch die ruhige See nach Westen. Der Wind kommt aus SSO mit Stärke vier. Aber keine lange See. Der Kommandant rechnet damit, daß das Wetter nicht so bleibt und die See uns dann zwingt, langsamer zu fahren. Tiefe Wolken hängen am Himmel. Um 10.00 Uhr DGZ läßt der Alte noch einmal zum Unterwassermarsch tauchen. Am Abend müßten wir dann außerhalb der Reichweite der britischen Luftaufklärung sein.

Um 20.00 Uhr aufgetaucht. Wir haben 20° West passiert. Ich schalte den deutschen Rundfunk in alle Räume durch. Joseph Goebbels spricht zum Ausklang des Jahres. Sieg über Sieg hat es gebracht. Wird es so weitergehen? Oder haben sie sich in Rußland schon festgefahren. Auf dem Atlantik sieht es gar nicht rosig aus. Was sollen wir mit den wenigen Booten gegen die immer stärker werdende Abwehr ausrichten? Dönitz sagt immer wieder, daß der Krieg von unseren Erfolgen abhängt und daß er auf dem Atlantik entschieden wird.

Die Freiwache liegt träumend auf den Kojen. Sie denken an die Lieben in der fernen Heimat. Wie lange werden wir noch fahren müssen? Ich muß an den Film ›Morgenrot‹ mit Rudolf Forster als Kommandant denken. Es war mein erster Eindruck von den U-Booten im Weltkrieg 1914–1918. Viel anders ist es heute auch nicht. Eine Szene ist mir ganz besonders im Gedächtnis geblieben. Das Boot liegt nach Wasserbombentreffer auf dem Grunde der Nordsee. Alle Räume im Vor- und Achterschiff sind schon abgesoffen. Die letzten Überlebenden sitzen auf den Flurplatten in der Zentrale. Aus den undicht gewordenen Außenbordverschlüssen tropft das Wasser. Da nimmt der Funkmaat seine Uhr ab und wirft sie in die Bilg. »Die brauch ich auch nicht mehr«, meint er. Zum Bootsmaat, der neben ihm sitzt, sagt er: »Glaubst du an Gott?« Der Oberschlesier kneift die Augen zusammen und kratzt sich überlegend am Kopf. »Wenn's hart kummt!« ist seine Antwort. Der Film war verdammt realistisch.

Im Rundfunk läuten die Glocken der Heimat. Es hallt mächtig in uns wieder. Wir trinken Punsch, essen Schinkenbrote und denken an die Kameraden in Rußland. Dort soll eisiger Winter sein. Der Kommandant geht durchs Boot, stößt mit allen an und drückt jedem wortlos die Hand.

Es ist warm und gemütlich. Von achtern hört man das gleichmäßige Hämmern der Diesel. Die See ist ziemlich ruhig, und nur leicht wiegt sich das Boot in der länger werdenden Dünung. Die starken Diesel vermitteln ein Gefühl der Sicherheit …

Oben auf dem Turm steht die Brückenwache und starrt in die mondhelle Nacht. Die Männer dort oben hören nur das Rauschen der See und das Fauchen und Gurgeln der Auspuffrohre. Aber auch ihre Gedanken gehen wohl nach Osten in die ferne Heimat. – Ich habe die Wache von 20.00 Uhr bis 02.00 Uhr. Es laufen viele Füllsprüche. Kernevel täuscht regen Funkverkehr vor. Kurz vor Mitternacht wird es jedoch plötzlich ruhig auf den Wellen. Um 00.00 Uhr kommt ein FT über alle Sender:

»Männer der U-Boot-Waffe! Im neuen Jahr wollen wir noch stählerner, noch härter, noch kämpferischer sein. Es lebe der Führer! Befehlshaber der U-Boote.«

1. Januar 1942. Kurz nach Mitternacht kommt ein langer Funkspruch: »Soldaten der Kriegsmarine! Ein Jahr großer Siege unserer Wehrmacht und stolzer Erfolge der Kriegsmarine geht zu Ende. Ein neues beginnt. Es soll uns härter, entschlossener und siegeszuversichtlicher denn je finden. In unerschütterlicher Gefolgschaftstreue zum Führer, im Vertrauen auf Gott und unsere eigene Kraft werden wir kämpfen bis zum sicheren Endsieg. Berlin, den 31. Dezember 1941. Der Oberbefehlshaber der Kriegsmarine, gez. Raeder, Großadmiral.« Diesen FT läßt der Kommandant nicht über die Lautsprecher verlesen.

Um 02.00 Uhr habe ich die Ablösung wecken lassen und bin auf den Turm gegangen, um noch eine Pfeife zu rauchen. Leibling übergibt unten die Wache an Ferdinand Hagen und seinen Funkgasten. Ich habe die Lederjacke übergezogen, denn oben hat sich das Wetter geändert.

Zerrissene Wolken jagen am Mond vorbei. Ab und zu rauscht ein Regenschauer über den Turm. Dann glänzt die See wieder beinahe taghell. Die Dünung ist stärker geworden. »Riecht verdammt nach Sturm«, brummt Oberleutnant zur See Wißmann. Plötzlich ruft Maureschat, der den Sektor 0 bis 90 Grad hat: »Schatten in 30°.« Der I WO fährt mit dem Glas herum und starrt in die angegebene Richtung. »Segler, genau auf Gegenkurs«, brummt er. »Wo kommt der denn auf einmal her?« – »Kam aus der Regenbö«, sagt Maureschat. »Meldung an Kommandant«, ruft Wißmann durchs Luk nach unten. »Segler steuerbord voraus auf Gegenkurs.«

Der Kommandant kommt auf die Brücke geentert und starrt mit seinem Glas zu dem seltsamen Segler hinüber. »Ohne Positionslaternen«, sagt er. »Ist aber keinen Aal wert.« Maureschat, der Kanonenmaat, meint: »Vielleicht aber einige Schuß Artilleriemunition, Herr Kaleu.« Der Alte schüttelt den Kopf, ohne das Glas abzusetzen. »Wir werden uns hier nicht verplempern. Drüben warten ganz andere Ziele auf uns.« Schweigend starren wir weiter auf den einsamen Segler, den ich jetzt mit bloßem Auge erkennen kann.

»Drehen Sie mal etwas nach Backbord ab«, sagt der Alte. Der I WO beugt sich zum Turmluk. »Backbord zwanzig!« Der Rudergänger wiederholt monoton. Langsam schwoit der Bug nach Süden. »Recht so!« Die See kommt jetzt mehr von Steuerbord. Das Boot fängt an zu rollen. Unten werden sie fluchen. »Drehen Sie noch weiter ab«, höre ich den Alten sagen. Der I WO gibt neue Befehle. Mir ist das Manöver nicht ganz klar. Wir wären doch gut an ihm vorbeigekommen. Nach einigen Minuten knurrt der Kommandant: »Nun seht euch das an. Der Krüppel dreht mit.«

»Beide Diesel große Fahrt voraus«, ruft der I WO nach unten. Die Diesel laufen schneller. Das Boot rollt jetzt stärker. Die ersten Brecher knallen gegen den Turm. Bald ist der Segler jedoch Steuerbord achteraus. »Jetzt geht er über Stag«, ruft Maureschat. Der Alte nickt grimmig. »Der will was von uns. Und mit dem wollen Sie anbändeln?« – »Na, wenn er eine Falle ist, ist er doch einen Aal wert, Herr Kaleu.« Der Alte nimmt das Glas von den Augen. Ich kann im Mondschein sehen, wie er lächelt. »Und wenn es eine eigene Falle ist, Maureschat?« Eduard starrt ihn ungläubig an. »Gibt es denn so etwas auch?« Der Kommandant nickt lächelnd. »Ja, man kann es kaum glauben, nicht wahr?« Kopfschüttelnd nimmt Maureschat das Glas wieder vor die Augen. Er weiß natürlich nicht, daß vor eigener U-Boot-Falle in diesem Quadrat durch FT gewarnt wurde.

Langsam bleibt der Segler achteraus. Dann ist er plötzlich in einer Regenbö verschwunden, so wie er aufgetaucht ist. »Weg ist er«, sagt der Alte. »Wie der Fliegende Holländer.« Das Boot wird wieder auf den alten Kurs gebracht.

Gegen Morgen wird die See gröber. Lang ziehen die Wogen schon über das Vorschiff und knallen gegen das Schanzkleid. Wir stampfen weiter Kurs 255°. Aber der Wind ist warm geworden. Wir messen 20° Celsius. Die Diesel machen nur noch halbe Fahrt.

2. Januar 1942. Wir stehen auf 44° 15′ Nord und 23° 25′ West. Es hat mächtig aufgebrist. Die See geht immer höher. Die Brecher orgeln jetzt schon über den Turm. Rauschend ergießt sich alle Augenblicke ein Schwall Wasser in die Zentrale. Dann singt für kurze Zeit die Lenzpumpe.

Gegen 22.00 Uhr kommt ein FT für uns: »U 109 Südküste Neufundland ansteuern.« Der Kommandant liest und klappt resigniert die Kladde zu. »Kurs 270°«, ruft er in die Zentrale. Dann wirft er sich auf seine Koje. Ich ahne, was er jetzt denkt. Wieder dieses verdammte Neufundland. Warum nicht direkt nach New York oder Kap Hatteras; dort ist der Verkehr bestimmt noch friedensmäßig. Was sollen wir wieder vor Kanada, wo es doch im Operationsbefehl hieß, wir sollten einen Paukenschlag vor der amerikanischen Küste führen. Diesmal verstehe ich den BdU nicht mehr. Oder ist es sein Chef des Stabes, der Kapitän zur See Godt, der nachts immer die Befehle des BdU ändert?

3. Januar 1942. Weiter geht der Marsch nach Westen. Die See hat sich etwas beruhigt. Der Atlantik scheint wie ausgestorben. Keine Rauchfahne, kein Schiff. Dabei fahren wir auf den alten Dampferwegen von Europa nach New York, auf dem Großkreis.

Der Oberfähnrich geht seine erste Wache als Wachoffizier auf der Brücke. Der Kommandant befiehlt Prüfungstauchen mit Alarm. Es scheint auch alles gut zu gehen, doch als wir unter Wasser sind, höre ich einen Schrei in der Zentrale. Was ist da los? – Mit starker Lastigkeit geht es abwärts. Das Turmluk ist nicht richtig zu. Der Oberfähnrich hat die Knacken vorgedreht, bevor das Luk einschnappte. Unheimlich viel Wasser stürzt in die Zentrale, und noch immer geht die Fahrt steil abwärts. »Aufkommen! Aufkommen!« ruft der LI den Tiefenrudergängern zu. Der Turm muß geräumt werden. Wir halten den Atem an. Endlich schnappt das Luk vom Turm zur Zentrale zu. Otto Peters hat es dicht bekommen. Das Rauschen in der Zentrale hört mit einem Schlage auf. Bei 40 Meter ist das Boot abgefangen. Ich werfe einen Blick durch das Kugelschott in die Zentrale. Neben dem Alten am Kartentisch steht naß wie eine Katze Otto Peters. »Anblasen«, sagt der Kommandant zu ihm. »Verfluchte Schweinerei, wenn uns der Turm absäuft.«

Otto springt an seinen Tannenbaum, und gleich darauf knattert es in den Anblaseleitungen. Erleichtert hören wir die Stimme des Leitenden:

»Boot steigt.« Ein Seufzer geht durch das Boot. Der Zentralemaat knurrt vor sich hin: »So ein Blödsinn, diese grünen Jungens an Bord. Machen nur Mist und Scherereien.« Der Oberfähnrich steht zerknirscht vor dem Kommandanten, der ihn mit einem einzigen Blick vernichtet.

»Sie Wahnsinnsmensch! Trampeln hier auf unseren Nerven herum. Das Turmluk zu schließen haben Sie doch wohl gelernt. Wenn die Sehrohre abgesoffen sind, dann gnade Ihnen Gott.« Rauschend durchbricht das Boot die Oberfläche. Der Turm muß erst in die Zentrale entwässert werden. Dann turnt der Kommandant auf die Brücke, und der LI kommt mit dem Zentralemaaten in den Turm.

Der Oberfähnrich hat Schwein gehabt. Die Sehrohre sind klar. Es ist auch kein weiterer Schaden eingetreten, obwohl viel Wasser in den Turm eingedrungen ist. Die Armaturen werden abgetrocknet, dann zieht der Rudergänger wieder in den Turm.

Am Abend melden sich zwei Heizer bei mir. Sie haben Filzläuse und Krätze, wie sie sagen. Ich sehe mir die Sache mit dem Vergrößerungsglas an. Tatsache! Wir haben Filzläuse an Bord.

Der Kommandant ist wütend, als ich ihm melde, welche Gäste wir an Bord haben. »So eine Schweinerei. Wo sind die Kerle?« – »Hier, Herr Kaleu!« Mit gesenkten Köpfen stehen die beiden vor ihm. »Ihr alten Drecksäcke! Müßt ihr nach der Untersuchung noch immer mal in den Puff laufen? Oder wo habt ihr das aufgelesen?« Beide zucken nur die Achseln.

»Hirschfeld«, wendet sich der Alte an mich. »Haben Sie genug Kuprex?« Ich nicke. »Behandeln Sie die beiden Helden. Lassen Sie den vorderen Lokus ausräumen. Die beiden dürfen nicht mehr mit uns den achteren Lokus benutzen.« Verdammt, denke ich. Wenn nur nicht schon mehr Leute angesteckt sind!

4. Januar 1942. Standort 43° 39′ Nord und 31° 09′ West. Seegang 7 bis 9. Sturm und Regen. Man könnte sagen: kein Waffeneinsatz. Aber es ist auch kein Schiff da, das wir angreifen könnten. Dauernd läuft die See von achtern in die Brücke. Der Kommandant läßt deshalb Kurs auf 290° wechseln.

Heute ist Sonntag. Es gibt wieder Schinken mit Spargel. Wir sind mitten im Atlantik. Über den Rundfunk hören wir, daß die Japaner Manila besetzt haben. Bei den Lords hat sich herumgesprochen, daß wir wieder nach der Südspitze von Neufundland sollen. Alle sind sehr mißmutig.

Auf den Funkwellen ist nicht viel los. Es sind kaum Boote in See; die Geleitzüge fahren ungehindert über den Atlantik. Für den Krieg mit

Amerika fehlen uns die verlorengegangenen großen Boote wie U 110 Lemp, U 111 Kleinschmidt und U 122 Looff, der im Juni 1940 auf dem Weg nach Gibraltar verschollen ist. Er hatte meine schönste Schallplatte mit, die er sich von mir an Bord von U 139 auserbeten hatte. Wir fuhren damals Sicherung für die Tieftauchversuche bei Bornholm. »Wenn die Frühlingsstürme blasen, über schneebedeckte Straßen«, lautete der Text des Liedes.

5. Januar 1942. Immer das gleiche Wetter. Der Sturm dauert mit unverminderter Kraft an. Die See ist höher geworden. Riesige Berge von Wasser rollen heran. Im Boot sieht es zuweilen wüst aus. Jeden Tag geht Geschirr kaputt. Wir kommen kaum voran.

Wenigstens ist es warm. Lufttemperatur 22° Celsius. Wir müssen oft an die Kameraden in Rußland denken. Die Kälte dort wäre nichts für uns; dann doch lieber in einer großdeutschen Tauchröhre zur See fahren.

6. Januar 1942. Standort 43° 55′ Nord und 34° 58′ West. Seegang 9 oder 10. Das Boot rollt so stark und holt so weit über, daß wir unter Deck immer wieder den Atem anhalten. So einen Sturm haben wir noch nicht erlebt. Die Männer der Brückenwache, die um 12.00 Uhr vollkommen durchnäßt von oben kommen, erzählen, daß sie manchmal mit der Hand Wasser schöpfen konnten. Vom Boot ragte oft nur noch die Oberkante Turm aus dem kochenden Wasser. Da wir kaum noch Fahrt über den Grund machen, befiehlt der Kommandant Unterwassermarsch nach Süden. Später sollen wir dann über Wasser wieder nach Westen aufkreuzen.

In der Nacht flaut der Sturm etwas ab. Gegen 23.00 Uhr können wir auftauchen, um die Batterien nachzuladen. Nach Tagen steige ich zum erstenmal auf die Brücke und pumpe frische Luft in die Lungen. Ein herrliches Bild, diese hochgehende See. Wir machen nur kleine Fahrt. Zuweilen ragt nur der Turm aus dem Wasser.

7. Januar 1942. Blutrot kommt der Morgen hoch. Der Sturm hatte in der Nacht nur einmal den Atem angehalten. Nun braust es erneut heran, und die Wasserberge wachsen zu unheimlicher Größe.

Das ist kein gewöhnlicher Sturm mehr, das ist schwerster Orkan. Gegen 10.00 Uhr entschließt sich der Kommandant wieder zu tauchen, um nicht die Brückenwache durch Ertrinken zu verlieren. Bei diesen hochgehenden Brechern könnten sie stehend auf dem Turm versaufen.

Es pfeift und gurgelt in den Zellen, als wir zu tauchen beginnen. Einige Male sind noch Brecher zu hören, die gegen die Turmverkleidung schlagen, dann umgibt uns unheimliche Stille, aber das Boot hebt und senkt sich weiter. 30 Meter gehen durch. Die Untertriebszellen werden ausgeblasen. 40, 50 Meter gehen durch. Immer noch hebt und senkt sich das Boot. Bei 90 Meter kann der LI das Boot einsteuern.

Eduard Maureschat steht vor dem Funkraum und sieht mich aus entzündeten, salzverkrusteten Augen an. »Mensch, Wolfgang«, sagt er langsam, »so etwas hast du noch nicht gesehen. Da oben ist die Hölle los. Wenn das so weitergeht, sind wir in vier Wochen noch nicht vor Kanada.« Er wischt sich das Salz aus den Wimpern. »Warum mußte der Alte auch diesen nördlichen Kurs fahren«, brummt er verdrossen. Ich muß lachen. »Sparsamste Marschfahrt auf dem nördlichen Kreisbogen ist befohlen«, sage ich. »Ach was, scheiß auf den Befehl. Der Alte in Kernevel weiß ja nicht, was wir für Wetter haben.« Knurrend geht er nach vorn in den U-Raum.

8. Januar 1942. Ja, wenn der BdU wüßte, was wir für Wetter haben. Wir dürfen es nicht melden; die Funkstille darf nicht gebrochen werden. Unter Wasser kommen wir nicht voran. Um 12.30 Uhr läßt der Kommandant die Oberfläche ansteuern. Bei 60 Meter fängt das Boot bereits an zu wiegen.

Der Alte hat Ölzeug angelegt. Die Brückenwache steht bereit. Dann umfängt uns das Rauschen der wilden See. Ein Windstoß fegt durchs Boot, als der Kommandant das Turmluk öffnet. Er geht allein auf die Brücke. Es wird mit Diesel ausgeblasen. Das Boot rollt wie wild. Der Orkan tobt mit unverminderter Kraft. Der Alte bleibt allein auf dem Turm, solange die Batterien aufgeladen werden. Es ist unmöglich, mit Kurs 270° gegen die See zu fahren. Wir machen dabei Fahrt über den Achtersteven. Das Barometer ist um 20 mb gestiegen und der Wind dreht auf Südost, aber er läßt nicht nach. Also gehen wir wieder in die schützende Tiefe.

9. Januar 1942. Also weiter Unterwassermarsch. Alle wachfreien Männer müssen in den Kojen liegen, um Luft zu sparen. Nur die E-Maschine, Zentrale und Horchraum sind ständig besetzt. Ferdinand sitzt im Funkraum und macht leise Schallplattenmusik für alle Räume.

Keiner von uns möchte jetzt auf einem Überwasserschiff sein. Ein U-Boot hat doch seine Vorteile; vor allem so ein großes Boot. Am Nachmittag habe ich die Wache im Horchraum übernommen. Es ist totenstill ringsum – doch plötzlich habe ich ein starkes Rauschen im Kopfhörer. Jetzt ist es im ganzen Boot zu hören, wie wenn 1000 Stecknadeln gegen die Bordwand prickeln. Die Männer fahren aus den Kojen und starren sich an. Was ist das? Der Alte ist an den Horchraum gekommen.

»Hört sich an wie Heringsschwarm«, sage ich in die Stille. Er sieht mich skeptisch an. »Ihre Fantasie in Ehren, aber ...« Er spricht nicht weiter. Da, ein neues Geräusch am Bug; ein Scheuern und Gleiten. Jetzt ist es mittschiffs und wandert schnell achteraus. Ich muß unwillkürlich an Minenstander denken. Ein Schlag trifft das Boot; es klirrt in den Spinden.

»Auf Sehrohrtiefe gehen«, ruft der Kommandant. Der II WO kommt an den Horchraum und fragt: »Hören Sie noch etwas?«

»Nee, Herr Oberleutnant.« – »Was meinen Sie, was es war?« Ich wiege den Kopf. »Minenstander können hier nicht stehen bei der Tiefe. Aber ein losgerissenes Fischernetz wäre auch möglich.« Seine Augen weiten sich. »Ja, das ist möglich. Verdammte Schweinerei, wenn wir das jetzt in die Schrauben bekommen haben. Dann sind wir geliefert bei dem Orkan da oben.« – »Es kann natürlich auch ein altes Wrack sein«, sage ich. »Habe mal gelesen, daß alte Holzschiffe oft jahrelang in einer bestimmten Tiefe mit dem Strom treiben, ehe sie ganz auf Tiefe gehen.«

Dann meldet der LI: »Sehrohrtiefe.« Das Boot geht auf und nieder. Der Kommandant hat das Sehrohr ausgefahren. »Kann Boot nicht halten«, schreit der LI. »Wir brechen durch!« – »Anblasen!« kommt es aus dem Turm. Otto Peters jagt sofort die Luft durch die Anblaseleitungen. Dann hören wir wieder das Tosen der See gegen das Oberdeck. Gleich darauf geht ein Luftzug durchs Boot. Der Kommandant hat das Luk geöffnet und ist auf den Turm gestiegen.

Dann knackt es in den Lautsprechern. Der Alte spricht aus dem Turm: »Alles herhören! Rund um uns spauten viele Wale. Nehme an, einer dieser Brüder hat sich an uns scheuern wollen und ist dabei der Schraube zu nahe gekommen. Wetterlage wie bisher. Unterwassermarsch wird fortgesetzt. Ende!«

Gleich darauf kommt der Befehl zum Fluten. Das Schlagen der See verstummt. Abwärts geht es in die schützende Tiefe von 80 Meter. Weiter Kurs 270°. Trotz der geringen Fahrt kommen wir unter Wasser besser voran.

10. Januar 1942. Um Mitternacht aufgetaucht, Batterien aufgeladen und die fehlenden FTs hereingeholt. Es ist auch ein Funkspruch an uns dabei: »Bleichrodt – Operationsgebiet Neuschottland. Halifax bis Boston. BdU.« Wir sind alle sehr enttäuscht. Warum dürfen wir nicht nach New York? Wieder getaucht.

Um 12.00 Uhr läßt der Kommandant auftauchen. Der Sturm hat sich gelegt, aber es herrscht weiterhin Seegang 9. Mit langsamer Fahrt versuchen wir nach Westen zu kommen. Ich habe zusätzlich die 600-Meterwelle, die Internationale Dampferwelle, geschaltet. Leibling nimmt einige SOS-Rufe auf. »SOS – lost rudder, need help, SOS – sinking slowly ...« Wir stehen von allen SOS-Rufen weit ab. Im Frieden wäre man hingefahren, um zu helfen. Jetzt im Kriege würde man ihnen nur helfen, schneller unter Wasser zu kommen.

Um Mittag hatten wir den hohen Barometerstand von 1045 mb. Gegen 21.00 Uhr sinkt das Barometer plötzlich wieder ganz schnell. Um 23.00 Uhr haben wir wieder Sturm wie gehabt.

11. Januar 1942. Der Orkan kommt jetzt aus West-Nord-West. Die Diesel machen nur kleine Fahrt, denn bei höherer Fahrtstufe würden uns die haushohen Wogen das Schanzkleid wegschlagen. Gegen 08.00 Uhr läßt der Kommandant wieder tauchen. An der Maschine müssen einige Reparaturen durchgeführt werden. Die Kühlwasserpumpe des Steuerborddiesels ist ausgefallen. Triebwerkskontrolle. Kreiselkompaß läuft nicht mehr richtig.

Als wir vor zwei Monaten hier waren, war das Wetter auch nicht gerade schön, aber so einen Sturm hatten wir doch nicht. Um 13.00 Uhr läßt der Kommandant zum Erfassen der FTs auftauchen. Der B-Dienst hat einige interessante Meldungen für uns. Nördlich von Halifax müssen heute nacht um 4.30 Uhr zwei Geleitzüge bei schwerer See zusammengerasselt sein. Mehrere Dampfer melden Kollision und brauchen dringend Hilfe. Außerdem treibt ein Jugoslawe steuerungsunfähig im Atlantik. Aber auch zu weit weg für uns.

Lüth meldet, daß er auf Rückmarsch einen Geleitzug getroffen hat. Kein Waffeneinsatz!

12. Januar 1942. Endlich hat der Sturm nachgelassen. Die See ist etwas ruhiger geworden. Wir können den Überwassermarsch fortsetzen. Nach Tagen kann Obersteuermann Bruno Petersen das erste Besteck nehmen. Wir stehen auf 44° Nord und 48° West. Kurs 270°.

Ungefähr 100 sm südlich von unserem Standort ging vor 32 Jahren die *Titanic* unter. Es war auf 41° 16′ Nord und 50° 14′ West.

In der Zentrale höre ich gegen Mittag lautes Fluchen. Der Kreisel bleibt zeitweise stehen. Oberleutnant Ing. Weber ist sehr aufgeregt. Nicht auszudenken, wenn wir gerade hier, wo auf den Magnetkompaß kein Verlaß ist, ohne Kreiselkompaß fahren müßten.

Auf der 600-Meterwelle plötzlich ein SSS-Ruf. Dampfer *Cyclops* funkt: »SSS – torpedoed by submarine.« Standort ist querab Halifax. Der Alte flucht. Wer kann da geschossen haben?

13. Januar 1942. Plötzlich ist es kalt geworden. Eisig weht der Wind aus Kanada. Wir müssen wieder die Pelze anziehen. Die See geht immer noch hoch, aber es kommt nicht mehr so viel Wasser über die Brücke. Die Brückenwache kann sich unter dem Ölzeug warm einpacken.

Wo mögen die anderen Boote stehen? Sind sie südlicher marschiert? Haben sie besseres Wetter gehabt? Bisher hat noch keiner gemeldet. Heute soll der ›Paukenschlag‹ beginnen. Der Kommandant hat die Brückenwache zu erhöhter Aufmerksamkeit ermahnt. Vor allem der Luftsektor muß jetzt scharf beobachtet werden. Überraschungen sind hier leicht möglich.

Am Nachmittag wird die Funkstille von U 130 durchbrochen. Kals meldet, daß er vor dem St. Lorenz-Strom gesehen wurde und sich nach Süden absetzt. Er kann also nicht vor Halifax geschossen haben. Der Alte liest kopfschüttelnd den FT. »Hat er denn noch weiter nach Norden ausgeholt, daß er schon da ist?«

14. Januar 1942. In der Nacht ist ein neuer Sturm losgebrochen. Es ist noch kälter geworden. Wir halten Kurs 270° und stehen auf 43° Nord und 56° West.

Der Oberfähnrich mußte heute neben dem Obersteuermann sein erstes Besteck machen. Nachdem er eine Stunde gerechnet und die Logarithmentafeln gewälzt hatte, meldete er dem Kommandanten, daß er fertig sei. Der Alte stieg mit dem Ergebnis durch das Kugelschott in die Zentrale, ging zum Kartentisch und verglich die Berechnungen mit der Seekarte. Dann brach er in schallendes Gelächter aus. »Kommen Sie mal her, Sie Saftknabe. Nach Ihrer Berechnung fahren wir in den Straßen von Halifax spazieren. Machen Sie nur so weiter. Dann kann ich dem BdU bald melden, daß wir in Chicago stehen.« Die Männer der Zentrale wieherten vor Vergnügen.

Schnell kommt die Dunkelheit und mit ihr ein rasanter Schneesturm. Bald prasseln der Brückenwache Eisstücke ins Gesicht. Die Nacht ist stockfinster. Keine hundert Meter Sicht. Von oben wird gemeldet, daß der Turm langsam vereist. Die Kanone ist nicht mehr zu erkennen. Der Kommandant läßt aber unbeirrt den Kurs halten.

Wir haben 60° West überschritten. Nach drei Wochen lacht zum ersten Male wieder die Sonne vom blauen Himmel, aber es bleibt eisig kalt. Die See hat sich beruhigt. Im Boot ist es gemütlich warm, denn wir haben bei Überwasserfahrt die Diesel-Abgasheizung angestellt.

Der Sender Breslau ist als einziger deutscher Sender nachts auf Mittelwelle zu hören. Das ist eine kleine Sensation, die wir in unserem FT-Bericht vermerken. Ansonsten sind wir auf die Kurzwellenprogramme der deutschen Welle auf 32 Meter und 25 Meter angewiesen. Die amerikanischen Sender sind auch gut zu hören. Auf den Funkwellen ist nicht viel los. U 552 Kapitänleutnant Topp meldet einen Dampfer bei Kap Race versenkt. War es die *Cyclops?* U 552 ist ein Boot vom Typ VII c. Erstaunlich, daß diese Boote so weit fahren können.

16. Januar 1942. Die Nacht war einigermaßen ruhig, aber am Morgen wird es kaum hell, und dann jagt wieder ein furchtbarer Schneesturm über das Boot. Der Kommandant ist auf dem Turm. Der Schneefall ist so dicht, daß Vor- und Achterschiff nicht mehr zu sehen sind. Der Kommandant entschließt sich zum Unterwassermarsch wegen Kollisionsgefahr mit Schiffen, denn wir sind genau auf dem Dampferweg Halifax – New York.

Wieder einmal gibt uns Kernevel eine vom B-Dienst entzifferte britische Meldung durch: »Ein U-Boot wurde vor Halifax gesichtet.« Wer kann das gewesen sein? U 130, Kals? Oder U 552, Topp. Andere Boote sind nicht hier. U 123, Hardegen, muß schon weiter südlich sein. Um 20.00 Uhr und eine halbe Stunde später hören wir aus der Ferne das Donnern von Wasserbomben.

Gegen 21.00 Uhr läßt der Kommandant auftauchen. Es herrscht immer noch Schneetreiben. Der Wind kommt von Norden mit Stärke 8 bis 9. Die Sicht beträgt kaum 500 Meter. Nur die Dünung ist nicht mehr so lang. Mit langsamer Fahrt laufen wir Kurs 270° durch das dichte Schneetreiben, um die Batterien aufzuladen.

17. Januar 1942. Wir sind dicht vor Neu-Schottland. Es ist eine grauenvolle Nacht. Auf der Brücke werden minus 10° Celsius gemessen. Schnee, Regen und Nebelschwaden. Die Sicht ist wieder sehr schlecht. Um 02.00 Uhr läßt der Kommandant wegen der schlechten Sicht wieder tauchen.

Bis jetzt haben wir auf der ganzen Fahrt noch kein Schraubengeräusch gehört, aber gegen 3.00 Uhr haben wir plötzlich ein Dieselgeräusch im GHG. Es liegt achteraus in 95° und entfernt sich schnell. Könnte ein U-Boot sein. Aber wer? Sollte Topp noch weiter nach Süden gekommen sein? Bald darauf ertönen sechs Wabo-Detonationen, und etwas später eine einzelne, scharfe Detonation. Hört sich an wie Torpedotreffer. Dann Stille. Wir sind also nicht allein hier. Jedenfalls ist das Gebiet gewarnt.

Gegen 10.00 Uhr aufgetaucht. Die Sicht hat sich etwas gebessert. Die Wolken hängen sehr niedrig. So sind wir vor Flugzeugen ziemlich sicher. Der Kommandant läßt Kap Sable, die Südspitze von Neuschottland, ansteuern. Am Oberdeck Eisbildung. Die Kreiselanlage ist auch wieder ausgefallen. Der LI sucht den Fehler.

18. Januar 1942. Heute ist Sonntag. Der amerikanische Rundfunk meldet, daß zwei Tanker vor New York gesunken sind.

Bei Morgengrauen läßt der Kommandant tauchen. Er will den ganzen Tag unter Wasser marschieren, um ungesehen Kap Sable zu erreichen. Am Nachmittag hören wir hell zwitschernde Schrauben. Ein Zerstörer oder eine Korvette. Das Schraubengeräusch passiert an Steuerbord. Wir sind nicht bemerkt worden.

Bei Kap Sable kommen wir in flaches Wasser; laut Karte nur noch 150 Meter Tiefe. Der Kommandant gibt mir Anweisung, einmal kurz mit dem Echolot zu loten. Ich gehe in die Zentrale, schalte das Gerät ein und warte, bis die Röhren warm sind. Neben mir steht der Obersteuermann und wartet gespannt, ob seine Navigation trotz defekter Kreiselanlage stimmt. Ich schalte kurz ein und schnell wieder aus, denn das Loten ist weit zu hören. Genau 150 Meter wurden angezeigt. Wir stehen richtig.

19. Januar 1942. Um 1.30 Uhr DGZ bei Dunkelheit aufgetaucht. Die Brückenwache ist gerade aufgezogen, da kommt schon der Ruf von oben: »Licht voraus!« Donnerwetter, die fahren hier wegen der Kollisionsgefahr mit Laternen zur See. Der Kommandant ist sofort auf die Brücke geentert. Es dauert nicht lange, da tönt es aus den Lautsprechern: »Auf Gefechtsstationen! Beide Diesel zweimal große Fahrt voraus! Rohr eins bis vier Mündungsklappen öffnen!« Das Boot erzittert unter den heftig arbeitenden Dieseln. Vorn kurbeln die Mixer an den Mündungsklappen.

Im Funkraum haben wir die 600-Meterwelle geschaltet, um mitzuhören, wenn der Dampfer um Hilfe ruft. Auf der Dampferwelle ist reger Verkehr. Leitstelle ist Halifax. Zum Teil haben die Schiffe noch alte Löschfunkensender.

Das Boot schäumt durch die ruhige See. Kaum Dünung hier am Kap Sable. Auf einmal ist es soweit. »Rohr eins fertig! Rohr eins los!« Fauchend verläßt der Aal das Rohr. Wir warten gespannt. Viele Augen starren auf die Stoppuhren. Schier endlos verrinnt die Zeit. Dann sehen wir uns enttäuscht an. Von oben kommt ein entsetzlicher Fluch. Vorbei! Dann, nachdem die Zeit längst abgelaufen ist, detoniert der Aal in der Ferne. Wahrscheinlich irgendwo im Dreck. Auch das noch. Eigentlich sollte er lautlos untergehen.

Angespannt kurbele ich die Dampferwelle ab. Nichts. Der Funkverkehr geht ruhig weiter. Auf unserem Dampfer scheinen sie nichts bemerkt zu haben. Schließlich kommt ein FT, der Sender ist so laut, daß ich meinen Empfänger ganz zurückdrehen muß. Es muß unser Schiff sein. Es ruft mit seinem verschlüsselten Namen: MSAD. Dann kommt eine Standortmeldung: 43° 26′ Nord, 65° 40′ West. Die Leitstelle Halifax quittiert. Ein anderer Dampfer gibt einen FT ab. Ich drehe meine Lautstärke wieder auf. Ganz leise höre ich: »SSS.« Ich drehe auf der Welle etwas nach und höre: »SSS SSS SSS *Empire Kingsfisher* SSS – sinking quickly – SSS –.« Den Standort bekomme ich nicht mit; die anderen Sender stören.

Der zweite Anlauf wird gefahren. »Rohr zwei los!« Es erfolgt keine Detonation. Der Aal geht vorbei. Dann erfolgt der dritte Anlauf: »Rohr drei los!« Wieder vergebliches Warten. Auch dieser Aal geht daneben. Auf der Brücke werden sie nervös, und unten im Boot wird laut geflucht. Mit verbissenen Gesichtern sitzen die Männer auf ihren Stationen und schimpfen auf den I WO, der nicht schießen kann. Beim Überwasserangriff fährt der Kommandant das Boot und der I WO steht am Nachtzielgerät. Armer Wißmann. Wenn er die Lords hören könnte.

Die Fähnriche sitzen verstört da und erleben, wie es bei der U-Boot-Waffe zugeht, wenn nach Meinung der Mannschaft ein Offizier Mist gebaut hat. Ich glaube aber nicht daran, daß Wißmann Mist gemacht hat. Auf der Brücke werden alle Schußunterlagen fieberhaft geprüft. Es wird kein Fehler festgestellt. Unverdrossen beginnt der Kommandant einen neuen Anlauf. Plötzlich werden noch vier andere Dampfer gesichtet.

Der vierte Anlauf beginnt. Von der Brücke bekomme ich Befehl, den Aal mit dem GHG zu verfolgen. Ich gebe zurück, daß der Torpedo bei der hohen Fahrstufe nur am Anfang der Laufstrecke zu hören ist. Dann ist es wieder soweit. »Rohr vier los!« Plötzlich schweigen die Diesel. Der Kommandant hat stoppen lassen. Ich sitze am GHG, um den Lauf des Torpedos zu verfolgen. Der Aal läuft einwandfrei. Er muß treffen!

Aber da, was ist das? Plötzlich wandert er aus! Wieder vorbei! Ich melde das Horchergebnis zur Brücke. Oben herrscht eisiges Schweigen. Dann plötzlich die Stimme des Alten: »Beide Diesel große Fahrt voraus.« Allen ist klar: Die Aale taugen nichts oder unsere Zieloptik stimmt nicht.

Es ist eine verdammte Schweinerei. Nun stehen wir hier vor Amerika, haben alle Angriffschancen ohne große Abwehr, und die Torpedos laufen nicht, wie sie sollen.

Der Alte ist wild entschlossen, diesen Dampfer umzulegen. Die vorderen Mündungsklappen werden zugedreht. Maat Borchardt geht nach hinten. Also kommen jetzt die Heckrohre dran. Die Diesel hämmern wie wild. In kurzer Zeit haben wir uns vorgesetzt. Es ist stockfinster oben. In nur 500 Meter Entfernung rauschen wir vor dem Bug des Dampfers über dessen Kurs und stehen gleich darauf in Schußposition. Dann heißt es: »Rohr fünf fertig! Rohr fünf los!«

Der erste Heckaal verläßt das Rohr. Die Diesel schweigen, und wir können den Lauf des Torpedos im GHG verfolgen. Alles wie gehabt; er wandert aus. Die Männer starren sich an. Es ist unfaßbar. Fünf Torpedos verschossen. Ohne Erfolg. Haben wir dafür diesen weiten Weg gemacht?

Der vordere Steuerbord-Ausguck meldet: »Küstenfeuer in Sicht.« Der Kommandant gibt Befehl zum Abdrehen. Leise dümpelnd schwingt der Bug nach Südosten. Es ist 08.00 Uhr DGZ. Zwischen zwei Schiffen hindurch laufen wir ab in die offene See. Ziele genug und noch kein Aufruhr in der Herde, aber unsere Waffe ist stumpf. Es hat keinen Zweck; wir müssen erst alle Torpedos nachprüfen.

Niedergeschlagen kommt der Alte. von der Brücke und wirft sich auf die Koje, während die Diesel das Boot mit großer Fahrt nach Südosten jagen. Wir müssen noch vor Tagesanbruch tiefes Wasser erreichen. Der I WO kommt von oben. Setzt sich müde auf seine Koje.

Der kleine Keller fängt an zu lästern: »Wir hätten ja mitfahren können nach Halifax. Wenn der Dampfer dann an der Pier gelegen hätte, hätten wir ihn bestimmt getroffen.« Wißmann kneift die Lippen zusammen und nickt. »Das glaube ich auch. Aber nur auf Entfernung von 50 Metern.«

Ich melde dem Kommandanten den verstümmelt aufgenommenen SSS-Ruf der *Empire Kingsfisher.* Er schüttelt resigniert den Kopf. »Glaube nicht, daß das einer unserer Aale war. Kann auch Kals gewesen sein.«

20. Januar 1942. Um 12.00 Uhr wird es langsam hell. Wir stehen südlich Kap Sable. Der Kommandant befiehlt Unterwassermarsch bis 24.00 Uhr. Im Bugraum wird schwer geschuftet. Die Mixer prüfen die Aale und laden die Rohre nach. Auch der Heckaal wird nachgeladen. Im Gradanzeiger der Zielsäule wird ein Fehler festgestellt. Ob das alles war?

Endlich kehrt Ruhe im Boot ein, und wir schlafen uns alle aus. In der folgenden Nacht geht es wieder ran an die Küste.

21. Januar 1942. 00.00 Uhr DGZ aufgetaucht. Die Dunkelheit bricht gerade an. Die Diesel fauchen los.

Von weitem dröhnen einige Serien Wabos durchs Wasser. Vielleicht nur ziellose Schreckwürfe.

Wir laufen wieder Kurs Kap Sable. Leibling entschlüsselt die von mir auf Längswelle aufgenommenen FTs. Nach einiger Zeit reicht er mir die Kladde. Drei FTs hat er rot angekreuzt. Hardegen meldet: »53.360 BRT vor New York versenkt.« Und Zapp: »18.000 BRT versenkt.« Dann ein FT vom BdU: »Bleichrodt Erfolg melden.« – Ich reiche dem Kommandanten die Kladde. Der Alte liest mit schmalen Augen, dann gibt er mir sie zurück. Schweigend nimmt er seine Lederjacke vom Haken und steigt auf die Brücke. Um 3.00 Uhr DGZ ist das Küstenfeuer wieder in Sicht. Der Alte ist diesmal noch näher rangegangen. Wir haben nur noch 60 Meter Wasser unterm Kiel. Von hier müßten wir die Schiffe sehen, die das Kap umschiffen.

Aber die Nacht ist schwarz und kein Schiff kommt. Wir liegen wie ein Tiger auf der Lauer. Endlich, gegen 6.00 Uhr, kommt ein Dampfer achteraus in Sicht. Er hat sogar Positionslaternen gesetzt und kommt unwahrscheinlich schnell näher. Die Diesel brummen auf.

»Rohr eins fertig!« Wir laufen hohe Fahrt. »Rohr eins los!« Wieder läuft einer unserer Aale. Als die Diesel verstummen, können wir den Aal gut hören. Es ist alles in Ordnung, doch plötzlich wandert der Dampfer schnell aus. Borchardt knirscht mit den Zähnen. »Verfluchter Mist!« Ich nicke. »Der geht achtern vorbei!«

Ungefähr eine Minute ist es noch still im Boot. Dann sehen sich die Männer bedeutungsvoll an. »Flaschen da oben auf der Brücke«, sagt ein Lord in der Zentrale. Durch das Sprachrohr höre ich, wie Maureschat am Vorhaltrechner im Turm laut flucht.

Von der Brücke kommt der Befehl: »Beide Diesel große Fahrt voraus.« Wir jagen hinter dem Dampfer her. Die See ist nur leicht bewegt. Ideales Angriffswetter. Dann höre ich im Sprachrohr: »Beide Diesel AK voraus!« Das ganze Boot erzittert. Die Umdrehungsanzeiger klettern schnell auf den roten Strich zu. Wir machen Fahrt für 18 sm. Was ist los da oben?

Ich gehe zum Kugelschott und werfe einen Blick in die Zentrale. Otto Peters zieht die Augenbrauen hoch, schlängelt sich am LI vorbei und kommt zu mir ans Schott. »Feiner Paukenschlag, was?« lästert er. »Wenn die da oben so weiter machen, haben wir die Aale bald raus.« Er wirft einen Blick auf den LI. »Dann können wir wenigstens nach Hause fahren.« – »Ja«, sage ich, »und stell dir mal das Gesicht vom BdU dann vor. Warum laufen wir denn jetzt 18 Seemeilen?« Otto winkt ab. »Sie versuchen ihn einzuholen. Haben sich total in der Fahrt verschätzt.«

Ich gehe zurück zu meinem Empfänger mit der 600-Meterwelle. Es ist alles ruhig. Man hat uns also noch nicht gesehen. Das Boot schäumt durch die See. 30 Minuten, 60 Minuten vergehen. Der Dampfer ist nicht einzuholen. Läuft über 18 sm. Muß ein ganz modernes Schiff sein. Schade. Das einzige Schiff, das in dieser Nacht vorbeikam. Der Kommandant bricht die Verfolgung ab. Wir drehen nach Süden ab. Als gegen 12.30 Uhr DGZ der Morgen hochkommt, wird zum Unterwassermarsch getaucht.

Der Kommandant setzt einen Funkspruch auf und gibt ihn uns zum Verschlüsseln. Ich sage ihm, daß ich den FT aber nicht gleich nach dem Auftauchen, sondern erst um 5.00 Uhr DGZ absetzen werde, da dann die beste Verbindung mit Kernevel besteht. Er nickt: »Gut. Mach, wie du denkst.«

22. Januar 1942. Um 2.00 Uhr DGZ aufgetaucht. Wir haben 66° West überschritten und sind im Golf von Maine. Auf der Brücke ist es sehr kalt. Wir stoßen tiefer in den Golf hinein, wo sich die Dampferrouten von Boston, Portsmouth nach Kap Sable kreuzen. Um 5.00 Uhr habe ich den FT abgesetzt. Kernevel quittiert sofort und wiederholt richtig. Beste Verbindung über den Atlantik.

Die Nacht ist etwas heller. Auf der Brücke wird ein Dampfer mit Kurs auf Kap Sable gesichtet. Er fährt abgeblendet; bestimmt ein Brite. Die Jagd beginnt von neuem. Wir haben die Dampferwelle geschaltet und das Horchgerät vorgewärmt.

Da rasen plötzlich die Alarmglocken durchs Boot. Die Brückenwache poltert in die Zentrale. Rauschend geht es abwärts. Dann plötzlich Stille, Berthold Seidel kommt durch das Zentraleluk zum Horchraum. »Was ist los, Berthold?« Er lacht. »Stell dir vor, ein Flugzeug mit Positionslaternen. Direkter Anflug. Kann auch Zufall sein. Glaube kaum, daß er uns sehen konnte.« Wir warten gespannt, aber es fallen keine Bomben.

Routinemäßig drehe ich mit dem Steuerrad des GHG den ganzen Sektor ab. Da, da ist doch was. Ich peile es genau ein. Ein metallisches Zwitschern. »Habt ihr da oben nichts gesehen?« frage ich Berthold: Er schüttelt den Kopf. »Nee, in meinem Sektor nach Westen war es verdammt dunkel.« – »Genau von dort kommt er. Melde mal an Zentrale: Zerstörer in 300°, wird schnell lauter.« Berthold meldet an Zentrale. Dann höre ich die Stimme des Alten: »Auf 100 Meter gehen.« Er kommt schnell näher. Bald sind die Schrauben im ganzen Boot zu hören. Wir werden überlaufen, und die Männer ziehen die Köpfe ein. Gleich muß es knallen.

Aber nichts geschieht. Waren Flugzeug und Zerstörer nur Zufall? Wir bleiben noch eine Weile im Keller, bis der Feind abgelaufen ist. Der

Dampfer ist entkommen, und im weiteren Verlauf der Nacht wird kein Schiff mehr gesichtet.

23. Januar 1942. Bei Tagesanbruch wird wieder getaucht. Unterwassermarsch im Golf von Maine. Mit der Ruhe in diesem Gebiet scheint es aber vorbei zu sein. Den ganzen Tag rollen Wabo- und Fliebo-Detonationen durch das Wasser. Vielleicht haben sie unseren FT eingepeilt und wissen nun, daß hier ein Nazi-U-Boot steht. So nennen sie uns ja im USA-Radio.

Wir machen den dritten Vorstoß auf Kap Sable von Südwesten her. Bei Anbruch der Dunkelheit wird aufgetaucht. Vorsichtig staffeln wir uns heran und stehen bald wieder in flachem Wasser. Im FT-Raum haben wir viel zu tun, um alle fehlenden FTs hereinzuholen.

Gegen 6.00 Uhr klickt es in den Lautsprechern. »Auf Gefechtsstationen!« Die Nacht oben soll pechschwarz sein. Der Dampfer hat keine Laternen gesetzt. Geschätzt wird er auf 5 bis 6000 BRT. Langsam kommen wir in vorliche Stellung.

Um 7.00 Uhr beginnt der Anlauf. Wir beobachten seit vier Stunden die 600-Meterwelle. Ich habe sie auf den kleinen Lautsprecher geschaltet. Noch ist alles ruhig. Maureschat hat wieder den Stöpsel aus meinem Sprachrohr im Turm gezogen, so daß ich alles hören kann, was von der Brücke kommt. Um 7.12 Uhr kommt der Befehl: »Rohr fünf los!«

Wieder starren wir auf die Stoppuhren. Die Entfernung beträgt nur 400 Meter. Da Detonation! »Treffer!« brüllen die Männer. Na, endlich. Und da geht es auch schon auf der Dampferwelle los.

»SSS SSS SSS – Andreas – Position 43,20 Nord, 66,15 West. SSS SSS SSS – *Andreas«.* Den Namen haben wir also. Ich schlage gleich in Lloyds Register nach. Da steht: *Andreas,* Grieche, 6566 BRT. Ich gebe die Tonnage durch mein Sprachrohr zur Brücke hinauf.

»Dampfer sinkt schnell über Achtersteven«, kommt es von oben. Otto Peters feixt. »Kein Wunder, so ein alter Kasten. Die Griechen haben alle so halb verrottete Schiffe.« Obersteuermann Arnetzberger kommt zu mir ans Funkschap und fragt, was die Küstenstationen machen. Wir haben die Welle noch über den Lautsprecher laufen. »Hören Sie doch«, sage ich, »Halifax hat schon wiederholt und jetzt wiederholen alle Stationen an der Küste.« Es ist, als ob wir in ein Hornissennest gestochen hätten. Nur *Andreas* antwortet auf die Rufe von Halifax nicht mehr. Über ihn rauschen schon die Fluten. Mit großer Fahrt laufen wir nach Osten ab.

Obersteuermann Arnetzberger macht diese Fahrt mit, um anschließend unseren alten Obersteuermann Bruno Petersen abzulösen. Arnetzberger ist klein, drahtig und auch immer freundlich, aber er strahlt nicht die souveräne Ruhe und Sicherheit unseres großen Bruno Petersen aus.

24. Januar 1942. Wir sind den ganzen Tag unter Wasser gewesen. Um 1.00 Uhr aufgetaucht. Ich erwische noch die Programmzeiten auf den Wiederholungswellen und höre die Erfolgsmeldungen der anderen Amerika-Boote, die alle schon den Rückmarsch angetreten haben. Es meldet Zapp, U 66: »Versenkt 50.000 BRT.« Kals, U 130 meldet: »Versenkt 30.000 BRT.« Hardegen hat auf dem Rückmarsch einen Dampfer mit Artillerie versenkt, da die Torpedos bereits verschossen waren.

So sieht es aus. Für den Alten muß es niederschmetternd sein. Wir krebsen um Neuschottland herum und haben erst einen Dampfer versenkt. Dabei wird der Brennstoff immer weniger. Erneut kreuzen wir in den Golf von Maine hinein.

Die Nacht vergeht, ohne daß ein Schiff gesichtet wird. Um 12.00 Uhr, bei Morgengrauen, geht es unter Wasser. Während des Tages werden keine Schraubengeräusche gehört.

25. Januar 1942. Um 1.00 Uhr DGZ aufgetaucht. Der Kommandant gibt Befehl, auf Yarmouth vorzustoßen. Ich steige auf die Brücke, um meine Lungen vollzupumpen. Seit Tagen war ich nicht mehr auf dem Turm. Es ist eine helle Mondnacht. Ich gehe in den FT-Raum zurück, wo mir Leibling einen gerade entschlüsselten Funkspruch gibt. »Vom BdU«, sagt er nur und lächelt. Ich lese: »Bleichrodt steht im Brennpunkt des Verkehrs.« Ich muß lachen. Er sollte mal den Verkehr hier sehen. Auch der Kommandant lächelt nur, als er diesen FT liest.

Die halbe Nacht ist schon herum, da kommt der Ruf von der Brücke: »Schatten an Steuerbord voraus!« Die Jagd beginnt. Ich schalte die Dampferwelle auf Lautsprecher. Daneben hat Leibling die 32 m und die 36 m Kurzwelle über Kopfhörer in Beobachtung, während ich die FTs von der eigenen Atlantik-Welle aufnehme. Außerdem hänge ich mit einem Ohr am Sprachrohr zum Turm.

Bald kommen genauere Angaben von oben. Es soll sich um ein Schiff von mindestens 8000 BRT handeln. Es hat Positionslaternen gesetzt. Auf den internationalen Wellen ist alles ruhig. Eine Weile laufen wir parallel zu seinem Kurs, dann klickt es in den Lautsprechern: »Auf Gefechtsstationen!« Die Mündungsklappen werden aufgedreht. Rohre bewässert. Noch einmal wird Kurs und Fahrt des Gegners überprüft. Dann beginnt der Anlauf aus dem Dunkel heraus.

Es kann eigentlich nichts schiefgehen. Das Boot schäumt durch die kaum bewegte See. Hoffentlich ist es nicht zu hell da oben. Gespannt hänge ich mit meinem rechten Ohr am Sprachrohr. Plötzlich höre ich einen Ruf von der Brücke: »Dampfer hat Laternen gelöscht.« Verdammt. Sollte er unsere weiße Bugwelle gesehen haben? Irgend etwas muß ihm aufgefallen sein.

Noch läuft der Angriff planmäßig. Kurs und Fahrt des Dampfers scheinen noch unverändert zu sein. Auf der Brücke ist es seltsam ruhig. Plötzlich höre ich den Alten fluchen. Gleich darauf brüllt er von oben in den Turm: »Ruder hart Steuerbord! Auf 90° gehen!« Pötter, der Rudergänger, wiederholt monoton wie immer.

Was mag da oben wieder los sein? Hat das Schiff den Kurs geändert? Dann höre ich Ede Maureschats Stimme im Sprachrohr: »He, Funkraum!« – »Ja, Ede.« Er spricht gedämpft: »Hinter dem Bug des Dampfers hat sich ein Zerstörer vorgeschoben. Er kommt jetzt mit Lage null.« – »Also sind wir bemerkt?« sage ich. »Ja, klar. Der hat die ganze Zeit nur hinter dem Dampfer gewartet, bis wir anlaufen.« – »Na, denn Prost!« Eduard antwortet nicht mehr.

Ich sehe an der Kompaßtochter, daß wir die Drehung noch nicht beendet haben. 7o° gehen durch. Dann 80°. Pötter müßte jetzt Gegenruder legen. Da – die Drehung verlangsamt sich. 90° liegen an. Ein Zittern geht durch das Boot. Die Diesel gehen auf höchste Fahrtstufe. Wir jagen mit 18 Seemeilen nach Osten, hinein in die Dunkelheit.

Auf den internationalen Wellen ist alles ruhig. Der Dampfer muß eine Falle sein, denke ich, sonst hätte er schon längst auf 600 m ein Palaver über ein ›German Sub‹ angefangen.

Wild schäumt die See um das Boot. Werden wir dem Zerstörer entkommen? Zum Glück leuchtet das Wasser hier oben im Norden nicht, denn sonst würde man bestimmt unsere Hecksee sehen. Von der Brücke wird gerufen: »Schatten an Backbord!« – »Wo?« höre ich den Alten fragen. »In zirka 260°! Zerstörer an Backbord!« – »Kurs wird durchgehalten.«

Daß der zweite Zerstörer auch genau auf uns zuhält, gibt mir zu denken. Bestimmt haben sie Funkmeß auf den Zerstörern. Wir jagen weiter mit Höchstfahrt nach Osten. Nach ungefähr 30 Minuten kommt endlich von oben der Befehl: »Beide Diesel halbe Fahrt.« Die Gefahr scheint vorüber. Die beiden Zerstörer haben abgedreht.

Es wird bald dämmern. Also waren wir auch diese Nacht vergeblich im Brennpunkt des Verkehrs. Und der Brennstoff wird immer weniger. Als der Morgen graut, sind wir von Fischkuttern umgeben. Wir können sie nicht umgehen, denn wir müssen unbedingt auf tiefes Wasser kommen, bevor es hell ist.

Die Kutter werden scharf beobachtet, aber sie tauschen keine Signale aus, und auf den internationalen Wellen herrscht weiterhin Ruhe. Ob sie überhaupt erkennen, daß wir ein feindliches U-Boot sind? Bald haben wir sie hinter uns. Um 13.00 Uhr DGZ wird zum Unterwassermarsch getaucht.

26. Januar 1942. Aufgetaucht um 01.00 Uhr DGZ. Im Westen geht die Sonne unter. Den ganzen Tag unter Wasser kein Schraubengeräusch, nur einige Wabo-Detonationen in weiter Ferne. Der Kommandant will noch einmal nach Kap Sable. Dort war doch wenigstens Verkehr. Die See ist nur mäßig bewegt. Der I WO sagt zum Kommandanten: »Ich glaub, das Wetter schlägt bald um«. – »Es sieht ganz nach Sturm aus«, erwidert der Alte, »und es wird Zeit, daß wir hier abhauen.«

Langsam staffeln wir uns an die Küste heran. Mehrmals werden Bewacher gesichtet, aber es gelingt dem Alten, ungesehen an ihnen vorbeizukommen. Dann stehen wir wieder vor Kap Sable. Seltsam ist, daß die Feuer an der Küste wieder brennen. – Immer wieder höre ich den Ruf von der Brücke: »Bewacher voraus! Bewacher an Steuerbord!« Ab und zu müssen sie oben mit Hartruderlage und ›Große Fahrt voraus‹ arbeiten. Es scheint heute nacht von diesen Stinkeputzen zu wimmeln.

Stunde um Stunde vergeht. Kein Schiff, auf das sich ein Angriff lohnen würde. Wir haben knapp 50 Meter Wasser unterm Kiel. Ich bin in der Zentrale, als gegen 08.00 Uhr der Alte verärgert von oben kommt. Sinnend steht er am Kartentisch. Plötzlich fragt er: »Wo ist der Obersteuermann?« Bruno Petersen wird geholt.

»Stecken Sie einen Kurs nach Süden über die Nantucket Bank ab.« – »Herr Kaleu«, unterbricht der LI den Alten: »Melde, daß wir nur noch 85 cbm Brennstoff haben.« Bleichrodt beißt sich auf die Lippen. Einen Augenblick überlegt er, dann sagt er fest entschlossen: »Egal, wir wollen noch einen Abstecher nach New York machen. So fahre ich nicht nach Hause.« Was wir alle verstehen können.

Der Bug schwingt nach Süden. Mit kleiner Fahrt laufen wir ab. Gegen 13.00 Uhr wird es hell, und wir gehen mit Alarm auf Tiefe zum Unterwassermarsch. Noch haben wir kein tiefes Wasser unterm Kiel. Gegen 14.00 Uhr schlagen plötzlich vier Detonationen gegen unseren Druckkörper. Wie mächtiges Donnergrollen rollt es durch die See. Das bekannte Geräusch der Wasserbomben. Wir warten gespannt. Plötzlich sind Zerstörerschrauben aus der Richtung, aus der wir kamen, zu hören. Das Geräusch verliert sich aber bald.

27. Januar 1942. Während des Unterwassermarsches hören wir mehrmals das Grollen der Wabo-Detonationen in der Ferne. Die Bewacher bei Kap Sable scheinen sehr nervös zu sein. Als wir in der Dunkelheit auftauchen, rast ein starker Nordwest-Sturm über die See. Wir steuern Kurs 190°. Ade, Neuschottland! Die Männer freuen sich, daß der Alte unser Operationsgebiet einfach verläßt. Es wird mir immer unverständlich sein, warum uns der BdU nach Kanada geschickt hat, wo wir doch den Krieg mit Amerika beginnen sollten. Also auf nach New York, wo Hardegen seine Erfolge errungen hat. Ich muß an Funkmaat Rafalski denken, der auf U 123 fährt. Wir Funker kennen uns alle von der Nachrichtenschule Mürwik her.

Unser Brennstoff wird zwar knapp werden, aber der Alte wird uns schon wieder nach Hause bringen. Obermaschinist Schewe hat fünf cbm in Reserve, was der LI gar nicht weiß. Fünf cbm retten uns allerdings nicht auf dem weiten Weg über den Atlantik. Da fällt mir ein Funkspruch ein. Ich schlage in der FT-Kladde nach.

Kals, U 130, hat gemeldet, daß er verschossen ist und mit 120 cbm Brennstoff den Rückmarsch antritt. Ich mache den Alten auf diesen FT aufmerksam. Er kommt in den FT-Raum, liest den Funkspruch und streicht sich dabei den Vollbart. »Ja«, sagt er langsam, »wir können es versuchen. Machen Sie FT an BdU: 20 cbm Brennstoff von Kals erbeten. Dazu Kurs und Standort: Lassen Sie sich vom Obersteuermann geben. Mal sehen. Dann wäre uns geholfen.«

Wir machen den FT fertig und setzen ihn in der günstigen Zeit zwischen 4.00 und 5.00 Uhr DGZ ab. Kaum habe ich die Uhrzeitgruppe gegeben, da unterbricht mich Kernevel: »Lä 5 – K –« – »Ich höre Sie gut mit Lautstärke fünf, bitte kommen.«

28. Januar 1942. Gestern abend standen wir schon querab vom Nantucket-Feuerschiff. Der Sturm flaute merklich ab. Er hat uns gut nach Süden geschoben. Als ich gegen 2.00 Uhr meine Wache antrete, wird es plötzlich warm. Das Thermometer steigt sehr schnell, binnen kurzer Zeit von 1°C auf 19° Celsius. Wir werfen die Pelze ab. Dieser Temperaturwechsel trifft uns wie ein Hammerschlag.

Otto Peters kommt schweißgebadet aus seiner Koje hoch, läuft nach achtern und läßt die Lüftung auf AK laufen. Wir ziehen alles aus, sogar die Unterwäsche, und sitzen im bunten Hemd an der Back. Das Boot macht kurze, unberechenbare Bewegungen. Die See schwabbert durcheinander; der Sturm ist eingeschlafen. Hier im Golfstrom kann man es im Winter aushalten.

Nach dem Frühstück gehe ich auf die Brücke. Es weht ein warmer

Südwind. Mit vollen Zügen atme ich die herrliche Luft. Kaum zu glauben, daß es einige Stunden nördlich von hier so kalt ist.

Der BdU hat sein Einverständnis zur Brennstoffübernahme von Kals gegeben. Wir sollen uns am 29. Januar in Marinequadrat CB 4872 treffen. Obermaschinist Schewe trifft sofort alle Vorbereitungen für die Übernahme.

Um 17.25 Uhr ein FT vom BdU an Bleichrodt und Kals: »Falls bis 21.00 Uhr Zuammentreffen nicht gelungen, Bleichrodt Peilzeichen senden gem. Kriegsbefehl 211 Abschnitt 1a ohne Funksignal auf 8,2 m.« Wir sollen also nur »v v v« senden. Das ist unauffällig.

29. Januar 1942. Heute soll das Treffen stattfinden. Um 6.30 Uhr kommt ein FT von Kals: »Funkpeiler unklar. Sende wenn nötig Peilzeichen für Bleichrodt am 29. 1. ab 21.00 Uhr auf 852 m.«

In der Nacht hat es mächtig aufgebrist. Besorgt beobachtet der Kommandant das Barometer. Es fällt unaufhörlich. Der Wind wird immer stärker. Wir stampfen mühselig zum Treffpunkt. Gegen Mittag haben wir Orkan 11 bis 12, Seegang 10. Wir müssen beidrehen und auf der Stelle treten. Irgendwo in unserer Nähe liegt sicher auch U 130 beigedreht und stampft auf der Stelle. An eine Brennstoffübernahme ist bei dieser See nicht zu denken.

Vielleicht liegen wir sogar am Rande eines Hurrikans. Der Himmel ist gelblich fahl. Unheimlich peitschen die Wogen heran. Dabei ist es so warm, daß die Wache im Hemd auf der Brücke steht. Wir haben kein Besteck und wissen nicht, ob unser Standort stimmt. Gegen 13.00 Uhr läßt der Kommandant tauchen, da oben kaum noch etwas zu sehen ist. Wir müssen bis auf 100 Meter gehen, da bei 60 bis 80 Meter noch starke Dünung das Boot ins Schwanken bringt. Es ist unerträglich heiß im Boot. Vielleicht ist Kals auch unter Wasser gegangen. Es sind jedenfalls keine Dieselgeräusche zu hören. Dabei müßte er ganz in der Nähe sein.

»Mann«, sagt Berthold Seidel zu mir, »möchtest du jetzt auf einem Zerstörer sein?« – »Nee«, sage ich, »lieber schwitzen. Ich weiß, wie es auf so einem Kasten bei Sturm ist. Ich bin Torpedoboot gefahren.«

Um 19.00 Uhr läßt der Kommandant die Oberfläche ansteuern. Bei 40 m merken wir, was oben los sein muß. Ein Rundblick mit dem Sehrohr mißlingt, da der LI das Boot nicht auf Sehrohrtiefe halten kann. Der Kommandant läßt anblasen und geht allein auf die Brücke. Dann springen die Diesel an, und es kommen Ruderbefehle von oben. Der Wind muß gedreht haben.

Die Brückenwache steht noch in der Zentrale und wartet auf den

Befehl zum Aufziehen, da schreit der Kommandant etwas von oben. Ein Mann unter dem Luk wiederholt: »Brückenwache warm anziehen. Oben ist Nordwestwind mit Schnee und Hagel.« Ich sehe die erstaunten, fast ungläubigen Augen der Lords. Dann holen sie kopfschüttelnd ihre Pelze hervor. Es herrscht weiterhin Orkan 10 bis 11, aber er hat gedreht und kommt jetzt eisig vom Festland herüber. Eine schwere See steht aus Nordwest. An Brennstoffübernahme ist nicht zu denken. Damit Kals nicht unnötig Peilzeichen sendet, läßt der Alte einen FT abgeben: »An Kals. Keine Peilzeichen senden, warten bis 30. Januar. NW 11, See 9 bis 10, 998 mb, beigedreht. CB 4840 ungenau. – Bleichrodt –«

30. Januar 1942. Von 01.00 bis 13.00 Uhr wieder unter Wasser gegangen. Wetter unverändert. Wind hat um 13.00 Uhr nur wenig abgeflaut. Tief hängende Wolken, schlechte Sicht und eine riesige Dünung aus Nordwest. Wir liegen weiter beigedreht. An eine Brennstoffübernahme ist auch heute nicht zu denken. Wenn es so weitergeht, werden wir immer mehr Brennstoff von Kals brauchen. Der LI meldet heute nur noch 75 cbm. Um 16.00 Uhr läßt der Alte wieder einen FT an Kals abgeben: »Bitte Wetterbesserung abwarten, 75 cbm, CB 48. Bleichrodt.« Auch von U 130 wird ein FT entschlüsselt. Kals macht eine Wettermeldung an den BdU. Außerdem meldet er, daß ein Treffen mit Bleichrodt noch nicht stattgefunden hat. U 130 wird morgen bei Wetterbesserung Peilzeichen senden. Diesen FT halte ich für unnötig, denn der BdU kann ja aus unseren kurzen Meldungen ersehen, was los ist.

Noch immer kein Besteck. Nach Annahme der Steuerei stehen wir jetzt querab Kap Henlopen, dem Eingang zur Delawarebucht, auf 38° 31′ Nord und 66° 59′ West. Nach Meinung des Kommandanten sind wir weit genug von der Küste entfernt, um bei der Übernahme vor Überraschungen aus der Luft sicher zu sein. Wir stampfen weiter auf der Stelle gegen die hohe See.

31. Januar 1942. Von 2.00 Uhr bis 13.00 Uhr unter Wasser nach Südost marschiert, da der Kommandant starke Stromversetzung durch den Golfstrom annimmt. Nach dem Auftauchen kann Arnetzberger endlich ein Besteck nehmen. Wir stehen noch 32 sm nordwestlich vom Treffpunkt. Der Sturm hat nachgelassen. Nur noch Nordwest 2 und mäßige Dünung. Dann empfangen wir endlich Peilzeichen von U 130. Wir laufen Kurs Süd und peilen uns heran. U 130 gibt alle halbe Stunde Peilzeichen ohne Zwischensignal für einige Minuten, als wäre es Fühlungshalter am Geleitzug.

Am Nachmittag stehen wir querab Kap Henry auf 38° 06′ Nord und

66°44′ West. Marinequadrat CB 4842. Endlich kommt U 130 in der langen Dünung in Sicht. Auch die Männer drüben haben uns gesehen. Wir fahren aufeinander zu. Es ist 16.20 Uhr, als der Ruf ertönt: »Rauchwolke steuerbord voraus in Sicht.« Auch auf U 130 ist die Wolke gesichtet worden. Wir laufen mit hoher Fahrt bis auf 40 Meter Abstand auf Kals zu.

Die Kommandanten eröffnen den Sprechverkehr mit der Flüstertüte. Kals sagt, daß er leider keinen Aal mehr hat. Erfolg: 37.000 BRT versenkt. Er würde wohl gerne von uns einige Aale übernehmen. Obwohl die Männer auf beiden Booten alles schon für die Brennstoffübernahme vorbereitet hatten, müssen wir uns wieder trennen, um zuerst den gesichteten Dampfer zu jagen. Kapitänleutnant Bleichrodt lächelt verschmitzt und nimmt die Flüstertüte hoch: »Tut mir leid, Herr Kapitän. Ich wollte Sie so lange ja nicht aufhalten.« Korvettenkapitän Kals lacht und ruft zurück: »Versenken Sie den man erst. Ich warte solange.«

Wir drehen hart ab und jagen hinter dem Dampfer her. Es scheint ein schnelles Schiff zu sein. Wir laufen zweimal große Fahrt, aber wir kommen nur langsam auf. Außerdem zackt er sehr stark und unregelmäßig um seinen Generalkurs von 60 bis 80°. Endlich haben wir ihn ausgedampft. Der Kerl läuft 13 sm. Ein verdammt gutes Schiff. Wir versuchen, uns mit 16 sm vorzusetzen. Das Boot erzittert unter der hohen Fahrstufe, und das Vorschiff bohrt sich tief in die lange Dünung. Ein Glück nur, daß der Wind so abgeflaut hat. So kommt nicht viel Wasser über die Brücke, aber die hohe Fahrt kostet viel Brennstoff.

Um 21.00 Uhr haben wir es geschafft. Wir stehen direkt vor dem Dampfer auf seinem Generalkurs. Er soll noch vor der Dunkelheit fallen, damit wir in der Nacht Brennstoff übernehmen können. Mit Alarm geht es unter Wasser. Der LI pendelt das Boot kurz durch, dann läßt der Kommandant auf Sehrohrtiefe gehen. Es dauert nicht lange, da klickt es in den Lautsprechern: »Auf Gefechtstationen.« Hoffentlich bricht das Boot bei der langen Dünung nicht durch. Von den Tiefensteuerkünsten unseres LIs bin ich nicht überzeugt. Er ist und bleibt ein Kleinbootfahrer.

Dann ist es soweit. »Rohr eins fertig!« Minuten vergehen. Die Spannung wird fast unerträglich. Aber wir warten vergebens. Der Schuß fällt nicht. Der Dampfer kommt nicht in Schußposition. Wild zackt er herum, als wüßte er, daß der Tod auf ihn lauert. Ich höre den Alten am Sehrohr leise fluchen. Er schätzt den Dampfer auf mindestens 8000 BRT. »Wegtreten von Gefechtsstationen!« Also dieser Anlauf war nichts. Nun müssen wir warten, bis das Schiff weit genug entfernt ist, um uns beim Auftauchen nicht mehr zu sichten. Um 22.15 Uhr geht es nach oben. Erneut jagen wir hinter dem Schiff her. Der Alte gibt mir einen FT zum Verschlüsseln: »An Kals: Jage Dampfer noch. Neuer Treffpunkt Qu. CB 4965 am 1. 2. um 13.00 Uhr. Bleichrodt.« Gegen 23.20 Uhr haben wir den Dampfer wieder Backbord voraus.

1. Februar 1942. Heute ist Sonntag, aber wer denkt daran. Wir jagen weiter hinter dem einsamen Schiff her und versuchen, uns auf die mondgünstige Seite vorzusetzen. Um 02.30 Uhr ist der Dampfer querab. Er zackt immer noch um einen Generalkurs von 70°. Vereinzelte Wolken lassen die mondhelle Nacht dunkler werden, so daß wir näher heranstaffeln können. Endlich ist es soweit. Der Dampfer ist achteraus.

Der Anlauf beginnt. Die Mündungsklappen sind geöffnet, die Rohre gewässert. Der Kommandant dreht zum Buganlauf an, aber bevor wir schießen können, zackt der Dampfer ab nach Steuerbord. Sollte er uns gesehen haben? Wieder laufen wir mit Höchstfahrt vor. Dann um 03.20 Uhr erneuter Anlauf. Mit hoher Fahrt dreht der Bug auf den Gegner. »Rohr I, III und IV sind klar.« Wie immer hänge ich mit einem Ohr am Sprachrohr zum Turm, während ich mit dem anderen Ohr die 600-Meterwelle abhöre. Und dann: »Fächer los!« Vorn im Bugraum zischt es mächtig. Drei Torpedos gehen auf die tödliche Reise. Die Stoppuhren laufen und Ferdinand sitzt am Horchgerät.

Zwei Minuten sind schon vorbei und weiter läuft der Zeiger. Da, ein harter Schlag gegen das Boot. Es ist genau 03.30 Uhr. Gleich darauf noch ein Schlag. »Treffer!« gellt der Schrei durch die Räume. Zwei Torpedos haben getroffen. Dann höre ich aus dem Turm: »Erster Treffer vorn, zweiter Treffer Mitte.« Dann muß der dritte hinten vorbei gegangen sein.

Da geht es auf der 600-Meterwelle auch schon los. »SSS SSS SSS – *Tacoma Star* – torpedoed. Position 37° 33′ Nord, 69°21′ West. SSS SSS SSS.« Ich schlage im Lloyd nach. Dort steht: »*Tacoma Star* Kühlschiff 7900 BRT.« Ich melde die Angaben zur Brücke. Bald darauf kommt die Meldung an die Zentrale: »Schiff sinkt sehr schnell über Vordersteven.« Und dann: »Dampfer ist weg!« So schnell geht das also.

Die See ist wieder leer. Der große Schatten ist versunken. Und die Männer dieses Schiffes? Langsam geht der Kommandant an die Untergangsstelle heran. Es ist sehr dunkel geworden. Die Wache kann nichts entdecken, doch plötzlich hört sie das Geräusch eines Motorbootes, das sich schnell entfernt. Auch Ferdinand kann es im GHG hören. Also haben sie doch noch Boote zu Wasser bekommen. Es muß eine gut eingespielte Besatzung gewesen sein, wenn sie sogar ein Motorboot zu Wasser bekommen haben.

Unser Bug schwingt zurück auf Kurs Süd. Wir müssen U 130 wiederfinden. Die Diesel laufen kleine Fahrt. Der Standort des Dampfers in der SSS-Meldung war falsch. Versenkt wurde die *Tacoma Star* genau auf 38° 46′ Nord und 64° 17′ West. Auf der Brücke werden fünf beleuchtete Rettungsboote backbord querab gesichtet.

Da das Barometer wieder fällt und es stark aufbrist, läßt der Kommandant um 5.00 Uhr einen FT abgeben: »An Kals, soeben *Tacoma Star* versenkt. Bitte schon um 9.00 Uhr Qu. CB 4965 treffen. Bleichrodt.« Um 9.25 Uhr kommt die Antwort von Kals: »Kann erst ab 15.00 Uhr auf Treffpunkt sein.« Der Wind kommt wieder aus Süden und bringt schwere Regenschauer. Die Sicht ist schlecht und eine gewaltige Dünung rollt wieder heran. Um 12.00 Uhr stehen wir auf 37° 58′ Nord und 64° 30′ West. An Brennstoffübernahme ist nicht zu denken. In Quadrat CB 4965 wird beigedreht und mit einer Maschine auf der Stelle getreten, denn der Sturm nimmt ständig zu. Um 20.00 Uhr weht er mit Stärke 10 und in Böen sogar bis 12.

Dann kommt ein FT vom BdU an alle: »Wer hat in Quadrat BE 78 einen Dampfer torpediert? Sofort melden. BdU.« Ich zeige dem Obersteuermann Petersen den FT. Er geht damit zur Karte in der Zentrale und zeigt mir die Stelle, nördlich der Azoren. »Das ist ja auf Weg Anton«, sagt er gedehnt. »Auf Weg Anton ist Schießverbot. Da laufen die Schwedenschiffe nach Europa. Hat sich schon einer gemeldet?« – »Nein«, sage ich. »Die schweigen sich alle aus. Vielleicht war es auch ein Tommy.« Bruno Petersen lächelt. »Glaub doch das nicht. Die Tommys stehen vor den Biskaya-Häfen und warten auf uns. Nee, das war ein deutsches U-Boot.«

Kaum bin ich wieder im Funkraum, als mir Leibling neuerlich einen FT reicht. »An alle von BdU: Deutscher Dampfer *Spreewald* funkt SOS in 45° 15′ Nord, 24° 45′ West. Um 17 Uhr DGZ wurde torpediert. Brennt und sinkt.« Gleich darauf ein neuer FT vom BdU: »Schuch, U 105, und weitere Boote werden zur Untergangsstelle beordert, um Überlebende zu suchen.«

Schuch hatte gerade vorher Fühlung an einem Geleitzug gemeldet und wollte die anderen drei Boote heranziehen. Jetzt muß er das Geleit sausen lassen. Gegen 19.00 Uhr kommt dann ein FT von U 333, Kapitänleutnant Erich Cremer:

»Habe in Qu. BE 78 auf Weg Anton einwandfrei feindlichen Dampfer versenkt. Aussehen: Dunkelgrauer Rumpf, weiße Aufbauten, ein Schornstein, zwei schlanke Masten ohne Saling, fünf große Luken, zwei Pfahlmasten vor Brücke, Rundheck, keine Flagge, kein Neutralitätsabzeichen, eine Kanone am Heck. – Zickzack um Generalkurs 60°. Unterwasserangriff. Ein Treffer 1700 Ato. Schiff stoppt. Lecksicherungsmaßnahmen werden durchgeführt. Dann setzt Schiff Fahrt fort. Zweiter Angriff mit letztem Torpedo Eto. 18.00 Uhr Treffer. Detonation im Schiff nach zweitem Treffer. Boote werden ausgesetzt. Letzter Schuß auf 350 m. Nebel. Sinken nicht beobachtet. Cremer.«

Donnerwetter, das war ein langer FT. Auf den U-Boot-Wellen herrscht lähmendes Schweigen. Wahrscheinlich ist Cremer eben erst aufgetaucht und hat den vorangegangenen Funkverkehr noch nicht erfaßt. U 333 war auf Rückmarsch und hatte 33.069 BRT versenkt. Den letzten Wimpel werden sie sich wohl nicht ans Sehrohr heften. Armer Cremer, was hast du nur für einen Mist gemacht. Da kommt auch schon der FT vom BdU: »Cremer, Sie haben den deutschen Dampfer *Spreewald* versenkt.« Weiter nichts. Das übrige wird er in Frankreich hören. Es ist eine Tragödie.

Gegen 23,00 Uhr meldet U 105, daß sie drei Boote und drei Flöße mit 24 Deutschen und 58 Gefangenen gefunden haben. Es fehlt noch ein Boot, in dem sich auch zwei Kapitäne befinden. Neun U-Boote suchen in einem breiten Aufklärungsstreifen. Ein starker FT-Verkehr ist aufgezogen. Der BdU führt sogar ein Funkschlüssel-Gespräch über Taste mit Schuch. Es klappt sehr gut. Ich muß an Funkmaat Karl Budde auf U 105 denken, den ich schon lange kenne. Wir schreiben das FT-Schlüsselgespräch mit. Die Geretteten sollen nicht erfahren, daß sie von einem deutschen U-Boot torpediert worden sind. Das kann ich verstehen. Aber einmal werden sie es doch erfahren.

Die Suche nach dem letzten Boot ist erfolglos. In einem FT vom BdU heißt es später: »BdU nimmt an, daß Boot mit bester navigatorischer Besatzung spanische Küste ansteuert.« Boote der Suchharke melden einen britischen Zerstörer, der wohl von dem starken FT-Verkehr angelockt wurde. Vielleicht hat er auch das letzte Boot aufgefischt.

2. Februar 1942. Unverändert heult der Südwest-Sturm um den Turm. Starke Regenschauer, schlechte Sicht und haushohe Dünung. Ölübernahme wäre nicht möglich, auch wenn wir Kals schon gefunden hätten. Von U 130 ist oben nichts zu sehen. Unser Besteck ist auch ungenau. Der Alte läßt mich wieder einen FT an Kals abgeben: »Ab 18.00 Uhr bitte Peilzeichen senden. Bleichrodt.« Wie immer habe ich den FT über den vorderen Netzabweiser abgegeben. Bei der Wachübergabe an

Ferdinand Hagen mache ich darauf aufmerksam, ja auf die Peilzeichen von Kals zu achten. Dann werfe ich mich in die Koje und schlafe fest, trotz der starken Dünung: einen Arm in der Halteschlaufe und ein Bein durch das Kojengitter geflochten.

Als ich die Wache wieder übernehme, hat Ferdinand gerade die letzte Peilung gemacht. Er gibt mir das Ergebnis und sieht mich stirnrunzelnd an. »Weißt du«, sagt er mißmutig, »ich habe das Empfinden, daß der Peiler abgesoffen ist. Ich kann keine genaue Seite bekommen.« Ich werfe automatisch einen Blick zum Antennensteckbrett. »Mensch, Ferdinand. Hast du ohne Hilfsantenne gepeilt?« Er fährt hoch und wird ganz weiß. »Ach du Scheiße! Natürlich! Ich habe den vorderen Netzabweiser nicht umgesteckt.«

»Geh erst mal essen«, sage ich, »und leg dich schlafen. Ich werd' ja bei der nächsten Peilung sehen, ob die Seite stimmt.« Er beißt sich auf die Lippen. »Ja, verdammt, aber wir fahren schon vier Stunden nach meiner Peilung. Und Bruno Petersen hat schon geflucht und die ganze Peilerei angezweifelt. Wenn meine Peilung stimmt, meinte er, müßten wir 90 sm Besteck Versetzung haben. Und das glaubt er nicht. Na, ich sehe schwarz.« Ich auch. Die Navigation von Bruno Petersen war immer haargenau. Und das alles bei unserem knappen Brennstoff! 30 Minuten später empfange ich wieder Peilzeichen von U 130. Ich erhalte eine einwandfreie Seite mit dem vorderen Netzabweiser als Hilfsantenne, aber mir sträuben sich die Haare. Ferdinands Peilungen waren um 180° verkehrt; mit jeder Stunde entfernen wir uns mehr von unserer Milchkuh.

Ich gehe zu Bruno Petersen in die Zentrale und das Herz schlägt mir bis zum Halse. Er lehnt über den Kartentisch gebeugt und sieht mich mit seinen treuen Augen an. »Ja, Herr Obersteuermann«, beginne ich, »wir müssen um 180° drehen. Die Seite war von Beginn an falsch.« Einen Augenblick sieht er mich fassungslos an. Dann wirft er zornig den Bleistift auf den Kartentisch. »Das ist aber eine Schweinerei, Hirschfeld. Habe doch gleich zu Hagen gesagt, daß es nicht angehen kann. Und was machen wir nun?«

Ich höre einen Augenblick lang nur die Diesel, die uns mit großer Fahrt immer mehr von U 130 entfernen. »Wir müssen sofort drehen. Jede Minute auf diesem Kurs ist verlorener Brennstoff«, sage ich ganz ruhig. Bruno Petersen kneift die Lippen zusammen und nickt. »Schätze, der Alte wird sehr erfreut von eurer Peilerei sein.« Dann geht er zum Turmluk und ruft die Brücke an. Während er die neue Kursanweisung nach oben gibt, feixt mich Otto Peters an: »Au, verflucht. Möchte nicht in deiner Haut stecken. Der Alte schläft gerade. Wenn wir drehen, wacht er bestimmt auf.« Ich nicke gefaßt. Aus der Ecke, in der die Kompaßmutter steht, sehen mich zwei große Augen erschrocken an. Es ist der kleine Wüsteney.

Endlich schwenkt der Bug herum. Das Boot holt stark über. Brecher knallen gegen den Turm. Bruno Petersen und ich starren durch das Luk nach vorn, wo der grüne Vorhang vor dem Kommandanten-Schap in Schwingungen gerät. Da ertönt schon Bleichrodts Stimme: »Zentrale!« Wüsteney springt ans Luk. »Herr Kaleu?« – »Warum drehen wir?« Wüsteney sieht uns hilflos an, und um Zeit zu gewinnen, sagt er: »Boot dreht um 180°, Herr Kaleu.« Einen Augenblick herrscht Schweigen. Dann brüllt der Kommandant: »Obersteuermann zu mir!« Petersen sieht mich vielsagend an. »Kommen Sie gleich mit.« Mir ist nicht ganz wohl, als wir durch das Kugelschott nach vorne steigen. Dann stehen wir vor dem grünen Vorhang und bekommen die Aufforderung, einzutreten. Bruno Petersen versucht dem Alten schonend beizubringen, daß die Peilung in der Nacht sehr schlecht war. Aber Bleichrodt durchschaut uns gleich.

»Verdammte Funkerei! Was macht ihr bloß für einen Mist. Auch wenn Sie schlafen, sind Sie verantwortlich für Ihre Station«, brüllt er mich an. »Jawoll, Herr Kaleu!« – Ich versuche ihm noch klar zu machen, wie der Irrtum entstanden ist, und daß einer der achteren Netzabweiser im letzten Orkan abgesoffen ist. Er wirft mir einen vernichtenden Blick zu und sagt nur: »Unser kostbarer Brennstoff!« Dann bin ich entlassen.

Fünf Stunden hin. Fünf Stunden zurück. Zehn Stunden umsonst verfahren. Wir können Kals heute nicht mehr treffen. Der Kommandant läßt wieder einen FT abgeben: »Bitte uns mit 140° entgegen laufen. Bleichrodt.« Leibling muß lachen, als er den FT durch die Schlüsselmaschine drückt. »Der Alte zieht hier einen eigenen Funkverkehr ohne Leitstelle auf«, sagt er. »Das war auch noch nicht da.«

Obermaschinist Schewe, der alles mitangehört hat, klopft mir mitfühlend auf die Schulter. »Laß man. Die haben da oben schon soviel Brennstoff umsonst verfahren. Da kommt es auf die wenigen Stunden auch nicht an. Und bis zu den Azoren kommen wir immer.« Das ist der alte Rees: Bis zu den Azoren. Dann Boot versenken und mit dem nächsten Fischdampfer nach Lissabon. Und in der Heimat, in der Heimat, da gibt's ein neues Boot.

3. Februar 1942. Eine sehr dunkle Nacht. Starke Regenschauer verschlechtern die Sicht. Wind und lange Dünung kommen aus Nordwest.

Um 2.30 erreicht uns ein FT von Kals: »Jetziges Zusammentreffen aussichtslos. Stehe auf und ab. Sende Peilzeichen 13.00 Uhr.« Wir stehen nördlich der Bermudas.

Mit dem Obersteuermann und Järschel bespreche ich die Proviantlage. Mit Proviantabgabe von U 130 können wir nicht rechnen. Die Kartoffeln werden schon knapp. Wir haben nur noch Dosenbrot. Die Fleischdosen sind auch schon stark reduziert. Grieß, Reis und Makkaroni sind noch genügend vorhanden. Falls wir noch einmal an die Küste gehen, müssen wir rationieren.

Um 12.00 Uhr stehen wir auf 38° 03′ Nord und 64° 07′ West. Obwohl U 130 wahrscheinlich nur noch mit gedrosselter Energie sendet, werden die Peilzeichen von Stunde zu Stunde lauter. Kals kann nicht mehr weit weg sein. Der Wind hat auf Nord gedreht und weht mit Stärke 5. Immer wieder Regenschauer. Dazwischen auch mal Sonne. Es ist wieder angenehm warm. Endlich gegen 15.00 Uhr werden die Peilzeichen so laut, daß ich die Lautstärke am Empfänger ganz zurück drehen muß. Ich melde dem Alten, der wegen der schlechten Sicht wieder einen FT an Kals abgeben läßt: »Peile Sie in rw. 175°.«

Um 16.30 Uhr kommt von der Brücke der Ruf: »U 130 in Sicht!« Der Kommandant entert auf die Brücke. Wir kommen langsam näher. Es wird Signalverbindung aufgenommen; an Ölübernahme ist aber nicht zu denken. Es brist schon wieder auf und es steht eine verdammt hohe See. Kapitän Kals zeigt große Geduld. Er will mit uns weiter südwärts marschieren und besseres Wetter abwarten.

Wir können nur mit Winkflaggen mit U 130 verkehren. Es wäre zu gefährlich, näher an das andere Boot heranzugehen, um Sprechverbindung herzustellen. Die Folgen einer Kollision wären nicht auszudenken. So schlingern wir nun gemeinsam mit Kurs Südost durch die tobende See. Ein Glück nur, daß es dabei warm ist.

Wir müssen an die Kameraden in Rußland denken, die bei klirrendem Frost die Front halten. Oder zerbröckelt diese Front schon? Aus den Wehrmachtsberichten kann man nicht viel entnehmen. Die ausländische Presse, die wir über Funk abnehmen, spricht von Auflösungserscheinungen. Was die sagen, kann man freilich nicht immer glauben. Irgendwie scheint es an der Ostfront aber nicht rosig auszusehen.

4. Februar 1942. Regen peitscht heute morgen über die Brücke, als ich mal Luft schnappen will. Die Sicht beträgt nur noch wenige Seemeilen. Der Sturm scheint etwas nachzulassen, aber an Ölübernahme ist nicht zu denken. Der Himmel hat alle Schleusen geöffnet. Regen, Regen, den ganzen Tag Regen. Einige hundert Meter an Steuerbord stampft U 130 treu neben uns her.

Gegen 20.00 Uhr läßt der Regen nach und die Sicht wird zusehends besser, aber der Wind aus Nordwest brist erneut auf. Wir stehen auf 36° Nord und 62° West. U 130 hat sich weiter nach Steuerbord abgesetzt und ist in der hohen Dünung oft ganz verschwunden. Der Alte schlägt mit Winkspruch vor, mit Kurs 180° nach Süden abzulaufen, um aus dem Schlechtwettergebiet herauszukommen. Kals ist einverstanden.

Um 21.22 Uhr Winkspruch von Kals: »Mastspitzen in Sicht.« Donnerwetter. Von unserem Turm waren sie noch nicht zu sehen. Der Alte rast auf die Brücke und läßt sich von U 130 die genaue Richtung angeben. Dann schwenkt unser Bug gegen die See. Kals zeigt Verständnis dafür, daß wir diesen Dampfer umlegen wollen. Die Diesel gehen auf Große Fahrt. Die Männer auf der Brücke müssen sich angurten. Tief wühlt sich der Bug in die anrollende See, und einige Augenblicke später ragt das Vorschiff bis zum Turm frei in die Luft. Tonnenweise stürzt das Wasser durch das Turmluk in die Zentrale. Es muß laufend gelenzt werden. Unten im Boot hört sich das Krachen der Brecher schauerlich an. Die Brückenwache steht meist bis zum Hals im Wasser.

Das Schiff ist ein Tanker mit hohen Masten im ersten Drittel. Generalkurs 320° bis 330°. Wir versuchen, uns vorzusetzen, aber wir kommen in der hohen See nur langsam voran. Der Alte starrt durch das Glas hinüber zu den Mastspitzen. Wir müssen dieses Schiff kriegen. In der Nacht muß es sinken.

5. Februar 1942. Kurz nach Mitternacht stehen wir endlich vor dem Tanker. Der Kommandant läßt auf 170° drehen, und wir laufen auf ihn zu. Schwere Regenschauer prasseln nieder, und das Schiff kommt außer Sicht. Der Alte dreht auf 280°, um seinen Kurs zu schneiden.

Ich habe meine Sitzkiste, in der sich die Schallplatten befinden, zwischen Peiler und Netzgerät festgeklemmt. So kann ich wenigstens sitzen und die Programmzeiten auf den U-Boot-Wellen abnehmen. Das Boot holt stark über, da wir jetzt quer zur Dünung laufen. Die 600-Meterwelle haben wir wieder auf Lautsprecher geschaltet. Leibling muß sich beim Entschlüsseln der Funksprüche am Kurzwellen-Empfänger festhalten. Das Boot stöhnt und ächzt in allen Fugen, und immer wieder knallen Brecher gegen den Turm.

Um 1.00 Uhr haben sie auf der Brücke trotz finsterer Nacht und schweren Regenschauern den Tanker Backbord querab wieder in Sicht. Wir stehen genau auf seinem Kurs. »Auf Gefechtsstationen!« tönt es aus den Lautsprechern. Das Boot dreht nach Steuerbord ab, und die Heckrohre werden klar gemacht. Die Diesel laufen nur noch kleine Fahrt. Dann geht alles sehr schnell. »Rohr fünf und Rohr sechs klar!« höre ich aus dem Turm. Es sind die beiden letzten Aale aus dem Heckraum.

»Rohr fünf los!« und 15 Sekunden später: »Rohr sechs los!« Also ein Mehrfachschuß. Wieder laufen die Stoppuhren. Werner Borchardt kommt aus dem Heckraum gelaufen. Nach 90 Sekunden ein scharfer Knall. »Treffer!« Kurz darauf noch ein Schlag. Explosion! Auf der Brücke schreien sie: »Fackel!« Hat auch der zweite Aal getroffen? Oder wurde die Explosion schon vom ersten Treffer ausgelöst? Wir wissen es nicht. Aus dem Funkraum schreit Ferdinand: »Wolf, komm schnell. Er funkt!« Ich stürze hinüber, und dann schreiben wir beide mit: »SSS SSS SSS – VGCY – SSS SSS SSS – 35 Nord – 61 West – SSS SSS SSS.« Er hat seinen Namen nicht offen gefunkt, aber wir schlagen im ›Indicative d'Apel‹ nach. Da steht er: ›VGCY = *Montrolite*‹. Ich rufe dem Obersteuermann in der Zentrale den Namen zu. Er schlägt im Lloyd nach und liest: »*Montrolite* – Tanker, 11.309 BRT.« Donnerwetter, das ist ein fetter Brocken. Die Männer im Boot schlagen sich auf die Schenkel. Endlich mal einen großen Tanker erwischt. Ja, so ist der Krieg. Die auf dem Tanker rennen nun um ihr Leben ...

Aber das Schiff sinkt nicht sofort. Es dreht nach Backbord ab und liegt dann quer zur See. Boote werden zu Wasser gebracht. Wir stehen und stampfen in der hochgehenden See auf und ab und warten. Von der Brücke kommt die Frage an Zentrale, wo der Tanker gebaut wurde. In Lloyds Register steht: Krupp, Germania-Werft. Dann wird er so schnell nicht sinken; die Schotteneinteilung ist zu gut. Sicher hat er Querschottensystem. Der Kommandant entschließt sich zum Fangschuß.

Wir sind näher an das gestoppt liegende Schiff herangegangen. Um 2.25 Uhr peitscht der dritte Aal aus Rohr eins in die aufgewühlte See. Nach elf Sekunden ein scharfer Knall. »Treffer!« Dann schlägt es wie mit einem Riesenhammer auf das Boot: Die zweite Explosion. Sollte er Benzin geladen haben? Die Funkstation der *Montrolite* schweigt, und die Küstenstationen schweigen sonderbarerweise auch. Hat keiner den Ruf gehört? Auch kein Schiff wiederholt den Ruf. Auf der 600-Meterwelle ist alles ruhig.

Ich melde das nach oben in den Turm. »Dampfer sinkt steil über Heck«, sagt der Gefechtsrudergänger Pötter durch. Wir liegen weiter beigedreht in der langen Dünung. Langsam hebt und senkt sich das

Vorschiff. Im GHG sind jetzt Sinkgeräusche zu hören. Oben suchen sie die See nach den Rettungsbooten ab.

»Ruder hart Backbord«, höre ich von oben. Der Bug schwenkt herum. »Wegtreten von Gefechtsstationen!« Langsam laufen wir ab, Kurs auf U 130. *Montrolite* wurde versenkt in Quadrat CB 9713 auf 35°38′ Nord und 60°20′ West. Um 05.25 Uhr setzen wir einen FT an den BdU ab: »Wegen Brennstofflage operieren Küste nicht mehr möglich. Seit 3. 2. gemeinsamer, hinhaltender Rückmarsch mit Kals über Qu. CC 80. Bisher wegen Wetter Brennstoffübernahme nicht durchführbar. Soeben Tanker *Montrolite* versenkt. 2 Etas, 58 cbm, Qu. CB 9713. – An Kals: Bitte ab 11.00 Uhr Peilzeichen senden. Bleichrodt.«

Mit kleiner Fahrt laufen wir nach Süden. Langsam kommt der Morgen herauf. Kals sendet pünktlich wieder Peilzeichen. Unglaublich, daß die amerikanischen Stationen noch nichts gehört haben. Von unserer Anwesenheit etwas nördlich von Bermudas scheint niemand etwas zu ahnen. Um 12.00 Uhr stehen wir auf 35° 19′ Nord und 60° 09′ West. Immer wieder Regenschauer und weiterhin hohe Dünung aus Nordwest. Die Peilzeichen werden sehr laut. Um 12.20 Uhr ist U 130 endlich in Sicht.

Der Sturm hat zwar etwas nachgelassen, aber an Ölübernahme ist noch immer nicht zu denken. Kals freut sich mit uns über unseren Erfolg, der ohne seine Anwesenheit nicht möglich gewesen wäre. Die beiden Kommandanten vereinbaren gemeinsamen Marsch nach Osten mit geringer Fahrt. Wir haben immer noch Westwind 8, Seegang 7. Der Wind scheint aber abzuflauen, so daß wir in der Nacht vielleicht mit der Ölübernahme beginnen können.

Um 20.25 Uhr kommt Backbord achteraus eine Rauchwolke in Sicht. Ajax Bleichrodt greift zum Megaphon: »Tut mir leid, Herr Kapitän, aber ich muß ihn abtakeln«, ruft er. Kals winkt lachend zurück. »Macht nichts. Ich warte auf Sie!«

Obermaschinist Schewe steckt den Kopf in den Funkraum und streicht seinen roten Bart. »Wenn noch mehr Dampfer kommen, müssen wir auf U 130 nach Hause fahren.« Ich muß lachen. »Wir haben nur noch zwei Aale«, sage ich. »Das ist beruhigend«, grinst er.

Da die See nicht mehr so hoch geht, dauert es nicht lange, bis Kurs und Fahrt des Schiffes ausgedampft sind. Es macht höchstens zehn Seemeilen. Zwei Masten und ein dicker, hoher Schornstein sind zu sehen. Mit großer Fahrt setzen wir uns vor. Um 23.00 Uhr wird zum Unterwasserangriff getaucht.

»Auf Gefechtsstationen!« Ich höre den Sehrohrmotor leise summen.

Sehrohr aus. Sehrohr ein. Dem LI steht der Schweiß auf der Stirn. Es ist nicht leicht bei dieser Dünung, das Boot auf Sehrohrtiefe zu halten. Der Kommandant ruft mich im Horchraum an. Ich soll die Umdrehungen des Dampfers zählen. Das ist auf Sehrohrtiefe, wo die See manchmal stark rauscht, nicht leicht. Wir zählen dreimal hintereinander. Keller sitzt mit der Stoppuhr neben mir. Wir kommen überein, daß der Dampfer nur 8 Seemeilen läuft und hören, daß der Kommandant das Schiff auf 6000 BRT schätzt.

Dann geht alles sehr schnell. »Sehrohr aus! Rohr eins los!« Wir starren auf die Stoppuhr in Kellers Hand. Ich peile laufend Torpedo und Schiff deckend. »Der muß treffen«, sage ich. Die Uhren laufen, aber es erfolgt keine Detonation. Entfernung war 2000 Meter. Nichts. Der Aal wird zehn Minuten lang gehört. Das Schraubengeräusch des Dampfers ist längst ausgewandert. Keller sieht mich resigniert an. »Unterschossen«, sage ich. »Aber er war nur auf drei Meter Tiefe eingestellt.« Keller kratzt sich am Kopf und verzieht das Gesicht. »Verdammt, jetzt haben wir nur noch einen Aal!«

Im Turm fährt der Kommandant fluchend das Sehrohr ein und kommt in die Zentrale. Er ruft Wißmann, Keller und den Obersteuermann Petersen in die Offiziersmesse. Sie machen eine kurze Lagebesprechung und beschließen, die Dunkelheit abzuwarten, um dann im Überwasserangriff ranzugehen.

6. Februar 1942. Um 00.30 Uhr wird aufgetaucht und die Verfolgung aufgenommen. Wir laufen an seiner Backbordseite mit gleichem Kurs. Noch einmal wird die Fahrt des Dampfers genau überprüft. Er läuft 8,5 sm. Dann tönt es aus den Lautsprechern: »Auf Gefechtsstationen!«

Die Diesel röhren auf. Der Angriff läuft. Aus dem Lautsprecher tönt das Zirpen und Krächzen der Schiffssender. Ferdinand hockt auf der Schwelle zum FT-Raum, um den Hilferuf des Schiffes mitzuschreiben. Leibling sitzt am Kurzwellenempfänger und nimmt die FTs der U-Boot-Schaltung auf. Es ist finstere Nacht.

Um 02.40 Uhr verläßt der letzte Torpedo dieser Reise zischend Rohr IV. Oberleutnant zur See Keller sitzt mit der Stoppuhr in der Hand am Horchgerät. Die Spannung wächst ins Ungeheure. Werner Borchardt kommt von vorn und bleibt am Horchraum stehen. »So, ick bin fertig«, sagt er lachend. »Ick kann in Urlaub gehen.« Keller nickt mit sorgenvollem Gesicht. »Steig doch gleich aus«, sage ich. Schier endlos laufen die Minuten. Die Zeit ist längst verstrichen. Keine Detonation. Nichts. Aus. Vorbei. Wir laufen immer noch große Fahrt. Kurz hinter dem Heck des Dampfers kreuzen wir seinen Kurs. Auf der Brücke ist es unheimlich ruhig. Auch auf der 600-Meterwelle rührt sich nichts. Keine U-Boot-Warnmeldung. Wir sind also unbemerkt geblieben.

Dann kommt Kapitänleutnant Bleichrodt von oben. Wie im Traum steigt er durch das Kugelschott der Zentrale. Einen Augenblick bleibt er vor dem Funkraum stehen und starrt sinnend auf die hellen Tische. Er sieht müde aus. Langsam streicht er sich den Bart und fragt: »Hat er gefunkt?« – »Nein, Herr Kaleu. Alles ruhig auf der internationalen Welle.« – Er nickt, wendet sich ab und zieht den grünen Vorhang zu. Ich höre, wie er sich auf seine Koje wirft. Es muß für ihn eine schwere Enttäuschung sein, daß die letzten beiden Aale nicht getroffen haben.

Eduard Maureschat kommt zum Funkraum und sagt: »Verdammt, Wolfgang! Den haben sie wieder unterschossen! Entweder ist der Hund so flach oder die Aale laufen zu tief.« Ich zucke die Schultern, zeige auf den grünen Vorhang und frage: »Und was wird nun?« Eduard raunt mir zu: »Jetzt will er ihn sausen lassen. Ich habe ihm gesagt, ich werde ihn mit der Kanone umlegen.« – »Na und?« frage ich. »Ich soll an die *City of Auckland* denken, hat er gesagt.« Ich nicke. »Es ist ja auch immer eine dumme Sache, Ede. Es laufen zu viele Fallen in der Gegend umher.« Eduard winkt ab. »Ach was, die Nacht ist stockdunkel. Wir müssen nur nah genug ran.« Er wendet sich resigniert ab. »Na, dann werde ich mal schlafen gehen.«

Etwas später steckt der lange Oberleutnant zur See Wißmann seinen blonden Kopf in den Funkraum. »Wo ist der Kommandant?« fragt er. Ich zeige auf den grünen Vorhang und sage gedämpft: »Liegt auf seiner Koje.« Der I WO nickt und zieht seinen Kopf zurück. Ich sehe, wie er vor dem Vorhang tief Luft holt. Dann höre ich seine Stimme, und mir fällt fast der Hörer vom Kopf. »Herr Kaleu!« sagt Wißmann. »Wir können diesen Dampfer nicht fahren lassen. Das wird uns der BdU nie vergessen!«

Der Alte reißt den Vorhang beiseite. »Ihr seid ja alle verrückt!« Erregt stehen sich die beiden gegenüber ... Der große Wißmann weicht keinen Schritt zurück. »Nun gut«, brüllt der Kommandant. »Wenn ihr es so haben wollt. An Zentrale: Klar zum Artilleriegefecht!«

Dann wendet er sich an Wißmann und sagt ganz ruhig: »Unser Blut komme auf euer Haupt, I WO.« Wißmann lächelt: »Wenn ich vorschlagen darf, auch mit allen Fla-Waffen, Herr Kaleu.« Der Alte zieht sich schon die Lederjacke an. »Meinetwegen mit allen verfügbaren Rohren. Nehmen Sie auch die MGs mit nach oben.« Der I WO nickt und steigt durch das Luk in die Zentrale, um alle Vorbereitungen für den Feuerüberfall zu treffen.

Die Geschützbedienung stampft am Funkraum vorbei. Ich halte Ede Maureschat am Arm fest. »Ede, denk an den Mündungspfropfen!« Er lacht. »Worauf du dich verlassen kannst, Wolfgang!« Dann sind sie vorbei. In der Zentrale werden die Flurplatten hochgenommen, um an die Munition darunter zu kommen.

Berthold Seidel hat mit zwei Mann die 3,7 cm-Flak an Oberdeck hinter dem Turm besetzt. Walter Groß und noch ein Mann stehen an den beiden 2 cm-Flakwaffen auf dem Wintergarten. Geschützführer Maureschat meldet die 10,5 cm-Kanone klar zum Gefecht. Auch die doppelläufigen MG's sind auf dem Turm montiert.

Ferdinand sitzt bei mir auf der Schwelle. Langsam schieben wir uns näher an den Dampfer heran. Es soll sehr dunkel oben sein. Der Kommandant will warten, bis der Mond aufgegangen ist.

Ferdinand ist nervös, streicht dauernd seinen Bart, kratzt sich hinterm Ohr und sagt: »Ich möchte bloß wissen, ob die Sache klar geht oder ob der Alte recht behält.« Ich nicke. »Das werden wir frühestens nach den ersten Salven merken. Wenn das eine Falle ist, putzen sie uns die Seeleute da oben weg. Dann kann Maschine und Funkerei das Boot nach Hause fahren.« Ferdinand fährt sich nervös durch die Haare. »Wenn noch was übrig bleibt zum Fahren. Denk an Kleinschmitt, U 111. Den sollen sie über Wasser fertig gemacht haben.«

Es ist genau 5.30 Uhr, als ich die Stimme des Alten von oben höre: »Für alle Waffen! Feuer frei!« Ein furchtbarer Schlag dröhnt durch das Vorschiff. Die erste 10,5-Granate hat das Rohr verlassen. Nun hören wir auch die Maschinenwaffen hämmern. Ferdinand stößt mich an: Auf der 600-Meterwelle geht es los.

Trotz des Dröhnens der 10,5-Kanone versuchen wir den Hilferuf mitzuschreiben. Der Funker scheint völlig aus der Fassung geraten zu sein. Er hackt auf der Taste herum wie ein Holzfäller, und wir bekommen den Namen nicht zusammen. »RRR – RRR – hal cy on RRR RRR RRR.« – »Was soll das heißen?« sage ich. »Der gibt ja gar nicht SSS. Der gibt RRR.« – Fassungslos starren wir uns einen Augenblick an, dann schlagen wir uns lachend auf die Schenkel. RRR heißt Raider. »Er hält uns für einen Hilfskreuzer.« Ich stürme zur Brücke.

»Frage: Funkmaat auf Brücke?« – »Ja, kommen Sie, Hirschfeld«, sagt der Alte. Ich entere nach oben und berichte dem Kommandanten, daß die uns da drüben für einen Hilfskreuzer halten. Der Dampfer brennt bereits. Deutlich zeichnet sich am Heck seine Kanone ab.

»Funkt er immer noch?« fragt der Kommandant. »Jawoll, ohne Unterbrechung, Herr Kaleu.« Der Alte steigt auf die Fußrasten, legt die

Hände als Trichter vor den Mund und beugt sich nach vorn über das Schanzkleid: »Maureschat!« – »Herr Kaleu!« brüllt Ede von unten zurück. Seine gewaltige Stimme ist sogar im Hämmern der Fla-Waffen zu hören. Der Kommandant beugt sich weiter vor. »Die Funkenbude muß weg. Steht gleich hinter der Brücke.« – »Wird gemacht!« brüllt Maureschat.

Er richtet das Geschütz, und dann donnert der nächste Schuß hinaus. Ich sehe im Schein des Feuers am Achterschiff, wie die Brücke zersplittert. Dann donnert es neuerlich und die Funkenbude ist weg. Der Kommandant läßt das Feuer der Fla-Waffen einstellen. Wir brauchen vielleicht die Munition, falls wir aus der Luft angegriffen werden und nicht mehr tauchen können.

Ich steige wieder nach unten, wo mir Ferdinand sagt: »Wir haben richtig gehört. Er heißt *Halcyon* und hat noch gefunkt: RRR RRR RRR – Bombarded by Position 34° 20′ Nord, 59° 16′ West RRR RRR RRR *Halcyon* bombarded from …« Ich gehe in die Zentrale und vergleiche mit Arnetzberger den Standort. Stimmt ziemlich genau; wir stehen nicht weit von Bermudas. »Was machen die Küstenstationen?« frage ich dann Ferdinand.

»Der Ruf ist aufgenommen worden. Die ganze Küste ist in Aufregung. Hör es dir selbst mal an. Sie wiederholen ständig das RRR. Es muß sie ganz verrückt machen, daß hier ein deutsches Überwasserschiff operieren soll.« Über uns dröhnt gleichmäßig im Salven-Takt die 10,5-Kanone. Die 3,7 cm auf dem Achterdeck schweigt. – Um 06.30 Uhr sind 100 Granaten verschossen, und der Dampfer schwimmt immer noch. Plötzlich wird es ruhig oben. Der Kommandant hat das Feuer einstellen lassen und fährt noch näher heran. Der Dampfer scheint völlig verlassen; an Gegenwehr ist nicht mehr zu denken. Das ganze Achterschiff steht in Flammen, so daß niemand mehr an die Kanone heran kann. Auf eine Entfernung von 400 Metern läßt der Alte das Feuer wieder eröffnen. Der Dampfer muß weg.

Bei dem Krach, den die 10,5 über uns macht, ist es nicht leicht, die fehlenden FTs hereinzuholen. Ferdinand beobachtet die internationalen Wellen, während ich die FTs auf Längstwelle abnehme. Leibling kommt mit der Entschlüsselung kaum mit. Auf einmal reicht er mir grinsend einen entschlüsselten FT herüber. Ich lese: »B-Dienst meldet: In Quadrat DD 3145 funkt Dampfer *Halcyon:* Werde von feindlichem Handelsstörer angegriffen. Amerikanische Einheit zu Hilfeleistung aus Bermudas ausgelaufen. BdU.«

Ich gebe Leibling meinen Kopfhörer und entere auf die Brücke.

Oben graut schon der Morgen. Der Kommandant hat gerade das Feuer wieder einstellen lassen, und wir fahren um das Heck herum auf die andere Seite. Hellauf schlagen die Flammen aus dem Schiff, das eine Schlagseite von 30 bis 40 Grad hat.

Als ich dem Alten über den FT des BdU berichte, beißt er sich verärgert auf die Lippen. »Verdammt, das Biest säuft nicht ab. Wenn wir jetzt ablaufen, können wir ihn nicht als versenkt melden.« Er steigt auf die Fußrasten und beugt sich nach vorn über das Schanzkleid. »Maureschat, wieviel haben Sie noch?« – »Zwanzig Granaten noch, Herr Kaleu!« – »Paß auf, Maureschat. Ich gehe jetzt ganz nah heran, und dann haust du ihm den letzten Rest hinein.« Der Alte geht auf den Wintergarten und ruft zu Bootsmaat Seidel, der an der 3,7 cm-Flak steht: »Berthold, ich gehe jetzt ganz nah heran. Punktfeuer auf die Wasserlinie.«

Ein ungeheurer Aufwand für ein so kleines Schiff. Wir wissen jetzt, warum die Torpedos unter dem Dampfer durchliefen. Er hat nur 3531 BRT und war nicht beladen. Schuß auf Schuß jagen sie nun in die Wasserlinie des Dampfers *Halcyon,* der ein so zähes Leben hat. In beiden Bordwänden klaffen Löcher, daß man mit einem Autobus durchfahren könnte. Aber das Schiff will nicht sterben. Plötzlich schweigt das Geschütz. Leibling sieht mich an. »Ja«, sage ich, »die Munition ist alle, und der Dampfer schwimmt immer noch.« Leibling schüttelt den Kopf. »Wo ist die Besatzung denn geblieben?« – »Ich weiß es nicht. Vielleicht sind sie während der Dunkelheit abgehauen. Jedenfalls sind eine weggefierte Jacobsleiter und Bootstaljen an der Bordwand zu sehen.«

Ich gehe noch einmal auf die Brücke. Auf dem Vorschiff sammelt die Geschützmannschaft die leeren Hülsen der 10,5 zusammen. Ich höre Maureschat schimpfen: »Laßt mir nur keine Hülse über Bord gehen. Die Affen in Lorient sind stur wie die Böcke und verlangen von mir über jede verlorene Hülse eine Verlustverhandlung.«

Es ist jetzt taghell. Alle starren zu dem lichterloh brennenden Schiff hinüber. Langsam dreht sich der Alte zu mir. »Hat der BdU noch etwas gemeldet, Hirschfeld?« – »Nein, Herr Kaleu.« Bleichrodt nickt. »Es nützt nichts. Wir müssen jetzt ablaufen. Der Bursche aus Bermudas muß bald hier sein. An Bootsmaat Seidel: Feuer einstellen.« Dann beugt er sich zum Luk und gibt Kurs- und Fahrtanweisung. Die Diesel fauchen aus den Abgasklappen. Langsam nimmt das Boot Fahrt auf. Das Vorschiff schwenkt nach Osten, Kurs U 130. Ich steige wieder hinunter. Was machen wir nur mit diesem Schiff? Niemand wird es mehr nach

Bermuda einschleppen können, aber wir haben es schwimmend verlassen, und der BdU verlangt von uns: Sinken beobachten.

Mit großer Fahrt laufen wir ab. Eduard kommt mit pulvergeschwärztem Gesicht aus der Zentrale. Wie üblich bleibt er am FT-Raum stehen, um die neuesten Nachrichten zu hören. Ich frage ihn: »Gibt es gar keine Überlebenden?« – »Doch. Zwei Mann schippern in einem kleinen Boot herum, sind aber bei der Schießerei aus Sicht gekommen.« Er holt tief Luft. »Stell dir vor, Wolfgang, ich muß das Großboot mit der ganzen Besatzung vernichtet haben.« – »Wieso das denn«, frage ich. – »Es war noch während der Dunkelheit. Gerade wie ich abziehe, sehe ich das Boot an der Bordwand, genau im Fadenkreuz.« – »Hat es schon abgelegt gehabt«, frage ich. Er schüttelt den Kopf. »Nee, sie müssen es gerade zu Wasser gelassen haben. Ich glaube, es war voll besetzt.« Es trifft ihn schwer, und er wird noch lange daran zu tragen haben. »Die armen Kerle tun mir leid«, brummt er. »Ja, Ede«, sage ich. »Das ist der Krieg! Wenn sie an ihre Kanone gekommen wären, hätten sie uns fertig gemacht.«

Gerade als Maureschat gehen will, kommt von oben der Ruf: »Dampfer sinkt über Achtersteven!« – »Gott sei Dank«, röhrt Eduard, »dann kann ich ja beruhigt schlafen gehen.« Es dauert noch einige Minuten, bis die Wellen für immer über der *Halcyon* zusammenschlagen. Zweihundert Granaten 10,5 cm hat Eduard verschossen, um dieses Schiff schrottreif zu machen. Dazu kommen noch an die 100 3,7 cm-Geschosse.

Mit hoher Fahrt und Kurs 90° versuchen wir U 130 wieder einzuholen. Wir müssen annehmen, daß Kals die Warnung des BdU vor der US-Einheit empfangen hat. Auch mit Aufklärung aus der Luft ist zu rechnen. Bermudas ist noch zu nahe.

Die Sicht ist ausgezeichnet. Vom blauen Himmel strahlt die Sonne. Die See ist nur mäßig bewegt. Gegen Mittag plötzlich ein Ruf von der Brücke: »Gefechtsmars achteraus in Sicht!« Der Alte jagt nach oben. Gleich darauf rasen die Alarmklingeln durchs Boot. Wir verschwinden von der Wasseroberfläche. Der Kommandant läßt das Boot auf Sehrohrtiefe einsteuern. Allen ist klar, daß es sich um ein Kriegsschiff handelt.

Das Schiff scheint hohe Fahrt zu laufen, denn es kommt schnell auf, und bald hat Ferdinand die Schraubengeräusche im GHG. Ich höre den Alten im Turm leise fluchen: »Junge, Junge! Ein Kreuzer, vielleicht 9000 Tonnen. Ganz allein und wir haben keinen Aal mehr.« – »Der sucht den Hilfskreuzer, der nicht da ist«, sagt Keller neben mir. Nachdem der

Kreuzer hinter der Kimm verschwunden ist, tauchen wir auf und setzen unseren Marsch nach Osten fort.

Am späten Nachmittag haben wir wieder Peilzeichen von Kals. Er hat sich weit nach Osten abgesetzt. Bei Anbruch der Dunkelheit kommt von oben: »U-Boot voraus!« Wir haben uns herangepeilt. U 130 verringert die Fahrt. Heftiges Winken von beiden Seiten. Kals beglückwünscht zum Erfolg und schlägt vor, sofort mit der Übernahme zu beginnen, da man nie weiß, wie lange das gute Wetter anhält. Bleichrodt ist einverstanden. Wir gehen so dicht wie möglich bei U 130 längsseits. Mit Wurfleinen werden die Schläuche herübergegeben. Dann drehen beide Boote in den Wind. U 130 fährt mit beiden Maschinen ›kleine Fahrt voraus‹, und wir bleiben Backbord achteraus gestaffelt zurück, so daß die Schläuche nicht steif kommen. Die Übernahme kann beginnen.

Leise wiegen die beiden Boote in der langen Dünung auf und ab. Scharf beobachten die Brückenwachen Horizont und Himmel. Wir dürfen jetzt nicht überrascht werden.

7. Februar 1942. Um 01.00 Uhr haben wir es geschafft. »Die Schläuche werden abgeschlagen. Leinen los!« Dank Korvettenkapitän Kals haben wir 64 cbm Dieselöl. Die Boote trennen sich und gehen auf 60° Heimatkurs. U 130 läuft voraus. Es ist eine dunkle Nacht. Bald ist das Boot vor uns nur noch ein winziger Schatten.

Um 05.20 Uhr geben wir einen FT an den BdU ab. »Soeben in Qu. CB 9937 Brennst.-Übern. durchgeführt. – 6. 2. *Halcyon* in Qu. DD 3174 nach zwei Fehlschüssen mit Artillerie vernichtet. Gegnerkurs 320°. Insgesamt vier Dampfer mit 29.330 BRT. Artillerie und Torpedos verschossen. Rückmarsch, NO 2 See 1, leichte Dünung, 1024 mb, 64 cbm, Qu. CB 9937. Bleichrodt.«

8. Februar 1942. Mit einer Maschine langsame Fahrt geht es langsam nach Osten, Kurs 77°, um nicht zu früh in nördliche Schlechtwetterzonen zu kommen. Herrlich scheint die Sonne vom wolkenlosen Himmel. Wenn wir nur noch genug Proviant hätten.

Der Kommandant schärft der Wache ein, aufmerksam zu bleiben. Das schöne Wetter könnte zum Leichtsinn verleiten. Auch Obersteuermann Petersen sagt: »Jungs, wir sind noch lange nicht zu Hause!« Wie recht beide haben, zeigt sich bald. Gegen 20.00 Uhr rasen die Alarmklingeln durchs Boot. Steil geht es in die Tiefe. Backbord achteraus wurde ein Zerstörer gesichtet. Wir sind noch unbemerkt unter Wasser gekommen. Diesmal geht der Alte auf 60 Meter.

9. Februar 1942. Mit Sonnenschein, achterlichem Wind und achterlicher See schippern wir ostwärts. Keine Rauchfahne, keine Mastspitze. Unsere Gedanken sind schon in der fernen Heimat. Die Männer der Brückenwache suchen unentwegt mit den Gläsern den Horizont ab. Wenn Frieden wäre, könnten wir die Azoren anlaufen und Frischgemüse einkaufen. Der Proviant ist verdammt knapp geworden. Die Kartoffeln sind längst alle, obwohl wir immer Pellkartoffeln gegessen haben, damit die Backschafter nicht zuviel wegschälen. Jetzt ist auch kein Reis mehr da.

Dafür haben wir rund 30.000 BRT versenkt. Wenn die Aale alle getroffen hätten, wären es über 50.000 BRT gewesen. – Wenn bei den anderen auch alle Aale getroffen hätten, dann gäbe es kaum noch eine britische Flotte. Werner Borchardt hat recht, wenn er sagt, daß die Torpedo-Inspektion 20 Jahre lang geschlafen hat.

Immer wieder melden sich bei mir Männer mit Filzläusen. Der ganze Heckraum scheint jetzt verlaust zu sein. Wir im Vorschiff sind noch nicht befallen. Meine große Kuprex-Flasche geht zur Neige. Da die Männer achtern in Wechselkojen schlafen, haben wir schon mehrere Decken über Bord geworfen, aber es hat alles nichts geholfen. Einer steckt den anderen an.

10. Februar 1942. Immer weiter nach Osten mit Kurs 75°. Um 12.00 Uhr stehen wir auf 38° 30′ Nord und 44° 11′ West. Wir werden nördlich der Azoren die Biskaya ansteuern. Um 16.45 Uhr ein FT vom BdU an Zahn und Folkers: »Ab sofort absolute Funkstille im Umkreis von 400 sm um Treffpunkt, CE 4184.« Wir stehen in diesem Gebiet.

Die Gespräche im Unteroffiziersraum und im Bugraum drehen sich nur noch um das Einlaufen. »Und dann werden wir fressen. Und dann werden wir saufen.« Wenn Bruno Petersen zuhört, schüttelt er besorgt den Kopf: »Jungens, wir sind noch lange nicht zu Hause.«

Obermaschinist Schewe kommt bei der Brennstoffberechnung zu dem Resultat, daß wir etwas schneller marschieren könnten. Es stellt sich heraus, daß wir fünf cbm Brennstoff mehr von U 130 übernommen haben, als wir sollten.

11. Februar 1942. Der Wind hat gedreht. Es brist auf und das Barometer fällt. Eine starke Dünung rollt uns entgegen. Der Alte ändert den Kurs auf 63°. Vorbei mit der Sommerfrische.

Der Proviant wird jetzt so knapp, daß wir strikt rationieren müssen. Järschel macht ein sorgenvolles Gesicht. Wir halten eine Besprechung mit dem Menage-Offizier Obersteuermann Petersen ab. Die Lords sind wohlgemut, auch wenn sie den Riemen enger schnallen müssen. Sie wissen, daß es nach Hause geht.

Nur die Filzläuse im Heckraum machen uns viel Ärger. Der kleine Maschinenmaat Vetter flucht den ganzen Tag, denn jetzt haben auch ihn die Tiere erwischt.

12. Februar 1942. In der Nacht hat es aufgebrist. Der Wind kommt aus Westsüdwest mit Stärke fünf. Das Boot läuft neun Seemeilen mit einer Maschine halbe Fahrt.

Am Abend erhalten wir einen FT, den der Kommandant über die Lautsprecheranlage bekanntgibt: »*Gneisenau, Scharnhorst* und *Prinz Eugen* sind aus Brest ausgebrochen und durch den Kanal nach Hause marschiert. 46 britische Torpedoflugzeuge sind dabei abgeschossen worden. Sieben eigene Maschinen verloren.«

13. Februar 1942. Freitag, der 13. Wer heute Auslaufbefehl hat, dem geht der Hut hoch. Der alte Aberglaube der Seefahrer lebt immer noch. Um 12.00 Uhr stehen wir auf 42° 19′ Nord und 31° 18′ West. Qu. CE 1369. Am Nachmittag brist es stärker auf. Eine schwere Dünung rollt jetzt von Steuerbord achteraus. Um schneller voranzukommen, läßt der Kommandant um 16.00 Uhr beide Maschinen auf halbe Fahrt gehen.

Wir messen 18° Celsius. Kaum zu glauben, daß in Deutschland jetzt hoher Schnee liegt.

Weit und breit kein Schiff, keine Rauchfahne. Der Atlantik ist wie ausgestorben. Kapitänleutnant Siegfried Rollmann, U 82, meldet sich trotz mehrmaliger Aufforderung nicht. Er hat zuletzt am 6. Februar einige Tagereisen voraus, genau auf unserem Kurs, einen schwach gesicherten Geleitzug gemeldet. Der BdU gab ihm Befehl, Fühlung zu halten. Seitdem ist er verschollen.

Der Kommandant hat nach Vorlage dieses FTs die Karte studiert und ist sehr nachdenklich geworden. Er läßt aber auf dem alten Kurs weiterlaufen.

14. Februar 1942. Schier endlos dieser Rückmarsch. Immer Kurs 63°. Wenn wir nur mehr Fahrt machen könnten. Heute sind wir sieben Wochen in See. Der Wind wird stärker und dreht auf Süd. Wir müssen mit der Fahrt wieder heruntergehen, da der Brennstoffverbrauch im Verhältnis zur Fahrt über den Grund viel zu hoch ist.

Gegen 15.00 Uhr kommt ein Dampfer in Sicht, aber die Diesel brummen nicht auf wie sonst. Es kommt auch kein Befehl: »Auf Gefechtsstationen!« Mit langsamer Fahrt weichen wir auf 75° aus. Fast sehnsüchtig verfolgt die Brückenwache die schöne Rauchfahne.

Wir hören deutsche Sender auf Langwelle. Die Musik wird in alle Räume durchgeschaltet; das hebt die Stimmung, und die Lords ziehen trotz knurrendem Magen summend auf Wache.

Der BdU scheint jetzt mehr Boote vor der amerikanischen Küste angesetzt zu haben. Einige große Boote steuern sogar die Karibik an. Ein FT wird den Löwen in Kernevel wenig erfreuen. Suhren, U 64, hat in der Nacht vom 13. zum 14. Februar 1942 vor der amerikanischen Küste Gelhaus, U 107, gerammt. Beide Boote sind so schwer beschädigt, daß sie den Rückmarsch antreten müssen.

15. Februar 1942. Es brist langsam zum Sturm auf. Gegen Mittag wird es so schlimm, daß sich der Kommandant entschließt, unter Wasser zu gehen.

Heute ist Sonntag. Aber kein Schinken mit Spargel steht auf der Back. Es gibt nur Eintopf wie jeden Tag. Eigentlich ist es mir unverständlich, daß der Proviant nicht reicht. Wir waren doch für mindestens 10 Wochen ausgerüstet und haben nicht üppig gelebt. Oder sollten die Leute in der Verwaltung von unserem Proviant etwas abgezweigt haben?

Otto Peters macht den Vorschlag, alle unnötigen Fresser über Bord zu werfen. Wir stimmen ab, wer unnötig ist. Die Torpedomixer brauchen wir nicht mehr. Dann kommen die beiden Fähnriche und der Oberfähnrich dran. Den Arnetzberger können wir auch entbehren.

Gegen 21.00 Uhr tauchen wir auf. Der Sturm hat etwas nachgelassen. Es wird merklich kühler. Wir stehen auf 44° 17′ Nord und 23° 19′ West, neuer Kurs 85°. Aus diesem Gebiet kam die letzte Meldung von U 82, Rollmann; hier hat er ein Geleit getroffen.

16. Februar 1942. Weiterhin hohe Dünung aus Süd. Der BdU fordert wiederholt U 81, Kapitänleutnant Werner Pfeifer, zur Standortmeldung auf, aber das Boot antwortet nicht.

Bleichrodt ist sehr nachdenklich, als er mir die FT-Kladde zurückgibt. »Was meinen Sie, Hirschfeld, können die unsere FTs genau einpeilen?« – »Aber ja, Herr Kaleu. Ich war 1936/37 selbst im B-Dienst. Damals brauchte man für Kurzwellen-Peilungen noch sehr große Antennenanlagen. Ich bin aber fest davon überzeugt, daß sie heute schon von Bord der Zerstörer Kurzwelle peilen können. Aber ...« – »Was aber?« – »Kapitän Meckel glaubt nicht daran, habe ich von Seidel gehört. Und Meckels Meinung ist maßgebend in der FT.« Der Alte nickt und wendet sich ab. Sinnend sitzt er dann auf seiner Koje gegenüber dem FT-Raum und starrt auf das Bild seiner Frau, das an der Trennwand zum Durchgang hängt. Wenn er auf der Brücke ist, werfen Ferdinand und ich oft einen Blick auf dieses Foto. Man könnte vor ihm in Andacht versinken. Es zeigt eine wunderschöne Frau. Ferdinand hat mir erzählt, daß sie Ärztin in Lünen ist. Er muß es wissen, denn er ist aus Dortmund. Otto Peters, der sich das Bild auch schon oft angesehen hat, sagt kopfschüttelnd: »Dat vasteh ich nicht. Soo ne schöne Frau. Wie kann die nur soon verdorbenen Seemann heiraten.«

Der Oberfähnrich geht heute wieder einmal probeweise als Wachoffizier. Die See hat sich wieder beruhigt. Nach der Wachablösung entere ich auf den Turm, um eine Pfeife zu rauchen.

Neben mir sitzt Berthold Seidel und zieht an seiner Zigarette. Der Horizont ist nicht ganz klar. Ab und zu wirft Berthold einen besorgten Blick in die Ferne. »Donnerwetter«, sagt er zu dem Matrosengefreiten Zank, der als achterer Ausguck steht. »Ist dem Alten schon gemeldet worden, daß die Sicht laufend schlechter wird?« Zank schüttelt nur grinsend den Kopf. Da springt Berthold auf und ruft dem Oberfähnrich zu, daß er dem Kommandanten sofort Meldung über die Sichtverschlechterung machen soll.

Gegen 09.00 Uhr kommt dicker Nebel auf, und um 12.00 Uhr ist nur noch 400 Meter Sicht. Der Alte wird unruhig. Er zieht die Lederjacke an, hängt sein Glas um und verschwindet durch das Kugelschott in die Zentrale. »Ferdinand«, sage ich, »sein sechster Sinn treibt ihn auf die Brücke. In dieser Gegend ist Nebel ja auch was Seltenes.«

Um 15.00 Uhr kommt ein Ruf von der Brücke: »Schatten voraus!« Der Nebel ist so dick geworden, daß man gerade noch das Vorschiff erkennen kann. »Ruder hart Backbord! Steuerbordmaschine große Fahrt voraus!« rufen sie auf der Brücke. Da oben wächst die riesige Bordwand eines Dampfers aus dem Nebel. Langsam dreht das Boot. Wir laufen parallel mit dem Dampfer und drehen weiter nach Backbord, um von ihm frei zu kommen. Da kommt plötzlich von oben der Befehl: »Hart Steuerbord!« Vom Rudergänger höre ich, daß wir beinahe eine Korvette gerammt hätten. Sind wir in einen Geleitzug geraten?

Ferdinand erscheint im Funkraum. Ich erkläre ihm die Situation. Er geht in den Horchraum und schaltet das GHG ein, um auf Asdic zu achten. Die Nerven sind zum Zerreißen gespannt. Wir jagen jetzt an der dunklen Bordwand des Dampfers entlang, um vorne an ihm vorbeizukommen. Kaum scheinen wir es geschafft zu haben, höre ich von oben: »Korvette an Steuerbord!« Wir sind tatsächlich mitten in einem Geleit. Ferdinand meldet, daß er trotz der hohen Fahrstufe überall Asdic-Geräusche hört.

Ich jage zur Brücke hoch und melde es dem Alten, der sagt: »Das dachte ich mir. Wegtauchen können wir nicht. Dann haben sie uns sofort. Wir müssen über Wasser durch.« Ich gehe wieder nach unten.

Die Korvette an Steuerbord scheint der vordere Feger zu sein, denn sie hat wieder nach Steuerbord weggedreht. Der Alte jagt hinterher, und wir geraten auf die andere Seite des Dampfers. Es ist ein Schiff mit hoher Back, Klippersteven, kurzem Schornstein und hoher Brücke. Beim Weiterdrehen nach Steuerbord taucht wieder eine dunkle Bordwand aus dem Nebel auf.

»Beide Diesel langsame Fahrt!« Aha, der Alte läßt sich durchsacken. Die Schiffe fahren in ziemlich enger Formation, was bei dem Nebel erstaunlich ist. Sie haben aber sicher UKW-Verbindung untereinander. Die Maschinenfahrt- und Ruderlagenbefehle wechseln ständig. Dann hören wir wieder den Ruf: »Korvette!« Wenn wir Glück haben, ist das der Achterfeger. Er läuft direkt durch unser Kielwasser nach Osten und hat uns nicht bemerkt. Wieder läßt der Kommandant das Boot mit langsamer Fahrt durchsacken. Alles wartet gespannt, aber es kommt kein neuer Schatten von achtern auf. Wir sind durch und laufen mit großer Fahrt nach Süden ab.

17. Februar 1942. In der Nacht ist Sturm aus Südost aufgekommen. Seit dem gestrigen Zwischenfall marschieren wir mit Kurs 93°. Der Sturm läßt uns um jede Meile kämpfen. Wir kommen kaum von der Stelle, und die Brennstofflage wird wieder bedenklich.

Der Kommandant hat sich noch einmal die alten Meldungen von Rollmann, U 82, durchgelesen. »Das war genau hier, wo wir das Geleit getroffen haben«, sagt er. »Eigentlich hätten wir ja eine Fühlungshaltermeldung abgeben müssen«, sage ich. Er sieht mich beinahe mitleidig an. »Wem tun wir damit einen Gefallen? Nein, wir funken nicht.« Ich hatte auch nichts anderes erwartet.

Von heute an marschieren wir am Tage unter Wasser. Von weitem sind schon die ersten Wabo-Detonationen zu hören. Die Biskaya kommt immer näher. Dort knallt es den ganzen Tag. Die britischen Flieger werfen auf jede Konservendose ihre Wabos und Bomben. Um 12.00 Uhr stehen wir auf 45° 11′ Nord und 16° 05′ West. – Heute haben wir die letzten Makkaroni gegessen.

18. Februar 1942. Den ganzen Tag Unterwassermarsch. In der Ferne rollt der Donner von Waboserien. Es müssen Überwasserstreitkräfte am Werk sein. Flugzeuge können nicht dauernd Serien werfen.

Um 21.00 Uhr läßt der Kommandant auftauchen. Oben ist immer noch Sturm. Die Männer fluchen, weil wir nicht vorankommen, und Obersteuermann Petersen wiegt bedenklich sein Haupt. Ich weiß, was er denkt.

Die kurzen Brecher aus der Biskaya orgeln über den Turm. Wir machen nur noch vier Seemeilen über den Grund.

19. Februar 1942. Wir haben keinen genauen Standort mehr. Keine Sonne und keine Sterne zu sehen. Es wird nur noch auf der Seekarte gekoppelt. Bei Anbruch des Tages wird es kaum hell. Schwarze Wolken jagen am Himmel dahin. Der Alte läßt genau 90° steuern. Irgendwo im Osten muß Frankreich liegen.

Um 09.00 Uhr getaucht zum Unterwassermarsch, um ungesehen durch die Biskaya zu kommen. Auch unter Wasser müssen wir allerdings mit Angriffen rechnen. Neuerdings sind U-Jagdgruppen, die sogenannten Killer-Groups, unterwegs. Sie suchen mit Unterwasser-Ortungen die See ab und haben meist einen Hilfs-Flugzeugträger bei sich. Wenn man von einer solchen Gruppe erfaßt wird, gibt es kaum ein Entkommen.

Während der langen Unterwasserfahrt ist es jetzt totenstill im Boot. Keine Musik, keine laute Unterhaltung mehr. Gegen 15.00 Uhr rollen wieder Waboserien durchs Wasser; näher als gestern.

Wir essen Grieß, mit Dosenmilch gekocht. Ich habe Järschel gesagt, er solle doch die Pampelmusen ausgeben, aber er schüttelte den Kopf. »Hab' ich schon versucht, aber die fressen sie nicht. Wollen lieber die wenigen Tage durchhalten oder verrecken.«

Um 21.00 Uhr läßt der Kommandant auftauchen. Das gleiche Wetter wie vor dem Tauchen. Der Alte flucht leise vor sich hin. Er läßt auf ›Beide Maschinen langsame Fahrt‹ gehen, obwohl dabei viel Wasser über die Brücke kommt. Wir kommen sonst nicht voran.

20. Februar 1942. Es ist eine Höllennacht. Der Sturm scheint noch zuzunehmen. Im Turm sitzt ein Mann, der die heruntergereichten Nachtgläser trockenwischt.

Die Wolkendecke reißt teilweise auf, und es gelingt dem Obersteuermann Petersen einige Sterne zu schießen. Wir haben also endlich wieder einen genauen Standort, um den Einlaufweg ansteuern zu können. 46° 03′ Nord und 08° 54′ West. Kurs weiterhin 90°. Wir haben noch 13 cbm Brennstoff. Wenn der Sturm uns noch länger so wenig vorankommen läßt, werden sie uns am Schluß noch einschleppen müssen.

Um 09.00 Uhr getaucht zum Unterwassermarsch. Um 09.30 Uhr werden mehrere Fliegerbomben gehört. Also fliegen die Hunde auch bei diesem Wetter. Wem haben die Bomben gegolten? War es Kals oder ein aufmarschierendes Boot? Die Biskaya hat es in sich. Hier kann es passieren, daß man noch kurz vor der Haustür zu seinen Ahnen versammelt wird.

21. Februar 1942. Wir sind gestern um 20.30 Uhr aufgetaucht. Es scheint jetzt ein Orkan zu toben. Das hat uns noch gefehlt. Die Brückenwache steht bis zum Hals im Wasser.

Wir sind gespannt, wie lange dieser Kuhsturm noch anhalten wird, und schnallen den Gürtel immer enger. Büchsenbrot und Ölsardinen haben wir noch. Heute ist der 56. Tag unserer Reise.

Um 09.00 Uhr wird zum Unterwassermarsch getaucht. Das Boot fällt gleich durch bis auf 60 Meter. Überall rauscht es in den Leitungen. Was ist los? Das Boot ist zu schwer; hat der Sturm etwas zerschlagen? Die Lenzpumpen laufen wie verrückt. Dem LI steht der Schweiß auf der Stirn. Die Untertriebszellen wurden rechtzeitig ausgeblasen, und trotzdem ist das Boot zu schwer.

Mit zusammengepreßten Lippen beobachtet der Kommandant den LI. Langsam werden auch die Lords in den Räumen unruhig. Das Boot ist nicht mehr in Ordnung. Ausgerechnet hier in der Biskaya, wo jedes Auftauchen und jede Panne den Tod bedeuten können.

Erst nachdem der Zentralemaat Peters sechs Tonnen gelenzt hat, steigt das Boot, aber die Untertriebszellen laufen immer wieder voll.

Als wir um 20.30 Uhr zum Nachtmarsch auftauchen, höre ich am Knallen der Brecher gegen den Turm, daß sich das Wetter noch nicht gebessert hat. Noch immer rast der Oststurm. Es ist, als sollten wir Frankreich nie erreichen. Um 22.00 Uhr läßt der Kommandant das Signal absetzen: »Stehe 36 Stunden vor Treffpunkt mit Geleit. U 109.«

22. Februar 1942. Gegen Morgen kommt Obermaschinist Schewe in den Funkraum. »Wann sollen wir auf Treffpunkt stehen?« Er macht ein sehr ernstes Gesicht. »Morgen um 10.00 Uhr«, sage ich. Schewe kratzt sich bedenklich den Kopf. »Verdammter Sturm. Damit hat ja keiner gerechnet.« Brummend zieht er ab. Sein Benehmen gibt mir zu denken. Werden wir die letzten Seemeilen nicht mehr schaffen?

Es ist schon hell, als der Kommandant früher als sonst, nämlich um 8.20 Uhr, tauchen läßt. Wir sind auf 60 Meter angelangt, als es um 8.30 Uhr mächtig knallt. Vier Detonationen ganz in unserer Nähe. Fliegerbomben.

Ansonsten ist es den ganzen Tag totenstill. Keine Wabos zu hören. Als wir bei Dunkelheit endlich auftauchen, ist es seltsam ruhig. Keine Brecher gegen den Turm; die See ist kaum bewegt. Wir haben die 200-Meter-Grenze erreicht. Es riecht nach Land. Die letzte Nacht vor dem Hafen. Wenn alles gut geht, können wir uns morgen satt essen.

23. Februar 1942. Auch diese lange Nacht geht endlich zu Ende. Es ist noch dunkel, als wir um 07.00 Uhr auf Treffpunkt mit Geleit stehen. Der Kommandant will bis 10.00 Uhr das Boot auf Grund legen, um vor Angriffen aus der Luft sicher zu sein.

Zum letzten Mal auf dieser Fahrt rasen die Alarmglocken durchs

Boot. Die Entlüftungen knallen auf. Obwohl wir nur mit geringer Vorlastigkeit tauchen, fallen wir wieder viel zu schnell. Wir steuern Grund an, und bei 40 Meter setzt der LI etwas zu hart auf. Ich glaube, daß er das Boot nicht mehr richtig im Griff hat. –

Dann läßt er fünf Tonnen fluten, und endlich liegen wir ruhig. Alles wirft sich auf die Kojen. Die letzten drei Stunden werden wir auch noch durchstehen. Die Ruhe dauert aber nur kurze Zeit. Das Boot beginnt um die Längsachse an zu schwanken. Es knirscht und kracht. Viele Steine hier auf dem Grund und eine gräßliche Strömung herrscht. Oder sind es die Gezeiten? An Schlafen ist nicht zu denken. Das Boot schwankt manchmal so stark, daß man sich festhalten muß. Als der LI nochmals fünf Tonnen fluten läßt, wird es auch nicht besser.

Der Kommandant denkt aber nicht daran, aufzutauchen. Es besteht die Gefahr, von einem britischen U-Boot torpediert oder aus der Luft angegriffen zu werden.

Um 10.00 Uhr wird endlich angeblasen. Wir tauchen auf. Das Geleit ist da. Mit E-Maschinen schwenken wir lautlos in sein Kielwasser ein. Die Diesel schweigen. Wir haben keinen Tropfen Brennstoff mehr. Langsam geht es durch die Enge von Kernevel und Port Louis. Vor der BdU-Villa stehen einige Offiziere und winken. Schließlich sehen wir die *Isère*. Musik klingt auf. Korvettenkapitän Schütze steht mit den Kameraden der 2. U-Flottille auf der schwarzen Hulk. Es wird für die Wochenschau gefilmt.

Ein ungeheures Glücksgefühl zersprengt fast die Brust. Wir sind wieder davongekommen und haben den sicheren Hafen erreicht. Dann fliegen die Leinen herüber. Noch einmal wirbeln die Schrauben. Boot hat festgemacht. Es ist kalt in Frankreich.

26. Februar 1942. Im Hafen. Ausgeräumt und still liegt das Boot im Bunker von Keroman. Man möchte es streicheln wie ein treues Tier. Es hat uns sicher durch die Weiten des Ozeans getragen, hat unter den Detonationen der Wasserbomben gezittert und geschwankt, aber es blieb dicht und intakt.

Im frei flutenden Oberdeck fehlen einige Planken. Die Diesel schweigen. Keine Lüfter laufen. Viele geschäftige Hände sind dabei, die Schäden zu beheben. Überall Kabel und geöffnete Verkleidungen. Ein furchtbares Durcheinander.

Heute kommt ganz unerwartet der BdU zu uns. Er läßt uns antreten, wie wir sind; unrasiert und im Arbeitszeug. Mit mehreren anderen Besatzungen stehen wir im Hof der Salzwedelkaserne im Halbkreis um den Admiral, der uns sagt, daß eine neue Welle von U-Booten vor der amerikanischen Küste steht und eine andere Gruppe in der Karibischen See operiert. Wir hätten mit unseren Booten die amerikanische Atlantik-Flotte gebunden und somit Japan freie Bahn für Operationen im Pazifik geschaffen. Das mag sein, aber mir leuchtet nicht ein, warum die Japaner nicht die Russen angreifen.

»Wenn die Abwehr an der amerikanischen Küste zu stark wird«, sagt der BdU, »werden wir uns wieder in die Weiten des Atlantiks zurückziehen und den Geleitzugkampf verstärkt aufnehmen. Von euren Erfolgen hängt die Entscheidung dieses Krieges ab.« Mir läuft es kalt über den Rücken. Mit diesen Booten sollen wir den Krieg entscheiden? Sie sind doch viel zu langsam. Weiß er das nicht? Wir müssen andere Boote und andere Torpedos haben.

Nach dem Wegtreten stößt mich Otto Peters an. »Wenn die da oben glauben, daß sie mit diesen Booten den Krieg entscheiden können, sehe ick schwarz für Deutschland.«

Im Speisesaal unter der Kantine findet ein Bootsabend mit großem Fressen statt. Es gibt Putenbraten, Becksbier und auch harte Getränke. Während des Essens herrscht noch tiefes Schweigen. Dann beginnen langsam die Alkoholgetränke zu wirken.

Der Matrosengefreite Wagenhofer aus der Ostmark steht auf und will mit einigen Kameraden ein Lied vortragen. Auch Eduard Maureschat eilt zu ihnen, und dann singen sie: »Mamatschi, schenk mir ein Pferdchen, ein Pferdchen wär mein Paradies …« Ferdinand stößt mich an. »Ist es nicht zum Kotzen? Gleich fangen wir alle an zu heulen.« Der Kommandant, der mir gegenübersitzt, fragt laut: »Seit wann ist der Masure denn aus Österreich?« Maureschat scheint es aber nicht gehört zu haben. Als sie zur dritten Strophe ansetzen, springt der Alte auf: »Schluß mit dem Jammerlied. Kameraden, wir lassen uns nicht verarschen. Wir bleiben hart!«

»›Wir bleiben, was wir immer waren,
der Schrecken der Barbaren.
Scheißkerle war'n wir nie.
Der Esel pupt, die Katze scheißt!
Es lebt der alte U-Boot-Geist!‹ Prost!«

Wir springen begeistert auf. Ein Schrei brandet durch den Saal: »Prost Ajax!«

Für die Überholung der FT-Anlage haben wir einen neuen Werkmeister aus Wilhelmshaven bekommen. Er heißt Kurt Wunderlich, und ich glaube, daß wir uns auf ihn verlassen können. In Kernevel erfahre ich, daß wir laut B-Dienst die *Empire Kingsfisher*, 6082 BRT, in Quadrat BA 996, versenkt haben. Es war kein anderes Boot in der Nähe, aber wir hatten geglaubt, der vorbeigeschossene Torpedo sei im Dreck detoniert.

V

Kampf vor Floridas Küste

Heute um 05.00 Uhr bei strömenden Regen und milder Luft wieder in Lorient angekommen. Der Urlaub in der Heimat war schön, trotz eisiger Kälte.

Viele Bekannte in Hamburg konnten kaum ihr Erstaunen verbergen, mich wiederzusehen. Einer sagte ganz unverhohlen: »Nanu, ich denke, du bist in Gefangenschaft.« Auf meine Frage, woher er diese Nachricht habe, vertraute er mir unter dem Siegel der Verschwiegenheit an: »Vom Londoner Rundfunk. Da wurde U 109 als versenkt gemeldet, und die gefangene Besatzung wurden namentlich verlesen.«

»Da siehst du, was das für ein Schwindel ist«, konnte ich nur sagen. »Und wie viele Leute den Londoner Rundfunk hören und den Mist auch noch glauben.«

Wie immer, wenn ich nach Hamburg kam, besuchte ich im Auftrag des Kommandanten den Stammtisch der ›Hanseaten‹ auf St. Pauli und überbrachte Grüße von Kapitänleutnant Heinrich Bleichrodt. Es sind alte Kapitäne der Handelsmarine, die sich an jedem Sonntagmorgen an diesem Stammtisch treffen. Sie kennen Heinrich Bleichrodt von der *Pamir* und der *Peking,* auf denen er 1926 gefahren ist. Ich muß den alten Herren immer über unsere Feindfahrten berichten, und wenn ich von den überstandenen Stürmen erzähle, nicken sie verständnisvoll. Das haben sie alles erlebt.

Am 10. März hat Kapitänleutnant Bleichrodt im Rundfunk gesprochen, und am 14. März war unser Einlaufen in Lorient in der Wochenschau zu sehen. Dazu sagte der Sprecher: »Der vom britischen Rundfunk als versenkt gemeldete Kapitänleutnant Bleichrodt kehrt nach erfolgreicher Feindfahrt von der Ostküste der USA zurück.«

21. März 1942. Der I WO, Oberleutnant zur See Friedrich Wilhelm Wißmann, ist zum Kommandanten-Lehrgang ausgestiegen. Er wird dann bald ein eigenes Boot bekommen. Der alte Kämpe Stabsobersteuermann Bruno Petersen hat uns auch verlassen, um Offizier zu werden. Der BdU hat sein Versprechen nicht vergessen. Oberleutnant Ing. Martin Weber ist Kapitänleutnant Ing. geworden. Maschinen-Obermaat Mathias Breuer wurde zum Obermaschinisten-Lehrgang abkommandiert. Oberbootsmaat Walter Groß soll unter Beförderung zum Bootsmann die Nr. 1 auf einem der neuen U-Boot-Versorger werden. »Wenn ich euch mal versorgen muß, werdet ihr mich nicht bescheißen können wie den Kals. Den Trick von Schewe kenne ich ja nun«, sind seine letzten Worte an uns.

Auch der Fähnrich zur See Wex hat abgemustert, um Offizier und Wachoffizier zu werden. Fähnrich Hengen muß weiter mit uns fahren. Hat noch nicht die nötige Reife, sagt der Alte. Von den Mannschaften der ersten Stunde sind nur noch wenige an Bord: Järschel, Zank, Will, Paul Pötter, Herbert Goldbeck und Alois Wagenhofer. Verdammt komisches Gefühl, wenn so viele Männer das Boot verlassen.

Neuer I WO ist Oberleutnant zur See Werner Witte, Crew 1935. Als wir uns das erstemal sehen, sind wir beide sehr erstaunt. »Wir kennen uns doch«, sagt Witte, »aber woher?« – Wie ein Blitz kommt mir die Erinnerung. »Herr Oberleutnant«, sage ich, »das war bei der 19. Minensuch in der Werft in Kiel. Ich besuchte meinen alten Freund, den Obersteuermann Wolfgang Fromme, der bei Ihnen als I WO fuhr.« Witte kneift ein Auge zu. »Richtig. Das war im Herbst 39. Mein Gott, waren wir besoffen. Wie sind Sie eigentlich zu Ihrem Torpedoboot zurückgekommen?« – »Mit Ihrer Kommandanten-Pinasse, nachdem wir Sie in die Koje geworfen hatten.« Er lacht. »Ja, das war noch ein lustiger Krieg, 1939. Und den abgebrochenen Oberfähnrich Fromme, genannt Pius, haben wir noch zum Offizier gemacht.«

Eduard Maureschat hat natürlich sofort mitgekriegt, daß ich den neuen I WO kenne. »Wie ist er denn?« will er wissen. »Mit dem kannst du Pferde stehlen«, sage ich. »Na denn«, brummt Ede. Als überzähliger Gast ist Leutnant Ing. Albert Heyer, 21 Jahre alt, eingestiegen. Er soll wohl demnächst LI auf einem Boot werden. Die nachrückenden Offiziere werden immer jünger. Man könnte das kalte Grausen kriegen.

23. März 1942. Mehrere Male hatten wir jetzt in Lorient Fliegeralarm. Vorgestern nachts kam ein Tommy im Tiefflug und feuerte aus allen Rohren. Die OT hat im Hof der Salzwedel-Kaserne zwei große Bunker gebaut, in die wir bei Alarm stürzen. Meist im Schlafanzug und mit einer Decke unter dem Arm. Kojen sind auch im Bunker. Man kann gleich weiter schlafen.

Es wird verdammt ungemütlich im Hafen. Vielleicht kommen wir eines Tages von der Feindfahrt zurück, und Lorient ist nur noch ein rauchender Trümmerhaufen.

Mit anderen alten Kameraden mußte ich wieder zur Untersuchung nach Carnac ins ›Marineärztliche Forschungsinstitut für U-Boot-Medizin‹. Lernte dort Flottenarzt Dr. Lepel kennen. Er fragte mich, seit wann ich die roten Punkte an den Armen habe.

»Auf der letzten Fahrt bekommen«, sage ich. »Nun, wir werden uns nach der nächsten Fahrt wiedersehen«, sagt er sinnend. »Es muß ein Pilz sein.«

Dann muß ich mit Ferdinand zum Flottillenarzt Dr. Ziemke. Wir erhalten Informationen über die neuesten Tabletten gegen Gonorrhöe. Sie heißen ›Albucid‹ und ›Globucid‹. »Und was machen wir bei Syphilis?« frage ich den Stabsarzt. »Leider auch schon vorgekommen«, sagt er. »Streng isolieren. Mehr könnt ihr nicht tun.« Er klopft mir lächelnd auf die Schulter. »Aber denkt an die tägliche Vitamin-Ausgabe. Vor allem Vitamin A für die Brückenwache. Sonst werden die Kerle nachtblind.«

Anschließend fahren wir mit der FT-Mannschaft nach Kernevel zur letzten Information. Die neuen Befehle lauten: Getrennte Wellen-Bereiche der Seegebiete. Getrennte Schlüsselmittel. Keine Interessen-Schaltung anderer Seegebiete mehr. Ich bin froh über diese Befehle; denn der Alte verlangte von uns immer, die anderen Seegebiete mitzuschalten, was eine große Mehrarbeit war. Im Schlüsselraum von Kernevel zeigt uns der wachhabende Maat den neuesten FT von U 124, Kapitänleutnant Mohr:

»Waidmannsdank für freie Jagd,
In der Gewitter-Vollmondnacht.
War bei Lookout die Tankerschlacht.
Der arme Roosevelt verlor
fünfzigtausend Tonnen – Mohr –.«

25. März 1942. Nun wird es Frühling in Frankreich, aber wir müssen wieder fahren. Wochenlang nur salzige Luft und Dieselgestank. Kein Erdgeruch.

Nach kurzer Verabschiedung durch den Flottillenchef Victor Schütze fliegen um 19.30 Uhr die Leinen los. Der Bug wird vorne abgedrückt. Die E-Maschinen summen. Langsam löst sich der graue U-Bootsleib von der schwarzen *Isère* und wir nehmen Fahrt auf. Oben auf der Hulk spielt die Musik, die Kameraden der 2. U-Flottille winken und die Offiziere rufen: »Ajax, gute Fahrt und fette Beute.« Aber Ajax winkt nicht zurück. Er steht auf dem Turm, starrt gerade aus, und keiner darf ihn anquatschen.

Die Diesel springen an. Der graue Bootsleib erzittert. Mit schäumender Bugwelle ziehen wir durch das äußere Hafenbecken.

Hinter uns hat U 201, Kommandant der Ritterkreuzträger Adalbert Schnee, abgelegt. Vor der Enge Kernevel – Port Louis wartet ein dicker Sperrbrecher auf uns. In seinem Kielwasser geht es hinaus in die freie See. Ein letztes Winken zur Villa des BdU hinüber. Dann wenden wir uns ab. Um 21.00 Uhr wird der Sperrbrecher entlassen. Noch ist U 201 hinter uns zu sehen.

26. März 1942. Trotz heller Mondnacht haben wir U 201 aus den Augen verloren. Vielleicht hat Schnee bei der 200-Meterlinie seinen Tieftauchversuch gemacht. Es war auch nicht beabsichtigt, gemeinsam durch die Biskaya zu marschieren. Um 07.15 Uhr läßt der Kommandant die Brückenwache zum Prüfungstauchen einsteigen.

Langsam gehen wir tiefer. 100 Meter gehen durch. Es scheint alles dicht zu sein, aber bei 130 Meter spritzt Wasser in den Diesel-Raum. Der Flansch zwischen oberem und unterem Teil des Abgasklappen-Gehäuses ist undicht. Die Schrauben lassen sich nicht nachziehen. Der Kommandant läßt aber nicht auftauchen, da es oben schon hell ist.

Aus der Ferne hören wir das Grollen der Wasserbomben. Das ist die Biskaya, ohne den Donner der Wabos nicht mehr vorstellbar. Mit Kurs 225° marschieren wir den ganzen Tag auf 80 Meter Tiefe. Um 21.00 Uhr, kurz vor dem Auftauchen, kommt der Kommandant zu mir. »Leg die Platte New York auf. Dann gebe ich das Ziel bekannt.« Als die Musik erklingt, heben die Lords die Köpfe. Sie wissen, was sie bedeuten soll. »Auf nach Amerika!« Diesmal wird es die Küste von Florida sein.

Beim Auftauchen um 21.30 Uhr ist ein starkes Zischen an Steuerbord zu hören. Es wird ein Riß zwischen Abgasleitung und Anblaseverteiler in der Anblaseleitung festgestellt. Die Fahrt fängt ja gut an. Mir ist unklar, wie Schewe das reparieren will.

27. März 1942. Eine helle Nacht mit guter Sicht. Um 00.00 Uhr ist der Kommandant auf Kurs 259° gegangen. Als wir um 07.30 Uhr zum Unterwassermarsch tauchen, haben wir 9° West passiert. Kaum unter Wasser, hören wir das Donnergrollen der Wasserbomben, nicht weit entfernt von uns. Es sind ganze Serien, die geworfen werden.

So geht es den ganzen Tag über. An Schlaf ist nicht zu denken. Manchmal sind die Detonationen so nah, daß sich die Männer besorgt ansehen. Der Kommandant fragt nach Asdic-Geräuschen, aber wir können keine feststellen. Zu den Längstwellen-Programmzeiten gehen wir auf Sehrohrtiefe. Wir erhalten einen FT von Kernevel, der die Wabo-Serien vielleicht erklärt. Etwas nördlich von uns hat eines unserer Boote drei Zerstörer und 10 Schnellboote mit Kurs Südost gesichtet. Der Kurs zeigt in die Bucht von St. Nazaire.

28. März 1942. Weiter mit großer Fahrt nach Westen. Meine Wache mit Leibling beginnt um 02.00 Uhr. Unter den eingehenden FTs ist ein Spruch für U 124: Kapitänleutnant Jochen Mohr hat das Ritterkreuz erhalten.

Um 03.50 Uhr reicht mir Leibling einen anderen FT. »Von BdU: Alle Boote ostwärts 29° West mit Höchstfahrt Qu. BF 6510 ansteuern.« Gleich darauf ein neuer FT vom BdU: »Engländer heute nacht bei St. Nazaire gelandet.« – Der Alte liest die FTs und gibt mir die Kladde zurück. »Ich glaube nicht, daß das eine größere Aktion ist. Wir laufen erst mal weiter.« – »Aber der BdU weiß, daß wir 15° noch nicht passiert haben«, sage ich. Bleichrodt lächelt amüsiert. »Ach, Hirschfeld, wenn es eine richtige Invasion ist, kommen wir immer noch zurecht.« Er klopft mir väterlich auf die Schulter. »Sie werden sehen, der Gegenbefehl kommt bald.« – Ich glaube auch, daß da einer im Operationszimmer durchgedreht hat. Es waren doch nur leichte Streitkräfte gemeldet; für eine Invasion braucht man aber eine Armada. Und wie kann man nach Westen marschierende Boote zurückrufen, die auf jeden Tropfen Brennstoff angewiesen sind. Von Dönitz war dieser FT bestimmt nicht.

Wir marschieren mit langsamer Fahrt weiter nach Westen. Der Alte liegt auf seiner Koje und liest. Kein Gegenbefehl und auch keine klärenden Funksprüche. Sollte es doch ernster sein, als wir annehmen? – Um 06.45 Uhr läßt der Alte ein Kurzsignal abgeben: »Mein Standort ist Qu. BF 71. U 109.« Das Signal wird bestätigt; es erfolgt aber keine Reaktion. Schließlich befiehlt der Kommandant schweren Herzens Kursänderung um 180°. Mit einer Maschine Langsame Fahrt schlingern wir nach Osten. Um 07.43 Uhr Eingang FT 0655/28 von BdU: »Englischer Angriff auf St. Nazaire, von Zerstörern und Schnellbooten durchgeführt, ist abgeschlagen. Ab Hellwerden Luftaufklärung. Nach Ergebnis Aufklärung erfolgt weiterer Befehl.« Der Alte läßt das Boot auf der Stelle treten.

Um 08.00 Uhr werde ich von Ferdinand abgelöst. Ich erkläre ihm die Lage und das vergebliche Warten auf den Gegenbefehl. Im U-Raum treffe ich die anderen Maaten der Freiwache zum Frühstück. »Man muß sich wundern«, sagt Werner Borchardt, »daß der BdU noch in Kernevel so nahe am Meer sitzt. Was denkt ihr, wenn sie uns den mal mit einem Kommando-Unternehmen klauen?« Wir müssen alle lachen; aber recht hat Borchardt. Um 09.45 Uhr endlich der ersehnte FT: »Boote Westmarsch fortsetzen. Befehl für Ansteuerung BF 6510 ist aufgehoben.« Das Vorschiff schwingt herum. Kurs 258°. Die Diesel laufen nur dreißig Minuten »Große Fahrt«, dann läßt der Alte tauchen. Wir marschieren auf 120 Meter Tiefe.

Als der Kommandant um 20.00 Uhr die Oberfläche ansteuern läßt, knallt es in unmittelbarer Nähe dreimal. Fliegerbomben. Wir bleiben getaucht bis 22.00 Uhr. Dann aufgetaucht. Es weht ein warmer Westsüdwestwind Stärke drei. Leichte Dünung, bedeckter Himmel und mittlere Sicht.

29. März 1942. Um 00.50 Uhr in Quadrat BF 7138 Backbord voraus ein U-Boot auf Gegenkurs in Sicht. Der Kommandant läßt nach Süden ausweichen. Einwandfrei ein deutsches Boot vom Typ IX, das uns nicht bemerkt hat. – Um 06.40 Uhr in Qu. BE 9363 Steuerbord voraus wieder ein deutsches U-Boot vom Typ IX mit östlichem Kurs. Auch dieses Boot bemerkt unser Ausweichmanöver nicht. Die müssen nachtblind sein, was dem Kommandanten Anlaß gibt, mich an die Vitamin-A Kugeln zu erinnern. Ich beginne sofort mit der Ausgabe an die Brückenwache.

Endlich erfahren wir etwas über den Angriff auf St. Nazaire. Die Briten haben einen Zerstörer, neun Schnellboote und vier Torpedoboote verloren und blutige Verluste an Mannschaften erlitten. 100 Mann wurden gefangen. Auf deutscher Seite angeblich keine Verluste. Das dürfte eine Zwecklüge sein, aber die Briten lügen noch viel mehr.

Kapitänleutnant Bleichrodt gibt mir nachdenklich die FT-Kladde zurück. »Komisch«, sagt er zum I WO, »sie müssen doch einen Zweck verfolgt haben. Sicher wollten sie die Schleusen zerstören. Aber dafür dieser Aufwand. Wäre doch aus der Luft viel einfacher gewesen.«

30. März 1942. Weiter Kurs 259°. Es wird langsam warm. In der Nacht Temperatur + 18° Celsius. Die Männer stehen im leichten Arbeitszeug auf der Brücke. Der Wind kommt mit Stärke vier aus Westsüdwest. Das Boot wiegt sich in der langen Dünung.

Otto Peters hat beim Antreten der Brückenwache in der Zentrale beobachtet, wie zwei Mann die Vitamin-A-Kugeln hinter sich in die Bilg fallenlassen. Zugegeben, die Kugeln sind etwas zu groß zum Schlukken, aber unser aller Leben hängt von den guten Augen der Brückenwache ab. Ich entere also auf den Turm und melde es dem I WO. Dabei habe ich zwei neue Kugeln mit, und Maureschat überwacht die Einnahme.

»Ihr verdammten Himmelhunde«, brüllt er mit seiner mächtigen Stimme. »Habt ihr nicht die beiden Boote letzte Nacht gesehen? Die hätten wir leicht abknallen können. Wahrscheinlich haben sie auch kein Vitamin A gefressen!« Von nun an müssen alle die Kugeln vor meinen Augen schlucken.

Um 09.00 Uhr Alarmtauchen zur Übung. Wie ein fernes Gewitter hören wir das Rummeln der Wabos. Da die Sicht sehr schlecht ist, entschließt sich der Kommandant noch einmal zum Unterwassermarsch auf 120 Meter Tiefe bis 22.00 Uhr.

31. März 1942. Helle Nacht, aber nur mittlere Sicht. Es brist langsam auf. Wir haben Südsüdwest fünf. Die Dünung wird länger und höher. Die ersten Wogen rollen über das Vorschiff und knallen gegen den Turm. Um 02.20 Uhr habe ich das erste Kurzsignal dieser Fahrt abgegeben: »Habe 16° West überschritten. Bleichrodt.«

Es wird Zeit, die neuen Männer einzuarbeiten. Den ganzen Tag üben wir Alarmtauchen und unter Wasser Ausfälle durch Wabos.

Der Wind dreht auf Westnordwest. Wolken jagen am Himmel dahin. Manchmal ist noch ein Stück blauer Himmel zu sehen. Während der Mittagsgefechtspause will Bootsmaat Seidel auf die Brücke gehen, um eine Zigarette zu rauchen. Gerade als er im Turmluk fragt: »Ein Mann Brücke?«, sieht er über uns eine Maschine aus einem Wolkenloch stürzen. Er schreit: »Flieger!« und läßt sich nach unten fallen. Oberleutnant zur See Witte, der an eine Übung glaubt, jagt seine Wache durchs Turmluk und springt selbst hinterher, während das Vorschiff schon unterschneidet. Mit steiler Fahrt geht es abwärts. Der LI weiß von Seidel, was anliegt, und läßt das Boot durchfallen. Noch glauben alle an eine Übung, als es hinter uns mächtig knallt. Die Männer sehen sich erstaunt an. Rumms, noch einmal und das war diesmal unter uns. Das sind keine Fliegerbomben. Ich springe von meiner Koje hoch und stürze zum Horchraum. Berthold Seidel steht am Funkraum. »Das sind Wasserbomben«, sage ich. Er nickt und sagt seelenruhig: »Ist aber ein Flugzeug.« – »Wie schön«, erwidere ich. »Jetzt kommen die auch schon mit diesen Koffern.«

Der I WO kommt durchs Kugelschott gestiegen. »Mein Gott, Seidel, das war um Haaresbreite.« Berthold nickt. »Meine Fahrt. Aber wir kommen auch diesmal nach Hause.«

Das Boot ist auf 100 Meter eingependelt. Aus den einzelnen Abteilungen laufen die Meldungen ein. Nur in der E-Maschine sind einige Sicherungen rausgeflogen. Alle Außenbordverschlüsse sind dicht. Ein Glück, daß die Bomben nicht seitlich lagen.

1. April 1942. Wir stehen in Quadrat BE 7937. In der Nacht hat es zum Sturm aufgebrist. Als ich im Morgengrauen auf die Brücke gehe, sehe ich die riesigen Wasserberge, die uns entgegenrollen. Jetzt werden die neuen Männer endlich Seebeine kriegen. Einige laufen mit grünen Gesichtern durch die Räume und suchen mit stierem Blick eine Ölpütz, um sich die Galle aus dem Leib zu kotzen. Nach einer Woche Sturm werden sie es überstanden haben.

Am Nachmittag steht die See haushoch von Nordwest, so daß wir nicht vorankommen und wieder unter Wasser marschieren. Am Abend Eingang FT 1908/1 von BdU: »Bleichrodt am 2. 4. 08.00 Uhr Grönland schalten.«

2. April 1942. Wir sind aufgetaucht. Das Tief ist nach Osten abgezogen. Der Seegang ist noch gewaltig, aber der Wind hat etwas abgeflaut. Er kommt aus Südsüdwest. Das Boot liegt vorn sehr tief in der See und nimmt viel Wasser über. Wir marschieren diesel-elektrisch. Die Brückenwache ist angeschnallt. Ich notiere in der Zentrale die Position: 43° 11′ Nord, 24° 17′ West, Kurs 259°, Temperatur + 20°C.

Als ich am Morgen auf die Brücke komme, stößt mich Maureschat an und zeigt nach achtern. »Da ist wieder einer.« Hinter uns marschiert ein einzelner Hai. Järschel kommt mit leeren Konservendosen auf die Brücke, die aufgeschnitten sind, damit sie schnell versinken. Wir erzählen dem I WO, daß ein Hai, der uns folgt, den Alten nervös macht, und Witte gibt die Erlaubnis, daß Järschel das Tier mit leeren Konservendosen füttert. Bald zieht der Hai eine Blutspur hinter sich her, aber der Appetit scheint ihm nicht vergangen zu sein. Werner Borchardt, der auch auf der Brücke erschienen ist, schlägt dem I WO vor, den Hai mit Handgranaten zu füttern. Witte lehnt lachend ab. Dann wacht der Alte auf und macht mir einen Tanz. »Die Handgranaten hört man doch meilenweit unter Wasser.« Womit er recht haben dürfte.

Am Nachmittag ist der Hai nicht mehr da. Vielleicht haben sich seine Kameraden seiner angenommen. Am Abend Eingang FT 2131/2 von BdU: »Bleichrodt am 3. 4. zwischen 01.00–05.00 h Wetter nach Wetterkurz-Schlüssel melden.«

3. April 1942. Heute ist Karfreitag. Für uns ein Tag wie jeder andere. Um 02.08 Uhr Kurzwetter abgegeben und von Kernevel sofort verstanden. Weiterhin mit Kurs 259° nördlich der Azoren nach Westen. Wir machen Alarmtauchen zur Übung und unter Wasser Ausfälle- und Störungsexerzieren. Das Barometer fällt.

Ein neues Tief braust heran. Wir treten auf der Stelle. Am Nachmittag entschließt sich der Kommandant, den Marsch unter Wasser fortzusetzen, um Brennstoff zu sparen. Wir gehen auf 80 Meter Tiefe, da die Dünung bei 60 Meter noch zu spüren ist. Die Männer liegen auf den Kojen, und wir machen im Funkraum leise Musik von Schallplatten für alle Räume. Der junge Leutnant Ing. Heyer hat zur Übung die Tiefensteuer-Leitung in der Zentrale. Das GHG ist besetzt, aber in der Tiefe des Atlantiks ist es totenstill. Kein Donner der Wasserbomben, der an den Nerven zerrt.

Um 22.35 Uhr läßt der Kommandant auftauchen, um die Batterien nachzuladen und die fehlenden FTs auf Längswelle herein zu holen. Das Wetter ist unverändert.

4. April 1942. Wir stehen in Quadrat CE 3127. Südsüdwest 8, See 7 bis 8. Schlechte Sicht. Eine schwere, steile See rollt heran. Wir stampfen fast auf der Stelle.

In den Morgenstunden wird festgestellt, daß sich Tauchzelle acht selbständig entlüftet. Der Fehler kann nicht gefunden werden und die Zelle muß alle 30 Minuten nachgeblasen werden. Um 10.30 Uhr donnert es im Turmbau unter der Brücke. Die Acetylenflaschen sind aus der Halterung geschlagen und werden von Schewe und seinen Männern, die meist bis zum Hals im Wasser stehen, in mühevoller Arbeit wieder angeschraubt. Um 14,00 Uhr haben sie sich neuerlich losgerissen. Das Gas wird abgeblasen und die leeren Flaschen werden ins Boot genommen.

Durch FT erfahren wir, daß U 459, der erste U-Tanker unter Führung von Korvettenkapitän Wilamowitz-Möllendorf, im Atlantik im Einsatz ist. Dieses Boot vom Typ XIV kann 700 cbm Brennstoff fassen und ist mit zwei 3,7 cm-Flak bewaffnet. Noch in diesem Monat sollen drei weitere U-Tanker folgen.

5. April 1942. Heute ist Ostern, und wir kämpfen weiter gegen den Sturm. Nicht einmal ein Festessen kann der Koch zubereiten: Järschel hat nur eine Suppe gekocht, die wir aus Dosen und Schöpfkellen essen, um unser Geschirr zu schonen.

Um 12.00 Uhr DGZ stehen wir auf 42° 07′ Nord und 30° 50′ West. Neuer Kurs ist 245°.

Der Maschinen-Gefreite Gerstner meldet sich mit Tripper bei mir. Er behauptet, ihn erst jetzt bemerkt zu haben. Ich muß dem Kommandanten Meldung machen, der das Blaue vom Himmel flucht. »Wir sind elf Tage in See und Sie merken erst jetzt, daß Sie einen Tripper mitgebracht haben?« brüllt er Gerstner an, der schuldbewußt das Haupt senkt. – Wir legen ihn im Heckraum flach und beginnen mit einer Albucid-Kur. Er ist von jedem Dienst befreit.

6. April 1942. Heute vormittag flaut der Sturm plötzlich ab. Die See beruhigt sich schnell. Das Gewölk zerreißt. Strahlend kommt die Sonne hervor. Wie Höhlenmenschen steigen wir blaß und lichthungrig nach oben und sonnen uns auf dem Wintergarten. Blau ist der Himmel und blau ist die See. Unzählige Segel-Quallen kommen uns entgegen, die in allen Regenbogenfarben schillern. Es ist so friedlich nach diesem Sturm. Man mag gar nicht an Krieg denken.

Am Nachmittag ziehen aber wieder dunkle Wolken von Westen heran. Der Horizont wird fast schwarz, und dann öffnet der Himmel seine Schleusen. Strömender Regen; tropisch warm. Ich habe Karl Will, der jetzt Ältester im Achterschiff ist, beauftragt, zu überwachen, daß Gerstner tatsächlich seine Tabletten nimmt.

7. April 1942. Wir sind nun westlich der Azoren. Die See ist ruhiger geworden, und wir machen diesel-elektrisch mit 7 sm gute Fahrt.

Hardegen meldet mit FT, daß er vor der amerikanischen Küste an eine U-Boot-Falle geraten ist. Er hat das Schiff von 3000 BRT niedergekämpft und versenkt, wobei leider ein Fähnrich gefallen ist. Außerdem hat das Boot einen Treffer im Oberdeck erhalten, doch ist der Druckkörper unbeschädigt geblieben. U 123 hat noch mal Glück gehabt.

In den Abendstunden hören wir jetzt oft die Sendungen der BBC in deutscher Sprache ab. Es ist zwar streng verboten, diese Sendungen zu hören, aber auf den U-Booten lacht man nur über dieses Verbot. Ich bin fest davon überzeugt, daß Dönitz das auch weiß. Dabei ist es direkt albern, mit welchen Lügen die Engländer uns verunsichern wollen. Am amüsantesten ist der sogenannte ›Geheimsender Nr. 1.‹ Wenn wir ihn abhören, kommt sogar der Kommandant in den Funkraum. Die Sendung beginnt immer mit den gleichen Worten: »Achtung! Achtung! Hier ist Gustav-Siegfried Eins. Es spricht der Chef!« Der Chef spricht mit markiger Stimme und spielt den alten SA-Führer. Er meckert über Fehlleistungen der Parteibonzen und schimpft auf die SS. Den Führer beleidigt er niemals. Über einige Vorkommnisse ist er erstaunlich gut informiert und schlachtet sie gehörig aus. Einmal erzählt er eine wüste Porno-Geschichte über Bömker, den Oberbürgermeister von Bremen, der sich angeblich dralle Polenweiber aus der Fischfabrik holt und mit ihnen in seinem Keller Unzucht treibt. Das malt er dann im Detail aus. Zum Schluß sagt er immer: »Volksgenossen, laßt euch das nicht gefallen. Wendet euch an den Minister Dr. Lammers in Berlin. Er wird euch helfen.«

Der Chef behauptet, daß er von einer fahrbaren Station auf dem Festland spricht, was aber gelogen ist. Von meinen Freunden beim B-Dienst, die den Sender eingepeilt haben, weiß ich, daß die Sendungen aus England kommen.

Heute kann zum erstenmal an Oberdeck gearbeitet werden, und dabei wird die Ursache der dauernden Nachentlüftung von Tauchzelle acht gefunden. Ein Nietenkopf an der Außenhaut Backbordseite ist losgesprungen und durch das Nietloch konnte die Luft entweichen. Das Leck wird mit Schraube und Dichtungsmaterial dichtgesetzt. Am

Abend wieder Alarmtauchen zur Übung. Torpedo-Feuerleit- und Tiefensteuer-Übungen.

8. April 1942. Wir stehen in Quadrat CD 5619, Kurs Bermudas. Es brist schon wieder auf. Das Barometer fällt. Allen Anzeichen nach bekommen wir wieder Sturm.

Heute kam ein FT vom BdU an alle Boote: »Italienische Dampfer *Saturnia* und *Vulkania* fahren nach Übereinkommen England – Achse über Gibraltar, Kanaren, Kap Verden, Kapstadt nach Ostafrika zum Gefangenen-Austausch. Fahrt 19 sm.« Sonderbar dieser weite Weg. Es wäre doch auch übers Mittelmeer gegangen. So werden die Briten diesen Schiffen sogar Brennstoff liefern müssen.

9. April 1942. Heute nacht haben wir 40° West überschritten. Grau in grau kommt der Morgen herauf, und wieder orgeln die Brecher über den Turm. Wir kommen kaum von der Stelle. Die Brückenwache ist angeschnallt und steht oft bis zum Hals im Wasser. Der Sturm scheint immer stärker zu werden. Tauchzelle acht hält dicht und braucht nicht mehr nachgeblasen zu werden. Am Nachmittag entschließt sich der Kommandant zum Unterwassermarsch, da wir kaum noch Fahrt über Grund machen.

Um 22.00 Uhr zur Programmzeit aufgetaucht. Der Alte geht allein auf die Brücke. Der Sturm rast mit unverminderter Stärke. Die Brückenwache braucht nicht aufzuziehen. Es ist kein Waffeneinsatz möglich. Wir versuchen die fehlenden FTs hereinzuholen, während die Batterien aufgeladen werden. Nachdem wir das erledigt haben, knallen die Entlüftungen wieder auf. Nichts wie runter in die schützende Tiefe.

10. April 1942. Um 13.00 Uhr müssen wir an die Oberfläche, um die Batterien nachzuladen. Ein Windstoß fegt durch das Boot, als der Alte das Turmluk öffnet und auf die Brücke steigt. Der Südwest-Sturm ist zum Orkan geworden. Das Boot macht nur 1,5 sm über den Grund. Während die Batterien aufgeladen werden, holen wir die fehlenden FTs herein. Dann geht es wieder auf 120 Meter Tiefe hinab.

Unter den FTs ist auch ein Spruch an uns: »Bleichrodt gelegentlich melden, ob sich neuer Antrieb Kühlwasserpumpen bewährt. KWP ja oder nein. BdU.« Um 22.00 Uhr wieder aufgetaucht und zur Programmzeit beigedreht, da Wetter unverändert. Eingang FT 2220/10 von BdU: »U 109 zwischen 01.00 und 05.00 Wetter hergeben.«

11. April 1942. Um 01.40 Uhr Kurzwetter abgegeben und nach Bestätigung durch Kernevel wieder unter Wasser gegangen auf 120 m. Gekoppelter Standort 37° 50′ Nord, 44° 50′ West, Kurs 280°. Orkan 10 bis 11. – Längstwellen-Empfang ist unter Wasser nicht möglich, da das

Boot bei 15 bis 18 Meter Tiefe glatt aus dem Wasser geworfen wird. Also wird um 13.00 Uhr wieder zur Programmzeit aufgetaucht. Das Wetter ist wie gehabt. Durch FT erfahren wir, daß Kapitänleutnant Topp, U 552, das Eichenlaub zum Ritterkreuz erhalten hat.

Ich untersuche unseren tripperkranken Gerstner und muß feststellen, daß die Albucidkur gar nicht angeschlagen hat. Ich beginne mit einer zweiten Kur und mache dem Alten Meldung. »Sonderbar«, sagt er, »das Mittel ist doch erprobt.«

12. April 1942. Heute ist Sonntag. Wir kommen kaum von der Stelle. Nur 3 sm Fahrt über Grund. Immer noch jagt der Sturm über uns hinweg. Die Stimmung im Boot ist schlecht. Obwohl Järschel heute wieder Holsteiner Katenschinken mit Spargel serviert und wir leise Musik in die Räume geschaltet haben, sind die Männer verbittert über das untätige Herumliegen auf den Kojen.

Der Kommandant hat während der Programmzeit die Brückenwache aufziehen lassen. Durch das Turmluk ergossen sich ganze Sturzseen, und in der Zentrale mußte andauernd die Lenzpumpe laufen. Es hatte keinen Zweck, oben zu bleiben. Also wieder Unterwassermarsch, diesmal auf 140 Meter.

Goldbeck kommt zu mir und klagt über Schmerzen im Unterleib rechts. Wir messen 39° Fieber. Offensichtlich Blinddarmreizung. Das hat uns noch gefehlt. Nach Beratung mit dem Kommandanten erhält Goldbeck einen Eisbeutel auf den Unterleib. Herrgott, laß ihn gesund werden, damit wir nicht operieren müssen.

In der Nacht muß ich für den Kommandanten das handgeschriebene Kriegstagebuch mit der Maschine abschreiben. Sicher eine Anordnung vom BdU-Stab, damit sie das KTB schneller lesen können.

13. April 1942. Bald sind es drei Wochen her, daß wir Frankreich hinter uns versinken sahen, und wir haben noch kein Schiff gesehen. Während der langen Unterwasserfahrten war auch kein Schraubengeräusch zu hören. Der Kommandant blickt finster drein und ist bei schlechter Laune.

Um 13.00 Uhr aufgetaucht. Wind hat abgeflaut. Dafür regnet es in Strömen, so daß die Sicht nur wenige hundert Meter beträgt.

14. April 1942. Der Sturm hat wirklich nachgelassen. Der Kommandant hält es nicht mehr unter Wasser aus, er läßt auftauchen und die Brückenwache aufziehen.

Von Hardegen geht ein FT ein. Er hat 74.837 BRT versenkt; zehn Schiffe, darunter acht Tanker, einen Passagierfrachter und eine U-Boot-Falle. Zweimal Waboverfolgung auf 20 Meter Wasser. Daß er dabei entkommen konnte, verdankt er sicher nur der Unerfahrenheit der Amerikaner.

Der Kommandant gibt mir die Kladde zurück und nickt. »Genau unser Operationsgebiet. Wenn wir hinkommen, ist der ganze Verkehr gestoppt, oder sie liegen auf der Lauer.«

Gegen Abend hat der Sturm sehr nachgelassen. Wir können aber noch keine höhere Fahrstufe laufen, denn es steht noch immer eine haushohe See. Das Barometer steigt aber.

15. April 1942. Um 04.00 Ausgang FT, an BdU: »Stehe Qu. CC 75, 128 cbm, NW 4, See 3, 1033 mb. Dunkle, klare Nacht. Beabsichtige Qu. DB 60. KWP ja. Bleichrodt.« Strahlend kommt der Morgen hoch. Die See wird glatt und die Sonne scheint vom wolkenlosen Himmel. Endlich kann Obersteuermann Arnetzberger wieder ein Besteck nehmen.

Gegen 11.00 Uhr ein FT vom BdU: »An U 109, mit Absicht einverstanden.« Um 24.00 Uhr, kurz vor Sonnenuntergang, werden die Maschinen-Waffen eingeschossen. Wir kommen in die Nähe der Bermudas und müssen mit Überraschungen aus der Luft rechnen. Andere Boote haben kleine Luftschiffe, Blimps genannt, gemeldet, die weit vor der Küste Aufklärung fliegen. Man müßte sie eigentlich gut treffen können.

16. April 1942. Wir stehen nordöstlich von Bermuda. Um 04.20 Ausgang FT an BdU auf Abweichfrequenz Norddeich. »Bei Gonorrhoe-Krankem zweite Albucidkur nicht angeschlagen. Erbitte Anweisung für Treffpunkt mit Heimkehrer zwecks Abgabe. NNW 1, lange flache Dünung, dunkle Nacht, klare Sicht, 1040 mb, gleichbleibend, Qu. CB 99. Bleichrodt.«

Weiterhin Sonne am blauen Himmel. Das Boot wiegt sich in der leichten Dünung. Nun ist es nicht mehr weit zur amerikanischen Küste.

Gegen Mittag ein Ruf von der Brücke: »Mastspitzen in Sicht.« Es geht also los. Das Schiff fährt mit Kurs 90°. Es ist nicht groß, aber Immerhin einen Torpedo wert. Mit hoher Fahrt setzen wir uns vor. Nur seltsam, daß der Dampfer nicht zackt.

Um 17.00 Uhr stehen wir auf seinem Kurs, und mit Alarm geht es unter Wasser. Das Boot wird eingesteuert und bleibt auf Sehrohrtiefe. Die vorderen Rohre sind gewässert und die Mündungsklappen aufgedreht, aber dann höre ich den Alten fluchen. Es ist ein Neutraler. Um 18.45 Uhr DGZ gibt der Kommandant den Befehl zum Auftauchen. Alle sehen sich erstaunt an, und ich frage schnell bei Eduard im Turm an. »Dampfer zeigt Schweizer Flagge«, sagt er nur kurz und verschließt das Sprachrohr, denn er muß mit der Artillerie-Mannschaft an Oberdeck. Rauschend brechen wir durch die Oberfläche. Das Turmluk fliegt auf. Hinter dem Alten hastet die Artillerie-Mannschaft nach oben. Die Brückenwache folgt nach.

»Handscheinwerfer auf die Brücke!« Also Anhalten nach Prisenordnung. Was der Alte da macht, hat es wohl seit zwei Jahren nicht mehr gegeben. Wir stehen ca. 1000 Meter Steuerbord hinter dem Schiff, das durch Morsespruch Befehl erhielt, sofort zu stoppen. Es spricht sich schnell im Boot herum, was da oben gespielt wird. »Dampfer hat gestoppt«, hören wir von oben. Dann wird ein Boot mit Schiffspapieren angefordert. Auch diesem Befehl wird Folge geleistet. Schließlich hören wir von oben: »Dampfer nimmt wieder Fahrt auf und dreht auf uns zu.« Will er uns rammen? Der Alte läßt zwei Schuß aus dem MG C 30 vor den Bug setzen. Der Dampfer stoppt sofort und dreht wieder bei. Erst jetzt wird das Boot zu Wasser gelassen. Es dauert eine Stunde, bis es längsseits kommt.

Ich habe gleich nach dem Auftauchen die internationalen Wellen besetzen lassen, falls sie da drüben auf die Taste drücken sollten. Auch die Geschützmannschaft bleibt gefechtsklar, aber es sieht nicht danach aus, als wäre dieses Schiff eine Falle. Als das Boot längsseits kommt, entere ich schnell auf den Turm, um mir ein Schauspiel anzusehen, das es in diesem Krieg wohl kaum mehr geben wird. Ich komme gerade zurecht, wie der Erste Offizier die Leiter zum Wintergarten emporklettert und sich bei Kapitänleutnant Bleichrodt meldet. Er sieht etwas verlaust aus; nicht gerade wie ein Schweizer. Der Alte wirft ihm einen durchdringenden Blick zu, ehe er in die Schiffspapiere sieht. Dann liest er laut vor: »Schweizer Dampfer *Calanda* mit 6420 Tonnen Weizen in Säcken und lose an Bord von New York nach Genua usw. –« Ich schreibe die Angaben für das KTB mit. Die *Calanda* wird von einem holländischen Kapitän und holländischen Seeleuten geführt. Die 33 Mann starke Besatzung ist ein buntes Völkergemisch von Portugiesen, Finnen, Polen, Esten usw.

»Sind das auch die echten Papiere?« fragt der Alte. »Oder sollen wir Ihr Schiff durchsuchen?« Der Schweizer beteuert, daß er nach Genua fährt. »Gut«, sagt Bleichrodt. »Wenn Sie auf einem anderen Kurs angetroffen werden, ist Ihr Schiff verloren.«

»Der Bursche lügt doch«, sagt Witte, nachdem das Boot abgelegt hat. »Das denke ich auch«, meint der Alte. »Aber es ist mir zu gefährlich, Leute hinüberzuschicken, wo wir jeden Augenblick von der Luftaufklärung erfaßt werden können.«

17. April 1942. Weiter nach Westen. Es hat aufgebrist. Die Bermudas liegen jetzt querab, und wir hören wieder die amerikanischen Rundfunkstationen, die behaupten, daß bei Kap Hatteras ein deutsches U-Boot versenkt wurde.

Da unser FT vom 16. April bis jetzt nicht bestätigt wurde, setzt der Kommandant einen neuen Funkspruch auf, den wir um 01.50 Uhr auf der Abweichfrequenz Norddeich abgeben. »An BdU: Erstens, 16. 4. 19.00 h in Qu. CB 9864 Schweizer *Calanda* angehalten, mit Getreide von New York nach Genua, Kurs 90°, 7 sm. Zweitens, bei Gonorrhoe-Krankem zweite Albucidkur nicht angeschlagen. Wenn ärztlicherseits Abgabe für notwendig befunden, erbitte Anweisung für Treffpunkt mit Heimkehrer. Drittens, kann mit späterer Brennstoffversorgung gerechnet werden? Viertens, SW 4, 1030 mb, fallend, klare Sicht, Qu. CB 9854. Bleichrodt.«

Jetzt wissen alle Boote über die *Calanda* Bescheid. Diesmal läßt die Antwort vom BdU nicht lange auf sich warten. Um 05.52 Uhr Eingang FT 0442/17. »An Bleichrodt: Erstens, Krankenabgabe nicht möglich. Arzt verordnet Bettruhe und Wiederholung Albucidkur nach einer Woche. Zweitens, mit Brennstoffversorgung kann nicht gerechnet werden. BdU.«

Der Kommandant ist sehr verärgert und schreibt ins KTB: »So stehen mir für die Zeit an der Küste nur noch etwa 20 bis 28 cbm zur Verfügung, die schnell verfahren sind, ohne dafür große Gebiete absuchen zu können. So kann es kommen, daß ich die Torpedos wieder mit nach Hause schleppen muß. Ein etwas unproduktives Unternehmen.«

Hardegen ist verschossen und auf Rückmarsch. Es knallt jetzt an der gesamten Ostküste von Halifax bis Florida. Es scheinen endlich auch mehr Boote aus der Heimat zu kommen, denn immer neue Namen tauchen auf den Funkwellen auf. Der Atlantik wird in diverse Funkschaltungen aufgeteilt; Leitstelle ist Paris.

18. April 1942. Kurz nach Mitternacht kommt Eduard Maureschat zu mir an den Funkraum. »Du verstehst doch etwas von Fischen, Wolf«, sagt er langsam und grinst dabei. Ich nicke. »Kann man Fliegende Fische essen?« – »Aber klar, Ede, die schmecken ganz ausgezeichnet«, sage ich. »Gut«, sagt er lachend, »ich besorge die Fische und du machst sie fertig.« Schon ist er weg. Ich glaube nicht, daß er welche fangen wird, aber kurze Zeit später steht er wieder am FT-Raum und zeigt mir grinsend eine ganze Pütz voll zappelnder Fische. Leibling und mir gehen die Augen über. »Mensch, Ede«, sage ich, »wie hast du das gemacht?« Er lacht. »Die knallen laufend gegen den Turm. Man braucht sie nur aufzusammeln.« Ich mache mich sofort in der Kombüse an die Arbeit, ohne Järschel zu wecken.

Als wir dann eifrig beim Schmausen sind, erscheint der Alte in der Kombüse und fragt: »Was habt ihr denn da? Fische?« – »Fliegende Fische, Herr Kaleu«, sagt Eduard lachend. »Wenn wir Ihnen auch einige servieren dürfen?« Der Alte streicht sich lächelnd den Bart. »Da kann ich nicht nein sagen.«

Unser Standort ist 34° 57′ Nord und 63° 51′ West, Kurs 259°. »Übermorgen hat Adolf Geburtstag«, sagt Otto Peters beim Mittagessen, »und wir haben noch kein Schiff versenkt. Hätten ruhig den Schweizer versenken sollen. Keiner hätte es gemerkt und den Krieg erklären die uns nicht.« So sind Ottos Späße.

19. April 1942. Sonntag und es gibt wie immer Schinken mit Spargel. Otto Peters sagt mir, daß Järschel in der Kombüse meckert, weil jeder eine kleine Dose Spargel bekommt. Ich lasse ihn kommen und stelle ihn zur Rede. »Herr Obermaat«, sagt er erregt, »wenn wir so weitermachen, reichen wir keine 12 Wochen mit dem Proviant.« – »Aber Järschel«, sage ich. »Machen Sie sich doch keine Sorgen. Wir müssen in wenigen Tagen unsere Aale verschossen haben. Eine Brennstoffversorgung ist für uns nicht vorgesehen, und dann geht es zurück.« Beruhigt zieht er ab.

Wir erhalten einen FT, der uns in Erstaunen setzt. »An alle von BdU: Italienische Tanker *Arcola* und *Taigete* fahren mit Einverständnis Feindmächte nach Curacao. Nicht angreifen.« Höchst sonderbar. Der BdU fordert außerdem dringend Erfolgsmeldungen an. Offensichtlich will er am 20. April eine Sondermeldung herausgeben. Auch wir werden namentlich aufgefordert, sofort Erfolg zu melden. In Paris nehmen sie wohl an, daß wir schon im Operationsgebiet stehen. Der Alte klappt verärgert die Kladde zu.

20. April 1942. Wir stehen 200 Seemeilen nördlich von Bermuda. Um 00.00 DGZ kramt der Alte aus seiner Kiste unter der Koje eine Flasche Rum hervor. Alle Kommandanten haben einige Flaschen Rum mit. Er soll gegen die Neufundlandkrankheit helfen. Erfahrung von Kapitän Rose aus dem Ersten Weltkrieg.

Der Alte kommt mit drei kleinen Gläsern in der Hand in den Funkraum. »Heute ist Führers Geburtstag«, sagt er lächelnd. »Da müssen wir doch mal anstoßen.« Er reicht Leibling und mir je ein Glas und füllt sie bis zum Rand. »Erfolge können wir nicht melden. Aber deswegen wollen wir uns nicht ärgern, Hirschfeld. Prost!«

»Herr Kaleu«, sage ich scherzend, »bis 07.00 Uhr können wir noch melden. Die Sondermeldung geht erst um 12.00 Uhr raus.« Er schiebt die Unterlippe vor und winkt ab. »Hier fährt kein Schiff. Die halten sich jetzt alle eng an der Küste.« Die Flasche unter den Arm geklemmt, geht er nach vorne, um mit den Unteroffizieren anzustoßen.

Um 00.30 Uhr kommt ein Ruf von der Brücke: »Rauchfahne Backbord voraus!« Der Kommandant kommt von vorn, verstaut die Rumflasche unter seiner Koje und zwinkert mir zu. »Wenn es der Teufel will, bekommen Sie doch noch recht, Hirschfeld. Schalten Sie gleich die 600-Meterwelle.« – »Jawoll, Herr Kaleu, wenn es nur kein Schweizer ist!«

Kaum ist der Kommandant auf der Brücke, schnarren schon die Maschinentelegraphen. Die Diesel legen los. Ein Zittern geht durch das Boot. Seit dem Treffen mit der *Calanda* laufen wir erstmals wieder hohe Fahrt. In 90 Minuten, wenn die Nacht hereinbricht, geht es los.

Die Nacht bricht schnell herein, und wir müssen mit Höchstfahrt heranstaffeln, um den Dampfer nicht zu verlieren. Plötzlich höre ich durchs Sprachrohr zum Turm den I WO fluchen: »Herr Kaleu, er ist weg!« Einen Augenblick herrscht Stille, dann sagt der Alte: »Nur Ruhe bewahren. Weg kann er nicht sein.« – Oben versuchen sie mit den starken Zeissgläsern die Finsternis zu durchdringen. Leibling sieht auf die Uhr. »Wird wohl nichts mehr mit der Sondermeldung.« – »Abwarten«, sage ich. »Wir können ja noch tauchen. Dann hören wir ihn bestimmt.« Die Minuten verrinnen. Auf der Brücke ist es ganz still. Auf einmal höre ich Seidels Stimme: »Da ist er. In genau 30°.« – »Wo denn?« fragt der I WO. »Sehen Sie ihn, Herr Kaleu?« – »Nein! Verdammte Finsternis! Haben Sie ihn noch, Seidel?«

»Nee, habe nur gesehen, wie eine Tür aufging und ein Mann in weißer Jacke herauskam. Das war in 30°.« Der Alte läßt das Boot in die angegebene Richtung drehen. Mit halber Fahrt laufen wir weiter.

Endlich haben sie den schwarzen Schatten wieder entdeckt. Sofort wird die Fahrstufe erhöht. »Witte, ich gehe jetzt so nah wie möglich heran. Der soll uns nicht noch einmal entkommen«, sagt der Alte. Kurs und Fahrt des Gegners werden ausgedampft; dann tönt es aus den Lautsprechern: »Auf Gefechtsstationen!« Im Bugraum werden die Mündungsklappen aufgedreht. Inzwischen ist der Mond aufgegangen, aber wir stehen auf der mondgünstigen Seite, als der Anlauf beginnt. Gespannt sitzen wir auf unseren Stationen, die Stoppuhren in der Hand. Von oben höre ich laufend die Entfernungen. »800 Meter. 600 Meter. Fächer fertig!« Otto Peters ruft mich vom Kugelschott an. »Versenkung erfolgt heute durch Rammstoß.« – Dann heißt es: »Fächer los!« Zischend verlassen drei Aale die vorderen Rohre. »Die kriegen es fertig und schießen auf diese Entfernung noch vorbei«, lästert Otto. Der LI wirft ihm einen strafenden Blick zu.

Die Zeit verläuft. Auf der Brücke ist es ganz still. Dann höre ich Eduards tiefe Stimme gedämpft am Sprachrohr: »Du, Wolf, die sind vorbei. Das hat in der deutschen U-Boot-Waffe auf diese Entfernung noch keiner fertig gebracht.« – »Was ist, Wolf?« ruft Otto Peters vom Zentraleluk. »Vorbei«, sage ich nur. »Ha, hab' ich's nicht gesagt. Wieder 75.000 RM im Arsch.« Arnetzberger kommt von oben in die Zentrale. Ich gehe zu ihm. »Wie ist das bloß möglich, Herr Obersteuermann?« Er sieht mich an. »Unglaublich, was? Wahrscheinlich stimmte die Entfernung nicht. Die Aale müssen den Dampfer unterlaufen haben.« – »Und was nun?« Er lächelt. »Neuer Anlauf mit Heckrohren.«

Wieder gehen die Diesel auf hohe Fahrstufe. Ich sehe auf die Uhr. 04.00 Uhr DGZ vorbei. Daß uns der Dampfer noch nicht bemerkt hat, ist fast unglaublich. Unsere Hecksee muß bei der hohen Fahrt doch zu sehen sein. Vergeblich kurbeln wir die internationalen Wellen ab. Kein Warnruf. Alles ist ruhig.

Um 05.25 Uhr ist es wieder so weit. Wir haben uns vorgesetzt. Als der Anlauf beginnt, versteckt sich der Mond hinter dicken Wolken. Es ist ziemlich dunkel, aber plötzlich setzt starkes Meeresleuchten ein. Wir machen nur kleine Fahrt, um wenig Hecksee zu haben. Entfernung ist diesmal 1000 Meter, als zwei Aale die Heckrohre verlassen und ihre todbringende Bahn ziehen. Wir haben auch das GHG besetzt.

Von der Brücke kommt der Ruf: »Die Aale leuchten!« Verdammt, auch das noch. Wie damals vor Biarritz. Wenn sie drüben auf dem Dampfer die Torpedos sehen und schnell reagieren, können sie dem Tod noch ausweichen. Die Spannung ist fast unerträglich. Nach 28 Sekunden eine scharfe Detonation. »Treffer!« schreien sie oben. Fünf Sekunden später der zweite Treffer.

Wir legen die Stoppuhren weg, als uns unvermutet ein Schlag trifft, der mich von meiner Plattenkiste schleudert. Mein erster Gedanke ist: Torpedotreffer! Hat etwa ein anderes Boot von der anderen Seite auf den Dampfer geschossen? Dann ist es aus. Rasselnd und fluchend fällt die Brückenwache in die Zentrale. »Runter! Runter!« höre ich den Alten rufen. Detonation auf Detonation folgt. Wir sehen uns mit großen Augen an. Werden wir beschossen? Was ist los da oben?

Dann steht Maureschat bei mir am Funkraum. »Furchtbar, Wolf. Den Dampfer zerreißt es in seine Einzelteile. Die Brocken fliegen nur so.«

»Wo ist Witte?« ruft der Alte. »Hat er was abgekriegt?« Der I WO meldet sich: »Sitze unter dem Sehrohr-Bock. Muß gleich zu Ende sein. Vom Dampfer nichts mehr zu sehen.« Ich gehe in den Horchraum. Ferdinand reicht mir schweigend den zweiten Kopfhörer. Ein furchtbares Knirschen und Bersten ist zu hören. Ich muß an den britischen Dampfer *Marconi* denken, den wir am 20. Mai 1941 vor Grönland versenkten. Auch er ging unter heftigen Detonationen unter.

Immer noch knallen einzelne Splitter auf das Oberdeck. Erst Minuten später hört es endlich auf. Die Brückenwache steigt nach oben; ich turne hinterher. Die Nacht ist pechschwarz. Nicht weit von uns treiben zwei Kalzium-Leuchtrettungsbojen. Das ist alles, was von dem schnellen Schiff übrigblieb.

»Möchte wissen, was der geladen hatte«, knurrt der Alte. Er starrt auf die Untergangsstelle. »Hat er noch gefunkt?« fragt er mich. »Nein, Herr Kaleu. Kein Piep.« Kommandant und I WO suchen mit ihren Gläsern immer wieder die Gegend um die Brandbojen ab. »Nach Überlebenden zu suchen, erübrigt sich wohl, Witte. Von den armen Schweinen lebt keiner mehr.« Witte setzt das Glas ab und nickt. »Die sind buchstäblich aufwärts in den Himmel gefahren. Der Dampfer war in zwei Minuten weg.« Wir liegen noch einige Minuten gestoppt und horchen in die Nacht, aber nur das Rauschen der See durch das Oberdeck ist zu hören.

Der Kommandant wendet sich wieder zu mir. »Machen Sie Funkspruch fertig: Soeben 10.000-Tonner versenkt in Quadrat usw. Lassen Sie sich die Position vom Obersteuermann geben.« – »Jawoll, Herr Kaleu.« – »Schätze aber, daß er größer war, Herr Kaleu«, wendet Witte ein. »Mag sein«, knurrt der Alte. »Aber wir haben keinen Namen. Also geben wir nicht mehr an.« Ich rutsche abwärts in die Zentrale und lasse mir den Standort geben. Leibling kann sofort mit dem Verschlüsseln beginnen, während ich die günstigste Welle aussuche. Die Afrika-Schaltung scheint am besten zu sein, aber die Welle ist nicht frei. Ich muß warten.

Inzwischen entschlüsselt Leibling die eingegangenen FTs. Darunter sind drei Funksprüche von anderen Booten mit fast dem gleichen Wortlaut: »Soeben 10.000-Tonner versenkt in Quadrat … usw.« Oder: »In Quadrat … soeben 10.000-Tonner versenkt.« Ein anderer: »Habe 10.000-Tonner nach langer Jagd versenkt in Quadrat … usw. Unterschrift.« – Donnerwetter, denke ich noch, das war ja eine erfolgreiche Nacht. Ich sehe Leibling an. Er grinst über das ganze Gesicht. »Aber hier, Herr Obermaat. Lesen Sie den mal.« – »An alle Boote von BdU: Beim Schätzen von Dampfern darf nicht der Wunsch der Vater des Gedankens sein. Wir sind eine solide Firma. Genaueste Angaben bei Erfolgsmeldungen über Standort, Kurs und Fahrt des Gegners.«

Das ist typisch für Dönitz, denke ich noch, als der Kommandant am Funkraum erscheint. »Funkspruch schon raus, Hirschfeld?« – »Nein, Herr Kaleu. Welle ist noch nicht frei.« Ich reiche ihm die letzten FTs. Er überfliegt sie und beißt sich auf die Lippen. »Ändern Sie sofort unseren FT. Schreiben Sie 7500 Tonnen.« Ich versuche zu protestieren. »Aber, Herr Kaleu. Er hatte doch sogar mehr als 10.000 Tonnen.« Er winkt lächelnd ab. »In so einer finsteren Nacht wirkt alles größer. Ist doch auch egal, Hirschfeld. Bis wir zu Hause sind, weiß der BdU schon längst, welches Schiff wir versenkt haben. Dann bekommen wir die Tonnage sowieso gutgeschrieben. Besser, als wenn er uns Tonnage abziehen muß.«

Kurz vor 07.00 Uhr kann ich endlich oben FT abgeben. FT 0531/20 an BdU: »DC 3233 Munitionsfrachter 7500 BRT versenkt. Generalkurs 100°. NW 2. 1022 mb. Bleichrodt.« Die Verständigung ist ausgezeichnet; Paris quittiert sofort. Der Dampfer hatte fünf oder sechs Ladeluken und war bewaffnet.

Die deutschen Mittelwellen-Sender sind nicht mehr zu empfangen; selbst der starke Sender Breslau ist zwischen 00.00 und 01.00 Uhr nur noch schwach und verzerrt zu hören. Die Sondermeldung von mehr als 100.000 BRT versenkter Tonnage hören wir über den Kurzwellendienst für Ostasien.

21. April 1942. Wir sind nordwestlich der Bermudas. Unser Standort um 12.00 Uhr 34° 11′ Nord und 71° 38′ West. Kurs Jacksonville. Ruhige See. Sommerlich warme Luft. Kein Schiff weit und breit. Daß wir den Dampfer gestern erwischt haben, war wohl reiner Zufall. Vielleicht hätten wir ihn in der Finsternis gar nicht wieder gefunden, wenn der eine Mann die automatische Ausklinkvorrichtung eingeschaltet hätte, bevor er die Tür geöffnet und das Oberdeck betreten hatte. Eine kleine Unvorsichtigkeit, und ein Schiff geht mit Mann und Maus verloren.

Die Torpedomixer überholen die Aale, und Eduard schmiert die Fla-Waffen. Aus den Meldungen der anderen Boote ist zu ersehen, daß mit starker Luftüberwachung gerechnet werden muß. Wir sind gespannt, was uns vor Florida erwartet.

Etwas nördlich von uns, ungefähr 500 sm nordostwärts der Bermudas, soll morgen U 108 die erste Versorgung aus einem U-Tanker erhalten.

22. April 1942. Wir haben Quadrat DC 1633 erreicht und halten Kurs auf Kap Hatteras. Nach dem Prüfungstauchen um 12.00 Uhr stellt der I WO fest, daß wir eine Ölspur haben. Der LI und Obermaschinist Schewe eilen auf die Brücke. Sie wollen es erst nicht glauben, dann sehen sie es aber selbst. Mit einer Ölspur ins Operationsgebiet, das kann tödlich werden.

Ich bin in der Zentrale, als Schewe von oben kommt. »Nicht bloß das Loch im Oberdeck von der großen Eisenplatte, die da reingeflogen ist«, knurrt er. »Auch noch irgendwo eine gerissene Naht im Boot. Alles von diesem verdammten Dampfer.«

Da wir schon einige Zellen leergefahren haben, können wir das Öl umpumpen. Der LI läßt sofort damit beginnen. Dann werden die leeren Zellen ausgespült, aber alle Mühe ist vergeblich. Die Ölspur verläßt uns nicht. Wir fahren mehrere Stunden unter Wasser, fluten alle leeren Zellen und blasen beim Auftauchen alle wieder aus. Das scheint geholfen zu haben. Am Nachmittag ist die Ölspur endlich verschwunden.

Wir atmen auf, aber die Freude war zu früh. Am Abend schillert es wieder in unserem Kielwasser. Kapitänleutnant Ing. Weber ist am Verzweifeln. Er muß dem Alten melden, daß der Fehler nicht zu finden ist. Auch Otto Peters ist mit seinem Latein am Ende. Resigniert sitzt er mir beim Abendessen gegenüber. »Es muß irgendwo eine Naht gerissen sein«, sagt er sinnend. »Wahrscheinlich nur ein winziger Riß.« – »Otto, unsere Ölspur damals vor Gibraltar war doch viel schlimmer«, sage ich. Er rollt mit den Augen und schluckt erst einmal den Bissen runter. »Da war die See auch mehr bewegt. Mann, wir haben ja noch Glück gehabt. Wat denkste denn, wenn die drei ersten Aale jetroffen hätten, als wir noch näher dran waren. Dat hätte uns die Zellen nur so zerrissen.« – »Ach was, Otto«, sagt der Mixersmaat, »bis zu den Bahamas hätten wir es immer noch geschafft. Da ist ein toller Strand. Wäre vielleicht gar nicht so schlecht gewesen.« – Gegen 23.00 Uhr werden Backbord voraus zwei Flugzeuge gesichtet. Es sind Landmaschinen. Wir warten auf Alarm, aber die beiden Flugzeuge verschwinden hinter der Kimm.

23. April 1942. Wir sind nun im luftüberwachten Gebiet. Die Diesel treiben uns mit großer Fahrt auf die Küste zu. Wir stoßen vor auf Kap Lookout.

Bald bricht die Nacht herein. Es ist eine taghelle Mondnacht, in der die See um das Boot wie Silber schäumt.

Gegen 08.00 Uhr DGZ steigt Steuerbord voraus ein weißer Stern in den nächtlichen Himmel. Wir halten darauf zu, finden aber nichts. Gegen 09.00 Uhr kommt die Umsteuerungsboje von Kap Lookout in Sicht. Wir legen uns auf die Lauer.

In dieser Gegend haben Mohr und Hardegen fast 100.000 BRT versenkt. Aber wir warten in dieser Nacht vergeblich. Kein Schiff. Nicht die Spur eines Schattens. Unglaublich. Sollte der gesamte Verkehr gestoppt sein? Gegen 12.00 Uhr laufen wir nach Süden ab, um tagsüber auf tiefem Wasser zu sein. Wegen der Ölspur will sich der Kommandant auf flachem Wasser nicht auf Grund legen. Als die Sonne hochkommt, wird getaucht zum Unterwassermarsch.

Goldbecks Blinddarmentzündung haben wir mit den Eisbeuteln wieder zum Abklingen gebracht. Morgen soll Gerstner mit der dritten Albucid-Kur beginnen. Der Junge macht uns Sorgen.

Um 19.40 Uhr aufgetaucht und mit Kurs West wieder auf die Küste zugehalten. Es weht ein leichter Nordostwind. Die See ist nur mäßig bewegt. Um 21.42 Uhr plötzlich Alarm wegen einer großen Landmaschine. Nach kurzer Zeit wieder aufgetaucht.

24. April 1942. Die Luftüberwachung ist sehr stark. Dreimal mußten wir vor Anbruch der Dunkelheit mit Alarm in den Keller; jedesmal direkter Anflug von großen Maschinen. Es fielen aber keine Bomben. Vielleicht sind es Schulmaschinen. Der Kommandant ist bis zur Dämmerung unter Wasser geblieben.

Die Hitze im Boot ist fast unerträglich. Wir messen vorne 45° und bei den Dieseln 52°. Die Außenwasser-Temperatur beträgt bei 60 Meter Tiefe noch 27°–30°C. So heiß war es unter Wasser nicht einmal vor der afrikanischen Küste. Der Golfstrom macht sich hier sehr bemerkbar.

Um 02.00 Uhr bei Sonnenuntergang endlich aufgetaucht. Die Lüfter laufen auf Hochtouren, aber es kommt keine Kühlung ins Boot. Wieder auf die Küste in Richtung Frying Pan vorgestoßen, bis wir nur noch 20 Meter Wasser unterm Kiel haben. Von Kap Lookout bis Kap Fear fahren wir auf der 20-Meterlinie, aber kein Schiff weit und breit.

»Da haben wir wieder das richtige Operationsgebiet«, knurrt der Alte. »Und dann heißt es: Bleichrodt steht im Brennpunkt des Verkehrs. Zum Lachen!« Um 06.40 Uhr DGZ kommt endlich ein Ruf von der Brücke. »Ein schmaler Schatten in Sicht!« Wir halten drauf zu, doch dann wird hart abgedreht und nach See zu ausgewichen. Plötzlich verstummen die Diesel.

Ich schwinge mich durch das Kugelschott in die Zentrale: Arnetzberger lehnt am Kartentisch. »Nur ein Zerstörer«, sagt er feixend. »Er läuft auf der 20-Meterlinie mit Gegenkurs.« – »Und warum laufen die Diesel nicht mehr?« – »Es ist eine stille Nacht da oben. Man muß sie meilenweit hören. Sicher hat er sein Horchgerät eingeschaltet.« Ich turne zurück zum Horchraum und schalte das GHG ein. Verdammt, der ist ja gar nicht weit weg. Ich kann ihn gut hören. Einsam zieht er seine Bahn. Er bleibt das einzige Schiff in dieser Nacht. Um 12.00 Uhr laufen wir unter Wasser mit Kurs 130° von der Küste ab. Wir bleiben bis 20.00 Uhr auf diesem Kurs, um dann wieder auf die Küste zuzudrehen.

25. April 1942. Den ganzen Tag herrschte unter Wasser Totenstille. Kein Schraubengeräusch, kein Grummeln von fernen Wasserbomben. Es ist wie im tiefsten Frieden. Der Alte ist sehr nachdenklich. Der Verkehr scheint wirklich gestoppt zu sein.

Ich habe bemerkt, daß Otto Peters immer etwas schummelt, wenn er den Sauerstoffgehalt in den Räumen mißt. Kaum hat er die Ampulle mit dem Methylalkohol abgesägt, hält er den Finger rauf. »Ist ja noch genug«, sagt er dann beruhigend, wenn ihn einer beobachtet. »Wird ja nur schwach rot.« Er will natürlich keinen Sauerstoff zusetzen, um ihn für schlimmere Situationen aufzusparen. Druckluft können wir selbst erzeugen, aber keinen Sauerstoff.

Um 02.20 Uhr, bei Anbruch der Dunkelheit, wieder aufgetaucht und auf die Küste zugelaufen. Die Nacht ist wieder sehr hell. Kein Schiff weit und breit, kein Ziel für unsere Rohre, und der Brennstoff nimmt ständig ab. Vielleicht stellen sie jetzt Geleitzüge wegen der großen Verluste zusammen. Mit sparsamster Marschfahrt laufen wir nach Süden, immer nur mit 25 Meter Wasser unter Kiel. Feuerschiff *Frying Pan* liegt nicht mehr aus und ist durch eine Leuchttonne ersetzt. Die beiden 9-Meterstellen bei Cap Fear sind durch zwei Leuchttonnen mit roten Blitzen markiert.

Von der Brücke hören wir, daß der Zerstörer vom Dienst gestoppt auf der Lauer liegt. Wahrscheinlich bewacht er die Umsteuerungstonne. Wir haben etwas nach See ausgeholt und laufen mit Diesel weiter. Auf der Brücke sind sie jetzt aggressiv und meinen, man müßte den Zerstörer umlegen. Witte ist sehr dafür. Auch der Kommandant scheint einen Augenblick lang mit dem Gedanken zu spielen, aber dann lehnt er ab. In dieser hellen Mondnacht kommen wir höchstens auf 4000 Meter heran, ohne bemerkt zu werden. Wenn dann die Aale laufen, geht er mit den Maschinen an, dann er hat unsere Diesel längst gehört und wartet nur darauf, daß wir näher kommen.

Als der Morgen graut, haben wir 60 Meter Wasser unter dem Kiel. Das Boot wird zum Unterwassermarsch klar gemacht. Langsam dreht der Bug nach Osten. Die Diesel werden abgestellt, und die Lüfter laufen auf Hochtouren, um etwas Kühlung ins Boot zu holen. Es nützt nur nicht viel. Die Außentemperatur beträgt 23°.

Plötzlich rasen die Alarmklingeln durchs Boot, und Sekunden später sind wir schon auf 20 Meter. Die hintere Entlüftung knallt auf. Gleich darauf höre ich den LI einen Befehl wiederholen: »Auf Sehrohrtiefe gehen!« Noch wissen wir nicht, was oben los ist. Endlich erwische ich den Matrosen-Gefreiten Zank, der auf der Brücke war, und frage ihn: »Was ist los, Zank?« – »Zerstörer mit Lage null. Es ist sicher der von der Umsteuerungstonne. Witte glaubt, daß er auf unserer Ölspur gelaufen kommt. Denke aber nicht, daß er uns gesehen hat.«

Ich öffne das Sprachrohr zum Turm und horche nach oben, während Leibling das GHG besetzt. »Sehrohr kommt frei. Genaue Tiefe steuern«, höre ich den Alten sagen. Dann ist es wieder still. In der Zentrale halten sie den Atem an. Will sich der Alte mit dem Zerstörer einlassen? »Junge, Junge«, sagt der Alte. »Der läuft uns direkt vor die Rohre. Den können wir einfach nicht fahren lassen. LI, das Sehrohr schneidet unter. Steuern Sie genaue Tiefe! Gegner steuert 200 bis 210°. Schätze Fahrt 14 Seemeilen.« Dann wird es still. »Jetzt sind Brücke, Schornsteine und Geschütze zu sehen. Kommt schnell näher. Typ *Flusser*. Verdammte Tiefensteuerei.« Im Boot ist es totenstill. Dann kommt der Befehl aus dem Turm: »Auf Gefechtsstationen!« Witte wiederholt ihn durch die Lautsprecheranlagen.

Torpedomaat Borchardt jagt am FT-Raum vorbei nach achtern. »Horch die Aale ab!« ruft er mir zu. Ich gehe hinüber in den Horchraum; Leibling rückt zur Seite und gibt mir den zweiten Kopfhörer. »Hier ist er, auf 230°.« Ich höre das bekannte Geräusch der zwitschernden Zerstörerschrauben. »Verdammt nahe, was?« Leibling nickt. »Und verdammt hohe Fahrt«, sagt er und kneift die Lippen zusammen. »Wenn das nur gut geht!« Ich öffne das Sprachrohr zum Turm und höre, wie Eduard Maureschat die Einstellungen am Vorhaltrechner wiederholt. »Entfernung noch 2000 Meter. Es folgt ein Fächer.« Etwas später verbessert sich der Kommandant. »Nein, es folgen zwei verbundene Einzelschüsse aus Rohr fünf und Rohr sechs.« Die Entfernung nimmt schnell ab.

»Rohr fünf bei Gegnerlage 85°, Bug links, Entfernung 800 Meter, Tiefe zwei Meter. Rohr sechs bei Gegnerlage 105°, Tiefe drei Meter.« Obwohl ich mir der Gefahr bewußt bin, glaube ich, daß bei dieser Entfernung nichts schiefgehen kann. Horchen kann er die Torpedos bei seiner hohen Fahrstufe nicht. Er läuft direkt ins offene Messer.

»Rohr fünf los!« Und etwas später: »Rohr sechs los!« Unsere Uhren laufen. Plötzlich höre ich den Alten im Turm fluchen. »Sehrohr schneidet unter, LI. Was ist los?« – »Wir sind auf 18 Meter, Herr Kaleu«, ruft der LI nach oben. »Verdammter Mist. Wer hat das befohlen? Sie haben das Boot zu früh angekippt. Sehrohr frei, aber sofort, LI!« – »Jawohl, Boot steigt«, kommt es kleinlaut aus der Zentrale. Leibling sieht mich vielsagend an. Auch ich habe das ungute Gefühl, daß der LI einen entscheidenden Fehler gemacht hat. Wenn er das Boot nach dem ersten Schuß zu früh angekippt hat, ist der zweite Aal vielleicht aus dem Wasser gesprungen.

Da, Leibling stößt mich an; das Schraubengeräusch des Zerstörers wandert schnell nach Steuerbord aus. Sekunden später kommt das Sehrohr endlich frei. »Verdammte Schweinerei«, ruft der Alte. »Er dreht genau auf uns zu. Jetzt kommt er mit Lage null! Auf 140 Meter gehen!«

Blitzschnell muß ich an die letzte Tiefenmeldung der Steuerei denken. »Beim Tauchen hatten wir nur 60 Meter«, sagt Leibling ruhig. Ich stürze in die Zentrale zum Echolot und schalte ein, ohne zu fragen. Dazwischen höre ich den Alten im Turm schreien: »Weber, Sie Idiot! Das Boot steigt ja! Sehrohr ist jetzt ein Meter raus. Runter habe ich gesagt!« Mir läuft es eiskalt über den Rücken. Otto Peters steht hinter dem Sehrohrschacht, rollt mit den Augen und schlägt sich gegen die Stirn.

»Runter, Weber«, höre ich wieder den Alten. »Sonst rammt er uns!« Obermaschinist Winter steht mit verschränkten Armen am Kartentisch und schüttelt resigniert den Kopf. »So etwas Blödes habe ich noch nicht gesehen«, sagt er zu mir, laut genug, daß der LI es hört. Martin Webers Augen hängen weit aufgerissen am Tiefenmanometer. Er hat zu spät gegengeflutet; das kann uns jetzt das Leben kosten. Hastig greift er zum Mikrofon und schreit: »Alle Mann voraus!«

Winter lächelt geringschätzig und sagt nur: »Kleinbootsmanieren.« Die Freiwache kommt von achtern vorbei gerannt. Will lacht mich dabei an; er hat wohl achtern noch gar nicht mitgekriegt, wie ernst es ist. Endlich fällt das Boot. Sehr schnell geht es abwärts. In seiner Verzweiflung hat der LI nun zuviel fluten lassen. Ich starre auf mein Echolot. Endlich sind die Röhren warm, so daß eine Anzeige erfolgt. Ich muß zweimal hinsehen, ehe ich es fassen kann. »Zwanzig Meter noch bis Grund«, rufe ich dem LI zu. Er sieht mich ungläubig an. Das Tiefenmanometer zeigt gerade 60 Meter. »Fünfzehn Meter noch«, ruft Winter jetzt.

»Aufkommen!« schreit der LI dem vorderen Tiefenrudergänger zu. »Schnell, schnell, aufkommen vorne!« Die E-Maschinen laufen große Fahrt. Das breite Oberdeck wirkt jetzt wie ein Tiefenruder, und alle Mann sind vorne. Es ist zu spät, das lange Boot abzufangen. Unaufhörlich fallen wir weiter. »Festhalten!« schreit Winter nach vorn. Gleich müssen wir auf den Grund knallen.

Plötzlich klickt es in den Lautsprechern: »Turm wird geräumt. Alle Sprachrohre schließen.« Der I WO und der Gefechtsrudergänger Putter kommen von oben. Der Alte folgt und verriegelt das Luk zum Turm. In diesem Augenblick geht ein Zittern durch das Boot. »Angekommen!« schreien die Lords aus dem Bugraum. Etwas wippt das Achterschiff noch nach, dann liegt das Boot ruhig mit ungefähr 30° Lastigkeit. Ich flitze zum Horchraum. Irgendwo in der Ferne detoniert einer unserer Aale im Dreck. Die Zerstörerschrauben kann man jetzt schon mit bloßem Ohr hören. Der Kommandant hat sich in das Kugelschott gesetzt, um Horchraum und Zentrale zugleich im Auge zu haben. »Geben Sie mir genaue Peilung, Hirschfeld, damit ich danach fahren kann.« Er ist ganz ruhig angesichts der kommenden Katastrophe.

Wabo-Verfolgung auf 80 Meter Tiefe. Kaum eine Chance für uns bei beginnendem Tag. Ich höre den Zerstörer nur schwach im GHG. Leibling zuckt die Achseln. »Oben war er noch brüllend laut.« Ich kurbele verzweifelt am Schwungrad. Das Gerät kann doch nicht ausgefallen sein, bevor eine Wasserbombe detoniert ist. Mit bloßem Ohr sind die zwitschernden Schrauben besser zu hören. »Er kommt von Steuerbord achteraus genau auf uns zu«, melde ich dem Kommandanten. »Genaue Gradzahl nicht mehr auszumachen. Das Gerät arbeitet nur noch schwach.« Er nickt nur und gibt dem Rudergänger Kursanweisung. Das Boot wird jetzt aus der Zentrale gesteuert.

Da höre ich Pötter rufen: »Boot reagiert nicht mehr auf Seitenruder.« – »Das fängt ja gut an«, knurrt Leibling neben mir. »Boot reagiert nicht mehr auf Tiefenruder«, meldet jetzt Berthold Seidel ganz ruhig. Ich sehe, wie sich der Kommandant auf die Lippen beißt. Das Schraubengeräusch über uns wird nun überlaut. Alle Augen starren nach oben. Wir werden von den zwitschernden Schrauben direkt überlaufen. Dann wandert das Geräusch schnell nach Backbord voraus ab. Schon will ich aufatmen, da trifft uns ein furchtbarer Schlag. Das Boot ruckt und schwankt. Mir fallen die Kopfhörer vom Kopf. Ein zweiter, dritter, vierter Schlag. Wir haben die Köpfe eingezogen. Eine Riesenfaust schüttelt das Boot. Die Welt scheint im grauenvollen Donner der Detonationen unterzugehen.

Es würgt mich im Hals. Das ist nun das Ende, denke ich. Hier gehen wir zugrunde. Ein Entkommen ist nicht mehr möglich. Wir sitzen fest. Langsam geht das Licht aus. Um uns ist schwarze Nacht. Dann flammt es schwach auf. Die Notbeleuchtung brennt wenigstens noch. Der Donner ist noch nicht ganz verklungen, da kommen schon die Meldungen aus den einzelnen Räumen. »Vorschiff klar. Keine Schäden. Achterschiff keine Schäden. Lichtausfall wird gesucht.« Erstaunlich, daß wir keinen Wassereinbruch haben. Was hält dieses Boot eigentlich alles aus? Jetzt hören wir die Stimme des Kommandanten: »Beide E-Maschinen stopp. Alle Maschinen bis auf Horchumformer abstellen.« Es wird totenstill im Boot. Nur schwach sind die Schrauben des Zerstörers zu hören. Der Alte kommt zu mir an den Horchraum. »Können Sie nicht mehr peilen?« – »Habe kein richtiges Maximum mehr, Herr Kaleu. Er ist ungefähr in 290° jetzt. Es muß an den Empfängern vorne liegen.« Er nickt. »Wir sitzen wahrscheinlich mit dem ganzen Vorschiff im Dreck. Anders kann ich mir das nicht erklären. Wir sind sicher in ein Schlammloch gefallen.«

Jetzt kommt auch Oberleutnant zur See Witte aus der Zentrale. »Und was machen wir nun? Ist er weg?« Der Alte lächelt grimmig. »Der kommt wieder, Witte. Wir werden uns ganz ruhig verhalten, sonst wühlen wir nur den Grund auf, und er sieht genau, wo er reinhalten muß.«

Die Schrauben kommen wieder näher. Läuft er an? – Das Geräusch zieht an Backbord vorbei, wandert nach achtern aus und wird ganz leise. Der II WO hat sich neben dem Horchraum auf einen Hocker gesetzt. »Schöne Scheiße ist das, was?« raunt er. »Ja«, flüstere ich zurück. »Wenn ich an unsere Ölspur denke.« Plötzlich schwillt das Geräusch wieder an; wird lauter, immer lauter. Der Alte sieht mich an. »Gleich werden wir von achtern überlaufen«, sage ich. Er nickt. Dann werfe ich einen Blick nach vorn, wo es zum Bugraum schräg abwärts geht. Die Männer haben die Köpfe eingezogen. Das Schraubengeräusch schwillt immer stärker an. Die nackte Angst sitzt allen im Nacken. Järschel streicht dauernd seinen Vollbart. Mir schnürt das kalte Grausen die Brust zusammen. Wir sitzen wie in einer Falle. 80 Meter Tiefe und kein Wasser unter dem Kiel.

Jetzt sind die Schrauben über uns. Leibling hat sich neben mir wie ein Igel zusammengerollt. Ich halte krampfhaft das Schwungrad des GHG fest. Gleich muß das Gewitter wieder losgehen. Die Schrauben wandern nach Steuerbord voraus. Die Männer halten den Atem an. Eine Gigantenfaust schüttelt uns, trifft das Boot wie ein Riesenhammer und versucht, den Druckkörper zu zerschmettern. Das muß das Ende sein. Ich warte nur auf den Schrei: »Wassereinbruch!« Der furchtbare Donner zerfetzt die Nerven. Keller hält sich die Ohren zu, aber als der Donner verrollt, grinst er mich an. »Lagen verdammt gut, die Dinger. Sind aber nicht so schwer wie die britischen Koffer bei Grönland.« Unglaublich, auch diesen Angriff hat das Boot ohne größere Schäden überstanden. Nur einige Instrumentengläser sind zu Bruch gegangen. Kein Wassereinbruch in den Räumen; das Boot ist dicht.

Die Schrauben haben sich entfernt und sind nur noch ganz leise zu hören. Die Männer werden auf ihre Gefechtsstationen geschickt. Leise brauchen wir nicht zu sein, denn bei der hohen Fahrtstufe, die der Zerstörer läuft, kann er nicht horchen. Langsam geht das Licht wieder an. Sind wird ihn los? Das Geräusch schwillt aber wieder an; er hat noch nicht aufgegeben. »Neuer Anlauf von achtern«, melde ich.

Der Alte sitzt noch immer gelassen im Kugelschott zur Zentrale und kaut an seiner Unterlippe. Immer näher kommen die Schrauben. Werden wir noch einmal davonkommen oder haben sie die Bomben noch tiefer eingestellt? Ein gewaltiger Schlag trifft uns, gewaltiger, als alles was vorangegangen ist. Das Licht geht wieder aus. Auch die Notbeleuchtung brennt nicht mehr. Der Donner verrollt. Sonderbar, die Schrauben wandern ab. Nun hört man, daß die Außenbordverschlüsse stark tropfen. Vielleicht sind schon einige Zellen außerhalb des Druckkörpers gerissen.

Da schwillt das Geräusch wieder an. Sie haben also noch nicht aufgegeben. »Erneuter Anlauf von achtern«, melde ich, so ruhig ich kann. Das Licht geht an und ich sehe die bleichen Gesichter der Männer. Wieder einmal muß ich an den Film ›Morgenrot‹ denken, an den Funkmaat, der in der Zentrale des abgesoffenen U-Bootes auf dem Grunde der Nordsee zum Artilleriemaaten sagt: »Glaubst du an Gott?« Und der Mann aus Oberschlesien kratzt sich am Hinterkopf und sagt: »Wenn's hart kummt!«

Immer näher kommen die Schrauben. Jetzt sind sie wieder mit bloßem Ohr zu hören. Der Zerstörer läuft mit höchster Fahrt. Gleich ist er über uns und der tödliche Schlag muß erfolgen. Unheimlich die Stille. Hat er eine neue Schweinerei vor? Schießt er jetzt mit der Wurfstempel-Anlage? Die Sekunden vergehen, aber nichts geschieht. Ein Aufatmen geht durchs Boot. Die Schrauben entfernen sich. Eine Stunde lang hören wir ihn noch hin und her kreuzen. Dann wird das Geräusch leiser und leiser. Bald ist er nicht mehr zu hören. Der Alte kommt vom Kugelschott, nimmt einen Kopfhörer und macht selbst noch einen Rundhorch. Dann geht er in die Zentrale, nimmt das Mikrofon in die Hand und sagt: »Kameraden, er scheint weg zu sein. Wir werden jetzt das Boot vom Grund lösen und marschieren dann unter Wasser weiter ab. Ende.«

Gleich darauf sehe ich an meinen Umdrehungsanzeigern, daß die E-Maschinen Große Fahrt zurück laufen. »Alle Mann achteraus!« kommt es aus den Lautsprechern. Die Lords stampfen lachend nach achtern. Unglaublich, haben sie die tödliche Gefahr schon vergessen? Der LI versucht es gleichzeitig mit Trimmen, aber es nützt nichts. Das Boot rührt sich nicht.

Oberleutnant Witte steht neben mir am Horchraum und fragt: »Was ist, wenn wir das Boot nicht wieder flott kriegen?« Ich hänge die Kopfhörer an den Haken und sage nachdenklich: »Zum Aussteigen muß das Boot ja erst geflutet werden. Aber wie das gehen soll, wenn wir so tief im Schlamm stecken, das weiß ich nicht.« Witte nickt. »Die ganze Ostküste hat so tiefe Löcher. Man nimmt an, daß die Erde mal einen zweiten Mond gehabt hat, der auf die Erde gestürzt und hier explodiert ist.« Ich schleiche zum Kugelschott und schaue in die Zentrale.

Der Kommandant lehnt am Kartentisch und schaut grimmig drein. »Wie lange wollen Sie das mit den E-Maschinen machen, LI? Dann sind die Batterien leer, und wir müssen den ganzen Tag noch unter Wasser bleiben.« Dem LI steht der Schweiß auf der Stirn. Er läßt die E-Maschinen stoppen. Langsam dreht er sich auf seinem Sessel herum. »Wir müssen anblasen, Herr Kaleu. Anders kriegen wir das Boot nicht los«, sagt er ruhig. Der Kommandant lacht grimmig. »Dann wühlen Sie den ganzen Dreck auf. Wenn die oben ein Flugzeug postiert haben, setzt es uns gezielt einen drauf.« Betretenes Schweigen. Es ist ganz still in der Zentrale, nur das Wasser tropft. Dann wieder der LI: »Wir haben mit den E-Maschinen schon alles aufgewühlt. Wir sitzen ganz tief drin. Wir sinken wahrscheinlich immer tiefer in den Schlamm. Wenn wir jemals hier rauskommen wollen, dann nur noch durch Anblasen. Eine andere Möglichkeit sehe ich nicht.«

»Dann blasen Sie an«, sagt der Kommandant. »Ist ja auch egal, ob wir hier langsam ersticken oder durch Bomben draufgehen.« Otto Peters steht schon an den Ventilen und wartet nur auf den Befehl vom LI. »Fünf und acht anblasen! Beide E-Maschinen AK zurück!« sagt Weber. Knatternd jagt die Luft durch die Anblaseleitungen. Wieder laufen die E-Maschinen wie verrückt. Witte sieht mich skeptisch an. Das Boot rührt sich nicht. Mir läuft es kalt über den Rücken. Sobald die Druckluft verbraucht ist, ist es endgültig aus.

Da, was ist das? Ein Zittern geht durch das Boot. Von vorn kommt ein glucksendes Geräusch. Es rauscht und scheuert um das ganze Vorschiff. In das Boot scheint Bewegung zu kommen. Hoffentlich reicht die Luft. Die Zellen müßten schon längst ausgeblasen sein. Plötzlich springt das Vorschiff hoch. Wir liegen wieder auf ebenem Kiel.

»Beide E-Maschinen stopp«, befiehlt der LI. »Festblasen! Alle Mann voraus.« Das Blasen verstummt sofort. Die Lords kommen wieder von achtern gestürmt, aber es nützt nichts. Das Vorschiff steigt wie verrückt. »Entlüftung fünf und acht!« schreit der LI. Die Entlüftungen werden gezogen, und brausend entweicht die Luft nach oben. Langsam sinkt das Vorschiff zurück auf ebenen Kiel. Die E-Maschinen laufen Kleine Fahrt voraus. Tiefenruder und Seitenruder arbeiten wieder. Auf 60 Meter schleichen wir über den Grund davon, bis es tiefer wird. Der Kommandant läßt zum Tages-Unterwassermarsch auf 140 Meter gehen. Mit Kurs 130° laufen wir ab.

Am Nachmittag läßt der Alte kurz auftauchen. Als er das Turmluk öffnet, hören wir ihn fluchen. Der ganze Turm ist noch voll Schlamm. Es wird einige Male geflutet und angeblasen, bis er einigermaßen sauber ist. Auch unter dem freiflutenden Oberdeck ist noch Schlamm, aber den wird die See schon rauswaschen. Wir müssen bis über den Turm im Schlamm gesteckt haben. Vielleicht hat uns dieser Umstand vor der Vernichtung durch die Wasserbomben bewahrt.

Wolkenloser blauer Himmel. Lufttemperatur 26°. Wassertemperatur 23°. Wir bleiben bis zum Abend unter Wasser.

26. April 1942. Eine wunderbare Nacht. Laue Sommerluft. Wir stehen wieder vor der Küste. Vor uns blinken die Lichter von Jacksonville. Mit dem UZO-Nachtzielglas kann man bis in die Fenster der Häuser sehen. Glatte See. Um Brennstoff zu sparen, liegen wir gestoppt und warten auf einen Dampfer.

Gegen 05.00 Uhr gehe ich auf die Brücke und sehe mir durch das scharfe Glas die Häuser am Strand an. Der I WO hat die Wache. »Das eigentliche Jacksonville liegt etwas zurück«, sagt er. »Sollen lauter reiche Knaben dort wohnen.«

Heute sprach Adolf Hitler im Reichstag. Wir konnten nur Teile der Rede über Kurzwelle hören. Am Nachmittag ein FT vom BdU an alle Boote vor der amerikanischen Küste: »Laut B-Dienst hat US-NAVY-Einheit südlich Kap Fear ein U-Boot versenkt.«

Der Alte liest stirnrunzelnd den FT. »Die meinen wohl uns«, sage ich. Bleichrodt streicht sich sinnend den Bart. »Die können nur uns meinen. Ein anderes Boot steht gar nicht hier.« Der II WO grinst. »Das sind keine Engländer, Herr Kaleu. Die hätten sich länger mit uns beschäftigt.« Der Alte nickt. »Ein Glück für uns. Sonst wären wir nicht mehr hier.«

Heute ist Sonntag, und Järschel macht Mittagessen wie üblich: Spargel mit Schinken. Er wiegt aber bedenklich den Kopf und sagt: »Lange geht das nicht mehr, Herr Obermaat.«

Die Nacht vergeht ohne Zwischenfall. Kein Schatten, kein Schiff. Beim Morgengrauen laufen wir nach Osten auf tieferes Wasser ab, denn unsere Ölspur ist stärker denn je. Unterwassermarsch während des Tages. Wie jeden Tag, wenn alles schläft, schreibe ich das KTB des Kommandanten mit der Erika-Schreibmaschine ab. Keiner darf Einblick nehmen. Heute muß ich einen Satz zweimal lesen, ehe ich ihn in die Maschine schreibe. Da steht: »LI ist schlechter Tiefensteuerer. Er lernt es nie, mit großem Boot umzugehen.«

Plötzlich spüre ich einen warmen Atem an meinem linken Ohr. Hinter mir steht Kapitänleutnant Ing. Martin Weber und schnauft: »Das ist ja unerhört.« Ich sage ihm, daß er dies gar nicht hätte lesen sollen. Er geht wütend davon. Mir ist nicht ganz wohl.

27. April 1942. Wir sind gestern nicht den ganzen Tag unter Wasser geblieben. Der Alte hat am Nachmittag auftauchen lassen. Er ist unruhig; der Brennstoff wird immer weniger, und kein Schiff kommt uns vor die Rohre. Martin Weber hat sich nach dem Auftauchen über die Eintragung im KTB beim Alten beschwert. Wir können im FT-Raum hören, was hinter dem grünen Vorhang des Kommandanten gesprochen wird. »Was wollen Sie, Weber? Was ich geschrieben habe, stimmt doch«, sagt der Alte scharf. »Denken Sie doch mal an Neufundland. Wenn die aufliegende Maschine noch eine Bombe gehabt hätte, wären wir schon damals draufgegangen.«

Auch die dritte Albucid-Kur hat bei Gerstner nicht angeschlagen. Jetzt wissen wir auch, warum. Karl Will meldete mir, daß Gerstner während der Kuren immer von seinem zugeteilten Bier getrunken hat. Ich muß mit dem Alten sprechen. – Da ich noch eine Tripperspritze im Arzneispind habe, kommen wir überein, Gerstner nach der alten Methode mit übermangansaurem Kali spülen zu lassen.

Bei Anbruch der Dunkelheit setzen wir einen langen Funkspruch ab. »FT 2310/26. An BdU: 1. 23. bis 25. 4. zwischen Lookout und Frying Pan kein Verkehr, außer zwei Zerstörern auf 40- und 200-m-Linie sowie ein Bewacher bei Frying Pan Shoals. Mittlere Luft nur tags. Taghelle Mondnächte. 2. 25. Qu. 1454 Doppelschuß auf Zerstörer Typ *Flusser.* Bemerkt durch Oberflächenläufer. Waboverfolgung. Kein Asdic. 3. Ölspur. Aus Kühlwasser-Hochbehälter anhaltender Treibölaustritt, aus Tauchbunker VII nur beim Ausblasen. Prüfung Durchwasserwähler und Pumpen von verdächtig scheinenden Bunkern ohne Erfolg. Allen hier denkbaren Ursachen nachgeforscht. 4. Aufgrundlegen auf Flachwasser wegen Ölspur nicht möglich. Acht Torpedos unter, vier über Deck, 97 cbm. Anhaltende Hochdrucklage. DC 41. Leitnr. 291 fehlt. Bleichrodt.«

Um 01.30 Uhr plötzlich Alarm. Die Wache stürzt in die Zentrale, während die Entlüftungen schon aufgerissen werden. Dann hören wir: Zerstörer kam von achtern sehr schnell auf. Hohe Brücke und zwei Schornsteine waren schon sichtbar. Wir sind noch nicht auf 40 Meter, als der Befehl kommt: »Turm wird geräumt!« Leibling sieht mich ungläubig an. »Was soll denn das? Der ist doch noch weit weg.« Ich gehe zum Zentrale-Kugelschott. Der Rudergänger Pötter kommt gerade von oben. Er ist ganz naß und übernimmt den Ruderstand in der Zentrale. »Was ist denn los?« frage ich ihn. Er sieht mich vielsagend an. »Da klemmt was im Turmluk. Jedenfalls kommt Wasser durch.«

Der LI hat das Boot auf 50 Meter eingesteuert. Vorläufig will der Alte nicht tiefer gehen. Im GHG ist der Zerstörer jetzt gut zu hören. Er kommt mit Höchstfahrt näher. Sonderbar, hier weit draußen ein einzelner Zerstörer. Sollte er unseren langen Funkspruch eingepeilt haben? Es ist gerade eine Stunde her, daß wir ihn auf Abweichfrequenz Norddeich abgesetzt haben.

Der Kommandant kommt mit Keller zum Horchraum und sagt: »Wenn uns nur hier nicht der Turm absäuft.« Keller macht eine bedauernde Handbewegung. »Ich habe es erst bemerkt, als ich das Luk geschlossen hatte. Ich kann nicht sagen, was dazwischen klemmt. Aber etwas muß dazwischen sein.«

Der Alte wendet sich an mich: »Hirschfeld, was macht er?« – »Er kommt sehr schnell auf, Herr Kaleu.« Der Alte nickt. »Ob er uns bemerkt hat«, fragt er den II WO. Keller wiegt bedächtig den Kopf. »Der gute Will hat ihn sehr früh gesehen in der Dämmerung. Ich kann's nicht sagen.« Der Alte kaut auf der Unterlippe; man merkt, daß er mit einem Entschluß ringt. »In wieviel Grad haben Sie ihn, Hirschfeld?« – »In 165°, Herr Kaleu. Er ist direkt von achtern aufgekommen.« – »Gut«, sagt Bleichrodt ruhig. »An Zentrale: Auf Sehrohrtiefe gehen!« – »Aber Herr Kaleu«, meint Keller. »Sie wollen doch nicht das gleiche Manöver ...?« – »Doch, Keller, wir müssen es versuchen. Ich will mich nicht auf eine Wabo-Verfolgung einlassen.« Langsam steigt er durch das Kugelschott in die Zentrale. »Au weia«, stöhnt Keller. »Wenn das man gut geht mit dem Sehrohr bei der glatten See.«

Alles wartet gespannt, bis wir auf Sehrohrtiefe sind. Das Boot dreht hart nach Steuerbord, um den Zerstörer achtern vorbeilaufen zu lassen. Der Kommandant hat das Luk zum Turm wieder öffnen lassen. Ein Schwall Wasser stürzt in die Zentrale. Mit einer Regenjacke ist er dann in den Turm gestiegen. »Der Rudergänger muß in der Zentrale bleiben. Der Wasserstrahl zielt genau auf den Ruderstand«, höre ich aus der Zentrale.

Das Schraubengeräusch wandert jetzt schnell auf 180°. »Sehrohr kommt frei!« hören wir. Meine Sprachrohrverbindungen zum Turm bleiben diesmal geschlossen; die Horchpeilungen melde ich über die Zentrale. Die Rohre achtern sind schon bewässert. Maat Borchardt ist im Heckraum. Das Geräusch wandert achtern vorbei.

Der Alte kommt wieder aus dem Turm. »Keine Chance«, sagte er. »Zu weit weg.« Wir warten noch eine halbe Stunde und tauchen dann auf. Oben ist es inzwischen ganz dunkel geworden. Nachdem die Brückenwache aufgezogen ist, kommt der Kommandant wieder in die Zentrale. In der Hand hat er eine französische Sommerlatsche und hält sie dem LI hin. »Dieser Vogel klemmte im Luk.« Der I WO betrachtet interessiert die geflochtene Latsche. »Donnerwetter«, sagt er. »Die muß doch jemand gehören.« Der Alte nickt grimmig. »Sie gehört dem Matrosenobergefreiten Zank. Ich hab' ihm schon den Marsch geblasen. Ab sofort dürfen diese Latschen nicht mehr auf der Brücke getragen werden. Sorgen Sie dafür, I WO.« – »Jawoll, Herr Kaleu. Vielleicht haben die Franzosen uns diese Latschen extra geliefert, damit wir damit absaufen«, sagt Witte todernst. Der Alte holt scherzhaft mit der Latsche aus.

Nur mit einer Maschine Kleine Fahrt schippern wir an der Küste entlang, aber kein Schiff kommt in Sicht.

Um 04.50 Uhr bestätigt die Leitstelle, daß unser FT 2310/26 bei 36 m mit Lautstärke fünf aufgenommen wurde. Um 10.54 Uhr ein FT an Bleichrodt von BdU: »Falls noch nicht geschehen Tauchbunker VI leerpumpen und als Tauchzelle fahren.« Das hat der LI schon veranlaßt, aber ohne Erfolg. Die Ölspur ist immer wieder da. In der kommenden Nacht will der Alte die Überdecktorpedos ins Boot umladen lassen. Wer weiß, wann wir wieder eine so ruhige See bekommen.

28. April 1942. Wir haben uns etwas nach See zu abgesetzt, um tiefes Wasser unter dem Kiel zu haben, wenn die Aale umgeladen werden. Wir stehen auf 30° 16′ Nord und 77° 56′ West. Borchardt und Maureschat treffen mit den Seeleuten alle Vorbereitungen zum Umladen. Um 02.00 Uhr schweigen die Diesel. Der Alte läßt das Boot treiben, während die Männer das Ladegeschirr an Oberdeck aufbauen. Zuerst ist es sehr dunkel, doch dann geht der Mond auf, und es wird beinahe taghell. Der Kommandant und der I WO sind auf der Brücke und suchen mit der Wache den Horizont ab. Wir dürfen jetzt nicht überrascht werden. Die Torpedoluken vorn und achtern sind offen, die Torpedowagen stehen auf den Schienen an Oberdeck und die Gerüste mit den Flaschenzügen sind aufgebaut. Wenn wir in diesem Zustand tauchen müßten, sähe es schlecht für uns aus.

Es ist eine herrlich warme Nacht. Die Männer arbeiten hart und zügig. Die Oberdeckstuben werden hochgekurbelt, die Aale herausgezogen, auf die Wagen gehievt und dann zu den Luken gerollt. Dort wird der Torpedo mit einem Flaschenzug angehoben und in das schräge Luk geschoben. In dem Augenblick, in dem der Aal im Luk steckt, sind wir völlig tauchunklar. Gegen 08.00 Uhr sind die vier Torpedos unter Deck; zwei im Bugraum und zwei im Heckraum. Bis Gerüste und Torpedowagen verstaut sind, ist es 09.00 Uhr. Ein Marsch zur Küste lohnt in dieser Nacht nicht mehr, denn in einigen Stunden wird es hell. Um 12.00 wird getaucht zum Unterwassermarsch. – Gegen 20.00 Uhr, nach dem Auftauchen, Eingang FT 1848/28 von BdU an U 109: »Gelegentlich melden, ob Einbau neuen Kühlwasser-Antriebes auf allen Booten zweckmäßig. KWP ja oder nein.« Die Männer von der Maschine suchen unermüdlich nach der Ursache der Ölspur.

29. April 1942. Heute sind wir fünf Wochen in See. Wolkenloser Himmel. Die Sonne brennt, und die See ist wie ein Ententeich. Wir treiben an der Flachwassergrenze mit schweigenden Dieseln. Kein Schiff, kein Flugzeug. Hier draußen scheint kein Verkehr zu laufen. Gegen 12.00 haben die Männer der Maschine endlich die Ursache der Ölspur festgestellt. Es ist eine Undichtigkeit im Ausblaseanschluß Tauchbunker III Backbord. Ölaustritt aus Leck Rohrleitung Unterkante Turm. Der Fehler kann behoben werden. Ab 20.00 Uhr Unterwassermarsch zur Küste, Kurs Kap Canaveral.

30. April 1942. Um 02.00 Uhr, bei Anbruch der Dunkelheit, aufgetaucht. Die Nacht ist warm und eigentlich zu hell für einen Überwasserangriff. Von der Brücke hören wir, daß die Feuer an Land friedensmäßig brennen. Das hätten wir nicht gedacht. Wir gehen nahe an die Küste heran und stellen fest, daß wir wahrscheinlich durch zu große Besteckversetzung nicht vor Kap Canaveral, sondern vor der Hetzel Shoal stehen. Der Kommandant läßt auf der 20-m-Linie parallel zur Küste nach Süden marschieren. Wieder ist es eine helle Mondnacht.

Gegen 10.00 Uhr kommt bei der Hetzel Shoal-Blinktonne ein Fahrzeug in Sicht, das mit hoher Fahrt genau Kurs Süd läuft. Wir jagen mit schäumender Bugwelle hinterher. Bald können sie oben erkennen, daß es sich um einen Dampfer handelt, der so schnell ist, daß ein Vorsetzen bis zur Morgendämmerung nicht mehr gelingt. Der Kommandant läßt nach See zu abdrehen. Er will das Boot tagsüber auf Grund legen.

Um 12.00 Uhr DGZ wird auf 28° 38′ Nord und 80° 04′ West getaucht, und das Boot bei 67 Meter Tiefe mit fünf Tonnen Untertrieb auf Grund gelegt. Es liegt ruhig im festen Sand, aber die Hitze ist unerträglich. Wir messen 45° im Boot. In Schweiß gebadet, liegen die Männer auf den Kojen. Der Horchraum ist besetzt, aber kein Schraubengeräusch stört unsere Ruhe.

Ich sehe mir in der Zentrale die Karte an. Kap Canaveral ist eine Landzunge, auf der ein einsamer Leuchtturm steht.

1. Mai 1942. Um 02.00 Uhr hat Ferdinand eine Horchpeilung. Es ist aber nicht festzustellen, um welche Art von Fahrzeug es sich handelt. Bei Ende der Dämmerung um 03.00 Uhr DGZ aufgetaucht. Wieder ist die Nacht beinahe taghell und sommerlich warm. Die Diesel springen an, und mit sparsamster Marschfahrt laufen wir auf Kap Canaveral zu. Das Leuchtfeuer blinkt traulich zu uns herüber. Kaum zu glauben, daß wir Krieg haben.

Um 09.30 Uhr DGZ ein Schatten voraus; endlich ein Schiff. Die Diesel werden hochgejagt. Wir drehen auf Mitlaufkurs, und die Jagd beginnt. Es ist nicht leicht, in dieser hellen Nacht ungesehen heranzukommen. Außerdem zackt der Dampfer unberechenbar. Sollte er uns schon bemerkt haben?

Wir haben die internationalen Wellen besetzt. Es ist aber alles ruhig. Der Anlauf beginnt. Auf 3000 Meter Entfernung verläßt der erste Aal das Rohr. Es ist ein G 7a. Gleich nach dem Schuß durchbricht er die Wasseroberfläche, dreht nach Backbord ab und ist noch sechs Minuten lang im Horchgerät zu hören. Hinter dem Dampfer wird jetzt eine flache Silhouette sichtbar; ein Schleppzug mit Kurs Süd.

Erneuter Anlauf. Fauchend jagen die Diesel das Boot mit großer Fahrt durch die glatte See. Unser Kielwasser ist eine schäumende silberne Bahn. Unverständlich, daß wir nicht gesehen werden und die Diesel müßten in dieser stillen Nacht auch meilenweit zu hören sein. Auf den Funkwellen herrscht immer noch Ruhe.

Dann ist es wieder soweit. Um 11,36 Uhr DGZ verlassen zwei Torpedos die Rohre II und IV. Ich habe das Ohr am Sprachrohr und höre den I WO auf der Brücke brüllen: »Er hat uns gesehen! Er dreht ab!« Leibling knirscht mit den Zähnen. Ich wende mich zum Horchraum und frage: »Laufen die Aale noch, Ferdinand?« – »Ja, sie laufen prima. Zeit ist gleich um!« Eine Detonation schlägt gegen das Boot. »Treffer Heck!« höre ich von oben. Also hat es ihn doch noch erwischt, und schon geht es auf der 600-Meterwelle los: »SSS SSS SSS *La Paz* torpedoed by cap canaveral SSS SSS SSS *La Paz* sinking fast SSS SSS SSS.«

Ich rufe den Namen des Schiffes in die Zentrale. Ferdinand steht mit seinem Kopfhörer vor dem Funkraum. »Der andere Aal läuft immer noch«, sagt er. Dann ein Knall in der Ferne. Der Torpedo ist wohl auf eine Sandbank gelaufen und detoniert.

Jetzt hämmern die Sender der Küstenstationen los und wiederholen die SSS-Meldung von *La Paz*. Aber was ist das? Da ruft noch einer ganz schwach. Ich stelle den Empfänger etwas nach. Da ist er: »SSS SSS torpedoed by canaveral SSS SSS *Wonder* – sinking SSS SSS –.« Die Küstenstationen scheinen diesen Hilferuf nicht mitbekommen zu haben; er wird nicht wiederholt. Also hat unser zweiter Aal noch ein Schiff getroffen, das wir gar nicht gesehen haben. Oder schießt hier noch ein anderes Boot herum?

Wir schlagen in Lloyds Register nach. Da steht: »*La Paz* 6548 BRT, *Wonder* 433 BRT, Motorleichter.« Die Besatzung verläßt das sinkende Schiff, das mit Heck- und Buggeschütz bewaffnet war. Unser Alter läßt hart abdrehen, und mit hoher Fahrt laufen wir nach Osten ab. Hilfeleistung für die Mannschaft von *La Paz* ist nicht nötig, da die Küste bei Tag in Sicht ist.

Als mich der Kommandant auf die Brücke ruft, melde ich ihm auch den zweiten Hilferuf. »Haben Sie das gehört, Witte?« sagt Bleichrodt lachend. »Gesehen haben wir den kleinen Kolcher gar nicht. Ein anderes Boot steht zur Zeit nicht hier, also dürfen wir die *Wonder* mit gutem Gewissen als versenkt melden. Ein Schiff von 433 BRT und ein Torpedotreffer. Den muß es doch zerrissen haben. Hat er länger gefunkt?« – »Nein, Herr Kaleu. Nur einmal die übliche Meldung. Dann mitten in der Wiederholung abgebrochen.« Der Alte nickt und starrt durch sein Glas zur *La Paz* zurück.

»Das Schiff ist immer noch nicht abgesoffen«, sagt er zum I WO. Witte richtet sein Glas auf den torpedierten Dampfer, der mit bloßem Auge nicht mehr erkennbar ist. Nur noch der Bug ragt aus dem Wasser; mit dem Achterschiff liegt er wahrscheinlich auf Grund. Wir haben ja nur 18 Meter hier. »Den schleppt keiner mehr ein, Herr Kaleu.« – »Hoffentlich«, sagt der Alte. »Auf jeden Fall müssen wir hier weg, bevor es hell ist. Sie werden ganz bestimmt eine Suchaktion starten.«

Unten im FT-Raum zeigt mir Leibling seinen Notizblock. »Eine Küstenstation muß den SSS-Ruf von *Wonder* empfangen haben. Sie rufen ihn und fordern seinen Standort an. Er antwortet aber nicht mehr.« – »Ja«, sage ich, »dieses Schiff hat Pech gehabt. Auf den hätten wir nie einen Aal locker gemacht.«

Es ist schon hell, als um 12.50 Uhr DGZ die Alarmklingeln durchs Boot rasen. Wir müssen vor einem Flugzeug wegtauchen. Es ist eine

Landmaschine mit Nordkurs, die uns aber nicht bemerkt hat. Trotzdem bleiben wir auf 100 Meter Tiefe.

2. Mai 1942. Um 02.30 Uhr DGZ aufgetaucht. Eine helle Mondnacht. Mit nordwestlichem Kurs auf die Küste zugelaufen. Bald haben wir nur noch 30 Meter Wasser unter dem Kiel. Die Temperatur im Boot sinkt auch bei Überwasserfahrt nicht unter 35°, und die Lüfter bringen kaum Kühlung ins Boot.

Die Brückenwache bohrt vergeblich die Gläser in die Augenhöhlen. Kein Schatten, kein Schiff. Der Kommandant dreht nach Süden ab. Gegen 08.30 Uhr verstummen plötzlich die Diesel; der Alte will sich also wieder treiben lassen, aber dann höre ich von der Brücke, daß über uns ein Flugzeug ist. Sicher leuchtet unser Kielwasser wieder sehr stark. Berthold Seidel kommt zum Funkraum. »Sollen sie doch runterholen den Vogel«, sagt er grinsend. »Fliegt ganz niedrig. Ich würde ihn mit der 3,7 cm schon treffen.«

»Maschine hat jetzt Positionslaternen gesetzt und fliegt ab«, kommt es von oben. »Auch gut«, knurrt Berthold und schlendert zurück zu seiner Koje. Um 12.26 Uhr läßt der Kommandant das Boot bei 90 Meter Tiefe auf Grund legen. Standort: 29° 27′ Nord und 80° 14′ West.

3. Mai 1942. Während des ganzen Tages kein Schraubengeräusch. Der Verkehr muß gestoppt sein. Um 01.45 Uhr bei Anbruch der Dunkelheit vom Grund gelöst und aufgetaucht. Mit kleiner Fahrt stoßen wir auf Kap Canaveral vor.

Gegen 09.00 Uhr DGZ kommen zwei Schatten in Sicht. Einer voraus, einer achteraus. Wir drehen hart nach See zu ab. Bald sind die Schatten genau auszumachen. Ein kleinerer Dampfer mit Kurs Nord; ein größerer Dampfer mit Kurs Süd. Der Kommandant entschließt sich natürlich für den südgehenden Dampfer. Die Diesel brummen auf. Ich höre, wie sie auf der Brücke fluchen: »Verdammt, der Kerl hat einen Zahn drauf.«

»Beide Diesel zweimal große Fahrt!« Der Gegner läuft 13 sm. Nur ganz langsam gelingt das Vorsetzen. Als endlich Kurs und Fahrt richtig ausgedampft sind, kommt die Tonne von Hetzel Shoal in Sicht, die der Dampfer nach Land zu rundet und dann wieder auf Südkurs geht.

Endlich beginnt der Anlauf. Es wird auch Zeit, denn die Nacht ist bald herum. Es wird ein Mehrfachschuß aus Rohr II und III. Um 10.34 Uhr kommt der Befehl: »Fertig! Los!« Durch das Boot geht ein Ruck und auf der Brücke wird laut geflucht. Es hat nur ein Torpedo das Rohr verlassen. Der Bugraum wird angerufen: »Was ist mit dem zweiten Aal?« Von vorne kommt die Meldung: »Rohrläufer!« – Der Aal steckt also noch im Rohr und läuft. Es gelingt den Mixern zwar nach kurzer Zeit, ihn auszustoßen, aber er kann natürlich nicht mehr treffen.

Inzwischen läuft der andere Torpedo ruhig seine Bahn, bis die Detonation hart an den Druckkörper schlägt. »Treffer Heck!« rufen sie von oben. Auf der 600-Meterwelle geht es los: »SSS SSS la … ES SSS SSS torpedoed – SSS SSS.« Der Funker drüben scheint völlig durcheinander zu sein. Nur das Wort ›torpedoed‹ ist zu entziffern. Unmöglich, den Namen aufzunehmen. Von oben hören wir jetzt: »Schiff sinkt nicht. Boot setzt zum Fangschuß an.«

Als der zweite Aal läuft, haben wir noch immer nicht den Namen des Schiffes. Wieder eine Detonation. Das war der Fangschuß. Jetzt schweigt der Sender drüben. »Aus«, sagt Ferdinand und wirft den Bleistift hin. »Warte mal«, sage ich. »Jetzt geht doch der Tanz erst los. Vielleicht haben die Landstationen aus dem Gezitter etwas entziffert.« SSS SSS geben die Landstationen, aber auch sie haben nichts entziffert und fordern Namen und Standort des SSS-Gebers an. Er antwortet aber nicht mehr, und von der Brücke höre ich jetzt: »Schiff sinkt schnell!« Aus, vorbei.

Vor dem Fangschuß hatten sie auf der Brücke einen Bewacher ausgemacht, der mit großer Fahrt von Süden angelaufen kommt. Der Kommandant läßt mit Äußerster Kraft nach Osten ablaufen, und nach einer Stunde hören wir von oben, daß wir ihn abgehängt haben.

Bei dem versenkten Dampfer handelt es sich um einen großen Frachter von 8000 bis 9000 BRT vom Typ *City of Manchester*. Er hatte einen schräg ausladenden Vorsteven mit hochgezogener Back. Drei Luken auf dem Vorschiff, einen Mast und zwei Pfahlmasten. Hohe Brücke und höheren Schornstein. Aufbauten auf dem Heck. Vorn und achtern war er mit je einer Kanone bestückt. Das ist nun schon das zweite Schiff, von dem wir keinen Namen haben.

4. Mai 1942. Wir haben uns etwas nach See zu abgesetzt. Um Mittag stehen wir auf 28° 39′ Nord und 79° 34′ West.

Der Kommandant setzt einen Lagebericht an den BdU auf. Es wird ein langer Funkspruch, wir setzen ihn in der Nacht ab, und er wird mit Lautstärke fünf auch quittiert.

Die Tripperspritze scheint Gerstner geholfen zu haben. Kein Ausfluß mehr, aber der Alte ist skeptisch. Er meint, daß sich die Gonokokken schon verkapselt haben. Um 12.30 Uhr auf 120 m zum Unterwassermarsch nach Süden getaucht.

5. Mai 1942. Um 02.30 Uhr DGZ aufgetaucht. Der Kommandant ist so nahe an die Küste herangegangen, daß wir nur noch 20 m Wasser unter dem Kiel haben. Auf der Linie Hetzel Shoal Bethel Shoal-Tonne laufen wir nach Süden. Ein gewagtes Spiel.

Gegen 06.00 Uhr plötzlich ein Schatten voraus. Der Kommandant dreht noch rechtzeitig nach Norden und dann auf die offene See ab. Es ist ein Küstenwachboot oder U-Jäger mit flacher Silhouette und hohem Steven. Er scheint uns nicht bemerkt zu haben, denn er läuft unbeirrt seinen Kurs nach Norden. Hinter ihm dreht der Kommandant wieder an die Küste heran, bis wir 20 m Tiefe loten. Es ist eine warme, aber nicht mehr so helle Sommernacht. Langsam geht es weiter nach Süden.

Gegen 09.00 Uhr DGZ Unruhe auf der Brücke. Sie haben einen neuen Bewacher mit Gegenkurs ausgemacht. Keine Chance, nach See zu abzudrehen. Wir würden ihm genau vor den Bug laufen. Der Alte sieht sich gezwungen, nach Land zu auszuweichen. Die Diesel werden hochgejagt. Der Bug schwenkt um 180° nach Norden. Ich springe durchs Kugelschott in die Zentrale und schalte das Echolot ein. Da kommt schon der Ruf von oben: »Frage Tiefe!« – »Fünfzehn Meter!« rufe ich in den Turm. Wenn wir jetzt auf Dreck laufen, macht er uns fertig. Daß er uns bemerkt haben muß, sieht die Brückenwache an seiner weiß schäumenden Bugwelle. Spannende Minuten vergehen. Er läuft immer noch Steuerbord achteraus, und wir können nicht nach See zu abdrehen. Auf ein Artillerie-Duell werden wir uns nur einlassen, wenn wir auf Grund laufen.

Mit Höchstfahrt hämmern die Diesel das Boot nach Norden. Wir laufen jetzt 19 sm, was nur bei der glatten See möglich ist. Endlich sackt der Verfolger ab. Muß ein alter Kasten sein, daß er die Fahrt nicht halten kann.

Bis zum Morgengrauen laufen wir wieder nach Süden. Um 12.30 Uhr läßt der Kommandant tauchen. Auf 27° 52′ Nord und 79° 58′ West legen wir uns bei einer Tiefe von 110 Meter auf Grund. Alle Maschinen bis auf Horchumformer werden ausgeschaltet. Es ist totenstill im Boot. Mehrmals am Tage werden Detonationen gehört. Wahrscheinlich Fliebos.

6. Mai 1942. Während des Tages wurden mehrere vorbeifahrende Schiffe gehorcht. Der Kommandant läßt das Boot vom Grund lösen und auf Sehrohrtiefe gehen. Die Schiffe sind mit dem Sehrohr nicht zu erfassen. Ein Auftauchversuch scheitert, da Flugzeuge in der Luft sind.

Um 02.30 Uhr DGZ endlich aufgetaucht. Eine Stunde später gehe ich kurz auf die Brücke, um etwas Luft zu schnappen. Eine herrliche sternenklare Nacht, aber das Wasser leuchtet wie verrückt. Neben mir auf dem Wintergarten steht der Matrosengefreite Zank, ein Mann der ersten Stunde, auf den man sich verlassen kann.

Wir pinkeln gemeinsam in hohem Bogen auf das Oberdeck und starren in den Sternenhimmel. »In Deutschland ist jetzt Frühling«, sagt Zank sinnend, »und die Mädchen tragen duftige Kleider.« – »Ja«, sage ich, »Scheißkrieg. Aber hier läßt es sich doch aushalten. Denk mal an Grönland.« Er antwortet nicht und starrt nur in den Sternenhimmel. Dann stößt mich an. »Da bewegt sich ja ein Stern.« Ich folge seinem Blick. Wirklich, da ist ein grüner Stern in Bewegung. Der achtere Ausguck richtet sein Glas auf unseren Stern und meldet gleich darauf: »Flugzeug von achtern.« – »Freiwache unter Deck«, befiehlt der WO. Damit sind wir gemeint. Zank und ich gleiten durch das Turmluk hinunter.

Der Alte ist auf dem Turm. Er weiß, daß wir nur 37 Meter unter dem Kiel haben. Das Boot bleibt aufgetaucht, aber die Diesel werden gestoppt, damit das Kielwasser nicht so leuchtet. Von oben kommt die Meldung: »Maschine hat alle Positionslaternen gesetzt und kommt näher.« Otto Peters wiegt besorgt den Kopf. »Wenn dat man keen neuer Trick is.« – »Maschine fliegt in großem Bogen um uns herum«, tönt es von oben. Sonderbar. Dann müssen sie uns doch sehen. Plötzlich: »Maschine im direkten Anflug.« Verdammt, das kann doch kein Zufall mehr sein. Wir halten den Atem an, als wir direkt überflogen werden. Aber nichts geschieht. Wir atmen auf.

Die Diesel gehen wieder an. Heute nacht müssen wir endlich zum Erfolg kommen, denn der Brennstoff wird schon knapp. Kaum bin ich im FT-Raum, kommt von oben der Befehl: »Beide Diesel stopp!« Und gleich darauf: »Fla-Waffen besetzen!« Berthold Seidel, der die 3,7 cm bedient, läuft am FT-Raum vorbei. »Nicht mal in der Freiwache hat man Ruhe. Da soll man noch Flugzeuge abschießen«, sagt er lachend. Das Boot wiegt leise in der Dünung. Munition wird nach oben gereicht. Die Spannung wächst. Wer wird zuerst schießen?

Ich bin in die Zentrale gegangen, um zu loten, falls wir tauchen müssen. Von der Brücke höre ich Maureschats Stimme: »Höhe höchstens 300 Meter, Herr Kaleu. Direkter Anflug von Steuerbord vorn!« Das kann kein Zufall mehr sein. Die Maschine muß uns in der leuchtenden See sehen, aber sie überfliegt uns in niedriger Höhe, ohne zu werfen. Auf der Brücke warten sie, bis sie weit genug weg ist. Dann heißt es: »Beide Diesel halbe Fahrt!« Wir versuchen nach Süden abzulaufen. Plötzlich ein Fluch von oben: »Sie dreht wieder ein, Herr Kaleu!« – »Ja, ich sehe. Beide Diesel stopp.« – »Er kommt verdammt niedrig«, ruft Witte. Und dann Maureschats Stimme: »Höhe nur noch 200 Meter, Herr Kaleu. Soll ich ihn mit der 2 cm runterholen?« – »Nein, abwarten«, sagt der Alte ganz ruhig. Jetzt hören wir sogar unten in der Zentrale das Dröhnen der Flugzeugmotoren.

Der II WO kommt von der Brücke und geht an den Kartentisch. »Warum tauchen wir nicht weg?« will Otto Peters wissen. Keller lächelt etwas mitleidig. »Peters, Sie wissen doch, daß wir kein Wasser unterm Kiel haben. Und können Sie garantieren, daß das Boot unter Wasser nicht leuchtet wie die Torpedos am 20. April? Dann sieht er von oben genau unsere Form.« Otto kratzt sich hinterm Ohr. »Also reine Nervensache.« Keller nickt. »Der Kommandant nimmt an, daß das Flugzeug uns für einen Bewacher hält. Vielleicht machen sie auch nur Schulungsflüge auf uns. Fliegerschule ist nicht weit ab.«

Endlich nehmen wir wieder Fahrt auf. Der Kommandant läßt nach See zu abdrehen. Wir können keine große Fahrt laufen, da unser Kielwasser zu sehr leuchtet. Einige Minuten geht es gut. Da kommt von oben wieder der Ruf: »Beide Diesel stopp!« Otto Peters rauft sich die Haare. »Meine Nerven! Das hält ja kein Ochse aus!«

Ich stehe wieder unter dem Luk. »Höhe nur noch 100 Meter«, höre ich Maureschat schreien. »Hast du so was schon erlebt«, sagt Otto. »Beim nächsten Anflug fährt er uns den Turm ab.« Auf der Brücke ist es ganz ruhig. Die Männer stehen immer noch an den Fla-Waffen. Nach einer Weile läßt der Kommandant mit den Dieseln wieder Fahrt aufnehmen.

»Frage Lotung?« ruft Pötter von oben. Ich springe ans Echolot, das ich schon vorgeheizt habe. Es zeigt auch sofort auf Knopfdruck an. »45 Meter!« rufe ich. Weiter geht es mit großer Fahrt. »Neuer Anflug aus 200°!« Er läßt nicht locker. »Einsteigen«, hören wir den Kommandanten sagen. Die Männer von den Fla-Waffen kommen zuerst. Dann fällt die Brückenwache rasselnd in die Zentrale. Noch einmal dröhnen die Motoren über uns hinweg. Dann springt der Alte in den Turm und reißt das Turmluk zu. »Alarm!« Die Klingeln rasen durchs Boot, und schon knallen die Entlüftungen auf. Steil geht es abwärts, aber diesmal fängt Martin Weber das Boot bei 40 Meter gut ab. Der Alte kommt aus dem Turm. »LI, steuern Sie Grund an. Wir spielen eine Weile toter Mann.« Sanft setzt das Boot auf; es muß Sandboden sein.

Etwas später laufen wir mit Kurs 140° unter Wasser ab. Um 06.00 Uhr wird aufgetaucht. Kein Flugzeug mehr zu sehen. Wir laufen wieder auf die Küste zu, und um 07.30 Uhr muß einem Bewacher nach Osten ausgewichen werden.

Dann taucht voraus ein Schatten auf, der sich als Tanker entpuppt. Weit abgesetzt, wegen der hellen Mondnacht, jagen wir ihn mit schäumender Bugwelle und setzen uns vor, bis wir eine Stelle erreichen, an der eine Sandbank weit ins Meer reicht. Hier muß er vorbei. Zum Glück leuchtet die See nicht mehr. »Beide Diesel stopp!« Leise wiegt das Boot in der sanften Dünung. Wir liegen auf der Lauer. Steuerbord voraus kommt wieder ein Flugzeug in Sicht, das aber nach Land zu abfliegt. Die Heckrohre sind gewässert; die Mündungsklappen geöffnet. »Tanker kommt genau, wie er soll«, sagt mir Maureschat durchs Sprachrohr durch.

Endlich ist es soweit. »Rohr sechs los!« Der Aal verläßt zischend das Rohr; dann Maschinenkommandos von oben: »Beide Diesel große Fahrt voraus. Ruder hart Steuerbord!« Ich frage im Turm an, was los ist. »Tanker muß uns bemerkt haben. Dreht nach Land zu ab. Der Aal geht bestimmt vorbei«, sagt Eduard. Wir drehen um 180°. Auf der 600-Meterwelle herrscht noch Ruhe. Ich überlasse Leibling die Welle und gehe in die Zentrale, wo der Obersteuermann am Kartentisch lehnt. Er tippt besorgt auf die Karte. »Wenn das nur gutgeht. Der Tanker läuft bestimmt auf Dreck. Und wenn wir nicht höllisch aufpassen, sitzen wir gleich daneben fest.« Ich wärme das Echolot vor. Die Diesel jagen das Boot schäumend durch die See. Diesmal soll mit Bugrohren geschossen werden. Der Obersteuermann gibt mir einen Wink. Ich drücke kurz das Echolot. Wir starren auf die Skala. Noch 20 Meter unterm Kiel. Entkommen kann uns der Tanker nicht.

»Echolot klar! Frage Tiefe?« kommt es von der Brücke. Ich drücke nur auf den Knopf. »15 Meter«, melde ich nach oben. In der Ferne detoniert unser Aal im Dreck.

Plötzlich ein Schrei von oben: »Tanker ist aufgelaufen! Schwere Schlagseite! Hart Steuerbord!« Die Diesel laufen mit unverminderter Fahrt. Das Boot legt sich nach Backbord über. Vorher habe ich schnell noch einmal gelotet. »12 Meter Tiefe!« melde ich nach oben. Der Obersteuermann sieht mich bedeutungsvoll an. »Höchste Zeit, daß die da oben abdrehen«, knurrt er und tippt auf seine Karte. »Hier ist nur noch acht Meter Wasser.« Der Tanker schießt rote Sterne in die Nacht.

Sonderbar ist nur, daß er nicht funkt. Oder funkt er auf einer uns nicht bekannten Welle? Vielleicht gehört er der NAVY.

»Flugzeug in 160°! Kommt tief auf die See herunter. Fla-Waffen besetzen.« Wir laufen mit Höchstfahrt nach See zu ab, um auf tieferes Wasser zu kommen.

Nach einiger Zeit hören wir erleichtert, daß die Maschine nach Land zu abdreht. Vermutlich ist bei Vera Beach ein Flugplatz. Im Osten kommt der Morgen hoch. Der I WO stellt fest, daß wir wieder eine Ölspur haben. Bei 80 Meter Wasser läßt der Kommandant tauchen. Von Witte erfahre ich, daß die Maschine, die uns in den ersten Nachtstunden fünfmal überflogen hat, ein Flugboot vom Typ ›Martin P. B. M. 1–2‹ war.

Dreißig Minuten nach dem Tauchen werden mehrere Schraubengeräusche gehorcht. Der Kommandant läßt auf Sehrohrtiefe gehen. Er kann zwei Tanker mit Nordkurs sehen, aber die Entfernung ist zu groß. Und dann müssen wir schnell auf Tiefe gehen, denn ein Flugboot kurvt auf uns ein.

Wir laufen etwas weiter nach See zu ab und legen uns auf Grund. Standort 27° 36′ Nord, 79° 59′ West. Tiefe 110 Meter. Boot liegt mit fünf Tonnen Untertrieb ruhig und fest. Wir wollen erstmal schlafen. – Gerade habe ich mich hingelegt, als ich erneut zum Horchraum gerufen werde. Leibling hat einen Dampfer mit drei Zerstörern von Süden kommend eingepeilt. Ich melde es dem Kommandanten, der auf seiner Koje liegt. Er richtet sich auf, starrt die Seekarte auf seinem kleinen Schreibtisch an. »Hm«, brummt er und schüttelt den Kopf. »Wird auch noch aus der Luft gesichert sein. Und wenn wir dann mit unserer Ölspur kommen.«

Wir verfolgen das stark gesicherte Geleit weiter mit dem GHG. Bald sind die Geräusche querab. Es ist gutes Horchwasser hier. Gleichmäßig mahlt die Dampferschraube; nur die Zerstörerschrauben jagen hin und her. Langsam zieht das Geleit vorbei. Gerade will ich die Kopfhörer weglegen, um wieder in die Koje zu schleichen, da packt Leibling meinen Arm. »Hören Sie doch!« Plötzlich ist das unverkennbare Geräusch laufender Torpedos zu vernehmen. Ich rufe es dem Kommandanten zu, der sofort zum Horchraum kommt. Ich gebe ihm meinen Kopfhörer, während Leibling die Aale einpeilt. Schier endlos die Minuten; dann schlagen kurz hintereinander zwei scharfe Detonationen an unsere Bordwand. Die Männer recken die Köpfe aus den Kojen. »Was ist denn los? Da hat doch einer ... Das waren doch Torpedos!« Einer hat auf den schwerbewachten Dampfer geschossen und getroffen. Dafür fegen die Bewacher jetzt wie wild durch die Gegend, und das Gewitter geht los. Schauerlich rollt der Donner der Wabos durchs Wasser.

An Schlaf ist nun nicht mehr zu denken. In kurzen Abständen rollen die Detonationen durchs Wasser. Manchmal ist das Krachen der Wabos so nahe, als wären wir gemeint. Der Kommandant runzelt die Stirn. Ich weiß, er denkt an unsere Ölspur. Sollte sich über uns ein Ölfleck gebildet haben, könnte er von Flugzeugen gesehen werden. Zum Glück scheinen die Bewacher keine Asdic-Geräte zu haben. Es ist kein Zirpen zu hören.

Der I WO kommt zum Horchraum. »Das ist ja unerhört, dieser Donner, Herr Kaleu. Ich werde mich beim BdU beschweren. Können wir uns denn nicht woanders hinlegen?« Der Alte lacht. »Lieber nicht. Wenn wir uns jetzt vom Grund lösen, wühlen wir vielleicht den Schlamm auf. Da sind doch jetzt bestimmt Maschinen in der Luft.« Witte nickt resigniert. »Wer mag das sein, den sie da fertig machen?« Wir wissen es nicht. Sechs Stunden rollen die Detonationen der Wasserbomben. Dann wird es ruhig. Wir möchten wissen, ob dieses Boot noch einmal auftaucht. Oder haben wir die Vernichtung eines deutschen U-Bootes aus nächster Nähe miterlebt?

7. Mai 1942. Bei völliger Dunkelheit gegen 03.00 Uhr DGZ entschließt sich der Kommandant zum Auftauchen, obwohl noch einige Zerstörerschrauben zu hören sind. Die Brückenwache steht einige Zeit vor dem Auftauchen mit Sonnenbrillen in der Zentrale, um die Augen an die Dunkelheit zu gewöhnen. Dann kommt der Befehl zum Anblasen. »Turm kommt frei!« ruft der LI. Dann fegt ein Windstoß durch die Räume. Der Alte hat das Turmluk geöffnet und entert mit dem I WO auf die Brücke, um die Lage zu peilen.

»Beide Maschinen Große Fahrt voraus, Ruder hart Backbord! Brückenwache aufziehen!« Wir laufen mit wechselnden Kursen, um die Bewacher zu umgehen. Nach einer knappen Stunde haben wir das Wespennest hinter uns. Der Alte hält wieder auf die Küste zu. Es ist eine dunkle Nacht mit mittlerer Sicht. Wir dümpeln langsam nach Süden.

Gegen 06.00 Uhr DGZ taucht Steuerbord achteraus ein Schatten auf. Wir zeigen spitze Silhouette und lassen ihn von achtern aufkommen. Von der Brücke wird kleiner Dampfer gemeldet, wohl kaum einen Torpedo wert. Für alle Fälle haben wir im FT-Raum die 600-m-Welle geschaltet. Doch dann kommt von der Brücke: »Beide Diesel Große Fahrt voraus.« Anschließend eine Meldung, die im Boot ein Gelächter auslöst: »Dampfer entwickelt sich zu ungeahnter Länge.«

Jetzt, wo er mit der ganzen Breitseite vorbeizieht, sieht die Wache, daß es ein Tanker von mindestens 10.000 BRT ist, der über 14 sm läuft. Der Kommandant erhöht die Fahrtstufe auf zweimal Große Fahrt.

Dann kommen von oben Ruderbefehle. Ich frage beim Gefechtsrudergänger Pötter im Turm an. »Schmaler Schatten direkt voraus auf Gegenkurs. Wahrscheinlich Zerstörer«, sagt er ruhig wie immer durchs Sprachrohr. »Wir weichen aus nach Osten.« Mit Hartruderlage dreht unser Bug auf 90°.

In großem Bogen holt der Kommandant nach See zu aus. Wir ziehen eine gewaltige Hecksee hinter uns her. Ein Glück für uns, daß es heute so dunkel ist. Ohne uns zu bemerken, zieht der Zerstörer seine Bahn nach Norden. Dabei haben wir aber oben den Tanker aus den Augen verloren. Der Alte staffelt an die 20-Meterlinie heran, aber der Tanker wird nicht wieder gesehen. Mit Höchstfahrt jagen wir ihm nach. Otto Peters steht neben mir am Echolot. »Wieder verdammt wenig Wasser unterm Kiel«, sagt er und macht ein finsteres Gesicht. »Wat denkste, wenn noch so'n Zerstörer vom Dienst kommt, der etwas weiter draußen fährt. Dann können wir den Kahn auf'n Strand jagen.« – »Ja, Otto, und wir können später mal sagen, wir hätten am Strand von Florida gebadet.«

Die 20-Meter-Linie geht immer näher an die Küste heran. Die Feuer brennen friedensmäßig. Ich bin gerade auf der Brücke, um ein wenig Luft zu schnappen, als starker Ölgeruch bemerkbar wird. Der Alte beugt sich zum Luk und ruft nach unten: »LI, kommen Sie mal rauf. Unser Brennstoff läuft irgendwo raus.« Der Leitende kommt schnellstens auf die Brücke geturnt. »Das ist nicht unser Brennstoff, Herr Kaleu«, sagt er. »Nein«, sagt auch Berthold Seidel. »Sehen Sie doch mal, das Wasser schwappt ganz schwerfällig. Wir fahren durch einen großen Ölfleck.«

Der Alte wendet sich an mich. »Haben Sie von dieser Gegend schon eine Wrackmeldung?« – »Nein, Herr Kaleu. Aus dieser Gegend hat noch keiner eine Versenkung gemeldet.« Bleichrodt wendet sich ab und versucht mit dem Glas die nähere Umgebung zu durchdringen, während wir weiter mit Höchstfahrt durch das Öl pflügen.

»Masten an Steuerbord im Wasser«, schreit Berthold plötzlich. Wir fahren herum. In ungefähr 25 Meter von der Bordwand entfernt ragt ein Mast mit Ladegeschirr aus dem Wasser. »Hier an der Backbordseite steht auch einer«, sagt der Matrosenobergefreite Karl Will ganz ruhig. Mir stockt der Atem. Ich denke an das Schiff unter uns. Liegt es tief genug? Wir rauschen hart an dem Mast vorbei, aber alles geht gut. Als die Masten schließlich in der Dunkelheit verschwunden sind, atmen wir auf.

»Na«, sagt der Alte, »der liegt noch nicht lange hier. Wir hätten uns den ganzen Bauch aufreißen können.« – »Aber wenigstens hätten wir von hier die Küste mit Schlauchbooten erreicht«, meint Berthold lachend. Der Standort des Wracks wird festgehalten: 27° 22' Nord und 80°02' West. – Je weiter wir nach Süden kommen, desto näher rückt die 20-Meter-Linie an die Küste heran.

Um 07.30 Uhr haben wir den Tanker Steuerbord voraus wieder in

Sicht. Der Alte jagt ohne Rücksicht auf den hohen Brennstoffverbrauch verbissen weiter. Um 08.00 Uhr passieren wir das Feuer von Jupiter Inlet. Zwei hohe Funkmasten mit roten Fliegerwarnlichtern sind weit zu sehen. Etwas später kommt Steuerbord voraus ein Bewacher mit Nordkurs in Sicht. Wir müssen nach See zu abdrehen, bis er vorbei ist. In der Zentrale treffe ich den Obermaschinisten Schewe, der sich verzweifelt den Kopf kratzt, als der Kommandant Äußerste Kraft voraus befiehlt. »Was ist los«, frage ich. »Jammern Sie um Ihren Brennstoff?« – Schewe winkt ab. »Wenn nur nicht die Kupplungen rutschen. Ich wollte sie schon vor drei Tagen nachziehen.«

Ich steige in den Turm. »Frage: Ein Mann Brücke?« – Der I WO läßt mich aufsteigen. »Palm Beach querab«, raunt er mir zu. Die Küste ist sehr nahe. Man kann die erleuchteten Häuser sehen. Am Strand muß eine Autostraße sein. Helle Scheinwerfer flitzen dahin. Nur ganz langsam kommen wir dem Tanker näher, aber auch die Küste scheint immer näher zu rücken. Ich höre, wie sich der Kommandant mit dem I WO berät. Er will sich zwischen Tanker und Küste schieben, um zu verhindern, daß der Tanker nach dem ersten Treffer auf Strand gesetzt wird. Einen richtigen Anlauf wird es wohl nicht geben, da wir uns nicht genügend vorsetzen können. Der I WO will einen Winkelschuß versuchen.

Ganz langsam kommen wir zwischen Tanker und Strand. Wir müssen vor Morgengrauen noch zum Schuß kommen. Immer näher kommen die Autoscheinwerfer am Strand. Ich will gerade wieder nach unten verschwinden, als ein Wagen plötzlich von der Straße abbiegt und auf den Strand fährt. Seine Scheinwerfer geistern über das Wasser, beleuchten den Tanker, wandern weiter. Sekunden später werden auch wir von ihnen erfaßt und sind hell beleuchtet. Wir sehen unsere hell schäumende Bugwelle und die lange weiße Hecksee. Dann wird es wieder dunkel.

Der Alte flucht leise vor sich hin. »Vielleicht versuchen wir doch Achterstich«, sagt der I WO. Der Kommandant schüttelt den Kopf. Er hat das Glas vor den Augen und beobachtet das kostbare Wild. »Ich glaube, seine Hecksee wird größer«, knurrt er. Gebannt starrt auch der I WO mit dem Glas auf das Heck des Dampfers. »Kein Zweifel, Herr Kaleu. Er dreht auf.« – »Dann haben sie uns bemerkt.« Ich tauche wieder hinab ins Boot. In der Zentrale höre ich lautes Fluchen. Otto Peters nimmt sein Schweißtuch vom Hals und wischt sich die Stirn. »Es ist aus, Wolf«, sagt er resigniert. »Die Diesel sind zu heiß. Die Kupplungen rutschen. Wir können die Fahrt nicht halten.« Der LI ist mit Schewe im

Dieselraum verschwunden. Wir verlieren merklich an Fahrt. Diesen Tanker sehen wir nicht wieder.

Wortlos kommt der Kommandant von der Brücke und wirft sich auf seine Koje. »Herr Kaleu«, sage ich zu ihm, »südlich bei Miami steht Teddy Suhren. Sollen wir nicht ein Kurzsignal abgeben?« Er wirft einen Blick auf seine Uhr. In einer Stunde wird es hell. »Gut! Geben Sie Kurzsignal ab: Tanker Kurs Süd, 18 sm entkommen. Standort und Unterschrift.« – Dann zieht er seinen Vorhang zu. Das Signal ist schnell verschlüsselt und hinausgejagt. Paris wiederholt es richtig.

Mit kleiner Fahrt laufen wir nach Osten in Richtung der Bahamas ab. Um 11.45 Uhr ein Flugzeug querab. Mit Alarm geht es auf Tiefe. Wir bleiben gleich unter Wasser, obwohl es verdammt heiß im Boot ist. Um 12.30 Uhr sitzen wir gerade beim Mittagessen, als wir in der Ferne einen scharfen Knall hören. »Da hat einer genau getroffen«, sagt Otto Peters und stochert weiter in seinem Essen, Maureschat nickt kauend. »Unterwasserschuß. Das muß ein frecher Hund sein.« Werner Borchardt stößt mich an. »Ick denke, hier is keener mehr. Wer soll denn dat sein?« – »Kann nur der Teddy Suhren sein. Er steht südlich von uns. Vielleicht hat er unseren schnellen Tanker noch erwischt.« – »Na klar«, sagt Berthold Seidel, »der muß auch das Schiff versenkt haben, über das wir hinweggebrummt sind.« Sieben Minuten später wieder eine Detonation. »Noch een Treffer«, sagt Otto. Um 12.40 Uhr erfolgt noch einmal ein scharfer Knall. »Das war der Fangschuß«, sagt Otto.

Viel Ruhe haben wir nicht bei diesem Unterwassermarsch. Zwischen 16.00 und 17.00 Uhr werden vier Fliegerbomben ganz in unserer Nähe geworfen. Sollten sie unsere Ölspur aus der Luft sehen? Um 23.30Uhr sind es acht Fliegerbomben, die hinter uns detonieren.

8. Mai 1942. Gegen 03.00 Uhr DGZ aufgetaucht. Eine herrliche Nacht. Sternenklar und gute Sicht. Der Strom hat uns 40 sm nach Norden versetzt. Wir gehen an die Küste und laufen dann nach Süden. Wieder sehen wir die hell erleuchteten Häuser und die Scheinwerfer der Autos.

Während der Nacht kommen einige Bewacher von Süden mit Nordkurs gefahren. Sie werden aber rechtzeitig erkannt, so daß wir nach Osten ausweichen können. Im Längstwellen-Wiederholungsprogramm ein FT von Suhren: »Tanker 13.000 BRT in Floridastr. versenkt.« Das muß unser Tanker gewesen sein; ganz moderner Neubau, noch nicht mal in Lloyds Register. 11.50 Uhr DGZ im Morgengrauen plötzlich Alarm. Direkter Anflug eines Flugzeugs ohne Positionslampen. Unter

Wasser läßt der Kommandant auf Südkurs gehen, um durch den Strom nicht zu weit nach Norden abzutreiben.

9. Mai 1942. 15 Stunden Unterwassermarsch und Temperatur im Boot bei 45°C. Wir liegen auf den Kojen und hecheln wie die Hunde. An Auftauchen ist nicht zu denken. Oben wimmelt es von Flugzeugen. Ein Rundblick durch das Luftzielsehrohr hat dem Alten die Lust zum Überwassermarsch genommen. Es muß wohl eine Fliegerschule in der Nähe sein.

Um 02.30 Uhr DGZ, bei Dunkelheit, endlich aufgetaucht. Wieder am Strand entlang nach Süden. Es ist sehr warm. Gegen 04.00 Uhr wird ein schweres Gewitter an Land beobachtet. Wir treffen nur einen Bewacher, dem wir ausweichen können, dafür aber fünf Flugzeuge mit Positionslaternen. Wir passieren Key West im Norden mit Kurs 270°. Kein Schiff weit und breit. Um 10.15 Uhr wieder ein Flugzeug mit Laternen voraus. Löscht aber dann Laternen und kommt außer Sicht. Um 10.30 Uhr wird die Maschine dann flach über dem Wasser mit direktem Anflug gesichtet. »Alarm!« Wir kommen gut unter Wasser. Der Alte ist jetzt mißtrauisch geworden. Einige der Maschinen scheinen Ortungsgeräte zu haben. Nach kurzer Zeit wieder aufgetaucht und weiter Kurs Tampico, doch dann kommt der Morgen hoch, und wir müssen wieder unter Wasser.

Am Nachmittag plötzlich ein schnell lauter werdendes Geräusch. Der Kommandant läßt auf Sehrohrtiefe gehen. Ein Zerstörer der Connor-Klasse zieht vorbei. Leider keine Schußgelegenheit. Sonst ist es den ganzen Tag ruhig.

10. Mai 1942. Wie immer nach 15 Stunden aufgetaucht. Herrliche Nacht. Wir dürfen alle einmal auf den Turm gehen und unsere Lungen vollpumpen. Wenn wir noch genug Brennstoff hätten, würde der Alte jetzt durch die Yucatanstraße nach Süden fahren mit Kurs Aruba zu den Inseln unter dem Wind. Dort trifft man bestimmt die dicken Tanker.

Witte schlägt vor, wenigstens um Kuba herum und dann durch die Windward-Passage zu fahren, aber auch das ist zu weit; wir haben nur noch 75 cbm Brennstoff. Mit Versorgung ist auf keinen Fall zu rechnen, und der Proviant wird auch schon knapp. Kein Schiff weit und breit. Schweren Herzens entschließt sich der Kommandant zum Rückmarsch. Als die Sonne im Osten aus dem Meer steigt, schwenkt unser Bug auf Heimatkurs. Ich bespreche mit Järschel, ob wir den Proviant schon rationieren sollen. Grieß und Makkaroni haben wir reichlich, aber rund 4000 sm Rückmarsch liegen vor uns. Der Kommandant läßt einen langen FT über die Verkehrslage absetzen. Zum Schluß heißt es: »Wegen Brennstoff Rückmarsch.«

11. Mai 1942. Wir kreuzen mit weiten Schlägen zu den Bahamas durch die Floridastraße. Vielleicht haben sie den Verkehr weiter nach draußen verlegt, nachdem sie gemerkt haben, daß die U-Boote an der Küste lauern. Aber auch hier sehen wir keine Mastspitze. Der Verkehr scheint gestoppt. Im Nordatlantik hat U 569, Hinsch, einen Geleitzug gesichtet. Aus Paris kommt der Befehl: »Gruppe Hecht ran!« U 124, auf dem Marsch zur amerikanischen Küste, schließt sich den Booten der Gruppe Hecht an.

12. Mai 1942. Wir haben Kap Canaveral an Backbord passiert, weit abgesetzt, denn wir fahren aufgetaucht. Es weht ein frischer Wind. Seit langer Zeit wiegt sich das Boot wieder in der langen Dünung. »Mensch«, sagt Otto Peters, »jetzt merkste erst, dat wir die ganze Zeit keenen Seegang hatten.« Die Sonne knallt vom wolkenlosen Himmel. Die Lüfter laufen auf Hochtouren, und im Boot herrscht eine angenehme Temperatur von 28°C. Obwohl wir den Proviant rationiert haben, sind die Lords sehr vergnügt, weil es nach Hause geht. Am Abend sind wir schon auf 28° 31′ Nord und 78° 13′ West.

13. Mai 1942. Wir kreuzen weiter mit einer Maschine Kleine Fahrt nach Nordosten. Die See ist ruhig. Nur leise wiegt das Boot in der langen Dünung. Wolkenloser Himmel. Der Kommandant hofft noch immer, einen Einzelfahrer zu erwischen, aber der Horizont bleibt wie leergefegt.

14. Mai 1942. In der Nacht ist der Kommandant auf Kurs 70° gegangen. Weiterhin ruhige See. Die Boote im Nordatlantik haben unter sehr schweren Bedingungen neun Dampfer aus dem Geleit versenkt. Aus den FTs ist zu erkennen, daß es immer schwerer wird, an ein Geleit heranzukommen. Nur zwei Boote haben diesen Erfolg errungen. U 124, Mohr, und U 94, Ites.

Gegen Mittag werden Wrackteile gesichtet. Wir fahren in der langen Dünung langsam durch die Saragossa-See. Unsere Ölspur ist auch wieder da. Am Nachmittag sind wir auf 31° 56′ Nord, 70° 09′ West.

15. Mai 1942. Westlich der Bermudas. Der Alte ist auf der Brücke und mustert kritisch den blauen Himmel. Einzelne weiße Wölkchen bilden sich da und dort. »Wir werden Wind kriegen, Keller«, sagt er zum II WO, der ungläubig den heiteren Himmel betrachtet. Plötzlich entdeckt er zwischen den Wolken ein kleines Luftschiff. »Da, ein Blimp! Sollen wir tauchen, Herr Kaleu?« – »Na, klar«, sagt der Alte und gibt Alarm. Rauschend geht es in die Tiefe. Nachdem der LI das Boot auf 60 Meter eingesteuert hat, ist vor dem FT-Raum große Versammlung. Die Situation ist völlig neu. Keller glaubt, daß wir bemerkt worden sind. Der Kanonenmaat Maureschat macht einen Vorschlag. »Auftauchen und ihn mit der 10,5 abschießen.« Keller lacht. »Das wäre was für Goebbels. Deutsches U-Boot schießt amerikanisches Luftschiff ab.« Der Alte streicht lächelnd seinen Bart. »Und was machen wir nachher mit den Luftschiffern. Sollen wir sie absaufen lassen? Nein, Maureschat. Unser Proviant ist schon so knapp, und wir haben noch einen weiten Weg.« – »Schade«, sagt Maureschat resigniert. »Wäre mal wieder eine gute Übung für die Artilleriemannschaft gewesen.«

Als wir nach zwei Stunden auftauchen, ist die Luft rein. Der Blimp ist weg. Hoffentlich hetzt er uns keine Flugzeuge auf den Hals. Gegen Abend passieren wir wieder Wrackteile. Überall schauerliche Spuren des Krieges.

Um 18.30 Uhr gibt es Alarm. Wir tauchen bis auf 100 Meter. Ein Flugboot vom Typ Consolidated kam von Backbord achteraus direkt auf uns zu. Also hat der Blimp uns doch gemeldet. Nach einer Stunde aufgetaucht und mit Kurs 77° diesel-elektrisch weiter gelaufen.

16. Mai 1942. Obermaschinist Schewe meldet: »Nur noch 61 cbm Brennstoff.« Der Kommandant nickt und gibt Kursanweisung 75°. Das ist endgültiger Rückmarsch; diesmal ist kein Kapitän Kals da, der uns mit Brennstoff versorgt. Es brist langsam auf. Ausgerechnet von Osten. Das frißt wieder mehr Brennstoff als berechnet.

Wenn ich an den Proviant denke, wird mir mulmig. Ein FT vom BdU an U 109: »Einlaufhafen Lorient.« Ab 16.00 Uhr Unterwassermarsch wegen schwerer See von vorn.

17. Mai 1942. Der achte Sonntag in See. Heute ist Muttertag. Der Ostwind wird stündlich stärker. Wir sind in der Nacht aufgetaucht und rollen nun mit sparsamster Marschfahrt in der schweren Dünung. U 507, Fregattenkapitän Harro Schacht, meldet aus der Karibik: »50.000 BRT versenkt.« Da muß Verkehr gewesen sein.

Gegen Mittag hat der Sturm so zugenommen, daß wir keine Fahrt mehr über Grund machen. Der Kommandant entschließt sich zum Unterwassermarsch. Auf 80 Meter Tiefe wird es ruhig; wir gehen auf 140 Meter.

18. Mai 1942. Wir sind in der Nacht nur zur Programmzeit aufgetaucht. Über Wasser müssen wir auf Kurs 60° gehen, um die See von vorn zu haben. Wir machen dabei kaum Fahrt über den Grund. Der Sturm tobt mit unverminderter Wucht. Also weiter Unterwassermarsch auf 140 Meter. Gekoppelter Standort: 37° 02′ Nord, 63° 08′ West. Kurs

90°. Eingang FT 2239/18 von BdU: »Bleichrodt am 19. 5. zwischen 01.00 und 05.00 Uhr Wetter melden.«

19. Mai 1942. Als wir in der Nacht auftauchen, hat sich das Wetter etwas gebessert. Noch rollt eine lange, fast haushohe Dünung, aber die Brecher knallen nicht mehr dauernd über den Turm. Um 01.44 Uhr DGZ haben wir das Kurzwetter auf Schaltung ›Amerika II‹ abgegeben. Es wurde sofort bestätigt.

Der Wind dreht langsam auf Südost. Das Boot schlingert dabei ganz fürchterlich. Järschel kocht wie alle Tage Eintopf. Wir essen aus Schöpfkellen und Konservendosen, um unsere Teller für ruhigere Zeiten zu schonen. Von der Brücke wird gemeldet, daß unsere Ölspur wieder verstärkt zu sehen ist. Das macht den Alten ganz verrückt. »Verdammt«, knurrt er, »wenn wir einer Suchgruppe begegnen, sind wir auch ohne Asdic geliefert.« Der Fehler ist nicht zu finden. In der Maschine wird ein unerklärlicher Brennstoffverlust von 3,5 cbm festgestellt. Jetzt verstehe ich, warum Obermaschinist Schewe so ein bedenkliches Gesicht macht.

Als wir gestern zum Wetterabgeben aufgefordert wurden, hat der Alte grimmig gelacht. »Die wollen wohl wissen, ob wir noch leben. Es sind ja drei Boote überfällig. Haben Sie das auch schon gemerkt?« – »Jawoll, Herr Kaleu. Wir haben aber lange nichts mehr von uns hören lassen.« Er winkt ab. »Da sie uns keine Versorgung gegeben haben, können sie sich in Paris ja vorstellen, daß wir auf dem Rückmarsch sind.« Ich sehe, daß er sich noch immer darüber ärgert. Wir hätten nur 50 cbm Brennstoff gebraucht, um in der Karibik operieren zu können. So quälen wir uns brennstoffschwach über den Atlantik zurück und bringen einen Teil der Aale nach Hause. Drei Boote melden sich trotz mehrfacher Aufforderung nicht mehr: U 85 und U 352 vor der Ostküste der USA und U 252, Lerschen, im Nordatlantik.

Eingang FT 2120/19 von BdU: »U 109 am 20. 5. zwischen 01.00 und 05.00 Uhr Kurzwetter hergeben.«

20. Mai 1942. Meine Wache geht bis 02.00 Uhr. Als ich um 00.10 Uhr beim Abstimmen des Senders bin, stößt mich jemand von hinten an. Unwillig fahre ich herum. Vor mir steht lächelnd der Kommandant, hält zwei Gläser mit Rum in der Hand und sagt: »Gratuliere zum 26. Geburtstag, Oberfunkmaat Hirschfeld!« – »Danke, Herr Kaleu«, erwidere ich. »Gar nicht dran gedacht.« Er hebt das Glas. »Wünsche Ihnen, daß Sie den Krieg gesund überleben. Prost!« – »Danke, Herr Kaleu. Das wünsche ich Ihnen auch.«

Er lächelt hintergründig und gießt aus der Rumflasche nach, die er unter den Arm geklemmt hat. »Auf einem Bein können wir nicht stehen, Hirschfeld. Prost!« Der lang entbehrte Alkohol rinnt wie Feuer durch die Kehle. Er gießt noch einmal ein. »Wir werden wohl noch lange zusammen fahren müssen, Hirschfeld. Na, denn Prost.« Drei Gläser Rum auf leeren Magen. Mir wird etwas weich in den Knien.

Als der Morgen hochkommt, liegt die See in ruhiger Pracht. Wir fahren diesel-elektrisch und machen neun Seemeilen. Endlich wieder ein Besteck. Standort 39° 52′ Nord und 53° 44′ West.

Eingang FT 1750/20 von BdU: »U 109 morgen zwischen 01.00 und 05.00 Uhr Wetter melden.« Wir sind das reinste Wetterboot.

21. Mai 1942. Eintönig und schier endlos der Rückmarsch mit Etmal 180 Seemeilen. Nach Mitternacht geben wir FT 0011/21 an den BdU ab: »Seit 29. April Ölspur beseitigt. Ursache Undichtigkeit Ausblaseanschluß Tauchbunker III BB. Jetzt erneut schwache Ölspur. Bisher 3,5 cbm Brennstoffverlust festgestellt. Noch 47 cbm, S 4, See 2–3, 1037 mb. Gleichbleibend Schönwetter – Cumulus, Sicht 10 sm. Qu. CC 2876. Bleichrodt.«

Gegen Mittag kreuzt in nur 100 Meter Entfernung eine Herde von Walen unseren Kurs. Der Kommandant läßt die Freiwache auf den Turm kommen. Gebannt stehen wir auf dem Wintergarten und beobachten, wie sich die gewaltigen Leiber tauchend und spautend durch die See wälzen. Es sind Pottwale. Ungefähr 30 große Tiere. Solange dieser Krieg andauert, können sie sorglos leben. Wale werden nicht mehr gejagt, seit der Hilfskreuzer *Pinguin* die letzten Fangflotten samt ihren Kochereien in der Antarktis aufgebracht hat.

Eingang FT 1839/21 von BdU: »U 109 morgen zwischen 01.00 und 05.00 Uhr Wetter hergeben.« Verdammt! Sind wir denn das einzige Boot im ganzen Atlantik?

22. Mai 1942. Kurzwetter um 01.30 Uhr abgegeben und bestätigt. Nur leichte Dünung. Wir kommen gut voran. Wenn nur der Proviant nicht so eintönig wäre; Erbsen, Makkaroni, Linsen, Grieß ... Als ich mittags auf die Brücke komme, sagt Maureschat zu mir: »Sieh mal achteraus. Seit Sonnenaufgang haben wir drei Haie im Kielwasser.« – »Denen muß wohl unsere Ölspur schmecken«, sage ich. Mir fällt ein, daß wir eine Haiangel an Bord haben. Ich tauche nach unten und frage Järschel, ob wir unsere letzte Speckseite opfern wollen. Andere Boote haben schon Haie gefangen und erzählt, wie köstlich sie schmecken. Nachdem der Kommandant eingewilligt hat, kommen wir auf die Brücke.

Järschel spießt ein Stück Speck auf, und der I WO läßt ihn mit einem

Anschnallgurt und zwei Seilen sichern, die durch das Geländer des Wintergartens laufen. Dann klettert Järschel auf das Oberdeck, geht langsam nach achtern, wirft den mächtigen Haken über Bord und gibt ungefähr 30 m Leine nach. Nach einiger Zeit macht Järschel ein Zeichen, daß ein Hai angebissen hat, aber als er die Leine anzieht, ist nur noch der blanke Haken dran. »Abgefressen«, sagt Witte. Ich gebe Järschel den Rest des Specks, der aber ebenfalls abgefressen wird. Das Unternehmen Haifang ist fehlgeschlagen. Der Alte ist inzwischen auf der Brücke erschienen und ruft nach achtern: »Järschel, hängen Sie sich den Haken um den Hals und springen Sie rein. Dann beißen sie bestimmt.« Järschel nickt nur verärgert.

23. Mai 1942. Lange Dünung aus Nordnordwest. Strahlende Sonne am wolkenlosen Himmel. Wir haben in der Nacht wieder Wetter abgeben müssen. Am Vormittag wird ein leeres Floß gesichtet und mit Maschinenwaffen versenkt. Am Nachmittag meldet die Brücke: »Kieloben treibendes Rettungsboot gesichtet.« Es stellt sich aber heraus, daß es sich um eine Riesenschildkröte handelt.

Der Alte eilt auf die Brücke. Die Diesel verstummen; es wird mit E-Maschinen weitergefahren. Als der Kommandant die Flakmannschaft auf die Brücke ruft, gehe auch ich nach oben. »Mann, Schildkrötenfleisch«, sagt Otto Peters neben mir und verdreht die Augen. Ein Maschinengewehr und die 2-cm-Flak werden klargemacht, während wir näher an das Tier heranstaffeln.

Der Kommandant greift selbst zum Maschinengewehr. »Zwo Zentimeter klar!« kommt die Meldung. »Feuer frei!« Für einige Augenblicke verschwindet das Tier im Geschoßhagel. Dann wird das Feuer eingestellt. »Die ist fertig«, meint Berthold Seidel. »Ich weiß nicht«, sagt der Alte skeptisch und befiehlt dem I WO: »Gehen Sie mal langsam ran.« Witte fährt ein elegantes Manöver und bringt das Boot mit der Backbordseite einen Meter neben der Schildkröte zum Stehen. Vier Mann halten sich mit einer Hängematte und Bootshaken bereit, um das Tier an Bord zu hieven. Gerade als die Männer mit den Bootshaken unter den Schild gefaßt haben, um das Tier anzuhieven, kentert die mächtige Schildkröte. Ein großer Luftblubber entweicht; die Männer werfen die Bootshaken an Deck und halten sich die Nasen zu. »Haltet sie doch!« schreit Keller. Dann müssen auch wir auf dem Turm uns die Nasen zuhalten, denn eine Wolke von bestialischem Gestank steigt zu uns empor.

»Die ist seit Wochen tot«, ruft Maureschat von unten. Der Alte lacht. »Habe mir gleich gedacht, daß wir sie nicht mit der Flak erschossen haben.« Witte sieht mich an: »Also weiter Eintopf.« Ich nicke.

24. Mai 1942. Helle Mondnacht, ruhige See, Kurs 70°. Um 02.00 Uhr angefordertes Kurzwetter abgegeben. U 506, Würdemann, meldet: »52.000 BRT vor Mississippi-Mündung und im Golf von Mexiko versenkt.«

Gegen 06.30 Uhr ein Ruf von der Brücke: »An Kommandant. Großes U-Boot voraus!« Der Alte springt von der Koje hoch, greift nach seinem Glas und jagt durch die Zentrale auf den Turm. Ein Zittern geht durch das Boot; die Diesel laufen große Fahrt. Ich sehe an der Kompaßtochter, daß wir schnell den Kurs ändern. 90°–110°–130° gehen durch. »Auf Gefechtsstationen«, kommt es aus den Lautsprechern.

»Die müssen aber schlafen auf dem anderen Boot«, sage ich. »Oder ihre Nachtgläser taugen nichts«, sagt Leibling. »Geht doch nichts über Zeissgläser.« Dann sehe ich, wie die Kompaßtochter wieder dreht. »Die drehen ab, Leibling. Scheint schiefzugehen.« Von oben kommt der Befehl: »Mündungsklappen schließen!« Die Diesel hämmern weiter mit höchster Fahrt. Kurs ist 70°. »Wegtreten von Gefechtsstationen!« Bald darauf kommt der Alte, und ich frage, was los war. »Großes U-Boot direkt auf unserem Kurs. Müssen unseren Anlauf aber bemerkt haben. Plötzlich flogen Zigaretten über Bord und sie tauchten weg. Da blieb nichts anderes übrig, als mit Höchstfahrt abzulaufen.«

Die Sonne geht herrlich auf. Um 12.30 Uhr wird querab ein Viermasten-Motorsegler gesichtet. Wir lassen ihn ziehen, da wir auf Weg Anton stehen. Besteck ergibt 42° 10′ Nord, 38° 10′ West.

25. Mai 1942. Der Himmel ist bedeckt. Es brist langsam auf. Die Dünung wird länger. Der Alte meint, daß wir Sturm kriegen. Er hat eine Nase dafür, wohl noch aus seiner Windjammerzeit. Der Wind kommt von Nordwest. Wir machen gute Fahrt vor der See. Ein Tief jagt von Neufundland heran. Innerhalb weniger Minuten wird es so kalt, daß wir die Pelze anziehen müssen.

»Schewe, wie sieht es mit unserem Brennstoff aus?« fragt der Alte. »Der Nordwest schiebt gut mit, Herr Kaleu. Ich denke, bis Spanien schaffen wir es.« Der Alte sitzt auf seiner Koje und nickt. »El Ferrol oder Vigo müssen wir schaffen, Schewe. Sonst müßten wir jetzt die Azoren anlaufen.« Schewe lacht: »Das würde den BdU aber freuen.«

26. Mai 1942. Der Wind wird immer stärker. Wir machen gute Fahrt vor dem steifen Nordwest. Die Brückenwache muß sich anschnallen.

Wir stehen auf 43° 52′ Nord und 30° 40′ West. Kurs 90°. Järschel steht besorgt in seiner Kombüse und fragt mich: »Was soll ich bloß kochen? Grieß oder Makkaroni? Die Lords werden mich noch lynchen.« Ich muß lachen. »Machen Sie doch Makkaroni und geben Sie dazu die

Pampelmusen aus. Noch einmal können wir sie nicht nach Hause bringen.« Er sieht mich an. »Mein Gott, ich werde Frankreich wohl nicht wiedersehen.«

Eingang FT 1845/26 von BdU: »Bleichrodt am 27. 5. 08.00 h Irland schalten.«

27. Mai 1942. Haushohe Wellen. Wir rollen vor dem Sturm nach Osten. Die Brückenwache ist naß bis auf die Haut. Der Kommandant lacht nur. Er denkt nicht an Unterwassermarsch und nutzt jede Stunde dieses Sturmes.

Schewe reibt sich vergnügt die Hände. »Bis El Ferrol kommen wir jetzt bestimmt«, sagt er feixend, »und von Spanien kann man notfalls mit der Bahn nach Hause fahren.« – »Ist der Treibstoff denn so knapp?« frage ich. Er nickt. »Durch den Riß haben wir mehr verloren, als wir annahmen.«

28. Mai 1942. Weiterhin Westnordwest-Sturm. Helle Nacht, gute Sicht. Um 01.30 Uhr habe ich Kurzwetter auf Irlandschaltung abgegeben und sofort bestätigt bekommen. Als mich Ferdinand um 02.00 Uhr ablösen will, gibt es Alarm. Es dauert ziemlich lange, bis wir unter Wasser sind. Der Alte ist sehr ärgerlich. Er hat diesen Alarm zur Übung ausgelöst, weil wir uns der Biskaya nähern, aber es hat nicht schnell genug geklappt.

29. Mai 1942. Helle Mondnacht, gute Sicht. Der Sturm flaut ab, aber immer noch schiebt eine hohe See von achtern. Die Sicht wird schlechter.

Der Alte nimmt sein Glas vom Haken und steigt auf die Brücke. Bald darauf gibt es Alarm, und steil geht es abwärts. Witte kommt zum FT-Raum und sagt: »Zerstörer gesehen. Ziemlich hoch raus. Im Dunst waren noch mehrere Schatten.« Leibling sitzt am GHG und gibt mir den zweiten Kopfhörer. »Da ist allerhand unterwegs«, sagt er in seiner trockenen Art. Oben fährt ein ganzer Geleitzug, und dann ertönt leise das Pinken der Asdic-Ortung.

Der Alte kommt durchs Kugelschott, und ich melde ihm, was wir hören. »Habe ich mir schon gedacht«, sagt er nachdenklich und ruft in die Zentrale: »Auf 120 Meter gehen.« – »Aber wir müssen ihn doch melden und dran bleiben«, sagt Witte. Der Kommandant schüttelt den Kopf. »Das wäre vielleicht unser letzter FT. Kommen Sie. Ich zeige Ihnen was. Wir stehen in Quadrat BE 8371. Gemäß BdU-Befehl stehen in Qu. BE U-Bootsfallen-Geleitzüge. Nicht angreifen.« – Der Alte setzt sich auf die Koje und kramt in seinen Papieren.

»Hier, Witte, in diesem Gebiet sind kurz hintereinander drei Boote verlorengegangen. Ursache nicht geklärt. Anfang Februar U 82, Siegfried Rollmann, auf Rückmarsch wie wir. Er meldete kleines Geleit, schwach gesichert. Es folgten einige Fühlungshaltermeldungen; dann nichts mehr. U 82 ist verschollen auf 44° Nord und 23° West.«

Am 26. März meldete U 587, Korvettenkapitän Borchardt, auch auf Rückmarsch, im gleichen Seegebiet einen gering gesicherten Geleitzug. Auch er ist nach einigen Fühlungshaltermeldungen verschollen.

Am 15. April meldet dann U 252, Kapitänleutnant Lerchen, von Kiel kommend, im gleichen Gebiet ein Geleit. Seitdem ist auch der verschwunden. Der BdU nimmt an, daß da eine U-Jagd-Gruppe mit neuartigen Methoden arbeitet, und hat jeden Angriff in diesem Gebiet untersagt. Witte verzieht die Lippen. »Könnte doch Zufall sein«, meint er bedächtig.

»Herr Kaleu«, sage jetzt ich, »auf unserem Rückmarsch im Februar sind wir doch auch im Nebel auf ein Geleit gestoßen.« Bleichrodt überlegt einen Augenblick und beginnt in seinen Aufzeichnungen zu suchen. »Hier hab' ich es. Am 16. Februar in dichtem Nebel an Geleit geraten. Der letzte Standort vom 15. Februar war 44° 17′ Nord und 23° 19′ West.« – Er vergleicht die Quadratkarte und sagt: »Sehen Sie, Witte. Rollmann meldet am 6. Februar Geleit gesichtet auf 44° 10′ Nord und 23° 52′ West. Da ist doch etwas faul. Es war vielleicht unser Glück, daß wir damals verschossen waren.«

Wir essen auf 120 Meter in aller Ruhe unseren Eintopf, während die Geräusche nach Süden auswandern. Nach 13.00 Uhr läßt der Kommandant auftauchen. Das Geleit ist verschwunden. Weiter geht der Marsch nach Osten. Erst viel später setzen wir einen FT über die Sichtung des Geleites ab. Es folgt kein Einsatzbefehl.

30. Mai 1942. Wieder eine helle Nacht mit guter Sicht. Der Wind hat noch mehr nachgelassen, aber die Dünung von Westen ist noch gewaltig. Wir machen bei geringstem Brennstoffverbrauch gute Fahrt über dem Grund. Trotzdem erscheint uns der Rückmarsch schier endlos. Järschel ist ganz verzweifelt, daß er nichts mehr auf den Tisch bringen kann. Nun sind auch die letzten Trockenkartoffeln verbraucht. Butter haben wir schon länger nicht mehr, dafür aber noch Margarine und Jam. Das Dosenbrot müssen wir in Scheiben zuteilen.

Das Kurzwetter haben wir um 01.20 Uhr auf Abweichfrequenz Norddeich abgegeben. Es wurde kurz vor 02.00 Uhr auf Irland-Schaltung bestätigt. Dann ein FT vom BdU an alle Boote: »Biskaya am Tage nur noch unter Wasser passieren.«

Gegen 07.00 Uhr fällt unser Kurzwellen-Empfänger aus, in der Endstufe sind mehrere Widerstände durchgebrannt. Mit Bordmitteln ist dieser Schaden nicht zu reparieren.Wir besetzen den Allwellen-Empfänger; außerdem können wir alle FTs auf Längstwellen erfassen.

Am Morgen aufgerissene Wolkendecke. Wir haben jetzt die Gewißheit, daß wir mit dem noch vorhandenen Brennstoff Lorient erreichen können. Um 11.15 Uhr läßt der Kommandant tauchen zum Unterwassermarsch auf 120 Meter.

31. Mai 1942. Das ist der zehnte und hoffentlich letzte Sonntag in See. Wir sind die ganze Nacht über Wasser marschiert und mit der achterlichen See gut vorangekommen. Um 06.30 Uhr läßt der Kommandant zum Unterwassermarsch auf 120 Meter tauchen. Ich schreibe fast den ganzen Tag am KTB auf der Maschine.

Immer stärker das Rollen der Wabos und manchmal auch der scharfe Knall von Fliegerbomben. – Die Briten beherrschen hier den Luftraum vollkommen, und die Gefahr, noch kurz vor der Haustür abgeknallt zu werden, nimmt täglich zu. Wo sind unsere Flieger? Heute morgen hörte ich, wie der I WO in der Messe sagte: »Wir hatten mal eine schöne Luftwaffe.« Darauf Keller: »Die größte Schweinerei ist doch, daß sich der Göring auch die Seefliegerei unter den Nagel gerissen hat. Die denken nur an ihren Landkrieg und lassen uns hier verrecken.«

Trotz aller Gefahr läßt der Kommandant um 13.00 Uhr für 15 Minuten auftauchen, um das Boot durchzulüften. Es sind wieder Wolken am Himmel. Kurz nach dem Tauchen, wir sind noch nicht auf 60 Meter, detonieren drei Fliegerbomben in unserer Nähe. Der Alte steht sehr nachdenklich am Horchraum. »Die können uns doch nicht gesehen haben, Hirschfeld, wenn sie in den Wolken waren.« – »Das war ein Bombenwurf nach Ortung«, sage ich. »Hoffentlich glauben sie uns das bald beim BdU.« Der Alte kneift die Lippen zusammen. »Dann ist die Gefahr in der Dunkelheit eigentlich viel größer als am Tag bei wolkenlosem Himmel.« Mir läuft es kalt über den Rücken. »Natürlich, wenn sie auch nachts fliegen ...«

1. Juni 1942. Ein leichter Wind weht von Ostnordost. So ruhig ist die Biskaya selten. Helle Mondnacht, gute Sicht. Um 05.00 Uhr setzen wir das letzte Kurzsignal ab: »Stehe 48 Stunden vor Treffpunkt mit Geleit. Bleichrodt.« Um 06.00 Uhr getaucht zum Unterwassermarsch auf 120 Meter. In der Bilge des Bugraums haben die Lords beim Aufräumen einige Dosen mit Wurzeln und Erbsen gefunden, und Järschel kocht damit eine wunderbar schmackhafte Suppe. Auch eine Dose Rindfleisch ist noch aufgetaucht – eine Dose Fleisch für 56 Mann. Wir sind genügsam geworden. Am Nachmittag rollen eine Stunde lang schwere

Wabo-Detonationen durchs Wasser. Der Kommandant läßt noch tiefer gehen, um nicht zufällig in die Asdic-Ortung einer Killergroup zu geraten. 23.00 Uhr aufgetaucht und weiter über Wasser.

2. Juni 1942. Helle Mondnacht mit guter Sicht. Der Kommandant hat zusätzlich zwei Mann auf die Brücke befohlen, die nur den Himmel beobachten. Er ist fest davon überzeugt, daß die Engländer nachts fliegen, sofern sie vom Flugzeug aus orten können. Järschel kocht Tee, und wir knabbern harten Schiffszwieback. »Denkt doch mal an die Windjammerzeit«, sagt Otto Peters. »Da hatten die Seeleute nur diesen Hundekuchen, und am Sonntag gab es mal vergammeltes Pökelfleisch.« Um 06.00 Uhr getaucht zum Unterwassermarsch bis 23.00 Uhr.

3. Juni 1942. Die letzte Nacht ist hell mit guter Sicht. Wir laufen mit großer Fahrt der Küste entgegen. Das Geleit soll am 3. 6. um 06.00 Uhr bei Lucie 2 bereitstehen. Wir müssen mehreren Fischern ausweichen, und um 04,15 Uhr passieren zwei deutsche Torpedoboote mit Kurs Nordwest. Wir wußten gar nicht, daß es die hier noch gibt. Es ist ein herrlicher Morgen. Als die Sonne aufgeht, stehen wir neben der Insel und atmen mit tiefen Zügen die Luft, die nach Land riecht. Diesmal ist der Sperrbrecher pünktlich. Winksprüche gehen hin und her; dann dreht er in großem Bogen, und wir scheren in sein Kielwasser ein.

Der Morgen ist so schön wie vor einem Jahr, als wir schwer angeschlagen von unserer ersten Fahrt zurückkehrten. Damals fuhr nur ein alter Minensucher voraus, während wir jetzt hinter einem großen Sperrbrecher fahren, der alle Magnetminen mit Fernauslösung zündet. Außerdem ist er mit gewaltiger Flak bestückt und kann uns vor Luftangriffen schützen.

Die Männer lachen und starren zur Küste hinüber. Wir sehen wieder grüne Bäume. Backbord voraus liegt die gewaltige Betonfestung Keroman. Mit ihren U-Boots-Bunkern hat sich die Organisation Todt ein unzerstörbares Denkmal gesetzt. Es geht durch die Enge von Kernevel und der Festung Port Louis, die uns schon so vertraut ist, als wären wir in der Heimat. Auch der alte verrostete Kreuzer *Regensburg* liegt noch immer da. Der Sperrbrecher schert aus; das letzte Stück fahren wir allein. Unsere Herzen schlagen höher, als wir die *Isère* an der Pier sehen. Die Männer der U-Flottille winken. Musik klingt auf. Leinen fliegen hinüber. U 109 ist von seiner fünften Feindfahrt heimgekehrt.

VI

Letzte Erfolge

5. Juli 1942. Nach drei Wochen Urlaub wieder in Lorient. In der Heimat ist ein herrlicher Sommer, und in Rußland stürmen sie von Sieg zu Sieg. In Hamburg hatte ich eine überraschende Begegnung. Ich war im Ufa-Palast, um mir Zarah Leander in ›Maria Stuart‹ anzusehen und traf im Vorraum des Kinos Korvettenkapitän Eberhard Hoffmann, der als Konfirmand unsere Fahrt nach Labrador mitgemacht hatte, und Kapitänleutnant Volkmar Schwartzkopff, unseren ehemaligen I WO. Hoffmann, der Kommandant von U 16, (Typ IX c) geworden ist, machte mir ohne Umschweife das Angebot, als Stationsleiter bei ihm zu fahren. Ich lehnte lachend ab, obwohl ich ihn sehr schätze.

Schwartzkopff lud mich dagegen nach der Vorstellung zu einem Umtrunk in den Alsterpavillon ein und machte mir dann das gleiche Angebot. Er ist jetzt Kommandant von U 520 (Typ IX c) und hat auch keine erfahrenen Funker. »Sie wissen doch, daß Bleichrodt uns nicht gehen läßt. Die Unteroffiziere und die Maschinisten hält er eisern fest«, sagte ich, aber – Schwartzkopff lachte nur. »Das kriege ich schon hin, Sie wissen doch, daß ich meine letzte Fahrt mit Heßler, dem Schwiegersohn von Dönitz, gemacht habe. Über ihn habe ich beste Beziehungen zum BdU. Bleichrodt kann nicht immer seine Männer festhalten.«

»Im übrigen will ich Oberfunkmeister werden, wenn ich aussteige«, wehrte ich ab, aber Schwartzkopff nickte lächelnd. »Natürlich, aber bald werden auch die Oberfunkmeister wieder fahren müssen. Auf den neuen U-Kreuzern sind schon Obermeister vorgesehen. Der Krieg dauert noch lange.«

Das glaube ich ihm unbesehen, aber trotzdem sträubt sich alles in mir, zu ihm an Bord zu gehen. Wir trennten uns schließlich mit den besten gegenseitigen Wünschen für ein langes Leben.

Von meinem alten Freund Hein Walter, den ich zuletzt bei der Taktischen Übungsflottille auf dem Begleitschiff *Wilhelm Bauer* traf, habe ich die Nachricht erhalten, daß er auf U 179 (Typ IX d 2) eingestiegen ist und hofft, mich bald in Lorient begrüßen zu können. Kommandant ist Fregattenkapitän Sobe, der Mann, der uns bei der ›Taktischen‹ das Leben so schwer gemacht hat. Nun werden wir sehen, was er an der Front kann.

15. Juli 1942. Oberleutnant zur See Werner Witte hat uns einen Abschiedsumtrunk gegeben. Er geht zum Kommandanten-Lehrgang und wird bald mit eigenem Boot im Atlantik erscheinen. Wir haben zum Abschied nach der Melodie des Horst-Wessel-Liedes gesungen:

»Und sollten wir
Uns einmal wiedersehen,
In Frankreich oder auf der hohen See,
Und sollt bei dir
Ein anderes Banner wehn,
So werd ich stolz
An dir vorübergehn.«

Witte war sehr beliebt bei uns, und er wird auch sicher ein beliebter Kommandant sein. Neuer I WO ist Oberleutnant zur See Joachim Schramm, Crew 1936. Er kommt von den Torpedobooten und macht einen sehr guten Eindruck. II WO wird unser alter Oberfähnrich, jetzt Leutnant zur See, Helmut Bruns. Als III WO fährt Obersteuermann Wilhelm Braatz. Auch unser LI, Kapitänleutnant Ing. Martin Weber, ist auf ein anderes Boot umgestiegen. Neuer LI ist der junge Leutnant Ing. Albert Heyer. Mir ist gar nicht wohl dabei, aber als ich den Zentralemaaten Otto Peters nach seiner Meinung frage, winkt er lachend ab: »Den jungen Burschen erziehen wir uns schon. Wir müssen nur unsere altgefahrenen Maaten behalten, dann geht alles klar.« Obermaschinist Winter, der unser Gespräch gehört hat, sagt: »Ach, Hirschfeld, Hauptsache, er kann Tiefe steuern. Alles andere machen wir doch sowieso.«

Der Fähnrich zur See Dieter Hengen verläßt uns, um Wachoffizier auf einem neuen Boot zu werden. Schade eigentlich, er war ein feiner Junge und gehörte schon ganz zur Crew. »Mensch, Wolfgang«, sagt Ferdinand zu mir. »Mir wird ganz schlecht, wenn ich an die nächste Fahrt denke. Jetzt haben wir den reinsten Kindergarten auf der Brükke.«

Immer mehr Boote melden, daß sie in der Nacht auch bei geschlossener Wolkendecke angeflogen wurden. Am 5. Juni wurde U 71 und am 16. Juni U 105 auf Einlaufkurs in der Biskaya gebombt; beide Boote konnten aber den Hafen erreichen.

17. Juli 1942. Der Kommandant hat Ferdinand Hagen und mich in die Präfektur bestellt und teilt uns mit, daß die Boote mit neuen Fu. M. B.-Geräten zum Empfang der Ortung ausgerüstet werden sollen. Wir müssen aber ohne das Gerät auslaufen, weil es noch nicht lieferbar ist.

Außerdem sollen wir auf dieser Reise wieder einmal Wetterboot sein und Radiotemp abgeben. Die Anlage dazu ist schon eingebaut. Auslaufen sollen wir auf Schaltung Küste. Die nächste Funkschaltung erhalten wir erst in See. Beim Admiralstab scheint man anzunehmen, daß dem Feind ein Einbruch in unser Schlüsselwesen gelungen ist.

Neuer Funkoffizier ist der Leutnant zur See Helmut Bruns. Wir sollen ihn in allen Fragen des Funk- und Schlüsselwesens unterstützen, da er noch sehr unerfahren ist. Außerdem verfügt der Kommandant, daß Oberfunkmaat Hagen die Menage übernimmt, da ich mit Geheimsachen und Sanitätswesen ausgelastet bin. Anschließend erfolgt die letzte Belehrung in der Funkstelle Kernevel: Geheimhaltung, Schlüssel M, Funkortung. Nun hat man beim Stab doch endlich begriffen, daß der Feind aus der Luft orten kann.

18. Juli 1942. U 109 ist klar zum Auslaufen; frisch gestrichen und vollkommen überholt. Es herrscht gedämpfte Stimmung. Wo wird es diesmal hingehen? In seinem alten, oft geflickten Bordjackett und den ausgebeulten Hosen über den Seestiefeln macht der Kommandant Meldung an den Chef der Flottille, Victor Schütze, der uns mit kurzen Worten verabschiedet.

18.00 Uhr. ›Leinen los!‹ Die letzte Verbindung zur *Isère* wird gelöst. Rufen und Winken der Kameraden von der Flottille, der Marinehelferinnen und der Soldaten unseres Patenregimentes. Der Kommandant starrt wie immer geradeaus. Ich glaube, daß es ihm von einem zum anderen Mal schwerer fällt, wieder hinauszufahren.

Die Diesel fauchen auf; ein Zittern geht durch das Boot. Die Feindfahrt hat begonnen. »Oberdeck räumen!« kommt es vom Turm. Hinter der Enge von Kernevel wartet der Sperrbrecher auf uns. Auslaufweg ist ›Kernleder‹, und bei ›Lucie-zwei‹ wird das Geleit entlassen. Um 21.20 Uhr geht die Sonne unter und das Wetter ändert sich. Ein steifer Nordwest schlägt uns entgegen und die See wird sehr rauh. Tief hängende Wolkenfetzen jagen nach Osten. Früher brauchten wir bei diesem Wetter keine Angriffe aus der Luft zu befürchten. Aber jetzt, wo sie mit Ortung fliegen, ist es sehr gefährlich für uns.

Wir müssen in der Nacht mehreren beleuchteten Fischerbooten ausweichen. Die Wogen rollen über das Vorschiff und knallen gegen den Turm. Im Boot duftet es nach Kartoffelsuppe. Järschel kocht seinen ersten Mittelwächter auf dieser Fahrt.

19. Juli 1942. Um 02.00 Uhr haben wir Quadrat BF 5733 erreicht und machen einen Tieftauchversuch auf 180 Meter. Alle Außenbordverschlüsse sind dicht. Unterwassermarsch auf 120 Meter nach Westen.

Sonderbar ruhig diese Nacht unter Wasser. Um 14.15 Uhr läßt der Kommandant zum Aufladen der Batterien auftauchen. Da die Wolkendecke aufgerissen ist und blauer Himmel herrscht, läßt er mit großer Fahrt über Wasser weiter laufen. Als sich aber der Himmel gegen 19.00 Uhr völlig bezieht, gibt der Kommandant wieder Befehl zum Unterwassermarsch. Nur so können wir lebend durch die Biskaya kommen.

20. Juli 1942. Um 11.50 Uhr tauchen wir zum Laden auf. Backbord achteraus wird ein Kutter unter Segeln gesichtet. Wir laufen mit großer Fahrt ab. Die See ist nur leicht bewegt, so daß die Brücke trocken bleibt.

Gegen 12.20 Uhr kommt von der Brücke, daß mit Alarm zu rechnen ist. In einem Wolkenloch achteraus ist eine zweimotorige Maschine gesehen worden. Der I WO ist der Ansicht, daß es kein Feindflugzeug ist, aber dann gibt es plötzlich Alarm. Die vorderen Entlüftungen knallen auf, und es geht steil abwärts, während die Brückenwache in die Zentrale fällt. Die Diesel laufen noch; das ist also der erste Ernstfall mit dem neuen LI. Noch einmal schlagen die Wellen gegen den Turm; dann schweigen die Diesel. Fast zu steil geht es abwärts. Mir sträuben sich die Haare. Bei der hohen Fahrtstufe, mit der wir unter Wasser gingen, wirkt das Vorschiff als Tiefenruder. Hoffentlich kann Heyer das Boot abfangen.

Leibling sieht mich entgeistert an. 60 Meter gehen durch, als das Boot von einem gewaltigen Schlag geschüttelt wird. Langsam geht das Licht aus. Sind wir getroffen? Die Fahrt geht immer noch abwärts. In der Zentrale sagt der LI: »Aufkommen, vorn aufkommen!« Langsam kommt der Bug hoch. Er hat das Boot abgefangen.

Als das Licht wieder aufflammt, steht Oberleutnant Schramm vor dem FT-Raum. Ich muß ihn wohl etwas skeptisch angesehen haben, denn er sagt bissig: »Und es war einwandfrei eine Ju 88!« »War nur etwas knapp«, erwidere ich.

Wir bleiben zwei Stunden auf 100 Meter Tiefe. Dann läßt der Alte die Oberfläche ansteuern, denn wir müssen die Batterien weiter aufladen. Ein Rundblick mit dem Fliegersehrohr zeigt, daß die Luft rein ist. »Auftauchen!« Weiter mit großer Fahrt nach Westen, aber alle sind froh, als es um 16.00 Uhr wieder in die schützende Tiefe geht.

21. Juli 1942. Als der Kommandant gegen 02.00 Uhr zum Laden auftauchen läßt, wird festgestellt, daß sich das Angriffs-Sehrohr nicht mehr ausfahren läßt. Die Ursache kann nicht ergründet werden. Aus Entlüftung fünf entweicht die Luft. Ab 06.00 Uhr wieder Unterwassermarsch auf 120 Meter. In der Ferne rollen schwere Wabo-Detonationen. Um 14.00 Uhr läßt der Kommandant auf Sehrohrtiefe gehen. Das Wetter oben ist schlecht; tief hängende Wolken und Regenschauer. Also runter auf 120 Meter.

22. Juli 1942. Um Mitternacht tauchen wir auf, obwohl die Sicht noch immer sehr schlecht ist, aber wir müssen die fehlenden FTs hereinholen. Gegen 03.20 Uhr wird Steuerbord achteraus ein Schatten gemeldet. Spitze Lage, schmale, flache Silhouette.

»Beide Diesel große Fahrt!« Der Bug schwenkt auf Kurs Südwest. Das Schiff ist eine feindliche Korvette mit Kurs Südost. Sie hat uns aber nicht bemerkt. Es ist doch ein Glück, daß der Gegner keine Zeissgläser hat.

Um 04.10 Uhr werden Backbord achteraus ganz schwache weiße Lichter ausgemacht. Der Kommandant nimmt an, daß es die Hecklichter einer feindlichen Suchgruppe sind. Er läßt mit hoher Fahrt nach Westen ablaufen. Wir können nur hoffen, daß sie uns nicht geortet haben. Um 06.15 Uhr verschwinden wir von der Oberfläche zum Unterwassermarsch auf 120 Meter.

23. Juli 1942. Um 00.00 Uhr aufgetaucht zum Aufladen. Wir stehen im Quadrat BE 9511 und haben die Biskaya hinter uns, sind aber noch in der Luftgefahrenzone. Um 02.30 Uhr geben wir unser erstes Signal an den BdU ab: »15° West passiert. U 109.« Ab 06.30 Uhr wieder Unterwassermarsch. Noch immer hören wir das unheimliche Grollen der Wabos. Die neuen Besatzungsmitglieder bekommen ganz große Augen, wenn der schauerliche Donner ertönt. Um 15.00 Uhr läßt der Kommandant auftauchen. Wir marschieren über Wasser weiter. Der Fehler an der Entlüftung fünf wird gefunden. Eine lose Schraubenmutter verhinderte das völlige Schließen der Entlüftung. Sabotage?

24. Juli 1942. Leichter Wind, kaum noch Seegang. Wir sind gut vorangekommen und laufen nur noch langsame Fahrt. Der Himmel ist bedeckt, und wir haben seit Tagen kein richtiges Besteck. Am Nachmittag kommt die Sonne durch. Es ist auf einmal sehr warm.

U 502, von Rosenstiel, und U 751, Bigalk, melden sich nicht mehr. Auch sie waren auf dem Marsch durch die Biskaya. Hat es sie dort erwischt? Bigalk war einer der ältesten U-Boot-Kommandanten. Gegen 20.00 Uhr ein FT vom BdU an uns: »Kurzwetter Obs. u. Radiotemp hergeben.« Wir lassen unseren ersten Ballon steigen. Dann folgen Alarm- und Feuerleitübungen. Mit den neuen Männern klappt es noch nicht.

25. Juli 1942. Wir haben Quadrat CF 12 erreicht, stehen nördlich der Azoren und sind außerhalb der Luftüberwachung. Unsere Wettermeldung habe ich um 01.20 auf Irlandschaltung abgegeben. Sie wurde sofort quittiert. Um 16.00 Uhr meldet Schewe: »Angriffssehrohr wieder klar.«

Ab 20.00 Uhr geht es wieder los im Boot: Alarmtauchen zur Übung, Störungsexerzieren, Feuerleitübung, Tiefe steuern usw. ... Die neuen Männer müssen alle wichtigen Griffe im Schlaf beherrschen. Es sind nur noch wenige Mitglieder der Besatzung an Bord, mit der wir die taktischen Übungen in der Ostsee gemacht haben: Werner Järschel, Karl Will, Herbert Goldbeck, Paul Pötter und Alois Wagenhofer.

26. Juli 1942. Der Wind hat etwas aufgefrischt. Leichte Dünung, milde Atlantikluft. Wir haben den Ballon um Mitternacht steigen lassen und um 02.20 Uhr Radiotemp auf Schaltung Amerika II abgegeben. Vor einem Jahr sind wir am 28. Juni mit Kurs Süd ausgelaufen. Es war die erfolglose Reise, die uns in Lorient den Namen ›Torpedoträger U 109‹ einbrachte. Sollen wir wieder auf den Sierra-Leone-Verkehr angesetzt werden? Vor der nordamerikanischen Küste und in der Karibik ist die Abwehr schon sehr stark geworden. Daß heute Sonntag ist, haben wir nur an Järschels Schinken mit Spargel gemerkt.

27. Juli 1942. Helle Mondnacht, gute Sicht. Als ich um 08.00 Uhr mit Leibling auf Wache ziehe, steht der Matrosenobergefreite Zank vor dem Funkraum. Ferdinand übergibt mir die Wache und stößt mich in die Seite. »Schöne Scheiße, Doktor Hirschfeld.« Mir ahnt Schlimmes. Dann meldet Zank: »Seemanns Montagsmorgen.« Nach dem Motto: »Eine Träne klar wie Gold, dem Seemann aus der Pfeife rollt.« Unglaublich. Und das nach acht Tagen Seefahrt. Aber Gerstner kam ja auf der letzten Fahrt auch erst nach elf Tagen. Ich muß dem Alten melden, daß Zank Gonorrhoe hat. Er ist ärgerlich, aber er schreit diesmal nicht, sondern sagt nur: »Ausgerechnet Zank. Einer unserer besten Leute fällt aus. Schade, ich hatte ihn als Unteroffizier-Anwärter vorgesehen.«

28. Juli 1942. Wir sind jetzt auf 30° West, westlich der Azoren. Um Mitternacht haben wir wieder ohne Aufforderung Radiotemp auf ›Amerika I‹ abgegeben. Das Wetter ist schlechter geworden. Der Wind weht mit Stärke vier aus Süd. Eingang FT 1254/28 von BdU an Bleichrodt: »1. Mit sparsamster Marschfahrt Quadrat FC 80 ansteuern. Nordsüd-Verkehr westlich der Länge von Qu. CE 5547 und Nordwest-Verkehr südlich der Breite von Qu. GB 5581 weit gestreut. 2. Radiotemp nur auf Anforderung melden. Kursänderung auf 180°.« Unser Operationsgebiet liegt also vor Brasilien. Nachdem der Kommandant die Kladde gelesen hat, lächelt er: »Das ist gut. Hoffentlich lohnt es sich dort.« – »Soll ich den Amerika-Marsch auflegen, Herr Kaleu?« frage ich. Er sieht mich einen Augenblick nachdenklich an; dann sagt er: »Nein, leg den Tango Bolero auf. Danach werde ich das Ziel bekannt geben.«

Ich lasse mir von Obersteuermann Braatz die Gegend auf der Seekarte zeigen; er sagt mir, daß der ganze Verkehr von Rio de Janeiro nach Norden durch dieses Gebiet geht.

29. Juli 1942. Es wird immer wärmer. Der Wind dreht auf West und flaut ab. Auch der Himmel wird wieder blau. Der Kommandant feiert in der Offiziersmesse mit einer Flasche Sekt den Geburtstag seiner Frau. Sie ist Ärztin; Frau Dr. Carla Bleichrodt.

Trotz der Feier gibt es am Abend wieder Alarmtauchen und Störungsexerzieren usw. Wir sind nicht begeistert darüber, aber der Kommandant ist mit dem Boot noch nicht zufrieden.

Mit Kurs 180° weiter nach Süden. Vergeblich suchen die Gläser den Horizont ab. Keine Rauchfahne, keine Mastspitzen.

30. Juli 1942. Der Wind hat ganz auf Nord gedreht. Kaum noch Dünung. Es ist sehr heiß im Boot. Heute haben sich fast alle Männer der Brückenwache einen Sonnenbrand geholt.

31. Juli 1942. Wir sind jetzt auf 27° Nord und 30° West. Tauchzelle sieben ist leergefahren und wurde ausgeblasen. In diesem Gebiet stand U 136, Kapitänleutnant Heinz Zimmermann, von dem es seit drei Wochen keine Meldung gibt.

Immer mehr Boote verschwinden auf unerklärliche Weise. Ich nehme an, daß das mit der Funkmeß-Ortung zusammenhängt. Die Kommandanten fühlen sich in der Nacht noch zu sicher.

Um 19.00 Uhr kommt ein langer FT vom BdU an Gruppe ›Hai‹. Schmidt soll nach Versorgen von Hirsacker und Schröter in Qu. ES 9277, falls mehr als 15 cbm Brennstoff übrig bleiben, an Bleichrodt abgeben. Dazu Proviant einsparen. Ich bin skeptisch, ob wir da noch etwas abbekommen, aber der Alte meint: »Der Herr von Schmidt läßt uns nicht hängen.« – Wieder Alarm-, Feuerleit- und Tiefensteuerübungen.

1. August 1942. Es ist unheimlich heiß. Ich trage meine Bauchbinde; die anderen lachen darüber, aber der tropenerfahrene Kommandant gibt mir recht. Hinter dem Turm hat er eine Brause anbringen lassen. Leider dürfen wir nicht mehr über Bord springen. Der BdU hat es verboten, nachdem der Eichenlaubträger Mützelburg im April beim Baden tödlich verunglückte.

Aus den FTs der Amerika-Schaltung geht hervor, daß vor uns noch ein anderes Boot nach Brasilien marschiert: U 507, Fregattenkapitän Harro Schacht. Der Alte ist sehr verärgert. U 507 wird die Küste in Aufruhr bringen, und wenn wir ankommen, wird der Verkehr gestoppt sein.

2. August 1942. Sonntag. Mit sparsamster Fahrt geht es nach Süden. Järschel gibt das übliche Festessen, aber es will bei dieser Hitze gar nicht schmecken.

In der Offiziersmesse sagt der I WO zum Kommandanten: »Aber Brasilien und Argentinien sind doch neutral. Wir können denen ja keine Schiffe versenken. Oder sollen wir etwa nach Prisenordnung verfahren?« – »Wenn die Schiffe nachts abgeblendet fahren oder als bewaffnet erkannt werden, ist die Situation klar«, meint der Alte. »Andernfalls lasse ich lieber einen durch, als einen Neutralen zu versenken.« Um 22.40 Uhr läßt der Kommandant die Alarmglocken rasen, damit die Burschen nicht am Ende einschlafen.

3. August 1942. Die Hitze im Boot wird immer unerträglicher.

Bei Zank scheint die Albucid-Kur angeschlagen zu haben. Er hat sich streng an unsere Anweisung gehalten; das Beispiel von Gerstner, der während der Kur Bier getrunken hatte und bei dem sich die Gonokokken dann verkapselt hatten, war eine mahnende Erinnerung. Gerstner mußte nach der Fahrt ins Lazarett, wo man ihm einen ›Kollmann‹ machte. Als er uns diese Methode des Ausblutens der Harnröhre beschrieb, sind manchen die Gefühle vergangen …

4. August 1942. Weiterhin Wind aus Ostnordost. Eine lange Dünung wiegt das Boot sanft hin und her. Wir machen diesel-elektrisch gute Fahrt nach Süden mit einem Etmal von 190 sm.

Kein Schiff weit und breit. Der Kommandant macht am Abend wieder Alarmübungen. Ich glaube, er will vor allem den jungen LI auf Trab bringen. Leutnant Ing. Heyer gibt sich sehr gelassen.

5. August 1942. Eine ruhige Nacht. Wir stehen im Quadrat EH 4236, als im Morgengrauen ein Schrei von der Brücke kommt: »Schatten Steuerbord voraus!« Der Kommandant jagt nach oben. Ein Schiff! Endlich ein Schiff in der Weite des Atlantiks.

»Große Silhouette eines Fahrgastschiffes, wandert schnell nach Steuerbord aus«, hören wir von oben. Die Diesel hämmern wie wild; wir laufen mit Höchstfahrt. Im FT-Raum haben wir seit Tagen die internationale Dampfer-Welle 600 Meter auf den kleinen Lautsprecher geschaltet. Das Schiff steuert 300°, ist aber sehr schnell; es scheint 18 bis 20 Seemeilen zu laufen. Vorsetzen zum Angriff ist bei dieser Fahrt unmöglich.

Nach einer Stunde Höchstfahrt bricht der Kommandant die Verfolgung ab. Solche Schiffe sind mit unseren langsamen Booten nicht einzuholen.

Der Kommandant kommt müde von der Brücke, hängt sein Glas an den Haken und fragt: »War auf den internationalen Wellen etwas zu hören?« – »Nein, Herr Kaleu. Alles ruhig«, sage ich. »Schade, daß wir dieses Schiff nicht gekriegt haben.« Bleichrodt sieht mich etwas wehmütig lächelnd an. »Ach, Hirschfeld, wer weiß, für was das gut war. Ein großes Fahrgastschiff, vielleicht mit vielen Frauen und Kindern, hier draußen auf 33° West.«

6. August 1942. Wir stehen querab Dakar, Cap Verde. Eine dunkle Nacht, tropischer, warmer Regen. Die Sicht ist entsprechend schlecht. Die Jagd auf das schnelle Schiff hat Brennstoff gekostet. Tauchbunker 2 ist leer. Er wird ausgeblasen und als Tauchzelle gefahren.

Korvettenkapitän von Schmidt auf U 116 meldet, daß er keinen Brennstoff mehr für uns übrig hat. Der Alte ist sehr verärgert. Der Herr von Schmidt hat uns also doch hängenlassen, und Berthold Seidel spottet: »Wenn wir sehen, daß wir mit dem Brennstoff nicht mehr nach Hause kommen, laufen wir Rio an und lassen uns internieren. Tolle Weiber da.«

7. August 1942. Es ist wieder ein heißer Tag. Die Lüfter laufen auf Hochtouren, aber sie bringen keine Kühlung ins Boot. Um 18.30 Uhr werden Mastspitzen Backbord querab sichtbar. Der Kommandant eilt auf die Brücke. Das Schiff kommt direkt auf uns zu, und wir müssen hart abdrehen, um Kurs und Fahrt auszudampfen. Der Dampfer steuert 260° bis 280° und läuft 9 bis 10 sm, verschwindet aber in einer Regenböe. Erst nach 90 Minuten haben wir ihn wieder in Sicht und stehen genau vor ihm. Um 20.15 Uhr wird zum Unterwasserangriff getaucht und das Boot auf Sehrohrtiefe eingesteuert.

Der Kommandant fährt das Sehrohr sehr sparsam aus, denn die See ist nur leicht bewegt. »Er kommt gut«, höre ich ihn sagen. »Bewaffneter Tanker, sicher Brite. Ein Heckgeschütz, etwa 10,5 cm und eine Maschinenkanone auf den Heckaufbauten.« Das Sehrohr fährt wieder ein. Wir warten, daß er auf 1000 Meter herankommt.

Ferdinand sitzt mit dem Funkgefreiten Boss am GHG. Die Mündungsklappen sind aufgedreht. »An Torpedowaffe: Zwei Einzelschüsse aus Rohr zwei und drei!« Wieder warten. Dann ist es soweit. »Rohr zwei los!« und kurz darauf: »Rohr drei los!«

Nach 84 Sekunden eine scharfe Detonation. Gleich darauf noch eine. »Treffer Vorkante Brücke und Achterschiff«, höre ich aus dem Turm. Der Alte hat das Schießen unter Wasser also nicht verlernt. »Schiff hat gestoppt«, meldet Ferdinand aus dem Horchraum. »Tanker bekommt Schlagseite nach Steuerbord«, sagt der Alte. »Jetzt werden zwei Boote zu Wasser gebracht. Fünf Mann besetzen das Heckgeschütz. Die haben noch nicht genug.« Das Sehrohr fährt ein, und der Kommandant wartet eine Weile.

»Donnerwetter«, sagt er nun, »die müssen gegengeflutet haben. Tanker schwimmt wieder auf ebenem Kiel, nur etwas tiefer.« Das muß ein erfahrener Kapitän sein, der nur darauf wartet, daß wir auftauchen, um uns dann mit einem Feuerhagel zu überfallen. »Achteres Trefferloch ist sehr groß«, sagt der Alte. »Aber er sackt nicht tiefer. Wir müssen noch einen Aal opfern.« Langsam dreht das Boot ab zum Schuß aus Rohr fünf auf den gestoppt liegenden Tanker.

Kaum haben wir geschossen, meldet Ferdinand aus dem Horchraum, daß der Tanker wieder Fahrt aufgenommen hat. Ein ganz raffinierter Bursche; nun geht der Aal hinter ihm vorbei. Der Alte flucht. »Beide Maschinen große Fahrt!« Der Bug schwingt herum, und wir laufen mit Höchstfahrt unter Wasser neben dem Tanker her. Er darf uns nicht entkommen.

Nach 40 Minuten stehen wir richtig. Schuß aus Rohr eins, Lage Bug rechts 90°. »Rohr eins fertig! Rohr eins los!« Nach drei Sekunden erfolgt bereits die Detonation, und wir hören aus dem Turm: »Treffer mittschiffs. Tanker bekommt starke Schlagseite!« Der Kommandant beobachtet weiterhin das torpedierte Schiff, das seltsamerweise nicht sinkt.

»An den Geschützen ist keiner mehr«, sagt der Alte schließlich. »Aber er säuft immer noch nicht ab.« Dann gibt er den Befehl: »Artilleriemannschaft klarmachen!« Eduard Maureschat kommt am FT-Raum vorbei, um seine Schwimmweste zu holen. »Ede, denk an den Mündungspfropfen«, rufe ich ihm zu. Wenn die Männer an die Kanone eilen, muß ich immer an U 156, Hartenstein, denken, der vor Aruba Öllager in Brand schießen sollte. Der Geschützführer hatte vergessen, den Mündungspfropfen herauszudrehen, und es gab einen Rohrkrepierer: Ein Mann tot, einer schwer verletzt. »Auftauchen!« tönt es aus den Lautsprechern. Gleich darauf donnern über uns 10,5-MGs und 3,7 cm los. Brückenaufbauten und das Heck werden unter Feuer genommen; Entfernung 600 Meter. Wir hören aus der Zentrale, daß der Tanker mit schwerer Schlagseite über das Heck absäuft. Von den 67 Schuß mit der 10,5-cm-Kanone waren 55 Treffer. Ein gutes Ergebnis, trotz der langen Dünung.

Während die Männer an Oberdeck die leeren Hülsen einsammeln, fährt der Kommandant auf die Untergangsstelle zu. Es wird aber nur ein halb abgesoffenes Rettungshoot gefunden. Keine Spur von der Besatzung. Am Heck des Rettungsbootes steht der Name des Tankers: *Ar-*

thur W. Sewall. Der Kommandant läßt mit Höchstfahrt ablaufen. Dem Lloyds-Register entnehmen wir, daß es ein norwegischer Tanker aus Risör mit 6035 BRT war.

8. August 1942. Die Norweger müssen in ihren Booten entkommen sein, und so konnten wir nicht dem neuen BdU-Befehl entsprechen, wonach Kapitäne versenkter Schiffe in Gefangenschaft zu nehmen sind.

Gegen 04.00 Uhr wird von der Brücke gemeldet: »Heller Lichtschein an der Kimm Steuerbord voraus!« Der Kommandant läßt nahe heranstaffeln. Es ist ein Schwede mit vorschriftsmäßig beleuchteten Neutralitätszeichen. Wir lassen ihn unbehelligt ziehen.

Der Alte hat eine Entzündung im rechten Auge. Ich will ihm eine Augenklappe verpassen, aber er lehnt lachend ab. »Bin doch kein Pirat.« Um 16.00 Uhr entschlüsselt Leibling den FT 1413/8 von BdU an U 109: »Über Qu. EH 70 nach Qu. ES 50 in Schlägen operieren. Dort festgestellter Verkehr. Steuert NW und OW-Kurse bzw. umgekehrt. Danach Einsatz vor Qu. ET 38 beabsichtigt. Voraussichtlich keine Versorgung möglich.« Ich gehe in die Zentrale und sehe mir auf der Karte die neuen Quadrate an. Sie liegen vor Freetown.

Nachdem der Alte den FT gelesen hat, sagt er nur: »Das ist doch typisch.« Diese dauernden Befehlsänderungen sind unerklärlich. Das nun befohlene Gebiet hätten wir auf kürzerem Weg schneller erreichen können und damit Brennstoff gespart. Am Abend gibt mir der Kommandant einen langen FT. »An BdU: 5. 8. in EH 4230 schnelles Fahrgastschiff erfolglos gejagt. 300°, 18–20 sm. – 8. 8. in ER 1839 bewaffneten Tanker *Arthur W. Sewall* versenkt. Schweröl, 260°, 9 sm. ER 1947 Schwedendampfer Kurs Nord, 12 sm. Vorschriftm. bezeichnet. Da bereits ER erreicht und mit Ergänzung nicht zu rechnen ist, halte Küstengebiet FC und FJ brennstoff- sowie wettermäßig für günstiger. August im Gebiet ES und ET ungünstiger Monat. Häufig starke Regenschauer erschweren Erfassen weit gesteuerten Einzelverkehrs sehr. Erbitte freies Manöver in oben gen. Gebiet. ER 4630, 113 cbm, 11 + 6 Aale, WSW 4, 1013 mb, bedeckt, Regenschauer, mäßige Sicht. Bleichrodt.« Der FT wurde sofort bestätigt.

9. August 1942. In der Nacht Regen und Wetterleuchten. Es brist auf. Ein warmer Wind kommt aus Südsüdwest. Wir rollen stark in der langen Dünung. Die Luftfeuchtigkeit ist enorm. Ferdinand hat viele verschimmelte Brote über Bord werfen lassen. Auch die Kartoffeln in der Zentrale verfaulen.

Gegen 11.00 Uhr Eingang FT 1024/9 von BdU an U 109: »Über Qu.

ER 30 in befohlenes Gebiet gehen. Dort laufend Verkehr in letzter Zeit festgestellt. Über Verkehr in FC dagegen kein Anhalt.« Die Leute an Land wissen es eben immer besser. Neuer Kurs 21°. Durch das angegebene Operationsgebiet soll der Verkehr Kapstadt-Freetown und weiter nach England laufen.

10. August 1942. Tropischer Regen. Wenn die Lüfter laufen, wird die Luftfeuchtigkeit im Boot noch größer. Wir müssen um die elektrischen Kontakte fürchten und versuchen das GHG mit dem Fön trocken zu halten.

Mit geringster Marschfahrt laufen wir in Richtung Freetown. Die Stimmung unter den Offizieren ist nicht rosig, denn sie haben sich viel von Brasilien versprochen. – Das Auge des Kommandanten macht mir Sorge. Es ist gerötet, tränt stark und ist etwas geschwollen. Ich habe ihm Augentropfen gegen Bindehautentzündung gegeben. Ob er sie nimmt, weiß ich nicht; er behandelt sich selbst.

11. August 1942. Wir stehen südwestlich Kap Verde. Als der Morgen hochkommt, beträgt die Sicht nur wenige hundert Meter. Um 08.30 Uhr läßt der Kommandant tauchen zum Unterwassermarsch, da bestimmt besser zu horchen, als zu sehen ist. Ich liege auf meiner Koje und lese, als um 10.15 Uhr Ferdinand an den Kommandanten meldet: »Schraubengeräusch in 10°!« Ich eile zum Horchraum. Der Alte hat den zweiten Kopfhörer über und hört sich das Geräusch an. »Es könnte einer sein«, brummt er. »Hoffentlich narren uns nicht wieder die Delphine. Hören Sie mal, Hirschfeld.« Er gibt mir den Kopfhörer. Das Geräusch ist sehr schwach, aber auch ich halte es für ein richtiges Schraubengeräusch. Ferdinand versucht die Umdrehungen zu zählen. »Ungefähr 120 Umdrehungen. Das ist ein Schiff«, sagt er. Als die Peilung nach Steuerbord auswandert und das Geräusch schwächer wird, greift der Kommandant nach seiner Regenjacke. »Nun, gut. Dann wollen wir mal auftauchen.«

Eine Stunde laufen wir mit Höchstfahrt durch den strömenden Regen in Richtung 60°. Nichts zu sehen. Der Kommandant läßt nochmals zum Rundhorch tauchen, aber vergeblich dreht Ferdinand den Zeiger über die ganze Skala des GHG. Der Alte kommt durch das Kugelschott aus der Zentrale und fragt: »Was zu hören?« – »Nichts. Kein Schraubengeräusch mehr da«, sage ich. Er sieht uns beide vielsagend an und nickt nur. »Ja, ja. Scheißfunkerei«, sagt Ferdinand. Der Alte lacht. »Das haben jetzt Sie gesagt, Hagen.«

Der Kommandant gibt aber nicht auf; er ist fest davon überzeugt, daß sich ein Schiff in unserer Nähe befindet, und gibt Befehl zum Auftauchen. Otto Peters meint: »Den finden wir nie in dem Regen. Schade um den schönen Brennstoff!« Um 15.45 Uhr sehen sie aber auf der Brücke endlich Masten. »Zähigkeit hat doch gelohnt«, würde der BdU jetzt sagen.

Eine mühselige Jagd beginnt. Ausdampfen, Vorsetzen. Keine leichte Sache bei der laufend wechselnden Sicht. Das Schiff, ein Tanker mit Generalkurs 100°, ist oft für längere Zeit außer Sicht. Dann muß mit Höchstfahrt nachgestoßen werden, und dabei kommen wir oft zu nahe heran. Endlich um 18.00 Uhr stehen wir vor ihm.

Da reißt plötzlich die Wolkendecke auf, und die Sicht wird ganz klar. Mit Alarm geht es unter Wasser. Wenn der Tanker einen guten Ausguck hat, muß er uns gesehen haben. Der Kommandant beobachtet mit dem Sehrohr. »Tanker zackt ab nach Backbord«, höre ich aus dem Turm. Wir laufen mit Höchstfahrt unter Wasser, was die Batterien stark beansprucht. Nach einer Stunde stehen wir aber richtig. »Fächerschuß aus Rohr fünf und sechs.« Also Heckangriff. Jetzt geht alles sehr schnell. »Fächer los.«

Nach zwei Minuten ein metallisches Klicken und dann eine gewaltige Detonation. »Treffer!« schreien die Männer. »Das Heck ist völlig auseinandergerissen«, sagt der Alte im Turm. »Am Heckgeschütz ist niemand zu sehen. Tanker sackt achtern sehr schnell tiefer.« Eine Weile ist es ruhig; dann sagt er: »Heck wird jetzt überspült. Besatzung geht in die Boote. Tanker legt sich quer zur See.« Wir bleiben unter Wasser und warten, bis die Boote etwas abgelaufen sind; dann erst kommt der Befehl zum Auftauchen.

Der Tanker liegt gestoppt, aber es kann noch lange dauern, bis er auf Tiefe geht.

»Artillerie klar!« kommt es von oben, und die Männer eilen an die 10,5-cm-Kanone.

»Tanker brennt«, heißt es bald darauf. »Öl ergießt sich brennend aufs Meer.« Wir müssen mit großer Fahrt ablaufen und steuern die Rettungsboote an. Diesmal gelingt es, den Kapitän an Bord zu nehmen; dann werden die Boote entlassen. Mit großer Fahrt und Kurs 21° laufen wir ab. Der Tanker steht in hellen Flammen, obwohl das Oberdeck schon völlig überspült ist. Eine riesige schwarze Rauchwolke steigt in den Abendhimmel und breitet sich in großer Höhe wie ein Pilz aus.

Der Kapitän hat sich beim Alten an Bord gemeldet; sein Schiff hatte 5728 BRT, hieß *Vimeira,* Heimathafen Glasgow, und war beladen mit Heizöl auf dem Weg von Aruba nach Freetown: Die Besatzung bestand aus 43 Mann. Nach dem Torpedotreffer ging die Munition der beiden

Heckgeschütze hoch. Der Leitende Ingenieur und neun Mann der Besatzung kamen bei der Explosion ums Leben. Der Rest der Besatzung steuert nun in den Booten nach Freetown. Ein Notruf ist nicht mehr hinausgegangen, denn die Funkanlage ist zerstört worden.

Der britische Kapitän heißt Norman Ross Caird und ist 41 Jahre alt. Er wird nun unser Schicksal teilen und kann nur beten, daß dieses Boot nicht vernichtet wird. Vor einigen Stunden hat er uns noch zur Hölle gewünscht.

12. August 1942. Nach Mitternacht Ausgang FT 2329/11: »An BdU: Soeben versenkt 9° Nord, 29° West *Vimeira.* Beladen mit Heizöl. Kapitän an Bord. 110°, 10 Sm, SW 1, lange Dünung aus Süd, 25°, 1015 mb, Regenschauer, schlechte Sicht, 100 cbm, 9 + 6 Aale. Bleichrodt.« Die Verbindung ist ausgezeichnet. Der FT wird sofort bestätigt.

Die Nacht ist sehr dunkel und die Luftfeuchtigkeit ist stärker denn je. Ich lasse den Sender wiederholt anheizen, um keinen Feuchtigkeitsschluß zu bekommen, und damit er nicht strahlt, wird die Antennenverbindung unterbrochen.

13. August 1942. Immer weiter nach Osten; mit wechselnden Kursen auf die afrikanische Küste zu. Und dazu Regen, Regen und nochmals Regen. Der Kommandant ist sehr mißmutig wegen des neuen Operationsgebietes und weil wir wieder nicht mit Brennstoffversorgung rechnen können. Der Kapitän Norman R. Caird hat sich schon eingelebt. Järschels Essen schmeckt ihm sogar gut.

Vorgestern hat U 73, Rosenbaum, im Mittelmeer den Flugzeugträger *Eagle* versenkt. Ein schwerer Verlust für die Briten.

14. August 1942. Wind Südsüdwest 2, Seegang 1, finstere Nacht und Regen wie gehabt, aber als ich um 08.00 Uhr auf die Brücke steige, um eine Pfeife zu rauchen, traue ich meinen Augen nicht. Die Sonne scheint, und der I WO lacht mich an: »Es wird Sommer, Hirschfeld.«

15. August 1942. Es brist immer mehr auf aus Südsüdwest und mit dem Wind kommt auch wieder Regen. Die Sicht ist sehr schlecht. Um 20.00 Uhr läßt der Kommandant auf Kurs 140° nach Südosten abdrehen, um endlich aus dem Regengebiet zu kommen.

In Rußland rollen deutsche Panzer durch die Kalmückensteppe in Richtung Kaukasus. Der Kommandant macht immer ein besorgtes Gesicht, wenn er die Nachrichten hört, obwohl sie doch sehr erfreulich sind. Einmal höre ich, wie er in der Messe zum I WO sagt: »Denken Sie doch an die Nachschubwege, wenn der Winter kommt. Im letzten Winter hat die ganze Front gewackelt.«

16. August 1942. Sonntag. Heute schmeckt das Essen wieder. Wir fahren mit Tropenlüftung und die Luft ist hoch und trocken. Das Regengebiet scheinen wir hinter uns zu haben, aber trotz bester Sicht wird kein Schiff gesichtet.

Um 11.30 Uhr ein FT an uns. »An Bleichrodt von BdU: Melden falls Feindsicht oder Erfolge vorliegen.« Wortlos gibt mir der Alte die FT-Kladde zurück. Am Nachmittag läßt er dann einen FT absetzen: »An BdU. Seit 11. 8. nichts gesehen. Zeitweise schlechte Sicht durch häufige Regenschauer. Bleichrodt.« Etwas später ein FT vom BdU: »Meldung von Bleichrodt war nicht verlangt und daher falsch.« Donnerwetter, das war eine Zigarre ...

17. August 1942. Herrlich kommt der Morgen herauf. Bin nach der Wachablösung auf die Brücke gestiegen, um eine Pfeife zu rauchen. Auch Kapitän Caird sitzt auf dem Wintergarten. Unsere Zigaretten schmecken ihm nicht, aber ich habe ihm einige von meinen Zigarren gegeben. Er wundert sich, daß wir ausgerechnet ihn in der Weite des Atlantiks gefunden haben.

Am Vormittag wieder ein FT vom BdU: »An Bleichrodt: Falls in bisherigem Op. Gebiete kein Verkehr, diesen vor ET 3829 suchen.« Ich sehe mir die Karte an. Das ist genau vor Freetown.

18. August 1942. Heute kamen die ersten Erfolgsmeldungen von U 507. Schacht hat vor Brasilien fünf Schiffe versenkt. Rund 17.000 BRT. Müssen ziemlich kleine Kolcher gewesen sein.

»Sehen Sie, I WO«, höre ich den Alten in der Messe sagen, »der Schacht versenkt einen nach dem anderen, dort wo wir eigentlich stehen sollten.« – »Ich weiß nicht«, meint Schramm gedehnt. »Mir wäre nicht ganz wohl dabei. Sind doch alles neutrale Brasilianer.« Der Alte lacht und sagt: »Ich glaube auch, daß die Sache noch ein Nachspiel hat.«

Korvettenkapitän Topp hat heute als 17. Soldat der Wehrmacht die Schwerter zum Ritterkreuz des Eisernen Kreuzes erhalten.

19. August 1942. Helle Mondnacht, leichte Dünung, ein warmer Wind aus Süden, aber milchige Kimm. Die beste Sommerreise. Mit kleinster Fahrt immer weiter Kurs Freetown, aber der Horizont bleibt leergefegt. Keine Mastspitze, keine Rauchfahne. Der Sierra-Leone-Verkehr scheint gestoppt zu sein, und der Brennstoff nimmt trotz größter Sparsamkeit ab. Das macht den Alten ganz nervös; er meint, in sechs Tagen müßten wir bereits den Rückmarsch antreten.

20. August 1942. Wir laufen mit beiden E-Maschinen langsame Fahrt. Es ist so ruhig wie auf einem Segelschiff an Bord, nur das gelegentliche Knarren der Rahen fehlt. Die Langeweile unter der tropischen Sonne ist gefährlich, und wir von der Funkerei versuchen, mit Musik und Nachrichten aus der Heimat die schleichende Lethargie zu durchbrechen. Heute haben wir allerhand zu melden:

Landungsunternehmen der Briten bei Dieppe kläglich gescheitert. Hakenkreuzfahne auf dem Elbrus, dem höchsten Gipfel des Kaukasus, gehißt, während Manstein mit seinen Panzern die Ufer des Terek erreicht. Die 6. Armee unter General Paulus steht vor Stalingrad. Und Rommels Panzer rollen vor auf Alexandria. Sieg an allen Fronten. Die scheinen alle genug Brennstoff zu haben; nur wir nicht. Wie wir die Schlacht auf dem Atlantik gewinnen sollen, ist mir nicht klar.

21. August 1942. Wir kreuzen nun vor Freetown mit kleinster Fahrt.

Am Nachmittag wurden Tauchzelle III und VI ausgedrückt und durchgespült. Anschließend gab es Prüfungstauchen mit einem Tieftauchversuch auf 150 Meter. Alle Außenbordverschlüsse hielten dicht. Das ist beruhigend: Nur Kapitän Caird war etwas beunruhigt, als er hörte, wie tief wir waren. Er fühlt sich sonst sehr wohl bei uns und hat nur Angst, daß ihm seine junge Frau in Glasgow durchbrennt, wenn er so lange nicht nach Hause kommt.

22. August 1942. Wir stehen südwestlich von Freetown. Die Sicht wird schlechter und die Luftfeuchtigkeit nimmt wieder zu. Heute meldet U 506, Würdemann, daß er weit südlich von uns ein schnelles Schiff versenkt hat. Der Alte liest den FT mit Interesse und gibt dann Befehl: Kurs Süd.

Heute hat Brasilien den Kriegszustand mit Deutschland und Italien erklärt. Reuter meldete, daß ein deutsches U-Boot vor Brasilien innerhalb von drei Tagen fünf brasilianische Schiffe außerhalb der Hoheitsgewässer versenkte. Fregattenkapitän Harro Schacht hat es geschafft. Nun fehlt nur noch Argentinien.

Im letzten Urlaub habe ich dazu einen treffenden Witz gehört: Ein Bäuerlein kommt in die Stadt und läßt sich von einem Buchhändler auf einem Globus zeigen, mit welchen Ländern wir Krieg führen. Er ist beeindruckt von den vielen Staaten, die fast den ganzen Erdball bedecken. Dann will er auch noch das Deutsche Reich sehen. Der Buchhändler nimmt einen Bleistift und tippt auf einen Punkt: »Das ist Deutschland!« – »Donnerwetter«, sagt der Bauer. »Ob das der Führer weiß?«

23. August 1942. Der Wind ist fast eingeschlafen. Helle Mondnacht und ruhige See. Mit langsamer Marschfahrt setzen wir uns nach Süden ab. Gegen Morgen beginnt es zu regnen, und mittags ist der Regen so stark, daß keine Sicht mehr ist. Der Kommandant entschließt sich zum Unterwassermarsch.

Um 15.00 Uhr läßt er wieder auftauchen. Die Sicht ist etwas besser geworden, aber der Regen hält bis zum Abend an. Auch Korvettenkapitän Kals, der mit U 130 südlich von uns kreuzt, kann keinen Verkehr finden.

In der Nacht werden zwei beleuchtete Fahrzeuge gesichtet. Der Alte läßt vorsichtig heranstaffeln, bis zu erkennen ist, daß es sich um die beiden italienischen Tanker *Taigete* und *Arcola* handelt. Sofort läßt der Kommandant abdrehen, denn es sind Schiffe, die mit Erlaubnis der Alliierten fahren. Wir bekommen ihre Routen durch FT mitgeteilt.

Heute hörte ich, wie der I WO zum Kommandanten sagte: »War doch gut, daß wir nicht nach Brasilien gingen. Wegen dieser fünf kleinen Schiffe, die Schacht versenkt hat, hat Brasilien nun den Krieg erklärt.«

24. August 1942. Meine Nachtwache geht von 02.00 bis 08.00 Uhr. Wir laufen Kurs Südost, wo Würdemann Verkehr gemeldet hat. Eine hohe Dünung rollt uns entgegen, aber bei der geringen Fahrt bleibt die Brücke trocken.

Am Vormittag ein FT vom BdU an U 109: »Auf Meldung von Würdemann wird hingewiesen.« Das bedeutet, daß wir weiter südlich operieren können; jetzt, wo der Brennstoff schon so knapp ist. Auch dieser Tag vergeht ohne Sichtmeldung. Die Langeweile ist gefährlich, deshalb gibt es am Nachmittag wieder Übungen.

25. August 1942. Wir stehen südwestlich Liberia. Wolkenloser Himmel und klare Sicht, aber der Horizont bleibt leer. In der Offiziersmesse ist die Stimmung denkbar schlecht.

In der Zentrale treffe ich Obermaschinist Schewe bei der Brennstoffberechnung. Auf meine Frage, ob wir noch nach Hause kommen, lacht er. »Ach, Hirschfeld, bis Teneriffa kommen wir immer, keine Sorge.« – »Sonst waren es immer die Azoren, jetzt sind es die Kanaren«, sage ich.

26. August 1942. Helle Mondnacht, gute Sicht. Leichte Dünung und ein warmer Wind aus Südsüdost. Um 01.54 Uhr läßt der Kommandant ein Kurzsignal abgeben: »Habe Rückmarsch angetreten wegen Brennstoffstand. Bleichrodt.« Unser Bug zeigt aber weiter nach Südsüdost. Das wundert mich. Von Rückmarsch keine Spur.

Um 08.30 Uhr ein FT vom BdU: »U 109 sofort Standort und Brennstoff melden.« Postwendend geben wir die Antwort: »An BdU: Stehe in Qu. ET 89, 68 cbm, 15 Torpedos. Außer *Taigete* und *Arcola* nichts mehr gesehen. Bleichrodt.« Inzwischen ist ein FT von U 130 eingegangen. Kals hat auf der La Plata-Freetown-Route einen Dampfer versenkt.

Um 15.30 Uhr wieder ein FT: »An Bleichrodt von BdU: Rückmarsch war noch nicht erforderlich. Im Operationsgebiet vor ET 38 bleiben. Mit 30 cbm Ergänzung rechnen.«

Der Alte gibt mir schweigend die Kladde zurück. Ich sehe ihm an, daß er sich über die Rüge ärgert, aber dann lacht er und ruft dem I WO zu: »Die Rückmarschmeldung hat doch genützt.«

27. August 1942. In einer taghellen Mondnacht wurden sechs Aale aus den Oberdeckstuben in die Torpedoräume umgeladen. Jetzt haben wir alle Torpedos unter Deck. Kurz nach Mitternacht kam ein FT ›M-Offizier‹ von Kals. Da Bruns nicht klar kam, mußte ich ihm beim Entschlüsseln helfen. Der FT enthielt geheime Ansteuerungsanweisungen der Route Kapstadt-Freetown. Kals muß sie auf einem Dampfer erbeutet haben. Der Kommandant ging damit sofort zum Kartentisch und setzte einen neuen Kurs an.

Nach dem Umladen der Aale wurde ein Prüfungstauchen mit Unterdruck-Probe angesetzt, doch bei 40 m wurde plötzlich angeblasen, weil sich das Flutventil einer Untertriebszelle nicht schließen ließ. Ein Glück, daß es kein Ernstfall war. Nach einiger Zeit meldet die Maschine, daß der Fehler behoben ist, und das Tauchmanöver wird ohne Zwischenfall wiederholt.

Am Nachmittag, gegen 16.00 Uhr, schrillen die Alarmglocken. Die Fahrt geht steil abwärts; das ist keine Übung.

Von der Brückenwache hören wir, daß eine große Landmaschine mit doppeltem Leitwerk Backbord querab aufgetaucht war. Wir warten gespannt, aber alles bleibt ruhig. Keine Detonation. Nach einer Weile kommt der Alte durch das Kugelschott aus der Zentrale. Er hat sich beim Einsteigen ins Turmluk das Schienbein aufgeschlagen. Ich mache ihm einen Verband mit Lebertransalbe. Die Wunde scheint ihm große Schmerzen zu bereiten. Nach einer Stunde läßt er auf Sehrohrtiefe gehen. Von dem großen Vogel ist nichts mehr zu sehen; also wird aufgetaucht.

28. August 1942. Ruhige See. Helle Nacht, klare Sicht. Kurz nach Mitternacht kommt von der Brücke die Meldung: »Rauchwolke in Sicht!« – Die Diesel werden angeworfen, aber nach einer Stunde erstirbt ihr Hämmern, und wir laufen wieder mit E-Maschinen. Es war keine Rauchwolke, es waren Wasserfontänen von spautenden Walen.

Das Schienbein des Kommandanten sieht schlimm aus. Ich habe es wieder mit Lebertransalbe behandelt, denn meinen guten Peru-Balsam lehnt er ab. Ich erwähne, daß ich damit bei Maschinen-Maat Vetter ein großes Loch im Oberschenkel geheilt habe, das er sich an einer scharfen Ecke vom Dieseltrittbrett geholt hatte, aber der Kommandant bleibt skeptisch, was mich als Medizinmann etwas kränkt.

Einige Männer leiden an Furunkulose, die ich täglich mit Ichthyol behandle. Berthold Seidel spricht nur von den Leuten mit den Pestbeulen. Ausgerechnet der Gefechtsrudergänger Paul Pötter hat ein Furunkel im Gesicht, das lebensgefährlich sein kann. Der Alte ist sehr besorgt um ihn und sieht jeden Tag bei der Behandlung zu. Die Gonorrhoe von Zank scheint geheilt.

29. August 1942. Taghelle Nacht. Leichte Dünung und schwacher Wind aus Südost. Wir kreuzen südlich der Pfefferküste. Die Stimmung im Boot ist auf dem Nullpunkt angelangt.

Um 13.15 Uhr ein Schrei von der Brücke: »U-Boot voraus!« In der Weite des Atlantiks ein winziger Punkt. Der Turm eines deutschen Bootes vom Typ IX. Nach ES-Austausch steuern wir auf U 506, Kapitänleutnant Würdemann, zu. Bei der leichten Dünung können beide Boote in kurzem Abstand nebeneinander herlaufen.

Ich bin auf den Turm geentert, um mir U 506 anzusehen. Die Kommandanten unterhalten sich mit der Flüstertüte und tauschen Erfahrungen aus. Ich sehe meinen alten Freund Oberfunkmaat Robert Rüter aus Soest, den ich mit seinem fürchterlichen Bart fast nicht erkannt hätte.

Aus der Unterhaltung der Kommandanten entnehme ich, daß U 506 im Gebiet von Kals nichts getroffen hat. Würdemann meint, daß die großen Schiffe nicht mehr auf der direkten Route Kapstadt-Freetown fahren, sondern weit in den Golf von Guinea ausholen. Drüben scheint die halbe Besatzung auf dem Turm zu sein. Es ist ja auch selten, daß sich zwei U-Boote im Atlantik treffen.

Leider müssen wir uns wieder trennen. Das Flugzeug vor zwei Tagen war eine Warnung. Lachen und Winken auf beiden Seiten. Schnell wird der Abstand größer. »Kurs 100°«, befiehlt der Alte.

Das Bein des Kommandanten macht mir große Sorge. Es näßt und er hat starke Schmerzen. Wenn er nur meinem Peru-Balsam trauen würde.

30. August 1942. Helle Nacht, ausgezeichnete Sicht. Es ist Sonntag, aber Järschel meldet, daß er das übliche Essen nicht mehr geben kann. Er braucht den Schinken zum Braten.

Fast drei Wochen ist es her, seit wir die *Vimeira* versenkten, aber uns ist, als ob Kapitän Caird schon immer bei uns an Bord gewesen sei. Kaum zu glauben, daß wir Feinde sind.

31. August 1942. Eine dunkle Nacht und trotzdem gute Sicht. Kaum bewegte See und nur eine leichte Brise aus Südost. Die Sonne steigt aus dem Meer und knallt dann vom wolkenlosen Himmel. Wir stoßen weiter in den Golf hinein und nähern uns immer mehr dem Äquator.

Um 11.00 Uhr Prüfungstauchen. Der Kommandant hofft, daß wir vielleicht ein Schiff hören, aber in der Tiefe ist es totenstill. Heute willigt er endlich ein, daß ich sein Bein mit Peru-Balsam behandle. »Wo haben Sie das Gift eigentlich her?« fragt er. »Das hat mir der Stabsarzt Dr. Ziemke schon nach der ersten Fahrt in Lorient gegeben. Soll schwer zu beschaffen sein.« – »Gnade Ihnen Gott, wenn es nicht hilft«, brummt der Alte.

1. September 1942. Wir sind südlich der Elfenbeinküste. Meine Pilzkrankheit breitet sich langsam über den ganzen Körper aus.

Um 19.27 Uhr kommt von der Brücke der Ruf: »Mastspitzen voraus!« Der Alte wirft sein Buch auf die Koje und nimmt sein Glas vom Haken. »Habt ihr die Dampferwelle geschaltet?« fragt er, bevor er den Turm entert. Die Wache hat einen großen Dampfer mit hohen, weit auseinanderstehenden Masten gesichtet, der 14 sm läuft. Obwohl der Alte bei Einbruch der Dunkelheit hart auf den Dampfer zuhalten läßt, verschwindet er plötzlich in einer dunklen Wolkenbank. Auf der Brücke wird laut geflucht. Auch ein schnelles Tauchmanöver bringt nichts. Der Dampfer ist nicht zu hören. Deshalb gehen wir wieder an die Oberfläche und stoßen auf dem Generalkurs des Dampfers nach.

2. September 1942. Der Kommandant hat nur wenig geschlafen. Bei Einsetzen der Morgendämmerung ist er wieder auf der Brücke. Nach seiner Berechnung müßten wir jetzt vor dem Dampfer stehen. Um 10.35 Uhr tauchen seine Mastspitzen dann Steuerbord voraus auf. Da wir genau auf Generalkurs stehen, wird zum Unterwasserangriff getaucht.

Aber der Alte sucht das Schiff vergeblich mit dem Sehrohr. Es muß weggezackt haben. Dafür haben wir es im Horchgerät. Gleich darauf kommt der Befehl: »Auftauchen!« Mit Höchstfahrt wird nachgestoßen.

Nach einer Stunde Höchstfahrt kommen die Mastspitzen Backbord voraus in Sicht. Das Schiff zackt wild und unberechenbar.

Um 18.00 Uhr ist es endlich soweit. Wir laufen unter Wasser auf den Dampfer zu. Diesmal muß er fallen. Durch das Sprachrohr zum Turm höre ich, was der Alte sagt, und schreibe mit: »Dreierfächer aus Rohr eins, zwei und vier. Er zackt wieder nach Backbord. Gegnerlage Bug links 75°. Gegnerfahrt 14,5 sm. Entfernung 1800 m. Streubereich 100 m. Tiefe 3 m. Fächer los!«

Ein Ruck durch das Boot. Der Dreierfächer ist auf die Reise gegangen, aber das Schiff hat gezackt und die Torpedos gehen vorbei. Schnell wird gedreht, um einen Heckschuß anzubringen, aber auch diesem Aal weicht der Dampfer durch einen starken Zack aus.

Vier Torpedos daneben. Da drüben auf dem schnellen Schiff muß ein gewitzter Kapitän sein. Aber Ajax ist zäh. Um 20.30 Uhr wird aufgetaucht und mit AK nachgestoßen. Bei Einbruch der Nacht gerät das Schiff außer Sicht, aber sein Generalkurs ist bekannt. Der Alte kommt nach unten, um sich die Funkkladde anzusehen. »Nichts auf den internationalen Wellen?« fragt er nur. »Nein, Herr Kaleu. Er hat noch nicht gefunkt«, sage ich.

Um 21.00 Uhr haben wir das Schiff wieder voraus.

3. September 1942. Das ist unsere bisher längste Jagd auf ein einzelnes Schiff. Um Mitternacht stehen wir endlich vor ihm und drehen zum Heckanlauf ab.

Bald darauf kommt das Kommando: »Rohr sechs los!« Die Stoppuhren laufen, und dann schreien sie auf der Brücke: »Torpedo läuft nach Backbord. GA-Versager!« Der Kommandant reagiert sofort und befiehlt: »Rohr fünf fertig. Rohr fünf los!« Nach 85 Sekunden ein Knall! »Treffer im Achterschiff.«

Da geht es auch schon auf der 600-Meterwelle los: »SSS-SSS-SSS – *Ocean Night* – SSS-SSS-SSS 0,57° Nord, 04° West – torpedoed by submarine, sinking over stern – SSS-SSS-SSS.« – Wir suchen den Namen vergeblich im Lloyds-Register. Muß ein ganz neues Schiff sein, das auch in Gröners ›Handelsflotten der Welt‹ nicht verzeichnet ist. Ich steige durch den Turm nach oben. »Frage: Ein Mann Brücke?« – »Ja, Hirschfeld, kommen Sie rauf«, sagt der Alte. »Haben Sie den Namen?« – »Das Schiff heißt *Ocean Night,* Herr Kaleu. Steht aber nicht im Lloyds-Register und auch nicht im Gröner.«

Jetzt sehe ich auch das getroffene Schiff! Klippersteven, mittschiffs lang gestreckte Aufbauten, kurzer, ovaler Schornstein und viele Pfahlmasten.

Ohne das Nachtglas abzusetzen, sagt Schramm: »Rettungsboote haben jetzt abgelegt, Herr Kaleu.« – »Wir warten noch etwas«, sagt der Alte. »Dann bekommt er den Rest.« Ich steige wieder nach unten. »Dampfer hat schon seit einiger Zeit aufgehört zu senden«, sagt Ferdinand. »Eine Landstation hat den Ruf wiederholt.«

Nach einiger Zeit beginnt der Anlauf zum Fangschuß. »Rohr drei fertig!« Und dann: »Rohr drei los!« Nach 45 Sekunden eine harte Detonation. »Treffer in Maschine. Dampfer sinkt schnell über Backbordseite und Heck«, hören wir von oben. Braatz schreibt in der Zentrale alles mit. »Bug zeigt steil in die Luft. – Schiff geht auf Tiefe«, heißt es dann. Das ist also das Ende dieser langen Jagd. Einem unerfahrenen U-Boot-Kommandanten wäre dieses Schiff sicher entkommen. Sieben Torpedos verschossen. 175.000,- RM.

Die Suche nach den Rettungsbooten ist vergeblich; sie sind in der Dunkelheit verschwunden. »Schade«, sagt der Alte zum I WO, »Diesen Kapitän hätte ich gerne kennengelernt. Muß ein ganz erfahrener Kommandant sein!«

Etwas später geben wir einen FT ab: 0129/3 »An BdU: Soeben versenkt Qu. FF 3650 nach 32-stündiger Jagd *Ocean Night*, geschätzt 10.000 BRT, 14 sm, Generalkurs 105°, Zacks von 35° bis 160°. Beabsichtigte Suche auf Weg zwischen Qu. EF 3757 und FF 1166. 44 cbm, 4 + 4 Aale. SSO 3, bedeckt, 1016 mb, + 24°, mittlere Sicht. Bleichrodt.«

Die Verbindung mit Paris ist ausgezeichnet. Der FT wird sofort bestätigt. Anschließend haue ich mich in die Koje und schlafe sofort ein.

Um 12.00 Uhr plötzlich Alarm vor Flugzeug. Wir kommen gut unter Wasser. »Große Landmaschine!« meldet der I WO. »Typ nicht erkannt.« Der Alte nickt. »Die suchen uns. Den Notruf haben sie heute nacht ja mitgekriegt.« Um 14.15 Uhr wird wieder aufgetaucht. Weiter geht es mit Kurs Südwest. Um 18.00 Uhr wird der Äquator überschritten, und um 22.00 Uhr findet in der Zentrale eine kleine Äquatortaufe statt.

4. September 1942. Wir kreuzen weiter auf der vermeintlichen Route Freetown-Kapstadt. Die See ist kaum bewegt. Kurz nach 10.00 Uhr gibt es wieder Alarm. Nachdem das Boot abgefangen ist, erfahren wir, daß eine große Landmaschine aus dem Sonnen-Sektor achteraus angeflogen ist. Es knallt aber nicht, obwohl sie uns gesehen haben muß.

5. September 1942. Ein heißer Tag wie alle anderen. Mit dem Proviant ist auch nicht mehr viel los. Järschel kocht nur noch Eintopf.

Kapitän Caird erträgt alles mit Fassung. Auch das Essen. Er ist ein alter Fahrensmann. Das Bein des Kommandanten sieht besser aus und schmerzt nicht mehr.

6. September 1942. Tropennacht mit starkem Meeresleuchten. Herrlich kommt dann der Morgen herauf. Wir kreuzen in großen Schlägen nach Norden auf, ohne etwas zu sichten. Um 20.00 Uhr läßt der Kommandant auf Kurs Nordost drehen, zurück in den Golf von Guinea.

Bei Anbruch der Dämmerung werden Mastspitzen achteraus gesichtet. Ein Zittern geht durch das Boot. Die Diesel werden angeworfen und hämmern los. Bei völliger Dunkelheit sind wir dann so nahe, daß das Schiff mit den Gläsern gut zu sehen ist. Es ist ein großer, schneller Dampfer mit Generalkurs 60°, der nach jeder Seite um zwei Dez. zackt. Fahrt 14 sm.

Um 22.30 Uhr heißt es: »Auf Gefechtsstationen!« Der Kommandant setzt zum Anlauf an. »Zwei Einzelschüsse aus Rohr eins und drei. Beides ATO. Entfernung 800 Meter.« Und dann: »Rohr eins fertig! Rohr eins los!« Gleich darauf: »Rohr drei fertig! Rohr drei los!« Die Aale laufen.

Nach 45 Sekunden eine scharfe Detonation und fünf Sekunden später eine weitere Detonation. Treffer Maschinenraum und Achterschiff. »Dampfer hat gestoppt und dreht bei.« Wir warten auf den Notruf. Sollte der Funker gefallen sein? »Dampfer sackt achtern schnell tiefer. Boote werden ausgesetzt«, heißt es dann. Ferdinand kurbelt vergeblich die internationalen Kurzwellen ab.

Zehn Minuten nach dem zweiten Treffer tönt es plötzlich aus dem kleinen Lautsprecher: »SSS-SSS-SSS- 1° 34′ Nord, 11° 40′ West *Tuscan Star* torpedoed – sinking quickly SSS-SSS-SSS.« Wir schlagen im Lloyds-Register nach: »*Tuscan Star* Kühlschiff, britisch, 11.449 BRT, London.« Der Notruf geht nur zweimal hinaus und wird von den Landstationen nicht wiederholt. »Das war doch nicht seine FT-Station«, meint Ferdinand. Auch ich glaube, daß es nur ein Notsender war. Ich steige auf die Brücke und melde dem Kommandanten Namen und Tonnage des Schiffes. Der I WO läßt mich kurz durch sein Glas sehen. Da liegt der Dampfer mit schwerer Schlagseite; das Achterschiff ist schon bis zum Schornstein überspült.

»Jetzt geht er über den Achtersteven auf Tiefe«, sagt der I WO. Ich muß wieder nach unten und höre noch, wie der Kommandant Befehl gibt, auf die Rettungsboote zuzudrehen, um den Kapitän gefangenzunehmen.

In einem der Boote sind Frauen und Kinder. Ferdinand wird auf die Brücke gerufen. Er kommt bald zurück. »Ich soll Proviant für die Schiffbrüchigen zusammenstellen. Milch und Brot für die Kinder, sagt der Alte. Wie er sich das wohl vorstellt.« – »Nimm doch von der Dosenmilch. Was anderes haben wir nicht. Und einige Kilodosen von dem Hühnerfleisch ohne Knochen«, sage ich zu ihm. Er macht sich mit Järschel an die Arbeit.

Oben haben sie Hilferufe gehört. Zwischen den Wrackteilen schwimmt ein Mann. Maureschat bekommt ein Seil um die Brust, springt über Bord und greift sich den Ertrinkenden. Berthold Seidel hält das Seil und zieht die beiden mit Hilfe der Wache an Bord. Der Gerettete ist der Zweite Funkoffizier des Schiffes, der nicht mehr in die Boote gekommen ist. Er wird ins Boot gebracht und in der Maschine ausgezogen und trockengerieben.

Järschel schleppt zwei Säcke mit Proviant in die Zentrale. »Brennstoff haben wir kaum noch«, sagt Otto Peters, »da brauchen wir auch keinen Proviant mehr.« – »Aber, aber«, belehrt ihn Schewe, »wir können doch an die Küste gehen und Bananen pflücken.«

Die Boote sind längsseits gegangen, und der Proviant wird verteilt. Seidel entdeckt in einem der Boote eine schöne Frau in einem Pelzmantel, der halb offen ist und einen kaum verhüllten großen Busen sehen läßt. »Herr Kaleu«, ruft Berthold vom Oberdeck zur Brücke hinauf, »leuchten Sie doch in das Boot. Ich möchte die schöne Frau noch einmal sehen.« Auf der Brücke wird ihm der Gefallen getan – aber im Rettungsboot muß man seine Worte wohl verstanden haben, denn die Frau lacht und verdeckt langsam ihren Busen.

Die Rettungsboote sind zwar stabil und groß, aber etwas überladen. Nach Aussagen der Schiffbrüchigen ist der Kapitän mit seinem Schiff untergegangen. Dem I. Offizier, der eines der Boote steuert, wird mitgeteilt, daß der Funker Gordon Gill gerettet ist und sich an Bord befindet. Dann wird ihm noch der nächste Kurs zur Küste angegeben. Die Boote werden losgeworfen und treiben langsam achteraus. »Thank you! Good luck!« tönt's von ihnen zu uns herüber. Hoffentlich erreichen sie die Küste.

Der aufgefischte Funker Gordon Herbert Gill ist erst 21 Jahre alt und stammt aus Manchester. Von ihm erfahren wir, daß die *Tuscan Star* mit 11.000 t Gefrierfleisch von Buenos Aires kam und nach England bestimmt war. Das Schiff hatte 60 Mann Besatzung und 29 Passagiere, darunter sieben Frauen und zwei Kinder. Gill hat noch einen Notruf versucht, aber der Sender war ausgefallen.

7. September 1942. Mit langsamer Fahrt läßt der Kommandant nach Osten ablaufen. Gegen 02.30 Uhr geben wir folgenden FT ab: »0010/7 An BdU: Qu. FF 1149 *Tuscan Star,* Kurs 60°, 14 sm, versenkt. – 4 + 2 Aale, 33 cbm, S 3, 15 mb, + 24°. Bleichrodt.«

Wieder kommt ein herrlicher Morgen herauf, und kurz darauf läßt der Kommandant zum Unterwassermarsch tauchen.

Gegen 14.00 Uhr wird aufgetaucht. Auf Längstwellenprogramm holen wir die fehlenden Funksprüche herein, darunter FT 1126/7. »An Bleichrodt von BdU: Rückmarsch antreten über Qu. DS 30.«

Nachdem der Alte diesen FT gelesen hat, ruft er den I WO. Schramm liest und schüttelt den Kopf. »Unverständlich, Herr Kaleu. Jetzt, wo wir die Verkehrsader höchstwahrscheinlich gefunden haben.« – Der Alte nickt. »Sollen wir sechs Torpedos wieder nach Hause bringen? Es ist zum Kotzen mit dem Brennstoff.«

Quadrat DS 30 liegt südwestlich der Kanarischen Inseln, querab Rio de Oro. Bis dahin werden wir mit unserem Brennstoff kommen. Der

Kommandant hatte bisher gehofft, hier in der Gegend südlich von Liberia versorgt zu werden.

8. September 1942. Wir haben den Rückmarsch noch nicht angetreten. Die Sicht ist sehr schlecht geworden. Bei diesem Wetter hätten wir die *Tuscan Star* nicht gefunden. Um 10.40 Uhr geben wir einen Funkspruch ab. »FT 0952/8. An BdU: Erbitte Verbleib im Gebiet und spätere Versorgung wie Schacht. Bleichrodt.« Der Alte läßt nicht locker. Wir kreuzen mit Generalkurs 2870 und langsamer Fahrt durch die ruhige See. Vergeblich suchen die Männer auf der Brücke den Horizont ab. Die Kimm ist diesig und spiegelt.

Am Nachmittag kommt die Antwort auf unseren FT. »1236/8 von BdU an U 109: Rückmarsch bis Qu. DG 50 muß sichergestellt sein. Vorher keine Versorgung möglich.« Das ist noch weiter nach Norden. Der Alte nickt resigniert.

9. September 1942. Ferdinand hat mich um 08.00 Uhr abgelöst. Ich bin in meiner Koje gerade am einschlafen, als ich spüre, daß die Diesel das Boot erzittern lassen. Ich fahre hoch und sehe Berthold Seidel, der mir zuruft: »Rauchwolke voraus. Schnelles Schiff. Wir laufen schon über 17 sm.« Wir sind also auf der richtigen Verkehrsader und müssen trotzdem den Rückmarsch antreten.

Ich stehe auf und gehe zum Funkraum. Das Schiff kommt schnell über den Horizont. Der Kommandant versucht in einer Regenböe näher heranzukommen, doch als sie vorbeigezogen ist, sind wir zu nahe und müssen mit Alarm unter Wasser. »Auf Gefechtsstationen. Beide E-Maschinen AK voraus!« Der Kommandant versucht, in eine Weitschuß-Position zu kommen, aber nach einiger Zeit wird die Fahrt verringert. Mit 8 sm Unterwasserfahrt schaffen wir es nicht.

»Wegtreten von Gefechtsstationen!« tönt es aus den Lautsprechern. Einige Zeit später kommt der Alte aus dem Turm. »War er nicht zu kriegen?« fragt Ferdinand. Der Alte schüttelt den Kopf. »Da rauscht er mit 18 sm in 10.000 Meter Entfernung vorbei. Aber zu weit für einen Ato.«

Ich kann mich kaum noch auf den Beinen halten und haue mich wieder in die Koje. Ferdinand läßt mich bis 13.00 Uhr schlafen. Inzwischen wurde ein FT abgegeben. »An BdU: Typ *Duchess of Bedford* vergeblich gejagt. 350°, 18 sm. 27,5 cbm, 4 + 2 Torpedos. Qu. FE 3331. Bleichrodt.«

10. September 1942. Querab liegt die Pfefferküste von Liberia. Mit kleinster Marschfahrt geht es nach Nordwesten.

Unter den Funksprüchen ist ein FT von U 165. Korvettenkapitän Eberhard Hoffmann versenkte dicht vor Quebec im St. Lorenzstrom drei Dampfer mit je zwei Treffern aus einem Geleit von fünf Dampfern. Gesamt 19.000 BRT. Das ist der Hoffmann, den wir vor Labrador an Bord hatten und den ich im letzten Urlaub in Hamburg traf. Nun hat er sich das EK I, das er beim Stab erhielt, redlich verdient.

11. September 1942. Südwestlich Sierra Leone. Mit geringer Fahrt durch die Quadrate ET 84 und ET 73, Kurs auf die Kapverden. Um Brennstoff zu sparen, läßt der Kommandant nur noch jeden dritten Tag das Prüfungstauchen durchführen. Tauchbunker sechs und drei werden ausgeblasen und als Tauchzellen gefahren, um keine unnötigen Wassermengen herumzuschleppen. War die Idee von Schewe. Der Funker Gill hat sich gut eingelebt. Schade, daß wir ihn nicht im Funkdienst einsetzen können, aber dann würde er Einblick in unser Schlüsselwesen gewinnen.

12. September 1942. Ein leichter Wind weht aus Westsüdwest. Die Sicht ist schlecht geworden. Regenschauer lassen den Horizont manchmal ganz verschwimmen. Auch der Proviant wird nun bedenklich knapp. Was wird aus uns, wenn der Versorger versenkt wird, bevor er uns beölt hat? Am Abend stehen wir westlich Sierra Leone. Das Bein des Kommandanten ist bedeutend besser geworden. Ich behandle weiter mit Peru-Balsam.

13. September 1942. Ferdinand zeigt mir einen FT, den er um 01.15 Uhr von der Amerika-Schaltung aufgenommen hat. »An BdU: Versenkt von Hartenstein Brite *Laconia* Qu. FF 7721, 310°, leider mit 1500 italienischen Kriegsgefangenen. Bisher 90 gefischt. 175 cbm, 19 Aale, Passat 3. Erbitte Befehle. Hartenstein.«

»Wo liegt das Quadrat?« frage ich. Ferdinand winkt ab. »Schon weit hinter uns. Ungefähr 500 sm nördlich der Insel Ascension. Wir brauchen den Alten nicht zu wecken.«

Wir schalten die internationalen Wellen, aber es ist alles ruhig. Sollte die *Laconia* keinen Notruf mehr gesendet haben oder haben die Landstellen geschlafen? Gegen 04.00 Uhr ein FT vom BdU: 0340/13 »Schacht, Gruppe Eisbär, Würdemann, Wilamowitz-Möllendorf sofort zu Hartenstein gehen nach Qu. FF 7721. Hohe Fahrt. Schacht und Würdemann Standort melden. BdU.«

Um 06.00 Uhr legt plötzlich ein Sender auf der 600-Meterwelle los: »CQ-CQ-CQ –« Ich stoße Leibling am »Das ist ein U-Boots-Sender.« Wir schreiben mit: »CQ-CQ-CQ. An alle! If any ship will assist the shipwrecked *Laconia* crew, I will not attack her, providing I am not being attacked by ship or airforce. I picked up 193 men. 4° 53' Süd, 11° 26' West. German Submarine.«

»Toll«, sagt Leibling. »So etwas hat es noch nicht gegeben. Das muß Hartenstein gewesen sein.« Dann geht es auf der 25-Meterwelle los. Wir übersetzen: »Wenn ein Schiff der schiffbrüchigen *Laconia*-Besatzung helfen will, werde ich es nicht angreifen, sofern ich nicht selbst von Schiff oder Flugzeug angegriffen werde. Habe 193 Menschen aufgelesen …«

Als ich dem Kommandanten am Morgen die FT-Kladde vorlege, sagt er: »Mein Gott, der Hartenstein. Ich möchte nicht in seiner Haut stecken.« Nachdem der I WO die Kladde gelesen hat, sagt er zum Kommandanten: »Das ist doch Selbstmord von Hartenstein. Die nehmen doch keine Rücksicht auf die Schiffbrüchigen und werden ihm Flugzeuge auf den Hals schicken.«

14. September 1942. Wir haben Freetown passiert und stehen westlich Französisch-Guinea. Die See ist spiegelglatt. Schacht hat gemeldet, daß er mit 15 sm Untergangsstelle *Laconia* ansteuert. Ist etwa noch 700 sm entfernt und kann erst in zwei Tagen dort sein. Der BdU hat in einem FT an die Gruppe ›Eisbär‹ bekannt gegeben, daß das italienische U-Boot *Cappellini* ebenfalls zur Rettung herbeieilt. Das wird eine große Versammlung von U-Booten; hoffentlich gibt es kein Gemetzel.

Der Alte hat die Kladde gelesen, runzelt die Stirne und fragt: »Von Otto Ites noch nichts gehört?« – »Nein, Herr Kaleu. Aus der Karibik melden mehrere nicht mehr.« Er nickt nur und geht.

15. September 1942. In der Nacht hat der Wind etwas aufgefrischt. Am Morgen haben wir Nordnordost 3, See 2–3. Die Sicht ist sehr gut. Um 16.00 ein FT: »Schnoor steuert nach Versorgung Steinhoff, Poser, Rosenberg, Liebe Qu. DS 30 an. Hier Treffen mit Bleichrodt. BdU.«

Also Schnoor soll uns versorgen, aber ob wir das Quadrat DS 30 noch erreichen, ist sehr fraglich. Schewe hat ausgerechnet, daß wir nur noch drei Tage mit Diesel marschieren können. Dann müssen wir segeln. So knapp wie auf dieser Fahrt war der Brennstoff noch nie.

Gestern meldete Hartenstein, daß er etwa 1500 Überlebende schätzt. Sie sind in 22 großen, randvollen Booten und auf vielen kleinen Flößen untergebracht. Bisher wurden keine anderen Schiffe oder Flugzeuge gesichtet. Der BdU gibt bekannt, daß ein französischer Kreuzer mit hoher Fahrt aus Dakar kommt.

16. September 1942. Wir stehen westlich von Cap Verde. Querab liegt Dakar. Der Wind hat weiter aufgefrischt. Es weht ein steifer Nordost-Passat. Eine lange, hohe Dünung rollt uns entgegen. Wir verbrauchen dabei mehr Brennstoff, als vorausberechnet. Wenn der Wind noch zunimmt, werden wir nicht einmal die Kapverden erreichen.

Schewe macht ein sehr bedenkliches Gesicht und schlägt dem Alten vor, nachts nur noch mit E-Maschinen zu fahren. Gegen Morgen ein FT: »An Bleichrodt: Ab 19. 9. auf Amerika eins gehen. BdU.« Sonderbar, diese Schaltung hatten wir ja schon die ganze Zeit.

17. September 1942. Während der Nacht ist der Wind noch steifer geworden. Er weht jetzt mit Stärke 5 aus Nordost. Das Boot liegt hoch, weil wir alle leeren Zellen ausgeblasen haben. Ausgang FT 0101/17 an BdU: »Qu. 3610, noch 8 cbm, marschiere mit Diesel nur noch zum Aufladen, sonst E-Maschine. Erbitte Anweisung für Schnoor zwecks Entgegenkommen nach 8, da erreichen Qu. DS 30 brennstoffmäßig nicht mehr sichergestellt. NO 5, lange Dünung aus NO, 1018 mb, + 25°, klare Nacht, gute Sicht. Bleichrodt.« Die Antwort läßt nicht lange auf sich warten. FT von BdU an U 109: »So sparsam wie möglich 340° steuern.«

Wir haben in der Nacht einen FT aufgenommen, der mich an die Worte des I WO denken läßt. »Hartenstein von amerikanischer Liberator beim Schleppen von 4 vollen Booten trotz 4 qm großer Rotkreuzflagge auf Brücke bei guter Sicht im Tiefflug fünfmal gebombt. Beide Sehrohre unklar. Breche Hilfe ab. Alles von Bord. Absetze nach West. Repariere.«

»Ein Wunder, daß er noch schwimmt«, sagt Schramm, nachdem er den FT gelesen hat. Auch Würdemann meldet, daß er mit 198 Geretteten vor einem Flugzeug getaucht habe und zweimal gebombt wurde.

Gegen 11.00 Uhr meldet die Brücke: »Mastspitzen voraus!« Ausgerechnet jetzt, wo wir jeden Tropfen Brennstoff brauchen. Der Kommandant steigt nach oben, und bald darauf kommt der Befehl: »Beide Diesel Große Fahrt voraus!«

Mit 15 sm Fahrt jagen wir nach Süden. Der Dampfer steuert 180 bis 200°, läuft aber nur 10 sm. In einer Stunde haben wir ihn ausgedampft und stehen in vorlicher Position. Dann geht es unter Wasser zum Angriff.

»Kommt gut in Schußposition«, höre ich den Alten im Turm sagen. »Er hat zwei Kanonen achtern und mehrere Schnell-Ladekanonen!« Um 13.10 Uhr ist es soweit. »Dreierfächer aus Rohr eins, zwei und vier. Gegnerlage Bug links 90°, Fahrt 10 sm, Tiefe drei Meter, Entfernung 800 Meter. Fächer fertig! Fächer los!«

Die Stoppuhren laufen, und wir horchen mit dem GHG. Die Aale laufen gut. Nach 26 Sekunden der erste Knall. Gleich darauf zweite und dritte Detonation. Kommandant fährt das Sehrohr wieder aus. »Dampfer bekommt starke Schlagseite nach Backbord. Boote haben schon abgelegt.« Bald darauf kentert das Schiff und geht über den Vordersteven auf Tiefe. Wir tauchen auf, und langsam fährt der Kommandant an die Rettungsboote heran. Sie sind stabil, gut ausgerüstet und können die Kapverden erreichen. Der Alte fragt nach dem Kapitän, der an Bord gebeten und gefangen genommen wird. Wir haben den britischen Dampfer *Peterton* versenkt, der von Hull nach Buenos Aires mit Kohle unterwegs war; 5221 BRT groß und bewaffnet mit einer 10,5-cm-Kanone und zwei Örlikon 4,7 cm Schnell-Ladekanonen. Außerdem waren vier Wurfvorrichtungen für Wasserbomben an Bord.

Der Kapitän hat eine Tasche mit sämtlichen Schiffspapieren der *Peterton* und geheimen Anweisungen über das Ansteuern von Freetown bei sich. Er macht sich lustig darüber, daß wir drei Torpedos auf sein kleines Schiff abgefeuert haben; ein Aal hätte doch genügt. Der Kommandant lacht. »Ich weiß, und dann Auftauchen mit Feuerüberfall. Habt ihr wohl in England geübt.« Ausgang FT 1341/17. An BdU: »Soeben Qu. EH 3258 doch noch einen umgelegt. Brite *Peterton* 5221 BRT mit Kohle von Hull nach Buenos Aires, 190°, 10 sm. 7 cbm, 1 Eto, 2 Ato, steifer NO-Passat 4, 17 mb, + 25°, gute Sicht. Bleichrodt.«

Mit sparsamster Marschfahrt weiter nach Norden. Ab 20.00 Uhr schweigen die Diesel; wir fahren wieder mit E-Maschinen.

18. September 1942. Helle Mondnacht, gute Sicht. Wind hat stark abgeflaut. Wettermeldung abgegeben. Kapitän Caird von der *Vimeira* weist seinen Kollegen in das deutsche U-Boot-Leben ein. Der Neue erzählt seinen Landsleuten, er hätte nur auf unser Auftauchen gewartet, um uns mit seinen Örlikons wegzupusten. »Und uns mit«, sagt Caird. »Da bist du aber bei Commander Bleichrodt an den Falschen geraten.«

Das Drama der *Laconia* scheint endlich beendet zu sein. Die französischen Schiffe haben aufgesammelt, was noch lebte, und nach Abgabe aller Schiffbrüchigen setzen die U-Boote ihren Südmarsch fort. Um 12.00 Uhr Eingang FT 1112/18. An Bleichrodt: »Kurs 320° steuern. 20. 9. früh Standort und Vormarschgeschwindigkeit melden. Schnoor anschließend Treffpunkt festlegen. Brennstoff nur für sparsamsten Rückmarsch abgeben. BdU.«

19. September 1942. Wir stehen nordwestlich Cap Verde. Die ganze Nacht mit E-Maschinen gelaufen. Am Vormittag mußten die Diesel angeworfen werden, um die Batterien aufzuladen. Der Alte will auf keinen Fall den letzten Liter Brennstoff verfahren. Von 15.00 bis 21.00 Uhr Unterwassermarsch.

20. September 1942. Helle Mondnacht. »Wenn wir heute keinen Brennstoff kriegen, müssen wir doch noch segeln«, sagt der Kommandant. Um 08.25 geht unser FT hinaus: »An Schnoor: Stehe 08.00 Uhr DS

5186, 320°, 7 sm. Bleichrodt.« Der FT wird von Paris sofort wiederholt, aber es vergeht Stunde um Stunde ohne Reaktion von Schnoor.

Um 11.20 Uhr steht der Alte wieder am FT-Raum und diktiert einen neuen Spruch. »An Schnoor: Erbitte Angaben über Treffpunkt. Bleichrodt.« Ich sehe ihn vielsagend an. Der Alte nickt mir zu: »Ich will wissen, ob er noch existiert.«

Die Stimmung im Boot ist miserabel. Alle haben mitgekriegt, daß unsere Heimkehr von Schnoor abhängt. Sollte es ihn erwischt haben, sind wir am Ende.

Gegen 13.00 Uhr entschlüsselt Leibling einen FT: »An Bleichrodt: Vorschlage Treffpunkt heute 21.00 Uhr in Qu. 1954. Schnoor.« Ein Aufatmen geht durch das Boot. Mit langsamer Fahrt geht es nach Norden, und um 20.00 Uhr kommt von oben der Ruf: »U-Boot voraus!«

Zum erstenmal sehen wir eine dieser dicken Seekühe vom Typ XIV. Nach kurzer Begrüßung wird mit der Übergabe begonnen. Das Wetter ist günstig; nur leichte See. Die Männer von U 460 arbeiten schnell. Wir bekommen 38 cbm Brennstoff und für fünf Tage Proviant.

21. September 1942. Kurz nach Mitternacht ist die Versorgung beendet. Die Leinen fliegen los. Jeder wünscht dem anderen gute Heimfahrt. Dann trennen sich die Boote. Wir laufen mit östlichem Kurs ab. Bald darauf empfangen wir den FT 2353/20: »Versorgung Bleichrodt durchgeführt. Schnoor.«

22. September 1942. Kurz nach Mitternacht Wetter abgegeben. Wir sind die reinste schwimmende Wetterstation. Der Wind hat wieder stark aufgefrischt. Eine lange, hohe Dünung rollt uns entgegen. Die Stimmung ist gut. Wir haben wieder Brennstoff und steuern Kurs Lorient.

23. September 1942. Helle Nacht, gute Sicht. Der Wind kommt weiter aus Ostnordost. Eingang FT 1227/23: »An U 109. Einlaufhafen ist Lorient. BdU.«

Als ich Ferdinand um 16.00 Uhr im Funkraum ablöse, gibt er mir die Kladde, und ich lese. »FT 1508/23. An Bleichrodt: In dankbarer Würdigung Ihres heldenhaften Einsatzes im Kampf für die Zukunft unseres Volkes verleihe ich Ihnen als 125. Soldaten der deutschen Wehrmacht das Eichenlaub zum Ritterkreuz des Eisernen Kreuzes. Adolf Hitler. Herzlichen Glückwunsch. Befehlshaber.« – »Gib die Kladde dem I WO«, sage ich. »Der muß es verkünden.«

Der Alte ist tief bewegt, als Oberleutnant Schramm den FT in der Offiziersmesse verliest. Dann geht es wie ein Lauffeuer durch das Boot: »Der Alte hat das Eichenlaub erhalten.« Die Lords sind begeistert. Sie wissen, daß es eine dicke Feier an Land geben wird. »Na ja,« sagt Otto Peters mit besorgter Miene, »wenn wir mit dem Ding mal erst am Hafen sind.«

Um 20.00 Uhr wird zu einer Feierstunde getaucht. Der Kommandant hält eine Ansprache an die Besatzung und dankt für die gute Zusammenarbeit. Järschel hat aus dem von U 460 übernommenen Proviant ein Festessen gezaubert. Um 23.00 Uhr kommt der Befehl zum Auftauchen. Die Diesel fauchen los. Über Wasser geht es der Heimat entgegen.

24. September 1942. Der Wind hat etwas abgeflaut. Um 04.40 Uhr wieder Wetter gemeldet. – Dann hagelt FT auf FT auf uns ein. Lange Funksprüche mit Glückwünschen vom Oberbefehlshaber der Kriegsmarine, vom Flottenchef und dem Oberbefehlshaber Nordsee. »Mein Gott«, stöhnt Leibling, »das ist ein Funkverkehr. Der Feind denkt bestimmt, da wird eine dicke Sache eingefädelt. So viele FTs wie auf dieser Fahrt haben wir noch nie erhalten.«

25. September 1942. Südlich der Azoren. Wieder helle Mondnacht. Der Wind hat auf Nord gedreht. Das Wetter scheint umzuschlagen. Ab 00.00 Uhr laufen wir mit Kurs 42° auf die Biskaya zu. Um 09.20 rasen die Alarmglocken durch das Boot. Prüfungstauchen. Anschließend läßt der Alte zwei Stunden Störungsexerzieren durchführen. Lange nicht gemacht. Um 11.30 wird wieder aufgetaucht.

Es weht ein steifer Nordost mit Stärke sechs. Wir stampfen gegen eine hohe Dünung an und machen nur noch 5 sm Fahrt. Um 15.30 Uhr stehen wir genau südlich der Azoren-Insel Sao Miguel, als von der Brücke der Ruf kommt: »Mastspitzen Steuerbord voraus.« Der Alte hechtet auf die Brücke. Wir warten gespannt. Dann kommt der Befehl: »Alles festzurren. Kurs wird geändert.«

Die Diesel werden hochgejagt, und der Bug schwingt auf Kurs Ost. Das hoch aus dem Wasser ragende Boot rollt und schlingert furchtbar. Im FT-Raum stemmen wir uns mit den Füßen gegen Sender und Schränke. Der Torpedomaat erscheint am FT-Raum. »Auf zum letzten Gefecht«, sagt er lachend. »Hoffentlich werde ich meine drei Aale noch los. Aber Unterwasser-Angriff wird wohl nichts bei dieser See.« – »Nee«, sage ich. »Werden bis zur Nacht warten müssen. Ein Glück, daß er nach Osten läuft.«

Die hohe Fahrt kann nicht gehalten werden, da die Brücke dauernd unter Wasser ist. Das Vorsetzen dauert endlos, und die Sicht wird immer schlechter. Wir jagen einen Tanker, der mit Kurs 90° nach Gibraltar steuert. Als wir endlich gegen 08.00 Uhr auf seinem Generalkurs in vorlichter Stellung sind, verschwindet er in einer Regenböe. Der Kommandant versucht nachzustoßen, aber diesmal hat er kein Glück. Am Abend wird die Suche wegen Brennstoffmangel abgebrochen.

26. September 1942. Das Wetter wird immer schlechter. Am Morgen haben wir Nordost sieben und eine gewaltige Dünung.

Heute auch ein FT von U 165, Korvettenkapitän Hoffmann: »Stehe 48 Stunden vor Einlaufhafen.« – Am 17. 9. hatte er noch gemeldet, daß er einen 6000-Tonner im St. Lorenzstrom versenkt habe. Verschossen. Rückmarsch. Und jetzt ist er schon in der Biskaya. Muß wohl noch genug Brennstoff gehabt haben.

27. September 1942. In der Nacht muß ich dem Leutnant zur See Bruns helfen, einen ›FT-Offizier‹ zu verschlüsseln. Er kam nicht klar. »An 2. U-Flottille: Vorschlage Bootsmaat Seidel, Berthold, zum Deutschen Kreuz in Gold. Tiefenrudergänger, Gefechtsbrücken-Unteroffizier und Gef.-Tiefenrudergänger. Teilnahme an 14 Feindfahrten mit 80 Seewochen, beteiligt an Versenkung von 61 Schiffen mit insgesamt 405.000 BRT. Bleichrodt.« Berthold darf davon nichts erfahren.

Das Wetter wird immer schlechter. Die Brecher knallen gegen den Turm. Gegen 12.00 Uhr ein furchtbares Krachen im Vorschiff. Mein erster Gedanke ist, daß wir ein unter Wasser liegendes treibendes Wrack gerammt haben, aber dann meldet die Brücke, daß die Verkleidungsklappe von Rohr zwei abgerissen ist und quersteht.

28. September 1942. Wir kommen nicht mehr voran. Der Brennstoffverbrauch ist besorgniserregend. Um 09.00 Uhr läßt der Kommandant zum Unterwassermarsch tauchen. Wir gehen auf 130 m Tiefe. Die Torpedomixer versuchen mit Druck auf Rohr zwei die querstehende Verkleidungsklappe loszuwerden. Anscheinend haben sie Erfolg gehabt, denn beim Auftauchen um 14.00 Uhr ist kein Schlagen mehr in der hohen See zu hören.

Um 20.00 Uhr stehen wir in Quadrat CF 25 querab Vigo. Das Boot stampft entsetzlich. Wir liegen zu weit aus dem Wasser. Der Wind kommt aus Nordnordwest mit Stärke acht. Seegang sieben bis acht.

29. September 1942. Wir haben Quadrat BE 88 erreicht und stehen querab Kap Finisterre, nordöstlich der Azoren. Der Wind hat ganz auf Nordwest gedreht und bläst unvermindert mit Stärke acht. Die Dünung wird immer gewaltiger. Das leere Boot rollt, als wollte es umschlagen.

Wir fahren diesel-elektrisch, da der Brennstoff schon wieder knapp wird. »Wenn das so weitergeht«, sagt Schewe, »müssen wir uns noch vom Sperrbrecher einschleppen lassen.« – »Vorausgesetzt, wir kommen durch die Biskaya«, sagt Obermaschinist Winter. »Deinen Berechnungen traue ich nicht mehr.«

30. September 1942. Der Wind ist in der Nacht noch stärker geworden. Wir haben jetzt Windstärke neun und Seegang acht. Die Dünung ist gewaltig. Bei diesem Seegang macht das Boot mit diesel-elektrischer Fahrt nur noch vier bis fünf Seemeilen.

Um 04.00 Uhr entschließt sich der Kommandant zum Unterwassermarsch. Bis 60 m Tiefe ist die Dünung noch zu spüren. Das Boot wird auf 130 m eingesteuert und in dieser Tiefe wird marschiert. Wenn dieses Wetter länger anhält, werden wir mit unserem Brennstoff kaum Lorient erreichen. Eine Versorgung in der Biskaya ist wegen der Gefahr aus der Luft einfach unmöglich.

1. Oktober 1942. Kurz vor Mitternacht hat der Kommandant noch einmal versucht, aufgetaucht zu fahren, aber wir kamen nicht voran. Um 05.00 Uhr sind wir zum Längstwellen-Empfang auf 14 Meter Tiefe gegangen.

Als der Kommandant dann um 08.00 Uhr auftauchen läßt, weht der Wind aus Ostnordost nur noch mit Stärke sieben. Die hohe Dünung aus Nord ist zusammengefallen. Wir bleiben vorerst oben, und die Brückenwache zieht auf, aber um 14.00 Uhr läßt der Alte wieder tauchen zum Unterwassermarsch auf 120 m.

2. Oktober 1942. Die ganze Nacht auf 120 m Tiefe marschiert. Nur zur Programmzeit der Längstwelle um 05.00 Uhr sind wir für einige Zeit auf 14 Meter gegangen. Wir stehen im Quadrat BE 9576. Um 09.30 Uhr müssen wir wieder auftauchen zum Aufladen. Tief hängende Bewölkung. Wir müssen hier, am Rande der Biskaya, jeden Augenblick mit einem Überfall aus den Wolken rechnen. Unser Etmal ist 53 sm über Wasser und 52 sm unter Wasser. Alle sind froh, als Obermaschinist Winter gegen 13.00 Uhr meldet, daß die Batterien aufgeladen sind und es auf 120 m abwärts geht.

Den ganzen Nachmittag grollt der Donner in der Ferne. Die drei Briten machen große Augen. Am Spätnachmittag einige Detonationen von Fliegerbomben, gar nicht weit weg. Dem Funker Gill steht die Angst im Gesicht geschrieben, während die beiden Kapitäne sich nichts anmerken lassen. Sie haben gelernt, ihre Gefühle zu verbergen.

3.Oktober 1942. Die ganze Nacht unter Wasser. Um 08.00 Uhr hören wir Fliegerbomben-Serien aus der Ferne.

Um 09.30 Uhr müssen wir zum Laden auftauchen. Tief hängende Wolkenfetzen jagen am Himmel dahin und die Sicht ist denkbar schlecht. Die Männer sitzen sprungbereit auf ihren Stationen. Auch die drei Briten spüren die Spannung. Sie reden nicht viel und lauschen auf die Geräusche im Boot.

Um 14.45 Uhr rasen die Alarmglocken. Mir läuft es kalt über den Rücken, als die Brückenwache in die Zentrale poltert. Steil geht es abwärts. »Auf 100 m gehen«, höre ich aus der Zentrale. Wir stemmen uns im Funkraum gegen den Sender. »Bin gespannt, wann es knallt«, sagt Leibling. Nachdem das Boot auf 100 m abgefangen worden ist, hören wir, daß ein Flugzeug im direkten Anflug aus dem Sonnensektor kam. Karl Will hat es zuerst gesehen.

Wir warten vergeblich auf eine Detonation. Vielleicht hatte er keine Bomben mehr oder er wartet auf unser Auftauchen. Ganz sicher aber gibt er eine Sichtmeldung ab. Der Alte taucht nicht mehr auf und läßt auf 110 m Tiefe weitermarschieren.

Gegen 16.00 Uhr lang anhaltender Donner in der Ferne. Das müssen Überwasser-Streitkräfte sein. Die drei Briten haben Schwimmwesten erhalten, die sie mit ernstem Gesicht in Empfang genommen haben. »If we have to go outside«, sagte Schramm dazu mit liebenswürdigem Lächeln. Sie sagen gar nichts, aber ihnen ist längst klar geworden, daß wir uns auf dem gefährlichsten Teil unserer Reise befinden. Das anhaltende Donnergrollen unter Wasser zerrt auch an ihren Nerven.

4. Oktober 1942. Heute ist Sonntag, der letzte Sonntag in See. Wir sind die ganze Nacht unter Wasser auf 110 m Tiefe gefahren. Um 09.45 Uhr läßt der Kommandant zum Laden auftauchen.

Gespannt warten wir auf die Wettermeldungen von der Brücke. Kaum Wind, Ostwind 1–2, sehr lange Dünung aus Nordwest. Tiefe Wolkendecke. Wolkenhöhe nur 400-500 m. Teilweise Nebel auf der See. Das ist sehr schlecht für uns. Die in der Luft können uns von oben orten, aber wir können nichts sehen, bis die Bomben fallen.

Um 13.00 Uhr geht es endlich wieder mit Alarm in die Tiefe. Alles atmet auf. Wir haben Quadrat BF 8148 passiert.

Gegen 15.00 Uhr ganze Serien von Detonationen. Wahrscheinlich Fliegerbomben.

Um 18.40 Uhr läßt der Kommandant zum Durchladen auftauchen. Dabei wird Einlauf-Ankündigung abgegeben: »FT 1821/4. An BdU: 6. 10. 10.00 Uhr Punkt Kern. 16.00 Uhr Lucie. Frage: Kann auf Weg mit eigener Luft gerechnet werden? Bleichrodt.« Leibling hat gelacht, als er diesen FT verschlüsselte. »Damit ärgert der Alte den BdU-Stab. Bin gespannt, ob sie antworten.«

Immer noch tiefe Wolkendecke, schlechte Sicht, glatte See, und Nebelschwaden auf dem Wasser. Wenn wir tauchen müssen, wird die

Tauchstelle aus der Luft noch lange zu sehen sein. Ungewöhnliches Herbstwetter für die Biskaya. Um 20.00 Uhr sind alle froh, daß es wieder in die Tiefe auf 110 m geht. Nur der Obersteuermann Braatz macht ein bedenkliches Gesicht. Seit Tagen kein richtiges Besteck. Wir fahren nur nach Kopplungen und Berechnungen von Stromversetzungen. Aber die Besatzung vertraut dem Alten blind. Er ist der beste Navigator und wird uns in den richtigen Hafen bringen.

5. Oktober 1942. Die ganze Nacht auf 110 m marschiert. Es will diesmal keine richtige Einlaufstimmung aufkommen. Alle wissen, daß es uns noch kurz vor dem Hafen treffen kann. Um 09.35 wird zum Aufladen wieder aufgetaucht. Immer noch ruhige See, aber hohe Wolkendecke und gute Sicht. Der Obersteuermann kommt zum Funkraum. Unsere Kreuzpeilungen ergeben, daß wir auf dem richtigen Einlaufweg sind. Um 12.00 Uhr können wir wieder auf Tiefe gehen.

Ich höre, wie der I WO zum Kommandanten sagt: »Mit diesen Booten werden wir den Krieg nicht gewinnen, wenn wir nirgends mehr die Luftherrschaft haben.« – »Sagen Sie das nur nicht an Land, I WO«, sagt der Alte. »Die Luftwaffe könnte uns wenigstens die Biskaya frei halten. Aber sie können uns ja nicht mal den Einlaufweg sichern. Auf FT von gestern gibt es keine Antwort.«

Um 14.00 wird zum Längstwellen-Empfang für kurze Zeit auf 14 m gegangen. Die wenigen fehlenden FTs auf der Küstenschaltung haben wir in zehn Minuten hereingeholt. Wir melden an Zentrale, daß wir fertig sind, und der LI steuert sofort wieder die Tiefe von 110 m an. Dann knallt es plötzlich hinter uns. Drei Detonationen. Einwandfrei Fliegerbomben. Wie ist das möglich? Sind wir bei 14 m Tiefe aus der Luft gesehen worden? Das Wasser ist doch hier nicht so klar wie im Mittelmeer. Oder waren es Zufallsbomben?

Keine fünf Minuten später donnert es wieder durch die See. Diesmal sind es fünf Fliegerbomben, sogar sehr nahe. Also hat man uns doch bemerkt.

Um 19.00 Uhr wagen wir uns nach oben, um die Programmzeit abzunehmen. Der Kommandant geht auf Sehrohrtiefe und fährt vorsichtig das dicke Fliegersehrohr aus. »Die See ist immer noch kaum gerauht«, hören wir aus dem Turm. »Steuerbord voraus ein Segler, Bug rechts, 30°, sicher Franzose.«

Unter den eingehenden Signalen ist auch FT 1329/5: »Für U 109 steht Geleit am 6. 10. 16.00 Uhr Lucie zwo.«

Heute vor einem Jahr sind wir zur Fahrt nach Labrador ausgelaufen. Als Konfirmand war Korvettenkapitän Eberhard Hoffmann an Bord, und jetzt ist er von seiner ersten erfolgreichen Feindfahrt mit eigenem Boot zurückgekehrt. Er muß schon im Hafen sein; wir werden ihn in Lorient begrüßen.

Um 20.00 Uhr läßt der Kommandant zur Lüftung des Bootes und zur FT-Abgabe kurz auftauchen. »Erbitte ab 09.30 Uhr Peilsignale eins und Gruppe zwei. Bleichrodt.« Vor einem Jahr hatten wir noch keine Peilsender zum Einlaufen. Da konnten wir aber auch nachts noch über Wasser die Sterne peilen.

6. Oktober 1942. Um 06.30 Uhr zum Längstwellen-Empfang auf 14 m gegangen. Der Kommandant beobachtet mit dem Fliegersehrohr den Himmel, bis wir alle fehlenden FTs aufgenommen haben. Das dauert 30 Minuten. Dann geht es wieder auf 110 m. Eingang FT 0427/6: »Peilsender eins bis auf weiteres unklar!«

»So ist es«, flucht der Alte. »Braucht man die Burschen einmal, dann sind sie unklar.« Es ist nicht mehr weit bis Lorient, aber jetzt kommt es auf genaue Navigation an, damit wir den Sperrbrecher nicht verfehlen. Der Kommandant hat festgestellt, daß wir zu weit südlich stehen. Wahrscheinlich durch Stromversetzung.

Um 09.20 Uhr wird aufgetaucht, und die Diesel werden angeworfen. »Große Fahrt voraus!« Mit Brennstoff wird nicht mehr gespart. Kurs Nord zum Punkt Kern. Letzter Tag in See. Zum Glück ist hohe Wolkendecke. Wenn wir den Sperrbrecher mit seiner geballten Flak erreichen, kann uns nichts mehr passieren.

Um 11.00 Uhr steht der Alte am FT-Raum und diktiert: »FT 1101/6. Erbitte ab sofort Feuer Eckmühl. Bleichrodt.« Um 12.10 jagen wir erneut einen FT hinaus: »Stehe bereits 15.00 Uhr Lucie zwo. U 109.«

»Junge, Junge«, stöhnt Ferdinand, »wenn sie uns jetzt noch nicht eingepeilt haben.« Mit hoher Fahrt jagen wir durch die leicht bewegte See. Der Alte weicht nicht mehr von der Brücke und beobachtet den Himmel. Jeder hat seinen Tauchretter griffbereit in der Nähe. Die ganze Feindfahrt war nicht so aufregend und gefährlich wie dieses Einlaufen nach Lorient.

Den drei Briten bleibt unsere Nervosität nicht verborgen. Sie sind ganz still und vertrauen auf den Kommandanten, vor dem sie mächtigen Respekt gewonnen haben. Um 13.00 Uhr Eingang FT 1233/6: »Funkfeuer läuft ab sofort bis 16.00 Uhr.« Wir beginnen mit den Peilungen; der Kurs wird berichtigt, und wir schwenken ein auf Weg ›Kernleder‹.

Alle Gläser suchen immer wieder den Himmel ab. Der Kommandant ermahnt die Männer, auch auf die britischen U-Boote zu achten, die auf unseren Einlaufwegen lauern.

Um 14.40 Uhr ein Ruf von der Brücke: »Sperrbrecher in Sicht.« Ein Aufatmen geht durchs Boot. Nach 30 Minuten haben wir das ersehnte Schiff erreicht. Winksprüche werden ausgetauscht. Mit schäumender Bugwelle umkreist uns das flakstarrende Schiff und übernimmt das Geleit.

Als die Festung Port Louis in Sicht kommt, darf die Freiwache auf den Turm. Ich lasse alle Empfänger ausschalten und steige mit der FT-Mannschaft auf den Wintergarten. Wir haben es wieder geschafft, wir sind heil durch die verdammte Biskaya gekommen. Das Sehrohr wird hoch ausgefahren; an einer Leine flattern fünf Wimpel, beschriftet mit der Tonnage der versenkten Schiffe.

Nachdem wir die Enge Port Louis – Kernevel passiert haben, darf das Oberdeck betreten werden. Was mag es für die drei gefangenen Engländer für ein Gefühl sein, mit uns einzulaufen? Sie haben wochenlang mit uns gelebt, als gehörten sie zur Crew. Jetzt werden sie zu ihren Landsleuten in ein Lager kommen und froh sein, daß sie diese Reise überstanden haben.

Um 16.40 Uhr machen wir an der *Isère* fest. Viele Menschen stehen oben auf der Hulk. Rufen und Lachen der Kameraden. Fotos werden geschossen. Der Alte steht zum erstenmal mit weißer Mütze auf der Brücke. Mit seinem Oberlippen- und Kinnbart sieht er aus wie ein zaristischer Offizier. Die Wangen hat er rasiert.

»Ajax«, rufen die Offiziere von der *Isère* herunter. »Ajax, hast du den alten Zossen wieder heil nach Hause gebracht!«

Nachdem die Leinen festgemacht sind, wird eine Stelling zum Wintergarten hinübergeschoben. Der Flottillenchef Korvettenkapitän Schütze kommt zur Begrüßung an Bord. Wir stehen auf dem Achterdeck angetreten. Die Kapelle unseres Patenregimentes III/IR 358 spielt zum Empfang. Eine kurze Ansprache von Schütze. Wir hören kaum hin, was er sagt, und starren hinauf zur schwarzen Hulk, wo die Kameraden und die Mädchen stehen. Dann endlich Wegtreten.

Auf der *Isère* wartet auch schon eine Wache, um die drei Gefangenen zu übernehmen. Kapitänleutnant Bleichrodt übergibt die drei Briten aber erst, nachdem er sie persönlich verabschiedet hat. Ich sehe, wie der Kapitän der *Vimeira* dem Kommandanten ganz bewegt die Hände schüttelt und ihm etwas in die Hand drückt. Der Alte sagt uns später: »Er hat mir sein Feuerzeug geschenkt und hier diesen Zettel.« Es ist ein kleines Stück Papier 5,5 cm x 6,2 cm groß und darauf steht: »As a token of respect and admiration for Kommandant Bleichrodt, his Offiziers and Crew of U 109. N. R. Caird – S/S Vimeira.«

VII

Das Ende

7. Oktober 1942. Heute war ich mit Ferdinand zur Funk-Berichterstattung in Kernevel. Anschließend besuchen wir die alten Kameraden im Funk- und Schlüsselraum. Auf meine Frage, wo das Boot von Korvettenkapitän Hoffmann liegt, sieht mich der wachhabende Funkobermaat ernst an. »Das ist eine traurige Sache«, sagt er. »U 165 hat am 26. September noch gemeldet: Stehe 48 Stunden vor Treffpunkt mit Geleit. Ist aber nicht angekommen. Das Boot ist verschollen.«

Wir sehen uns die Liste der achtzehn Boote an, die seit unserem Auslaufen als vermißt gelten. Darunter sind bekannte Namen wie Kapitänleutnant Otto Ites, U 94, und Kapitän zur See Jürgen Wattenberg, U 162. Auch ein Versorger, U 464 unter Kapitänleutnant Otto Harms, ging schon verloren. Erschüttert fahren wir zurück nach Lorient.

In der Salzwedelkaserne erwartet mich der I WO. »Sie sollen sich noch heute im Lazarett melden«, sagt er lächelnd zu mir. »Ich wollte aber erst einmal auf Urlaub fahren, Herr Oberleutnant.« Er schüttelt den Kopf. »Dann sind Sie bis zur nächsten Feindfahrt nicht wieder geheilt. Sie kennen doch unser Motto: Angriff, ran, versenken, wie der BdU sagt.« Er schlägt mir auf die Schulter. »Gehen Sie, bevor der Alte kommt und alles wieder rückgängig macht.« Ich übergebe Ferdinand meine Unterlagen und mache mich ohne Abschied von den Kameraden auf den Weg zum Flottillenarzt.

Noch am gleichen Nachmittag werde ich auf Befehl von Flottenarzt Dr. Lepel U-Boot-untauglich geschrieben und in das Lazarett Lorient zur Behandlung meiner Hautkrankheit eingewiesen. Dort verbrennt man mir die Haut mit Cignolin-Vaseline und zieht sie ab. Da sich der Pilz schon tief eingefressen hat, muß die Behandlung mehrmals wiederholt werden. Die Hoffnung des Kommandanten, daß ich bis zum nächsten Auslaufen geheilt bin, erfüllt sich nicht. Als ich Anfang Dezember zur ambulanten Weiterbehandlung durch den Flottillen-Arzt aus dem Lazarett entlassen werde, ist mein Boot schon wieder ausgelaufen. Ein sonderbar wehmütiges Gefühl; zum erstenmal sind sie ohne mich in See gegangen.

Da meine Pilzkrankheit noch nicht völlig ausgeheilt ist, bin ich weiterhin U-Boot-untauglich und kann nicht auf einem anderen Boot eingesetzt werden. So komme ich vorerst zur Funkstelle Kernevel und erhalte die Aufsicht Schlüsselraum.

Am 2. Dezember 1942 ist U 522, Kommandant Kapitänleutnant Herbert Schneider, nach der ersten Fahrt mit einem ungewöhnlichen Erfolg in Lorient eingelaufen. 57.000 BRT trotz starker Abwehr aus einem Geleitzug versenkt. Bei der Begrüßung des Bootes sehe ich meinen alten Freund Kuddel Wenzel aus Flensburg wieder, der bis Juni 1941 auf U 109 als dritter Bootsmaat fuhr. Jetzt ist er Obersteuermann auf U 522. Auf seine Anregung werde ich von den Männern des Bootes zur Weihnachtsfeier im U-Boot-Heim eingeladen. Bei dieser Gelegenheit versucht Kapitänleutnant Schneider, mich als Stationsleiter FT zu gewinnen. Meine Erklärung, daß ich noch U-Boot-untauglich bin, wischt er mit einer Handbewegung weg. »Kein Problem, wenn Sie auf eigenen Wunsch kommen. Nur eine Fahrt, Hirschfeld, bis meine Funker alles geschnallt haben.«

Obwohl der Alkohol mein Gehirn schon ziemlich umnebelt hat und mir die Männer dieses Bootes sehr gefallen, bitte ich um Bedenkzeit bis zum nächsten Tag. Als wir uns am ersten Weihnachtstag treffen, warnt mich Karl Wenzel. »Dieses Boot lebt nicht lange«, meint er. »Der Alte macht die verrücktesten Sachen, daß einem die Haare zu Berge stehen. Er versucht auf Zerstörer zu schießen, die mit Lage Null auf das Boot zukommen.«

Seine Bedenken überzeugen mich, und als der I WO von U 522 kommt, um meine Antwort einzuholen, lehne ich höflich ab.

Anfang Januar 1943 holt mich der neue Nachrichtenoffizier der 2. U-Flottille, Leutnant NT Gugelmeier, nach Lorient zurück und teilt mir mit, daß ich Oberfeldwebel-Anwärter bin, aber bis zu den nächsten Lehrgängen noch in der Flottille Dienst machen muß.

Am Abend des 14. Januar 1943 erfolgt der erste schwere Luftangriff auf den U-Boot-Stützpunkt Lorient. Die doppelstöckigen Bunker im Hof der Salzwedel-Kaserne schwanken wie Schiffe im Seegang. Luftminen hageln auf uns nieder, aber die Bunker halten.

Da mit weiteren Angriffen zu rechnen ist, werden alle Boote nach Keroman in die Bunker verholt. Am nächsten Tag erfolgt um 19.30 Uhr ein neuer Angriff; diesmal mit Spreng- und Brandbomben. Wieder retten wir uns in die Bunker, in denen wir uns doch sehr sicher fühlen. Als ältester Unteroffizier im Bunker an der Wasserfront werde ich ans Telefon gerufen. Am anderen Ende der Leitung ist Korvettenkapitän Friedrich, Stabsoffizier der 2. U-Flottille. Er gibt mir den Befehl, die Handgranaten aus der Kasematte der Hauptwache zu bergen.

Auf meinen Einwand, daß noch immer Detonationen zu hören sind, versichert er, daß der Luftangriff vorüber sei. Daraufhin gehe ich mit zwei U-Boot-Maaten auf Erkundung.

Wir stellen fest, daß die Kegelbahn in Flammen steht. Es ist beinahe taghell, denn die Kaserne brennt. Wir gehen zurück, um die Männer herauszuholen, aber kaum hat sich die Tür hinter uns geschlossen, schwankt der Bunker unter gewaltigen Detonationen.

Wieder ein Anruf vom Präfekturbunker. Ich gehe an den Apparat und muß mich sehr beherrschen. »Sie sagten mir, daß der Angriff vorüber ist, Herr Kapitän. Soeben hatten wir aber Detonationen, daß wir dachten, der Bunker stürzt ein.« Ich kann hören, wie er tief Luft holt. »Das waren die Tellerminen, die im Gebäude an der Wasserfront gelagert wurden. Die feindlichen Maschinen sind abgeflogen.« In mir kocht es. »Von den Tellerminen haben Sie aber vorhin nichts gesagt. Wenn wir draußen gewesen wären, würde keiner von uns mehr leben«, sage ich scharf und hänge auf.

Dann verlasse ich mit den beiden Maaten erneut den Bunker, denn die Luft wird immer schlechter. Wir haben uns nasse Tücher vor Mund und Nase gebunden. Die ganze Stadt Lorient ist ein Flammenmeer. »Mein Gott, die armen Franzosen«, meint der Maat neben mir. »Ja«, sage ich, »sie ersticken in ihren Kellern.«

Da kommt Korvettenkapitän Friedrich angerannt und fragt: »Wo sind Ihre Männer?« – »Im Bunker«, antworte ich. »Sie sind nicht mitgegangen.« – »Dann greifen Sie sich alle herumirrenden Soldaten und lassen Sie den Munitionsraum in der Einfahrt räumen. Es sind französische Eier-Handgranaten. Ein LKW kommt gleich.« – »Aber Herr Kapitän«, wende ich ein, »in dieser Katastrophennacht gehorcht mir keiner.«

Er mustert einen Augenblick meine englische Flieger-Kombination, die wir aus Beutebeständen erhalten haben; und nickt. »Ich muß zur Präfektur zurück«, sagt er und stülpt mir seine Kapitänsmütze auf den Kopf. Sie paßt genau. »So, jetzt werden Sie sich Gehorsam verschaffen.« – »Jawoll, Herr Kapitän«, stammle ich verdutzt.

Es gelingt mir tatsächlich, fünfzehn Mann zu vergattern. Der LKW kommt auch, und wir arbeiten wie die Verrückten. Kurz bevor die Flammen den Munitionsraum erreichen, haben wir ihn geräumt.

Die Kapitänsmütze habe ich nicht mehr zurückgegeben. Als Oberfunkmeister habe ich später den Schirm mit dem Goldrand gegen einen Lederschirm auswechseln lassen und die Mütze bis zum Ende des Krieges getragen.

Mit diesen beiden Luftangriffen war die Stadt Lorient ausgelöscht.

Die Vernichtung des U-Boot-Stützpunktes war aber nicht gelungen. Dafür kamen die Angriffe zwei Jahre zu spät. Alle U-Boote liegen unversehrt unter den sieben Meter dicken Betondecken der Festung Keroman. Nur die Werft ist sehr mitgenommen.

Da unsere Unterkünfte völlig zerstört sind, werden Stab und Besatzungen nach Ponts Skorf in ein Barackenlager verlegt. Wir fahren nun jeden Morgen mit Omnibussen nach Lorient zum Dienst.

Leutnant NT Gugelmeier setzt mich als Kurier nach Berlin ein. In der Werft sind die Abstimmkurven der U-Boot-Sender verbrannt, und ich muß mehrmals nach Berlin zu Telefunken und den Lorenzwerken fahren, um neue Kurven zu holen. Die Ingenieure der Firmen, mit denen ich ins Gespräch komme, sind auch über die Katastrophe bei Stalingrad sehr deprimiert, aber dann klopfen sie mir auf die Schulter und sagen: »Na ja. Ihr werdet es schon machen mit den U-Booten.« Ich bin sehr erschrocken über diese Vertrauensseligkeit. Sie wissen nicht, wie stark die Abwehr draußen im Atlantik geworden ist und wie viele Boote verlorengehen. Ich kann ihnen auch nicht sagen, daß wir nicht mehr daran glauben, mit unseren alten Booten den Krieg zu gewinnen. Vielleicht glauben noch einige Offiziere daran.

Als ich von einer dieser Berlin-Fahrten am 27. Januar 43 morgens um 07.00 Uhr in Lorient eintreffe, brennt es schon wieder nach einem erneuten Luftangriff. Auch im gut getarnten Lager in Ponts Skorf werden wir neuerdings nachts im Tiefflug angegriffen.

Die Moral der U-Boot-Besatzungen ist aber ungebrochen. Sie sind nach wie vor eine funktionierende Gemeinschaft. Mein altes Boot ist in St. Nazaire eingelaufen. Es stand vor Trinidad, als der Kommandant erkrankte. Die Torpedos wurden an andere Boote abgegeben, und Bleichrodt mußte den Rückmarsch antreten. Trotz allem hat er das Boot wieder heil durch die Biskaya gebracht. Im Hafen wurde er von Bord geholt und ins Lazarett gebracht. Ein großer Teil der Besatzung, die er nun nicht mehr festhalten konnte, wurde abkommandiert, um in der Heimat neue Boote in Dienst zu stellen.

Auch Korvettenkapitän Kals gibt sein Kommando ab und wird Chef der 2. U-Flottille. Kommandant von U 130 wird unser ehemaliger II WO, Oberleutnant zur See Siegfried Keller.

Am 27. Februar beginnen die Luftangriffe auf St. Nazaire. Auch diese Stadt wird in Schutt und Asche gelegt. U 109 läuft mit Oberleutnant zur See Joachim Schramm als neuem Kommandanten aus. Die Operation muß aber wegen Tiefenruderschaden abgebrochen werden, und U 109 läuft in seinen alten Heimathafen Lorient ein.

»Dieses Boot sollte man außer Dienst stellen«, meint Obermaat Vetter. »Es ist altersschwach, wenn die Tiefenruderhalterung bei Seegang abbricht.« Aber U 109 muß weiterfahren …

Am 30. Januar 1943 wird Dönitz Oberbefehlshaber der Kriegsmarine. Ein Lichtblick am Horizont? Werden wir jetzt neue Boote bekommen ?

Neben meinem Schreibtisch im Präfekturbunker hängt ein Regal mit den Karteikarten der Funker auf den Booten der 2. und 10. U-Flottille. Wenn eines der Boote vermißt gemeldet wird, liegen die Karten am nächsten Morgen umgekehrt auf meinem Schreibtisch.

Anfang März 1943 legt mir Oberfunkmeister Geissmann die Karten von U 522 auf den Tisch. Ich bin tief betroffen. Auf diesem Boot wäre ich aus einer Sektlaune heraus beinahe eingestiegen. Ich sehe meinen guten Freund Kuddel Wenzel und die fröhlichen Männer des Bootes vor mir, wie wir den Heiligen Abend feierten. Vor wenigen Tagen hat der Kommandant noch per Funk das Ritterkreuz erhalten.

Anfang April sind es die Karten von U 130, die im Regal fehlen. Unser Siegfried Keller ging bereits auf seiner ersten Fahrt als Kommandant verloren.

Am 14. April 1943 stehe ich mit den Kameraden der 10. U-Flottille auf der *Isère*, um U 526 zu begrüßen. Kommandant ist Kapitänleutnant Hans Möglich und Leitender Ingenieur unser alter LI von U 109, Martin Weber.

Plötzlich kommt eine Pinasse mit schäumender Bugwelle vom Außenhafen, und ein Mann schreit durchs Megaphon: »Keine Musik! Alles wegtreten! U 526 ist in der Einfahrt explodiert.« Das trifft uns wie ein Keulenschlag. Wie wir später erfahren, ist das Boot in der Einfahrt auf eine Mine gelaufen und sofort gesunken. Schnell herbei geholte Taucher konnten den Männern im Vorschiff, die noch lebten, keine Hilfe bringen, da alle Luken durch die Detonation verklemmt waren. Sie mußten elendiglich zugrunde gehen, obwohl das Boot nur wenige Meter unter Wasser lag.

Es ist ein wunderschöner Junitag, als ich morgens in den Bunker kommend, das Fach von U 109, dem immer mein erster Blick gilt, leer finde. Die Karten liegen auf dem Tisch. Also hat es auch U 109 erwischt. Ich drehe mich um und verlasse wortlos den Bunker. Oberfunkmeister Geissmann sieht mir nach. Sein Boot, U 107, schwimmt noch.

Ich muß an Ferdinand Hagen denken. Als wir zu einem letzten Umtrunk vor dem Auslaufen des Bootes zusammensaßen, sagte er gequält lächelnd: »Wolfgang, glaube mir, von dieser Fahrt kommen wir nicht mehr zurück.« Ich wehrte ab. »Rede keinen Unsinn, Ferdinand. U 109 ist immer zurückgekommen. Du mußt nur fest daran glauben, wie unser Berthold Seidel es immer gemacht hat.« Er schüttelte den Kopf. »Nein, nein, ich weiß es genau. Tu mir nur einen Gefallen und verständige meine Verlobte, wenn du etwas Genaues weißt.«

Ich schließe mich den Männern von U 505 an, die nach einem Bombentreffer auf der anderen Seite des Atlantiks und einer nervenzermürbenden Heimfahrt über 4500 Seemeilen mit tauchunklarem Boot, eine lange Werftliegezeit in Lorient haben. Sie sind es auch, die mich am 28. Juli 1943 mit ihrem I WO, dem Kapitänleutnant Thilo Bode, zum Bahnhof bringen und mich verabschieden. Oberfunkmaat Callhoff reicht mir noch eine Flasche Cognac durchs Abteilfenster, und alle rufen: »Auf Wiedersehen in Lorient!«

Mein Marschbefehl lautet: Vier Wochen Zugführer-Lehrgang in Emden, dann vier Monate Oberfunkmeister-Lehrgang in Flensburg-Mürwik. Noch einmal schweift mein Blick über das verbrannte Bahnhofsgebäude, während der BdU-Zug anrollt und die Kameraden winken. Werde ich Lorient wiedersehen? Leutnant NT Gugelmeier will mich nach bestandenen Lehrgängen sofort als Oberfunkmeister 2. U-Flottille zurückholen.

Vom Flottillenchef habe ich die Erlaubnis erhalten, zuerst nach Hamburg zu fahren, um meinen blauen Kleiderbestand von zu Hause abzuholen, obwohl es sich herumgesprochen hat, daß die Stadt seit vier Tagen die schwersten Luftangriffe erleidet.

Am 29. Juli gegen 23.00 Uhr hält der BdU-Zug in Buchholz, kurz vor Hamburg. Alle Soldaten, die nach Hamburg wollen, müssen hier aussteigen. Der Zug fährt über Lüneburg nach Kiel.

Auf dem Bahnhof von Buchholz werden wir zwischen 00.40 und 02.30 Uhr Zeugen eines neuerlichen Luftangriffes auf Hamburg. Wir sehen die Tannenbäume am Himmel, hören das Donnern der schweren Flak und das Krachen der Bomben; ein Inferno, das da vor unseren Augen wie ein Film abrollt. Wir starren hinüber und jeder denkt an seine Familie.

Um 04.00 Uhr kommt ein Fronturlauberzug, der uns bis Hamburg mitnimmt. Zu Fuß gelange ich über das Berliner Tor zum Hammersteindamm, und dann stehe ich vor den Ruinen des Hauses, in dem meine Familie wohnte. Am Eingang hängt ein Pappschild. »Alle Bewohner dieses Hauses sind lebend entkommen.« – Ich atme auf. Aber wo sind sie? Das Haus muß schon vor Tagen niedergebrannt sein.

Ein Hauptmann der Infanterie in völlig verstaubter Uniform und ohne Mütze fordert mich auf, mit ihm und drei weiteren Soldaten in den Kellern nach Überlebenden zu suchen. Tatsächlich können wir einige Frauen und alte Leute aus ihrer hoffnungslosen Lage befreien.

Am späten Nachmittag entläßt mich der Hauptmann, damit ich noch vor dem nächsten Angriff die Stadt verlassen kann. Am Hammerpark stoße ich auf einen LKW, den jemand zum Abtransport seiner Möbel an die Ostseeküste organisiert hatte. Die Möbel sind aber inzwischen verbrannt, und nun wird der Lastwagen von Flüchtenden bestiegen. Am Parkeingang sitzt eine junge, völlig verstörte Frau auf einem Kleiderbündel. »Warten Sie auf jemand?« frage ich. Sie sieht mich hilflos an und schüttelt den Kopf. »So kommen Sie mit, bevor der nächste Angriff kommt.« Ich ziehe sie hoch und schiebe sie auf den LKW hinauf, wo sich ihr helfende Hände entgegenstrecken. Das Kleiderbündel werfe ich hinterher und schwinge mich selbst hinauf. Dann halte ich die weinende Frau eines Oberleutnants in den Armen und versuche sie zu trösten. Ihr Mann ist seit Stalingrad vermißt und ihre Eltern sind in Hamburg umgekommen.

Bei Ahrensburg hält der LKW. Rote-Kreuz-Schwestern verteilen Kaffee und belegte Brote. Jetzt erst merke ich, daß ich den ganzen Tag nichts gegessen habe. In Timmendorf übergebe ich die junge Frau dem Roten Kreuz. In einem kleinen Dorf bei Plön finde ich dann wie vermutet meine Familie bei Verwandten. Sie sind alle unversehrt aus Hamburg entkommen. Mit dieser beruhigenden Gewißheit fahre ich nach Emden, wo der Zugführerlehrgang beginnt.

Es ist eine reine Infanterie-Ausbildung wie im Frieden. Außer zweimaligem Fliegeralarm, am 15. und 16. August, verläuft der Lehrgang ohne Zwischenfälle.

Am 1. September 1943 trete ich dann zum Oberfunkmeister-Lehrgang in Flensburg-Mürwik an, wo ich meinen alten Freund Robert Rüter treffe, den ich zuletzt im Golf von Guinea an Bord von U 506, Würdemann, gesehen habe. Er ist Oberfunkmeister und einer der wenigen Lehrer, die an der Front waren.

»Du mußt dich vorsehen«, sagt er zu mir. »Auf die Obermaaten mit dem EK I haben die meisten Lehrer einen Pik, weil sie selbst keine Orden haben. Der Lehrplan ist noch wie im Frieden.« Tatsächlich werden Hochfrequenz-Themen gelehrt und geprüft, die an der Front niemals gebraucht werden. Wer die Zwischenprüfungen nicht besteht, muß als Obermaat zurück an die Front. Wir sind nur wenige U-Boot-Fahrer; die meisten Anwärter kommen von der Flotte und von Landstationen.

Kurz vor Weihnachten 1943 endet der Lehrgang, ich habe ihn bestanden. Alle neuen Oberfunkmeister werden nach Le Touquet zum Funkmeßlehrgang kommandiert; nur die Oberfunkmeister Willi Horn und Wolfgang Hirschfeld müssen nach Schleswig zur U-Boot-Ausbildungs-Abteilung, bis ihre neuen Kommandos bekannt sind. Wir wissen beide, daß uns die U-Boot-Waffe wieder holen wird.

Meine Kommandierung als Oberfunkmeister 2. U-Flottille steht seit Oktober 1943 beim Personalbüro U-Boote in Kiel fest. In Lorient wartet man schon auf mich; das habe ich durch telefonischen Anruf in Kiel erfahren. Und noch etwas habe ich dabei gehört. Es wird ganz neue U-Boote geben; in Stromlinienform mit Unterwassergeschwindigkeiten von 18 sm. Fast unglaublich.

Sollte es doch einen Umschwung geben? Mit solchen Booten könnte man in jeden Geleitzug einbrechen und den Zerstörern und Korvetten unter Wasser entkommen. Aber wie lange wird es dauern, bis sie an die Front kommen? Warum müssen die alten Boote noch immer fahren, obwohl sie gar keine Chance mehr haben?

Am Nachmittag des 19. Januar 1944 gibt mir mein Kompaniechef ein Fernschreiben. »Ihre Kommandierung«, sagt er knapp. »Sie fahren morgen.« – »Jawoll«, sag ich und stecke das Schreiben ein. »Wollen Sie nicht nachsehen?« – »Nein, danke, Herr Kaleu. Ich weiß schon, wohin.« – »Sehen Sie lieber mal nach«, sagt er lächelnd. Ich entfalte das Schreiben und lese:

»Oberfunkmeister Hirschfeld am 20. Jan. 44 zur 1. Baulehrkompanie, Kiel, Germania-Werft, für U 234.« Mich trifft es wie ein Hammerschlag. Sofort hänge ich mich ans Telefon und rufe unseren Kontaktmann im Personalbüro U-Boote in Kiel an. »Ja«, sagt er, »komm erst mal nach Kiel. Am Telefon kann ich nicht sprechen.« – »Aber U 234 ist doch kein neues Boot, oder?« – »Nein, ein sehr großes Boot vom Typ X b, rund 2000 t. Hat 1942 auf der Helling einen Bombentreffer bekommen und ist jetzt erst fertig geworden. Als Stationsleiter ist ein Oberfunkmeister vorgesehen.« Meine Hoffnung, auf ein neues Stromlinienboot zu kommen, ist also zunichte.

Als ich am 20. Januar 1944 abends in Kiel eintreffe, gerate ich in einen Bombenangriff. Die Flak donnert aus allen Rohren. Mit einigen anderen Soldaten renne ich zum großen Bunker Hummelwiese, aber man läßt uns nicht hinein. »Nur für Frauen, Kinder und Zivilisten«, sagt die Wache und drückt uns die Tür vor der Nase zu. So rennen wir im Regen der Flaksplitter verzweifelt weiter bis zur Germania-Werft.

»Bunker haben wir nicht«, sagt dort der Mann am Tor, »aber einige

Splittergräben. Darüber liegen die Bleche vom Flugzeugträger B. Sind ziemlich sicher.« Im Dunkeln stolpere ich in einen dieser Splittergräben und finde einen Sitzplatz neben einem Kapitänleutnant Ingenieur. Die Erde erbebt, und die Bleche zittern unter den Detonationen der schweren Bomben. Im spärlichen Licht einer Kerze sehe ich die sorgenvollen Gesichter der Männer. Fast alles U-Boot-Fahrer. Es ist beinahe wie bei einem Wasserbombenangriff unter Wasser und doch nicht so schlimm. Hier können wir bei einem Treffer in unmittelbarer Nähe nicht untergehen.

Als der Bombensegen in der Ferne verebbt, sieht der Ing.-Offizier neben mir auf meine Schulterklappen und fragt nach meinem Namen. Nachdem ich ihn genannt habe, sagt er: »Dann sind Sie ja unser Puster«, und stellt sich als LI von U 234, Kapitänleutnant Ernst, vor. Wir gehen zusammen auf das Wohnschiff *Holstenau,* wo er dafür sorgt, daß ich noch eine Kammer bekomme. Anschließend erzählt er mir, wie es zu meiner Kommandierung kam. Die Funkmannschaft von U 234 war an sich schon vollzählig, als der Kommandant beim Studium der Betriebsvorschrift feststellte, daß er für dieses große Boot einen Oberfunkmeister verlangen kann. Also geht er zum Personalbüro U-Boote in Kiel und verlangt einen Oberfunkmeister mit U-Boot-Erfahrung. Aber nur einer ist noch auf Lager und der ist für die 2. U-Flottille vorgesehen. Egal, den will der Kommandant haben. Frontboot geht vor! So kam ich auf U 234.

Am nächsten Tag melde ich mich bei meinem neuen Kommandanten auf der *Holstenau.* Es ist der Kapitänleutnant Johann Heinrich Fehler, Crew 1935, der Handelsschiffs-Offizier war, bevor er zur Kriegsmarine kam. Er hat unter Rogge die 655 Tage dauernde Feindfahrt auf dem Hilfskreuzer *Atlantis* (Schiff 16) als Prisenoffizier mitgemacht. Verdammt, denke ich, der ist gar kein U-Boot-Fahrer und kennt noch nicht die Tücken des Nordatlantiks und die tödliche Gefahr aus der Luft. Mit seinem strahlenden Optimismus und seiner Wärme hat er mich aber bald gewonnen.

Von den Offizieren ist nur der LI auf Schulbooten in der Ostsee gefahren. Dafür besteht das ganze Oberfeldwebelkorps aus alten U-Boot-Fahrern; und auch unter den Unteroffizieren sind einige erfahrene Leute.

Es folgen In-Dienst-Stellung, Übungsfahrten und lange Ausbildung in der Ostsee; dann Restarbeiten in der Germania-Werft Kiel und Umbau zum Japantransporter. Minenleger werden nicht mehr eingesetzt, seit U 233 von seiner letzten Unternehmung im Juni/Juli vor der amerikanischen Küste nicht mehr zurückgekommen ist.

Die seitlichen Minenschächte werden ausgebaut, so daß große Laderäume entstehen. In die vorderen Minenschächte, die durch den Bugraum gehen, werden große Tuben eingebaut. Auch einen Schnorchel modernster Art erhalten wir. So vergeht das Jahr 1944.

Im Januar 1945 beginnen wir mit der Ausrüstung für die lange Fahrt nach Japan und erhalten eine Funkmeß-Station vom Typ Hohentwiel. Dazu wird eine aus der Turmverkleidung mit Druckluft ausfahrbare Funkmeßmatratze eingebaut. Wir können also jedes Luftziel erfassen, bevor wir aus der Luft geortet werden. Die Hohentwiel-Station ist von der Luftwaffe entwickelt worden und hat nur den Nachteil, daß sie bei Dauerbetrieb zu heiß wird. Deshalb hat uns Korvettenkapitän Dr. Schlicke, der ehemalige Leiter des FT-Prüffeldes vom Arsenal Kiel, der die Fahrt als Gast mitmacht, zwei Stationen zum Auswechseln aus Berlin besorgt.

Unter den Waren für Japan, die unter strengster Geheimhaltung verladen werden, befinden sich die neuesten Panzervernichtungswaffen sowie ein zerlegter Turbo-Jäger. Und Raketen.

Eines Tages sehe ich während der Verladearbeiten auf dem Vorschiff zwei Japaner auf einer Kiste sitzen, die mit schwarzer Tusche Päckchen beschriften, die von unseren Seeleuten in einer der vorderen Tuben verstaut werden. Die Päckchen sind ca. 25 x 25 cm groß, in Packpapier eingeschlagen, verklebt und schwer wie Blei. Die Beschriftung lautet: ›U 235.‹ Auf meine Frage, was die Päckchen enthalten, sagt der Japaner, der Tomonaga heißt: »Ist Ladung von U 235. Fährt nicht mehr nach Japan.« Ich forsche bei der 5. U-Flottille nach und erfahre, daß U 235 ein Boot vom Typ VII C unter Kapitänleutnant Huisgen ist, das nie etwas mit Japan zu tun gehabt hat.

Die Fahrtvorbereitungen dauern bis in den März hinein. Nach Brennstoff-, Munitions- und Proviant-Übernahme liegt U 234 tief im Wasser und ist klar zur Fahrt nach Japan, während die Amerikaner am Rhein und die Russen vor Berlin stehen.

Am 25. März liegt U 234 klar zum Auslaufen an der Tirpitzmole. Es geht fast wie in den ersten Tagen des Krieges zu: Die Musik spielt, die Kameraden der 5. U-Flottille winken. Am Hindenburgufer sammeln sich Passanten.

Um 15.00 Uhr werden die Leinen losgeworfen. Die Diesel springen an. »Auf Wiedersehen in einem Jahr«, ruft man uns zu. Daß die Fahrt nach Japan gehen soll, ist geheim, aber bei der 5. U-Flottille wissen es alle. Langsam geht es aus dem U-Boot-Hafen in die Förde. Ein letztes Winken. Dann passieren wir mit Großer Fahrt die Enge Laboe-Friedrichsort.

Plötzlich schwingt der Bug nach Westen. Wir laufen nur in die Strander Bucht und werfen Anker, um auf das Geleit zu warten. Erst am nächsten Tag geht es nach Norden. In unserem Kielwasser folgen drei Boote vom Typ XXIII, die bis Kristiansand bei uns bleiben sollen. Nachts geht es an Kopenhagen vorbei. Beim Eintritt in das Kattegatt wird das Geleit entlassen, und es geht in Anlehnung an die schwedischen Hoheitsgewässer weiter nach Norden. Wegen der drei kleinen Boote in unserem Kielwasser können wir nur knapp 10 sm laufen.

Der Marsch durchs Kattegatt geht bei gutem Wetter ohne Zwischenfall gut voran. Unaufhörlich kreist unsere Funkmeßmatratze. Gegen 15.00 Uhr melde ich zur Brücke, daß die Hohentwiel-Station wegen zu hoher Temperatur ausgewechselt werden muß. Neuer Empfang erst nach zehn Minuten, da die Braunschen Röhren Zeit zum Anwärmen brauchen. Von der Brücke kommt: »Verstanden. Die Luft ist rein!« Vor Ablauf der zehn Minuten heulen aber plötzlich die neu eingebauten Sirenen durchs Boot: »Flieger!« Die Männer jagen an die Geschütze. »Drei Maschinen im Anflug von vorn.« Dr. Schlicke steht hinter mir. »Soll ich einschalten?« Er nickt. »Ein neues Rohr kann ich in Oslo besorgen.« Ich schalte ein, aber als der Bildschirm endlich anzeigt, sind die Maschinen schon auf 5000 Meter heran. Ich gebe sofort die genauen Werte zur Brücke hinauf. »Entfernung 3000 Meter!« Dann höre ich durch das Sprachrohr das Kommando: »Feuer frei!«

Es bleibt aber alles ruhig; die Flak schießt nicht. Die Maschinen fliegen jetzt an Steuerbord auf 2000 Meter vorbei. Ich jage zum Turm hinauf. Der Kommandant geht auf den Wintergarten und nimmt sich die Flak-Mannschaft vor. Jeder auf der Brücke hat den Feuerbefehl gehört, nur die Männer an den Geschützen auf dem ersten und zweiten Wintergarten nicht; eine Panne, die schwerwiegende Folgen hätte haben können.

Gegen 24.00 Uhr passieren wir in dunkler Nacht an Backbord einen südgehenden deutschen Geleitzug; vier Dampfer im Schutz mehrerer Torpedoboote neuester Bauart. Etwas später wird von der Brücke beobachtet, wie der Geleitzug aus der Luft angegriffen wird. Das Flakfeuer der Torpedoboote ist ein wahrer Höllenzauber; trotzdem schießen bald helle Flammen aus einem der Dampfer.

Auch bei uns hat es wieder Flieger-Alarm gegeben. Von allen Seiten laufen Radar-Peilungen über unseren Bildschirm; es müssen viele Flugzeuge über dem Kattegatt sein. Unsere Flakmannschaft sitzt feuerbereit an den Geschützen. Leider können wir wegen der kleinen Boote unter uns nicht mit großer Fahrt ablaufen, und Tauchen ist wegen der Minengefahr im Kattegatt nicht ratsam.

Ich lasse unentwegt die Matratze auf der Brücke kreisen, und bald haben wir den ersten Anflug von Westen auf dem Schirm. Das Zeichen wird erst bei 6000 Meter Entfernung sichtbar, woraus zu schließen ist, daß die Maschine sehr niedrig fliegt. Die Flakmannschaff auf dem vorderen und hinteren Wintergarten wird gewarnt; die anderen Boote werden mit der Klappbuchs verständigt.

Es bleibt uns in der Nacht nichts anderes übrig, als Sperrfeuer zu schießen, in das sie hineinfliegen müssen, wenn sie angreifen. Die Ortungszeichen auf unserem Bildschirm werden immer stärker, je näher die Maschinen kommen. Wir strahlen die anfliegenden Maschinen jetzt direkt an, so daß auch unsere Zeichen auf ihrem Bildschirm zu sehen sein müssen, und geben laufend Richtung und Entfernung auf die Brücke. »Anflug in 280 Grad, Entfernung 4000!«

Bei 3300 Meter Entfernung wandert die Peilung plötzlich aus, und der Gegner dreht ab. Bei 6000 Meter ist er verschwunden. Mein Funkmaat Werner Bachmann und ich sehen uns an. »Der hat Angst gekriegt vor uns«, meint er. »Den haben wir so angestrahlt, daß er glaubt, ein dickes Schiff vor sich zu haben.«

Immer noch laufen von allen Seiten die Ortungszeichen über den Schirm. Die Flakmannschaft bleibt an den Geschützen. Nach 30 Minuten erfolgt ein erneuter Anflug von Westen, und wieder kommt der Feind bis auf 3300 Meter heran, ehe er nach Südwesten abdreht. Er scheint also anzunehmen, daß er einen starken Gegner vor sich hat.

Das nervenaufreibende Spiel dauert die ganze Nacht an. Dreimal fliegt der Gegner an, und immer dreht er bei der gleichen Entfernung ab. Das kann kein Zufall sein. Erst als der Morgen dämmert, ist der Spuk vorbei. Unbehelligt erreichen wir den Oslofjord und gehen bei Horten vor Anker.

Am 29. März machen wir mit mehreren anderen Booten im Horten-Fjord Schnorchel-Übungen und werden dabei unter Wasser gerammt. Zuerst glauben wir, auf einen Felsen gelaufen zu sein, aber nachdem wir und das andere Boot aufgetaucht sind, sehen wir, daß es eine Kollision war. Unser hinterer Außenbunker Backbordseite ist aufgeschnitten, und 16 Tonnen Brennstoff verströmen in den sauberen Fjord. Beim anderen Boot ist der Vordersteven verbogen; die Mündungsklappen lassen sich nicht mehr öffnen.

Wir laufen nach Christiansand, wo es aber kein Dock gibt. Wir müßten also nach Bergen gehen, um zu reparieren. Die Offiziere beraten, denn es ist nicht ungefährlich, mit dem vollbeladenen Boot einzudocken. Schließlich wird eine andere Lösung gefunden: Das Boot wird an der Pier vorne geflutet, damit das Heck aus dem Wasser kommt und das Leck geschweißt werden kann.

Inzwischen sind die letzten Gäste für Japan an Bord gekommen: General der Flieger Kessler, Oberst Fritz von Sandrath, Oberleutnant der Flieger Menzel, ein Spezialist für Flugzeugtorpedos, und Fähnrich Ing. Klug.

Kapitänleutnant Bulla fährt als I WO mit; er war zuletzt Flieger auf dem Hilfskreuzer *Atlantis*. Außerdem sind schon an Bord: Die beiden Japaner, Fregattenkapitän Ing. Hideo Tomonaga, ein U-Boot-Ingenieur, und Oberst M. Shosi, ein Spezialist für Flugzeughau. Ferner Fregattenkapitän Falk, von der Abteilung Kriegsschiffbau im Oberkommando der Kriegsmarine, Geschwaderrichter Nieschling, der den deutschen Botschafter in Japan wegen des Spionagefalles Sorge aburteilen soll, Korvettenkapitän Dr. Toni Schlicke, ein Hochfrequenz-Spezialist, Oberleutnant zur See Hellendorn und die Flugzeugkonstrukteure Ingenieur Bringewald und Ingenieur Ruf. Also außer Kapitänleutnant Bulla, der als I WO zur Besatzung zählt, zwölf eingeschiffte Gäste. Die beiden Japaner werden mit dem Geschwaderrichter und Fregattenkapitän Falk im zweiten Deck unter dem Unteroffiziersraum untergebracht. Der General schläft bei uns in der Oberfeldwebelmesse in einer Koje der beiden Obermaschinisten, die während der Fahrt nur eine Wechselkoje brauchen. Der I WO Bulla wohnt natürlich in der Offiziersmesse. Alle anderen Gäste sind auf die anderen Räume verteilt.

Während der Hafenliegezeit gehe ich jeden Morgen zur Funkstation Christiansand, um die für uns eingegangenen Funksprüche abzuholen. Eines Tages erhalten wir folgenden FT: »U 234 noch nicht auslaufen. Befehl abwarten. Führerhauptquartier.« – Als ich dem Kommandanten den FT vorlege, läßt er General Kessler zu sich bitten, der sagt: »Da will noch jemand mitfahren aus Berlin. Wahrscheinlich der Dicke. Und ich muß wieder aussteigen.« Mit dem Dicken meint er Göring.

Am Nachmittag kommt Befehl von der Flottille: Oberfunkmeister Hirschfeld mit FT-Offizier Leutnant Pfaff zum Rapport beim Flottillen-Chef. Wir sind sprachlos und gehen im U-Boot-Päckchen, da wir kein Blauzeug mithaben, zum Rapport. Der Flottilen-Chef zeigt uns einen Funkspruch, eingegangen auf Führungswelle Grün: »An Obfkmstr. Hirschfeld auf U 234. Zu deiner letzten Fahrt viel Glück und gesunde Heimkehr. Dein Bubi.«

»Wie kommt es zu diesem FT und dann noch auf Führungswelle Grün, auf der nur wichtige Sachen übermittelt werden dürfen?« werde ich gefragt. Ich kann mir ein Lachen kaum verbeißen. »Wer ist Bubi?« fragt der Flo-Chef weiter.

»Das ist der Oberfunkmeister der 10. U-Flottille in Lorient, Bernhard Geissmann«, sage ich ruhig, weil ich weiß, daß man ihn nicht mehr zur Rechenschaft ziehen kann, denn Lorient ist eingeschlossene Festung. Das sieht auch der Flo-Chef ein, und so geht der Rapport rasch zu Ende. Bald darauf werde ich zur Funkstelle gerufen, um einen dringenden FT abzuholen. »U 234 nur auf meinen Befehl auslaufen. Nach eigenem Ermessen sofort auslaufen. BdU.« Das ist typisch Dönitz; er läßt sich vom Führerhauptquartier nicht dreinreden.

Der Kommandant geht sofort an Land, um ein Geleitfahrzeug zu organisieren, und findet einen schnellen U-Jäger, der uns um die Südspitze von Norwegen geleiten soll.

In den Nachmittagsstunden des 16. April legen wir von der Pier ab und gleiten aus dem Hafenbecken. Etwas weiter draußen macht ein Verkehrsboot längsseits bei uns fest. Der FdU, Kapitän zur See Rösing, kommt an Bord, um uns zu verabschieden. Die Besatzung ist auf dem Achterschiff angetreten; die Gäste bleiben unter Deck.

Rösing wünscht uns viel Glück für die bevorstehende Fahrt. »Kameraden, wenn ihr von dieser Fahrt heimkehrt, dann ist der Endsieg entschieden«, sagt er. Sind das nur wieder leere Phrasen, oder liegt eine gewisse Zweideutigkeit in diesem Satz? – Nachdem der FdU von Bord gegangen ist, spricht der Kommandant zu uns: »Kameraden, ihr habt alle die letzten Nachrichten gehört und wißt, wo der Feind steht, und wie es in der Heimat aussieht. – Deutschland geht einer schweren Zeit entgegen. Wie dieser Krieg auch ausgehen mag, ich werde alles tun, um euch heil wieder nach Hause zu bringen.« Das ist Heinrich Fehler, ein Ritter ohne Furcht und Tadel.

Dann kommt das Geleit, mit 16 sm laufen wir hinter dem schnellen U-Jäger in die früh aufkommende Dunkelheit. Bei Lindesnes entläßt der Kommandant das Geleit. »Gute Fahrt und gesunde Heimkehr«, ist der letzte Gruß, den wir von einem deutschen Schiff erhalten. Wir haben wieder unsere Matratze ausgefahren und lassen sie über der Brükke kreisen. Eine Weile laufen wir über Wasser nach Westen; dann kommt plötzlich ›Alarm‹, und das Boot taucht weg, ohne die Matratze einzufahren. Ich springe mit einem Fluch in die Zentrale, aber es ist zu spät. Ich kann den Tauchvorgang nicht mehr aufhalten. Nachdem er das Turmluk verschraubt hat, kommt der Kommandant in die Zentrale, und ich melde, daß wir keine Zeit hatten, die Matratze einzufahren. »Ja und«, sagt er seelenruhig. »Dann tun Sie es doch jetzt.« – »Das geht nicht, Herr Kaleu. Wir verbiegen das Gestänge, wenn es nicht schon durch den Tauchvorgang verbogen ist. Wir müssen auftauchen.« Er schüttelt den Kopf. »Diese Funkerei! Also Oberfläche ansteuern«, sagt er zum LI. »Wir stecken nur den Turm raus.« Nachdem der Turm frei ist, fahre ich mit Hilfe von Bachmann die Matratze ein; sie scheint nicht verbogen zu sein.

Nachdem das Boot eingesteuert ist, beginnen wir mit dem Unterwasser-Schnorchelmarsch. Wir haben Befehl, möglichst bis zum Äquator zu schnorcheln. An Stavanger vorbei geht es in der norwegischen Rinne nach Norden. Wenn wir mit dem Schnorcheln aussetzen, um einen Rundhorch zu machen, können wir vor Stavanger Artilleriefeuer hören. Es müssen britische Seestreitkräfte in der Nähe sein.

Am nächsten Tag gerät der E-Motor der Hauptlenzpumpe in Brand. Das Feuer kann zwar bald gelöscht werden, aber es stinkt entsetzlich im Boot, und wir können kaum atmen. Auftauchen können wir in diesen Gewässern nicht, doch der Diesel-Obermaschinist Winkler hat eine rettende Idee. Er läßt die Diesel aus der Raumluft fahren und schaltet die Frischluft aus dem Schnorchelmast in Heck und Bugraum. Jetzt saugen die Diesel alle verbrauchte Luft aus den Räumen ab, und wir atmen frische Luft.

Auf dem Schnorchelmast befindet sich ein feststehendes Runddipol, das zum Empfang von Ortungsstrahlen dient. Man kann es aber auch als Antenne gebrauchen, um die Sendezeichen der in Norwegen aufgestellten Funksonnen zu empfangen. So ist auch unter Wasser Navigation mit Hilfe der Funkerei möglich.

Als wir auf der Höhe von Bergen gegen Mittag zum Längstwellen-Empfang auf Sehrohrtiefe gehen, und der Kommandant einen Rundblick durch das Luftzielsehrohr macht, entdeckt er eine große Maschine in geringer Höhe, die auf uns einkurvt. Mit Alarm geht es auf 100 Meter Tiefe; es erfolgt aber kein Bombenabwurf. Wir befinden uns in gutem Horchwasser und hören dreimal hintereinander ein Klatschen. Dann ist Totenstille. Durch intensives Horchen stellen wir fest, daß aus drei verschiedenen Richtungen in regelmäßigen Abständen ein fünf Sekunden langes Surren zu hören ist.

Durch den ›Neuheiten-Katalog‹, den wir in Kiel von der Funkausrüstungsstelle erhalten haben, wissen wir, daß die Maschine drei Sonar-Bojen geworfen hat, die selbständig horchen und die Horchergebnisse automatisch senden. Auf diese Weise erhält der Navigator im Flugzeug eine Kreuzpeilung und kann gezielt eine Wasserbombe werfen.

In der Hoffnung, daß eine dazwischen liegende Warmwasserschicht das Horchen den Sonar-Bojen erschwert, läßt der Kommandant das Boot auf 180 Meter gehen. Wir haben Glück; es fällt keine Wasserbombe.

Auf der Höhe von Drontheim werden wir nachts beim Schnorcheln beinahe von einem Dampfer gerammt. Der III WO Obersteuermann Jasper, der die Wache am Sehrohr hat, obwohl in finsterer Nacht kaum etwas zu sehen ist, entdeckt im letzten Augenblick die schäumende Bugwelle und gibt Alarm. Wir kommen gerade noch unter dem Dampfer weg; jeden Augenblick befürchtend, daß er uns hochsaugt und mit den Schrauben den Turm rasiert.

Als wir darangehen, zwischen Island und Faröer in den Atlantik zu schnorcheln, entbrennt zwischen Funkerei und Steuerei ein Streit. Obersteuermann Paul Rische hat einen anderen Standort gekoppelt, als wir im Funkraum durch Peilung der Funksonnen über das Runddipol auf dem Schnorchel festgestellt haben. Ich erkläre, daß wir mit unserem Kurs über die flachste Stelle des Rosengartens kommen, was unbedingt vermieden werden soll, weil dort fast alle von Patrouille heimfliegenden Maschinen ihre noch vorhandenen Bomben abwerfen. Das geht darauf zurück, daß diese Sandbank früher nach stürmischer Atlantikfahrt von U-Booten angesteuert wurde, die eine Erholungspause einlegen wollten.

Wie fast alle seemännischen Offiziere hält der Kommandant nicht viel von der Navigation der Funkerei und läßt unseren Kurs weitersteuern, bis ich ihm mit Hilfe des Echolots beweisen kann, daß wir genau über den Rosengarten kommen. Darauf beschließt er entgegen allen anders lautenden Befehlen aufzutauchen, um mit Überwasserfahrt schneller in den Atlantik zu kommen. Es wird angeblasen, und rauschend empfängt uns die lange Dünung des Atlantiks. Der Schnorchel wird umgelegt und verschwindet im Oberdeck. Die Diesel springen an, und die Funkmeßmatratze wird ausgefahren. So geht es mit großer Fahrt durch die stark überwachte Enge Island-Färöer, die schon vielen Booten zum Verhängnis geworden ist. Zweimal müssen wir in dieser Nacht vor aufliegenden Maschinen wegtauchen. Wir haben sie wohl auf dem Schirm gehabt, bevor sie uns orten konnten. Hätten die Boote anstatt Metox-Empfängern und Biskaya-Kreuz zwei Jahre früher diese Fliegerortungsstation bekommen, wären uns viele Verluste erspart geblieben.

Ich muß an U 843 unter Kapitänleutnant Oskar Herwartz denken, den wir von Japan heimkehrend in Christiansand trafen. Ihm und seinen Männern war es gelungen, ohne moderne Hilfsmittel durch die Enge Island-Färöer in die Nordsee durchzubrechen. Sie waren über ein Jahr draußen gewesen und freuten sich, in die Heimat zurückzukehren. Vom Oberfunkmeister dieses Bootes erhielt ich wertvolle Informationen über die Standorte der Funkpeilstationen auf dem Weg durch Südatlantik und Pazifik bis Japan. Es waren sehr gute Navigationshilfen. Die Männer von U 843 verließen uns lachend und guten Mutes, aber am 9. April 1945 wurden sie im Kattegat, östlich von Frederikshavn, von mehreren Flugzeugen angegriffen und versenkt.

Die Lage in Deutschland verschlechtert sich zusehends. Berlin ist von den Russen eingeschlossen. Noch funktioniert die Nachrichten-Übermittlung bei der Flotte. Anfang Mai erfahren wir, daß der Führer tot ist und Großadmiral Dönitz zu seinem Nachfolger bestimmt hat. Großes Erstaunen. Unser BdU muß das traurige Erbe des Dritten Reiches antreten. Wir möchten nicht in seiner Haut stecken.

Am 4. Mai kommt der Befehl des BdU, den U-Boot-Krieg gegen die Westmächte sofort einzustellen. Wir marschieren kriegsmäßig weiter nach Japan, tagsüber getaucht und nachts über Wasser mit voll eingesetzter Ortung. Der Längstwellensender ›Goliath‹ bei Magdeburg wird gesprengt, weil die Amerikaner anrücken. Nun können wir unter Wasser kein Längstwellenprogramm mehr empfangen; wir sind nur noch auf die U-Boot-Kurzwellen angewiesen. Dann kommt das Stichwort zur Änderung aller U-Boot-Schaltungen für den äußersten Notfall. Wir haben auf einmal gar keinen Empfang mehr, denn der für diesen Fall mitgegebene Schaltplan ist falsch. Absicht oder Versehen? Wir erfahren es nie. Tagelang können wir uns nur mit Hilfe von Reuter-Meldungen über die Kriegslage orientieren. Bachmann findet aber schließlich durch intensives Kurbeln an den Empfängern nach alter B-Dienst-Methode die neuen U-Boot-Wellen wieder.

8. Mai 1945 Gesamtkapitulation. Es darf nicht mehr verschlüsselt gefunkt werden, und es laufen auch schon offene Funksprüche im Klartext. In einem FT an alle Boote und an die Festungen Lorient und St. Nazaire heißt es, daß alle Schlüsselmittel der Zukunft übergeben werden müssen. Alle Schlüsselmittel der Vergangenheit sollen vernichtet werden. Trotz allem nehmen wir noch einen nach Japanschlüssel verschlüsselten FT auf. Er ist vom FdU Rösing aus Bergen: »U 234 weiterlaufen oder nach Bergen zurückkommen. FdU.« Der Kommandant liest den FT und schüttelt den Kopf. »Zurück? Auf keinen Fall.« Wir sind jetzt auf dem Großkreis Mitte Atlantik und steuern Kurs Südwest. Noch heißt die Parole Japan, aber dann nehmen wir eine Meldung von

Reuter auf, die besagt, daß Japan die Beziehungen zu Deutschland abgebrochen hat. Somit ist unsere Fahrt eigentlich sinnlos geworden. Dönitz fordert die U-Boote dringend auf zu kapitulieren, weil dadurch noch viele Menschen aus dem Osten gerettet werden können. Wir schalten die Ostseewellen und entnehmen dem Funkverkehr, daß dort noch Schiffe und Geleite laufen, die sich gegen Angriffe der Russen aus der Luft und von der See mit allen verfügbaren Waffen verteidigen; anscheinend mit Zustimmung der Engländer. Eine seltsame Situation.

In dieser Situation entschließt sich der Kommandant zur Kapitulation. Als die beiden Japaner Tomonaga und Shosi davon erfahren, versuchen sie in einem längeren Gespräch, den Kommandanten umzustimmen. Kapitänleutnant Fehler macht ihnen klar, daß eine Weiterfahrt sinnlos ist. Reuter meldet, daß alle Deutschen in Japan gefangengenommen würden. Shosi erwidert, das würde für U 234 nicht zutreffen; wir würden Sonderbedingungen erhalten. Aber der Kommandant lächelt und läßt sich nicht erweichen.

Als ich etwas später in den Funkraum komme, erzählt mir Werner Bachmann, daß die Japaner durch das Boot gehen und sich verabschieden, wobei Tomonaga seine in der Schweiz eingekauften Uhren an die Männer verschenkt. Wir ahnen noch nicht, was das zu bedeuten hat. Harakiri können sie nicht machen, da das 300 Jahre alte Samurai-Schwert Hideo Tomonagas in der Obhut des Kommandanten ist. Es wurde in Kiel während einer Zeremonie im Beisein von Botschafter Oshima für die Dauer der Fahrt in die Hand des Kommandanten gegeben. Damit haben die Japaner ihr Leben in seine Hand gelegt; andere Waffen besitzen sie nicht.

Heinrich Fehler hat schon vor Beginn der Fahrt in weiser Voraussicht angeordnet, daß alle eingeschifften Gäste ihre Waffen abzugeben haben. Nur die Offiziere und Portepeeunteroffiziere des Bootes blieben im Besitz von Pistolen.

Als wir durch FT die Kapitulationsanordnungen der Alliierten erfahren, sind wir sehr betroffen. Da heißt es: 1. Alle Torpedopistolen sind zu entfernen und über Bord zu werfen. Torpedos sind aber mitzubringen. 2. Alle Flakmunition außenbords werfen und Geschütze achteraus zurren. 3. Schwarze Kapitulationsflagge am ausgefahrenen Sehrohr setzen. 4. Positionslaternen setzen und einschalten. 5. Genauen Standort melden und nur noch aufgetaucht fahren. Dann folgen Angaben über die Einlaufwege und Einlaufhäfen für die einzelnen Seegebiete. Danach müßten wir Halifax in Neuschottland anlaufen.

Der Kommandant zögert, den entscheidenden FT abzugeben.

Schwarze Flagge am Sehrohr! – Das gefällt ihm nicht. In der Offiziersmesse wird diskutiert. Sollen wir uns wirklich in die Hände der Feinde begeben? Seit unserem Auslaufen haben wir nichts mehr gemeldet. Niemand kann wissen, ob wir überhaupt noch existieren. Nachts über Wasser und tags unter Wasser laufend, könnten wir den Atlantik ungesehen von Nord nach Süd durchqueren.

Seit drei Tagen ist der Krieg nun schon vorbei, aber wir hören tagsüber, wenn wir unter Wasser sind, aus der Ferne den Donner von Waboserien. Machen sie noch immer Jagd auf uns? Ist dieser Krieg nun zu Ende oder nicht? Ist die schwarze Flagge am Sehrohr eine Falle? Machen sie uns fertig, wenn wir mit dieser Flagge kommen, die ja eigentlich nur von Piraten geführt wird? Was hält uns eigentlich davon ab, um Kap Horn zu fahren und uns in der Südsee auf einer Insel zu verstecken?

Schließlich kommt wieder ein offener FT: »An alle! Bei Kapitulation Kriegsflagge setzen. Auf Befehl Alliierter würdig niederholen. BdU.« Auf den U-Boot-Wellen kommen jetzt Kapitulationsmeldungen. Meist melden sich die Kommandanten bei der deutschen Leitstelle in Wilhelmshaven ab. Wir sind erstaunt, wie viele Boote vom Typ XXIII rund um England auftauchen. Sie konnten sich mit ihrer hohen Unterwasser-Geschwindigkeit in Seegebiete wagen, die für Boote des alten Typs den sicheren Tod bedeutet hätten. Sie hatten auch die neuen Torpedos, die wir uns immer gewünscht haben, darunter den T 5, einen Mikrofon-Läufer, den man aus der Tiefe schießen konnte. Die Alliierten glaubten dagegen ein Abwehrmittel gefunden zu haben: Die Zerstörer zogen in ungefähr 800 Meter Entfernung eine Geräuschboje hinter sich her, die sich wie eine Kreissäge anhörte. Der Torpedo sollte auf dieses Geräusch ansprechen und das wahre Ziel verfehlen. Von meinem Freund, dem Oberfunkmeister Willy Horn, der kurz vor unserem Auslaufen mit U 868 unter Oberleutnant Eduard Turre in Christiansand einlief, habe ich aber erfahren, daß man sich von dieser Geräuschboje nicht entmutigen lassen mußte.

U 868 hatte wichtige Ersatzteile, unter anderem Sehrohre, die an Oberdeck festgemacht waren, aus der Festung St.-Nazaire geholt. Unterwegs war das selbstschließende Ventil im Schnorchelkopf ausgefallen. Turre ließ den Kopf abmontieren und fuhr mit offenem Schnorchel, was natürlich zur Folge hatte, daß der Schnorchelmast im starken Seegang oft vollschlug und die Diesel absoffen. Dabei sackte das Boot manchmal bis auf 60 Meter durch.

Als das Boot südlich von Island wieder einmal durchsackte, wurde plötzlich eine Geräuschboje gehört. Turre schoß einen T 5 aus achterlicher Stellung, und nach längerer Laufzeit erfolgte eine Detonation. Als dann der Kommandant einen Blick durchs Sehrohr wagte, lag der Zerstörer mit dem Heck tief im Wasser.

Die Berechnung der gestoppten Laufzeit ergab, daß der T 5 zunächst auf die Geräuschboje zugelaufen war. Da er aber dort kein Ziel fand, das die Pistole zur Auslösung bringen konnte, stieß er vorbei und bekam die Schrauben des Zerstörers ins Mikrofon. So änderte er seinen Kurs, lief den immer lauter werdenden Schrauben nach und traf den Zerstörer ins Heck. Turre hätte diesen Zerstörer nie gefunden, wenn er nicht die Boje gehört hätte.

Wir erhalten noch einmal ein FT an alle; es ist der letzte Funkspruch unseres Befehlshabers. »An meine U-Boot-Männer! Sechs Jahre U-Boot-Krieg liegen hinter uns. Ihr habt gekämpft wie die Löwen. Wiederum müßt ihr, wie schon einmal vor 27 Jahren, unbesiegt auf allen Meeren die Waffen niederlegen. Von der uns noch verbleibenden Basis ist eine Fortsetzung des Kampfes nicht mehr möglich. Ungebrochen und makellos legt ihr nach einem Heldenkampf ohnegleichen die Waffen nieder. Für die nun kommende schwere Zeit bewahrt euch euren alten U-Boot-Geist. Euer BdU.«

Das ist nun das Ende der deutschen U-Boot-Waffe. Alle Boote, die bis zum 8. Mai noch gekämpft haben, steuern nun mit der schwarzen Flagge am Sehrohr alliierte Häfen an, um sich zu ergeben. Nur wir fahren weiter, immer noch auf altem Kurs. Der I WO und der Kommandant, die gut englisch sprechen, sitzen jede Nacht im Funkraum und hören die internationalen Rundfunksendungen ab, so können wir uns ein Bild über die Lage machen.

Nach Berechnungen der Alliierten scheinen sich noch nicht alle in See befindlichen U-Boote zur Kapitulation gemeldet zu haben, denn fast eine Woche nach der Gesamtkapitulation geht ein FT über die U-Boot-Wellen: »Wer jetzt nicht kapituliert, wird als Pirat erkannt und vor ein ordentliches Seegericht gestellt.« Keine Unterschrift. Wir nehmen an, daß dieser Funkspruch von einer britischen FT-Station kommt.

Noch einmal großer Kriegsrat in Offiziers- und Oberfeldwebelmesse, dann entschließt sich der Kommandant endgültig zur Kapitulation. Am 13. Mai schalte ich zum ersten Mal auf dieser Fahrt den Sender ein und drücke auf die Taste. Ich rufe Halifax von U 234. Halifax antwortet sofort in deutscher Sprache: »U 234 geben Sie Standort.« Nachdem ich ihn gemeldet habe, erhalten wir den Kurs zum Einlaufen in Halifax.

Der Alte denkt aber gar nicht daran, nach Halifax zu gehen. Mit großer Fahrt laufen wir auf dem Großkreis nach Südwesten, um in die amerikanische Zone zu kommen. Die Männer der Maschine haben ein Bettlaken schwarz gefärbt, am ausgefahrenen Fliegersehrohr angebracht und die Positionslaternen gesetzt. An der Hinterkante des ersten Wintergartens weht die deutsche Kriegsflagge am Flaggenstock. Ansonsten haben wir alles unterlassen, was von den Siegern befohlen worden ist.

Die Torpedos liegen in den Rohren, die Fla-Geschütze ragen mit angeschlagener Munition feuerbereit in den Himmel. Außerdem lassen wir die Funkmeßmatratze kreisen, damit man uns nicht aus der Luft überraschen kann. Wir sind entschlossen zu kämpfen, falls sie uns niedermachen wollen.

Gegen 23.00 Uhr ruft mich Oberfunkmaat Werner Bachmann in den Funkraum. Er hat ein Flugzeug auf dem Schirm. Der Kommandant gibt Fliegeralarm. Die Fla-Waffen werden besetzt, wir strahlen das näher kommende Flugzeug laufend an, und seine Radarzeichen laufen über unseren Schirm, aber bevor die Maschine in die kritische Abwehr-Entfernung kommt, dreht sie ab und umkreist uns in respektvollem Abstand. Plötzlich steht ein weißer Stern am Nachthimmel; dann dreht die Maschine ab und fliegt davon.

Kurze Zeit darauf ruft Halifax: »U 234. Ihr gemeldeter Standort und Kurs stimmen nicht. Steuern Sie 340 Grad nach Halifax. Melden Sie alle vier Stunden Standort, Kurs und Fahrt.« Der Alte liest den FT und lächelt. Wir laufen weiter mit großer Fahrt, ohne den Kurs zu ändern. Heinrich Fehler will nicht nach Kanada.

Der Geschwaderrichter Nieschling, der im unteren Deck wohnt, meldet dem Kommandanten, daß Tomonaga und Shosi in einer Koje liegen und röcheln. Sie müssen etwas eingenommen haben, denn sie sind auch durch starkes Rütteln nicht aufzuwecken. Also doch Selbstmord. Jetzt wird allen klar, warum sie sich verabschiedet haben. Bootsmann Schölch erhält Befehl, die Seesäcke der Japaner zu untersuchen, und findet einen Brief, den er dem Kommandanten bringt. Darin bitten die beiden Japaner, sie ruhig sterben zu lassen, da sie nicht in Gefangenschaft geraten wollen und daß wir ihre Leichen nicht in die Hände der Feinde fallen lassen sollen. Ferner bitten sie darum, ihr Diplomatengepäck zu versenken, da es Geheimsachen enthält, die dem Feinde nützen könnten.

»Dieses Vermächtnis werden wir erfüllen«, sagt der Alte. Die Japaner haben eine Überdosis Luminal genommen. Jeder von uns wäre nach Einnahme einer solchen Dosis bereits tot, aber ihre starken Naturen erschweren ihnen das Sterben.

Da wir der Aufforderung, uns alle vier Stunden zu melden, nicht nachgekommen sind, werden wir von Halifax gerufen, aber der Alte winkt ab und sagt: »Laß sie nur rufen.« Am späten Abend gibt mir der Kommandant endlich eine Standortangabe zur Übermittlung an Halifax. »Der Standort stimmt zwar nicht. Aber geben Sie ihn ruhig ab«, sagt er lächelnd. Ich drücke also auf die Taste, und sofort antwortet der Funker von Halifax, als hätte er nur auf meinen Anruf gewartet: »U 234, ich höre Sie mit Lautstärke fünf, kommen.« Als ich den Standort abgeben will und erneut auf die Taste drücke, werde ich von einem starken Sender vollkommen überlagert. Ich setze ab und sofort schweigt auch der andere Sender. Als ich von neuem beginne, ist auch der andere Sender wieder da. Jetzt ruft Halifax: »U 234, ich werde gestört. Ändern Sie die Frequenz.« Bachmann, der mit mir im Funkraum ist, verschiebt ein wenig die Frequenz am Sender. Ich drücke erneut auf die Taste und werde abermals überlagert. Das ist kein Zufall; das ist absichtliche Störung. Halifax ruft unentwegt: »U 234, ich habe Sie auf anderer Frequenz gehört, wurde aber wieder gestört. Weichen Sie weiter aus.« Als ich dem Alten die Sache melde, sagt er nur: »Schalten Sie den Sender aus. So haben wir einen Grund, uns nicht mehr zu melden.«

Einige Zeit später hören wir von der Brücke, daß ein Zerstörer von achtern aufkommt. Die Spannung im Boot wächst. Jetzt wird sich entscheiden, ob er uns fertigmachen oder nur in den Hafen geleiten will. Der Handscheinwerfer wird auf die Brücke gegeben und der Zerstörer angemorst. Ein Mann im Turm übermittelt sofort alles nach unten. Es handelt sich um den amerikanischen Zerstörer *Sutton.* Er gibt uns Anweisung, auf den Golf von Maine zu steuern und nicht mehr auf die Rufe und Anordnungen von Halifax zu reagieren. Jetzt wird uns alles klar. Die Funker der *Sutton* müssen unseren Funkverkehr mit Halifax mitgehört und gestört haben, und der Kommandant holt sich jetzt unser Boot aus der britischen Zone. Der Kommandant läßt den Stabsarzt rufen und sagt: »Heute nacht müssen die Japaner von Bord. Wenn sie den Amerikanern in die Hände fallen, werden die alles versuchen, sie wieder ins Leben zu rufen. Sorgen Sie dafür, daß sie in Ruhe sterben können.« Stabsarzt Dr. Walter steigt wortlos in das untere Deck. Nach einigen Stunden meldet er, daß die beiden Japaner verstorben sind.

Jetzt geht alles sehr schnell. Die Leichen werden in Hängematten verschnürt, die an Deck mit Grundgewichten versehen werden. Dann kommt der Befehl: »Beide Maschinen stopp!«

Zehn Minuten Schweigen auf der Brücke und im Boot. Das Samurai-Schwert wird Hideo Tomonaga beigegeben, und dann werden die mit Grundgewichten beschwerten Leichen im Atlantik versenkt.

Von der *Sutton* kommt mit Scheinwerfer ein Anruf: »Warum haben Sie gestoppt?« – »Maschinenschaden«, läßt der Kommandant antworten. Als ich ihn frage, ob ich Geheimsachen und Schlüsselmittel vernichten soll, sagt er: »Die werfen wir in der nächsten Nacht über Bord.« In den frühen Morgenstunden tönt es aber aus den Lautsprechern: »An alle Stationen! Zerstörer hat Boot ausgesetzt. Prisenkommando kommt an Bord.« Ich jage in den Funkraum und reiße mit Oberfunkmaat Bachmann Schlüsselmittel und Geheimsachen aus den Schränken. Zum Überbordwerfen ist es zu spät. Wohin damit? Obermaschinenmaat Distler kommt mit einem Sack vorbei und fragt: »Habt ihr auch noch Geheimsachen? Rein damit. Dann kommen Küchenabfälle drauf, und wir stellen ihn in den Diesel-Raum.«

Ich gehe auf die Brücke, um mir das Schauspiel der Enterung anzusehen. In ca. 800 Meter Entfernung liegt der Zerstörer. Alle Geschütze und Flawaffen sind auf uns gerichtet. Das erste feindliche Kriegsschiff, das ich als Tauchröhren-Fahrer in diesem Krieg sehe. Das Motorboot mit dem Prisenkommando versucht mittschiffs anzulegen und zerschellt beinahe an den breiten Außenbunkern, die von der See überspült sind. Der Bootssteuerer erkennt die Gefahr gerade noch und läßt sich achteraus treiben. Dort werfen sie einen kleinen Anker auf das Heck, und klettern vom auf und nieder gehenden Motorboot auf unser Deck.

»Mein Gott, wie die bewaffnet sind«, meint Bulla, der I WO. In der einen Hand eine Maschinenpistole, in der anderen einen Colt mit Lederriemen am Handgelenk befestigt, um den Hals mehrere Gurte mit Patronen. Als erster klettert der Prisenoffizier auf den Turm und fragt nach dem Kommandanten.

Einer der Matrosen schleppt eine lange Eisenkette mit, die er um den Sehrohrbock legt und durch das Turmluk nach unten wirft, damit wir es nicht mehr zudrücken können. In der Zentrale schlingen sie eine Kette um die großen Handräder der Tiefensteuerung. Wenn die Situation nicht so traurig wäre, könnte man schallend lachen, denn die elektrische Knopfsteuerung der Tiefenruder beachten sie gar nicht.

»Where are the Japs?« fragt der Prisenoffizier. Der Alte erklärt ihm, daß die beiden Japaner auf dem Grunde des Atlantiks ruhen. Dann gibt der Amerikaner seine Anordnung bekannt. Ab sofort dürfen Lautsprecheranlage und Telefon nicht mehr benutzt werden. Die Schiffsführung, der Großteil der Besatzung und die Gäste müssen auf den Zerstörer umsteigen. Nur eine Maschinenwache und der I WO bleiben an Bord. Das Boot wird seemännisch vom Prisenkommando gefahren, dessen Männer inzwischen ins Boot ausgeschwärmt sind. In jedem Raum steht jetzt ein schwer bewaffneter Amerikaner mit einem Mikrofon vor dem Mund, das durch Kabel mit der Zentrale verbunden ist. Der Prisenoffizier gibt Befehl, mit Kurs 270 Grad etwas Fahrt aufzunehmen, damit das arge Schlingern in der langen Dünung aufhört.

Der Rudergänger im Turm, der etwas nervös ist, drückt auf den Knopf nach Steuerbord, um auf 270 Grad zu gehen. Dabei achtet er nicht auf den Ruderlagen-Anzeiger, der über den roten Strich geht. Achtern fliegt die Sicherung heraus, und das Ruder klemmt hart Steuerbord, während das Boot gerade Fahrt aufnimmt. Der Bug schwingt auf den Zerstörer zu, als wollten wir ihn rammen. Große Aufregung bei der Prisenbesatzung. Der Zerstörer geht mit großer Fahrt an, um aus unserem Kurs zu kommen, wobei alle Geschütze zum Direktschuß mitdrehen. Wir müssen über diese Panne lachen.

Der amerikanische Matrose, der auf dem Turm mit einem kleinen Funkspruchgerät die Verbindung zu seinem Schiff aufrecht erhält, meldet aufgeregt; »Oh, yes, Sir, the Sub is O. K., we are well, the German crew is O. K., it's only rudder failure.«

Der Prisenoffizier fordert den Kommandanten nun auf, den Ruderversager zu beheben. Da Lautsprecheranlage und Telefon nicht mehr benutzt werden dürfen, läuft ein Mann aus der Zentrale los und schwingt sich durch die Kugelschotten; Hände an den oberen Griffen und mit den Füßen voran. Als der amerikanische Posten im Heckraum vor den Torpedorohren den deutschen Matrosen in vollem Lauf sieht, läßt er seine Waffen fallen und hebt die Hände. Die Angst der Amerikaner vor uns ist uns zunächst unverständlich. Erst später wird uns klar, daß sie Opfer ihrer eigenen Propaganda waren. In den Filmen, die wir im Kriegsgefangenenlager sehen, sind wir U-Boot-Fahrer durchwegs Gangster. Der Prisenoffizier fordert uns auf, alle Waffen abzugeben; dann werden zuerst die Mannschaften mit dem Boot zum Zerstörer gefahren.

Als ich in die OF-Messe gehe, um einige Sachen zusammenzupacken, steht General Kessler vor dem Waschbecken und rasiert sich. Auf die Ermahnung des Prisenoffiziers zur Eile winkt er nur gelassen ab und betrachtet sich interessiert im Spiegel.

Als wir schließlich alle auf dem Oberdeck versammelt sind, erscheint auch der General in voller Uniform, am Hals das Ritterkreuz, im Auge das Monokel. »Darüber ärgern sich die Amis mächtig«, sagt er lächelnd zu mir. Der Prisenoffizier will nun die amerikanische Flagge setzen, doch der Kommandant sagt ihm, daß er vorher die Kriegsflagge würdig niederholen wolle. Der Amerikaner stimmt zu. Bootsmann Schölch geht an das Fliegersehrohr und Obersteuermann Paul Rische an den Flaggenstock. Dann hören wir die Stimme des Kommandanten: »Oberdeck stillgestanden! Zum letzten Male: Hol nieder Flagge!« Wir stehen mit der Hand an der Mütze, aber auch die Amerikaner salutieren. Mich würgt es wieder in der Kehle, und ich sehe, daß der Kommandant Tränen in den Augen hat.

Langsam holt Paul Rische die Flagge nieder. Peter Schölch hat die schwarze Flagge vom Sehrohr gelöst und wirft den Lappen über Bord. Große Aufregung unter den Amerikanern, die vergeblich versuchen, das schwarze Laken zu fischen.

Als wir zum Zerstörer hinüberfahren, sitzt Paul Rische und hält seine Hand dauernd tief ins Wasser. »Ist dir denn so warm?« frage ich. »Sei ruhig, Wolf, und rück mal näher ran. Ich halte die Kriegsflagge unter Wasser, bis sie sich vollgesogen hat.« Er hatte sie bei dem Trubel um die schwarze Flagge unbemerkt in der Lederjacke verschwinden lassen.

Am Zerstörer hängt ein Netz an der Bordwand, an dem wir emporklettern. Auf Deck werden wir nach Waffen abgesucht und dann in der Unteroffiziersmesse untergebracht. Vor der Tür ziehen zwei Posten mit Karabinern auf, die uns auch zur Toilette begleiten.

Am Nachmittag hören wir von den Wachen, daß jemand auf dem U-Boot erschossen wurde. Die Männer der Prisenbesatzung haben mit unseren Pistolen gespielt, dabei hat sich ein Schuß gelöst und ist einem amerikanischen Funker von hinten in die Niere gegangen. Ein zweiter Zerstörer mit Op-Raum wird herbeigerufen. Unser Dr. Walter soll die Operation durchführen; sie gelingt auch zunächst, aber der Patient stirbt einige Tage später.

Am nächsten Tag gibt es Fliegeralarm. Die amerikanischen Seeleute behaupten, es sei keine Übung. Wir sind sehr erstaunt. Wer soll denn aus der Luft angreifen? »Damned Britons«, sagen die US-Lords mit finsterer Miene. Wahrscheinlich eine Maschine, die U 234 sucht und uns nach Halifax einweisen soll.

Mittags dürfen wir uns für eine Stunde auf dem Oberdeck ergehen, um frische Luft zu schnappen, und können unser Boot sehen, das in geringer Entfernung neben dem Zerstörer läuft.

Unsere Wachen haben ihre Flinten weggelegt. Sie haben gemerkt, daß wir Soldaten sind wie sie, und schimpfen auf die Lügen ihrer Propaganda. Wir sind Seeleute unter Seeleuten. Eines Tages kommt der Erste Offizier der *Sutton* und fragt uns, ob wir Dokumente, persönliche Papiere und Wertsachen abgeben wollen, die wir bei der Entlassung wieder ausgehändigt bekommen. In Portsmouth würden wir an das Heer abgegeben werden, da die Marine keine Gefangenen behalten dürfe, und was das Heer abnehme, würden wir bestimmt nicht wiedersehen. Ich gebe mein Soldbuch und mein Funkzeugnisbuch ab; es sind tatsächlich die einzigen Sachen, die mir später aus Washington direkt wieder zugestellt werden.

Am 19. Mai 1945 läuft die *Sutton* mit U 234 in Portsmouth, USA, ein. Wir werden mit mehreren Motorbooten von Bord des Zerstörers geholt und zum Kai gefahren. An der Gangway steht ein Matrose, der hervorragend Deutsch spricht. Er hält eine Besatzungsliste in der Hand, die nur aus Deutschland sein kann. Wir müssen unsere Namen nennen, und er sagt zur Kontrolle unsere Stammrollennummer.

Durch ein Spalier von schwer bewaffneten Militärpolizisten gehen wir zu den bereitgestellten Bussen. Eine dichtgedrängte Menge schreit und tobt; die Militärpolizisten haben Mühe, uns zu schützen. Wir steigen in die Busse, die gleich losfahren. Kapitänleutnant Bulla sitzt neben mir und sagt: »Jetzt kommen wir alle ins Gefängnis, und dort werden wir erstmal bis aufs Hemd gefilzt.«

Vor einem festungsartigen Gebäude mit vergitterten Fenstern steigen wir aus. Auf dem Podest einer eisernen Treppe steht ein amerikanischer Offizier und sagt in Frankfurter Dialekt: »Kommen S' nur rauf, meine Herren. Es passiert Ihnen gar nichts.«

Nachdem wir den Eingang passiert haben, werden wir aber vom Gefängnispersonal, eingebürgerten Polen, empfangen, die mit Holzknüppeln auf uns einschlagen und zu einem Tisch treiben, an dem man uns vollkommen ausraubt. Orden, Ehrenzeichen, Armbanduhren, Füllfederhalter, Eheringe, alles wird uns abgenommen und unter Aufsicht höherer Gefängnisbeamter in Tüten gegeben, die mit unseren Namen versehen werden. Hinter dem Tisch warten aber bereits Aasgeier, die alles aus den Tüten fischen, was ihnen gefällt. Vor allem unsere Wehrmachtsuhren und die Eheringe werden gestohlen.

Dann werden wir in Einzelzellen untergebracht, die wir nur verlassen, wenn wir zum Essen und zum Duschen geführt werden. Jedesmal wenn wir die Zellen wieder betreten, sind sie erneut durchwühlt. Es muß doch ein armes Land sein, in dem man uns sogar Nagelfeilen und Kämme stiehlt.

Nach zwei Tagen in diesem noblen Haus wird die Besatzung von U

234 abgeholt und in ein Lager transportiert. Nur zwei Mann müssen zurückbleiben: Bootsmann Peter Schölch und Oberfunkmeister Wolfgang Hirschfeld. Am nächsten Tag werde ich von einem Kalfakter aus der Zelle geholt und nach unten in die Wachstube gebracht, wo mir ein Offizier Handschellen anlegen will. »No, Sir«, sage ich höflich. »I am no gangster, I am prisoner of war.« – »Fuck up, you are all gangsters«, faucht er mich an. Als ich mich auf die Genfer Konvention zu berufen versuche und mich weiterhin weigere, ihm die Hände hinzuhalten, ruft er seine polnische Knüppelgarde. Ehe ich mich von ihr zusammenschlagen lasse, halte ich lieber zähneknirschend die Hände hin. In Handschellen werde ich dann von einem Aufseher zu einem wartenden PKW geführt.

Wir fahren durch Portsmouth zum Hafen und halten am Kai, an dem vier deutsche U-Boote, darunter auch U 234 liegen. »Let's go«, sagt mein Bewacher zu mir und drückt mir seinen Colt in den Rücken. In diesem Augenblick kommt gerade unser LI aus dem Kombüsenluk an Oberdeck. Als ich ihm meine gefesselten Hände zeige, winkt er mir zu und ruft etwas nach unten ins Boot. Kurz darauf erscheint ein großer US-Kapitän an Oberdeck und eilt über die Gangway an Land. »Go on board«, sagt mein Posten barsch zu mir, während er mir immer noch den Colt in den Rücken bohrt. »No«, sage ich, »not with handcuffs.«

»Warten Sie«, sagt der Kapitän in gutem Deutsch zu mir. »Gehen Sie nicht mit den Handschellen an Bord. Ich muß nur schnell mit dem Gefängnis telefonieren.« Als er nach kurzer Zeit zurückkommt, muß mir der Posten die Handschellen abnehmen. Der Marineoffizier bietet mir eine Zigarette an und stellt sich als Fregattenkapitän Hatten vor. Mit einem Feuerzeug, auf das ein winziges deutsches U-Boot-Abzeichen gelötet ist, gibt er mir Feuer. »Ja«, sagt er auf meinen erstaunten Blick, »ich habe schon viel mit U-Boot-Leuten zu tun gehabt.« Ich nehme an, daß er ein Abwehroffizier ist. Als er mich nun an Bord führt, will der Aufseher aus dem Gefängnis mitkommen, aber die beiden Militärpolizisten vor dem Schiff lassen ihn nicht durch. »That's my prisoner«, schreit er. »Shut up, damned polishman. Get lost«, antworten die Männer von der MP lachend.

An Bord von U 234 finde ich außer dem LI, Kapitänleutnant Ing. Ernst, die Obermaschinisten und einige Maaten vom Maschinenpersonal vor. Sie waren nicht im Gefängnis, staunen über meine Erzählungen und wissen nicht, was wir an Bord sollen. Ich frage Kapitän Hatten, ob ich am Abend ins Gefängnis zurückkehren muß, weil der

Posten noch vor dem Schiff wartet. »Nein, Sie bleiben hier«, antwortet er. »Dafür sorgen meine Militärpolizisten.« Ich gehe ins Boot, um nach meinen Sachen zu sehen. Unten sieht es wüst aus. Die Spinde sind aufgebrochen und durchwühlt, die Wäsche herausgerissen und in den Dreck getreten. Mein Tagebuch, meine Pelzweste, mein Lederzeug, alles ist weg. Einer der Maaten erzählt mir, daß hier die Männer der Armee gewütet haben, nachdem die Prisenbesatzung von Bord gegangen ist. Resigniert steige ich wieder an Oberdeck.

Auf dem Kai wartet immer noch der Gefängnisposten. Am Abend macht er einen Versuch, an Bord zu kommen, um mir wieder die Handschellen anzulegen, aber die beiden Militärpolizisten richten ihre Maschinenpistolen auf ihn, bis er unter wütenden Beschimpfungen seinen Wagen besteigt und davonfährt.

Kapitän Hatten fragt mich, ob ich das bisherige Geschehen nicht vergessen könnte. »Nein, Herr Kapitän«, sage ich, »diese Behandlung werde ich mein ganzes Leben nicht mehr vergessen. Wir haben uns Amerika ganz anders vorgestellt.«

»Es sind zwei Offiziere aus Washington gekommen«, setzt er fort. »Sie hätten gerne den Signalgeber aus dem Funkraum, der ein Funksignal so schnell abgibt, daß es nicht mehr eingepeilt werden kann.« Ich bin erstaunt, daß die Amerikaner so ein Gerät noch nicht selbst erfunden haben. »O nein«, sagt er lächelnd, »in einigen Sachen sind uns die deutschen Techniker doch voraus.« – »Sie können es doch einfach ausbauen. Da sind nur ein paar Schrauben zu lösen, und das Kabel zum Sender muß abgeklemmt werden«, sage ich. Jetzt lächelt er etwas gequält. »Wissen Sie«, sagt er, sichtlich nach Worten suchend, »man hat Angst – obwohl ich ja nicht daran glaube – daß da eine Boobytrap eingebaut ist.« – Als ich ihn nicht gleich verstehe, denn das Wort ist mir fremd, erklärt er mir, daß damit ein versteckter Sprengkörper gemeint ist. Jetzt muß ich lachen. »Also sind auch Sie ein Opfer Ihrer eigenen Propaganda«, sage ich. »Ja«, sagt er ernst, »wenn Sie immerzu etwas eingehämmert bekommen, bleibt doch etwas hängen. Das ist die Methode der Propaganda.« – Ich erkläre mich bereit, das Gerät auszubauen, wenn er auch noch die seemännische Nr. 1, den Bootsmann Peter Schölch, aus dem Gefängnis herausholt. »O ja,« sagt er. »Den hole ich morgen.« Und er hält sein Wort.

Auch auf den drei anderen Booten, U 805 – Bernadelli, U 873 – Steinhoff, U 1228 – Marienfeld, sind noch Restbesatzungen vorhanden. Die Militärpolizisten, die unsere Boote bewachen, bringen uns täglich Zigaretten, Kaugummi und die neuesten Zeitungen. Aus dem ›Boston Herald‹ erfahren wir, daß man den Nazi-Kommandanten Kapitänleutnant Steinhoff mit Handschellen durch Boston geführt hat, wo ihn die geifernde Menge mit Eiern, Tomaten und Unrat beworfen hat. Außerdem wurde er von seinen Wächtern geschlagen und mißhandelt. Er hat sich daraufhin im Zuchthaus von Boston mit einer Glasscherbe die Pulsadern aufgeschnitten und ist verblutet.

Für die Restmannschaften der vier Boote wird ein alter Marineprahm als Wohnschiff hergerichtet. Von einem außer Dienst gestellten amerikanischen U-Boot wird uns technisches Personal zugeteilt, dem wir den Fahrbetrieb auf unseren Booten beibringen sollen. Als amerikanischen LI erhält U 234 den gut deutsch sprechenden Leutnant Ing. Alexander. Auch die drei anderen Boote bekommen je einen amerikanischen LI zugeteilt. Für die Funkstationen aller vier Boote ist Leutnant Ing. Richard H. Provence zuständig. Zusammen mit ihm soll ich die Funkstationen der vier Boote wieder in Ordnung bringen und warten. Außerdem wird uns noch ein zweiter Intelligence-Offizier zugeteilt, Kapitän Taylor, von Beruf Rechtsanwalt. Er hat in Deutschland studiert und kennt Heidelberg sowie das Rheinland. Zum Essen werden wir in das amerikanische U-Boot-Heim gefahren, wo man sich mit einem Tablett selbst bedienen kann. Das Essen ist vorzüglich.

In der U-Boot-Schule, die sich ebenfalls auf dem Yard-Gelände befindet, werden wir von vorn und im Profil mit unserer Gefangenen-Nummer fotografiert. Ich erhalte die Nummer ›IG 604 NA.‹ Außerdem werden unsere Fingerabdrücke festgehalten. Bevor wir die U-Boot-Schule verlassen, können wir, da gerade Unterrichtspause ist, einen Blick in die Schulräume werfen. Wir entdecken einen Raum, in dem Unterricht über das neueste deutsche U-Boot erteilt wird. ›Das Walter-U-Boot‹ steht in großen Lettern über einer Planzeichnung, die fast die ganze Wand einnimmt. Die Erprobung dieses Bootes, das unter Wasser 25 Seemeilen läuft, war gerade beendet, als wir Kiel verließen.

Im Juni werden wir eines Tages von den Intelligence-Offizieren zu einer Besprechung auf unserem Wohnschiff geladen. Sie machen uns klar, daß die amerikanische U-Boot-Waffe von uns das Schnorcheln lernen will. Mit ihren eigenen Booten können sie nicht schnorcheln, da sie nur einen Ladediesel für die Batterien haben, der nicht wie bei den deutschen Booten auf eine Welle mit den E-Maschinen zu schalten ist.

Wir lehnen aber geschlossen ab, ihnen als Kriegsgefangene das Schnorcheln beizubringen. Darauf waren sie vorbereitet und sagen uns zu, daß wir als freie Männer in ein Hotel ziehen können, wenn wir uns verpflichten, für die Marine zu arbeiten. Wir bitten um Bedenkzeit.

In langen Beratungen stellen wir einige Bedingungen zu unserer Sicherheit auf. Unter anderem: Versorgung unserer Familien in der Heimat, Absicherung für den Todesfall, Aufnahme in die Marine und Anwartschaft auf die amerikanische Staatsbürgerschaft. Die Abwehroffiziere haben volles Verständnis für unsere Forderungen und fliegen nach Washington, um zu verhandeln. Schwierigkeiten bereiten die Aufnahme in die NAVY und die Frage der Staatsbürgerschaft.

Ende Juli hat Kapitän Hatten endlich einen Ausweg gefunden. Der Schwere Kreuzer *Prinz Eugen* soll von deutscher Besatzung nach Boston überführt und die Hälfte der Bordmannschaft von der Marine übernommen werden. Die andere Hälfte der Besatzung wird in die Heimat entlassen. Bei dieser Gelegenheit könnten wir ohne Aufsehen in die Marine eingeschleust werden.

Wir beginnen mit der Überholung unserer Boote, machen dabei aber untereinander aus, daß wir jeden Abend, bevor wir von Bord gehen, alle elektrischen Schaltungen falsch schalten und alle wichtigen Stationen unklar machen, so daß ein Betrieb ohne uns nicht möglich ist. Schriftliche Betriebsanleitungen existieren nicht mehr; sie wurden von allen Booten vor der Kapitulation vernichtet.

Die amerikanischen Matrosen sind wie Kinder und spielen mit allen Hebeln. So läßt ein Amerikaner ein ausgefahrenes Sehrohr in die Bilg durchrauschen, weil er versehentlich vorher den Öldruck hat ablaufen lassen. Die Optik des teuren Sehrohrs zersplittert, und der Mann bekommt ein Jahr Gefängnis aufgebrummt.

Die vorderen Tuben sind mit einem Kran aus den Minenschächten gehoben und auf den Kai gestellt worden. Mit Geigerzählern wird nach dem Uran gesucht. Die Zeitungen schreiben, U 234 habe soviel Uran an Bord, daß bei einer Explosion ganz Portsmouth und die umliegenden Ortschaften von der Erdoberfläche verschwinden würden. Jetzt wird mir erst klar, was die Japaner auf die kleinen Päckchen gemalt haben; ›U 235‹ war die Bezeichnung für das Uran.

Es kommen viele höhere Offiziere, um sich die deutschen U-Boote anzusehen. Meist muß ich die Führung übernehmen und ihnen die technischen Einzelheiten erklären.

Eines Tages sollen die Diesel unserer Boote angeworfen werden. Die amerikanischen Ingenieur-Offiziere und Dieselspezialisten meinen allerdings: »Diese Diesel sind zwei Monate nicht bewegt worden. Sie werden nie wieder anspringen.« Unsere Obermaschinisten wetten dagegen. U 234 liegt neben U 873. Die Leinen sind wegen der Gezeiten lose gesteckt. Eine schmale Stelling ohne Geländer führt von U 873 zu uns hinüber. Ich stehe an Oberdeck und unterhalte mich gerade mit Peter Schölch, als ein amerikanischer Kapitän in weißer Uniform mit einer roten Mappe unter dem Arm über U 873 auf uns zusteuert. In dem Augenblick, in der er die Stelling betritt, springen fauchend unsere Diesel an, und das Boot macht einen gewaltigen Satz nach vorne, ehe es in den Trossen hängenbleibt. Die Stelling rutscht ab, und der Kapitän fällt zwischen die Boote. Wir springen auf unseren breiten Außenbunker und versuchen ihn zu fassen. Mit viel Mühe gelingt es uns schließlich, den Kapitän aus der Hafenbrühe von Öl, toten Fischen und Unrat zu ziehen. Leutnant Alexander kommt ans Oberdeck und erklärt dem ölverschmierten Kapitän, daß ein Amerikaner vergessen hat, die Dieselwelle zur Schraube auszukuppeln.

Die deutschen Obermaschinisten und Ingenieur-Offiziere triumphieren. Die Diesel aller vier U-Boote sind sofort angesprungen. Die Amerikaner springen herum wie die Kinder, obwohl sie ihre Wetten verloren haben. »German Diesel«, jubeln sie und klopfen sich auf die Schultern. »German Diesel are wonderful!« Leutnant Ing. Alexander sagt zwar immer, daß die deutschen U-Boote keinen Komfort haben, weil keine Badewanne an Bord ist, aber von der überragenden Kampfkraft der Boote ist er überzeugt.

Am 8. August 1945 dürfen wir plötzlich nicht mehr an Bord unserer Boote gehen. Die erste Atombombe ist gefallen. Hatten und Taylor sagen uns mit Bedauern, daß Washington nun keinen Wert mehr auf die U-Boot-Waffe legt, denn der Krieg mit Japan sei bereits entschieden.

Die amerikanischen U-Boot-Fahrer, mit denen wir zusammengearbeitet haben, kommen auf unser Wohnschiff, um sich zu verabschieden. In dieser kurzen Zeit ist ein herzliches Verhältnis entstanden, und einige dieser Freundschaften dauern noch 35 Jahre nach dem Krieg an.

Wir packen unsere Sachen, und das Feilschen um unsere Schallplatten beginnt. Jeden Abend mußten wir dem Staff-Sergeant der Wache unseres Wohnschiffes den Badenweiler-Marsch vorspielen. Dann schlug der alte Berufssoldat den Takt mit und sagte verklärt: »Oh, the German arm was the smartest arm of the world.«

Für die Platten ›Bomben auf England‹, ›Wir fahren gegen Engeland‹ und ›Panzer rollen in Afrika vor‹ bieten uns die amerikanischen Offiziere bis zu 150 Dollar. Auch das Fallschirmjägerlied ›Rot scheint die Sonne, fertiggemacht‹, das Rußlandlied ›Nun brausen nach Osten die Heere‹ und ›Lilli Marleen‹ sind sehr begehrt. Da wir amerikanisches Geld nicht besitzen dürfen, verschenken wir die Platten.

Durch ein Spalier von amerikanischen Seeleuten gehen wir zu den bereitstehenden Autobussen, nachdem wir einen letzten Blick auf die vier U-Boote geworfen haben, die einst unsere Heimat waren. »Good luck!« ruft man uns nach. »Good luck for you!«

In Boston werden wir der Armee übergeben und fahren nach Camp Edwards in Massachusetts. Im April 1946 wird dieses Lager aufgelöst, und wir werden nach New York zur Verschiffung transportiert. Auf einem Victory-Schiff trete ich mit etwa 1800 anderen Gefangenen die Seereise nach Europa an. Im Licht einer goldenen Abendsonne fahren wir den Hudson abwärts an Manhattan vorbei. Beim Nantucket-Feuerschiff wird die See rauh.

Die Gefangenen samt der Wachmannschaft werden seekrank. Der Kapitän der *Rushville Victoy* läßt mich, drei weitere U-Boot-Fahrer und drei Fallschirmjäger, die nicht seekrank sind, alle Funktionen auf dem Schiff übernehmen: Alle-Manns-Rolle, Feuerlöschrolle, Zuteilung der Schwimmwesten, Einteilung an den Rettungsbooten und Essensausgabe, aber es erscheint kaum jemand, um sein Essen in Empfang zu nehmen. Wir Nichtseekranke erfreuen uns an den Delikatessen, die uns der malayische Koch aus der Kombüse bringt. Ich kann mich nicht entsinnen, bei der Seefahrt jemals so gut gespeist zu haben.

Unser Schiff fährt nach Antwerpen, wo wir an die Briten übergeben werden, bei denen ein rauher militärischer Ton herrscht. Sie machen uns klar, daß wir noch immer Soldaten sind und auch noch lange bleiben werden.

Wir landen zunächst im Camp Nr. 2228 bei Brüssel auf der Höhe von Waterloo, wo Blücher einst die Engländer vor der Vernichtung durch Napoleon bewahrt hat. Aber das ist lange her, und ich glaube kaum, daß die Wachsoldaten etwas davon wissen. In diesem Lager gibt es jetzt im Mai 1946 nur Wassersuppe, für 36 Mann eine Kilodose Fleisch und eine Handvoll Weißbrot.

Es ist aber ein wunderschöner Frühling in Belgien, und ich habe nie wieder so viele Maikäfer gesehen, wie sie abends um die hellen Lagerlampen schwirrten. Dann kommt der Tag, an dem sich unser Schicksal entscheidet. Wir müssen uns einer Untersuchung stellen; alle gesunden Gefangenen sollen zur Arbeit nach England verschifft werden.

Alle möglichen Tricks werden angewendet, um arbeitsunfähig zu scheinen; wer nicht zur Untersuchung erscheint, wird automatisch ›fit‹ geschrieben. Ein ehemaliger U-Boot-Arzt, den ich aus Lorient kenne, gibt mir Tabletten, die kurz nach der Einnahme das Herz bis zum Hals schlagen lassen. Ich werde wegen schwerer Tachykardie nach Gelenksrheuma ›unfit‹ geschrieben und gehöre zu den wenigen Gefangenen, die nach Munsterlager transportiert werden. In diesem Lager in Deutschland ordnen die Engländer neue Untersuchungen an, da sie für ihre ›Action Fox‹ Arbeitskräfte brauchen. Mit knapper Not entrinne ich auch hier der Verschickung nach England und werde endlich in die Freiheit entlassen.

Jahre später erfahre ich aus Amerika, daß unsere vier Boote in der Nähe von Nantucket versenkt worden sind. Sie gehören zu den wenigen U-Booten, die ohne ihre Besatzung auf dem Grund des Atlantiks ruhen.

Bleibt noch zu berichten, wie es meinen Kameraden erging.

Von den Offizieren, die einst mit uns auf U 109 fuhren, hat nur einer überlebt: Kapitänleutnant Wilhelm Wißmann, Kommandant von U 518.

U 109 wurde am 4. Mai 1943 auslaufend Nordnordwest von Kap Ortegal auf 47° 22′ Nord und 22° 40′ West durch ein britisches Flugzeug Liberator P der 86. Squadron vernichtet. Keine Überlebenden.

Kapitänleutnant Volkmar Schwartzkopff fiel als Kommandant von U 520 auf der ersten Feindfahrt. Sein Boot wurde am 30. Oktober 1942 östlich Neufundland von Liberator, RCAF Sqdr. 10, mit Fliegerbomben versenkt. Keine Überlebenden.

Oberleutnant zur See Siegfried Keller wurde als Kommandant von U 130 westlich der Azoren auf 37° 10′ Nord und 40° 21′ West am Geleit U. G. S. 6 von USS *Champlin* mit Artillerie und Wasserbomben am 12. März 1943 versenkt. Keine Überlebenden.

Kapitänleutnant Werner Witte wurde als Kommandant von U 509 am 15. Juli 1943 im Mittelatlantik westlich Madeira auf 34° 02′ Nord und 26° 02′ West von VC Sqdr. 29 des US Santee durch Fliegerbomben versenkt. Keine Überlebenden.

Auch meinen alten Freund, Oberfunkmaat Hein Walter, der mir noch geschrieben hatte, daß er mit Fregattenkapitän Ernst Sobe bald im Atlantik erscheinen werde, habe ich nie wieder gesehen. Ernst Sobe, der große Meister der ›Taktischen Übung‹, wurde mit einem U-Kreuzer U 179 am 8. Oktober 1942 auf 33° 28′ Süd und 17° 05′ Ost von der Fregatte *Active* versenkt. Keine Überlebenden.

Anhang

Abkürzungen und Fachausdrücke

Agru-Front	Ausbildungsgruppe für Front-U-Boote
AK	Äußerste Kraft
Asdic	Unterwasserortung durch Ultraschallwellen
ATO	Atmosphärisch getriebener Torpedo (Pressluft-Öl-gemisch)
BB	Backbord
B-Dienst	Beobachtungsdienst des gegnerischen Funkverkehrs
BdU	Befehlshaber der U-Boote
Blimp	Kleinluftschiff der amerikanischen Marine
Bold	Vorrichtung zur Störung der Asdic-Ortung
BRT	Bruttoregistertonne
Btsmt.	Bootsmaat, seemännischer Unteroffizier
BÜ	Befehlsübermittler
DGZ	Deutsche gesetzliche Zeit
E-Maschine	Elektromaschine, die von Batterien angetrieben wird
ES	Erkennungssignal
Etmal	von Mittag bis Mittag – also in 24 Stunden – zurückgelegte Strecke
FdU	Führer der U-Boote in einem regionalen Befehlsbereich
Fkmt.	Funkmaat, Unteroffizier der Funklaufbahn
Fk. Ob. Gefr.	Funkobergefreiter
Fla(waffen)	Fliegerabwehr(waffen)
Flo-Chef	Flottillenchef
FT	Funktelegramm, Funkspruch
FRG	Fernräumgerät (Fernauslösung von Magnetminen)
G. A.	Gradlaufapparat am Torpedo
GHG	Gruppenhorchgerät, bestehend aus je 24 druckempfindlichen Empfängern an jeder Seite des U-Bootes
Hulk	außer Dienst gestellter und ausgeschlachteter Schiffsrumpf zum Anlegen bei Gezeitenwechsel

Kaleu	Kapitänleutnant
Kmdt.	Kommandant
Kkpt.	Korvettenkapitän
Kpt. z. S.	Kapitän zur See
Kaptlt.	Kapitänleutnant
KTB	Kriegstagebuch
Kugelschott	runder, druckfester Verschluß zwischen den Abteilen eines U-Bootes
KW-Kanal	Kaiser-Wilhelm-Kanal, Nord-Ostsee-Kanal
KWP	Kühlwasserpumpe
LI	Leitender Ingenieur an Bord eines Schiffes oder U-Bootes
Lord	Seemann, abgeleitet vom englischen Wort Sailor
Lt. z. S.	Leutnant zur See
Mittelwächter	Eintopfgericht um Mitternacht, das nur für die aufziehenden und abgelösten Wachen bestimmt ist
Mixer	Torpedomechaniker
Mschmt.	Maschinenmaat
Nr. 1	ältester Bootsmaat, der für alle seemännischen Aufgaben verantwortlich ist
NT	Nachrichtentechnik
Ob. d. M.	Oberbefehlshaber der Marine
Obfkmstr.	Oberfunkmeister
Oblt. z. S.	Oberleutnant zur See
Obstrm.	Obersteuermann
OF-Raum	Oberfeldwebelraum
OKH	Oberkommando des Heeres
OKL	Oberkommando der Luftwaffe
OKM	Oberkommando der Marine
P III.	Spezialreinigungsmittel
RAD	Reichsarbeitsdienst
sm	Seemeile
StB	Steuerbord
Tannenbaum	nach oben spitz zulaufende Anordnung von Ventilrädern in der Zentrale zum Anblasen der Tauchzellen
Tauchbunker	sind mit Treiböl gefüllt, das im Verbrauch laufend durch Seewasser ersetzt wird, nach Ausblasen können sie als Tauchzellen verwendet werden
Tauchretter	Sauerstoffgerät zum Verlassen eines gesunkenen

	U-Bootes; kann bis zu 80 Meter Tiefe verwendet werden
Tauchzelle	ist bei Oberwasserfahrt mit Luft gefüllt und wird beim Tauchvorgang durch Entlüften geflutet
T 5	Horchtorpedo, der mikrophongesteuert dem lautesten Geräusch nachläuft, ein fahrendes Schiff verfolgt und meist Schrauben und Ruderanlage trifft
UAK	U-Boot-Abnahmekommando
U-Fl.	U-Boot-Flottille
ULD	U-Boot-Lehrdivision
Untertriebszellen	Zwei Tauchzellen innerhalb des Druckkörpers, die dem Boot beim Entlüften zehn Tonnen Untertrieb geben und dadurch schnelles Tauchen ermöglichen; sie müssen aber bei 30 Meter Tiefe wieder ausgeblasen werden, da sie bei größerer Tiefe nach innen platzen könnten
U-Raum	Unteroffiziersraum bzw. Unteroffiziersmesse
UZO	U-Boot-Zieloptik für Nachtschießen
Vorhaltrechner	elektrisches Rechengerät, das nach eingegebenen Werten von Entfernung, Gegnerkurs, Gegnerfahrt, Eigenkurs und Eigenfahrt den Lauf des Torpedos errechnet
Wabos	Wasserbomben
WO (I., II., III. WO)	Wachoffizier; Erster, Zweiter, Dritter Wachoffizier
Zentralemaat	für die Zentrale verantwortlicher technischer Unteroffizier

Bildnachweis

Bild 10	Dr. Carla Bleichrodt
Bild 14	Photothèque Ed. Robert Laffont
Alle übrigen Bilder:	Archiv des Autors

Personenregister

REQUIEM

Zum Gedenken unserer gefallenen U-Bootkameraden.

Wir können nicht vor Gräbern stehen
zum Gedenken unserer Toten.
Wir sehen nur im Geist die Flagge wehn
für die sie starben in ihren Booten.

Sie haben gekämpft getreu ihrem Eid
und waren immer so nahe dem Tod,
gegen Zerstörer und Flugzeug vereint,
kam oft das Ende auf sinkendem Boot.

Im Eismeer und vor Grönland bis Kap Horn
stampfend meist auf sturmgepeitschtem Meer,
sind stahlharte Kämpfer sie geworden.
Doch der Atlantik gibt sie nicht mehr her.

Auch in all den and'ren Ozeanen
ruhen sie meist in großen Tiefen.
Schiffe zieh'n darüber ihre Bahnen.
Mir ist oft, als ob sie uns noch riefen.

von Wolfgang Hirschfeld